GAULTMILLAU

GAULT MILLAU

WeinGuide Deutschland 2003

Armin Diel · Joel Payne

Die 663 besten Weinerzeuger und 4.475 Weine verkostet und bewertet

Christian Verlag

Inhaltsverzeichnis

Die Autoren	6
Vorwort	9
Winzer des Jahres	13
Aufsteiger des Jahres	14
Entdeckung des Jahres	17
Kollektion des Jahres	18
Gutsverwalter des Jahres	20
Sommelier des Jahres	22
Weinkarte des Jahres	24
Stars der deutschen Weinszene	26
Die 13 Anbaugebiete	36
Wie der WeinGuide entsteht	39
Wie man den WeinGuide liest	40
Die Klassifikationsdebatte	41
Weinstile	42
Das Weinetikett	43
Die Rebsorten	44
Wein und Speisen	46
Kriterien für die Bewertung	48
Unsere besten Weingüter	51
10 Weinjahre auf einen Blick	55

Unsere besten Weine:

Die Sieger des Jahres	56
Unsere Lieblingssekte	59
Trockener Rotwein	61
Trockener Weißer Burgunder	63
Trockener Riesling	65
Halbtrockener Riesling	67
Riesling Spätlese	69
Riesling Auslese	71
Edelsüße Weißweine	73
Zehn Jahre danach	74

Die Besten von Anfang an — 75

Die Besten im Laufe der Jahre	76
Die Besten in den Kategorien	77
Die Spezialisten	78
Spitzenweingüter regional	79
Die besten Winzerbrände	80
Die größten Schnäppchen	82
Die süffigsten Schoppenweine	84

Die Regionen, die Erzeuger, ihre Weine

Ahr	86
Baden	106
Franken	200
Hessische Bergstraße	249
Mittelrhein	257
Mosel-Saar-Ruwer	282
Nahe	402
Pfalz	446
Rheingau	536
Rheinhessen	595
Saale-Unstrut	652
Sachsen	660
Württemberg	667
Register Weingüter	701
Register Weinbergslagen	709
Register Personen	723
Impressum	736

Die Autoren

Armin Diel ist im Jahre 1953 quasi im Weinfass auf die Welt gekommen. Bevor er 1987 das väterliche Weingut in Burg Layen an der Nahe übernahm, studierte er Wirtschaftswissenschaften in Mainz und Rechtswissenschaften in Münster. Seit 1990 ist Diel Sprecher im Deutschen Barrique Forum und seit 1993 Vorsitzender der Prädikatsweingüter an der Nahe.

Bereits seit 1980 hat sich Armin Diel als kompetenter Gastronomie- und Weinjournalist einen Namen gemacht und ist bis heute Mitglied zahlreicher nationaler und internationaler Jurys. Seit 1983 leitet er kulinarische Weinreisen in die wichtigsten Weinbauregionen Europas. Diel hat gastronomische TV-Serien moderiert und die begleitenden Bücher geschrieben. Für seine Verdienste um den deutschen Wein wurde er 1994 von der Vereinigung Pro-Riesling mit dem Förderpreis für Publizisten ausgezeichnet. Er zählt von Anfang an zu den ständigen Mitarbeitern des Weinjournals »Alles über Wein« und publizierte lange in »Capital«. Seit 1994 ist Diel Chefredakteur des Gault Millau WeinGuide, in dem sein Weingut und dessen Weine selbstverständlich nicht bewertet werden. In seiner Freizeit fährt er gern Rad, spielt leidenschaftlich Skat und singt seit langem als Bariton in einem Männerchor. Außerdem besucht er mit Vorliebe klassische Konzerte und Museen.

Joel Brian Payne wurde ebenfalls im Jahr 1953 geboren, als Sohn eines Rechtsanwaltes im amerikanischen Bundesstaat Kansas. Nach dem Studium der Geisteswissenschaften an der Rice University in Houston war er im Auftrag der Vereinten Nationen in Afrika und Südostasien. Von 1990 an war Payne im rheinischen Weinhandelshaus Schlumberger für Marketing und Öffentlichkeitsarbeit zuständig. Nach drei Jahren Tätigkeit für Segnitz in Bremen ist er seit 2002 Geschäftsführer des Weinhauses Schlee und Popken.

Seine Passion für den Wein entdeckte Joel Payne Anfang der 80er Jahre, als er in Willi's Winebar in Paris kellnerte, anschließend war er Mundschenk im Restaurant Gala in Aachen. Ende der 80er Jahre erntete Payne die Früchte seines Engagements: Innerhalb weniger Jahre wurde er zum besten Sommelier Deutschlands sowohl für deutsche wie für französische Weine gekürt, außerdem erhielt er den Pro-Riesling-Förderpreis für Weinkellner. Weinkritiken publiziert er seit 1988: Zunächst drei Jahre im Wirtschaftsmagazin »Capital« und seit 1991 im Weinjournal »Alles über Wein«. Seit 1994 ist Payne Chefredakteur des Gault Millau WeinGuide. Joel Payne ist ein ausgesprochen musisch geprägter Mensch: Er spielt verschiedene Instrumente von der Blockflöte bis zum Klavier, liest vorzugsweise klassische Literatur und lauscht ebensolcher Musik. Sportlichen Ausgleich findet er beim Joggen, Golfen und Schwimmen.

Eigentlich wollte **Christoph Dirksen** Architekt werden und hatte auch schon das Vordiplom in der Tasche. Doch dann zog es ihn unwillkürlich zum Wein. Nach Abschluss einer Winzerlehre arbeitete er viele Jahre als Sommelier in der Spitzengastronomie, unter anderem in der Traube Tonbach und in Schloss Lerbach. Seit einigen Jahren ist er im Weinhandelshaus Schlumberger für die Betreuung der Gastronomie zuständig. Im diesjährigen WeinGuide bearbeitet er das Kapitel Rheinhessen.

Seit vielen Jahren schreibt **Carsten Henn** über Wein und ist als Journalist für verschiedene Weinmagazine und den Deutschlandfunk tätig. Daneben ist er vielbeschäftigter Seminarleiter, so an der Deutschen Wein- und Sommelierschule in Koblenz. Im WeinGuide betreut Henn diesmal das Nahe-Kapitel. Journalismus und Literatur vereinte Carsten Henn mit seinem im Jahr 2002 erschienen Weinkrimi »In Vino Veritas«. Der äußerst erfolgreiche, an der Ahr spielende Roman wird in Kürze eine Fortsetzung erhalten.

Seine Ausbildung zum Restaurantfachmann begann **Frank Kämmer** im Schlosshotel Friedrichsruhe. Bei Lothar Eiermann entdeckte er schnell die Faszination des Weines und schon bald stellten sich erste Erfolge bei Wettbewerben ein. Seit vielen Jahren ist er Weinkellner im kleinen Stuttgarter Gourmet-Restaurant Délice. Kämmer, einer von nur zwei Master-Sommeliers in Deutschland, hat mehrere Bücher zum Thema Wein und Spirituosen verfasst. Auch in diesem Jahr bearbeitete er das Kapitel Württemberg.

Seit mehr als 20 Jahren ist der in München geborene **Rudolf Knoll** Weinjournalist und schreibt für viele Fach- und Publikumsmagazine. Inzwischen liegen von ihm auch mehr als 35 Weinbücher vor. Einen Namen hat sich Knoll auch als Gründer des »Deutschen Rotweinpreises« und des »Riesling-Erzeugerpreises« gemacht, die beide seit 1987 verliehen werden. Darüber hinaus ist er Jury-Mitglied in zahlreichen nationalen und internationalen Gremien. Seine langjährige Erfahrung bringt Rudolf Knoll nun auch in den Gault Millau WeinGuide ein, er verantwortet diesmal das Kapitel Baden.

Der in Landau geborene **Jürgen Mathäß** legte nach Studium in Karlsruhe und Frankfurt sein Diplom als Volkswirt ab. Nach einigen Jahren Tätigkeit als Wirtschaftsjournalist spezialisierte er sich ab 1984 auf das Thema Wein. Lange Jahre war Mathäß Chefredakteur des Branchenmagazins »Weinwirtschaft« und zeichnete danach als Deutschland-Redakteur für »Vinum«. Er hat verschiedene Bücher geschrieben, unter anderem über südamerikanische Weine. Da er mitten in der Pfalz lebt, lag es nahe, Jürgen Mathäß erneut die Verantwortung für dieses große Anbaugebiet zu übertragen.

Hauptberuflich ist **Hans-Jürgen Podzun** zwar Geschäftsführer der Industrie- und Handelskammer in Koblenz, doch hat er schon lange sein Herz an den Wein verloren. Vor zehn Jahren gründete Podzun die Wein- und Sommelierschule in Koblenz, die mittlerweile eine Dependance in Berlin eröffnete. Der »Kammerwein des Jahres« geht ebenso auf seine Initiative zurück wie »Wein im Schloss«, eine hochkarätige Präsentation im Koblenzer Schloss. Podzun ist Mitglied zahlreicher Weinjurys und ehrenamtlicher Weinversteigerer an der Nahe. Da die Weinregion Mittelrhein vor seiner Haustür liegt, kennt er sie wie seine Westentasche.

Sonntags liest man keine Zeitung.
Man geniesst sie.

Kostenlose Leseprobe: 0180-2-52 52.

Vorwort

Liebe Weinfreunde!

Als wir vor zehn Jahren mit den Arbeiten für den ersten Gault Millau WeinGuide begannen, hätten selbst unsere besten Freunde keine Wetten darauf abgeschlossen, dass dieses Buch zehn Jahre später immer noch am Markt ist – stärker denn je. Wir starteten damals mit 263 Weinerzeugern und 1.400 Weinen, nicht einmal halb so umfangreich wie unsere Jubiläumsnummer: In der Ausgabe 2003 geben sich die 663 besten Winzer des Landes ein Stelldichein und es werden mehr als drei Mal so viele Weine mit Punkten bewertet als bei der Premiere.

Seit unserem Erstling hat sich viel getan: Etwa die Umstellung vom französischen 20-Punkte-Schema auf das weltweit eingeführte 100-Punkte-System im Jahr 2000. Der WeinGuide war längt zum Standardwerk geworden und die Vorbereitung für unsere erste internationale Ausgabe in englischer Sprache führten zu diesem Schritt. Bereits ein Jahr zuvor hatten wir auf detaillierte Beschreibungen der Weine verzichtet, ganz zum Bedauern einiger Leser. Doch Umfragen hatten ergeben, dass die meisten WeinGuide-Nutzer vor allem an der Beurteilung der Betriebe und an der Bewertung ihrer Weine interessiert sind, sowie deren Preisen und Lagerfähigkeit. Kaum jemand wollte wissen, ob sie eher elegant oder rustikal über die Zunge gleiten und wie lange sie am Gaumen nachhallen. Solche Beschreibungen seien ohnehin sehr subjektiv, wurde eingewandt. Richtig! Wir bekennen uns rückhaltlos zur Subjektivität, ohne deshalb aber Vorurteile zu kultivieren.

Erweitert hat sich in den letzten Jahren auch unser Tableau der Ehrentitel: Waren es am Anfang gerade einmal vier, sind es heute sieben begehrte Auszeichnungen. In diesem Jahr loben wir zum ersten Male die »Kollektion des Jahres« aus, womit wir die jeweils beste Jahrgangs-Leistung eines Betriebes würdigen möchten. Wir hätten keinen willkommeneren Anlass für diesen Titel finden können: Nach mehr als vierzig Jahren segensreicher Tätigkeit für das Pfälzer Weingut Müller-Catoir ist dessen Gutsverwalter Hans-Günther Schwarz im Sommer 2002 in den Ruhestand getreten. Nicht ohne seinem Chef eine in jeder Hinsicht phänomenal gute Jahrgangskollektion zu hinterlassen.

Wir sind sicher, dass unsere Entscheidung für Paul Fürst als »Winzer des Jahres« auf viel Sympathie stoßen wird. Der stets bescheidene Franke erfreut sich einer großen Wertschätzung im Lande und hat mit seinem Silvaner sowie den roten und weißen Burgundern einen Stammplatz auf den Weinkarten der Spitzengastronomie. Wir wollen den Bürgstadter für seine über zwei Jahrzehnte währende Qualitätsarbeit ehren, sozusagen als Reformer des fränkischen Weinbaus und als Vorreiter einer modernen, aber nicht abgehobenen deutschen Weinkultur.

Vorwort

Ähnliches gilt für Karl-Heinz Wehrheim, unseren »Aufsteiger des Jahres«. Beharrlich hat er in den letzten Jahren an der Qualität seiner Weine gefeilt und sich unter die besten Erzeuger des Landes katapultiert. Nebenbei hat sich der offenherzige Südpfälzer auch in vielfältiger Weise um den Berufsstand verdient gemacht. Apropos, Südpfalz: Nachdem wir Hansjörg Rebholz im letzten Jahr zum »Winzer des Jahres« gekürt hatten, reichen wir ihm diesmal die fünfte Traube nach. Wieder stellte der Siebeldinger ein makelloses Sortiment trockener Spitzenweine vor, das seinesgleichen sucht. Wer jetzt glaubt, wie hätten den fruchtig-süßen Weinen abgeschworen, der irrt: Unsere »Entdeckung des Jahres« hat bislang nicht einen einzigen trockenen Wein auf die Flasche gebracht: Daniel Vollenweider kommt aus der Schweiz und quält sich in abgelegenen Steilhängen der Mittelmosel. Er ist ein Qualitätsfanatiker, der auf geringe Erträge und feinfruchtige Rieslinge klassischer Moselprägung setzt. Seine 2001er Weine fallen hoch beachtlich aus.

Erstmals konnten sich mit den Winzergenossenschaften Mayschoss-Altenahr und Pfaffenweiler zwei Kooperativen in die Drei-Trauben-Kategorie vorarbeiten. Sie widerlegen damit eindrucksvoll die leider immer noch weit verbreitete Auffassung, Genossenschaften lieferten nur Massenware für den flüchtigen Genuss ab. Dass beide vor allem mit exzellenten Rotweinen punkten, ist Beleg für eine dramatische Trendwende: Der Anteil roter Traubensorten hat sich in Deutschland in nur 20 Jahren nahezu verdreifacht. Und die Qualität der Weine hat – zumal aus dem kleinen Eichenholzfass – ein bis dato nicht gekanntes Niveau erreicht.

Noch zwei Worte zum Jahrgang 2001, dessen Weißweine im Mittelpunkt dieser Ausgabe stehen. Ganz generell ist er zwar weitaus besser ausgefallen als der 2000er, doch waren die Witterungsbedingungen speziell im September derart ungünstig, dass es eines wunderschönen Altweibersommers im Oktober bedurfte, um das Blatt zum Positiven zu wenden. Die überwiegend prächtigen Rotweine des Jahres 2001 stehen größtenteils aber erst im nächsten Guide zur Beurteilung an.

Darauf freuen sich von Herzen, Ihre

Armin Diel

Joel B. Payne

Das schönste an einer Weinprobe ist das frische Bier danach.

Die deutschen Brauer.

Ein Abend im falschen Restaurant ist teuer...

"Das Nonplusultra für die Gourmet-Szene"
FAZ Sonntagszeitung

Der Reiseführer für Genießer
Der Gault Millau ist wegen seiner kompetenten Bewertungen und pointierten Beschreibungen **der** Wegweiser durch das kulinarische Deutschland. In der neuen Ausgabe werden über 1100 Restaurants und fast 500 Hotels bewertet. Überraschungen garantiert.

ca. 750 Seiten, Format 13,5 x 21 cm, Flexcover
€ 30,- (D) SFR 50,40
ISBN 3-88472-537-8

www.christian-verlag.de

Bestellen Sie auf den eingehefteten Bestellkarten!

Tel.: 089/ 38 18 03 17
Fax: 089/ 38 18 03 81
info@christian-verlag.de

Winzer des Jahres

Paul Fürst
Weingut Rudolf Fürst – Bürgstadt, Franken

Mit Beharrlichkeit hat der sensible Franke sein Gut zu einer Bastion trockener Spitzenweine ausgebaut. Seine im Barrique gereiften Rot- und Weißweine sind würdige Repräsentanten einer neuen deutschen Weinkultur.

2002: Rebholz/Pfalz 2001: Loosen/Mosel 2000: Keller/Rheinhessen
1999: Dönnhoff/Nahe 1998: Müller – Scharzhof/Saar 1997: Weil/Rheingau
1996: Joh. Jos Prüm/Mosel 1995: von Schubert/Ruwer 1994: Fritz Haag/Mosel

Aufsteiger des Jahres

Karl-Heinz Wehrheim
Weingut Dr. Wehrheim – Birkweiler, Pfalz

Stufe für Stufe hat er sich in die Spitze vorgearbeitet, zuerst mit roten und weißen Burgundern, nun auch mit Riesling. Die fabelhafte neue Kollektion beweist das Potenzial seiner südpfälzischen Heimat.

2002: Stodden/Ahr   2001: Wittmann/Rheinhessen   2000: Laible/Baden
1999: Molitor/Mosel   1998: Heger/Baden   1997: Schaefer/Mosel
1996: Breuer/Rheingau   1995: Jost/Mittelrhein   1994: Weil/Rheingau

Besonderes Reisen

**Die 26 schönsten
Eisenbahnreisen der Welt**
Tom Savio
160 Seiten mit 132 Farbfotos,
18 s/w-Fotos und 25 Landkarten.
€ 36,- (D) SFR 59,30
ISBN 3-88472-526-2

Hotels auf Wasser, Rädern, Schienen
Shelley-Maree Cassidy
Fotos von Grant Sheehan
184 Seiten mit 179 Farbfotos.
€ 28,- (D) SFR 47,10
ISBN 3-88472-529-7

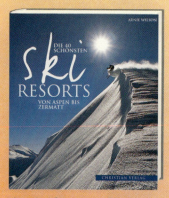

Die 40 schönsten Ski-Resorts
Arnie Wilson
160 Seiten mit 158 Farbfotos und 40 Karten.
€ 38,- (D) SFR 62,20
ISBN 3-88472-532-7

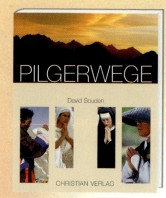

Pilgerwege
David Souden
192 Seiten mit 135 Farbfotos sowie
29 farbigen und s/w-Abb.
€ 26,- (D) SFR 43,80
ISBN 3-88472-517-3

www.christian-verlag.de

Tel.: 089/ 38 18 03 17
Fax: 089/ 38 18 03 81
info@christian-verlag.de

Entdeckung des Jahres

Daniel Vollenweider
Weingut Vollenweider – Traben-Trarbach, Mosel

Am Anfang war die Liebe zum Riesling. Dann entdeckte der junge
Schweizer einen vergessenen Steilhang mit uralten Reben, wo er auf Anhieb
mit großer Passion bilderbuchhaft schöne Moselweine erzeugt.

2002: Van Volxem/Saar 2001: Spreitzer/Rheingau 2000: WG Mayschoss-Altenahr/Ahr
1999: Michel-Pfannebecker/Rheinhessen 1998: Müller/Mittelrhein 1997: Mathern/Nahe
1996: Seeger/Baden   1995: Schloss Neuweier/Baden   1994: Biffar/Pfalz

Kollektion des Jahres

Müller-Catoir
Weingut Müller-Catoir – Haardt, Pfalz

Nach mehr als 40 Jahren hinterlässt Hans-Günther Schwarz, Idol einer ganzen Winzer-Generation, seinem Nachfolger Martin Franzen ein wohl bestelltes Haus und die vielleicht perfekteste Kollektion seiner Laufbahn.

Die schönste Art zu genießen

Ausgesuchte Hotels und Restaurants.
Genussvoll essen und trinken. Besondere Reisen.
Kunst, Kultur und Design. Das
Nachrichten-Journal für Genießer.

SAVOIR-VIVRE gibt es
im ausgewählten Zeitschriftenhandel.
Oder im Abonnement: 12 Ausgaben frei Haus
EURO 61,08; sfr 108
SAVOIR-VIVRE
Tölzer Straße 16 D-82031 Grünwald
Telefon (089) 641 78 34; Telefax (089) 641 49 41

Gutsverwalter des Jahres

Wolfgang Schleicher
Schloss Johannisberg, Rheingau

Seit mehr als 35 Jahren führt der sympathische Gutsdirektor diese traditionsreiche Herberge deutscher Weinkultur. Den Titel Domänenrat hat er sich redlich verdient, aber nie zu ernst genommen.

2002: Stefan Männle   2001: Dr. Rowald Hepp   2000: Rudolf Frieß
1999: Heinrich Hillenbrand   1998: Hans-Günther Schwarz
1997: Norbert Holderrieth   1996: Horst Kolesch

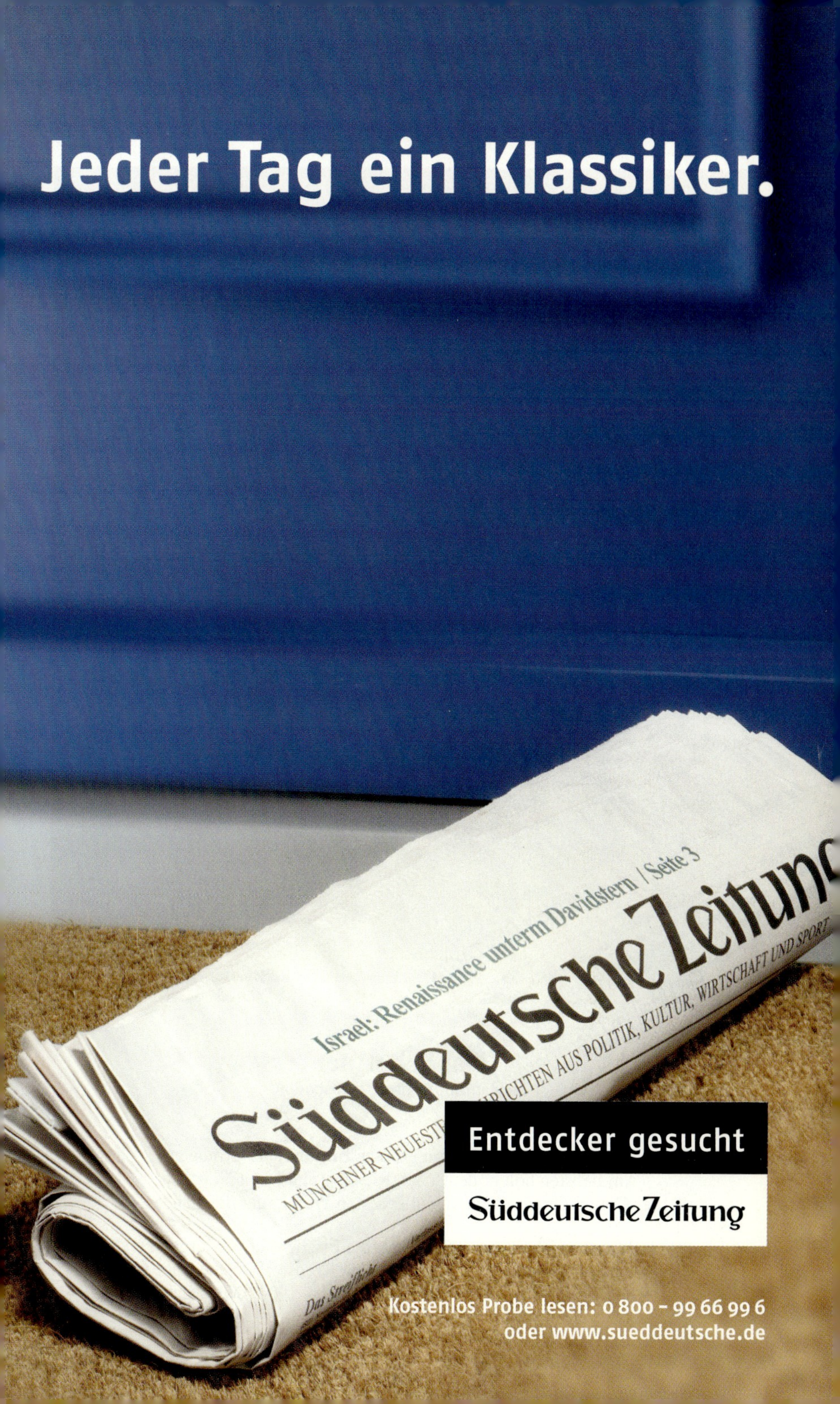

Jeder Tag ein Klassiker.
Israel: Renaissance unterm Davidstern / Seite 3
Entdecker gesucht
Süddeutsche Zeitung
Kostenlos Probe lesen: 0 800 – 99 66 99 6
oder www.sueddeutsche.de

Sommelier des Jahres

Kai Schattner
Restaurant »Ente«, Wiesbaden

Er berät und empfiehlt mit großem Einfühlungsvermögen.
Am liebsten holt er deutschen Riesling und Pinot Noir von
der Côte d'Or aus einem der allerbesten Weinkeller des Landes.

2002: Rakhshan Zhouleh   2001: Christina Fischer   2000: Jürgen Fendt
1999: Hendrik Thoma   1998: Marie-Helen Krebs   1997: Stéphane Gass
1996: Alfred Voigt   1995: Susanne Juchems   1994: Dirk Cannova

DEUTSCHE WEIN- UND SOMMELIERSCHULE®
KOBLENZ & BERLIN

Herzlichen Glückwunsch

dem Sommelier des Jahres, der traditionsgemäß die Aktion "Kammerwein des Jahres" der IHK Koblenz mit seiner Fachkompetenz begleitet.

Unsere Schulen sind die Kompetenzzentren für Wein und bilden Sommeliers und Weinfachberater für den Handel auf höchstem Niveau aus. Die offizielle IHK-Prüfung ist das Gütesiegel. Neben unseren berufsbegleitenden Weiterbildungen bieten wir interessante Tagesseminare an. Fordern Sie unser aktuelles Seminarprogramm an.

Telefon (02 61) 30 489-30 · Fax (02 61) 30 489-34
Internet www.weinschule.com · e-mail kohnen@weinschule.com

**Sonntag, 4. Mai 2003
im Kurfürstlichen Schloss
in Koblenz**

11.00 bis 17.00 Uhr
**Fachbesucher bereits ab 9.00 Uhr
50 Weingüter - 350 Spitzenweine
Ahr - Mittelrhein - Terrassenmosel - Nahe**

Information unter (02 61) 106 306
e-mail maas@koblenz.ihk.de

 Koblenz | Industrie- und Handelskammer Koblenz

Weinkarte des Jahres

Markus Otto Graf
Hotel Brandenburger Hof, Berlin

Wir bewundern den Mut, den Gästen in der Hauptstadt eine lupenrein
mit deutschen Spitzenweinen komponierte Karte vorzulegen.
Neben dem enormen Umfang imponiert der elegante Auftritt.

2002: Bremer Ratskeller   2001: Krautkrämer, Münster   2000: Königshof, München
1999: Im Engel, Warendorf   1998: Krone, Assmannshausen
1997: Die Ente, Wiesbaden   1996: Zur Traube, Grevenbroich

Die Stars der deutschen Weinszene

Seit 1994 ehrt der Gault Millau WeinGuide Persönlichkeiten der deutschen Weinszene – in der Ausgabe 2003 zum zehnten Male. Die ausgezeichneten Winzer – ob Entdeckung, Aufsteiger, Winzer des Jahres oder Gutsverwalter – werden hier noch einmal in bunter Folge porträtiert. Auch einige Förderer des deutschen Weins in der Gastronomie haben im WeinGuide ihren Platz, wie man nachfolgend feststellen kann.

Gerhard Biffar, Weingut Josef Biffar
Deidesheim, Pfalz
Entdeckung des Jahres 1994

Christina Fischer,
Fischers Weingenuss & Tafelfreuden
Köln
Sommelier des Jahres 2001

Helmut Dönnhoff
Weingut Hermann Dönnhoff
Oberhausen, Nahe
Winzer des Jahres 1999

Stéphane Gass
Restaurant »Schwarzwaldstube«
Baiersbronn-Tonbach
Sommelier des Jahres 1997

Wilhelm Haag, Weingut Fritz Haag
Brauneberg, Mosel
Winzer des Jahres 1994

RHEINHESSISCHE WINZER SIND SELTSAM.
OBWOHL IHR ROTWEIN SO ERFOLGREICH IST, WOLLEN SIE IHN IMMER NOCH BESSER MACHEN.

Fünf der rheinhessischen Winzerinnen und Winzer, die für ihren Rotwein alles geben.

Informationen:
Rheinhessenwein
Abt. GW
55120 Mainz
Tel. 06131/9968-0
Fax 06131/682701

http://www.
rheinhessenwein.de

Da verstehe einer die Rheinhessen. In dem klassischen Weißweinland nehmen die Roten bald ein Viertel der gesamten Rebfläche ein. Doch die enorme Nachfrage nach Spätburgunder, Portugieser, Dornfelder und anderen Sorten macht unsere Winzer nicht zufrieden, sondern ehrgeiziger. Das treibt den Genuss in die Höhe. Nur bei den Preisen muss man nicht schlucken. Seltsam, oder?

Rheinhessenwein.
DER WEIN DER WINZER.

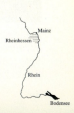

Die Stars der

Marie-Helen Krebs
Restaurant »Marcobrunn«
Schloss Reinhartshausen
Eltville-Erbach, Rheingau
Sommelier des Jahres 1998

Roman Niewodniczanski
Weingut van Volxem, Wiltingen, Saar
Entdeckung des Jahres 2002

Bernd und Andreas Spreitzer,
Weingut Josef Spreitzer
Oestrich, Rheingau
Entdeckung des Jahres 2001

Matthias Müller
Weingut Heinrich Müller
Spay, Mittelrhein
Entdeckung des Jahres 1998

Andreas Laible, Weingut Andreas Laible
Durbach, Baden
Aufsteiger des Jahres 2000

deutschen Weinszene

Gerhard Stodden, Weingut Jean Stodden
Rech, Ahr
Aufsteiger des Jahres 2002

Peter Jost
Weingut Toni Jost – Hahnenhof
Bacharach, Mittelrhein
Aufsteiger des Jahres 1995

Norbert Holderrieth
Geheimrat J. Wegeler Erben
Oestrich-Bernkastel-Deidesheim
Gutsverwalter des Jahres 1997

Karl-Josef Krötz
Ratskeller, Bremen
Weinkarte des Jahres 2002

Horst Kolesch
Weingut Juliusspital
Würzburg, Franken
Gutsverwalter des Jahres 1996

Die Stars der

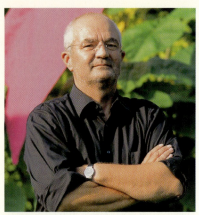

Günter Wittmann, Weingut Wittmann
Westhofen, Rheinhessen
Aufsteiger des Jahres 2001

Egon Müller
Weingut Egon Müller – Scharzhof
Wiltingen, Saar
Winzer des Jahres 1998

Dr. Manfred Prüm
Weingut Joh. Jos. Prüm
Bernkastel-Wehlen, Mosel
Winzer des Jahres 1996

Dr. Carl-Ferdinand von Schubert
und Alfons Heinrich
Gutsverwaltung von Schubert
Maximin Grünhaus, Ruwer
Winzer des Jahres 1995

Rakhshan Zhouleh
Restaurant »Margaux«, Berlin
Sommelier des Jahres 2002

deutschen Weinszene

Heinfried und Gerold Pfannebecker
Weingut Michel-Pfannebecker
Flomborn, Rheinhessen
Entdeckung des Jahres 1999

Alexander Spinner
Weingut Schloss Neuweier
Baden-Baden, Baden
Entdeckung des Jahres 1995

Stefan Männle
Winzergenossenschaft Pfaffenweiler
Baden
Gutsverwalter des Jahres 2002

Hans-Günther Schwarz
Weingut Müller-Catoir
Neustadt-Haardt, Pfalz
Gutsverwalter des Jahres 1998

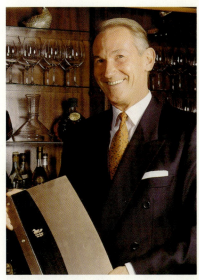

Johannes van Toorn
Restaurant »Die Ente vom Lehel«
Wiesbaden
Weinkarte des Jahres 1997

Die Stars der

H. B. Ullrich
Historischer Gasthof »Krone«
Rüdesheim-Assmannshausen
Weinkarte des Jahres 1998

Alfred Voigt
Restaurant »Residence«
Essen-Kettwig
Sommelier des Jahres 1996

Carl Geisel
Hotel »Königshof«, München
Weinkarte des Jahres 2000

Ernst F. Loosen, Weingut Dr. Loosen
Bernkastel, Mosel
Winzer des Jahres 2001

Wilhelm Weil
Weingut Robert Weil, Kiedrich, Rheingau
Aufsteiger des Jahres 1994 und
Winzer des Jahres 1997

deutschen Weinszene

Dr. Rowald Hepp
Weingut Schloss Vollrads
Oestrich-Winkel, Rheingau
Gutsverwalter des Jahres 2001

Willi Schaefer
Weingut Willi Schaefer, Graach, Mosel
Aufsteiger des Jahres 1997

Markus Molitor
Weingut Molitor – Haus Klosterberg
Bernkastel-Wehlen, Mosel
Aufsteiger des Jahres 1999

Gerhard und Werner Leve
Hotel »Im Engel«, Warendorf
Weinkarte des Jahres 1999

Bernhard Breuer, Weingut Georg Breuer
Rüdesheim, Rheingau
Aufsteiger des Jahres 1996

Joachim Heger, Weingut Dr. Heger
Ihringen, Baden
Aufsteiger des Jahres 1998

Die Stars der

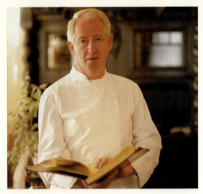

Dieter L. Kaufmann
Restaurant »Zur Traube«, Grevenbroich
Weinkarte des Jahres 1996

Helmut Mathern
Weingut Oskar Mathern
Niederhausen, Nahe
Entdeckung des Jahres 1997

Hansjörg Rebholz
Weingut Ökonomierat Rebholz
Siebeldingen, Pfalz
Winzer des Jahres 2002

Hans-Joachim Krautkrämer
Hotel Krautkrämer, Münster/Westfalen
Weinkarte des Jahres 2001

Thomas Seeger
Weingut Seeger, Leimen, Baden
Aufsteiger des Jahres 1996

Klaus Keller, Weingut Keller
Flörsheim-Dalsheim, Rheinhessen
Winzer des Jahres 2000

deutschen Weinszene

Rudolf Mies und Rolf Münster
Winzergenossenschaft Mayschoss-Altenahr
Mayschoss, Ahr
Entdeckung des Jahres 2000

Jürgen Fendt
Restaurant Bareiss, Baiersbronn-Mitteltal
Sommelier des Jahres 2000

Heinrich Hillenbrand
Staatsweingut Bergstraße
Bensheim, Hessische Bergstraße
Gutsverwalter des Jahres 1999

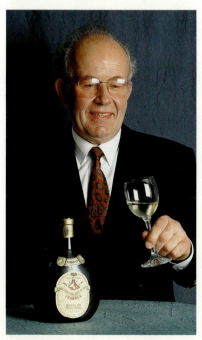

Rudolf Frieß
Weingut Bürgerspital zum Heiligen Geist
Würzburg, Franken
Gutsverwalter des Jahres 2000

Hendrik Thoma
Hotel »Louis C. Jacob«, Hamburg
Sommelier des Jahres 1999

Die dreizehn

Die deutschen Weinbauregionen

Rheinhessen	**26.333 Hektar**	**Baden**	**15.866 Hektar**
20% Müller-Thurgau	78% weiß	33% Spätburgunder	62% weiß
11% Silvaner	22% rot	24% Müller-Thurgau	38% rot
10% Riesling		9% Grauburgunder	

Pfalz	**23.422 Hektar**	**Württemberg**	**11.336 Hektar**
21% Riesling	69% weiß	23% Trollinger	34% weiß
15% Müller-Thurgau	31% rot	21% Riesling	66% rot
11% Portugieser		17% Schwarzriesling	

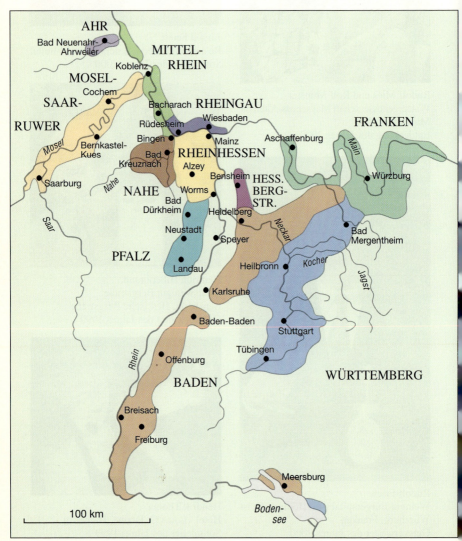

Anbaugebiete
und ihre wichtigsten Rebsorten

Mosel-Saar-Ruwer	**10.392 Hektar**
55% Riesling	94% weiß
18% Müller-Thurgau	6% rot
8% Elbling	

Franken	**6.040 Hektar**
39% Müller-Thurgau	89% weiß
21% Silvaner	11% rot
12% Bacchus	

Nahe	**4.387 Hektar**
26% Riesling	83% weiß
18% Müller-Thurgau	17% rot
9% Silvaner	

Rheingau	**3.205 Hektar**
79% Riesling	85% weiß
12% Spätburgunder	15% rot
2% Müller-Thurgau	

Saale-Unstrut	**651 Hektar**
23% Müller-Thurgau	79% weiß
12% Weißburgunder	21% rot
9% Silvaner	

Mittelrhein	**526 Hektar**
71% Riesling	89% weiß
7% Müller-Thurgau	11% rot
7% Spätburgunder	

Ahr	**519 Hektar**
59% Spätburgunder	15% weiß
13% Portugieser	85% rot
8% Riesling	

Hessische Bergstraße	**456 Hektar**
53% Riesling	88% weiß
10% Müller-Thurgau	12% rot
8% Grauburgunder	

Sachsen	**446 Hektar**
22% Müller-Thurgau	86% weiß
16% Riesling	14% rot
13% Weißburgunder	

Deutschland gesamt	**103.605 Hektar**

Weißweinreben: 73.882 Hektar (71%)

20,8% Riesling	**21.514 Hektar**
18,0% Müller-Thurgau	**18.609 Hektar**
6,2% Silvaner	**6.422 Hektar**
5,8% Kerner	**6.054 Hektar**

Rotweinreben:	**29.723 Hektar (29%)**
9,5% Spätburgunder	**9.806 Hektar**
5,3% Dornfelder	**5.530 Hektar**
4,9% Portugieser	**5.039 Hektar**
2,5% Trollinger	**2.615 Hektar**

Quelle: Statistisches Bundesamt

3/2002

Höchste Auflage aller Zigarren- und Pfeifenmagaz.

G 25198

SMOKERS CLUB
Das Magazin für Tabakgenießer

INTERVIEW

Ben Becker — der Rebell und die Zigarre

CIGARSTORY

Die vier großen „D"

PIPESTORY

Kai Nielsen: Edelsteine aus Bruyère

SMOKERS CLUB - DAS FÜHRENDE MAGAZIN FÜR TABAKGENIESSER

FAX-ANTWORT AN 0 61 31 / 48 45 48

SMOKERS CLUB
Leser-Service
Erich-Dombrowski-Str. 2
55127 Mainz

Ja, ich bestelle ein kostenloses Probe-Exemplar

Name, Vorname

Firma

Straße / Postfach

Telefon / Fax

PLZ / Ort

Wie der WeinGuide entsteht

Viele Leser stellen sich zu Recht die Frage, wie es möglich ist, innerhalb nur weniger Monate derart viele Weine zu verkosten, um den Gault Millau WeinGuide zustande zu bringen. De facto offenbart der jährlich erscheinende Führer nur einen, wenn auch den wesentlichen Teil dieser Arbeit. Im WeinGuide 2003 werden nämlich nur die interessantesten 4475 Weine der mehr als 600 besten, beschriebenen Erzeuger einzeln aufgeführt und bewertet. Von den »Weiteren empfehlenswerten Betrieben« wurden ebenfalls komplette Kollektionen verkostet und bewertet, ebenso wie von den rund 250 Betrieben, die zu guter Letzt im WeinGuide keine Berücksichtigung finden konnten. Alles in allem ergibt das bei durchschnittlich zehn verkosteten Weinen pro Betrieb eine Gesamtzahl von mindestens 9.000 Weinen. Hunderte von Kartons werden entgegengenommen und ausgepackt, die Lieferscheine mit dem Kartoninhalt abgeglichen. Die Weine werden gebietsweise sortiert und in einer Datenbank erfasst.

Wie kommt die Auswahl von Winzern und Weinen zustande?

Der WeinGuide, in dem gewiss alle Spitzenerzeuger Deutschlands versammelt sind, hat sich zu einem einzigartigen Standardwerk entwickelt. Die Weingüter und Genossenschaften werden alljährlich im Frühjahr eingeladen, eine Jahrgangskollektion quer durch ihr Sortiment zur Verkostung einzureichen. Hierbei werden ganz gezielt auch die einfacheren Qualitäten des Betriebes – Literflaschen inklusive – angefordert, denn diese Visitenkarten der Erzeuger gibt es meist in größerer Auflage. Die Autoren verlangen Auskunft über die Anzahl der jeweils abgefüllten Flaschen, um zu verhindern, dass durch die Einsendung von Spezialabfüllungen in kleiner Auflage der Gesamteindruck geschönt wird. Meist werden pro Betrieb sechs bis zwölf verschiedene Weine vorgestellt, große Güter schicken auch schon mal die doppelte Menge: Rekord sind bislang 40 Weine eines einzigen Gutes! Fassproben werden nur unter dem Vorbehalt einer weiteren Verkostung nach der Abfüllung akzeptiert.

Wird offen oder blind verkostet?

Pro Verkostungstag werden sechs bis acht Kollektionen probiert. Die Proben erfolgen betriebsweise und sind in der Regel offen: Im ersten Schritt geht es nämlich darum, den Stil des Gutes im Vergleich zu den Vorjahren zu erfassen, Stärken und Schwächen im jeweiligen Angebot zu sichten. Eine Blindverkostung macht hier keinen Sinn. Die bestbewerteten Weine der verschiedenen Betriebe werden dann am Schluss des jeweiligen Verkostungstages gruppenweise blind gegenübergestellt: Um das Etikett unsichtbar zu machen, werden die Flaschen mit einer Manschette verhüllt. Nach Abschluss der Verkostungen aller Kollektionen eines Anbaugebietes steht die so genannte regionale Finalprobe an, bei der die höchstbewerteten Weine der jeweiligen Region in verschiedenen Geschmacksgruppen erneut verkostet werden. Höhepunkt des alljährlichen Probenmarathons ist schließlich die bundesweite Finalprobe, für die sich die rund 250 bestbewerteten Weine der regionalen Ausscheidungen in den jeweiligen Kategorien qualifizieren.

Wie werden neue Talente entdeckt?

Seitdem es regionale Betreuer für einzelne Gebiete gibt, sind wir noch besser informiert, was den Leistungsstand der einzelnen Betriebe anbelangt. Darüber hinaus sind die Autoren das ganze Jahr über bei Messen und Präsentationen auf Entdeckungsreise. Die Sichtung von Verzeichnissen offizieller Prämierungen auf Landes- und Bundesebene hat sich als ebenso hilfreich erwiesen wie die Empfehlungen von Winzern und Sommeliers. Immer häufiger bewerben sich aufstrebende, noch unentdeckte Winzer auch von sich aus und schicken unaufgefordert Proben ein. Bislang ohne Beispiel ist das bereits Jahre währende, überaus löbliche Engagement der rheinhessischen Gebietsweinwerbung. In jedem Frühjahr präsentiert Geschäftsführer Bernd Kern den Autoren eine persönliche Auswahl ehrgeiziger, bislang aber eher unbekannter Winzer. In der Vergangenheit ist bei diesen Sichtungsproben so mancher Neuling für den Gault Millau WeinGuide entdeckt worden.

Wie man den WeinGuide liest

Dieses Buch ist im Grunde genommen ein Jahrgangsführer, in dem die Weißweine des Vorjahres und die Rotweine des vorletzten Jahres umfassend dargestellt werden. Neben der Bewertung der einzelnen Weine steht die Gesamtleistung der Betriebe auf dem Prüfstand. Alle mit Traubensymbolen ausgezeichneten Erzeuger liefern seit Jahren verlässliche Qualitäten, die Elite mit vier und fünf Trauben ist über jeden Zweifel erhaben. In großer Regelmäßigkeit beweisen diese Erzeuger, dass es auch in klimatisch weniger begünstigten Jahren möglich ist, der Natur das Bestmögliche abzutrotzen.

Betriebe in Bewährungsphase

Unter den weiteren empfehlenswerten Betrieben findet man häufig aufstrebende Talente, die sich ebenso in einer Bewährungsphase befinden wie frühere Traubenbetriebe, die in den letzten Jahren eine Schwächephase durchliefen, aber noch nicht völlig abgeschrieben werden. Viele Leser interessiert natürlich, welche Weine zu den Spitzenreitern gehören: Rot gedruckte Punktzahlen sind ein Hinweis darauf, dass der Wein zu den besten Zehn seiner Klasse zählt und in der jeweiligen Hitliste (Seite 60 bis 73) figuriert. Rot gedruckte Preise weisen auf ein sehr gutes Verhältnis von Preis und Leistung hin. Diese Schnäppchen (Seiten 82 bis 84) sind für viele von besonderem Interesse, weil dies Weine für den Alltag sind. Aus gutem Grund achten Weinfreunde zunehmend darauf, dass selbst die in der Schorle oder Bowle eingesetzte Literflasche von untadeliger Qualität ist.

Beerenauslesen mit Reifepotenzial

Die Relation von Preis und Leistung hat auf die Bewertung allerdings keine Auswirkung, hier geht es ganz isoliert um die Qualität des jeweiligen Weines. Doch die Note allein ist keine absolute Größe: Während ein Kabinettwein mit 88 Punkten zweifellos zu den Glanzstücken seiner Kategorie zählt, wird eine Auslese damit allenfalls als solide charakterisiert. Für eine Trockenbeerenauslese kann die gleiche Bewertung schon fast ein kleiner Seitenhieb sein. Edelsüße Gewächse werden nämlich tendenziell etwas höher bewertet als trockene Weine, weil perfekte Beerenauslesen und Eisweine sich durch ein exzellentes Reifepotenzial auszeichnen. Unbestreitbar ist aber auch, dass die qualitativen Fortschritte bei der Erzeugung trockener Weiß- und Rotweine im letzten Jahrzehnt unverkennbar sind. Die deutschen Winzer haben erhebliche Anstrengungen unternommen, auch in diesen Disziplinen Anschluss zu den internationalen Vorbildern zu finden.

Unsere Statistik der »Besten im Laufe der Jahre« (Seiten 75 bis 79) gibt vielerlei interessante Aufschlüsse. Nur ein einziger Erzeuger, der Rheinhesse Keller, hat es in den vergangenen zehn Jahren geschafft, in jeder der sieben Weinkategorien Platzierungen unter den besten Zehn zu landen. Muster an Beständigkeit sind die beiden Moselgüter Fritz Haag und Joh. Jos. Prüm, die sich als Einzige jedes Jahr in die Hitlisten einschreiben konnten.

Kombinierer und Spezialisten

Im Kombinationswettbewerb kommt Helmut Dönnhoff von der Nahe dem Dalsheimer Klaus Keller am nächsten und verpasst den Gleichstand wohl nur, weil der Nahewinzer bis heute nicht einen einzigen Rotweinstock in seinem Gut gepflanzt hat. Umgekehrt hat Werner Näkel, der Magier von der Ahr, ausschließlich mit Rotweinen im Wettbewerb seinen Platz unter den zwölf erfolgreichsten Winzern Deutschlands erkämpft. Mit siebzehn Nennungen erscheint der Dernauer fast genauso oft in den Hitlisten der letzten zehn Jahre wie alle anderen von der Ahr zusammen.

Die Zusammenstellung der nach Anbaugebieten sortierten Spitzenbetriebe ist ebenso interessant wie die der Spezialisten in den einzelnen Kategorien. Auf einem Blick sieht man dort, wer im jeweiligen Anbaugebiet qualitativ den Ton angibt und welche Erzeuger in den unterschiedlichen Disziplinen führend sind. Mehr als aufschlussreich ist in diesem Zusammenhang, dass 30 der 34 bestplatzierten Winzer Mitglieder im Verband Deutscher Prädikatsweingüter sind. Ein eindrucksvoller Beweis dafür, dass dies die Weinelite des Landes ist.

Die Klassifikationsdebatte

Am Anfang waren die Prädikatsbezeichnungen: Basierend auf dem Zuckergehalt der Trauben signalisierten Spät- und Auslesen, dass es sich um Weine von gehobener Qualität handelt, deren natürliche Reife eine Anreicherung mittels Saccharose überflüssig machte. Bis in die frühen 80er Jahre schmeckten diese Prädikatsweine fast immer süß. Für höherwertige trockene Weine gab es damals keinen nennenswerten Markt und das Deutsche Weininstitut prognostizierte sogar, der Trockenanteil werde hierzulande fünf Prozent gewiss nicht übersteigen.

Plötzlich war trockener Wein gefragt
Welch ein Irrtum! Mit dem »Deutschen Küchenwunder« veränderte sich schlagartig die Nachfrage nach guten trockenen Weinen. Eine Tendenz, die durch den Glykolskandal des Jahres 1985 noch verstärkt wurde: Süße Weine waren mit einem Mal kaum mehr zu verkaufen und nur diejenigen Winzer konnten mit guten Geschäften rechnen, die ein anspruchsvolles Sortiment trockener Weine anzubieten hatten. Um die Höherwertigkeit auf dem Etikett zu dokumentieren, fügten viele Winzer den mehr oder weniger durchgegorenen Spät- und Auslesen das Attribut »trocken« hinzu. Dass man damit jene, die bislang mit der Bezeichnung Auslese einen süß schmeckenden Wein verbanden, eher verwirrte, nahm man in Kauf. Auch heute noch muten selbst namhafte Erzeuger ihren Kunden zu, zwischen trockenen, halbtrockenen und süßen Auslesen zu wählen.

Schlichte Classic und strenge Selection
Land in Sicht sollte im Jahr 2001 durch die Einführung der »Selection« als eigenständige Bezeichnung für trockene Spitzenweine kommen. Darunter sollte mit der Bezeichnung »Classic« ein trockener Wein für alle Tage etabliert werden. In den Weinbaugebieten wurden die Rebsorten verbindlich festgelegt: für Classic mehr und für Selection weniger. Für letztere gelten obendrein strenge Erzeugungsrichtlinien: Der Ertrag ist limitiert auf 60 Hektoliter. Die Trauben müssen Auslesereife aufweisen, komplett aus einer Einzellage stammen und von Hand geerntet werden. Der Wein darf erst nach dem 1. September des Folgejahres vermarktet werden. Zum ersten Mal hatten es die deutschen Gesetzgeber geschafft, neue Regelungen mit echten Qualitätsparametern zu hinterlegen.

Welche Rolle spielt das Terroir?
Doch Uneinigkeit macht schwach: Anstatt die grundsätzlich gute Entscheidung für Selection zu stützen, beschloss der Verband Deutscher Prädikatsweingüter (VDP) einen eigenen Begriff für den trockenen Spitzenwein zu schaffen: das »Große Gewächs«. Die Begründung erschien zunächst plausibel: Die gesetzlichen Regeln für Selection seien im Prinzip in Ordnung, doch habe man versäumt, die Güte der jeweiligen Lage im Sinne einer Klassifikation festzulegen. Andererseits zeigt die Praxis, dass ohnehin nur aus sehr guten Lagen dauerhaft Spitzenqualitäten zu erwarten sind. Insofern hätte eine sanfte Klassifikation auf natürliche Weise stattfinden können.

»Großes Gewächs« auf dem Etikett?
In Anlehnung an das Erste Gewächs im Rheingau, wo man tatsächlich eine Bewertung der Weinberge vorgenommen und eine Landesverordnung für das trockene Spitzengewächs umgesetzt hat, spricht man nun in den anderen Weinbaugebieten von »Großen Gewächsen«. Wesentlicher Unterschied zum Rheingau ist allerdings, dass der Begriff bis auf weiteres nicht auf den Etiketten erscheinen darf. Dazu kommt, dass die Prädikatsweingüter sich durchaus nicht einig sind: In einigen Regionen soll der »Grand Cru« grundsätzlich eine trockene Spätlese sein, anderswo hält man den trockenen Qualitätswein für die bessere Lösung.

Ungeklärt sind die Verhältnisse an der Mosel: Dort haben sich die VDP-Mitglieder noch nicht einigen können, ob sie ihre besten trockenen Weine besonders kennzeichnen sollen. Obendrein fürchtet man, durch eine Aufwertung des trockenen Rieslings die international weithin geschätzte Spätlese abzuwerten. Inwieweit sich die Moselwinzer überhaupt mit trockenen Rieslingweinen profilieren können, steht auf einem anderen Blatt.

Weinstile

Im Rückblick auf das zurückliegende Jahrhundert kann man nur für die erste Hälfte von einem einigermaßen durchgängigen Stil sprechen: Seinerzeit war deutscher Wein, abgesehen von wenigen natursüßen Ausnahmen, grundsätzlich durchgegoren. Das ist nur ansatzweise mit dem heutigen Begriff »trocken« gleichzusetzen, denn je nach Höhe des Mostgewichtes und Kühle des Kellers hatten die Weine auch schon mal eine dezente Süße. Auch heute noch werden von qualitätsbewussten Erzeugern Weine mit natürlichem Restzucker mittels Kälte-Gärführung gewonnen.

Erst in den 60er Jahren begann man an Rhein und Mosel mit dem systematischen Stoppen der Gärung mittels schwefeliger Säure und Drucktanks. Die Entwicklung der so genannten Süßreserve revolutionierte dann Anfang der 70er Jahre die Kellerwirtschaft: Ein Teil des Traubenmostes wurde mittels Schwefel sterilisiert und dem durchgegorenen Wein später in gewünschter Dosierung wieder beigemengt. Dank fortschrittlicher Filtrationstechnik waren mit einem Mal die Zeiten vorbei, als natursüße Weine nur in sonnenverwöhnten Jahren entstehen konnten. Fortan bestimmten eher Kellertechniker und Getränketechnologen das Geschehen in deutschen Weinkellern, was ein Fortschritt hätte sein können, wäre man damit nur sensibel umgegangen.

Auch das neue Weingesetz, 1971 mit großen Vorschusslorbeeren auf den Weg gebracht, trug leider nicht dazu bei, das hohe Ansehen des deutschen Weines auf den Weltmärkten wieder herzustellen.

Es wurden neue Güteklassen geschaffen, die sich ausschließlich am Zuckergehalt der Trauben zum Zeitpunkt der Ernte orientierten. Das so genannte Mostgewicht, gemessen in Grad Oechsle, gab Auskunft darüber, ob der jeweilige Most später als Qualitätswein oder als Qualitätswein mit Prädikat angeboten werden durfte. Die Produktion von Tafelwein spielte seinerzeit kaum eine Rolle.

Bedauerlicherweise hat man es damals versäumt, an die jeweilige Qualitätsstufe einen Geschmackstyp zu knüpfen, um dem Konsumenten die Auswahl zu erleichtern. Es wurde praktisch in das Belieben eines jeden Winzers gestellt, wie der jeweilige Wein schmeckt.

Qualitätsweine tragen den Namen der Anbauregion und werden meist vor oder während der Gärung mittels Saccharose angereichert. Dieser alkoholerhöhende Vorgang, in Frankreich Chaptalisation genannt, hat zunächst keinen Einfluss darauf, ob der Wein am Ende herb oder süß schmeckt.

Ab einem bestimmten Reifegrad – welcher im Norden niedriger festgelegt wurde als im Süden – ist die Stufe der Qualitätsweine mit Prädikat erreicht. Eine Anreicherung ist hier nicht erlaubt, der Most muss wie geerntet vergoren werden. Die Weine der Eingangsstufe **Kabinett** verfügen deshalb theoretisch über den niedrigsten Alkoholgehalt.

Die **Spätlese** stellt die nächste Stufe in der Reifeskala dar. Der Geschmackstypus kann stark variieren: von süß und leicht über halbtrocken und mittelgewichtig bis zu trocken und schwer. Auch für die **Auslese** gibt es kein klares Geschmacksprofil, sie wird in einer verwirrenden Vielfalt von trocken bis edelsüß angeboten.

Für die Ernte einer **Beerenauslese** werden überreife, von Edelfäulnis (Botrytis) befallene Traubenteile herausgeschnitten. Durch ihre enorm hohe Fruchtkonzentration bringen sie ausgesprochen süße Weine mit großem Entwicklungspotenzial hervor.

Die noch seltenere **Trockenbeerenauslese** resultiert aus rosinenartig eingeschrumpften Beeren. Diese edelsüßen Ausnahmeweine können über Jahrzehnte vorzüglich reifen und stellen die Krönung deutscher Weinerzeugung dar.

Eisweine sind Spezialitäten, die aus Trauben gewonnen werden, die zumindest das Mostgewicht einer Beerenauslese aufweisen. Sie entstehen bei frostigen Temperaturen von minus sieben Grad und werden in gefrorenem Zustand gekeltert. Durch die Kälte wird Wasser gebunden, der daraus gekelterte, edelsüße Wein weist hohe Extraktwerte auf.

Das Weinetikett

Deutsche Weinetiketten sind so ausführlich und genau, dass sie kaum noch jemand versteht. Mit einem Musteretikett wollen wir versuchen, zur Aufklärung beizutragen.

Vorgeschriebene Angaben:

1. **Erzeuger oder Abfüller.** Die Bezeichnung Schloss, Burg, Kloster und Domäne ist ausschließlich für Erzeugerabfüllungen reserviert. Daneben können Weingüter auch den Begriff »Gutsabfüllung« verwenden, während Genossenschaften immer »Erzeugerabfüllung« auf ihre Etiketten schreiben müssen.
2. **Die amtliche Prüfnummer** ist eine Pflichtangabe für Qualitäts- und Prädikatsweine. Sie setzt sich zusammen aus verschiedenen Kennziffern: In diesem Fall steht die 7 für die Prüfstelle des Anbaugebiets, 763 für den Ort, 19 für den Betrieb, sowie die 20 für die Reihenfolge der Prüfanstellung im laufenden Jahr 1993. Tafelweine müssen eine Lotnummer tragen, aus der sich der Abfüller des Weines ergibt.
3. **Der Ort des Erzeugers oder Abfüllers** muss mit Hinweis auf das Herstellerland verzeichnet sein, wofür im Falle von Deutschland auch das Kürzel »D« ausreicht.
8. **Das Inhaltsvolumen** der Flasche, zum Beispiel 0,75 l oder 750 ml.
9. **Das Anbaugebiet** muss bei Qualitäts- und Prädikatsweinen benannt sein.
10. **Vorhandener Alkoholgehalt** des jeweiligen Weines.

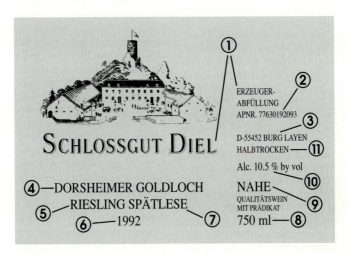

Freiwillige Angaben:

4. **Ort und Weinberg,** in dem der Wein gewachsen ist, dürfen bezeichnet werden.
5. **Die Rebsorte,** aus der der Wein gekeltert wurde – es können auch zwei sein.
6. **Der Jahrgang,** in dem der Wein gewachsen ist. Auch ein am 2. Januar 2002 geernteter Eiswein trägt beispielsweise den Jahrgang 2001!
7. **Die Qualitätsstufe** richtet sich nach dem Zuckergehalt der Trauben, dem so genannten Mostgewicht. In jedem Anbaugebiet gibt es hierfür spezifische Anforderungen. In den nördlichen Regionen sind sie geringer, im Süden höher.
11. **Die Geschmacksrichtung:** Ein trockener Wein kann je nach Säuregehalt maximal 9 Gramm Restsüße haben, ein halbtrockener Wein höchstens 18 Gramm.

Die Rebsorten

Obwohl das Gesetz die Erwähnung der Rebsorte nicht zwingend vorschreibt und die Zahl der Cuvées zunimmt, steht sie auf dem Etikett meist immer noch an prominenter Stelle.

Der **Riesling** ist zweifelsohne Deutschlands wichtigster Beitrag zur Welt der feinen Weine. In keinem anderen Land wird er intensiver angebaut und erzielt so ausgezeichnete Qualitäten. Die Anbaufläche erstreckt sich auf 21.514 Hektar. Damit hat der Riesling seit einigen Jahren auch rein zahlenmäßig wieder die Spitzenstellung erreicht, die ihm zukommt. Die besten Exemplare zeichnen sich durch die Vielschichtigkeit der Aromen und große Lagerfähigkeit aus. Ein feinfruchtiger Mosel-Riesling mit zarter Restsüße kann überaus delikat, ein halbtrockener von Rhein und Nahe würdevoll sein, ein trockener aus der Pfalz und der badischen Ortenau strahlt hingegen oft eine barocke Üppigkeit aus.

Auf Platz zwei folgt der **Müller-Thurgau**, der 18.609 Hektar der deutschen Anbaufläche einnimmt. Vermutlich aus einer Kreuzung zwischen Riesling und Gutedel hervorgegangen, kann er interessante Weine mit nussigem Aroma und klarer Frucht hervorbringen. Leider wird er oft in weniger guten Lagen angebaut und auf hohen Ertrag getrimmt. Um dem sich daraus ergebenden Negativ-Image auszuweichen, verwenden viele Winzer heute die Bezeichnung Rivaner.

Im 19. Jahrhundert war der **Silvaner** die am meisten verbreitete Rebsorte in Deutschland. Mit einem Flächenanteil von knapp sieben Prozent (6.422 Hektar) liegt er heute nur noch an dritter Stelle. Leider wird er in der Regel ähnlich stiefmütterlich behandelt wie der Müller-Thurgau. Das Ergebnis sind einfache Weine für den täglichen Genuss. In guten Lagen und bei geringem Ertrag kann der Silvaner jedoch Weine von beachtlichem Charakter hervorbringen. Die feinsten Exemplare sind in Franken und Rheinhessen zu Hause.

Von den zahlreichen Neuzüchtungen, die in den 70er Jahren Deutschlands Weinberge eroberten, sind heute vor allem noch **Kerner** (6.054 ha) und **Bacchus** (2.967 ha) von Bedeutung. Bei optimalem Standort und entsprechender Pflege können **Scheurebe** (2.693 Hektar) und **Rieslaner** (74 Hektar) Grundlage für ganz hervorragende Weine sein. Eine hochreife Scheurebe Auslese etwa ist ein Hochgenuss zu Desserts. Auch der Rieslaner benötigt hohe Mostgewichte, um sich von seiner besten Seite zu zeigen.

Zu den klassischen Sorten gehören der **Gewürztraminer** (845 Hektar) und der **Muskateller** (94 Hektar), die früher wesentlich stärker verbreitet waren. Da sie jedoch unbeständig im Ertrag und sehr aromatisch im Stil sind, war ihre Popularität eine Zeit lang stark zurückgegangen. Mittlerweile erleben sie sogar eine zarte Renaissance. Der Trend zu Rebsorten mit verhaltenen aromatischen Komponenten, gepaart mit eher niedriger Säure, hat sich auch in Deutschland verstärkt.

Der **Graue Burgunder**, in Baden lange besser als Ruländer bekannt, hat inzwischen eine treue Anhängerschaft und besetzt insgesamt 2.905 Hektar. Der **Weiße Burgunder** zählt zu den Aufsteigern der letzten zehn Jahre: Er verdoppelte seine Rebfläche auf 2.795 Hektar. Die Südpfalz und der Kaiserstuhl bringen meist die besten Weißen Burgunder hervor. Zum Trio gehört der **Chardonnay,** der es mit steigender Tendenz auf 719 Hektar bringt.

Weil sie der Gesundheit besonders förderlich sein sollen, haben auch deutsche **Rotweine** enorm an Beliebtheit gewonnen. Mit 9.806 Hektar ist der **Spätburgunder** nach wie vor die führende Rotweinrebe Deutschlands. Die feinsten Exemplare kommen von der Ahr, aus dem Rheingau, der Pfalz und vom Kaiserstuhl. Die Besten von ihnen können durchaus einem Vergleich mit den »Premier Crus« aus Burgund standhalten.

Rebsorten wie **Portugieser**, **Trollinger** und **Schwarzriesling** haben meist nur regionale Bedeutung. Hingegen ist in den letzten Jahren die Rebfläche des **Dornfelder** auch dank beständiger Erträge und dunkler Farbe auf mehr als 5.500 Hektar empor geschnellt. Durchaus mehr Aufmerksamkeit verdienten Spezialitäten wie **Lemberger** und **Sankt Laurent**.

Wein und Speisen

Zu den wesentlichen Aufgaben eines Gastgebers zählt sicherlich das Wissen über die Vermählung von Wein und Speisen. Längst vergangen sind die Zeiten, als es genügte, Weißwein zu Fisch und Rotwein zu Fleisch zu servieren. Zwar gibt es nur wenig eindeutige Spielregeln, aber immerhin Erfahrungen, an denen sich der feinsinnige Genießer orientieren kann.

1. Die Intensität des Geschmacks von Essen und Wein muss ausgewogen sein; weder das Essen noch der Wein sollte ein Übergewicht bekommen. Deshalb ist der Wein auf das geschmacksintensivste Produkt auf dem Teller abzustimmen.

2. Süße und Säure von Speise und Wein sollten zueinander passen. Meist ist die Sauce das geschmacklich bestimmende Element eines Gerichtes, und nicht das Fleisch. Die alte Regel »Weißwein zu hellem Fleisch und Rotwein zu dunklem« hat heute nur noch begrenzt Gültigkeit.

3. Zucker in jeglicher Form in der Speise lässt einen säurebetonten Wein noch aggressiver schmecken.

4. Essig- oder Milchsäure in der Speise summieren sich in unangenehmer Weise mit der Säure im Wein.

5. Hingegen heben sich Süße in einer Sauce und Süße im Wein gegenseitig auf.

6. Viel Salz in einer Speise verträgt sich nicht mit viel Säure im Wein. Vielmehr gleichen sich Salz in der Sauce und Süße im Wein positiv aus.

7. Bitterstoffe in Speisen vertragen sich längst nicht immer mit ausgeprägtem Gerbstoff und Säure im Wein. Sie gleichen sich mitunter viel besser mit der Süße im Wein aus.

Um eine optimale Weinempfehlung aussprechen zu können, ist es besonders für den Sommelier von großer Bedeutung, die Wechselwirkungen der Inhaltsstoffe von Speisen und Weinen zu kennen.

Es ist davon auszugehen, dass in den meisten Fällen die **Sauce** der geschmacksbestimmende Bestandteil einer Speise ist. Zunächst gibt es die Rahm- und Buttersaucen. Einerlei, ob die jeweilige Sauce mit Crème fraîche, Crème double, Sahne oder Butter gebunden ist, aufgrund des Milchzuckergehaltes erhält die Sauce durch die Reduktion eine gewisse Süße.

Häufige Varianten dazu sind dunkle oder Glacésaucen, die allenfalls mit kalter Butter gebunden werden. Diese erhalten durch die Beigabe von Wein, Essig oder Fruchtsäften eine gewisse Säure.

Der zu den Saucen gereichte Wein muss mit der Süße und Säure eine Harmonie bilden. Da es aber auch süße Glacésaucen und säurebetonte Buttersaucen gibt, ist es besonders wichtig, die jeweilige Zubereitungsform zu kennen, um den richtigen Wein aufgrund der oben erwähnten Prinzipien auswählen zu können.

Zwar ist das **Gemüse** meist nur eine Ergänzung zu den Gerichten, jedoch gibt es gravierende Unterschiede im Hinblick auf die geschmackliche Wechselwirkung mit dem Wein. Erbsen, Karotten, Rosenkohl, Wirsing, Kraut, Fenchel und Zwiebeln, zum Beispiel, verfügen über eine gewisse Süße. Dazu würde ein im Geschmack nicht ganz trockener, auf jeden Fall nicht zu säurebetonter Weißwein sehr gut passen.

Zucchini, Auberginen und Bohnen sind in gewissem Sinne neutral. Dagegen entwickeln gedämpfter Chicorée oder Radicchio Bitterstoffe, die bei der Frage nach dem passenden Wein von großer Bedeutung sind. Chicorée kann als Beilage zu einem Rinderfilet einen Rotwein mit viel Gerbstoffen durchaus aus dem Gleichgewicht bringen, weil sich die Bitterstoffe des Gemüses zu den Gerbstoffen des Weines addieren, speziell, wenn er im Barrique ausgebaut wurde.

Zu **Suppen**, die an und für sich eher ein Getränk sind, wird oft kein Wein gereicht; wenn doch, gelten die gleichen Prinzipien wie bei den Saucen. So kann zum Beispiel ein halbtrockener Riesling mit einer Crèmesuppe durchaus eine gelungenere Beziehung eingehen als ein allzu säurebetonter trockener Weißwein.

Eine wichtige Rolle in der Geschmacksabstimmung spielen auch die **Kräuter und Gewürze**. Petersilie, Dill, Kerbel, Oregano, Majoran, Thymian, Rosmarin, Basilikum, Curry, Salbei, Wacholder, Piment, Lorbeer, Muskat und Pfeffer vertragen sich außerordentlich gut mit Wein. Hingegen ist bei Kräutern mit einem großen Anteil an ätherischen Ölen, etwa Knoblauch, Estragon, Schnittlauch, Meerrettich oder Minze, bereits Vorsicht geboten. Diese Würzstoffe sind mindestens durch ein mehrmaliges Abkochen zu entschärfen, um dem Wein die Chance zu geben, die ihm zukommt.

Die Kombination von **Salat** und Wein war früher undenkbar. Allerdings können ausgewogene Salatsaucen, die maximal aus einem Teil Essig und drei Teilen Öl zubereitet sind, durchaus mit nicht zu säurebetonten Weißweinen harmonieren.

Da **Käse** einen mehr oder weniger hohen Gehalt an Milchsäure aufweist, sollte man prinzipiell säurearme Weine wählen. Welcher Wein zu welchem Käse passt, hängt von der Pressung, der Schimmelart, der Reifung und dem Salzgehalt der jeweiligen Käsesorte ab. Die leider immer noch gängige Regel, zu Käse Rotwein zu servieren, ist ebenso falsch wie letzteren mit Zimmertemperatur auf den Tisch zu bringen. Dieses Prinzip erinnert allenfalls an Zeiten ohne Zentralheizung.

Mancher Käse ist überhaupt denkbar schlecht für die Begleitung durch Wein geeignet. Hohe Milchsäure und viel Salz wirken sich keinesfalls vorteilhaft auf den Wein aus, da sich die Milchsäure mit der Weinsäure addiert. Ist der Käse auch noch salzwassergewaschen, wie die Rotschmierkäse, so verdoppelt dies noch einmal die Säure des Weines. Bei solchem Käse sollte man Rotwein unbedingt meiden. Da wäre man mit einem Vintage Port sicherlich besser bedient. Die Süße würde Säure und Salz viel eher ausgleichen, und das Geschmackserlebnis wäre garantiert harmonischer.

Bei der Käseauswahl sollte der Kellner also immer darauf achten, möglichst von der Intensität her ähnliche Käse zusammenzustellen. Topfige Frischkäse mit gereiftem Rotschmierkäse und Blauschimmelkäse auf einem Teller zu servieren, wäre ebenso unsinnig, wie einen Riesling Kabinett mit einer Traminer Beerenauslese zusammenzugießen. Nur an der Harmonie kann man dauerhaft Geschmack finden. *Den* idealen Käsewein gibt es nicht, sondern eher Weintypen, welche zu bestimmten Käsesorten besser oder weniger gut passen. Tendenziell ist ein duftiger Weißwein mit dezenter Restsüße einem zu gerbstoffbetonten Rotwein vorzuziehen: Probieren Sie einfach mal eine halbtrockene Scheurebe oder Muskateller Auslese!

Aus nahe liegenden Gründen können zu **Süßspeisen** nur Weine mit Restzucker harmonieren, das gilt übrigens in den meisten Fällen auch für Schaumwein. Desserts bestehen nicht selten aus Schokolade, Kaffee oder Früchten jeglicher Art. Zitrusfrüchte ergeben mit Wein nur selten eine Harmonie. Das bedeutet aber nicht, dass man ganz darauf verzichten muss. Die blanchierte Zitrusschale, zum Beispiel, kann man ohne weiteres verwenden.

Demgegenüber ergänzen sich alle Früchte, die auf Apfelsäure basieren, mit edelsüßen Auslesen in bester Weise. Gut zu Wein passen folgende Früchte: Apfel, Aprikose, Pfirsich, Mango, Papaya, Passionsfrucht, Pflaume, Quitte, Birne, Holunder, schwarze Johannisbeere, Feige und Melone.

Mokka und Schokolade enthalten oft zu viele Bitterstoffe, als dass der Wein die Speise auf interessante Art begleiten könnte. Auch von Saucen mit viel Eigelb und Sabayon ist abzuraten, da diese die Geschmacksstoffe binden und an der Zunge kleben. Im Übrigen ist es interessant, die Wechselwirkung von Süßspeisen und Süßweinen auszuprobieren: Wirkt eine botrytisgeprägte Beerenauslese ohne Dessert vielleicht sogar etwas zu süß, kann sie in Verbindung mit einer noch viel süßeren Karamellsauce plötzlich bitter schmecken. Denken Sie stets an das Prinzip: Süße und Süße heben sich gegenseitig auf!

Im Idealfall verbinden sich die Säure der Früchte und die des Weines und führen zu einer interessanten und erfrischenden Kombination. Wohl bekomm's!

Kriterien

für die Klassifizierung der Erzeugerbetriebe

Die Autoren legen bei der Einstufung der Erzeugerbetriebe die jeweilige Weinqualität der letzten fünf bis zehn Jahre zu Grunde. Der Schwerpunkt liegt dabei insbesondere auf den aktuellen Entwicklungen und Tendenzen.

Höchstnote
für die weltbesten Weinerzeuger

Exzellente Betriebe, die zu den besten Weinerzeugern Deutschlands zählen

Sehr gute Erzeuger, die seit Jahren konstant hohe Qualität liefern

Gute Erzeuger, die mehr als das Alltägliche bieten

Verlässliche Betriebe mit einer ordentlichen Standardqualität

Rote Benotung (z. B. **91**) weist auf einen Spitzenwein hin. Er gehört zu den besten Deutschlands in seiner Kategorie und ist in unseren Spitzenreiter-Listen (Seiten 59 bis 73) verzeichnet.

Bei jedem Wein wird neben dem Preis auch der tatsächlich vorhandene Alkohol angegeben, zum Beispiel 11,5%.

für die Benotung der Weine

Die Autoren bedienen sich des weltweit üblichen 100-Punkte-Systems.

100
Ein perfekter Wein,
der fast jeden Preis rechtfertigt

95 bis 99
Überragende Weine aus großen Jahrgängen mit enormem Entwicklungspotenzial. Solch rare Gewächse verlangen ihren Preis

90 bis 94
Weine exzellenter Qualität, die über ein beachtliches Reifungspotenzial verfügen. Sie sind selten billig zu haben

85 bis 89
Sehr gute, harmonische Weine, die in der Regel fein altern. Hier findet sich oft das beste Preis-Leistungsverhältnis

80 bis 84
Gute Qualität, deutlich über dem Durchschnitt. In dieser Kategorie ist manches Schnäppchen zu machen

75 bis 79
Herkömmliche Qualität
für den Alltagskonsum

Die Noten beziehen sich ausschließlich auf die Weinqualität, nicht aber auf das Verhältnis von Preis und Leistung.

♀ Für jeden Wein wird der voraussichtlich beste Trinkzeitraum vermerkt. Es handelt sich hierbei aber nicht um Aufbrauchfristen oder Verfallsdaten.

Preise: Die Weinpreise sind in Euro angegeben und verstehen sich ab Weingut; im Fachhandel können sie abweichen.
Rote Preise deuten auf ein besonders günstiges Verhältnis von Preis und Leistung hin: Weißweine (**88** und mehr Punkte) kosten maximal 8 Euro, Rotweine (**86** und mehr Punkte) höchstens 10 Euro. Siehe auch die Schnäppchenlisten (Seiten 82 und 83). Auch bei unseren besten Literweinen sind die Preise rot hervorgehoben (Liste Seite 84).

„meine Familie & ich KREATIV KÜCHE –
das edle Plus von Europas größtem
Foodmagazin für kulinarische Trends."

Meine Familie & ich KREATIV KÜCHE widmet sich Trends und kulinarischen Hochgenüssen des modernen Kochens.

Sowohl passionierte Köche als auch phantasievolle Gastgeber kommen dabei voll auf ihre Kosten.

Mit edlem Einband und großzügiger Foodfotografie werden Leckerbissen aus aller Welt tiefgehend und variantenreich präsentiert.

Jeden Monat ein besonderer Genuss.

meine Familie & ich Kreativ Küche.
Im Lebensmittelhandel an der Kasse.

Fordern Sie jetzt Ihr kostenloses Probeexemplar zum Kennenlernen an: meine Familie & ich. Abo-Service. Postfach 290. 77649 Offenburg. Oder per Fax: 01805-38 37 59 (0,12 € / Min.)

Beste Infos, schnell am Ziel!

ski Test '2003
Wir testen alles, was Sie zum Skifahren brauchen. Die neuesten wissenschaftlichen Tests geben überraschende Antworten auf heiße Fragen der Winterszene.

ski Test '2003
eine echte Entscheidungshilfe beim Kauf Ihrer Ausrüstung,

Unsere Besten

Höchstnote für die
weltbesten Weinerzeuger

Mosel-Saar-Ruwer
FRITZ HAAG
DR. LOOSEN
EGON MÜLLER
JOH. JOS. PRÜM

Nahe
DÖNNHOFF

Pfalz
MÜLLER-CATOIR
▲ REBHOLZ

Rheinhessen
KELLER

Exzellente Betriebe, die zu den
besten Deutschlands zählen

Ahr
DEUTZERHOF
MEYER-NÄKEL

Baden
BERCHER
DR. HEGER
BERNHARD HUBER
KARL H. JOHNER
ANDREAS LAIBLE
▲ SALWEY
R. U. C. SCHNEIDER

Franken
FÜRST CASTELL
RUDOLF FÜRST
HORST SAUER

Mosel-Saar-Ruwer
J. J. CHRISTOFFEL
GRANS-FASSIAN
REINHOLD HAART
HEYMANN-LÖWENSTEIN
KARLSMÜHLE
KARTHÄUSERHOF
R. U. B. KNEBEL
SCHLOSS LIESER
MARKUS MOLITOR
SANKT URBANS-HOF
SCHUBERT – GRÜNHAUS
SELBACH-OSTER

Nahe
EMRICH-SCHÖNLEBER

Pfalz
BASSERMANN-JORDAN
BÜRKLIN-WOLF
A. CHRISTMANN
KOEHLER-RUPRECHT
MOSBACHER
▲ WEHRHEIM

Rheingau
BREUER
KESSELER
P. J. KÜHN
▲ JOSEF LEITZ
ROBERT WEIL

Hinweis: Da Armin Diel Chefredakteur des Gault Millau WeinGuide ist, wird auf eine Bewertung seines Schlossgutes Diel in Burg Layen an der Nahe verzichtet.

Unsere Besten

Exzellente Betriebe, die zu den
besten Deutschlands zählen
(Fortsetzung)

Rheinhessen
GUNDERLOCH
HEYL ZU HERRNSHEIM
WITTMANN

Sehr gute Erzeuger, die seit Jahren
konstant hohe Qualität liefern

Ahr
ADENEUER
KREUZBERG
▲ WG MAYSCHOSS-ALTENAHR
NELLES
STODDEN

Baden
ABRIL
▲ AUFRICHT
DUIJN
FISCHER
▲ GLEICHENSTEIN
ERNST HEINEMANN
FRANZ KELLER
▲ LÄMMLIN-SCHINDLER
MICHEL
▼ SCHLOSS NEUWEIER
SCHLOSS ORTENBERG
▲ WG PFAFFENWEILER
SCHLUMBERGER
SEEGER
▲ STIGLER
▲ WOLFF METTERNICH

Franken
GLASER-HIMMELSTOSS
JULIUSSPITAL
▲ LÖWENSTEIN
JOHANN RUCK
SCHMITT'S KINDER
AM STEIN
STÖRRLEIN
WIRSCHING
ZEHNTHOF

Hessische Bergstraße
STAATSWEINGUT BERGSTRASSE

Mittelrhein
▲ DIDINGER
TONI JOST
MATTHIAS MÜLLER
AUG. U. THOM. PERLL
RATZENBERGER
WEINGART

Mosel-Saar-Ruwer
BEULWITZ
CLÜSSERATH-WEILER
▲ F.-J. EIFEL
HÖVEL
KEES-KIEREN
▲ KESSELSTATT
KIRSTEN
LOEWEN
MILZ
MÖNCHHOF
PAULINSHOF
PAULY-BERGWEILER
MAX FERD. RICHTER
J. ROSCH
▼ WILLI SCHAEFER

▲▼ Die Dreiecke signalisieren Auf- oder Abwertung im Vergleich zum Vorjahr.

Unsere Besten

Sehr gute Erzeuger, die seit Jahren konstant hohe Qualität liefern
(Fortsetzung)

Mosel-Saar-Ruwer

▲ HEINZ SCHMITT

WEGELER

WEINS-PRÜM

Nahe

DR. CRUSIUS

GÖTTELMANN

▲ KORRELL

KRUGER-RUMPF

MATHERN

GUTSVERWALTUNG NIEDERHAUSEN

SALM-DALBERG

SCHÄFER-FRÖHLICH

TESCH

Pfalz

F. BECKER

BERGDOLT

BERNHART

BIFFAR

▼ BUHL

DEINHARD

KNIPSER

MESSMER

MÜNZBERG

PFEFFINGEN

KARL SCHAEFER

▲ SIEGRIST

▲ ULLRICHSHOF

WILHELMSHOF

J. L. WOLF

Rheingau

J. B. BECKER

DOMDECHANT WERNER

PRINZ VON HESSEN

SCHLOSS JOHANNISBERG

JOHANNISHOF

JAKOB JUNG

GRAF VON KANITZ

KRONE

▼ KÜNSTLER

HANS LANG

LANGWERTH VON SIMMERN

PRINZ

SCHLOSS SCHÖNBORN

▲ SPREITZER

STAATSWEINGÜTER KLOSTER EBERBACH

SCHLOSS VOLLRADS

WEGELER

Rheinhessen

G. A. SCHNEIDER

VILLA SACHSEN

Württemberg

ADELMANN

ALDINGER

DAUTEL

DRAUTZ-ABLE

ELLWANGER

KARL HAIDLE

NEIPPERG

SCHWEGLER

WÖHRWAG

▲▼ Die Dreiecke signalisieren Auf- oder Abwertung im Vergleich zum Vorjahr.

10 Weinjahre auf einen Blick

Bewertung der letzten zehn Jahrgänge in den 13 deutschen Anbaugebieten

	1992	1993	1994	1995	1996	1997	1998	1999	2000	2001
Ahr	2	4	4	4	3	5	4	5	4	5
Baden	3	3	3	3	4	4	4	4	4	4
Franken	4	3	4	3	3	3	4	4	3	4
Hessische Bergstraße	4	4	4	4	3	3	4	3	2	3
Mittelrhein	4	4	4	4	4	3	4	4	4	4
Mosel-Saar-Ruwer	4	5	4	4	3	4	4	5	4	5
Nahe	4	4	4	4	4	4	4	4	4	5
Pfalz	4	4	4	4	4	4	4	4	4	4
Rheingau	3	5	3	4	3	4	4	4	3	4
Rheinhessen	3	3	3	3	3	3	3	3	3	4
Saale-Unstrut	3	3	3	3	1	3	3	3	2	2
Sachsen	3	1	3	2	1	2	2	3	2	3
Württemberg	3	3	4	3	3	3	4	3	4	4

Jahrgangsbewertung: 5 = Herausragend, 4 = Sehr gut, 3 = Gut, 2 = Normal, 1 = Schwach

Die Sieger

Bester Winzersekt des Jahres
1993 Pinot Blanc de Noirs Brut
Weingut Friedrich Becker (Pfalz)

Bester trockener Rotwein des Jahres
2000 Spätburgunder »R«
Weingut Bernhard Huber (Baden)

Bester Weißer Burgunder des Jahres
2001 Siebeldinger im Sonnenschein Weißer Burgunder Spätlese »Großes Gewächs«
Weingut Ökonomierat Rebholz (Pfalz)

Bester trockener Riesling des Jahres
2001 Westhofener Morstein Riesling »Großes Gewähs«
Weingut Wittmann (Rheinhessen)

des Jahres

© Armin Faber & Partner

Bester halbtrockener Riesling des Jahres

2001 Winninger Brückstück Riesling Spätlese
Weingut Reinhard und Beate Knebel (Mosel-Saar-Ruwer)

Beste Riesling Spätlese des Jahres

2001 Wehlener Sonnenuhr Riesling Spätlese – 16 –
Weingut Joh. Jos. Prüm (Mosel-Saar-Ruwer)

Beste Riesling Auslese des Jahres

2001 Dalsheimer Hubacker Riesling Auslese *** Goldkapsel
Weingut Keller (Rheinhessen)

Bester edelsüßer Weißwein des Jahres

2001 Mülheimer Helenenkloster Riesling Eiswein **
Weingut Max. Ferd. Richter (Mosel-Saar-Ruwer)

Spitzenreiter

Unsere Lieblingssekte

Noch um die Jahrhundertwende genoss deutscher Riesling-Sekt weltweite Anerkennung, mancher wurde damals sogar teurer als Champagner verkauft. Dann folgte eine lange während Depression, in der Massenerzeuger das Geschehen dominierten und viele kleine Sektkellereien vom Markt verdrängten. Seitdem Deutschlands Winzer sich verstärkt selbst um Sektausbau kümmern, ist eine erfreuliche Entwicklung zu mehr Individualismus zu erkennen: Traditionelle Flaschengärung ist dabei selbstverständlich.

1993 Pinot Blanc de Noirs Brut
Weingut Friedrich Becker (Pfalz)   92
*Feinhefiger, wundervoll cremiger und fast vollendet
harmonischer Sekt – im Stil eines Prestige Champagners*

Malterdinger Bienenberg Pinot Rosé Brut
Bernhard Huber (Baden)   91
*Duft von Kräutern und Mandeln, intensive Würze,
elegant und vielschichtig, enorm lang*

1997 Chardonnay Prestige Brut
Wein- und Sektgut Raumland (Rheinhessen)   91
*Erinnert frappierend an Zitrusfrüchte und Brioche, feinrassige
mineralische Art, klingt klar und hochelegant aus*

Pinot Brut Nr. 6
Weingut Ökonomierat Rebholz (Pfalz)   91
*Zarter Vanilleduft, gekonnter Barriqueeinsatz, fein gewobene Struktur,
moderner Sekt mit erheblichem Alterungspotenzial*

1999 Riesling Brut
Weingut Lubentiushof (Mosel)   90
*Verlockender Aprikosenduft, saftiger Körper,
mineralische Frische, beste Balance*

1998 Geheimrat J Riesling Brut
Weingüter Wegeler (Rheingau)   90
*Fein gereiftes Bukett, interessanter Aprikosenduft,
vielschichtige Frucht, feines Mousseux*

1999 Assmannshäuser Spätburgunder Weißherbst Brut
Weingut Robert König (Rheingau)   90
*Feiner Duft von Haselnuss und Himbeere,
weiniger Körper, schmelziger Nachhall*

1999 Fantasie der Schieferterrassen Riesling Brut
Weingut Heymann-Löwenstein (Mosel)   89
Goldgelbe Farbe, edle Tiefe und Länge, sehr gehaltvoll, weiniger Nachklang

2000 Rauenthaler Baiken Riesling Brut
Staatsweingut Kloster Eberbach (Rheingau)   89
Feiner Rieslingduft, eleganter Körper, nuancierter Nachhall, filigraner Stil

1999 Meddersheimer Paradiesgarten Riesling Brut
Wein- und Sektgut Karl-Kurt Bamberger (Nahe)   89
*Betont klare Rieslingnase, feinperliges Mousseux,
Saft und Stoff, vernehmbare Süße*

Siegerweine der Vorjahre

Trockener Rotwein

Selten können es deutsche Rotweine mit den Spitzenerzeugnissen anderer Länder aufnehmen, und obendrein sind sie aufgrund des knappen Angebotes oft überteuert. Bemerkenswert sind gleichwohl die qualitativen Fortschritte der letzten Jahre, vor allem in den Betrieben, die es verstehen, mit dem Barrique umzugehen. Die besten Rotweine kommen in der Regel aus Baden und von der Ahr. Doch auch Franken, Württemberger, Pfälzer und Rheingauer können ausgezeichnet ausfallen.

Jahrgang 1999

Walporzheimer Kräuterberg Spätburgunder Auslese
Weingut Meyer-Näkel (Ahr) **93**

Jahrgang 1998

Dalsheimer Bürgel Spätburgunder »Felix«
Weingut Keller (Rheinhessen) **91**

Jahrgang 1997

Spätburgunder Rotwein »B 52«
Weingut Nelles (Ahr) **93**

Jahrgang 1996

Assmannshäuser Höllenberg Spätburgunder Spätlese **
Weingut Kesseler (Rheingau) **92**

Jahrgang 1995

Spätburgunder Rotwein »Reserve«
Weingut Huber (Baden) **91**

Jahrgang 1994

Spätburgunder »S«
Weingut Meyer-Näkel (Ahr) **91**

Jahrgang 1993

Spätburgunder Tafelwein »S«
Weingut Dautel (Württemberg) **91**

Jahrgang 1992

Burkheimer Feuerberg Spätburgunder Rotwein Spätlese »SE«
Weingut Bercher (Baden) **92**

Spitzenreiter Jahrgang 2000
Trockener Rotwein

93

Spätburgunder »R«
Weingut Bernhard Huber (Baden)
Finessenreicher Duft nach Schokolade und Haselnüssen,
viel Spiel und Frucht, beeindruckender Nachhall

Siebeldinger im Sonnenschein Spätburgunder Spätlese »Großes Gewächs«
Weingut Ökonomierat Rebholz (Pfalz)
Hintergründiger Duft von Preiselbeeren und Gewürznelken,
enorme Konzentration, braucht Zeit zur Reife

92

Birkweiler Kastanienbusch Spätburgunder »Großes Gewächs«
Weingut Dr. Wehrheim (Pfalz)
Duftet opulent nach Räucherspeck und Schokolade,
mineralische Würze, bestens abgestimmt

91

Spätburgunder »SD«
Weingut Duijn (Baden)
Anklänge von Sauerkirsch und Gewürzen,
filigranes Fruchtspiel, feinste Burgunderart

Walporzheimer Kräuterberg Spätburgunder
Weingut Meyer-Näkel (Ahr)
Himbeeren und Kräuter im animierenden Bukett,
feinstoffiger Körper, pfeffriger Nachhall

Spätburgunder »Felix«
Weingut Keller (Rheinhessen)
Duftspiel von Haselnuss und Schokolade, süßliche Fruchtfülle,
würziger Nachhall

Bürgstadter Centgrafenberg Frühburgunder »R«
Weingut Rudolf Fürst (Franken)
Kokosnuss-Aroma mit Karamellnote, gehaltvolle Frucht,
generöse Statur

Spätburgunder *** »R«
Weingut Reinhold und Cornelia Schneider (Baden)
Feinwürziger Pinotduft, eingewebte Tannine,
stoffiger Körper, anhaltender Abklang

Bürgstadter Centgrafenberg Spätburgunder »R«
Weingut Rudolf Fürst (Franken)
Reizvolles Duett von Preiselbeeren und Räucherspeck,
ansprechende Frucht, markanter Nachhall

Schweigener Sonnenberg Spätburgunder »S«
Weingut Bernhart (Pfalz)
Aroma von Zimtwaffeln und Kakao, herzhafter Körper,
Opulenz und Länge

Siegerweine der Vorjahre

Trockener Weißer Burgunder

Der Erfolg der trockenen weißen Burgunderweine ist nichts anderes als die richtige Antwort auf die Frage, wie trockene Weine zu schmecken haben: vollmundig und rund, aber eher verhalten in der Säureausprägung. Die besten weißen Burgunderwein-Exemplare findet man vor allem in Baden, aber auch in Rheinhessen und der Pfalz. Sie sind aufgrund ihrer geschmacklichen Fülle ideale Speisenbegleiter, regen aber wegen ihres Körpers und des meist hohen Alkoholgehalts nur selten zum Zechen an.

Jahrgang 2000

Grauer Burgunder »SJ«
Weingut Karl H. Johner (Baden) **92**

Jahrgang 1999

Chardonnay Spätlese »R«
Weingut Ökonomierat Rebholz (Pfalz) **92**

Jahrgang 1998

Weißer Burgunder Spätlese ***
Weingut Reinhold und Cornelia Schneider (Baden) **92**

Jahrgang 1997

Burkheimer Feuerberg Grauer Burgunder Auslese »SE«
Weingut Bercher (Baden) **92**

Jahrgang 1996

Burkheimer Feuerberg Grauer Burgunder Spätlese »SE«
Weingut Bercher (Baden) **92**

Jahrgang 1995

Chardonnay »SJ« Tafelwein
Weingut Karl H. Johner (Baden) **92**

Jahrgang 1994

Burkheimer Feuerberg Weißburgunder Auslese »SE«
Weingut Bercher (Baden) **92**

Jahrgang 1993

Grauburgunder Tafelwein »SJ«
Weingut Karl H. Johner (Baden) **93**

Spitzenreiter Jahrgang 2001

Trockener Weißer Burgunder

93

Siebeldinger im Sonnenschein Weißer Burgunder Spätlese »Großes Gewächs«
Weingut Ökonomierat Rebholz (Pfalz)
Hochedler Duft nach Zimt und Vanille,
verschwenderische Fülle, bestes Potenzial

92

Chardonnay »S«
Weingut Wittmann (Rheinhessen)
Wunderbares Duftspiel von Pfirsich und Vanille,
geschmeidige Fruchtsüße, eleganter Stil

Kirrweiler Mandelberg Weißer Burgunder »Großes Gewächs«
Weingut Bergdolt (Pfalz)
Konzentriertes Bukett von getrockneten Aprikosen,
reichhaltiger Körper, ausgeprägter Nachhall

Weißer Burgunder Auslese
Weingut Bergdolt (Pfalz)
Erinnert an Pfirsichkern und Walnuss, barocke Fülle,
endloser Abgang mit feiner Eichenholz-Note

Birkweiler Mandelberg Weißer Burgunder »Großes Gewächs«
Weingut Dr. Wehrheim (Pfalz)
Attraktives Feuerstein-Aroma, forderndes Säurespiel,
äußerst belebender Nachhall

Chardonnay Spätlese
Weingut Dr. Wehrheim (Pfalz)
Kurioser Duft von gebutterter Brioche,
schmelziger Körper, erfrischender Abgang

91

Weißer Burgunder »R«
Weingut Keller (Rheinhessen)
Ungewöhnliche Kombination von Holunder und Kokosnuss,
zarte Fruchtsüße, saftig und lang

Grauer Burgunder Spätlese
Weingut Dr. Wehrheim (Pfalz)
Aroma vollreifer Cavaillon-Melonen,
kraftvolle Statur, würziger Nachhall

π no Spätlese
Weingut Ökonomierat Rebholz (Pfalz)
Duftet verführerisch nach einem Korb voller Zitrusfrüchte,
ausgeprägte Eichenholz-Note, saftiger Körper

Haardter Herrenletten Grauer Burgunder Spätlese
Weingut Müller-Catoir (Pfalz)
Zarter Duft nach reifer Butterbirne,
absolut gradlinige Frucht, eleganter Stil

Siegerweine der Vorjahre

Trockener Riesling

Eines der größten Missverständnisse des letzten Jahrzehnts war der Wunsch vieler Konsumenten nach trockenen Weinen und die darauf folgende Antwort der deutschen Winzer: Viele lieferten saure Weine. Gute trockene Weine brauchen Stoff und Fülle, die Fruchtsäure sollte geschmacklich nicht allzu sehr dominieren. Ideale natürliche Voraussetzungen für die Erzeugung solcher Riesling-Weine bieten vor allem die Pfalz und die badische Ortenau, aber auch Rheinhessen, Franken und der Rheingau.

Jahrgang 2000

Königsbacher Idig Riesling Spätlese »Großes Gewächs«
Weingut A. Christmann (Pfalz)   92

Jahrgang 1999

Forster Jesuitengarten Riesling Spätlese
Weingut J. L. Wolf (Pfalz)   92

Jahrgang 1998

Durbacher Plauelrain Riesling Auslese
Weingut Andreas Laible (Baden)   93

Jahrgang 1997

Dalsheimer Hubacker Riesling Auslese
Weingut Keller (Rheinhessen)   92

Jahrgang 1996

Forster Kirchenstück Riesling Spätlese
Weingut Dr. Bürklin-Wolf (Pfalz)   92

Jahrgang 1995

Ruppertsberger Gaisböhl Riesling Spätlese
Weingut Dr. Bürklin-Wolf (Pfalz)   92

Jahrgang 1994

Durbacher Plauelrain Riesling Spätlese »SL«
Weingut Andreas Laible (Baden)   92

Jahrgang 1993

Rauenthaler Nonnenberg Riesling
Weingut Georg Breuer (Rheingau)   94

Spitzenreiter Jahrgang 2001

Trockener Riesling

94

Westhofener Morstein Riesling »Großes Gewächs«
Weingut Wittmann (Rheinhessen)
*Explosives Fruchtpaket, unnachahmliche Kombination
von Eleganz und Kraft, raffiniertes Nachspiel*

Forster Ungeheuer Riesling Spätlese »Großes Gewächs«
Weingut Mosbacher (Pfalz)
*Überbordender Duft von gelbem Pfirsich,
mineralische Tiefe, majestätische Statur*

Dalsheimer Hubacker Riesling »G-MAX«
Weingut Keller (Rheinhessen)
*Berückender Duft von Eisbonbon und Minze,
rasantes Frucht-Säure-Spiel, zartschmelzende Süße*

Birkweiler Kastanienbusch Riesling Spätlese »Großes Gewächs«
Weingut Ökonomierat Rebholz (Pfalz)
*Geheimnisvolles Aroma von Ananas-Kräuter-Bowle,
jugendlicher Körper, exzellente Prognose*

93

Forster Kirchenstück Riesling Spätlese »Großes Gewächs«
Weingut Geheimer Rat Dr. von Bassermann-Jordan (Pfalz)
*Erinnert an frisch aufgeschnittene weiße Pfirsiche,
exotisch-belebendes Fruchtspiel, eleganter Nachhall*

Königsbacher Idig Riesling Spätlese »Großes Gewächs«
Weingut A. Christmann (Pfalz)
Konzentrat vollsaftiger Aprikosen, cremige Reife, beeindruckende Länge

92

Deidesheimer Kieselberg Riesling Spätlese »Großes Gewächs«
Weingut Mosbacher (Pfalz)
*Intensives Bukett von Weinbergs-Pfirsichen,
dicht und würzig, ein Riesling-Monument*

Westhofener Aulerde Riesling »Großes Gewächs«
Weingut Wittmann (Rheinhessen)
*Duftet wie ein Strauß frischer Kräuter und ein Korb mit gelben Früchten,
samtene Struktur, klingt lange nach*

Dalsheimer Hubacker Riesling »Großes Gewächs«
Weingut Keller (Rheinhessen)
*Sublimer Duft von Aprikosenkern und Pfirsich,
schmeichelnde Fruchtfülle, bestes Potenzial*

Rüdesheimer Berg Schlossberg Riesling Spätlese – 21 –
Weingut Josef Leitz (Rheingau)
*Frischer Duft von Blüten und Zitronenschale,
zartgliedrige Statur, vereint Kraft und Eleganz*

Siegerweine der Vorjahre

Halbtrockener Riesling

Diese Weine bilden in ihren besten Exemplaren eine geschmackliche Verbindung zwischen dem gehaltvollen trockenen Rieslingtyp südlicher Prägung und dem feinfruchtigen Riesling aus den nördlichen Regionen. Sie eignen sich oft besser als Speisenbegleiter als mancher herbe Tropfen. Dennoch nimmt das Angebot immer mehr ab. Am besten gerät halbtrockener Riesling in den zentral gelegenen Weinbauregionen Rheingau, Mittelrhein und Nahe sowie in Teilen der Mosel, Rheinhessens und der Pfalz.

Jahrgang 2000
Rüdesheimer Berg Schlossberg Riesling Spätlese
Weingut Josef Leitz (Rheingau)   **89**

Jahrgang 1999
Wehlener Klosterberg Riesling Spätlese
Weingut Markus Molitor (Mosel-Saar-Ruwer)   **89**

Jahrgang 1998
Brauneberger Kammer Riesling Auslese
Weingut Paulinshof (Mosel-Saar-Ruwer)   **91**

Jahrgang 1997
Hochheimer Hölle Riesling Spätlese
Weingut Franz Künstler (Rheingau)   **91**

Jahrgang 1996
Bopparder Hamm Feuerlay Riesling Spätlese
Weingut Weingart (Mittelrhein)   **91**

Jahrgang 1995
Rüdesheimer Kirchenpfad Riesling Kabinett
Weingut Josef Leitz (Rheingau)   **91**

Jahrgang 1994
Ruppertsberger Linsenbusch Riesling Spätlese
Weingut A. Christmann (Pfalz)   **91**

Jahrgang 1993
Riesling Spätlese
Weingut Robert Weil (Rheingau)   **92**

Spitzenreiter Jahrgang 2001

Halbtrockener Riesling

89

Winninger Brückstück Riesling Spätlese
Weingut Reinhard und Beate Knebel (Mosel-Saar-Ruwer)
Animierender Duft von frisch geriebenem Apfel,
mineralischer Schmelz, bleibender Eindruck

Monzinger Halenberg Riesling Spätlese
Weingut Emrich-Schönleber (Nahe)
Duftet attraktiv nach einem Korb grüner Äpfel,
knackige Säure, ausgewogener Körper

Bopparder Hamm Mandelstein Riesling Auslese
Weingut August und Thomas Perll (Mittelrhein)
Ausgeprägte Schiefernote im Bukett, reife Aprikosenfrucht,
zartgliedrig und belebend

88

Bopparder Hamm Mandelstein Riesling Spätlese
Weingut Weingart (Mittelrhein)
Erinnert an vollreifen Cox-Orange-Apfel,
kräuterige Frucht, geradliniger Abgang

Bopparder Hamm Ohlenberg Riesling Spätlese
Weingut Weingart (Mittelrhein)
Duett von Quitte und Aprikose, ansprechende Säure,
feinherbes Nachspiel

Graacher Domprobst Riesling Auslese
Weingut Kees-Kieren (Mosel-Saar-Ruwer)
Intensiver Schieferduft, mineralische Würze, herzhafter Körper

Niederhäuser Hermannshöhle Riesling Spätlese
Gutsverwaltung Niederhausen-Schlossböckelheim (Nahe)
Anklang von weißen Johannisbeeren und Pfirsichen,
ausgewogene Frucht, feinrassiges Finish

Bopparder Hamm Mandelstein Riesling Spätlese
Weingut Matthias Müller (Mittelrhein)
Dezenter Pfirsichduft, geschliffene Säure, satter Nachhall

Bernkasteler Badstube Riesling Spätlese
Weingut Markus Molitor (Mosel-Saar-Ruwer)
Feinwürzige Schiefernase, opulenter Körper, seidiges Finale

Bopparder Hamm Feuerlay Riesling Spätlese
Weingut Matthias Müller (Mittelrhein)
Standortgeprägtes Schieferbukett, belebendes Fruchtspiel,
herzhafter Abklang

Siegerweine der Vorjahre

Riesling Spätlese

Die Renaissance des fruchtigen Rieslings wird durch den neuen Trend zur Leichtigkeit begünstigt. Es gibt nur wenige Rebsorten, die mit geringen Alkoholgraden attraktive Weine erbringen: Der Riesling schafft das – um im Bild zu bleiben – mit Leichtigkeit. Besonders filigran und elegant schmecken fruchtige Riesling Spätlesen von Mosel, Saar und Ruwer, vom Mittelrhein, von der Nahe und aus dem Rheingau. In Rheinhessen, der Ortenau und der Pfalz kommen sie oft etwas stoffiger auf die Flasche.

Jahrgang 2000

Wehlener Sonnenuhr Riesling Spätlese – 18 –
Weingut Joh. Jos. Prüm (Mosel-Saar-Ruwer) **92**

Jahrgang 1999

Wehlener Sonnenuhr Riesling Spätlese
Weingut Joh. Jos. Prüm (Mosel-Saar-Ruwer) **92**

Jahrgang 1998

Wintricher Ohligsberg Riesling Spätlese
Weingut Reinhold Haart (Mosel-Saar-Ruwer) **93**

Jahrgang 1997

Wehlener Sonnenuhr Riesling Spätlese – 34 –
Weingut Joh. Jos. Prüm (Mosel-Saar-Ruwer) **94**

Jahrgang 1996

Kiedricher Gräfenberg Riesling Spätlese
Weingut Robert Weil (Rheingau) **94**

Jahrgang 1995

Winkeler Jesuitengarten Riesling Spätlese
Weingut Johannishof (Rheingau) **94**

Jahrgang 1994

Hochheimer Kirchenstück Riesling Spätlese
Domdechant Werner'sches Weingut (Rheingau) **94**

Jahrgang 1993

Brauneberger Juffer-Sonnenuhr Riesling Spätlese – 9 –
Weingut Fritz Haag (Mosel-Saar-Ruwer) **95**

Spitzenreiter Jahrgang 2001

Riesling Spätlese

94

**Wehlener Sonnenuhr Riesling Spätlese – 16 –
Weingut Joh. Jos. Prüm (Mosel-Saar-Ruwer)**
*Ein Strauß edler Kräuter und orientalischer Gewürze,
vielschichtiges Fruchtspiel, außerordentlich entwicklungsfähig*

93

Zeltinger Sonnenuhr Riesling Spätlese – 23 –
Weingut Markus Molitor (Mosel-Saar-Ruwer)
Schieferbukett at its best, feinsaftige Fruchtkonzentration, komplexer Nachhall

Wehlener Sonnenuhr Riesling Spätlese – 17 –
Weingut Joh. Jos. Prüm (Mosel-Saar-Ruwer)
*Duftet delikat nach getrockneten Aprikosen und Mirabellen,
verspielt und pikant, samtige Fülle*

92

Dalsheimer Hubacker Riesling Spätlese – 26 –
Weingut Keller (Rheinhessen)
*Betörender Duft von aromatischen Weinbergspfirsichen,
seidige Eleganz, markantes Finale*

Brauneberger Juffer-Sonnenuhr Riesling Spätlese – 14 –
Weingut Fritz Haag – Dusemonder Hof (Mosel-Saar-Ruwer)
Finessenreicher Schieferduft, graziles Säurespiel, ausgesprochen elegant

91

Rüdesheimer Berg Schlossberg Riesling Spätlese Goldkapsel
Weingut August Kesseler (Rheingau)
*Hauch von Cassis und Minzeblättern,
feinrassiges Säurespiel, beschwingtes Finale*

Piesporter Goldtröpfchen Riesling Spätlese
Weingut Reinhold Haart (Mosel-Saar-Ruwer)
*Feinwürziger Schieferduft, filigrane Pfirsichnote,
elegant und verspielt*

Winninger Röttgen Riesling Spätlese »alte Reben« – 10 –
Weingut Reinhard und Beate Knebel (Mosel-Saar-Ruwer)
*Generöser Duft von Birne und Räucherspeck,
vollmundig und dicht, deutlicher Auslesecharakter*

Leiwener Laurentiuslay Riesling Spätlese
Weingut Sankt Urbans-Hof (Mosel-Saar-Ruwer)
*Interessantes Wechselspiel von Schiefer und Hefearomen,
mineralischer Schmelz, rassiger Nachhall*

Schlossböckelheimer Felsenberg Riesling Spätlese »Türmchen«
Weingut Hermann Dönnhoff (Nahe)
Duett von Quitte und Aprikose, feinsaftiger Körper, klingt würzig nach

Siegerweine der Vorjahre

Riesling Auslese

Die besten Weine dieser Klasse stammen ohne Frage von Mosel, Saar und Ruwer. Sie werden geschmacklich zwar getragen von einer ausgeprägten Süße, erreichen ihre wahre Eleganz und Harmonie aber erst durch ein feinnerviges Säurespiel. Auch der Rheingau, die Nahe, Teile Rheinhessens und der Pfalz sind prädestiniert für die Erzeugung gehaltvoller Riesling Auslesen mit pikanter Fruchtsäure. Diese offenbaren erst nach längerem Flaschenlager ihre ganze Komplexität und Finesse.

Jahrgang 2000

Dalsheimer Hubacker Riesling Auslese *** – 29 –
Weingut Keller (Rheinhessen) **95**

Jahrgang 1999

Scharzhofberger Riesling Auslese Goldkapsel – 33 –
Weingut Egon Müller – Scharzhof (Mosel-Saar-Ruwer) **95**

Jahrgang 1998

Dalsheimer Hubacker Riesling Auslese *** – 29 –
Weingut Keller (Rheinhessen) **96**

Jahrgang 1997

Kiedricher Gräfenberg Riesling Auslese Goldkapsel
Weingut Robert Weil (Rheingau) **97**

Jahrgang 1996

Kiedricher Gräfenberg Riesling Auslese Goldkapsel
Weingut Robert Weil (Rheingau) **98**

Jahrgang 1995

Scharzhofberger Riesling Auslese Goldkapsel
Weingut Egon Müller – Scharzhof (Mosel-Saar-Ruwer) **98**

Jahrgang 1994

Dalsheimer Hubacker Riesling Auslese ***
Weingut Keller (Rheinhessen) **97**

Jahrgang 1993

Erdener Prälat Riesling Auslese lange Goldkapsel
Weingut Dr. Loosen (Mosel-Saar-Ruwer) **98**

und gleichauf

Brauneberger Juffer-Sonnenuhr Riesling Auslese lange Goldkapsel
Weingut Fritz Haag (Mosel-Saar-Ruwer)

Spitzenreiter Jahrgang 2001

Riesling Auslese

97

Dalsheimer Hubacker Riesling Auslese * Goldkapsel
Weingut Keller (Rheinhessen)**
*Fabelhafte Frucht von Aprikosen und Apfelsinen,
überwältigende Opulenz, grandioses Säurespiel*

96

Dalsheimer Hubacker Riesling Auslese ***
Weingut Keller (Rheinhessen)
*Geheimnisvoller Duft von Litschi und exotischen Früchten,
mineralischer Kern, packendes Finale*

94

Mußbacher Eselshaut Riesling Auslese
Weingut Müller-Catoir (Pfalz)
*Ausgeprägtes Bukett hochedler Beeren,
prachtvoller Körper, enorm reichhaltig*

Brauneberger Juffer-Sonnenuhr Riesling Auslese – 12 –
Weingut Fritz Haag – Dusemonder Hof (Mosel-Saar-Ruwer)
*Inbegriff einer großen Mosel-Auslese,
kristallklare Frucht, fröhlich-beschwingter Abgang*

Ruppertsberger Reiterpfad Riesling Auslese
Weingut A. Christmann (Pfalz)
Überbordender Birnenduft, große Konzentration, kompakter Nachhall

93

Lieser Niederberg Helden Riesling Auslese lange Goldkapsel
Weingut Schloss Lieser (Mosel-Saar-Ruwer)
*Hochelegantes Bukett von Cox-Orange-Apfel,
belebende Moselfrische, bleibender Eindruck*

Kiedricher Gräfenberg Riesling Auslese Goldkapsel
Weingut Robert Weil (Rheingau)
Märchenhafter Duft von Datteln und Feigen, markantes Säurespiel, ein Klassiker

Westhofener Morstein Riesling Auslese »S«
Weingut Wittmann (Rheinhessen)
*Duftet verführerisch nach Granatapfel und Birnenkompott,
pikante Fruchtsäure, faszinierend*

Eitelsbacher Karthäuserhofberg Riesling Auslese – 33 –
Weingut Karthäuserhof (Mosel-Saar-Ruwer)
*Exotische Früchte und geheimnisvolle Kräuter im Bukett,
belebendes Säurespiel, eleganter Abklang*

Lieser Niederberg Helden Riesling Auslese ***
Weingut Schloss Lieser (Mosel-Saar-Ruwer)
*Zauberhafte Schiefernote, erinnert an weiße Johannisbeeren,
rasantes Finish*

Siegerweine der Vorjahre

Edelsüßer Riesling

Diese Spitzengewächse werden aus überreifen, rosinenartig eingetrockneten Beeren gewonnen, in denen sich Süße und Säure konzentriert haben. Besondere Raritäten stellen die bei strengem Frost gewonnenen Eisweine dar. Je ausgeprägter die balancierende Fruchtsäure, umso pikanter das Geschmackserlebnis. Die feinsten edelsüßen deutschen Weißweine liefert fraglos der Riesling, gefolgt von Rieslaner und Scheurebe. Diese Schätze deutscher Weinkultur zählen zu den langlebigsten Weinen überhaupt.

Jahrgang 2000

Monzinger Frühlingsplätzchen Riesling Eiswein ***
Weingut Emrich-Schönleber (Nahe) **98**

Jahrgang 1999

Dalsheimer Hubacker Riesling Trockenbeerenauslese Goldkapsel
Weingut Keller (Rheinhessen) **100**

Jahrgang 1998

Oberhäuser Brücke Riesling Eiswein »Montag« – 24 –
Weingut Hermann Dönnhoff (Nahe) **99**

Jahrgang 1997

Erdener Treppchen Riesling Beerenauslese
Weingut Dr. Loosen (Mosel-Saar-Ruwer) **98**

Jahrgang 1996

Oberhäuser Brücke Riesling Eiswein – 28 –
Weingut Hermann Dönnhoff (Nahe) **99**

Jahrgang 1995

Kiedricher Gräfenberg Riesling Trockenbeerenauslese Goldkapsel
Weingut Robert Weil (Rheingau) **100**

Jahrgang 1994

Brauneberger Juffer-Sonnenuhr Riesling Trockenbeerenauslese – 17 –
Weingut Fritz Haag (Mosel-Saar-Ruwer) **100**

Jahrgang 1993

Piesporter Goldtröpfchen Riesling Eiswein
Weingut Reinhold Haart (Mosel-Saar-Ruwer) **99**

Spitzenreiter Jahrgang 2001

Edelsüße Weißweine

100

Mülheimer Helenenkloster Riesling Eiswein **
Weingut Max Ferd. Richter (Mosel-Saar-Ruwer)
*Atemberaubende Konzentration, verschwenderische Fülle,
an Heiligabend geerntet – ein Hauch von Unvergänglichkeit*

99

Mußbacher Eselshaut Rieslaner Trockenbeerenauslese
Weingut Müller-Catoir (Pfalz)
*Großartige Allianz gerösteter Mandeln und feinster Beerenfrucht,
überwältigende Dichte, ein ganz großer Wein*

98

Dalsheimer Hubacker Riesling Trockenbeerenauslese – 31 –
Weingut Keller (Rheinhessen)
*Brillant-Feuerwerk exotischer Fruchtaromen,
majestätische Statur, beeindruckende Nachhaltigkeit*

Haardter Mandelring Scheurebe Eiswein
Weingut Müller-Catoir (Pfalz)
*Inbegriff eines großen Scheurebeweins,
kristallklar wie Gletscherwasser, nuancenreicher Nachhall*

96

Monsheimer Silberberg Rieslaner Trockenbeerenauslese
Weingut Keller (Rheinhessen)
*Duftet fabelhaft nach Pfirsisch und Aprikose,
brillantes Säurespiel, beeindruckende Länge*

Heppenheimer Centgericht Riesling Eiswein
Staatsweingut Bergstraße (Hessische Bergstraße)
*Betörender Duft von exotischen Früchten und Trockenobst,
feinrassiges Säurespiel, Schmelz und Dichte*

95

Mußbacher Eselshaut Riesling Eiswein
Weingut Müller-Catoir (Pfalz)
*Erinnert frappant an eine Schale mit getrockneten Früchten,
barocke Fülle, Abklang wie Samt und Seide*

Riesling Trockenbeerenauslese
Weingut Keller (Rheinhessen)
Vollsaftige Konsistenz, zimtwürzig-dichte Fruchtsüße, schier endloser Nachhall

Königsbacher Idig Riesling Trockenbeerenauslese
Weingut A. Christmann (Pfalz)
*Reizvolles Bukett mit einem Hauch von Bourbon-Vanille,
umfassende Opulenz, Saft und Schmelz*

Mülheimer Helenenkloster Riesling Eiswein
Weingut Max Ferd. Richter (Mosel-Saar-Ruwer)
Wunderbar würziger Schieferduft, fein gewobenes Säurespiel, vielschichtig

Zehn Jahre danach

Schon immer wurden im Gault Millau WeinGuide Hitlisten aktueller Jahrgänge veröffentlicht. Eine häufig diskutierte Frage lautet: Beurteilt man die Weine nur danach, wie sie sich zu dem jeweiligen Zeitpunkt präsentieren oder rechnet man auch das Alterungspotenzial in die Bewertung ein? Es bedarf einer gehörigen Portion Erfahrung, um dieses Reifevermögen eines Weines zu ergründen, zumal es unterschiedlichen Geschmack, Vorlieben und Abneigungen gibt. Der eine mag in erster Linie knackig frische Weine und lehnt reife Gewächse ab, der andere macht einen Bogen um junge Weine mit eckiger Säure und hält eine leichte Firne für das Signal steigender Trinkfreude. Ganz allgemein gilt die Regel, dass trockene Weine weitaus weniger alterungsfähig sind als süße, weil ihnen der konservierende Zucker fehlt. Viele trockene Weine erleben nach drei bis fünf Jahren ihren Höhepunkt und bauen dann merklich ab.

Trotzdem waren wir sehr gespannt, trockene Rieslinge, die wir vor zehn Jahren mit Höchstnoten bewertet hatten, nun noch einmal verkosten zu können. Wir verdanken diese Chance einem treuen Leser. **Hans Onstein** aus Bocholt hat von Anfang an alle trockenen Spitzenreiterweine gekauft und eingelagert. Seinem Wunsch, diese Weine gemeinsam mit der Chefredaktion des WeinGuide erneut zu probieren, haben wir gern entsprochen. Ganz allgemein überraschte, dass die Weine sich in der Mehrzahl positiv entwickelt hatten, denn immerhin war der Jahrgang 1992 nicht eben durch geringe Erträge oder etwa hohe Säurewerte aufgefallen. Einige Exemplare zeigten deutliche Ermüdungserscheinungen, etwa die trockenen Riesling Spätlesen aus dem Erbacher Marcobrunn von Langwerth von Simmern und Graf Schönborn, oder das Pendant von Hans Wirsching aus dem Iphöfer Julius-Echter-Berg. Hingegen waren andere von berückender Eleganz und Länge. Übrigens: Gegen die Besten hatten zwei als Piraten eingeschleuste Smaragd-Weine aus namhaften Wachauer Gütern nicht die Spur einer Chance. Es bleibt festzuhalten: Exzellente trockene Rieslinge können auch nach zehn Jahren noch Trinkfreude bereiten.

Die Favoriten unserer Jubiläumsprobe:

91

1992 Niersteiner Brudersberg Riesling Spätlese trocken
Weingut Heyl zu Herrnsheim (Rheinhessen)
Erstklassig gereifter Riesling, zarter Petrolduft, rauchige Aprikosennote

1992 Hochheimer Reichestal Riesling Auslese trocken
Weingut Künstler (Rheingau)
Feinwürziges Bukett, finessenreiches Fruchtspiel, hat Stoff und Länge

90

1992 Rüdesheimer Berg Schlossberg Riesling trocken
Weingut Georg Breuer (Rheingau)
Duft von Haselnuss und Limone, mineralisches Fruchtspiel, gradlinig

1992 Rauenthaler Nonnenberg Riesling trocken
Weingut Georg Breuer (Rheingau)
Charaktervoller Duft von getrockneten Aprikosen, langer Nachhall

Die Besten von Anfang an

Auf den folgenden Seiten haben wir unsere Spitzenreiterlisten aller zehn bisherigen Ausgaben zusammengestellt. Sie ergeben eine einzigartige Dokumentation der Leistungsfähigkeit der deutschen Winzerelite der vergangenen zehn Jahre: Insgesamt 865 Weine aus 146 Betrieben schafften bislang den Sprung in die Hitliste der Spitzenreiter des jeweiligen Jahrganges. Nicht mitgerechnet sind hierbei Literweine, Winzersekte und Winzerbrände, die überhaupt erst seit einigen Jahren in die Kritiken einbezogen und nur zum Teil in Listen erfasst werden. Sie sind für diese Statistik deshalb weniger interessant.

Mit dem neuen WeinGuide können wir einen Wechsel an der Tabellenspitze bekannt geben: In unwiderstehlicher Manier hat der Rheinhesse Keller das bislang führende Rheingauer Weingut Weil abgelöst, das in den Anfangsjahren des Guides ähnlich stark dominierte: Allein in diesem Jahr konnte der Dalsheimer sage und schreibe zehn Weine in insgesamt sechs Kategorien platzieren. Keller wiederholt damit seinen Triumph aus dem Jahr 2001, und hat in nur drei Jahren 29 Spitzenreiter aufzuweisen! Dem Führungsduo folgen mit Egon Müller und Fritz Haag zwei Riesling-Stars von Saar und Mosel. Alle diese Ausnahmegüter wurden in den vergangenen Jahren ebenso als »Winzer des Jahres« geehrt wie Dr. Carl von Schubert, Dr. Manfred Prüm, Helmut Dönnhoff, Ernst Loosen und Hansjörg Rebholz im vergangenen Jahr. Die diesjährige Auszeichnung für Paul Fürst belegt erneut, dass sich inzwischen nicht mehr nur Spezialisten für edelsüße Rieslinge in der absoluten Spitze profilieren.

Interessante Erkenntnisse vermittelt die Statistik deshalb im Hinblick auf die verschiedenen Weinkategorien: Bei den Rotweinen beherrscht Meyer-Näkel ebenso eindeutig die Szene wie Dr. Heger bei den weißen Burgundersorten, und beim trockenen Riesling hat die Pfalz schon lange die Führerschaft übernommen: Am häufigsten konnten sich bislang Bürklin-Wolf und Christmann auszeichnen, gefolgt vom Rheingauer Georg Breuer. Apropos Rheingau: Gemeinsam mit der Nahe, der Mosel und vor allem dem Mittelrhein schneidet dieses Gebiet auch bei den halbtrockenen Rieslingen recht gut ab. Dafür dürfte in erster Linie das ausgewogene Verhältnis von Alkohol, Süße und Säure der Weine aus diesen zentral gelegenen Anbauregionen verantwortlich sein.

Je ausgeprägter die Restsüße beim Riesling, umso deutlicher dominieren die Erzeuger von Mosel, Saar und Ruwer, weil die meist auf Schieferböden gewachsenen Weine von besonderer Delikatesse sind. Bei den klassischen Spätlesen liegen mit Joh. Jos. Prüm und Fritz Haag ebenso Mosel-Betriebe ganz vorn, wie bei den Auslesen, wo Fritz Haag, Egon Müller und Dr. Loosen am erfolgreichsten sind. Jedoch mischen hier der Rheinhesse Keller, der Rheingauer Weil und auch Helmut Dönnhoff von der Nahe kräftig mit. In der Königsdisziplin der edelsüßen Beerenauslesen und Eisweine konnte Wilhelm Weil seinen Vorsprung sogar noch ausdehnen.

Es ist aufschlussreich, gewisse Trends zu beobachten: Manche Betriebe, die vor zehn Jahren fulminant starteten, zeigen inzwischen deutlich Schwächen oder wurden von Kollegen schlicht und einfach überholt. Andere tauchten in den ersten Jahren fast nie in den Hitlisten auf, um dann aber umso kräftiger abzuräumen. Neben Keller und Wittmann aus Rheinhessen ist es diesmal vor allem ein Pfälzer Triumvirat: Müller-Catoir, Rebholz und Christmann.

Die Besten im Lauf der Jahre

Anzahl der Spitzenreiter-Weine von 1994 bis 2003

			Gesamt	'94	'95	'96	'97	'98	'99	'00	'01	'02	'03
1.	Keller	Rheinhessen	44	–	–	2	–	2	5	6	10	9	10
2.	Weil	Rheingau	40	8	3	5	8	7	3	3	2	–	1
3.	Egon Müller	Saar	34	3	3	4	5	4	5	3	5	2	–
4.	Fritz Haag	Mosel	32	4	5	6	4	3	4	1	2	1	2
5.	Dr. Heger	Baden	25	–	3	5	3	4	4	5	–	1	–
6.	Dönnhoff	Nahe	22	4	2	1	4	2	4	4	–	–	1
7.	Dr. Loosen	Mosel	21	1	3	3	2	3	4	1	2	2	–
8.	Johner	Baden	19	2	3	3	4	1	2	–	1	3	–
9.	Christmann	Pfalz	18	–	–	2	1	3	1	3	–	5	3
10.	Joh. Jos. Prüm	Mosel	18	2	1	3	2	1	2	1	2	2	2
11.	Meyer-Näkel	Ahr	17	–	1	1	3	3	1	5	–	2	1
12.	Bercher	Baden	16	2	3	3	–	3	3	–	2	–	–
13.	Künstler	Rheingau	16	2	2	2	1	1	3	3	2	–	–
14.	Müller-Catoir	Pfalz	15	4	2	–	–	1	–	2	1	–	5
15.	Karthäuserhof	Ruwer	15	3	4	1	2	–	2	–	2	–	1
16.	Bürklin-Wolf	Pfalz	15	–	–	2	2	5	3	2	1	–	–
17.	Rebholz	Pfalz	14	–	1	–	–	1	–	1	3	4	4
18.	Huber	Baden	13	–	–	1	–	2	1	4	2	2	1
19.	Breuer	Rheingau	12	–	2	4	2	1	–	2	–	–	1
20.	Jost	Mittelrhein	12	1	5	2	2	–	1	–	–	1	–
21.	von Schubert	Ruwer	12	3	5	1	1	1	1	–	–	–	–
22.	Dr. Wehrheim	Pfalz	11	1	–	–	–	3	1	1	–	1	4
23.	St. Urbans-Hof	Mosel-Saar	11	2	–	1	–	1	1	2	–	3	1
24.	Kühn	Rheingau	11	–	2	–	3	3	2	–	1	–	–
25.	von Buhl	Pfalz	10	–	–	–	1	–	3	–	1	4	1
26.	Gunderloch	Rheinhessen	10	3	2	2	1	–	2	–	–	–	–
27.	Wittmann	Rheinhessen	9	–	–	–	1	–	–	1	2	1	4
28.	Bergdolt	Pfalz	9	2	2	–	1	1	–	–	1	–	2
29.	Reinhold Haart	Mosel	9	–	1	–	–	2	–	4	1	–	1
30.	Knipser	Pfalz	9	–	1	2	1	–	2	–	2	1	–
31.	Dautel	Württemberg	9	–	3	3	1	1	1	–	–	–	–
32.	Heyl zu H'heim	Rheinhessen	9	3	3	1	–	1	1	–	–	–	–
33.	Molitor	Mosel	9	–	–	–	–	–	2	2	2	1	2
34.	Leitz	Rheingau	9	–	1	1	2	–	–	1	–	3	1

Ausgabe Gault Millau WeinGuide

Anmerkung: Im WeinGuide 2003 werden die Weißweine des Jahrganges 2001 in den Spitzenreiter-Listen (Seite 62–73) und folglich auch in dieser Aufstellung berücksichtigt, im WeinGuide 2002 waren es die von 2000 usw. Bei den Rotweinen geht es in dieser Ausgabe um den Jahrgang 2000, also jeweils um ein weiteres Jahr nach hinten versetzt.

Die Besten in den Kategorien

Spitzenreiter von 1994 bis 2003 sortiert nach Weingruppen

		Gesamt	Rotwein	Weiße Burgunder	Riesling trocken	Riesling halbtrocken	Riesling Spätlese	Riesling Auslese	Edelsüß
1. Keller	Rheinhessen	44	2	4	6	1	7	10	14
2. Weil	Rheingau	40	–	–	3	2	6	10	19
3. Egon Müller	Saar	34	–	–	–	–	7	14	13
4. Fritz Haag	Mosel	32	–	–	–	–	11	16	5
5. Dr. Heger	Baden	25	3	22	–	–	–	–	–
6. Dönnhoff	Nahe	22	–	2	1	1	4	4	10
7. Dr. Loosen	Mosel	21	–	–	–	–	5	12	4
8. Johner	Baden	19	7	12	–	–	–	–	–
9. Christmann	Pfalz	18	–	–	11	3	–	2	2
10. Joh. Jos. Prüm	Mosel	18	–	–	–	–	12	4	2
11. Meyer-Näkel	Ahr	17	17	–	–	–	–	–	–
12. Bercher	Baden	16	3	13	–	–	–	–	–
13. Künstler	Rheingau	16	–	–	5	4	6	1	–
14. Müller-Catoir	Pfalz	15	–	1	3	3	–	1	7
15. Karthäuserhof	Ruwer	15	–	–	4	3	1	6	1
16. Bürklin-Wolf	Pfalz	15	–	–	14	1	–	–	–
17. Rebholz	Pfalz	14	1	10	3	–	–	–	–
18. Huber	Baden	13	9	4	–	–	–	–	–
19. Breuer	Rheingau	12	–	–	9	2	–	–	1
20. Jost	Mittelrhein	12	–	–	5	4	1	1	1
21. von Schubert	Ruwer	12	–	–	–	–	6	4	2
22. Dr. Wehrheim	Pfalz	11	2	8	1	–	–	–	–
23. St. Urbans-Hof	Mosel-Saar	11	–	–	–	1	4	2	4
24. Kühn	Rheingau	11	–	–	2	1	1	3	4
25. von Buhl	Pfalz	10	–	–	3	2	2	2	1
26. Gunderloch	Rheinhessen	10	–	–	2	1	4	1	2
27. Wittmann	Rheinhessen	9	–	4	4	–	–	1	–
28. Bergdolt	Pfalz	9	–	9	–	–	–	–	–
29. Reinh. Haart	Mosel	9	–	–	–	1	5	2	1
30. Knipser	Pfalz	9	7	1	–	–	–	–	1
31. Dautel	Württemberg	9	6	3	–	–	–	–	–
32. Heyl zu Herrnsh.	Rheinhessen	9	–	3	4	1	1	–	–
33. Molitor	Mosel	9	–	–	–	5	2	1	1
34. Leitz	Rheingau	9	–	–	4	4	1	–	–

Die Spezialisten

Die Spitzengüter und die Anzahl ihrer platzierten Weine
in den jeweiligen Kategorien von 1994 bis 2003

Trockener Riesling

1.	Bürklin-Wolf	Pfalz	14
2.	Christmann	Pfalz	11
3.	Breuer	Rheingau	9
4.	Mosbacher	Pfalz	5
5.	Keller	Rheinhessen	6
6.	Laible	Baden	6
7.	Biffar	Pfalz	6
8.	Jost	Mittelrhein	5
9.	Künstler	Rheingau	5
10.	Wittmann	Rheinhessen	4
11.	Heyl zu H'heim	Rheinhessen	4
12.	Karthäuserhof	Ruwer	4
13.	Leitz	Rheingau	4

Halbtrockener Riesling

1.	Kruger-Rumpf	Nahe	6
2.	Molitor	Mosel	5
3.	Paulinshof	Mosel	5
4.	Leitz	Rheingau	4
5.	Weingart	Mittelrhein	4
6.	Künstler	Rheingau	4
7.	Jost	Mittelrhein	4
8.	A. Eser	Rheingau	4
9.	Lorenz	Mittelrhein	4
10.	August Perll	Mittelrhein	4

Riesling Spätlese

1.	Joh. Jos. Prüm	Mosel	12
2.	Fritz Haag	Mosel	11
3.	Keller	Rheinhessen	7
4.	Egon Müller	Saar	7
5.	Weil	Rheingau	6
6.	Künstler	Rheingau	6
7.	von Schubert	Ruwer	6
8.	Reinh. Haart	Mosel	5
9.	Dr. Loosen	Mosel	5
10.	St. Urbans-Hof	Mosel-Saar	4
11.	Dönnhoff	Nahe	4
12.	Gunderloch	Rheinhessen	4

Rotwein

1.	Meyer-Näkel	Ahr	17
2.	Huber	Baden	9
3.	Deutzerhof	Ahr	8
4.	Johner	Baden	7
5.	Knipser	Pfalz	7
6.	Dautel	Württemberg	6
7.	Stodden	Ahr	5
8.	Kesseler	Rheingau	5
9.	Nelles	Ahr	5
10.	Fürst	Franken	4
11.	Seeger	Baden	4

Weiße Burgundersorten

1.	Dr. Heger	Baden	22
2.	Bercher	Baden	13
3.	Johner	Baden	12
4.	Rebholz	Pfalz	10
5.	Bergdolt	Pfalz	9
6.	Dr. Wehrheim	Pfalz	8
7.	Keller	Rheinhessen	4
8.	Wittmann	Rheinhessen	4
9.	Huber	Baden	4
10.	Fürst	Franken	4

Riesling Auslese

1.	Fritz Haag	Mosel	16
2.	Egon Müller	Saar	14
3.	Dr. Loosen	Mosel	12
4.	Keller	Rheinhessen	10
5.	Weil	Rheingau	10
6.	Karthäuserhof	Ruwer	6
7.	Joh. Jos. Prüm	Mosel	4
8.	Dönnhoff	Nahe	4
9.	Willi Schaefer	Mosel	4
10.	von Schubert	Ruwer	4

Edelsüßer Weißwein

1.	Weil	Rheingau	19
2.	Keller	Rheinhessen	14
3.	Egon Müller	Saar	13
4.	Dönnhoff	Nahe	10
5.	Müller-Catoir	Pfalz	7
6.	Fritz Haag	Mosel	5
7.	St. Urbans-Hof	Mosel-Saar	4
8.	Dr. Loosen	Mosel	4
9.	Kühn	Rheingau	4

Spitzenweingüter regional

Jedes Jahr dokumentiert der Gault Millau WeinGuide die besten Weine des Jahrgangs in seinen Spitzenreiter-Listen. Die führenden Güter sind fast jedes Mal mit einem oder mehreren Weinen dabei. Die nachfolgende Aufstellung macht deutlich, wer im jeweiligen Anbaugebiet beim Thema Spitzenweine den Ton angibt.

Ahr (5)
1. Meyer-Näkel 17
2. Deutzerhof 8
3. Stodden 5
4. Nelles 5
5. Kreuzberg 2

Mosel-Saar-Ruwer (27)
1. Egon Müller * 34
2. Fritz Haag 32
3. Dr. Loosen 21
4. Joh. Jos. Prüm 18
5. Karthäuserhof 15
6. von Schubert 12
7. St. Urbans-Hof 11
8. Molitor 9
9. Reinhold Haart 9
10. Willi Schaefer 8
11. Paulinshof 5
12. von Kesselstatt 5
13. Schloss Lieser 2
14. Karlsmühle 4
15. Heymann-Löwenstein 4
16. Joh. Jos. Christoffel 4
17. Selbach-Oster 4
18. Knebel 3
19. Dr. Wagner 3
20. Erben Wwe. Thanisch 3
21. Grans-Fassian 3
22. von Hövel 3
23. Kees-Kieren 2
24. Clüsserath-Weiler 2
25. S. A. Prüm 2
26. Schloss Saarstein 2
27. Zilliken 2

* inklusive Le Gallais

Mittelrhein (5)
1. Jost 12
2. A. Perll 5
3. Weingart 4
4. Lorenz 4
5. M. Müller 3

Nahe (12)
1. Dönnhoff 22
2. Emrich-Schönleber 7
3. Niederhausen 6
4. Kruger-Rumpf 6
5. Göttelmann 4
6. Prinz Salm 4
7. Mathern 4
8. Schneider 2
9. Tesch 2
10. Schweinhardt 2
11. Crusius 2
12. Hehner-Kiltz 2

Rheingau (15)
1. Weil 40
2. Künstler 16
3. Breuer 12
4. Kühn 11
5. Leitz 9
6. Kesseler 7
7. Johannishof 6
8. A. Eser 6
9. Wegeler 5
10. Hans Lang 4
11. Domdechant Werner 4
12. Johannisberg 3
13. Jakob Jung 3
14. Reinhartshausen 3
15. Prinz von Hessen 3

Rheinhessen (4)
1. Keller 44
2. Gunderloch 10
3. Wittmann 9
4. Heyl zu Herrnsheim 9

Hessische Bergstraße (1)
1. Staatsweingut 5

Pfalz (16)
1. Christmann 18
2. Müller-Catoir 15
3. Bürklin-Wolf 15
4. Rebholz 14
5. Dr. Wehrheim 11
6. von Buhl 10
7. Bergdolt 9
8. Knipser 9
9. Mosbacher 8
10. Biffar 7
11. Becker 5
12. Koehler-Ruprecht 5
13. Bernhart 3
14. Bassermann-Jordan 3
15. Pfeffingen-Fuhrmann 3
16. Meßmer 2

Franken (3)
1. Fürst 8
2. Juliusspital 2
3. Schmitt's Kinder 2

Württemberg (2)
1. Dautel 9
2. Fürst Hohenlohe 2

Baden (11)
1. Dr. Heger 25
2. Johner 19
3. Bercher 16
4. Huber 13
5. Laible 6
6. Salwey 5
7. Seeger 5
8. Schneider 4
9. Duijn 2
10. Schloss Neuweier 2
11. Graf Hoensbroech 2

Die besten Winzerbrände

Angeregt wohl durch den Erfolg von Marc und Grappa haben Deutschlands Winzer alte Brenn-Traditionen wiederentdeckt: Sie verarbeiten besondere Weine zu Weinbrand, veredeln die Rückstände des Pressvorgangs zu Tresterbrand und destillieren das so genannte Hefegeläger der Gärung zu Weinhefebrand. Die besten Winzerbrände können erstaunlich gut schmecken. Sofern sie in Glasballons ausgebaut wurden, präsentieren sich diese Schnäpse glanzhell, bei der Lagerung im Eichenfass bräunlich bis gelb. Einige Winzer erzeugen auch Obstbrände, die ausgezeichnet sein können.

OBSTBRAND

Weingut Meyer-Näkel (Ahr)
Zwetschgen, 43% Vol., 17,50 €/0,35 Liter

WG Alde Gott (Baden)
Alter Kirsch, 42% Vol., 10,30 €/0,5 Liter

Weingut Peter Briem (Baden)
Feiner Williams Christ Birnenbrand
42% Vol., 13,30 €/0,7 Liter

Schlossgut Istein (Baden)
Sauerkirsch, 42% Vol., 26,– €/0,7 Liter

Weingut Heinrich Männle (Baden)
Williams Edel-Gold mit Fruchtauszügen
35% Vol., 22,50 €/0,75 Liter

Weingut Lothar Schwörer (Baden)
»Zibärtle« Wildpflaume
42% Vol., 14,30 €/0,375 Liter

Weingut Julius Zotz (Baden)
Schwarzwälder Kirschwasser
45% Vol., 14,– €/0,5 Liter

Weingut Helmut Christ (Franken)
Zwetschge, im Fass gereift
40% Vol., 10,50 €/0,5 Liter

Weingut Roman Schneider (Franken)
Williams Christ Birnenbrand
40% Vol., 10,70 €/0,7 Liter

Weingut Zur Schwane (Franken)
Schlehe aus der Schwanegasse
45% Vol., 49,– €/0,5 Liter

Weingut Sonnenhang (Mittelrhein)
Elsbeerbrand
40% Vol., 32,– €/0,35 Liter

Weingut Sonnenhang (Mittelrhein)
Schlehenbrand
42% Vol., 27,60 €/0,35 Liter

Weingut Heymann-Löwenstein (Mosel)
Roter Weinbergspfirsich
44% Vol., 21,– €/0,35 Liter

Weingut Familie Kranz (Pfalz)
Williams Christ Birnenbrand
40% Vol., 11,30 €/0,7 Liter

Graf Adelmann (Württemberg)
Quittenschnaps
42% Vol., 13,– €/0,5 Liter

Staatsweingut Weinsberg (Württemb.)
Himbeergeist, 42% Vol., 14,50 €/0,5 Liter

TRAUBENBRAND

Weingut Rüdiger Kröber (Mosel)
Traubenbrand
40% Vol., 14,50 €/0,35 Liter

Weingut Schweinhardt (Nahe)
Bacchus Traubenbrand
44% Vol., 16,90 €/0,5 Liter

Weingut Eymann (Pfalz)
Gelber Muskateller Traubenbrand
40% Vol., 17,90 €/0,5 Liter

Weingut Karl Haidle (Württemberg)
Gewürztraminer Traubenbrand
42% Vol., 23,80 €/0,35 Liter

TRESTER

WG Durbach (Baden)
Marc vom Traminer
43% Vol., 11,50 €/0,5 Liter

WG Ehrenstetten (Baden)
Marc vom Gewürztraminer
42% Vol., 11,– €/0,5 Liter

Freiherr von Franckenstein (Baden)
Trester vom Traminer
42% Vol., 12,75 €/0,5 Liter

Weingut Huck-Wagner (Baden)
Marc de Baden
40% Vol., 11,30 €/0,5 Liter

Weingut Salwey (Baden)
Marc vom Kaiserstuhl
45% Vol., 8,55 €/0,35 Liter

Weingut Stigler (Baden)
Riesling Trester
45% Vol., 17,– €/0,5 Liter

Bürgerspital zum Heiligen Geist (Franken)
Traminer Tresterbrand
40% Vol., 14,85 €/0,5 Liter

Graf von Schönborn (Franken)
Trester vom Riesling
40% Vol., 11,80 €/0,5 Liter

Weingut Stich – Im Löwen (Franken)
Gewürztraminer Trester
42% Vol., 18,– €/0,5 Liter

Weingut Rothweiler (Hess. Bergstraße)
Grauburgunder Trester (Grappa) vom Fass
40% Vol., 18,90 €/0,5 Liter

Weingut Zum Rebstock (Mittelrhein)
Marc vom Spätburgunder
42% Vol., 14,30 €/0,5 Liter

Weingut Clüsserath-Weiler (Mosel)
Tresterbrand vom Riesling
42% Vol., 15,50 €/0,5 Liter

Weingut Heymann-Löwenstein (Mosel)
Essenz vom Eiswein – Riesling Trester
43% Vol., 35,– €/0,35 Liter

Weingut St. Urbans-Hof (Mosel)
Riesling Tresterbrand
42% Vol., 18,– €/0,5 Liter

Weingut Selbach-Oster (Mosel)
Riesling Tresterbrand Barrique
40% Vol., 15,30 €/0,5 Liter

Wilhelm Mohr Erben (Rheingau)
Riesling Eiswein Trester
40% Vol., 12,– €/0,2 Liter

Staatsweingut Assmannshausen (Rheingau)
Spätburgunder Tresterbrand
39% Vol., 20,45 €/0,5 Liter

Weingut Wagner-Stempel (Rheinhessen)
Chardonnay Trester
42% Vol., 17,– €/0,5 Liter

WG Grantschen (Württemberg)
Gran Marc Gewürztraminer Trester
42% Vol., 41,50 €/0,5 Liter

Weingut Schnaitmann (Württemberg)
Riesling Trester
42% Vol., 17,90 €/0,5 Liter

WEINBRAND

WG Bischoffingen (Baden)
Alter Weinbrand
38% Vol., 10,45 €/0,5 Liter

Weingut Blankenhorn (Baden)
Weinbrand, 40% Vol., 19,– €/0,7 Liter

Weingut Salwey (Baden)
Salwey's Weinbrand
45% Vol., 9,70 €/0,35 Liter

Weingut Jakob Jung (Rheingau)
Alter Riesling Weinbrand XO
40% Vol., 14,40 €/0,5 Liter

Schloss Reinhartshausen (Rheingau)
Riesling Weinbrand XO
38% Vol., 9,90 €/0,5 Liter

Schloss Schönborn (Rheingau)
Alter Riesling Brand XO
38% Vol., 16,65 €/0,7 Liter

Schloss Vollrads (Rheingau)
Alter Riesling Brand
38% Vol., 25,– €/0,5 Liter

Weingut Drautz-Able (Württemberg)
Weinbrand, 10 Jahre im Barrique gereift
38% Vol., 27,90 €/0,5 Liter

WEINHEFE

Weingut Stigler (Baden)
Weinhefe
45% Vol., 10,45 €/0,5 Liter

Weingut Clüsserath-Weiler (Mosel)
Hefebrand vom Riesling
42% Vol., 12,50 €/0,7 Liter

Weingut Heymann-Löwenstein (Mosel)
Tanz der Rieslinghefe
40% Vol., 19,– €/0,35 Liter

Weingut Joh. Bapt. Schäfer (Nahe)
Weinhefebrand
40% Vol., 9,70 €/0,5 Liter

Weingut Peter Graeber (Pfalz)
Hefebrand, im Eichenfass gereift
42% Vol., 14,40 €/0,5 Liter

Weingut Wolf, Ungstein (Pfalz)
Feiner Brand von Burgunder in Kastanienholz, 42% Vol., 7,50 €/0,35 Liter

Staatsweingut Assmannshausen (Rheingau)
Spätburgunder Hefebrand
39,5% Vol., 20,45 €/0,5 Liter

Weingut Pawis (Saale-Unstrut)
Riesling Hefebrand
40% Vol., 12,70 €/0,35 Liter

Die größten Schnäppchen

Weißweine

Spitzenweine für wenig Geld – es gibt sie noch, aber man muss länger als früher danach suchen. Als wir für den WeinGuide 1996 unsere erste Liste zusammenstellten, lag die Preisgrenze bei zehn Mark pro Flasche – und wir fanden einige Dutzend Winzer mit einem besonders guten Preis-Leistungsverhältnis. Seither haben wir das Limit mehrmals heraufgesetzt. Es liegt jetzt bei 8 Euro für einen Weißwein, der mit mindestens 88 oder mehr Punkten bewertet wurde.

BADEN

Ernst Heinemann	Seite 140
WG Pfaffenweiler	Seite 172
R. u. C. Schneider	Seite 184

FRANKEN

Meintzinger	Seite 224
Horst Sauer	Seite 229

MITTELRHEIN

Didinger	Seite 261
Matthias Müller	Seite 272
August Perll	Seite 273
Weingart	Seite 280

MOSEL-SAAR-RUWER

Ansgar Clüsserath	Seite 295
Willi Haag	Seite 312
Reinhold Haart	Seite 314
Heddesdorf	Seite 317
Kees-Kieren	Seite 328
Reuscher-Haart	Seite 369

PFALZ

G. Beck	Seite 454
Friedrich Becker	Seite 455
Josef Biffar	Seite 459
Brenneis-Koch	Seite 460
Darting	Seite 468
Karl-Heinz Gaul	Seite 473
Gies-Düppel	Seite 474
J. Kleinmann	Seite 484
Müller-Catoir	Seite 502
Karl Pfaffmann	Seite 506
Pfeffingen	Seite 507
Scheu	Seite 513
Siegrist	Seite 517
Siener	Seite 518
Ullrichshof	Seite 521

Die größten Schnäppchen

Rotweine

Da der Boom ungebrochen anhält, ist es bei deutschen Rotweinen wesentlich schwieriger Schnäppchen zu machen als bei den Weißen. Man muss die Preisgrenze schon deutlich höher ansetzen, um überhaupt eine Ausbeute zu bekommen. Nachfolgende Betriebe bieten mindestens einen Rotwein, der mit 86 oder mehr Punkten bewertet wurde und maximal 10 Euro kostet. Auf den Betriebsseiten sind Schnäppchen-Weine übrigens mit einem roten Preis gekennzeichnet.

AHR

Adeneuer	Seite 89
Brogsitter	Seite 91
Burggarten	Seite 92

BADEN

Abril	Seite 112
WG Achkarren	Seite 113
WG Alde Gott	Seite 115
Salwey	Seite 176

FRANKEN

Brennfleck	Seite 206
Dr. Heigel	Seite 217
Schloss Sommerhausen	Seite 237
Staatlicher Hofkeller	Seite 238

NAHE

Wilhelm Sitzius	Seite 440

PFALZ

Bergdolt	Seite 457
Bernhart	Seite 458
Darting	Seite 468
Walter Hensel	Seite 477
Kassner-Simon	Seite 481
Heinz Kaub	Seite 482
Gerhard Klein	Seite 483
Knipser	Seite 485
Philipp Kuhn	Seite 490
Lergenmüller	Seite 493
Rebholz	Seite 510
Egon Schmitt	Seite 514
Siener	Seite 518
Wilhelmshof	Seite 528

Die süffigsten Schoppenweine

Literweine genießen unter Weinkennern meist kein besonderes Ansehen. In die große Flasche, meinen viele durchaus zu Recht, füllt der Winzer nur seine minderwertigen Schoppenweine, oft bestimmt für die Gastronomie. Wir haben den Inhalt der dicken Bouteillen kritisch auf die Zunge genommen und dabei festgestellt: Es gibt in Deutschland immer noch viele gute Literweine, die zu überraschend günstigen Preisen angeboten werden. Rechnet man den Flascheninhalt auf die 0,75-Liter-Flasche um, landet manch süffiger Schoppenwein bei vier Euro oder noch darunter! Und eine alte Erfahrung besagt: Bei demjenigen Winzer, der einen guten Literwein anzubieten hat, kann man beruhigt auch die teureren Weine kaufen.

85

2001 Deidesheimer Herrgottsacker Riesling trocken, 4,70 €
Weingut Georg Mosbacher (Pfalz)

2001 Riesling trocken, 6,– €
Weingut Müller-Catoir (Pfalz)

84

2001 Michelbacher Steinberg Müller-Thurgau trocken, 4,70 €
Weingut Höfler (Franken)

2001 Riesling, 5,60 €
Weingut Clüsserath-Weiler (Mosel-Saar-Ruwer)

2001 Pölicher Held Riesling Hochgewächs halbtrocken, 4,20 €
Weingut Walter Rauen (Mosel-Saar-Ruwer)

2001 Haardter Mandelring Scheurebe Kabinett, 3,50 €
Weingut Karl Heinz Kaub (Pfalz)

2001 Riesling trocken, 3,40 €
Weingut Jürgen Leiner (Pfalz)

2001 Riesling trocken, 3,60 €
Weingut Karl Pfaffmann (Pfalz)

2001 Riesling trocken 4,95 €
Weingut des Grafen Neipperg (Württemberg)

2001 Riesling trocken, 4,99 €
Weingut Wöhrwag (Württemberg)

WeinGuide Deutschland

Die Regionen, die Erzeuger, ihre Weine

Ahr: Unerwartete Frucht
Die 2000er Spätburgunder schmecken besser als die Trauben im Herbst aussahen   **86**

Baden: Der Lohn der Angst
Im Herbst 2001 dachten viele mit Schrecken an 2000 – doch es kam ganz anders   **106**

Franken: Die Bocksbeutel-Krise?
Bei uns ist keine Rede davon. Im Gegenteil: Winzer des Jahres ist Paul Fürst   **200**

Hessische Bergstraße: Bescheidene Menge, ehrliche Weine
Im Stil eher ein Spätlese-Jahrgang, probieren sich die 2001er durchweg reintönig   **249**

Mittelrhein: Weltkulturerbe Mittelrheintal
Nach zwei schwierigen Jahren in Folge ließ 2001 die Betriebe durchatmen   **257**

Mosel-Saar-Ruwer: Ein Schweizer im Steilhang
Einige der besten Rieslinge des Jahrgangs 2001 kommen von der Mittelmosel   **282**

Nahe: Einen Namen gemacht
Die Region überzeugt diesmal vor allem mit herzhaften fruchtigen Rieslingen   **402**

Pfalz: Die Jungen rücken auf
Wehrheim ist Aufsteiger des Jahres, Müller-Catoir stellt die Kollektion des Jahres   **446**

Rheingau: Bilderbuch-Oktober rettete 2001
Doch Hagel und Fäulnis trübten mancherorts das Weinlese-Vergnügen   **536**

Rheinhessen: Der verflixte September
2001 hatte das Zeug für einen großen Jahrgang. Doch dann kam der große Regen   **595**

Saale-Unstrut: Weinfrühling an Saale und Unstrut
Nach den guten 2000ern gab es diesmal einige säurefrische Überraschungen   **652**

Sachsen: Das Jahr vor der großen Flut
Die besten 2001er sind fruchtiger als ihre Vorgänger und brauchen Zeit zur Reife   **660**

Württemberg: Spitzengruppe festigt Position
Noch nie gab es hier so gute Weine wie heute – doch die Elite bleibt unter sich   **667**

Ahr

Unerwartete Frucht

Ohne Zweifel schmecken die Spätburgunder des schwierigen Jahrganges 2000 besser, als die Trauben damals ausgesehen haben. Wolfgang Hehle vom Deutzerhof ist sogar richtig zufrieden mit den wenigen Flaschen erstklassiger Weine, die er mit seiner Mannschaft aus den schimmeligen Beeren auslesen konnte. Seine zwei »Ersten Gewächse« gehören zu den feinsten Rotweinen, die der Jahrgang hergab.

Insgesamt gesehen ist der Jahrgang 2000 für einige Überraschungen gut. Nicht selten waren wir bei unseren Verkostungen von der unerwartet klaren Aromatik und zarten Frucht, die die Mehrzahl der Spätburgunder besitzen, überrascht. Zwar gibt es nur wenige echte Spitzenweine, und die leider nur in homöopathischen Dosen. Auch sind viele dieser Weine bereits weit in ihrer Entwicklung gediehen. Doch noch vor zehn Jahren wäre ein Jahrgang wie 2000 eine Katastrophe gewesen. Allmählich aber lernen die Ahrwinzer mit der launischen Rebsorte Spätburgunder besser umzugehen und ihren Weinen mehr Frucht, Tiefe und Spiel zu verleihen.

Trotz allem hat mancher Erzeuger auf die Anstellung von 2000ern verzichtet oder, um besser dazustehen, gleich schon ein paar 2001er mitgeschickt, obwohl die erst im nächsten Jahr offiziell getestet werden. Nicht wenige Winzer finden in den 2001ern mehr Stoff und Säure als im Jahrgang 1999, der als Messlatte an der Ahr gilt. Die ersten Verkostungen bestätigen durchweg diese Behauptung, doch vor allem die Spätburgunder brauchen noch Zeit. Nur wenige der Rotweine sind jetzt schon so betörend, wie damals die 1999er. Die positive Entwicklung bei den Roten hat sich bislang nur wenig auf die Qualität der trockenen Weißweine ausgewirkt. Die nicht selten grünen, unreifen Säuerlinge haben im Vergleich mit guten Kreszenzen anderer deutscher Anbaugebiete meist keine Daseinsberechtigung. Lediglich im Bereich der edelsüßen Rieslinge feiert man hin und wieder Erfolge.

An der Reihenfolge der führenden Betriebe hat sich im Ahrtal wenig geändert. Meyer-Näkel und Deutzerhof liegen nach wie vor vorne und stellten die gelungensten 2000er vor. Im Stil sind sie aber recht unterschiedlich. Protzen die üppigen Spätburgunder vom Deutzerhof mit süßlicher Fruchtfülle, so erinnern die eleganten Spätburgunder von Werner Näkel eher an das französische Vorbild.

Unser Aufsteiger des Vorjahres, Gerhard Stodden, hat den Jahrgang 2000 mit Ehrgeiz angepackt, doch es war oft des Guten zuviel. Sinnvoller erscheint uns da eher die Lösung von Thomas Nelles, der auf die Erzeugung eines Spitzen-Spätburgunders »B 52« schlichtweg verzichtet hat.

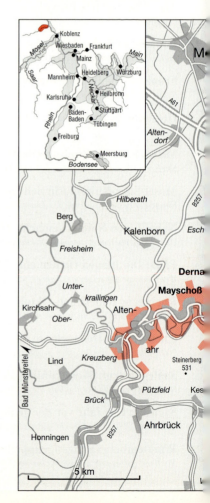

In der Verfolgergruppe kommen die Brüder Adeneuer in Ahrweiler immer besser voran. Im schwierigen Jahr 2000 stellten sie eine stimmige Kollektion vor: Weine mit Kraft und auch Eleganz. Und die 2001er sind die feinsten Weine, die wir aus diesem Haus je verkostet haben. Hermann-Josef Kreuzberg aus Dernau lieferte ebenfalls die besten Weine seiner Karriere ab. Und die Genossenschaft in Mayschoss-Altenahr zeigte erneut beachtliche Qualitäten. Die Verleihung der dritten Traube war eine Selbstverständlichkeit.
83 Prozent der Weinberge sind an der Ahr mit roten Rebsorten bepflanzt. Das 525 Hektar Rebfläche umfassende Ahrtal erstreckt sich – zwischen Eifel und Rhein – auf 25 Kilometern vom Altenahrer Eck bis zum Heimersheimer Kapellenberg. Das untere Ahrtal mit seinen Basaltkegeln und Gartenlandschaften unterscheidet sich geologisch von dem schroffen und gewundenen mittleren Ahrtal. Dort sind die steilen Weinberge auf dem zerklüfteten Felsspat meist terrassenartig angelegt. Böden, Felsen und Weinbergsmauern aus dunklem Schiefer und Grauwacke speichern die Sonnenwärme und geben sie in der Nacht wieder an die Reben ab. Das Ergebnis dieses Treibhauseffekts ist ein mediterranes Kleinklima mit erstaunlich hohen Durchschnittstemperaturen.

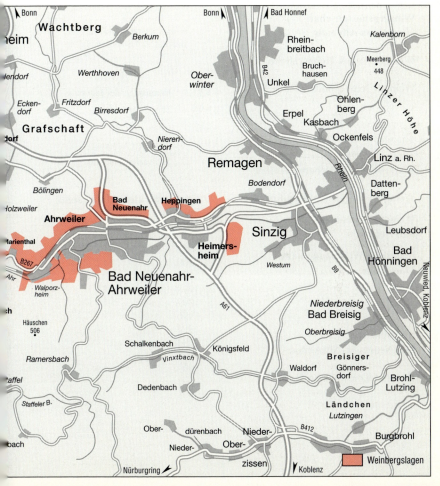

Ahr

Die Spitzenbetriebe an der Ahr

Weingut Deutzerhof –
Cossmann-Hehle, Mayschoss

Weingut Meyer-Näkel, Dernau

Weingut J. J. Adeneuer, Ahrweiler

Weingut Kreuzberg, Dernau

▲ Winzergenossenschaft
Mayschoss-Altenahr

Weingut Nelles, Heimersheim

Weingut Jean Stodden, Rech

Brogsitter Weingüter – Privat-
Sektkellerei, Grafschaft-Gelsdorf

Weingut Burggarten, Heppingen

Weingut Sonnenberg,
Bad Neuenahr

Staatliche Weinbaudomäne
Marienthal

Ahr Winzer e.G.,
Bad Neuenahr-Ahrweiler

Weingut Erwin Riske, Dernau

Bewertung der Betriebe

Höchstnote für die
weltbesten Weinerzeuger

Exzellente Betriebe, die zu den
besten Deutschlands zählen

Sehr gute Erzeuger, die seit Jahren
konstant hohe Qualität liefern

Gute Erzeuger, die mehr als
das Alltägliche bieten

Verlässliche Betriebe mit einer
ordentlichen Standardqualität

Jahrgangsbeurteilung:

🍇🍇🍇🍇🍇 : Herausragender Jahrgang
🍇🍇🍇🍇 : Sehr guter Jahrgang
🍇🍇🍇 : Guter Jahrgang
🍇🍇 : Normaler Jahrgang
🍇 : Schwacher Jahrgang

Große und kleine Jahrgänge im Ahrtal

Jahr	Güte
2001	🍇🍇🍇🍇🍇
2000	🍇🍇🍇
1999	🍇🍇🍇🍇🍇
1998	🍇🍇🍇
1997	🍇🍇🍇🍇🍇
1996	🍇🍇
1995	🍇🍇🍇🍇
1994	🍇🍇🍇🍇
1993	🍇🍇🍇🍇
1992	🍇🍇🍇

Ahr

WEINGUT J. J. ADENEUER

Inhaber: Frank und Marc Adeneuer
Kellermeister: Frank Adeneuer
53474 Ahrweiler, Max-Planck-Straße 8
Tel. (0 26 41) 3 44 73, Fax 3 73 79
e-mail: JJAdeneuer@t-online.de
*Anfahrt: A 61 Köln–Koblenz,
Ausfahrt Ahrweiler*
Verkauf: Marc Adeneuer
Mo.–Fr. 9:00 bis 12:00 Uhr
und 14:00 bis 18:00 Uhr
Sa. 10:00 bis 15:00 Uhr
So. nach Vereinbarung
Historie: 500 Jahre Weinbau in der Familie

Rebfläche: 8,5 Hektar
Jahresproduktion: 80.000 Flaschen
Beste Lagen: Walporzheimer Gärkammer und Ahrweiler Rosenthal
Boden: Schieferverwitterung
Rebsorten: 83% Spätburgunder, 10% Frühburgunder, 5% Portugieser, 2% Dornfelder
Durchschnittsertrag: 75 hl/ha
Beste Jahrgänge: 1997, 1999, 2001
Mitglied in Vereinigungen: VDP

Frank und Marc Adeneuer haben in den 80er Jahren dieses altrenommierte, aber leidlich heruntergekommene Rotweingut in Ahrweiler übernommen. Seither hat sich viel getan. Der Keller ist auf modernen Stand gebracht und das Gut um fünf Hektar vergrößert worden. Auftrumpfen können die Adeneuers in der Regel mit ihren Rotweinen aus der Monopollage Walporzheimer Gärkammer. Bedingt durch ein beinahe mediterranes Kleinklima, ist es dort selbst in mittleren Jahren möglich, Auslesen zu ernten. Die Qualitätsentwicklung ist positiv. Im eher schwierigen Jahr 2000 hatten die Brüder Adeneuer bereits eine durchweg stimmige Kollektion vorgestellt. Mit dem Jahrgang 2001 überbieten sie jedoch alles, was wir bisher aus diesem Betrieb verkostet haben. Die Weine wirken individueller und tragen zunehmend die Handschrift ihrer Macher. Sollten die Brüder Adeneuer dieses hohe Leistungsniveau konservieren können, ist der Aufstieg in die absolute Gebietsspitze nicht mehr auszuschließen. Wenn sie ihre feinsten Weine nicht so früh auf die Flasche ziehen würden, wäre ein weiterer Qualitätssprung möglich.

--- Rotweine ---

2001 Spätburgunder
trocken
9,50 €, 13%, ♀ bis 2005　　　　86

2001 Neuenahrer Sonnenberg
Frühburgunder trocken
13,50 €, 13,5%, ♀ bis 2005　　　87

2001 Spätburgunder
trocken No. 2
13,– €, 14%, ♀ bis 2005　　　　87

2001 Walporzheimer Gärkammer
Spätburgunder Spätlese trocken
14,50 €, 13,5%, ♀ bis 2006　　　88

2001 Ahrweiler Rosenthal
Spätburgunder Auslese trocken
25,– €, 14%, ♀ bis 2006　　　　88

2001 Walporzheimer Gärkammer
Spätburgunder Auslese trocken
19,20 €, 14%, ♀ bis 2007　　　　89

2001 Spätburgunder
Auslese trocken No. 1
19,20 €, 14%, ♀ bis 2007　　　　90

Die Weine: **100** Perfekt · **95–99** Überragend · **90–94** Exzellent · **85–89** Sehr gut · **80–84** Gut · **75–79** Passabel

Ahr

AHR WINZER EG

Geschäftsführer: Ernst Bender
Vertriebsleiter: Friedhelm Nelles
Kellermeister: Günter Schüller
53474 Bad Neuenahr-Ahrweiler,
Heerstraße 91–93
Tel. (0 26 41) 9 47 20, Fax 94 72 94
e-mail: info@ahrwinzer-eg.de
Internet: www.ahrwinzer-eg.de
Anfahrt: A 61, Ausfahrt Bad Neuenahr-Ahrweiler
Verkauf: In Dernau Mo.–Fr. 8:00 bis 12:00 Uhr und 13:00 bis 18:00 Uhr Sa., So. und feiertags 10:00 bis 12:00 Uhr und 13:00 bis 17:30 Uhr
In Neuenahr: Mo.–Fr. 8:00 bis 18:00 Uhr, Sa. 8:00 bis 12:00 Uhr
Weinprobe: Wolfgang Hennemann nach Vereinbarung
Wein-Restaurant: In Dernau, Ahrweg 7, 11:00 bis 21:00 Uhr
Historie: Gegründet 1873
Sehenswert: Felsenkeller im Stammhaus in Dernau

Rebfläche: 141 Hektar
Zahl der Mitglieder: 568
Jahresproduktion: 1,5 Mio. Flaschen
Beste Lagen: Dernauer Pfarrwingert und Goldkaul, Neuenahrer Sonnenberg, Ahrweiler Rosenthal
Boden: Schieferverwitterung, lehmiger Kies, Lösslehm
Rebsorten: 72% Spätburgunder, 10% Portugieser, 6% Frühburgunder, 4% Riesling, 8% übrige Sorten
Durchschnittsertrag: 80 hl/ha
Beste Jahrgänge: 1997, 1999

Diese Genossenschaft entstand in den 70er Jahren durch eine Fusion mehrerer Winzervereine und erfasst fast 30 Prozent aller Weinberge im Ahrtal. In dieser Kooperative lagen die Hektarerträge oft am oberen Rand, doch werden qualitätsbewusste Mitglieder zunehmend belohnt, wenn sie die Erntemenge drosseln, um feinere Weine zu ermöglichen. In erster Linie gilt dies für die trockenen Rotweine, wo neue Entlohnungsmuster für Classic und Selection entstanden sind. Das Ergebnis fiel aber bei unserer Verkostung eher nüchtern aus. Wir haben deswegen hier nur die gelungensten Exemplare aufgelistet. Allerdings haben wir die feinsten Weine des überaus gelobten Jahrgangs 2001 noch nicht im Glase gehabt. Wir lassen uns überraschen.

Rotweine

2001 Dernauer
Spätburgunder trocken
5,60 €, 13,5%, ♀ bis 2003 **81**

2000 Spätburgunder
trocken Classic
8,65 €, 14%, ♀ bis 2003 **82**

2000 Frühburgunder
trocken Barrique
17,– €, 13,5%, ♀ bis 2004 **83**

2000 Spätburgunder
trocken Barrique
17,– €, 15%, ♀ bis 2004 **84**

2000 Frühburgunder
trocken Barrique
17,– €, 14%, ♀ bis 2004 **85**

2001 Spätburgunder
trocken Classic
8,65 €, 14%, ♀ bis 2004 **85**

Die Betriebe: ✠✠✠✠✠ Weltklasse · ✠✠✠✠ Deutsche Spitze · ✠✠✠ Sehr gut · ✠✠ Gut · ✠ Zuverlässig

Ahr

BROGSITTER WEINGÜTER – PRIVAT-SEKTKELLEREI

Inhaber: Hans-Joachim Brogsitter
Betriebsleiter: Elmar Sermann
Kellermeister: Elmar Sermann, Markus Hallerbach
53501 Grafschaft-Gelsdorf,
Max-Planck-Straße 1
Tel. (0 22 25) 91 81 11, Fax 91 81 12
e-mail: verkauf@brogsitter.de
Internet: www.brogsitter.de
Anfahrt: A 61, Ausfahrt Altenahr, A 565/ B 257, Ausfahrt Grafschaft-Gelsdorf
Verkauf: Harald Gerhard
Mo.–Fr. 8:00 bis 20:00 Uhr
Sa. 9:00 bis 15:00 Uhr
Gutsausschank: Historisches Gasthaus »Sanct Peter« mit Vinothek und Gartenterrasse, 9:00 bis 24:00 Uhr
Tel. (0 26 41) 9 77 50, Fax 97 75 25
Spezialitäten: Ahrtaler Sauerkrautsuppe, Zander auf Rahmsauerkraut in Riesling, Eifeler Rehrücken
Historie: Ehemaliges Weingut des Kölner Domstifts

Rebfläche: 31 Hektar
Jahresproduktion: 190.000 Flaschen
Beste Lagen: Walporzheimer Alte Lay, Domlay und Kräuterberg, Ahrweiler Forstberg, Silberberg und Rosenthal, Neuenahrer Sonnenberg
Boden: Schieferverwitterung, Lösslehm
Rebsorten: 62% Spätburgunder, 15% Frühburgunder, 12% Portugieser, 6% Dornfelder, 5% Riesling
Durchschnittsertrag: 47 hl/ha
Beste Jahrgänge: 1997, 1999, 2001

Dieses geschichtsträchtige Gut hat Besitz in besten Lagen des Ahrtales und ist Kernstück der Brogsitter-Unternehmen, zu dem auch eine Sektkellerei sowie das gehobene Gasthaus »Sanct Peter« in Walporzheim gehören. Jetzt geht es nach erheblichen Investitionen mit den einfachen Weinen aufwärts – aber auch mit der Qualität der Spitzenweine. Die 2001er sind mit Abstand die feinsten Weine, die wir je hier verkostet haben. Glückwunsch!

Rotweine

2001 Blanc de Noir
Spätburgunder trocken No. 1
8,16 €, 12%, ♀ bis 2004 — **84**

2001 Ahrweiler Riegelfeld
Frühburgunder trocken
10,– €, 13%, ♀ bis 2004 — **85**

2001 Spätburgunder
trocken »Selection B«
11,66 €, 13,5%, ♀ bis 2005 — **85**

2001 Walporzheimer Alte Lay
Spätburgunder Auslese trocken
20,– €, 13,5%, ♀ bis 2005 — **86**

2001 Neuenahrer Schieferlay
Spätburgunder Auslese trocken
17,79 €, 13,5%, ♀ bis 2005 — **87**

2001 Ahrweiler Silberberg
Frühburgunder trocken
10,– €, 13%, ♀ bis 2005 — **87**

2001 Neuenahrer Sonnenberg
Spätburgunder Auslese trocken
20,– €, 14%, ♀ bis 2006 — **88**

Die Weine: **100** Perfekt · **95–99** Überragend · **90–94** Exzellent · **85–89** Sehr gut · **80–84** Gut · **75–79** Passabel

Ahr

WEINGUT BURGGARTEN
Inhaber: Paul-Josef Schäfer
Betriebsleiter: Paul-Josef Schäfer
Kellermeister: Paul Schumacher
53474 Heppingen,
Landskronerstraße 61
Tel. (0 26 41) 2 12 80, Fax 7 92 20
e-mail: burggarten@t-online.de
*Anfahrt: A 61 Köln–Koblenz,
Ausfahrt Bad Neuenahr-Ahrweiler,
Ortsteil Heppingen*
Verkauf: Paul-Josef und Gitta Schäfer
Mo.–Fr. 10:00 bis 12:00 Uhr
und 13:00 bis 18:00 Uhr
Sa. und So. 10:00 bis 13:00 Uhr
Sehenswert: Historischer Bruchsteingewölbe-Weinkeller

Rebfläche: 15 Hektar
Jahresproduktion: 120.000 Flaschen
Beste Lagen: Neuenahrer Sonnenberg, Ahrweiler Ursulinengarten, Heimersheimer Burggarten
Boden: Lösslehm,
Kies und Vulkangestein
Rebsorten: 58% Spätburgunder, 12% Domina, je 10% Portugieser und Dornfelder, 5% Frühburgunder, 3% Riesling, 2% Grauburgunder
Durchschnittsertrag: 60 hl/ha
Beste Jahrgänge: 1999, 2000, 2001

Rotweine

2001 Heimersheimer Burggarten
Spätburgunder trocken
8,– €/1,0 Lit., 13%, ♀ bis 2004 — **83**

2001 Neuenahrer Sonnenberg
Spätburgunder trocken
8,– €, 13%, ♀ bis 2005 — **85**

2001 Neuenahrer Sonnenberg
Frühburgunder trocken Barrique
15,– €, 14%, ♀ bis 2005 — **85**

2001 Neuenahrer Sonnenberg
Frühburgunder trocken
13,50 €, 14%, ♀ bis 2005 — **86**

2001 Neuenahrer Sonnenberg
Spätburgunder Auslese trocken
15,50 €, 14%, ♀ bis 2006 — **86**

2001 Spätburgunder
trocken »Filius«
8,– €, 13,5%, ♀ bis 2005 — **86**

2001 Ahrweiler Ursulinengarten
Spätburgunder Auslese trocken
16,– €, 14%, ♀ bis 2006 — **87**

Wir haben es in den letzten Jahren Paul Schäfer buchstäblich angemerkt, dass er seinen Betrieb weiter auf Qualitätskurs halten will. Die Weine sind seit einigen Jahren durchweg wohl geraten. Interessant dabei ist, dass hier die 2000er tendenziell besser ausgefallen waren als die Weine des so gerühmten 1999er Jahrgangs. Zwar haben Schäfers beste Weine an Dichte und Tiefe gewonnen, doch sind es nach wie vor die gelungenen Alltagsweine für verhältnismäßig wenig Geld, die das Weingut Burggarten von den Mitbewerbern unterscheiden. Die Literqualität ist hier stets von zuverlässiger Güte. Gut gefällt uns der Spätburgunder Qualitätswein »Filius«, der für acht Euro ein echtes Schnäppchen ist.

Die Betriebe: ✱✱✱✱✱ Weltklasse · ✱✱✱✱ Deutsche Spitze · ✱✱✱ Sehr gut · ✱✱ Gut · ✱ Zuverlässig

Genießer unterwegs

ISBN 3-88472-513-0

Reisen mit allen Sinnen. Die ideale Kombination aus Rezepten, Essays, persönlichen Empfehlungen, Warenkunde und brillanten Fotos.

„Bestes internationales Kochbuch 2002"

ISBN 3-88472-523-8

Jeder Band
ca. 140 Rezepte, 256 Seiten
Format 22,5 x 33,3 cm
€ 36,- (D) SFR 59,30

ISBN 3-88472-466-5

ISBN 3-88472-471-1

ISBN 3-88472-501-7

ISBN 3-88472-472-X

www.christian-verlag.de

Bestellen Sie auf den eingehefteten Bestellkarten!

Tel.: 089/ 38 18 03 17
Fax: 089/ 38 18 03 81
info@christian-verlag.de

Ahr

WEINGUT DEUTZERHOF – COSSMANN-HEHLE

Inhaber: Hella und Wolfgang Hehle
Kellermeister: Wolfgang Hehle
53508 Mayschoss
Tel. (0 26 43) 72 64, Fax 32 32
e-mail: info@weingut-deutzerhof.de
Internet: www.weingut-deutzerhof.de
Anfahrt: A 61 Köln–Koblenz, Ausfahrt Altenahr
Verkauf: Hella und Wolfgang Hehle, Hans-Jörg Lüchau
nach Vereinbarung
Historie: Weinbau seit 1574, mehr als 400 Jahre im Familienbesitz

---

Rebfläche: 9 Hektar
Jahresproduktion: 60.000 Flaschen
Beste Lagen: Altenahrer Eck, Mayschosser Mönchberg, Heimersheimer Landskrone
Boden: Schieferverwitterung mit Löss
Rebsorten: 62% Spätburgunder, 13% Dornfelder, 12% Riesling, 9% Frühburgunder, je 2% Portugieser und Chardonnay
Durchschnittsertrag: 58 hl/ha
Beste Jahrgänge: 1997, 1999, 2001
Mitglied in Vereinigungen: VDP, Deutsches Barrique Forum

Der Deutzerhof gehört seit Jahren zu den führenden Rotweinerzeugern Deutschlands. Dieser Erfolg ist untrennbar mit Wolfgang Hehle verbunden, einem früheren Steuerberater, der das schwiegerväterliche Gut gemeinsam mit seiner Frau Hella zur heutigen Blüte führte. Die Lagenbezeichnungen wurden, außer für die erstklassigen Gewächse aus dem Altenahrer Eck und Mayschosser Mönchberg, größtenteils aufgegeben. Stattdessen vermarktet Hehle die meisten seiner Spätburgunder unter dem Sortennamen oder mit Bezeichnungen, die aus dem Familienkreis stammen. Selbst Portugieser und Dornfelder, sonst an der Ahr meist als Lieferanten charakterloser Massenweine gefürchtet, zeigen hier erstaunlichen Charakter und außergewöhnliche Tiefe. Die Trauben dafür wachsen an den Steilhängen in dem engen Tal der Ahr. Vor Kaltlufteinbrüchen schützt die Reben der Wald oberhalb der Weinberge. Böden, Felsen und Weinbergsmauern aus dunklem Schiefer und Grauwacke speichern die Wärme der Sonne und geben sie nachts an die Reben ab. Ergebnis dieser natürlichen Fußbodenheizung mit Nachtspeichereffekt ist ein mediterranes Mikroklima. Selbst die Trauben der späten Sorten Riesling und Spätburgunder reifen meist voll aus und können Spitzenqualitäten hervorbringen. Die Weinberge des Deutzerhofs sind kleine, steil terrassierte Rebparzellen. In den letzten Jahren hat man hier mit großem Aufwand die einsturzgefährdeten oder bereits eingefallenen Weinbergsmauern restauriert und die kleinen Terrassen wieder hergestellt. Die Arbeit in den extrem steilen Lagen erleichtert eine Zahnradbahn. Auf diese Weise kann das Weingut Deutzerhof auch künftig den Qualitätsvorsprung dieser Lagen nutzen. Nach einer Reihe sehr guter bis exzellenter Jahrgänge stellte Hehle mit den 97ern die vielleicht besten Weine seiner noch jungen Karriere vor. Die Rotweine des ebenfalls exzellenten Jahrgangs 1999, die wir wegen ihrer ausladenden Mächtigkeit zuerst unterschätzten, haben sich prächtig entwickelt. Der Jahrgang 2000 stellte den Qualitätsfanatiker vor fast unlösbare Probleme. Am Ende der Ernte war er gezeichnet von den Anstrengungen. Der hohe Einsatz aber hat sich gelohnt. Gemeinsam mit Werner Näkel hat Hehle eine der gelungensten Kollektionen in diesem schwierigen Jahrgang zuwege gebracht. Die vom Fass verkosteten 2001er deuten an, dass zumindest die Spätburgunder alles bis heute Geleistete wohl übertreffen werden. Doch Wolfgang Hehle hat auch ein Händchen für zartfruchtige Weißweine. Zwei feine 2001er Riesling Auslesen verkürzen die Wartezeit auf die noch nicht abgefüllten Rotweine.

Die Betriebe: ✻✻✻✻✻ Weltklasse · ✻✻✻✻ Deutsche Spitze · ✻✻✻ Sehr gut · ✻✻ Gut · ✻ Zuverlässig

Ahr

2001 Riesling
trocken
7,20 €, 12,5%, ♀ bis 2004 — 83

2001 Riesling
trocken »Catharina C.«
12,30 €, 12,5%, ♀ bis 2004 — 86

2001 Altenahrer Eck
Riesling Auslese
31,– €/0,375 Lit., 7%, ♀ bis 2007 — 89

2001 Mayschosser Mönchberg
Riesling Auslese
31,– €/0,375 Lit., 7,5%, ♀ bis 2009 — 90

——— Rotweine ———

2001 Spätburgunder Weißherbst
trocken »Saumon de l'Ahr«
13,– €, 12%, ♀ bis 2004 — 87

2000 Spätburgunder
trocken »Cossmann-Hehle«
8,20 €, 12,5%, ♀ bis 2004 — 83

2000 Spätburgunder
trocken
12,30 €, 13%, ♀ bis 2005 — 85

2000 Dornfelder
trocken
14,– €, 13%, ♀ bis 2005 — 87

2000 Frühburgunder
trocken »Alpha & Omega«
20,– €, 13%, ♀ bis 2006 — 88

2000 Spätburgunder
trocken »Caspar C«
18,– €, 13,5%, ♀ bis 2006 — 88

2000 Spätburgunder
trocken »Grand Duc«
28,50 €, 14%, ♀ bis 2006 — 89

2000 Altenahrer Eck
Spätburgunder trocken
46,– €, 14,5%, ♀ bis 2007 — 90

2000 Mayschosser Mönchberg
Spätburgunder trocken
80,– €, 14,5%, ♀ bis 2007 — 90

Vorjahresweine

2000 Riesling
trocken Selection »Catharina C.«
12,27 €, 12%, ♀ bis 2004 — 86

2000 Chardonnay
trocken
13,29 €, 12,5%, ♀ bis 2004 — 87

2000 Altenahrer Eck
Riesling Auslese
30,68 €/0,375 Lit., 9,5%, ♀ bis 2006 — 89

2000 Mayschosser Mönchberg
Riesling Eiswein
76,69 €/0,375 Lit., 7%, ♀ bis 2010 — 92

2000 Altenahrer Eck
Riesling Eiswein
76,69 €/0,375 Lit., 7,5%, ♀ bis 2012 — 93

CASPAR C.
SPÄTBURGUNDER
TROCKEN
Deutzerhof
COSSMANN-HEHLE

Die Weine: **100** Perfekt · **95–99** Überragend · **90–94** Exzellent · **85–89** Sehr gut · **80–84** Gut · **75–79** Passabel

Ahr

WEINGUT KREUZBERG

Inhaber: Ludwig Kreuzberg
Kellermeister:
Hermann-Josef Kreuzberg
53507 Dernau,
Benedikt-Schmittmann-Straße 30
Tel. (0 26 43) 16 91, Fax 32 06
e-mail: info@weingut-kreuzberg.de
Internet: www.weingut-kreuzberg.de
*Anfahrt: A 61, Ausfahrt Altenahr,
5 km flussabwärts Richtung Altenahr*
Verkauf: Thomas Kreuzberg
Mo.–Fr. 8:00 bis 18:00 Uhr
Sa. und So. 10:00 bis 15:00 Uhr
Straußwirtschaft: Mai bis Oktober
Freitags ab 15:00 Uhr,
Sa. und So. ab 12:00 Uhr

Rebfläche: 8,5 Hektar
Jahresproduktion: 70.000 Flaschen
Beste Lagen: Neuenahrer Schieferlay und Sonnenberg, Dernauer Pfarrwingert und Ahrweiler Silberberg
Boden: Schiefer, zum Teil mit Löss
Rebsorten: 70% Spätburgunder, 10% Frühburgunder, 7% Portugieser, 6% Dornfelder, 7% übrige Sorten
Durchschnittsertrag: 66 hl/ha
Beste Jahrgänge: 1999, 2000, 2001
Mitglied in Vereinigungen: VDP

2001 Dernauer Pfarrwingert
Riesling Auslese trocken
12,50 €, 13,5%, ♀ bis 2005   86

——— Rotweine ———

2001 Spätburgunder Weißherbst
trocken »Blanc de Noir«
8,– €, 12,5%, ♀ bis 2003   85

2001 Spätburgunder
trocken Classic
15,50 €, 13,5%, ♀ bis 2005   86

2000 Spätburgunder
trocken
15,50 €, 13,5%, ♀ bis 2005   87

2000 Frühburgunder
trocken
21,50 €, 13%, ♀ bis 2004   87

2001 Frühburgunder
trocken Classic
16,50 €, 13,5%, ♀ bis 2005   87

Die Gutsschänke im Weingut Kreuzberg zählt zu den ältesten und beliebtesten Weinstuben im Ahrtal. Daneben hat sich das Gut in den letzten Jahren durch Weine hervorgetan, die zu den besten des Gebietes zählen können. Die Kreuzbergs sind sehr experimentierfreudige Winzer: Neben Cabernet Sauvignon, der hier als »CaSaNova« angeboten wird, plant man Versuche mit Cabernet Franc und auch dem pilzresistenten Regent. Nach den schmackhaften 1999ern zeigte Hermann-Josef Kreuzberg, dass er auch in kleineren Jahrgängen wie 2000 einen Stich macht. Elegant sind die Weine allemal. Die ersten Weine des Jahrgangs 2001 lassen vermuten, dass der aufstrebende Winzer jetzt neue Meilensteine setzen wird.

Aufsteiger **Ahr**

WINZERGENOSSENSCHAFT MAYSCHOSS-ALTENAHR

Geschäftsführer: Rudolf Mies
Kellermeister: Rolf Münster
53508 Mayschoss, Ahrrotweinstr. 42
Tel. (0 26 43) 9 36 00, Fax 93 60 93
e-mail: wmayschoss@t-online.de
Internet: www.winzergenossenschaft-mayschoss.de
Anfahrt: A 61 Köln–Koblenz, Ausfahrt Bad Neuenahr, Richtung Altenahr
Verkauf: Rudolf Stodden
Mo.–Fr. 8:00 bis 18:30 Uhr
Sa. und So. 9:00 bis 19:00 Uhr
Historie: Älteste Winzergenossenschaft Deutschlands
Sehenswert: Alter Holzfasskeller, kleines Weinbaumuseum

> Rebfläche: 112 Hektar
> Zahl der Mitglieder: 280
> Jahresproduktion: 1 Mio. Flaschen
> Beste Lagen: Mayschosser Mönchberg, Burgberg und Laacherberg, Altenahrer Eck, Ahrweiler Daubhaus, Neuenahrer Sonnenberg
> Boden: Schieferverwitterung, teilweise mit Lösslehm
> Rebsorten: 54% Spätburgunder, 25% Riesling, 8% Portugieser, 6% Müller-Thurgau, 7% übrige Sorten
> Durchschnittsertrag: 75 hl/ha
> Beste Jahrgänge: 1999, 2001

1868 gründeten 18 Winzer in Mayschoss die erste Winzergenossenschaft Deutschlands. Heute bewirtschaften 280 Mitglieder 112 Hektar an der Ahr. Nach einem exzellenten Jahrgang 1999 kam eine gute 2000er Kollektion. Aus dem Jahr 2001 haben die Genossen nun 23 Weine vorgestellt, fast alle gut bis sehr gut, insbesondere die Spätburgunder! Lediglich einige trockene Weißweine lassen Wünsche offen. Die Palette reicht von zuverlässigen Basisweinen mit 50.000 Flaschen bis hin zur feinsten Auslese. Diese Kooperative gehört zusammen mit den Genossen aus Pfaffenweiler (Baden) zweifelsohne zur absoluten Spitze Deutschlands.

2001 Mayschosser Laacherberg
Riesling Auslese Goldkapsel
15,– €/0,5 Lit., 10%, ♀ bis 2008 — **88**

2001 Mayschosser Mönchberg
Riesling Eiswein
42,– €/0,375 Lit., 7,5%, ♀ bis 2013 — **90**

───── Rotweine ─────

2000 Spätburgunder
trocken
14,10 €, 13%, ♀ bis 2004 — **85**

2000 Frühburgunder
trocken
15,– €, 13,5%, ♀ bis 2004 — **86**

2001 Spätburgunder
trocken »Ponsart«
14,10 €, 13%, ♀ bis 2005 — **86**

2000 Spätburgunder
trocken »Ponsart« Goldkapsel
18,15 €, 13,5%, ♀ bis 2004 — **86**

2001 Frühburgunder
trocken
15,– €, 13,5%, ♀ bis 2005 — **87**

2001 Spätburgunder
trocken »12 Trauben«
18,50 €, 13,5%, ♀ bis 2006 — **87**

2001 Spätburgunder
trocken »Ponsart« Goldkapsel
18,15 €, 13,5%, ♀ bis 2006 — **88**

2001 Ahrweiler Daubhaus
Spätburgunder Auslese trocken
25,– €, 14%, ♀ bis 2006 — **89**

Die Weine: **100** Perfekt · **95–99** Überragend · **90–94** Exzellent · **85–89** Sehr gut · **80–84** Gut · **75–79** Passabel

WEINGUT MEYER-NÄKEL

Inhaber: Werner Näkel
53507 Dernau, Hardtbergstraße 20
Tel. (0 26 43) 16 28, Fax 33 63
e-mail:
Weingut.Meyer-Naekel@t-online.de
Internet: www.meyer-naekel.de
Anfahrt: A 61 Köln–Koblenz, Ausfahrt Bad Neuenahr, Richtung Altenahr
Verkauf: Eingang Friedensstraße 15, nur nach Vereinbarung
So. geschlossen
Gutsschänke: »Im Hofgarten«, Bachstraße 26, an der Kirche, täglich von 11:00 bis 23:00 Uhr geöffnet.
Hartwig Näkel, Tel. (0 26 43) 15 40
Historische Wein- und Bierwirtschaft:
Seit 200 Jahren im Familienbesitz

Rebfläche: 12,8 Hektar
Jahresproduktion: 100.000 Flaschen
Beste Lagen: Dernauer Pfarrwingert, Bad Neuenahrer Sonnenberg, Walporzheimer Kräuterberg
Boden: Schieferverwitterung, teilweise mit Lösslehm
Rebsorten: 75% Spätburgunder, 15% Frühburgunder, je 5% Dornfelder und Riesling
Durchschnittsertrag: 50 hl/ha
Beste Jahrgänge: 1997, 1999, 2001
Mitglied in Vereinigungen: VDP, Deutsches Barrique Forum

Werner Näkel gehört ohne Zweifel zu den ambitioniertesten Rotweinerzeugern Deutschlands. Vor allem seit Mitte der 90er Jahre wurden großartige Kollektionen präsentiert. Bereits den 1995ern kam verdiente Beachtung zu, doch der Obmann der Prädikatsweingüter an der Ahr stellte mit dem Jahrgang 1997 eine Bilderbuchkollektion vor, die in seiner 15-jährigen Karriere bislang ihresgleichen suchte. Meisterhaft hat Näkel es verstanden, das natürliche Potenzial der Trauben durch eine feinfühlige Vinifikation bestmöglich auf die Flasche zu bringen. Nachverkostungen dieser Prachtweine ergaben mittlerweile, dass sie sich vermutlich besser entwickeln werden als die meisten ihrer Vorgänger. Wenn es in der Vergangenheit nämlich leise Kritik an Näkels Weinen gab, von denen die besten bei Auktionen reihenweise Höchstpreise erreichten – sein 2001er Kräuterberg kam für 86 Euro unter den Hammer –, dann war es der Umstand, dass mancher weniger charmant als erhofft alterte. Die 99er Rotweine standen ganz in der Tradition des Jahrgangs 1997. Nur wenige Güter in Deutschland konnten in 1999 derartige Prunkstücke vorweisen. Im nicht gerade einfachen Jahrgang 2000 ist die Spitze mengenmäßig etwas dünner besetzt, doch hat der Spätburgunder »S« – vielleicht auch, weil es keine »S« Goldkapsel gab – kaum an Qualität gegenüber den Vorjahren eingebüßt. Es sind eben klassische Stücke von einem erfahrenen Handwerker, die viel feiner ausfielen, als man es nach dem schwierigen Herbst je vermutet hätte. An der Spitze steht der Walporzheimer Kräuterberg, eben der feinste Rotwein des Jahrgangs von der Ahr. Die ersten Fassmuster des jüngsten Jahrgangs lassen die Vermutung zu, dass 2001 womöglich sogar 1999 noch übertrumpfen wird. Wir sind gespannt! Für viele Winzer wäre das Leben mit diesen Erfolgen schon rund. Nicht für den ehemaligen Gymnasiallehrer Werner Näkel. Neben seinem erfolgreichen Projekt »Zwalu« mit Neil Ellis in Südafrika erzeugt der scheinbar unermüdliche Qualitätsfanatiker mit Bernhard Breuer und Bernd Philippi jetzt auf der Quinta da Carvalhosa einen portugiesischen Rotwein am Douro. Und kürzlich kam er von den Kanarischen Inseln zurück, wo er für den Musiker Justus Frantz einen neuen Rotwein verantwortet, der im Herbst 2004 erstmals auf den Markt kommen soll.

2001 Riesling
trocken
7,50 €, 12,5%, ♀ bis 2003 **82**

––––––– Rotweine –––––––

2001 Spätburgunder Weißherbst
trocken
7,50 €, 12,5%, ♀ bis 2003 **81**

Ahr

2001 Spätburgunder Weißherbst
trocken »Illusion«
11,50 €, 12,5%, ♀ bis 2004   **87**

2001 Spätburgunder
trocken
9,50 €, 13,5%, ♀ bis 2004   **85**

2000 Spätburgunder
trocken »G«
11,80 €, 13%, ♀ bis 2004   **86**

2000 Spätburgunder
trocken »Blauschiefer«
14,30 €, 13%, ♀ bis 2004   **87**

2001 Frühburgunder
trocken
16,50 €, 13,5%, ♀ bis 2005   **88**

2000 Frühburgunder
trocken Goldkapsel
43,50 €, 13,5%, ♀ bis 2005   **88**

2000 Spätburgunder
trocken »S«
24,50 €, 13,5%, ♀ bis 2005   **90**

2000 Walporzheimer Kräuterberg
Spätburgunder trocken
86,– €, 13%, ♀ bis 2005   **91**

Vorjahresweine

――― Rotweine ―――

2000 Spätburgunder
trocken
7,16 €, 12%, ♀ bis 2003   **82**

2000 Dornfelder
trocken
7,93 €, 12,5%, ♀ bis 2003   **84**

2000 Frühburgunder
trocken
16,36 €, 13%, ♀ bis 2003   **86**

1999 Spätburgunder
trocken »G«
11,76 €, 13%, ♀ bis 2005   **86**

1999 Spätburgunder
trocken »Blauschiefer«
14,32 €, 13%, ♀ bis 2006   **87**

1999 Spätburgunder
trocken »S«
24,54 €, 13%, ♀ bis 2006   **88**

1999 Dernauer Pfarrwingert
Frühburgunder Auslese trocken
33,23 €, 13,5%, ♀ bis 2006   **89**

1999 Frühburgunder
trocken Goldkapsel
43,46 €, 13,5%, ♀ bis 2006   **89**

1999 Spätburgunder
trocken »S« Goldkapsel
43,46 €, 13,5%, ♀ bis 2007   **90**

1999 Bad Neuenahrer Sonnenberg
Frühburgunder trocken
19,94 €, 13%, ♀ bis 2007   **91**

1999 Dernauer Pfarrwingert
Spätburgunder Auslese trocken
33,23 €, 14%, ♀ bis 2007   **92**

1999 Walporzheimer Kräuterberg
Spätburgunder Auslese trocken
72,35 €, 14,5%, ♀ bis 2007   **93**

AHR **MEYER-NÄKEL** AHR
Erzeugerabfüllung
2001er
Frühburgunder
Amtliche Qualitätswein · Trocken Weingut Meyer-Näkel
Prüfungsnummer 750 ml D - 53507 Dernau
1 792 159 04 02 alc. 13,5% vol. Tel. (0 26 43) 16 28

Ahr

WEINGUT NELLES

Inhaber: Thomas Nelles
Kellermeister: Alfred Emmerich
53474 Heimersheim,
Göppinger Straße 13a
Tel. (0 26 41) 2 43 49, Fax 7 95 86
e-mail: info@weingut-nelles.de
Internet: www.weingut-nelles.de
Anfahrt: A 61, Ausfahrt Dreieck Sinzig – A 571, Richtung Bad Neuenahr, Ausfahrt Heimersheim
Verkauf: Thomas Nelles
Mo.–Fr. 9:00 bis 12:00 Uhr
und 14:00 bis 18:00 Uhr
Sa. 10:00 bis 12:00 Uhr
Restaurant: Weinhaus Nelles
Tel. (0 26 41) 68 68, Mo. u. Di. Ruhetag
Mi.–Sa. von 17:30 bis 23:00 Uhr,
sonn- und feiertags ab 11:30 Uhr
Spezialitäten: Regionale Winzerküche
Historie: Weinbau seit über 500 Jahren

Rebfläche: 6,5 Hektar
Jahresproduktion: 35.000 Flaschen
Beste Lage: Heimersheimer Landskrone
Boden: Verwitterungsschiefer, Grauwacke und Lösslehm
Rebsorten: 59% Spätburgunder, 15% Portugieser, je 10% Riesling und Grauburgunder, 6% Frühburgunder
Durchschnittsertrag: 63 hl/ha
Beste Jahrgänge: 1997, 1999, 2001
Mitglied in Vereinigungen: VDP

Gerne verweist Thomas Nelles auf ein Zinsverzeichnis von 1479 für die Burg Landskrone, wo ein Peter Nelis als Pächter eines »wyngartz« geführt wird. Dieses Jahr ziert in großen Ziffern das moderne Etikett des Gutes. Interessant ist ein Trio erfrischender Sommerweine mit den lateinischen Namen »Albus«, »Clarus« und »Ruber«, die auf die Farbe des jeweiligen Weines hindeuten. Doch sind es vor allem die zartgliedrigen, oft an elegante Volnays erinnernden Rotweine, die das Ansehen des Gutes prägen. Nach der Meisterkollektion 1999 zeigt sich Thomas Nelles in 2000 sehr bescheiden:

»Wie haben weder einen ›B 52‹ noch eine Goldkapsel gefüllt.« Dafür sind die anderen Weine umso besser.

2001 Grauer Burgunder
trocken
7,50 €, 12,5%, ♀ bis 2003 — **82**

2001 Riesling
trocken
7,50 €, 12,5%, ♀ bis 2003 — **83**

--- Rotweine ---

2001 Spätburgunder Weißherbst
trocken »Blanc de Noir«
7,50 €, 12,5%, ♀ bis 2003 — **84**

2000 Spätburgunder
trocken »Ruber«
9,– €, 12,5%, ♀ bis 2004 — **83**

2000 Spätburgunder
trocken »Classic«
10,50 €, 13%, ♀ bis 2004 — **86**

2000 Spätburgunder
trocken »B«
14,– €, 13,5%, ♀ bis 2004 — **87**

2001 Frühburgunder
trocken »B«
17,– €, 13,5%, ♀ bis 2005 — **88**

2000 Spätburgunder
trocken »B 48«
18,– €, 13,5%, ♀ bis 2005 — **88**

Ahr

WEINGUT ERWIN RISKE

Inhaber: Volker Riske
Betriebsleiter und Kellermeister:
Volker Riske
53507 Dernau, Wingertstraße 26–28
Tel. (0 26 43) 84 06, Fax 35 31
e-mail: Weingut-Riske@t-online.de
Internet: www.weingut-riske.de
Anfahrt: A 61, Ausfahrt Bad Neuenahr-Ahrweiler, Richtung Altenahr
Verkauf: Mechthild Riske
Mo.–Do. nach Vereinbarung
Fr. Ruhetag
Sa. 10:00 bis 18:00 Uhr
So. 15:00 bis 18:00 Uhr
Weinstube: Mai, Sept. bis Nov.
Sa., So. und an Feiertagen
geöffnet von 12:00 bis 19:00 Uhr
Spezialitäten: Hausgemachte
Kartoffel-Lauchcremesuppe,
Ofenkartoffel mit Sauerrahm-Kräutern

Rebfläche: 5 Hektar
Jahresproduktion: 50.000 Flaschen
Beste Lagen: Dernauer Pfarrwingert,
Bad Neuenahrer Sonnenberg
Boden: Schieferverwitterung,
Lösslehm
Rebsorten: 75% Spätburgunder,
8% Portugieser, 5% Frühburgunder,
12% übrige Sorten
Durchschnittsertrag: 80 hl/ha
Beste Jahrgänge: 1999, 2001

Volker Riske ist über einen Umweg zum Weinbau gekommen. Nach dem Abitur begann er mit dem Lehramtsstudium für Sport und Kunst. Der endgültige Entschluss, den Winzerbetrieb der Familie weiterzuführen, reifte lange. Als dann aber Anfang der 80er Jahre sein Vater erkrankte, holte er die Ausbildung als Winzermeister nach und führt das Gut jetzt in der vierten Generation. Schon gegen Ende der 80er Jahren haben wir die ersten Weine aus diesem Gut verkostet, nur wenige davon aber sind uns in Erinnerung geblieben. Doch seit dem Jahrgang 1999 scheint hier ein neues Qualitätsbewusstsein eingekehrt zu sein. Am besten genießt man die Weine mit Blick auf die Reben in der hauseigenen Weinstube »Turmgarten«, die vor Ort als angesehene Straußwirtschaft vier Monate lang geöffnet ist. Ehefrau Mechthild Riske, Fachlehrerin für Hauswirtschaft, bereitet leckere Gerichte der regionalen Küche fachkundig zu.

2001 Rivaner
trocken
5,60 €, 12%, ♀ bis 2003   **78**

2001 Dernauer Burggarten
Riesling trocken
6,20 €, 12%, ♀ bis 2003   **80**

--- Rotweine ---

2001 Spätburgunder Weißherbst
trocken »Surprise«
8,20 €, 12,5%, ♀ bis 2003   **83**

2001 Dernauer Hardtberg
Spätburgunder Weißherbst Eiswein
25,60 €/0,375 Lit., 12,5%, ♀ bis 2007 **86**

2001 Dornfelder
trocken
6,20 €, 12,5%, ♀ bis 2004   **84**

2000 Spätburgunder
trocken »Schieferturm« Barrique
11,25 €, 13%, ♀ bis 2003   **84**

Die Weine: **100** Perfekt · **95–99** Überragend · **90–94** Exzellent · **85–89** Sehr gut · **80–84** Gut · **75–79** Passabel

Ahr

WEINGUT SONNENBERG

Inhaber: Familien Görres und Linden
Betriebsleiter: Manfred Linden
53474 Bad Neuenahr, Heerstraße 98
Tel. (0 26 41) 67 13, Fax 20 10 37
e-mail: info@weingut-sonnenberg.de
Internet: www.weingut-sonnenberg.de
Anfahrt: A 61 Köln–Koblenz, Ausfahrt Bad Neuenahr
Verkauf: Manfred und Birgit Linden
Mo.–Fr. 9:00 bis 18:00 Uhr
Sa. 10:00 bis 14:00 Uhr
So. 10:00 bis 12:00 Uhr
Straußwirtschaft: Fünf Wochenenden im Mai und im Oktober
Spezialitäten: Hausgemachte Winzervesper

Rebfläche: 5,5 Hektar
Jahresproduktion: 50.000 Flaschen
Beste Lagen: Neuenahrer Sonnenberg und Schieferlay, Ahrweiler Silberberg
Boden: Grauwacke mit Lösslehm
Rebsorten: 72% Spätburgunder, 6% Frühburgunder, 22% übrige Sorten
Durchschnittsertrag: 70 hl/ha
Beste Jahrgänge: 1997, 1999, 2001

2001 Neuenahrer Sonnenberg
Riesling Spätlese halbtrocken
10,– €, 12,5%, ♀ bis 2004 — **83**

— Rotweine —

2001 Walporzheimer
Spätburgunder trocken
7,50 €, 13%, ♀ bis 2004 — **84**

2001 Neuenahrer Schieferlay
Spätburgunder trocken
8,– €, 13%, ♀ bis 2004 — **85**

2001 Neuenahrer Schieferlay
Spätburgunder Spätlese trocken
13,– €, 13%, ♀ bis 2005 — **86**

2001 Ahrweiler Ursulinengarten
Frühburgunder Auslese trocken
15,– €, 12,5%, ♀ bis 2005 — **87**

2001 Spätburgunder
trocken »Tradition«
12,50 €, 13,5%, ♀ bis 2005 — **87**

2001 Neuenahrer Sonnenberg
Spätburgunder Auslese trocken
18,– €, 14%, ♀ bis 2006 — **88**

Als Manfred Linden sich 1981 selbstständig machte, gab er eine sichere Stelle auf, um sich ins ungewisse Winzerleben zu stürzen. Den kleinen Betrieb baute er auf fünfeinhalb Hektar aus, darunter anderthalb Hektar denkmalgeschützte Terrassenlagen. Lagenbezeichnungen werden nur noch für Prädikatsweine und den jeweils besten Qualitätswein von Früh- und Spätburgunder eingesetzt. Schon seit 1999 gewinnen Manfred Lindens Weine an Statur, doch so gut wie 2001 waren sie noch nie. Waren seine Spätburgunder früher im besten Sinne altmodisch, so sind sie heute elegant, in sich stimmig und machen richtig Spaß zu trinken. Wenn die Spitzenweine noch ein wenig mehr Finesse bekommen, werden wir dies gerne mit einer dritten Traube belohnen.

Ahr

STAATLICHE WEINBAU-DOMÄNE MARIENTHAL

Inhaber: Land Rheinland-Pfalz
Direktor: Wolfgang Frisch
Betriebsleiter: Sigmund Lawnik
Kellermeister: Roland Sebastian
53507 Marienthal, Klosterstraße 3
Tel. (0 26 41) 9 80 60, Fax 98 06 20
e-mail:
domaene.slva-aw@agrarinfo.rlp.de
Anfahrt: A 61, Ausfahrt Bad Neuenahr-Ahrweiler, Richtung Altenahr, in Marienthal der Beschilderung folgen
Verkauf: Mo.–Fr. 8:00 bis 12:00 Uhr und 13:00 bis 16:00 Uhr
Sehenswert: Klostergarten mit Klosterruine und Kreuzgang sowie Weinkeller des im 12. Jahrhundert gegründeten Augustinerklosters

---

Rebfläche: 18,5 Hektar
Jahresproduktion: 100.000 Flaschen
Beste Lagen: Ahrweiler Rosenthal und Silberberg, Walporzheimer Kräuterberg, Marienthaler Klostergarten (Alleinbesitz)
Boden: Schieferverwitterung, Grauwacke, Löss mit Schotteruntergrund
Rebsorten: 66% Spätburgunder, 14% Portugieser, 6% Domina, 5% Dornfelder, je 3% Frühburgunder, Weißburgunder und Riesling
Durchschnittsertrag: 53 hl/ha
Beste Jahrgänge: 1997, 1999, 2001
Mitglied in Vereinigungen: VDP

Die Weinbaudomäne im ehemaligen Augustinerkloster Marienthal, eines der größten und bekanntesten Weingüter des Gebietes, liegt herrlich in einem Seitental der Ahr. Rund um das Domänengebäude bilden steile Südhänge sehr gute Voraussetzungen für die Erzeugung hochwertiger Weine, wie wir sie vor allem bei den trockenen Auslesen in ausgezeichneten Jahrgängen wie 1997, 1999 und 2001 immer wieder antreffen. Von der Natur aus kleinere Jahrgänge wie 1998 und 2000 fallen hingegen eher rund und glatt aus. Doch auch die 1999er sind bereits ein wenig verwelkt. Unter der Rubrik »in eigener Sache« liest man, dass die Domäne »zu den besten Weingütern der Welt« gehören soll. Uns fehlt vorerst noch der Beweis, dass sie zu den besten der Ahr zählt.

--- Rotweine ---

2001 Marienthaler Klostergarten
Regent trocken
7,– €, 13,5%, ♀ bis 2004 — **83**

2001 Spätburgunder
trocken »Quintenz«
8,10 €, 12,5%, ♀ bis 2004 — **84**

2001 Frühburgunder
trocken
21,– €, 13,5%, ♀ bis 2005 — **85**

2001 Ahrweiler Silberberg
Spätburgunder Auslese trocken
26,– €, 14,5%, ♀ bis 2005 — **87**

2001 Marienthaler Klostergarten
Domina halbtrocken
6,80 €, 12%, ♀ bis 2003 — **80**

Die Weine: **100** Perfekt · **95–99** Überragend · **90–94** Exzellent · **85–89** Sehr gut · **80–84** Gut · **75–79** Passabel

Aufsteiger des Jahres 2002 **Ahr**

WEINGUT JEAN STODDEN

Inhaber: Gerhard Stodden
53506 Rech, Rotweinstraße 7–9
Tel. (0 26 43) 30 01, Fax 30 03
e-mail: info@stodden.de
Internet: www.stodden.de
Anfahrt: A 61 Köln–Koblenz, Ausfahrt Bad Neuenahr, Richtung Altenahr
Verkauf: Dr. Brigitta Stodden
Mo.–Fr. 9:00 bis 18:00 Uhr
Sa. 10:00 bis 14:00 Uhr
Historie: Weinbau in der Familie seit 1573
Sehenswert: Kunstgalerie in der Vinothek

Rebfläche: 6,5 Hektar
Jahresproduktion: 45.000 Flaschen
Beste Lagen: Recher Herrenberg, Dernauer Hardtberg, Ahrweiler Rosenthal
Boden: Schieferverwitterung, teilweise mit Lösslehm
Rebsorten: 80% Spätburgunder, 7% Riesling, je 6% Frühburgunder und Portugieser, 1% übrige Sorten
Durchschnittsertrag: 47 hl/ha
Beste Jahrgänge: 1999, 2001

Gerhard Stodden war immer ein Verfechter eines gerbstoffreichen Spätburgundertyps. Mittlerweile entrappt er zwar seine Trauben komplett, dafür verlängert er die Maischegärung, um genügend Substanz aus den Schalen zu ziehen. Außerdem werden die im Barrique gelagerten Weine, die man auf dem Etikett an dem Kürzel »JS« und an den mitunter saftigen Preisen erkennt, erst über ein Jahr nach der Ernte abgefüllt. Bereits seit Jahren drosselt der studierte Volkswirt die Erntemenge, indem er nur eine Bogrebe anschneidet und im August eine grüne Lese durchführt. Nach exzellenten 97er Auslesen servierte Stodden atemberaubende 99er, die zu den feinsten Rotweinen im ganzen Ahrtal zählten und seine Position unter den Spitzenerzeugern des Gebietes festigten. Die Bemühungen im schwierigen Jahr 2000 muss man ebenfalls loben. Stodden hat alles gewagt, doch die Mehrzahl der Weine wirkt trotz bombastischer Frucht eher ausladend. Dafür lassen uns die ersten 2001er hoffen, dass wir im kommenden Jahr durchaus noch viel Freude haben werden.

--- Rotweine ---

2001 Spätburgunder Weißherbst
trocken
8,50 €, 13%, ♀ bis 2003   **83**

2001 Recher Herrenberg
Spätburgunder trocken
10,– €, 13%, ♀ bis 2005   **84**

2000 Spätburgunder
trocken »JS«
15,– €, 14%, ♀ bis 2004   **85**

2000 Recher Herrenberg
Spätburgunder trocken »JS«
19,– €, 13,5%, ♀ bis 2004   **86**

2000 Recher Herrenberg
Frühburgunder trocken
50,– €, 13,5%, ♀ bis 2004   **88**

2000 Ahrweiler Rosenthal
Spätburgunder trocken »JS«
28,– €, 13,5%, ♀ bis 2005   **88**

2000 Recher Herrenberg
Spätburgunder trocken »JS« Alte Reben
28,– €, 13,5%, ♀ bis 2005   **88**

Die Betriebe: ✦✦✦✦✦ Weltklasse · ✦✦✦✦ Deutsche Spitze · ✦✦✦ Sehr gut · ✦✦ Gut · ✦ Zuverlässig

Ahr

Weitere empfehlenswerte Betriebe

Weingut Bäcker (neu)
53508 Mayschoss, Waagstraße 16
Tel. (0 26 43) 75 17, Fax 75 17
Zu Unrecht haben wir Christoph Bäcker ein wenig aus den Augen verloren. Denn seine stets ehrlichen Weine werden zu ebenso ehrlichen Preisen angeboten. Die 2001er Kollektion ist tadellos und seine 2000er trockene Spätlese aus dem Mayschosser Mönchberg zeigt, dass er auch in nicht so einfachen Jahren ansprechende Weine abfüllen kann.

Weingut Klosterhof – Familie Gilles (neu)
53507 Marienthal, Rotweinstraße 7
Tel. (0 26 41) 3 62 80, Fax 3 58 54
Die Güte der 2001er hat uns hier schlichtweg überrascht. Selten haben wir so überzeugende Weine aus diesem Gut verkostet. An der Spitze steht die trockene Spätburgunder Auslese aus dem Ahrweiler Silberberg, die wir mit 87 Punkten bewerteten. Wenn der nachfolgende Jahrgang nur annähernd so gut gelingt, widmen wir dem Gut gerne eine ganze Seite.

Weingut Peter Lingen
53474 Bad Neuenahr-Ahrweiler, Teichstraße 3
Tel. (0 26 41) 2 95 45, Fax 20 11 36
Seit Jahren gehört das Weingut zu den zuverlässigen, im klassischen Stil arbeitenden Erzeugern des Ahrtals. Wenn wir auch die Selbsteinschätzung dieses Hauses nicht immer teilen, deuten ansprechende Frühburgunder auf das Können dieses Winzers.

Weingut Reinhold Riske
53507 Dernau, Wingertstraße 32
Tel. (0 26 43) 70 20, Fax 90 05 66
In der Spitze würden die Spätburgunder von Bernd Riske eine Traube verdienen, wie es die 2001er Spätburgunder Auslese trocken »Creation« eindrucksvoll beweist. Doch die Mehrzahl der einfacheren 2000er lässt einige Wünsche offen.

Weingut Otger Schell
53506 Rech, Rotweinstraße 33
Tel. (0 26 43) 83 87, Fax 32 11
Ein junger Betrieb im Ahrtal, der vor allem mit guten halbtrockenen Qualitäten aufwartet. Nichts glänzt, doch ist alles zuverlässig. Manchmal scheint es uns, dass Schell des Guten zuviel will. Ein einfacher, trockener Landwein schmeckt uns hier besser als die »Inspiration« – so heißt der milde Spätburgunder Weißherbst.

Weingut Sermann-Kreuzberg (neu)
53505 Altenahr, Seilbahnstraße 2
Tel. (0 26 43) 71 05, Fax (90 16 46)
In den letzten Jahren hat das kleine Weingut Sermann in Altenahr begonnen, sich einen Namen zu machen. Durch den Zusammenschluss mit dem Weingut Kreuzberg in Reimerzhofen stehen jetzt sechs Hektar im Ertrag und die Investitionen in der Kellerwirtschaft tragen die ersten Früchte. Der noch im Fass liegende Jahrgang 2001 dürfte ein neues Kapitel für das Gut eröffnen.

Winzergenossenschaft Walporzheim
53474 Bad Neuenahr, Walporzheimer Straße 173
Tel. (0 26 41) 3 47 63, Fax 3 14 10
Hier ist in den letzten Jahren ein kleines Wunder geschehen. Zwar sind die Alltagsweine nach wie vor wenig beeindruckend, doch in der Spitze weht ein neuer Wind. Eine fein ausgewogene trockene Walporzheimer Kräutergarten Spätburgunder Auslese aus dem Jahrgang 2001 zeigt deutlich, wozu die Genossen fähig sind. Bei etwas mehr Zuverlässigkeit wäre hier eine Traube drin.

Baden

Der Lohn der Angst

»Der Jahrgang war nichts für schwache Nerven.« Leo Klär, Kellermeister der aufstrebenden Affentaler Winzergenossenschaft, sprach eine kritische Phase im Jahrgang 2001 an. Bis zum Juli und August war alles gut gelaufen, mit einigen kleinen Widrigkeiten, die aber einen erfahrenen Winzer nicht weiter irritieren: Kühle, etwas regnerische Tage beeinflussten die Blüte; zuvor begann der Austrieb mit leichter Verzögerung. Sonne und ausreichend Regen hatten im Sommer für ein gutes Wachstum gesorgt, sodass manche bereits einen exzellenten Jahrgang erwarteten. Aber dann weckte der September mit Kälte und Nässe zunächst fatale Erinnerungen an den Jahrgang 2000.

Im Rückblick: Damals gab es sehr viel Fäulnis in den Weinbergen. Viele Erzeuger hatten mit Essigstich zu kämpfen. Wer nicht gnadenlos und gründlich am Stock selektierte, hatte später Problem-Weine im Keller; flüchtige Säure zog sich wie ein roter Faden durch manche Kollektion – vor allem bei Betrieben, die mit dem Vollernter unterwegs waren. Produzenten, die mit der Routine von schwächeren Jahrgängen aus den achtziger Jahren »gesegnet« waren, kamen besser mit dem 2000er zurecht als jüngere, aufstrebende Winzer, die von den 90er Jahren verwöhnt worden waren und vorher noch nie mit Witterungs-Kapriolen zu kämpfen hatten.

In 2001 ging zwar die Angst nach einer Fortsetzung um. Aber trotz der teilweise widrigen Witterung blieben die Trauben weitgehend gesund. Die kühleren Nachttemperaturen sorgten dafür, dass sich keine Fäulnis entwickelte. Ebenso weiß man inzwischen, dass eine gezielte Laubarbeit hier besonders wichtig sein kann.

Nach dem regnerischen September blieben die meisten Erzeuger gelassen und warteten mit dem Erntebeginn. Ein »goldener Oktober« ließ die Ängste der Wochen zuvor vergessen. Spätsommerliche, trockene und sonnige Wochen sorgten für eine gute Zuckerbildung. Sogar der Regen vorher wurde jetzt positiv beurteilt. Hans-Friedrich Abril aus Bischoffingen bilanzierte das so: »Nach dem Trockenstress Ende Juli bis Anfang September gab es rechtzeitig vor der Ernte ausreichend Niederschlag. Diese gute Wasserversorgung brachte hohe Extraktwerte bei entsprechend erfreulichen Mostgewichten und optimaler Säure.« Der junge Holger Koch aus Bickensohl spricht von einem »herrlich sonnigen Oktober, dem wir außergewöhnlich kleinbeerige und aromatische Trauben verdanken«. Für den erfahrenen Hermann Dörflinger aus Müllheim im Markgräflerland ist der Jahrgang 2001 »sehr hoch einzustufen«. Er spricht von »Weinen mit sehr guter Struktur«. Die reifen Fruchtsäuren und hohen Extraktwerte lassen nach seiner Einschätzung ein sehr gutes Alterungspotenzial erwarten. Trotz hoher Alkoholgehalte seien die Weine, bedingt durch die höheren Säurewerte, nicht breit, sondern zeigten sich in sehr eleganter Form. Ins gleiche Horn bläst Heinz Trogus, beim großen Badischen Winzerkeller in Breisach verantwortlich für die Weinqualität: »Der Jahrgang 2001 präsentiert sich sehr aromabetont, mit ausgeprägter Sortencharakteristik.«

Weil dieser Herbst im Vergleich mit der Ernte des 2000ers zwar Geduld und Gelassenheit erforderte, aber doch letztlich weniger Schwierigkeiten machte, hatte womöglich in einigen Häusern »Bruder Leichtfuß« das Kommando. Es gab Betriebe, von denen wir angesichts ihrer Möglichkeiten eigentlich absolute Top-Qualitäten erwartet hätten, die sich aber schwächer als mit ihren 2000ern präsentierten. Gelegentlich war bei Rotweinen Brettanomyces zu registrieren. Dabei handelt es sich um Hefekeime, die meist Barriques befallen und für einen mehr oder weniger dezenten »Stallgeruch« sorgen. Hier streiten sich noch die Geister. Für die einen ist's natürlich oder gar erstrebenswert, wenn der Wein das Aroma eines Pferdestalls hat – das ist bei vielen Bordelaiser Gewächsen ebenso der Fall. Kritische Genießer lehnen diese Duftnoten ab. Einige Betriebe traten auf der Stelle, etliche aber gaben richtig Gas und stellten überzeugende Kollektionen vor, an denen wir unsere helle Freude hatten. Mit inbegriffen waren dabei die Rotweine des Jahrgangs 2000, die uns teilweise sehr angenehm überraschten. Burgunder-Spezialisten trumpften richtig auf und machten uns bei der Suche nach den Besten die Wahl sehr schwer.

Sieben Weingüter rechneten wir vor einem Jahr zu den besten in Baden. Ein verdienter Wiederaufsteiger war damals Karl Heinz Johner aus Bischoffingen, der sich mit 2001 und den Rotweinen des Jahrgangs 2000 – hier erstmals auch mit Cabernet Sauvignon – fest in der Spitze etabliert hat. Kleine Genugtuung am Rande für den Barrique-Spezialisten und Verfechter der Konzentrationstechnik: Der international schon seit Jahren erlaubte Wasserentzug mittels Vakuumverdampfung oder Umkehrosmose ist inzwischen nicht mehr nur für Versuche erlaubt, sondern nach dem deutschen Weingesetz offiziell zulässig. Nur der VDP lehnt die Konzentration für seine »Großen Gewächse« ab.

Ein Traditionsgut musste von der vierten Traube Abschied nehmen, hinterließ aber kein Vakuum. Wolf-Dietrich Salwey aus Oberrotweil, ohnehin schon länger ein Kandidat für den Aufstieg, legte diesmal eine derart überzeugende Serie vor, dass die Belohnung keine Diskussion erforderlich machte. Aus der Zwei-Trauben-Kategorie schafften mit Aufricht, Lämmlin-Schindler, Stigler, Wolff Metternich und Freiherr zu Gleichenstein fünf Güter eine bessere Bewertung, die schon in den letzten Jahren angenehm aufgefallen waren. Besonders steil war dabei die Entwicklung beim Bodensee-Gut der Brüder Robert und Manfred Aufricht. Wir dürfen gespannt sein, wie sich ein neuer Kellermeister und die Verarbeitung der Trauben im eigenen Keller ab 2002 auswirken.

Um es nicht zu vergessen: Die Winzergenossenschaft Pfaffenweiler, der wir bereits vor einem Jahr das Zeug zur ersten Drei-Trauben-Kooperative in Deutschland bescheinigten, hat uns bestätigt. Gratulation für unseren »Gutsverwalter des Jahres 2002«, Heinrich Stefan Männle und sein Team! Die neue Ehre ist natürlich für die Zukunft Verpflichtung.

Überhaupt, die Genossenschaften. Das Beispiel Pfaffenweiler spornt offenbar an. Wir trugen dem Rechnung durch einige Besserstellungen und freuen uns vor allem, dass es der weitgehend unbekannten Kooperative aus Haltingen, die bei einem Gutedel-Test im Frühjahr 2002 neugierig machte, schon im ersten Anlauf gelang, mit einer ganzen Seite berücksichtigt zu werden. Unter den sonstigen Neulingen ist Martin Waßmer aus Bad Krozingen-Schlatt deshalb besonders bemerkenswert, weil er eigentlich Spargelbauer ist und erst seit einigen Jahren selbstständig Wein erzeugt. Kann sein, dass ein weiterer Waßmer im nächsten Jahr nachrückt: Bruder Fritz, ebenfalls Spargel-Spezialist und seit kurzem ein Winzer, den man Ernst nehmen muss, macht Martin Konkurrenz. Baden ist eben ein Talentschuppen, wie darüber hinaus die Neuaufnahmen von Gütern wie Pix und Huck-Wagner deutlich machen, die vor kurzem noch niemand auf der Rechnung hatte. Wer weiß, was in dem rund 400 Kilometer langen Gebiet mit seinen neun Bereichen auf 15.800 Hektar noch im Verborgenen blüht?

Große und kleine Jahrgänge in Baden

Jahr	Güte
2001	✽✽✽✽
2000	✽✽✽
1999	✽✽✽
1998	✽✽✽
1997	✽✽✽✽
1996	✽✽✽✽
1995	✽✽✽
1994	✽✽✽
1993	✽✽✽✽
1992	✽✽✽

Jahrgangsbeurteilung:

✽✽✽✽✽ : Herausragender Jahrgang

✽✽✽✽ : Sehr guter Jahrgang

✽✽✽ : Guter Jahrgang

✽✽ : Normaler Jahrgang

✽ : Schwacher Jahrgang

Baden

Dass in Baden schon seit geraumer Zeit sehr viel Ertragsdisziplin geübt wird, hatte zuletzt in den nördlicheren Regionen für einen gewissen Qualitätsschub gesorgt. Ein vor wenigen Jahren noch unbekannter Winzer wie der »Beinahe-Franke« Konrad Schlör aus Wertheim-Reicholzheim machte auf sich aufmerksam. Erfahrenen Erzeugern wie Heitlinger und Hoensbroech gelang eine Stabilisierung, der Leimener Seeger stellte unter Beweis, dass erstklassiger Rotwein nicht nur im badischen Süden gewonnen werden kann.

Bei den Sorten erlebte das früher konservative Anbaugebiet, das deshalb nie so recht von der Neuzüchtungseuphorie erfasst worden war, in den letzten Jahren eine gewisse Bereicherung. Reben wie Chardonnay und Sauvignon blanc sowie Cabernet Sauvignon und Merlot haben bewiesen, dass sie gut ausreifen und wertvolle Weine liefern können. Pilzresistente neue Reben werden künftig noch stärker hinzukommen, vor allem im ökologischen Weinbau. Aber sie werden die Klassiker nicht verdrängen. Der Riesling kann praktisch in allen Bereichen elegante, rassige Weine möglich machen. Mit Spätburgunder ist sowohl im Norden, in der Mitte und im südlichen Teil immer ein erstklassiger Rotwein drin. Die weiße Burgunderfamilie präsentiert sich am Kaiserstuhl besonders vorteilhaft; einige Güter überraschen gerade hier, in der »hitzigen« Gegend, zudem immer häufiger mit pikantem Riesling. Wer es reizvoll duftig mag, findet in südlichen Gefilden interessanten Muskateller und Gewürztraminer.

Erstaunlich ist die Entwicklung beim Gutedel, der Markgräfler Spezialität. Die uralte Sorte, deren Geschichte sich 5.000 Jahre zurückverfolgen lässt – im Gebiet südlich von Freiburg ist sie allerdings erst gut 200 Jahre vertreten –, galt noch vor kurzem als Synonym für einfachen Tischwein. Der schon mehrfach durchgeführte »Gutedel-Cup« hat indes den Ehrgeiz geweckt; immer mehr Erzeuger loten die Möglichkeiten der Sorte aus, sodass es inzwischen durchaus elegante herbe Spät- und Auslesen zu verkosten gibt, hin und wieder sogar raffinierte Edelsüße.

Baden

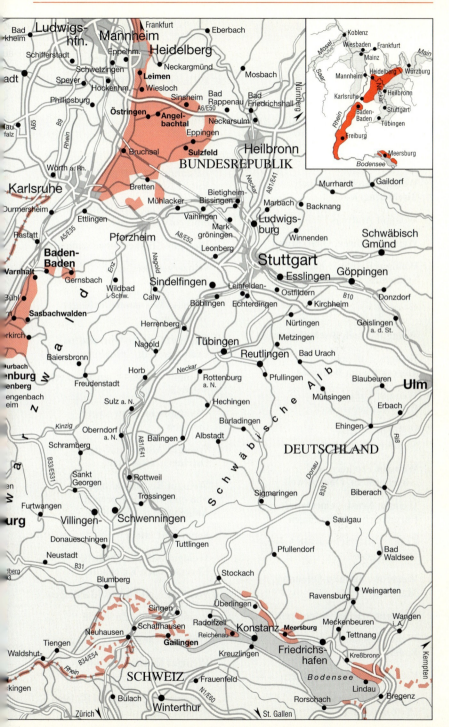

Baden

Die Spitzenbetriebe in Baden

Weingut Bercher, Vogtsburg-Burkheim

Weingut Dr. Heger, Ihringen

Weingut Bernhard Huber, Malterdingen

Weingut Karl H. Johner, Bischoffingen

Weingut Andreas Laible, Durbach

▲ Weingut Salwey, Oberrotweil

Weingut Reinhold und Cornelia Schneider, Endingen

Weingut Abril, Bischoffingen

▲ Weingut Aufricht, Meersburg am Bodensee

Weingut Duijn, Bühl-Kappelwindeck

Weingut Fischer, Nimburg-Bottingen

▲ Weingut Freiherr von Gleichenstein, Oberrotweil

Weingut Ernst Heinemann, Ehrenkirchen-Scherzingen

Franz Keller Schwarzer Adler, Oberbergen

▲ Weingut Lämmlin-Schindler, Mauchen

Weingut Michel, Achkarren

▼ Weingut Schloss Neuweier, Baden-Baden

Weingut Schloss Ortenberg

▲ Winzergenossenschaft Pfaffenweiler EG

Weingut Hartmut Schlumberger, Laufen

Weingut Seeger, Leimen

▲ Weingut Stigler, Ihringen

▲ Weingut Graf Wolff Metternich, Durbach

▲ Affentaler Winzergenossenschaft, Bühl-Eisental

Weingut Bercher-Schmidt, Oberrotweil

Weingut Blankenhorn, Schliengen

▲ Winzergenossenschaft Britzingen

Weingut Hermann Dörflinger, Müllheim

Weingut Freiherr von und zu Franckenstein, Offenburg

Weingut Thomas Hagenbucher, Sulzfeld

Weinhaus Joachim Heger, Ihringen

Weingut Albert Heitlinger, Östringen-Tiefenbach

Weingut Reichsgraf und Marquis zu Hoensbroech, Angelbachtal-Michelfeld

Schlossgut Istein

▲ Weingut Achim Jähnisch, Ehrenkirchen/Kirchhofen

Weingut Kalkbödele, Merdingen

▲ Weingut Knab, Endingen

Weingut Konstanzer, Ihringen

Weingut Heinrich Männle, Durbach

▲ Weingut Markgraf von Baden – Schloss Staufenberg, Durbach

Baden

Weingut Gebrüder Müller, Breisach

Gut Nägelsförst, Baden-Baden (Varnhalt)

Weingut Reiner Probst, Achkarren

Weingut Burg Ravensburg, Sulzfeld

Weingut Gregor und Thomas Schätzle, Vogtsburg-Schelingen

Weingut Konrad Schlör, Wertheim-Reicholzheim

Staatsweingut Freiburg und Blankenhornsberg

▲ Weingut Stadt Lahr

Winzergenossenschaft Achkarren, Vogtsburg-Achkarren

∗ Alde Gott Winzergenossenschaft, Sasbachwalden

Weingut L. Bastian, Endingen

Winzergenossenschaft Bischoffingen

▼ Weingut Peter Briem, Ihringen-Wasenweiler

Weingut Brodbeck, Bötzingen

Hofgut Consequence, Bischoffingen

Durbacher Winzergenossenschaft

Ehrenstetter Winzerkeller EG, Ehrenstetten

∗ Winzergenossenschaft Haltingen, Weil am Rhein

Winzerkeller Hex vom Dasenstein, Kappelrodeck

∗ Weingut Huck-Wagner, Efringen-Kirchen

Weingut Bernd Hummel, Malsch

Winzergenossenschaft Jechtingen

Weingut Ulrich Klumpp, Bruchsal

Weingut Holger Koch, Bickensohl

▼ Winzergenossenschaft Königschaffhausen

Weingut Landmann, Freiburg-Waltershofen

∗ Weingut Pix, Ihringen

Winzergenossenschaft Sasbach am Kaiserstuhl

Weingut Claus und Susanne Schneider, Weil am Rhein

Weingut Schwörer, Durbach

Tauberfränkische Winzergenossenschaft Beckstein, Lauda-Königshofen

∗ Weingut Martin Waßmer, Bad Krotzingen-Schlatt

∗ Weingut Wilhelm Zähringer, Heitersheim

Bewertung der Betriebe

Höchstnote für die weltbesten Weinerzeuger

Exzellente Betriebe, die zu den besten Deutschlands zählen

Sehr gute Erzeuger, die seit Jahren konstant hohe Qualität liefern

Gute Erzeuger, die mehr als das Alltägliche bieten

Verlässliche Betriebe mit einer ordentlichen Standardqualität

Baden

WEINGUT ABRIL

Inhaber: Hans-Friedrich Abril
Betriebsleiter und Kellermeister:
Hans-Friedrich Abril
79235 Bischoffingen, Talstraße 9
Tel. (0 76 62) 2 55, Fax 60 76
e-mail: weingut@abril.de
Internet: www.abril.de
*Anfahrt: A 5 Frankfurt–Basel
Ausfahrt Riegel, Richtung Breisach*
Verkauf: Mo.–Fr. 8:00 bis 12:00 Uhr
und 14:00 bis 18:00 Uhr
Sa. nach Vereinbarung
Historie: Weinbau seit 1740, in der achten Generation
Sehenswert: Fachwerkhaus von 1803, Korkenziehersammlung

Rebfläche: 6,6 Hektar
Jahresproduktion: 40.000 Flaschen
Beste Lagen: Bischoffinger Enselberg und Steinbuck
Boden: Steinige Vulkanverwitterung und Lösslehm
Rebsorten: je 30% Spätburgunder und Grauburgunder, 15% Müller-Thurgau, 9% Silvaner, 6% Riesling, 5% Weißburgunder, 5% übrige Sorten
Durchschnittsertrag: 61 hl/ha
Beste Jahrgänge: 1998, 1999, 2001

Seine besten Weine holt Hans-Friedrich Abril oft aus dem Bischoffinger Enselberg. In den letzten Jahren machte er sich mit den Ergebnissen aus dem Steinbuck selbst Konkurrenz. Aber auch der Schelinger Kirchberg lieferte in 2001 feine Tropfen. Erstaunlich für Kaiserstühler Gewächse ist diesmal die teilweise Leichtigkeit der Weißweine, unter der aber die Qualität nicht gelitten hat. Mit 11,5 Prozent Alkohol sind sie dennoch selbstständig und gehaltvoll. Bei den Roten legt Abril dagegen Wert auf Muskelkraft, was aber der 16-prozentigen (!) Auslese nicht so gut bekam. Zielsetzung für die nächsten Jahre ist eine gewisse Umstrukturierung bei den Sorten: Müller-Thurgau und Silvaner werden reduziert, die Burgunderfamilie soll wachsen.

2001 Schelinger Kirchberg
Grauer Burgunder Kabinett trocken
5,90 €, 12,5%, ♀ bis 2004   84

2001 Bischoffinger Enselberg
Weißer Burgunder Kabinett trocken
7,50 €, 12%, ♀ bis 2004   85

2001 Bischoffinger Enselberg
Chardonnay Kabinett trocken
5,90 €, 12,5%, ♀ bis 2004   85

2001 Schelinger Kirchberg
Riesling Kabinett trocken
6,– €, 11,5%, ♀ bis 2004   87

——— Rotweine ———

2001 Bischoffinger Enselberg
Rosé Kabinett trocken
5,90 €, 11,5%, ♀ bis 2003   82

2001 Bischoffinger Steinbuck
Spätburgunder Weißherbst Spätlese trocken
9,– €, 12,5%, ♀ bis 2004   86

2001 Bischoffinger Enselberg
Gewürztraminer Kabinett trocken
6,20 €, 12%, ♀ bis 2005   86

2000 Bischoffinger Steinbuck
Spätburgunder Spätlese trocken
11,95 €, 14,5%, ♀ bis 2006   86

Die Betriebe: ✽✽✽✽✽ Weltklasse · ✽✽✽✽ Deutsche Spitze · ✽✽✽ Sehr gut · ✽✽ Gut · ✽ Zuverlässig

Baden

WINZERGENOSSENSCHAFT ACHKARREN

Geschäftsführer: Waldemar Isele
Kellermeister: Anton Kiefer
79235 Vogtsburg-Achkarren,
Schlossbergstraße 2
Tel. (0 76 62) 9 30 40, Fax 93 04 93
e-mail: info@winzergenossenschaft-achkarren.de
Internet: www.achkarrer-wein.com
Anfahrt: A 5, Ausfahrt Bad Krozingen oder Riegel, Richtung Breisach
Verkauf: Florian Graner
Mo.–Fr. 8:00 bis 12:30 Uhr
und 13:30 bis 17:30 Uhr
Sa. 9:00 bis 13:00 Uhr (März bis Dez.)
und nach Vereinbarung mit Frau Kind
Historie: Gründung 1929
Sehenswert: Kaiserstühler Weinbaumuseum, Vinothek mit alten Weinen bis Jahrgang 1942

Rebfläche: 155 Hektar
Zahl der Mitglieder: 320
Jahresproduktion: 1,7 Mio. Flaschen
Beste Lagen: Achkarrer Schlossberg und Castellberg
Boden: Vulkanverwitterung, Lösslehm
Rebsorten: 37% Grauburgunder, 30% Spätburgunder, 17% Müller-Thurgau, 9% Weißburgunder, 4% Silvaner, 3% übrige Sorten
Durchschnittsertrag: 78 hl/ha
Beste Jahrgänge: 1998, 1999, 2000

Die Achkarrer Genossenschaft gehört zu den soliden Kooperativen in Baden. Um sich zu steigern, sind in den nächsten Jahren Investitionen in Maischegärtanks und die Traubenannahme vorgesehen. Die Ertragsdisziplin der Mitglieder ist gut. Ausgewählte Weine werden unter der Bezeichnung »Bestes Fass« abgefüllt. Doch ist der Unterschied zu den Normalweinen nicht sehr groß. Der Jahrgang 2001 stellte durchaus zufrieden. Einige der 2000er, die im letzten Jahr noch zurückgehalten wurden und reifen durften, haben sich ansehnlich entwickelt. Der Muskateller Eiswein ist sogar exzellent.

2001 Achkarrer
Rivaner »Classic« trocken
3,25 €, 12%, ♀ bis 2003 — **78**

2001 Achkarrer
Grauer Burgunder trocken
4,45 €, 12,5%, ♀ bis 2004 — **81**

2001 Achkarrer Castellberg
Weißer Burgunder Kabinett trocken
4,95 €, 12,5%, ♀ bis 2004 — **83**

2000 Achkarrer Schlossberg
Grauer Burgunder Spätlese »Bestes Fass« trocken
11,20 €, 14%, ♀ bis 2005 — **83**

2001 Achkarrer Schlossberg
Grauer Burgunder Spätlese »Bestes Fass« trocken
8,95 €, 13,5%, ♀ bis 2005 — **84**

2000 Achkarrer Schlossberg
Gewürztraminer Auslese »Bestes Fass«
11,90 €/0,5 Lit., 12%, ♀ bis 2006 — **84**

2000 Achkarrer Schlossberg
Muskateller Eiswein
29,50 €/0,5 Lit., 10,5%, ♀ bis 2020 — **90**

——— Rotweine ———

2000 Achkarrer Schlossberg
Spätburgunder »Vinisage« trocken
8,– €, 13,5%, ♀ bis 2005 — **84**

2000 Achkarrer Schlossberg
Spätburgunder »Bestes Fass« trocken
9,50 €, 14,5%, ♀ bis 2006 — **86**

Die Weine: 100 Perfekt · 95–99 Überragend · 90–94 Exzellent · 85–89 Sehr gut · 80–84 Gut · 75–79 Passabel

Aufsteiger

Baden

AFFENTALER WINZERGENOSSENSCHAFT

Geschäftsführer: Georg Huschle
Kellermeister: Leo Klär, Medard Jung
77815 Bühl-Eisental, Betschgräberplatz
Tel. (0 72 23) 9 89 80, Fax 98 98 30
e-mail: info@affentaler.de
Internet: www.affentaler.de
Anfahrt: A 5 Frankfurt–Basel, Ausfahrt Bühl, Richtung Schwarzwaldhochstraße, Abfahrt B 3, Richtung Baden-Baden
Verkauf: Georg Huschle,
Annette Huber, Günther Weber
Mo.–Fr. 8:00 bis 18:00 Uhr
Sa. 9:00 bis 13:00 Uhr
März bis Dez. So. 10:00 bis 14:00 Uhr

Rebfläche: 233 Hektar
Zahl der Mitglieder: 950
Jahresproduktion: 3 Mio. Flaschen
Beste Lagen: Affentaler, Eisentaler Betschgräbler
Boden: Verwitterungsböden aus Granit, Gneis und Buntsandstein
Rebsorten: 50% Riesling, 35% Spätburgunder, 12% Müller-Thurgau, 3% Weiß-, Grauburgunder und Traminer
Durchschnittsertrag: 70 hl/ha
Beste Jahrgänge: 1998, 1999, 2001
Mitglied in Vereinigungen: Deutsches Barrique Forum

Im 13. Jahrhundert wurde im Zisterzienserkloster Affental erstmals Spätburgunder ausgebaut. 1908 schlossen sich dann 24 Winzer zum »Naturweinbauverein Affental« zusammen. Die Genossenschaft, die mit einer eigenständigen Flaschenform (Buddel) dem Bocksbeutel anderer Ortenauer Gemeinden Konkurrenz macht, forcierte in den letzten Jahren erfolgreich den Spätburgunder. Nach Jahren der Stabilität konnte in 2001 ein Konzept mit deutlicher Ertragsreduzierung erfolgreich umgesetzt werden. Die Qualität der Kollektion war diesmal gleichmäßig gut bis sehr gut; selbst der Liter-Riesling (immerhin 120.000 Flaschen) gefiel. Ein Aufsteiger.

2001 Eisentaler Betschgräbler
Riesling trocken
4,80 €/1,0 Lit., 12%, ♀ bis 2004   **82**

2001 Eisentaler Betschgräbler
Riesling Kabinett trocken
5,20 €, 11,5%, ♀ bis 2004   **84**

2001 Eisentaler Betschgräbler
Riesling Spätlese trocken
5,90 €, 12%, ♀ bis 2005   **85**

2001 Riesling
trocken
5,30 €, 12%, ♀ bis 2005   **86**

2001 Grauer Burgunder
Auslese trocken
16,80 €, 14%, ♀ bis 2005   **86**

——— Rotweine ———

2001 Affentaler
Spätburgunder Spätlese trocken
8,20 €, 13,5%, ♀ bis 2005   **84**

2001 Spätburgunder
trocken
6,40 €, 13%, ♀ bis 2005   **84**

2001 Spätburgunder
»SLK« trocken
9,20 €, 13,5%, ♀ bis 2005   **85**

2001 Spätburgunder
Auslese »SLK« trocken
19,90 €, 14%, ♀ bis 2006   **87**

Die Betriebe: ✠✠✠✠✠ Weltklasse · ✠✠✠✠ Deutsche Spitze · ✠✠✠ Sehr gut · ✠✠ Gut · ✠ Zuverlässig

Neu

Baden

ALDE GOTT WINZERGENOSSENSCHAFT

Geschäftsführer: Günter Lehmann
Kellermeister: Hermann Bähr
77887 Sasbachwalden, Talstraße 2
Tel. (0 78 41) 2 02 90, Fax 20 29 18
e-mail: aldegott@aldegott.de
Internet: www.aldegott.de
Anfahrt: A 5 Frankfurt–Basel, Ausfahrt Achern, Richtung Sasbachwalden, am Ortseingang rechts
Verkauf: Friedrich Wäldele
Mo.–Fr. 8:00 bis 12:00 Uhr
und 13:30 bis 18:00 Uhr
Sa. 8:30 bis 12:00 Uhr
Mai bis Okt.: Sa. bis 17:00 Uhr
und So. 13:00 bis 17:00 Uhr
Historie: Gegründet 1948
Sehenswert: Barrique- und Sektkeller

Rebfläche: 241 Hektar
Zahl der Mitglieder: 418
Jahresproduktion: 2,2 Mio. Flaschen
Beste Lage: Sasbachwaldener Alde Gott
Boden: Granitverwitterungsgestein
Rebsorten: 61% Spätburgunder, 15% Riesling, 13% Müller-Thurgau, 7% Grauburgunder, 4% übrige Sorten
Durchschnittsertrag: 81 hl/ha
Beste Jahrgänge: 1997, 2000, 2001

Nach der Legende entstand der Name der Lage, der auch der Genossenschaft den Namen gibt, durch den Ausruf eines Mannes nach dem Ende des Dreißigjährigen Krieges, als er einen anderen Überlebenden erblickte: »Der alde Gott lebt noch!« Die Kooperative wurde erst 300 Jahre später, 1948, gegründet. Sie ist bei Prämierungen vor allem mit ihren Rotweinen recht erfolgreich, war aber ansonsten in den letzten Jahren nicht immer konstant. Doch die letzten beiden Kollektionen waren insgesamt wieder stimmiger (auch bei den Weißweinen), sodass der Wiederaufstieg geschafft wurde. Nun ist nur zu hoffen, dass in Sasbachwalden das Niveau gehalten wird.

2001 Sasbachwaldener Alde Gott
Rivaner trocken
3,70 €, 12%, ♀ bis 2003 — **80**

2001 Sasbachwaldener Alde Gott
Grauer Burgunder Kabinett trocken
6,40 €, 12,5%, ♀ bis 2003 — **82**

2001 Sasbachwaldener Alde Gott
Chardonnay trocken
8,30 €, 14%, ♀ bis 2005 — **83**

2001 Sasbachwaldener Alde Gott
Riesling Kabinett trocken
5,70 €, 11,5%, ♀ bis 2004 — **85**

——— Rotweine ———

2001 Sasbachwaldener Alde Gott
Spätburgunder trocken
5,50 €, 13%, ♀ bis 2005 — **83**

2000 Sasbachwaldener Alde Gott
Spätburgunder Auslese trocken
16,80 €, 13,5%, ♀ bis 2005 — **85**

2000 Sasbachwaldener Alde Gott
Spätburgunder Spätlese trocken
8,60 €, 13%, ♀ bis 2005 — **86**

2000 Sasbachwaldener Alde Gott
Spätburgunder Auslese trocken Barrique
21,– €, 13,5%, ♀ bis 2006 — **87**

Die Weine: 100 Perfekt · 95–99 Überragend · 90–94 Exzellent · 85–89 Sehr gut · 80–84 Gut · 75–79 Passabel

Baden

Aufsteiger

WEINGUT AUFRICHT

Inhaber: Robert und Manfred Aufricht
Kellermeister: Robert Markheiser
88709 Meersburg am Bodensee,
Weinkundeweg 8
Tel. (0 75 32) 61 23 und 24 27, Fax 24 21
e-mail: weingut-aufricht@t-online.de
Internet: www.aufricht.de
Anfahrt: B 31 zwischen Meersburg und Hagnau
Verkauf: Familie Aufricht
Mo.–Sa. 8:00 bis 11:30 Uhr
und 13:30 bis 18:30 Uhr
So. 10:00 bis 11:30 Uhr
nach Vereinbarung
Sehenswert: Idyllische Lage im Landschaftsschutzgebiet am Bodenseeufer

---

Rebfläche: 18 Hektar
Jahresproduktion: 125.000 Flaschen
Beste Lagen: Meersburger Sängerhalde und Fohrenberg
Boden: Sandig-kalkhaltiger Lehm
Rebsorten: 39% Spätburgunder, 15% Grauburgunder, 10% Weißburgunder, je 8% Chardonnay und Auxerrois, je 7% Riesling und Müller-Thurgau, 6% übrige Sorten
Durchschnittsertrag: 75 hl/ha
Beste Jahrgänge: 1999, 2000, 2001

2001 Meersburger Sängerhalde
Weißer Burgunder trocken
8,70 €, 12%, ♀ bis 2004   **86**

2001 Meersburger Sängerhalde
Auxerrois trocken
9,20 €, 12,5%, ♀ bis 2004   **86**

2001 Meersburger Sängerhalde
Grauer Burgunder/Chardonnay trocken
14,40 €, 13,5%, ♀ bis 2005   **87**

2001 Meersburger Sängerhalde
Chardonnay trocken
12,80 €, 12,5%, ♀ bis 2005   **87**

2001 Sauvignon blanc
trocken
16,40 €, 12%, ♀ bis 2005   **89**

——— Rotweine ———

2001 Meersburger Sängerhalde
Frühburgunder trocken
14,40 €, 12%, ♀ bis 2005   **85**

2001 Meersburger Sängerhalde
Spätburgunder »Sophia« trocken
10,30 €, 13%, ♀ bis 2006   **87**

1999 Meersburger Sängerhalde
Spätburgunder trocken
30,– €, 13,5%, ♀ bis 2008   **91**

Ihren Weinbergbesitz am Südhang, direkt am Naturufer des Bodensees, konnten die Gebrüder Aufricht von einstmals vier auf insgesamt 18 Hektar vergrößern. Aber auch sonst war die Entwicklung der letzten Jahre fast atemberaubend und mit einer enormen Qualitätssteigerung verbunden – obwohl die Weine nicht im eigenen Haus, sondern im Keller des Markgrafen von Baden ausgebaut wurden. Der dortige Kellermeister Herbert Senft hat sich inzwischen zum Winzerverein Hagnau verabschiedet. Seit Herbst 2002 ist Senft-Schüler Jochen Sahler im neuen und eigenen Keller der Aufrichts verantwortlich. Damit ist die Familie endlich komplett selbstständig. Man darf gespannt sein, ob sich das Niveau noch steigern lässt. Die prächtige Serie belohnen wir mit der dritten Traube.

Die Betriebe: ♣♣♣♣♣ Weltklasse · ♣♣♣♣ Deutsche Spitze · ♣♣♣ Sehr gut · ♣♣ Gut · ♣ Zuverlässig

Baden

WEINGUT L. BASTIAN

Inhaber und Betriebsleiter:
Andreas Neymeyer
Kellermeister: Bernd Hildwein und
Andreas Neymeyer
79346 Endingen am Kaiserstuhl,
Königschaffhauser Straße 8
Tel. (0 76 42) 60 09, Fax 38 62
e-mail: service@weingut-bastian.de
Internet: www.weingut-bastian.de
Anfahrt: A 5 Karlsruhe–Basel, Ausfahrt Riegel, in Endingen an der Hauptstraße nach dem Stadttor (Fußgängerampel)
Verkauf: Bruno Müller
Mo.–Fr. 8:00 bis 12:00 Uhr
und 14:00 bis 17:00 Uhr
Sa. 8:00 bis 12:00 Uhr
und nach Vereinbarung
Sehenswert: Schlossruine Burkheim mit kleinster Einzellage Deutschlands, historischer Gewölbekeller

> Rebfläche: 10 Hektar Eigenbesitz
> Erzeugergemeinschaft: 43 Hektar
> Zahl der Mitglieder: 180
> Jahresproduktion: 420.000 Flaschen
> Beste Lagen: Burkheimer Schlossberg (Alleinbesitz), Endinger Engelsberg, Endinger Tannacker (Alleinbesitz)
> Boden: Löss, Vulkanverwitterung
> Rebsorten: 36% Spätburgunder, 22% Riesling, 10% Müller-Thurgau, 9% Graeburgunder, 6% Chardonnay, 5% Weißburgunder, 12% übrige Sorten
> Durchschnittsertrag: 70 hl/ha
> Beste Jahrgänge: 1999, 2000, 2001

Leopold Bastian war vor fast 200 Jahren ein Weinbaupionier. Er gründete eine gut gehende Kellerei; seine Nachfahren lagerten schon um 1900 eine Million Liter ein. Durch Einheirat kam die Familie Neymeyer ins Unternehmen, das ähnlich strukturiert ist wie Keller in Oberbergen: Neben 10 Hektar eigener Fläche wird die Ernte von 180 Vertragswinzern zu ordentlichen Tropfen verarbeitet. Die umfangreiche Kollektion war solide. Weiteres Potenzial wurde mit einem überdurchschnittlichen Riesling angedeutet.

2000 Endinger Engelsberg
Grauer Burgunder trocken
7,– €/0,5 Lit., 13%, ♀ bis 2004 **82**

2001 Burkheimer Schlossberg
Grauer Burgunder »SL« trocken
20,– €, 13%, ♀ bis 2004 **84**

2001 Endinger Engelsberg
Chardonnay »SL« trocken
7,50 €, 13%, ♀ bis 2005 **84**

2001 Endinger Engelsberg
Riesling Spätlese trocken
8,– €, 13%, ♀ bis 2005 **87**

2001 Endinger Tannacker
Riesling halbtrocken
4,60 €/1,0 Lit., 11,5%, ♀ bis 2004 **80**

2001 Grauer Burgunder
»Stephanie«
4,50 €, 11%, ♀ bis 2004 **83**

——— Rotweine ———

2000 Endinger Engelsberg
Spätburgunder trocken
6,60 €, 13%, ♀ bis 2005 **83**

2000 Endinger Engelsberg
Spätburgunder trocken
10,30 €, 13%, ♀ bis 2004 **84**

2000 Spätburgunder
»Stephanie«
5,– €, 12,5%, ♀ bis 2003 **80**

Die Weine: 100 Perfekt · 95–99 Überragend · 90–94 Exzellent · 85–89 Sehr gut · 80–84 Gut · 75–79 Passabel

Baden

WEINGUT BERCHER

Inhaber: Eckhardt und
Rainer Bercher
Kellermeister: Werner Rehbein
79235 Vogtsburg-Burkheim,
Mittelstadt 13
Tel. (0 76 62) 9 07 60, Fax 82 79
e-mail: weingut_bercher@t-online.de
Internet: www.germanwine.de/
weingut/bercher
*Anfahrt: A 5 Karlsruhe–Basel,
Ausfahrt Riegel oder Bad Krozingen,
Richtung Breisach*
Verkauf: Familien Bercher
Mo.–Sa. 9:00 bis 11:30 Uhr
und 13:30 bis 17:00 Uhr
Historie: Weingut in der neunten Generation
Sehenswert: Alter Gewölbekeller als Holzfasslager

Rebfläche: 22 Hektar
Jahresproduktion: 150.000 Flaschen
Beste Lagen: Burkheimer Feuerberg und Schlossgarten, Sasbacher Limburg, Jechtinger Eichert
Boden: Vulkanverwitterung und Löss
Rebsorten: 42% Spätburgunder, 15% Grauburgunder, 14% Weißburgunder, 12% Riesling, 7% Chardonnay, 5% Müller-Thurgau, 5% übrige Sorten
Durchschnittsertrag: 54 hl/ha
Beste Jahrgänge: 1998, 1999, 2000
Mitglied in Vereinigungen: VDP, Deutsches Barrique Forum

Das schön gelegene Weingut in der Stadtmitte von Burkheim am Westrand des Kaiserstuhls kann seine Geschichte immerhin bis ins 15. Jahrhundert zurückverfolgen. Ehedem ein landwirtschaftlicher Mischbetrieb, konzentrieren sich die Berchers bereits seit 40 Jahren nur mehr auf Wein und Obstbau (für die Brände). In den letzten Jahren war das Gut, was Beständigkeit und durchgängige Qualität vom einfachen Literwein bis zum edelsten Produkt angeht, stets zu den badischen Spitzenerzeugern zu rechnen. Vielleicht liegt das an einer sehr sinnvollen Arbeitsteilung zwischen den beiden Brüdern Eckhardt (Außenbetrieb) und Rainer (Vinifikation), die sich gegenseitig immer noch zu neuen Höchstleistungen anspornen. Dass man von den hauseigenen Selektionen, die meist in Barriques ausgebaut werden, sehr gute Qualität erwarten darf, ist für einen Betrieb dieses Standards normal (allerdings nicht generell selbstverständlich). Noch bemerkenswerter ist freilich, dass die Basis-Linie vom Grauburgunder, Weißburgunder und Spätburgunder, von denen jeweils mindestens 10.000 Flaschen gefüllt werden, ein Niveau hat, das andere Häuser vergeblich anstreben. Aktuelle Literweine sind dagegen in der 2002er Preisliste nicht mehr zu finden. Von den beiden vorgestellten Sekten war der 96er Pinot Extra brut recht gelungen, während der 98er Chardonnay ziemlich gewöhnlich anmutete. Die gehobenen 2001er Weißweine sind einmal mehr von beachtlicher Qualität, wenngleich die ganz großen Höhepunkte fehlen. Ein spezieller Hinweis gilt den interessanten Rieslingweinen, die für Kaiserstühler Gewächse eine ansehnliche Rasse und Mineralik aufweisen. Wer rote Spitze sucht, muss ins Jahr 1999 zurückgehen. Aus dem schwierigen Jahrgang 2000 wurden uns vorläufig nur die einfacheren, aber beileibe nicht belanglosen Versionen vorgestellt.

2001 Grauer Burgunder
trocken
4,50 €, 12,5%, ♀ bis 2004 **85**

2001 Burkheimer Feuerberg
Weißer Burgunder Kabinett trocken
7,20 €, 12,5%, ♀ bis 2004 **85**

2001 Burkheimer Schlossgarten
Muskateller Kabinett trocken
12,50 €, 11,5%, ♀ bis 2005 **85**

2001 Burkheimer Feuerberg
Grauer Burgunder Spätlese trocken
12,– €, 13%, ♀ bis 2006 **87**

Baden

2001 Sasbacher Limburg
Riesling Spätlese trocken
10,– €, 12,5%, ♀ bis 2006 **88**

2001 Burkheimer Feuerberg
Weißer Burgunder Spätlese trocken »SE«
13,– €, 13%, ♀ bis 2006 **88**

2001 Burkheimer Feuerberg
Grauer Burgunder Spätlese trocken »SE«
17,50 €, 13,5%, ♀ bis 2007 **89**

2001 Riesling
Kabinett
7,– €, 12%, ♀ bis 2005 **86**

——— Rotweine ———

2000 Spätburgunder
trocken
8,20 €, 12,5%, ♀ bis 2004 **84**

2000 Jechtinger Eichert
Spätburgunder Spätlese trocken
14,– €, 13%, ♀ bis 2005 **84**

1999 Spätburgunder
trocken
15,– €, 13,5%, ♀ bis 2008 **88**

1999 Burkheimer Feuerberg
Spätburgunder Auslese »SE« trocken
31,70 €, 14,5%, ♀ bis 2010 **91**

Vorjahresweine

2000 Jechtinger Eichert
Grauer Burgunder Kabinett trocken
7,15 €, 12%, ♀ bis 2003 **87**

2000 Burkheimer Feuerberg
Grauer Burgunder Spätlese trocken
11,76 €, 13%, ♀ bis 2004 **87**

2000 Burkheimer Schlossgarten
Grauer Burgunder Kabinett trocken
7,50 €, 12,5%, ♀ bis 2004 **88**

2000 Burkheimer Feuerberg
Weißer Burgunder Spätlese trocken
11,50 €, 13%, ♀ bis 2004 **88**

2000 Chardonnay
trocken »SE«
15,34 €, 13%, ♀ bis 2005 **88**

2000 Burkheimer Feuerberg
Grauer Burgunder Spätlese trocken »SE«
17,38 €, 13%, ♀ bis 2005 **89**

——— Rotweine ———

1999 Spätburgunder
trocken
7,57 €, 13%, ♀ bis 2004 **86**

1999 Burkheimer Feuerberg
Spätburgunder Kabinett trocken
8,69 €, 13%, ♀ bis 2004 **86**

1999 Jechtinger Eichert
Spätburgunder Spätlese trocken
13,29 €, 13%, ♀ bis 2005 **87**

1999 Burkheimer Feuerberg
Spätburgunder Spätlese trocken »SE«
26,59 €, 13%, ♀ bis 2008 **90**

Die Weine: **100** Perfekt · **95–99** Überragend · **90–94** Exzellent · **85–89** Sehr gut · **80–84** Gut · **75–79** Passabel

Baden

WEINGUT
BERCHER-SCHMIDT

Inhaber: Beate Wiedemann-Schmidt und Franz Wilhelm Schmidt
Kellermeister: Franz Wilhelm Schmidt
79235 Oberrotweil, Herrenstraße 28
Tel. (0 76 62) 3 72, Fax 62 33
e-mail: Bercher-Schmidt@t-online.de
Internet: www.germanwine.de/weingut/BercherSchmidt
Anfahrt: A 5 Karlsruhe–Basel, Ausfahrt Riegel, Richtung Vogtsburg
Verkauf: Beate Wiedemann-Schmidt und Annemarie Wiedemann
Mo.–Fr. 9:00 bis 18:00 Uhr
Sa. und So. nach Vereinbarung
Sehenswert: Offenes Atelier mit anderen Künstlern im alten Gehöft

---

Rebfläche: 10 Hektar
Jahresproduktion: 60.000 Flaschen
Beste Lagen: Oberrotweiler Henkenberg und Käsleberg, Bischoffinger Enselberg, Steinbuck und Rosenkranz, Burkheimer Feuerberg
Boden: Vulkanverwitterung, Löss und Lehm
Rebsorten: 35% Grauburgunder, 33% Spätburgunder, 9% Weißburgunder, 8% Müller-Thurgau, 5% Riesling, 4% Silvaner, 6% übrige Sorten
Durchschnittsertrag: 50 hl/ha
Beste Jahrgänge: 1999, 2000, 2001

Gründer des Gutes der Künstlerin Beate Wiedemann und ihres Mannes Franz Wilhelm Schmidt war der Bruder des Großvaters der beiden Top-Winzer Rainer und Eckhardt Bercher. Seine Enkelin Beate heiratete den Genossenschaftswinzer und Kellermeister Franz Wilhelm Schmidt, der eigene Rebflächen einbrachte und sich dann selbstständig machte. Das Gut ist schon seit etlichen Jahren eine sehr zuverlässige Adresse. Auch beim Jahrgang 2001 wurde das wieder unter Beweis gestellt. Die weiße Kollektion zeigte keine Schwächen. Spätburgunder konnten, da restlos ausverkauft, nicht mehr präsentiert werden.

2000 Bischoffinger Steinbuck
Silvaner Kabinett trocken
5,10 €, 11,5%, ♀ bis 2004 — **82**

2001 Bischoffinger Enselberg
Riesling Kabinett trocken
6,50 €, 12%, ♀ bis 2004 — **84**

2001 Bischoffinger Rosenkranz
Weißer Burgunder Kabinett trocken
6,60 €, 12,5%, ♀ bis 2004 — **85**

2001 Oberrotweiler Käsleberg
Weißer Burgunder Spätlese trocken
9,70 €, 13%, ♀ bis 2004 — **85**

2001 Bischoffinger Enselberg
Riesling Spätlese trocken
9,90 €, 12,5%, ♀ bis 2005 — **86**

2001 Oberrotweiler Henkenberg
Grauer Burgunder Spätlese trocken
10,– €, 13%, ♀ bis 2005 — **86**

2001 Burkheimer Feuerberg
Kerner Beerenauslese
17,90 €/0,375 Lit., 10%, ♀ bis 2010 — **88**

——— Rotwein ———

2001 Oberrotweiler Henkenberg
Spätburgunder Spätlese trocken
10,– €, 13%, ♀ bis 2005 — **85**

Die Betriebe: ✚✚✚✚✚ Weltklasse · ✚✚✚✚ Deutsche Spitze · ✚✚✚ Sehr gut · ✚✚ Gut · ✚ Zuverlässig

Baden

WINZERGENOSSENSCHAFT BISCHOFFINGEN

Geschäftsführer: Reinhard Streit
Verkaufsleiter: Emil Pfistner
Kellermeister: Norbert Kuhn
79235 Bischoffingen, Bacchusstraße 14
Tel. (0 76 62) 9 30 10, Fax 93 01 93
e-mail: info@wg-bischoffingen.de
Internet: www.wg-bischoffingen.de
Anfahrt: A 5, Ausfahrt Riegel, über Endingen, Königschaffhausen, Leiselheim
Verkauf: Petra Busch (Marketing)
Mo.–Fr. 8:30 bis 12:00 Uhr
und 13:30 bis 17:30 Uhr
Sa. 8:30 bis 12:00 Uhr
und nach Vereinbarung mit
Ursula Weber und Martina Wolf
Hotel-Restaurant: Steinbuck,
Di. Ruhetag
Erlebenswert: Kellerführung,
dienstags 15:00 Uhr (März bis Okt.)

Rebfläche: 202 Hektar
Zahl der Mitglieder: 255
Jahresproduktion: 2,2 Mio. Flaschen
Beste Lagen: Bischoffinger Enselberg, Steinbuck und Rosenkranz
Boden: Vulkanverwitterungsgestein, teilweise mit Lösslehmauflage
Rebsorten: 39% Spätburgunder, 23% Müller-Thurgau, 18% Grauburgunder, 7% Silvaner, 6% Riesling, 5% Weißburgunder, 2% Chardonnay und Cabernet Sauvignon
Durchschnittsertrag: 81 hl/ha
Beste Jahrgänge: 1995, 1997, 1998

2000 Bischoffinger
Grauer Burgunder trocken
4,85 €/1,0 Lit., 12,5%, ♀ bis 2003   **80**

2001 Bischoffinger Enselberg
Weißer Burgunder Kabinett trocken
5,20 €, 12%, ♀ bis 2003   **82**

2001 Bischoffinger Steinbuck
Grauer Burgunder Kabinett trocken
5,20 €, 11,5%, ♀ bis 2004   **82**

2001 Bischoffinger
Grauer Burgunder trocken
5,40 €, 12,5%, ♀ bis 2004   **83**

2001 Bischoffinger Steinbuck
Grauer Burgunder Spätlese
»Selection« trocken
8,30 €, 13%, ♀ bis 2005   **85**

——— Rotweine ———

2001 Bischoffinger Vulkanfelsen
Spätburgunder trocken
5,60 €/1,0 Lit., 13%, ♀ bis 2003   **79**

2000 Bischoffinger
Spätburgunder trocken
7,10 €, 13,5%, ♀ bis 2004   **83**

1999 Bischoffinger Enselberg
Spätburgunder trocken
23,– €, 14%, ♀ bis 2006   **88**

Obwohl knapp ein Viertel der Rebfläche der Genossenschaft am Kaiserstuhl mit Müller-Thurgau bestockt ist, haben die Bischoffinger ihren Ruf mit klassisch ausgebauten Weinen der Sorten Grau- und Spätburgunder erworben. Seit einigen Jahren wird speziell ausgewähltes Lesegut von alten Rebstöcken mit niedrigem Ertrag getrennt vergoren. Diese »Selection« reift in neuen Eichenholzfässern heran. In 2001 wechseln Licht und Schatten. Fein ausgereift präsentiert sich ein 99er Spätburgunder aus dem Barrique.

Die Weine: **100** Perfekt · **95–99** Überragend · **90–94** Exzellent · **85–89** Sehr gut · **80–84** Gut · **75–79** Passabel

Baden

WEINGUT BLANKENHORN

Inhaber: Rosemarie Blankenhorn
Betriebsleiter: Fritz Deutschmann
79418 Schliengen, Baslerstraße 2
Tel. (0 76 35) 8 20 00, Fax 82 00 20
e-mail:
weingut-blankenhorn@t-online.de
Internet: www.gutedel.de
Anfahrt: A 5 Frankfurt–Basel, Ausfahrt Müllheim, 8 Kilometer bis Schliengen
Verkauf: Rosemarie Blankenhorn
Mo.–Fr. 8:00 bis 12:00 Uhr
und 14:00 bis 18:00 Uhr
Sa. 9:00 bis 13:00 Uhr
und nach Vereinbarung
Gutsschänke: Tel. (0 76 35) 82 25 90
Pächter Thomas und Renate Vierk
11:00 bis 15:00 Uhr und
17:00 bis 24:00 Uhr, Mo. Ruhetag
Historie: 1847 von Johann Blankenhorn gegründet
Sehenswert: Ehemalige Thurn & Taxis'sche Poststation

Rebfläche: 20 Hektar
Jahresproduktion: 170.000 Flaschen
Beste Lagen: Schliengener Sonnenstück, Auggener Schäf
Boden: Lösslehm und Letten mit Kalk-Mergel-Skelettanteil
Rebsorten: 30% Gutedel, 25% Spätburgunder, je 10% Grauburgunder und Weißburgunder, 25% übrige Sorten
Durchschnittsertrag: 65 hl/ha
Beste Jahrgänge: 1998, 1999, 2001
Mitglied in Vereinigungen: VDP

Die Familie Blankenhorn gehört seit über 150 Jahren zu den bekanntesten Erzeugern im Markgräfler Land. Die burschikose, engagierte Eigentümerin Rosemarie Blankenhorn brachte zusammen mit Betriebsleiter Fritz Deutschmann das Gut in Schwung. Die Weine sind klar, sortentypisch und in jeder Kategorie angenehm zu trinken. Der Gutedel hat dabei einen hohen Spaßfaktor. Als durchaus gelungen empfanden wir den ersten edelsüßen Riesling, einen 2000er.

2001 Schliengener Sonnenstück
Auxerrois Kabinett trocken
7,50 €, 11,5%, ♀ bis 2004 — **82**

2001 Schliengener Sonnenstück
Gutedel trocken
4,90 €, 12%, ♀ bis 2003 — **83**

2001 Schliengener Sonnenstück
Gutedel Kabinett trocken
5,50 €, 11,5%, ♀ bis 2004 — **84**

2001 Schliengener Sonnenstück
Weißer Burgunder Kabinett trocken
7,50 €, 12,5%, ♀ bis 2004 — **84**

2001 Schliengener Sonnenstück
Grauer Burgunder Kabinett trocken
7,50 €, 12%, ♀ bis 2003 — **86**

2000 Schliengener Sonnenstück
Riesling Beerenauslese
25,– €/0,375 Lit., 12%, ♀ bis 2015 — **88**

——— Rotweine ———

2000 Schliengener Sonnenstück
Spätburgunder trocken
8,– €, 13,5%, ♀ bis 2004 — **83**

2000 Schliengener Sonnenstück
Spätburgunder trocken Barrique
13,– €, 13,5%, ♀ bis 2006 — **86**

Die Betriebe: ✿✿✿✿✿ Weltklasse · ✿✿✿✿ Deutsche Spitze · ✿✿✿ Sehr gut · ✿✿ Gut · ✿ Zuverlässig

Baden

WEINGUT PETER BRIEM

Inhaber: Peter Briem
Betriebsleiter: Peter Briem
Kellermeister: Frank Briem
79241 Ihringen-Wasenweiler,
Weinstraße 1
Tel. (0 76 68) 52 57 und 9 95 40,
Fax 99 54 16
e-mail: info@weingut-briem.de
Internet: www.weingut-briem.de
Anfahrt: A 5 Frankfurt–Basel, Ausfahrt Freiburg-Mitte, Richtung Breisach, gelbes Gebäude am Ortseingang Wasenweiler
Verkauf: Familie Briem
täglich 8:00 bis 12:00 Uhr
und 13:30 bis 18:00 Uhr
und nach Vereinbarung

Rebfläche: 13,5 Hektar
Jahresproduktion: 85.000 Flaschen
Beste Lagen: Vermarktung ohne Lagenbezeichnung
Boden: Lösslehm, Vulkangestein
Rebsorten: 58% Spätburgunder, 18% Weißburgunder, 12% Grauburgunder, 7% Cabernet Sauvignon, 5% übrige Sorten
Durchschnittsertrag: 65 hl/ha
Beste Jahrgänge: 1997, 1999, 2000

Im 1977 gegründeten Familienbetrieb gibt es eine klare Aufgabenteilung. Senior Peter leitet den Außenbetrieb, unterstützt von seiner Frau Paula. Junior Frank ist für den Keller zuständig; seine Gattin Heidi kümmert sich um Feriengäste und Verkauf. Den schwierigen 2000er bekam die Familie durch mehrere Erntedurchgänge recht gut in den Griff. 2001 gilt hausintern als »Wunschjahrgang« mit vollreifen Trauben. Die Briems schwärmen von einer »schönen, sauberen Frucht« – die wir leider vergeblich suchten. Einige der Weißweine gerieten gar etwas herb. Und da es in 2000 nicht leicht war, wirklich überzeugende Rotweine zu gewinnen, konnten auch Spätburgunder und Co. den Gesamteindruck nicht entscheidend verbessern.

2001 Weißer Burgunder
Kabinett trocken
6,20 €, 12,5%, ♀ bis 2003   **80**

2001 Grauer Burgunder
Kabinett trocken
6,20 €, 12,5%, ♀ bis 2004   **80**

2001 Weißer Burgunder
Spätlese trocken
8,20 €, 13,5%, ♀ bis 2004   **81**

--- Rotweine ---

2001 Spätburgunder Weißherbst
Kabinett trocken
6,20 €, 12,5%, ♀ bis 2003   **79**

2001 Spätburgunder
Kabinett trocken
6,40 €, 12,5%, ♀ bis 2004   **79**

2000 Cabernet Sauvignon
trocken
16,50 €, 13,5%, ♀ bis 2005   **80**

2000 Spätburgunder
Spätlese trocken Barrique
16,50 €, 13,5%, ♀ bis 2005   **81**

2000 Spätburgunder
Spätlese trocken
11,30 €, 13,5%, ♀ bis 2004   **82**

2000 Cuvée II.
trocken
16,50 €, 13,5%, ♀ bis 2005   **82**

Die Weine: **100** Perfekt · **95–99** Überragend · **90–94** Exzellent · **85–89** Sehr gut · **80–84** Gut · **75–79** Passabel

Aufsteiger

Baden

WINZERGENOSSENSCHAFT BRITZINGEN

Geschäftsführer: Achim Frey
Kellermeister: Hermann Zenzen
79379 Müllheim-Britzingen,
Markgräfler Straße 25–29
Tel. (0 76 31) 1 77 10, Fax 40 13
e-mail: wg-britzingen@gbvd.de
Internet: www.britzinger-wein.de
Anfahrt: A 5 Frankfurt–Basel, Ausfahrt Bad Krozingen, Müllheim oder Heitersheim
Verkauf: Florian Mayer
Mo.–Fr. 9:00 bis 12:30 Uhr
und 14:00 bis 18:00 Uhr
Sa. 9:00 bis 12:30 Uhr
Historie: Gegründet im Jahr 1950
Erlebenswert: Mai–Okt. donnerstags um 15:00 Uhr geführte Rebwanderung mit schönem Blick bis ins Elsass

---

Rebfläche: 185 Hektar
Zahl der Mitglieder: 210
Jahresproduktion: 1,6 Mio. Flaschen
Beste Lagen: Britzinger Sonnhole und Rosenberg, Badenweiler Römerberg
Boden: Löss und Lehm mit kalkhaltigem Untergestein
Rebsorten: 34% Gutedel, 27% Spätburgunder, 12% Weißburgunder, 9% Müller-Thurgau, je 5% Ruländer und Nobling, 8% übrige Sorten
Durchschnittsertrag: 80 hl/ha
Beste Jahrgänge: 1998, 1999, 2001

Die Britzinger Genossen machten schon in den 80er Jahren mit guten Tropfen auf sich aufmerksam. Dass die Weine hier oft eine bessere Säurestruktur als sonst im Süden haben, mag daran liegen, dass der langjährige Kellermeister Hermann Zenzen gebürtiger Moselaner ist. Früher hatte diese Genossenschaft eine Vorreiterrolle in Baden. In den letzten Jahren zogen andere Betriebe vorbei. In 2001 wurde das Potenzial nun wieder richtig ausgeschöpft, unter anderem mit ansehnlichem Gutedel und edelsüßen Gewächsen. Eine solche Qualitätssteigerung belohnen wir gern mit der zweiten Traube.

2001 Britzinger Sonnhole
Gutedel Kabinett trocken
4,50 €, 11%, ♀ bis 2003 **82**

2001 Britzinger Rosenberg
Weißer Burgunder Kabinett trocken
4,95 €, 12%, ♀ bis 2004 **82**

2001 Britzinger Sonnhole
Gutedel Spätlese trocken
5,50 €, 12,5%, ♀ bis 2004 **84**

2001 Britzinger Sonnhole
Grauer Burgunder Spätlese trocken
5,90 €, 13,5%, ♀ bis 2004 **84**

2001 Britzinger Rosenberg
Gutedel Auslese trocken
6,– €/0,375 Lit., 14%, ♀ bis 2004 **86**

2001 Britzinger Sonnhole
Grauer Burgunder
Auslese »St. Johannes« trocken
13,– €/0,5 Lit., 14,5%, ♀ bis 2005 **87**

2001 Britzinger Sonnhole
Muskateller Spätlese
5,90 €, 11%, ♀ bis 2006 **83**

2001 Britzinger Sonnhole
Gewürztraminer Auslese
9,40 €, 12,5%, ♀ bis 2006 **84**

2001 Britzinger Rosenberg
Ruländer Beerenauslese
12,80 €/0,375 Lit., 11%, ♀ bis 2010 **88**

Die Betriebe: ♛♛♛♛♛ Weltklasse · ♛♛♛♛ Deutsche Spitze · ♛♛♛ Sehr gut · ♛♛ Gut · ♛ Zuverlässig

Baden

WEINGUT BRODBECK

Inhaber: Gustav Brodbeck
Kellermeister: Gustav und Thomas Brodbeck
79268 Bötzingen,
Wasenweiler Straße 17–19
Tel. (0 76 63) 65 65, Fax 5 00 05
e-mail: weingut-brodbeck@t-online.de
Internet: www.weingut-brodbeck.de
Anfahrt: A 5 Frankfurt–Basel, Ausfahrt Teningen oder Freiburg-Mitte
Verkauf: Familie Brodbeck
Mo.–Fr. 9:00 bis 12:00 Uhr
und 13:30 bis 18:30 Uhr
Sa. 9:00 bis 12:00 Uhr
und 13:30 bis 16:00 Uhr

Rebfläche: 14,2 Hektar
Jahresproduktion: 90.000 Flaschen
Beste Lagen: Bötzinger Lasenberg, Eckberg und Vulkanfelsen
Boden: Löss, Vulkanverwitterung
Rebsorten: 45% Spätburgunder, 19% Müller-Thurgau, 15% Grauburgunder, 9% Weißburgunder, 5% Silvaner, 7% übrige Sorten
Durchschnittsertrag: 63 hl/ha
Beste Jahrgänge: 1998, 1999, 2000

2001 Köndringer Alte Burg
Riesling trocken
4,– €/1,0 Lit., 11%, ♀ bis 2003 — **78**

2001 Silvaner
Classic trocken
4,20 €, 12%, ♀ bis 2003 — **80**

2001 Bötzinger Lasenberg
Grauer Burgunder Spätlese trocken
6,20 €, 12,5%, ♀ bis 2004 — **82**

2001 Bötzinger Lasenberg
Grauer Burgunder Kabinett trocken
4,80 €, 12%, ♀ bis 2004 — **82**

2001 Bötzinger Eckberg
Müller-Thurgau Kabinett
3,70 €, 11%, ♀ bis 2003 — **80**

2001 Bötzinger Eckberg
Scheurebe Kabinett
5,– €, 12,5%, ♀ bis 2005 — **85**

--- Rotweine ---

2001 Bötzinger Vulkanfelsen
Spätburgunder Weißherbst
4,50 €, 11%, ♀ bis 2004 — **82**

2000 Bötzinger Eckberg
Spätburgunder Spätlese trocken
15,– €, 13%, ♀ bis 2004 — **81**

Das Familiengut ging 1950 aus einem Landwirtschaftsbetrieb hervor. Bei der Kultur seiner Weinberge setzt Gustav Brodbeck auch ökologische Komponenten ein. So werden alle Rebanlagen mit nährstoffreichen Pflanzen dauerbegrünt, um die Bodenerosion zu vermeiden. Unterstützt durch Sohn Thomas und Schwiegersohn Willi Ritter, legte Gustav Brodbeck nach der herzhaften 1998er Kollektion und den fruchtigen 99ern vom 2000er eine sehr solide Serie vor, die eine weitere Steigerung erhoffen ließ. Die weißen 2001er als Nachfolger waren dagegen nicht eben aufregend; selbst der im Vorjahr gelobte Liter-Riesling geriet nur passabel. Über dem Durchschnitt stand lediglich die fruchtige, sehr sortentypische Scheurebe Kabinett, mit der das Gut auch international auf Wettbewerben erfolgreich war.

Baden

HOFGUT CONSEQUENCE

**Inhaber: Manfred und
Eva Maria Schmidt**
79235 Bischoffingen, Talstraße 15
Tel. (0 76 62) 9 40 87, Fax 9 40 86
e-mail:
hofgut-consequence@t-online.de
Internet: www.germanwine.de/
weingut/hofgutconsequence
*Anfahrt: A 5 Frankfurt–Basel,
Ausfahrt Riegel, Richtung Breisach*
Verkauf: Mo.–Sa. 14:00 bis 18:00 Uhr
Sa. 9:00 bis 11:00 Uhr
und nach Vereinbarung

Rebfläche: 6 Hektar
Jahresproduktion: 17.000 Flaschen
Beste Lagen: Verzicht auf Lagenangaben
Boden: Vulkanverwitterung und Lössterrassen
Rebsorten: 29% Spätburgunder, 13% Weißburgunder, 12% Grauburgunder, 11% Müller-Thurgau, 9% Cabernet und Merlot, 26% übrige Sorten, davon 18% pilzresistent (rot)
Durchschnittsertrag: 40 hl/ha
Beste Jahrgänge: 1997, 1999, 2000
Mitglied in Vereinigungen: EcoVin

Bis 1994 waren Manfred und Eva Maria Schmidt Mitglieder der Genossenschaft in Bischoffingen. Dann wagten sie den Sprung in die Selbstständigkeit. Damit verbunden war die Umstellung der Rebflächen auf ökologischen Anbau. Seitdem verzichten sie sowohl auf die Angabe von Weinbergslagen als auch auf Prädikatsbezeichnungen. Die extrem niedrigen Erträge tragen sicher zur Qualität bei. Den 2000er bezeichnet das Paar als »einen der Besten seit dem Bestehen«. Das trifft sicherlich zu. Einige dieser Weine kamen erst in der zweiten Jahreshälfte 2002 auf den Markt, ebenso ein 1997er (!) Spätburgunder. Auch der Jahrgang 2001 wird lang zurückgehalten. Wir konnten, von wenigen Ausnahmen abgesehen, nur ein paar vielversprechende Fassproben aus der Burgunderfamilie verkosten.

2001 Creation Consequence
trocken
4,95 €, 11%, ♀ bis 2003 — 83

2000 Grauer Burgunder
trocken
11,50 €, 14%, ♀ bis 2005 — 84

2000 Weißer Burgunder
trocken
7,70 €, 12,5%, ♀ bis 2004 — 84

2000 Gewürztraminer
trocken
10,– €, 12,5%, ♀ bis 2005 — 85

——— Rotweine ———

2001 Creation Consequence
Rosé trocken
5,95 €, 12%, ♀ bis 2003 — 83

2000 Spätburgunder Weißherbst
trocken
7,70 €, 12%, ♀ bis 2004 — 85

2000 Creation Consequence
trocken
6,95 €, 12%, ♀ bis 2004 — 83

1999 Spätburgunder
trocken
14,50 €, 13%, ♀ bis 2005 — 84

1997 Spätburgunder
trocken
20,– €, 12,5%, ♀ bis 2004 — 87

Die Betriebe: ✽✽✽✽✽ Weltklasse · ✽✽✽✽ Deutsche Spitze · ✽✽✽ Sehr gut · ✽✽ Gut · ✽ Zuverlässig

Baden

WEINGUT HERMANN DÖRFLINGER

Inhaber: Hermann Dörflinger
Betriebsleiter und Kellermeister:
Hermann Dörflinger
79379 Müllheim, Mühlenstraße 7
Tel. (0 76 31) 22 07, Fax 41 95
Anfahrt: A 5 Frankfurt–Basel, Ausfahrt Müllheim
Verkauf: Hermann und Doris Dörflinger
Mo.–Fr. 8:00 bis 12:00 Uhr
und 13:30 bis 18:00 Uhr
Sa. 8:00 bis 16:00 Uhr
Sehenswert: Schöner Holzfasskeller, Hof mit mediterranem Flair

---

Rebfläche: 18 Hektar
Jahresproduktion: 130.000 Flaschen
Beste Lagen: Müllheimer Reggenhag, Pfaffenstück und Sonnhalde, Badenweiler Römerberg
Boden: Kalkhaltiger Löss, Braunjura und sandiger Lehm
Rebsorten: 48% Gutedel, 15% Spätburgunder, 11% Weißburgunder, 10% Graubinder, 16% übrige Sorten
Durchschnittsertrag: 65 hl/ha
Beste Jahrgänge: 1998, 2000, 2001

Das Familiengut wurde 1900 gegründet. Als in Baden noch vorwiegend liebliche Tropfen getrunken wurden, ließ Hermann Dörflinger seine Weine bereits kompromisslos durchgären. Wer so ungeschminkte Weine erzeugt, kann gelegentliche Jahrgangsschwächen nicht verstecken. In den letzten Jahren gab der konservative Winzer, der beim Gutedel die ehrgeizigen Hochprädikatsziele anderer Erzeuger nicht nachvollziehen will, mehr Gas. Nachdem ihm schon im schwierigen Jahrgang 2000 einige überzeugende Weißweine gelangen, hat er in 2001 noch draufgesattelt. Die Kollektion hat keine Schwächen; diesmal gelangen auch einige »Kraftmeier« in kleiner Auflage. Auch der Spätburgunder überzeugte. So ist ein Aufstieg in Griffweite.

2001 Müllheimer Pfaffenstück
Riesling Kabinett trocken
6,50 €, 12%, ♀ bis 2004 — **84**

2001 Müllheimer Reggenhag
Chardonnay Kabinett trocken
8,50 €, 13%, ♀ bis 2004 — **85**

2001 Müllheimer Sonnhalde
Grauer Burgunder Spätlese trocken
12,50 €, 13,5%, ♀ bis 2005 — **85**

2001 Badenweiler Römerberg
Weißer Burgunder Spätlese trocken
9,50 €, 14%, ♀ bis 2005 — **86**

2001 Müllheimer Sonnhalde
Grauer Burgunder Auslese trocken
14,50 €, 14%, ♀ bis 2005 — **87**

2001 Müllheimer Reggenhag
Gewürztraminer Auslese trocken
7,50 €/0,5 Lit., 14,5%, ♀ bis 2007 — **88**

2001 Badenweiler Römerberg
Weißer Burgunder Auslese trocken
12,50 €, 14,5%, ♀ bis 2005 — **89**

--- Rotweine ---

2001 Müllheimer Reggenhag
Spätburgunder Weißherbst Spätlese
10,– €, 13,5%, ♀ bis 2004 — **85**

2000 Badenweiler Römerberg
Spätburgunder Spätlese trocken
12,50 €, 12,5%, ♀ bis 2005 — **86**

Die Weine: **100** Perfekt · **95–99** Überragend · **90–94** Exzellent · **85–89** Sehr gut · **80–84** Gut · **75–79** Passabel

Baden

WEINGUT DUIJN

Inhaber: Jacob Duijn
77815 Bühl-Kappelwindeck,
Hohbaumweg 16
Tel. (0 72 23) 2 14 97, Fax 8 37 73
e-mail: duijn@t-online.de
Internet: www.weingut-jacob.duijn.de

Anfahrt: A 5 Frankfurt–Basel, Ausfahrt Bühl
Verkauf: Martina Duijn
nach Vereinbarung
Sehenswert: Gewölbekeller aus dem Jahr 1638

Rebfläche: 7 Hektar
Jahresproduktion: 25.000 Flaschen
Beste Lagen: Bühlertaler Engelsfelsen und Sternenberg, Laufer Gut Alsenhof
Boden: Granitverwitterung
Rebsorten: 100% Spätburgunder
Durchschnittsertrag: 35 hl/ha
Beste Jahrgänge: 1998, 1999, 2000

Im Bühltal bei Baden-Baden verwirklichte sich der Holländer Jacob Duijn einen Traum, den vermutlich viele Genießer haben, aber nie umsetzen. Einst war er Sommelier bei der Kochlegende Eckart Witzigmann in München und dann auf der noblen Bühler Höhe. Anschließend wechselte der Autodidakt in den Weinvertrieb (in dem er heute noch tätig ist). So ganz nebenbei kaufte er 1994 seinen ersten Weinberg in einer extremen Steillage mit bis zu 75 Prozent Steigung. Mit dem Erwerb eines aus dem Jahre 1638 stammenden Gewölbekellers legte der ambitionierte Hobbywinzer den Grundstein für einen hochwertigen Spätburgunder-Ausbau. Alleine, das gibt er gern zu, wäre das Unternehmen gescheitert. Da trifft es sich gut, dass sein bester Freund zugleich einer der besten Rotweinmacher Deutschlands ist: Bernhard Huber aus Malterdingen hat ihm schon manch wichtigen Tipp gegeben und half ihm, leichte Anfangsschwächen auszumerzen. Mittlerweile ist Duijn dem Hobbystadium entwachsen. Zuletzt wurde die Rebfläche auf sieben Hektar gesteigert, und zwar durch den Kauf der Flur Gut Alsenhof, die mit zwanzig Jahre alten Reben bestockt ist. Ein halbes Hektar entfiel dabei auf Riesling, von dem es einen 2002er geben wird. Aber danach soll auf Spätburgunder umgestellt werden; Duijn will sich nicht verzetteln. Im August 2001 konnte der »Jungwinzer« einen neuen Keller fertig stellen und hat damit auch im Ausbau genügend Kapazität für das schnelle Wachstum (100 Prozent neue Barriques sind sein Standard; mehr als eineinhalb Jahre liegen die Weine im kleinen Fass). Mittlerweile gibt es auch einen Zweitwein, der dem »SD« zwar nicht ebenbürtig ist, aber immer noch ein beachtliches Niveau hat. Vielleicht ist es das Alter der Reben, das den Unterschied ausmacht: Die Stöcke sind normal 28, beim »SD« 32 Jahre alt.

--- Rotweine ---

2000 Spätburgunder
trocken
23,– €, 13,5%, ♀ bis 2008   **87**

2000 Spätburgunder
trocken »SD«
32,– €, 13,5%, ♀ bis 2012   **91**

DUIJN

1999 SPÄTBURGUNDER BADEN

SD

Baden

DURBACHER WINZERGENOSSENSCHAFT

Direktor: Konrad Geppert
Kellermeister: Arndt Köbelin
77770 Durbach, Nachtweide 2
Tel. (07 81) 9 36 60, Fax 3 65 47
e-mail: WG@durbacher.de
Internet: www.durbacher.de
Anfahrt: A 5 Frankfurt–Basel, Ausfahrt Appenweier oder Offenburg-Süd
Verkauf: Frank Huber, Ulrich Litterst
Mo.–Fr. 8:00 bis 12:00 Uhr
und 13:30 bis 18:00 Uhr
Sa. u. So. 10:00 bis 13:00 Uhr
Kellerführungen und Weinproben nach Vereinbarung mit Frau Benz, Tel. 936643
Historie: Gegründet 1928
Sehenswert: Holzfasskeller, Winzersaal für 200 Personen

Rebfläche: 335 Hektar
Zahl der Mitglieder: 320
Jahresproduktion: 3 Mio. Flaschen
Beste Lagen: Durbacher Ölberg, Plauelrain, Kochberg und Steinberg
Boden: Granitverwitterung, Gneis
Rebsorten: 40% Spätburgunder, 27% Riesling, 17% Müller-Thurgau, 7% Clevner, 6% Grauburgunder, 3% übrige Sorten
Durchschnittsertrag: 80 hl/ha
Beste Jahrgänge: 1997, 2000, 2001

Von den 450 Hektar steiler und felsiger Rebfläche rund um Durbach gehören 335 zur Genossenschaft. Die Vorzüge der Durbacher Lagen machen sich vor allem beim Riesling bemerkbar. In manchen Jahren verdient auch der Spätburgunder Respekt. Nach Schwankungen legt sich die Kooperative mit dem Jahrgang 2001 wieder mehr ins Zeug. Interessant eine kleine Auflage edelsüßer Spezialitäten, an der Spitze die Muskateller Auslese. Kellermeister Arndt Köbelin versteht es, die Düfte aromatischer Sorten zur Geltung zu bringen. Interessant zudem eine experimentelle Spätburgunder Beerenauslese trocken. In dieser Form ein Kandidat für die zweite Traube.

2001 Durbacher
Müller-Thurgau trocken
3,50 €/1,0 Lit., 11,5%, ♀ bis 2003 — **81**

2000 Durbacher Plauelrain
Chardonnay trocken
6,50 €, 13,5%, ♀ bis 2004 — **82**

2001 Durbacher Steinberg
Sauvignon blanc Spätlese trocken
13,50 €, 12,5%, ♀ bis 2004 — **84**

2001 Durbacher Plauelrain
Riesling Spätlese trocken
7,10 €, 12%, ♀ bis 2005 — **86**

2001 Durbacher Ölberg
Gewürztraminer Spätlese
7,50 €, 11,5%, ♀ bis 2006 — **85**

2001 Durbacher Plauelrain
Scheurebe Auslese
8,50 €/0,5 Lit., 9,5%, ♀ bis 2008 — **85**

2001 Durbacher Kochberg
Müller-Thurgau Beerenauslese
30,– €/0,5 Lit., 9%, ♀ bis 2010 — **86**

2001 Durbacher Plauelrain
Scheurebe Trockenbeerenauslese
40,– €/0,5 Lit., 11%, ♀ bis 2020 — **88**

2001 Durbacher Steinberg
Muskateller Auslese
12,50 €/0,5 Lit., 11,5%, ♀ bis 2010 — **89**

Die Weine: **100** Perfekt · **95–99** Überragend · **90–94** Exzellent · **85–89** Sehr gut · **80–84** Gut · **75–79** Passabel

Baden

EHRENSTETTER WINZERKELLER EG

Geschäftsführer: Franz Herbster
Kellermeister: Norbert Faller
79238 Ehrenstetten,
Kirchbergstraße 9
Tel. (0 76 33) 9 50 90, Fax 5 08 53
e-mail:
info@ehrenstetter-winzerkeller.de
Internet:
www.ehrenstetter-winzerkeller.de
Anfahrt: A 5 Frankfurt–Basel, Ausfahrt Bad Krozingen, Richtung Staufen, dann Richtung Ehrenkirchen, OT Ehrenstetten
Verkauf: Mo.–Fr. 8:00 bis 18:00 Uhr
Sa. 9:00 bis 12:00 Uhr
Historie: Gegründet 1952
Sehenswert: Großer Barrique-Keller, Oelbergkapelle mit Aussicht ins Rheintal, in den Schwarzwald und die Vogesen

---

Rebfläche: 135 Hektar
Zahl der Mitglieder: 300
Jahresproduktion: 1,2 Mio. Flaschen
Beste Lagen: Ehrenstetter Oelberg und Bollschweiler Steinberg
Boden: Löss, Lehm und kalkhaltiges Urgestein
Rebsorten: 32% Gutedel, 25% Spätburgunder, 23% Müller-Thurgau, 14% weiße Burgundersorten, 6% übrige Sorten
Durchschnittsertrag: 82 hl/ha
Beste Jahrgänge: 1997, 1999, 2000

Ehrenstetten ist ein alter Weinort im Markgräflerland. Die Rebberge bilden eine Kesselform mit besonderem Mikroklima. Der Winzerkeller, der 2002 sein 50-jähriges Jubiläum feierte, erfasst 97 Prozent der Rebfläche. Für die nächsten Jahre setzen die ehrgeizigen Ehrenstettener stärker auf Rotwein; der Anteil soll von 28 auf 40 Prozent erweitert werden. Mit den Roten kann man meist auch mehr überzeugen als mit den Weißweinen. Vielleicht durch die relativ hohe Ernte (Schnitt 85 hl/ha) wurden die Vorzüge eines guten Jahrgangs nicht ganz genutzt.

2001 Ehrenstetter Oelberg
Gutedel trocken
3,60 €/1,0 Lit., 12%, ♀ bis 2003   **81**

2001 Ehrenstetter Oelberg
Auxerrois Spätlese »SL« trocken
8,50 €, 13%, ♀ bis 2004   **83**

2001 Ehrenstetter Oelberg
Gutedel Kabinett »SL« trocken
8,50 €, 12%, ♀ bis 2004   **84**

2001 Ehrenstetter Oelberg
Grauer Burgunder Spätlese »SL« trocken
9,20 €, 14%, ♀ bis 2005   **85**

2000 Ehrenstetter Oelberg
Chardonnay »SL« trocken
13,50 €, 13,5%, ♀ bis 2005   **85**

——— Rotweine ———

2001 Ehrenstetter Oelberg
Spätburgunder trocken
8,20 €, 13,5%, ♀ bis 2005   **83**

2000 Ehrenstetter Oelberg
Spätburgunder Spätlese trocken
13,50 €, 13%, ♀ bis 2005   **86**

Die Betriebe: ✥✥✥✥✥ Weltklasse · ✥✥✥✥ Deutsche Spitze · ✥✥✥ Sehr gut · ✥✥ Gut · ✥ Zuverlässig

Baden

WEINGUT FISCHER

Inhaber: Silvia und Joachim Heger
Betriebsleiter und Kellermeister:
Walter Bibo
79331 Nimburg-Bottingen,
Auf der Ziegelbreite 8
Tel. (0 76 63) 17 47, Fax 5 01 75
e-mail: info@weingut-fischer-baden.de
Internet: www.weingut-fischer-baden.de
Anfahrt: A 5 Frankfurt–Basel, Ausfahrt Teningen/Nimburg
Verkauf: Walter Bibo
Mo.–Fr. 14:00 bis 17:30 Uhr
und nach Vereinbarung

Rebfläche: 17,5 Hektar
Jahresproduktion: 110.000 Flaschen
Beste Lage: Nimburg-Bottinger Steingrube
Boden: Muschelkalk, lehmiger Löss
Rebsorten: 38% Spätburgunder, 22% Grauburgunder, 16% Weißburgunder, 5% Chardonnay, 4% Riesling, 2% Müller-Thurgau, 13% übrige Sorten
Durchschnittsertrag: 60 hl/ha
Beste Jahrgänge: 1997, 1998, 2000

2001 Rivaner
trocken
4,80 €, 10,5%, ♀ bis 2003 — **82**

2001 Nimburg-Bottinger Steingrube
Weißer Burgunder Kabinett trocken
7,90 €, 12%, ♀ bis 2004 — **83**

2001 Nimburg-Bottinger Steingrube
Grauer Burgunder Kabinett trocken
7,90 €, 12%, ♀ bis 2004 — **83**

2001 Nimburg-Bottinger Steingrube
Chardonnay Kabinett trocken
8,20 €, 12%, ♀ bis 2004 — **84**

2001 Chardonnay
trocken
14,40 €, 13%, ♀ bis 2006 — **87**

2001 Nimburg-Bottinger Steingrube
Riesling Spätlese
11,50 €, 11%, ♀ bis 2005 — **85**

Rotwein

2000 Spätburgunder
trocken
16,40 €, 13%, ♀ bis 2006 — **86**

Die Steingrube liegt am Südwestrand des Nimbergs, einer kleinen vulkanischen Erhebung etwa einen Kilometer östlich des Kaiserstuhls. Das altrenommierte Weingut Fischer konnten die Eigentümer Silvia und Joachim Heger aus Ihringen und ihr Kellermeister Walter Bibo in wenigen Jahren zu neuer Blüte bringen. Schon mit der »Jungfernernte« 1997 leistete Bibo überzeugende Arbeit. Daran hat sich bis heute nichts geändert. Zwar wird das Top-Niveau des Hauses Heger nicht erreicht, aber die Weine sind überwiegend wohlgeraten und zeigen keine Schwächen. In den nächsten Jahren soll die Kelterhalle umgebaut werden. Im Vordergrund steht aber eine Umstrukturierung bei den Sorten. St. Laurent, Frühburgunder, Lemberger, Samtrot, Auxerrois und Sauvignon blanc sind als Ergänzungen vorgesehen.

Die Weine: **100** Perfekt · **95–99** Überragend · **90–94** Exzellent · **85–89** Sehr gut · **80–84** Gut · **75–79** Passabel

Baden

WEINGUT FREIHERR VON UND ZU FRANCKENSTEIN

Inhaber: Hubert Doll
77654 Offenburg, Weingartenstraße 66
Tel. (07 81) 3 49 73, Fax 3 60 46
e-mail:
weingut-franckenstein@t-online.de
Internet: www.germanwine.de/weingut/franckenstein
Anfahrt: A 5 Frankfurt–Basel, Ausfahrt Offenburg, Richtung Zell-Weierbach
Verkauf: Hubert und Lioba Doll
Mo.–Fr. 9:00 bis 12:00 Uhr
und 14:00 bis 18:00 Uhr
Sa. 9:00 bis 13:00 Uhr
und nach Vereinbarung
Historie: Älteste Weinbau-Urkunde im Betrieb aus dem Jahre 1517; seit 1710 im Besitz Franckenstein

---

Rebfläche: 14 Hektar
Jahresproduktion: 80.000 Flaschen
Beste Lagen: Zell-Weierbacher Neugesetz und Abtsberg, Berghauptener Schützenberg
Boden: Granitverwitterung, Gneisverwitterung und Lösslehm
Rebsorten: 38% Riesling, 20% Grauburgunder, 15% Spätburgunder, 14% Müller-Thurgau, 8% Weißburgunder, 5% übrige Sorten
Durchschnittsertrag: 59 hl/ha
Beste Jahrgänge: 1998, 2000, 2001
Mitglied in Vereinigungen: VDP

2001 Grauer Burgunder
trocken
5,– €, 12%, ♀ bis 2004   **82**

2001 Berghauptener Schützenberg
Weißer Burgunder Kabinett trocken
6,60 €, 12%, ♀ bis 2004   **84**

2001 Zell-Weierbacher Abtsberg
Grauer Burgunder Kabinett trocken
6,70 €, 12%, ♀ bis 2004   **85**

2001 Zell-Weierbacher Neugesetz
Riesling Kabinett trocken
6,85 €, 11,5%, ♀ bis 2004   **86**

2001 Berghauptener Schützenberg
Weißer Burgunder Spätlese trocken
9,10 €, 12,5%, ♀ bis 2005   **86**

2001 Zell-Weierbacher Neugesetz
Riesling Spätlese trocken
9,50 €, 12%, ♀ bis 2005   **87**

——— Rotwein ———

2000 Zell-Weierbacher Neugesetz
Spätburgunder trocken
9,15 €, 13,5%, ♀ bis 2005   **84**

Am Rande der Stadt Offenburg liegt der Besitz der Freiherren von und zu Franckenstein, deren Weinbautradition bis 1517 zurückreicht. Von hier aus werden die Weinberge in Zell-Weierbach bewirtschaftet. Der ruhige, zielstrebige und dabei sympathische Hubert Doll kam 1978 als Verwalter und ist seit 1985 als Pächter sein eigener Herr. Die Rieslinge sind stets von zarter Finesse; beim Jahrgang 2001 zeigen sie auch schönen Schliff und viel Saft. Beim Spätburgunder werden die Möglichkeiten noch nicht ausgeschöpft. Dafür stellten die Weine aus der weißen Burgunderfamilie zufrieden.

Aufsteiger

Baden

WEINGUT FREIHERR VON GLEICHENSTEIN

Inhaber: Hans-Joachim Freiherr von Gleichenstein
Kellermeister: Odin Bauer
79235 Oberrotweil, Bahnhofstraße 12
Tel. (0 76 62) 2 88, Fax 18 56
e-mail: weingut@gleichenstein.de
Internet: www.gleichenstein.de
Anfahrt: A 5 Frankfurt–Basel, Ausfahrt Riegel über Endingen oder Bad Krozingen über Breisach
Verkauf: Freiherr von Gleichenstein
Mo.–Fr. 8:30 bis 18:00 Uhr
Sa. und So. 9:30 bis 12:00 Uhr
und nach Vereinbarung
Historie: Seit 1634 im Familienbesitz
Sehenswert: Alter Holzfasskeller aus dem Jahre 1580, ehemalige Zehntscheune des Klosters Sankt Blasien

---

Rebfläche: 24 Hektar
Jahresproduktion: 150.000 Flaschen
Beste Lagen: Oberrotweiler Eichberg, Henkenberg sowie Käsleberg und Achkarrer Schlossberg
Boden: Vulkanverwitterung
Rebsorten: je 30% Spätburgunder und Weißburgunder, 20% Grauburgunder, 10% Müller-Thurgau, 3% Riesling, 7% übrige Sorten
Durchschnittsertrag: 75 hl/ha
Beste Jahrgänge: 1999, 2000, 2001

2001 Oberrotweiler Eichberg
Grauer Burgunder Kabinett trocken
6,– €, 11,5%, ♀ bis 2004 **84**

2001 Oberrotweiler Eichberg
Weißer Burgunder Kabinett trocken
5,50 €, 12%, ♀ bis 2004 **85**

2001 Oberrotweiler Eichberg
Riesling Kabinett trocken
5,– €, 10,5%, ♀ bis 2004 **85**

2001 Oberrotweiler Eichberg
Weißer Burgunder Spätlese trocken
9,– €, 13%, ♀ bis 2005 **87**

2001 Oberrotweiler Eichberg
Muskateller Spätlese trocken
9,– €, 12,5%, ♀ bis 2006 **89**

2001 Achkarrer Schlossberg
Scheurebe Auslese
12,– €/0,5 Lit., 14,5%, ♀ bis 2010 **88**

— Rotweine —

2000 Oberbergener Bassgeige
Spätburgunder trocken
10,– €, 13%, ♀ bis 2005 **83**

2000 Oberrotweiler Eichberg
Spätburgunder trocken
12,– €, 13%, ♀ bis 2006 **87**

Das Gut in Oberrotweil gehört zu den traditionsreichsten Betrieben Badens. Lange Zeit wirkten die Weine recht konventionell und etwas bieder. 1999 holte sich Hans-Joachim von Gleichenstein einen neuen Kellermeister. Odin Bauer brachte viel Kenntnisse aus Bordeaux, Burgund und Australien mit. Im Herbst 2000 bestand er eine harte Bewährungsprobe gut. Im Folgejahrgang lief es dann noch besser. Selbst der Spätburgunder zeigt jetzt Format. Das gleichmäßig gute Niveau verdient eine Belohnung. Den Chef wird es besonders freuen, zieht er sich doch nach dem Jahrgang 2002 zurück und übergibt an Sohn Johannes.

Die Weine: **100** Perfekt · **95–99** Überragend · **90–94** Exzellent · **85–89** Sehr gut · **80–84** Gut · **75–79** Passabel

Baden

WEINGUT THOMAS HAGENBUCHER

Inhaber: Thomas Hagenbucher
75056 Sulzfeld, Friedrichstraße 36
Tel. (0 72 69) 91 11 20, Fax 91 11 22
e-mail: info@weingut-hagenbucher.de
Internet: www.weingut-hagenbucher.de
*Anfahrt: A 5 Frankfurt–Basel,
Ausfahrt Karlsruhe-Durlach,
B 293 Richtung Heilbronn*
Verkauf: Mo.–Fr. 14:00 bis 18:00 Uhr
Sa. 10:30 bis 15:00 Uhr
und nach Vereinbarung

Rebfläche: 8,5 Hektar
Jahresproduktion: 60.000 Flaschen
Beste Lagen: Auf Lagenbezeichnungen wird verzichtet
Boden: Keuper mit starkem Tongehalt, Löss, Kies
Rebsorten: 27% Riesling, 21% Müller-Thurgau, 17% Schwarzriesling, 12% Weißburgunder, 11% Grauburgunder, 5% Spätburgunder, 4% Chardonnay, 3% Lemberger
Durchschnittsertrag: 60 hl/ha
Beste Jahrgänge: 1998, 1999, 2001

2001 Weißer Burgunder
trocken
3,90 €/1,0 Lit., 12,5%, ♀ bis 2003   **82**

2001 Weißer Burgunder
Spätlese trocken
7,50 €, 13%, ♀ bis 2004   **83**

2001 Weißer Burgunder
Kabinett trocken
5,90 €, 12,5%, ♀ bis 2004   **84**

2001 Riesling
Kabinett trocken
6,40 €, 11,5%, ♀ bis 2004   **85**

2001 Grauer Burgunder
Spätlese trocken
7,80 €, 13%, ♀ bis 2005   **85**

2001 Chardonnay
trocken
12,30 €, 13,5%, ♀ bis 2005   **85**

——— Rotwein ———

2000 Schwarzriesling
trocken
14,50 €, 13,5%, ♀ bis 2005   **85**

Nach seiner Ausbildung zum Weinbautechniker gründete Thomas Hagenbucher 1992 sein eigenes Weingut in Sulzfeld, das sich auf halber Strecke zwischen Oberrhein und Neckartal befindet. Da es hier – außer Ravensburg – nur die Einzellage Lerchenberg gibt, die eher den Charakter einer Großlage hat, verzichtet er ganz auf Lagenbezeichnungen. Nach einigem Auf und Ab in den letzten Jahren präsentierte Hagenbucher eine überzeugende 99er Serie. Die Fortsetzung mit dem schwierigen 2000er war dann recht unausgewogen. Mit dem Jahrgang 2001 zeigte sich der Sulzfelder wieder von einer besseren Seite und konnte damit seine Betriebsbewertung stabilisieren.

Die Betriebe: ✺✺✺✺✺ Weltklasse · ✺✺✺✺ Deutsche Spitze · ✺✺✺ Sehr gut · ✺✺ Gut · ✺ Zuverlässig

Neu

Baden

WINZERGENOSSENSCHAFT HALTINGEN

Geschäftsführer: Gerd Martini
Kellermeister: Christoph Schell
79576 Weil am Rhein, Winzerweg 8
Tel. (0 76 21) 6 24 49, Fax 6 57 25
e-mail: wgh@wg-haltingen.de
Internet: www.wg-haltingen.de
Anfahrt: A 5 Karlsruhe–Basel, Ausfahrt Lörrach, über A 98, Abzweig Weil am Rhein-Haltingen, Ortsmitte
Verkauf: Gerd Martini
Mo.–Fr. 8:00 bis 12:00 Uhr
und 14:00 bis 18:00 Uhr
Sa. 9:00 bis 12:00 Uhr
Historie: Gegründet 1936

Rebfläche: 43 Hektar
Zahl der Mitglieder: 110
Jahresproduktion: 400.000 Flaschen
Beste Lagen: Haltinger Stiege, Weiler Schlipf
Boden: Lehm und Löss, zum Teil kalkhaltig
Rebsorten: 50% Gutedel, 26% Spätburgunder, 11% Müller-Thurgau, 5% Grauburgunder, 8% übrige Sorten
Durchschnittsertrag: 36 hl/ha
Bester Jahrgang: 2001
Mitglied in Vereinigungen: EcoVin

Weinbau wird in Haltingen, gelegen im südlichsten Zipfel Deutschlands im Rheinknie gegenüber Basel, schon seit rund 1200 Jahren betrieben. Die kleine Genossenschaft wurde allerdings erst 1936 gegründet. Ihre Hauptsorte ist der Gutedel, mit dem die Haltinger auch viel Ehre einlegen. Kellermeister Christoph Schell legt es darauf an, die Möglichkeiten der Sorte auszureizen, ohne dabei ins Extrem zu verfallen. Für die anderen Sorten hat er ebenfalls ein geschicktes Händchen, so dass es nach der Verkostung keine Frage gab: eine Traube für die Haltinger Mini-Kooperative. In den Weinbergen wird umweltschonend gearbeitet und einige Areale in der Lage Haltinger Stiege werden gar nach den Richtlinien des Öko-Weinbaus bewirtschaftet.

2001 Ötlinger Sonnhole
Gutedel trocken
3,40 €, 12%, ♀ bis 2003 — **81**

2001 Haltinger Stiege
Gutedel trocken
3,30 €, 11,5%, ♀ bis 2003 — **82**

2001 Haltinger Stiege
Gutedel Kabinett trocken
4,20 €, 11%, ♀ bis 2003 — **83**

2001 Haltinger Stiege
Grauer Burgunder Spätlese trocken
4,90 €, 13%, ♀ bis 2004 — **85**

2001 Haltinger Stiege
Weißer Burgunder Spätlese trocken
4,90 €, 13%, ♀ bis 2005 — **85**

2001 Haltinger Stiege
Gutedel Spätlese trocken
5,60 €, 13%, ♀ bis 2004 — **86**

2000 Haltinger Stiege
Chardonnay Auslese
10,– €/0,5 Lit., 12%, ♀ bis 2005 — **83**

--- Rotweine ---

2000 Weiler Schlipf
Spätburgunder Spätlese trocken
7,50 €, 13%, ♀ bis 2004 — **82**

2000 Haltinger Stiege
Spätburgunder Spätlese trocken
8,50 €/0,5 Lit., 13%, ♀ bis 2006 — **86**

Die Weine: **100** Perfekt · **95–99** Überragend · **90–94** Exzellent · **85–89** Sehr gut · **80–84** Gut · **75–79** Passabel

Baden

WEINHAUS JOACHIM HEGER

Inhaber: Silvia und Joachim Heger
Außenbetrieb: Jürgen Kühnle
Kellermeister: Joachim Heger
und Walter Bibo
79241 Ihringen, Bachenstraße 19
Tel. (0 76 68) 2 05 und 78 33, Fax 93 00
e-mail: weingutdr.heger@t-online.de
Internet: www.heger-weine.de
Anfahrt: A 5 Frankfurt–Basel, Ausfahrt Freiburg-Mitte, Richtung Breisach
Verkauf: Silvia und Joachim Heger
Mo.–Fr. 9:00 bis 12:00 Uhr
und 13:30 bis 17:30 Uhr
Sa. 10:00 bis 14:00 Uhr
und nach Vereinbarung
Sonn- und feiertags geschlossen

Rebfläche: 20 Hektar
Zahl der Mitglieder: 16 Vertragswinzer
Jahresproduktion: 150.000 Flaschen
Beste Lagen: Munzinger Kapellenberg, Merdinger Bühl, Ihringer Fohrenberg
Boden: Kalkhaltiger Löss, Vulkanverwitterung
Rebsorten: 55% Spätburgunder, je 18% Weiß- und Grauburgunder, 9% übrige Sorten
Durchschnittsertrag: 77 hl/ha
Beste Jahrgänge: 1999, 2000, 2001

Neben dem Spitzenweingut Dr. Heger gibt es seit einigen Jahren das Weinhaus Joachim Heger mit ansprechenden Weinen für den gastronomischen Alltag. Begonnen hat das Engagement 1986, als Joachim Heger die Rebberge des ehemaligen Gräflich von Kageneck'schen Weingutes am Tuniberg pachtete. Aus diesen Anfängen ist eine Art Erzeugergemeinschaft entstanden. Die Erträge sind höher als beim Weingut, aber geerntet wird ebenfalls mit der Hand. Das machte in den letzten Jahrgängen gepflegte Kollektionen möglich, die dem Namen Heger durchaus gerecht werden. Unser Liebling ist diesmal der pikant duftende, verspielte Muskat-Ottonel.

2001 Silvaner
Kabinett trocken
7,70 €, 11%, ♀ bis 2003 — **83**

2001 Grauer Burgunder
Kabinett trocken
7,70 €, 12,5%, ♀ bis 2004 — **84**

2001 Riesling
Kabinett trocken
7,70 €, 11,5%, ♀ bis 2005 — **85**

2001 Weißer Burgunder
Kabinett trocken
7,70 €, 12%, ♀ bis 2004 — **85**

2001 Muskat-Ottonel
Kabinett trocken
7,80 €, 12%, ♀ bis 2004 — **86**

2001 Weißer Burgunder
»Vitus« trocken
10,90 €, 13%, ♀ bis 2005 — **87**

--- Rotweine ---

2001 Spätburgunder Weißherbst
Kabinett trocken
7,70 €, 11,5%, ♀ bis 2003 — **83**

2000 Spätburgunder
trocken »Vitus«
12,20 €, 13%, ♀ bis 2005 — **84**

Die Betriebe: ✿✿✿✿✿ Weltklasse · ✿✿✿✿ Deutsche Spitze · ✿✿✿ Sehr gut · ✿✿ Gut · ✿ Zuverlässig

Wohn(t)räume

Wohnideen mit Antiquitäten
Alt und Neu harmonisch kombiniert
Caroline Clifton-Mogg
192 Seiten mit 424 Farbfotos und
25 monochromen Zeichnungen.
€ 36,- [D]   SFR 59,30
ISBN 3-88472-470-3

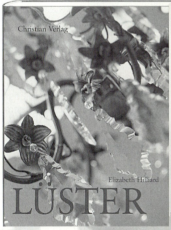

Lüster
Elizabeth Hilliard
208 Seiten mit 203 Farbfotos.
Efalin mit matt laminiertem Schutzumschlag.
€ 49,- [D]   SFR 80,-
ISBN 3-88472-531-9

Wohnen in der Toskana
21 ländliche und exklusive Interieurs
Text von Elizabeth Helman Minchilli
216 Seiten mit 228 Farbfotos.
€ 36,- [D]   SFR 59,30
ISBN 3-88472-372-3

www.christian-verlag.de

Bestellen Sie auf den
eingehefteten Bestellkarten!

Tel.: 089/ 38 18 03 17
Fax: 089/ 38 18 03 81
info@christian-verlag.de

Aufsteiger des Jahres 1998

Baden

WEINGUT DR. HEGER

Inhaber: Joachim Heger
Betriebsleiter: Joachim Heger
Außenbetriebsverwalter:
Jürgen Kühnle
Kellermeister: Joachim Heger
79241 Ihringen, Bachenstraße 19
Tel. (0 76 68) 2 05 und 78 33, Fax 93 00
e-mail: weingutdr.heger@t-online.de
Internet: www.heger-weine.de
*Anfahrt: A 5 Frankfurt–Basel,
Ausfahrt Freiburg-Mitte, Richtung
Breisach*
Verkauf: Familie Heger
Mo.–Fr. 9:00 bis 12:00 Uhr
und 13:30 bis 17:30 Uhr
Sa. 10:00 bis 14:00 Uhr
und nach Vereinbarung

Rebfläche: 16,5 Hektar
Jahresproduktion: 100.000 Flaschen
Beste Lagen: Ihringer Winklerberg, Achkarrer Schlossberg, Freiburger Schlossberg
Boden: Vulkanverwitterung, Löss
Rebsorten: je 24% Spätburgunder und Riesling, 19% Grauburgunder, 13% Weißburgunder, 8% Silvaner, 5% Chardonnay, 7% übrige Sorten
Durchschnittsertrag: 55 hl/ha
Beste Jahrgänge:1998, 2000, 2001
Mitglied in Vereinigungen: VDP, Deutsches Barrique Forum

Dieses angesehene Gut wurde 1935 vom Dr. Max Heger gegründet. Er war ursprünglich Landarzt. Da seine Patienten mehrheitlich Winzer waren und er erkannte, dass am vulkanischen Kaiserstuhl optimale Bedingungen für Weinbau herrschten, sattelte er um und kaufte sich gezielt unter anderem in den »Filetstücken« der Spitzenlagen Winklerberg und Achkarrer Schlossberg ein. 1949 übernahm Sohn Wolfgang Heger. Heute wird das Gut in der dritten Generation von Joachim Heger geführt, der seit 1992 Eigentümer ist. Seit Jahren gibt das Weingut beim Weißwein den Ton in Baden an. Normalerweise zeigt hier schon der einfachste trockene Wein, sogar der Müller-Thurgau, Charakter. Im Jahrgang 2000 war es für Joachim Heger, der sich allein um die Vinifikation kümmerte, fast unmöglich, solche »Basisweine« zu füllen. Weil am Stock extrem aussortiert werden musste, landeten rund 50 Prozent einer möglichen Ernte am Boden. Was blieb, hatte in der Regel mindestens Kabinett-Qualität. Die Selektion war mühsam, aber letztlich entscheidend für eine ausgezeichnete Qualität, die auch bei den jetzt präsentierten Rotweinen des Jahrgangs vorhanden war. In den nächsten Jahren will sich Joachim Heger hier noch steigern. Geplant ist der Anbau von Originalklonen aus der Bourgogne. Die Weißweine des Jahrgangs 2001 sind durchweg gelungen. Schade nur, dass uns die speziellen Selektionen lediglich als Fassproben vorgestellt werden konnten. So war keine exakte Bewertung möglich; man kann nur verraten, dass diese Chardonnay und Grauer Burgunder aus Winklerberg und Schlossberg sich sehr vielversprechend präsentierten und darüber hinaus die roten »Rohlinge« des Jahrgangs 2001 ebenfalls sehr gutes Format andeuteten. Spannend ist ebenso die Entwicklung bei einer Drei-Sterne-Weißburgunder Spätlese, die im Herbst 2002 noch in Barriques lag. Und die restlichen Weine, die Joachim Heger ansonsten vorstellte, zeigen auf, dass sich der Betrieb auf sehr hohem Niveau stabilisiert hat.

2001 Achkarrer Schlossberg
Silvaner Kabinett trocken
8,40 €, 11%, ♀ bis 2004   **84**

2001 Ihringer Winklerberg
Silvaner Kabinett trocken
8,20 €, 11,5%, ♀ bis 2004   **86**

2001 Freiburger Schlossberg
Riesling Spätlese trocken
13,50 €, 12%, ♀ bis 2005   **86**

2001 Freiburger Schlossberg
Weißer Burgunder Spätlese trocken
13,50 €, 12,5%, ♀ bis 2005   **87**

Die Betriebe: ✽✽✽✽✽ Weltklasse · ✽✽✽✽ Deutsche Spitze · ✽✽✽ Sehr gut · ✽✽ Gut · ✽ Zuverlässig

Baden

2001 Ihringer Winklerberg
Silvaner Spätlese trocken
15,60 €, 12%, ♀ bis 2005 **88**

2001 Ihringer Winklerberg
Weißer Burgunder Spätlese trocken
14,– €, 13%, ♀ bis 2005 **88**

2001 Ihringer Winklerberg
Weißer Burgunder Spätlese trocken
Holzfass
14,– €, 13%, ♀ bis 2006 **88**

2001 Ihringer Winklerberg
Muskateller Spätlese trocken
15,60 €, 12,5%, ♀ bis 2006 **89**

2001 Ihringer Winklerberg
Riesling Spätlese trocken ***
15,60 €, 12%, ♀ bis 2006 **89**

2001 Achkarrer Schlossberg
Silvaner Spätlese
13,50 €, 10,5%, ♀ bis 2005 **86**

2001 Achkarrer Schlossberg
Riesling Spätlese
13,50 €, 11%, ♀ bis 2008 **88**

2001 Ihringer Winklerberg
Muskateller Spätlese
13,50 €, 11,5%, ♀ bis 2010 **89**

——— Rotweine ———

2000 Ihringer Winklerberg
Spätburgunder trocken »Mimus«
19,80 €, 13%, ♀ bis 2005 **86**

2000 Ihringer Winklerberg
Spätburgunder trocken ***
29,– €, 13%, ♀ bis 2008 **90**

Vorjahresweine

2000 Ihringer Winklerberg
Riesling Spätlese trocken ***
15,54 €, 11,5%, ♀ bis 2005 **88**

2000 Ihringer Winklerberg
Chardonnay trocken
15,54 €, 13%, ♀ bis 2005 **88**

2000 Ihringer Winklerberg
Grauer Burgunder
Spätlese trocken ***
19,33 €, 13%, ♀ bis 2005 **88**

2000 Achkarrer Schlossberg
Weißer Burgunder
Spätlese trocken ***
19,33 €, 13,5%, ♀ bis 2005 **88**

2000 Ihringer Winklerberg
Weißer Burgunder Spätlese trocken
13,70 €, 13%, ♀ bis 2005 **89**

2000 Achkarrer Schlossberg
Grauer Burgunder
Spätlese *** trocken
19,33 €, 13%, ♀ bis 2005 **89**

2000 Ihringer Winklerberg
Weißer Burgunder
Spätlese *** trocken
19,33 €, 13,5%, ♀ bis 2005 **90**

2000 Ihringer Winklerberg
Muskateller Spätlese *** trocken
15,54 €, 12,5%, ♀ bis 2006 **90**

2000 Ihringer Winklerberg
Chardonnay Auslese trocken
24,54 €, 13,5%, ♀ bis 2008 **90**

2000 Ihringer Winklerberg
Riesling Trockenbeerenauslese
53,69 €/0,375 Lit., 9%, ♀ bis 2020 **93**

Die Weine: 100 Perfekt · 95–99 Überragend · 90–94 Exzellent · 85–89 Sehr gut · 80–84 Gut · 75–79 Passabel

Baden

WEINGUT ERNST HEINEMANN

Inhaber: Lothar Heinemann
Kellermeister: Lothar Heinemann
79238 Ehrenkirchen-Scherzingen,
Mengener Straße 4
Tel. (0 76 64) 63 51, Fax 60 04 65
e-mail: weingut-heinemann@t-online.de
Anfahrt: A 5 Frankfurt–Basel, Ausfahrt Freiburg-Süd, über Tiengen, Mengen und Scherzingen
Verkauf: Familie Heinemann
Mo.–Fr. von 9:00 bis 12:00 Uhr
und 13:30 bis 18:00 Uhr
Sa. 9:00 bis 12:00 Uhr
und 13:00 bis 16:00 Uhr
und nach Vereinbarung
Sehenswert: 200 Jahre alter Gewölbekeller

Rebfläche: 13 Hektar
Erzeugergemeinschaft: 20 Mitglieder
Jahresproduktion: 100.000 Flaschen
Beste Lage: Scherzinger Batzenberg
Boden: Toniger Lehm, sehr kalkhaltig
Rebsorten: 35% Gutedel, 30% Spätburgunder, je 10% Chardonnay und Müller-Thurgau, 7% Weißburgunder, 8% übrige Sorten
Durchschnittsertrag: 65 hl/ha
Beste Jahrgänge: 1999, 2000, 2001

2001 Scherzinger Batzenberg
Muskateller Kabinett trocken
6,10 €, 11%, ♀ bis 2004   **85**

2001 Scherzinger Batzenberg
Grauer Burgunder Spätlese trocken
7,90 €, 13%, ♀ bis 2005   **85**

2001 Scherzinger Batzenberg
Chardonnay Spätlese trocken
13,90 €, 13%, ♀ bis 2005   **87**

2001 Scherzinger Batzenberg
Weißer Burgunder Spätlese trocken
7,60 €, 13%, ♀ bis 2006   **88**

2001 Scherzinger Batzenberg
Chardonnay Auslese trocken
14,90 €, 13,5%, ♀ bis 2007   **89**

2001 Scherzinger
Chardonnay Kabinett
9,70 €, 12%, ♀ bis 2004   **84**

2001 Scherzinger Batzenberg
Muskateller Kabinett
6,10 €, 10,5%, ♀ bis 2005   **86**

--- Rotweine ---

2000 Scherzinger Batzenberg
Spätburgunder trocken
4,90 €/1,0 Lit., 12,5%, ♀ bis 2004   **80**

2000 Scherzinger Batzenberg
Spätburgunder trocken
11,30 €, 13%, ♀ bis 2006   **87**

Seit 450 Jahren betreibt die Familie Heinemann in Scherzingen südlich von Freiburg im Markgräflerland Weinbau. Um die Nachfrage nach Gutedel, Müller-Thurgau und Spätburgunder befriedigen zu können, werden Trauben von etwa 20 Kleinwinzern zugekauft. Schon in den 80er Jahren, damals noch unter Leitung von Senior Ernst Heinemann, fiel der Betrieb mit guten Qualitäten auf. Als Sohn Lothar das Gut übernahm, ging's weiter bergauf. In den letzten, nicht immer ganz einfachen Jahren, erreichte das Haus einen ausgezeichneten Standard. Vor allem mit Chardonnay, der hier vor bald 40 Jahren (!) angepflanzt und lang als »Weißburgunder« verkauft wurde, trumpft Heinemann immer wieder auf.

Baden

WEINGUT ALBERT HEITLINGER

Inhaber: Erhard Heitlinger
Geschäftsführer: Thomas Heitlinger
Betriebsleiter: Uwe Barnickel
Kellermeister: Thomas Glass, Erhard Heitlinger
76684 Östringen-Tiefenbach,
Am Mühlberg
Tel. (0 72 59) 9 11 20, Fax 91 12 99
e-mail: info@heitlinger-wein.de
Internet: www.heitlinger-wein.de
Anfahrt: A 5 Ausfahrt Kronau über Östringen, A 6 Ausfahrt Rauenberg, A 8 Ausfahrt Pforzheim über Bretten
Verkauf: Bernhard Ernst Heitlinger täglich ab 10 Uhr
Restaurant: »Weinforum« täglich geöffnet von 10:00 bis 24:00 Uhr Betriebsferien 24. Dez. bis 18. Jan.
Sehenswert: Offene Küche im Weinforum, Barriquekeller, Kunstausstellungen
Erlebenswert: Kulturelle Events

Rebfläche: 42 Hektar
Jahresproduktion: 260.000 Flaschen
Beste Lage: Tiefenbacher Spiegelberg
Boden: Keuper, teilweise mit Löss
Rebsorten: 28% Grauburgunder, je 20% Spätburgunder und Riesling, 10% Müller-Thurgau, je 6% Weißburgunder und Lemberger, 5% Dornfelder, 5% übrige Sorten
Durchschnittsertrag: 51 hl/ha
Beste Jahrgänge: 1998, 1999, 2001
Mitglied in Vereinigungen: VDP

Erhard Heitlinger hatte in den letzten Jahren viele Millionen in die Umgestaltung des Gutes zum Weinforum mit Gastronomie und Kulturbühne investiert. Jetzt hat er zwar die Geschäftsführung an Junior Thomas abgegeben, will aber im Keller wieder stärker mitmischen. In den nächsten Jahren soll der Rotweinanbau auf Kosten des (diesmal sehr fein geratenen) Riesling erweitert werden. Während die Basis-Weine ein ausgezeichnetes Preis-Wert-Verhältnis bieten, ist die Qualität darüber hinaus nicht immer stimmig. Bei den roten Cuvées ist der Pferdestall-Geruch ziemlich ausgeprägt. Manche mögen das – wir nicht.

2001 Etage Basic
Grauer Burgunder trocken
6,40 €, 12,5%, ♀ bis 2004 — **83**

2001 Master Etage
Rivaner trocken
7,65 €, 12,5%, ♀ bis 2004 — **84**

1999 »Dialog« Etage d'Amour
trocken
8,70 €, 12,5%, ♀ bis 2004 — **84**

2001 Etage Basic
Auxerrois trocken
6,45 €, 12,5%, ♀ bis 2004 — **85**

2001 Etage Basic
Riesling Kabinett trocken
5,55 €, 12%, ♀ bis 2004 — **86**

2001 Etage Basic
Weißer Burgunder trocken
5,55 €, 12,5%, ♀ bis 2004 — **86**

2001 Etage Basic
Riesling Spätlese trocken
8,20 €, 12,5%, ♀ bis 2005 — **88**

Die Weine: 100 Perfekt · 95–99 Überragend · 90–94 Exzellent · 85–89 Sehr gut · 80–84 Gut · 75–79 Passabel

Baden

WINZERKELLER HEX VOM DASENSTEIN

Geschäftsführer: Jürgen Decker
Kellermeister: Robert Schnurr
77876 Kappelrodeck, Burgunderplatz 1
Tel. (0 78 42) 9 93 80, Fax 99 38 38
e-mail: hex.vom.dasenstein@t-online.de
Internet: www.hex-vom-dasenstein.de
Anfahrt: A 5 Frankfurt–Basel, Ausfahrt Achern, Richtung Schwarzwaldhochstraße
Verkauf: Ingrid Oberle, Anette Schneider und Alex Schwank
Mo.–Fr. 8:00 bis 12:00 Uhr
und 13:30 bis 17:30 Uhr
Sa. 8:00 bis 12:00 Uhr
So. 10:00 bis 13:00 Uhr
Historie: 1934 gegründet

> Rebfläche: 143 Hektar
> Zahl der Mitglieder: 277
> Jahresproduktion: 1,3 Mio. Flaschen
> Beste Lage: Kappelrodecker Hex vom Dasenstein
> Boden: Granitverwitterungsgestein
> Rebsorten: 78% Spätburgunder, 7% Müller-Thurgau, je 5% Riesling und Grauburgunder, 3% Weißburgunder, 2% übrige Sorten
> Durchschnittsertrag: 81 hl/ha
> Beste Jahrgänge: 1997, 1998, 1999

Wo die Schwarzwald-Tannen in Kastanienwälder übergehen, erstrecken sich die Rebhänge der Hex vom Dasenstein, vorwiegend mit Spätburgunder bepflanzt. Gern erzählen die Einheimischen vom Burgfräulein, das zur Rotweinhexe wurde. 1994 wurde die Leistung der Genossen erstmals mit dem Bundesehrenpreis in Gold gewürdigt. Dass es 1999 bis 2002 Neuauflagen gab, macht das Team stolz. Die Rotweine haben ihren eigenen, fruchtigen Charakter, wobei manchmal ein Hauch mehr Tannin und etwas weniger Restsüße nicht schaden würden und einen weiteren Aufstieg begünstigen könnten. Interessant sind die erstaunlich farbintensiven Burgunder-Beerenauslesen, bei denen diesmal die Barrique-Variante die bessere ist.

Rotweine

2001 Spätburgunder
trocken
5,70 €/1,0 Lit., 13%, ♀ bis 2004 — **81**

2000 Spätburgunder
trocken
5,40 €, 13%, ♀ bis 2004 — **82**

2000 Spätburgunder
Spätlese trocken
8,20 €, 13%, ♀ bis 2005 — **84**

2001 Spätburgunder
Spätlese »Alte Reben« trocken
10,50 €, 13%, ♀ bis 2005 — **84**

2000 Spätburgunder
trocken Barrique
9,50 €, 13%, ♀ bis 2005 — **84**

2000 Spätburgunder
Auslese trocken
10,– €/0,5 Lit., 13,5%, ♀ bis 2006 — **85**

2000 Spätburgunder
Beerenauslese
29,– €/0,5 Lit., 13%, ♀ bis 2010 — **85**

2000 Spätburgunder
Beerenauslese
35,– €/0,5 Lit., 13,5%, ♀ bis 2010 — **88**

Die Betriebe: ✱✱✱✱✱ Weltklasse · ✱✱✱✱ Deutsche Spitze · ✱✱✱ Sehr gut · ✱✱ Gut · ✱ Zuverlässig

Baden

WEINGUT REICHSGRAF UND MARQUIS ZU HOENSBROECH

Inhaber: Rüdiger Graf Hoensbroech
Betriebsleiter und Kellermeister:
Rüdiger Graf Hoensbroech
74918 Angelbachtal-Michelfeld,
Hermannsberg
Tel. (0 72 65) 91 10 34, Fax 91 10 35
e-mail:
mail@weingut-graf-hoensbroech.com
Internet:
www.weingut-graf-hoensbroech.com
Anfahrt: A 6, Ausfahrt Angelbachtal, 30 Kilometer südlich von Heidelberg
Verkauf: Graf Hoensbroech
Mo.–Fr. 9:00 bis 18:00 Uhr
Sa. 10:00 bis 16:00 Uhr

Rebfläche: 17 Hektar
Jahresproduktion: 120.000 Flaschen
Beste Lage: Michelfelder Himmelberg
Boden: Löss und bunter Mergel
Rebsorten: 35% Weißburgunder, je 15% Riesling und Grauburgunder, 8% Spätburgunder, 27% übrige Sorten
Durchschnittsertrag: 65 hl/ha
Beste Jahrgänge: 1998, 2000, 2001
Mitglied in Vereinigungen: VDP

1968 ließ sich der gelernte Winzer Rüdiger Graf Hoensbroech (Ausbildung in Geisenheim und Weinsberg) nach einem Intermezzo mit einem ererbten Weingut an der Saar im Badischen nieder und baute hier einen Betrieb mit stattlicher Reputation auf. Vor allem mit den weißen Gewächsen aus der Burgunderfamilie wurde er bekannt; der Verzicht auf Schönung und Süßreserve gab den Weinen viel Charakter. Nachdem sich in den letzten Jahren der Vater zurückgezogen und die Leitung an Sohn Adrian übergeben hatte, kam es zu merklichen Schwankungen in der Qualität. Verkaufsgerüchte, die sich dann nicht bestätigten, machten die Runde. Das ist Vergangenheit. Der Senior (Jahrgang 1939) hat den Betrieb im zweiten Jahrgang auf das gewohnte, überdurchschnittliche Niveau gebracht und ist selbst wieder richtig vital geworden. »Einige Jahre gehen auf jeden Fall noch«, meint er und demonstriert das mit Bauplänen. In 2003 soll der Startschuss für Ferienappartements fallen.

2001 Michelfelder Himmelberg
Chardonnay trocken
8,70 €, 13%, ♀ bis 2005   85

2001 Michelfelder Himmelberg
Traminer Spätlese trocken
12,– €, 13%, ♀ bis 2005   85

2001 Michelfelder Himmelberg
Riesling Kabinett trocken
6,60 €, 12%, ♀ bis 2005   85

2001 Michelfelder Himmelberg
Weißer Burgunder Kabinett trocken
7,40 €, 12%, ♀ bis 2004   86

2001 Michelfelder Himmelberg
Grauer Burgunder Spätlese trocken
12,70 €, 13%, ♀ bis 2005   86

2001 Michelfelder Himmelberg
Riesling Spätlese trocken
11,60 €, 13%, ♀ bis 2005   86

2001 Michelfelder Himmelberg
Weißer Burgunder Spätlese trocken
13,20 €, 13%, ♀ bis 2005   87

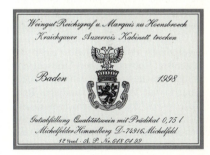

Baden

WEINGUT BERNHARD HUBER

Inhaber: Barbara und Bernhard Huber
Betriebsleiter: Bernhard Huber
Chef de culture: Mario Burkhart
Kellermeister: Stefan Beck
79364 Malterdingen,
Heimbacher Weg 19
Tel. (0 76 44) 12 00, Fax 82 22
e-mail: weingut-huber-malterdingen@t-online.de
Anfahrt: A 5 Frankfurt–Basel, Ausfahrt Riegel
Verkauf: Barbara Huber
Mo.–Fr. 15:00 bis 18:00 Uhr
Sa. 10:00 bis 12:00 Uhr
Sehenswert: Torhaus aus dem 16. Jahrhundert

Rebfläche: 25 Hektar
Jahresproduktion: 160.000 Flaschen, davon 10.000 Flaschen Sekt
Beste Lagen: Hecklinger Schlossberg, Malterdinger Bienenberg
Boden: Muschelkalkverwitterung
Rebsorten: 70% Spätburgunder, 12% Weißburgunder, 9% Chardonnay, 4% Grauburgunder, 5% übrige Sorten
Durchschnittsertrag: 52 hl/ha
Beste Jahrgänge: 1999, 2000, 2001
Mitglied in Vereinigungen: VDP, Deutsches Barrique Forum

Als Bernhard Huber zunächst etwas zögerlich Anlauf nahm, um dem früher bekannten »Malterer« wieder zu Popularität zu verhelfen, träumte er vielleicht schon davon, dass er eines Tages einer der führenden Rotweinmacher Deutschlands werden könnte. Langsam nabelte er sich – zunächst mit Teilen der familiären Rebfläche – von der Genossenschaft ab und entwickelte sich von Jahr zu Jahr positiv. Den ersten großen Erfolg hatte er 1990 mit einem 1. Platz beim Vinum-Rotweinpreis. Seitdem folgten etliche Top-Platzierungen auch in diesem Guide. Hubers Rotweine sind in der Jugend oft schwer zugänglich. Doch gehören sie zu den wenigen im Lande, die wirklich hervorragend heranreifen. Sie brauchen Zeit, um sich entfalten zu können – ein Merkmal aller großen Rotweine. In seinen ersten Jahren als selbstständiger Winzer erzeugte Huber vor allem üppige, kräftige Weine. Inzwischen weisen die Burgunder auch noch Eleganz auf – und das bereits im Bereich der »einfacheren« Kategorien. Schon der »Viertwein« ohne Lagenangabe bekam eine gute Bewertung, der »Drittwein« eine Note, von der viele andere Betriebe nur träumen können (dabei werden von diesem Wein 35.000 Flaschen gefüllt). Die Krönung sind der »R« und der Burgunder von alten Reben, die bei zunehmendem Mond gefüllt werden. Der Malterdinger will sich in den nächsten Jahren noch mehr auf den Rotwein konzentrieren und den Flächenanteil weiter steigern. Nachdem er diesmal mit seinem besten Burgunder, dem »Reserve«, auch den »Rotwein des Jahres« stellte, erhebt sich die Frage, was noch von dem Breisgauer Wunderknaben zu erwarten ist, wenn sich seine »Spielwiese« vergrößert. Dabei gelingen ihm »nebenbei« ausgezeichnete Weißweine, die meist längere Zeit auf der Feinhefe liegen und in Stahltanks ausgebaut werden. Die Cuvée »Malterer« überzeugt ebenso wie die Weißburgunder Selektion mit gekonnter Barrique-Note. Ein besonderer Liebling von uns ist der verspielte, leichtgewichtige, zartduftige Muskateller, dem ein Hauch Restsüße gut bekommt. Dass Huber ein rundum erstklassiger Produzent ist, beweist er auch mit seinem weißen Pinot-Sekt, der lang auf der Hefe liegt und stets zu den besten in Deutschland gehört.

2001 Malterdinger Bienenberg
Auxerrois Kabinett trocken
9,20 €, 11,5%, ♀ bis 2004 **84**

2001 Malterdinger Bienenberg
Weißer Burgunder trocken
8,70 €, 12,5%, ♀ bis 2004 **84**

2001 Malterdinger Bienenberg
Grauer Burgunder Spätlese trocken
8,80 €, 13%, ♀ bis 2005 **87**

Die Betriebe: ✿✿✿✿✿ Weltklasse · ✿✿✿✿ Deutsche Spitze · ✿✿✿ Sehr gut · ✿✿ Gut · ✿ Zuverlässig

Baden

2000 »Malterer«
trocken
16,50 €, 13%, ♀ bis 2008 — **90**

2001 Weißer Burgunder
trocken »S«
14,50 €, 13%, ♀ bis 2008 — **90**

2001 Grauer Burgunder
trocken »S«
14,50 €, 13%, ♀ bis 2008 — **91**

2001 Malterdinger Bienenberg
Muskateller Kabinett
10,– €, 11,5%, ♀ bis 2005 — **87**

2001 Malterdinger Bienenberg
Riesling Auslese
22,– €, 10%, ♀ bis 2010 — **89**

--- Rotweine ---

2000 Spätburgunder
trocken »Junge Reben«
8,75 €, 13%, ♀ bis 2005 — **84**

2000 Malterdinger Bienenberg
Spätburgunder trocken
12,50 €, 13%, ♀ bis 2006 — **88**

2000 Spätburgunder
trocken »Alte Reben«
22,– €, 13%, ♀ bis 2010 — **90**

2000 Spätburgunder
trocken »R«
33,50 €, 13%, ♀ 2010 bis 2012 — **93**

Vorjahresweine

2000 Malterdinger Bienenberg
Auxerrois Kabinett trocken
8,69 €, 11,5%, ♀ bis 2003 — **87**

2000 Malterdinger Bienenberg
Grauer Burgunder trocken
8,69 €, 13%, ♀ bis 2004 — **87**

2000 Malterdinger Bienenberg
Weißer Burgunder trocken
8,69 €, 12,5%, ♀ bis 2004 — **88**

2000 Chardonnay
trocken
19,43 €, 13%, ♀ bis 2005 — **89**

2000 Chardonnay
trocken »R«
26,59 €, 14%, ♀ bis 2005 — **90**

2000 Malterdinger Bienenberg
Weißer Burgunder trocken »S«
14,32 €, 13%, ♀ bis 2005 — **90**

--- Rotweine ---

1999 Spätburgunder
trocken
8,18 €, 13%, ♀ bis 2005 — **87**

1999 Malterdinger Bienenberg
Spätburgunder trocken
12,27 €, 13%, ♀ bis 2006 — **89**

1999 Spätburgunder
trocken »Alte Reben«
21,99 €, 13%, ♀ bis 2008 — **90**

1999 Spätburgunder
trocken »R«
33,23 €, 13%, ♀ bis 2010 — **92**

Die Weine: **100** Perfekt · **95–99** Überragend · **90–94** Exzellent · **85–89** Sehr gut · **80–84** Gut · **75–79** Passabel

Neu

Baden

WEINGUT HUCK-WAGNER
Inhaber: Familie Huck-Wagner
Kellermeister:
Christiane Huck-Wagner
79588 Efringen-Kirchen,
Engetalstraße 31
Tel. (0 76 28) 14 62, Fax 80 03 19
e-mail: huck-wagner@gmx.de
Anfahrt: A 5 Frankfurt–Basel, Ausfahrt Efringen-Kirchen, Ortseingang Efringen links, hinter Bahnunterführung links
Verkauf: Mo.–Sa. 8:00 bis 19:00 Uhr
Sehenswert: 500 Jahre alter Holzfasskeller, reizvoller Blick vom Efringer Ölberg ins Drei-Länder-Eck

---

Rebfläche: 9,5 Hektar
Jahresproduktion: 70.000 Flaschen
Beste Lagen: Efringer Ölberg, Binzener Sonnhole, Blansinger Wolfer
Boden: Sandiger Lehm mit Löss, Jurakalk
Rebsorten: 40% Gutedel, 26% Spätburgunder, 10% Grauburgunder, je 5% Müller-Thurgau und Silvaner, 14% übrige Sorten
Durchschnittsertrag: 70 hl/ha
Bester Jahrgang: 2001

1992 heiratete der Genossenschaftswinzer Roland Wagner die Winzertochter Christiane Huck. Dadurch wurden zwei Weinbaubetriebe zusammengeführt, die miteinander groß genug waren, um einen selbstständigen Weg möglich zu machen. Wagner trat aus der Schliengener Genossenschaft aus. Zielsetzung war von Anfang an die Erzeugung von gesundem Traubengut aus reduzierten Erntemengen. Nebenbei entstehen noch gute Brände (besonders lobenswert der Marc). Die Kundschaft wird über Veranstaltungen dem Wein näher gebracht. Die Qualität nahm kontinuierlich zu. In 2001 gelangen einige richtig feine Weißweine. Bei den Roten gibt es noch etwas mehr Luft nach oben, aber trotzdem war die erste Traube keine Frage.

2001 Efringer
Gutedel Kabinett trocken
3,60 €, 11%, ♀ bis 2003 — **81**

2001 Efringer Ölberg
Riesling Kabinett trocken
5,60 €, 12,5%, ♀ bis 2004 — **83**

2001 Efringer Ölberg
Grauer Burgunder Spätlese trocken
5,20 €, 13,5%, ♀ bis 2004 — **84**

2001 Efringer Ölberg
Gewürztraminer Spätlese trocken
5,90 €, 14%, ♀ bis 2005 — **86**

2001 Efringer Ölberg
Ruländer Beerenauslese
12,80 €/0,5 Lit., 12,5%, ♀ bis 2010 — **87**

--- Rotweine ---

2001 Binzener Sonnhole
Spätburgunder Weißherbst
4,40 €, 12,5%, ♀ bis 2003 — **81**

2000 Efringer Ölberg
Spätburgunder trocken
4,90 €, 12%, ♀ bis 2004 — **81**

2001 Efringer Ölberg
Regent trocken
6,20 €, 12%, ♀ bis 2004 — **82**

2000 Efringer Ölberg
Spätburgunder Spätlese trocken
6,20 €, 12,5%, ♀ bis 2004 — **83**

Die Betriebe: ✤✤✤✤✤ Weltklasse · ✤✤✤✤ Deutsche Spitze · ✤✤✤ Sehr gut · ✤✤ Gut · ✤ Zuverlässig

Baden

WEINGUT BERND HUMMEL

Inhaber: Bernd Hummel
Kellermeister: Bernd Hummel
69254 Malsch, Oberer Mühlweg 5
Tel. (0 72 53) 2 71 48, Fax 2 57 99
e-mail: info@weingut-hummel.de
Internet: www.weingut-hummel.de
Anfahrt: Über die B 3, südlich von Heidelberg, oder über die B 39
Verkauf: Bernd Hummel
Mo.–Fr. 17:00 bis 19:00 Uhr
Sa. 9:00 bis 13:00 Uhr
und nach Vereinbarung

Rebfläche: 7,5 Hektar
Jahresproduktion: 50.000 Flaschen
Beste Lagen: Malscher Ölbaum und Rotsteig
Boden: Löss, Lehm, Sandstein, Keuper und Muschelkalk
Rebsorten: 55% Spätburgunder, 10% weiße Burgundersorten, je 8% Riesling und Auxerrois, 19% übrige Sorten
Durchschnittsertrag: 54 hl/ha
Beste Jahrgänge: 1998, 1999, 2000

Am westlichen Rand des Kraichgaus, in Malsch, begann Bernd Hummel als Quereinsteiger. Der Volkswirt hatte zwar keine Ausbildung als Winzer, aber er wollte die Rebfläche seines Schwiegervaters nicht veräußern. 1984 trat er aus der Winzergenossenschaft aus und lenkt seitdem die Geschicke des auf sieben Hektar ausgedehnten Gutes. In den Weinbergen wird stark ausgedünnt; die besten Qualitäten werden im Barrique ausgebaut. Der Jahrgang 1999 hat ihn nach eigener Einschätzung verwöhnt – in der Tat gibt es beachtliche Rotweine. 2000 gelang es ihm »nur durch größte Anstrengungen, Weine zu bekommen, die auch Freude bereiten«. Man erkennt die Probleme bei den Roten, die alle zwar tiefdunkel sind, aber im Geschmack und Aroma mehr an Rumtopf denken lassen. Bei den Weißen gab es 2001 kaum Fortschritte, auch die vorgestellten Sekte überzeugten nicht.

2001 Malscher Ölbaum
Grauer Burgunder Kabinett trocken
6,90 €, 12%, ♀ bis 2004 — **82**

2001 Malscher Ölbaum
Riesling Kabinett trocken
6,90 €, 11%, ♀ bis 2004 — **82**

2001 Malscher Ölbaum
Weißer Burgunder Kabinett trocken
6,90 €, 12%, ♀ bis 2004 — **83**

2000 Malscher Ölbaum
Auxerrois Kabinett trocken
6,90 €, 11,5%, ♀ bis 2004 — **84**

2001 Malscher Ölbaum
Chardonnay Spätlese trocken
18,– €, 13,5%, ♀ bis 2005 — **85**

2001 Malscher Ölbaum
Weißer Burgunder Auslese trocken
20,– €, 14%, ♀ bis 2006 — **87**

--- Rotweine ---

2000 Malscher Rotsteig
Spätburgunder trocken
10,– €, 13,5%, ♀ bis 2004 — **82**

2000 Malscher Rotsteig
Cabernet Sauvignon trocken
10,– €, 13%, ♀ bis 2005 — **82**

2000 Malscher Ölbaum
Lemberger trocken
12,– €, 13,5%, ♀ bis 2005 — **84**

Die Weine: **100** Perfekt · **95–99** Überragend · **90–94** Exzellent · **85–89** Sehr gut · **80–84** Gut · **75–79** Passabel

Baden

SCHLOSSGUT ISTEIN

Inhaber: Landkreis Lörrach
Pächter: Albert Soder
79588 Istein, Im Innerdorf 23
Tel. (0 76 28) 12 84, Fax 86 32
e-mail: soder.schlossgut@t-online.de
Internet: www.soder-schlossgut.de
Anfahrt: A 5 Freiburg–Basel, Ausfahrt Efringen-Kirchen
Verkauf: Albert und Anita Soder
Mo.–Sa. 9:00 bis 17:00 Uhr
und nach Vereinbarung
Sehenswert: Sankt Veits Kapelle, Isteiner Klotz

Rebfläche: 10 Hektar
Jahresproduktion: 65.000 Flaschen
Beste Lage: Isteiner Kirchberg
Boden: Jurakalkverwitterung, Lösslehm
Rebsorten: 30% Gutedel, 25% Spätburgunder, 25% Weiß- und Grauburgunder, 10% Riesling, 10% Chardonnay und Gewürztraminer
Durchschnittsertrag: 55 hl/ha
Beste Jahrgänge: 1999, 2000, 2001
Mitglied in Vereinigungen: VDP

2001 Isteiner Kirchberg
Gutedel trocken
4,05 €/1,0 Lit., 11,5%, ♀ bis 2003 **82**

2001 Isteiner Kirchberg
Grauer Burgunder Kabinett trocken
7,50 €, 12,5%, ♀ bis 2004 **84**

2001 Isteiner Kirchberg
Grauer Burgunder Spätlese trocken
9,60 €, 14%, ♀ bis 2005 **84**

2001 Isteiner Kirchberg
Weißer Burgunder Spätlese trocken
9,60 €, 13,5%, ♀ bis 2004 **86**

2001 Isteiner Kirchberg
Riesling Spätlese trocken
10,– €, 12,5%, ♀ bis 2005 **86**

2001 Isteiner Kirchberg
Gewürztraminer Spätlese trocken
11,40 €, 13,5%, ♀ bis 2005 **87**

— Rotweine —

2000 Isteiner Kirchberg
Spätburgunder Kabinett trocken
9,60 €, 12,5%, ♀ bis 2004 **82**

2000 Isteiner Kirchberg
Spätburgunder Auslese trocken
25,60 €, 14%, ♀ bis 2008 **86**

2000 Isteiner Kirchberg
Spätburgunder Auslese trocken Barrique
28,20 €, 14%, ♀ bis 2010 **89**

Markant und weithin sichtbar erhebt sich der Isteiner Klotz aus den sanften Wiesen des Markgräflerlandes. Sonnenverwöhnte Steillagen neigen sich bis in das alte Winzerdorf hinab. Im Jahr 1139 wurde das unweit von Basel liegende Gut erstmals von Papst Innozenz II. in Rom urkundlich erwähnt. Später gehörte es den Bischöfen von Baden, dem Markgrafen, dann der Stadt Karlsruhe und nun dem Landkreis Lörrach. Trotz »Schlossgut« präsentierte es sich ziemlich heruntergekommen, als Albert und Anita Soder den Betrieb 1977 in Pacht übernahmen. Das fröhliche Paar schaffte es bald, mit konsequent durchgegorenen Weinen auf sich aufmerksam zu machen. Mit 2001 schloss man nahtlos an die guten Ergebnisse der letzten Jahre an. Auch die Rotweine aus 2000 sind beachtlich. Nebenbei brennt Soder Schnäpse, die oft zu den besten Deutschlands gehören.

Die Betriebe: Weltklasse · Deutsche Spitze · Sehr gut · Gut · Zuverlässig

Aufsteiger

Baden

WEINGUT ACHIM JÄHNISCH

Inhaber: Achim Jähnisch
Betriebsleiter und Kellermeister: Achim Jähnisch
Verwalter: Achim Jähnisch und Sarah Oberle
79238 Ehrenkirchen/Kirchhofen, Hofmattenweg 19
Tel. (0 76 33) 80 11 61, Fax 80 11 61
e-mail: a.jaehnisch@t-online.de
Internet: www.weingut-jaehnisch.de
Anfahrt: von Norden: A 5 Frankfurt–Basel, Ausfahrt Freiburg-Süd, Richtung Staufen; von Süden: A 5, Ausfahrt Bad Krozingen
Verkauf: Sarah Oberle
Mo.–Fr. 13:00 bis 20:00 Uhr
Sa. 9:00 bis 18:00 Uhr
und nach Vereinbarung
Sehenswert: Alter Gewölbekeller

Rebfläche: 2,8 Hektar
Jahresproduktion: 15.000 Flaschen
Beste Lagen: Staufener Schlossberg, Ehrenstetter Ölberg
Boden: Stark mineralische Muschelkalkverwitterung
Rebsorten: 32% Spätburgunder, 16% Gutedel, je 15% Riesling und Grauburgunder, 9% Weißburgunder, 7% Chardonnay, 6% Müller-Thurgau
Durchschnittsertrag: 55 hl/ha
Beste Jahrgänge: 1999, 2000, 2001

Ursprünglich studierte Achim Jähnisch Kunstgeschichte, entdeckte dann aber seine Liebe zum Wein und absolvierte bei Bernhard Huber in Malterdingen eine Winzerlehre. Anschließend studierte er Weinbau und Önologie in Geisenheim. 1999 konnte er endlich ein kleines Weingut im Markgräflerland pachten und darangehen, seine Vorstellungen von Weinbau zu verwirklichen. Mit niedrigem Ertrag und schonender Verarbeitung gesunder Trauben geriet Jähnisch schon der Startjahrgang 1999 ausgezeichnet. Die zweite Traube reichen wir dem Senkrechtstarter gern nach, weil er mittlerweile Konstanz bewiesen hat.

2001 Rivaner
trocken
5,– €, 12,5%, ♀ bis 2004 — **82**

2001 Gutedel
trocken
4,50 €, 12%, ♀ bis 2004 — **83**

2001 Staufener Schlossberg
Grauer Burgunder trocken
8,50 €, 13,5%, ♀ bis 2005 — **84**

2000 Staufener Schlossberg
Grauer Burgunder trocken
8,50 €, 13,5%, ♀ bis 2004 — **85**

2000 Weißer Burgunder
trocken
8,50 €, 13%, ♀ bis 2005 — **86**

2001 Staufener Schlossberg
Riesling
8,50 €, 12%, ♀ bis 2005 — **87**

1999 Kirchhofener Höllhagen
Gewürztraminer Auslese
8,– €/0,375 Lit., 15%, ♀ bis 2008 — **88**

--- Rotwein ---

2000 Spätburgunder
trocken
16,– €, 13,5%, ♀ bis 2006 — **86**

Die Weine: **100** Perfekt · **95–99** Überragend · **90–94** Exzellent · **85–89** Sehr gut · **80–84** Gut · **75–79** Passabel

Baden

WINZERGENOSSENSCHAFT JECHTINGEN

Geschäftsführer: Rolf Bürkin
Kellermeister: Arno Bill
79361 Jechtingen, Winzerstraße 1
Tel. (0 76 62) 9 32 30, Fax 82 41
e-mail: info@jechtinger-wein.de
Internet: www.jechtinger-wein.de
Anfahrt: A 5 Frankfurt–Basel, Ausfahrt Riegel, über Endingen und Sasbach
Verkauf: Harry Flamm
Mo.–Fr. 8:00 bis 12:00 Uhr
und 13:00 bis 17:00 Uhr
Sa. 8:30 bis 12:00 Uhr
Historie: 1924 gegründet
Sehenswert: Burg Sponeck

Rebfläche: 190 Hektar
Zahl der Mitglieder: 280
Jahresproduktion: 1,8 Mio. Flaschen
Beste Lagen: Jechtinger Eichert, Hochberg und Steingrube
Boden: Vulkanverwitterungsgestein, teilweise mit Löss
Rebsorten: 34% Spätburgunder, 26% Müller-Thurgau, 17% Grauburgunder, 13% Weißburgunder, 7% Silvaner, 3% übrige Sorten
Durchschnittsertrag: 83 hl/ha
Beste Jahrgänge: 1998, 1999, 2001

2001 »Vision«
Grüner Silvaner Kabinett trocken
3,55 €, 11,5%, ♀ bis 2003   **79**

2001 Jechtinger Hochberg
Grauer Burgunder Kabinett trocken
4,70 €, 12%, ♀ bis 2003   **80**

2000 Jechtinger Hochberg
Grauer Burgunder Spätlese trocken
11,50 €, 13%, ♀ bis 2004   **83**

2001 »Kreativ Alberto Vision«
Weißer Burgunder Spätlese trocken
7,50 €, 13%, ♀ bis 2005   **84**

2001 Jechtinger Eichert
Chardonnay Spätlese trocken
6,95 €, 13%, ♀ bis 2005   **84**

2001 Jechtinger Eichert
Grauer Burgunder Auslese trocken
9,60 €, 14,5%, ♀ bis 2005   **85**

——— Rotweine ———

2000 Jechtinger Eichert
Spätburgunder trocken
16,05 €, 13,5%, ♀ bis 2003   **80**

2000 Jechtinger Eichert
Spätburgunder »Burg Sponeck« trocken
8,80 €, 14%, ♀ bis 2004   **82**

Wahrzeichen des historischen Weinorts am westlichen Kaiserstuhl ist die über 700 Jahre alte Burg Sponeck, deren Wappen auch das Etikett der Genossenschaft ziert. Seit einigen Jahren ist in der Kooperative Ehrgeiz zu spüren, der in einer Medaillenflut zum Ausdruck kommt. Zum modernen Marketing gehören eine Reihe von Serien wie »Nostalgie«, »Burg Sponeck Selektion« und »Vision«. Jetzt sprangen die Verantwortlichen noch mit einem behäbigen Grauburgunder auf den »Classic«-Zug auf. Bei der aktuellen Kollektion wechseln Licht und Schatten. Einige der Weißweine sind recht ansehnlich, gut gerieten außerdem zwei Brut-Sekte aus der Burgunderfamilie. Bei den Rotweinen erkennt man die Problematik des schwierigen Jahrgangs 2000.

Die Betriebe: ✠✠✠✠✠ Weltklasse · ✠✠✠✠ Deutsche Spitze · ✠✠✠ Sehr gut · ✠✠ Gut · ✠ Zuverlässig

Es gibt sie, diese kleinen, charmanten Hotels ...

... und wir verraten wo.

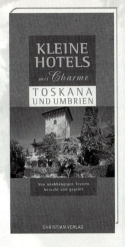

Toskana und Umbrien
208 Seiten, 230 Hotels
€ 14,95 / ISBN 3-88472-552-1

Frankreich
336 Seiten, 325 Hotels
€ 19,95 / ISBN 3-88472-544-0

Spanien
206 Seiten, 170 Hotels
€ 14,95 / ISBN 3-88472-554-8

Venedig mit Veneto und Friaul
176 Seiten, 160 Hotels
€ 14,95 / ISBN 3-88472-553-X

Österreich
192 Seiten, 250 Hotels
€ 14,95 / ISBN 3-88472-556-4

Italien
336 Seiten, 320 Hotels
€ 19,95 / ISBN 3-88472-555-6

Alle Bände broschiert, von
€ **14,95** (D) bis € **19,95** (D)
SFR 25,90 bis SFR 33,70

Bestellen Sie auf den
eingehefteten Bestellkarten!

Tel.: 089/ 38 18 03 17
Fax: 089/ 38 18 03 81
info@christian-verlag.de

www.christian-verlag.de

Baden

WEINGUT KARL H. JOHNER

Inhaber: Karl Heinz u. Patrick Johner
Kellermeister: Karl Heinz und Patrick Johner
79235 Bischoffingen, Gartenstraße 20
Tel. (0 76 62) 60 41, Fax 83 80
e-mail: info@johner.de
Internet: www.johner.de
Anfahrt: A 5 Frankfurt–Basel, Ausfahrt Riegel, Richtung Breisach und Vogtsburg
Verkauf: Irene Johner
Mo.–Fr. 14:00 bis 17:00 Uhr
Sa. 10:00 bis 12:00 Uhr
und 14:00 bis 16:00 Uhr
und nach Vereinbarung
Sehenswert: Runder Holzfasskeller

Rebfläche: 16,5 Hektar
Jahresproduktion: 100.000 Flaschen
Beste Lage: Bischoffinger Steinbuck, verzichtet aber auf Lagenangaben
Boden: Vulkanverwitterung
Rebsorten: 30% Blauer Spätburgunder, 25% Grauburgunder, 18% Weißburgunder, 13% Rivaner, 5% Chardonnay, 3% Sauvignon Blanc, 6% übrige Sorten
Durchschnittsertrag: 48 hl/ha
Beste Jahrgänge: 1998, 1999, 2000
Mitglied in Vereinigungen: Deutsches Barrique Forum

Karl Heinz Johners Karriereweg verlief nicht unbedingt gradlinig. Nach seiner Ausbildung im Versuchs- und Lehrgut Blankenhornsberg und dem Studium in Geisenheim arbeitete er zunächst einige Jahre in England (!) als Kellermeister im Weingut Lamberhurst. Dann erbte er in der badischen Heimat und kehrte mit Gattin Irene zurück, um das eigene Weingut aufzubauen. Der heute 50-Jährige erregte schon bald Aufsehen, weil er die komplette Kollektion in Barriques ausbaute – sogar den Müller-Thurgau. Und was vor gut zehn Jahren noch ungewöhnlich war: Jeder dieser Weine zeigte Format.

Vor ein paar Jahren gehörte das Gut in Bischoffingen für uns noch zur absoluten badischen Spitze. Dann folgte eine etwas schwächere Phase, in der Johner auch gelegentlich Gärprobleme hatte, die er nicht ganz in den Griff bekam. Die leicht süßlichen Weine irritierten etwas. Dass der Betrieb inzwischen wieder in Bestform ist, dazu hat vermutlich auch Junior Patrick beigetragen. Er ist seit 1999 nicht nur voll in das Gut involviert, sondern außerdem mit 25 Prozent beteiligt. »Damit er nicht abwandert«, wie der Vater meint. Der Junior studierte ebenfalls in Geisenheim, hängte später noch einen weiteren Studiengang in Dijon an und war im Burgund sowie in Australien tätig. Er kann viel in den Betrieb mit einbringen und darf dabei durchaus abweichende Auffassungen vertreten. »Wir arbeiten hervorragend zusammen«, betont der Vater. »Bei uns sind Reibungspunkte immer nützlich.« Nach wie vor wird bei Johner auf Lagenbezeichnungen verzichtet – bei 93 Parzellen in sieben Gemarkungen eine vernünftige Lösung. »SJ« ist der Hinweis auf die Selektionen des Hauses. Der Rotwein wird seit dem Jahrgang 1998 konzentriert, daraus macht Karl Heinz Johner kein Geheimnis. Er praktiziert die Vakuumverdampfung und meint selbstbewusst: »Wenn es nichts bringen würde, dann würde ich darauf verzichten.« Beim Jahrgang 2000 brachte es nicht soviel wie beim Vorgänger, hier führte die Konzentration zu einer Überbetonung der Geschmacksnoten. Dafür überzeugten andere Gewächse, unter anderem der erstmals vorgestellte Cabernet Sauvignon. Und weil sich der rastlose Bischoffinger in der Heimat nicht mehr ganz ausgelastet fühlt, baut er derzeit – im zweiten Anlauf nach einem Fehlschlag – ein eigenes Weingut in Neuseeland auf. Langfristig will er im südlichen Teil der Nordinsel gut 16 Hektar mit Pinot Noir bepflanzen. Das erste Resultat aus dem Jahrgang 2001 füllte er im August 2002 einige Wochen vor der Ernte in der Heimat ab.

Baden

2001 Rivaner
Tafelwein trocken
7,– €, 12,5%, ♀ bis 2005 — 84

2001 Sauvignon Blanc
Tafelwein trocken
15,– €, 12,5%, ♀ bis 2005 — 85

2001 Grauer Burgunder
Tafelwein trocken
11,– €, 12,5%, ♀ bis 2006 — 87

2001 Chardonnay
trocken »S«
25,– €, 13,5%, ♀ bis 2007 — 89

2001 Grauer Burgunder
trocken »SJ«
25,– €, 13,5%, ♀ bis 2008 — 90

2001 Weißer Burgunder
trocken »SJ«
25,– €, 13,5%, ♀ bis 2008 — 91

2001 »Saint Patrick«
Likörwein
13,– €, 13%, ♀ bis 2012 — 88

───── Rotweine ─────

2000 Spätburgunder
trocken
18,– €, 13,5%, ♀ bis 2008 — 89

2000 Cabernet Sauvignon
trocken
18,– €, 13,5%, ♀ bis 2007 — 89

2000 Spätburgunder
»SJ« trocken
33,– €, 13,5%, ♀ bis 2008 — 90

Vorjahresweine

2000 Grauer Burgunder
Tafelwein trocken
11,25 €, 12,5%, ♀ bis 2004 — 84

2000 Rivaner
Tafelwein trocken
6,90 €, 12%, ♀ bis 2004 — 85

2000 Sauvignon Blanc
Tafelwein trocken
15,34 €, 12,5%, ♀ bis 2004 — 87

2000 Weißer Burgunder
trocken »SJ«
25,05 €, 14%, ♀ bis 2006 — 91

2000 Grauer Burgunder
trocken »SJ«
25,05 €, 14,5%, ♀ bis 2008 — 92

───── Rotweine ─────

1999 Spätburgunder
trocken
17,90 €, 13,5%, ♀ bis 2008 — 89

1999 Spätburgunder
trocken »SJ«
33,23 €, 14%, ♀ bis 2012 — 93

Die Weine: **100** Perfekt · **95–99** Überragend · **90–94** Exzellent · **85–89** Sehr gut · **80–84** Gut · **75–79** Passabel

Baden

WEINGUT KALKBÖDELE

Inhaber: Familie Bernhard Mathis
Verwalter und Kellermeister:
Martin Schärli
79291 Merdingen, Enggasse 21
Tel. (0 76 68) 90 26 72, Fax 9 45 05
e-mail: weingut@kalkboedele.de
Internet: www.kalkboedele.de
Anfahrt: A 5 Karlsruhe–Basel, Ausfahrt Freiburg-Mitte, Richtung Umkirch, über den Tuniberg
Verkauf: Sonja Jepp
Mo.–Fr. 10:00 bis 12:00 Uhr
und 13:00 bis 17:00 Uhr
Sa. 10:00 bis 13:00 Uhr
Spezialität: Spätburgunder aus dem Kastanienbarrique
Sehenswert: Großer Holzfasskeller

Rebfläche: 15 Hektar
Jahresproduktion: 130.000 Flaschen
Beste Lagen: Merdinger Bühl, Munzinger Kapellenberg
Boden: Kalkgestein mit Lössauflage
Rebsorten: 67% Spätburgunder, 13% Grauburgunder, 11% Weißburgunder, 7% Müller-Thurgau, 2% Riesling, Cabernet Sauvignon im Versuchsanbau
Durchschnittsertrag: 70 hl/ha
Beste Jahrgänge: 1998, 1999, 2000
Mitglied in Vereinigungen:
Deutsches Barrique Forum

Barrique aus dem Jahrgang 2000. Vielleicht waren ja einige interessante 2001er noch nicht gefüllt. So jedenfalls gerät das zweite Träubchen in Gefahr.

2001 Merdinger Bühl
»Sommerhauch« trocken
4,30 €, 11,5%, ♀ bis 2003 — **80**

2001 Merdinger Bühl
Riesling Spätlese trocken
8,90 €, 12,5%, ♀ bis 2005 — **84**

——— Rotweine ———

2001 Merdinger Bühl
Spätburgunder trocken
6,60 €, 13%, ♀ bis 2004 — **82**

2001 Merdinger Bühl
Spätburgunder trocken
5,70 €/1,0 Lit., 13,5%, ♀ bis 2004 — **83**

2000 Merdinger Bühl
Spätburgunder Kabinett trocken
8,20 €, 12%, ♀ bis 2004 — **83**

1999 Merdinger Bühl
Spätburgunder Spätlese trocken
15,50 €, 12,5%, ♀ bis 2005 — **85**

Bereits in den 80er Jahren machte dieses Weingut mit in kleinen französischen Eichenholzfässern gereiften Spätburgundern auf sich aufmerksam. Später gewannen auch die weißen Burgundersorten zunehmend an Profil. Viele der Weine sind nicht nur verschlossen in der Jugend, sondern gelegentlich etwas eigenwillig. Die aktuelle Kollektion irritiert teilweise. Martin Schärli, der im April 2001 die Nachfolge des langjährigen Verwalters und Kellermeisters Tobias Burtsche übernahm (jetzt beim Staatsgut Blankenhornsberg), konnte nicht so recht imponieren und schickte sogar einen bereits bemoosten, überalterten Grauburgunder-

Baden

FRANZ KELLER
SCHWARZER ADLER

Inhaber: Franz Keller
Betriebsleiter: Fritz Keller
Kellermeister: Stefan Rinklin
79235 Oberbergen, Badbergstraße 23
Tel. (0 76 62) 9 33 00, Fax 7 19
e-mail: keller@franz-keller.de
Internet: www.franz-keller.de
Anfahrt: A 5 Frankfurt–Basel, Ausfahrt Riegel, Richtung Breisach
Verkauf: Werner Geiser
Mo.–Fr. 8:00 bis 17:00 Uhr
Sa. 8:00 bis 13:00 Uhr
und nach Vereinbarung
Gasthof: »Schwarzer Adler«
Mi. und Do. Ruhetag
Spezialität: Badisch-französische Spitzenküche
Gästehaus: »Auf der Lerch«
Sehenswert: Die bis 100 Meter tief in den Berg hineingehauenen Keller

---

Rebfläche: 25 Hektar Eigenbesitz
Erzeugergemeinschaft: 20 Hektar
Zahl der Mitglieder: 32
Jahresproduktion: 400.000 Flaschen
Beste Lagen: Oberbergener Bassgeige und Pulverbuck, Oberrotweiler Kirchberg, Jechtinger Eichert
Boden: Löss, Vulkan- und Basaltverwitterung
Rebsorten: 33% Grauburgunder, 30% Spätburgunder, 13% Müller-Thurgau, 12% Weißburgunder, 12% übrige Sorten
Durchschnittsertrag: 65 hl/ha
Beste Jahrgänge: 1999, 2000, 2001

Senior Franz Keller zählt unbestritten zu den markanten Persönlichkeiten der deutschen Winzerschaft, nicht zuletzt als hartnäckiger Kämpfer für durchgegorene Weine. Bereits seit 1990 ist der eher zurückhaltende, bodenständige Sohn Fritz für den Weinbau verantwortlich. Da die Kellers auch Gastronomen sind, erzeugen sie in erster Linie Weine als Essensbegleiter. Klare, manchmal opulente Frucht und gekonnter Holzeinsatz prägen den Stil der Selektionsweine, die neuerdings in ungewöhnlich schwergewichtige Flaschen abgefüllt werden – eine passende »Hülle« zum mächtigen Körper.

2001 Oberbergener Bassgeige
Chardonnay trocken
8,70 €, 13%, ♀ bis 2004   85

2001 Oberbergener Pulverbuck
Weißer Burgunder Spätlese »Classic« trocken
10,70 €, 13,5%, ♀ bis 2005   85

2001 Oberbergener Bassgeige
Grauer Burgunder Spätlese trocken
11,80 €, 13,5%, ♀ bis 2005   87

2001 Chardonnay
»Selection S« trocken
20,50 €, 13,5%, ♀ bis 2006   88

2001 Grauer Burgunder
»Selection A« trocken
26,50 €, 14%, ♀ bis 2006   88

2001 Weißer Burgunder
»Selection A« trocken
26,– €, 14%, ♀ bis 2006   89

——— Rotweine ———

2000 Spätburgunder
»Selection« trocken
12,50 €, 13,5%, ♀ bis 2006   87

2000 Spätburgunder
»Selection S« trocken
20,50 €, 13,5%, ♀ bis 2008   89

Die Weine: **100** Perfekt · **95–99** Überragend · **90–94** Exzellent · **85–89** Sehr gut · **80–84** Gut · **75–79** Passabel

Baden

WEINGUT ULRICH KLUMPP

Inhaber und Betriebsleiter:
Ulrich Klumpp
Kellermeister: Ulrich und
Markus Klumpp
76646 Bruchsal, Heidelberger Str. 100
Tel. (0 72 51) 1 67 19, Fax 1 05 23
e-mail: info@weingutklumpp.de
Internet: www.weingutklumpp.de
Anfahrt: B 3 ortsauswärts Richtung Heidelberg, 300 Meter hinter Ortsschild, oberhalb der Parkschleife
Verkauf: Marietta und Ulrich Klumpp
Mo.–Fr. 16:00 bis 19:00 Uhr
Sa. 9:00 bis 13:00 Uhr
und nach Vereinbarung
Gutsausschank: In ungeraden Monaten (Jan., März, Mai, Juli, Sept., Nov.) jeweils vom 1. bis 14. ab 17:00 Uhr geöffnet
Spezialitäten: Saisonale Frischküche

Rebfläche: 12 Hektar
Jahresproduktion: 80.000 Flaschen
Beste Lagen: Bruchsaler Weinhecke, Unteröwisheimer Kirchberg
Boden: Sandiger bis toniger Lehm
Rebsorten: 23% Spätburgunder, 21% Riesling, 13% Weißburgunder, 10% Grauburgunder, 8% Auxerrois, 7% Lemberger, 18% übrige Sorten
Durchschnittsertrag: 60 hl/ha
Bester Jahrgänge: 2000, 2001
Mitglied in Vereinigungen: EcoVin

Die Eltern von Ulrich Klumpp verkauften ihren knochentrockenen Wein über eine kleine Gaststätte und mussten sich in der süßen Zeit schon mal wegen der »sauren Brühe« beschimpfen lassen. Sohn Ulrich wagte 1990 schließlich mit Gattin Marietta den Sprung aus den beengten Verhältnissen mitten in Bruchsal und siedelte einen neuen Betrieb am Stadtrand an. Ein Großteil der Weine und beachtlichen Sekte wird im gut gehenden Buschenschank verkauft. Bei den trockenen Weißweinen fiel manchmal eine übermäßige Fruchtigkeit auf. Der rote »Premium« wird hausintern wohl etwas überschätzt. Flott: das neue Flaschen-Design.

2001 Bruchsaler Klosterberg
Riesling Kabinett trocken
5,– €, 12%, ♀ bis 2004 — **82**

2001 Weißer Burgunder
Kabinett »Edition Klumpp« trocken
6,20 €, 11,5%, ♀ bis 2004 — **84**

2001 Grauer Burgunder
»Premium« trocken
12,50 €, 12,5%, ♀ bis 2004 — **84**

2001 Riesling
»Premium« trocken
10,– €, 12,5%, ♀ bis 2004 — **84**

2001 Weißer Burgunder
»Premium« trocken
10,– €, 12%, ♀ bis 2004 — **85**

2001 Chardonnay
»Premium« trocken
15,– €, 13%, ♀ bis 2005 — **85**

--- Rotweine ---

2000 Spätburgunder
»Premium« trocken
13,– €, 13%, ♀ bis 2004 — **81**

2001 St. Laurent
trocken
13,– €, 12,5%, ♀ bis 2004 — **83**

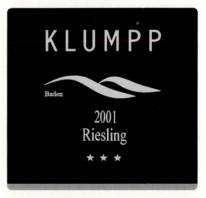

Die Betriebe: ✤✤✤✤✤ Weltklasse · ✤✤✤✤ Deutsche Spitze · ✤✤✤ Sehr gut · ✤✤ Gut · ✤ Zuverlässig

Aufsteiger

Baden

WEINGUT KNAB

Inhaber: Thomas und Regina Rinker
Kellermeister: Thomas Rinker
79346 Endingen, Hennengärtle 1a
Tel. (0 76 42) 61 55, Fax 61 55
e-mail: regina-rinker@t-online.de
Anfahrt: A 5 Frankfurt–Basel, Ausfahrt Riegel
Verkauf: Familie Rinker
Mo.–Fr. 17:00 bis 18:30 Uhr
Sa. 10:00 bis 14:00 Uhr
und nach Vereinbarung
Erlebenswert: »Vinologische Unimog-Tour« durch die Lösshohlgassen zum Naturschutzgebiet Amolterer Heide

---

Rebfläche: 14,5 Hektar
Jahresproduktion: 100.000 Flaschen
Beste Lage: Endinger Engelsberg
Boden: Lösslehm und Vulkanverwitterung
Rebsorten: 40% Spätburgunder, 30% Weißburgunder, 15% Grauburgunder, je 5% Chardonnay, Riesling und Müller-Thurgau
Durchschnittsertrag: 70 hl/ha
Beste Jahrgänge: 1997, 1998, 2001

Mitte der 90er Jahre übernahm der Weinbautechniker Thomas Rinker und seine als Malerin tätige Gattin Regina das Weingut Knab am östlichen Kaiserstuhl. Pfiffig in der Vermarktung war man bereits in der Startphase. Inzwischen fährt Rinker die Kundschaft im Unimog durch die Hohlgassen im Weinberg zum Naturschutzgebiet an der Amolterer Heide, um ihr mehr über die Natur und den Weinbau zu vermitteln. Nach einer erfreulichen Qualität in den ersten Jahren gab es zwar eine kurze Unterbrechung mit schwächeren Weißen aus 2000. Aber das wurde durch eine ansehnliche Kollektion im Folgejahrgang wieder mehr als wettgemacht. Auch die 2000er Spätburgunder gerieten nicht schlecht, doch bei den Roten ist sicher noch Spielraum nach oben vorhanden. Rinker will dem durch neue Maischegärtanks und erweiterte Selektion Rechnung tragen.

2001 Endinger Engelsberg
Weißer Burgunder trocken
4,60 €/1,0 Lit., 11,5%, ♀ bis 2003 — **82**

2001 Endinger Engelsberg
Auxerrois Kabinett trocken
5,80 €, 11,5%, ♀ bis 2004 — **84**

2000 Endinger Engelsberg
Chardonnay Spätlese trocken
9,80 €, 13%, ♀ bis 2004 — **84**

2001 Endinger Engelsberg
Weißer Burgunder Spätlese trocken
7,20 €, 12,5%, ♀ bis 2004 — **85**

2001 Endinger Engelsberg
Grauer Burgunder Kabinett trocken
5,80 €, 12%, ♀ bis 2004 — **86**

2001 Endinger Engelsberg
Grauer Burgunder Spätlese trocken
7,80 €, 13,5%, ♀ bis 2005 — **87**

——— Rotweine ———

2000 Endinger Engelsberg
Spätburgunder Holzfass trocken
6,20 €, 13%, ♀ bis 2004 — **83**

2000 Endinger Engelsberg
Spätburgunder Spätlese trocken
16,40 €, 13%, ♀ bis 2005 — **84**

2000 Endinger Engelsberg
Spätburgunder trocken Barrique
8,20 €, 13%, ♀ bis 2005 — **85**

Die Weine: **100** Perfekt · **95–99** Überragend · **90–94** Exzellent · **85–89** Sehr gut · **80–84** Gut · **75–79** Passabel

Baden

WEINGUT HOLGER KOCH

Inhaber: Holger Koch
Außenbetrieb: Erna und Hubert Koch
79235 Bickensohl, Mannwerk 3
Tel. (0 76 62) 91 22 58, Fax 94 98 59
e-mail: holger.koch@winety.com
Internet: www.weingut-holger-koch.de
Anfahrt: A 5 Frankurt–Basel, Ausfahrt Riegel, von Süden Ausfahrt Bad Krozingen, über Breisach und Achkarren
Verkauf: Nach Vereinbarung
Sehenswert: Naturdenkmal »Lösshohlgasse« um Kochs Weinberg in der Lage »Katzenloch«, dort auch Barriquekeller im ehemaligen Wasserhochbehälter

---

Rebfläche: 5 Hektar
Jahresproduktion: 20.000 Flaschen
Beste Lagen: Bickensohler Katzenloch und Halbuck
Boden: Löss mit Vulkanverwitterung
Rebsorten: 47% Spätburgunder, 35% Grauburgunder, 16% Weißburgunder, 2% Gewürztraminer
Durchschnittsertrag: 55 hl/ha
Beste Jahrgänge: 1999, 2000, 2001

Fünf Jahre lang war Holger Koch Kellermeister bei Franz Keller. 1999 gründete er zunächst nebenbei ein kleines Weingut mit der Rebfläche der Eltern, die vorher Trauben an die örtliche Genossenschaft lieferten. Aus anfangs gerade mal 0,5 Hektar sind inzwischen fünf Hektar geworden. Ab dem Jahrgang 2001 kümmert sich Koch ausschließlich um den eigenen Betrieb. Die Weine reifen in einem 100 Jahre alten ehemaligen Wasserhochbehälter, der unterirdisch unter einem der Weinberge, dem Katzenloch, liegt. Ziel ist eine Verstärkung des Spätburgunder-Angebotes auf Basis von Pinot-Reben aus der Bourgogne. Nachdem der Probelauf schon mit dem 99er recht ansehnlich geriet, stellte der Bickensohler auch im schwierigen Jahrgang 2000 sein Talent unter Beweis. 2001 konnte er bei inzwischen optimaler Ausstattung des Kellers noch stärker am eigenen Weinstil arbeiten und dem Ziel, absolute Spitzenprodukte zu erzeugen, ein Stück näher kommen. Mit dem in Kleinauflage erzeugten Spätburgunder noch aus dem Jahrgang 2000 sowie einem stattlichen 2001er Weißburgunder deutete er seine künftigen Möglichkeiten an.

2001 Weißer Burgunder
trocken
7,50 €, 12,5%, ♀ bis 2004 **83**

2001 Grauer Burgunder
trocken
7,50 €, 12,5%, ♀ bis 2005 **84**

2001 Grauer Burgunder
»S« trocken
10,50 €, 13%, ♀ bis 2004 **84**

2001 Weißer Burgunder
»S« trocken
10,50 €, 13%, ♀ bis 2005 **87**

——— Rotweine ———

2001 Spätburgunder
trocken
8,95 €, 13%, ♀ bis 2005 **82**

2000 Spätburgunder
»S *« trocken
12,50 €, 13%, ♀ bis 2006 **83**

2000 Spätburgunder
»S ***« trocken
19,50 €, 13%, ♀ bis 2008 **86**

Die Betriebe: ✤✤✤✤✤ Weltklasse · ✤✤✤✤ Deutsche Spitze · ✤✤✤ Sehr gut · ✤✤ Gut · ✤ Zuverlässig

Baden

WINZERGENOSSENSCHAFT KÖNIGSCHAFFHAUSEN

Geschäftsführer: Edmund Schillinger
Kellermeister: Rainer Roßwog
79346 Königschaffhausen,
Kiechlinsberger Straße 2
Tel. (0 76 42) 9 08 46, Fax 25 35
e-mail:
wg-koenigschaffhausen@t-online.de
Internet:
www.koenigschaffhauser-wein.de
Anfahrt: A 5 Frankfurt–Basel, Ausfahrt Riegel, Richtung Rhein
Verkauf: Harald Henninger, Elke Feser
Mo.–Fr. 8:00 bis 12:00 Uhr
und 13:30 bis 17:00 Uhr
Sa. 9:00 bis 12:00 Uhr
Sehenswert: Alter Holzfasskeller

Rebfläche: 182 Hektar
Zahl der Mitglieder: 370
Jahresproduktion: 1,4 Mio. Flaschen
Beste Lagen: Königschaffhauser Hasenberg und Steingrüble
Boden: Lösslehm, teilweise auf Vulkanverwitterung
Rebsorten: 37% Spätburgunder, 31% Müller-Thurgau, 19% Grauburgunder, 8% Weißburgunder, 5% übrige Sorten
Durchschnittsertrag: 69 hl/ha
Beste Jahrgänge: 1997, 1998, 1999
Mitglied in Vereinigungen: Deutsches Barrique Forum

Die Königschaffhauser waren den anderen Genossen in Baden lange einen großen Schritt voraus, weil man bereits Anfang der 70er Jahre in eine moderne Kellereinrichtung investiert hatte. Allerdings muss – wie schon im Vorjahr – die einstmalige Feststellung, dass es hier praktisch keine schwachen Weine mehr gibt, revidiert werden. Die Königschaffhauser sind unbeständig geworden und spielen auch ihre einstigen Stärken beim Rotwein nicht mehr voll aus. Zwar gab es 2002 wieder reichlich Gold-Regen von der DLG, aber wir müssen leider erst mal ein Träubchen einpacken.

2001 Königschaffhauser Hasenberg
Grauer Burgunder trocken
5,20 €, 12,5%, ♀ bis 2003 **79**

2001 Königschaffhauser Hasenberg
Müller-Thurgau trocken
3,55 €/1,0 Lit., 11%, ♀ bis 2003 **80**

2001 Königschaffhauser Hasenberg
Weißer Burgunder Spätlese
»Selection« trocken
8,60 €, 12%, ♀ bis 2004 **82**

2001 Königschaffhauser Hasenberg
Gewürztraminer Eiswein
15,90 €/0,375 Lit., 9%, ♀ bis 2010 **85**

2001 Königschaffhauser Vulkanfelsen
Scheurebe Auslese
9,50 €/0,375 Lit., 10%, ♀ bis 2006 **86**

——— Rotweine ———

2001 Königschaffhauser Steingrüble
Spätburgunder trocken
6,– €, 13%, ♀ bis 2004 **81**

2000 Königschaffhauser Steingrüble
Spätburgunder Spätlese trocken
9,15 €, 13%, ♀ bis 2004 **81**

2000 »Regnum«
Spätburgunder trocken
19,65 €, 13,5%, ♀ bis 2005 **82**

2000 Königschaffhauser Steingrüble
Spätburgunder »Selection« trocken
9,50 €, 13,5%, ♀ bis 2005 **83**

Die Weine: **100** Perfekt · **95–99** Überragend · **90–94** Exzellent · **85–89** Sehr gut · **80–84** Gut · **75–79** Passabel

Baden

WEINGUT KONSTANZER
Inhaber: Horst und Petra Konstanzer
79241 Ihringen, Quellenstraße 22
Tel. (0 76 68) 55 37, Fax 50 97
e-mail: weingut-konstanzer@t-online.de
Internet: www.weingut-konstanzer.de
*Anfahrt: A 5 Frankfurt–Basel,
Ausfahrt Freiburg-Mitte, Richtung
Breisach*
Verkauf: Mo.–Fr. 11:30 bis 14:00 Uhr
und 17:00 bis 19:00 Uhr
Sa. 9:00 bis 16:30 Uhr
und nach Vereinbarung

Rebfläche: 6,5 Hektar
Jahresproduktion: 50.000 Flaschen
Beste Lage: Ihringer Winklerberg
Boden: Vulkanverwitterung, Löss
Rebsorten: 45% Spätburgunder, 25% Grauburgunder, 10% Weißburgunder, 7% Silvaner, 4% Müller-Thurgau, je 3% Riesling, Muskateller und Chardonnay
Durchschnittsertrag: 60 hl/ha
Beste Jahrgänge: 1998, 1999, 2000

Das kleine Gut am südlichen Zipfel des Kaiserstuhls haben Horst und Petra Konstanzer 1983 mit weniger als einem Hektar im Nebenerwerb gegründet. 1989 übernahmen sie den elterlichen Betrieb, der bislang die Trauben an die Genossenschaft abgeliefert hatte. Der Ausbau der stets durchgegorenen Weine erfolgt nach traditionell schonenden Verfahren. Seit 1995 stellt das Paar Jahr für Jahr immer überzeugendere, oft herzerfrischende Weine vor. In den nächsten Jahren soll die Rotweintechnologie noch verbessert werden; das war denn auch beim Jahrgang 2000 ein Bereich, in dem man das Potenzial nicht ganz ausschöpfte. Dafür hat Horst Konstanzer ein gutes Fingerspitzengefühl für den Ausbau von Weißwein in Barriques entwickelt.

2001 Ihringer Winklerberg
Grauer Burgunder Kabinett trocken
7,20 €, 13%, ♀ bis 2004 — **84**

2000 Ihringer Winklerberg
Grauer Burgunder Spätlese trocken
11,80 €, 13,5%, ♀ bis 2005 — **86**

2000 Ihringer Winklerberg
Chardonnay Spätlese trocken
12,– €, 13%, ♀ bis 2005 — **87**

——— Rotweine ———

2001 »Arbst«
Spätburgunder Weißherbst Kabinett trocken
7,– €, 12,5%, ♀ bis 2003 — **83**

2000 Spätburgunder
trocken
7,40 €, 13,5%, ♀ bis 2004 — **81**

2000 Ihringer Winklerberg
Spätburgunder Spätlese trocken
11,80 €, 13,5%, ♀ bis 2005 — **82**

2000 Spätburgunder
trocken Barrique
8,70 €, 13,5%, ♀ bis 2005 — **82**

2000 Ihringer Winklerberg
Spätburgunder Spätlese trocken Barrique
14,50 €, 13,5%, ♀ bis 2005 — **84**

Aufsteiger # Baden

WEINGUT LÄMMLIN-SCHINDLER

Inhaber: Gerd Schindler
Betriebsleiter und Kellermeister: Gerd Schindler
Kellermeister: Friedhelm Maier
79418 Mauchen, Müllheimer Straße 4
Tel. (0 76 35) 4 40, Fax 4 36
e-mail: weingut@laemmlin-schindler.de
Anfahrt: A 5 Freiburg–Basel, Ausfahrt Neuenburg, Richtung Schliengen
Verkauf: Mo.–Fr. 9:00 bis 12:00 Uhr und 14:00 bis 18:00 Uhr
Sa. 9:00 bis 12:00 Uhr und 14:00 bis 16:30 Uhr und nach Vereinbarung
Gutsausschank: »Zur Krone« in Mauchen von 11:00 bis 23:00 Uhr, Mo. und Di. Ruhetag
Spezialitäten: Kalbsbratwurst, Ochsenbrust mit Meerrettich
Historie: Weinbau in der Familie seit dem 12. Jahrhundert

Rebfläche: 19,4 Hektar
Jahresproduktion: 130.000 Flaschen
Beste Lagen: Mauchener Frauenberg und Sonnenstück
Boden: Kalkverwitterung, Lösslehm
Rebsorten: 41% Spätburgunder, 23% Gutedel, 10% Weißburgunder, 8% Chardonnay, 5% Grauburgunder, 4% Müller-Thurgau, 9% übrige Sorten
Durchschnittsertrag: 65 hl/ha
Beste Jahrgänge: 1998, 2000, 2001

2001 Mauchener Sonnenstück
Grauer Burgunder trocken
4,90 €/1,0 Lit., 13%, ♀ bis 2004 — **83**

2001 Mauchener Sonnenstück
Gutedel Kabinett trocken
4,60 €, 11%, ♀ bis 2003 — **84**

2001 Mauchener Sonnenstück
Weißer Burgunder Kabinett trocken
5,90 €, 12%, ♀ bis 2004 — **86**

2001 Mauchener Sonnenstück
Grauer Burgunder Spätlese trocken
8,50 €, 13%, ♀ bis 2005 — **86**

2001 Mauchener Sonnenstück
Chardonnay Spätlese trocken
9,50 €, 14%, ♀ bis 2005 — **87**

2001 Mauchener Sonnenstück
Gewürztraminer Spätlese trocken
9,30 €, 13%, ♀ bis 2006 — **88**

2001 Mauchener Sonnenstück
Weißer Burgunder Trockenbeerenauslese
31,– €/0,375 Lit., 8,5%, ♀ bis 2020 — **91**

--- Rotwein ---

2000 Mauchener Frauenberg
Spätburgunder Spätlese trocken
9,70 €, 13,5%, ♀ bis 2005 — **84**

Seit einigen Jahren stellt Gerd Schindler immer ansprechendere Gewächse vor: klarfruchtige, sortentypische Weißweine, die viel Trinkspaß machen, und dazu von Jahr zu Jahr gehaltvollere Rotweine sowie neuerdings interessante Sekte. Die Weine trinkt man bevorzugt im Gasthaus »Zur Krone«, das die Familie seit 1862 führt. Der Jahrgang 2000 war bereits ein Höhepunkt in der Geschichte des Öko-Gutes. Nachdem die folgende Kollektion ebenfalls aus einem Guss ist und einen hohen Genussfaktor besitzt, war eine »Beförderung« angebracht.

Die Weine: **100** Perfekt · **95–99** Überragend · **90–94** Exzellent · **85–89** Sehr gut · **80–84** Gut · **75–79** Passabel

Aufsteiger des Jahres 2000 **Baden**

WEINGUT ANDREAS LAIBLE

Inhaber: Andreas und Ingrid Laible
Kellermeister: Andreas Laible
und Andreas Chr. Laible
77770 Durbach, Am Bühl 6
Tel. (07 81) 4 12 38, Fax 3 83 39
e-mail: info@weingut-laible.de
Internet: www.weingut-laible.de
Anfahrt: A 5 Frankfurt–Basel, Ausfahrt Appenweier oder Offenburg, Richtung Durbach
Verkauf: Ingrid und Andreas Laible
Mo.–Fr. 8:00 bis 11:30 Uhr
und 13:30 bis 18:00 Uhr
Sa. 8:00 bis 11:30 Uhr
und 13:30 bis 16:00 Uhr
und nach Vereinbarung
Historie: Seit 1672 im Familienbesitz

Rebfläche: 6 Hektar
Jahresproduktion: 34.000 Flaschen
Beste Lage: Durbacher Plauelrain
Boden: Granitverwitterung
Rebsorten: 58% Riesling (Klingelberger), 15% Spätburgunder, je 6% Traminer, Gewürztraminer und Scheurebe, 6% Weißburgunder und Grauburgunder, 3% Chardonnay und übrige Sorten
Durchschnittsertrag: 56 hl/ha
Beste Jahrgänge: 1994, 1996, 1998

Andreas Laible führt heute das wohl am meisten prämierte Gut in ganz Baden-Württemberg: 600 (!) Goldmedaillen bei Landes- und Bundesweinprämierungen sprechen eine eigene Sprache. 20 Landes- und elf Bundesehrenpreise (zweimal Gold) sind zudem Ausdruck einer enormen Schaffenskraft und Kontinuität auf hohem Qualitätsniveau. Das wurde 2000 mit dem Titel »Aufsteiger des Jahres« belohnt. Diesem fällt der Erfolg wahrlich nicht in den Schoß. Im Unterschied zu vielen anderen Winzern muss sich Laible in der felsenreichen Steillage Durbacher Plauelrain plagen, deren Herzstück in weiten Teilen nur mit der Hand zu bewirtschaften ist. Da freut sich der rastlos schaffende, von regionalen Medien zum »stillen Star der Steillage« gekürte Durbacher natürlich, dass die junge Generation nach und nach Aufgaben im Betrieb übernimmt. Andreas junior hat seinen Weinbautechniker-Abschluss schon in der Tasche, Sohn Alexander ist noch in der Ausbildung. Im Gut gibt es wahrlich genug zu tun. Neben dem Weinbau werden in der Hausbrennerei feine Destillate gebrannt: Aus dem eigenen Garten kommt das Obst für Kirschwasser und Williamsbirne, aber auch ein Marc vom Gewürztraminer gehört zu den Spezialitäten. Und selbst Brot wird im eigenen Steinofen gebacken. 200 Meter vom Gut entfernt, unter den Reben des Plauelrains, hat Andreas Laible einen Felsenkeller ins Gestein treiben lassen. Den möchte er gern mit Barriquefässern, aber auch im stimmungsvollen Ambiente für Weinproben nutzen. Eigenwillig, aber auch charaktervoll wie Laible selbst sind seine Weine. Dabei betont er selbst gern, dass das alles ohne die neuen Konzentrationstechniken passiert. Kann schon sein, dass man bei ihm gelegentlich etwas die Übersicht verliert. Die Kollektion ist ungewöhnlich umfangreich. So gibt es allein fünf verschiedene trockene Riesling Spätlesen (unterschieden nur durch die Prüfnummer), weil Laible verschiedene Riesling-Klone ausprobieren will. Bei Neuanpflanzungen will er hier eigene Selektionen berücksichtigen. Nachdem sich der Durbacher in den letzten Jahren auf einem konstant hohen Niveau bewegte, müssen wir diesmal kleine Abstriche machen. Zwar gibt es keine richtig schwachen Weine, aber einige der 2001er liegen doch unter dem hier sonst üblichen, hohen Standard. Die Kollektion der edelsüßen Auslesen stimmte uns am Ende wieder versöhnlich, obwohl die Genie-Streiche fehlten.

2001 Durbacher Plauelrain
Scheurebe Kabinett trocken
8,20 €, 12%, ♀ bis 2004   **82**

2001 Durbacher Plauelrain
Riesling Kabinett trocken
8,50 €, 12%, ♀ bis 2004   **83**

Die Betriebe: ✿✿✿✿✿ Weltklasse · ✿✿✿✿ Deutsche Spitze · ✿✿✿ Sehr gut · ✿✿ Gut · ✿ Zuverlässig

Baden

2001 Durbacher Plauelrain
Weißer Burgunder Kabinett trocken
8,20 €, 12%, ♀ bis 2004 — **83**

2001 Durbacher Plauelrain
Chardonnay Spätlese trocken
12,– €, 13%, ♀ bis 2004 — **83**

2001 Durbacher Plauelrain
Riesling Spätlese trocken – 31 –
9,50 €, 12,5%, ♀ bis 2004 — **84**

2001 Durbacher Plauelrain
Riesling Spätlese trocken – 14 –
11,– €, 12,5%, ♀ bis 2004 — **85**

2001 Durbacher Plauelrain
Grauer Burgunder Spätlese trocken
10,– €, 13%, ♀ bis 2005 — **85**

2001 Durbacher Plauelrain
Gewürztraminer Spätlese trocken
9,– €, 13%, ♀ bis 2005 — **85**

2001 Durbacher Plauelrain
Riesling Spätlese trocken – 7 –
14,– €, 13%, ♀ bis 2005 — **86**

2001 Durbacher Plauelrain
Riesling Spätlese »SL« trocken
11,– €, 12,5%, ♀ bis 2005 — **87**

2001 Durbacher Plauelrain
Riesling Spätlese »Achat« trocken
14,50 €, 13%, ♀ bis 2006 — **89**

2001 Durbacher Plauelrain
Riesling Spätlese halbtrocken
10,– €, 11,5%, ♀ bis 2005 — **85**

2001 Durbacher Plauelrain
Riesling Spätlese
12,– €, 10,5%, ♀ bis 2006 — **85**

2001 Durbacher Plauelrain
Traminer Auslese
12,– €, 10,5%, ♀ bis 2010 — **88**

2001 Durbacher Plauelrain
Riesling Auslese
14,50 €, 11%, ♀ bis 2010 — **89**

2001 Durbacher Plauelrain
Scheurebe Auslese
13,– €, 10,5%, ♀ bis 2010 — **89**

2001 Durbacher Plauelrain
Muskateller Auslese
16,– €, 10%, ♀ bis 2012 — **90**

——— Rotweine ———

2001 Durbacher Plauelrain
Spätburgunder Weißherbst Spätlese trocken
8,50 €, 13%, ♀ bis 2004 — **83**

2001 Durbacher Plauelrain
Spätburgunder Auslese trocken
16,50 €, 13,5%, ♀ bis 2005 — **84**

2000 Durbacher Plauelrain
Spätburgunder Spätlese trocken
16,80 €, 13%, ♀ bis 2005 — **85**

Die Weine: **100** Perfekt · **95–99** Überragend · **90–94** Exzellent · **85–89** Sehr gut · **80–84** Gut · **75–79** Passabel

Baden

WEINGUT LANDMANN

Inhaber: Jürgen u. Peter Landmann
Kellermeister: Peter Landmann
79112 Freiburg-Waltershofen,
Umkircher Straße 29
Tel. (0 76 65) 67 56, Fax 5 19 45
e-mail: weingut-landmann@t-online.de
Internet: www.weingut-landmann.de
Anfahrt: A 5 Frankfurt–Basel, Ausfahrt Freiburg-Mitte, Richtung Umkirch, vor der Kirche links
Verkauf: Jürgen Landmann
Mo.–Sa. 9:00 bis 19:00 Uhr
So. nach Vereinbarung
Sehenswert: Originelle Steinmauer mit Brunnen vor dem Weingut

---

Rebfläche: 20 Hektar
Jahresproduktion: 100.000 Flaschen
Beste Lagen: Freiburger Steinmauer und Kapellenberg, Merdinger Bühl
Boden: Löss und Muschelkalk
Rebsorten: 41% Spätburgunder, je 14% Grau- und Weißburgunder, 13% Müller-Thurgau, 10% Chardonnay, 8% übrige Sorten
Durchschnittsertrag: 50 hl/ha
Beste Jahrgänge: 1998, 1999

2001 Merdinger Bühl
Grauer Burgunder trocken
8,70 €, 12,5%, ♀ bis 2004 — **82**

2000 Freiburger Kapellenberg
Grauer Burgunder trocken
19,30 €, 13,5%, ♀ bis 2005 — **84**

2001 Freiburger Steinmauer
Weißer Burgunder trocken
8,70 €, 13%, ♀ bis 2005 — **84**

2000 Freiburger Steinmauer
Chardonnay trocken
19,30 €, 13%, ♀ bis 2005 — **86**

2001 Freiburger Steinmauer
Chardonnay trocken
19,30 €, 13%, ♀ bis 2006 — **86**

——— Rotweine ———

2001 Freiburger Steinmauer
Spätburgunder Rosé trocken
7,90 €, 12%, ♀ bis 2004 — **84**

2000 Freiburger Kapellenberg
Spätburgunder trocken
19,30 €, 13,5%, ♀ bis 2004 — **74**

2000 Freiburger Steinmauer
Spätburgunder trocken
8,70 €, 13,5%, ♀ bis 2004 — **81**

1995 übernahmen die Brüder Landmann die elterlichen Weinberge und stellten sich auf eigene Beine. Peter Landmann kümmert sich um den Anbau, während Jürgen für Vertrieb und Marketing zuständig ist. In den Weinbergen wird streng umweltschonend gearbeitet, wofür nicht zuletzt die Smaragdeidechse auf dem hübschen Etikett steht. Viel Geld wurde in einen neuen Keller investiert, wo schon hundert kleine Eichenholzfässer liegen. Beim Umgang damit fehlt gelegentlich noch etwas das Fingerspitzengefühl, vor allem bei den Rotweinen (Holzeinsatz zu massiv). Vielleicht bringen die geplanten Cuvées mit internationalen Sorten und Investitionen in die Kellertechnik hier mehr Stabilität. Der notwendige Ehrgeiz für erstklassige Weine ist vorhanden. In der gehobenen Gastronomie hat das Gut viel Akzeptanz.

Die Betriebe: ✪✪✪✪✪ Weltklasse · ✪✪✪✪ Deutsche Spitze · ✪✪✪ Sehr gut · ✪✪ Gut · ✪ Zuverlässig

Baden

WEINGUT HEINRICH MÄNNLE

Inhaber: Heinrich und Wilma Männle
Betriebsleiter: Wilma und Heinrich Männle, Sylvia Weiner
Kellermeister: Heinrich Männle
77770 Durbach, Sendelbach 16
Tel. (07 81) 4 11 01, Fax 44 01 05
e-mail: weingutmaennle@aol.com
Anfahrt: A 5 Frankfurt–Basel, Ausfahrt Appenweier oder Offenburg, Richtung Durbach, bis Dorfmitte, dann Ortsteil Sendelbach
Verkauf: Wilma Männle
Mo.–Sa. 8:00 bis 18:00 Uhr
und nach Vereinbarung
Historie: Erbhofgut im Familienbesitz seit 1737
Sehenswert: Granitgewölbekeller im Fachwerkhaus

Rebfläche: 5,5 Hektar
Jahresproduktion: 40.000 Flaschen
Beste Lage: Durbacher Kochberg
Boden: Granitverwitterung
Rebsorten: 53% Spätburgunder, je 10% Weißburgunder und Scheurebe, 8% Riesling (Klingelberger), 6% Traminer, 5% Grauburgunder, 8% übrige Sorten
Durchschnittsertrag: 72 hl/ha
Beste Jahrgänge: 1999, 2000, 2001

In einem verträumten Seitental, eingebettet in Weinberge im Herzen Durbachs, liegt das Gut der Familie Männle. Bereits 1956 übernahm Heinrich Männle den Betrieb, den er zu einem hoch prämierten Weingut gemacht hat. Der Erbhof aus dem 18. Jahrhundert ist Zentrum seines Schaffens. Hier erzeugt der Winzer Weine, die seinen Charakter widerspiegeln. »Konservativ, geradlinig, aber auch aufgeschlossen«, wie er selbst sagt. Den nicht einfachen Jahrgang 2000 hatte Männle recht gut im Griff. Auch die 2001er Weißweine sind ansehnlich. Die Erfolge der Rotweine bei den Prämierungen, die den Durbacher stolz machen, können wir allerdings nicht nachvollziehen.

2001 Durbacher Kochberg
Riesling (Klingelberger) Kabinett trocken
6,50 €, 11,5%, ♀ bis 2004 — **84**

2001 Durbacher Kochberg
Weißer Burgunder Spätlese trocken
8,40 €, 13%, ♀ bis 2004 — **84**

2001 Durbacher Kochberg
Riesling (Klingelberger) Spätlese trocken
7,10 €, 11,5%, ♀ bis 2005 — **86**

2001 Durbacher Kochberg
Riesling (Klingelberger) Spätlese halbtrocken
7,10 €, 11,5%, ♀ bis 2005 — **85**

2001 Durbacher Kochberg
Scheurebe Spätlese
6,90 €, 10,5%, ♀ bis 2006 — **85**

2001 Durbacher Kochberg
Traminer (Clevner) Eiswein
41,50 €/0,375 Lit., 9%, ♀ bis 2015 — **89**

--- Rotweine ---

2000 Durbacher Kochberg
Spätburgunder Kabinett trocken
8,60 €, 12%, ♀ bis 2004 — **82**

1999 Durbacher Kochberg
Spätburgunder trocken
16,90 €, 12,5%, ♀ bis 2005 — **83**

Die Weine: **100** Perfekt · **95–99** Überragend · **90–94** Exzellent · **85–89** Sehr gut · **80–84** Gut · **75–79** Passabel

Aufsteiger

Baden

WEINGUT MARKGRAF VON BADEN – SCHLOSS STAUFENBERG

Inhaber: Max Markgraf von Baden
Kaufmännischer Gutsleiter:
Achim Kirchner
Technischer Gutsleiter:
Bernhard Ganter
77770 Durbach, Schloss Staufenberg 1
Tel. (07 81) 4 27 78, Fax 44 05 78
e-mail: info@schloss-staufenberg.de
Internet: www.markgraf-von-baden.de
Anfahrt: A 5 Frankfurt–Basel, Ausfahrt Appenweier, Richtung Oberkirch, dann Richtung Durbach
Verkauf: Achim Kirchner
Mo.–Fr. 9:00 bis 17:00 Uhr
Sa. und So. 10:00 bis 12:00 Uhr
nach Vereinbarung
Gutsausschank: von 10:00 bis 21:00 Uhr
kein Ruhetag
Historie: Weinbau seit 1399
Sehenswert: Alte Burganlage mit Weingarten im Innenhof, große Sonnenterrasse

---

Rebfläche: 23 Hektar
Jahresproduktion: 140.000 Flaschen
Beste Lagen: Durbacher Schloss Staufenberg und Schlossberg
Boden: Granitverwitterung, Granit mit Lehm
Rebsorten: 45% Riesling, 35% Spätburgunder, je 5% Graubaurgunder, Weißburgunder und Müller-Thurgau, 5% übrige Sorten
Durchschnittsertrag: 48 hl/ha
Beste Jahrgänge: 2000, 2001

2001 Durbacher Schloss Staufenberg
Riesling (Klingelberger) trocken
5,50 €, 12,5%, ♀ bis 2004   **82**

2001 Chardonnay
trocken
6,70 €, 13,5%, ♀ bis 2004   **83**

2001 Riesling (Klingelberger)
Kabinett trocken
6,50 €, 11,5%, ♀ bis 2005   **84**

2001 Grauer Burgunder
Spätlese trocken
10,– €, 14,5%, ♀ bis 2004   **84**

2001 Durbacher Schlossberg
Riesling trocken
19,– €, 14%, ♀ bis 2007   **88**

2001 Grauer Burgunder
5,50 €, 12,5%, ♀ bis 2003   **80**

2001 Clevner (Traminer)
Auslese
11,– €/0,375 Lit., 13,5%, ♀ bis 2006   **86**

2001 Riesling (Klingelberger)
Beerenauslese
45,– €/0,375 Lit., 11%, ♀ bis 2012   **88**

Das markante Schloss im Talkessel hinter Durbach befindet sich seit dem 14. Jahrhundert im Besitz der Markgrafen von Baden. Riesling (Klingelberger) und Traminer (Clevner) wurden hier schon im 18. Jahrhundert gepflegt. Die Oberleitung hat nun Bernhard Prinz von Baden; ihm zur Seite stehen technische und kaufmännische Betriebsleiter, darunter Bernhard Ganter, der einige Jahre Schloss Staufenberg selbstständig leitete. Die Umstrukturierung trug offenbar zur Qualitätssteigerung bei.

Baden

WEINGUT MICHEL

Inhaber: Josef Michel
Kellermeister: Josef Michel
79235 Achkarren, Winzerweg 24
Tel. (0 76 62) 4 29, Fax 7 63
e-mail: weingutmichel@t-online.de
Anfahrt: A 5 Frankfurt–Basel, Ausfahrt Bad Krozingen oder Riegel, Richtung Breisach
Verkauf: Familie Michel
Mo.–Fr. 9:00 bis 12:00 Uhr
und 13:00 bis 17:00 Uhr
Sa. 9:00 bis 12:00 Uhr
und nach Vereinbarung
Sehenswert: Weinbaumuseum und Weinlehrpfad

Rebfläche: 11 Hektar
Jahresproduktion: 80.000 Flaschen
Beste Lagen: Achkarrer Schlossberg und Castellberg
Boden: Vulkanverwitterung, Löss und Lehm
Rebsorten: 41% Spätburgunder, 30% Grauburgunder, 16% Weißburgunder, 8% Müller-Thurgau, 4% Chardonnay, 1% Silvaner
Durchschnittsertrag: 61 hl/ha
Beste Jahrgänge: 1998, 1999, 2000

1983 gründeten Walter und Margarete Michel ihr eigenes Weingut in einem Aussiedlerhof am Rand von Achkarren. Vom ersten Tag an übernahm Sohn Josef die Verantwortung im Keller. Mit Besitz in der Spitzenlage Schlossberg fiel es der Familie leicht, sich durch kurzen Anschnitt, selektive Handlese und schonende Gärführung einen Namen zu machen. In den letzten zehn Jahren wurde die Qualität kontinuierlich gesteigert. Die Weine sind zwar manchmal schwergewichtig, aber doch klar, fruchtbetont und belebend. Selbst mit dem schwierigen Jahrgang 2000 wurde der Winzer bestens fertig. Die eigentlich mit dem 2001er erwartete nochmalige Steigerung blieb allerdings aus. Am besten trinkt man Michels Gewächse in der zünftigen Straußwirtschaft zum Schäufelebrot.

2001 Weißer Burgunder
trocken
4,90 €/1,0 Lit., 12,5%, ♀ bis 2004 — **82**

2001 Achkarrer Castellberg
Weißer Burgunder Kabinett trocken
5,40 €, 12,5%, ♀ bis 2004 — **84**

2001 Achkarrer Schlossberg
Grauer Burgunder Kabinett trocken
5,40 €, 12,5%, ♀ bis 2005 — **85**

2001 Achkarrer Schlossberg
Grauer Burgunder Spätlese trocken
7,90 €, 13%, ♀ bis 2005 — **85**

2001 Achkarrer Schlossberg
Chardonnay Spätlese trocken
9,– €, 13,5%, ♀ bis 2005 — **86**

2001 Achkarrer Schlossberg
Grauer Burgunder Spätlese *** trocken
11,50 €, 13,5%, ♀ bis 2005 — **87**

——— Rotweine ———

2000 Achkarrer Schlossberg
Spätburgunder trocken
6,90 €, 13,5%, ♀ bis 2004 — **82**

2000 Achkarrer Schlossberg
Spätburgunder trocken
14,50 €, 13,5%, ♀ bis 2005 — **86**

Die Weine: **100** Perfekt · **95–99** Überragend · **90–94** Exzellent · **85–89** Sehr gut · **80–84** Gut · **75–79** Passabel

Baden

WEINGUT GEBRÜDER MÜLLER

Inhaber: Peter Bercher
Betriebsleiter: Joachim Lang
79206 Breisach, Richard-Müller-Str. 5
Tel. (0 76 67) 5 11, Fax 65 81
e-mail: weingut-mueller@netfit.de
Internet: www.netfit.de/weingut-mueller
Anfahrt: A 5 Frankfurt–Basel, Ausfahrt Bad Krozingen, Richtung Breisach
Verkauf: J. Lang und E. Bercher
Mo.–Fr. 8:30 bis 12:00 Uhr
und 14:30 bis 17:00 Uhr
Sa. 9:00 bis 12:00 Uhr
und nach Vereinbarung
Sehenswert: Gewölbekeller mit Raritäten ab 1943

Rebfläche: 10 Hektar
Jahresproduktion: 80.000 Flaschen
Beste Lagen: Ihringer Winklerberg, Breisacher Eckartsberg
Boden: Vulkanverwitterung, Löss und Gestein
Rebsorten: 50% Spätburgunder, 26% Weißburgunder, 10% Grauburgunder, 5% Riesling, 5% Silvaner, 4% übrige Sorten
Durchschnittsertrag: 65 hl/ha
Beste Jahrgänge: 1998, 1999, 2000
Mitglied in Vereinigungen: Deutsches Barrique Forum

2001 Breisacher Eckartsberg
Weißer Burgunder Spätlese trocken
Barrique
10,– €, 13%, ♀ bis 2005   **83**

2001 Breisacher Eckartsberg
Grauer Burgunder Spätlese trocken
8,55 €, 13,5%, ♀ bis 2005   **85**

2001 Ihringer Winklerberg
Riesling Spätlese
8,40 €, 13%, ♀ bis 2006   **85**

2001 Ihringer Winklerberg
Riesling Beerenauslese
15,– €/0,375 Lit., 12%, ♀ bis 2010   **87**

——— Rotweine ———

2000 Cabernet und Merlot
trocken
17,90 €, 13%, ♀ bis 2006   **84**

2000 Ihringer Winklerberg
Spätburgunder Spätlese trocken
17,90 €, 13%, ♀ bis 2006   **86**

2000 Ihringer Winklerberg
Spätburgunder Auslese trocken
20,– €, 14%, ♀ bis 2006   **87**

Johann Baptist Hau, der als Erster die Weine des Kaiserstuhls außerhalb Deutschlands bekannt gemacht hat, war Gründer dieses Gutes. Heute gehört der Betrieb Peter Bercher. Kellermeister Joachim Lang, der vor einigen Jahren vom Merdinger Weingut Kalkbödele kam, zeigt seine Stärken vor allem bei den Rotweinen und lässt neuerdings beim Riesling etwas die Muskeln spielen. Irritierend war eine Weißherbst Auslese, die schon als junger Wein deutliche Oxidationsnoten zeigte. Die feine Spätburgunder Auslese versöhnte uns mit einem roten Kabinett, der den immer stärker verbreiteten »Stallgeruch« hatte, den manche pikant finden.

Die Betriebe: ✿✿✿✿✿ Weltklasse · ✿✿✿✿ Deutsche Spitze · ✿✿✿ Sehr gut · ✿✿ Gut · ✿ Zuverlässig

Baden

GUT NÄGELSFÖRST

Inhaber: Reinhard J. Strickler
Betriebsleiter: Robert Schätzle
76534 Baden-Baden (Varnhalt),
Nägelsförst 1
Tel. (0 72 21) 3 55 50, Fax 35 55 56
e-mail: info@naegelsfoerst.de
Internet: www.naegelsfoerst.de
*Anfahrt: A 5 Frankfurt–Basel,
Ausfahrt Baden-Baden, zum Weingut
ab Stadtzentrum*
Verkauf: Albert Mirbach
Mo.–Fr. 9:00 bis 18:00 Uhr
Sa. 10:00 bis 16:00 Uhr
und nach Vereinbarung
Historie: Gründung 1268 als Hofmeierei des Klosters Lichtenthal, seit 1344 Spätburgunder-Anbau im Klosterberg

---

Rebfläche: 30 Hektar
Jahresproduktion: 170.000 Flaschen
Beste Lagen: Varnhalter Klosterbergfelsen, Neuweier Mauerberg, Umweger Stich den Buben
Boden: Porphyr-, Granit- und Gneisverwitterung
Rebsorten: 40% Riesling, 35% Spätburgunder, 20% Weiße Burgundersorten, 5% übrige Sorten
Durchschnittsertrag: 50 hl/ha
Beste Jahrgänge: 1998, 1999, 2001

Das ehemalige Hofgut der Zisterzienserinnenabtei Lichtental hat Reinhard J. Strickler mit erheblichen Investitionen wieder aufgebaut. Mit Betriebsleiter Martin Franzen begann vor einigen Jahren eine neue Ära. Dann stellte der Jahrgang 2000 den jungen Kellermeister vor Probleme, die den weiteren Aufstieg verhinderten. Mit dem 2001er hat sich Franzen glänzend rehabilitiert. Die umfangreiche Riesling-Kollektion wird gekrönt von eindrucksvollen Edelsüßen. Eigentlich wäre die dritte Traube fällig gewesen. Aber Franzen wechselte noch vor dem Herbst 2002 zu Müller-Catoir in die Pfalz. So warten wir ab, ob seinem Nachfolger, dem Kaiserstühler Robert Schätzle, ein nahtloser Übergang gelingt.

2001 Riesling
Spätlese trocken
7,70 €, 12%, ♀ bis 2005 — **85**

2001 Umweger Stich den Buben
Riesling »Selection« trocken
10,– €, 13%, ♀ bis 2005 — **87**

2001 Neuweier Mauerberg
Riesling »Selection« trocken
10,– €, 13%, ♀ bis 2006 — **88**

2001 Neuweier Mauerberg
Riesling Auslese trocken
13,– €/0,375 Lit., 8%, ♀ bis 2010 — **88**

2001 Riesling
»RJS« trocken
12,55 €, 13,5%, ♀ bis 2006 — **88**

2001 Neuweier Mauerberg
Riesling Beerenauslese
35,– €/0,375 Lit., 8%, ♀ bis 2020 — **91**

2001 Neuweier Mauerberg
Riesling Trockenbeerenauslese
55,– €/0,375 Lit., 8%, ♀ bis 2030 — **92**

——— Rotweine ———

2000 Spätburgunder
trocken
24,55 €, 13,5%, ♀ bis 2006 — **85**

1999 Cabernet und Merlot
trocken
24,55 €, 13,5%, ♀ bis 2005 — **86**

Die Weine: **100** Perfekt · **95–99** Überragend · **90–94** Exzellent · **85–89** Sehr gut · **80–84** Gut · **75–79** Passabel

Entdeckung des Jahres 1995 **Baden**

WEINGUT SCHLOSS NEUWEIER

Inhaberin: Gisela Joos
Verwalter: Holger Dütsch
Kellermeister: Alexander Spinner
76534 Baden-Baden, Mauerbergstr. 21
Tel. (0 72 23) 9 66 70, Fax 6 08 64
e-mail:
kontakt@weingut-schloss-neuweier.de
Internet:
www.weingut-schloss-neuweier.de
Anfahrt: A 5 Frankfurt–Basel, Ausfahrt Bühl oder Baden-Baden, über Steinbach
Verkauf im Schlosshof:
Mo.–Fr. 9:00 bis 12:00 Uhr
und 13:00 bis 17:00 Uhr
Sa. 9:00 bis 13:00 Uhr
Restaurant: Gehobene Küche im Schloss, Di. Ruhetag
Sehenswert: Querterrassen mit Trockenmauern, Schloss Neuweier (keine Besichtigung)

Rebfläche: 10,5 Hektar
Jahresproduktion: 65.000 Flaschen
Beste Lagen: Neuweier Schlossberg und Mauerberg
Boden: Granitverwitterung, Porphyrverwitterung
Rebsorten: 85% Riesling, 12% Spätburgunder, 3% übrige Sorten
Durchschnittsertrag: 52 hl/ha
Beste Jahrgänge: 1998, 1999, 2000
Mitglied in Vereinigungen: VDP

Die Anfänge des Schlossgutes reichen ins 12. Jahrhundert zurück. 1992 schließlich erwarb die Frankfurter Unternehmerin Gisela Joos mit ihrem Mann Helmut das heruntergekommene Schloss Neuweier, das inzwischen wieder in alter Pracht glänzt. Gleichzeitig wurde nicht wenig Geld in Weinberg und Keller gesteckt und eine Brennerei gebaut. 1995 feierten wir mit unserer »Entdeckung des Jahres« die feinen Rieslingweine des Gutes, die stets zu den besten Badens gehörten. In 2001 knüpften nur drei Spätlesen an diese Kollektionen an. Ansonsten gab es einige Schwächen, die den Status eines Vier-Trauben-Betriebes beim besten Willen nicht mehr rechtfertigen.

2001 »Mauerwein«
Riesling Spätlese trocken
11,50 €, 12,5%, ♀ bis 2004   82

2001 Neuweier Mauerberg
Riesling Kabinett trocken
9,– €, 12%, ♀ bis 2004   83

2000 Riesling
trocken
6,– €, 12%, ♀ bis 2004   84

2001 Neuweier Mauerberg
Weißer Burgunder Spätlese trocken
10,50 €, 13%, ♀ bis 2004   84

2001 Neuweier Schlossberg
Riesling Kabinett trocken
9,50 €, 12%, ♀ bis 2004   85

2001 Neuweier Schlossberg
Riesling Spätlese »Alte Reben« trocken
12,– €, 12,5%, ♀ bis 2005   87

2001 Neuweier Mauerberg
Riesling Spätlese trocken
10,50 €, 12,5%, ♀ bis 2005   88

2001 Neuweier Mauerberg
Riesling Spätlese »Goldenes Loch«
trocken
15,– €, 12,5%, ♀ bis 2005   88

2001 Neuweier Mauerberg
Riesling Spätlese halbtrocken
10,50 €, 12%, ♀ bis 2005   84

Die Betriebe: ✯✯✯✯✯ Weltklasse · ✯✯✯✯ Deutsche Spitze · ✯✯✯ Sehr gut · ✯✯ Gut · ✯ Zuverlässig

Baden

WEINGUT SCHLOSS ORTENBERG

**Inhaber: Ortenaukreis,
Stadt Offenburg**
Geschäftsführer: Winfried Köninger
Kellermeister: Hans-Peter Rieflin
77799 Ortenberg, Am Sankt Andreas 1
Tel. (07 81) 9 34 30, Fax 93 43 20
e-mail:
info@weingut-schloss-ortenberg.de
Internet:
www.weingut-schloss-ortenberg.de
*Anfahrt: A 5 Frankfurt–Basel,
Ausfahrt Offenburg, 3 Kilometer auf der
B 33 Richtung Donaueschingen*
Verkauf: Mo.–Fr. 8:00 bis 12:00 Uhr
und 13:00 bis 17:00 Uhr
Sa. 9:00 bis 12:30 Uhr
Sehenswert: Schloss Ortenberg, Weingalerie

Rebfläche: 42 Hektar
Jahresproduktion: 240.000 Flaschen
Beste Lagen: Ortenberger Schlossberg und Andreasberg, Zeller Abtsberg
Boden: Urgesteinsverwitterung
Rebsorten: 28% Riesling,
25% Blauer Spätburgunder,
17% Müller-Thurgau, je 6% Grauburgunder, Weißburgunder, Chardonnay,
Scheurebe und Sauvignon Blanc
Durchschnittsertrag: 56 hl/ha
Beste Jahrgänge: 1999, 2000, 2001

Durch die Fusion zweier kommunaler Betriebe entstand 1997 das drittgrößte Weingut Badens: Der Ortenaukreis und die Stadt Offenburg – ehemals Sankt-Andreas-Hospital – bewirtschaften stattliche 42 Hektar. Gutsverwalter Winfried Köninger ist nicht nur stolz auf die Qualität der Weine, sondern ebenso auf die »schwarzen Zahlen« – nicht selbstverständlich für einen kommunalen Betrieb. Der weiße Jahrgang 2001 ist ihm gut gelungen. Bei den Rotweinen wäre vielleicht noch etwas mehr drin. Unbeschadet überstanden hat man den Vorwurf der angeblichen Verwendung unerlaubter Aromastoffe. Hier fiel der Betrieb offenbar einem denkbar schlechtem Scherz zum Opfer.

2001 Weißer Burgunder
Kabinett trocken
7,70 €, 12%, ♀ bis 2004   **84**

2000 Chardonnay
trocken
12,50 €, 13%, ♀ bis 2004   **84**

2001 Riesling (Klingelberger)
»SL« trocken
12,50 €, 12,5%, ♀ bis 2005   **87**

2001 Grauer Burgunder
Spätlese trocken
7,70 €, 13,5%, ♀ bis 2005   **87**

2001 Riesling (Klingelberger)
Eiswein
33,25 €/0,375 Lit., 10%, ♀ bis 2015   **88**

2001 Scheurebe
Trockenbeerenauslese
40,– €/0,375 Lit., 10%, ♀ bis 2020   **88**

——— Rotweine ———

2000 Spätburgunder
Spätlese trocken
10,– €, 13,5%, ♀ bis 2005   **84**

2000 Spätburgunder
Auslese trocken
20,20 €, 14%, ♀ bis 2006   **86**

Die Weine: **100** Perfekt · **95–99** Überragend · **90–94** Exzellent · **85–89** Sehr gut · **80–84** Gut · **75–79** Passabel

Baden

Aufsteiger

WINZERGENOSSENSCHAFT PFAFFENWEILER EG

Geschäftsführer:
Heinrich Stefan Männle
Kellermeister: Roland Braun
79292 Pfaffenweiler, Weinstraße 40
Tel. (0 76 64) 9 79 60, Fax 97 96 44
e-mail: info@wg-pfaffenweiler.de
Internet: www.pfaffenweiler-wein.de
Anfahrt: A 5 Frankfurt–Basel, Ausfahrt Freiburg-Süd, B 3 Richtung Bad Krozingen
Verkauf: Eric Schweigler
Mo.–Fr. 8:00 bis 12:00 Uhr
und 13:00 bis 17:00 Uhr
Sa. 9:00 bis 12:00 Uhr
Historie: WG 1950 gegründet, Weinbau im Schneckental seit dem Jahre 716
Erlebenswert: »Schnecke-Fescht« am 1. September-Wochenende

Rebfläche: 110 Hektar
Zahl der Mitglieder: 260
Jahresproduktion: 830.000 Flaschen
Beste Lagen: Pfaffenweiler Batzenberg und Oberdürrenberg
Boden: Lehm, Löss mit Kalkstein
Rebsorten: 33% Gutedel, 25% Spätburgunder, 15% Müller-Thurgau, je 8% Weiß- und Grauburgunder, 11% übrige Sorten
Durchschnittsertrag: 73 hl/ha
Beste Jahrgänge: 1999, 2000, 2001

2001 Pfaffenweiler Batzenberg
Gutedel Spätlese trocken
4,80 €, 12,5%, ♀ bis 2004 — **84**

2001 Pfaffenweiler Oberdürrenberg
Sauvignon blanc Spätlese trocken
6,90 €, 13%, ♀ bis 2005 — **86**

2001 Pfaffenweiler Oberdürrenberg
Gutedel Auslese »Primus« trocken
6,90 €, 14%, ♀ bis 2005 — **87**

2001 Pfaffenweiler Oberdürrenberg
Gewürztraminer Spätlese »Primus« trocken
7,60 €, 16%, ♀ bis 2008 — **88**

2001 Pfaffenweiler Oberdürrenberg
Weißer Burgunder Spätlese »Primus« trocken Barrique
9,40 €, 15%, ♀ bis 2006 — **88**

——— Rotweine ———

2000 Pfaffenweiler Oberdürrenberg
Spätburgunder trocken
4,60 €, 13,5%, ♀ bis 2004 — **82**

2000 Pfaffenweiler Oberdürrenberg
Cabernet Sauvignon »Primus« trocken
14,50 €, 14%, ♀ bis 2007 — **86**

Seit Heinrich Stefan Männle, dessen Vater in Durbach das gleichnamige Gut führt, hier Geschäftsführer ist, stehen die Zeichen auf Qualität. Hier schmeckt durch die Bank alles, bis hin zum hochkarätigen Gutedel. Dabei stehen hinter manchen Abfüllungen wie dem normalen Gutedel oder dem Basis-Spätburgunder gewaltige Mengen (150.000 bzw. 65.000 Flaschen). Inzwischen kann die Kooperative auch bei den Rotweinen durchaus mithalten. Wo so hervorragend gearbeitet wird, ist die dritte Traube keine Frage der Zeit mehr, sondern voll verdient. Wir gratulieren unserem Gutsverwalter des Jahres 2002.

Die Betriebe: ✦✦✦✦✦ Weltklasse · ✦✦✦✦ Deutsche Spitze · ✦✦✦ Sehr gut · ✦✦ Gut · ✦ Zuverlässig

Neu

Baden

WEINGUT PIX

Inhaber: Helga und Reinhold Pix
Betriebsleiter und Kellermeister:
Reinhold Pix
79241 Ihringen, Eisenbahnstraße 19
Tel. (0 76 68) 8 79, Fax 90 26 78
e-mail: weingut.pix@t-online.de
Internet: www.weingut-pix.de
Anfahrt: A 5 Karlsruhe–Basel, Ausfahrt Umkirch, Gottenheim, Wasenweiler
Verkauf: Helga Pix
Mo.–Fr. 9:00 bis 22:00 Uhr
Sa. u. So. 10:00 bis 13:00 Uhr
nach Vereinbarung
Sehenswert: Kunstausstellungen im Foyer des Gutes

Rebfläche: 4 Hektar
Jahresproduktion: 30.000 Flaschen
Beste Lagen: Ihringer Winklerberg und Fohrenberg, Achkarrer Castellberg
Boden: Löss, Vulkanverwitterung
Rebsorten: 25% Spätburgunder, je 21% Silvaner und Grauburgunder, je 7% Weißburgunder, Gewürztraminer und Lemberger, je 6% Chardonnay und Müller-Thurgau
Durchschnittsertrag: 60 hl/ha
Bester Jahrgang: 2001
Mitglied in Vereinigungen: Bioland

Reinhold und Helga Pix begannen 1984 mit Weinbau auf mittlerweile vier Hektar nach den Öko-Richtlinien der Bioland-Vereinigung. Daneben behielten sie die Viehhaltung mit Hinterwälder-Rindern als zweites Standbein. Schon in der Vergangenheit fiel das Gut, das seinen Betrieb im alten Ortskern von Ihringen angesiedelt hat, gelegentlich mit Weißweinen positiv auf. Auf diesem Feld kann man inzwischen auf breiter Front Flagge zeigen. Niedrige Erträge und viele alte Rebstöcke tragen dazu bei. Bei den Rotweinen ist dagegen noch Spielraum nach oben vorhanden. Wenn hier noch zugelegt wird, gibt es Aufstiegschancen. Zusätzlicher Tipp: Recht angenehm ist ein prickelnder Sekt, genannt Cremant, aus der Pinot-Familie.

2001 Ihringer Fohrenberg
Silvaner trocken
5,– €/1,0 Lit., 12%, ♀ bis 2003   **83**

2001 Ihringer Winklerberg
Silvaner Kabinett trocken
6,– €, 12%, ♀ bis 2004   **84**

2001 Ihringer Fohrenberg
Weißer Burgunder Kabinett trocken
7,50 €, 12%, ♀ bis 2004   **84**

2001 Ihringer Winklerberg
Chardonnay Spätlese trocken
12,50 €, 13%, ♀ bis 2005   **84**

2001 Ihringer Fohrenberg
Grauer Burgunder Spätlese trocken
10,– €, 13%, ♀ bis 2005   **85**

2001 Ihringer Fohrenberg
Gewürztraminer Spätlese
10,– €, 14%, ♀ bis 2006   **85**

——— Rotweine ———

2000 Ihringer Winklerberg
Spätburgunder trocken
9,50 €, 13%, ♀ bis 2004   **81**

2000 Ihringer Fohrenberg
Spätburgunder »SP« trocken
12,– €, 13%, ♀ bis 2005   **83**

Die Weine: **100** Perfekt · **95–99** Überragend · **90–94** Exzellent · **85–89** Sehr gut · **80–84** Gut · **75–79** Passabel

Baden

WEINGUT REINER PROBST

Inhaber: Reiner Probst
79235 Achkarren,
Castellbergstraße 21
Tel. (0 76 62) 3 29, Fax 2 29
e-mail: weingutprobst@t-online.de
Anfahrt: A 5, Ausfahrt Bad Krozingen oder Riegel, Richtung Breisach
Verkauf: Marion Probst
Mo.–Fr. 8:00 bis 12:00 Uhr
und 13:00 bis 17:00 Uhr
Sa., So., feiertags ab 9:00 Uhr
Dienstag nur nach Anmeldung
Weinstube: Mo.–Fr. 17:00 bis 24:00 Uhr
Sa., So., feiertags 10:00 bis 24:00 Uhr
Di. Ruhetag
Spezialitäten: Gerichte mit »Brägele«

Rebfläche: 7,5 Hektar
Jahresproduktion: 40.000 Flaschen
Beste Lagen: Achkarrer Schlossberg und Castellberg
Boden: Lösslehm und Vulkanverwitterung
Rebsorten: 60% Spätburgunder, 20% Grauburgunder, 15% Weißburgunder, 5% Müller-Thurgau, Muskateller und Gewürztraminer
Durchschnittsertrag: 60 hl/ha
Beste Jahrgänge: 1998, 1999, 2000

Seit 1985 führt Reiner Probst nun schon den elterlichen Betrieb, das älteste Weingut in Achkarren. Mit mehr als vier Hektar ist es im Schlossberg bestens begütert, wo fast ausschließlich Grauburgunder und Spätburgunder stehen. Besonderes Augenmerk gilt der Burgunderfamilie. Ein saftiger Weißburgunder ist Tochter Pia gewidmet. Für Besucher gibt es eine Weinstube, in der die tüchtige Frau Marion Regie führt. Die aktuelle Kollektion ist ausgewogen. Es gibt nach unten kaum Ausreißer, nach oben ist noch Spielraum vorhanden. Aus Sicht von Reiner Probst gehört der Jahrgang 2001 zu seinen besten. Mehr drin gewesen wäre bei der Muskateller Beerenauslese, die sehr weit vergoren ist und dadurch an Charme einbüßte.

2001 Achkarrer Schlossberg
Weißer Burgunder Spätlese »Pia« trocken
11,30 €, 13,5%, ♀ bis 2005 — **84**

2001 Achkarrer Schlossberg
Muskateller Spätlese trocken
8,70 €, 13,5%, ♀ bis 2005 — **84**

2001 Achkarrer Schlossberg
Grauer Burgunder Spätlese trocken
10,30 €, 13,5%, ♀ bis 2006 — **86**

2001 Achkarrer Schlossberg
Ruländer Spätlese
8,70 €, 14%, ♀ bis 2006 — **84**

2001 Achkarrer Schlossberg
Muskateller Beerenauslese
13,80 €/0,5 Lit., 14,5%, ♀ bis 2010 — **86**

——— Rotweine ———

2001 Achkarrer Castellberg
Spätburgunder Weißherbst Kabinett trocken
5,10 €, 11,5%, ♀ bis 2003 — **82**

2000 Achkarrer Schlossberg
Spätburgunder Spätlese trocken
9,20 €, 12,5%, ♀ bis 2005 — **84**

2000 Achkarrer Schlossberg
Spätburgunder Spätlese »Pius« trocken
13,90 €, 13,5%, ♀ bis 2006 — **85**

Die Betriebe: ✤✤✤✤✤ Weltklasse · ✤✤✤✤ Deutsche Spitze · ✤✤✤ Sehr gut · ✤✤ Gut · ✤ Zuverlässig

Baden

WEINGUT BURG RAVENSBURG

Inhaber: Erbengemeinschaft Freiherren von Göler
Geschäftsführer: Claus Burmeister
Außenbetrieb: Otto Maierhöfer
Kellermeister: Claus Burmeister
75056 Sulzfeld, Hauptstraße 44
Tel. (0 72 69) 9 14 10, Fax 91 41 40
e-mail: weingut@burg-ravensburg.de
Internet: www.burg-ravensburg.de
Anfahrt: A 5 Frankfurt–Basel, Ausfahrt Bruchsal, B 293 Richtung Heilbronn
Verkauf: Udo Braust
Mo.–Fr. 9:00 bis 12:00 Uhr
und 14:00 bis 17:00 Uhr
Sa. 10:00 bis 13:00 Uhr
Restaurant: Burg Ravensburg, Mo. u. Di. Ruhetag
Spezialitäten: Wild aus eigener Jagd, Kraichgauer Spezialitäten
Historie: Weinbau seit 1251
Sehenswert: Burg Ravensburg und Schloss Amalienhof, Vinothek

Rebfläche: 28 Hektar
Jahresproduktion: 200.000 Flaschen
Beste Lagen: Burg Ravensburger Löchle, Dicker Franz und Husarenkappe (alle Alleinbesitz)
Boden: Keuper, bunter Mergel
Rebsorten: 32% Riesling, 24% Schwarzriesling, 23% Lemberger, 10% Spätburgunder, 8% Weißburgunder, 3% übrige Sorten
Durchschnittsertrag: 62 hl/ha
Beste Jahrgänge: 1999, 2000, 2001
Mitglied in Vereinigungen: VDP

Die Freiherren von Göler sind das älteste Weinbau treibende Geschlecht Badens. Nachgewiesen ist der Verkauf eines Weinberges anno 1251 durch Ritter Berthold Göler von Ravensburg. Die Erbengemeinschaft trug durch gezielte Investitionen in den letzten Jahren dazu bei, dass die Qualität deutlich gestiegen ist. Vor allem mit Riesling und dem Lemberger »Corvus« kann das Team um Claus Burmeister immer wieder glänzen. Die prächtige Riesling Spätlese ist als »Großes Gewächs« vorgesehen.

2001 Burg Ravensburger Husarenkappe
Riesling Kabinett trocken
6,10 €, 12%, ♀ bis 2005 **84**

2001 Burg Ravensburger Husarenkappe
Riesling Spätlese »Großes Gewächs« trocken
13,– €, 13%, ♀ bis 2006 **88**

2001 Burg Ravensburger Löchle
Riesling Kabinett
6,50 €, 11%, ♀ bis 2005 **85**

--- Rotweine ---

2001 Lemberger
trocken
5,90 €, 12%, ♀ bis 2005 **83**

2000 Burg Ravensburger Dicker Franz
Lemberger trocken
8,70 €, 12,5%, ♀ bis 2005 **84**

2000 Lemberger
»Corvus« trocken
26,– €, 13%, ♀ bis 2006 **87**

Die Weine: **100** Perfekt · **95–99** Überragend · **90–94** Exzellent · **85–89** Sehr gut · **80–84** Gut · **75–79** Passabel

Baden

Aufsteiger

WEINGUT SALWEY
Inhaber: Wolf-Dietrich und Konrad Salwey
79235 Oberrotweil, Hauptstraße 2
Tel. (0 76 62) 3 84, Fax 63 40
e-mail: weingut@salwey.de
Internet: www.salwey.de
Anfahrt: A 5 Frankfurt–Basel, Ausfahrt Riegel, Richtung Rhein oder Ausfahrt Bad Krozingen, Richtung Breisach
Verkauf: Mo.–Sa. 8:00 bis 12:30 Uhr und 14:00 bis 18:00 Uhr
Historie: Seit 1763 in Familienbesitz
Sehenswert: Neu gebauter Bergkeller

Rebfläche: 20 Hektar
Jahresproduktion: 150.000 Flaschen
Beste Lagen: Oberrotweiler Kirchberg und Eichberg, Glottertaler Eichberg
Boden: Vulkanverwitterung, Löss und Gneisverwitterung
Rebsorten: 42% Spätburgunder, 25% Grauburgunder, je 8% Riesling, Silvaner und Weißburgunder, 9% übrige Sorten
Durchschnittsertrag: 55 hl/ha
Beste Jahrgänge: 1998, 2000, 2001
Mitglied in Vereinigungen: VDP, Deutsches Barrique Forum

Die Familie kam ursprünglich im 17. Jahrhundert aus der Schweiz an den Kaiserstuhl und begann hier mit Weinbau. Das heutige renommierte Gut hatte seinen Ursprung in einer Erbteilung im Jahr 1950. Benno Salwey, der Vater des heutigen Besitzers Wolf-Dietrich, legte die gute Saat. Der Junior, inzwischen auch schon Senior mit viel Fitness, nimmt es in Weinberg und Keller sehr genau und erzeugt darüber hinaus Brände, die zu den Feinsten im Badischen gehören. Seit Jahren sind seine feinfruchtigen Weißherbste sowie klassischen Silvaner und Weißburgunder erste Wahl; dafür waren die Grauburgunder manchmal etwas üppig. Der Oberrotweiler hält viel von dieser Sorte. »Bei einem Grauburgunder kommt Leidenschaft ins Spiel, er bringt die Gefühle in Wallung, während es beim Riesling nur zu pointierten Diskussionen reicht«, vergleicht er wohl aus Erfahrung. In seinem neuen Bergkeller scheint Wolf-Dietrich Salwey seine Vinifikation ein wenig umgestellt zu haben. Die Weine wirken moderner, haben weniger Ecken und Kanten, aber dafür mehr Schliff und Würze. Das gilt nicht nur für die Kaiserstühler Gewächse, sondern ebenso für die Ergebnisse aus dem Glottertal im Breisgau, wo Salwey Weißherbst der Sonderklasse und überraschend feiner Riesling gelingen. In seiner aktuellen Serie stellte er diesmal auch einige reifere Weine aus der weißen Burgunderfamilie vor, die überdurchschnittlich lang in Barriques reiften (teilweise bis zu 27 Monate!). Erstaunlich, dass sie trotz eines nicht allzu hohen Alkoholgehalts viel an Struktur und Feinheiten gewannen und damit die Theorie widerlegen, dass nur kraftvolle, alkoholreiche Weine für den Ausbau in der neuen Eiche taugen. Es kommt eben sehr auf das richtige Holz, das Toasting und letztlich die Erfahrung des Winzers an. Nachdem Salwey jetzt auch bei seinen Rotweinen, die früher manchmal etwas ungeschliffen wirkten, erheblich an Güte zugelegt hat, war der Aufstieg in die Vier-Trauben-Kategorie und damit in die absolute badische Spitze nur logisch.

2001 Oberrotweiler Käsleberg
Weißer Burgunder Kabinett trocken
7,40 €, 12,5%, ♀ bis 2004   **84**

2001 Oberrotweiler Kirchberg
Muskateller Kabinett trocken
9,75 €, 12,5%, ♀ bis 2004   **84**

2001 Oberrotweiler Käsleberg
Grauer Burgunder trocken
6,65 €, 12,5%, ♀ bis 2004   **85**

2000 Weißer Burgunder
Tafelwein trocken
15,– €, 12,5%, ♀ bis 2006   **85**

Baden

2000 Grauer Burgunder
Tafelwein trocken
14,30 €, 12,5%, ♀ bis 2006 — **87**

2001 Oberrotweiler Henkenberg
Weißer Burgunder Spätlese trocken
9,70 €, 13,5%, ♀ bis 2005 — **88**

2001 Oberrotweiler Henkenberg
Grauer Burgunder Spätlese trocken
11,75 €, 13%, ♀ bis 2005 — **88**

2000 Chardonnay
Tafelwein trocken
17,45 €, 12,5%, ♀ bis 2007 — **88**

1999 Weißer Burgunder
Tafelwein trocken
15,– €, 12,5%, ♀ bis 2006 — **88**

2001 Oberrotweiler Kirchberg
Riesling Spätlese *** trocken
10,25 €, 13%, ♀ bis 2007 — **89**

1999 Grauer Burgunder
Tafelwein trocken
14,30 €, 12,5%, ♀ bis 2008 — **90**

2001 Glottertaler Eichberg
Riesling Spätlese trocken
10,25 €, 13%, ♀ bis 2008 — **90**

1999 Chardonnay
Tafelwein trocken
17,45 €, 12,5%, ♀ bis 2007 — **91**

--- Rotweine ---

2001 Oberrotweiler Eichberg
Spätburgunder Weißherbst Spätlese trocken
9,70 €, 13%, ♀ bis 2006 — **87**

2001 Glottertaler Eichberg
Spätburgunder Weißherbst Auslese trocken
18,– €, 15%, ♀ bis 2010 — **90**

2000 Spätburgunder
trocken
6,05 €/1,0 Lit., 12,5%, ♀ bis 2004 — **82**

2000 Oberrotweiler Eichberg
Spätburgunder Spätlese trocken
14,32 €, 13%, ♀ bis 2006 — **86**

2000 Oberrotweiler
Spätburgunder »auf Rappen vergoren« trocken
16,36 €, 13%, ♀ bis 2007 — **87**

2000 Oberrotweiler Kirchberg
Spätburgunder Spätlese *** trocken
28,12 €, 13%, ♀ bis 2010 — **90**

Die Weine: 100 Perfekt · 95–99 Überragend · 90–94 Exzellent · 85–89 Sehr gut · 80–84 Gut · 75–79 Passabel

Baden

WINZERGENOSSENSCHAFT SASBACH AM KAISERSTUHL

Geschäftsführer: Rolf Eberenz
Kellermeister: Gerhard Staiblin
79361 Sasbach, Jechtinger Straße 26
Tel. (0 76 42) 9 03 10, Fax 90 31 50
e-mail: info@sasbacher.de
Internet: www.sasbacher.de
Anfahrt: A 5 Frankfurt–Basel, Ausfahrt Riegel, Richtung Frankreich
Verkauf: Bertram Bohn
Mo.–Fr. 8:00 bis 12:30 Uhr
und 13:30 bis 17:00 Uhr
Sa. 9:00 bis 12:00 Uhr
und nach Vereinbarung
Sehenswert: Wissenschaftlicher Lehrpfad Limberg am Kaiserstuhl

---

Rebfläche: 108 Hektar
Zahl der Mitglieder: 335
Jahresproduktion: 815.000 Flaschen
Beste Lagen: Sasbacher Rote Halde und Limburg
Boden: Vulkanverwitterung, zum Teil mit lehmig-toniger Lössauflage
Rebsorten: 51% Spätburgunder, 28% Müller-Thurgau, 10% Grauburgunder, 8% Weißburgunder, 3% übrige Sorten
Durchschnittsertrag: 78 hl/ha
Beste Jahrgänge: 1999, 2000, 2001
Mitglied in Vereinigungen: Deutsches Barrique Forum

Die WG Sasbach ist mit ihren 108 Hektar eine der kleinsten Genossenschaften am Kaiserstuhl. Die emsigen Mitglieder haben gute Voraussetzungen für weiße Burgunder, doch es sind eher die Spätburgunder aus diesem Haus, die einen guten Ruf genießen. Bereits vor zwei Jahren stellten wir fest, dass die Sasbacher offensichtlich eine kleine Schwächeperiode überwunden haben. Mit dem Jahrgang 2000 (von dem es inzwischen auch ansehnliche Rotweine gibt) wurde das bestätigt. In 2001 gibt es einige gute Weißweine, nur die Basisweine könnten noch etwas zulegen. Dann wäre ein weiterer Aufstieg fällig.

2001 Sasbacher
Müller-Thurgau trocken
3,55 €/1,0 Lit., 12,5%, ♀ bis 2003   **80**

2001 Sasbacher Limburg
Weißer Burgunder Spätlese trocken
5,45 €, 13%, ♀ bis 2004   **81**

2001 Sasbacher Limburg
Muskateller Spätlese trocken
5,80 €, 12,5%, ♀ bis 2004   **83**

2001 Sasbacher Limburg
Rivaner Spätlese trocken
4,80 €, 12,5%, ♀ bis 2004   **84**

2001 Sasbacher Limburg
Weißer Burgunder Spätlese trocken
7,75 €/0,5 Lit., 13,5%, ♀ bis 2005   **85**

2001 Sasbacher
Grauer Burgunder Spätlese trocken
7,75 €/0,5 Lit., 13,5%, ♀ bis 2005   **85**

——— Rotweine ———

2001 Sasbacher Rote Halde
Spätburgunder Kabinett trocken
5,95 €, 12%, ♀ bis 2004   **81**

2000 Sasbacher Rote Halde
Cabernet Sauvignon trocken
14,78 €, 13%, ♀ bis 2006   **87**

2000 Sasbacher Rote Halde
Spätburgunder Auslese trocken
25,25 €, 14%, ♀ bis 2006   **87**

Die Betriebe: ✠✠✠✠✠ Weltklasse · ✠✠✠✠ Deutsche Spitze · ✠✠✠ Sehr gut · ✠✠ Gut · ✠ Zuverlässig

Baden

WEINGUT GREGOR UND THOMAS SCHÄTZLE

Inhaber: Thomas Schätzle
79235 Vogtsburg-Schelingen,
Heinrich-Kling-Straße 38
Tel. (0 76 62) 9 46 10, Fax 94 61 20
e-mail: info@weingutschaetzle.de
Internet: www.weingutschaetzle.de
Anfahrt: A 5 Frankfurt–Basel, Ausfahrt Riegel, über Bahlingen
Verkauf: Familie Schätzle
Mo.–Fr. 8:00 bis 12:00 Uhr
und 13:30 bis 18:00 Uhr
Sa. 8:00 bis 12:00 Uhr
und 13:30 bis 17:00 Uhr
So. nach Vereinbarung
Sehenswert: Naturschutzgebiet mit Orchideenareal

Rebfläche: 11 Hektar
Jahresproduktion: 80.000 Flaschen
Beste Lagen: Schelinger Kirchberg, Oberbergener Bassgeige, Amolterer Steinhalde
Boden: Löss, Lehm und Vulkanverwitterung
Rebsorten: 37% Spätburgunder, 33% Grauburgunder, 9% Müller-Thurgau, 8% Weißburgunder, 7% Chardonnay, 6% übrige Sorten
Durchschnittsertrag: 75 hl/ha
Beste Jahrgänge: 1998, 1999, 2000

2001 Schätzle's Grauer Burgunder
trocken
4,90 €/1,0 Lit., 12,5%, ♀ bis 2004   **83**

2000 Schelinger Kirchberg
Chardonnay Spätlese trocken
13,– €, 14%, ♀ bis 2004   **83**

2001 Schelinger Kirchberg
Weißer Burgunder Kabinett trocken
6,75 €, 12,5%, ♀ bis 2004   **84**

2001 Schelinger Kirchberg
Grauer Burgunder Kabinett trocken
6,90 €, 12,5%, ♀ bis 2004   **85**

2001 Schelinger Kirchberg
Grauer Burgunder Spätlese trocken
9,40 €, 13,5%, ♀ bis 2005   **87**

2000 Oberbergener Bassgeige
Gewürztraminer Spätlese
9,80 €, 13,5%, ♀ bis 2005   **84**

——— Rotweine ———

2000 Schelinger Kirchberg
Spätburgunder trocken
8,95 €, 13%, ♀ bis 2004   **81**

2000 Schelinger Kirchberg
Spätburgunder Spätlese trocken
17,– €, 13,5%, ♀ bis 2006   **86**

Eine Erbteilung Anfang der 60er Jahre unterbrach die Weingutstradition der Familie. 1982 nahm Thomas Schätzle mit Vater Gregor die Selbstvermarktung wieder auf. 1994 übernahm er dann das Weingut mit seiner Frau Friederike. Mit der 1998er Kollektion gelang ein erster Durchbruch. Vor allem die weißen Burgundersorten sind klar, ausdrucksstark und von feiner Säure geprägt. Die aktuelle Kollektion beinhaltet auch einige einfachere Weine und der Barrique-Ausbau ist noch nicht das »Gelbe vom Ei«. Dafür ist der Grauburgunder in der Literflasche vorbildlich. Eine Reduzierung der Erträge könnte zu einer weiteren Steigerung führen.

Die Weine: **100** Perfekt · **95–99** Überragend · **90–94** Exzellent · **85–89** Sehr gut · **80–84** Gut · **75–79** Passabel

Baden

WEINGUT
KONRAD SCHLÖR

Inhaber: Konrad Schlör
Kellermeister: Konrad Schlör
97877 Wertheim-Reicholzheim,
Martin-Schlör-Straße 22
Tel. (0 93 42) 49 76, Fax 69 59
e-mail: weingut.schloer@t-online.de
Anfahrt: A 81 Würzburg–Heilbronn, Ausfahrt Tauberbischofsheim; A 3 Frankfurt–Würzburg, Ausfahrt Wertheim
Verkauf: Familie Schlör
nach Vereinbarung

Rebfläche: 4,4 Hektar
Jahresproduktion: 21.000 Flaschen
Beste Lage: Reicholzheimer First
Boden: Muschelkalk
Rebsorten: 21% Spätburgunder, je 18% Müller-Thurgau und Schwarzriesling, 11% Riesling, je 9% Silvaner und Weißburgunder, 8% Kerner, 6% Dornfelder
Durchschnittsertrag: 43 hl/ha
Beste Jahrgänge: 1998, 1999, 2000

Das an Franken angrenzende Taubertal ist nicht unbedingt eine Region, aus der man herausragende Weine erwartet. Konrad Schlör ist schon seit einigen Jahren die Ausnahme von der Regel, nach dem Motto: »Nicht die Lage macht den Winzer bekannt, der Winzer macht die Lage bekannt.« Ursprünglich lieferte er Trauben an die Genossenschaft, begann aber 1982 mit einer Besenwirtschaft und wagte ein paar Jahre später die Umstellung auf Selbstvermarktung. Er widerstand der Versuchung, für den Ausschank größere Mengen zu ernten, sondern entwickelte Ehrgeiz. Inzwischen präsentiert er sogar beachtliche Rotweine. Den letztjährigen Aufstieg hat er mit einer guten Kollektion bestätigt. Die 2000er Rotweine konnten, da schnell ausverkauft, nicht mehr präsentiert werden. Um künftige Knappheit zu vermeiden, will er – neben der Ausweitung weißer klassischer Sorten – die Spätburgunderfläche vergrößern.

2001 Reicholzheimer First
Müller-Thurgau Kabinett trocken
4,20 €, 11%, ♀ bis 2003   **81**

2001 Reicholzheimer First
Silvaner Kabinett trocken
6,20 €, 12%, ♀ bis 2004   **82**

2000 Reicholzheimer First
Weißer Burgunder Spätlese trocken
12,30 €, 13%, ♀ bis 2004   **84**

2001 Reicholzheimer First
Weißer Burgunder Spätlese trocken
7,80 €, 13%, ♀ bis 2005   **85**

2001 Reicholzheimer First
Riesling Spätlese trocken
8,40 €, 13%, ♀ bis 2005   **86**

2001 Reicholzheimer First
Kerner Kabinett
4,40 €, 12%, ♀ bis 2004   **84**

——— Rotwein ———

2001 Reicholzheimer First
Schwarzriesling Weißherbst Auslese
13,50 €/0,5 Lit., 12%, ♀ bis 2008   **87**

Die Betriebe: ✱✱✱✱✱ Weltklasse · ✱✱✱✱ Deutsche Spitze · ✱✱✱ Sehr gut · ✱✱ Gut · ✱ Zuverlässig

Baden

WEINGUT HARTMUT SCHLUMBERGER

Inhaber: Hartmut Schlumberger
Pächter und Kellermeister:
Ulrich Bernhart
79295 Laufen, Weinstraße 19
Tel. (0 76 34) 89 92, Fax 82 55
e-mail: info@schlumbergerwein.de
Internet: www.schlumbergerwein.de
Anfahrt: A 5 Frankfurt–Basel, Ausfahrt Neuenburg, Richtung Müllheim/Sulzburg
Verkauf: Hella Schlumberger, Claudia Bernhart-Schlumberger
Mo.–Fr. 9:00 bis 12:00 Uhr
und 14:00 bis 18:00 Uhr
Sa. 9:00 bis 12:00 Uhr
und 14:00 bis 16:00 Uhr
Historie: Weinbau in der Familie seit dem 16. Jahrhundert

Rebfläche: 7,5 Hektar
Jahresproduktion: 55.000 Flaschen
Beste Lagen: Laufener Altenberg, Britzinger Sonnhole
Boden: Löss und Lehm
Rebsorten: je 30% Spätburgunder und Weißburgunder, 20% Gutedel, 8% Grauburgunder, 5% Chardonnay, 5% Riesling, 2% übrige Sorten
Durchschnittsertrag: 60 hl/ha
Beste Jahrgänge: 1999, 2000, 2001

Im Keller der Familie Schlumberger stehen noch Holzfässer, die der Großvater gebaut hat. Hier lebten eben über viele Generationen Winzer und Küfer unter einem Dach. Senior Hartmut Schlumberger war immer schon ein guter Winzer. Aber erst seit Schwiegersohn Ulrich Bernhart aus Schweigen mitmischt, machte das Gut einen großen Sprung nach vorne. Mit Gattin Claudia ist er mittlerweile Pächter des Betriebs. Die Weißweine sind, wie schon im Vorjahr, kraftvoll und dennoch fein in der Stilistik. Beeindruckend ist auch die Serie der 2000er Rotweine, mit denen Bernhart an die stattlichen 1999er anknüpft. Der Drei-Trauben-Betrieb arbeitet auf hohem Niveau und gehört zu den Top-Ten in Baden!

2001 Gutedel
Kabinett trocken
4,50 €, 11,5%, ♀ bis 2004 — **84**

2001 Grauer Burgunder
Spätlese trocken
9,20 €, 13,5%, ♀ bis 2005 — **86**

2001 Weißer Burgunder
Spätlese trocken
8,90 €, 13%, ♀ bis 2005 — **87**

2001 Chardonnay
Spätlese »S« trocken
11,80 €, 13,5%, ♀ bis 2006 — **88**

2001 Scheurebe
Spätlese trocken
10,40 €, 13%, ♀ bis 2006 — **88**

--- Rotweine ---

2000 Spätburgunder
»S« trocken
10,20 €, 13,5%, ♀ bis 2005 — **84**

1999 Spätburgunder
Auslese »R« trocken
35,– €, 14%, ♀ bis 2006 — **87**

2000 Cabernet Sauvignon und Merlot
»S« trocken
17,50 €, 13,5%, ♀ bis 2006 — **88**

2000 Spätburgunder
Auslese »S« trocken
25,– €, 14%, ♀ bis 2008 — **89**

Die Weine: **100** Perfekt · **95–99** Überragend · **90–94** Exzellent · **85–89** Sehr gut · **80–84** Gut · **75–79** Passabel

Baden

WEINGUT CLAUS UND SUSANNE SCHNEIDER

Inhaber: Claus u. Susanne Schneider
Kellermeister: Claus Schneider
79576 Weil am Rhein,
Lörracher Str. 4
Tel. (0 76 21) 7 28 17, Fax 7 80 14
e-mail: info@schneiderweingut.de
Internet: www.schneiderweingut.de
Anfahrt: A 5 Frankfurt–Basel, Ausfahrt Weil am Rhein, Richtung Weil am Rhein-Ost, 2. Ampel links, 3. Straße links
Verkauf: Susanne Hagin-Schneider
Mo. 14:30 bis 18:30 Uhr
Di., Do. und Fr. 9:00 bis 12:30 Uhr
und 14:30 bis 18:30 Uhr,
Mi. und Sa. 9:00 bis 13:00 Uhr
und nach Vereinbarung
Historie: Weinbau in der Familie seit 1425; Lage »Weiler Schlipf« wurde 1825 als beste Lage des südlichen Markgräflerlandes klassifiziert
Sehenswert: Gewölbekeller von 1780

Rebfläche: 8,8 Hektar
Jahresproduktion: 60.000 Flaschen
Beste Lage: Weiler Schlipf
Boden: Tiefgründiger Lehm mit hohem Kalkanteil
Rebsorten: 40% Spätburgunder, 30% Gutedel, 12% Weißburgunder, 10% Grauburgunder, 5% Chardonnay, 3% übrige Sorten
Durchschnittsertrag: 65 hl/ha
Beste Jahrgänge: 1999, 2000, 2001

Der Weinsberger Weinbautechniker Claus Schneider übernahm 1982 das elterliche Gut. Mit Ehefrau Susanne pflegt er in der südwestlichsten Region Deutschlands Reben, die vom mediterranen Klima der Burgundischen Pforte profitieren. Hier können sich vor allem die Burgundersorten ausgezeichnet entwickeln. Durch Ertragsbeschränkung und späte Lese bekommen die Weine seit geraumer Zeit noch mehr Dichte bei angenehmer Säure im oberen Prädikatsbereich. Schneider, der auch Vorsitzender des Vereins Markgräfler Weingüter ist, will in den nächsten Jahren den Terroir-Charakter der Lage Schlipf noch viel stärker herausarbeiten. Wenn seine Rotweine noch zulegen, wäre ein Aufstieg denkbar.

2001 Grauer Burgunder
Kabinett trocken
6,40 €, 13%, ♀ bis 2004   **82**

2000 Weiler Schlipf
Gutedel Spätlese trocken
7,60 €, 12,5%, ♀ bis 2004   **84**

2001 Weiler Schlipf
Weißer Burgunder Kabinett trocken
6,20 €, 13,5%, ♀ bis 2004   **84**

2001 Weiler Schlipf
Weißer Burgunder Spätlese trocken
7,90 €, 13,5%, ♀ bis 2005   **85**

2000 Weiler Schlipf
Chardonnay trocken
10,80 €, 13%, ♀ bis 2005   **86**

2001 Weiler Schlipf
Grauer Burgunder Spätlese trocken
8,40 €, 13,5%, ♀ bis 2005   **86**

2001 Weiler Schlipf
Chardonnay Spätlese trocken
10,80 €, 13,5%, ♀ bis 2005   **87**

——— Rotwein ———

2000 Weiler Schlipf
Spätburgunder trocken
6,80 €, 13%, ♀ bis 2004   **82**

Die Betriebe: ✿✿✿✿✿ Weltklasse · ✿✿✿✿ Deutsche Spitze · ✿✿✿ Sehr gut · ✿✿ Gut · ✿ Zuverlässig

Happy Hour oder Tête-à-tête?

Wo gut gelaunte Gäste plaudern und schlemmen

Wo Promis feiern und flirten – in der eigenen Stadt weiß man meist noch über die In-Lokale Bescheid. Aber was tun, wenn man unterwegs ist und sich nicht auf Experimente einlassen möchte?
Für diesen Fall empfiehlt sich der immer topaktuelle Elle Bistro Guide. Alle Szenebars und Restaurants werden in einem Kurzporträt mit Adresse, Telefonnummer und Öffnungszeiten vorgestellt. Das Ambiente und die Küche werden anhand eines Punktesystems bewertet. Die besonderen Highlights jeder Großstadt stehen jeweils im Anschluss der Lokalempfehlungen.

Ca. 264 Seiten.
Format 11,5 x 20 cm, Flexcover.
€ 14,95 (D) SFR 25,90
ISBN 3-88472-547-5

www.christian-verlag.de

Bestellen Sie auf den eingehefteten Bestellkarten!

Tel.: 089/ 38 18 03 17
Fax: 089/ 38 18 03 81
info@christian-verlag.de

Baden

WEINGUT REINHOLD UND CORNELIA SCHNEIDER

Inhaber: Reinhold und Cornelia Schneider
Kellermeister: Reinhold Schneider
79346 Endingen,
Königschaffhauser Straße 2
Tel. (0 76 42) 52 78 u. 92 41 30, Fax 20 91
e-mail: weingutschneider@aol.com
Internet: www.weingutschneider.com
Anfahrt: A 5 Frankfurt–Basel, Ausfahrt Riegel, in Endingen nach dem alten Stadttor, 2. Hofeinfahrt rechts
Verkauf: Cornelia Schneider
Mo.–Fr. nach Vereinbarung
Sa. 9:00 bis 12:30 Uhr
und 13:30 bis 17:30 Uhr

Rebfläche: 8 Hektar
Jahresproduktion: 60.000 Flaschen
Beste Lagen: Keine Lagenangaben
Boden: Löss, Lehm und Vulkanverwitterung
Rebsorten: 45% Spätburgunder, 19% Ruländer, 16% Weißburgunder, 9% Riesling, 4% Auxerrois, 7% übrige Sorten
Durchschnittsertrag: 55 hl/ha
Beste Jahrgänge: 1999, 2000, 2001

Bei der Gründung des Gutes 1981 verschrieben sich die vormaligen Genossenschaftswinzer Reinhold Schneider und seine Frau Cornelia der naturnahen Bewirtschaftung der Weinberge. Außerdem wurde konsequent durchgegorener Wein erzeugt, der damals nicht immer, so Schneider, »in das sensorische Geschmacksbild der Prüfer« passte und deshalb gelegentlich als Tafelwein verkauft werden musste. Die Kundschaft störte es ebenso wenig wie der Verzicht auf Lagenangaben. Die Weinfreunde freuten sich vielmehr über das stets exzellente Verhältnis von Preis und Qualität. Die Steigerung Schneiders in den letzten Jahren kann man fast atemberaubend nennen. Dabei ist aus seiner Sicht alles ganz einfach: Bei der Vinifizierung Verzicht auf großartige Technik, das handverlesene Traubengut wird schonendst verarbeitet. Danach erfolgt eine gezügelte Vergärung (beim Spätburgunder auf der Maische). Die Weißweine liegen lange auf der Hefe. Der Endinger Winzer trotzte auch schwierigen Rahmenbedingungen wie in 1997 und 2000 und legte stets Kollektionen vor, die zu den absolut besten in Baden gehörten und gehören. Reinhold Schneider wollte die »Mode Grauburgunder« nie mitmachen. Deshalb heißt die heute so begehrte Sorte hier weiterhin nach alter Väter Sitte Ruländer. Seine inzwischen ausverkaufte 99er Ruländer Auslese Reserve war wohl einer der besten trockenen Weißweine, die je in Deutschland erzeugt wurden. Er kann spielend mit den Spitzen aus Burgund, etwa einem Montrachet, mithalten. An diesen Ausnahmewein kommt der Nachfolger aus dem Jahrgang 2001 zwar nicht heran. Aber dafür gibt es zusätzlich eine wohlgeratene Spätlese aus dem Jahrgang 2000. Im gleichen Herbst brachte Schneider außerdem erstklassiges Material für sehr gute Spätburgunder ein. »Wer sie inzwischen probiert hat, musste das Vorurteil revidieren, dass aus diesem Jahr keine großen Rotweine stammen können«, teilte das Winzerpaar der Kundschaft mit. In der Tat: Sein »R« stieg bei unserer Bundesfinalprobe wieder unter die zehn besten Rotweine des Jahrgangs vor. In 2001 ließ man sich mit der Ernte Zeit; bis in den November hinein wurden Trauben abgeschnitten. Wir können die Feststellung der Schneiders, dass sich die Geduld gelohnt hat, nur bestätigen: Mit dem 2001er wurde der positive Trend der vergangenen Jahre untermauert. Unsere besonderen Lieblinge: Die Weißburgunder Spätlese »trio« und der pikant duftende Muskateller. Bemerkenswert ist noch, dass hinter allen Schneider-Weinen keine Mini-Mengen stehen, sondern mindestens 2000 bis mehr als 7000 Flaschen. Und das Preis-Wert-Verhältnis ist durchgängig ausgezeichnet.

2001 Silvaner
Kabinett trocken
5,70 €, 12,5%, ♀ bis 2004 **84**

Baden

2001 Auxerrois
Kabinett trocken
6,20 €, 12%, ♀ bis 2004 — **84**

2001 Ruländer
Kabinett trocken
7,20 €, 13%, ♀ bis 2005 — **86**

2001 Weißer Burgunder
Spätlese trocken ***
10,– €, 13%, ♀ bis 2005 — **87**

2001 Ruländer
Spätlese trocken
9,– €, 14%, ♀ bis 2006 — **88**

2001 Riesling
Spätlese trocken
8,20 €, 13%, ♀ bis 2006 — **88**

2001 Muskateller
Spätlese trocken ***
7,80 €, 12,5%, ♀ bis 2006 — **89**

2000 Ruländer
Spätlese trocken
11,30 €, 13%, ♀ bis 2006 — **89**

2001 Ruländer
Spätlese trocken »C«
10,– €, 13%, ♀ bis 2008 — **89**

2001 Weißer Burgunder
Spätlese trocken * * * »trio«
10,– €, 13%, ♀ bis 2008 — **89**

2001 Ruländer
Spätlese trocken »R«
10,– €, 13%, ♀ bis 2008 — **90**

——— Rotweine ———

2000 Spätburgunder
trocken
11,– €, 13%, ♀ bis 2007 — **87**

2000 Spätburgunder
trocken * * * »C«
15,– €, 13%, ♀ bis 2010 — **90**

2000 Spätburgunder
trocken * * * »R«
18,– €, 13%, ♀ bis 2012 — **91**

Vorjahresweine

2000 Weißer Burgunder
Spätlese trocken
10,– €, 13%, ♀ bis 2005 — **87**

2000 Ruländer
Spätlese trocken »R«
9,20 €, 13%, ♀ bis 2005 — **88**

2000 Weißer Burgunder
Spätlese trocken »trio«
10,– €, 13%, ♀ bis 2006 — **90**

——— Rotweine ———

1999 Spätburgunder
trocken »A«
13,29 €, 13,5%, ♀ bis 2006 — **88**

1999 Spätburgunder
Auslese trocken ***
20,– €, 14%, ♀ bis 2010 — **89**

1999 Spätburgunder
trocken »C«
15,– €, 13%, ♀ bis 2008 — **89**

1999 Spätburgunder
trocken »R«
18,– €, 13%, ♀ bis 2008 — **91**

Die Weine: **100** Perfekt · **95–99** Überragend · **90–94** Exzellent · **85–89** Sehr gut · **80–84** Gut · **75–79** Passabel

Baden

WEINGUT SCHWÖRER

Geschäftsführer: Hermann Schwörer, Josef Rohrer
77770 Durbach, Grol 8
Tel. (07 81) 4 23 62, Fax 3 34 08
e-mail: info@weingut-schwoerer.de
Internet: www.weingut-schwoerer.de
Anfahrt: Von Freiburg: A 5, Ausfahrt Offenburg; von Karlsruhe: A 5, Ausfahrt Appenweier
Verkauf: Fam. Schwörer, Josef Rohrer
Mo.–Fr. 8:00 bis 12:00 Uhr
und 13:30 bis 18:00 Uhr
Sa. 8:30 bis 13:00 Uhr
So. 10:00 bis 12:00 Uhr

Rebfläche: 25 Hektar
Jahresproduktion: 210.000 Flaschen
Beste Lagen: Durbacher Ölberg, Plauelrain und Kochberg
Boden: Granitverwitterung
Rebsorten: 36% Spätburgunder, 29% Riesling, 8% Müller-Thurgau, 7% Grauburgunder, 20% übrige Sorten
Durchschnittsertrag: 71 hl/ha
Beste Jahrgänge: 1999, 2000, 2001

Das Weingut und Weinhaus Schwörer wurde 1812 gegründet und befasste sich zunächst hauptsächlich mit der Anfertigung von Holzfässern. Erst später wurde der Weinbau wichtiger. Küfermeister Hermann Schwörer machte einmal bundesweit auf sich aufmerksam mit dem ersten Platz beim Vinum-Rotweinpreis (1988) und war immer stolz auf zahlreiche Prämierungserfolge. Der Herbst 2002 war für den begeisterten 63-jährigen Brenner (etliche Destillate) der letzte. Seine Nachfolge hatte der Ruheständler bereits vorher geklärt, als er den Betrieb in einer GmbH zusammen mit dem gleichberechtigten Gesellschafter Josef Rohrer führte, der vorher Gutsverwalter des benachbarten Gräflich Wolff Metternich'schen Weingutes war. 2001 gefiel besonders der Riesling, die roten Sorten aus 2000 litten etwas unter Jahrgangsproblemen.

2001 Durbacher Kochberg
Weißer Burgunder Spätlese trocken
9,– €, 13%, ♀ bis 2004 — **83**

2001 Durbacher Plauelrain
Grauer Burgunder Kabinett trocken
6,– €, 12,5%, ♀ bis 2004 — **83**

2001 Durbacher
Chardonnay Spätlese trocken
9,– €, 13%, ♀ bis 20005 — **84**

2001 Durbacher Kochberg
Grauer Burgunder Auslese trocken
12,– €, 14%, ♀ bis 2005 — **84**

2001 Durbacher Plauelrain
Riesling Spätlese trocken
6,70 €, 12,5%, ♀ bis 2005 — **85**

2001 Durbacher
Riesling (Klingelberger) trocken
6,– €, 12%, ♀ bis 2005 — **86**

--- Rotweine ---

2000 Durbacher
Spätburgunder Spätlese trocken
8,20 €, 13%, ♀ bis 2004 — **82**

2000 Durbacher
Spätburgunder trocken
8,70 €, 13%, ♀ bis 2005 — **83**

Die Betriebe: ✠✠✠✠✠ Weltklasse · ✠✠✠✠ Deutsche Spitze · ✠✠✠ Sehr gut · ✠✠ Gut · ✠ Zuverlässig

Entdeckung des Jahres 1996

Baden

WEINGUT SEEGER

Inhaber: Familie Seeger
Betriebsleiter: Helmut Seeger
Kellermeister: Thomas Seeger
69181 Leimen, Rohrbacher Straße 101
Tel. (0 62 24) 7 21 78, Fax 7 83 63
Internet: www.seegerweingut.de
Anfahrt: A 5 Frankfurt–Basel, Ausfahrt Heidelberg
Verkauf: Thomas Seeger
nach Vereinbarung
Gutsausschank: »Jägerlust«,
Di.–Fr. 18:00 bis 23:00 Uhr
Spezialitäten: Regionale Küche
Historie: Gutsausschank seit 1895
Sehenswert: Alte Harley-Davidson

Rebfläche: 6,5 Hektar
Jahresproduktion: 40.000 Flaschen
Beste Lagen: Heidelberger Herrenberg, Leimener Herrenberg
Boden: Lösslehm auf Muschelkalk und Buntsandstein
Rebsorten: 25% Spätburgunder, 20% Weißburgunder, je 15% Riesling und Grauburgunder, 10% Lemberger, je 5% Portugieser, Schwarzriesling und Müller-Thurgau
Durchschnittsertrag: 50 hl/ha
Beste Jahrgänge: 1999, 2000, 2001
Mitglied in Vereinigungen:
Deutsches Barrique Forum

2001 Grauer Burgunder
trocken »S«
12,– €, 14%, ♀ bis 2005 — **85**

2001 Weißer Burgunder
trocken »S«
12,– €, 14%, ♀ bis 2005 — **85**

2001 Heidelberger Herrenberg
Riesling Spätlese trocken »Anna Marie«
12,– €, 13%, ♀ bis 2005 — **87**

2001 Grauer Burgunder
trocken »R«
20,– €, 14,5%, ♀ bis 2006 — **88**

——— Rotweine ———

2000 Spätburgunder
trocken »S«
18,– €, 13,5%, ♀ bis 2008 — **87**

2000 Cuvée »AnnA«
trocken
12,50 €, 13,5%, ♀ bis 2008 — **88**

2000 Spätburgunder
trocken »R«
30,– €, 14%, ♀ bis 2010 — **89**

Thomas Seeger hat das traditionsreiche Weingut (seit 1665) zielsicher an die Spitze Nordbadens geführt. Die Rotweine sind extrem dunkel und dicht im Geschmack; das Holz ist meist sehr gut eingebunden. Die Weine haben auch ausgezeichnete Lagerreserven und zeigen oft erst nach einigen Jahren ihr wahres Potenzial. Inzwischen hat der Leimener auch für die Weißweine ein Händchen und hat sich in 2001 nicht nur bei seinen Selektionen aus dem kleinen Fass deutlich gesteigert, sondern ebenso bei den Basis-Gewächsen. Sogar der Riesling zeigt mittlerweile Format.

Die Weine: **100** Perfekt · **95–99** Überragend · **90–94** Exzellent · **85–89** Sehr gut · **80–84** Gut · **75–79** Passabel

Baden

STAATSWEINGUT FREIBURG UND BLANKENHORNSBERG

Inhaber: Land Baden-Württemberg
Betriebsleiter: Peter Wohlfarth
Verwalter: Tobias Burtsche
Kellermeister: Hans Breisacher und Werner Scheffelt
79100 Freiburg im Breisgau, Merzhauser Straße 119
Tel. (07 61) 4 01 65 44, Fax 4 01 65 70
e-mail: staatsweingut@wbi.bwl.de
Internet: www.landwirtschaft-mlr.baden-wuerttemberg.de/la/wbi
Anfahrt: A 5 Frankfurt–Basel, Ausfahrt Freiburg-Mitte, über Merdingen und Ihringen zum Blankenhornsberg
Verkauf: Peter Wohlfarth, Tobias Burtsche
Mo.–Fr. 8:00 bis 12:00 Uhr und 13:00 bis 17:00 Uhr
Sehenswert: Gewölbekeller aus der Gründungszeit von 1847

Rebfläche: 36,2 Hektar
Jahresproduktion: 280.000 Flaschen
Beste Lagen: Blankenhornsberger Doktorgarten, Freiburger Schlossberg
Boden: Vulkanverwitterung, Lösslehm, Gneisverwitterung
Rebsorten: 25% Spätburgunder, 19% Weißburgunder, 18% Grauburgunder, 16% Riesling, 8% Müller-Thurgau, 14% übrige Sorten
Durchschnittsertrag: 65 hl/ha
Beste Jahrgänge: 1999, 2000, 2001

1997 wurden die Gutsbetriebe Freiburg und Blankenhornsberg zum Staatsweingut zusammengefasst. Nach wie vor bildet der Doktorgarten im 1842 angelegten Blankenhornsberg das Kernstück des Betriebs. Unter der Leitung von Peter Wohlfarth bemerken wir seit Ende der neunziger Jahre einen deutlichen Aufschwung. In den nächsten Jahren will man sich roten Sorten, darunter auch Cabernet, Merlot und Nebbiolo, stärker widmen. Da trifft es sich gut, dass mit Verwalter Tobias Burtsche (vormals Kalkbödele) ein Rotweinprofi im Boot sitzt.

2001 Blankenhornsberger
Riesling Kabinett trocken
5,40 €, 12%, ♀ bis 2004 — **82**

2001 Blankenhornsberger
Silvaner Kabinett trocken
4,70 €, 12%, ♀ bis 2003 — **82**

2001 Blankenhornsberger
Grauer Burgunder Spätlese trocken
7,20 €, 13%, ♀ bis 2004 — **84**

2001 Blankenhornsberger
Weißer Burgunder Kabinett trocken
5,50 €, 12,5%, ♀ bis 2004 — **84**

2001 Blankenhornsberger
Riesling Spätlese trocken
7,30 €, 12,5%, ♀ bis 2005 — **85**

2001 Blankenhornsberger
Weißer Burgunder Spätlese trocken
7,20 €, 13%, ♀ bis 2005 — **86**

2000 Blankenhornsberger
Muskateller Beerenauslese
23,– €/0,5 Lit., 10%, ♀ bis 2012 — **87**

——— Rotweine ———

2000 Blankenhornsberger
trocken
20,50 €, 13,5%, ♀ bis 2005 — **84**

2000 Blankenhornsberger
Spätburgunder Spätlese trocken
23,50 €, 13,5%, ♀ bis 2006 — **86**

Die Betriebe: ✿✿✿✿✿ Weltklasse · ✿✿✿✿ Deutsche Spitze · ✿✿✿ Sehr gut · ✿✿ Gut · ✿ Zuverlässig

Aufsteiger

Baden

WEINGUT STADT LAHR

Inhaber: Familie Wöhrle
Betriebsleiter: Hans Wöhrle
Kellermeister: Hans u. Markus Wöhrle
77933 Lahr, Weinbergstraße 3
Tel. (0 78 21) 2 53 32 und 95 71 90,
Fax 3 93 98
Internet: www.ecovin.de
*Anfahrt: A 5 Frankfurt–Basel,
Ausfahrt Lahr, Richtung Innenstadt,
am Stadtpark Richtung Terrassenbad*
Verkauf: Familie Wöhrle
Mo.–Fr. 17:00 bis 18:30 Uhr
Sa. 9:00 bis 13:00 Uhr
und nach Vereinbarung
Historie: Ehedem städtisches Weingut, seit 1979 in Händen der Familie Wöhrle

> Rebfläche: 10 Hektar
> Jahresproduktion: 65.000 Flaschen
> Beste Lage: Lahrer Schutterlindenberg
> Boden: Humoser Lösslehm
> Rebsorten: 25% Spätburgunder,
> 15% Müller-Thurgau, je 12% Grau-
> und Weißburgunder, 11% Auxerrois,
> 6% Riesling, je 4% Regent und
> Chardonnay, 11% übrige Sorten
> Durchschnittsertrag: 52 hl/ha
> Beste Jahrgänge: 1999, 2000, 2001
> Mitglied in Vereinigungen: EcoVin

2001 Lahrer Schutterlindenberg
»Bacat« trocken
5,60 €, 11%, ♀ bis 2003 **82**

2001 Lahrer Schutterlindenberg
Auxerrois Kabinett trocken
5,90 €, 12%, ♀ bis 2004 **84**

2001 Lahrer Schutterlindenberg
Weißer Burgunder Kabinett trocken
5,90 €, 12%, ♀ bis 2004 **84**

2001 Lahrer Schutterlindenberg
Grauer Burgunder Kabinett trocken
5,90 €, 12,5%, ♀ bis 2004 **84**

2001 Lahrer Schutterlindenberg
Riesling Kabinett trocken
5,90 €, 11,5%, ♀ bis 2005 **85**

2001 Lahrer Schutterlindenberg
Grauer Burgunder Spätlese trocken
8,90 €, 13%, ♀ bis 2005 **85**

2000 Lahrer Schutterlindenberg
Chardonnay Spätlese trocken Barrique
12,80 €, 13,5%, ♀ bis 2005 **85**

2001 Lahrer Schutterlindenberg
Chardonnay Spätlese trocken
8,90 €, 13%, ♀ bis 2005 **86**

Hans Wöhrle lieferte seine Trauben früher beim Winzerkeller in Breisach ab. 1979 pachteten er und Gattin Monika das damals ramponierte, nur vier Hektar umfassende Weingut der Stadt Lahr und brachten es wieder auf Vordermann. 1997 wurde das Gutsgebäude von der Stadt gekauft; die Rebfläche ist gepachtet. Eine Umstellung auf ökologischen Weinbau führte wohl zu einem leichten Durchhänger vor einigen Jahren. Inzwischen ist das Niveau wieder gut und stabil. Wöhrle wird mittlerweile unterstützt von Junior Markus, der bei Hans-Günter Schwarz in der Pfalz viel gelernt hat. Mittlerweile hielten pilzresistente Sorten Einzug beim Ökowinzer. Der immer achtbare Regent wurde diesmal nicht angestellt. Trotzdem reichte es für den Aufstieg.

Die Weine: 100 Perfekt · 95–99 Überragend · 90–94 Exzellent · 85–89 Sehr gut · 80–84 Gut · 75–79 Passabel

Aufsteiger
Baden

WEINGUT STIGLER

Inhaber: Andreas Stigler
79241 Ihringen, Bachenstraße 29
Tel. (0 76 68) 2 97, Fax 9 41 20
e-mail: weingut.stigler@t-online.de
Anfahrt: A 5 Frankfurt–Basel,
Ausfahrt Teningen, Richtung Eichstetten
Verkauf: Regina Stigler
Mo.–Fr. 10:00 bis 12:00 Uhr
und 15:00 bis 18:00 Uhr
Sa. 10:00 bis 12:00 Uhr
und 15:00 bis 17:00 Uhr
und nach Vereinbarung
Historie: Im Familienbesitz seit 1881

Rebfläche: 10 Hektar
Jahresproduktion: 70.000 Flaschen
Beste Lagen: Ihringer Winklerberg,
Freiburger Schlossberg,
Oberrotweiler Eichberg
Boden: Vulkan- und Gneis-
verwitterungsgestein
Rebsorten: 36% Spätburgunder,
24% Riesling, 11% Weißburgunder,
10% Grauburgunder, 9% Silvaner,
5% Traminer, 5% übrige Sorten
Durchschnittsertrag: 45 hl/ha
Beste Jahrgänge: 1999, 2000, 2001
Mitglied in Vereinigungen: VDP

2001 Oberrotweiler
Grauer Burgunder Spätlese trocken
11,90 €, 13,5%, ♀ bis 2005   86

2001 Ihringer Winklerberg
Scheurebe Spätlese trocken
9,90 €, 13,5%, ♀ bis 2005   86

2001 Ihringer Winklerberg
Sauvignon blanc Spätlese trocken
11,90 €, 13%, ♀ bis 2005   87

2001 Ihringer Winklerberg
Chardonnay Spätlese trocken
11,90 €, 13,5%, ♀ bis 2005   87

2001 Ihringer Winklerberg
Grauer Burgunder Spätlese trocken
11,90 €, 13,5%, ♀ bis 2006   88

2001 Ihringer Winklerberg
Weißer Burgunder Spätlese trocken
12,50 €, 13,5%, ♀ bis 2006   88

2001 Ihringer Winklerberg
Riesling Spätlese trocken »F36«
13,50 €, 12,5%, ♀ bis 2008   89

2001 Ihringer Winklerberg
Gewürztraminer Auslese
19,50 €/0,375 Lit., 14,5%, ♀ bis 2010   89

Dieses traditionsreiche Familienweingut liegt an der südlichsten Ecke des Kaiserstuhls und umfasst stolze sechs Hektar der Spitzenlage Ihringer Winklerberg. Längst bevor es Mode wurde, baute der inzwischen leider verstorbene Grandseigneur Rudolf Stigler das Gros seiner Weine trocken aus. Sohn Andreas ist bereits seit einigen Jahren für die Weine verantwortlich. Bei niedrigen Erträgen werden fast ausschließlich Prädikatsweine geerntet, denen man in der Regel eine überdurchschnittliche Reifezeit gönnt. Im Vorjahr schrieben wir bereits, dass die Weißweine eine dritte Traube verdienen. Inzwischen kann das Haus auch merklich bessere Rotweine vorweisen. Der Aufstieg ist der verdiente Lohn; kritisieren müssen wir inzwischen nur noch den mäßigen Pinot-Sekt.

Die Betriebe: ✤✤✤✤✤ Weltklasse · ✤✤✤✤ Deutsche Spitze · ✤✤✤ Sehr gut · ✤✤ Gut · ✤ Zuverlässig

Baden

TAUBERFRÄNKISCHE WINZERGENOSSENSCHAFT BECKSTEIN

Geschäftsführer: Bernhard Stahl
Techn. Betriebsleiter: Stefan Steffen
97922 Lauda-Königshofen,
Weinstraße 30
Tel. (0 93 43) 50 00, Fax 52 77
e-mail: info@beckstein.de
Internet: www.beckstein.de
Anfahrt: A 81 Würzburg–Heilbronn, Ausfahrt Tauberbischofsheim
Verkauf: Frau Hönninger
Mo.–Fr. 8:00 bis 18:00 Uhr
Sa. 9:00 bis 18:00 Uhr
So. 9:00 bis 17:00 Uhr
März–Nov. nur Sa. 9:00 bis 13:00 Uhr
Gutsausschank: Weinstuben Beckstein von 10:00 bis 24:00 Uhr, Mi. Ruhetag
Spezialitäten: Grünkerngerichte
Historie: Gegründet 1894

Rebfläche: 340 Hektar
Zahl der Mitglieder: 560
Jahresproduktion: 3,5 Mio. Flaschen
Beste Lagen: Becksteiner Kirchberg und Nonnenberg
Boden: Muschelkalk
Rebsorten: 42% Müller-Thurgau, 30% Schwarzriesling, 8% Kerner, je 6% Bacchus und Silvaner, 8% übrige Sorten
Durchschnittsertrag: 80 hl/ha
Beste Jahrgänge: 1997, 1998, 2001

Der Zauber des urigen Tauberfrankens umfängt den Weinliebhaber, der diese entlegene Region entlang der »Romantischen Straße« besucht. Hier ist der Müller-Thurgau König und der Schwarzriesling wichtigste Rotweinsorte. Von den rund 800 Hektar des Gebietes bewirtschaften die Genossen gut 40 Prozent. Die 2001er Kollektion erinnert wieder an jene Zeit, als der Betrieb zu den besten Kooperativen in Deutschland zählte. Vor allem mit edelsüßen Weinen in allerdings kleinen Auflagen trumpfte man auf, während die Auslesen von Grau- und Weißburgunder etwas brandig ausfielen.

2001 Gerlachsheimer Herrenberg
Silvaner Kabinett trocken
3,95 €, 12%, ♀ bis 2003 — **82**

2000 Marbacher Frankenberg
Grauer Burgunder Auslese trocken
15,10 €, 14,5%, ♀ bis 2005 — **84**

2000 Gerlachsheimer Herrenberg
Weißer Burgunder Auslese trocken
15,10 €, 14%, ♀ bis 2005 — **84**

2000 Becksteiner Kirchberg
Bacchus Beerenauslese
15,30 €/0,375 Lit., 12%, ♀ bis 2008 — **85**

2000 Becksteiner Kirchberg
Riesling Auslese
12,75 €, 12%, ♀ bis 2010 — **87**

2000 Becksteiner Kirchberg
Riesling Eiswein
26,75 €/0,375 Lit., 9%, ♀ bis 2015 — **88**

2000 Marbacher Frankenberg
Müller-Thurgau Trockenbeerenauslese
20,40 €/0,375 Lit., 12%, ♀ bis 2015 — **89**

Die Weine: **100** Perfekt · **95–99** Überragend · **90–94** Exzellent · **85–89** Sehr gut · **80–84** Gut · **75–79** Passabel

Neu

Baden

WEINGUT MARTIN WASSMER

Inhaber und Betriebsleiter:
Martin Waßmer
79189 Bad Krozingen-Schlatt,
Am Sportplatz 3
Tel. (0 76 33) 1 52 92, Fax 1 33 84
e-mail:
wassmer-krozingen@t-online.de
Internet: www.weingut-wassmer.de
Anfahrt: A 5 Frankfurt–Basel, Ausfahrt und Richtung Bad Krozingen, nach zwei Kilometern rechts, am Ortsende von Schlatt direkt am Sportplatz
Verkauf: Martin und Sabine Waßmer April, Mai, Juni 8:00 bis 20:00 Uhr sonst nach Vereinbarung

---

Rebfläche: 7 Hektar
Jahresproduktion: 49.000 Flaschen
Beste Lagen: Schlatter Maltesergarten, Laufener Altenberg
Boden: Löss und Lehm
Rebsorten: 63% Spätburgunder, 16% Weißburgunder, 10% Müller-Thurgau, 7% Grauburgunder, 4% Gutedel
Durchschnittsertrag: 55 hl/ha
Beste Jahrgänge: 2000, 2001

2001 Schlatter Maltesergarten
Gutedel trocken
3,30 €, 12,5%, ♀ bis 2003 — **80**

2001 Markgräfler
Rivaner trocken
3,– €, 12,5%, ♀ bis 2003 — **82**

2001 Weißer Burgunder
Spätlese trocken
8,40 €, 13%, ♀ bis 2004 — **84**

2001 Weißer Burgunder
Kabinett trocken
4,80 €, 12,5%, ♀ bis 2004 — **84**

2000 Weißer Burgunder
Spätlese trocken
11,50 €, 13,5%, ♀ bis 2005 — **85**

2001 Grauer Burgunder
Spätlese trocken
8,40 €, 13,5%, ♀ bis 2005 — **85**

——— Rotweine ———

2001 Spätburgunder
Spätlese Weißherbst
5,20 €, 12,5%, ♀ bis 2004 — **81**

2000 Schlatter
Spätburgunder trocken
11,50 €, 13,5%, ♀ bis 2005 — **86**

2000 Schlatter
Spätburgunder »SW« trocken
19,90 €, 13,5%, ♀ bis 2006 — **87**

Eigentlich ist Martin Waßmer Erzeuger von ausgezeichnetem Spargel, den er von April bis Juni in seinem Bauernladen verkauft. Aber seit 1999 ist er außerdem Winzer – und auf diesem Feld ein Senkrechtstarter. Beim Vinum-Wettbewerb um den Deutschen Rotweinpreis fiel er erstmals auf überregionaler Ebene mit guten Platzierungen auf. Seitdem hat er seine guten Leistungen vor allem mit Spätburgundern bestätigt und konnte in 2001 aber zudem demonstrieren, dass er auch überdurchschnittliche Weißweine vorweisen kann. Auffällig ist das gute Fingerspitzengefühl des Newcomers für den Ausbau im Barrique. Basis für seinen Erfolg sind niedrige Erträge, die bei den Burgundersorten 40 bis 45 Hektoliter pro Hektar nicht überschreiten, und eine gezielte Traubenselektion bei der Ernte.

Die Betriebe: ✿✿✿✿✿ Weltklasse · ✿✿✿✿ Deutsche Spitze · ✿✿✿ Sehr gut · ✿✿ Gut · ✿ Zuverlässig

Aufsteiger **Baden**

WEINGUT GRAF WOLFF METTERNICH

Inhaber: G. und R. Hurrle
Betriebsleiter: Hans-Bert Espe
Kellermeister: Franz Schwörer
77770 Durbach, Grol 4
Tel. (07 81) 4 27 79, Fax 4 25 53
e-mail: info@weingut-metternich.de
Internet: www.weingut-metternich.de
Anfahrt: A 5 Frankfurt–Basel, Ausfahrt Offenburg oder Appenweier, Richtung Durbach
Verkauf: Mo.–Fr. 8:00 bis 12:00 Uhr und 13:00 bis 17:00 Uhr
Sa. 9:00 bis 12:00 Uhr
und nach Vereinbarung
Historie: Weinbau seit 1180
Sehenswert: Der ehemalige Schlosskeller, das renovierte Trotthaus, die 1980 erbaute Vinothek

---

Rebfläche: 34 Hektar
Jahresproduktion: 150.000 Flaschen
Beste Lagen: Durbacher Schloss Grohl und Schlossberg, Lahrer Herrentisch (alle Alleinbesitz)
Boden: Granitverwitterung
Rebsorten: 32% Riesling, 30% Spätburgunder, 10% Weißburgunder, 8% Traminer, 6% Müller-Thurgau, 6% Grauburgunder, 5% Chardonnay, 3% übrige Sorten
Durchschnittsertrag: 45 hl/ha
Beste Jahrgänge: 1998, 1999, 2001

Seit Ottmar Schillis Weggang, der 40 Jahre lang Gutsverwalter war, ist die Familie Hurrle bestrebt, an den guten alten Ruf anzuknüpfen. Mit dem neuen Betriebsleiter Hans-Bert Espe, der den Jahrgang 2001 bereits verantwortete, konnten offensichtlich die Weichen richtig gestellt werden. Die Weißweine sind wieder rassig. Bei den Rotweinen konnte Espe, der bei Rex Hill Vineyards in Oregon viel Burgunder-Erfahrung sammelte, 2001 ebenfalls Akzente setzen. Fassproben aus dem Schlossberg lassen Fortschritte erkennen. Alles zusammen belohnen wir mit der dritten Traube.

2001 Durbacher Schloss Grohl
Riesling (Klingelberger) Kabinett trocken
6,80 €, 12%, ♀ bis 2004 — **84**

2001 Durbacher Schlossberg
Chardonnay Spätlese trocken
9,– €, 13,5%, ♀ bis 2004 — **85**

2001 Durbacher Schloss Grohl
Sauvignon blanc Spätlese trocken
14,80 €, 14%, ♀ bis 2005 — **86**

2001 Durbacher Schlossberg
Riesling (Klingelberger) Spätlese trocken
9,– €, 12,5%, ♀ bis 2005 — **87**

2001 Durbacher Schloss Grohl
Riesling Auslese
12,80 €/0,5 Lit., 12%, ♀ bis 2008 — **84**

2001 Durbacher Schloss Grohl
Riesling (Klingelberger) Spätlese
9,– €, 11,5%, ♀ bis 2006 — **87**

2001 Durbacher Schloss Grohl
Scheurebe Beerenauslese
30,– €/0,5 Lit., 10,5%, ♀ bis 2012 — **87**

2001 Durbacher Schloss Grohl
Scheurebe Auslese
12,80 €/0,5 Lit., 9%, ♀ bis 2010 — **89**

2001 Durbacher Schloss Grohl
Riesling (Klingelberger) Eiswein »Fass 9«
45,– €/0,5 Lit., 8%, ♀ bis 2020 — **90**

Die Weine: **100** Perfekt · **95–99** Überragend · **90–94** Exzellent · **85–89** Sehr gut · **80–84** Gut · **75–79** Passabel

Neu

Baden

WEINGUT WILHELM ZÄHRINGER

Inhaber und Betriebsleiter: Wolfgang Zähringer
Verwalter: Paulin Köpfer
Kellermeister: Uli Klee
79423 Heitersheim, Johanniterstr. 61
Tel. (0 76 34) 10 25, Fax 10 27
e-mail: weingut.zaehringer@t-online.de
Internet: www.weingut-zaehringer.de
Anfahrt: B 3, erster oder zweiter Kreisel, durch den Ort, gegenüber kath. Kirche
Verkauf: Wolfgang Zähringer
Mo.–Fr. 9:00 bis 12:00
und 14:00 bis 18:00 Uhr
Sa. 10:00 bis 12:00 Uhr
Historie: Gegründet 1844

Rebfläche: 9 Hektar
Jahresproduktion: 65.000 Flaschen
Beste Lagen: Heitersheimer Sonnhohle und Maltesergarten
Boden: Mittelschwerer Lehm, Löss
Rebsorten: 42% Spätburgunder, je 11% Gutedel und Grauburgunder, je 10% Weißburgunder und Chardonnay, 16% übrige Sorten
Durchschnittsertrag: 61 hl/ha
Beste Jahrgänge: 2000, 2001
Mitglied in Vereinigungen: EcoVin

Wolfgang Zähringer war ursprünglich Händler für Naturkost. Als er den Weinbaubetrieb der Familie 1987 übernahm, stellte er konsequent auf ökologischen Weinbau um. Hilfreich ist ihm dabei sein junger Verwalter Paulin Köpfer, der zu den Motoren der badischen Weinöko-Szene gehört. Neben dem eigenen Gut betreibt Zähringer noch eine Erzeugergemeinschaft. Im Blickfeld ist das bei Wettbewerben schon erfolgreiche Haus seit einigen Jahren. Nur waren die Weine oft etwas alkohollastig und übermäßig von neuem Holz geprägt. Inzwischen wurde genügend Erfahrung gesammelt, um Weine zu erzeugen, die nicht belasten, sondern Spaß machen.

2001 Heitersheimer Maltesergarten
Gutedel trocken
4,70 €, 11,5%, ♀ bis 2003   **83**

2001 Heitersheimer Maltesergarten
Chardonnay trocken
7,80 €, 12%, ♀ bis 2004   **84**

2000 Heitersheimer Sonnhohle
Weißer Burgunder trocken
7,80 €, 13%, ♀ bis 2004   **85**

2000 »Edition SZ«
Grauer Burgunder trocken
14,50 €, 13,5%, ♀ bis 2004   **85**

2000 »Edition SZ«
Weißer Burgunder trocken
14,50 €, 13%, ♀ bis 2004   **85**

2000 Edition Nr. 26
Gewürztraminer Auslese trocken
17,50 €, 14,5%, ♀ bis 2008   **90**

--- Rotweine ---

2001 Frühburgunder
Spätlese trocken
10,50 €, 13,5%, ♀ bis 2005   **86**

2000 Edition Nr. 21
trocken
14,50 €, 13%, ♀ bis 2006   **87**

2000 »Edition SZ«
Spätburgunder trocken
14,50 €, 13,5%, ♀ bis 2006   **87**

Baden

Weitere empfehlenswerte Betriebe

Winzergenossenschaft Auggen
79424 Auggen, An der B 3
Tel. (0 76 31) 3 68 00, Fax 36 80 80
e-mail: info@auggener-wein.de
Internet: www.auggener-wein.de

Die Kooperative, deren 400 Mitglieder 280 Hektar bewirtschaften, holte im Jahr ihres 80. Geburtstags bei der – allerdings bekannt großzügigen – Gebietsprämierung die meisten Goldmedaillen und war beim Gutedel-Cup in der Spitze dabei. Recht ansprechend geriet ein Gutedel Eiswein (85). Spitzenreiter ist eine Chardonnay Beerenauslese aus dem Jahrgang 2000 (88). Auch ein Weißburgunder Sekt überzeugte (86). Somit feierte der neue Kellermeister Andreas Philipp, der Ruheständler Reinhard Zöllin ablöste, einen gelungenen Einstand.

Weingut Michael Baumer
79235 Oberbergen, Kapellenstraße 16
Tel. (0 76 62) 94 91 91, Fax 94 91 92
e-mail: weingut-michael-baumer@t-online.de

1999 gründeten Michael Baumer und seine Lebensgefährtin Melanie Sommer, die sich auf der Weinbauschule in Weinsberg kennen gelernt haben, ein Weingut, das inzwischen auf 1,8 Hektar angewachsen ist. Mit Grauburgunder kann das Paar schon auftrumpfen (Spätlese mit 85 Punkten), dagegen blieb man mit dem Riesling unter den Möglichkeiten. Schade, dass weitere Weine des Jahrgangs 2001 noch nicht probierfähig waren, sonst wäre – auch angesichts eines gelungenen Rosé-Sektes (86) – der Aufstieg schon möglich gewesen.

Winzergenossenschaft Bickensohl
79235 Bickensohl, Neulindenstraße 25
Tel. (0 76 62) 9 31 10, Fax 93 11 50
e-mail: info@bickensohler-wein.com

Die 1924 gegründete Genossenschaft, die Anfang der 80er Jahre als »Erfinder« des Grauburgunders galt und ein Garant für solide Qualität war, befindet sich nicht auf ihrem normalen Leistungsstand. Wir probierten durchschnittliche Weine. Dass eine Kerner Spätlese (81) noch am besten geraten war, ist sicher kein Ruhmesblatt für eine Kaiserstühler Kooperative.

Weingut Engelhof
79801 Hohentengen
Tel. (0 77 42) 74 97, Fax 79 60
e-mail: engelhof@t-online.de
Internet: www.engelhof.de

Das Weingut liegt abseits der badischen Reblande zwischen Waldshut und Zürich. Gegründet wurde es erst 1982. Im Ausbau orientiert man sich merklich an der benachbarten Schweiz: Alle Weine machen den biologischen Säureabbau durch. Wenn die für das Barrique zu dünn geratenen Rotweine das Niveau der Weißen (Grauburgunder Qualitätswein und Weißburgunder Spätlese je 84 Punkte) hätten, dann wäre eine Traube drin.

Weingut Gallushof (neu)
79331 Teningen-Heimbach
Tel. (0 76 41) 5 12 42, Fax 57 36 61
e-mail: Gallushof@web.de
Internet: www.ecovin.de/gallushof

Der irische Mönch Gallus, der im 6. Jahrhundert im alemannischen Raum missionierte, ist Schutzpatron der Heimbacher Kirche und Namensgeber für das aufstrebende Öko-Gut von Norbert und Gerda Hügle. 1986 begannen sie mit Weinausbau, inzwischen ist Sohn Johannes in den 10,5-Hektar-Betrieb eingestiegen. Das Niveau ist ansprechend; leider lagen zum Redaktionsschluss zu wenig abgefüllte Weine aus 2001 vor. Aber der weitere Aufstieg ist absehbar.

Weingut Hügle – Kirchberghof
79341 Kenzingen-Bombach, Pfadweg 5
Tel. (0 76 44) 12 61, Fax 40 54

Die Serie war etwas besser als im Vorjahr beim Abstieg, aber noch nicht gut genug für ein Comeback. Bei einigen Weinen übertreibt Gert Hügle den Einsatz von Barriques. Am besten gefiel der im normalen Holzfass ausgebaute Spätburgunder 2000 (83). Auch mit einem Grauburgunder Qualitätswein konnten wir uns anfreunden (82).

Baden

Weingut – Weinkellerei Karl Karle
79241 Ihringen, Am Krebsbach 3
Tel. (0 76 68) 50 50, Fax 92 50
e-mail: karlkarle@gmx.de
Internet: www.weingut-karl-karle.de

Die Weine von Karl Karle haben keine Ecken und Kanten, aber auch etwas wenig Profil. Man hat den Eindruck, dass im Keller zu viel Eingriffe erfolgen. Mit zwei Spätlesen vom Gewürztraminer und Grauburgunder (jeweils 82 Punkte) wird angedeutet, was möglich ist.

Weingut Köpfer
79219 Staufen-Grunern, Dorfstraße 22
Tel. (0 76 33) 52 88, Fax 50 04 19

Schon seit über 25 Jahren arbeitet der längst in Ehren ergraute Gerd Köpfer auf knapp fünf Hektar nach den Kriterien des ökologischen Weinbaus. Eine Weißburgunder Selektion (85) sowie eine üppige Ruländer Trockenbeerenauslese (85) sind 2001 die Aushängeschilder des erfahrenen Öko-Pioniers, der nur mit Rotwein nicht sonderlich gut zurechtkommt.

Seegut Kress (neu)
88709 Hagnau, Hauptstraße 2
Tel. (0 75 32) 62 05, Fax 29 09
e-mail: thomas-kress@t-online.de

Eine erfreuliche Entdeckung am Bodensee. Vor einigen Jahren nabelten sich Thomas und Kristin Kress so nach und nach von der Hagnauer Genossenschaft ab. 2001 war der zweite Jahrgang, in dem keine Trauben mehr abgeliefert wurden. Die kleine Weinkollektion mit Müller-Thurgau, Grauburgunder und Spätburgunder ist herrlich herzhaft, der saftige Rosé sogar überdurchschnittlich (84).

Weingut Clemens Lang
79112 Freiburg-Munzingen,
Reinachstraße 19
Tel. (0 76 64) 58 63, Fax 5 94 16

Das Design ist stimmig, der Inhalt der Flaschen war es diesmal weniger. Während Lang im Vorjahr mit ausgezeichnetem Spätburgunder überraschte, gab es diesmal nur braven Durchschnitt bei Weiß und Rot ohne Höhepunkte.

Weingut Andreas Männle
77770 Durbach, Heimbach 12
Tel. (07 81) 4 14 86, Fax 4 29 81
e-mail: alfred@weingut-maennle.de
Internet: www.weingut-maennle.de

Schon im Vorjahr waren wir nicht ganz glücklich mit dem Auftritt von Andreas Männle. Nachdem diesmal die Weine trotz günstigerer Bedingungen im Jahrgang 2001 nicht besser waren und auch eine Riesling-Edition nicht überzeugte (82), erschien uns eine »Auszeit« in der Trauben-Kategorie angebracht.

Weingut Leo Maier (neu)
88719 Stetten am Bodensee,
Hauptstraße 15
Tel. (0 75 32) 92 31, Fax 21 81
e-mail: weingut.leo.maier@t-online.de

1989 machte sich Leo Maier, damals 25 Jahre alt, selbstständig. Heute bewirtschaftet er mit Gattin Regina vier Hektar Reben und drei Hektar Obstgärten, von denen 25 Brände stammen. Die Weißweine sind korrekt und meist angenehm süffig. In 2000 deutet er mit Rotweinen (Spätburgunder Barrique mit 83, Regent mit 82 Punkten) gewisse Ambitionen an.

Weingut Klaus-Martin Marget
79423 Heitersheim, Johanniterstraße 57
Tel. (0 76 34) 22 54, Fax 3 56 58
e-mail: Weingut.Marget@t-online.de

Die Weißweine sind modern im Stil, mit viel Kohlensäure. Aber wir vermissen etwas Tiefgang und stören uns gelegentlich am zu intensiven biologischen Säureabbau. Die extravagante herbe Gutedel Auslese, auf die Marget stolz ist, wirkte auf uns zu brandig. Gut gefallen konnte der 2000er Spätburgunder Barrique (83).

Bezirkskellerei Markgräflerland
79588 Efringen-Kirchen, Winzerstraße 2
Tel. (0 76 28) 9 11 40, Fax 29 76
e-mail: info@badischer-wein.com

Der größte Betrieb im Markgräflerland präsentierte eine recht ansprechende Kollektion ohne Durchhänger und ließ damit Aufstiegsambitionen erkennen. Besonders gefielen eine herbe Weißburgun-

Baden

der Auslese (84), eine Chardonnay Spätlese (83) sowie als echte Überraschung eine Trockenbeerenauslese vom Gutedel (89), mit der die Möglichkeiten der Sorte überzeugend ausgereizt wurden.

Weingut Markgraf von Baden – Schloss Salem
88682 Schloss Salem, Rentamt
Tel. (0 75 53) 8 14 02, Fax 8 15 69
e-mail: Weingut@Salem.de

Das große Gut des Markgrafen ist immer schon eine erstaunliche preiswerte Adresse. Die Weißweine sind, wie gehabt, spritzig, süffig, aber etwas banal. Der bisherige Kellermeister Herbert Senft, der zum Winzerverein Hagnau wechselte, verabschiedete sich mit einer guten 2000er Spätburgunder Selektion (83). Man darf gespannt sein, ob Nachfolger Martin Köble, der vom Hessischen Staatsweingut Kloster Eberbach kam, die Weichen neu stellen kann. Gelingen wird es wohl nur, wenn die Erträge reduziert werden.

Gutshof Edwin Menges
69231 Rauenberg, Suttenweg 1
Tel. (0 62 22) 95 10, Fax 95 11 00
e-mail: gutshof-menges@t-online.de

Nachdem Susanne und Edwin Menges in den Jahren zuvor sehr ambitioniert schienen, war 2001 ein Rückschritt. Es passte fast wie die Faust aufs Auge, dass es beim einzigen besseren Wein, einer Sauvignon blanc Spätlese (82), einen Etikettenfehldruck (»Sauvignon«) gab, den offenbar niemand bemerkt hat.

Weingut Martin Mössner (neu)
79331 Teningen-Köndringen,
Heimbacher Straße 3
Tel. (0 76 41) 28 08, Fax 5 40 03
e-mail: eva@weingutmoessner.de

Der normale Rotwein des Neulings aus dem Breisgau gefiel um einen Tick besser als die Barrique-Version (82:81). Überhaupt ist das sehr preiswerte Gut bei den Rotweinen etwas ausdrucksstärker. Recht ordentlich sind die Sekte vom Riesling (82) und Pinot Rosé (83).

Weingut Adam Müller
69181 Leimen, Adam-Müller-Straße 1
Tel. (0 62 24) 9 71 00, Fax 97 10 47
e-mail: verkauf@weingut-adam-mueller.de

Erneut überzeugte bei der großen Kellerei mehr die noble Ausstattung als der Inhalt. Die Weißweine wirken strapaziert (Ausnahme: Grauburgunder Spätlese, 83 Punkte). Die Rotweine machen einen besseren Eindruck, an der Spitze eine 99er Edition vom Spätburgunder (84) und ein 2000er Lemberger (83).

Winzergenossenschaft Oberbergen
79235 Vogtsburg-Oberbergen,
Badbergstraße 2
Tel. (0 76 62) 9 46 00, Fax 94 60 24
e-mail: info@wg-oberbergen.com

Ein solider Unterbau mit einem preiswerten Müller-Thurgau (»Frühlingsbote« für 3,25 Euro), von dem immerhin 80.000 Flaschen gefüllt werden (81 Punkte), dazu eine Kollektion ohne Höhen und Tiefen weisen auf eine zuverlässige Genossenschaft hin.

Oberkircher Winzergenossenschaft
77704 Oberkirch, Renchener Straße 42
Tel. (0 78 02) 9 25 80, Fax 92 58 38
e-mail: info@oberkircher-winzer.de
Internet: www.oberkircher-winzer.de

Die edelsüßen Spätburgunder, mit denen die Oberkircher Genossen früher Glanzlichter setzten, blieben zuletzt aus. Aber nun konnte man eine recht solide Serie vorstellen, in der eine allzu gefällige fruchtige Spätlese etwas abfiel, während die herbe Barrique-Version aus 2000 gewissen Ehrgeiz ahnen lässt (83 Punkte).

Weingut Eckard Probst (neu)
79219 Staufen-Grunern, Schleifsteinhof 2
Tel. (0 76 33) 80 82 33, Fax 80 82 34
e-mail: probst.ch@debitel.net

Der junge Christian Probst (Jahrgang 1979), Schwager des Achkarrer Reiner Probst, übernahm im Juni 2001 das elterliche Weingut. Die Kollektion ist allerdings nach der kurzen Anlaufzeit noch etwas ungleichmäßig. Am besten gefiel die Grauburgunder Spätlese (82).

Baden

Weingut St. Remigius
79291 Merdingen, Rittgasse 17
Tel. (0 76 68) 57 18, Fax 72 52
e-mail: st.remigius@web.de

Das kleine Weingut von Edgar Bärmann und Conrad Isele, das noch im Vorjahr Hoffnungen auf einen Aufstieg hegen durfte, hat die Möglichkeiten des Jahrgangs 2001 zu wenig genutzt und auch bei den 2000er Rotweinen nicht überzeugt. Unter den weißen »Kraftmeiern« mit viel Alkohol überzeugte eine Grauburgunder Spätlese (82) am ehesten.

Weingut Schloss Rheinburg
78262 Gailingen am Hochrhein,
Büsinger Straße
Tel. (0 77 34) 60 66, Fax 21 18
e-mail: e.m.gross@t-online.de

Vor 20 Jahren startete Elke Maria Groß mit einem eigenen Weingut abseits der Bodensee-Region. Die Weine werden in der Spitalkellerei Konstanz ausgebaut und sind in der Regel ohne Fehl und Tadel. Die weiße Serie ist korrekt, aber nicht aufregend. Besser wird es, wenn Farbe ins Spiel kommt. Rosé und Spätburgunder sind recht ansehnlich (je 83).

Weingut Freiherr Roeder von Diersburg
77749 Diersburg, Kreisstraße 20
Tel. (0 78 08) 22 21, Fax 22 26
e-mail: weingut@von-roeder.de

Der adelige Traditionsbetrieb, der auch ein kleines Museum vorweisen kann, bezeichnet 2001 als »Wunschherbst«. Aus diesem kann man Weißburgunder Kabinett (83) und Riesling Kabinett (82) als beste Ergebnisse vorweisen. Der Rest ist »durchwachsen«.

**Biologisches Weingut Schambachhof
(neu)**, 79268 Bötzingen
Tel. (0 76 63) 14 74, Fax 14 61
Internet: www.schambachhof.de

Matthias und Sonja Höfflin sind schon länger im Biolandbau tätig. Nachdem sie im Vorjahr eher schwächlich auftraten, war 2001 schon ein deutlicher Fortschritt. Am besten gefiel eine Gewürztraminer Spätlese trocken (83). Der »Ehren-

retter« des 2000ers, eine herbe Spätburgunder Auslese aus dem Barrique, ließ sogar höhere Ambitionen erkennen (85).

Weingut Dr. Schneider
79379 Müllheim-Zunzingen,
Rosenbergstraße 10
Tel. (0 76 31) 29 15, Fax 1 53 99
e-mail: info@weingut-dr-schneider.de
Internet: www.weingut-dr-schneider.de

Seinen Abstieg aus dem vergangenen Jahr kommentierte Dr. Schneider offenherzig als »zutreffend«, weil in zwei Jahrgängen hintereinander Hagelschäden und in 2000 noch Sauerfäule Probleme gemacht hätten. Aber trotz besserer Bedingungen vermissten wir die angekündigte »konzentrierte Fruchtigkeit«, registrierten mehr einen gefälligen, biederen Stil. Leider (noch) kein Comeback.

Weingut Lothar Schwörer
77971 Schmieheim, Waldstraße 6
Tel. (0 78 25) 74 11, Fax 23 81
e-mail: weingut.schwoerer@t-online.de

Lothar Schwörer erfreute uns vor einem Jahr mit einigen guten Gewächsen, die eine Traube ins Blickfeld rückten. Die Fortsetzung war mit Ausnahme von zwei ordentlichen 2000er Spätburgundern (je 82) allerdings nur braver Durchschnitt und bescherte uns sogar eine oxidierte Ruländer Beerenauslese, Jahrgang 2001.

Staatsweingut Karlsruhe-Durlach
76227 Karlsruhe, Posseltstraße 19
Tel. (07 21) 94 05 70, Fax 94 05 79
e-mail: Staatsweingut@t-online.de

Vor einem Jahr ließ Verwalter Dirk Mötje verständliche Probleme mit dem schwierigen 2000er erkennen. Aber 2001 gab es keine Steigerung, sondern eher eine noch schwächere Kollektion. Allenfalls eine Riesling Spätlese halbtrocken (81) ließ etwas Ehrgeiz durchschimmern.

Staatsweingut Meersburg
88709 Meersburg, Seminarstraße 6
Tel. (0 75 32) 3 57, Fax 3 56
e-mail: info@staatsweingut-meersburg.de

Der einstmals führende Betrieb am Bodensee präsentierte in den letzten Jahren

Baden

mäßige Kollektionen. Jetzt soll in die Kellerwirtschaft investiert werden. Der neue Gutsdirektor Dr. Jürgen Dietrich, der vom Staatlichen Hofkeller aus Würzburg kam, ist hoffnungsfroh, dass das zweifellos vorhandene Potenzial bald wieder genutzt wird. Vorbote ist neben einem Weißburgunder Qualitätswein (82) vor allem ein ansehnlicher Barrique-Spätburgunder des Jahrgangs 2000 (86).

Ökologisches Weingut Trautwein
79353 Bahlingen, Riegeler Straße 2
Tel. (0 76 63) 26 50, Fax 5 00 27
e-mail: info@trautweingut.com
Internet: www.trautweingut.com

Hans-Peter und Elfriede Trautwein betreiben bereits seit 1980 ökologischen Weinbau. Die vorgestellte kleine Kollektion war insgesamt besser als im Vorjahr und zeigt schon fast »Trauben-Reife«. Besonders gut gelungen: Weißburgunder (83) und Chardonnay (85).

Winzergenossenschaft Varnhalt
76534 Baden-Baden-Varnhalt,
Weinsteige 11
Tel. (0 72 23) 53 59, Fax 6 01 84
e-mail: VarnhRiesl@aol.com
Internet: www.baden-riesling.com

Mit ihren lediglich 86 Hektar gehört die Varnhalter Kooperative zu den kleinen Genossenschaften in Baden. Erstaunlicherweise war die Serie mit dem schwierigen Jahrgang 2000 im Vorjahr besser als die 2001er, bei denen lediglich eine herbe Riesling Spätlese aus dem Klosterbergfelsen (83) und ein Gewürztraminer (83) angenehm auffielen.

Weingut Josef Walz (neu)
79423 Heitersheim, Hauptstraße 34
Tel. (0 76 34) 55 30 30, Fax 55 30 33
e-mail: weinwalz@t-online.de

Thomas Walz, Inhaber des alteingesessenen Markgräfler Weingutes, hat 7 Hektar unter Reben. Er versteht sich auf überdurchschnittlichen Spätburgunder (86 Punkte für den 2000er) und kann eine große Bandbreite beim Gutedel vom süffigen Tischwein bis zur durchaus achtbaren herben Auslese aus dem Barrique (83) vorweisen. Ein Aufstiegskandidat!

Winzergenossenschaft Wasenweiler
79241 Wasenweiler, Raiffeisenstraße 6
Tel. (0 76 68) 50 76, Fax 50 08

Wasenweiler ist ein Ortsteil von Ihringen. Die kleine Kaiserstühler Genossenschaft (90 Hektar) lässt immer wieder mal mit recht ansehnlichem Spätburgunder und gelungenem Sekt (Muskateller, Blanc de Noir) Können aufblitzen. Leider ist das Niveau der Weißweine deutlich schwächer und verhindert den Aufstieg.

Weingut Fritz Waßmer (neu)
79181 Bad Krozingen-Schlatt,
Lazariterstraße 3
Tel. (0 76 33) 39 65, Fax 44 58

Reizvolles Duell im nah bei Freiburg gelegenen Breisgauer Weindorf Schlatt: Martin Waßmer schaffte als Neuling den Aufstieg. Bruder Fritz, der 30 Hektar unter Reben hat und 2001 erstmals selbst Wein in kommerziellen Mengen ausbaute, dürfte wohl bald nachziehen. Seine Rotweine sind ebenso wie Grauburgunder und Muskateller recht beachtlich.

Weingut Julius Zotz
79423 Heitersheim, Staufener Straße 3
Tel. (0 76 34) 10 59, Fax 47 58
e-mail: weingut.zotz@t-online.de

So unterschiedlich wie die Ausstattung sind auch die Qualitäten. Mal zeigen sich die Weine durchaus erfreulich (Weißburgunder Classic mit 83, Gutedel-Chasslie und Grauburgunder Spätlese mit 82 Punkten), aber dann auch wieder recht bieder und gewöhnlich.

Verkostet wurden außerdem:

Weinbau Issak, Merzhausen

Klaus Hermann, Vogtsburg

Rainer Schlumberger, Laufen

Thomas Geiger, Meersburg

Thomas Landerer, Oberrotweil

Weingut Augit, Bahlingen

Winzergenossenschaft Ballrechten-Dottingen

Franken

Die Bocksbeutel-Krise!?

Erstmals kommt unser »Winzer des Jahres« aus Franken. Paul Fürst trägt in 2003 diese Auszeichnung für konstante Höchstleistungen über viele Jahre hinweg. Ein Blick in den ersten WeinGuide 1994 zeigt, dass Paul Fürst damals schon seine Stärken ausspielte. Neben seinen immer fabelhaften Rotweinen war ein trockener Weißburgunder unter den besten zehn des Jahrgangs 1992 und selbst eine Rieslaner Auslese spielte ganz vorne mit. Das Weingut Rudolf Fürst in Bürgstadt gehört zu den wenigen in Deutschland, wo man wirklich blind einkaufen kann – Enttäuschungen sind uns seit Jahren nicht begegnet.

Seit einiger Zeit will das Gerede um eine Bocksbeutel-Krise nicht mehr verstummen. Wenn es sie denn wirklich geben sollte, dann sollten die Winzer sie als Chance begreifen. Krisen sind oft der Auftakt für einen viel versprechenden Neubeginn, man blicke nur zurück etwa in die Wachau oder nach Piemont. In Franken geht es im Übrigen weniger um die Verpackung, sondern vielmehr darum, was im Bocksbeutel steckt. Für eine nachhaltige Renaissance ist die individuelle Handschrift des Winzers gefragt, denn die Unverwechselbarkeit des Produkts war und ist das Credo der Weinkultur. Benötigt wird also ein gewisses Selbstbewusstsein, an welchem es den fränkischen Winzern eigentlich nie gefehlt hat, und der Mut zur Eigenständigkeit – denn Unikate sind es, die der Weinfreund sucht, mit Ecken und Kanten, als höchst willkommene Alternative zu den unzähligen gestylten »Weiche-Welle-Weinchen« aus weltweiter High-Tech-Produktion. Ehrlich fränkisch eben, denn Zukunft braucht Herkunft.

Nach dem sehr guten Jahrgang 2000 muss sich auch 2001 nicht verstecken. Wir probierten überwiegend feinnervige trockene Weißweine, jedoch hat es zur edelsüßen Spitze meist noch nicht ganz gelangt. Seine Bonität bestätigte der Jahrgang 2000 mit einigen überraschend gelungenen Roten, vor allem aus dem kleinen Eichenholzfass.

Dass Franken nach wie vor keinen Mangel an guten Winzern hat, bestätigen in diesem Jahr sechs Neuaufnahmen. Als Gebietsentdeckung des Jahres kann Jürgen Hofmann aus dem Taubertal gelten, der nicht nur mit seiner Cuvée Flint Furore macht. Doch auch altrenommierte Traditionsbetriebe fassen wieder Tritt. Bestes Beispiel ist das Würzburger Juliusspital, das seit Jahren nicht mehr eine so gelungene Kollektion vorgestellt hat.

»Weinfranken« erstreckt sich von Aschaffenburg bis Schweinfurt. Herzstück ist das Maindreieck in und um

Würzburg. Hier gedeiht der Wein auf Muschelkalkböden, die auch mit Lehm und Löss durchsetzt sind. Auf den Fluren von Würzburg, direkt am Main, liegt die berühmte Einzellage »Stein«, deren Gewächse als »Steinwein« früher ein Synonym für Frankenwein schlechthin waren. Wegen des ausgeprägten Kontinentalklimas mit trockenen, heißen Sommern und kalten Wintern liegen die weit auseinander gezogenen Weinberge überwiegend an den südlichen Steilhängen oberhalb des Mains und auf den Keuperböden am Westhang des Steigerwaldes.

Im Mainviereck im Westen von Unterfranken ist das Klima ein wenig milder. Auf ursteinzeitlichen Verwitterungsböden und Buntsandstein wachsen vor allem an den Hängen um Bürgstadt überdurchschnittliche Rotweine.

Von den gut 6.000 Hektar fränkischer Rebfläche wird rund die Hälfte durch die sieben fränkischen Genossenschaften vermarktet. In diesen Betrieben liegen die Keller teilweise so voll, dass Weine zu Dumpingpreisen auf den Markt kommen. Das hat zwangsläufig Auswirkungen auf das Image des Gebietes und die Absatzmöglichkeiten der renommierten Weingüter, die es freilich angesichts solcher Konkurrenz schwer haben, ihre Preise durchzusetzen. Also doch eine Krise?!

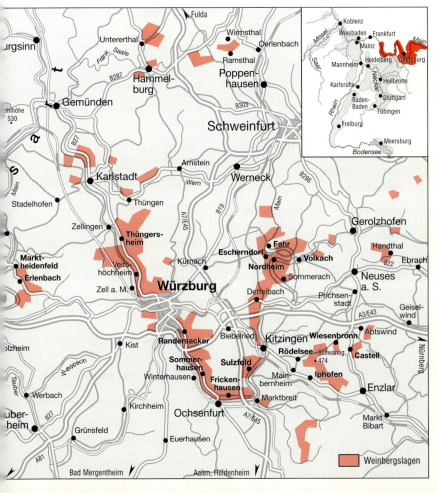

Franken

Die Spitzenbetriebe in Franken

Fürstlich Castellsches Domänenamt, Castell

Weingut Rudolf Fürst, Bürgstadt

Weingut Horst Sauer, Escherndorf

Weingut Glaser-Himmelstoß, Nordheim

Weingut Juliusspital, Würzburg

▲ Weingut Fürst Löwenstein, Kreuzwertheim

Weingut Johann Ruck, Iphofen

Weingut Schmitt's Kinder, Randersacker

Weingut am Stein, Würzburg

Weingut Störrlein, Randersacker

Weingut Hans Wirsching, Iphofen

Weingut Zehnthof, Sulzfeld

Weingut Bickel-Stumpf, Frickenhausen

Weingut Waldemar Braun, Nordheim

Weingut Bürgerspital zum Heiligen Geist, Würzburg

Weingut Michael Fröhlich, Escherndorf

Weingut Dr. Heigel, Zeil am Main

Weingut Roth, Wiesenbronn

Weingut Rainer Sauer, Escherndorf

Weingut Schloss Sommerhausen

Staatlicher Hofkeller Würzburg, Würzburg

▲ Weingut Stich – »Im Löwen«, Bürgstadt

Weingut Wolfgang Weltner, Rödelsee

∗ Weingut Brennfleck, Sulzfeld

Weingut Helmut Christ, Nordheim

∗ Weingut Schloss Frankenberg, Weigenheim

∗ Weingut Höfler, Alzenau-Michelbach

∗ Weingut Hofmann, Röttingen

Weingut Franz Kirch, Fahr bei Volkach

Weingut »Am Lump«, Escherndorf

Weingut Meintzinger, Frickenhausen

Weingut Max Müller I, Volkach

∗ Winzergenossenschaft Nordheim/Main

Weinbau Egon Schäffer, Escherndorf

∗ Weingut Paul Schmitt, Randersacker

Weingut Schwab, Thüngersheim

Weingut »Zur Schwane«, Volkach

Weingut Artur Steinmann – Im Pastoriushaus, Sommerhausen

Winzergenossenschaft Thüngersheim

Bewertung der Betriebe

Höchstnote für die
weltbesten Weinerzeuger

Exzellente Betriebe, die zu den
besten Deutschlands zählen

Sehr gute Erzeuger, die seit Jahren
konstant hohe Qualität liefern

Gute Erzeuger, die mehr als
das Alltägliche bieten

Verlässliche Betriebe mit einer
ordentlichen Standardqualität

Große und kleine Jahrgänge in Franken	
Jahr	Güte
2001	✿✿✿
2000	✿✿✿✿
1999	✿✿✿
1998	✿✿✿
1997	✿✿✿✿
1996	✿✿✿
1995	✿✿
1994	✿✿✿✿
1993	✿✿✿
1992	✿✿✿✿

Jahrgangsbeurteilung:

✿✿✿✿✿ : Herausragender Jahrgang

✿✿✿✿ : Sehr guter Jahrgang

✿✿✿ : Guter Jahrgang

✿✿ : Normaler Jahrgang

✿ : Schwacher Jahrgang

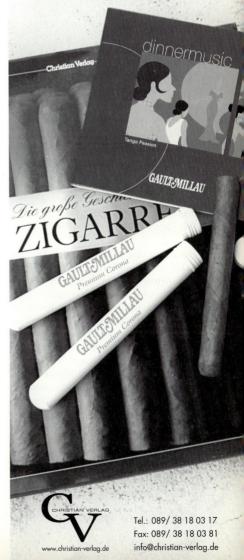

Der Genuss geht weiter…

…ob mit den exklusiven Gault Millau Premium Coronas, der passenden Dinnermusic CD oder den vielen Genießer-Büchern aus dem Christian Verlag.

CV CHRISTIAN VERLAG

www.christian-verlag.de

Tel.: 089/ 38 18 03 17
Fax: 089/ 38 18 03 81
info@christian-verlag.de

Franken

WEINGUT
BICKEL-STUMPF

Inhaber: Reimund u. Carmen Stumpf
Kellermeister: Reimund Stumpf
97252 Frickenhausen, Kirchgasse 5
Tel. **(0 93 31) 28 47**, Fax 71 76
e-mail: bickel-stumpf@t-online.de
Internet: www.bickel-stumpf.de
Anfahrt: A 3 Würzburg–Nürnberg,
Ausfahrt Randersacker, über die B 13,
17 Kilometer entlang des Mains
A 7, Ausfahrt Marktbreit
Verkauf: Carmen Stumpf
Mo.–Sa. 9:00 bis 17:00 Uhr
und nach Vereinbarung

Rebfläche: 8 Hektar
Jahresproduktion: 70.000 Flaschen
Beste Lagen: Frickenhäuser
Kapellenberg, Thüngersheimer
Johannisberg
Boden: Muschelkalk, Buntsandstein
Rebsorten: 32% Silvaner,
20% Müller-Thurgau, 11% Riesling,
10% Spätburgunder, 9% Portugieser,
je 4% Rieslaner und Cabernet Dorsa,
3% Domina, 7% übrige Sorten
Durchschnittsertrag: 72 hl/ha
Beste Jahrgänge: 1999, 2000, 2001
Mitglied in Vereinigungen: VDP

Als die beiden Winzermeister Carmen Bickel und Reimund Stumpf im Jahre 1976 heirateten, legten sie die beiden elterlichen Weinbaubetriebe zusammen. Der Stammsitz befindet sich heute im ehemals Bickel'schen Gut in Frickenhausen und liegt dort versteckt hinter der Kirche. In den Frickenhäuser Muschelkalk-Lagen gedeihen bevorzugt Weißweine, während in den Thüngersheimer Weinbergen, die Reimund Stumpf beisteuerte, in erster Linie rote Rebsorten Wurzeln schlagen. In den letzten Jahren präsentierte Stumpf durchweg überzeugende Kollektionen, in 2000 gekrönt von einem ungemein rassigen Riesling Eiswein. Auch im Jahrgang 2001 gibt es gute Qualitäten, nicht zuletzt bei den »einfachen« Weinen des Sortimentes, das durchgängig von

Frische und Feinheit durch lange Lagerung auf der Hefe gekennzeichnet ist.

2001 Frickenhäuser Kapellenberg
Silvaner trocken
4,50 €, 11,5%, ♀ bis 2004 **83**

2001 Frickenhäuser Kapellenberg
Silvaner Kabinett trocken
5,50 €, 11,5%, ♀ bis 2005 **85**

2001 Frickenhäuser Kapellenberg
Rieslaner Spätlese trocken
10,– €, 13%, ♀ bis 2007 **85**

2001 Frickenhäuser Kapellenberg
Riesling Kabinett trocken
7,50 €, 12%, ♀ bis 2005 **86**

2001 Thüngersheimer Johannisberg
Müller-Thurgau
4,50 €, 11,5%, ♀ bis 2004 **85**

2001 Bickel-Stumpf
Bacchus
4,50 €, 10,5%, ♀ bis 2004 **85**

--- Rotwein ---

2000 Thüngersheimer Johannisberg
Spätburgunder
10,– €, 13%, ♀ bis 2007 **85**

Die Betriebe: ✤✤✤✤✤ Weltklasse · ✤✤✤✤ Deutsche Spitze · ✤✤✤ Sehr gut · ✤✤ Gut · ✤ Zuverlässig

Franken

WEINGUT WALDEMAR BRAUN

Inhaber: Waldemar Braun
Betriebsleiter: Waldemar Braun
Kellermeister: Patrick Braun
97334 Nordheim, Langgasse 10
Tel. (0 93 81) 90 61, Fax 7 11 79
e-mail:
info@weingut-waldemar-braun.de
Internet:
www.weingut-waldemar-braun.de
Anfahrt: A 3 Würzburg–Nürnberg, Ausfahrt Kitzingen/Schwarzach, Richtung Volkach; A 70, Ausfahrt Gerolzhofen, Richtung Volkach
Verkauf: Heidi Braun
Mo. bis Sa. 9:00 bis 18:00 Uhr
So. 10:00 bis 16:00 Uhr
und nach Vereinbarung
Sehenswert: Probierstube im alten Gewölbekeller

Rebfläche: 10,5 Hektar
Jahresproduktion: 70.000 Flaschen
Beste Lagen: Nordheimer Vögelein und Kreuzberg
Boden: Muschelkalk mit Flugsandauflage
Rebsorten: 35% Müller-Thurgau, 20% Silvaner, 10% Bacchus, 8% Riesling, 6% Domina, 5% Rieslaner, 4% Spätburgunder, 12% übrige Sorten
Durchschnittsertrag: 89 hl/ha
Beste Jahrgänge: 1998, 2000, 2001

Waldemar Braun füllt alle seine Weine in Flaschen mit Drehverschluss – konsequente Reaktion auf einen durch schlechte Korken teilweise verdorbenen Jahrgang 1998. Die Jahrgänge 2000 und 2001 brachten einige einfachere, süffige Weine, aber auch recht gehaltvolle Spätlesen, vor allem im nicht trockenen Bereich. Der Nordheimer will in nächster Zeit seine Vinifikation noch verfeinern. Das Potenzial, das in seinen Lagen steckt, könnte darüber hinaus durch eine weitere Reduzierung der Erträge noch stärker ausgereizt werden.

2001 Nordheimer Vögelein
Silvaner trocken
4,40 €/1,0 Lit., 11,5%, ♀ bis 2003 **81**

2001 Nordheimer Vögelein
Weißer Burgunder Spätlese trocken
10,– €, 13%, ♀ bis 2007 **83**

2001 Nordheimer Vögelein
Chardonnay Spätlese trocken
10,– €, 12,5%, ♀ bis 2007 **84**

2001 Sommeracher Rosenberg
Scheurebe Kabinett
6,20 €, 11%, ♀ bis 2005 **80**

2001 Nordheimer Vögelein
Silvaner Spätlese
8,20 €, 12,5%, ♀ bis 2007 **80**

2001 Nordheimer Vögelein
Rieslaner Spätlese
9,50 €, 11%, ♀ bis 2007 **85**

2001 Nordheimer Vögelein
Riesling Spätlese
9,70 €, 10,5%, ♀ bis 2007 **86**

2001 Nordheimer Vögelein
Rieslaner Auslese
16,– €, 11,5%, ♀ bis 2012 **86**

——— Rotwein ———

2000 Nordheimer Vögelein
Spätburgunder trocken Barrique
10,– €, 14,5%, ♀ bis 2007 **85**

Die Weine: **100** Perfekt · **95–99** Überragend · **90–94** Exzellent · **85–89** Sehr gut · **80–84** Gut · **75–79** Passabel

Neu **Franken**

WEINGUT BRENNFLECK

Inhaber und Betriebsleiter:
Hugo Brennfleck
97320 Sulzfeld, Papiusgasse 7
Tel. (0 93 21) 43 47, Fax 43 45
e-mail: info@weingut-brennfleck.de
Internet: www.weingut-brennfleck.de
Anfahrt: A 3 Würzburg–Nürnberg, Ausfahrt Kitzingen/Schwarzach; A 7 Kassel–Ulm, Ausfahrt Kitzingen/Repperndorf
Verkauf: Susanne Brennfleck, Sandra Holler
Mo.–Fr. 7:30 bis 17:30 Uhr
Wochenende nach Vereinbarung
Historie: Weinbau seit 1591
Sehenswert: Mittelalterlicher Gutshof, Gewölbekeller-Ensemble
Erlebenswert: Hoffest am 3. Juli-Wochenende, Theatertage im Weingut

---

Rebfläche: 17,2 Hektar
Jahresproduktion: 150.000 Flaschen
Beste Lagen: Iphöfer Kalb und Kronsberg, Escherndorfer Lump, Sulzfelder Maustal und Cyriakusberg
Boden: Keuper, Muschelkalk
Rebsorten: 40% Silvaner,
je 10% Müller-Thurgau und Bacchus,
8% Spätburgunder, je 5% Riesling, Kerner, Scheurebe und Domina,
12% übrige Sorten
Durchschnittsertrag: 75 hl/ha
Beste Jahrgänge: 2000, 2001

Im alten, 1479 errichteten Gutshof, im mittelalterlichen Sulzfeld, widmen sich Hugo und Susanne Brennfleck nunmehr in der 13. Generation dem Weinbau. 1999 hat die junge Winzerfamilie mit zwei Töchtern den immerhin gut 17 Hektar großen Betrieb von den Eltern übernommen. Im Mittelpunkt der Anstrengungen steht nach wie vor der Silvaner, der hier Beachtliches leisten kann. Doch auch 20 Prozent rote Sorten gehören zum Programm. Uns überzeugte Hugo Brennfleck mit einem Sortiment geradliniger und außerordentlich herzhafter Weine in bester fränkischer Tradition, ohne jedoch auf einen modernen Stil zu verzichten. Neben sehr gelungenen Silvanern stehen an der Spitze der Kollektion eine Kerner Spätlese und ein überraschender Roter aus 2000.

2001 Rivaner
trocken
4,50 €, 11%, ♀ bis 2004 — **80**

2001 Rödelseer Küchenmeister
Silvaner Kabinett trocken
4,85 €, 11,5%, ♀ bis 2005 — **84**

2001 »Anna-Lena«
Silvaner Kabinett trocken
5,90 €, 11,5%, ♀ bis 2005 — **85**

2001 Iphöfer Kronsberg
Scheurebe Kabinett trocken
6,– €, 12%, ♀ bis 2005 — **86**

2001 Sulzfelder Maustal
Silvaner Spätlese trocken
8,20 €, 13%, ♀ bis 2007 — **86**

2001 Iphöfer Kalb
Silvaner Spätlese trocken
8,70 €, 13,5%, ♀ bis 2007 — **86**

2001 Sulzfelder Cyriakusberg
Kerner Spätlese
7,55 €, 11%, ♀ bis 2007 — **87**

——— Rotwein ———

2000 Sulzfelder Maustal
Domina Kabinett trocken Barrique
9,20 €, 12,5%, ♀ bis 2007 — **86**

Franken

WEINGUT BÜRGERSPITAL ZUM HEILIGEN GEIST

Inhaber: Stiftung des öffentl. Rechts
Gutsdirektoren: Helmut Plunien und Sonja Höferlin
Kellermeister: Helmut Plunien und Elmar Nun
97070 Würzburg, Theaterstraße 19
Tel. (09 31) 3 50 34 41, Fax 3 50 34 44
e-mail: weinverkauf@buergerspital.de
Internet: www.buergerspital.de
Anfahrt: In die Stadtmitte von Würzburg, beim Mainfranken-Theater
Verkauf: Reinhard Sauer
Mo. bis Fr. 8:00 bis 17:00 Uhr
Ladenverkauf: Heinrich Bauer
Mo.–Fr. 9:00 bis 18:00 Uhr
Sa. 9:00 bis 15:00 Uhr
Gutsausschank: Bürgerspital Weinstuben, von 9:00 bis 24:00 Uhr
Historie: 1316 Stiftung des Spitals für Kranke und Reisende
Sehenswert: Spitalkirche, barocker Innenhof, Kellergewölbe

Rebfläche: 120 Hektar
Jahresproduktion: 900.000 Flaschen
Beste Lagen: Würzburger Stein, Stein-Harfe, Abtsleite und Innere Leiste, Randersacker Pfülben und Teufelskeller
Boden: Muschelkalk, Gipskeuper
Rebsorten: 26% Riesling, 21% Silvaner, 18% Müller-Thurgau, je 4% Weißburgunder und Spätburgunder, 27% übrige Sorten
Durchschnittsertrag: 69 hl/ha
Beste Jahrgänge: 1993, 1998, 2001
Mitglied in Vereinigungen: VDP

2001 Würzburger Abtsleite
Silvaner Kabinett trocken
7,80 €, 12%, ♀ bis 2005   **85**

2001 Würzburger Stein
Riesling Kabinett trocken
8,35 €, 12%, ♀ bis 2005   **86**

2001 Würzburger Stein
Silvaner Spätlese trocken
11,95 €, 12,5%, ♀ bis 2007   **86**

2001 Randersacker Teufelskeller
Riesling Spätlese trocken
10,75 €, 12,5%, ♀ bis 2007   **87**

2001 Würzburger Stein
Riesling Spätlese trocken »Hagemann«
17,50 €, 13%, ♀ bis 2007   **87**

2001 Würzburger Stein
Gewürztraminer Spätlese trocken
10,15 €, 13,5%, ♀ bis 2007   **88**

2001 Würzburger Stein
Riesling Auslese
31,80 €, 9%, ♀ bis 2012   **90**

2001 Würzburger Abtsleite
Riesling Eiswein
64,– €, 10%, ♀ bis 2017   **91**

Unter der neuen Führung kehrt das altehrwürdige Traditionsgut offenbar zu früheren Tugenden zurück. Jedenfalls gelang im Jahrgang 2001 eine Palette ausgezeichneter Weine mit einer außerordentlichen trockenen Gewürztraminer Spätlese vom Stein und zwei sehr guten Riesling Auslesen sowie einem Eiswein an der Spitze. Auch die trockenen Weine erinnerten durchweg an Glanzzeiten.

Die Weine: **100** Perfekt · **95–99** Überragend · **90–94** Exzellent · **85–89** Sehr gut · **80–84** Gut · **75–79** Passabel

Franken

FÜRSTLICH CASTELLSCHES DOMÄNENAMT

Inhaber: Ferdinand Graf zu Castell-Castell
Betriebsleiter: Karl-Heinz Rebitzer
Außenverwalter: Peter Hemberger
Kellermeister: Christian Frieß und Reinhard Firnbach
Vertriebsleiter: Frank Dietrich
97335 Castell, Schloßplatz 5
Tel. (0 93 25) 6 01 60, Fax 6 01 88
e-mail: weingut@castell.de
Internet: www.castell.de
Anfahrt: A 3 Würzburg–Nürnberg, Ausfahrt Nr. 75 Wiesentheid, über die B 286
Verkauf: Mo.–Fr. 7:30 bis 17:00 Uhr
Sa. 10:00 bis 16:00 Uhr
und nach Vereinbarung
Gutsausschank: »Weinstall«,
Tel. 90 25 61,
von 11:00 bis 23:00 Uhr, Mo. Ruhetag
Spezialitäten: Typisch fränkische Küche
Historie: Weinbau seit 13. Jahrhundert
Sehenswert: Gewölbekeller, reizvolle Wanderwege im Schlossgarten

---

Rebfläche: 65 Hektar
Jahresproduktion: 400.000 Flaschen
Beste Lagen: Casteller Schlossberg, Hohnart, Kugelspiel, Trautberg, Bausch
Boden: Gipskeuper
Rebsorten: 34% Silvaner, 25% Müller-Thurgau, je 6% Riesling, Rieslaner und Bacchus, 14% Rotweinsorten, 9% übrige Sorten
Durchschnittsertrag: 56 hl/ha
Beste Jahrgänge: 1999, 2000, 2001
Mitglied in Vereinigungen: VDP

Auf Schloss Castell rechnet man in sehr langen Zeiträumen. Das Weingut befindet sich seit dem 11. Jahrhundert in Familienbesitz und gehört damit zu den ältesten in ganz Deutschland. Die herausragenden Lagen wie Schlossberg und Hohnart sind seit 1258 dokumentiert. Ein sehr wichtiger Termin für das Haus war der 5. April 1659; damals wurde der aus Österreich importierte Silvaner erstmals in Franken und Deutschland angebaut – was nach den Wirren des Dreißigjährigen Krieges (1618 bis 1648) ein Zeichen für den Glauben an die Zukunft war. Ferdinand Graf zu Castell trat vor einigen Jahren mit dem Anspruch an, das Gut wieder in die Spitzengruppe des Gebietes zu führen. Das ist ihm – unterstützt von einem tüchtigen Team mit Betriebsleiter Karl-Heinz Rebitzer an der Spitze – mittlerweile gelungen. Nach den schon sehr verheißungsvollen Jahrgängen 1997, 1998 und 1999 markierte die 2000er Kollektion einen neuen Höhepunkt. Selbst der leichtgewichtige Müller-Thurgau Kabinett bereitete Vergnügen, ganz zu schweigen vom Riesling und dem Silvaner, dem die Castell'sche Domäne einst den Boden in Franken bereitete. Auch die Edelsüßen zeigten in 2000 mehr Statur. Wirkten die Weine vor wenigen Jahren noch allzu gefällig und gelegentlich etwas säuerlich, so sind sie heute saftig, knackig, würzig, dicht und elegant, manchmal auch richtiggehend raffiniert. Um für die Zukunft gerüstet zu sein, wurden betriebsintern Qualitätsgruppen geschaffen, die der Übersichtlichkeit dienen sollen. Die Pyramide besteht aus drei Stufen. Das Fundament sind Rebsortenweine mit der Bezeichnung »Schloss Castell«, die immer frisch, trocken und unkompliziert anmuten sollen. Darüber stehen die Lagenweine. »Unsere Individualisten«, meint Graf Ferdinand. Krönung und dritte Stufe der Pyramide sind die »Großen Gewächse« vom Casteller Schlossberg. Auf dieser extremen Steillage erbringen Silvaner und Riesling Höchstleistungen, während die Erntemengen deutlich reduziert werden. Im Keller liegen diese Weine besonders lang auf der Hefe. In 2001 wird die vornehme, vielleicht etwas zu zurückhaltende Art der Weißweine deutlich kontrastiert von zwei expressiven Roten: einer beeindruckenden »Cuvée C« und einem großartigen Spätburgunder mit beachtlichem Potenzial.

Franken

2001 Schloss Castell Müller-Thurgau trocken 5,55 €, 11,5%, ♀ bis 2004 — **84**	**2001 Casteller Kugelspiel** Rieslaner Spätlese 11,50 €, 12,5%, ♀ bis 2007 — **87**
2001 Schloss Castell Riesling trocken 6,15 €, 11,5%, ♀ bis 2004 — **86**	**2001 Casteller Schlossberg** Rieslaner Auslese 19,50 €/0,375 Lit., 12%, ♀ bis 2013 — **88**
2001 Casteller Hohnart Silvaner Kabinett trocken 7,75 €, 12%, ♀ bis 2005 — **86**	**2001 Casteller Schlossberg** Silvaner Trockenbeerenauslese 65,50 €/0,375 Lit., 11,5%, ♀ bis 2023 — **88**
2001 Casteller Kugelspiel Silvaner Kabinett trocken 7,75 €, 12,5%, ♀ bis 2005 — **86**	**2001 Casteller Kugelspiel** Silvaner Eiswein 49,50 €/0,375 Lit., 11%, ♀ bis 2017 — **89**
2001 Casteller Kirchberg Silvaner Spätlese trocken 11,– €, 12,5%, ♀ bis 2007 — **86**	**2001 Casteller Schlossberg** Rieslaner Trockenbeerenauslese 65,50 €/0,375 Lit., 11,5%, ♀ bis 2023 — **90**

―――― Rotweine ――――

2000 »Cuvée C«
trocken
17,– €, 13%, ♀ bis 2007 — **87**

2001 Casteller Hohnart
Riesling Kabinett trocken
7,85 €, 13%, ♀ bis 2005 — **86**

2001 Casteller Trautberg
Silvaner Spätlese trocken
11,– €, 12,5%, ♀ bis 2007 — **87**

2000 Casteller Reitsteig
Spätburgunder trocken
30,– €, 13%, ♀ bis 2007 — **88**

2001 Casteller Hohnart
Riesling Spätlese trocken
13,– €, 13%, ♀ bis 2007 — **87**

2001 Casteller Hohnart
Silvaner Spätlese trocken
12,80 €, 13%, ♀ bis 2007 — **88**

2001 Casteller Schlossberg
Silvaner Spätlese trocken
20,– €, 13%, ♀ bis 2007 — **89**

2001 Casteller Schlossberg
Riesling Spätlese trocken
20,– €, 12,5%, ♀ bis 2007 — **90**

Die Weine: **100** Perfekt · **95–99** Überragend · **90–94** Exzellent · **85–89** Sehr gut · **80–84** Gut · **75–79** Passabel

Franken

WEINGUT HELMUT CHRIST

Inhaber: Helmut Christ
97334 Nordheim, Volkacher Straße 6
Tel. (0 93 81) 28 06, Fax 66 40
Anfahrt: A 3 Würzburg–Nürnberg, Ausfahrt Volkach, über Schwarzach und Sommerach
Verkauf: Angelika Christ
Mo.–Sa. 10:00 bis 12:00 Uhr und 13:00 bis 18:00 Uhr
Heckenwirtschaft: Mai u. Sept.
Weinstube: Im Barockhof
Sehenswert: Barocke Gebäudeanlage

Rebfläche: 9,5 Hektar
Jahresproduktion: 60.000 Flaschen
Beste Lagen: Volkacher Ratsherr, Nordheimer Vögelein, Dettelbacher Berg Rondell
Boden: Muschelkalk, sandiger Lehm
Rebsorten: 34% Müller-Thurgau, 27% Silvaner, 9% Spätburgunder, je 8% Kerner und Dornfelder, je 4% Riesling und Bacchus, 6% übrige Sorten
Durchschnittsertrag: 68 hl/ha
Beste Jahrgänge: 2000, 2001
Mitglied in Vereinigungen: Bioland

Helmut Christ gehört zu den Öko-Winzern der ersten Stunde in Deutschland. Bereits 1974 begann er – noch als Genossenschaftsmitglied – trotz spottender Nachbarn zunächst mit Grünsaat zwischen den Reben und stellte dann nach und nach konsequent um. 1982 wagte er den Sprung in die Selbstvermarktung, fiel bald mit überdurchschnittlichen Weinen auf, geriet dann aber in eine schwächere Phase. Doch ausgerechnet mit dem nicht unbedingt einfachen Jahrgang 2000 meldete sich Christ im vergangenen Jahr zurück. Von 2001 stellte der Winzer nur vier Weine an, doch die sind von sehr guter Qualität, insbesondere ein feinerviger Silvaner in der Literflasche sowie ein überzeugender Spätburgunder aus dem Barrique, welches mit über 30 Jahre abgelagertem Holz aus der eigenen Küferei gefertigt wurde. Ebenfalls im Fass gereift ein wunderbar dezenter Zwetschgenbrand. Neu: die Weinstube im Barockhof!

2001 Volkacher Kirchberg
Silvaner trocken
4,50 €/1,0 Lit., 12%, ♀ bis 2003   **83**

2001 Dettelbacher Berg Rondell
Müller-Thurgau Kabinett trocken
4,90 €, 11,6%, ♀ bis 2005   **84**

2001 Volkacher Ratsherr
Riesling Spätlese
9,– €, 12,7%, ♀ bis 2007   **86**

——— Rotwein ———

2000 Spätburgunder
Barrique
10,50 €, 13%, ♀ bis 2007   **86**

Die Betriebe: ✽✽✽✽✽ Weltklasse · ✽✽✽✽ Deutsche Spitze · ✽✽✽ Sehr gut · ✽✽ Gut · ✽ Zuverlässig

Neu **Franken**

WEINGUT SCHLOSS FRANKENBERG

Inhaber und Betriebsleiter:
Carl Freiherr von Lerchenfeld
Kellermeister: Klaus Kuhn
97215 Weigenheim,
Schloss Frankenberg
Tel. (0 93 39) 9 71 40, Fax 97 14 17
e-mail: buerofrankenberg@aol.com
Internet: www.schloss-frankenberg.de
Anfahrt: A 7, Ausfahrt Gollhofen, über Ippesheim; A 3, Ausfahrt Wiesentheid, über Castell, Enzlar, Hellmitzheim, Nenzenheim
Verkauf: Mo.–Fr. 8:00 bis 17:00 Uhr
Sa. und So. 10:00 bis 20:00 Uhr
Gutsausschank: Zum Amtshaus
Sa. und So. von 10:00 bis 20:00 Uhr
Spezialitäten: Regionale Küche, Wild
Appartements: In der stilvoll restaurierten Vorburg
Historie: Weinbau seit 1260
Sehenswert: Schloss Vorderfrankenberg, Ruine Hinterfrankenberg, weitläufige Gärten

---

Rebfläche: 32 Hektar
Jahresproduktion: 200.000 Flaschen
Beste Lage: Schloss Frankenberg
Boden: Leichter bis schwerer Keuper
Rebsorten: je 20% Silvaner, Kerner und Müller-Thurgau, 7% rote Sorten, 6% Bacchus, 27% übrige Sorten
Durchschnittsertrag: 53 hl/ha
Bester Jahrgang: 2001

Seit dem 13. Jahrhundert steht Schloss Frankenberg am Fuße des südlichen Steigerwaldes. 1972 wurden die Weinberge neu angelegt. Heute führt Carl Freiherr von Lerchenfeld, der bei Hans Ruck gelernt hat, den Betrieb. Beim Weinausbau arbeitet er mit dem Team des Staatlichen Hofkellers in Würzburg zusammen – eine Verbindung, die immer mehr Früchte zu tragen scheint. Bereits die beiden Literweine zeigen beachtliches Niveau und machen viel Vergnügen. Der 2001er Silvaner ist sehr gut gelungen und selbst die Rotweine gewinnen an Statur.

2001 Schloss Frankenberg
Müller-Thurgau trocken
5,20 €/1,0 Lit., 11,5%, ♀ bis 2003   **82**

2001 Schloss Frankenberg
Riesling Spätlese trocken
11,– €, 12,5%, ♀ bis 2007   **85**

2001 Schloss Frankenberg
Silvaner Kabinett trocken
6,– €, 11,5%, ♀ bis 2005   **85**

2001 Schloss Frankenberg
Silvaner Spätlese trocken
10,50 €, 12,5%, ♀ bis 2007   **86**

2001 Schloss Frankenberg
Bacchus
5,20 €/1,0 Lit., 11%, ♀ bis 2003   **83**

2001 Schloss Frankenberg
Kerner Auslese
13,– €, 11,5%, ♀ bis 2013   **87**

--- Rotwein ---

2000 Schloss Frankenberg
Spätburgunder & Dornfelder trocken
11,– €, 13%, ♀ bis 2007   **86**

Die Weine: **100** Perfekt · **95–99** Überragend · **90–94** Exzellent · **85–89** Sehr gut · **80–84** Gut · **75–79** Passabel

Franken

WEINGUT MICHAEL FRÖHLICH

Inhaber: Michael Fröhlich
97332 Escherndorf,
Bocksbeutelstraße 41
Tel. (0 93 81) 28 47, Fax 7 13 60
e-mail:
info@weingut-michael-froehlich.de
Internet: weingut-michael-froehlich.de
Anfahrt: A 7 Würzburg–Kassel, Ausfahrt Würzburg-Estenfeld, Richtung Volkach
Verkauf: Mo.–Sa. 8:00 bis 18:00 Uhr
So. nach Vereinbarung
Erlebenswert: Hofschoppen-Weinfest an den beiden letzten Wochenenden im August

Rebfläche: 10 Hektar
Jahresproduktion: 85.000 Flaschen
Beste Lagen: Escherndorfer Lump und Fürstenberg
Boden: Muschelkalk
Rebsorten: 25% Müller-Thurgau, 20% Silvaner, 10% Riesling, 20% Rotwein, 25% übrige Sorten
Durchschnittsertrag: 80 hl/ha
Beste Jahrgänge: 1999, 2000, 2001
Mitglied in Vereinigungen: VDP

Michael und Eva Fröhlich verstehen ihre Arbeit im Weinberg »als behutsame Begleitung des jährlichen Wachsens und Reifens« und praktizieren einen Ausbau der Weine »mit möglichst wenig Einflussnahme auf die natürlichen Prozesse«. Den letzten Kollektionen merkt man an, dass sich Michael Fröhlich nach der Aufgabe der Rebschule wieder so richtig auf den Wein konzentrieren kann. Zwar fehlten in den letzten beiden Jahrgängen Raritäten wie die 1999 möglichen Auslesen, Beerenauslesen und Eisweine. Aber die Weine stimmen durchwegs fröhlich und bieten viel Trinkspaß. Das gilt auch für den leichtgewichtigen, nicht unbedingt gebietstypischen Muskateller aus der Untereisenheimer Gemarkung. Ansonsten spielt Fröhlich die Vorzüge des steilen »Lump« (einst als »glühender Kessel ungekühlter Sonnenstrahlen« bezeichnet)

gut aus und demonstriert mit Silvaner und Riesling Qualitätsbewusstsein. Auch der unkomplizierte »Frank & Frei« gehört zu den Besten dieser Kategorie. Im Übrigen schätzen wir hier die sonst leider nur noch selten anzutreffende fränkische Geradlinigkeit.

2001 Frank & Frei
Müller-Thurgau trocken
5,– €, 11,5%, ♀ bis 2004   **84**

2001 Escherndorfer Lump
Silvaner Kabinett trocken
5,70 €, 11%, ♀ bis 2005   **85**

2001 Escherndorfer Lump
Silvaner Spätlese trocken
7,50 €, 13%, ♀ bis 2007   **86**

2001 Escherndorfer Lump
Riesling Kabinett trocken
6,20 €, 12,5%, ♀ bis 2005   **86**

2001 Escherndorfer Lump
Riesling Spätlese trocken
8,80 €, 13%, ♀ bis 2007   **87**

2001 Untereisenheimer Sonnenberg
Muskateller Kabinett
5,– €, 10%, ♀ bis 2005   **84**

Die Betriebe: ✦✦✦✦✦ Weltklasse · ✦✦✦✦ Deutsche Spitze · ✦✦✦ Sehr gut · ✦✦ Gut · ✦ Zuverlässig

Ein Abend im falschen Restaurant ist teuer…

"Das Nonplusultra für die Gourmet-Szene"
FAZ Sonntagszeitung

Der Reiseführer für Genießer
Der Gault Millau ist wegen seiner kompetenten Bewertungen und pointierten Beschreibungen **der** Wegweiser durch das kulinarische Deutschland. In der neuen Ausgabe werden über 1100 Restaurants und fast 500 Hotels bewertet. Überraschungen garantiert.

ca. 750 Seiten, Format 13,5 x 21 cm, Flexcover
€ 30,- (D)   SFR 50,40
ISBN 3-88472-537-8

www.christian-verlag.de

Bestellen Sie auf den eingehefteten Bestellkarten!

Tel.: 089/ 38 18 03 17
Fax: 089/ 38 18 03 81
info@christian-verlag.de

Winzer des Jahres 2003 **Franken**

WEINGUT RUDOLF FÜRST

Inhaber: Paul und Monika Fürst
Verwalter Weinbau und Brennerei:
Franz Dumbsky
63927 Bürgstadt, Hohenlindenweg 46
Tel. (0 93 71) 86 42, Fax 6 92 30
e-mail:
weingut-rudolf-fuerst@t-online.de
Internet:
www.weingut-rudolf-fuerst.de
Anfahrt: A 3 Frankfurt–Würzburg, Ausfahrt Stockstadt oder Wertheim, Richtung Miltenberg
Verkauf: Monika Fürst
Mo.–Fr. 9:00 bis 12:00 Uhr
und 14:00 bis 18:00 Uhr
Sa. 10:00 bis 15:00 Uhr
nach Vereinbarung
Historie: Weinbau in der Familie seit 1638

Rebfläche: 15,6 Hektar
Jahresproduktion: 95.000 Flaschen
Beste Lagen: Bürgstadter Centgrafenberg, Volkacher Karthäuser, Großheubacher Bischofsberg
Boden: Buntsandstein mit Lehm- und Tonauflagen, Muschelkalk
Rebsorten: 40% Spätburgunder, 18% Riesling, 14% Weißburgunder, 10% Silvaner, 7% Frühburgunder, 11% übrige Sorten
Durchschnittsertrag: 54 hl/ha
Beste Jahrgänge: 1998, 2000, 2001
Mitglied in Vereinigungen: VDP, Deutsches Barrique Forum

Mitten im Bürgstadter Centgrafenberg, mit Aussicht auf den Talkessel samt Miltenberg, ließ Paul Fürst einen Keller in den Buntsandstein bohren, der über das ideale natürliche Klima verfügt. Entstanden ist dies alles aus einem bescheidenen landwirtschaftlichen Gemischtbetrieb, der in der Mitte Bürgstadts gelegen war und sich schnell als zu klein erwies für die großen Pläne. Gern verweist Paul Fürst auf die Tatsache, dass die Gegend rund um Klingenberg zu den alten deutschen Rotweinregionen zählt und aufgrund ihrer Böden vor allem für den Burgunderanbau bestens geeignet ist. Wer auf solche Traditionen bauen kann, sieht die zum Teil hektische Rotwein-Pflanzerei in anderen Gebieten und auf teilweise ungeeigneten Standorten mit Gelassenheit. Obwohl Fürst, der schon mit 21 Jahren den Betrieb übernahm, als ein Vorreiter in der fränkischen Rotweinszene gilt, entfällt die Hälfte seiner Fläche auf weiße Sorten. Er überzeugte in den letzten Jahren mit erstklassigen Kollektionen. In 2000 ließ der Winzer so richtig die Muskeln spielen, auch mit seinen prachtvollen Weißen. Die roten 1999er gehören nicht nur zur deutschen Spitze, sie zeigen international vorzeigbares Format und können sogar Produzenten in der Bourgogne nachdenklich stimmen. Sie kommen teilweise unfiltriert in die Flaschen. Eine Besonderheit ist die Cuvée »Parzival«; sie setzt sich aus 60 Prozent Spätburgunder und 40 Prozent Domina zusammen. Den Frühburgunder-Anteil will Fürst in den nächsten Jahren erweitern. Beim Spätburgunder sollen verstärkt Pinot-Klone aus Frankreich zum Einsatz kommen. In 2001 scheint es, als wolle Fürst auch mit seinen Weißweinen den Olymp erstürmen. Noch nie hatten selbst die einfachen Exemplare diese bestechende Aromatik, Feinheit und dadurch Spannung wie in diesem Jahrgang. Neben den beiden wirklich großen trockenen Riesling Spätlesen hat es uns aber ganz besonders der alte Mischsatz von Riesling und Silvaner von den Buntsandstein-Terrassen angetan. Dazu kommen die beiden ausgezeichneten, im Barrique ausgebauten Weißburgunder. Die 2000er Rotweine sind durch den Einsatz von wenig Technik in sich ruhend und zugleich expressiv wie kaum zuvor. Dabei zeigen sich die Spätburgunder etwas zugänglicher als die noch sehr verschlossenen Frühburgunder. Wie auch immer – die »Reserve« beider Sorten gehören wieder einmal zu den zehn besten Rotweinen in ganz Deutschland. All dies ist Grund genug, Paul Fürst zu unserem »Winzer des Jahres« auszurufen.

Franken

2001 Silvaner
trocken
5,70 €, 11,5%, ♀ bis 2004 — **85**

2001 Bürgstadter Centgrafenberg
Silvaner Kabinett trocken
7,70 €, 11,5%, ♀ bis 2005 — **86**

2001 Volkacher Karthäuser
Weißer Burgunder Spätlese trocken
12,– €, 12,5%, ♀ bis 2007 — **87**

2001 Bürgstadter Centgrafenberg
Riesling Kabinett trocken
9,– €, 11,5%, ♀ bis 2005 — **88**

2001 Bürgstadter Centgrafenberg
Riesling Spätlese trocken
13,– €, 12,5%, ♀ bis 2007 — **89**

2001 »Buntsandstein-Terrassen«
Riesling und Silvaner trocken
11,50 €, 12,5%, ♀ bis 2004 — **89**

2001 Bürgstadter Centgrafenberg
Weißer Burgunder trocken
17,50 €, 13%, ♀ bis 2004 — **89**

2001 Bürgstadter Centgrafenberg
Riesling Spätlese trocken »R«
24,– €, 12,5%, ♀ bis 2007 — **90**

2001 Bürgstadter Centgrafenberg
Weißer Burgunder trocken »R«
30,– €, 13,5%, ♀ bis 2004 — **90**

2001 Bürgstadter Centgrafenberg
Rieslaner Auslese
24,50 €, 7,5%, ♀ bis 2013 — **89**

2001 Bürgstadter Centgrafenberg
Riesling Eiswein
175,– €, 6%, ♀ bis 2017 — **91**

2001 Bürgstadter Centgrafenberg
Rieslaner Trockenbeerenauslese
190,– €, 7,5%, ♀ bis 2023 — **92**

--- Rotweine ---

2000 Parzival
trocken
15,– €, 13%, ♀ bis 2007 — **86**

2000 Bürgstadter Centgrafenberg
Spätburgunder trocken
18,50 €, 13,5%, ♀ bis 2007 — **89**

2000 Bürgstadter Centgrafenberg
Frühburgunder trocken
19,50 €, 13,5%, ♀ bis 2007 — **89**

2000 Bürgstadter Centgrafenberg
Spätburgunder trocken »R«
39,50 €, 13,5%, ♀ bis 2010 — **91**

2000 Bürgstadter Centgrafenberg
Frühburgunder trocken »R«
54,– €, 13,5%, ♀ bis 2013 — **91**

Die Weine: **100** Perfekt · **95–99** Überragend · **90–94** Exzellent · **85–89** Sehr gut · **80–84** Gut · **75–79** Passabel

Franken

WEINGUT GLASER-HIMMELSTOSS

Inhaber: Wolfgang u. Monika Glaser
Kellermeister: Wolfgang Glaser
97334 Nordheim, Langgasse 7
Tel. (0 93 81) 46 02, Fax 64 02
e-mail
info@weingut-glaser-himmelstoss.de
Internet:
www.weingut-glaser-himmelstoss.de
*Anfahrt: A 3 Würzburg–Nürnberg,
Ausfahrt Kitzingen, über Schwarzach*
Verkauf: Mo.–Fr. 9:00 bis 18:00 Uhr,
außer Di.; Sa. und So. 10:00 bis 16:00 Uhr
Verkauf auch in Dettelbach,
Bamberger Straße 3, Tel. (0 93 24) 23 05
Gutsausschank: Restaurant »Himmelstoß«, Bamberger Straße 3, Dettelbach
Tel. (0 93 24) 47 76, Mi.–So. 12:00 bis
14:00 Uhr und 18:00 bis 24:00 Uhr
Spezialität: Kreative regionale Küche

Rebfläche: 11 Hektar
Jahresproduktion: 100.000 Flaschen
Beste Lagen: Dettelbacher Berg-Rondell, Sommeracher Katzenkopf, Nordheimer Vögelein
Boden: Muschelkalk, Sand, Lehm
Rebsorten: 26% Müller-Thurgau, 23% Silvaner, 11% Bacchus, je 7% Spätburgunder, Riesling und Kerner, 19% übrige Sorten
Durchschnittsertrag: 75 hl/ha
Beste Jahrgänge: 1997, 1998, 2000
Mitglied in Vereinigungen: VDP

2001 Dettelbacher Berg-Rondell
Silvaner Kabinett trocken
7,– €, 11,5%, ♀ bis 2005 — **83**

2001 Dettelbacher Berg-Rondell
Riesling Kabinett trocken
7,50 €, 12%, ♀ bis 2005 — **83**

2001 Dettelbacher Berg-Rondell
Silvaner Spätlese trocken
9,– €, 13%, ♀ bis 2007 — **84**

2001 Nordheimer Vögelein
Traminer Spätlese trocken
10,– €, 13%, ♀ bis 2007 — **86**

2001 Nordheimer Vögelein
Weißer Burgunder Spätlese trocken
11,– €, 13,5%, ♀ bis 2007 — **86**

2001 »Denker«
Grauer Burgunder Kabinett trocken
8,20 €, 13%, ♀ bis 2005 — **87**

2001 Nordheimer Vögelein
Rieslaner Spätlese trocken
10,50 €, 13%, ♀ bis 2007 — **87**

2001 Nordheimer Vögelein
Scheurebe Auslese
13,– €/0,5 Lit., 10%, ♀ bis 2013 — **89**

Wolfgang und Monika Glaser führen die elterlichen Güter in Dettelbach und Nordheim weiter, die unter dem Namen Glaser-Himmelstoß vereint wurden. Das Dettelbacher Anwesen ist ein aus dem 17. Jahrhundert stammendes Fachwerkhaus mit hübschem Restaurant und Weinverkaufsstelle. Die 2001er Kollektion liegt in etwa auf dem Niveau des Vorjahres. Allerdings lassen die einfachen trockenen Silvaner und Rieslinge einige Wünsche offen. Besonders gut hat uns die animierende Scheurebe Auslese gefallen.

Die Betriebe: ✿✿✿✿✿ Weltklasse · ✿✿✿✿ Deutsche Spitze · ✿✿✿ Sehr gut · ✿✿ Gut · ✿ Zuverlässig

Franken

WEINGUT DR. HEIGEL

Inhaber: Dr. Klaus-Peter Heigel
Kellermeister: Dr. Klaus-Peter Heigel
97475 Zeil am Main,
Haßfurter Straße 30
Tel. (0 95 24) 31 10, Fax 31 09
e-mail: Weingut-Dr-Heigel@t-online.de
Anfahrt: A 70 Bamberg–Schweinfurt, Ausfahrt Knetzgau
Verkauf: Birgit Heigel
nach Vereinbarung
Sehenswert: Ältester Weinberg am Obermain – Einzellage »Zeiler Mönchshang« im Alleinbesitz

---

Rebfläche: 9 Hektar
Jahresproduktion: 65.000 Flaschen
Beste Lagen: Würzburger Abtsleite, Zeiler Mönchshang, Kitzinger Hofrat
Boden: Muschelkalk und Sandsteinkeuper
Rebsorten: 26% Müller-Thurgau, 22% Silvaner, 18% Rotweinsorten, 8% Rieslaner, 26% übrige Sorten
Durchschnittsertrag: 70 hl/ha
Beste Jahrgänge: 1994, 1997, 1998

Der promovierte Diplom-Landwirt Klaus-Peter Heigel, der im weinfernen Gießen studierte, machte seit 1994 aus dem kleinen Nebenerwerbsbetrieb des Vaters ein stattliches Gut mit neun Hektar Rebfläche. Mittlerweile ist die komplette Aussiedlung in einen neu errichteten Hof außerhalb abgeschlossen. Das Planziel sind zehn Hektar; 2001 kamen eine Weißburgunder- und Merlot-Anlage hinzu. Eigentlich hätte Heigel jetzt alle Möglichkeiten, um seine in den letzten Jahren stets erfreulichen Kollektionen noch zu verbessern. Aber 2000 machten ihm offensichtlich die Tücken des Jahrgangs etwas zu schaffen. Und so recht hat er sich in 2001 auch nicht fangen können. Nicht zu verachten sein Bacchus in der Literflasche sowie als Kabinett im Bocksbeutel, ferner auch die Frank & Frei-Weine, insbesondere die rote Cuvée.

2001 Kitzinger Hofrat
Silvaner Kabinett trocken
5,50 €, 11,5%, ♀ bis 2005   **82**

2001 Frank & Frei
Müller-Thurgau trocken
5,– €, 11,5%, ♀ bis 2004   **83**

2001 Kitzinger Hofrat
Silvaner Spätlese trocken
8,– €, 12,5%, ♀ bis 2007   **83**

2001 Kitzinger Hofrat
Weißer Burgunder Spätlese trocken
9,– €, 12,5%, ♀ bis 2007   **85**

2001 Zeiler Kapellenberg
Bacchus
4,50 €/1,0 Lit., 11%, ♀ bis 2003   **83**

2001 Kitzinger Hofrat
Bacchus Kabinett
5,– €, 11%, ♀ bis 2005   **85**

2001 Würzburger Abtsleite
Riesling Kabinett
6,– €, 11%, ♀ bis 2005   **85**

——— Rotwein ———

2001 Frank & Frei
Cuvée trocken
6,50 €, 12,5%, ♀ bis 2006   **86**

Die Weine: **100** Perfekt · **95–99** Überragend · **90–94** Exzellent · **85–89** Sehr gut · **80–84** Gut · **75–79** Passabel

Neu

Franken

WEINGUT HÖFLER

Inhaber und Betriebsleiter:
Bernhard Höfler
Kellermeister: Stefan Kunkel
63755 Alzenau-Michelbach,
Albstädter Straße 1
Tel. (0 60 23) 54 95, Fax 3 14 17
e-mail: info@weingut-hoefler.de
Internet: www.weingut-hoefler.de
Anfahrt: A 45, Ausfahrt Mömbris, Richtung Michelbach, an der Ampel links, Richtung Gelnhausen
Verkauf: Edeltraud Höfler
Mo.–Fr. 9:00 bis 12:00 Uhr
und 14:00 bis 19:00 Uhr
Sa. 9:00 bis 16:00 Uhr
Sehenswert: Nicht flurbereinigter Michelbacher Apostelgarten, Lage steht seit 1985 unter Denkmalschutz
Erlebenswert: Hofweinfest am zweiten Wochenende im Juli

Rebfläche: 7,2 Hektar
Jahresproduktion: 50.000 Flaschen
Beste Lagen: Michelbacher Apostelgarten und Steinberg
Boden: Kristallines Urgestein, Schiefer, leichter Lösslehm
Rebsorten: 30% Riesling, 25% Müller-Thurgau, je 8% Silvaner und Weißburgunder, je 5% Spätburgunder, Schwarzriesling und Domina, 14% übrige Sorten
Durchschnittsertrag: 70 hl/ha
Bester Jahrgang: 2001
Mitglied in Vereinigungen: VDP

Michelbach bildet die Nordwest-Spitze des Anbaugebietes und liegt in der Nähe von Frankfurt, gehört aber zum bayrischen Weinfranken. Am Fuß der Westausläufer des Spessarts, nicht weit vom Untermain, betreibt Familie Höfler Weinbau in Hang- und Steillagen, die bislang der Flurbereinigung entgangen sind. Das erschwert zwar die Arbeit des Winzers, doch bleibt so eine ursprüngliche Kulturlandschaft erhalten. Das Höfler'sche Weingut wurde 1924 gegründet und baute von Anfang an seine Weine selbst aus.

Die meist guten Rieslinge von Bernhard Höfler waren zum Zeitpunkt unserer Verkostung bis auf einen »Sommerwein« leider noch nicht abgefüllt. Doch bereits das Basissortiment war so überzeugend, dass wir ohne Zögern eine Traube verleihen.

2001 Michelbacher Steinberg
Müller-Thurgau trocken
4,70 €/1,0 Lit., 12%, ♀ bis 2003   **84**

2001 Michelbacher Apostelgarten
Silvaner Kabinett trocken
7,30 €, 11%, ♀ bis 2005   **84**

2001 Michelbacher Apostelgarten
Weißer Burgunder Kabinett trocken
7,– €, 11,5%, ♀ bis 2005   **85**

2001 Michelbacher Apostelgarten
Weißer Burgunder Spätlese trocken
9,50 €, 12%, ♀ bis 2007   **86**

2001 Michelbacher Steinberg
Müller-Thurgau halbtrocken
5,50 €, 12%, ♀ bis 2004   **84**

2001 Michelbacher Apostelgarten
Silvaner Kabinett halbtrocken
7,80 €, 11%, ♀ bis 2005   **87**

2001 »Urgestein«
Riesling
5,70 €, 11%, ♀ bis 2004   **83**

2001 Hörsteiner Reuschberg
Kerner Spätlese
10,– €, 12,5%, ♀ bis 2007   **86**

Die Betriebe: ✿✿✿✿✿ Weltklasse · ✿✿✿✿ Deutsche Spitze · ✿✿✿ Sehr gut · ✿✿ Gut · ✿ Zuverlässig

Neu

Franken

WEINGUT HOFMANN

Inhaber: Jürgen und Alois Hofmann
Kellermeister: Jürgen Hofmann
97285 Röttingen, Strüther Straße 7
Tel. (0 93 38) 15 77, Fax 99 33 75
e-mail: weingut.a.hofmann@t-online.de
Anfahrt: A 3 Frankfurt–Würzburg, Ausfahrt Heidingsfeld, über die B 19 nach Röttingen
Verkauf: Gertrud, Alois, Jürgen Hofmann
Mo.–Sa. 8:00 bis 18:00 Uhr
und nach Vereinbarung
Straußwirtschaft: Frühjahr und Herbst
Fr. u. Sa. ab 18:00 Uhr, So. ab 15:00 Uhr

Rebfläche: 5,7 Hektar
Jahresproduktion: 41.000 Flaschen
Beste Lagen: Röttinger Feuerstein, Tauberrettersheimer Königin
Boden: Muschelkalk mit Quarz und hohem Steinanteil
Rebsorten: je 20% Silvaner und Müller-Thurgau, 15% Spätburgunder, 11% Riesling, je 10% Bacchus und Schwarzriesling, 6% Tauberschwarz, 8% übrige Sorten
Durchschnittsertrag: 70 hl/ha
Beste Jahrgänge: 2000, 2001

Im Dreieck von Würzburg, Bad Mergentheim und Rothenburg liegt Röttingen. Hier gedeiht der südlichste Wein Frankens. Bis 1990 lieferte Alois Hofmann seine Trauben an eine Kellerei ab, dann machte er sich selbstständig. Schon früh, mit nicht mal 20 Jahren und noch in der Ausbildung bei Spitzenwinzer Paul Fürst, übernahm Sohn Jürgen (Jahrgang 1977) die Regie beim Weinausbau. Nach Abschluss seines Studiums in Geisenheim kann er sich nun voll dem Betrieb widmen. Das kommt den Weinen spürbar zugute. Bereits mit seinen 2000er Weinen holte Hofmann bestechende Qualitäten aus den Feuerstein-Böden heraus und mit den 2001ern nimmt er den Spitzenplatz im fränkischen Taubertal ein. Solide Arbeit, kein Wunder also: Hofmann ist unsere Entdeckung des Jahres in Franken.

2001 Röttinger Feuerstein
Silvaner Kabinett trocken
4,20 €, 11,5%, ♀ bis 2005 — **86**

2001 Röttinger Feuerstein
Riesling trocken ***
8,60 €, 12%, ♀ bis 2007 — **86**

2001 Röttinger Feuerstein
Silvaner Spätlese trocken
8,60 €, 12%, ♀ bis 2007 — **87**

2001 Röttinger Feuerstein
Silvaner Eiswein
23,– €/0,375 Lit., 9%, ♀ bis 2017 — **91**

--- Rotweine ---

2000 Tauberrettersheimer Königin
Schwarzriesling trocken
6,10 €, 12%, ♀ bis 2007 — **82**

2000 Röttinger Feuerstein
Domina trocken Barrique
15,– €, 12,5%, ♀ bis 2007 — **84**

2000 Spätburgunder
trocken
6,15 €, 12,5%, ♀ bis 2007 — **85**

2000 Röttinger Feuerstein
Tauberschwarz trocken
7,50 €, 13%, ♀ bis 2007 — **85**

2000 Röttinger Feuerstein
Spätburgunder trocken Barrique
10,25 €, 12,5%, ♀ bis 2007 — **86**

Die Weine: **100** Perfekt · **95–99** Überragend · **90–94** Exzellent · **85–89** Sehr gut · **80–84** Gut · **75–79** Passabel

Franken

WEINGUT JULIUSSPITAL
Inhaber: Stiftung Juliusspital Würzburg
Betriebsleiter: Horst Kolesch
Kellermeister: Benedikt Then
97070 Würzburg, Klinikstraße 1
Tel. (09 31) 3 93 14 00, Fax 3 93 14 14
e-mail: info@juliusspital.de
Internet: www.juliusspital.de
Anfahrt: Stadtmitte Würzburg, zwischen Kongresszentrum und Hauptbahnhof
Verkauf: Wolfgang Apel, Kordula Geier
Mo.–Do. 7:30 bis 16:30 Uhr
Fr. 7:30 bis 12:00 Uhr und im
Weineck Julius Echter, Koellikerstraße 1/2
Mo.–Fr. 9:00 bis 18:00 Uhr
Sa. 9:00 bis 16:00 Uhr
Gutsausschank: Weinstuben »Juliusspital«, 11:00 bis 24:00 Uhr
Spezialitäten: Fränkische Fischgerichte
Historie: Gegründet 1576 von Fürstbischof Julius Echter von Mespelbrunn
Sehenswert: Barocker Fürstenbau, Pavillon, Holzfasskeller, Zehntscheune

---

Rebfläche: 127 Hektar
Jahresproduktion: 1 Mio. Flaschen
Beste Lagen: Würzburger Stein, Iphöfer Julius-Echter-Berg, Randersacker Pfülben
Boden: Muschelkalk, humoser Lehm, Gipskeuper und Buntsandstein
Rebsorten: 40% Silvaner, 18% Müller-Thurgau, 18% Riesling, 5% Spätburgunder, 19% übrige Sorten
Durchschnittsertrag: 65 hl/ha
Beste Jahrgänge: 1993, 1994, 2001
Mitglied in Vereinigungen: VDP

2001 Juliusspital
Müller-Thurgau trocken
4,87 €, 12%, ♀ bis 2004   83

2001 Würzburger Innere Leiste
Riesling Kabinett trocken
8,58 €, 12%, ♀ bis 2005   85

2001 Iphöfer Julius-Echter-Berg
Silvaner Spätlese trocken
13,34 €, 13%, ♀ bis 2007   86

2001 Würzburger Stein
Silvaner Spätlese trocken
13,34 €, 13%, ♀ bis 2007   87

2001 Iphöfer Julius-Echter-Berg
Riesling Spätlese trocken
14,50 €, 13%, ♀ bis 2007   87

2001 Volkacher Karthäuser
Weißer Burgunder Spätlese trocken
15,43 €, 13%, ♀ bis 2007   88

2001 Randersacker Pfülben
Rieslaner Spätlese
11,95 €, 13%, ♀ bis 2007   88

2001 Iphöfer Julius-Echter-Berg
Silvaner Beerenauslese
63,80 €/0,5 Lit., 11%, ♀ bis 2017   88

Dieses Traditionsgut gehört zu den beeindruckenden Wein-Kulturträgern im Land, wovon man sich am besten vor Ort überzeugen kann. Doch haben vor allem viele trockene Weine, die immerhin 80 Prozent der Produktion ausmachen, uns in den letzten Jahren wenig begeistern können. In 2001 beobachten wir nun eine deutliche Leistungssteigerung, vom einfachen Müller-Thurgau bis hin zur harmonischen trockenen Weißburgunder Spätlese aus dem Volkacher Karthäuser.

Die Betriebe: ♣♣♣♣♣ Weltklasse · ♣♣♣♣ Deutsche Spitze · ♣♣♣ Sehr gut · ♣♣ Gut · ♣ Zuverlässig

Franken

WEINGUT FRANZ KIRCH

Inhaber: Franz Kirch
Kellermeister: Matthias Kirch
97332 Fahr bei Volkach,
Mönchbergstraße 11
Tel. (0 93 81) 8 08 70, Fax 80 87 22
e-mail: info@weingut-franz-kirch.de
Internet: www.weingut-franz-kirch.de
*Anfahrt: A 3 Würzburg–Nürnberg,
Ausfahrt Wiesentheid, Richtung Volkach*
Verkauf: Margarete Kirch
Mo.–Fr. 9:00 bis 12:00 Uhr
und 13:00 bis 19:00 Uhr
Sa. 9:00 bis 17:00 Uhr
So. nach Vereinbarung
Sehenswert: Riemenschneider-Madonna »Maria im Weingarten«

Rebfläche: 9 Hektar
Jahresproduktion: 90.000 Flaschen
Beste Lage: Volkacher Ratsherr
Boden: Muschelkalkverwitterung
Rebsorten: 24% Müller-Thurgau,
22% Silvaner, 12 % Riesling,
9% Kerner, 8% Spätburgunder,
6% Schwarzriesling,
je 5% Weißburgunder, Bacchus und
Scheurebe, 4% Rieslaner
Durchschnittsertrag: 88 hl/ha
Beste Jahrgänge: 1996, 2000, 2001

Familie Kirch betreibt schon seit dem 17. Jahrhundert Weinbau in Fahr bei Volkach. Senior Franz Kirch machte sich 1975 selbstständig und baute – später gemeinsam mit dem Junior und heutigen Chef Matthias – einen großen, modernen Betrieb auf, der noch durch eine Kellerei mit Zukauf vervollständigt wurde. In den letzten Jahren ging es etwas rauf und runter mit der Weinqualität. Der recht gelungene Jahrgang 2000 war Anlass für eine Wiederaufnahme in den Wein-Guide. In 2001 haben die »Selections-Weine« ein durchgängig gutes Niveau, besonders aber gefiel uns die trockene Traminer Spätlese. Tipp für Besucher: Die Riemenschneider-Madonna, die das Etikett ziert, ist im Original oberhalb des Schwarzriesling-Weinberges zu besichtigen.

2001 Volkacher Ratsherr
Weißer Burgunder Kabinett trocken
5,50 €, 11,5%, ♀ bis 2005 — **80**

2001 Volkacher Ratsherr
Silvaner Selection
7,– €, 13,5%, ♀ bis 2005 — **84**

2001 Volkacher Ratsherr
Weißer Burgunder Selection
7,– €, 13,5%, ♀ bis 2005 — **84**

2001 Nordheimer Vögelein
Traminer Spätlese trocken
6,50 €, 12,5%, ♀ bis 2007 — **85**

2001 Volkacher Ratsherr
Riesling Selection
7,50 €, 13,5%, ♀ bis 2005 — **85**

2001 Volkacher Ratsherr
Rieslaner Selection
8,– €, 13%, ♀ bis 2005 — **85**

2001 Volkacher Ratsherr
Müller-Thurgau
3,80 €/1,0 Lit., 11%, ♀ bis 2003 — **81**

2001 Nordheimer Kreuzberg
Scheurebe Spätlese
6,50 €, 11,5%, ♀ bis 2007 — **83**

——— Rotwein ———

2000 Volkacher Ratsherr
Spätburgunder Spätlese trocken
10,– €, 12,5%, ♀ bis 2007 — **83**

Die Weine: **100** Perfekt · **95–99** Überragend · **90–94** Exzellent · **85–89** Sehr gut · **80–84** Gut · **75–79** Passabel

Aufsteiger

Franken

WEINGUT FÜRST LÖWENSTEIN

Inhaber: Alois Konstantin Fürst zu Löwenstein-Wertheim-Rosenberg
Betriebsleiter und Kellermeister: Robert Haller
97892 Kreuzwertheim, Rathausgasse 5
Tel. (0 93 42) 9 23 50, Fax 92 35 50
e-mail: kreuzwertheim@loewenstein.de
Internet: www.loewenstein.de
Anfahrt: A 3 Würzburg–Frankfurt, Ausfahrt Wertheim oder Marktheidenfeld
Verkauf: Robert Macgregor
Mo.–Fr. 9:00 bis 12:00 Uhr
und 13:00 bis 17:00 Uhr
Sa. 10:00 bis 14:00 Uhr
und nach Vereinbarung
Sehenswert: Renoviertes Renaissance-Gebäude, Treppengiebel von 1594

Rebfläche: 26,5 Hektar
Jahresproduktion: 200.000 Flaschen
Beste Lagen: Homburger Kallmuth, Bürgstadter Centgrafenberg, Reicholzheimer Satzenberg, Lengfurter Oberrot
Boden: Muschelkalk, Buntsandstein
Rebsorten: 37% Silvaner, 19% Spätburgunder, 18% Müller-Thurgau, 11% Riesling, 9% Bacchus, 6% übrige Sorten
Durchschnittsertrag: 58 hl/ha
Beste Jahrgänge: 1998, 2000, 2001
Mitglied in Vereinigungen: VDP, Trias

2001 Homburger Kallmuth
Riesling Kabinett trocken
7,20 €, 11,5%, ♀ bis 2005   **85**

2001 Homburger Kallmuth
Silvaner Kabinett trocken
7,60 €, 12%, ♀ bis 2005   **86**

2001 Homburger Kallmuth
Riesling Spätlese trocken
11,20 €, 12,5%, ♀ bis 2005   **87**

2001 Homburger Kallmuth
Silvaner Spätlese trocken
12,– €, 12,5%, ♀ bis 2007   **88**

2000 Reicholzheimer Satzenberg
Weißer Burgunder trocken Barrique
14,40 €, 13%, ♀ bis 2004   **88**

2001 Homburger Kallmuth
Silvaner Spätlese trocken »Asphodill«
15,50 €, 12,5%, ♀ bis 2007   **90**

2001 Homburger Kallmuth
Riesling Spätlese trocken »Coronilla«
15,50 €, 13%, ♀ bis 2007   **90**

2001 Homburger Kallmuth
Silvaner Beerenauslese
50,– €/0,375 Lit., 8,5%, ♀ bis 2017 **90**

2001 Homburger Kallmuth
Rieslaner Beerenauslese
35,– €/0,375 Lit., 6%, ♀ bis 2017   **91**

Der sehr engagierte Betriebsleiter Robert Haller und große Investitionen bescherten diesem altehrwürdigen Gut einen deutlichen Aufwärtstrend, der nun zur dritten Traube führt. Besonders beeindruckend in einer absolut bemerkenswerten 2001er Kollektion sind die trockenen Spitzen-Spätlesen »Asphodill« und »Coronilla« aus der 900 Jahre alten, denkmalgeschützten Lage Homburger Kallmuth, in die in den nächsten Jahren Millionen investiert werden sollen. Aus dem badischen Reicholzheim nahe dem sehenswerten Kloster Brombach an der Tauber stammt ein prächtiger Weißburgunder aus dem Barrique.

Franken

WEINGUT »AM LUMP«

Inhaber: Albrecht Sauer
Betriebsleiter und Kellermeister:
Albrecht Sauer
97332 Escherndorf,
Bocksbeutelstraße 60
Tel. **(0 93 81) 90 35, Fax 61 35**
Anfahrt: A 3 Würzburg–Nürnberg, Ausfahrt Kitzingen-Schwarzach, Richtung Dettelbach über Neuses a. B. A 7 Kassel–Würzburg, Ausfahrt Estenfeld, Richtung Volkach
Verkauf: Margarete und Paul, Anne und Albrecht Sauer
Mo.–Sa. 9:00 bis 12:00 Uhr
und 13:00 bis 18:00 Uhr
So. 10:00 bis 12:00 Uhr
und 13:00 bis 14:00 Uhr
Sehenswert: Historische Weinpresse aus dem 19. Jahrhundert, renovierte Lourdes-Kapelle
Erlebenswert: Floßfahrt auf dem Main

Rebfläche: 10,7 Hektar
Jahresproduktion: 85.000 Flaschen
Beste Lagen: Escherndorfer Lump und Fürstenberg
Boden: Muschelkalk, Lettenkeuper, Lösslehm
Rebsorten: 26% Silvaner, 21% Riesling, 20% Müller-Thurgau, 15% Rotweinsorten, je 5% Scheurebe und Bacchus, 3% Rieslaner, 5% übrige Sorten
Durchschnittsertrag: 75 hl/ha
Beste Jahrgänge: 1997, 1998, 2001

Das Gutsgebäude der Familie Sauer liegt in idyllischer Landschaft am Fuße der steilen Weinbergslage Escherndorfer Lump mit Blick auf die Volkacher Mainschleife. Dort starten von Mai bis Oktober Sohn Michael und Tochter Monika zu Floßfahrten – und bringen bei Musik den Gästen ihren Wein nahe. Nach einigen guten Jahren konnten uns die 2000er wenig begeistern. In 2001 verzeichnen wir eine deutliche Leistungssteigerung. Besonders gut gefallen uns die beiden Auslesen in ihrer opulenten Art.

2001 Weingut am Lump
Rivaner Kabinett trocken
4,20 €, 11,5%, ♀ bis 2005 — **82**

2001 Escherndorfer Lump
Silvaner Spätlese trocken
6,70 €, 12,5%, ♀ bis 2007 — **86**

2001 Escherndorfer Lump
Weißer Burgunder Spätlese trocken
7,20 €, 12,5%, ♀ bis 2007 — **86**

2001 Escherndorfer Fürstenberg
Kerner Spätlese
6,10 €, 12%, ♀ bis 2007 — **86**

2001 Escherndorfer Lump
Scheurebe Spätlese
7,15 €, 12%, ♀ bis 2007 — **86**

2001 Escherndorfer Lump
Silvaner Auslese
10,20 €, 11%, ♀ bis 2013 — **87**

2001 Escherndorfer Lump
Riesling Auslese
11,20 €, 9,5%, ♀ bis 2013 — **88**

--- Rotwein ---

2000 Escherndorfer Lump
Spätburgunder Spätlese trocken Barrique
9,20 €, 12,5%, ♀ bis 2007 — **84**

Die Weine: 100 Perfekt · 95–99 Überragend · 90–94 Exzellent · 85–89 Sehr gut · 80–84 Gut · 75–79 Passabel

Franken

WEINGUT MEINTZINGER

Inhaber: Götz, Peter und Jochen Meintzinger
Betriebsleiter: Götz Meintzinger
Verwalter: Peter Meintzinger
Kellermeister: Jochen Meintzinger und Volker Pfaff
97252 Frickenhausen,
Babenbergplatz 2
Tel. (0 93 31) 8 71 10, Fax 75 78
e-mail: weingut@meintzinger.de
Internet: www.meintzinger.de
Anfahrt: A 3, Ausfahrt Randersacker, B 13 Richtung Ochsenfurt, in Ochsenfurt geradeaus nach Frickenhausen
Verkauf: Peter Meintzinger
Mo.–Fr. 8:00 bis 12:00 Uhr
und 13:00 bis 18:00 Uhr
Sa. 9:00 bis 17:00 Uhr
So. 10:00 bis 12:00 Uhr
Historie: Ehemalige Kellerei der Fürstbischöfe Würzburg, Gewölbekeller aus dem Jahre 1475
Sehenswert: Ausgedehnte Hofanlage mit integriertem Hotel

Rebfläche: 16 Hektar
Jahresproduktion: 150.000 Flaschen
Beste Lagen: Frickenhäuser Kapellenberg und Fischer
Boden: Muschelkalk
Rebsorten: 16% Bacchus, 14% Müller-Thurgau, 10% Silvaner, je 8% Riesling, Portugieser und Domina, 7% Rieslaner, 6% Spätburgunder, 23% übrige Sorten
Durchschnittsertrag: 78 hl/ha
Beste Jahrgänge: 2000, 2001

Der Betrieb innerhalb eines geschichtsträchtigen Gutshofes ist seit 1790 im Besitz der Familie Meintzinger. 1966, nach dem frühen Tod des Vaters, übernahm Götz Meintzinger 23-jährig das Gut mit damals nur 1,5 Hektar Rebfläche und strukturierte den Betrieb um. 1978 wurde ein ansehnliches Hotel fertig. Inzwischen sind die siebte und achte Generation mit im Boot. Die Weinqualität, früher etwas schwankend, hat sich stabilisiert. 2001 ist ein weiterer Schritt nach vorn.

2001 Frank & Frei
Müller-Thurgau trocken
4,90 €, 11%, ♀ bis 2004 — **83**

2001 Frickenhäuser Kapellenberg
Weißer Burgunder Kabinett trocken
6,– €, 12%, ♀ bis 2005 — **85**

2001 Frickenhäuser Kapellenberg
Silvaner Spätlese trocken
7,50 €, 13%, ♀ bis 2007 — **85**

2001 Frickenhäuser Kapellenberg
Traminer Spätlese
8,– €, 12%, ♀ bis 2007 — **86**

2001 Frickenhäuser Kapellenberg
Riesling Spätlese – 20 –
8,– €, 12,5%, ♀ bis 2007 — **87**

2001 Frickenhäuser Kapellenberg
Kerner Auslese
12,– €, 11,5%, ♀ bis 2013 — **87**

2001 Frickenhäuser Kapellenberg
Riesling Spätlese – 45 –
8,– €, 12%, ♀ bis 2007 — **88**

——— Rotwein ———

2000 Frickenhäuser Fischer
Spätburgunder Barrique
19,– €, 13,5%, ♀ bis 2007 — **86**

Die Betriebe: ✿✿✿✿✿ Weltklasse · ✿✿✿✿ Deutsche Spitze · ✿✿✿ Sehr gut · ✿✿ Gut · ✿ Zuverlässig

Franken

WEINGUT MAX MÜLLER I

Inhaber: Familie Rainer Müller
97332 Volkach, Hauptstraße 46
Tel. (0 93 81) 12 18, Fax 16 90
e-mail:
max-mueller-weingut@t-online.de
Internet: www.max-mueller.de
Anfahrt: A 3 Würzburg–Nürnberg, Ausfahrt Schwarzach, Richtung Volkach
Verkauf: Monika und Rainer Müller
Mo.–Fr. 9:00 bis 18:00 Uhr
Sa. 9:00 bis 15:00 Uhr
So. 10:00 bis 12:00 Uhr
Historie: Gutsgebäude 1692 erbaut von den Würzburger Fürstbischöfen
Sehenswert: Barocke Weinprobierstube, Schatzkammer im alten Gewölbekeller, fränkischer Innenhof

---

Rebfläche: 9,7 Hektar
Jahresproduktion: 85.000 Flaschen
Beste Lagen: Volkacher Ratsherr, Sommeracher Katzenkopf
Boden: Muschelkalk
Rebsorten: 32% Silvaner, 25% Müller-Thurgau, 12% Riesling, 15% Rotwein, 7% Bacchus, 9% übrige Sorten
Durchschnittsertrag: 76 hl/ha
Beste Jahrgänge: 1998, 2000, 2001

Schon in früheren Jahrhunderten haben die Müllers mitten in Volkach im tiefen Gewölbekeller Wein gemacht. Rainer Müller baut auf dieser Tradition auf, ohne auf moderne Verfahren zu verzichten. Die Weißwein-Moste vergären ausnahmslos in Edelstahltanks, die Roten reifen aber wie seit alters her im Doppelstückfass. Ein langes Feinhefelager soll den Jungweinen die Frische erhalten. In Zukunft möchte sich der Winzer verstärkt um die Klassiker bemühen: Riesling und Silvaner, Weißburgunder und auch die Rotweinsorten. Mit seiner ordentlichen 2000er Kollektion knüpfte Müller an seine guten 98er Weine an. 2001 bringt nun ein überaus solides Sortiment, gekrönt von Spät- und Auslese sowie einem Eiswein vom Riesling.

2001 Volkacher Ratsherr
Silvaner Kabinett trocken
4,90 €, 11,5%, ♀ bis 2005   **83**

2001 Volkacher Ratsherr
Rieslaner Spätlese trocken
8,– €, 13%, ♀ bis 2007   **84**

2001 Volkacher Ratsherr
Silvaner Spätlese trocken
7,30 €, 13%, ♀ bis 2007   **85**

2001 Sommeracher Katzenkopf
Weißer Burgunder Kabinett trocken
6,– €, 12%, ♀ bis 2005   **85**

2001 Volkacher Ratsherr
Scheurebe Kabinett
4,90 €, 11%, ♀ bis 2005   **85**

2001 Sommeracher Katzenkopf
Riesling Spätlese
8,50 €, 11%, ♀ bis 2007   **86**

2001 Sommeracher Katzenkopf
Riesling Auslese
16,– €, 11%, ♀ bis 2013   **87**

2001 Sommeracher Katzenkopf
Riesling Eiswein
32,– €/0,375 Lit., 8,5%, ♀ bis 2017 **88**

--- Rotwein ---

2001 Obereisenheimer Höll
Domina trocken
7,30 €, 13%, ♀ bis 2007   **84**

Die Weine: **100** Perfekt · **95–99** Überragend · **90–94** Exzellent · **85–89** Sehr gut · **80–84** Gut · **75–79** Passabel

Neu **Franken**

WINZERGENOSSENSCHAFT NORDHEIM/MAIN

Geschäftsführer: Oskar Georg Noppenberger
Kellermeister: Ernst Braun
97334 Nordheim, Langgasse 33
Tel. (0 93 81) 8 09 90, Fax 80 99 32
e-mail: info@wgn.de
Internet: www.wgn.de
Anfahrt: A 3, Ausfahrt Kitzingen/-Schwarzach, Richtung Volkach, kurz vor Volkach Richtung Nordheim
Verkauf: Rita Wendel
Mo.–Fr. 8:00 bis 18:00 Uhr
Sa. 9:00 bis 17:00 Uhr
So. 13:00 bis 17:00 Uhr
Historie: Gegründet 1951 auf Initiative des Ortspfarrers

Rebfläche: 299 Hektar
Jahresproduktion: 3 Mio. Flaschen
Beste Lagen: Nordheimer Vögelein und Kreuzberg, Escherndorfer Lump und Fürstenberg
Boden: Muschelkalk
Rebsorten: 40% Müller-Thurgau, 20% Silvaner, je 10% Bacchus und rote Sorten, je 5% Riesling, Grau- und Weißburgunder, 5% übrige Sorten
Durchschnittsertrag: 90 hl/ha
Beste Jahrgänge: 2000, 2001

2001 Nordheimer Vögelein
Silvaner Spätlese trocken
12,50 €, 12,5%, ♀ bis 2007 — **84**

2001 Nordheimer Vögelein
Weißer Burgunder Spätlese trocken
12,50 €, 13%, ♀ bis 2007 — **86**

2001 Nordheimer Vögelein
Rieslaner Auslese
11,30 €, 12,5%, ♀ bis 2013 — **87**

2001 Nordheimer Vögelein
Silvaner Auslese
11,30 €, 11,5%, ♀ bis 2013 — **87**

2001 Nordheimer Vögelein
Weißer Burgunder Auslese
12,30 €, 11,5%, ♀ bis 2013 — **87**

——— Rotweine ———

2001 Nordheimer Vögelein
Dornfelder trocken
5,60 €, 13,5%, ♀ bis 2007 — **83**

2000 Nordheimer Vögelein
Spätburgunder trocken Barrique
10,20 €, 13,5%, ♀ bis 2007 — **87**

2000 Nordheimer Vögelein
Frühburgunder trocken Barrique
14,– €, 13,5%, ♀ bis 2007 — **88**

Damals, Anfang der 50er Jahre, sollte mit der Gründung einer Genossenschaft in Nordheim der herrschenden Armut in der Nachkriegszeit entgegengewirkt werden. Heute setzt die zweitgrößte Kooperative Frankens unter der Führung von Oskar Georg Noppenberger zunehmend auf Qualität. Die Kriterien etwa für die Edellinie »Franken Faszination« sind streng, der Marketing-Aufwand für die nicht gerade billigen, allerdings auch sehr guten Weine ist entsprechend. Die Stärke der Genossen liegt zum einen bei ihren opulenten Auslesen, aber im Jahrgang 2000 vor allem bei ihren beiden fulminanten, im Barrique ausgebauten Rotweinen, die für uns zu den besten der Region zählen und zudem ein gutes Preis-Leistungs-Verhältnis bieten.

Die Betriebe: ✻✻✻✻✻ Weltklasse · ✻✻✻✻ Deutsche Spitze · ✻✻✻ Sehr gut · ✻✻ Gut · ✻ Zuverlässig

Franken

WEINGUT ROTH

Inhaber: Gerhard Roth
Betriebsleiter und Kellermeister:
Gerhard Roth
97355 Wiesenbronn, Büttnergasse 11
Tel. (0 93 25) 3 73, Fax 5 28
e-mail: info@weingut-roth.de
Internet: www.weingut-roth.de
*Anfahrt: A 3 Würzburg–Nürnberg,
Ausfahrt Schweinfurt Süd/Wiesentheid*
Verkauf: Mo.–Sa. 9:00 bis 11:00 Uhr
und 13:00 bis 17:00 Uhr
Historie: Pioniergut des Ökoweinbaus
in Franken – seit 1974
Sehenswert: Betriebsgebäude mit geschlossenem Energie-Kreislauf, Holzfasskeller als »Wohnzimmer des Weines«

Rebfläche: 13 Hektar
Jahresproduktion: 95.000 Flaschen
Beste Lagen: Wiesenbronner
Geißberg, Abtswinder Altenberg
Boden: Keuper
Rebsorten: 20% Silvaner,
je 15% Riesling und Spätburgunder,
je 10% Portugieser und Blaufränkisch,
je 5% Weißburgunder und Müller-
Thurgau, 20% übrige Sorten
Durchschnittsertrag: 61 hl/ha
Beste Jahrgänge: 1999, 2000, 2001
Mitglied in Vereinigungen: VDP,
Naturland

Bereits 1974 entschied sich Gerhard Roth – »weil Wein eine Seele hat« – zur konsequenten ökologischen Wirtschaftsweise. In den letzten Jahren wurde der gesamte Betrieb baulich verändert und aus »Respekt vor der Natur« auf natürliche Materialien umgestellt. Seit 2000 reduziert Roth die Erträge weiter und schraubt zudem die Prädikatsanforderungen betriebsintern höher. In der aktuellen Kollektion hat uns besonders die kräftige, fast wilde Aromatik der 2000 Regent Spätlese beeindruckt, aber auch die rauchige Opulenz der 2001er Rieslaner Auslese vom Wiesenbronner Geißberg. Trester- und Obstbrände aus eigener Hausbrennerei runden das Angebot ab.

2001 Wiesenbronner Wachhügel
Silvaner Spätlese trocken
7,40 €, 12%, bis 2007 — **85**

2001 Wiesenbronner Geißberg
Weißer Burgunder Spätlese trocken
7,75 €, 13%, bis 2007 — **86**

2001 Abtswinder Altenberg
Riesling Spätlese trocken
9,– €, 12,5%, bis 2007 — **86**

2001 Wiesenbronner Geißberg
Riesling Kabinett
6,20 €, 12%, bis 2005 — **84**

2001 Wiesenbronner Geißberg
Rieslaner Auslese
10,– €/0,5 Lit., 11%, bis 2013 — **87**

2001 Wiesenbronner Geißberg
Blaufränkisch Weißherbst Eiswein
38,– €/0,5 Lit., 10,5%, bis 2017 — **89**

--- Rotweine ---

2000 Wiesenbronner Wachhügel
Spätburgunder Spätlese trocken
15,– €, 13%, bis 2007 — **86**

2000 Regent
Spätlese trocken
11,25 €, 13%, bis 2007 — **87**

Die Weine: **100** Perfekt · **95–99** Überragend · **90–94** Exzellent · **85–89** Sehr gut · **80–84** Gut · **75–79** Passabel

Franken

WEINGUT JOHANN RUCK

Inhaber: Johann Ruck
Betriebsleiter: Johannes Ruck
97346 Iphofen, Marktplatz 19
Tel. (0 93 23) 80 08 80, Fax 80 08 88
e-mail: info@ruckwein.de
Internet: www.ruckwein.de
Anfahrt: A 3 Würzburg–Nürnberg, Ausfahrt Kitzingen oder Schweinfurt-Wiesentheid
Verkauf: Birgit Ruck
Mo.–Sa. 9:00 bis 12:00 Uhr
und 13:00 bis 18:00 Uhr
So. 10:00 bis 12:00 Uhr

Rebfläche: 11 Hektar
Jahresproduktion: 80.000 Flaschen
Beste Lagen: Iphöfer Julius-Echter-Berg, Kronsberg und Kalb, Rödelseer Schwanleite und Küchenmeister
Boden: Gipskeuper, im Julius-Echter-Berg mit Schilfsandstein
Rebsorten: 30% Silvaner, 17% Müller-Thurgau, je 8% Riesling, Grauburgunder und Bacchus, 7% Scheurebe, 6% Weißburgunder, 16% übrige Sorten
Durchschnittsertrag: 60 hl/ha
Beste Jahrgänge: 1996, 1998, 2000
Mitglied in Vereinigungen: VDP, Trias

Hans Ruck gehört zu den markantesten (nicht nur der Nase wegen) Winzerpersönlichkeiten der ganzen Republik, und nicht nur die japanischen Weinfreunde sind vernarrt in seine trockene Scheurebe Spätlese, die allerdings schon einmal mehr Glanz hatte. Besonders gut gefallen hat uns der vielleicht beste Rosé Frankens und durchweg alle Weine aus der für seine »Exotik« berühmten Spitzenlage Julius-Echter-Berg, welche in der vorliegenden Kollektion nicht ganz so zum Ausdruck kommt. Damit der Ausbau im Barrique kein Gang auf dem Holzweg wird, ist der Junior, der gerade die Uni in Geisenheim absolviert hat, zurzeit im Praktikum im mediterranen Raum, bei einem italienischen Spitzenwinzer.

2001 Iphöfer Kalb
Silvaner Kabinett trocken
8,– €, 11,5%, ♀ bis 2005 — **83**

2001 Estheria Cuvée
trocken Barrique
15,– €, 13,5%, ♀ bis 2004 — **84**

2001 Iphöfer Julius-Echter-Berg
Silvaner Spätlese trocken Trias
14,– €, 12,5%, ♀ bis 2007 — **85**

2001 Iphöfer Julius-Echter-Berg
Scheurebe Spätlese trocken
11,50 €, 13%, ♀ bis 2007 — **86**

2001 Iphöfer Julius-Echter-Berg
Riesling Kabinett trocken
9,– €, 11,5%, ♀ bis 2005 — **87**

2001 Iphöfer Julius-Echter-Berg
Rieslaner Spätlese trocken
12,– €, 13%, ♀ bis 2007 — **87**

2001 Iphöfer Julius-Echter-Berg
Riesling Spätlese trocken Trias
14,50 €, 13%, ♀ bis 2007 — **88**

--- Rotwein ---

2001 Rosé de J.R.
trocken
5,– €/0,5 Lit., 13%, ♀ bis 2007 — **84**

Die Betriebe: ✽✽✽✽✽ Weltklasse · ✽✽✽✽ Deutsche Spitze · ✽✽✽ Sehr gut · ✽✽ Gut · ✽ Zuverlässig

Franken

WEINGUT HORST SAUER

Inhaber: Horst u. Magdalena Sauer
Betriebsleiter und Kellermeister:
Horst Sauer
97332 Escherndorf,
Bocksbeutelstraße 14
Tel. (0 93 81) 43 64, Fax 68 43
e-mail: Mail@Weingut-Horst-Sauer.de
Anfahrt: A 3 Würzburg–Nürnberg, Ausfahrt Wiesentheid, über Volkach; Anfahrt A 7 Kassel–Würzburg, Ausfahrt Estenfeld, Richtung Volkach
Verkauf: Magdalena Sauer
Mo.–Fr. 9:00 bis 12:00 Uhr
und 13:00 bis 18:00 Uhr
Sa. 10:30 bis 17:00 Uhr
So. 10:00 bis 12:00 Uhr
und nach Vereinbarung
Gästezimmer: Im Weingut

Rebfläche: 10,2 Hektar
Jahresproduktion: 78.000 Flaschen
Beste Lagen: Escherndorfer Lump und Fürstenberg
Boden: Muschelkalk, Lettenkeuper und Lösslehm
Rebsorten: 33% Müller-Thurgau, 31% Silvaner, 12% Riesling, 8% Kerner, 7% Bacchus, 6% Rotwein, 3% übrige Sorten
Durchschnittsertrag: 78 hl/ha
Beste Jahrgänge: 1999, 2000, 2001
Mitglied in Vereinigungen: VDP

Ob der Escherndorfer Lump die beste Lage Frankens ist, können wir nicht beurteilen, jedoch müssen wir feststellen, dass hier in den letzten Jahren die besten Weißweine Bayerns, vielleicht die besten Silvaner der Welt wachsen! Und dies ist einzig und allein das Verdienst des bescheidenen Horst Sauers. Es ist atemberaubend, in welch kurzer Zeit der Escherndorfer in die deutsche Spitze aufgerückt ist. Und das, obwohl er eigentlich im Weinberg nicht zu den Verfechtern besonders niedriger Ernten gehört. Aber es kommt hier eben auch auf die Pflege der Rebstöcke an. »Nicht kopieren, sondern mit viel Fingerspitzengefühl Gewachsenes und Vertrautes mit handwerklichem Können und neuen wissenschaftlichen Erkenntnissen verbinden und damit einen eigenen Weg gehen«, so beschreibt der zurückhaltende Franke seine Arbeit. Nach dem Neubau des Weinkellers und der Aufrüstung mit Edelstahltanks samt Gärführung hat Sauer jetzt beste Voraussetzungen zur Erzeugung hochwertiger Weine. Wichtig erscheint hier besonders, dass Lesegut, Most und Wein über vier Stockwerke hinweg nur mehr im Fallsystem mittels Schwerkraft bewegt werden. Der Verzicht auf Pumpen bedeutet zusätzliche Schonung der Rohstoffe. Großartig können hier die edelsüßen Spezialitäten ausfallen, die in guten Jahren zur deutschen Spitze gehören. Doch auch die einfacheren Kategorien (die zudem nach wie vor preisliche Schnäppchen darstellen) bieten bei Horst Sauer viel Trinkvergnügen, selbst Neuzüchtungen wie Bacchus und Kerner sind auch im Jahrgang 2001 ausgezeichnet. Stellvertretend für alle hochkarätigen Silvaner und Rieslinge sei der größte hier bisher erzeugte trockene Silvaner erwähnt, eine vor Kraft strotzende aber unglaublich sinnliche Auslese, welche geöffnet über mehrere Tage zulegt und in ihrer Jugend schon traumhaft harmonisch ist.

2001 Frank & Frei
Müller-Thurgau trocken
5,– €, 11,5%, ♀ bis 2004 **85**

2001 Escherndorfer Fürstenberg
Müller-Thurgau Kabinett trocken
4,70 €, 11,5%, ♀ bis 2005 **86**

2001 Escherndorfer Fürstenberg
Silvaner Kabinett trocken
5,60 €, 11,5%, ♀ bis 2005 **86**

2001 Escherndorfer Lump
Silvaner Kabinett trocken
6,50 €, 11,5%, ♀ bis 2005 **87**

2001 Escherndorfer Fürstenberg
Müller-Thurgau Spätlese trocken
6,70 €, 12,5%, ♀ bis 2007 **87**

Die Weine: **100** Perfekt · **95–99** Überragend · **90–94** Exzellent · **85–89** Sehr gut · **80–84** Gut · **75–79** Passabel

Franken

2001 Escherndorfer Lump
Riesling Kabinett trocken
6,80 €, 12%, ♀ bis 2005 — 87

2001 Escherndorfer Lump
Silvaner Spätlese trocken
8,60 €, 13%, ♀ bis 2007 — 89

2001 Escherndorfer Lump
Riesling Spätlese trocken
10,20 €, 12,5%, ♀ bis 2007 — 89

2001 Escherndorfer Lump
Riesling Spätlese trocken
»Großes Gewächs«
18,– €, 13,5%, ♀ bis 2007 — 90

2001 Escherndorfer Lump
Silvaner Auslese trocken
16,– €, 14,5%, ♀ bis 2010 — 91

2001 Escherndorfer Lump
Scheurebe Kabinett
6,50 €, 11%, ♀ bis 2005 — 86

2001 Escherndorfer Fürstenberg
Bacchus Spätlese
6,80 €, 11,5%, ♀ bis 2007 — 87

2001 Escherndorfer Lump
Scheurebe Spätlese
9,– €, 11%, ♀ bis 2007 — 87

2001 Escherndorfer Fürstenberg
Kerner Spätlese
6,90 €, 11,5%, ♀ bis 2007 — 88

2001 Escherndorfer Lump
Riesling Spätlese
9,60 €, 11%, ♀ bis 2007 — 88

2001 Escherndorfer Lump
Silvaner Auslese
13,90 €/0,5 Lit., 9,5%, ♀ bis 2013 — 88

2001 Escherndorfer Lump
Riesling Auslese
15,– €/0,5 Lit., 9%, ♀ bis 2013 — 88

2001 Escherndorfer Lump
Silvaner Beerenauslese
28,– €/0,5 Lit., 8,5%, ♀ bis 2017 — 89

2001 Escherndorfer Lump
Silvaner Eiswein
55,– €/0,5 Lit., 8%, ♀ bis 2017 — 90

2001 Escherndorfer Lump
Riesling Beerenauslese
29,50 €/0,5 Lit., 9%, ♀ bis 2017 — 90

2001 Escherndorfer Lump
Silvaner Trockenbeerenauslese
49,50 €/0,5 Lit., 7,5%, ♀ bis 2023 — 91

2001 Escherndorfer Lump
Riesling Trockenbeerenauslese
60,– €/0,5 Lit., 7%, ♀ bis 2023 — 92

Franken

WEINGUT RAINER SAUER

Inhaber: Helga und Rainer Sauer
Betriebsleiter und Kellermeister:
Rainer Sauer
97332 Escherndorf,
Bocksbeutelstr. 15
Tel. **(0 93 81) 25 27, Fax 7 13 40**
e-mail: info@weingut-rainer-sauer.de
Anfahrt: A 3, Ausfahrt Wiesentheid, über Volkach; A 7, Ausfahrt Estenfeld, Richtung Volkach
Verkauf: Helga Sauer
Mo.–Sa. 9:00 bis 18:00 Uhr
So. 10:00 bis 12:00 Uhr
und nach Vereinbarung
Heckenwirtschaft: An den Wochenenden in März und April
Spezialitäten: Hausmacher Bratwurst, Meefischli (kleine frittierte Mainfische)
Erlebenswert: Weinsommerfest am dritten Juli-Wochenende

Rebfläche: 7,4 Hektar
Jahresproduktion: 70.000 Flaschen
Beste Lagen: Escherndorfer Lump und Fürstenberg
Boden: Muschelkalk, Lettenkeuper und Lösslehm
Rebsorten: 40% Silvaner, 30% Müller-Thurgau, 8% Kerner, 7% Riesling, je 5% Bacchus und Portugieser, 5% übrige Sorten
Durchschnittsertrag: 79 hl/ha
Beste Jahrgänge: 1999, 2000, 2001

2001 Frank & Frei
Müller-Thurgau trocken
4,80 €, 11,5%, ♀ bis 2004   **82**

2001 Escherndorfer Lump
Silvaner Kabinett trocken
5,40 €, 11,5%, ♀ bis 2005   **86**

2001 Escherndorfer Lump
Silvaner Spätlese trocken
8,20 €, 12,5%, ♀ bis 2007   **86**

2001 Escherndorfer Lump
Weißer Burgunder Spätlese trocken
8,20 €, 12,5%, ♀ bis 2007   **86**

2001 Escherndorfer Lump
Riesling Kabinett trocken
5,90 €, 12,5%, ♀ bis 2005   **87**

2001 Escherndorfer Lump
Riesling Spätlese trocken
8,80 €, 13%, ♀ bis 2007   **87**

2001 Escherndorfer Lump
Silvaner Spätlese trocken »L«
12,– €, 14%, ♀ bis 2007   **88**

2001 Escherndorfer Lump
Traminer Spätlese
8,50 €, 12,5%, ♀ bis 2007   **87**

Rainer Sauers Name steht im Widerspruch zu seinen Weinen, die alles andere als sauer sind. Bezahlt gemacht hat sich die Umstellung auf Edelstahltanks und gekühlte Vergärung, die zu klarer Sortenart und pikant-fruchtiger Note beiträgt. Sauer will den Silvaner-Anteil deutlich erhöhen. Beibehalten wird das leckere kulinarische Angebot im Frühjahr, das viele Besucher entzückt. In 2001 stellte der Escherndorfer eine beachtliche Kollektion vor. Die Weine, allesamt geprägt von einer positiven Strenge, sind eine willkommene Alternative zu vielen konturenlosen, weil gestylten Weinen.

Die Weine: **100** Perfekt · **95–99** Überragend · **90–94** Exzellent · **85–89** Sehr gut · **80–84** Gut · **75–79** Passabel

Franken

WEINBAU EGON SCHÄFFER

Inhaber: Egon Schäffer
97332 Escherndorf,
Astheimer Straße 17
Tel. (0 93 81) 93 50, Fax 48 34
e-mail: info@weingut-schaeffer.de
Internet: www.weingut-schaeffer.de
Anfahrt: A 3 Würzburg–Nürnberg, Ausfahrt Wiesentheid, über Volkach; A 7 Fulda–Würzburg, Ausfahrt Estenfeld, Richtung Volkach
Verkauf: Mo.–Sa. 9:00 bis 19:00 Uhr nach Vereinbarung

Rebfläche: 3,1 Hektar
Jahresproduktion: 25.000 Flaschen
Beste Lagen: Escherndorfer Lump und Fürstenberg
Boden: Muschelkalk
Rebsorten: 44% Silvaner, 36% Müller-Thurgau, 15% Riesling, 5% Bacchus
Durchschnittsertrag: 83 hl/ha
Beste Jahrgänge: 1993, 1994, 2001
Mitglied in Vereinigungen: VDP

Nachdem Egon Schäffer den kleinen Betrieb in Escherndorf von Vater Hermann Ende der 80er Jahre übernommen hatte, erlebte er binnen kurzer Zeit einen Höhenflug. Bis Mitte der 90er Jahre gehörte dieses Gut zur absoluten Gebietsspitze. Die Weine waren stets schnörkellos und meist voll durchgegoren (was über 4 g/l Restzucker liegt, ist für Schäffer »deutsch-trocken«). Jedoch sind wir seit einigen Jahren nicht mehr ganz so glücklich mit den Weinen. Für den 1999er wurde notiert, hier sei der bisherige Tiefpunkt erreicht. Leider befand sich der Folgejahrgang auf ähnlichem Niveau. Einzig eine geradlinige Silvaner Spätlese aus Untereisenheim erinnerte an frühere Zeiten. In 2001 scheint Besserung eingetreten zu sein, zumindest bei vier von fünf Weinen, die wir probieren durften. Da waren sie wieder, Schäffers charaktervolle Unikate, voll durchgegoren und traditionell im Holz ausgebaut, was seiner Privatkunden-Klientel bestens schmeckt.

Eine veränderte Arbeit im Weinberg ist spürbar und wird von uns sicherlich honoriert, wenn sich die Leistungssteigerung in der ganzen Bandbreite eines Jahrgangs bemerkbar macht.

2001 Escherndorfer Lump
Riesling Kabinett trocken
8,– €, 12,3%, ♀ bis 2005   **86**

2001 Escherndorfer Fürstenberg
Weißer Burgunder Kabinett
7,50 €, 12,1%, ♀ bis 2005   **78**

2001 Escherndorfer Fürstenberg
Silvaner Kabinett
6,50 €, 11,5%, ♀ bis 2005   **85**

2001 Escherndorfer Lump
Silvaner Kabinett
8,– €, 12,5%, ♀ bis 2005   **86**

2001 Escherndorfer Lump
Riesling Spätlese
10,50 €, 12,8%, ♀ bis 2007   **87**

Die Betriebe: ✶✶✶✶✶ Weltklasse · ✶✶✶✶ Deutsche Spitze · ✶✶✶ Sehr gut · ✶✶ Gut · ✶ Zuverlässig

Franken

WEINGUT SCHMITT'S KINDER

Inhaber: Karl Martin Schmitt
Kellermeister: Karl Martin Schmitt
97236 Randersacker, Am Sonnenstuhl
Tel. **(09 31) 7 05 91 97**, Fax **7 05 91 98**
e-mail:
schmitts-kinder@randersacker.de
Internet: www.schmitts-kinder.de
Anfahrt: A 3 Würzburg–Nürnberg, Ausfahrt Randersacker bei Würzburg
Verkauf: Renate Schmitt
Mo.–Fr. 8:00 bis 18:00 Uhr
Sa. 9:00 bis 17:00 Uhr
und nach Vereinbarung
Historie: Weinbau in der Familie seit 1710
Sehenswert: Wechselnde Ausstellungen des Landschaftsmalers Andi Schmitt

---

Rebfläche: 14,5 Hektar
Jahresproduktion: 110.000 Flaschen
Beste Lagen: Randersackerer Pfülben, Sonnenstuhl, Marsberg und Teufelskeller
Boden: Muschelkalkverwitterung
Rebsorten: 25% Müller-Thurgau, 23% Silvaner, 14% Bacchus, 12% Riesling, je 5% Spätburgunder, Domina, Kerner und Scheurebe, je 3% Rieslaner und Weißburgunder
Durchschnittsertrag: 70 hl/ha
Beste Jahrgänge: 1997, 1998, 2000
Mitglied in Vereinigungen: VDP, Trias

Dies ist einer der grundsoliden Erzeuger in Franken. Mit Fleiß und Geschick hat Karl Schmitt den knapp 14 Hektar umfassenden Familienbetrieb nach oben manövriert. Mit den Jahrgängen 2000 und 2001 hat er seinen Rang bestätigt. Künftig will Schmitt den Silvaner noch stärker profilieren (unter anderem in der »Trias«-Gemeinschaft mit vier Kollegen aus dem Gebiet) und weitere Spätburgunder-Reben pflanzen. Besonders gefallen hat uns dieses Jahr die trockene Serie vom »einfachen« Rivaner bis hin zur ausdrucksstarken Riesling Spätlese vom Marsberg. Übrigens: Eine Scheurebe Brut ist für uns einer der besten Frankensekte des Jahrgangs 2000.

2001 Rivaner
trocken
4,– €, 11,5%, ♀ bis 2004 — **83**

2001 Randersackerer Sonnenstuhl
Scheurebe Kabinett trocken
7,– €, 12,5%, ♀ bis 2005 — **84**

2001 Randersackerer Pfülben
Riesling Kabinett trocken
7,– €, 12,5%, ♀ bis 2005 — **85**

2001 Randersackerer Marsberg
Silvaner Spätlese trocken »Trias«
10,50 €, 13%, ♀ bis 2007 — **86**

2001 Randersackerer Sonnenstuhl
Silvaner Spätlese trocken »Trias«
12,50 €, 13%, ♀ bis 2007 — **86**

2001 Randersackerer Pfülben
Riesling Spätlese trocken »Trias«
12,– €, 13%, ♀ bis 2007 — **86**

2001 Randersackerer Marsberg
Riesling Spätlese trocken »Trias«
11,50 €, 13%, ♀ bis 2007 — **87**

Die Weine: **100** Perfekt · **95–99** Überragend · **90–94** Exzellent · **85–89** Sehr gut · **80–84** Gut · **75–79** Passabel

Neu

Franken

WEINGUT PAUL SCHMITT

Inhaber und Betriebsleiter:
Paul Schmitt
97236 Randersacker, Flecken 1
Tel. (09 31) 70 82 06, Fax 70 82 22
e-mail:
weingut-paul-schmitt@t-online.de
Internet:
www.weingut-paul-schmitt.de
Anfahrt: A 3 Frankfurt–Nürnberg, Ausfahrt Randersacker
Verkauf: Angela Schmitt
Mo.–Sa. 8:00 bis 18:00 Uhr
und nach Vereinbarung
Historie: Familienbetrieb seit 1680

Rebfläche: 6,5 Hektar
Jahresproduktion: 50.000 Flaschen
Beste Lagen: Randersacker Pfülben, Sonnenstuhl und Marsberg
Boden: Muschelkalk
Rebsorten: 30% Müller-Thurgau, 28% Silvaner, 12% Riesling, 7% rote Sorten, 5% Weißburgunder, 4% Gewürztraminer, 14% übrige Sorten
Durchschnittsertrag: 74 hl/ha
Bester Jahrgang: 2001
Mitglied in Vereinigungen: VDP

2001 Randersackerer Ewig Leben
Silvaner Kabinett trocken
4,90 €, 11,2%, ♀ bis 2005 **84**

2000 Randersackerer Ewig Leben
Silvaner Kabinett trocken
4,90 €, 12,2%, ♀ bis 2005 **84**

2001 Randersackerer Marsberg
Weißer Burgunder Kabinett trocken
6,20 €, 12,5%, ♀ bis 2005 **85**

2001 Randersackerer Pfülben
Riesling Kabinett trocken
5,90 €, 12,5%, ♀ bis 2005 **86**

Seit 1860 wird in diesem urfränkischen Gut der Ausbau durchgegorener, naturbelassener Weine gepflegt. »Das Haus der trockenen Weine« nennt Paul Schmitt deshalb zutreffend sein Weingut, aus dem in der Tat ausschließlich trockene Gewächse stammen. Hier ist nichts aufgesetzt, sondern durch und durch echt. Das schafft eine zufriedene Privatkundschaft, die zu 95 Prozent die Produktion abnimmt. Im Jahrgang 2001 glänzt Schmitt mit drei typischen 2001er Kabinettweinen, was vielleicht unspektakulär klingen mag, aber doch von einer klaren Philosophie zeugt: Alle Weine sind durchgegoren, ohne Mostanreicherung und Süßreserve, eben Franken pur! Am besten gefallen hat uns der belebende Riesling aus dem Pfülben. Wenn wir im kommenden Jahr mehr davon bekommen, soll es nicht Paul Schmitts Schaden sein.

Franken

WEINGUT SCHWAB

Inhaber: Thomas Schwab
97291 Thüngersheim, Bühlstraße 17
Tel. (0 93 64) 8 91 83, Fax 8 91 84
e-mail: info@weingut-schwab-franken.de
Internet: www.weingut-schwab-franken.de
Anfahrt: B 27 Würzburg–Fulda, letzte Thüngersheimer Abfahrt in Richtung Karlstadt
Verkauf: Andrea Schwab
Mo.–Fr. 8:00 bis 18:00 Uhr
Sa. und So. nach Vereinbarung
Erlebenswert: Musik und Kabarett im Hof, Käseseminare

Rebfläche: 10,5 Hektar
Jahresproduktion: 80.000 Flaschen
Beste Lagen: Thüngersheimer Johannisberg und Scharlachberg
Boden: Muschelkalkverwitterung
Rebsorten: 37% Müller-Thurgau, je 14% Riesling und Silvaner, 11% Bacchus, 10% Kerner, 5% Spätburgunder, 9% übrige Sorten
Durchschnittsertrag: 78 hl/ha
Beste Jahrgänge: 1998, 1999, 2000
Mitglied in Vereinigungen: VDP

2001 Thüngersheimer Johannisberg
Silvaner Kabinett trocken
5,10 €, 11,5%, ♀ bis 2005 **77**

2001 Thüngersheimer Johannisberg
Silvaner trocken
4,60 €/1,0 Lit., 11,5%, ♀ bis 2003 **80**

2001 Thüngersheimer Scharlachberg
Riesling Spätlese trocken
7,50 €, 12,5%, ♀ bis 2007 **84**

2001 Thüngersheimer Johannisberg
Silvaner Selection
9,50 €, 12%, ♀ bis 2005 **86**

2001 Thüngersheimer Johannisberg
Scheurebe Kabinett halbtrocken
5,10 €, 11%, ♀ bis 2005 **84**

2001 Thüngersheimer Scharlachberg
Kerner Auslese
9,70 €, 11%, ♀ bis 2013 **87**

——— Rotwein ———

2000 Thüngersheimer Johannisberg
Spätburgunder Spätlese trocken Barrique
12,50 €, 12%, ♀ bis 2007 **85**

Nach der Übernahme des Familienbetriebs durch Thomas Schwab wurden erhebliche Investitionen getätigt: Im Keller hat man sämtliche Kunststoffbehälter gegen Edelstahltanks ausgetauscht, und in den Weinbergen pflanzte Schwab vorzugsweise Spätburgunder und Portugieser an. Der Rotweinanteil soll in den nächsten Jahren noch erhöht werden. Aber auch der traditionsreiche Silvaner wird einen höheren Stellenwert bekommen. Im Keller will der Thüngersheimer vermehrt mit Ganztraubenpressung arbeiten und sich am Barrique-Ausbau bei Weißweinen versuchen. Thomas Schwab gestaltet mit seiner »Kleinkunstauslese« ein beachtenswertes Programm rund um den Wein. Uns gefiel diesmal vor allem eine schöne Spätburgunder Spätlese aus dem Barrique.

Franken

WEINGUT »ZUR SCHWANE«

Inhaber: Eva Pfaff-Düker und Ralph Düker
Kellermeister: Stefan Ott und Eva Pfaff-Düker
97332 Volkach,
Hauptstraße 12, Erlachhof 7
Tel. (0 93 81) 84 73 73, Fax 84 73 74
e-mail: weingut@schwane.de
Internet: www.schwane.de
Anfahrt: A 3 Würzburg–Nürnberg, Ausfahrt Kitzingen/Schwarzach/Volkach
Verkauf Gutshof: Eva Pfaff-Düker und Ralph Düker
Mo.–Sa. 8:00 bis 18:00 Uhr
So. nach Vereinbarung
Gutsausschank: »Zur Schwane«
12:00 bis 14:00 Uhr
und 18:00 bis 21:30 Uhr, Mo. Ruhetag
Spezialitäten: Gehobene fränkische Küche
Historie: Älteste original erhaltene Wirtsstube Frankens
Sehenswert: Neu erbauter Gutshof

Rebfläche: 12 Hektar
Jahresproduktion: 80.000 Flaschen
Beste Lagen: Volkacher Ratsherr, Escherndorfer Lump
Boden: Muschelkalk
Rebsorten: 34% Silvaner, 28% Riesling, 17% Müller-Thurgau, 12% Kerner, 9% übrige Sorten
Durchschnittsertrag: 66 hl/ha
Beste Jahrgänge: 1993, 1996
Mitglied in Vereinigungen: VDP

Das Wahrzeichen des Gutes geht auf die Familie Schwan zurück, die aus diesem Anwesen an der Volkacher Mainschleife die Schwanenwirtschaft aufbaute. Josef Pfaff II. erwarb 1935 den Gasthof, der heute zur Gruppe der Romantikhotels zählt. Eva Pfaff-Düker und Ralph Düker, die jungen Inhaber, haben das Haus in den letzten Jahren mit luxuriösen Zimmern im Landhaus-Stil ausgestattet. Auch im Weingut hat sich einiges getan, und weitere Investitionen sollen sich bald auswirken. Das ist aber auch nötig, denn trotz aller Aktivitäten stagniert die Qualität der Weine in diesem traditionsreichen Haus. Die Möglichkeiten wurden bereits in 2000 nicht ausgeschöpft und auch die 2001er lassen viele Wünsche offen. Derweil trösten wir uns mit einer exzellenten Schlehe aus der »Schwane-Gasse«, die von den hauseigenen Bränden besonders empfehlenswert ist.

2001 Volkacher Ratsherr
Silvaner Spätlese trocken
9,50 €, 13%, ♀ bis 2004 — **74**

2001 Volkacher Ratsherr
Riesling Kabinett trocken
7,60 €, 12%, ♀ bis 2005 — **80**

2001 »Schwane-Sommer«
Kerner trocken
5,– €, 11,5%, ♀ bis 2004 — **83**

2000 »Ex vineto oloris«
Riesling Spätlese trocken
11,70 €, 12,5%, ♀ bis 2006 — **85**

——— Rotweine ———

2000 »Ferver oloris«
Spätburgunder trocken
14,50 €, 12,5%, ♀ bis 2007 — **85**

2001 »Allegro«
Cuvée
8,– €, 13%, ♀ bis 2006 — **81**

Die Betriebe: ✕✕✕✕✕ Weltklasse · ✕✕✕✕ Deutsche Spitze · ✕✕✕ Sehr gut · ✕✕ Gut · ✕ Zuverlässig

Franken

WEINGUT SCHLOSS SOMMERHAUSEN

Inhaber: Familie Martin Steinmann
Betriebsleiter: Martin Steinmann
Kellermeister: Naoki Nakatani
97286 Sommerhausen,
Ochsenfurter Straße 17–19
Tel. (0 93 33) 2 60, Fax 14 88
e-mail: info@sommerhausen.com
Internet: www.sommerhausen.com
*Anfahrt: A 3 Würzburg–Nürnberg,
Ausfahrt Randersacker bei Würzburg*
Verkauf: Martin Steinmann
Mo.–Sa. 8:00 bis 17:00 Uhr
und nach Vereinbarung
Gästehaus: Am Schloss in Sommerhausen
Sehenswert: Schlossanlage

Rebfläche: 20 Hektar
Jahresproduktion: 150.000 Flaschen
Beste Lagen: Sommerhäuser
Steinbach und Reifenstein,
Randersacker Sonnenstuhl
Boden: Muschelkalk, Keuper
Rebsorten: 23% Silvaner,
18% Riesling, 28% Burgundersorten,
8% Dornfelder, 7% Bacchus
16% übrige Sorten
Durchschnittsertrag: 60 hl/ha
Beste Jahrgänge: 1999, 2000, 2001
Mitglied in Vereinigungen: VDP

Nach der Abtrennung des Rebveredelungsbetriebs kann sich das Weingut Schloss Sommerhausen ganz auf den Weinbau konzentrieren. Martin Steinmann führt die Restaurierung des Schlosses fort. Der Sommerhäuser hat beim Weinbau durch intensive Qualitätsarbeit eine weitere Steigerung erreicht. Besonders imponiert hat uns in der sehr homogenen 2001 Kollektion der rare Blaue Silvaner in seiner sehr eigenständigen fülligen Art. Die 2000er Chardonnay Spätlese trocken gehört sicherlich zu den besten im Barrique ausgebauten Weißweinen Frankens. Edelsüße Jahrgangsspitzen, die hier großartig ausfallen können, haben wir diesmal vermisst.

2001 Randersacker Sonnenstuhl
Silvaner Kabinett trocken
7,50 €, 12,5%, ♀ bis 2005   **83**

2001 Schloss Sommerhausen
Silvaner trocken
6,– €, 12%, ♀ bis 2004   **86**

2001 Randersacker Sonnenstuhl
Blauer Silvaner Kabinett trocken
7,50 €, 12%, ♀ bis 2005   **86**

2001 Randersacker Sonnenstuhl
Silvaner Spätlese trocken
12,50 €, 13%, ♀ bis 2007   **87**

2000 Chardonnay
Spätlese trocken Barrique
16,50 €, 12,5%, ♀ bis 2007   **87**

2001 Sommerhäuser Reifenstein
Riesling Kabinett halbtrocken
7,– €, 11,5%, ♀ bis 2005   **86**

2001 Sommerhäuser Reifenstein
Scheurebe Spätlese
12,50 €, 10,5%, ♀ bis 2007   **87**

--- Rotwein ---

2000 Evolution
trocken
7,60 €, 13%, ♀ bis 2007   **86**

Die Weine: **100** Perfekt · **95–99** Überragend · **90–94** Exzellent · **85–89** Sehr gut · **80–84** Gut · **75–79** Passabel

Franken

STAATLICHER HOFKELLER WÜRZBURG

Direktor: Dr. Andreas Becker
Außenbetrieb: Edgar Sauer
Kellermeister: Klaus Kuhn, Mathias Krönert
97070 Würzburg, Residenzplatz 3
Tel. (09 31) 3 05 09 21, Fax 3 05 09 33
e-mail: hofkeller-wuerzburg@t-online.de
Internet: www.hofkeller.de
Anfahrt: Würzburg-Stadtmitte, im Rosenbachpalais der Fürstbischöflichen Residenz (linker Flügel)
Verkauf: Siegbert Henkelmann
Mo.–Fr. 9:00 bis 18:00 Uhr
Sa. 9:00 bis 14:00 Uhr
Veranstaltungen: Bernd van Elten
Gutsausschank: Residenzgaststätten in Würzburg, täglich außer Montag
Spezialitäten: Fränkische Gerichte
Historie: Hofkeller seit 1128
Sehenswert: Würzburger Residenz, historischer Holzfasskeller

Rebfläche: 150 Hektar
Jahresproduktion: 850.000 Flaschen
Beste Lagen: Würzburger Stein und Innere Leiste, Randersacker Pfülben
Boden: Roter Buntsandstein, Verwitterungen von Gneis, Glimmerschiefer und Granit
Rebsorten: 22% Riesling, 19% Silvaner, 17% Müller Thurgau, 8% Spätburgunder, 6% Rieslaner, je 5% Kerner und Bacchus, 18% übrige Sorten
Durchschnittsertrag: 62 hl/ha
Beste Jahrgänge: 1997, 2000, 2001
Mitglied in Vereinigungen: VDP

Der traditionsreiche Wein-Riese hat unter der Leitung von Dr. Andreas Becker mit »Franconia«, einer blitzsauberen Weißwein-Cuvée aus Kerner, Müller-Thurgau und Scheurebe, den traditionellen Weg und damit auch den Bocksbeutel verlassen. Der heimische Markt ist mit der Edition No. 1, einer Fortführung der »Beamtenfässer-Tradition« im nunmehr historischen Bocksbeutel sowie dem herausragenden Sekt Extra Brut vom Stein ebenfalls bestens versorgt. In 2003 darf gefeiert werden: Der Hofkeller wird dann nämlich 875 Jahre alt.

2001 Thüngersheimer Scharlachberg
Traminer Spätlese trocken
10,10 €, 12%, ♀ bis 2007　　　　83

2001 Würzburger Stein
Riesling Spätlese trocken
11,65 €, 12,5%, ♀ bis 2007　　　　84

2001 Edition No. 1
Riesling trocken
6,80 €, 12,5%, ♀ bis 2004　　　　85

2001 Randersacker Teufelskeller
Riesling Spätlese trocken
10,35 €, 12,5%, ♀ bis 2007　　　　86

2001 Frankonia
4,– €, 12%, ♀ bis 2004　　　　86

2001 Randersacker Marsberg
Rieslaner Spätlese
9,35 €, 11%, ♀ bis 2007　　　　86

——— Rotweine ———

2000 Dorfprozeltener Predigtstuhl
Frühburgunder trocken
9,40 €, 12,5%, ♀ bis 2007　　　　84

2000 Thüngersheimer Scharlachberg
Lemberger trocken Barrique
10,– €, 13%, ♀ bis 2007　　　　86

Die Betriebe: ♕♕♕♕♕ Weltklasse · ♕♕♕♕ Deutsche Spitze · ♕♕♕ Sehr gut · ♕♕ Gut · ♕ Zuverlässig

Franken

WEINGUT AM STEIN

Inhaber: Ludwig Knoll
Kellermeister: Dr. Manfred Stoh
97080 Würzburg,
Mittlerer Steinbergweg 5
Tel. (09 31) 2 58 08, Fax 2 58 80
e-mail: mail@weingut-am-stein.de
Internet: www.weingut-am-stein.de
Anfahrt: In Würzburg direkt an der Lage Stein, am Beginn des Weinlehrpfades
Verkauf: Sandra Knoll
und Christian Lau
Mo.–Fr. 9:00 bis 13:00 Uhr
und 14:00 bis 18:00 Uhr
Sa. 10:00 bis 14:00 Uhr
Restaurant und Weinbar: »Weinstein«
Di.–Fr. 17:00 bis 24:00 Uhr
Sa. und So. 11:00 bis 24:00 Uhr
Sehenswert: Blick auf die Stadt
Erlebenswert: Sommertheater, Kochkurse im Küchenhaus

Rebfläche: 17 Hektar
Jahresproduktion: 125.000 Flaschen
Beste Lagen: Würzburger Innere Leiste und Stein, Stettener Stein
Boden: Muschelkalk
Rebsorten: 25% Silvaner, 22% Müller-Thurgau, 16% Riesling, 12% Spätburgunder, 9% Grauburgunder, 6% Weißburgunder, 10% übrige Sorten
Durchschnittsertrag: 70 hl/ha
Beste Jahrgänge: 1999, 2000, 2001
Mitglied in Vereinigungen: VDP

2001 Frank & Frei
Müller-Thurgau trocken
5,50 €, 11,5%, ♀ bis 2004 — **84**

2001 Würzburger Innere Leiste
Scheurebe Kabinett trocken
6,50 €, 11%, ♀ bis 2005 — **87**

2001 Würzburger Stein
Silvaner Kabinett trocken
8,– €, 11,5%, ♀ bis 2005 — **87**

2001 Würzburger Innere Leiste
Riesling Kabinett trocken
8,– €, 11%, ♀ bis 2005 — **87**

2001 Stettener Stein
Weißer Burgunder Spätlese trocken
18,– €, 13%, ♀ bis 2007 — **87**

2001 Stettener Stein
Grauer Burgunder Kabinett trocken
8,50 €, 12,5%, ♀ bis 2005 — **88**

2001 Würzburger Stein
Silvaner Spätlese trocken
12,– €, 13%, ♀ bis 2007 — **88**

2001 Stettener Stein
Riesling Eiswein
50,– €/0,375 Lit., 7%, ♀ bis 2017 — **91**

— Rotwein —

2000 Montonia
Spätburgunder trocken Barrique
16,– €, 13,5%, ♀ bis 2007 — **85**

Inmitten der Weinberge des berühmten Würzburger Steins liegt das Weingut der Familie Sandra und Ludwig Knoll. Es lohnt sich immer, hier Wein zu probieren oder später im neuen »Restaurant und Weinbar Weinstein« die Küche zu genießen. Mit seinem klaren, schnörkellosen Stil hat sich Ludwig Knoll in den letzten Jahren in die Gebietsspitze vorgearbeitet. Die 2001er Palette überzeugt komplett, besonders mit einem feinnervigen Grauburgunder Kabinett trocken, dem Besten dieses Jahrgangs in Franken, und einem nicht minder exzellenten Sekt Brut, ebenfalls vom Grauburgunder (87 Punkte).

Die Weine: **100** Perfekt · **95–99** Überragend · **90–94** Exzellent · **85–89** Sehr gut · **80–84** Gut · **75–79** Passabel

Franken

WEINGUT ARTUR STEINMANN – IM PASTORIUSHAUS

Inhaber: Artur Steinmann
Betriebsleiter und Kellermeister:
Artur Steinmann
97286 Sommerhausen, Plan 4
Tel. (0 93 33) 9 04 60, Fax 90 46 27
e-mail: artur.steinmann@t-online.de
Internet: www.pastoriushaus.de
Anfahrt: A 7, Ausfahrt Randersacker, 4 km Richtung Ochsenfurt/Ansbach
Verkauf: Mo.–Sa. 7:30 bis 18:30 Uhr
So. 9:00 bis 12:00 Uhr
Historie: Weingut im Geburtshaus von Franz Daniel Pastorius, erster deutscher Auswanderer nach Amerika
Sehenswert: Schöner Innenhof, Gewölbekeller, Schatzkammer

Rebfläche: 10 Hektar
Jahresproduktion: 100.000 Flaschen
Beste Lagen: Sommerhäuser Steinbach und Reifenstein, Frickenhäuser Kapellenberg
Boden: Muschelkalk, Keuper, Löss
Rebsorten: 30% Müller-Thurgau, 18% Silvaner, je 9% Bacchus und Scheurebe, 8% Riesling, 3% Traminer, 23% rote Sorten
Durchschnittsertrag: 75 hl/ha
Bester Jahrgang: 2000

Franz Daniel Pastorius, 1683 erster Amerika-Auswanderer Deutschlands, gab dem Wohnhaus und Weingut von Artur Steinmann den Beinamen. Denn er erblickte hier das Licht der Welt. Gegründet wurde das Gut selbst 1916 von Großvater Karl. Sein Sohn konzentrierte sich ab 1960 nur mehr auf Weinbau und leitete als Bürgermeister die Geschicke der Gemeinde. Artur (geboren 1955), der auch eine Ausbildung zum Bierbrauer (!) absolviert hat, übernahm 1982. Der Mann mit dem Schnauzbart ist der Ideengeber für die erfolgreiche »Frank & Frei«-Initiative, aber auch mit seinen eigenen Weinen muss er sich nicht verstecken, wenn wir uns auch vom Jahrgang 2001 etwas mehr versprochen hätten.

2001 Frickenhäuser Kapellenberg
Silvaner Kabinett trocken
5,50 €, 11,5%, ♀ bis 2005 — **80**

2001 Sommerhäuser Steinbach
Riesling Kabinett trocken
6,– €, 12%, ♀ bis 2005 — **82**

2001 Frank & Frei
Müller-Thurgau trocken
5,– €, 11,5%, ♀ bis 2004 — **83**

2001 Sommerhäuser Ölspiel
Bacchus
4,60 €/1,0 Lit., 11,5%, ♀ bis 2003 — **82**

2001 Sommerhäuser Ölspiel
Traminer Kabinett
6,– €, 15%, ♀ bis 2005 — **83**

2001 Sommerhäuser Ölspiel
Scheurebe Kabinett
6,– €, 11%, ♀ bis 2005 — **84**

--- Rotwein ---

2001 Rosé
Kabinett trocken
6,50 €, 12%, ♀ bis 2007 — **82**

Die Betriebe: ✤✤✤✤✤ Weltklasse · ✤✤✤✤ Deutsche Spitze · ✤✤✤ Sehr gut · ✤✤ Gut · ✤ Zuverlässig

Aufsteiger

Franken

WEINGUT STICH – »IM LÖWEN«

Inhaber: Gerhard Stich
Betriebsleiter und Kellermeister:
Gerhard und Helga Stich
63927 Bürgstadt,
Freudenberger Straße 73
Tel. (0 93 71) 57 05, Fax 8 09 73
e-mail: info@weingut-stich.de
Internet: www.weingut-stich.de
Anfahrt: A 3 Frankfurt–Würzburg, Ausfahrt Stockstadt oder Wertheim, Richtung Miltenberg
Verkauf: Gerhard und Helga Stich
Mo.–Fr. 8:00 bis 18:00 Uhr
Sa. und So. nach Vereinbarung
Gutsausschank: Ab Ostermontag drei Wochen, täglich 12:00 bis 24:00 Uhr
Spezialitäten: Fränkische Mostsuppe, Blaue Zipfel, eingelegter Ziegenkäse, Rindfleischsalat mit Kürbiskernöl

---

Rebfläche: 6,5 Hektar
Jahresproduktion: 40.000 Flaschen
Beste Lagen: Bürgstadter Centgrafenberg, Prichsenstadter Krone
Boden: Buntsandsteinverwitterung, Muschelkalk
Rebsorten: 30% Spätburgunder, 18% Müller-Thurgau, 16% Silvaner, 10% Bacchus, je 6% Weißburgunder und Gewürztraminer, 14% übrige Sorten
Durchschnittsertrag: 67 hl/ha
Beste Jahrgänge: 1999, 2001

2001 Frank & Frei
Müller-Thurgau trocken
5,– €, 11%, ♀ bis 2004 — **82**

2001 Prichsenstadter Krone
Weißer Burgunder Spätlese trocken
8,50 €, 12,5%, ♀ bis 2007 — **86**

2001 Bürgstadter Centgrafenberg
Silvaner Kabinett trocken
5,60 €, 11,5%, ♀ bis 2005 — **86**

2001 Bürgstadter Centgrafenberg
Müller-Thurgau
4,– €/1,0 Lit., 11%, ♀ bis 2003 — **81**

2001 Bürgstadter Centgrafenberg
Gewürztraminer Spätlese
8,70 €, 12,5%, ♀ bis 2007 — **86**

2001 Bürgstadter Centgrafenberg
Silvaner Spätlese
8,– €, 13%, ♀ bis 2007 — **87**

--- Rotweine ---

2000 Bürgstadter Centgrafenberg
Spätburgunder trocken
6,60 €, 12%, ♀ bis 2007 — **85**

1999 Bürgstadter Centgrafenberg
Spätburgunder Spätlese Barrique
18,– €, 13,5%, ♀ bis 2007 — **86**

Im ehemaligen Gasthof »Zum Löwen« haben Gerhard und Helga Stich ihr Gut untergebracht. Das Jugendstil-Ambiente mit Stuckdecken ist der rechte Rahmen für Weinproben. In der Osterzeit werden die Räume ihrem ursprünglichen Zweck zugeführt: der Gastronomie. Nach ordentlichen Weinen in 2000 legte Gerhard Stich im Folgejahrgang deutlich an Qualität zu und hat sich die zweite Traube verdient. Die Spätlesen von Gewürztraminer und Silvaner überzeugten besonders und auch die Rotweine sind gut geraten. Außergewöhnlich auch ein hocharomatischer Gewürztraminer Tresterbrand.

Die Weine: **100** Perfekt · **95–99** Überragend · **90–94** Exzellent · **85–89** Sehr gut · **80–84** Gut · **75–79** Passabel

Franken

WEINGUT STÖRRLEIN
Inhaber: Armin Störrlein
97236 Randersacker, Schulstraße 14
Tel. (09 31) 70 82 81, Fax 70 11 55
e-mail: info@stoerrlein.de
Internet: www.stoerrlein.de
Anfahrt: A 3 Würzburg–Nürnberg, Ausfahrt Randersacker bei Würzburg
Verkauf: Ruth Störrlein
Mo.–Sa. 8:00 bis 19:00 Uhr
So. nach Vereinbarung
Erlebenswert: Kultur-kulinarische Veranstaltungen, mehrmals im Jahr

---

Rebfläche: 8,5 Hektar
Jahresproduktion: 65.000 Flaschen
Beste Lagen: Randersackerer Marsberg, Sonnenstuhl und Dabug
Boden: Muschelkalk
Rebsorten: je 25% Müller-Thurgau und Silvaner, 10% Riesling, 8% Schwarzriesling, je 6% Spätburgunder, Domina und Bacchus, 5% Weißburgunder, 9% übrige Sorten
Durchschnittsertrag: 70 hl/ha
Beste Jahrgänge: 1994, 1998, 2001
Mitglied in Vereinigungen: VDP, Trias

Armin Störrlein wirkt überzeugend in der Darstellung seines Credo: Die Qualität entsteht im Weinberg. Und der ist, wie der Winzer meint, »keine Hochleistungsplantage«. Um einen klassischen Sortentyp zu erzielen, vergärt er seine Weißweine in der Regel in Edelstahltanks, baut sie anschließend aber im Holzfass aus und füllt relativ spät ab. Dadurch verlieren die Weine ein wenig an Frische, wirken aber in sich sehr harmonisch, manchmal allerdings ein wenig zu gefällig. Einige Rotweine, die oft zu den besseren Frankens, aber nicht zur Spitze gehören, lässt Störrlein im kleinen Eichenholzfass reifen, was den 2000ern gut bekommen ist. Nachdem in den letzten Jahren immer wieder mal Schwankungen zu verzeichnen waren, waren die 2001er Weißweine überwiegend erfreulich.

2001 Randersackerer
Rivaner Kabinett trocken
4,80 €, 11,5%, ♀ bis 2004 **81**

2001 Randersackerer Ewig Leben
Silvaner Kabinett trocken
5,10 €/1,0 Lit., 11%, ♀ bis 2005 **82**

2001 Randersackerer Sonnenstuhl
Silvaner Kabinett trocken
5,50 €, 12%, ♀ bis 2005 **84**

2001 Randersackerer Sonnenstuhl
Silvaner Spätlese trocken
10,20 €, 13%, ♀ bis 2005 **86**

2001 Randersackerer Sonnenstuhl
Riesling Spätlese trocken
11,50 €, 12,5%, ♀ bis 2007 **87**

2001 Randersackerer Sonnenstuhl
Weißer Burgunder Spätlese trocken Barrique
15,– €, 13%, ♀ bis 2007 **87**

2001 Randersackerer Marsberg
Scheurebe Kabinett
7,50 €, 12%, ♀ bis 2005 **85**

--- Rotweine ---

2000 Randersackerer Sonnenstuhl
Spätburgunder trocken Barrique
10,– €, 13%, ♀ bis 2007 **85**

2000 Casparus
Cuvée trocken Barrique
13,– €, 13%, ♀ bis 2007 **86**

Franken

WINZERGENOSSENSCHAFT THÜNGERSHEIM

Betriebsleiter: Georg Lutz
Kellermeister: Norbert Gerhard
97291 Thüngersheim,
Untere Hauptstraße 1
Tel. (0 93 64) 5 00 90, Fax 50 09 10
e-mail: info@wg-thuengersheim.de
Internet: www.wg-thuengersheim.de
*Anfahrt: A 7/A 9, B 27
Würzburg–Karlstadt*
Verkauf: Ingrid Kuntz, Christian Hessdorfer
Mo.–Fr. 8:00 bis 17:00 Uhr
Sa. 8:00 bis 12:00 Uhr
Historie: Gegründet 1930
Sehenswert: Ausgedehnter Holzfasskeller

Rebfläche: 230 Hektar
Zahl der Mitglieder: 348
Jahresproduktion: 2,5 Mio. Flaschen
Beste Lagen: Thüngersheimer Johannisberg und Scharlachberg, Retzbacher Benediktusberg
Boden: Muschelkalk und Buntsandstein
Rebsorten: 45% Müller-Thurgau, 20% Silvaner, 7% Scheurebe, je 4% Kerner, Weißburgunder und Spätburgunder, 16% übrige Sorten
Durchschnittsertrag: 79 hl/ha
Beste Jahrgänge: 2000, 2001

Thüngersheim liegt flussabwärts von Würzburg auf der rechten Seite des Maines. Die größte Weinbaugemeinde im Landkreis Würzburg beherbergt eine der führenden Kooperativen Frankens. Sie sammelt seit etlichen Jahren ehrgeizig bayerische Staatsehrenpreise und Bundesehrenpreise bei Weinprämierungen. Besonders Wert gelegt wird auf die Vorratshaltung reiferer Weine. Das Engagement der WG Thüngersheim im ökologischen Weinbau ist beachtenswert und soll in den nächsten Jahren (mit Bioland) noch deutlich verstärkt werden. Der Selections-Silvaner ist in 2001 unser Favorit. Verschiedene Sekte und eine Reihe von Bränden runden das Angebot ab.

2001 Thüngersheimer Johannisberg
Riesling Spätlese trocken
7,90 €, 13%, ♀ bis 2007 **80**

2001 Thüngersheimer Johannisberg
Weißer Burgunder Spätlese trocken
7,80 €, 13%, ♀ bis 2007 **83**

2001 Thüngersheimer Johannisberg
Silvaner Spätlese trocken
7,50 €, 12,5%, ♀ bis 2005 **83**

2001 Thüngersheimer Scharlachberg
Grauer Burgunder Selection
7,20 €, 12,5%, ♀ bis 2005 **84**

2001 Thüngersheimer Scharlachberg
Silvaner Selection
7,70 €, 13%, ♀ bis 2005 **86**

2001 Thüngersheimer Ravensburg
Gewürztraminer Spätlese
8,50 €, 12%, ♀ bis 2007 **80**

2001 Thüngersheimer Johannisberg
Scheurebe Spätlese
7,50 €, 12%, ♀ bis 2007 **84**

--- Rotweine ---

2000 Thüngersheimer Ravensburg
Dornfelder trocken Barrique
12,40 €, 12,5%, ♀ bis 2007 **81**

2000 Erlabrunner Weinstieg
Zweigeltrebe trocken Barrique
9,50 €, 13,5%, ♀ bis 2007 **85**

Die Weine: 100 Perfekt · 95–99 Überragend · 90–94 Exzellent · 85–89 Sehr gut · 80–84 Gut · 75–79 Passabel

Franken

WEINGUT WOLFGANG WELTNER

Inhaber: Wolfgang Weltner
Kellermeister: Paul Weltner
97348 Rödelsee,
Wiesenbronner Straße 17
Tel. (0 93 23) 36 46, Fax 38 46
e-mail: weingut.weltner@t-online.de
Anfahrt: A 3 Würzburg–Nürnberg, Ausfahrt Kitzingen oder Schweinfurt-Wiesentheid
Verkauf: Renate Weltner
Mo.–Sa. 8:00 bis 18:00 Uhr
So. nach Vereinbarung
Historie: Weinbau in der Familie seit 1553

Rebfläche: 6,8 Hektar
Jahresproduktion: 45.000 Flaschen
Beste Lagen: Rödelseer Küchenmeister und Schwanleite, Iphöfer Julius-Echter-Berg
Boden: Gipskeuper mit tonigem Lehm und Schilfsandsteineinlage
Rebsorten: 41% Silvaner, 22% Müller-Thurgau, 8% Scheurebe, je 6% Riesling, Kerner, Bacchus und Domina, 5% Gewürztraminer
Durchschnittsertrag: 68 hl/ha
Beste Jahrgänge: 1998, 2000, 2001
Mitglied in Vereinigungen: VDP

2001 Iphöfer Julius-Echter-Berg
Silvaner Kabinett trocken
5,50 €, 12%, ♀ bis 2005 — **80**

2001 Müller-Thurgau
Kabinett trocken
4,80 €, 11,5%, ♀ bis 2005 — **81**

2001 Rödelseer Küchenmeister
Silvaner Spätlese trocken
8,20 €, 13%, ♀ bis 2007 — **83**

2000 Rödelseer Küchenmeister
Silvaner Spätlese trocken
14,– €, 13%, ♀ bis 2007 — **86**

2001 Rödelseer Schwanleite
Scheurebe Spätlese
7,50 €, 12,5%, ♀ bis 2007 — **85**

2001 Rödelseer Küchenmeister
Riesling Spätlese
8,80 €, 13%, ♀ bis 2007 — **87**

2000 Rödelseer Schwanleite
Scheurebe Auslese
7,50 €/0,375 Lit., 10,5%, ♀ bis 2013 — **87**

— Rotwein —

2000 Rödelseer Küchenmeister
Domina trocken
7,20 €, 13%, ♀ bis 2007 — **82**

Der zurückhaltende Paul Weltner, der vor einigen Jahren von Vater Wolfgang die Verantwortung im Keller übernommen hat, macht mit einer soliden Qualität auf sich aufmerksam. Man merkt die gute Ausbildung, die er unter anderem auf der Weinsberger Weinbauschule und bei Rebholz in der Pfalz hatte. Nachdem die Kollektion 1999 teilweise etwas bieder ausgefallen war, gab es mit dem Jahrgang 2000 eine leichte Steigerung. In der 2001er Kollektion gefiel uns eine fulminante, nicht ganz trockene Riesling Spätlese aus der Lage Küchenmeister am besten. Man wird hier allerdings das Gefühl nicht los, dass aus den hervorragenden Weinbergen von Rödelsee noch mehr herauszuholen wäre.

Die Betriebe: ❦❦❦❦❦ Weltklasse · ❦❦❦❦ Deutsche Spitze · ❦❦❦ Sehr gut · ❦❦ Gut · ❦ Zuverlässig

Franken

WEINGUT
HANS WIRSCHING

Inhaber: Dr. Heinrich Wirsching
Kellermeister: Werner Probst
97346 Iphofen, Ludwigstraße 16
Tel. (0 93 23) 8 73 30, Fax 87 33 90
e-mail: wirsching@t-online.de
Internet: www.wirsching.de
Anfahrt: A 3 Würzburg–Nürnberg, Ausfahrt Kitzingen oder Wiesentheid
Verkauf: Armin Huth, Dr. Uwe Matheus
Mo.–Sa. 8:00 bis 18:00 Uhr
So. 9:30 bis 12:30 Uhr
Historie: Weinbergsbesitz in der Familie seit 1630
Sehenswert: Altes Gutshaus und Gewölbekeller

Rebfläche: 72 Hektar
Jahresproduktion: 510.000 Flaschen
Beste Lagen: Iphöfer Julius-Echter-Berg, Kalb und Kronsberg
Boden: Gipskeuper mit Schilfsandsteineinlage
Rebsorten: 38% Silvaner, 20% Riesling, je 8% Müller-Thurgau und Weißburgunder, je 7% Spätburgunder und Dornfelder, 5% Scheurebe, 7% übrige Sorten
Durchschnittsertrag: 58 hl/ha
Beste Jahrgänge: 1998, 2000, 2001
Mitglied in Vereinigungen: VDP, Deutsches Barrique Forum

2001 Iphöfer Julius-Echter-Berg
Silvaner Spätlese trocken
9,50 €, 13%, ♀ bis 2007 — **86**

2001 Iphöfer Julius-Echter-Berg
Riesling Spätlese trocken »S«
14,50 €, 14%, ♀ bis 2007 — **87**

2001 Iphöfer Kronsberg
Weißer Burgunder Spätlese trocken »Erstes Gewächs«
13,50 €, 12,5%, ♀ bis 2007 — **88**

2001 Iphöfer Julius-Echter-Berg
Silvaner Spätlese trocken »S«
17,– €, 13%, ♀ bis 2007 — **88**

2001 Iphöfer Julius-Echter-Berg
Riesling Spätlese trocken »Erstes Gewächs«
17,– €, 13%, ♀ bis 2007 — **89**

2001 Iphöfer Julius-Echter-Berg
Rieslaner Auslese
13,– €/0,375 Lit., 9,5%, ♀ bis 2013 — **88**

2001 Iphöfer Kronsberg
Riesling Spätlese »S«
14,– €, 11%, ♀ bis 2007 — **88**

2001 Iphöfer Julius-Echter-Berg
Riesling Eiswein
120,– €/0,375 Lit., 8,5%, ♀ bis 2017 — **90**

2001 Iphöfer Julius-Echter-Berg
Rieslaner Trockenbeerenauslese
70,– €/0,375 Lit., 10%, ♀ bis 2023 — **90**

In einem der größten privaten Weingüter Deutschlands sollen nach umfangreichen Investitionen in die Kellerwirtschaft die Weine noch besser werden – man merkte es bereits am ansehnlichen Jahrgang 2000. Dr. Heinrich Wirsching, der ebenso umsichtige wie sympathische Chef des Hauses, setzt auf die Erhaltung klassischer Weinberge – vor allem die »Ersten Lagen« Iphöfer Julius-Echter-Berg und Kronsberg – und auf noch strengere Selektion bei der Traubenernte. Die machte sich in 2001 bereits bemerkbar. Die uns vorgestellte Spitze eines großen Sortiments jedenfalls zeigte keine Schwäche.

Die Weine: **100** Perfekt · **95–99** Überragend · **90–94** Exzellent · **85–89** Sehr gut · **80–84** Gut · **75–79** Passabel

Franken

WEINGUT ZEHNTHOF

Inhaber: Familie Luckert
Betriebsleiter: Wolfgang Luckert
Kellermeister: Ulrich Luckert
97320 Sulzfeld, Kettengasse 3–5
Tel. (0 93 21) 2 37 78, Fax 50 77
e-mail: Luckert@weingut-zehnthof.de
Internet: www.weingut-zehnthof.de
Anfahrt: A 3 Würzburg–Nürnberg,
Ausfahrt Biebelried oder Kitzingen
Verkauf: Wolfgang Luckert
Mo.–Sa. 8:00 bis 18:00 Uhr
Sehenswert: Verwinkelter Keller

Rebfläche: 12 Hektar
Jahresproduktion: 90.000 Flaschen
Beste Lagen: Sulzfelder Cyriakusberg und Maustal
Boden: Muschelkalk
Rebsorten: 35% Silvaner, 25% Müller-Thurgau, je 10% Riesling und Weißburgunder, 5% Kerner, je 2% Spätburgunder, Domina, Rieslaner und Gewürztraminer, 7% übrige Sorten
Durchschnittsertrag: 67 hl/ha
Beste Jahrgänge: 1998, 2000, 2001
Mitglied in Vereinigungen: VDP

Der ehemalige fürstbischöfliche Zehntkeller, den die Luckerts Ende der 70er Jahre erwarben, gibt seither diesem Familienbetrieb den Namen. Silvaner und Müller-Thurgau sind hier die bevorzugten Sorten, wenngleich Wolfgang Luckert inzwischen auch mit Riesling und Weißburgunder glänzt. Ausweiten will der Winzer sein Rotwein-Engagement. So hat er Frühburgunder und Merlot gepflanzt und will auch den Barrique-Anteil erhöhen. Die Gärung der Weißweine erfolgt in temperaturgesteuerten Edelstahltanks, der weitere Ausbau überwiegend in Doppelstückfässern. Nachdem die 99er etwas schwächelten, hatte der Sulzfelder Winzer in 2000 deutlich zugelegt und sich mit einer exzellenten Serie den Aufstieg verdient. In 2001 stehen erneut die weißen Burgundersorten mit an der Spitze einer Kollektion, in der auch die trockenen Rieslinge überzeugen.

2001 Sulzfelder Cyriakusberg
Müller-Thurgau trocken
4,– €, 11%, ♀ bis 2004   **83**

2001 Sulzfelder Maustal
Silvaner Kabinett trocken
5,50 €, 11,5%, ♀ bis 2005   **85**

2001 Sulzfelder Cyriakusberg
Silvaner Kabinett trocken
5,50 €, 11,5%, ♀ bis 2005   **86**

2001 Sulzfelder Cyriakusberg
Riesling Kabinett trocken
7,– €, 11,5%, ♀ bis 2005   **86**

2001 Sulzfelder Maustal
Riesling Spätlese trocken
11,30 €, 12%, ♀ bis 2007   **87**

2001 Sulzfelder Maustal
Rieslaner Spätlese trocken
16,– €, 13,5%, ♀ bis 2007   **87**

2001 Sulzfelder Cyriakusberg
Chardonnay Spätlese trocken
14,– €, 13%, ♀ bis 2007   **88**

2001 Sulzfelder Cyriakusberg
Weißer Burgunder Spätlese trocken
15,– €, 13%, ♀ bis 2007   **88**

2001 Sulzfelder Cyriakusberg
Riesling Spätlese trocken
16,– €, 12,5%, ♀ bis 2007   **88**

Die Betriebe: ♟♟♟♟♟ Weltklasse · ♟♟♟♟ Deutsche Spitze · ♟♟♟ Sehr gut · ♟♟ Gut · ♟ Zuverlässig

Franken

Weitere empfehlenswerte Betriebe

Weingut – Winzerhof Johann Arnold
97346 Iphofen, Lange Gasse 26/28
Tel. (0 93 23) 8 98 33,
Fax (0 92 32) 8 98 34
e-mail: weingutarnold@t-online.de

Weinbau wird in der Familie Arnold schon seit 1958 betrieben, doch wurde die Ertragsfläche erst nach dem Einstieg von Johannes Arnold 1993 auf fünf Hektar verdreifacht. Nach einer Schwächephase kehrte die Familie mit ordentlichen 2000ern zurück. Von den wenigen zur Verkostung angestellten 2001ern gefiel uns die halbtrockene Scheurebe (82 Punkte) noch am besten.

Weingut Michael Blendel (neu)
97332 Volkach-Escherndorf,
Bocksbeutelstraße 13
Tel. (0 93 81) 91 30, Fax 69 36
e-mail: infopost@weingut-blendel.de

Bereits in der zehnten Generation wird in diesem Betrieb an der Mainschleife Wein angebaut. Die 2001er Kollektion präsentiert sich qualitativ sehr homogen: vom frischen Müller-Thurgau Literwein (83 Punkte) bis zur ausdrucksvollen Traminer Spätlese (86 Punkte) an der Spitze. In dieser Form kann Michael Blendel sich im kommenden Jahr Hoffnungen auf einen Aufstieg machen.

Weingut Martin Göbel
97236 Randersacker, Friedhofstraße 9
Tel. (09 31) 70 93 80, Fax 4 67 77 21
e-mail: info@weingut-martin-goebel.de
Internet: www.weingut-martin-goebel.de

Nachdem Hubert Göbel bereits mit seinen 2000er Weißweinen Probleme hatte, brachte der Folgejahrgang 2001 nicht den erwarteten Qualitätsschub, weswegen sich das Gut erst mal aus der Traubenklasse verabschieden muss. Wir verkosteten eine sehr inhomogene, wenn auch kleine Kollektion, wobei die trockene Riesling Spätlese aus dem Randersacker Teufelskeller (84 Punkte) an der Spitze stand.

Weingut Höfling
97776 Eußenheim, Kellereigasse 14
Tel. (0 93 53) 76 32, Fax 12 64

Der Weinort Eußenheim liegt nördlich von Würzburg in einem Seitental des Mains. Höfling fällt mit einer soliden, preiswerten Kollektion auch im Literbereich positiv auf, wenn uns auch die 2000er stärker scheinen als das Folgejahr 2001. Am besten geriet diesmal noch ein Müller-Thurgau Qualitätswein mit 83 Punkten.

Weingut Wolfgang Kühn
63913 Klingenberg, Ludwigstraße 29
Tel. (0 93 72) 31 69, Fax 1 23 65

Ursprünglich studierte Wolfgang Kühn Lebensmitteltechnologie in Weihenstephan. In den 80ern übernahm er ein kleines Weingut in seiner Heimatstadt, holte die Winzermeisterprüfung nach und hat sich nun auf Rotwein spezialisiert, mit einem beachtlichen 2000er Regent vom Klingenberger Schlossberg (86 Punkte) an der Spitze.

Weingut Rudolf May (neu)
97282 Retzstadt, Im Eberstal
Tel. (0 93 64) 57 60, Fax 89 64 34

Rudolf May hat 1999 ein neues Weingut mit 7,5 Hektar Rebfläche am Rand von Retzstadt erbaut und geht mit großem Ehrgeiz zur Sache. Die 2001 Kollektion ist durchweg gelungen mit einer trockenen Grauburgunder Spätlese vom Stettener Stein (85 Punkte) an der Spitze. Wir sind ganz sicher, dass hier noch einiges Potenzial brach liegt.

Weingut Ewald Neder
97729 Ramsthal, Urbanusweg 5
Tel. (0 97 04) 56 92, Fax 74 69

Ramsthal liegt noch nördlicher als Hammelburg im Tal der fränkischen Saale. Ewald Neder hält hier als einer der wenigen die Fahne des Weinbaus hoch. Besonders gut gelang ihm diesmal ein 2000er Dornfelder vom Wirmsthaler Scheinberg (84 Punkte). Die weißen 2001er wirkten tendenziell schwächer.

Franken

Weingut Ernst Popp
97346 Iphofen, Rödelseer Straße 14–15
Tel. (0 93 23) 33 71, Fax 57 81
e-mail: weingutpopp@t-online.de
Internet: www.weingut-popp.de

Michael Popp verarbeitet nicht nur Trauben aus eigenen Weinbergen, sondern auch Lesegut von 12 Hektar Rebfläche, die 20 Kleinwinzern gehören. Die 2001er Kollektion war mit Ausnahme eines knackigen Silvaners und zweier Edelsüßer eher enttäuschend, weshalb Popp in der Traubenklasse erst mal pausiert.

Weingut Graf von Schönborn, Schloss Hallburg (neu)
97332 Volkach
Tel. (0 93 81) 24 15, Fax 37 80

Unter der Leitung von Gutsverwalter Georg Hühnerkopf entstehen hier, vor allem in der Alleinbesitzlage Hallburger Schlossberg, durchweg ordentliche Weine. Eine 2001er Rieslaner Spätlese (84) hat uns am besten gefallen. Gute Destillate von alten Streuobstwiesen, sowie ein ausgezeichneter Trester runden das Angebot ab.

Weingut Roman Schneider
97334 Nordheim, Hauptstraße 31
Tel. (0 93 81) 67 88, Fax 65 34

Joachim Schneider erzeugte in 2001 in der Lage Nordheimer Vögelein eine ausgezeichnete trockene Silvaner Spätlese (85 Punkte) sowie eine kräftige trockene Weißburgunder Auslese (86). Ein erstklassiger Williams-Christ-Birnenbrand rundet das Angebot ab. Wenn jetzt der Müller-Thurgau auch noch qualitativ zulegen würde, stünden wir einem Aufstieg nicht im Wege.

Weingut Christoph Steinmann (neu)
97286 Sommerhausen, Neuenbergshof
Tel. (0 93 33) 4 36, Fax 7 85
e-mail: Weingut.steinmann@t-online.de

Winzermeister Stefan Steinmann, verantwortlich für die Weinbergspflege, und Christoph Steinmann junior, der den Weinausbau betreibt, sind die Garanten für die Qualität dieses Betriebes, aus welchem uns die 2001er Silvaner Selection aus dem Sommerhäuser Steinbach (85 Punkte) am besten gefiel. Hier ist noch mehr drin.

Hessische Bergstraße

Bescheidene Menge, ehrliche Weine

Nach den Worten des alten Lehrmeisters Heinrich Hillenbrand war 2001 »ein guter bis recht guter Jahrgang, den ich nicht – wie 1990, 1993 oder 1997 – zur absoluten Spitze zählen möchte«. Im Stil eher ein Spätlese- als ein Auslesejahrgang, probieren sich die Weine durchweg sehr reintönig. Manche Winzer beklagen zwar, dass einige Gewächse in der Gärung hängen geblieben seien, doch gilt die größte Sorge der »bescheidenen« Erntemenge. Doch nach 95 Hektolitern pro Hektar im Vorjahr und gar 104 in 1999, kann man in 2001 eher von vernünftigen Erträgen sprechen.

Mustergültig geführt wird nach wie vor das Staatsweingut, der mit Abstand führende Betrieb an der Hessischen Bergstraße. Nachdem der langjährige Direktor Heinrich Hillenbrand in den Ruhestand trat, schwingt jetzt Volker Hörr, der mit einer gelungenen Kollektion seinen Einstand feierte, das Zepter. Mit gebührendem Abstand folgen das erst 1991 gegründete Weingut Simon-Bürkle und das Weingut der Stadt Bensheim, dessen Kellermeister Volker Dingeldey nebenbei noch einen eigenen Betrieb mit ordentlichen Qualitäten bewirtschaftet.

Die meisten der vielen kleinen und zerklüfteten Weinberge werden von Feierabendwinzern beackert und von der örtlichen Winzergenossenschaft, bei weitem größter Weinbergsbesitzer der Region, vermarktet. Besonders bei den edelsüßen Weinen können die Genossen immer wieder Erfolge vorweisen. Da einige der prächtigsten, aber schwer zu bearbeitenden Steillagen von den Altwinzern mangels Nachkommen aufgegeben werden, ist es erfreulich zu sehen, dass aufstrebende Jungwinzer wie Hanno Rothweiler hier die Lücke schließen. Ihm hat das Jahr 2001 Flügel verliehen.

Fast zwei Jahrzehnte war die Hessische Bergstraße das kleinste unter den deut-

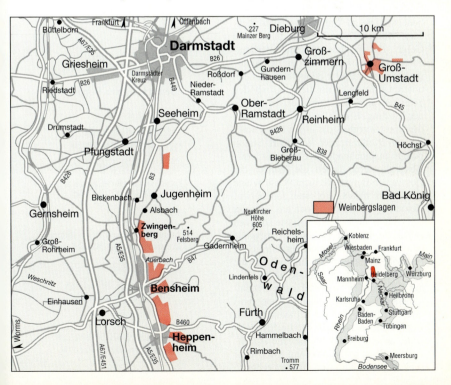

Hessische Bergstraße

schen Anbaugebieten, bis durch die Wiedervereinigung Sachsen und Saale-Unstrut hinzukamen. Erst 1971 hatte man die gerade einmal 450 Hektar umfassende Weinregion zwischen Darmstadt und Heppenheim gebildet, nachdem die Badener auf eine Eingliederung ihrer Bergsträßer Weinberge ins Anbaugebiet Baden bestanden hatten und auch der Rheingau keine Ansprüche erhob. Also gründete man ein eigenes Weinbaugebiet.

Die Region östlich des Rheins zwischen Heidelberg und Darmstadt wird seit jeher von der Sonne besonders verwöhnt. Wenn andernorts noch Väterchen Frost herrscht, zeigen sich an den West-Ausläufern des Odenwaldes bereits die Mandelblüten. Bereits Kaiser Joseph II. befand, dass »Deutschland hier Italien zu werden beginnt!«. Die Reben sind Nutznießer einer die Rheinebene heraufkommenden, warmen Luftströmung. Es ist also kein Wunder, dass die anspruchsvollste weiße Rebsorte, der langsam reifende Riesling, an der Hessischen Bergstraße mehr als die Hälfte der Rebfläche bedeckt. Die zu Unrecht verpönte Rebsorte Müller-Thurgau spielt die zweite Geige. Bei Produzenten und Verbrauchern erfreuen sich Weiß- und Grauburgunder zunehmender Beliebtheit. Auf den unteren Hanglagen mit tiefen Lössböden gedeihen diese Rebsorten oft besser als der Riesling. Ebenfalls im Kommen sind die Rotweinsorten, die in der Hand eines fähigen Kellermeister wie Kurt Simon bereits ansprechende Ergebnisse liefern.

Absatzprobleme haben die Winzer der Hessischen Bergstraße nicht. Viele Weine werden im nahen Großraum Mannheim-Heidelberg getrunken. Doch das Gros der Ernte bleibt in der Region. Gäste kommen zahlreich, denn die Hessische Bergstraße ist ein bekanntes Fremdenverkehrsgebiet und viel besuchtes Ausflugsziel für die Bewohner des Rhein-Main-Raums – nicht nur während der Weinfeste in der mittelalterlichen Stadt Heppenheim (Ende Juni) und Bensheim (Anfang September). Nur wenige aber kennen die nordöstlich gelegene, nur 50 Hektar umfassende »Odenwälder Weininsel« rund um Groß-Umstadt, die auch zum Anbaugebiet gehört.

Die Spitzenbetriebe an der Hessischen Bergstraße

Staatsweingut Bergstraße, Bensheim

Weingut **S**imon-Bürkle, Zwingenberg

Weingut der **S**tadt Bensheim, Bensheim

Bergsträßer Winzer eG, Heppenheim

* Weingut **R**othweiler, Bensheim

Bewertung der Betriebe

Höchstnote für die weltbesten Weinerzeuger

Exzellente Betriebe, die zu den besten Deutschlands zählen

Sehr gute Erzeuger, die seit Jahren konstant hohe Qualität liefern

Gute Erzeuger, die mehr als das Alltägliche bieten

Verlässliche Betriebe mit einer ordentlichen Standardqualität

Hessische Bergstraße

BERGSTRÄSSER WINZER EG

Geschäftsführer: Otto Guthier
Kellermeister: Hans-Jürgen Weber, Gerhard Weiß
64646 Heppenheim, Darmstädter Str. 56
Tel. (0 62 52) 79 94 11, Fax 79 94 50
e-mail: Bergstraesser-Winzer@t-online.de
Anfahrt: A 5 Ausfahrt Heppenheim, Richtung Stadtzentrum, nach links Richtung Darmstadt, nach zwei Kilometern links
Verkauf: Mo.–Fr. 8:00 bis 19:00 Uhr
Sa. 8:30 bis 16:00 Uhr
So. 10:00 bis 15:00 Uhr
Gutsausschank: Wein- und Speiserestaurant Winzerkeller

Rebfläche: 263 Hektar
Zahl der Mitglieder: 504
Jahresproduktion: 1,8 Mio. Flaschen
Beste Lagen: Heppenheimer Stemmler und Steinkopf, Bensheimer Kalkgasse
Boden: Lösslehm, Granit- und Buntsandsteinverwitterung
Rebsorten: 59% Riesling, 11% Müller-Thurgau, 10% Spätburgunder, 9% Grauburgunder, 4% Silvaner, 7% übrige Sorten
Durchschnittsertrag: 80 hl/ha
Beste Jahrgänge: 1990, 1993, 1999

Von den 450 Hektar Anbaufläche des gesamten Gebietes bearbeiten die rund 500 Genossen weit mehr als die Hälfte. Von den knapp zwei Millionen hier jährlich abgefüllten Flaschen bekommen wir in der Regel nur einen Bruchteil zur Verkostung. Die 2001er Auswahl überzeugte uns nur in Maßen. Doch ein hübscher Perlwein mit dem Namen Primasecco ist für 4,70 Euro besser als die Mehrzahl der auf dem Markt befindlichen Prosecco Frizzante. Wie in den Vorjahren bleibt es erstaunlich, dass bei solchen Dimensionen die edelsüßen Spezialitäten so gut gelingen. Jetzt soll der Anteil der roten Reben und der weißen Burgundersorten erhöht werden.

2001 Heppenheimer Stemmler
Weißer Burgunder Spätlese trocken
6,90 €, 12%, ♀ bis 2004   **82**

2001 Heppenheimer Schlossberg
Riesling Spätlese trocken
5,10 €, 12%, ♀ bis 2004   **82**

2001 Heppenheimer Stemmler
Gewürztraminer Spätlese
6,45 €, 10%, ♀ bis 2004   **82**

2001 Heppenheimer Eckweg
Weißer Burgunder Beerenauslese
16,– €/0,375 Lit., 6,5%, ♀ bis 2007   **85**

2001 Auerbacher Fürstenlager
Riesling Trockenbeerenauslese
23,– €/0,375 Lit., 6,5%, ♀ bis 2013   **90**

2001 Heppenheimer Stemmler
Riesling Eiswein
40,– €/0,375 Lit., 6,5%, ♀ bis 2015   **91**

--- Rotweine ---

2001 Heppenheimer Schlossberg
Dornfelder trocken
6,– €, 12,5%, ♀ bis 2003   **81**

2001 Heppenheimer Stemmler
Sankt Laurent trocken
5,10 €, 12,5%, ♀ bis 2004   **82**

Die Weine: **100** Perfekt · **95–99** Überragend · **90–94** Exzellent · **85–89** Sehr gut · **80–84** Gut · **75–79** Passabel

Neu

Hessische Bergstraße

WEINGUT ROTHWEILER

Inhaber: Hanno Rothweiler
64625 Bensheim, Ludwigstraße 55
Tel. (0 62 51) 7 65 69, Fax 7 65 69
e-mail: mail@weingut-rothweiler.de
Internet: www.weingut-rothweiler.de
*Anfahrt: Von Süden: A 5, Ausfahrt Bensheim, durch Bensheim, im Ortsteil Auerbach an der B 3; von Norden:
A 5, Ausfahrt Zwingenberg, Auerbach*
Verkauf: Hanno Rothweiler
nach Vereinbarung

Rebfläche: 3 Hektar
Jahresproduktion: 30.000 Flaschen
Beste Lagen: Auerbacher Fürstenlager, Zwingenberger Steingeröll
Boden: Kalkverwitterungsgestein, Lehm, Löss
Rebsorten: 50% Riesling, 12% Grauburgunder, je 7% St. Laurent und Dornfelder, je 4% Chardonnay und Silvaner, 16% übrige Sorten
Durchschnittsertrag: 75 hl/ha
Bester Jahrgang: 2001

Der 1960 geborene Hanno Rothweiler lernte im Weingut Seitz, machte seinen Abschluss an der Weinbauschule in Oppenheim und war bis 1994 für den Außenbetrieb des Weingutes der Stadt Bensheim verantwortlich. Seit 1983 hat er nebenher Weine aus eigenem Anbau erzeugt. Mitte der 90er Jahre wagte er den Sprung in die Selbstständigkeit. Inzwischen ist sein Betrieb auf drei Hektar angewachsen. Die Nachfrage hat Schritt gehalten, einen Teil davon muss er gar durch Zukauf von Trauben befriedigen. Seine Weinberge erstrecken sich vorwiegend in Steillagen, die von älteren Winzern aufgegeben wurden. Der Jahrgang 2001 scheint aus recht gutem Holz geschnitzt zu sein. Gewiss haben die Weine weder die Tiefe noch den Charakter der Erzeugnisse aus den führenden Gütern des Gebiets, doch frisch, sauber und sortentypisch sind sie allemal. Vor allem mit Rotwein kann Rothweiler schon auftrumpfen. Weiter so!

2001 Auerbacher Fürstenlager
Riesling trocken
4,50 €/1,0 Lit., 11,5%, ♀ bis 2003 — **79**

2001 Auerbacher Rott
Ehrenfelser trocken
4,80 €, 11,5%, ♀ bis 2003 — **81**

2001 Auerbacher Fürstenlager
Grauer Burgunder trocken
6,30 €, 12%, ♀ bis 2003 — **81**

2001 Auerbacher Höllberg
Chardonnay trocken
8,50 €, 13%, ♀ bis 2004 — **82**

2001 Auerbacher Fürstenlager
Riesling Kabinett trocken
5,90 €, 11,5%, ♀ bis 2004 — **83**

2001 Auerbacher Fürstenlager
Riesling Spätlese halbtrocken
7,40 €, 11,5%, ♀ bis 2003 — **82**

— Rotweine —

2001 Auerbacher Fürstenlager
Sankt Laurent trocken
8,70 €, 12,5%, ♀ bis 2004 — **82**

2000 Auerbacher Fürstenlager
Dornfelder trocken
8,80 €, 13%, ♀ bis 2004 — **83**

2000 Auerbacher Fürstenlager
Sankt Laurent trocken
9,50 €, 13%, ♀ bis 2005 — **84**

Die Betriebe: ✤✤✤✤✤ Weltklasse · ✤✤✤✤ Deutsche Spitze · ✤✤✤ Sehr gut · ✤✤ Gut · ✤ Zuverlässig

Hessische Bergstraße

WEINGUT SIMON-BÜRKLE

Inhaber: Kurt Simon und
Wilfried Bürkle
Kellermeister: Kurt Simon
64673 Zwingenberg,
Wiesenpromenade 13
Tel. (0 62 51) 7 64 46, Fax 78 86 41
e-mail:
Weingut.Simon-Buerkle@t-online.de
Internet: www.simon-buerkle.de
*Anfahrt: A 5 Walldorf–Frankfurt,
Ausfahrt Zwingenberg*
Verkauf: Dagmar Simon
Mo.–Fr. 9:00 bis 12:00 Uhr
und 15:00 bis 18:00 Uhr
Sa. 9:00 bis 13:00 Uhr
Weinstube: »Piano« in der historischen Altstadt von Zwingenberg,
Am Obertor 6, täglich 17:00 bis 1:00 Uhr,
So. und Feiertag 11:00 bis 1:00 Uhr
Spezialitäten: Regionale Küche

Rebfläche: 12 Hektar
Jahresproduktion: 80.000 Flaschen
Beste Lagen: Zwingenberger Alte Burg und Steingeröll, Auerbacher Fürstenlager und Höllberg
Boden: Tiefgründiger Lösslehm auf Granitverwitterung
Rebsorten: 42% Riesling,
21% Burgundersorten,
16% Rotwein, 21% übrige Sorten
Durchschnittsertrag: 64 hl/ha
Beste Jahrgänge: 1999, 2000, 2001

Nach ihrem Studium an der Weinsberger Lehranstalt haben Kurt Simon und Wilfried Bürkle 1991 dieses Gut in Zwingenberg aus der Taufe gehoben. Seitdem wurde die Rebfläche erweitert und eine Weinstube eröffnet. Die 2000er waren durchweg klar und reintönig. Auch das Jahr 2001, das die aufstrebenden Winzer nicht überschwänglich loben, brachte ansprechende Weine hervor, die unserer inzwischen gewachsenen Erwartung durchaus entsprachen. Vor allem die lebhafte Scheurebe Spätlese zeigt diese in manchen Kreisen verpönte Sorte von ihrer Schokoladenseite.

2001 Zwingenberger Alte Burg
Riesling Kabinett trocken
5,50 €, 12%, ♀ bis 2004 **83**

2001 Auerbacher Höllberg
Grauer Burgunder Spätlese trocken
7,60 €, 12%, ♀ bis 2004 **84**

2000 Auerbacher Höllberg
Chardonnay Spätlese trocken
10,50 €, 12%, ♀ bis 2004 **84**

2001 Auerbacher Schöntal
Riesling Spätlese
7,50 €, 9%, ♀ bis 2005 **85**

2001 Auerbacher Höllberg
Scheurebe Spätlese
9,50 €, 9%, ♀ bis 2006 **86**

2001 Auerbacher Höllberg
Riesling Eiswein
36,– €/0,375 Lit., 8%, ♀ bis 2013 **89**

——— Rotweine ———

2000 Zwingenberger Steingeröll
Spätburgunder Spätlese trocken
15,10 €, 13%, ♀ bis 2005 **84**

2001 Auerbacher Höllberg
Sankt Laurent trocken
9,10 €, 12%, ♀ bis 2005 **85**

Die Weine: **100** Perfekt · **95–99** Überragend · **90–94** Exzellent · **85–89** Sehr gut · **80–84** Gut · **75–79** Passabel

Hessische Bergstraße

STAATSWEINGUT BERGSTRASSE

Inhaber: Land Hessen
Betriebsleiter: Volker Hörr
Verwalter: Burkhard Kirchner
Kellermeister: Thomas Löffler
64625 Bensheim, Grieselstraße 34–36
Tel. (0 62 51) 31 07, Fax 6 57 06
e-mail:
bergstrasse@staatsweingueterhessen.de
Anfahrt: A 5, Ausfahrt Bensheim, Richtung Lindenfels, an der Kirche nach rechts in die Platanenallee einbiegen
Verkauf: Volker Hörr, Frau Stanzel
Mo.–Do. 7:30 bis 12:00 Uhr und
13:30 bis 17:00 Uhr, Fr. bis 18:00 Uhr
Sa. 9:00 bis 12:00 Uhr
Historie: 1904 vom Großherzog von Hessen und bei Rhein gegründet
Sehenswert: Kreuzgewölbekeller, Vinothek im Tonnengewölbe
Erlebenswert: Weinauktion im Herbst

Rebfläche: 38 Hektar
Jahresproduktion: 240.000 Flaschen
Beste Lagen: Heppenheimer Centgericht (Alleinbesitz) und Steinkopf, Schönberger Herrnwingert (Alleinbesitz), Bensheimer Kalkgasse
Boden: Lösslehm, Buntsandstein, Kies- und Granitverwitterung
Rebsorten: 65% Riesling, 11% Weißburgunder, 9% Grauburgunder, 6% Spätburgunder, 9% übrige Sorten
Durchschnittsertrag: 58 hl/ha
Beste Jahrgänge: 1997, 1999, 2001
Mitglied in Vereinigungen: VDP

2001 Schönberger Herrnwingert
Weißer Burgunder trocken
5,– €, 12%, ♀ bis 2004   **85**

2001 Heppenheimer Steinkopf
Riesling Kabinett halbtrocken
5,60 €, 11,5%, ♀ bis 2005   **86**

2001 Heppenheimer Steinkopf
Riesling Kabinett
5,60 €, 10%, ♀ bis 2005   **86**

2001 Heppenheimer Centgericht
Riesling Spätlese
7,40 €, 10%, ♀ bis 2007   **87**

2001 Heppenheimer Centgericht
Riesling Auslese – 32 –
14,– €, 9%, ♀ bis 2009   **90**

2001 Heppenheimer Centgericht
Riesling Auslese – 16 –
18,– €, 8%, ♀ bis 2011   **90**

2001 Heppenheimer Steinkopf
Chardonnay Trockenbeerenauslese
110,– €, 7%, ♀ bis 2015   **92**

2001 Heppenheimer Centgericht
Spätburgunder Weißherbst Eiswein
70,– €, 6%, ♀ bis 2017   **94**

2001 Heppenheimer Centgericht
Riesling Eiswein
70,– €, 6%, ♀ bis 2017   **96**

Der Nachfolger des langjährigen Gutsdirektors Heinrich Hillenbrand, Volker Hörr, zeigt bereits mit der ersten Kollektion, dass er in die Fußstapfen seines Vorgängers zu treten weiß. Die Alltagsweine sind glasklar, die edelsüße Spitze brillant. Nur wenige Güter in Deutschland schaffen es, ein derart mineralisches Spiel in den Eisweinen zur Geltung zu bringen. Mit dem 2001er Spätburgunder Weißherbst Eiswein kann Hörr seinen Einstand würdig feiern. Glückwunsch!

Die Betriebe: ✿✿✿✿✿ Weltklasse · ✿✿✿✿ Deutsche Spitze · ✿✿✿ Sehr gut · ✿✿ Gut · ✿ Zuverlässig

Hessische Bergstraße

WEINGUT DER STADT BENSHEIM

Inhaber: Stadt Bensheim
Pächter: Axel Seiberth
Betriebsleiter: Axel Seiberth
Verwalter: Volker Dingeldey
64625 Bensheim, Darmstädter Str. 6
Tel. (0 62 51) 58 00 17, Fax 6 49 70
Anfahrt: An der B 3 gelegen
Verkauf: Axel Seiberth und Brigitte Brunnengräber
Mo.–Fr. 8:00 bis 12:00 Uhr
und 13:00 bis 16:30 Uhr
Sa. 10:00 bis 12:00 Uhr
Gutsausschank: Kirchberghäuschen
Di.–So. 11:00 bis 21:00 Uhr
Spezialitäten: Geräuchertes Forellenfilet

Rebfläche: 13 Hektar
Jahresproduktion: 100.000 Flaschen
Beste Lagen: Bensheimer Kalkgasse und Kirchberg, Auerbacher Fürstenlager
Boden: Kalkverwitterungsgestein, Lehm, Löss
Rebsorten: 60% Riesling, 14% Rotberger, 20% Grau-, Weiß- und Spätburgunder, Chardonnay und Regent, 6% Dornfelder
Durchschnittsertrag: 65 hl/ha
Beste Jahrgänge: 1998, 1999, 2001

Die Stadt Bensheim beschäftigte bereits im Jahr 1504 einen eigenen Weinküfer. Prunkstück im Besitz des städtischen Weinguts ist die bekannte Lage Kalkgasse. Die Erträge sind hier nur selten üppig, was sich in der Dichte der Weine durchaus bemerkbar macht. In den letzten Jahren fiel positiv auf, dass in dem mittlerweile von Axel Seiberth gepachteten Gut auch die einfacheren Qualitätsweine stets von zuverlässiger Güte waren. Dies war 2001 vor allem bei dem trockenen Riesling aus dem Auerbacher Fürstenlager so, den wir als einen der herzhaftesten in der jüngsten Kollektion besonders hervorheben möchten. Der Jahrgang ist Seiberth durchweg gelungen und knüpft an die ansprechenden 1999er an.

2001 Bensheimer Kalkgasse
Riesling Kabinett trocken
5,80 €, 12%, ♀ bis 2003 — **82**

2001 Bensheimer Kalkgasse
Weißer Burgunder trocken
5,30 €, 12%, ♀ bis 2004 — **83**

2001 Auerbacher Fürstenlager
Riesling trocken
4,80 €, 12%, ♀ bis 2004 — **84**

2001 Bensheimer Kirchberg
Riesling Kabinett halbtrocken
5,80 €, 11%, ♀ bis 2004 — **82**

2001 Bensheimer Kirchberg
Riesling Spätlese halbtrocken
6,80 €, 12%, ♀ bis 2005 — **83**

2001 Bensheimer Kirchberg
Riesling Kabinett
6,30 €, 10%, ♀ bis 2005 — **83**

2001 Bensheimer Kalkgasse
Riesling Spätlese
7,30 €, 9%, ♀ bis 2006 — **86**

--- Rotweine ---

2001 Bensheimer Kalkgasse
Rotberger Rosé halbtrocken
5,30 €, 11,5%, ♀ bis 2003 — **82**

2000 Bensheimer Kalkgasse
Spätburgunder trocken
13,30 €, 13%, ♀ bis 2005 — **83**

HESSISCHE BERGSTRASSE
2000
BENSHEIMER KALKGASSE
Riesling Kabinett trocken
Qualitätswein mit Prädikat
Amtliche Prüfnummer
50 012 008 01
12%vol
ERZEUGERABFÜLLUNG
WEINGUT DER STADT BENSHEIM
D-64625 BENSHEIM
75 cl

Die Weine: 100 Perfekt · 95–99 Überragend · 90–94 Exzellent · 85–89 Sehr gut · 80–84 Gut · 75–79 Passabel

Hessische Bergstraße

Weitere empfehlenswerte Betriebe

Weingut Brücke-Ohl
64823 Groß-Umstadt,
Georg-August-Zinn-Straße 23
Tel. (0 60 78) 7 43 74, Fax 7 48 80

Wir waren im vergangenen Jahr erstmals auf diesen Betrieb im nördlichen Teil der Bergstraße durch seine Teilnahme am Projekt »Via Montana« aufmerksam geworden. Da sind uns aber nur wenige der 2000er in guter Erinnerung geblieben. 2001 kann durch die Bank besser gefallen. Zwar bleiben die Alltagsweine ein wenig dürftig, doch haben uns der Chardonnay Kabinett, die Riesling Spätlese und sogar der rote Sankt Laurent gut gemundet.

Weingut Volker Dingeldey
64625 Bensheim-Gronau
Tel. (0 62 51) 3 98 16, Fax 78 06 78
e-mail:
weingutvolkerdingeldey@t-online.de

Volker Dingelday, tagsüber Kellermeister im Weingut der Stadt Bensheim, erzeugt in seinem eigenen Betrieb stets saubere, recht ansprechende Weine. Am besten gefiel uns unter den 2001ern die trockene Riesling Spätlese aus dem Streichling. Allerdings gibt es davon nur 600 Flaschen.

Große und kleine Jahrgänge an der Hessischen Bergstraße	
Jahr	Güte
2001	✽✽✽
2000	✽✽
1999	✽✽✽
1998	✽✽✽
1997	✽✽✽
1996	✽✽✽✽
1995	✽✽✽
1994	✽✽✽
1993	✽✽✽✽
1992	✽✽✽✽

Jahrgangsbeurteilung:

✽✽✽✽✽ : Herausragender Jahrgang
✽✽✽✽ : Sehr guter Jahrgang
✽✽✽ : Guter Jahrgang
✽✽ : Normaler Jahrgang
✽ : Schwacher Jahrgang

Mittelrhein

Weltkulturerbe Mittelrheintal

Vor kurzem hat die UNESCO das Mittelrheintal zwischen Bingen und Koblenz zum Weltkulturerbe erhoben. Dieses einmalige Stück Landschaft mit Burgen, Schlössern, Weinbergen und schmucken Städtchen wird dadurch noch mehr Zugkraft für Besucher aus aller Welt erhalten. Die Entwicklung der letzten zehn Jahre in der Weinwirtschaft ist durchaus erfreulich. Ein Vergleich mit dem ersten Gault Millau WeinGuide von 1994 spricht Bände. Anfangs waren neun Winzerbetriebe mit eigener Seite aufgeführt, heute sind es insgesamt 21, davon sechs mit drei Trauben. Leider ist die Qualitätssteigerung nicht durchgängig. Der gegenüber 2000 doch wesentlich einfachere Jahrgang 2001 hatte eigentlich gute bis sehr gute Qualitäten erwarten lassen. Doch es gibt auch diesmal Licht und Schatten. Jochen Ratzenberger: »2001 gibt es in manchen Betrieben Fehltöne, die von der Kellerwirtschaft herrühren.« Und Peter Jost erinnert sich: »Im September wurden die Nerven strapaziert. Langes Hängenlassen war absolutes Muss.«

Ansonsten hält der Bacharacher Spitzenwinzer den Jahrgang für einen Glücksfall. Nur alle zehn Jahre habe man so hohe Mostgewichte, die Säure sei auf gutem Niveau. Und Jungstar Jens Didinger ergänzt: »Ich war erstaunt, welche Mostgewichte von den gesunden grünen Trauben von der Presse liefen. 2001 ist viel besser als 2000.« Das stellte unser »Aufsteiger des Jahres« am Mittelrhein denn auch mit einer tollen Kollektion unter Beweis.

Auch am Mittelrhein gibt es zunehmend Rotweinversuche. Bis auf wenige Ausnahmen sind sie bescheiden. Den Rotwein sollte man doch besser den Nachbarn an der Ahr überlassen. Erstmals wurden vom VDP so genannte »Große Gewächse« vorgestellt. Doch der erste Versuch mit den trockenen Spitzenweinen war wenig erfolgreich. Nur Peter Jost vom Hahnenhof hat mit seinem Bacharacher Hahn einen Top-Wein präsentiert.

Mit dem 2001er Jahrgang gab es innerhalb des Gebietes keine großen Verschiebungen. Lediglich Didinger hat sich mit seinem Aufstieg in der Spitzengruppe positioniert. Primus inter Pares ist das Weingut Weingart aus Spay, das mit Abstand die meisten Weine für die Finalrunde stellte. Es bildet zusammen mit Jost und Ratzenberger die Spitze des Mittelrheins. August Perll, Lorenz und Lanius-Knab müssen sich anstrengen, um den Anschluss zu halten. Mit dem Hammersteiner Scheidgen und dem Leutesdorfer Gotthard Emmerich kommen zwei Neue unter die weiteren Empfehlenswerten.

Vor wenigen Jahren erstreckten sich die Reben noch über eine Fläche von 600 Hektar. Heute sind es gerade noch 484. Noch immer nimmt die Weinbergsfläche ab, auch wenn einige Winzer in Steillagen neu investieren. Beispiel ist Oberwesel, wo Jörg Lanius und Dr. Kauer die Spitzenlage Oelsberg rekultivieren.

Die 111 Einzellagen liegen auf beiden Seiten des Rheins über 100 Kilometer, am linken Rheinufer von Bingen bis Koblenz, auf der rechten Seite bis zum Siebengebirge. Drei Schwerpunkte sind klar auszumachen: Bacharach mit Steeg und Oberwesel, dann die Lagen am Boparder Hamm und auf der rechten Rheinseite das oft unterschätzte Leutesdorf. Hier liegt noch manches Potenzial brach.

Nach wie vor beansprucht der Riesling die dominante Stellung. Oft wirkt er wie eine Mischung aus dem besonders schieferbetonten Moselriesling und dem etwas kräftigeren Rheingauer.

Die Weinwerbung verfügt nur über ein schmales Budget. Doch es gibt hoffnungsvolle Initiativen: die Mittelrhein-Momente oder auf der rechten Rheinseite die Tafelfreuden Rhein-Westerwald, in denen Winzer und gute Gastronomen zusammenarbeiten. Und nicht zu vergessen das neueste Prunkstück, die Mittelrhein-Musikmomente des bekannten Intendanten Peter Neumann.

Das Weltkulturerbe bietet eine große Chance, die Qualität auf allen Gebieten zu verbessern. Nur dann können die Winzer die Preise für ihre Steillagenweine erzielen, die im internationalen Wettbewerb einen langfristigen Bestand sichern.

Mittelrhein

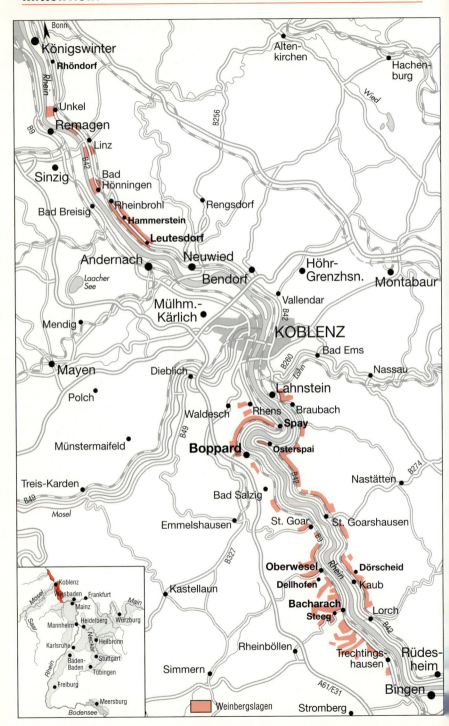

Mittelrhein

Die Spitzenbetriebe am Mittelrhein

▲ Weingut Didinger,
Osterspai

Weingut Toni Jost – Hahnenhof,
Bacharach

Weingut Matthias Müller, Spay

Weingut August und Thomas Perll,
Boppard

Weingut Ratzenberger, Bacharach

Weingut Weingart, Spay

Weingut Fritz Bastian
»Zum grünen Baum«, Bacharach

Weingut Dr. Randolf Kauer,
Bacharach

▲ Wein- und Sektgut
Goswin Lambrich,
Oberwesel-Dellhofen

Weingut Lanius-Knab, Oberwesel

Weingut Toni Lorenz, Boppard

Weingut Karl Heidrich, Bacharach

Weingut Weinhaus
Heilig Grab, Boppard

Weingut Albert Lambrich,
Oberwesel-Dellhofen

Weingut Mades, Bacharach-Steeg

Weingut Mohr & Söhne,
Leutesdorf

Weingut Walter Perll, Boppard

Weingut Zum Rebstock,
Thomas Heidrich, Bacharach

Weingut Selt, Leutesdorf

Weingut Sonnenhang, Dörscheid

Weingut Volk, Spay

Bewertung der Betriebe

Höchstnote für die
weltbesten Weinerzeuger

Exzellente Betriebe, die zu den
besten Deutschlands zählen

Sehr gute Erzeuger, die seit Jahren
konstant hohe Qualität liefern

Gute Erzeuger, die mehr als
das Alltägliche bieten

Verlässliche Betriebe mit einer
ordentlichen Standardqualität

Mittelrhein

WEINGUT FRITZ BASTIAN »ZUM GRÜNEN BAUM«

Inhaber: Friedrich Bastian
55422 Bacharach, Oberstraße 63
Tel. (0 67 43) 12 08, Fax 28 37
e-mail: weingut-bastian-bacharach@t-online.de
Anfahrt: A 61 Koblenz–Bingen, Ausfahrt Rheinböllen, Richtung Bacharach
Verkauf: Doris Bastian während der Öffnungszeiten der Weinstube, und nach Vereinbarung
Gutsausschank: »Zum grünen Baum« 13:00 bis 24:00 Uhr, Do. Ruhetag
Spezialitäten: Hausgemachte Wurst und Schinken
Historie: 1697 gegründet

Rebfläche: 5,8 Hektar
Jahresproduktion: 32.000 Flaschen
Beste Lagen: Bacharacher Posten, Wolfshöhle und Insel Heyles'en Werth
Boden: Blauschiefer, Tonverwitterung
Rebsorten: 80% Riesling, 10% Scheurebe, 5% Spätburgunder, 5% Portugieser
Durchschnittsertrag: 45 hl/ha
Beste Jahrgänge: 1997, 1998, 2001
Mitglied in Vereinigungen: VDP

Friedrich Bastian kümmert sich um die Qualität der Weine, sein Vater Fritz um die in der Region bekannte Gutsschänke »Zum Grünen Baum«, wo ein beträchtlicher Teil der Produktion direkt den Verbraucher erreicht. Bastian setzt auf niedrige Erträge und kann mit seinen 2001ern das Vorjahr deutlich übertreffen. Wobei das Prädikat allein noch nichts über die Stilistik sagt. So gibt es aus der Lage Posten eine schlanke Auslese von gesundem Lesegut und einen Wein mit etwas Botrytis und weniger Süße. Im Alleinbesitz befindet sich die Insel Heyles'en Werth im Rhein, wo Bastian auf zwei Hektar Schwemmsand Reben anbaut. Wir bevorzugen die rassigen Rieslinge aus der Wolfshöhle und vom Bacharacher Posten. Insgesamt ein solider Zwei-Trauben-Betrieb.

2001 Bacharacher Heyles'en Werth
Riesling Kabinett trocken
5,80 €, 11%, ♀ bis 2003   **80**

2001 Bacharacher Posten
Riesling Spätlese trocken
14,50 €, 13%, ♀ bis 2003   **83**

2001 Bacharacher Wolfshöhle
Riesling »Großes Gewächs«
15,– €, 13%, ♀ bis 2004   **83**

2001 Bacharacher Posten
Riesling »Großes Gewächs«
15,– €, 13%, ♀ bis 2004   **84**

2001 Bacharacher Heyles'en Werth
Riesling Kabinett halbtrocken
5,80 €, 10,5%, ♀ bis 2003   **84**

2001 Bacharacher Heyles'en Werth
Riesling Spätlese
10,– €, 10%, ♀ bis 2004   **86**

2001 Bacharacher Posten
Riesling Spätlese
10,50 €, 9%, ♀ bis 2004   **88**

2001 Bacharacher Posten
Riesling Auslese
13,– €/0,5 Lit., 9%, ♀ bis 2005   **88**

2001 Bacharacher Posten
Riesling Auslese
11,– €/0,5 Lit., 7,5%, ♀ bis 2005   **90**

2000er Bacharacher Posten Riesling Kabinett trocken

Die Betriebe: ✤✤✤✤✤ Weltklasse · ✤✤✤✤ Deutsche Spitze · ✤✤✤ Sehr gut · ✤✤ Gut · ✤ Zuverlässig

Aufsteiger **Mittelrhein**

WEINGUT DIDINGER

Inhaber: Jens Didinger
56340 Osterspai, Rheinuferstraße 13
Tel. (0 26 27) 5 12 und 19 04,
Fax 97 12 72
e-mail: WeingutDidinger@web.de
Anfahrt: Von Koblenz über die B 42 in Richtung Rüdesheim
Verkauf: Familie Didinger
Gutsausschank: »Bopparder Hamm« täglich außer Mi., ab 15:00 Uhr

Rebfläche: 3,3 Hektar
Jahresproduktion: 38.000 Flaschen
Beste Lage: Bopparder Hamm Feuerlay
Boden: Schieferverwitterung
Rebsorten: 76% Riesling, 10% Müller-Thurgau, je 5% Dornfelder und Spätburgunder, 4% Kerner
Durchschnittsertrag: 85 hl/ha
Beste Jahrgänge: 1999, 2000, 2001

Das Weingut Didinger hat seinen Betriebssitz auf der rechten Rheinseite in Osterspai und bewirtschaftet ausschließlich Weinberge in Boppard, direkt gegenüber auf der anderen Seite des Rheins. Jens Didinger hat das Weingut inzwischen weit nach oben gebracht. Seine Ausbildung bei Fritz Allendorf im Rheingau und in der Bad Kreuznacher Weinbauschule sind ein gutes Fundament. Nach den klaren 98ern hatte Didinger mit seinen 99ern die »zweite Traube« erobert. Nachdem wir noch im vergangenen Jahr die edelsüßen Rieslinge etwas bemängeln mussten, zeigt Didinger mit seinen 2001ern nun einen tollen Qualitätssprung. Sein Riesling Eiswein mit Stern war Sieger gegen 230 Konkurrenten beim weltweiten Wettbewerb »Best of Riesling«. Aber auch seine trockenen gehören diesmal zur Gebietsspitze. Zudem sind alle Weine unglaublich günstig – ein Schnäppchen-Paradies. Diese atemberaubende Entwicklung belohnen wir gerne mit der dritten Traube – und hoffen, dass Jens Didinger unser Vertrauen weiter rechtfertigt.

2001 Bopparder Hamm Feuerlay
Riesling Kabinett trocken
4,20 €, 11,5%, ♀ bis 2003 — **85**

2001 Bopparder Hamm Feuerlay
Riesling Spätlese trocken
4,80 €, 12,5%, ♀ bis 2003 — **87**

2001 Bopparder Hamm Feuerlay
Riesling Spätlese trocken *
5,50 €, 12,5%, ♀ bis 2003 — **88**

2001 Bopparder Hamm Feuerlay
Riesling Kabinett halbtrocken
4,– €, 10,5%, ♀ bis 2003 — **86**

2001 Bopparder Hamm Feuerlay
Riesling Spätlese halbtrocken
4,80 €, 11,5%, ♀ bis 2003 — **87**

2001 Bopparder Hamm Feuerlay
Riesling Spätlese
5,50 €, 9%, ♀ bis 2004 — **89**

2001 Bopparder Hamm Feuerlay
Riesling Auslese
6,50 €, 8%, ♀ bis 2005 — **89**

2001 Bopparder Hamm Feuerlay
Riesling Beerenauslese *
18,– €/0,375 Lit., 8%, ♀ bis 2008 — **92**

2001 Bopparder Hamm Weingrube
Riesling Eiswein *
36,– €/0,375 Lit., 8%, ♀ bis 2012 — **92**

Die Weine: **100** Perfekt · **95–99** Überragend · **90–94** Exzellent · **85–89** Sehr gut · **80–84** Gut · **75–79** Passabel

Mittelrhein

WEINGUT KARL HEIDRICH

Inhaber und Betriebsleiter:
Markus Heidrich
55422 Bacharach, Oberstraße 16–18
Tel. (0 67 43) 9 30 60, Fax 9 30 61
e-mail: karlheidrich@yahoo.de
Internet:
www.weingut-karl-heidrich.de
Anfahrt: A 61 Koblenz–Bingen, Ausfahrt Rheinböllen, Richtung Bacharach
Verkauf: Susanne und Markus Heidrich
Mo.–So. 11:00 bis 23:00 Uhr
Gutsausschank: »Zum Weinkrug«
11:00 bis 23:00 Uhr, Mi. Ruhetag
Spezialitäten: Sauerkrautsuppe, Spundekäs', Spanferkel
Erlebenswert: Jeden ersten Freitag im Monat Winzerschmaus-Buffet mit regionalen Leckereien
Historie: Seit 1505 in Familienbesitz
Sehenswert: Innenhof mit südlichem Flair und Blick auf Burg Stahleck

---

Rebfläche: 4,5 Hektar
Jahresproduktion: 30.000 Flaschen
Beste Lagen: Bacharacher Posten und Wolfshöhle
Boden: Schieferverwitterung
Rebsorten: 75% Riesling, 7% Spätburgunder, 7% Grau- und Weißburgunder, 6% Silvaner, 5% Müller-Thurgau
Durchschnittsertrag: 60 hl/ha
Beste Jahrgänge: 1997, 1998, 2001

2001 Bacharacher Posten
Riesling Spätlese trocken
8,50 €, 12%, ♀ bis 2003   **81**

2001 Bacharacher Wolfshöhle
Rivaner trocken
4,– €, 13%, ♀ bis 2003   **82**

2001 Bacharacher Wolfshöhle
Riesling
5,– €, 11%, ♀ bis 2003   **80**

2001 Bacharacher Posten
Scheurebe Kabinett
7,20 €, 9%, ♀ bis 2003   **81**

2001 Riesling
Classic
5,– €, 12%, ♀ bis 2003   **83**

2001 Bacharacher Posten
Riesling Auslese
30,– €/0,5 Lit., 12%, ♀ bis 2005   **87**

In Weingut und Gutsschänke von Markus Heidrich hat sich einiges getan. Statt Kerner und Scheurebe gibt es jetzt Grauburgunder, eine Vinothek wurde gebaut, im Keller von Holz auf Edelstahltanks umgerüstet und in der Weinwirtschaft »Zum Weinkrug« gibt es kreative Speisen: Hinkelschreck und Rotweinkuchen. Wie der junge Winzer mit Frau und drei Töchtern da noch Zeit für sein Hobby findet, nämlich das Motorradfahren, bleibt sein Geheimnis. Die 2001er Kollektion ist ordentlich, der »fette« Rivaner mit 13 Prozent Alkohol aber kein Sommerwein, sondern Essensbegleiter.

Mittelrhein

WEINGUT WEINHAUS HEILIG GRAB

Inhaber: Rudolf Schoeneberger
56154 Boppard, Zelkesgasse 12
Tel. (0 67 42) 23 71, Fax 8 12 20
e-mail:
WeinhausHeiligGrab@t-online.de
Internet: www.heiliggrab.de
Anfahrt: A 61 Koblenz–Bingen, Ausfahrt Boppard
Verkauf: Rudolf und
Susanne Schoeneberger
Mo.–So. 15:00 bis 24:00 Uhr
und nach Vereinbarung
Weinstube: 15:00 bis 24:00 Uhr,
Dienstag Ruhetag
Historie: Familienbesitz seit
mehr als 200 Jahren
Sehenswert: Älteste Weinstube
Boppards, idyllische Gartenwirtschaft
unter alten Kastanienbäumen

Rebfläche: 3,7 Hektar
Jahresproduktion: 30.000 Flaschen
Beste Lagen: Bopparder Hamm
Feuerlay, Mandelstein und Fässerlay
Boden: Schieferverwitterung
mit Lössanteil
Rebsorten: 87% Riesling,
3% Kerner, 10% Spätburgunder
Durchschnittsertrag: 80 hl/ha
Beste Jahrgänge: 1996, 1997, 2001

Rudolf und Susanne Schoeneberger haben sich längst daran gewöhnt, dass sie von neuen Gästen nach der merkwürdigen Bezeichnung »Heilig Grab«, nämlich Boppards ältester Weinstube, gefragt werden. Kenner schätzen es, an heißen Sommerabenden unter Kastanien in einer stillen Seitengasse die Weine zu verkosten und gute regionale Gerichte zu genießen. Nach der deutlichen Kritik der vergangenen Jahre hat Rudolf Schoeneberger sich erkennbar bemüht, mit dem Jahrgang 2001 eine Verbesserung zu erreichen. Dies ist ihm bei einigen Weinen gelungen, auch wenn weitere Qualitätsbemühungen notwendig sind. Eine deutliche Ertragsreduzierung würde sicher helfen. Am besten gefiel uns noch die trockene Auslese der Lage Feuerlay.

2001 Bopparder Hamm Fässerlay
Riesling Spätlese trocken
5,– €, 12%, ♀ bis 2003   **81**

2001 Bopparder Hamm Feuerlay
Riesling Spätlese trocken
5,50 €, 12,5%, ♀ bis 2003   **82**

2001 Bopparder Hamm Feuerlay
Riesling Auslese trocken
8,– €, 12,5%, ♀ bis 2004   **84**

2001 Bopparder Hamm Feuerlay
Riesling Spätlese halbtrocken
5,50 €, 11,5%, ♀ bis 2003   **80**

2001 Bopparder Hamm Mandelstein
Riesling Spätlese halbtrocken
5,50 €, 11,5%, ♀ bis 2003   **81**

2001 Bopparder Hamm Feuerlay
Riesling Auslese halbtrocken
8,– €, 12%, ♀ bis 2004   **82**

2001 Bopparder Hamm Feuerlay
Riesling Auslese
8,50 €, 9%, ♀ bis 2005   **85**

Die Weine: **100** Perfekt · **95–99** Überragend · **90–94** Exzellent · **85–89** Sehr gut · **80–84** Gut · **75–79** Passabel

Aufsteiger des Jahres 1995

Mittelrhein

WEINGUT TONI JOST – HAHNENHOF

Inhaber: Peter Jost
55422 Bacharach am Rhein,
Oberstraße 14
Tel. **(0 67 43) 12 16, Fax 10 76**
e-mail: tonijost@debitel.net
Anfahrt: A 61 Koblenz–Bingen, Ausfahrt Rheinböllen
Verkauf: Peter und Linde Jost nach Vereinbarung
Sehenswert: Altdeutsche Weinprobierstube in malerischer Altstadt

---

Rebfläche: 8,8 Hektar
Jahresproduktion: 70.000 Flaschen
Beste Lage: Bacharacher Hahn
Boden: Devonschieferverwitterung
Rebsorten: 85% Riesling, 15% Spätburgunder
Durchschnittsertrag: 58 hl/ha
Beste Jahrgänge: 1995, 1996, 2001
Mitglied in Vereinigungen: VDP

2001 Riesling
trocken
5,10 €, 12%, ♀ bis 2003 — **84**

2001 Bacharacher
Riesling Spätlese trocken
9,50 €, 11,5%, ♀ bis 2003 — **87**

2001 Bacharacher Hahn
Riesling Spätlese trocken *
17,– €, 12,5%, ♀ bis 2004 — **88**

2001 Bacharacher Hahn
Riesling trocken »Großes Gewächs«
20,– €, 13%, ♀ bis 2005 — **89**

2001 Bacharacher Hahn
Riesling Kabinett halbtrocken
7,50 €, 9,5%, ♀ bis 2003 — **84**

2001 Bacharacher Hahn
Riesling Kabinett
7,50 €, 9,5%, ♀ bis 2003 — **86**

2001 Bacharacher Hahn
Riesling Auslese
14,– €/0,5 Lit., 8%, ♀ bis 2005 — **88**

2001 Bacharacher Hahn
Riesling Spätlese
10,50 €, 9,5%, ♀ bis 2004 — **89**

2001 Bacharacher Hahn
Riesling Trockenbeerenauslese
80,– €/0,375 Lit., 7%, ♀ bis 2010 — **91**

Seit fünf Generationen befindet sich die unmittelbar am Rhein gelegene Spitzenlage »Bacharacher Hahn« zum größten Teil im Besitz der Familie Jost. Dunkles Schiefergestein speichert die Wärme und gibt sie nachts an die Reben ab. Hier erzeugt Peter Jost seit Jahren herausragende Weine. Sein Betrieb gehört seit langer Zeit zur Spitze am Mittelrhein, nicht zuletzt, weil Jost vom einfachen trockenen Riesling bis zur Riesling Trockenbeerenauslese eine Kollektion anbietet, die auf große Nachfrage stößt. Für seine Weine erzielt Peter Jost für Mittelrhein-Verhältnisse inzwischen stattliche Preise, auch im Export. In diesem Jahr haben uns besonders das trockene »Große Gewächs« aus dem Bacharacher Hahn sowie die fruchtige Spätlese aus der gleichen Lage gefallen. Vom Renommee her ist und bleibt Jost der Platzhirsch am Mittelrhein, auch wenn Weingart mit seinem Sortiment in diesem Jahr die Nase vorn hat.

Die Betriebe: ✽✽✽✽✽ Weltklasse · ✽✽✽✽ Deutsche Spitze · ✽✽✽ Sehr gut · ✽✽ Gut · ✽ Zuverlässig

Mittelrhein

WEINGUT DR. RANDOLF KAUER

Inhaber: Martina und Randolf Kauer
Betriebsleiter: Dr. Randolf Kauer
55422 Bacharach, Mainzer Straße 21
Tel. (0 67 43) 22 72, Fax 9 36 61
e-mail: Weingut-Dr.Kauer@t-online.de
Anfahrt: A 61 Koblenz–Bingen, Ausfahrt Rheinböllen, Richtung Bacharach
Verkauf: Martina Kauer
nach Vereinbarung
Sehenswert: Kreuzgewölbekeller am Schieferfelsen
Erlebenswert: Kulinarische Stadtführung und Gebietserkundung

Rebfläche: 2,9 Hektar
Jahresproduktion: 20.000 Flaschen
Beste Lagen: Bacharacher Kloster Fürstental und Wolfshöhle,
Urbarer Beulsberg, Oberdiebacher Fürstenberg, Oberweseler Oelsberg
Boden: Tonschieferverwitterung
Rebsorten: 90% Riesling,
10% Spätburgunder
Durchschnittsertrag: 46 hl/ha
Beste Jahrgänge: 1998, 1999, 2001
Mitglied in Vereinigungen: EcoVin

Dr. Randolf Kauer bewirtschaftet seine knapp drei Hektar großen Weinberge ökologisch, was auch niedrige Erträge zur Folge hat. Genau wie Jörg Lanius kümmert sich Dr. Kauer um die Wiederbepflanzung im Oberweseler Oelsberg, einer sehr guten Lage. Hatte der Spezialist für den Ausbau trockener Weine im vorigen Jahr mit einer halbtrockenen Riesling Spätlese bereits seine Jahrgangsspitze erreicht, konnte er 2001 auch mit guten Weinen im restsüßen Bereich bis hin zu zwei Auslesen aufwarten. Ein wenig stolz ist Kauer schon darauf, dass es bei ihm in 2001 gar keinen einfachen Qualitätswein gibt, sondern ausschließlich Prädikatsweine. Alles in allem stellte der Oberweseler eine stimmige und gute Kollektion vor und festigt damit seine Stellung als Zwei-Trauben-Betrieb.

2001 Bacharacher Kloster Fürstental
Riesling Kabinett trocken
6,20 €, 11,5%, ♀ bis 2003 **83**

2001 Urbarer Beulsberg
Riesling Spätlese trocken
8,40 €, 11,5%, ♀ bis 2003 **84**

2001 Bacharacher Kloster Fürstental
Riesling Kabinett halbtrocken
6,20 €, 10%, ♀ bis 2003 **85**

2001 Urbarer Beulsberg
Riesling Spätlese feinherb
9,50 €, 12%, ♀ bis 2004 **82**

2001 Bacharacher Kloster Fürstental
Riesling Kabinett
6,20 €, 9%, ♀ bis 2003 **82**

2001 Oberdiebacher Fürstenberg
Riesling Spätlese
8,90 €, 9,5%, ♀ bis 2004 **84**

2001 Bacharacher Kloster Fürstental
Riesling Auslese
12,20 €/0,5 Lit., 8,5%, ♀ bis 2005 **88**

2001 Oberweseler Oelsberg
Riesling Auslese
12,20 €/0,5 Lit., 9%, ♀ bis 2005 **89**

Die Weine: **100** Perfekt · **95–99** Überragend · **90–94** Exzellent · **85–89** Sehr gut · **80–84** Gut · **75–79** Passabel

Mittelrhein

WEINGUT ALBERT LAMBRICH

Inhaber: Albert Lambrich
Kellermeister: Albert Lambrich
55430 Oberwesel-Dellhofen,
Rheinhöhenstraße 15
Tel. (0 67 44) 82 76, Fax 71 16 07
Anfahrt: A 61 Koblenz–Bingen, Ausfahrt Laudert, Richtung Oberwesel
Verkauf: Familie Lambrich
Gutsausschank: Dellhofener Winzerstube, Fr. ab 18:00 Uhr, Sa. ab 16:00 Uhr, So. ab 15:00 Uhr

---

Rebfläche: 4 Hektar
Jahresproduktion: 30.000 Flaschen
Beste Lage: Oberweseler Römerkrug
Boden: Schieferverwitterung
Rebsorten: 65% Riesling, 15% Spätburgunder, 7% Müller-Thurgau, 5% Dornfelder, 8% übrige Sorten
Durchschnittsertrag: 70 hl/ha
Beste Jahrgänge: 1997, 1999, 2001

In den letzten Jahren hat Albert Lambrich nach der Übernahme des väterlichen Gutes einiges in Bewegung gebracht. Weinberge wuden neu angelegt und deren Fläche summiert sich nun schon auf vier Hektar. Viel investiert hat der Dellhofener in moderne Kellertechnik und auch die Mechanisierung des Außenbetriebes hat er kontinuierlich vorangetrieben. Mit Baubeginn in 2002 entsteht nun sogar ein neues Betriebsgebäude. Das alles kostet viel Kraft, aber es scheint sich auch zu lohnen. Nach dem eher schwächeren Jahrgang 2000 können wir dieses Mal von einer rundum soliden Kollektion berichten, die im guten Mittelfeld der Betriebe mit einer Traube platziert ist. Die Spätlese und die Auslese aus dem Oberweseler Römerkrug haben uns bei der Verkostung besonders gut gefallen. In jedem Fall kann der Weinfreund in 2001 hier ein paar interessante Schnäppchen an Land ziehen.

2001 Oberweseler Schloss Schönburg
Riesling Hochgewächs trocken
3,70 €, 10,5%, ♀ bis 2003 — **80**

2001 Oberweseler Römerkrug
Riesling Spätlese trocken
5,– €, 12%, ♀ bis 2003 — **82**

2001 Oberweseler Römerkrug
Riesling Hochgewächs halbtrocken
3,70 €, 10,5%, ♀ bis 2003 — **82**

2001 Oberweseler Römerkrug
Riesling Spätlese halbtrocken
5,– €, 11,5%, ♀ bis 2004 — **83**

2001 Grauer Burgunder
Classic
5,20 €, 11,5%, ♀ bis 2003 — **83**

2001 Oberweseler Römerkrug
Riesling Spätlese
5,– €, 9%, ♀ bis 2004 — **86**

2001 Oberweseler Römerkrug
Riesling Auslese
7,– €, 9%, ♀ bis 2005 — **87**

Die Betriebe: 🍇🍇🍇🍇🍇 Weltklasse · 🍇🍇🍇🍇 Deutsche Spitze · 🍇🍇🍇 Sehr gut · 🍇🍇 Gut · 🍇 Zuverlässig

Aufsteiger

Mittelrhein

WEIN- UND SEKTGUT GOSWIN LAMBRICH

Inhaber: Gerhard Lambrich
55430 Oberwesel-Dellhofen,
Auf der Kripp 3
Tel. (0 67 44) 80 66, Fax 80 03
e-mail: info@goswin-lambrich.de
Internet: www.weingut-lambrich.de
*Anfahrt: A 61, von Mainz kommend Ausfahrt Rheinböllen,
von Koblenz kommend Ausfahrt Laudert*
Verkauf: Familie Lambrich
Mo.–So. nach Vereinbarung
Gutsausschank: März bis Dezember,
Fr. 18:00 bis 23:00 Uhr
Sa. 16:00 bis 23:00 Uhr
So. 15:00 bis 23:00 Uhr
Spezialitäten: Erzeugnisse vom eigenen Bauernhof

Rebfläche: 10,5 Hektar
Jahresproduktion: 60.000 Flaschen
Beste Lagen: Oberweseler Oelsberg,
St. Martinsberg, Bernstein
und Römerkrug
Boden: Schieferverwitterung
Rebsorten: 71% Riesling,
je 8% Dornfelder und Spätburgunder,
5% Weißer Burgunder, je 4% Cabernet Dorsa und Kerner
Durchschnittsertrag: 73 hl/ha
Beste Jahrgänge: 1997, 1998, 2001

Gerhard Lambrich, Vorsitzender des Weinbauverbandes Mittelrhein, hat in den letzten Jahren seine Rebfläche ständig erweitert. Neben dem traditionellen Riesling hat Lambrich auch Weiß- und Grauburgunder gepflanzt und in letzter Zeit den Rotwein forciert. Sein Spätburgunder im Barrique ist für Mittelrhein-Verhältnisse sehr ordentlich. Besser als die mitunter etwas einfachen Basisweine gefallen uns der halbtrockene Blauschiefer-Terrassen Riesling und seine liebliche Auslese vom Oberweseler St. Martinsberg. Krönung sind diesmal zwei edelsüße Spitzen! Wir sind gespannt, wie sich das Studium der Töchter in Geisenheim auf den Betrieb auswirken wird.

2001 Oberweseler Römerkrug
Riesling Hochgewächs trocken
4,– €, 12%, ♀ bis 2003 — **81**

2001 »Blauschiefer-Terrassen«
Riesling trocken
5,80 €, 12%, ♀ bis 2003 — **85**

2001 Dellhofener St. Wernerberg
Riesling Hochgewächs trocken
4,– €, 12%, ♀ bis 2003 — **86**

2001 »Blauschiefer-Terrassen«
Riesling halbtrocken
6,50 €, 11,5%, ♀ bis 2003 — **86**

2001 Oberweseler St. Martinsberg
Riesling Spätlese
5,80 €, 8,5%, ♀ bis 2003 — **85**

2001 Oberweseler St. Martinsberg
Riesling Auslese
8,20 €, 9,5%, ♀ bis 2005 — **87**

2001 Oberweseler Oelsberg
Riesling Trockenbeerenauslese
80,– €/0,5 Lit., 9,5%, ♀ bis 2013 — **89**

2001 Dellhofener St. Wernerberg
Riesling Eiswein
78,20 €/0,5 Lit., 10%, ♀ bis 2011 — **89**

--- Rotwein ---

2001 Oberweseler St. Martinsberg
Spätburgunder trocken Barrique
9,90 €, 13,5%, ♀ bis 2005 — **83**

Die Weine: **100** Perfekt · **95–99** Überragend · **90–94** Exzellent · **85–89** Sehr gut · **80–84** Gut · **75–79** Passabel

Mittelrhein

WEINGUT LANIUS-KNAB

Inhaber: Jörg Lanius
55430 Oberwesel, Mainzer Straße 38
Tel. (0 67 44) 81 04, Fax 15 37
e-mail:
Weingut.Lanius.Knab@t-online.de
Anfahrt: A 61 Koblenz–Bingen, Ausfahrt Laudert-Oberwesel
Verkauf: Jörg Lanius
Mo.–Fr. nach Vereinbarung
Sa. 8:00 bis 17:00 Uhr
Sehenswert: Jugendstilhaus mit zweistöckigem Gewölbekeller

Rebfläche: 6,7 Hektar
Jahresproduktion: 35.000 Flaschen
Beste Lagen: Engehöller Bernstein und Goldemund, Oberweseler Oelsberg
Boden: Schieferverwitterung und Grauwacke
Rebsorten: 85% Riesling, 10% Spätburgunder, 5% Müller-Thurgau
Durchschnittsertrag: 55 hl/ha
Beste Jahrgänge: 1997, 2000, 2001
Mitglied in Vereinigungen: VDP

Jörg Lanius leitet seit 1992 das seit über 200 Jahren in Familienbesitz befindliche Weingut und seine Rebberge im Engehöller Tal gehören zu den steilsten am ganzen Mittelrhein. Das historische Jugendstil-Gebäude mit zweistöckigem Gewölbekeller ist immer sehenswert. Jetzt wird in den Bau eines neuen Betriebsgebäudes mit Gutsausschank investiert. Das VDP-Mitglied Lanius hat in den letzten Jahren eine mehr als solide Leistung hingelegt. Die 2001er Kollektion knüpft daran an, vor allem im fruchtigen und edelsüßen Bereich. Bei den trockenen und halbtrockenen Weinen gibt es nach wie vor Licht und Schatten. Erstmals stellt der Winzer zwei »Große Gewächse« vor, die noch Entwicklungszeit brauchen und wovon der hier nicht aufgeführte Oelsberg das deutlich schwächere Exemplar ist. Lanius hat einen Hektar in dieser Lage wieder aufgebaut und setzt auf das besondere Terroir. Nach wie vor ist ein Aufstieg in die Drei-Trauben-Kategorie durchaus in greifbarer Nähe.

2001 Engehöller Bernstein
Riesling Kabinett trocken
6,– €, 10,5%, ♀ bis 2003   **82**

2001 Engehöller Bernstein
Riesling Spätlese trocken
8,– €, 11,5%, ♀ bis 2003   **85**

2001 Engehöller Bernstein
Riesling trocken »Großes Gewächs«
15,50 €, 12,5%, ♀ bis 2004   **86**

2001 Engehöller Goldemund
Riesling Spätlese
8,– €, 8,5%, ♀ bis 2003   **84**

2001 Oberweseler Oelsberg
Riesling Auslese
16,– €/0,5 Lit., 8%, ♀ bis 2005   **87**

2001 Engehöller Bernstein
Riesling Auslese
16,– €/0,5 Lit., 8%, ♀ bis 2005   **89**

2001 Engehöller Goldemund
Riesling Beerenauslese
32,– €/0,375 Lit., 8,5%, ♀ bis 2008 **90**

2001 Engehöller Goldemund
Riesling Eiswein
90,– €/0,375 Lit., 8,5%, ♀ bis 2009 **90**

2001 Engehöller Bernstein
Riesling Trockenbeerenauslese
105,– €/0,375 Lit., 8%, ♀ bis 2012   **90**

Die Betriebe: ✽✽✽✽✽ Weltklasse · ✽✽✽✽ Deutsche Spitze · ✽✽✽ Sehr gut · ✽✽ Gut · ✽ Zuverlässig

Mittelrhein

WEINGUT TONI LORENZ

Inhaber: Toni Lorenz
Kellermeister: Joachim Lorenz
56154 Boppard, Ablaßgasse 4
Tel. **(0 67 42) 35 11, Fax 10 90 63**
e-mail:
weingut-lorenz@hotel-landsknecht.de
Internet: www.lorenz-weine.de
Anfahrt: A 61 Koblenz–Bingen, Ausfahrt Boppard
Verkauf: Familie Lorenz
Mo.–Fr. 8:00 bis 19:30 Uhr
Sa. 8:00 bis 18:00 Uhr
und nach Vereinbarung
Sehenswert: 400 Jahre alter kreuzgewölbter Fasskeller

Rebfläche: 3,6 Hektar
Jahresproduktion: 30.000 Flaschen
Beste Lagen: Bopparder Hamm Feuerlay, Mandelstein und Fässerlay
Boden: Schieferverwitterung
Rebsorten: 87% Riesling, 10% Spätburgunder, 3% Müller-Thurgau
Durchschnittsertrag: 85 hl/ha
Beste Jahrgänge: 1998, 2000, 2001

2001 Bopparder Hamm
Riesling trocken
3,70 €, 12%, ♀ bis 2003   **85**

2001 Bopparder Hamm Feuerlay
Riesling Spätlese trocken
6,60 €, 12%, ♀ bis 2003   **86**

2001 Bopparder Hamm Feuerlay
Riesling Spätlese halbtrocken
6,– €, 9%, ♀ bis 2003   **84**

2001 Bopparder Hamm Feuerlay
Riesling Auslese halbtrocken
7,70 €, 12%, ♀ bis 2004   **86**

2001 Bopparder Hamm Feuerlay
Riesling Auslese
7,70 €, 10%, ♀ bis 2005   **87**

2001 Bopparder Hamm Feuerlay
Riesling Auslese
9,50 €/0,5 Lit., 9%, ♀ bis 2005 **88**

Aus diesem Gut kamen in den 90er Jahren nicht selten Spitzenweine, die mitunter zu den besten des Gebiets gehörten. Das ist Joachim Lorenz zu verdanken, der im Keller des väterlichen Gutes seine Handschrift hinterlassen hat. Präsente Säure, gradlinige Frucht und traditioneller Ausbaustil brachten charaktervolle Weine mit Ecken und Kanten hervor, wie man sie heute nur noch selten findet. In 1999 aber gab es einen Ausrutscher. Die 2000er konnten wieder mehr überzeugen, wenn auch eher mit Fülle als Eleganz. Vom 2001er Jahrgang hat Lorenz nur sechs Weine vorgestellt. Auch hier ist die Säure eher verhalten und Lorenz zeigt eine solide Kollektion, wenn auch herausragende Glanzlichter noch auf sich warten lassen. Im letzten Jahr wurden 0,25 Hektar Grauer Burgunder gepflanzt sowie in Gärkühlung und eine neue Traubenpresse investiert.

Die Weine: **100** Perfekt · **95–99** Überragend · **90–94** Exzellent · **85–89** Sehr gut · **80–84** Gut · **75–79** Passabel

Mittelrhein

WEINGUT MADES

Inhaber: Helmut Mades
55422 Bacharach-Steeg,
Borbachstraße 35–36
Tel. (0 67 43) 14 49, Fax 31 24
Anfahrt: A 61 Koblenz–Bingen, Ausfahrt Rheinböllen
Verkauf: Familie Mades
Mo.–So. ganztägig, nach Vereinbarung
Erlebenswert: Bei Weinproben ab zehn Personen können regionale Spezialitäten aus der Winzerküche gereicht werden
Historie: Seit 1663 in Familienbesitz
Sehenswert: Stammhaus (Fachwerk) aus dem 16. Jahrhundert

Rebfläche: 3,5 Hektar
Jahresproduktion: 20.000 Flaschen
Beste Lagen: Bacharacher Posten und Wolfshöhle, Steeger St. Jost
Boden: Devonschieferverwitterung
Rebsorten: 100% Riesling
Durchschnittsertrag: 50 hl/ha
Beste Jahrgänge: 1997, 1999, 2001
Mitglied in Vereinigungen: VDP

2001 Bacharacher Wolfshöhle
Riesling Kabinett trocken
5,70 €, 11%, ♀ bis 2003 — **80**

2001 Steeger St. Jost
Riesling Spätlese trocken
8,40 €, 11,5%, ♀ bis 2003 — **82**

2001 Bacharacher Posten
Riesling Spätlese trocken
9,20 €, 12%, ♀ bis 2003 — **83**

2001 Bacharacher
Riesling halbtrocken
5,10 €, 11%, ♀ bis 2003 — **81**

2001 Bacharacher
Riesling »C«
5,10 €, 11,5%, ♀ bis 2003 — **83**

2001 Bacharacher Posten
Riesling »Grosses Gewächs«
16,80 €, 12,5%, ♀ bis 2004 — **84**

2001 Bacharacher Wolfshöhle
Riesling Spätlese
8,90 €, 9%, ♀ bis 2004 — **86**

2001 Steeger St. Jost
Riesling Auslese
13,20 €/0,5 Lit., 9%, ♀ bis 2005 — **86**

Das 3,5 ha große VDP-Weingut Mades liegt im Steeger Tal, der Domäne des Rieslings. Nachdem Helmut Mades im vergangenen Jahr nur vier Weine angestellt hatte, konnten wir uns dieses Mal ein weit kompletteres Bild über die Jahrgangsleistung machen. Dabei notierten wir insgesamt eine Verbesserung gegenüber dem Jahr 2000, auch wenn es neben viel Licht in 2001 auch einigen Schatten gab. Deshalb haben wir auf die Bewertung und Auflistung einer Beerenauslese aus Respekt vor dem Winzer verzichtet. Ein gutes Preis-Leistungsverhältnis bietet hingegen die Spätlese aus der Lage Wolfshöhle. Etwas mehr Ehrgeiz und weitere Qualitätsverbesserungen lassen die zweite Traube in greifbare Nähe rücken. Übrigens: Neben seinem Mittelrhein-Weingut betreibt Helmut Mades noch den Betrieb seiner Frau in Rheinhessen. Dort werden samtige Spätburgunder im trockenen Stil ausgebaut.

Die Betriebe: ✱✱✱✱✱ Weltklasse · ✱✱✱✱ Deutsche Spitze · ✱✱✱ Sehr gut · ✱✱ Gut · ✱ Zuverlässig

Mittelrhein

WEINGUT MOHR & SÖHNE

Inhaber: Klaus, Georg u. Martin Mohr
Kellermeister: Georg Mohr
56599 Leutesdorf,
Krautsgasse 16/Hauptstraße 12
Tel. (0 26 31) 7 21 11 und 7 15 29,
Fax 7 57 31
e-mail: weingut-mohr-soehne@
leutesdorf-rhein.de
Anfahrt: Über B 42 aus Richtung Bonn und Neuwied
Verkauf: Mo.–Sa. 8:00 bis 12:00 Uhr und 13:30 bis 19:00 Uhr
So. 11:00 bis 13:00 Uhr
Historie: Seit 1640 in Familienbesitz – Weinbau in der 15. Generation
Sehenswert: Historisches Winzerhaus, ausgestattet mit moderner Kunst

---

Rebfläche: 7 Hektar
Jahresproduktion: 70.000 Flaschen
Beste Lagen: Leutesdorfer Forstberg, Gartenlay und Rosenberg, Hammersteiner in den Layfelsen
Boden: Tonschiefer-Verwitterung, Schiefer-Grauwacker
Rebsorten: 79% Riesling, 5% Grauburgunder, 16% übrige Sorten
Durchschnittsertrag: 70 hl/ha
Beste Jahrgänge: 1999, 2000, 2001

2001 Leutesdorfer Forstberg
Gewürztraminer Spätlese trocken
9,70 €, 11%, ♀ bis 2003 — **82**

2001 Leutesdorfer Forstberg
Grauer Burgunder trocken
5,40 €, 13%, ♀ bis 2003 — **83**

2001 Leutesdorfer Rosenberg
Riesling Spätlese feinherb
7,20 €, 11,5%, ♀ bis 2004 — **80**

2001 Leutesdorfer
Riesling Kabinett feinherb
4,50 €, 11%, ♀ bis 2004 — **82**

2001 Leutesdorfer Gartenlay
Riesling Spätlese
7,20 €, 10%, ♀ bis 2004 — **85**

2001 Leutesdorfer
Riesling Spätlese
7,20 €, 10%, ♀ bis 2004 — **86**

--- Rotweine ---

2000 Hammersteiner in den Layfelsen
Spätburgunder trocken
6,90 €, 11,5%, ♀ bis 2003 — **79**

2000 Leutesdorfer Forstberg
Spätburgunder trocken Barrique
13,30 €, 12,5%, ♀ bis 2004 — **80**

Die beiden Brüder Georg und Martin führen unter der väterlichen Regie von Klaus Mohr inzwischen die Geschicke des bekanntesten Leutesdorfer Weingutes. Auch diesmal steht wieder eine gute Kollektion zur Verfügung. Für den Standard am Mittelrhein ist der Spätburgunder im Barrique recht manierlich, kann allerdings nicht mit den Rotweinen von der Ahr konkurrieren. Besser gefallen uns der trockene Grauburgunder und der exotische Gewürztraminer. Auch Mohr verwendet den Begriff feinherb, allerdings sind die Weine für diese Bezeichnung fast irreführend süß. Zukünftig sollte das Augenmerk besonders auf der Verbesserung der Rieslinge in den klassischen Tonschieferlagen liegen.

Die Weine: **100** Perfekt · **95–99** Überragend · **90–94** Exzellent · **85–89** Sehr gut · **80–84** Gut · **75–79** Passabel

Entdeckung des Jahres 1998

Mittelrhein

WEINGUT MATTHIAS MÜLLER

Inhaber: Familie Matthias Müller
Betriebsleiter: Matthias Müller
56322 Spay, Mainzer Straße 45
Tel. (0 26 28) 87 41, Fax 33 63
e-mail:
weingut.matthias.mueller@t-online.de
Anfahrt: A 61 Koblenz–Bingen, Ausfahrt Boppard
Verkauf: Marianne Müller
Mo.–Sa. ganztägig
So. 10:00 bis 18:00 Uhr
Historie: 300 Jahre Weinbau
Erlebenswert: Hofschoppenfest am ersten Wochenende im September

---

Rebfläche: 7,6 Hektar
Jahresproduktion: 74.000 Flaschen
Beste Lagen: Bopparder Hamm Feuerlay, Mandelstein, Engelstein und Ohlenberg
Boden: Devonschieferverwitterung
Rebsorten: 86% Riesling, 8% Grauburgunder, 6% Spätburgunder
Durchschnittsertrag: 74 hl/ha
Beste Jahrgänge: 1996, 1998, 2001

2001 Bopparder Hamm Mandelstein
Riesling Hochgewächs trocken
3,90 €, 12,5%, ♀ bis 2003   **86**

2001 Bopparder Hamm Engelstein
Riesling Spätlese trocken
6,50 €, 12,5%, ♀ bis 2003   **87**

2001 Bopparder Hamm Feuerlay
Riesling Spätlese halbtrocken
5,20 €, 11,5%, ♀ bis 2003   **88**

2001 Bopparder Hamm Mandelstein
Riesling Spätlese halbtrocken
7,– €, 12%, ♀ bis 2004   **88**

2001 Bopparder Hamm Feuerlay
Riesling Hochgewächs
4,10 €, 8,5%, ♀ bis 2003   **86**

2001 Bopparder Hamm Ohlenberg
Riesling Spätlese
5,50 €, 8,5%, ♀ bis 2004   **89**

2001 Bopparder Hamm Mandelstein
Riesling Spätlese
8,– €, 8%, ♀ bis 2004   **89**

2001 Bopparder Hamm Engelstein
Riesling Auslese
10,50 €, 8,5%, ♀ bis 2005   **91**

2001 Bopparder Hamm Mandelstein
Riesling Beerenauslese
35,– €/0,5 Lit., 8%, ♀ bis 2007   **91**

Behutsam, aber beständig, arbeiten Marianne und Matthias Müller im elterlichen Weingut an der Erweiterung der Rebfläche. Ein klarer Beweis für den Markterfolg der Weine. Mit den 1996ern hatte Matthias Müller den Durchbruch geschafft und wurde unsere »Entdeckung des Jahres 1998«. Auch die beiden Folgejahrgänge waren sehr gelungen, während 1999 und 2000 etwas zurückblieben. Nach Investitionen in Tankkühlung, neue Presse und neue Abfüllanlage zeigt Müller diesmal, dass der Jahrgang 2001 doch deutlich besser als die Vorgänger ist. Müllers Hochgewächse bieten zudem ein gutes Preis-Leistungsverhältnis und seine Bopparder Hamm Mandelstein Riesling Spätlese gefällt uns besonders gut. Auch die halbtrockenen Rieslinge spielen wieder ganz vorne mit. Abgerundet wird das Sortiment von attraktiven edelsüßen Gewächsen.

Die Betriebe: ✯✯✯✯✯ Weltklasse · ✯✯✯✯ Deutsche Spitze · ✯✯✯ Sehr gut · ✯✯ Gut · ✯ Zuverlässig

Mittelrhein

WEINGUT AUGUST UND THOMAS PERLL

Inhaber: August und Thomas Perll
Kellermeister: Thomas Perll
56154 Boppard, Oberstraße 77–81
Tel. (0 67 42) 39 06, Fax 8 17 26
e-mail: post@perll.de
Internet: www.perll.de
*Anfahrt: A 61 Koblenz–Bingen, Ausfahrt Buchholz, Richtung Boppard;
B 9, 20 Kilometer südlich von Koblenz*
Verkauf: Familie Perll
Mo.–Fr. 9:00 bis 12:00 Uhr
und 14:00 bis 19:00 Uhr
Sa. 9:00 bis 12:00 Uhr
und 14:00 bis 17:00 Uhr
und nach Vereinbarung
Historie: Stammhaus von 1606
Sehenswert: Alter Gewölbekeller
Probierstube: Für 80 Gäste

Rebfläche: 6,7 Hektar
Jahresproduktion: 50.000 Flaschen
Beste Lagen: Bopparder Hamm Mandelstein, Feuerlay, Ohlenberg und Fässerlay
Boden: Devonschieferverwitterung und Grauwacke
Rebsorten: 80% Riesling, 7% Spätburgunder, 2% Weißburgunder, 11% übrige Sorten
Durchschnittsertrag: 82 hl/ha
Beste Jahrgänge: 1997, 2000, 2001

2001 Bopparder Hamm Fässerlay
Riesling Spätlese trocken – 35 –
5,– €, 12%, ♀ bis 2003 **86**

2001 Bopparder Hamm Fässerlay
Riesling Spätlese trocken – 12 –
5,– €, 12%, ♀ bis 2003 **88**

2001 Bopparder Hamm Feuerlay
Riesling Spätlese halbtrocken – 23 –
5,– €, 12%, ♀ bis 2003 **87**

2001 Bopparder Hamm Feuerlay
Riesling Spätlese halbtrocken – 10 –
5,– €, 12%, ♀ bis 2003 **87**

2001 Bopparder Hamm Mandelstein
Riesling Auslese halbtrocken
8,– €, 12%, ♀ bis 2004 **89**

2001 Bopparder Hamm Mandelstein
Riesling Spätlese
5,– €, 9%, ♀ bis 2003 **85**

2001 Bopparder Hamm Mandelstein
Riesling Auslese
8,– €, 9%, ♀ bis 2004 **90**

2001 Bopparder Hamm Mandelstein
Riesling Eiswein
20,– €/0,375 Lit., 11,5%, ♀ bis 2008 **91**

Zug um Zug übernimmt Thomas Perll das Kommando über das im Jahre 1606 gebaute Stammhaus Perll. Nach einem strahlenden Aufstieg gab es zum Ende der 90er Jahre einen Durchhänger. Den schwierigen Jahrgang 2000 hat Perll hingegen gekonnt gemeistert. Mit der 2001er Kollektion bringt er bis zum Riesling Eiswein mit 200 Grad Öchsle die gesamte Bandbreite seines Potenzials. Neben der Anpflanzung von Dornfelder (muss das sein?) hat sich Thomas Perll jetzt eine überfällige Ertragsminimierung vorgenommen und will damit zu einer weiteren Qualitätssteigerung gelangen.

Die Weine: **100** Perfekt · **95–99** Überragend · **90–94** Exzellent · **85–89** Sehr gut · **80–84** Gut · **75–79** Passabel

Mittelrhein

WEINGUT WALTER PERLL

Inhaber: Walter Perll
Betriebsleiter: Walter Perll sen.
Kellermeister: Walter Perll jun.
56154 Boppard, Ablaßgasse 11
Tel. (0 67 42) 36 71, Fax 30 23
*Anfahrt: A 61 Koblenz–Bingen,
Ausfahrt Boppard*
Verkauf: Doris Perll
Mo.–Fr. 9:00 bis 12:00 Uhr
und 14:00 bis 18:00 Uhr
Sa. 9:00 bis 15:00 Uhr
So. 10:00 bis 12:00 Uhr
und nach Vereinbarung
Probierstube: Im Neubau
mit mediterranem Charakter

Rebfläche: 5,5 Hektar
Jahresproduktion: 50.000 Flaschen
Beste Lagen: Bopparder Hamm
Mandelstein, Feuerlay, Ohlenberg
und Fässerlay
Boden: Devonschieferverwitterung,
teilweise Grauwacke
Rebsorten: 80% Riesling,
13% Spätburgunder und Dornfelder, 7% übrige Sorten
Durchschnittsertrag: 70 hl/ha
Beste Jahrgänge: 1995, 1996, 2001

2001 Bopparder Hamm Fässerlay
Riesling trocken
3,40 €, 12%, ♀ bis 2003   **79**

2001 Bopparder Hamm Ohlenberg
Riesling Spätlese trocken
4,60 €, 12,5%, ♀ bis 2003   **82**

2001 Bopparder Hamm Mandelstein
Riesling Spätlese halbtrocken
4,60 €, 11%, ♀ bis 2003   **81**

2001 Bopparder Hamm Feuerlay
Riesling Spätlese halbtrocken
4,60 €, 12%, ♀ bis 2003   **81**

2001 Bopparder Hamm Fässerlay
Riesling Spätlese
4,60 €, 7,6%, ♀ bis 2004   **85**

2001 Bopparder Hamm Fässerlay
Riesling Auslese
6,70 €, 8%, ♀ bis 2005   **85**

2001 Bopparder Hamm Mandelstein
Riesling Eiswein
20,– €/0,375 Lit., 7%, ♀ bis 2009 **89**

Einen großen und mutigen Schritt hat Walter Perll gemacht. Mit einer Betriebsverlagerung aus der Innenstadt an den Rand von Boppard und mit Millionenaufwand will er zu neuen Ufern. Außerdem soll im nächsten Jahr ein weiterer Hektar neu angepflanzt werden, zwei Drittel mit Riesling und ein Drittel mit Scheurebe, die hier gut nachgefragt wird. Später soll der Kauf von weiteren Doppelmantel-Edelstahltanks die Qualität weiter verbessern helfen. Die Investitionen sind aber noch nicht voll bei der Qualitätssteigerung der gesamten Kollektion angekommen, insbesondere bei den trockenen Weinen. Die wäre nötig, wenn der solide Betrieb Ehrgeiz zu Höherem entwickeln würde. Vom Potenzial der Lagen her und mit der neuen Technik müsste das in den nächsten Jahren eigentlich möglich sein.

Die Betriebe: ✤✤✤✤✤ Weltklasse · ✤✤✤✤ Deutsche Spitze · ✤✤✤ Sehr gut · ✤✤ Gut · ✤ Zuverlässig

Mittelrhein

WEINGUT RATZENBERGER

Inhaber: Familie Ratzenberger
Verwalter: Jochen Ratzenberger jr.
55422 Bacharach, Blücherstraße 167
Tel. (0 67 43) 13 37, Fax 28 42
e-mail: weingut-ratzenberger@t-online.de
Internet: www.weingut-ratzenberger.de
Anfahrt: A 61 Koblenz–Bingen, Ausfahrt Rheinböllen, Richtung Bacharach
Verkauf: Jochen Ratzenberger
Mo.–Sa. 9:00 bis 18:00 Uhr
nach Vereinbarung
Sehenswert: Historischer Kreuzgewölbekeller, Betriebsgebäude im Jugendstil

---

Rebfläche: 9 Hektar
Jahresproduktion: 60.000 Flaschen, davon 10.000 Flaschen Sekt
Beste Lagen: Steeger St. Jost, Bacharacher Posten und Wolfshöhle
Boden: Devonschieferverwitterung
Rebsorten: 75% Riesling, 15% Spätburgunder, je 5% Grauburgunder und Rivaner
Durchschnittsertrag: 54 hl/ha
Beste Jahrgänge: 1998, 1999, 2001
Mitglied in Vereinigungen: VDP

Das Weingut Ratzenberger gehört seit Jahren zur Spitzengruppe am Mittelrhein. Die 2001er Kollektion ist insgesamt gelungen, auch wenn der einfache trockene Riesling für unseren Geschmack nicht in eine Bordeauxflasche gehört. Die Kabinettweine sind eigentlich Spätlesen und die Spätlesen haben teilweise Mostgewichte deutlich über 90 Grad. Begleitet werden die Weine von einer überzeugend guten Säurestruktur. Der Mitte Dezember gelesene Eiswein besticht durch eine extreme Säure von 17,2 Promille, was eine sehr lange Haltbarkeit verspricht. Als höchstbewerteter Wein vom Mittelrhein kam er ins Bundesfinale. Auch die Jahrgangssekte können zur Spitze im Land gehören. Über die Beurteilung des Weinjahrgangs hinaus: ein wahres Schmuckstück ist der Kreuzgewölbekeller des Weinguts.

2001 Bacharacher
Riesling trocken
5,– €, 12%, ♀ bis 2003 — **83**

2001 Steeger St. Jost
Riesling Spätlese trocken
8,80 €, 11,5%, ♀ bis 2003 — **86**

2001 Bacharacher Posten
Riesling Spätlese halbtrocken
8,60 €, 11%, ♀ bis 2003 — **86**

2001 Riesling
»Caspar R.«
5,40 €, 9%, ♀ bis 2003 — **86**

2001 Bacharacher Wolfshöhle
Riesling Spätlese
8,40 €, 8%, ♀ bis 2004 — **88**

2001 Bacharacher Posten
Riesling Auslese
10,20 €/0,5 Lit., 7%, ♀ bis 2005 — **89**

2001 Bacharacher Wolfshöhle
Riesling Auslese
18,20 €/0,5 Lit., 8%, ♀ bis 2005 — **89**

2001 Bacharacher Kloster Fürstental
Riesling Eiswein
150,– €/0,5 Lit., 8%, ♀ bis 2015 — **94**

Die Weine: **100** Perfekt · **95–99** Überragend · **90–94** Exzellent · **85–89** Sehr gut · **80–84** Gut · **75–79** Passabel

Mittelrhein

WEINGUT ZUM REBSTOCK
THOMAS HEIDRICH

Inhaber: Familie Heidrich
Betriebsleiter: Rolf Heidrich
Kellermeister: Thomas Heidrich
55422 Bacharach, Mainzer Straße 1
Tel. (0 67 43) 9 30 23, Fax 9 30 24
e-mail:
zum-rebstock@weingut-heidrich.de
Internet: www.weingut-heidrich.de
Anfahrt: A 61 Koblenz-Bingen, Ausfahrt Rheinböllen, Richtung Bacharach
Verkauf: Thomas und Rolf Heidrich Mo. und Mi.–Fr. 11:00 bis 22:00 Uhr Sa. und So. 11:00 bis 22:00 Uhr
Gutsausschank: Ostern bis Nov. 11:00 bis 24:00 Uhr, Di. Ruhetag
Spezialitäten: Wildsausülze und Schinken, Kesselfleisch aus der Brennhütte (Fr. und Sa.)
Historie: Seit 1505 in Familienbesitz
Sehenswert: Historischer Gewölbekeller

Rebfläche: 3,5 Hektar
Jahresproduktion: 30.000 Flaschen
Beste Lagen: Bacharacher Wolfshöhle, Steeger St. Jost
Boden: Schieferverwitterung, Lösslehm
Rebsorten: 60% Riesling, 20% Bacchus, 10% Dornfelder, 7% Spätburgunder, 3% Müller-Thurgau
Durchschnittsertrag: 70 hl/ha
Beste Jahrgänge: 1999, 2000, 2001

2001 Bacharacher Wolfshöhle
Riesling Spätlese trocken
6,20 €, 11,5%, ♀ bis 2003   **81**

2001 Bacharacher Wolfshöhle
Riesling Hochgewächs halbtrocken
4,10 €, 11%, ♀ bis 2003   **81**

2001 Steeger St. Jost
Riesling Spätlese halbtrocken
6,20 €, 11%, ♀ bis 2003   **82**

2001 Bacharacher Wolfshöhle
Riesling Spätlese halbtrocken
6,20 €, 11%, ♀ bis 2003   **83**

2001 Bacharacher Wolfshöhle
Bacchus Spätlese
5,50 €, 10,5%, ♀ bis 2003   **82**

2001 Bacharacher Wolfshöhle
Riesling Spätlese
6,20 €, 9,5%, ♀ bis 2004   **85**

2001 Bacharacher Wolfshöhle
Riesling Auslese
9,50 €/0,5 Lit., 9%, ♀ bis 2005   **85**

——————— Rotwein ———————

2001 Mittelrhein
Spätburgunder Weißherbst Classic
4,50 €, 12,5%, ♀ bis 2003   **82**

Thomas Heidrich leitet das Weingut seit vier Jahren. In den schwierigen Jahrgängen 1999 und 2000 hat er positiv auf sich aufmerksam gemacht. Bekannt ist der Betrieb vor allem wegen seiner hervorragenden Edelobstbrennerei. Ein Großteil der Weine wird in der eigenen Gutsschänke an den Kunden gebracht. Für 2001 hatten wir bei den Weinen auf einen weiteren Qualitätssprung nach oben gehofft. Die Kollektion liegt aber im guten Trend der beiden letzten Jahre. Auf den Spätburgunder Rotwein können wir getrost verzichten. Bester Wein ist, wie im Vorjahr, eine Riesling Spätlese von der Wolfshöhle.

Die Betriebe: ✽✽✽✽✽ Weltklasse · ✽✽✽✽ Deutsche Spitze · ✽✽✽ Sehr gut · ✽✽ Gut · ✽ Zuverlässig

Mittelrhein

WEINGUT SELT

Inhaber: Horst Peter Selt
56599 Leutesdorf, Zehnthofstraße 22
Tel. (0 26 31) 7 51 18, Fax 7 73 52
Anfahrt: Von Norden: A 59 bis Königswinter, B 42 bis Linz und Leutesdorf; von Süden: A 3/A 61 bis Koblenz, B 9 oder B 42 bis Neuwied, B 42 bis Leutesdorf
Verkauf: Frau Tilgen-Selt
Sa. 9:00 bis 18:00 Uhr
und nach Vereinbarung
Historie: Weinbau in der Familie seit 1736
Erlebenswert: Mittelalterliches Schanktreiben im September

Rebfläche: 3 Hektar
Jahresproduktion: 30.000 Flaschen
Beste Lagen: Leutesdorfer Gartenlay, Forstberg und Rosenberg
Boden: Schiefer- und Grauwacke-Verwitterung, zum Teil mit Bims
Rebsorten: 70% Riesling, 13% Kerner, 7% Dornfelder, je 5% Müller-Thurgau und Portugieser
Durchschnittsertrag: 85 hl/ha
Beste Jahrgänge: 2000, 2001

2001 Leutesdorfer Gartenlay
Riesling Kabinett trocken
4,70 €, 11,5%, ♀ bis 2003 — **81**

2001 Leutesdorfer Forstberg
Riesling trocken
4,– €, 11,5%, ♀ bis 2003 — **82**

2001 Leutesdorfer Forstberg
Riesling Spätlese trocken
6,– €, 12%, ♀ bis 2003 — **83**

2001 Leutesdorfer Rosenberg
Riesling Kabinett halbtrocken
4,70 €, 11%, ♀ bis 2003 — **82**

2001 Leutesdorfer Gartenlay
Riesling Auslese
6,80 €/0,5 Lit., 9%, ♀ bis 2005 — **87**

2001 Leutesdorfer Forstberg
Riesling Beerenauslese
18,– €/0,375 Lit., 11%, ♀ bis 2008 — **90**

Schon vor fünf Jahren hatten wir zum ersten Mal sehr gute Rieslinge des eher unbekannten Weingutes Selt aus Leutesdorf probieren können. Dann kam das hervorragende Abschneiden beim Riesling-Erzeugerpreis. Nach der Aufnahme in den Gault Millau scheint der Ehrgeiz des eher bescheidenen und zurückhaltenden Winzers weiter zuzunehmen. Der 2001er knüpft nahtlos an die überraschend guten Rieslinge des schwierigen Jahrgangs 2000 an, so dass Selt im nördlichsten Teil des Mittelrhein-Weinbaugebietes heute für uns zur Spitze gehört. Seine Beerenauslese vom Forstberg kam sogar in die regionale Endrunde. Um in Richtung zwei Trauben zu marschieren, sind aber weitere Anstrengungen notwendig. Der vorgesehene Ersatz der Rebsorte Kerner durch Weißburgunder gehört dazu.

Die Weine: **100** Perfekt · **95–99** Überragend · **90–94** Exzellent · **85–89** Sehr gut · **80–84** Gut · **75–79** Passabel

Mittelrhein

WEINGUT SONNENHANG

Inhaber: Heinz-Uwe Fetz
56348 Dörscheid
Tel. (0 67 74) 15 48, Fax 82 19
Anfahrt: B 42 bis Kaub, etwa drei Kilometer bis Dörscheid auf der Anhöhe
Verkauf: Heinz-Uwe Fetz,
Andrea Bierwirth
Mo. und Mi.–Fr. 9:00 bis 12:00 Uhr
und 13:00 bis 19:00 Uhr
Sa. und So. 10:00 bis 12:00 Uhr
und 13:00 bis 15:00 Uhr
nach Vereinbarung
Erlebenswert: Echo auf dem Loreley-Plateau, Menü begleitet von Edelobstbränden

---

Rebfläche: 3,7 Hektar
Jahresproduktion: 35.000 Flaschen
Beste Lage: Kauber Backofen
Boden: Schiefer, Grauwacke
Rebsorten: 74% Riesling,
10% Spätburgunder, 7% Grauburgunder, 5% Müller-Thurgau,
4% Weißburgunder
Durchschnittsertrag: 70 hl/ha
Beste Jahrgänge: 1995, 1998, 2000

Heinz-Uwe Fetz leitet eines der wenigen Weingüter außerhalb von Leutesdorf, das rechtsrheinisch noch Weinberge bearbeitet. Eigentlich ist das Weingut viel eher als Edelbrennerei bekannt. Trester und Hefe reichen da längst nicht mehr aus. Es werden viele Wildfrüchte veredelt, aber offenkundig hat Heinz-Uwe Fetz in den letzten Jahren auch etwas Ehrgeiz für seine Weine entwickelt. Die in früheren Zeiten bekannte Toplage »Kauber Backofen« bietet dazu eigentlich gute Voraussetzungen. Mit dem Bau seiner Erlebnisbrennerei bietet Heinz-Uwe Fetz den Besuchern einen besonderen Anziehungspunkt, was wir von den wenigen angestellten 2001er Weinen leider nicht sagen können. Vielleicht bleibt ja nächstes Jahr mehr Kraft für den Weinbau übrig. Wir hoffen auf den Erfolg des Winzers, damit die rechtsrheinischen Weinberge nicht weiter aufgegeben werden und die Gault-Millau-Traube nicht verschwindet. Die Weine verkosten und gut essen kann man auch im Betrieb des Bruders, in dem bekannten Gasthof Blücher.

2001 Müller-Thurgau
trocken »Fetz«
3,60 €, 12,5%, ♀ bis 2003 — **78**

2001 Dörscheider Wolfsnack
Riesling trocken
3,60 €, 12,5%, ♀ bis 2003 — **81**

2001 Kauber Backofen
Riesling Kabinett trocken
4,80 €, 12,5%, ♀ bis 2003 — **82**

2001 Riesling
Classic
4,10 €, 12%, ♀ bis 2003 — **82**

2001 Riesling
Classic
5,– €, 12,5%, ♀ bis 2003 — **82**

--- Rotwein ---

2000 Spätburgunder
trocken
7,40 €, 13%, ♀ bis 2003 — **81**

Die Betriebe: ✿✿✿✿✿ Weltklasse · ✿✿✿✿ Deutsche Spitze · ✿✿✿ Sehr gut · ✿✿ Gut · ✿ Zuverlässig

Mittelrhein

WEINGUT VOLK

Inhaber: Jürgen Volk
56322 Spay, Koblenzer Straße 6
Tel. (0 26 28) 82 90, Fax 98 74 16
e-mail: info@weingutvolk.de
Internet: www.weingutvolk.de
Anfahrt: A 61 Koblenz–Bingen, Ausfahrt Boppard
Verkauf: Heidi Volk
nach Vereinbarung

Rebfläche: 3,3 Hektar
Jahresproduktion: 30.000 Flaschen
Beste Lagen: Bopparder Hamm Ohlenberg und Weingrube
Boden: Grauwacken-Verwitterungsböden
Rebsorten: 78% Riesling, 12% Spätburgunder, je 5% Müller-Thurgau und Kerner
Durchschnittsertrag: 80 hl/ha
Beste Jahrgänge: 1997, 2000, 2001

Jürgen Volk bearbeitet seit 1995 die Bopparder Weinberge, auch wenn er (ein Kuriosum), genau wie die Spitzenbetriebe Müller und Weingart in Spay, damit außerhalb des Kreisgebietes ansässig ist und deshalb nicht an der »Bopparder Weinkost« teilnehmen darf. Die Weine sind auch im Jahre 2001, wie man es von Volk gewohnt ist: ehrlich, kernig und gut trinkbar und das zu sehr moderaten Preisen. Die trockenen und lieblichen Weine kann man zwar durch die unterschiedlichen Farben des Dreiecks gut auf dem Etikett unterscheiden, aber warum ist der Name des Weingutes kaum lesbar? Bei der Qualität darf man ruhig den Namen erkennbarer gestalten. Ein halbtrockener Weißherbst vom Spätburgunder muss für unseren Geschmack nicht sein, dafür aber gefällt uns der trockene Riesling in der Literflasche mit Schraubverschluss für nur 3,80 Euro – ein sauberer und klarer Wein. Auch das halbtrockene Hochgewächs ist ein Schnäppchen.

2001 Bopparder Hamm
Riesling trocken
3,80 €/1,0 Lit., 12%, ♀ bis 2003 **80**

2001 Bopparder Hamm Ohlenberg
Riesling Spätlese trocken
5,20 €, 11,5%, ♀ bis 2003 **81**

2001 Bopparder Hamm Weingrube
Riesling Hochgewächs halbtrocken
3,90 €, 11,5%, ♀ bis 2003 **84**

2001 Bopparder Hamm Ohlenberg
Riesling Auslese feinherb
7,30 €, 12%, ♀ bis 2004 **82**

2001 Bopparder Hamm Ohlenberg
Riesling Spätlese
5,20 €, 9,5%, ♀ bis 2004 **83**

2001 Bopparder Hamm Ohlenberg
Riesling Auslese
7,– €/0,5 Lit., 9,5%, ♀ bis 2005 **85**

——— Rotwein ———

2001 Bopparder Hamm
Spätburgunder Weißherbst halbtrocken
4,80 €, 11,5%, ♀ bis 2003 **80**

Die Weine: **100** Perfekt · **95–99** Überragend · **90–94** Exzellent · **85–89** Sehr gut · **80–84** Gut · **75–79** Passabel

Mittelrhein

WEINGUT WEINGART

Inhaber: Familie Florian Weingart
Betriebsleiter: Florian Weingart
Kellermeister: Florian Weingart
56322 Spay, Mainzer Straße 32
Tel. (0 26 28) 87 35, Fax 28 35
e-mail: mail@weingut-weingart.de
Internet: www.weingut-weingart.de
Anfahrt: A 61 Koblenz–Bingen, Ausfahrt Boppard, Richtung Spay
Verkauf: Ulrike Weingart
Mo.–Sa. 9:00 bis 20:00 Uhr
So. 14:00 bis 19:00 Uhr
nach Vereinbarung
Ferienwohnungen: In historischem Fachwerkhaus, direkt am Rhein

---

Rebfläche: 9 Hektar
Jahresproduktion: 90.000 Flaschen
Beste Lagen: Bopparder Hamm Engelstein, Feuerlay und Ohlenberg
Boden: Devonschieferverwitterung
Rebsorten: 98% Riesling, 2% Grauburgunder
Durchschnittsertrag: 68 hl/ha
Beste Jahrgänge: 1997, 1998, 2001

2001 Bopparder Hamm Feuerlay
Riesling Spätlese trocken
6,– €, 12%, ♀ bis 2003   **89**

2001 Bopparder Hamm Ohlenberg
Riesling Spätlese trocken *
8,– €, 12,5%, ♀ bis 2004   **89**

2001 Bopparder Hamm Ohlenberg
Riesling Auslese trocken
9,– €, 13%, ♀ bis 2005   **90**

2001 Bopparder Hamm Mandelstein
Riesling Spätlese halbtrocken
8,– €, 11,5%, ♀ bis 2003   **88**

2001 Bopparder Hamm Ohlenberg
Riesling Spätlese halbtrocken
8,– €, 12%, ♀ bis 2003   **88**

2001 Riesling
Spätlese »Schloss Fürstenberg«
7,– €, 7,5%, ♀ bis 2003   **88**

2001 Riesling
Hochgewächs »Schloss Fürstenberg«
4,– €, 9%, ♀ bis 2003   **90**

2001 Bopparder Hamm Ohlenberg
Riesling Auslese
11,– €, 7,5%, ♀ bis 2004   **91**

2001 Bopparder Hamm Feuerlay
Riesling Auslese
14,– €, 7,5%, ♀ bis 2005   **91**

2001 Bopparder Hamm Feuerlay
Riesling Auslese *
14,– €, 7,5%, ♀ bis 2006   **91**

Florian Weingart ist ein ehrgeiziger Winzer, der mit viel Tüftelei und Akribie sowie wissenschaftlichen Methoden immer das Optimum an Qualität herausholen will. Mit der 2001er Kollektion ist ihm das mustergültig gelungen und Florian Weingart setzt sich damit an die Spitze des gesamten Mittelrheins. Allein zehn seiner zwölf Weine erreichten die regionale Endrunde. Kein Wein unter 87 Punkten und im trockenen Bereich eine Bopparder Hamm Ohlenberg Riesling Auslese mit 91 Punkten. Sein »Schloss Fürstenberg« Hochgewächs ist für vier Euro ein echtes Schnäppchen. Im lieblichen Bereich hat Weingart tief gestapelt und drei Auslesen abgefüllt und bewusst auf Beerenauslese oder Eiswein verzichtet. Die Bopparder Hamm Feuerlay Riesling Auslese mit Stern für 14 Euro ist mit 93 Punkten ein echter Glanzpunkt. In dieser Form kann Weingart sich vielleicht schon bald an der vierten Traube erfreuen.

Mittelrhein

Weitere empfehlenswerte Betriebe

Weingut Broel
53604 Rhöndorf, Karl-Broel-Strasse 3
Tel. (0 22 24) 26 55, Fax 26 55

Drei hauptamtliche Winzer gibt es im Bereich Siebengebirge. Karl-Heinz Broel bewirtschaftet 2,5 Hektar am Fuße des Drachenfels. Nicht nur in der Weinstube spürt man den Atem der Geschichte: Konrad Adenauer war häufig zu Gast. Bei der 2001er Drachenfels Riesling Spätlese lässt sich gut zuhören, wenn Winzer Broel aus alten Tagen erzählt.

Weingut Emmerich (neu)
56599 Leutesdorf, Hauptstraße 80c
Tel. (0 26 31) 7 29 22
e-mail:weingut-emmerich@leutesdorf-rhein.de

Das Familienweingut pflegt etwa drei Hektar mit klarem Riesling-Schwerpunkt. Die 2001er sind gelungen, die Hochgewächse besser als die Spätlesen. Sein halbtrockenes Riesling Hochgewächs aus dem Leutesdorfer Rosenberg und sein fruchtiger Kerner Kabinett, beide für 4,50 Euro, sind veritable Schnäppchen.

Weingut Peter Hohn
56599 Leutesdorf, In der Gartenlay 50
Tel. (0 26 31) 7 18 17, Fax 7 22 09
e-mail: weingut-peter-hohn@leutesdorf-rhein.de

Peter Hohn übernahm das traditionsreiche Familienweingut 1991. Seine 2001er fallen vor allem durch ein besonderes Bukett auf. Am besten gefällt uns sein halbtrockener Mittelrhein-Riesling »J«.

Weingut Hermann Ockenfels
56599 Leutesdorf, Oelbergstraße 3
Tel. (0 26 31) 7 25 93, Fax 97 93 96
e-mail: weingut-ockenfels@leutesdorf-rhein.de

Hermann Ockenfels hat das Weingut nun seiner Tochter übergeben. In der Weinstube gibt es Gerichte aus der Winzerküche zu den Weinen des Gutes. Freunde eines säuremilden Rieslings werden hier für wenig Geld ihren Spaß haben. Die 2001er Kollektion war für uns allerdings wenig überzeugend. Am besten haben uns noch die lieblichen Weine gefallen.

Weingut Bernhard Praß
55422 Bacharach-Steeg,
Blücherstraße 132
Tel. (0 67 43) 15 85, Fax 32 60
e-mail: weingut-prass@t-online.de

Nach der Umstellung von Holzfässern auf Edelstahltanks hat das Weingut Bernhard Praß eine ordentliche 2001er Kollektion hingelegt. Für Mittelrhein-Verhältnisse ist sein Spätburgunder Rotwein sogar überdurchschnittlich gut.

Weingut Scheidgen (neu)
56598 Hammerstein, Hauptstraße 10
Tel. (0 26 35) 23 29

Das für den Mittelrhein sehr große Weingut ist in Hammerstein und Leutesdorf auch in den Steillagen begütert. Regelmäßig erringt Georg Scheidgen, der seit 1991 den Betrieb leitet, gute Plätze bei der Prämierung der Landwirtschaftskammer. Scheidgen ist Spezialist für Burgundersorten, aber auch die trockenen Rieslinge sind durchweg erfreulich.

Große und kleine Jahrgänge am Mittelrhein

Jahr	Güte
2001	✿✿✿
2000	✿✿
1999	✿✿
1998	✿✿✿
1997	✿✿✿
1996	✿✿✿✿
1995	✿✿✿
1994	✿✿
1993	✿✿✿✿✿
1992	✿✿✿✿

Jahrgangsbeurteilung:

✿✿✿✿✿ : Herausragender Jahrgang

✿✿✿✿ : Sehr guter Jahrgang

✿✿✿ : Guter Jahrgang

✿✿ : Normaler Jahrgang

✿ : Schwacher Jahrgang

Mosel-Saar-Ruwer

Ein Schweizer im Steilhang

Im regenreichen September 2001 hatte manch ein Moselwinzer schon den Mut sinken lassen. Doch dann folgte ein traumhafter Oktober – und der Riesling zeigte seine ganze Stärke. In der warmen Herbstsonne schnellten die Mostgewich-

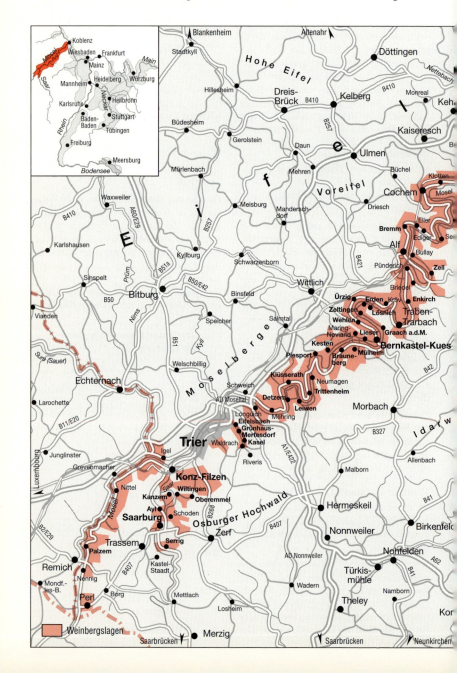

te der spät reifenden Sorte nach oben und die Winzer schoben ihre Lese immer weiter hinaus. Schon Mitte Oktober lagen die Öchslegrade über dem Schnitt der fünf Vorjahre. Und nur eine Woche später wurden in den guten Lagen der Mittelmosel Werte gemessen, die an die großen Jahrgänge 1971 und 1975 erinnerten.

Doch nicht nur in Spitzenlagen wurden Spitzenergebnisse erzielt. Auch aus den Weinbergen mittlerer Bonität holten die Winzer durchweg Spätlese-Qualitäten. Und selbst in Nebenlagen wurde die Marke von 70 Grad Öchsle selten unterschritten. Die Mittelmosel ist eindeutig der Gewinner im Jahrgang 2001. Das beweist eine ungewöhnlich reichhaltige Serie edelsüßer Spezialitäten. So ist es denn kein Wunder, dass unser »Sieger des Jahres« in dieser Kategorie ein fabelhafter Eiswein von Max Ferd. Richter ist, der die Traumnote 100 erhielt, die überhaupt erst fünf Mal von uns vergeben wurde. Manchen Betrieben gelangen beeindruckende Sortimente, die kaum einen schwachen Wein enthielten. Sogar trockene Rieslinge, sonst nicht gerade die Spezialität der Mosel, gerieten mehr als ordentlich.

Vom goldenen Oktober haben die Nebenflüsse weniger profitiert. An der Ruwer probierten wir eher durchwachsene Kollektionen, nichts, was wirklich vom Hocker riss. Und die Saar wartet nach dem doch eher ernüchternden Jahrgang 2000 weiter auf würdige Nachfolger der überaus erfolgreichen 1999er.

Mit den steigenden Mostgewichten fielen die Erträge erstmals auf ein vernünftiges Maß seit Jahren. Der Gebietsdurchschnitt lag in 2001 bei weniger als 80 Hektoliter pro Hektar. Sogar die Genossenschaft Moselland eG berichtet von moderaten Erntemengen und einem Öchsle-Schnitt beim Riesling von 80 Grad, selbst der Müller-Thurgau kam auf über 70.

Kaum eine andere deutsche Weinbauregion hat gegenwärtig größere Probleme am Markt als Mosel-Saar-Ruwer. Zum einen ist nur etwas mehr als die Hälfte der gut 11.000 Hektar umfassenden Rebfläche mit Riesling bepflanzt. Zum anderen hat die Mosel im Inland nach wie vor einen schweren Stand, da die ungebrochene Nachfrage nach trockenen Weinen nicht wirklich die starken Seiten des Gebietes fordert. Zwar hat man in den letzten Jahren vor allem an der Terrassenmosel dazugelernt, was die Erzeugung ge-

Mosel-Saar-Ruwer

haltvoller trockener Weine anbelangt. Jedoch wird kaum jemand im Ernst bestreiten, dass sich die besonderen Vorzüge des Moselrieslings erst bei einem ausgewogenen Verhältnis von fruchtiger Süße und mineralischer Säure optimal entwickeln. Aber gerade mit diesem Weintypus, der in Deutschland von der Trockenwelle überrollt wurde, hat sich die Mosel in der weiten Welt des Weines ein geradezu charismatisches Ansehen erworben. Nirgendwo sonst findet man eine derartige Fülle eleganter Riesling-Weine wie an der Mosel und an ihren benachbarten Flussläufen Saar und Ruwer.

Wer also auf Export setzt, kann hier durchaus eine dauerhafte Existenz begründen. Das hat sich wohl auch Daniel Vollenweider gesagt, der sich in der nicht flurbereinigten und mit wurzelechten Reben bestückten Lage Wolfer Goldgrube in sein bisher größtes Abenteuer gestürzt hat. Der Schweizer stellte bereits im zweiten Jahrgang nach Gründung seines kleinen Gutes eine derart überzeugende Kollektion vor, dass wir nicht lange überlegen mussten, wer denn nun unsere »Entdeckung des Jahres 2003« werden würde. Herzlichen Glückwunsch!

Fünf Betriebe steigen in die Zwei-Trauben-Klasse auf: Leo Fuchs in Pommern, Lubentiushof in Niederfell, Molitor-Rosenkreuz in Minheim, Martin Müllen in Traben-Trarbach und Andreas Schmitges in Erden. Mit drei Trauben schmücken sich der Leiwener Heinz Schmitt, der Trittenheimer Franz-Josef Eifel und als Wiederaufsteiger Reichsgraf von Kesselstatt. Absteigen müssen leider Willi Schaefer in Graach und Heinz Wagner in Saarburg.

Überhaupt scheint die teilweise schlechte Marktlage viele Betriebsleiter und vor allem den Nachwuchs zu Hochleistungen anzuspornen. Nirgends sonst haben wir so viele Neuaufnahmen in diesem Jahr zu verzeichnen wie an der Mosel. Ein glattes Dutzend Betriebe schaffte den Sprung in die Traubenklasse, aus manchen Mittelmosel-Gemeinden haben gleich mehrere Güter die begehrte erste Traube ergattert. Auf der einen Seite wird für Fasspreise gerade noch so viel bezahlt wie zu Nachkriegszeiten und viele kleine Betriebe und Nebenerwerbswinzer sind zur Aufgabe gezwungen. Auf der anderen Seite sonnen sich die Stars der Szene im Rampenlicht weltweiter Erfolge. Wegen der ungebrochenen Auslandsnachfrage nach ihren fabelhaften edelsüßen Raritäten eilen Güter wie Joh. Jos. Prüm oder Egon Müller – Scharzhof auf der traditionsreichen Herbst-Versteigerung des Großen Rings von Höhepunkt zu Höhepunkt. Diesmal aber schoss ein anderer den Vogel ab. Wilhelm Haags atemberaubende 1994er Trockenbeerenauslese sprengte die Schallmauer von 2.000 Euro pro Flasche. Am Tag darauf nahmen auf der Auktion des Bernkasteler Rings diese Hürde Dr. Pauly-Bergweiler und Markus Molitor.

Eine weitere Domäne ist ebenfalls fest in der Hand der Mosel. Zum vierten Male in nur fünf Jahren kommt von hier die beste Riesling Spätlese des Jahres. Dr. Manfred Prüm gelingt dieses Kunststück in bewundernswerter Kontinuität. In seiner Wehlener Sonnenuhr erntet er Jahr für Jahr unvergleichliche Spätlesen, die oft sogar als Geschwisterpaar auf dem Sieger-Treppchen stehen – das macht Prüm so schnell keiner nach!

Große und kleine Jahrgänge an Mosel, Saar und Ruwer	
Jahr	Güte
2001	✿✿✿✿
2000	✿✿✿
1999	✿✿✿✿
1998	✿✿✿✿
1997	✿✿✿✿
1996	✿✿✿✿
1995	✿✿✿✿
1994	✿✿✿✿✿
1993	✿✿✿✿
1992	✿✿✿✿

Jahrgangsbeurteilung:

✿✿✿✿✿ : Herausragender Jahrgang

✿✿✿✿ : Sehr guter Jahrgang

✿✿✿ : Guter Jahrgang

✿✿ : Normaler Jahrgang

✿ : Schwacher Jahrgang

Mosel-Saar-Ruwer

Die Spitzenbetriebe an Mosel-Saar-Ruwer

Weingut Fritz Haag – Dusemonder Hof, Brauneberg

Weingut Dr. Loosen, Bernkastel

Weingut Egon Müller – Scharzhof, Wiltingen

Weingut Joh. Jos. Prüm, Bernkastel-Wehlen

Weingut Joh. Jos. Christoffel Erben, Ürzig

Weingut Grans-Fassian, Leiwen

Weingut Reinhold Haart, Piesport

Weingut Heymann-Löwenstein, Winningen

Weingut Karlsmühle, Mertesdorf

Weingut Karthäuserhof, Trier-Eitelsbach

Weingut Reinhard und Beate Knebel, Winningen

Weingut Schloss Lieser, Lieser

Weingut Markus Molitor, Bernkastel-Wehlen

Weingut Sankt Urbans-Hof, Leiwen

Gutsverwaltung von Schubert – Maximin Grünhaus, Mertesdorf

Weingut Selbach-Oster, Zeltingen

Weingut Erben von Beulwitz, Mertesdorf

Weingut Clüsserath-Weiler, Trittenheim

▲ Weingut Franz-Josef Eifel, Trittenheim

Weingut von Hövel, Konz-Oberemmel

Weingut Kees-Kieren, Graach

▲ Weingut Reichsgraf von Kesselstatt, Morscheid

Weingut Kirsten, Klüsserath

Weingut Carl Loewen, Leiwen

Weingut Milz – Laurentiushof, Trittenheim

Weingut Mönchhof – Robert Eymael, Ürzig

Weingut Paulinshof, Kesten

Weingut Dr. Pauly-Bergweiler und Peter Nicolay, Bernkastel-Kues

Weingut Max Ferd. Richter, Mülheim

Weingut Josef Rosch, Leiwen

▼ Weingut Willi Schaefer, Graach

▲ Weingut Heinz Schmitt, Leiwen

Weingüter Wegeler – Gutshaus Bernkastel, Bernkastel-Kues

Weingut Dr. F. Weins-Prüm, Bernkastel-Wehlen

Bischöfliche Weingüter, Trier

Weingut Clemens Busch, Pünderich

Mosel-Saar-Ruwer

Weingut Ernst Clüsserath, Trittenheim

Weingut Clüsserath-Eifel, Trittenheim

Weingut Erben Stephan Ehlen, Lösnich

Weingut Reinhold Franzen, Bremm

Weingut Franz Friedrich-Kern, Bernkastel-Wehlen

▲ Weingut Leo Fuchs, Pommern

Weingut Willi Haag, Braunberg

Weingut Joh. Haart, Piesport

Weingut Kurt Hain, Piesport

Weingut Freiherr von Heddesdorff, Winningen

Weinhof Herrenberg, Schoden

Weingut Carl August Immich – Batterieberg, Enkirch

Weingut Albert Kallfelz, Zell-Merl

Weingut Heribert Kerpen, Bernkastel-Wehlen

Weingut Peter Lauer
Weinhaus Ayler Kupp, Ayl

▲ Lubentiushof
Weingut Andreas Barth, Niederfell

Weingut Alfred Merkelbach
Geschw. Albertz-Erben, Ürzig

Weingut Meulenhof, Erden

▲ Weingut Molitor – Rosenkreuz, Minheim

▲ Weingut Martin Müllen, Traben-Trarbach

Weingut von Othegraven, Kanzem

Weingut S. A. Prüm, Bernkastel-Wehlen

Weingut Walter Rauen, Detzem

Weingut Johann Peter Reinert, Kanzem

Weingut Schloss Saarstein, Serrig

▲ Weingut Heinrich Schmitges, Erden

Weingut Studert-Prüm – Maximinhof, Bernkastel-Wehlen

Weingut Wwe. Dr. H. Thanisch – Erben Müller-Burggraef, Bernkastel-Kues

Weingut Wwe. Dr. H. Thanisch – Erben Thanisch, Bernkastel-Kues

✻ Weingut Vollenweider, Traben-Trarbach

Weingut van Volxem, Wiltingen

▼ Weingut Dr. Heinz Wagner, Saarburg

Weingut Weller-Lehnert, Piesport

Weingut Forstmeister Geltz – Zilliken, Saarburg

Weingut Bastgen, Kesten

✻ Weingut Karl Blees-Ferber, Leiwen

✻ Weingut Ansgar Clüsserath, Trittenheim

Weingut Franz Dahm, Bernkastel

✻ Weingut Bernhard Eifel, Trittenheim

✻ Weingut Eifel-Pfeiffer, Trittenheim

Weingut Fries, Winningen

✻ Weingut Sybille Kuntz, Bernkastel-Lieser

Weingut Lehnert-Veit, Piesport

✻ Weingut Lenz-Dahm, Pünderich

Weingut Piedmont, Konz-Filzen

- ✻ Weingut Familie **R**auen, Thörnich
- ✻ Weingut F. J. **R**egnery, Klüsserath
- Weingut **R**eh, Schleich
- Weingut Hans **R**esch, Wiltingen
- Weingut **R**euscher-Haart, Piesport
- Weingut Richard **R**ichter, Winningen
- Weingut Freiherr von **S**chleinitz, Kobern-Gondorf
- ✻ Weingut Martin **S**chömann, Zeltingen-Rachtig
- ✻ Weingut **S**päter-Veit, Piesport
- Weingut Peter **T**erges, Trier
- ✻ Weingut **V**ereinigte Hospitien, Trier

Bewertung der Betriebe

Höchstnote für die weltbesten Weinerzeuger

Exzellente Betriebe, die zu den besten Deutschlands zählen

Sehr gute Erzeuger, die seit Jahren konstant hohe Qualität liefern

Gute Erzeuger, die mehr als das Alltägliche bieten

Verlässliche Betriebe mit einer ordentlichen Standardqualität

Ein Abend im falschen Restaurant ist teurer ...

Gault Millau Schweiz - Der Reiseführer für Gourmets 2003

Liebhaber der Schweizer Küchen finden in diesem Guide einen kompetenten Begleiter für ihre kulinarischen Reisen durch die vielfältige Gastronomieszene des Landes. Ca. 750 Restaurants wurden kritisch getestet und ausführlich beschrieben. 80 Hotelempfehlungen und eine Übersicht über die Weinjahrgänge 1984 bis 2001 runden den Band ab.

ca. 544 Seiten.
Format 13,5 x 21 cm.
Paperback.
€ 30,- (D)
ISBN 3-88472-540-8

Gault Millau Guide Österreich 2003

Über 600 Restaurants und über 300 Hotels werden kritisch kommentiert und bewertet. Auszeichnungen gibt es für Restaurants mit typisch österreichischer Küche sowie für die besten Kaffeehäuser des Landes. Über die passenden Tropfen kann man sich im beigefügten Gratis-Guide WEIN, BIER & SCHNAPS informieren.

ca. 456 Seiten.
Format 13,5 x 21 cm.
Paperback.
€ 29,- (D)
ISBN 3-88472-539-4

www.christian-verlag.de

Bestellen Sie auf den eingehefteten Bestellkarten!

Tel.: 089/ 38 18 03 17
Fax: 089/ 38 18 03 81
info@christian-verlag.de

Mosel-Saar-Ruwer

WEINGUT BASTGEN

Inhaber: Mona Bastgen u. Armin Vogel
Außenbetrieb: Mona Bastgen
Kellermeister: Armin Vogel
54518 Kesten, Moselstraße 1
Tel. (0 65 35) 71 42, Fax 15 79
Anfahrt: A 48/1, Ausfahrt Wittlich oder Salmtal
Verkauf: Mona Bastgen u. Armin Vogel nach Vereinbarung

Rebfläche: 4,2 Hektar
Jahresproduktion: 30.000 Flaschen
Beste Lagen: Kestener Paulinshofberger, Brauneberger Juffer-Sonnenuhr, Kueser Weisenstein
Boden: Verwitterungsschiefer, Sand und Löss
Rebsorten: 70% Riesling, 10% Müller-Thurgau, 10% Weißburgunder, 10% rote Sorten
Durchschnittsertrag: 60 hl/ha
Beste Jahrgänge: 1999, 2001
Mitglied in Vereinigungen: Bernkasteler Ring

Weine steigern und in die Weinbergstechnik investieren.

2001 Riesling
trocken
4,30 €/1,0 Lit., 11%, ♀ bis 2004   **78**

2001 »Blauschiefer«
Riesling Kabinett trocken
5,30 €, 11,5%, ♀ bis 2005   **81**

2001 Kueser Weisenstein
Riesling Spätlese trocken
8,20 €, 12%, ♀ bis 2006   **82**

2001 Kestener Paulinshofberger
Riesling Kabinett feinherb
6,20 €, 9,5%, ♀ bis 2005   **82**

2001 Kestener Paulinshofberger
Riesling Spätlese
9,20 €, 8,5%, ♀ bis 2008   **84**

2001 Brauneberger Juffer-Sonnenuhr
Riesling Spätlese
9,20 €, 8,5%, ♀ bis 2009   **86**

Als »Winzer aus Leidenschaft« bezeichnen sich Mona Bastgen und Armin Vogel, die dieses Weingut in Kesten an der Mittelmosel führen. Unweit von Bernkastel und Kues reihen sich hier im Filetstück der Mosel die Schiefersteilhänge aneinander. »Unser Bestreben ist es, Weine zu erzeugen, die zu erkennen geben, wo sie herkommen«, sagt Mona Bastgen, die für die Bewirtschaftung der Weinberge verantwortlich zeichnet. Den Wein schonend auszubauen, also das natürliche Potenzial der Trauben zu erhalten, ist für Armin Vogel, einen gebürtigen Franken, der Leitsatz seiner Arbeit im Keller. Vom Jahrgang 2001 stellte man uns leider nur sechs Weine vor. Die durch die Bank sauberen Weine haben einen enormen Säurebiss. An der Spitze steht wieder eine mineralisch-elegante Spätlese aus der Juffer-Sonnenuhr. In den folgenden Jahren will man den Steillagen-Besitz behutsam ausweiten, den Anteil der fruchtigen und halbtrockenen

Mosel-Saar-Ruwer

WEINGUT ERBEN VON BEULWITZ

Inhaber: Herbert Weis
Betriebsleiter und Kellermeister: Herbert Weis
54318 Mertesdorf, Eitelsbacher Weg 4
Tel. (06 51) 9 56 10, Fax 9 56 11 50
e-mail: info@hotel-weis.de
Internet: www.von-beulwitz.de
Anfahrt: A 48, Ausfahrt Kenn-Ruwertal, Richtung Mertesdorf
Verkauf: Jederzeit
Weinstube »Von Beulwitz«: Täglich von 10:00 bis 22:00 Uhr
Restaurant »Vinum«: Täglich von 10:00 bis 14:00 und 18:00 bis 22:00 Uhr
Spezialitäten: Terrine von geräucherter Ruwerbachforelle, Schüsseltreiben aus dem Grünhäuser Wald

---

Rebfläche: 5,4 Hektar
Jahresproduktion: 41.000 Flaschen
Beste Lagen: Kaseler Nies'chen und Kehrnagel, Eitelsbacher Marienholz
Boden: Schieferverwitterung
Rebsorten: 87% Riesling, 13% Weiß- und Spätburgunder
Durchschnittsertrag: 58 hl/ha
Beste Jahrgänge: 1998, 1999, 2000
Mitglied in Vereinigungen: Bernkasteler Ring

Die Erben von Beulwitz können sich rühmen, bereits 1867 auf der Pariser Weltausstellung eine Auszeichnung errungen zu haben. Doch muss der heutige Eigentümer Herbert Weis, der das Kaseler Gut 1982 übernahm, nicht auf die Vergangenheit verweisen. Hier gab es seit 1995 keinen schwachen Jahrgang mehr, ganz im Gegenteil: Dies ist einer der bemerkenswerten Aufsteiger der letzten Jahre. Die 99er Kollektion war von geradezu brillanter Güte und die 2000er Weine hatten ebenfalls Klasse. Daran können die 2001er nun nicht in vollem Umfang anknüpfen, doch beim Eiswein blitzt Klasse auf. Zum Weingut gehört auch ein hübsches Hotel mit Weinstube und Restaurant in Mertesdorf.

2001 Kaseler Nies'chen
Riesling Kabinett trocken
5,90 €, 11,5%, ♀ bis 2004 — **82**

2001 Kaseler Nies'chen
Riesling Kabinett halbtrocken
5,90 €, 11%, ♀ bis 2004 — **82**

2001 Kaseler Nies'chen
Riesling Spätlese feinherb
9,80 €, 11%, ♀ bis 2005 — **83**

2001 Kaseler Nies'chen
Riesling Auslese feinherb
23,40 €, 11%, ♀ bis 2005 — **84**

2001 Kaseler Nies'chen
Riesling Kabinett
5,90 €, 8,5%, ♀ bis 2006 — **85**

2001 Kaseler Nies'chen
Riesling Spätlese ***
8,50 €, 7,5%, ♀ bis 2006 — **85**

2001 Kaseler Nies'chen
Riesling Spätlese ***
14,20 €, 8%, ♀ bis 2009 — **86**

2001 Kaseler Nies'chen
Riesling Auslese ****
24,50 €, 7,5%, ♀ bis 2009 — **88**

2001 Kaseler Nies'chen
Riesling Auslese *****
59,15 €, 8%, ♀ bis 2009 — **88**

2001 Kaseler Nies'chen
Riesling Eiswein
Versteigerungswein, 7,5%, ♀ bis 2010 — **91**

Die Weine: 100 Perfekt · 95–99 Überragend · 90–94 Exzellent · 85–89 Sehr gut · 80–84 Gut · 75–79 Passabel

Mosel-Saar-Ruwer

BISCHÖFLICHE WEINGÜTER

Inhaber: Bischöfliches Priesterseminar Trier,
Hohe Domkirche Trier,
Bischöfliches Konvikt Trier
Güterdirektor: Wolfgang Richter
Kellermeister: Johannes Becker
54290 Trier, Gervasiusstraße 1
Tel. (06 51) 14 57 60, Fax 4 02 53
e-mail: info@bwgtrier.de
Internet: www.bwgtrier.de
Anfahrt: Trier Innenstadt, Nähe Kaiserthermen und Tuchfabrik
Verkauf: Erwin Engel
Mo.–Fr. 9:00 bis 17:00 Uhr
Sehenswert: 400 Jahre alter Fass- und Gewölbekeller

Rebfläche: 110 Hektar
Jahresproduktion: 800.000 Flaschen
Beste Lagen: Scharzhofberger, Erdener Treppchen und Prälat, Kaseler Nies'chen, Ayler Kupp
Boden: Devonschiefer, Grauwacke, Schieferverwitterung
Rebsorten: 96% Riesling, 3% Spätburgunder, 1% St. Laurent
Durchschnittsertrag: 63 hl/ha
Beste Jahrgänge: 1995, 1997, 1999

2001 Trittenheimer Apotheke
Riesling Auslese trocken
12,90 €, 11,5%, ♀ bis 2004 — **82**

2001 Kaseler Nies'chen
Riesling Auslese trocken
12,90 €, 12%, ♀ bis 2004 — **83**

2001 Kaseler Nies'chen
Riesling Spätlese halbtrocken
8,20 €, 10%, ♀ bis 2004 — **82**

2001 Ayler Kupp
Riesling Kabinett
7,20 €, 9%, ♀ bis 2004 — **83**

2001 Eitelsbacher Marienholz
Riesling Spätlese
7,20 €, 8,5%, ♀ bis 2008 — **85**

2001 Kanzemer Altenberg
Riesling Spätlese
8,20 €, 8%, ♀ bis 2008 — **85**

2001 Eitelsbacher Marienholz
Riesling Auslese Goldkapsel
23,– €, 7,5%, ♀ bis 2008 — **87**

2001 Dhron Hofberger
Riesling Eiswein
75,– €, 8,5%, ♀ bis 2012 — **88**

2001 Erdener Treppchen
Riesling Auslese Goldkapsel
22,– €, 8%, ♀ bis 2010 — **89**

2001 Kaseler Nies'chen
Riesling Auslese Goldkapsel
23,50 €, 7,5%, ♀ bis 2010 — **89**

Die ehedem selbstständigen kirchlichen Weingüter der Hohen Domkirche, des Priesterseminars und des Konvikts, zusammen mehr als ein Hundert-Hektar-Betrieb, verfügen über Besitz sowohl an der Mittelmosel als auch an Ruwer und Saar. Allein im legendären Scharzhofberg sind »die Bischöfe« mit sechs Hektar begütert. Die Liste der Spitzenlagen ist fast endlos, wie auch die Wege im ausgedehnten Fasskeller, der sich unter der Trierer Innenstadt ausbreitet. Mit der Modernisierung der Kelterhäuser zur schonenderen Traubenverarbeitung sind die Investitionen erst mal abgeschlossen. Die 2001er Kollektion ist gespalten: Die Basisweine sind oft säuerlich und unausgewogen, an der Spitze aber stehen großartige Goldkapsel Auslesen.

Die Betriebe: ✯✯✯✯✯ Weltklasse · ✯✯✯✯ Deutsche Spitze · ✯✯✯ Sehr gut · ✯✯ Gut · ✯ Zuverlässig

Neu — **Mosel-Saar-Ruwer**

WEINGUT KARL BLEES-FERBER

Inhaber und Betriebsleiter:
Stefan Blees
54340 Leiwen, Liviastraße 1a
Tel. (0 65 07) 31 52, Fax 84 06
e-mail:
weingut-blees-ferber@t-online.de
Internet: www.blees-ferber.de
*Anfahrt: A 48, Ausfahrt Föhren;
A 1 Ausfahrt Mehring; das Weingut liegt außerhalb des Ortes, rechter Hand, inmitten von Weinbergen*
Verkauf: Stefan und Karl Blees nach Vereinbarung
Gästehaus: Mit modernen Appartements
Sehenswert: Toller Blick auf die Mosel

Rebfläche: 7,5 Hektar
Jahresproduktion: 50.000 Flaschen
Beste Lagen: Piesporter Gärtchen (Alleinbesitz) und Goldtröpfchen, Trittenheimer Apotheke und Altärchen, Leiwener Laurentiuslay
Boden: Verwitterungsschiefer
Rebsorten: 86% Riesling, 6% Müller-Thurgau, je 4% Spät- und Weißburgunder
Durchschnittsertrag: 80 hl/ha
Beste Jahrgänge: 2000, 2001

1996, nach seinem Abschluss an der Technikerschule in Bad Kreuznach, übernahm Stefan Blees die Verantwortung in diesem Leiwener Familienbetrieb. Bereits ein Jahr später konnte der junge Betriebsleiter seine Arbeitsbasis entscheidend verbreitern. Durch die Übernahme eines anderen Gutes kam er zu Besitz in der Piesporter Spitzenlage Goldtröpfchen und ist in der winzigen Einzellage Gärtchen (0,35 Hektar) gar alleiniger Eigentümer. Bereits seine 2000er Kollektion hinterließ einen erfrischenden Eindruck. 2001 gelang nun eine weitere Steigerung. Die fruchtigen Weine haben traditionellen Charakter, mit viel Saft und Dichte. Der Eiswein aus dem Klostergarten besticht durch Rasse und feine Pfirsich-Aromen.

2001 Trittenheimer Altärchen
Riesling Kabinett trocken
4,25 €, 11,5%, ♀ bis 2004 — **80**

2001 Trittenheimer Apotheke
Riesling Spätlese trocken
6,– €, 12,5%, ♀ bis 2004 — **82**

2001 Piesporter Gärtchen
Riesling Spätlese halbtrocken
5,50 €, 12%, ♀ bis 2005 — **79**

2001 Leiwener Laurentiuslay
Riesling Spätlese feinherb
6,– €, 11,5%, ♀ bis 2006 — **81**

2001 Piesporter Goldtröpfchen
Riesling Spätlese
6,– €, 9,5%, ♀ bis 2006 — **83**

2001 Trittenheimer Apotheke
Riesling Auslese
9,– €, 8,5%, ♀ bis 2008 — **84**

2001 Trittenheimer Apotheke
Riesling Spätlese
6,– €, 9%, ♀ bis 2006 — **84**

2001 Piesporter Gärtchen
Riesling Auslese
8,50 €/0,5 Lit., 8%, ♀ bis 2008 — **86**

2001 Leiwener Klostergarten
Riesling Eiswein
30,– €/0,375 Lit., 8%, ♀ bis 2010 — **89**

Die Weine: **100** Perfekt · **95–99** Überragend · **90–94** Exzellent · **85–89** Sehr gut · **80–84** Gut · **75–79** Passabel

Mosel-Saar-Ruwer

WEINGUT
CLEMENS BUSCH

Inhaber: Clemens und Rita Busch
Kellermeister: Clemens Busch
56862 Pünderich, Kirchstraße 37
Tel. (0 65 42) 2 21 80, Fax 90 07 20
e-mail: info@clemens-busch.de
Anfahrt: A 61, Ausfahrt Rheinböllen, Richtung Zell A 48, Ausfahrt Wittlich, Richtung Zell
Verkauf: Nach Vereinbarung
Sehenswert: Gewölbekeller, Stammhaus des Weingutes – Fachwerkbau von 1663

Rebfläche: 7,5 Hektar
Jahresproduktion: 50.000 Flaschen
Beste Lage: Pündericher Marienburg
Boden: Steiniger Schieferverwitterungsboden, roter Devonschiefer, skeletthaltiger sandiger Lehm
Rebsorten: 90% Riesling, 7% Müller-Thurgau, 3% Blauer Spätburgunder
Durchschnittsertrag: 59 hl/ha
Beste Jahrgänge: 1997, 1999, 2001
Mitglied in Vereinigungen: EcoVin

Seit 1985 führt Clemens Busch dieses Gut, das er sogleich auf ökologische Wirtschaftsweise umstellte. Dazu gehört bei ihm auch geringer Anschnitt und eine selektive Lese. Im Keller setzt der Pündericher Winzer auf gezügelte Vergärung zunehmend in Edelstahltanks, doch soll der Holzfassbestand erhalten bleiben. Das Gros der Weine wird trocken ausgebaut und geht an private Kunden und den Handel. Hier ist in den letzten Jahren ein deutlicher Aufwärtstrend zu beobachten. Auch die trockenen Rieslinge, die bei anderen oft schwach ausfallen, gelingen Clemens Busch recht gut, auch in 2001 sind sie durchaus solide. Immer besser kommt Busch mit edelsüßem Lesegut zurecht. Seine Trockenbeerenauslese gehört wieder zu den besten im Gebiet. Spezialitäten sind auch sehr gute, im Eichenholzfass gelagerte Brände, etwa Trester aus Riesling und Spätburgunder. Bei konstanter sollte hier in Zukunft noch mehr drin sein!

2001 Riesling
trocken
5,50 €, 12,5%, ♀ bis 2004 — **80**

2001 Pündericher Marienburg
Riesling Spätlese trocken ***
11,90 €, 12%, ♀ bis 2005 — **83**

2001 Pündericher Marienburg
Riesling Spätlese trocken **
9,20 €, 11%, ♀ bis 2005 — **84**

2001 Pündericher Marienburg
Riesling Kabinett
5,50 €, 7,5%, ♀ bis 2007 — **86**

2001 Pündericher Marienburg
Riesling Spätlese »Fahrlay«
10,50 €, 11,5%, ♀ bis 2007 — **86**

2001 Pündericher Marienburg
Riesling Spätlese »Felsterrasse«
15,50 €, 12,5%, ♀ bis 2006 — **86**

2001 Pündericher Marienburg
Riesling Spätlese
11,50 €, 7,5%, ♀ bis 2008 — **87**

2001 Pündericher Marienburg
Riesling Beerenauslese
72,– €/0,375 Lit., 6,5%, ♀ bis 2012 — **91**

2001 Pündericher Marienburg
Riesling Trockenbeerenauslese
72,– €/0,375 Lit., 6%, ♀ bis 2018 — **94**

Die Betriebe: ✠✠✠✠✠ Weltklasse · ✠✠✠✠ Deutsche Spitze · ✠✠✠ Sehr gut · ✠✠ Gut · ✠ Zuverlässig

Mosel-Saar-Ruwer

WEINGUT JOH. JOS. CHRISTOFFEL ERBEN

Inhaber: Robert Eymael
Betriebsleiter: Robert Eymael
Verwalter: Volker Besch
Kellermeister: Hans Leo Christoffel
54539 Ürzig, Mönchhof
Tel. (0 65 32) 9 31 64, Fax 9 31 66
e-mail: moenchhof.eymael@t-online.de
Anfahrt: Über die B 53
Verkauf: Im Weingut Mönchhof
nach Vereinbarung

Rebfläche: 3,5 Hektar
Jahresproduktion: 30.000 Flaschen
Beste Lagen: Erdener Treppchen,
Ürziger Würzgarten
Boden: Devon-Schieferverwitterung,
Rotliegendes
Rebsorten: 100% Riesling
Durchschnittsertrag: 65 hl/ha
Beste Jahrgänge: 1997, 1998, 2000
Mitglied in Vereinigungen: VDP

Zum Jahresbeginn 2001 gab es in diesem Betrieb einen bedeutenden Wechsel: Hans Leo Christoffel, der mit 65 Jahren eigentlich sein Pensionsalter erreicht hatte, verpachtete seine 2,2 Hektar Weinberge an den Ürziger Kollegen Robert Eymael. Die Weinbergsfläche des Gutes soll in ihrer Substanz erhalten bleiben, die Weine werden auch weiterhin mit separatem Etikett und unterschiedlicher Betriebsnummer vermarktet. Verwaltung und Verkauf laufen allerdings ausschließlich über den Mönchhof Robert Eymaels. Um den typischen Stil der Weine zu erhalten, war es für Robert Eymael besonders wichtig, auch in Zukunft auf Christoffels Rat und Tat zählen zu können, der sich auf einen aktiven Ruhestand freut. Der Ausbau der Weine erfolgt in einem abgeschlossenen Teil des Mönchhofes. Der Weinbergsbesitz der Familie Hans Leo Christoffel ist klein aber fein. Die zum größten Teil wurzelechten Rieslingreben stehen in traditioneller Einzelpfahlerziehung in den steilen Schieferhängen der bedeutenden Lagen Erdener Treppchen und Ürziger Würzgarten. Noch in den letzten Jahren seiner Eigenständigkeit hat Christoffel im flurbereinigten Treppchen wieder wurzelechte Reben angepflanzt – auf eigenes Risiko und ganz ohne Zuschüsse. Zwar ist Christoffel besonders auf seine trockenen Weine stolz, die in guten Jahren in der Tat bemerkenswert sein können, doch zeigen vornehmlich die zartfruchtigen und edelsüßen Rieslinge so richtig, welches Potenzial in den Weinbergen steckt. In seiner Spitzenlage Ürziger Würzgarten unterscheidet Christoffel mitunter nicht weniger als fünf verschiedene Auslesen, die er mit entsprechenden Sternen versieht. Das mag manchen Konsumenten verwirren, doch kennt sich Christoffels Fan-Gemeinde in seinem Sternenhimmel sehr wohl aus. Die 90er Jahre waren für Hans Leo Christoffel eine einzige Erfolgsgeschichte und auch die Kollektion des Jahrganges 2000 lag deutlich über dem Durchschnitt der Region. Mit dem Jahrgang 2001 allerdings scheint der Glanz früherer Jahre ein wenig zu verblassen. Wir wollen aber nicht hoffen, dass die Verbindung zum Mönchhof eher zu einer Uniformierung der Christoffel-Weine führt. Derweil trösten wird uns mit einem Schluck zweibesternter Auslese aus dem Erdener Treppchen, einem feingliedrig-mineralischen Wein von eleganter Statur und betörender Frucht.

2001 Ürziger Würzgarten
Riesling Auslese trocken
13,80 €, 12%, ♀ bis 2006   **83**

2001 Ürziger Würzgarten
Riesling Kabinett
8,20 €, 8%, ♀ bis 2007   **84**

2001 Erdener Treppchen
Riesling Kabinett
8,20 €, 8%, ♀ bis 2007   **84**

2001 Erdener Treppchen
Riesling Spätlese
9,80 €, 8%, ♀ bis 2009   **86**

Die Weine: 100 Perfekt · 95–99 Überragend · 90–94 Exzellent · 85–89 Sehr gut · 80–84 Gut · 75–79 Passabel

Mosel-Saar-Ruwer

2001 Ürziger Würzgarten Riesling Auslese 10,50 €, 8%, ♀ bis 2012	87	**2000 Erdener Treppchen** Riesling Kabinett 6,54 €, 7,5%, ♀ bis 2007	88
2001 Ürziger Würzgarten Riesling Spätlese 9,80 €, 8%, ♀ bis 2010	88	**2000 Erdener Treppchen** Riesling Spätlese 8,44 €, 7,5%, ♀ bis 2008	88
2001 Ürziger Würzgarten Riesling Eiswein 75,– €/0,375 Lit., 8%, ♀ bis 2010	88	**2000 Ürziger Würzgarten** Riesling Auslese * 15,34 €, 7,5%, ♀ bis 2008	88
2001 Ürziger Würzgarten Riesling Auslese * 12,50 €, 8%, ♀ bis 2010	89	**2000 Ürziger Würzgarten** Riesling Spätlese 8,44 €, 7,5%, ♀ bis 2010	89
2001 Ürziger Würzgarten Riesling Auslese ** 14,50 €, 8%, ♀ bis 2012	89	**2000 Ürziger Würzgarten** Riesling Auslese *** 14,83 €/0,375 Lit., 8%, ♀ bis 2008	89
2001 Ürziger Würzgarten Riesling Auslese *** 16,50 €, 8%, ♀ bis 2012	89	**2000 Ürziger Würzgarten** Riesling Auslese Goldkapsel 36,30 €/0,375 Lit., 8%, ♀ bis 2010	91
2001 Ürziger Würzgarten Riesling Auslese **** Goldkapsel 52,– €/0,375 Lit., 8%, ♀ bis 2012	89		
2001 Erdener Treppchen Riesling Auslese ** 14,50 €, 8%, ♀ bis 2014	90		

Vorjahresweine

2000 Ürziger Würzgarten
Riesling Kabinett
6,54 €, 7,5%, ♀ bis 2005   86

Die Betriebe: ♣♣♣♣♣ Weltklasse · ♣♣♣♣ Deutsche Spitze · ♣♣♣ Sehr gut · ♣♣ Gut · ♣ Zuverlässig

Neu **Mosel-Saar-Ruwer**

WEINGUT ANSGAR CLÜSSERATH

Inhaber: Ansgar Clüsserath
Kellermeister: Ansgar und Eva Clüsserath
54349 Trittenheim, Spielestraße 4
Tel. (0 65 07) 22 90, Fax 66 90
e-mail: weingut@ansgar-cluesserath.de
Anfahrt: A 1 von Norden, Ausfahrt Föhren; A 1 von Süden, Ausfahrt Mehring
Verkauf: Nach Vereinbarung
Gästehaus: Im Weingut
Historie: Weinbau in der Familie seit dem 17. Jahrhundert

Rebfläche: 3,5 Hektar
Jahresproduktion: 27.000 Flaschen
Beste Lagen: Trittenheimer Apotheke und Altärchen, Mülheimer Sonnenlay
Boden: Schiefer, Schieferverwitterung
Rebsorten: 85% Riesling, 10% Müller-Thurgau, 5% Kerner
Durchschnittsertrag: 79 hl/ha
Bester Jahrgang: 2001

Seit die Tochter des Hauses, Eva Clüsserath, ihr Weinbaustudium in Geisenheim abgeschlossen hat, setzt sie im elterlichen Weingut deutliche Zeichen. Noch arbeitet sie hauptberuflich in der VDP-Geschäftsstelle der Pfalz. Doch an den Wochenenden hilft sie dem Vater im Trittenheimer Gut, der für die Bewirtschaftung der Weinberge zuständig ist. Im Herbst nimmt sie einige Wochen Auszeit und kümmert sich intensiv um die Weinbereitung. In einigen Jahren wird sie den Betrieb wohl ganz übernehmen. Ihre Handschrift findet sich deutlich im Jahrgang 2001, für dessen Ausbau sie allein verantwortlich zeichnet. Wir probierten sehr klare, mineralische Weine. Die Säure ist durchgängig gut eingebunden. Auch die trockenen Weine konnten überzeugen. Am besten gefällt uns die schmelzige Spätlese aus der Apotheke, die mit üppigem Pfirsichduft protzt. Eine hochinteressante Entdeckung!

2001 »Vom Schiefer«
Riesling trocken
4,20 €, 12%, ♀ bis 2004 **81**

2001 Trittenheimer Apotheke
Riesling Spätlese trocken
8,– €, 12%, ♀ bis 2006 **83**

2001 Trittenheimer Apotheke
Riesling Auslese trocken
10,50 €, 12,5%, ♀ bis 2006 **84**

2001 Trittenheimer Apotheke
Riesling Spätlese halbtrocken
8,– €, 11,5%, ♀ bis 2007 **85**

2001 Trittenheimer Apotheke
Riesling Kabinett
4,70 €, 8,5%, ♀ bis 2007 **85**

2001 Trittenheimer Apotheke
Riesling Spätlese
8,– €, 8,5%, ♀ bis 2007 **88**

Die Weine: **100** Perfekt · **95–99** Überragend · **90–94** Exzellent · **85–89** Sehr gut · **80–84** Gut · **75–79** Passabel

Mosel-Saar-Ruwer

WEINGUT ERNST CLÜSSERATH

Inhaber: Ernst Clüsserath
Kellermeister: Ernst Clüsserath
54349 Trittenheim, Moselweinstr. 67
Tel. (0 65 07) 26 07, Fax 66 07
e-mail:
weingut.ernst.cluesserath@t-online.de
Anfahrt: A 1 von Norden, Ausfahrt Föhren; A 1 von Süden, Ausfahrt Mehring
Verkauf: Ernst und Heike Clüsserath nach Vereinbarung
Gästehaus und Ferienwohnung
Historie: Weinbau in der sechsten Generation
Sehenswert: Schiefer-Gewölbekeller

Rebfläche: 3 Hektar
Jahresproduktion: 25.000 Flaschen
Beste Lagen: Trittenheimer Apotheke und Altärchen
Boden: Schieferverwitterungsgestein
Rebsorten: 93% Riesling,
5% Müller-Thurgau, 2% Kerner
Durchschnittsertrag: 59 hl/ha
Beste Jahrgänge: 1998, 1999, 2001
Mitglied in Vereinigungen:
Bernkasteler Ring

2001 Trittenheimer Apotheke
Riesling Kabinett trocken
5,80 €, 11%, ♀ bis 2004 — **81**

2001 Trittenheimer Apotheke
Riesling Spätlese trocken
7,90 €, 12%, ♀ bis 2005 — **83**

2001 Trittenheimer Apotheke
Riesling Spätlese halbtrocken
7,70 €, 11,5%, ♀ bis 2006 — **82**

2001 Trittenheimer Apotheke
Riesling Spätlese – 19 –
7,70 €, 8,5%, ♀ bis 2007 — **85**

2001 Trittenheimer Altärchen
Riesling Kabinett
5,20 €, 9%, ♀ bis 2007 — **85**

2001 Trittenheimer Apotheke
Riesling Auslese – 13 –
11,– €, 8%, ♀ bis 2008 — **87**

2001 Trittenheimer Apotheke
Riesling Auslese – 21 –
12,50 €/0,5 Lit., 7,5%, ♀ bis 2009 — **87**

2001 Trittenheimer Apotheke
Riesling Auslese – 22 –
26,– €, 7,5%, ♀ bis 2010 — **88**

Für seine Weine hat Ernst Clüsserath, der den Familienbetrieb 1991 übernahm und den Ausbau der Weine verantwortet, schon einige bedeutende Auszeichnungen erhalten: von Staatsehrenpreisen bei der regionalen Weinprämierung über den International Wine Challenge bis zum Decanter Award, deren Urkunden die Wände des Gutes zieren. Seit einiger Zeit können hier auch die halbtrockenen Weine, die mittlerweile zwei Fünftel der Produktion ausmachen, sehr gut ausfallen. Zum Ende der 90er Jahre probierten wir hier sehr schöne Sortimente. Das konnten wir von der 2000er Kollektion nicht behaupten. Nach diesem jahrgangsbedingten Ausrutscher zeigt sich Clüsserath wieder in Bestverfassung. Das Gros der 2001er Kollektion wirkt durchweg elegant und saftig. Mit einem Tick mehr Finesse und Charakter käme die dritte Traube in Reichweite.

Die Betriebe: ✠✠✠✠✠ Weltklasse · ✠✠✠✠ Deutsche Spitze · ✠✠✠ Sehr gut · ✠✠ Gut · ✠ Zuverlässig

Mosel-Saar-Ruwer

WEINGUT CLÜSSERATH-EIFEL

Inhaber und Betriebsleiter:
Gerhard Eifel
54349 Trittenheim,
Moselweinstraße 39
Tel. (0 65 07) 9 90 00, Fax 9 90 02
e-mail: galerie.riesling@t-online.de
Internet: www.galerie-riesling.de
*Anfahrt: A 1 von Norden, Ausfahrt Föhren;
A 1 von Süden, Ausfahrt Mehring*
Verkauf: Waltraud Eifel
Mo.–Fr. 9:00 bis 18:00 Uhr
Sa. 11:00 bis 14:00 Uhr
Gutshotel: Mit Restaurant »Gute Gabel«
Historie: 1760 gegründet von
Joh. Jos. Clüsserath
Sehenswert: Fährfelsen mit 100-jährigen Reben, Probierstube »Galerie Riesling«
Erlebenswert: Gala für König Riesling – Weine aus mehreren Jahrzehnten, Riesling-Weltreise

> Rebfläche: 4 Hektar
> Jahresproduktion: 35.000 Flaschen
> Beste Lagen: Trittenheimer Altärchen und Apotheke, Neumagener Rosengärtchen, Klüsserather Bruderschaft
> Boden: Schiefer-Lehm, Schiefer und Schieferverwitterungsboden
> Rebsorten: 100% Riesling
> Durchschnittsertrag: 65 hl/ha
> Beste Jahrgänge: 1998, 1999, 2001
> Mitglied in Vereinigungen:
> Bernkasteler Ring

Um Marketing-Einfälle ist Gerhard Eifel nicht verlegen. Seine Probierstube heißt »Galerie Riesling« und am liebsten möchte er das ganze Weingut so nennen. Mit seinen Weinen geht er auf Weltreise – nach einer Probe auf dem Eiffelturm in Paris will Gerhard Eifel nun den Papst in Rom mit dem edlen Saft aus 100-jährigen Reben erfreuen. Und der Jahrgang 2001 ist für Gerhard Eifel »in jedem guten Weinkeller die Pflichtkür des Jahrtausends«. Ganz so weit wollen wir nicht gehen, doch probierten wir schmelzige Rieslinge mit Ausdruck und Tiefe.

2001 Trittenheimer Apotheke
Riesling trocken
8,– €, 11,5%, ♀ bis 2004 — **82**

2001 Klüsserather Bruderschaft
Riesling Spätlese
8,50 €, 8%, ♀ bis 2008 — **86**

2001 »Fährfels«
Riesling
22,– €, 11,5%, ♀ bis 2007 — **87**

2001 Trittenheimer Apotheke
Riesling Spätlese
9,– €, 8%, ♀ bis 2008 — **87**

2001 Trittenheimer Apotheke
Riesling Auslese
16,50 €, 8%, ♀ bis 2008 — **87**

2001 Trittenheimer Apotheke
Riesling Spätlese **
15,40 €, 8%, ♀ bis 2008 — **88**

2001 Trittenheimer Apotheke
Riesling Auslese ***
35,– €/0,375 Lit., 8,5%, ♀ bis 2008 — **88**

Die Weine: 100 Perfekt · 95–99 Überragend · 90–94 Exzellent · 85–89 Sehr gut · 80–84 Gut · 75–79 Passabel

Mosel-Saar-Ruwer

WEINGUT
CLÜSSERATH-WEILER

Inhaber: Helmut u. Hilde Clüsserath
Betriebsleiter und Kellermeister:
Helmut Clüsserath
54349 Trittenheim,
Haus an der Brücke
Tel. (0 65 07) 50 11, Fax 56 05
e-mail: helmut@cluesserath-weiler.de
Internet: www.cluesserath-weiler.de
Anfahrt: A 1 von Norden, Ausfahrt Föhren; A 1 von Süden, Ausfahrt Mehring
Verkauf: Hilde Clüsserath, nach Vereinbarung
Gästehaus: Blick auf Mosel und Weinberge
Sehenswert: 100 Jahre alter Kreuzgewölbekeller, Fährfels-Plateau

---

Rebfläche: 5 Hektar
Jahresproduktion: 40.000 Flaschen
Beste Lagen: Trittenheimer Apotheke und Altärchen, Mehringer Zellerberg
Boden: Schiefer
Rebsorten: 100% Riesling
Durchschnittsertrag: 66 hl/ha
Beste Jahrgänge: 1999, 2000, 2001

Helmut Clüsseraths Großvater gehörte bereits vor gut hundert Jahren (1900) zu den Pionieren der Flaschenweinvermarktung an der Mosel. 85 Prozent der Weine werden heute trocken oder halbtrocken ausgebaut, und die gelingen Clüsserath schon seit Jahren in beachtlicher Güte. Der Anteil der trockenen Weine liegt bei stattlichen 60 Prozent und soll noch steigen. Vor allem seine halbtrockenen Rieslinge zählen immer wieder zu den besten Exemplaren dieser Kategorie in ganz Deutschland. 1999 war sogar das gesamte Sortiment von durchgängig hoher Güte. Nach einem kleinen Durchhänger im schwierigen Jahrgang 2000 trumpft Clüsserath in 2001 wieder auf. Zwar sind die trockenen und halbtrockenen Weine nicht ganz auf der gewohnten Höhe, doch die fruchtigen Spät- und Auslesen sind animierend-saftige Tropfen.

2001 Trittenheimer Apotheke
Riesling Auslese trocken
14,60 €, 12,5%, ♀ bis 2008 — **87**

2001 Trittenheimer Apotheke
Riesling Auslese halbtrocken
14,30 €, 12%, ♀ bis 2008 — **87**

2001 »Fährfels«
Riesling feinherb
23,– €, 12%, ♀ bis 2008 — **87**

2001 Riesling
5,60 €/1,0 Lit., 9%, ♀ bis 2007 — **84**

2001 Trittenheimer Apotheke
Riesling Spätlese **
13,– €, 8%, ♀ bis 2012 — **89**

2001 Trittenheimer Apotheke
Riesling Spätlese *
12,– €, 8%, ♀ bis 2010 — **90**

2001 Trittenheimer Apotheke
Riesling Auslese **
21,– €/0,5 Lit., 7%, ♀ bis 2015 — **90**

2001 Trittenheimer Apotheke
Riesling Eiswein
33,– €/0,375 Lit., 7%, ♀ bis 2012 — **91**

Die Betriebe: ✤✤✤✤✤ Weltklasse · ✤✤✤✤ Deutsche Spitze · ✤✤✤ Sehr gut · ✤✤ Gut · ✤ Zuverlässig

Mosel-Saar-Ruwer

WEINGUT FRANZ DAHM

Inhaber: Franz-U. Dahm
54470 Bernkastel, Karlstraße 2
Tel. (0 65 31) 97 05 99, Fax 73 87
e-mail: franzdahm@hotmail.com
Internet: www.franzdahm.de
Anfahrt: Stadtteil Bernkastel, in der Nähe der Brücke und das »Hähnehaus« in der Nähe des Marktplatzes
Verkauf: Weinladen »Hähnehaus«, Karlstraße 2
werktags von 17:00 bis 19:00 Uhr und nach Vereinbarung
mit Franz-U. Dahm
Historie: Weinbau und Weinhandel seit Generationen in der Familie, die nachweislich seit 1730 in Bernkastel sesshaft ist

---

Rebfläche: 1,4 Hektar
Jahresproduktion: 7.000 Flaschen
Beste Lagen: Bernkasteler Lay, Graben und alte Badstube am Doctorberg
Boden: Felsiger, tiefgründiger bis humusreicher Schiefer
Rebsorten: 100% Riesling
Durchschnittsertrag: 39 hl/ha
Beste Jahrgänge: 1998, 1999, 2001

Franz Dahm ist gelungen, Beruf und Leidenschaft aufs Beste miteinander zu verbinden. Der gelernte Gastronom, der seit 1978 im familieneigenen Hotel »Burg Landshut« am Bernkasteler Gestade wirkt, führt auch den kleinen Weinbaubetrieb der Dahms in traditioneller Weise fort. In den Weinbergen bevorzugt er wurzelechte Rieslingreben mit kleinen Beeren, die mehr Konzentration bringen. Im Keller steht der Ausbau im Holzfass im Vordergrund. Alles Streben gilt der Erzeugung langlebiger Weine. Dass das auch schon früher gelungen ist, zeigt ein Blick in die Weinkarte des Hotels, auf der Rieslinge bis zum Jahrgang 1938 gelistet sind. Klassiker der 70er Jahre, andernorts längst ausgetrunken, ergänzen hier das Angebot. Gerne empfiehlt Dahm seinen Gästen gereifte, restsüße Tropfen zum Essen, weil die oft viel besser harmonieren als die sonst obligatorischen trockenen. Schon die 98er probierten sich frisch und charaktervoll, der Eiswein geradezu brillant. Die 99er Weine haben uns ebenso überzeugt. Das 2000er Sortiment fiel eher enttäuschend aus. Im Nachfolge-Jahrgang präsentiert der Bernkasteler nun durchweg saubere Weine. Die halbtrockene Spätlese aus dem Bernkasteler Graben zeigt sogar Charakter und hat ein gewisses Maß an Pfiff, der den anderen Weinen leider etwas fehlt. Der pikante Eiswein ist sehr von der Edelfäule geprägt.

2001 Bernkasteler Badstube
Riesling Spätlese trocken
7,90 €, 10%, ♀ bis 2004   **80**

2001 Bernkasteler Graben
Riesling Spätlese halbtrocken
7,30 €, 9,5%, ♀ bis 2005   **84**

2001 Bernkasteler Bratenhöfchen
Riesling Spätlese
7,50 €, 8%, ♀ bis 2005   **83**

2001 Bernkasteler alte Badstube am Doctorberg
Riesling Eiswein
45,– €/0,375 Lit., 9%, ♀ bis 2008   **87**

Die Weine: **100** Perfekt · **95–99** Überragend · **90–94** Exzellent · **85–89** Sehr gut · **80–84** Gut · **75–79** Passabel

Mosel-Saar-Ruwer

WEINGUT ERBEN STEPHAN EHLEN

Inhaber: Stephan Ehlen
54492 Lösnich, Hauptstraße 21
Tel. (0 65 32) 23 88
Anfahrt: A 48, Ausfahrt Wittlich Richtung Zeltingen, über die Brücke links, nach fünf Kilometern gegenüber Brunnen
Verkauf: Stephan Ehlen
nach Vereinbarung
Historie: Seit 1648 Weinbau in der Familie
Sehenswert: Gewölbekeller

Rebfläche: 2,2 Hektar
Jahresproduktion: 20.000 Flaschen
Beste Lagen: Erdener Treppchen, Lösnicher Försterlay
Boden: Schiefer
Rebsorten: 100% Riesling
Durchschnittsertrag: 65 hl/ha
Beste Jahrgänge: 1998, 2000, 2001
Mitglied in Vereinigungen: Bernkasteler Ring

Der Großvater des heutigen Inhabers erbaute 1889 das Schiefer-Bruchsteinhaus, das noch heute das etwas traditionell wirkende Etikett ziert. Weinbau wird in der Familie schon seit 300 Jahren betrieben, doch waren die Leistungen des Betriebs wohl noch nie so hoch einzustufen wie in der letzten Dekade. Mit einer erstaunlichen Konstanz stellt Stephan Ehlen Jahr für Jahr feine Weine vor, deren Stärke eindeutig im Bereich fruchtig-süßer Gewächse, die fast komplett die Gesamterzeugung ausmachen, zu finden ist. Die Rebstöcke werden überwiegend noch am Pfahl hochgezogen und wiesen bis vor einigen Jahren ein durchschnittliches Alter von 45 Jahren auf. Nun stehen durch die Flurbereinigung im Erdener Treppchen allerdings umfassende Neupflanzungen an. Seinen Müller-Thurgau und Kerner hat der Lösnicher Winzer inzwischen gerodet. Nach wie vor ist das Interesse an Ehlens Weinen besonders groß im Ausland: Mittlerweile gehen 85 Prozent der Jahresproduktion vorwiegend in die USA und nach Japan. Auch in 2002 probierten wir feinfruchtige und elegante Rieslinge, die allerdings ein wenig mehr Dichte vertragen könnten. Es sind Finessenweine klassischer Machart mit gutem Entwicklungspotenzial.

2001 Erdener Treppchen
Riesling Kabinett
4,60 €, 8,5%, ♀ bis 2005   **82**

2001 Lösnicher Försterlay
Riesling Spätlese
5,80 €, 8,5%, ♀ bis 2006   **84**

2001 Erdener Treppchen
Riesling Spätlese – 2 –
6,– €, 8,5%, ♀ bis 2007   **86**

2001 Erdener Treppchen
Riesling Spätlese – 4 –
6,50 €, 8%, ♀ bis 2007   **86**

2001 Lösnicher Försterlay
Riesling Auslese
9,50 €, 8%, ♀ bis 2008   **87**

2001 Erdener Treppchen
Riesling Auslese – 6 –
11,– €, 8%, ♀ bis 2008   **88**

2001 Erdener Treppchen
Riesling Auslese – 7 –
14,– €, 8%, ♀ bis 2010   **88**

Die Betriebe: ✿✿✿✿✿ Weltklasse · ✿✿✿✿ Deutsche Spitze · ✿✿✿ Sehr gut · ✿✿ Gut · ✿ Zuverlässig

Neu

Mosel-Saar-Ruwer

WEINGUT BERNHARD EIFEL

Inhaber: Bernhard Eifel
Betriebsleiter: Bernhard und Marietta Eifel
54349 Trittenheim, Laurentiusstr. 17
Tel. (0 65 07) 59 72, Fax 64 60
e-mail: Bernhard.Eifel@t-online.de
Internet: www.weingut-bernhard-eifel.de
Anfahrt: A 1 von Norden, Ausfahrt Föhren; A 1 von Süden, Ausfahrt Mehring
Verkauf: Mo.–Fr. 9:00 bis 21:00 Uhr Sa. und So. 10:00 bis 14:00 Uhr
Gästehaus: Im Weingut
Gastronomie: Stefan-Andres-Weinstube Mi.–Mo. von 18:00 bis 24:00 Uhr, Dienstag Ruhetag
Spezialitäten: Gefüllte Kartoffeln, Tafelspitzsülze, gebratene Leber
Historie: Seit 1634 in Familienbesitz

Rebfläche: 5,2 Hektar
Jahresproduktion: 42.000 Flaschen
Beste Lagen: Schweicher Annaberg, Longuicher Maximiner Herrenberg, Trittenheimer Apotheke u. Altärchen
Boden: Schiefer mit Buntsandstein und Grauwacke, Schieferverwitterung
Rebsorten: 90% Riesling, 4% Müller-Thurgau, je 3% Weißburgunder und Kerner
Durchschnittsertrag: 88 hl/ha
Bester Jahrgang: 2001

2001 Trittenheimer Apotheke
Riesling Spätlese trocken
8,– €, 13,5%, ♀ bis 2004   **82**

2001 Trittenheimer Altärchen
Riesling Spätlese halbtrocken
7,50 €, 11,5%, ♀ bis 2005   **83**

2001 Trittenheimer Altärchen
Riesling Auslese halbtrocken
10,– €, 12,5%, ♀ bis 2005   **84**

2001 Riesling
»Der Wurzelechte«
9,– €, 12%, ♀ bis 2004   **82**

2001 Trittenheimer Altärchen
Riesling Spätlese
8,– €, 8,5%, ♀ bis 2006   **83**

2001 Longuicher Maximiner Herrenberg
Riesling Auslese
9,– €/0,5 Lit., 9,5%, ♀ bis 2008   **84**

2001 Trittenheimer Apotheke
Riesling Auslese
12,– €/0,5 Lit., 10,5%, ♀ bis 2008 **85**

2001 Schweicher Annaberg
Riesling Spätlese
9,– €, 9,5%, ♀ bis 2006   **85**

2001 Schweicher Annaberg
Riesling Auslese
10,– €/0,5 Lit., 9,5%, ♀ bis 2008 **86**

Mit großem Einsatz führen Bernhard und Marietta Eifel diesen Familienbetrieb seit 1976. Mittlerweile gehört zum traditionsreichen Weingut auch ein geschmackvoll eingerichtetes Gästehaus und in der schmucken Stefan-Andres-Weinstube hält der Hausherr fast jedes Wochenende ein Weinseminar ab, das mit einem Fünf-Gang-Menü seinen Höhepunkt erreicht. Der Nachwuchs steht bereit. Tochter Alexandra soll nach ihrem Studium in Geisenheim den Betrieb weiterführen. Wir probierten eine feine, homogene 2001er Kollektion, mit einer nach Pfirsich duftenden Auslese an der Spitze.

Die Weine: **100** Perfekt · **95–99** Überragend · **90–94** Exzellent · **85–89** Sehr gut · **80–84** Gut · **75–79** Passabel

Mosel-Saar-Ruwer

Aufsteiger

WEINGUT FRANZ-JOSEF EIFEL

Inhaber: Franz-Josef Eifel
54349 Trittenheim,
Engelbert-Schue-Weg 2
Tel. (0 65 07) 7 00 09, Fax 70 14 40
e-mail: Info@FJEifel.de
Internet: www.FJEifel.de
Anfahrt: A 1 von Norden, Ausfahrt Föhren; A 1 von Süden, Ausfahrt Mehring
Verkauf: Franz-Josef und Sabine Eifel nach Vereinbarung
Gästehaus: 6 Zimmer im Weingut

Rebfläche: 5 Hektar
Jahresproduktion: 30.000 Flaschen
Beste Lagen: Trittenheimer Apotheke, Neumagener Rosengärtchen
Boden: Schiefer, Kies, Sand
Rebsorten: 93% Riesling,
je 3% Weißburgunder und Kerner,
1% Müller-Thurgau
Durchschnittsertrag: 65 hl/ha
Beste Jahrgänge: 1999, 2000, 2001

Weine aus diesem Trittenheimer Gut sind sozusagen unverwechselbar: Auf dem Etikett bürgt Franz-Josef Eifel mit seinem Fingerabdruck für die Güte des Flascheninhalts. Doch auch die im Mittelpunkt stehende, schwungvolle Unterschrift des Winzers lässt auf ein gesundes Selbstbewusstsein schließen. Dafür gibt es allerdings auch gute Gründe. In den 90er Jahren gelang Franz-Josef Eifel ein Jahrgang besser als der andere. Auch die 2000er Weine konnten sich schmecken lassen. Und in 2001 konnten wir überhaupt keine Schwächen ausmachen. Die trockenen sind gehaltvoll und harmonisch – Rieslinge, wie sie in diesem Geschmacksbereich an der Mosel kaum besser gelingen können. Höhepunkt der Kollektion aber sind filigran-rassige Spät- und Auslesen mit feinem Spiel und gutem Potenzial. Die Verleihung der dritten Traube war vor diesem Hintergrund nur noch Formsache. Glückwunsch! Übrigens: Ein eigenes Gästehaus lädt Besucher zum Verweilen ein.

2001 Trittenheimer Apotheke
Riesling Spätlese trocken
11,– €, 12,5%, ♀ bis 2006 — **87**

2001 Trittenheimer Apotheke
Riesling Spätlese feinherb
10,– €, 11,5%, ♀ bis 2007 — **86**

2001 Trittenheimer Apotheke
Riesling Auslese feinherb
12,– €, 12%, ♀ bis 2008 — **88**

2001 Trittenheimer Apotheke
Riesling Spätlese *
12,– €, 8%, ♀ bis 2009 — **88**

2001 Trittenheimer Apotheke
Riesling Spätlese
10,– €, 8%, ♀ bis 2010 — **89**

2001 Trittenheimer Altärchen
Riesling Auslese
20,– €/0,5 Lit., 8%, ♀ bis 2010 — **89**

2001 Trittenheimer Apotheke
Riesling Auslese *
22,– €/0,5 Lit., 7,5%, ♀ bis 2012 — **89**

2001 Trittenheimer Apotheke
Riesling Beerenauslese
42,– €/0,375 Lit., 8,5%, ♀ bis 2010 — **89**

Die Betriebe: ✤✤✤✤✤ Weltklasse · ✤✤✤✤ Deutsche Spitze · ✤✤✤ Sehr gut · ✤✤ Gut · ✤ Zuverlässig

Neu

Mosel-Saar-Ruwer

WEINGUT EIFEL-PFEIFFER

Inhaber: Heinz und Brigitte Eifel
Betriebsleiter: Heinz Eifel
Kellermeister: Anne Eifel
54349 Trittenheim,
Moselweinstraße 70
Tel. (0 65 07) 92 62 14 und 92 62 15,
Fax 92 62 30
e-mail: info@eifel-pfeiffer.de
Internet: www.eifel-pfeiffer.de
*Anfahrt: A 1 von Norden, Ausfahrt Föhren;
A 1 von Süden, Ausfahrt Mehring*
Verkauf: Brigitte und Anne Eifel
nach Vereinbarung

Rebfläche: 8 Hektar
Jahresproduktion: 70.000 Flaschen
Beste Lagen: Trittenheimer Apotheke, Graacher Domprobst und Himmelreich, Wehlener Sonnenuhr
Boden: Schiefer, Schieferverwitterung
Rebsorten: 91% Riesling,
5% Müller-Thurgau, 2% Kerner,
2% übrige Sorten
Durchschnittsertrag: 79 hl/ha
Bester Jahrgang: 2001

In diesem Trittenheimer Familienbetrieb ziehen die Generationen an einem Strang. Während Vater Heinz Eifel für die Pflege der Weinberge verantwortlich zeichnet, hat mit Anne Eifel inzwischen der gut ausgebildete Nachwuchs im Keller das Ruder übernommen. Nach dem Studium in Geisenheim hat sie drei Monate lang Erfahrungen als Assistant Winemaker in Neuseeland gesammelt. Die Basis der heimischen Produktion ist Besitz in bedeutenden Weinlagen in Trittenheim, Graach und Wehlen, wobei drei Hektar noch von wurzelechten Reben besetzt sind, mehr als die Hälfte davon zwischen 50 und 90 Jahre alt. Die 2001er Kollektion kann vor allem im fruchtsüßen Bereich überzeugen, wobei Kabinett und Auslesen punktemäßig nicht auseinander liegen. Die trockenen Basisweine sind sauber.

2001 Trittenheimer Apotheke
Riesling Spätlese trocken
8,40 €, 11,5%, ♀ bis 2004 — **81**

2001 Trittenheimer Apotheke
Riesling Spätlese trocken *
8,80 €, 12%, ♀ bis 2004 — **81**

2001 Trittenheimer Apotheke
Riesling Spätlese halbtrocken
8,40 €, 11,5%, ♀ bis 2004 — **81**

2001 Graacher Himmelreich
Riesling Kabinett halbtrocken
5,80 €, 10,5%, ♀ bis 2004 — **82**

2001 Trittenheimer Altärchen
Riesling Kabinett
6,– €, 8%, ♀ bis 2005 — **84**

2001 Wehlener Sonnenuhr
Riesling Spätlese
9,50 €, 7,5%, ♀ bis 2006 — **84**

2001 Graacher Domprobst
Riesling Spätlese
9,– €, 7,5%, ♀ bis 2006 — **84**

2001 Trittenheimer Altärchen
Riesling Auslese
13,– €/0,5 Lit., 7,5%, ♀ bis 2006 — **84**

2001 Wehlener Sonnenuhr
Riesling Auslese
13,50 €, 8,5%, ♀ bis 2006 — **84**

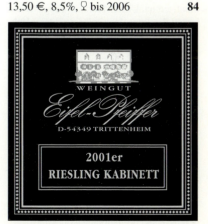

Die Weine: **100** Perfekt · **95–99** Überragend · **90–94** Exzellent · **85–89** Sehr gut · **80–84** Gut · **75–79** Passabel

Mosel-Saar-Ruwer

WEINGUT REINHOLD FRANZEN

Inhaber: Ulrich Franzen
56814 Bremm, Gartenstraße 14
Tel. (0 26 75) 4 12, Fax 16 55
e-mail: info@weingut-franzen.de
Internet: www.weingut-franzen.de
Anfahrt: Von Koblenz kommend, liegt Bremm 50 km moselaufwärts zwischen Cochem und Zell
Verkauf: Iris und Ulrich Franzen nach Vereinbarung
Erlebenswert: Klettertour im steilsten Weinberg Europas, dem Bremmer Calmont

---

Rebfläche: 6 Hektar
Jahresproduktion: 40.000 Flaschen
Beste Lagen: Bremmer Calmont, Neefer Frauenberg
Boden: Devonschiefer mit Quarziteinlagerungen
Rebsorten: 75% Riesling, 10% Weißburgunder, 5% Elbling, 5% Spätburgunder, 5% übrige Sorten
Durchschnittsertrag: 60 hl/ha
Beste Jahrgänge: 1997, 1999, 2001
Mitglied in Vereinigungen: Bernkasteler Ring

2001 Neefer Frauenberg Riesling trocken Goldkapsel 16,50 €, 12,5%, ♀ bis 2006	**84**
2001 Bremmer Calmont Riesling trocken Goldkapsel 15,– €, 12,5%, ♀ bis 2006	**85**
2001 Neefer Frauenberg Riesling trocken 7,50 €, 11,5%, ♀ bis 2006	**86**
2001 Bremmer Calmont Riesling trocken 8,50 €, 12%, ♀ bis 2006	**86**
2001 »Calidus Mons« Riesling 25,– €, 12,5%, ♀ bis 2008	**88**

——— Rotwein ———

2000 Frühburgunder Tafelwein trocken 13,– €, 13%, ♀ bis 2007	**87**

Bis auf wenige Ausnahmen werden alle Weine dieses Gutes kompromisslos trocken ausgebaut. Im steilsten Weinberg Europas, der terrassierten Schieferlage Bremmer Calmont, erntet Ulrich Franzen einige seiner besten Rieslinge. Jetzt soll ein weiterer Hektar dieser Extremlage mit der so genannten Monorackbahn erschlossen werden. Neben Riesling-Reben will Franzen auch Pfirsichbäume und Feigen pflanzen. Franzen verzichtet konsequent auf Prädikatsbezeichnungen, seine besten Qualitätsweine kennzeichnet er mit Goldkapseln. Der Bremmer Winzer pflegt einen ganz eigenwilligen Weinstil. In 2001 gefallen uns seine »Normalweine« besser als die Goldkapseln, sie sind feiner und besser ausbalanciert. Ungewöhnlich für die Mosel: Wir probierten einen exzellenten Frühburgunder. Der »Calidus Mons« ist wieder ein sehr guter Schlusspunkt der Jahrgangskollektion.

Mosel-Saar-Ruwer

WEINGUT FRANZ FRIEDRICH-KERN

Inhaber: Familie Friedrich
Betriebsleiter und Kellermeister:
Franz-Josef Friedrich
54470 Bernkastel-Wehlen,
Hauptstraße 98
Tel. (0 65 31) 31 56, Fax 77 06
e-mail: ffkern@aol.com
Internet: www.friedrich-kern.de
Anfahrt: Von Bernkastel-Kues auf der linken Moselseite bis Wehlen, in der Ortsmitte gegenüber der Kirche
Verkauf: Mechtilde Friedrich
Mo.–Fr. 10:00 bis 20:00 Uhr
Sa. 10:00 bis 16:00 Uhr
und nach Vereinbarung
Straußwirtschaft: Christi Himmelfahrt bis Pfingsten, Mitte Juli bis Oktober täglich ab 11:00 Uhr, Mi. Ruhetag
Spezialitäten: Heimischer Käse, geräucherte Eifelforelle
Historie: Weinbau seit 1753
Sehenswert: Historischer Gutshof mit altem Gewölbekeller

Rebfläche: 4,5 Hektar
Jahresproduktion: 40.000 Flaschen
Beste Lagen: Wehlener Sonnenuhr, Zeltinger Sonnenuhr, Zeltinger und Graacher Himmelreich
Boden: Steiniger Lehm auf Tonschiefer, Tonschieferverwitterungsboden
Rebsorten: 95% Riesling, 5% übrige Sorten
Durchschnittsertrag: 70 hl/ha
Beste Jahrgänge: 1995, 1998, 1999

Beste Lagen der Mittelmosel – Wehlener und Zeltinger Sonnenuhr, Zeltinger und Graacher Himmelreich – sind die Basis dieses Wehlener Familienbetriebes. In Sonnenuhr und Himmelreich möchte Franz-Josef Friedrich seinen Flächenanteil in den nächsten Jahren gern noch erhöhen. Nach den beiden sehr guten Jahrgängen 1998 und 1999 präsentierte sich die 2000er Kollektion eher mit einem januskopfigen Profil: Die trockenen Weine waren recht einfach und auch rustikal, während die opulenten Auslesen durchaus überzeugten. Das gleiche Bild in 2001: Während die trockenen Weine recht einfach gerieten, animieren die fruchtigen zum Trinken. Am liebsten ist uns die unbesternte Spätlese aus der Wehlener Sonnenuhr: Sie besticht mit feiner Pfirsichfrucht und mineralischem Spiel.

2001 Zeltinger Himmelreich
Riesling Spätlese trocken
7,20 €, 11,5%, ♀ bis 2004 **80**

2001 Bernkasteler Bratenhöfchen
Riesling Spätlese
7,20 €, 8,5%, ♀ bis 2006 **83**

2001 Wehlener Sonnenuhr
Riesling Spätlese *
9,50 €, 8%, ♀ bis 2008 **86**

2001 Zeltinger Himmelreich
Riesling Auslese Goldkapsel
24,60 €, 7,5%, ♀ bis 2008 **86**

2001 Wehlener Sonnenuhr
Riesling Spätlese
7,50 €, 8%, ♀ bis 2008 **87**

2001 Wehlener Sonnenuhr
Riesling Auslese Goldkapsel
24,60 €, 9%, ♀ bis 2010 **88**

2001 Zeltinger Himmelreich
Riesling Eiswein
40,– €, 7,5%, ♀ bis 2014 **89**

Die Weine: **100** Perfekt · **95–99** Überragend · **90–94** Exzellent · **85–89** Sehr gut · **80–84** Gut · **75–79** Passabel

Mosel-Saar-Ruwer

WEINGUT FRIES

Inhaber: Reiner und Anke Fries
56333 Winningen, Bachstraße 66
Tel. (0 26 06) 26 86, Fax 20 00 16
e-mail: info@weingut-fries.de
Internet: www.weingut-fries.de
Anfahrt: A 61, Ausfahrt Koblenz-Metternich, Richtung Winningen
Verkauf: Anke und Reiner Fries Montag bis Sonntag nach Vereinbarung
Historie: Weingut in der achten Generation
Sehenswert: 300 Jahre alter Gewölbekeller, historische Probierstube in ehemaliger Stallung

---

Rebfläche: 5 Hektar
Jahresproduktion: 45.000 Flaschen
Beste Lagen: Winninger Uhlen und Röttgen
Boden: Schieferverwitterung
Rebsorten: 68% Riesling, 23% Spätburgunder, 5% Weißburgunder, 4% übrige Sorten
Durchschnittsertrag: 78 hl/ha
Beste Jahrgänge: 1998, 1999, 2001

2001 Winninger Domgarten
Riesling Hochgewächs trocken
3,90 €, 11,5%, ♀ bis 2005   **82**

2001 Winninger Uhlen
Riesling Spätlese trocken
6,70 €, 12%, ♀ bis 2006   **82**

2001 Winninger Domgarten
Riesling Hochgewächs halbtrocken
3,90 €, 11%, ♀ bis 2005   **81**

2001 Winninger Hamm
Riesling Kabinett halbtrocken
4,90 €, 10,5%, ♀ bis 2005   **83**

2001 Winninger Uhlen
Riesling Spätlese halbtrocken
6,70 €, 12%, ♀ bis 2007   **84**

2001 Winninger Röttgen
Riesling Spätlese
6,70 €, 9,5%, ♀ bis 2008   **85**

2001 Winninger Röttgen
Riesling Auslese
9,20 €, 9%, ♀ bis 2010   **86**

——— Rotwein ———

2001 Winninger
Dornfelder trocken Barrique
12,– €, 13,5%, ♀ bis 2005   **84**

Anke und Reiner Fries sind mit rund 1,7 Hektar auch in den Winninger Parade-Weinbergen Uhlen und Röttgen vertreten; dort ernten sie regelmäßig ihre besten Weine. Ihre Betriebsleistung ist ein weiterer Beweis für das große Potenzial der Terrassen-Mosel zwischen Pünderich und Koblenz. Edelstahl dominiert im Keller, wo zunehmend trockene Weine erzeugt werden. Dabei fällt auf, dass auch die halbtrockenen und selbst die fruchtigen Weine selten die 10-Prozent-Marke beim Alkohol unterschreiten. Reiner Fries nennt dies klassischen Ausbau, mit etwas verhaltener Süße. Nach rundum gelungenen Weinen in 1998 und 1999 fielen die 2000er etwas ab. Im Folgejahrgang zeigt Fries aber eine blitzsaubere und homogene Kollektion. Zwar werden die trockenen Weine zum Teil von grünen Aromen durchzogen, doch die restsüßen Rieslinge probieren sich saftig und elegant mit einer botrytisgeprägten Auslese an der Spitze.

Die Betriebe: ⁂⁂⁂⁂⁂ Weltklasse · ⁂⁂⁂⁂ Deutsche Spitze · ⁂⁂⁂ Sehr gut · ⁂⁂ Gut · ⁂ Zuverlässig

Aufsteiger

Mosel-Saar-Ruwer

WEINGUT LEO FUCHS

Inhaber und Betriebsleiter:
Bruno Fuchs
56829 Pommern, Hauptstraße 3
Tel. (0 26 72) 13 26, Fax 13 36
e-mail: leo-fuchs@t-online.de
Internet: www.leo-fuchs.de
Anfahrt: A 61, Ausfahrt Koblenz-Metternich, nach Winningen, B 416 bis Treis-Karden, dann auf der B 49 bis Pommern
Verkauf: Bruno und Brunhilde Fuchs nach Vereinbarung

Rebfläche: 4 Hektar
Jahresproduktion: 30.000 Flaschen
Beste Lagen: Pommerner Zeisel, Goldberg und Sonnenuhr, Klottener Burg Coraidelsteiner
Boden: Grauwackenschiefer
Rebsorten: 85% Riesling, 12% Rivaner, 3% Chardonnay
Durchschnittsertrag: 69 hl/ha
Beste Jahrgänge: 1999, 2000, 2001

Mit großem persönlichem Einsatz baut Bruno Fuchs nach wie vor Riesling in den steilen Schieferverwitterungslagen des Moselörtchens Pommern an. Gesundes Lesegut aus alten Rebbeständen ist die Grundlage für einen seit Jahren steigenden Qualitätsstandard. Junge Reben werden dazukommen, wenn die Brachflächen, die noch in der Flurbereinigung sind, in 2005 neu bestockt werden können. Fuchs strebt für diese Areale eine Querterrassierung an. Im Keller wird auf den Einsatz zeitgemäßer Technik nicht verzichtet. Es wurde viel Geld in einen Tankraum aus Edelstahl investiert, auch die Holzfässer sind mittlerweile mit Kühlvorrichtungen ausgestattet. Nach überzeugenden Kollektionen in 1999 und 2000 setzt Fuchs in 2001 noch eins drauf und erobert die zweite Traube – Lohn für durchgängig gute, erfrischende Rieslinge mit pikanter Frucht. Die Edelsüßen mit sauberer Botrytis sind übrigens das Werk von Sohn Ulrich, der bei seinem Praktikum im Pfälzer Mustergut Müller-Catoir offenbar gut aufgepasst hat.

2001 Pommerner Zeisel
Riesling Hochgewächs trocken
5,60 €, 12%, ♀ bis 2005   **82**

2001 »Vom grauen Schiefer«
Riesling trocken
6,90 €, 12,5%, ♀ bis 2005   **83**

2001 »Vom grauen Schiefer«
Riesling halbtrocken
6,90 €, 11,5%, ♀ bis 2005   **84**

2001 Pommerner Zeisel
Riesling
5,60 €, 9,5%, ♀ bis 2006   **84**

2001 Pommerner Zeisel
Riesling Spätlese
7,90 €, 8%, ♀ bis 2008   **86**

2001 Pommerner Zeisel
Riesling Auslese ***
24,– €/0,375 Lit., 8%, ♀ bis 2010   **87**

2001 Pommerner Zeisel
Riesling Beerenauslese
38,– €/0,375 Lit., 8%, ♀ bis 2012   **88**

Die Weine: **100** Perfekt · **95–99** Überragend · **90–94** Exzellent · **85–89** Sehr gut · **80–84** Gut · **75–79** Passabel

Mosel-Saar-Ruwer

WEINGUT GRANS-FASSIAN

Inhaber: Gerhard Grans
54340 Leiwen, Römerstraße 28
Tel. (0 65 07) 31 70, Fax 81 67
e-mail: weingut@grans-fassian.de
Internet: www.grans-fassian.de
*Anfahrt: A 48 Koblenz–Trier,
Ausfahrt Schweich, Richtung Leiwen*
Verkauf: Gerhard und Doris Grans
nach Vereinbarung
Wein- und Tafelhaus: Alexander Oos, Moselpromenade 4 in Trittenheim, Mo. und Di. Ruhetag,
Tel. (0 65 07) 70 28 03, Fax 70 28 04,
e-mail: wein-tafelhaus@t-online.de
Historie: Seit 1624 in Familienbesitz

Rebfläche: 9,2 Hektar
Jahresproduktion: 70.000 Flaschen
Beste Lagen: Trittenheimer Apotheke, Leiwener Laurentiuslay, Piesporter Goldtröpfchen
Boden: Devonschiefer
Rebsorten: 89% Riesling, 11% Burgundersorten
Durchschnittsertrag: 73 hl/ha
Beste Jahrgänge: 1996, 1998, 1999
Mitglied in Vereinigungen: VDP

Als Gerhard Grans Anfang der 80er Jahre die volle Verantwortung im Weingut übernahm, war dies noch die hohe Zeit der Neuzuchten, die auch an Leiwen und seinen Betrieben nicht spurlos vorübergegangen war. Danach kamen die Zeiten, als Gerhard Grans Furore bei den Leiwener Jungwinzern machte, zu deren Gründern er zählte. Er und seine Kollegen wollten mit aller Gewalt weg vom überkommenen Image der Süßmosterei und der Abhängigkeit zu den Kellereien. Sie haben es längst geschafft, allen voran Gerhard Grans, der sein Gut zielstrebig in der Spitzengruppe des Gebietes etablieren konnte. Zuletzt wurde dies belohnt mit der überfälligen Aufnahme in den Regionalverband der Prädikatsweingüter an Mosel, Saar und Ruwer (VDP). Gerhard Grans erzeugt Rieslinge mit feinem Schliff und kerniger Säure. Die trockenen Weine, die immer noch die Hälfte der Erzeugung ausmachen, überraschen oft durch Fülle und Struktur, auch wenn sie – wie 1997 und 1998 – etwas eckig und kantig schmecken. Während die 97er Kollektion bei den Spitzenprädikaten nur wenig Akzente setzen konnte, knüpfte Grans bei seinen besten 98ern an die Glanzzeiten der späten 80er Jahre an. Auch 1999 gab es hier praktisch keine kleinen Weine. Für den nicht ganz unproblematischen Jahrgang konnte man die Kollektion sogar als exzellent bezeichnen. Wir hatten seinerzeit das komplette Sortiment verkostet und entdeckten dabei nicht einen einzigen schwachen Wein. Und die edelsüßen Spezialitäten zählten zu den besten Exemplaren dieses Stils an der Mosel. Gerhard Grans pflegt mitunter einen eigenwilligen, aber stets reintönigen Stil. Die 2000er Kollektion kam dann allerdings an die Qualität der beiden Vorjahre nicht heran. Die Weine waren mitunter eher mittelgewichtig und ließen zumeist jene Tiefe vermissen, welche die Erzeugnisse dieses Gutes normalerweise aufweisen. Selbst die edelsüßen Auslesen konnten nicht in gewohnter Weise glänzen. Die trockenen Weine gerieten auch in 2001 eher schwächlich. Ansonsten probierten wir eine durch und durch ordentliche, aber keineswegs berauschende Kollektion. An der Spitze steht eine edelduftige Beerenauslese Goldkapsel, die für die Versteigerung vorgesehen ist. Übrigens: Die hauseigene Weinschänke am Ufer der Mosel in Trittenheim, die nach dem Weggang des Pächters in eigener Regie betrieben werden musste, ist wieder geöffnet. Unter dem Namen »Wein- und Tafelhaus« haben Alexander Oos und seine Frau Daniela die Bewirtschaftung übernommen.

2001 Riesling
trocken
5,90 €, 12%, ♀ bis 2004 **80**

2001 Leiwener Laurentiuslay
Riesling Spätlese trocken »S«
13,– €, 12%, ♀ bis 2006 **84**

Die Betriebe: ✿✿✿✿✿ Weltklasse · ✿✿✿✿ Deutsche Spitze · ✿✿✿ Sehr gut · ✿✿ Gut · ✿ Zuverlässig

Mosel-Saar-Ruwer

2001 »Catherina«
Riesling
8,20 €, 12%, ♀ bis 2005 — 83

2001 Trittenheimer
Riesling Kabinett
7,20 €, 8%, ♀ bis 2008 — 87

2001 Piesporter Goldtröpfchen
Riesling Spätlese
12,50 €, 8%, ♀ bis 2010 — 87

2001 Trittenheimer Apotheke
Riesling Spätlese
13,– €, 8%, ♀ bis 2010 — 88

2001 Trittenheimer Apotheke
Riesling Auslese
18,– €, 7,5%, ♀ bis 2012 — 88

2001 Piesporter Goldtröpfchen
Riesling Auslese
18,– €, 8%, ♀ bis 2012 — 88

2001 Trittenheimer Apotheke
Riesling Auslese Goldkapsel
23,70 €/0,375 Lit., 8%, ♀ bis 2012 — 89

2001 Leiwener Laurentiuslay
Riesling Eiswein Goldkapsel
Versteigerungswein, 6,5%, ♀ bis 2015 — 91

2001 Trittenheimer Apotheke
Riesling Beerenauslese Goldkapsel
Versteigerungswein, 6,5%, ♀ bis 2015 — 92

Vorjahresweine

2000 Leiwener Laurentiuslay
Riesling Spätlese trocken »S«
12,78 €, 11,5%, ♀ bis 2004 — 83

2000 »Catherina«
Riesling feinherb
8,18 €, 12,5%, ♀ bis 2004 — 83

2000 Trittenheimer Altärchen
Riesling Kabinett
7,16 €, 7,5%, ♀ bis 2005 — 85

2000 Trittenheimer Apotheke
Riesling Spätlese
12,78 €, 8%, ♀ bis 2005 — 87

2000 Trittenheimer Apotheke
Riesling Auslese
17,90 €, 8,5%, ♀ bis 2007 — 88

2000 Piesporter Goldtröpfchen
Riesling Auslese
17,90 €, 8%, ♀ bis 2008 — 89

2000 Trittenheimer Apotheke
Riesling Auslese Goldkapsel
28,12 €, 7,5%, ♀ bis 2010 — 89

Winzer des Jahres 1994 — **Mosel-Saar-Ruwer**

WEINGUT FRITZ HAAG – DUSEMONDER HOF

Inhaber: Wilhelm Haag
54472 Brauneberg,
Dusemonder Straße 44
Tel. (0 65 34) 4 10, Fax 13 47
e-mail: weingut-fritz-haag@t-online.de
Internet: www.weingut-fritz-haag.de
Anfahrt: A 48 Koblenz–Trier, Ausfahrt Salmtal, Richtung Bernkastel-Mülheim, B 53 nach Brauneberg
Verkauf: Ilse Haag, nach Vereinbarung
Historie: Seit 1605 in Familienbesitz

Rebfläche: 7,5 Hektar
Jahresproduktion: 65.000 Flaschen
Beste Lagen: Brauneberger Juffer-Sonnenuhr und Juffer
Boden: Schiefer
Rebsorten: 100% Riesling
Durchschnittsertrag: 65 hl/ha
Beste Jahrgänge: 1998, 1999, 2001
Mitglied in Vereinigungen: VDP

1605 wurde der Dusemonder Hof erstmals urkundlich erwähnt. Um den Ruf dieser so weltberühmten Weinbergslagen »Brauneberger Juffer-Sonnenuhr« und »Brauneberger Juffer« noch zu fördern, wurde Dusemond dann im Jahre 1925 in Brauneberg umbenannt. Traditionsgemäß führt das heute von Wilhelm Haag geleitete 7,5 Hektar große Weingut Fritz Haag die Zusatzbezeichnung »Dusemonder Hof«. In der Mitte des Braunebergs liegt die außergewöhnliche Spitzenlage Juffer-Sonnenuhr, die etwa zehn Hektar groß ist. Durch eine Geländekrümmung ensteht ein großer flacher Hohlspiegel, der die Sonne aus jedem Einfallswinkel speichern kann. Am Fuß liegt der Wärmespeicher Mosel, darüber steile Felsen. Dieser Rahmen prägt das Terroir mit. Über Jahre sind wir nicht müde geworden, das durchgängig hohe Qualitätsniveau in diesem Betrieb zu loben. Vom einfachen, trockenen Gutsriesling bis zum edelsüßen Topwein präsentierte sich das Haag'sche Angebot stets wie aus einem Guss. Das kommt nicht von ungefähr, denn nur wenige Winzer im Moseltal gehen ihrem Beruf mit der Hingabe nach, wie sie Wilhelm Haag zu eigen ist. Dabei hat sich unser »Winzer des Jahres 1994« die Basis seiner Erfolge weitgehend selbst erarbeiten müssen. Sie liegt in der Spitzenlage Brauneberger Juffer-Sonnenuhr, wo Haag bestens begütert ist. Nach und nach hat er sich die Filetstücke gesichert. Leise Kritik haben wir in den vergangenen Jahren an den trockenen Weinen dieses Ausnahmegutes angemeldet. Die lässt sich in 2001 zumindest beim trockenen Gutsriesling wiederholen, der uns doch etwas derb vorkommt. Hingegen ist die trockene Spätlese mit ihrem Apfel-Zitrusduft durchaus animierend, wenn auch etwas leicht. Dass wir nicht dem wuchtigen Mosel-Riesling das Wort reden wollen, belegt unsere Begeisterung für die feinfruchtigen Rieslinge des Gutes: Wieder ist es eine von Haags zutiefst mineralischen Spätlesen, diesmal die Nummer 14, die uns zu Lobeshymnen anspornt. Selten findet man so edle Frucht, gepaart mit verspielter Säure. Keine Frage, dass dieser Wein in seiner Kategorie unter den zehn besten des Jahrgangs in ganz Deutschland zu finden ist. Eine ganze Phalanx von Auslesen mit und ohne Goldkapsel kann Haag in 2001 vorstellen, darunter die nach einem exotischen Fruchtcocktail duftende Nummer 12, ein kristallklarer, beschwingter Mosel-Klassiker, der zu den fünf besten Auslesen des Jahrgangs gehört. Höhepunkt der Kollektion ist zweifelsohne die nach getrockneten Aprikosen und Pfirsichen duftende Riesling Trockenbeerenauslese, ein schieres Fruchtkonzentrat mit fast endlosem Abgang. Sie steht in der Reihe der grandiosen Edelsüßen aus diesem Gut, angeführt von Haags phänomenaler 94er Trockenbeerenauslese – der allererste Wein, der im WeinGuide die Idealnote von 100 Punkten erzielt hat und auf der jüngsten Versteigerung des Großen Rings für mehr als 2000 Euro die Flasche unter den Hammer kam.

Mosel-Saar-Ruwer

2001 Riesling
trocken
6,80 €, 11%, ♀ bis 2004   **80**

2001 Brauneberger Juffer-Sonnenuhr
Riesling Spätlese trocken
14,– €, 11,5%, ♀ bis 2004   **85**

2001 Brauneberger Juffer-Sonnenuhr
Riesling Kabinett – 5 –
9,50 €, 8%, ♀ bis 2007   **86**

2001 Brauneberger Juffer-Sonnenuhr
Riesling Spätlese – 7 –
14,– €, 8%, ♀ bis 2008   **88**

2001 Brauneberger Juffer-Sonnenuhr
Riesling Auslese – 6 –
19,– €, 8%, ♀ bis 2014   **89**

2001 Brauneberger Juffer-Sonnenuhr
Riesling Auslese – 10 –
20,– €, 8%, ♀ bis 2015   **90**

2001 Brauneberger Juffer-Sonnenuhr
Riesling Beerenauslese
140,– €/0,375 Lit., 7%, ♀ bis 2015   **91**

2001 Brauneberger Juffer-Sonnenuhr
Riesling Auslese Goldkapsel – 9 –
32,– €, 7,5%, ♀ bis 2016   **91**

2001 Brauneberger Juffer-Sonnenuhr
Riesling Spätlese – 14 –
53,25 €, 7%, ♀ bis 2012   **92**

2001 Brauneberger Juffer-Sonnenuhr
Riesling Auslese Goldkapsel – 12 –
35,– €, 7,5%, ♀ bis 2015   **94**

2001 Brauneberger Juffer-Sonnenuhr
Riesling Trockenbeerenauslese
Versteigerungswein, 7%, ♀ bis 2025   **95**

Vorjahresweine

2000 Brauneberger Juffer-Sonnenuhr
Riesling Spätlese trocken
12,78 €, 10%, ♀ bis 2004   **86**

2000 Brauneberger Juffer-Sonnenuhr
Riesling Kabinett
8,69 €, 7,5%, ♀ bis 2005   **87**

2000 Brauneberger Juffer-Sonnenuhr
Riesling Auslese lange Goldkapsel
260,13 €, 7%, ♀ bis 2008   **88**

2000 Brauneberger Juffer-Sonnenuhr
Riesling Auslese Goldkapsel
30,68 €, 7%, ♀ bis 2010   **89**

2000 Brauneberger Juffer-Sonnenuhr
Riesling Spätlese – 14 –
33,27 €, 7%, ♀ bis 2008   **90**

2000 Brauneberger Juffer-Sonnenuhr
Riesling Beerenauslese
81,81 €/0,375 Lit., 7%, ♀ bis 2012   **90**

2000 Brauneberger Juffer-Sonnenuhr
Riesling Spätlese – 7 –
12,78 €, 7%, ♀ bis 2008   **91**

2000 Brauneberger Juffer-Sonnenuhr
Riesling Auslese – 6 –
17,90 €, 7%, ♀ bis 2015   **91**

2000 Brauneberger Juffer-Sonnenuhr
Riesling Trockenbeerenauslese
Versteigerungswein, 7%, ♀ bis 2017   **93**

Die Weine: **100** Perfekt · **95–99** Überragend · **90–94** Exzellent · **85–89** Sehr gut · **80–84** Gut · **75–79** Passabel

Mosel-Saar-Ruwer

WEINGUT WILLI HAAG

Inhaber: Marcus Haag
Kellermeister: Marcus Haag
54472 Brauneberg, Burgfriedenspfad 5
Tel. (0 65 34) 4 50, Fax 6 89
e-mail: weingutwillihaag@gno.de
Anfahrt: A 48 Koblenz–Trier, Ausfahrt Salmtal, Richtung Bernkastel-Mülheim, B 53 nach Brauneberg
Verkauf: Marcus und Inge Haag nach Vereinbarung
Historie: Seit 400 Jahren Weinbau in der Familie
Sehenswert: Gewölbekeller

Rebfläche: 5,8 Hektar
Jahresproduktion: 45.000 Flaschen
Beste Lagen: Brauneberger Juffer-Sonnenuhr und Juffer
Boden: Devonschiefer
Rebsorten: 100% Riesling
Durchschnittsertrag: 62 hl/ha
Beste Jahrgänge: 1995, 1997, 2001
Mitglied in Vereinigungen: VDP

Das frühere Weingut Ferdinand Haag wurde zu Beginn der 1960er Jahre auf die Söhne Fritz und Willi aufgeteilt. Nach langen Jahren der Mittelmäßigkeit führte erstmals der Jahrgang 1994 das Weingut Willi Haag aus dem Schatten des schier übermächtigen Namensvetters Fritz heraus. Daran schloss sich ein makelloser Jahrgang 1995 und ein kaum geringer einzustufender 96er an. Seitdem warten wir auf ähnlich überzeugende Weine. Auch die 2000er Kollektion machte da keine Ausnahme. In 2001 aber scheint man an frühere Zeiten anschließen zu wollen. Zwar sind die trockenen Weine eher grün und grasig. Doch die klassischen Spät- und Auslesen sind überaus animierend. Besonders lecker fanden wir die Spätlese aus der Juffer, und von der nach Pfirsich duftenden saftigen Auslese No. 7 möchte man mehr trinken. Das Gros der Weine wird fruchtig-süß ausgebaut und vorzugsweise im Export abgesetzt. Den Rest teilen sich Privatkunden, Handel und Restaurants.

2001 Brauneberger Juffer
Riesling Spätlese trocken – 3 –
6,70 €, 12%, ♀ bis 2004 — **81**

2001 Brauneberger Juffer
Riesling Spätlese halbtrocken – 4 –
6,70 €, 11,5%, ♀ bis 2003 — **81**

2001 Brauneberger Juffer
Riesling Kabinett – 2 –
6,– €, 9%, ♀ bis 2004 — **82**

2001 Brauneberger Juffer-Sonnenuhr
Riesling Spätlese – 5 –
7,40 €, 9%, ♀ bis 2008 — **86**

2001 Brauneberger Juffer
Riesling Spätlese
6,60 €, 8,5%, ♀ bis 2010 — **86**

2001 Brauneberger Juffer
Riesling Auslese – 6 –
7,40 €, 8,5%, ♀ bis 2012 — **88**

2001 Brauneberger Juffer-Sonnenuhr
Riesling Auslese – 7 –
10,– €, 8,5%, ♀ bis 2012 — **88**

2001 Brauneberger Juffer-Sonnenuhr
Riesling Auslese – 9 –
10,– €, 8,5%, ♀ bis 2011 — **88**

2001 Brauneberger Juffer-Sonnenuhr
Riesling Auslese – 10 –
11,90 €/0,375 Lit., 8%, ♀ bis 2013 — **89**

Mosel-Saar-Ruwer

WEINGUT JOH. HAART

Inhaber: Gerd Haart
54498 Piesport,
Sankt-Michael-Straße 47
Tel. (0 65 07) 29 55, Fax 61 55
e-mail: joh.haart@t-online.de
Anfahrt: A 48 Koblenz–Trier, Ausfahrt Salmtal, Richtung Piesport
Verkauf: Gerd und Elfriede Haart
Mo. bis Fr. 8:00 bis 19:00 Uhr
Sa. und So. 8:00 bis 16:00 Uhr
Historie: Die Familie Haart betreibt seit 1337 Weinbau in Piesport
Sehenswert: Schönes altes Schiefer-Gutshaus

Rebfläche: 6,7 Hektar
Jahresproduktion: 40.000 Flaschen
Beste Lagen: Piesporter Goldtröpfchen und Domherr
Boden: Devon-Verwitterungsschiefer
Rebsorten: 89% Riesling, 5% Müller-Thurgau, 4% Weißburgunder, 2% Kerner
Durchschnittsertrag: 85 hl/ha
Beste Jahrgänge: 1998, 1999, 2001

Im fast sieben Hektar großen Gut des Gerd Haart, das er mit seiner ebenfalls aus einer Piesporter Winzerfamilie stammenden Frau Elfriede führt, spielt der Riesling absolut die erste Geige. Den Weißburgunder betrachtet Haart als ideale Ergänzung zur Erzeugung etwas runderer Weine. Hingegen will er sich nach und nach vom Müller-Thurgau trennen, der seinen Durchschnittsertrag unnötig erhöht und seit Jahren schon größtenteils im Fass verkauft wird. Mit den feinstrahligen 97ern sind wir erstmals auf das Weingut aufmerksam geworden. Die 2000er Kollektion war jahrgangsbedingt etwas schwächer. In 2001 stellte Haart feinwürzige Weine mit mineralischem Schmelz vor. Das Sortiment ist sehr homogen, auch die einfachen Qualitätsweine und Kabinette fallen nicht ab. Wenn die Weine noch etwas an Komplexität gewinnen, ist eine dritte Traube denkbar. Zwei Drittel der Weine werden exportiert.

2001 Piesporter Goldtröpfchen
Riesling Kabinett trocken
4,70 €, 10,5%, ♀ bis 2005 — **83**

2001 Piesporter Treppchen
Riesling
3,20 €, 9%, ♀ bis 2006 — **83**

2001 Piesporter Goldtröpfchen
Riesling Kabinett
4,80 €, 9%, ♀ bis 2006 — **84**

2001 Piesporter Goldtröpfchen
Riesling
4,– €, 9%, ♀ bis 2006 — **85**

2001 Piesporter Goldtröpfchen
Riesling Spätlese
7,30 €, 8%, ♀ bis 2008 — **86**

2001 Piesporter Goldtröpfchen
Riesling Spätlese – 22 –
7,30 €, 8%, ♀ bis 2009 — **87**

2001 Piesporter Goldtröpfchen
Riesling Auslese
11,– €/0,5 Lit., 8%, ♀ bis 2010 — **88**

2001 Piesporter Goldtröpfchen
Riesling Beerenauslese
49,– €/0,375 Lit., 7,5%, ♀ bis 2015 — **89**

Die Weine: **100** Perfekt · **95–99** Überragend · **90–94** Exzellent · **85–89** Sehr gut · **80–84** Gut · **75–79** Passabel

Mosel-Saar-Ruwer

WEINGUT REINHOLD HAART

Inhaber: Theo Haart
54498 Piesport, Ausoniusufer 18
Tel. (0 65 07) 20 15, Fax 59 09
e-mail: info@haart.de
Internet: www.haart.de
Anfahrt: A 48 Koblenz–Trier, Ausfahrt Salmtal, hinunter ins Moseltal
Verkauf: Theo und Edith Haart
Mo.–Sa. nach Vereinbarung
Historie: Weinbau in der Familie urkundlich nachgewiesen seit 1337

Rebfläche: 6 Hektar
Jahresproduktion: 50.000 Flaschen
Beste Lagen: Piesporter Goldtröpfchen, Domherr und Kreuzwingert, Wintricher Ohligsberg
Boden: Tonschieferverwitterung
Rebsorten: 100% Riesling
Durchschnittsertrag: 60 hl/ha
Beste Jahrgänge: 1996, 1998, 2001
Mitglied in Vereinigungen: VDP

Der Piesporter Winzer Theo Haart zählt zu den eher Stillen im Lande, die wenig Aufheben von ihrer eigenen Person machen, aber ganz konkrete Vorstellungen haben, wie ihre Weine zu schmecken haben. Besonders wichtig ist Haart, der ausschließlich Riesling in Spitzenlagen in Piesport und Wintrich kultiviert, der so genannte Terroir-Gedanke. Seine Weine, die stets feinduftig im Bukett und komplex im Geschmack sind, lassen unzweideutig den roten Tonschiefer aus Piesport erkennen. Ein Blick in die Geschichte zeigt, dass sich die Haarts schon lange um hohe Qualität im Weinberg bemüht haben. Im Jahre 1763 gelang es dem Piesporter Pastor Johannes Hau die Bewohner davon zu überzeugen, nur noch die edlen Rieslingtrauben zu pflanzen. Nicht zuletzt deshalb war die Herkunftsbezeichnung »Piesporter« lange Zeit gleichbedeutend mit hochwertigem Rieslingwein. Hau selbst verkaufte aus seinem Pfarrwingert ausgesuchte Stecklinge an viele Orte der Mosel und leistete so einen großen Beitrag zur Verbreitung des Rieslings. Der Weinberg, von dem diese »Missionsarbeit« ausging, ist heute im Besitz der Familie Haart. Von den alten Stöcken selektiert Theo Haart heute noch qualitativ herausragende Pflanzen, die als Grundlage erstklassigen Rieslings für die Neupflanzung in den eigenen Weinbergen dienen. Um die Typizität seiner Weine zu unterstützen, verwendet Haart ausschließlich natürliche Hefen. Der Ausbau trockener Rieslinge liegt Theo Haart nicht unbedingt am Herzen, sie machen auch nur sieben Prozent seiner gesamten Produktion aus. Und da ihm auch die Bezeichnung »halbtrocken« nicht sonderlich behagt, hat er sich eine pfiffige Neuheit einfallen lassen: Seinen leckeren Trendwein, den man unbeschwert auf der Terrasse und zu jeglichen Speisen genießen könne, nannte er originellerweise »Haart to Heart«. Man wird sehen, ob er damit auch die Herzen seiner angelsächsischen Kunden erreicht. Immerhin drei Viertel der Produktion geht in den Export. Durch Zukauf und Pacht hat Theo Haart seine Ertragsfläche in dieser Piesporter Spitzenlage praktisch verdreifacht und besitzt dort heute stattliche 4,5 Hektar. Die seit 1988 wieder eingesetzten Halsschleifen mit den »Mickey-Mouse-Ohren« gehen auf eine Tradition aus der ersten Hälfte des letzten Jahrhunderts zurück. Aus der 2000er Kollektion ragten zwei Goldtröpfchen-Weine heraus: die edle Beerenauslese und der mineralische Kabinett. Mit seinen gelungenen 2001ern stellt Haart animierende und mineralische Weine vor. Die ganze Kollektion bereitet wirkliche Trinkfreude, vom Kabinett bis zu den Auslesen. Geradezu mustergültig ist die Spätlese aus dem Piesporter Goldtröpfchen, die eine tolle Saftigkeit mit Aromen von Pfirsich und Aprikosen paart. Grandios ist die Trockenbeerenauslese, die zu den besten Edelsüßen des Jahrgangs zählt: ein überaus edler Tropfen mit opulenter Fruchtsüße und großartiger Säure. Diese Kollektion bestätigt den Status des Gutes nachdrücklich.

Mosel-Saar-Ruwer

2001 Riesling
5,80 €, 11,5%, ♀ bis 2005 — **82**

2001 Piesporter Goldtröpfchen
Riesling Kabinett
7,70 €, 8,5%, ♀ bis 2007 — **88**

2001 Dhron Hofberger
Riesling Spätlese
12,– €, 8%, ♀ bis 2008 — **89**

2001 Piesporter Domherr
Riesling Auslese
19,50 €, 7,5%, ♀ bis 2012 — **90**

2001 Piesporter Goldtröpfchen
Riesling Spätlese
12,– €, 8,5%, ♀ bis 2010 — **91**

2001 Piesporter Goldtröpfchen
Riesling Auslese
19,50 €, 8%, ♀ bis 2012 — **92**

2001 Piesporter Goldtröpfchen
Riesling Auslese Goldkapsel
45,55 €/0,375 Lit., 7,5%, ♀ bis 2015 — **93**

2001 Piesporter Goldtröpfchen
Riesling Trockenbeerenauslese
Versteigerungswein, 8%, ♀ bis 2020 — **95**

Vorjahresweine

2000 »Haart to Heart«
Riesling
6,95 €, 9,5%, ♀ bis 2004 — **84**

2000 Piesporter Goldtröpfchen
Riesling Kabinett
7,70 €, 8,5%, ♀ bis 2005 — **88**

2000 Piesporter Domherr
Riesling Spätlese
12,– €, 8%, ♀ bis 2006 — **88**

2000 Piesporter Goldtröpfchen
Riesling Spätlese
12,– €, 8%, ♀ bis 2006 — **88**

2000 Piesporter Goldtröpfchen
Riesling Auslese
19,50 €, 7,5%, ♀ bis 2006 — **89**

2000 Piesporter Goldtröpfchen
Riesling Auslese
31,45 €/0,375 Lit., 7,5%, ♀ bis 2008 — **89**

2000 Piesporter Goldtröpfchen
Riesling Beerenauslese
Versteigerungswein, 8%, ♀ bis 2012 — **92**

Mosel-Saar-Ruwer

WEINGUT KURT HAIN

Inhaber: Gernot Hain
54498 Piesport, Am Domhof 5
Tel. (0 65 07) 24 42, Fax 68 79
e-mail: weingut-hain@t-online.de
Internet:
www.piesportergoldtroepfchen.de
Anfahrt: A 48 Koblenz–Trier, Ausfahrt Salmtal in Richtung Klausen-Piesport; an der Moselbrücke
Verkauf: Gernot und Susanne Hain
Mo.–So. 9:00 bis 20:00 Uhr
Hotel und Weinhaus: Piesporter Goldtröpfchen
Mo.–So. 12:00 bis 21:00 Uhr
Spezialitäten: Regionale Küche
Historie: Weinbau in der Familie seit 1600
Sehenswert: 200 Jahre alter Gewölbekeller

Rebfläche: 4,8 Hektar
Jahresproduktion: 35.000 Flaschen
Beste Lagen: Piesporter Goldtröpfchen und Domherr, Neumagener Rosengärtchen, Dhron Hofberger
Boden: Tonschiefer und -verwitterung
Rebsorten: 80% Riesling,
je 5% Weißburgunder, Spätburgunder, Bacchus und Müller-Thurgau
Durchschnittsertrag: 70 hl/ha
Beste Jahrgänge: 1998, 1999, 2001

Gernot Hain konnte bei der Betriebsübernahme 1988 auf den Leistungen seines Vaters aufbauen. Der hatte nicht nur ein Hotel aufgebaut, sondern auch dem Weingut durch Zukauf in besten Parzellen Piesports eine solide Basis verschafft. In den feuchten Gewölbekellern pflegt Gernot Hain einen betont reduktiven Ausbau, der den besonderen Charakter der Piesporter Tonschieferböden voll zum Tragen bringt. Nach Erfolgen in den 90er Jahren fiel die 2000er Kollektion ein wenig ab. Mit seinen 2001ern meldet sich Hain nun eindrucksvoll zurück mit eleganten, dichten und charaktervollen Weinen. Vor allem die Spätlesen überzeugen.

Kann Hain diese Form konservieren, ist er ein Kandidat für die dritte Traube.

2001 Piesporter Domherr
Riesling Spätlese trocken
7,– €, 12%, bis 2006 — **84**

2001 Piesporter Goldtröpfchen
Riesling Kabinett halbtrocken
5,50 €, 11,5%, bis 2006 — **83**

2001 Piesporter Goldtröpfchen
Riesling Spätlese feinherb
8,50 €, 11,5%, bis 2008 — **86**

2001 Piesporter Goldtröpfchen
Riesling Spätlese – 12 –
8,– €, 8%, bis 2009 — **86**

2001 Piesporter Goldtröpfchen
Riesling Spätlese – 13 –
8,50 €, 8%, bis 2010 — **87**

2001 Piesporter Domherr
Riesling Auslese
12,– €, 7,5%, bis 2010 — **87**

2001 Piesporter Goldtröpfchen
Riesling Beerenauslese
23,– €/0,375 Lit., 8,5%, bis 2010 — **87**

2001 Piesporter Goldtröpfchen
Riesling Auslese
12,– €, 8%, bis 2012 — **88**

2001 Piesporter Falkenberg
Riesling Eiswein
21,– €/0,375 Lit., 7%, bis 2012 — **89**

Mosel-Saar-Ruwer

WEINGUT FREIHERR VON HEDDESDORFF

Inhaber: Andreas von Canal
56333 Winningen, Am Moselufer 10
Tel. (0 26 06) 96 20 33, Fax 96 20 34
e-mail: Weingut@vonHeddesdorff.de
Internet: www.vonHeddesdorff.de
Anfahrt: Von Koblenz über die B 416, A 61 Ausfahrt Koblenz-Metternich
Verkauf: Andreas von Canal
Mo.–Fr. 9:00 bis 18:00 Uhr
am Wochenende nur nach Vereinbarung
Ferienwohnungen: Im Weingut
Sehenswert: 1000-jähriges Stammhaus, dreistöckiger Hauptbau mit schlanken, zinnenbekrönten Türmchen an den Ostecken

---

Rebfläche: 4,6 Hektar
Jahresproduktion: 40.000 Flaschen
Beste Lagen: Winninger Uhlen, Röttgen und Brückstück
Boden: Schiefer
Rebsorten: 100% Riesling
Durchschnittsertrag: 60 hl/ha
Beste Jahrgänge: 1999, 2000, 2001

Der Winninger Winzer Andreas von Canal hat bereits vor Jahren den Qualitätskurs eingeschlagen. Besitz in den besten Lagen und geringe Erträge bieten dazu gute Voraussetzungen. Mit kurzem Anschnitt versucht von Canal, das Beste aus den Rieslingreben herauszuholen. Späte Ernte, langes Hefelager und frühe Füllung sind die Standards im Keller, mit denen Andreas von Canal Frische und Fruchtigkeit seiner Weine erhalten will. Nach guten 98er und 99er Weinen präsentierte von Canal – entgegen dem Jahrgangstrend – eine klare und reintönige 2000er Kollektion. Da knüpfen die 2001er mit guter Struktur und komplexen Aromen an. Ein überzeugendes Sortiment, aus dem die Spätlese aus dem Röttgen herausragt. In den nächsten Jahren will von Canal ein weiteres Stück der Toplage Uhlen wieder anpflanzen und die Trockenmauern instand setzen.

2001 Winninger Uhlen
Riesling Kabinett trocken
5,30 €, 11,5%, ♀ bis 2004 — **81**

2001 Winninger Brückstück
Riesling trocken
5,20 €, 12,5%, ♀ bis 2004 — **82**

2001 Winninger Uhlen
Riesling Spätlese trocken *
8,20 €, 12,5%, ♀ bis 2004 — **83**

2001 Winninger Hamm
Riesling Kabinett halbtrocken
5,10 €, 11%, ♀ bis 2004 — **83**

2001 Winninger Uhlen
Riesling Spätlese halbtrocken
7,20 €, 12%, ♀ bis 2005 — **84**

2001 Winninger Uhlen
Riesling Kabinett
5,20 €, 9,5%, ♀ bis 2006 — **85**

2001 Winninger Röttgen
Riesling Spätlese
7,20 €, 8,5%, ♀ bis 2010 — **88**

2001 Winninger Domgarten
Riesling Eiswein
22,– €/0,375 Lit., 8%, ♀ bis 2012 — **88**

2001 Winninger Röttgen
Riesling Auslese
10,– €/0,5 Lit., 8%, ♀ bis 2012 — **89**

Die Weine: **100** Perfekt · **95–99** Überragend · **90–94** Exzellent · **85–89** Sehr gut · **80–84** Gut · **75–79** Passabel

Mosel-Saar-Ruwer

WEINHOF HERRENBERG
Inhaber: Claudia Loch
54441 Schoden, Hauptstraße 80
Tel. (0 65 81) 12 58, Fax 99 54 38
e-mail: post@naturwein.com
Internet: www.naturwein.com
Anfahrt: Von Trier über Konz am rechten Saarufer in der Dorfmitte von Schoden
Verkauf: Claudia und Manfred Loch jederzeit nach Vereinbarung

---

Rebfläche: 2,3 Hektar
Jahresproduktion: 10.000 Flaschen
Beste Lagen: Wiltinger Schlangengraben, Schodener Herrenberg und Ockfener Bockstein
Boden: Schiefer und Devon-Schiefer
Rebsorten: 97% Riesling, 3% Müller-Thurgau
Durchschnittsertrag: 36 hl/ha
Beste Jahrgänge: 1999, 2000, 2001
Mitglied in Vereinigungen: EcoVin

1992 haben Claudia und Manfred Loch ihren ersten, 1200 Quadratmeter großen Weinberg in Schoden gekauft, im Folgejahr kamen dann 30 Ar von den Eltern dazu. Prachtstück aber ist eine Parzelle mit hundert Jahre alten, wurzelechten Reben im Wiltinger Schlangengraben. Die Jahrgänge 1997 und 1998 erbrachten bereits beachtliche Qualitäten, doch stellten die wundervollen edelsüßen 99er hier alles in den Schatten, was die Lochs zuvor auf Flaschen gefüllt hatten. Noch frappierender war die 2000er Kollektion mit reintönigen und wohlschmeckenden Weinen in diesem problematischen Jahrgang, speziell die trockenen Rieslinge, die zu 80 Prozent die Produktion dominieren. Sie sind auch in 2001 ohne Fehl und Tadel, der »Saartyr« hat gar Saft und Schmelz. Neben zwei dichten fruchtigen Spätlesen bildet eine großartige Trockenbeerenauslese die Jahrgangsspitze. In den nächsten Jahren möchten Claudia und Manfred Loch, die jedes Fuderfass separat abfüllen, ihren Besitz in Spitzenlagen erweitern.

2001 Riesling
Landwein trocken
6,– €, 13%, ♀ bis 2004 — **84**

2001 Schodener Herrenberg
Riesling trocken – 5 –
7,50 €, 13,5%, ♀ bis 2005 — **85**

2001 Schodener Herrenberg
Riesling trocken – 6 –
8,50 €, 13,5%, ♀ bis 2005 — **85**

2001 Schodener Herrenberg
Riesling trocken – 3 –
8,50 €, 13%, ♀ bis 2005 — **86**

2001 Schodener Herrenberg
Riesling trocken »Saartyr« – 4 –
8,50 €, 13,5%, ♀ bis 2007 — **87**

2001 Schodener Herrenberg
Riesling Spätlese
12,– €, 8,5%, ♀ bis 2010 — **88**

2001 Ockfener Bockstein
Riesling Spätlese
12,– €, 9,5%, ♀ bis 2010 — **88**

2001 Schodener Herrenberg
Riesling Trockenbeerenauslese
100,– €/0,375 Lit., 7,5%, ♀ bis 2016 — **92**

Die Betriebe: ✦✦✦✦✦ Weltklasse · ✦✦✦✦ Deutsche Spitze · ✦✦✦ Sehr gut · ✦✦ Gut · ✦ Zuverlässig

Mosel-Saar-Ruwer

WEINGUT HEYMANN-LÖWENSTEIN

Inhaber: Reinhard Löwenstein und Cornelia Heymann-Löwenstein
56333 Winningen, Bahnhofstraße 10
Tel. (0 26 06) 19 19, Fax 19 09
e-mail: weingut@heymann-loewenstein.com
Internet: www.heymann-loewenstein.com
Anfahrt: A 61, Ausfahrt Koblenz-Metternich, Richtung Winningen, Vorfahrtstraße bis Bahndamm, links in die Bahnhofstraße
Verkauf: Nach Vereinbarung
Sehenswert: Gewölbekeller, Terrassenlagen mit Mauern in Trockenbauweise

---

Rebfläche: 12 Hektar
Jahresproduktion: 80.000 Flaschen
Beste Lagen: Winninger Uhlen und Röttgen, Hatzenporter Kirchberg und Stolzenberg
Boden: Verwitterungsböden verschiedener devonischer Schiefer
Rebsorten: 95% Riesling, 5% übrige Sorten
Durchschnittsertrag: 56 hl/ha
Beste Jahrgänge: 1997, 1998, 2001
Mitglied in Vereinigungen: VDP

Mit großer Argumentationskraft setzt sich Reinhard Löwenstein seit vielen Jahren für den Riesling – »diese uralte Rebsorte mit einer schier unglaublichen Vitalität« – und den Terroir-Gedanken ein. Er macht deutlich, dass die filigranen und finessenreichen Mosel-Rieslinge nur durch den Anbau in einer klimatischen Grenzregion möglich sind. Während im Süden die Trauben oft schon nach hundert Tagen reif sind, dürfen die Beeren im Norden bis zu 160 Tage »ihre subtilen Aromen auf kleiner Flamme ausreifen lassen«. Das geschieht in Terrassenweinbergen, die wie Schwalbennester an den Fluss-Steilwänden kleben. In diesen Öko-Nischen reift nicht nur der Riesling voll aus, sondern lockt eine mediterrane Pflanzenwelt auch illustre Tiere an. »Apollo winingensis« heißt etwa der seltene Schmetterling, von dem nördlich der Alpen nur vier Vorkommen bekannt sind. Zur Feier des 20-jährigen Bestehens seines Weinguts hatte Reinhard Löwenstein ein Notenbüchlein herausgegeben: die »20 Etüden in Riesling«. Den Schiefer in unterschiedlichen Farben bringt Löwenstein schon seit langem zum Klingen – mit immer charaktervolleren Weinen. Die hochkarätigen Kollektionen der Jahre 1995 und 1996 wurden von den 97ern noch überboten und auch die 98er knüpften hier mit barocken Trockenen und einem Füllhorn betörender edelsüßer Gewächse an. Auch 1999 zeigte der Winninger Winzer wieder eine sehr eigenwillige Kollektion: Weine mit erstaunlich viel Dichte und Extrakt. Aus den Winninger Spitzenlagen Röttgen und Uhlen kommen seit Jahren Spitzenweine von bemerkenswerter Güte. Da reichen die in den letzten Jahren kultivierten Hatzenporter Lagen, auf deren Qualitätspotenzial Löwenstein besteht, nicht heran. Die verschiedenen opulenten Auslesen aus dem Uhlen, die oft mit Oechslegraden zwischen 130 und 150 geerntet wurden, aber auch seine trockenen Spitzengewächse aus dieser Lage, kennzeichnet Löwenstein wieder mit den alten Parzellennamen und macht damit auf die unterschiedlichen Bodenverhältnisse aufmerksam. Die Bezeichnungen Blaufüßer Lay, Laubach und Roth Lay deuten auch auf die Farbe des Schiefers hin, der dort dominiert. In den vergangenen Jahren entstammten die Uhlen-Auslesen stets der Roth Lay. Auch die Glanzstücke des Jahrgangs 2001 haben hier ihren Ursprung: eine grandiose Beeren- und eine fulminante Trockenbeerenauslese. Dem Ideenreichtum eines Reinhard Löwenstein scheinen keine Grenzen gesetzt zu sein. Kürzlich ließ er einen Historiker durch eine der größten keltischen Kultstätten Europas führen, den so genannten Goloring auf den Höhen der Eifel. Diese riesige, mythenumrankte Sonnenuhr sei vergleichbar mit dem englischen Stonehenge, aber weitgehend unbekannt.

Die Weine: **100** Perfekt · **95–99** Überragend · **90–94** Exzellent · **85–89** Sehr gut · **80–84** Gut · **75–79** Passabel

Mosel-Saar-Ruwer

2001 Hatzenporter Kirchberg
Riesling trocken
14,50 €, 13%, ♀ bis 2005   **84**

2001 Hatzenporter Stolzenberg
Riesling
16,50 €, 13%, ♀ bis 2005   **84**

2001 »Schieferterrassen«
Riesling
9,50 €, 12,5%, ♀ bis 2005   **85**

2001 Winninger Uhlen
Riesling »Blaufüßer Lay«
19,50 €, 13%, ♀ bis 2007   **87**

2001 Winninger Röttgen
Riesling
17,50 €, 13%, ♀ bis 2007   **88**

2001 Winninger Röttgen
Riesling Auslese
25,– €/0,375 Lit., 10,5%, ♀ bis 2008   **88**

2001 Winninger Uhlen
Riesling »Roth Lay«
24,50 €, 13%, ♀ bis 2008   **88**

2001 Winninger Uhlen
Riesling »Laubach«
21,50 €, 13%, ♀ bis 2009   **89**

2001 Winninger Uhlen
Riesling Auslese »Roth Lay«
59,20 €/0,375 Lit., 7,5%, ♀ bis 2012   **90**

2001 Winninger Uhlen
Riesling Beerenauslese »Roth Lay«
60,– €/0,375 Lit., 7%, ♀ bis 2015   **94**

2001 Winninger Uhlen
Riesling Trockenbeerenauslese »Roth Lay«
170,– €/0,375 Lit., 6,5%, ♀ bis 2022   **94**

Vorjahresweine

2000 Riesling
»Schieferterrassen«
8,44 €, 12%, ♀ bis 2004   **86**

2000 Winninger Röttgen
Riesling
14,06 €, 12%, ♀ bis 2005   **88**

2000 Winninger Uhlen
Riesling Auslese »B«
23,01 €/0,375 Lit., 7,5%, ♀ bis 2007   **88**

2000 Winninger Uhlen
Riesling Auslese »L«
25,56 €/0,375 Lit., 7,5%, ♀ bis 2007   **88**

2000 Winninger Uhlen
Riesling Auslese »R«
29,65 €/0,375 Lit., 7,5%, ♀ bis 2010   **88**

2000 Winninger Uhlen
Riesling
19,43 €, 12%, ♀ bis 2006   **89**

2000 Winninger Uhlen
Riesling Auslese
lange Goldkapsel – 15 –
72,59 €/0,375 Lit., 7%, ♀ bis 2010   **89**

2000 Winninger Röttgen
Riesling Beerenauslese
76,69 €/0,375 Lit., 6%, ♀ bis 2015   **93**

2000 Riesling
Trockenbeerenauslese
»Schieferterrassen«
102,26 €/0,375 Lit., 6%, ♀ bis 2020   **94**

Die Betriebe: ✽✽✽✽✽ Weltklasse · ✽✽✽✽ Deutsche Spitze · ✽✽✽ Sehr gut · ✽✽ Gut · ✽ Zuverlässig

Mosel-Saar-Ruwer

WEINGUT VON HÖVEL

Inhaber: Eberhard von Kunow
Kellermeister: Hermann Jäger
54329 Konz-Oberemmel,
Agritiusstraße 5
Tel. (0 65 01) 1 53 84, Fax 1 84 98
Anfahrt: B 51 Richtung Konz, in Konz Richtung Oberemmel
Verkauf: Eberhard von Kunow nach Vereinbarung
Historie: Abteihof des Klosters St. Maximin, seit 1803 im Besitz der Familie
Sehenswert: Altes Abteihofgebäude, Klosterkeller aus dem 12. Jahrhundert

---

Rebfläche: 10 Hektar
Jahresproduktion: 50.000 Flaschen
Beste Lagen: Oberemmeler Hütte (Alleinbesitz), Scharzhofberger, Kanzemer Hörecker (Alleinbesitz)
Boden: Devonschiefer
Rebsorten: 100% Riesling
Durchschnittsertrag: 45 hl/ha
Beste Jahrgänge: 1995, 1997, 1999
Mitglied in Vereinigungen: VDP

Winzer Eberhard von Kunow, Inhaber dieses traditionsreichen Gutes, besitzt zwar auch knapp drei Hektar im berühmten Scharzhofberg, die besten Weine erntet er aber in der Regel in seiner gut fünf Hektar umfassenden Monopollage Oberemmeler Hütte. Angesichts der filigranen Struktur und der mitunter gewaltigen Säure seiner Rieslinge darf man es als beglückend empfinden, dass von Kunow nur die Minderheit seiner Weine durchgären lässt und trocken abfüllt. Nach bestechend guten 97ern präsentierte von Kunow im Jahr 1999 erneut Weine von exzellenter Güte. In dem für die Saar besonders schwierigen Jahrgang 2000 brachte er äußerst ansprechende Weine auf die Flasche. Die Kollektion in 2001 liegt auf ähnlichem Niveau. Die einsternige Auslese mit ihrem Feigenduft gefällt uns am besten. Der Ertrag in 2001 lag mit 35 Hektolitern pro Hektar extrem niedrig. Zwei Drittel der Weine gehen in den Export.

2001 Oberemmeler Hütte
Riesling Spätlese halbtrocken
9,– €, 9,1%, ♀ bis 2004 **82**

2001 Riesling
Classic »Balduin von Hövel«
6,– €, 11,8%, ♀ bis 2004 **82**

2001 Kanzemer Hörecker
Riesling Spätlese
12,– €, 9,8%, ♀ bis 2005 **84**

2001 Oberemmeler Hütte
Riesling Kabinett
7,50 €, 8%, ♀ bis 2006 **85**

2001 Scharzhofberger
Riesling Spätlese
9,– €, 7,7%, ♀ bis 2006 **85**

2001 Scharzhofberger
Riesling Kabinett
7,50 €, 7,8%, ♀ bis 2007 **86**

2001 Oberemmeler Hütte
Riesling Spätlese
9,– €, 8,5%, ♀ bis 2009 **86**

2001 Oberemmeler Hütte
Riesling Auslese
12,50 €, 7,6%, ♀ bis 2010 **86**

2001 Oberemmeler Hütte
Riesling Auslese lange Goldkapsel
47,30 €/0,375 Lit., 9%, ♀ bis 2010 **87**

2001 Oberemmeler Hütte
Riesling Auslese *
18,– €, 7,5%, ♀ bis 2010 **89**

Mosel-Saar-Ruwer

WEINGUT CARL AUGUST IMMICH – BATTERIEBERG

Inhaber: Gert Basten
Betriebsleiter und Kellermeister:
Uwe Jostock
56850 Enkirch, Im Alten Tal 2
Tel. (0 65 41) 8 30 50, Fax 83 05 16
e-mail: info@batterieberg.de
Internet: www.batterieberg.de
Anfahrt: A 48 Koblenz–Trier, Ausfahrt Wittlich, Richtung Traben-Trarbach
Verkauf: Gert Basten, Uwe und Karin Jostock
Mo.–Fr. 9:00 bis 18:00 Uhr
Sa. und So. nach Vereinbarung
Historie: Weinbau seit 1425
Sehenswert: Mittelalterliche »Escheburg«, 1000-jähriger Keller mit römischem Säulenfundament im alten Holzfasskeller

---

Rebfläche: 7 Hektar
Jahresproduktion: 25.000 Flaschen
Beste Lagen: Enkircher Batterieberg und Steffensberg
Boden: Blauer Devonschiefer
Rebsorten: 100% Riesling
Durchschnittsertrag: 45 hl/ha
Beste Jahrgänge: 1997, 1998, 2001

Mit unzähligen Sprengladungen hat Georg-Heinrich Immich im 19. Jahrhundert das Schiefermassiv des heutigen Batteriebergs niedergelegt, um dort Reben anzupflanzen. In den 90er Jahren investierte Gert Basten kräftig in Weinberge und Keller. Die Weine werden in Edelstahltanks temperaturgesteuert vergoren, wenige bleiben zur Abrundung einige Monate im Fuderfass. Unter der Regie von Uwe Jostock haben sich die fruchtigsüßen Weine verbessert und finden 2001 ihren Höhepunkt in einer grandiosen Beerenauslese, die zu den besten des Gebietes zählt. Für den Status des Betriebes sind aber die eher durchschnittlichen trockenen Weine maßgeblich. Obwohl die Fläche um fast drei Hektar erweitert wurde, müssen Trauben zugekauft werden, um die Nachfrage stillen zu können.

2001 Enkircher Batterieberg
Riesling Spätlese trocken
13,– €, 12%, ♀ bis 2004 — **81**

2001 »Blauschiefer«
Riesling trocken
9,– €, 12,5%, ♀ bis 2004 — **82**

2001 Enkircher Batterieberg
Riesling Auslese trocken
18,– €, 13%, ♀ bis 2006 — **84**

2001 Enkircher Batterieberg
Riesling Spätlese halbtrocken
16,– €, 12%, ♀ bis 2008 — **83**

2001 Enkircher Steffensberg
Riesling Spätlese halbtrocken
11,50 €, 12%, ♀ bis 2008 — **86**

2001 Riesling
Kabinett
8,– €, 8%, ♀ bis 2007 — **84**

2001 Enkircher Batterieberg
Riesling Spätlese
18,– €, 7,5%, ♀ bis 2010 — **87**

2001 Enkircher Steffensberg
Riesling Eiswein
70,– €/0,375 Lit., 7%, ♀ bis 2012 — **89**

2001 Enkircher Batterieberg
Riesling Beerenauslese
90,– €/0,375 Lit., 7,5%, ♀ bis 2020 — **92**

Mosel-Saar-Ruwer

WEINGUT ALBERT KALLFELZ

Inhaber: Albert Kallfelz
Betriebsleiter: Albert Kallfelz
Verwalter: Helmut Schmidt
Kellermeister: Albert Kallfelz und Rüdiger Nilles
56856 Zell-Merl, Hauptstraße 60–62
Tel. (0 65 42) 9 38 80, Fax 93 88 50
e-mail: info@kallfelz.de
Internet: www.kallfelz.de
Anfahrt: A 61, Ausfahrt Rheinböllen, über Simmern, A 48, Ausfahrt Kaisersesch, Richtung Cochem nach Zell-Merl
Verkauf: Andrea Kallfelz, Elisabeth Jakobs und Joachim Koch
Mo.–Fr. 8:00 bis 18:00 Uhr
Sa. 9:00 bis 14:00 Uhr
nach Vereinbarung
Historie: Weinbau seit 1450

Rebfläche: 43,4 Hektar
Jahresproduktion: 350.000 Flaschen
Beste Lagen: Merler Adler, Stephansberg und Königslay-Terrassen
Boden: Devon-Schieferverwitterung
Rebsorten: 84% Riesling, 9% Weißburgunder und 7% Rivaner
Durchschnittsertrag: 73 hl/ha
Beste Jahrgänge: 1995, 1997, 1999

Albert Kallfelz hat die übliche Größe von Familienbetrieben längst gesprengt und bewegt sich in Riesenschritten auf Kellerei-Dimensionen zu. In nur einem Jahr hat er um sechs Hektar aufgestockt – wohin soll das noch führen? Um mit der explosionsartigen Entwicklung mithalten zu können, müssen die Betriebsgebäude durch An- und Ausbauten immer wieder auf die neuen Dimensionen abgestimmt werden. Jetzt steht der Neubau eines Kelterhauses an. Das ungebremste Wachstum fordert seinen Tribut. Wir notierten in 2000 und 2001 einen Qualitätsrückgang. Vor allem im trockenen und halbtrockenen Bereich haben die Weine wenig Substanz und auch die edelsüßen – abgesehen vom klaren und säurebetonten Eiswein – sind nicht wirklich interessant.

2001 Riesling
Hochgewächs trocken
6,35 €, 11,5%, ♀ bis 2005 — **80**

2001 Merler Adler
Riesling Kabinett trocken
6,60 €, 11%, ♀ bis 2005 — **80**

2001 Merler Königslay-Terrassen
Riesling Auslese trocken
12,50 €, 12%, ♀ bis 2005 — **83**

2001 Riesling
Hochgewächs halbtrocken
4,55 €/1,0 Lit., 11%, ♀ bis 2005 — **82**

2001 Merler Stephansberg
Riesling Auslese halbtrocken
15,10 €, 13,5%, ♀ bis 2006 — **83**

2001 Merler Königslay-Terrassen
Riesling Auslese
15,60 €/0,5 Lit., 7,5%, ♀ bis 2008 — **85**

2001 Merler Stephansberg
Riesling Auslese
15,10 €/0,5 Lit., 8%, ♀ bis 2008 — **86**

2001 Merler Adler
Riesling Eiswein
25,50 €/0,5 Lit., 8%, ♀ bis 2015 — **89**

Die Weine: **100** Perfekt · **95–99** Überragend · **90–94** Exzellent · **85–89** Sehr gut · **80–84** Gut · **75–79** Passabel

Mosel-Saar-Ruwer

WEINGUT KARLSMÜHLE

Inhaber: Peter Geiben
Betriebsleiter und Kellermeister:
Peter Geiben
54318 Mertesdorf, Im Mühlengrund 1
Tel. (06 51) 51 24, Fax 5 61 02 96
e-mail:
anfrage@weingut-karlsmuehle.de
Internet: www.weingut-karlsmuehle.de
Anfahrt: A 48 Koblenz–Trier, Ausfahrt Kenn-Ruwertal, Richtung Mertesdorf, zwischen Mertesdorf und Kasel
Verkauf: Mo.–Fr. 8:00 bis 17:00 Uhr
Sa. und So. nach Vereinbarung
Gutsausschank: Im Hotel,
Di.–So. 12:00 bis 24:00 Uhr
Spezialität: Forelle in Riesling
Sehenswert: 600 Jahre alte ehemalige Gesteinsmühle

Rebfläche: 12 Hektar
Jahresproduktion: 65.000 Flaschen
Beste Lagen: Lorenzhöfer Felslay und Mäuerchen (Alleinbesitz), Kaseler Nies'chen und Kehrnagel
Boden: Tonschiefer
Rebsorten: 90% Riesling, 3% Spätburgunder, je 2% Müller-Thurgau, Weißburgunder und Kerner, 1% Elbling
Durchschnittsertrag: 52 hl/ha
Beste Jahrgänge: 1997, 1998, 1999

Mit seinen jungen Jahren ist Peter Geiben, opulent an Statur und herzhaft im Ausdruck, schon ein leibhaftiges Original: Weinproben in der Karlsmühle, wegen der herausragenden Qualität der Weine ohnehin zu empfehlen, sind deshalb auch äußerst unterhaltsam. Und seitdem Geiben das angeschlossene Hotel verpachtet hat, stürzt er sich mit umso größerem Eifer auf sein Weingut. Nachdem er in den letzten Jahren die Vermarktung ausgebaut sowie in Edelstahltanks und Keltereinrichtungen investiert hat, will sich Geiben mittelfristig um die Neuanlage von weiteren 2,5 Hektar Weinbergen kümmern. Die 90er Jahre waren für das Weingut Karlsmühle eine einzige Erfolgsgeschichte. Gemessen daran war die 2000er Kollektion etwas unregelmäßiger. Mit den 2001ern stellt Geiben nun leider eine nur mittelmäßige Kollektion vor, durch die sich ein feinherber Faden markanter Fruchtsäure zieht. Es ist nur noch wenig vom sonst üblichen Schieferterroir der Lorenzhöfer Weinberge zu erahnen. Doch wir wollen nicht vermessen sein: Wer uns in den 90er Jahren mit so viel köstlichen Tropfen verwöhnt hat wie Geiben, der kann auch mal eine Auszeit nehmen. Nur: Sie sollte nicht zu lange dauern. Doch wir sind sicher, dass er bald seinen Vier-Trauben-Status eindrucksvoll rechtfertigen wird. Die Geschichte der Karlsmühle ist 1600 Jahre alt. Als einzige Mühle Deutschlands kann sie ihre Existenz bis in die Römerzeit zurückverfolgen. In einem im Jahre 371 verfassten Gedicht berichtet Ausonius von der Ruwer, die »in schwindelnden Wirbeln die kornzermahlenden Steine dreht und die kreischenden Sägen durch glatte Marmorblöcke zieht«. Man weiß, dass in den Prachtbauten des römischen Trier Marmor- und Muschelkalkplatten verwendet wurden. Die Steine wurden in großen Blöcken aus dem Süden importiert und in der Nähe der Stadt zurechtgeschnitten. In der Mitte des vorigen Jahrhunderts fanden Trierer Archäologen im Abzugsgraben der Karlsmühle auffallend große Quader von Muschelkalk, der im Ruwertal völlig ortsfremd ist. Außerdem stoßen noch heute zwei römische Fundamentmauern auf diesen Mühlengraben, etwa 20 Meter von der jetzigen Mühle entfernt. Seit Napoleons Zeiten betreibt die Familie Geiben im Ruwertal Weinbau. Kernstück des Weinbergbesitzes sind die Monopollagen Lorenzhöfer Mäuerchen und Felslay. 1994 hat Geiben das natürliche Qualitätspotenzial des Gutes noch erheblich gesteigert: Vom früheren Weingut Patheiger hat er für wenig Geld Spitzenlagen in Kasel erworben und verkauft die Weine unter separatem Etikett. Sie stehen den Karlsmühle-Weinen in der Qualität in nichts nach.

Mosel-Saar-Ruwer

2001 Lorenzhöfer
Riesling trocken
5,50 €, 11%, ♀ bis 2004 — **80**

2001 Lorenzhöfer
Riesling Spätlese trocken
8,– €, 11%, ♀ bis 2004 — **83**

2001 Lorenzhöfer
Riesling halbtrocken
5,– €/1,0 Lit., 10%, ♀ bis 2004 — **81**

2001 Lorenzhöfer
Riesling feinherb
5,– €, 11%, ♀ bis 2005 — **82**

2001 Lorenzhöfer
Riesling
5,– €/1,0 Lit., 10,5%, ♀ bis 2005 — **82**

2001 Kaseler Nies'chen
Riesling Kabinett
6,40 €, 8%, ♀ bis 2006 — **84**

2001 Kaseler Kehrnagel
Riesling Spätlese
8,40 €, 8,5%, ♀ bis 2006 — **84**

2001 Lorenzhöfer
Riesling Spätlese
8,– €, 9%, ♀ bis 2007 — **86**

2001 Lorenzhöfer
Riesling Auslese Goldkapsel
18,40 €, 7,5%, ♀ bis 2010 — **87**

2001 Kaseler Kehrnagel
Riesling Eiswein
32,70 €/0,375 Lit., 10%, ♀ bis 2012 — **89**

2001 Kaseler Nies'chen
Riesling Auslese lange Goldkapsel
20,40 €, 7%, ♀ bis 2012 — **89**

2001 Lorenzhöfer
Riesling Auslese lange Goldkapsel
20,– €/0,5 Lit., 8,5%, ♀ bis 2012 — **89**

Vorjahresweine

2000 Lorenzhöfer
Riesling Kabinett trocken
6,14 €, 10%, ♀ bis 2004 — **84**

2000 Lorenzhöfer
Riesling Kabinett halbtrocken
6,14 €, 10%, ♀ bis 2004 — **83**

2000 Kaseler Nies'chen
Riesling Kabinett halbtrocken
6,39 €, 10%, ♀ bis 2004 — **85**

2000 Kaseler Nies'chen
Riesling Kabinett
6,39 €, 9%, ♀ bis 2007 — **87**

2000 Kaseler Nies'chen
Riesling Spätlese
7,93 €, 8,5%, ♀ bis 2008 — **88**

2000 Lorenzhöfer
Riesling Auslese
12,78 €/0,5 Lit., 8%, ♀ bis 2010 — **89**

2000 Lorenzhöfer
Riesling Eiswein
32,72 €/0,375 Lit., 8%, ♀ bis 2020 — **92**

Die Weine: **100** Perfekt · **95–99** Überragend · **90–94** Exzellent · **85–89** Sehr gut · **80–84** Gut · **75–79** Passabel

Mosel-Saar-Ruwer

WEINGUT KARTHÄUSERHOF

Inhaber: Christoph Tyrell
Kellermeister: Ludwig Breiling
54292 Trier-Eitelsbach,
Karthäuserhof
Tel. (06 51) 51 21, Fax 5 35 57
e-mail: mail@karthaeuserhof.com
Internet: www.karthaeuserhof.com
Anfahrt: A 48, Ausfahrt Kenn, in Ruwer am Brunnenplatz Richtung Eitelsbach; vom Hunsrück B 52, Ausfahrt Mertesdorf; von Luxemburg B 51 Bitburg, B 52 Ausfahrt Mertesdorf
Verkauf: Christoph Tyrell
Mo.–Fr. 8:00 bis 12:00 Uhr und
13:00 bis 17:00 Uhr
nach Vereinbarung
Historie: 1335 schenkte Kurfürst Balduin zu Luxemburg das Gut den Karthäusermönchen
Sehenswert: Wasserburg aus dem 13. Jahrhundert, historisches Probierzimmer mit Delfter Kacheln, Park

---

Rebfläche: 19 Hektar
Jahresproduktion: 150.000 Flaschen
Beste Lage: Eitelsbacher Karthäuserhofberg
Boden: Schiefrige Devonverwitterung
Rebsorten: 93% Riesling,
7% Weißburgunder
Durchschnittsertrag: 55 hl/ha
Beste Jahrgänge: 1997, 1999, 2001
Mitglied in Vereinigungen: VDP

In diesem traditionsreichen Mustergut des Ruwertals ging es seit der Übernahme durch Christoph Tyrell mit der Qualität der Weine nur bergauf. Nach einer kleinen Verschnaufpause meldete sich das Gut mit einer fulminanten 99er Kollektion in der Spitzengruppe des Gebiets zurück. Von den edelsüßen Gewächsen bis zur trockenen Auslese der S-Klasse präsentierte sich ein Wein besser als der andere. Apropos, trockener Riesling: Wenn Tyrell gut in Form ist, sprich die Witterung mitspielt, kann ihm im Gebiet hier so leicht keiner das Wasser reichen. Das zeigt sich auch in 2001 mit zwei fulminanten trockenen Auslesen. Beim Jahrgang 2000 musste Tyrell dann erneut einen Durchhänger hinnehmen. Die natürlichen Verhältnisse, Hagelschlag im Mai inklusive, waren nicht gerade für die Erzeugung von hochkarätigen trockenen Rieslingen geeignet: Feinherbe und auch leicht derbe Töne durchzogen praktisch die gesamte Kollektion. Das macht der Winzer in 2001 mit einer rundum überzeugenden Kollektion wieder wett. Wir probierten mineralisch-klare Weine mit einem durch die Bank guten Süße-Säure-Spiel. Obwohl Kabinett und Spätlese in der Süße verhalten erscheinen, sind es ausnahmslos leckere Weine. Die Auslesen offenbaren exotische Fruchtaromen bei samtiger Fülle und langem Nachhall. Vor allem die exotisch nach Früchten und Kräutern duftende Nummer 33 machte in unserer Bundesfinalprobe eine hervorragende Figur und landete schließlich unter den besten zehn 2001er Auslesen des ganzen Landes. Um ganz oben mitspielen zu können, fehlt den Eisweinen zwar der letzte Schliff, aber sie sind allemal konzentriert und von feiner Frucht. Der Name Karthäuserhof geht auf das Mittelalter zurück, als sich der Orden des heiligen Bruno von Chartreuse in Europa ausbreitete. Im Jahr 1335 bekamen die Mönche vom Kurfürsten Balduin zu Luxemburg den Hof in Eitelsbach, kurz vor der Mündung der Ruwer in die Mosel, zum Geschenk. 1811 kam er im Rahmen der Säkularisation in den Besitz der heutigen Familie. Christoph Tyrell führt das Gut nunmehr in der sechsten Generation. Eigentlich hatte der gelernte Jurist, der eine Zeit lang auch als Anwalt in Trier tätig war, wenig mit dem Weinbau am Hut, bis er das vom Vater leidlich heruntergewirtschaftete Gut Ende der achtziger Jahre übernahm. Die Anlage selbst ist wunderschön und die sie umgebende Landschaft eine Idylle. Schöner lässt es sich in Deutschland auf dem Land kaum leben. Für die nächsten Jahre plant Tyrell weitere Renovierungsmaßnahmen an den Gutsgebäuden und die Neuanpflanzung von Weinbergsparzellen.

Die Betriebe: ✻✻✻✻✻ Weltklasse · ✻✻✻✻ Deutsche Spitze · ✻✻✻ Sehr gut · ✻✻ Gut · ✻ Zuverlässig

Mosel-Saar-Ruwer

2001 Eitelsbacher Karthäuserhofberg
Riesling trocken
8,10 €/1,0 Lit., 12%, ♀ bis 2004   **82**

2001 Eitelsbacher Karthäuserhofberg
Riesling Spätlese trocken
12,– €, 11%, ♀ bis 2005   **84**

2001 Eitelsbacher Karthäuserhofberg
Riesling Auslese trocken
16,– €, 12%, ♀ bis 2008   **87**

2001 Eitelsbacher Karthäuserhofberg
Riesling Auslese trocken »S«
20,– €, 12%, ♀ bis 2008   **89**

2001 Eitelsbacher Karthäuserhofberg
Riesling Kabinett
8,50 €, 8,5%, ♀ bis 2006   **85**

2001 Eitelsbacher Karthäuserhofberg
Riesling Spätlese
12,– €, 8,5%, ♀ bis 2010   **88**

2001 Eitelsbacher Karthäuserhofberg
Riesling Auslese – 38 –
23,80 €, 8,5%, ♀ bis 2012   **89**

2001 Eitelsbacher Karthäuserhofberg
Riesling Auslese – 44 –
27,20 €, 8%, ♀ bis 2015   **90**

2001 Eitelsbacher Karthäuserhofberg
Riesling Eiswein – 41 –
83,– €, 7,5%, ♀ bis 2015   **91**

2001 Eitelsbacher Karthäuserhofberg
Riesling Auslese Goldkapsel – 43 –
68,– €, 7,5%, ♀ bis 2015   **91**

2001 Eitelsbacher Karthäuserhofberg
Riesling Eiswein – 39 –
118,– €, 7%, ♀ bis 2015   **92**

2001 Eitelsbacher Karthäuserhofberg
Riesling Auslese – 33 –
29,30 €, 7,5%, ♀ bis 2015   **93**

Vorjahresweine

2000 Eitelsbacher Karthäuserhofberg
Riesling trocken
6,65 €, 11,5%, ♀ bis 2003   **83**

2000 Eitelsbacher Karthäuserhofberg
Riesling Kabinett halbtrocken
8,18 €, 9,5%, ♀ bis 2003   **83**

2000 Eitelsbacher Karthäuserhofberg
Riesling halbtrocken
6,65 €, 11%, ♀ bis 2003   **84**

2000 Eitelsbacher Karthäuserhofberg
Riesling Kabinett
8,18 €, 8,5%, ♀ bis 2004   **83**

2000 Eitelsbacher Karthäuserhofberg
Riesling – 34 –
6,65 €, 9,5%, ♀ bis 2004   **85**

2000 Eitelsbacher Karthäuserhofberg
Riesling Spätlese
12,27 €, 8%, ♀ bis 2005   **87**

2000 Eitelsbacher Karthäuserhofberg
Riesling Eiswein – 35 –
Versteigerungswein, 8%, ♀ bis 2008   **89**

Die Weine: **100** Perfekt · **95–99** Überragend · **90–94** Exzellent · **85–89** Sehr gut · **80–84** Gut · **75–79** Passabel

Mosel-Saar-Ruwer

WEINGUT KEES-KIEREN

Inhaber: Ernst-Josef und Werner Kees
Verwalter: Werner Kees
Kellermeister: Ernst-Josef Kees
54470 Graach, Hauptstraße 22
Tel. (0 65 31) 34 28, Fax 15 93
e-mail: weingut@kees-kieren.de
Internet: www.kees-kieren.de
Anfahrt: A 48, Ausfahrt Wittlich, Richtung Bernkastel-Kues über Zeltingen oder A 61, Ausfahrt Rheinböllen, B 50 Richtung Bernkastel
Verkauf: Ernst-Josef, Werner und Gerlinde Kees
Mo.–Sa. 9:00 bis 18:00 Uhr
So. und feiertags nach Vereinbarung
Gutsausschank: Pfingsten und Fronleichnam (Jungweinprobe)
Historie: Familienbetrieb seit 1648
Sehenswert: Gewölbekeller von 1826

Rebfläche: 5 Hektar
Jahresproduktion: 45.000 Flaschen
Beste Lagen: Graacher Domprobst und Himmelreich, Erdener Treppchen, Kestener Paulinshofberger
Boden: Devonschiefer
Rebsorten: 90% Riesling, 5% Kerner, 3% Müller-Thurgau und 2% Spätburgunder
Durchschnittsertrag: 68 hl/ha
Beste Jahrgänge: 1999, 2000, 2001
Mitglied in Vereinigungen: Bernkasteler Ring

2001 Graacher Domprobst
Riesling Auslese trocken
11,– €, 12,5%, ♀ bis 2006   85

2001 Graacher Himmelreich
Riesling Hochgewächs halbtrocken
5,70 €/1,0 Lit., 12%, ♀ bis 2005   82

2001 Graacher Domprobst
Riesling Spätlese halbtrocken
8,– €, 11%, ♀ bis 2007   86

2001 Graacher Domprobst
Riesling Auslese halbtrocken
11,– €, 11,5%, ♀ bis 2008   **88**

2001 Kestener Paulinshofberger
Riesling Spätlese
8,– €, 8,5%, ♀ bis 2010   88

2001 Erdener Treppchen
Riesling Spätlese **
18,35 €, 8%, ♀ bis 2010   89

2001 Graacher Domprobst
Riesling Auslese ***
59,15 €, 8,5%, ♀ bis 2014   90

2001 Graacher Himmelreich
Riesling Beerenauslese
25,– €/0,375 Lit., 8%, ♀ bis 2012 91

2001 Graacher Himmelreich
Riesling Eiswein
35,– €/0,375 Lit., 7%, ♀ bis 2015 92

Weil Ernst-Josef und Werner Kees über viele Jahre fleißig und mit großem Erfolg die Landesweinprämierung beschickt haben, wurden sie nun mit einer Rarität belohnt: dem Staatsehrenpreis in Gold. Was man auch immer von solchen Ehrungen halten mag, eins steht fest: Seit Jahren probieren auch wir hier Rieslinge von kontinuierlich hoher Qualität. Waren im gar nicht so einfachen Jahrgang 2000 die zartsüßen Weine besonders gut geraten, so sind es in 2001 auch die halbtrockenen, die überzeugen, selbst in der Literflasche. Doch auch die Edelsüßen wissen zu begeistern. Weiter so!

Die Betriebe: ✻✻✻✻✻ Weltklasse · ✻✻✻✻ Deutsche Spitze · ✻✻✻ Sehr gut · ✻✻ Gut · ✻ Zuverlässig

Mosel-Saar-Ruwer

WEINGUT HERIBERT KERPEN

Inhaber: Martin Kerpen
54470 Bernkastel-Wehlen, Uferallee 6
Tel. (0 65 31) 68 68, Fax 34 64
e-mail: weingut-kerpen@t-online.de
Internet: www.weingut-kerpen.com
Anfahrt: A 48 Koblenz–Trier, Ausfahrt Wittlich, Richtung Bernkastel-Kues, Ortsmitte zum Moselufer
Verkauf: Mo.–Fr. 8:00 bis 18:00 Uhr Sa. 9:00 bis 16:00 Uhr, So., feiertags und abends nach Vereinbarung
Historie: Weinbau seit acht Generationen
Sehenswert: Jugendstilhaus am Moselufer, alte Korbpresse
Erlebenswert: Weinkulturwoche von Christi Himmelfahrt bis Pfingsten

---

Rebfläche: 6 Hektar
Jahresproduktion: 45.000 Flaschen
Beste Lagen: Wehlener Sonnenuhr, Graacher Domprobst und Himmelreich, Bernkasteler Bratenhöfchen
Boden: Devonschiefer
Rebsorten: 100% Riesling
Durchschnittsertrag: 60 hl/ha
Beste Jahrgänge: 1994, 1995, 2001
Mitglied in Vereinigungen:
Bernkasteler Ring

2001 Graacher Domprobst
Riesling Selection
11,50 €, 12,5%, ♀ bis 2004   **81**

2001 Riesling
»Classic«
5,70 €, 12%, ♀ bis 2004   **80**

2001 Graacher Himmelreich
Riesling Spätlese
7,70 €, 8%, ♀ bis 2008   **86**

2001 Wehlener Sonnenuhr
Riesling Spätlese *
10,75 €, 7,5%, ♀ bis 2008   **86**

2001 Wehlener Sonnenuhr
Riesling Auslese
10,50 €, 8%, ♀ bis 2010   **87**

2001 Wehlener Sonnenuhr
Riesling Auslese **
18,– €, 7,5%, ♀ bis 2010   **87**

2001 Bernkasteler Bratenhöfchen
Riesling Eiswein
32,50 €/0,375 Lit., 8,5%, ♀ bis 2010   **88**

2001 Wehlener Sonnenuhr
Riesling Trockenbeerenauslese
62,– €/0,375 Lit., 7,5%, ♀ bis 2012   **89**

Martin Kerpen zählt zu den zuverlässigen Erzeugern in Wehlen, wofür ihm Parzellen in Wehlen, Bernkastel und Graach eine exzellente Voraussetzung bieten. Bereits seit Anfang der 70er Jahre bauen die Kerpens etwa die Hälfte der Ernte trocken und halbtrocken aus. Die Classic- und Selectionsweine werden mittlerweile in Bordeauxflaschen gefüllt, doch halten die Weine nicht, was das moderne Outfit verspricht. Nach wie vor sind eben die feinfruchtigen Rieslingweine am interessantesten in diesem Gut, was in 2001 durch eine homogene Gruppe an guten Spät- und Auslesen erneut belegt wird. Den edelsüßen Rieslingen fehlt in diesem Jahrgang allerdings die letzte Klarheit.

Die Weine: **100** Perfekt · **95–99** Überragend · **90–94** Exzellent · **85–89** Sehr gut · **80–84** Gut · **75–79** Passabel

Aufsteiger — **Mosel-Saar-Ruwer**

WEINGUT REICHSGRAF VON KESSELSTATT

Inhaber: Familie Günther Reh
Geschäftsführer:
Annegret Reh-Gartner
Betriebsleiter und Kellermeister:
Bernward Keiper
54317 Morscheid,
Schlossgut Marienlay
Tel. (0 65 00) 9 16 90, Fax 91 69 69
e-mail: Weingut@Kesselstatt.com
Internet: www.kesselstatt.com
Anfahrt: A 602, Ausfahrt Kenn/Ruwer, Richtung Ruwertal, durch Kasel und Waldrach, Schilder Schloss Marienlay
Verkauf: Annegret Reh-Gartner, Andrea Galli
Weinstube: Palais Kesselstatt
Liebfrauenstraße 10, 54290 Trier
Tel. (06 51) 4 11 78, Fax 9 94 34 49
Mo.–So. 11:00 bis 24:00 Uhr
Spezialitäten: Regionale Küche
Historie: 1377 Friedrich von Kesselstatt Verwalter der kurtrierischen Kellereien; 650-jähriges Jubiläum (1349–1999)
Sehenswert: Palais Kesselstatt (1745)

Rebfläche: 40 Hektar
Jahresproduktion: 280.000 Flaschen
Beste Lagen: Josephshöfer (Alleinbesitz), Wehlener Sonnenuhr, Bernkasteler Doctor, Piesporter Goldtröpfchen und Domherr, Scharzhofberger, Kaseler Nies'chen
Boden: Devonschiefer-Verwitterung
Rebsorten: 100% Riesling
Durchschnittsertrag: 57 hl/ha
Beste Jahrgänge: 1997, 1998, 2001

Dieses traditionsreiche Weingut mit Besitz in berühmtesten Lagen von Mosel, Saar und Ruwer, wird von Annegret Reh und ihrem Mann Gerhard Gartner geführt. Zuletzt enttäuschten die vorgestellten Weine durch die Bank. Umso mehr erfreuten wir uns an der 2001er Kollektion, die die dritte Traube zurückbringt. Unter zwei Dutzend Weinen, vom Liter bis zum Eiswein, gab es keinen Ausfall. Die besten hatten mineralischen Schmelz, eine hefewürzige Art und zeigten Charakter und Dichte.

2001 Scharzhofberger
Riesling Spätlese trocken ***
14,90 €, 11,5%, ♀ bis 2005   **86**

2001 Josephshöfer
Riesling Kabinett feinherb
9,50 €, 10,5%, ♀ bis 2006   **84**

2001 Scharzhofberger
Riesling Kabinett
9,50 €, 8,5%, ♀ bis 2008   **87**

2001 Scharzhofberger
Riesling Spätlese
13,– €, 8,5%, ♀ bis 2010   **87**

2001 Piesporter Goldtröpfchen
Riesling Auslese
11,– €/0,375 Lit., 7,5%, ♀ bis 2008   **88**

2001 Kaseler Nies'chen
Riesling Spätlese
12,55 €, 8%, ♀ bis 2009   **88**

2001 Scharzhofberger
Riesling Auslese lange Goldkapsel – 19 –
20,– €/0,375 Lit., 7,5%, ♀ bis 2012   **88**

2001 Scharzhofberger
Riesling Eiswein
58,50 €/0,375 Lit., 8,5%, ♀ bis 2012   **89**

2001 Scharzhofberger
Riesling Auslese lange Goldkapsel – 10 –
26,50 €/0,375 Lit., 8%, ♀ bis 2011   **89**

Mosel-Saar-Ruwer

WEINGUT KIRSTEN

Inhaber: Bernhard Kirsten
54340 Klüsserath, Krainstraße 5
Tel. (0 65 07) 9 91 15, Fax 9 91 13
e-mail: mail@weingut-kirsten.de
Internet: www.weingut-kirsten.de
Anfahrt: A 48, Ausfahrt Föhren
Verkauf: Bernhard Kirsten
nach Vereinbarung

Rebfläche: 8 Hektar
Jahresproduktion: 40.000 Flaschen
Beste Lagen: Klüsserather Bruderschaft, Trittenheimer Apotheke, Pölicher Held, Köwericher Laurentiuslay
Boden: Schieferverwitterung
Rebsorten: 95% Riesling, 5% Weißburgunder
Durchschnittsertrag: 50 hl/ha
Beste Jahrgänge: 1998, 1999, 2001

Den Löwenanteil seines Besitzes hat Bernhard Kirsten direkt vor der Haustür: In der bekannten Lage Klüsserather Bruderschaft ist er mit stolzen 5,5 Hektar begütert. In Zukunft will sich der Winzer noch einige Parzellen mit alten Reben zulegen. Im Keller setzt Kirsten auch schon mal auf moderne Erkenntnisse wie Ganztraubenpressung und Mostoxidation. Ansonsten geht es eher traditionell zu: Der Riesling wird meist reduktiv in Tanks ausgebaut, kleinere Mengen auch in Holzfässern. Die niedrigen Erträge haben zu einer deutlichen Konzentration der Weine geführt. 1999 war bislang die gelungenste Kollektion, die wir hier je verkostet haben. Da kamen die 2000er Weine nicht ganz heran. In 2001 gefielen uns vor allem die mineralisch-spritzigen Spätlesen aus dem Herzstück und dem Pölicher Held. Interessant der im Eichenholz gelagerte und nach Kokosnuss duftende »Eisbeer«, eine ungewöhnliche Kombination von Eiswein und Beerenauslese. Auch in der Ausstattung zeigt sich Kirsten kreativ: Auslese und Eisbeer kommen in die Bordeauxflasche, ein trockener Qualitätswein wird mit Plastikkork verschlossen.

2001 »Herzstück«
Riesling Spätlese trocken **
9,– €, 12,5%, ♀ bis 2005   **84**

2001 Klüsserather Bruderschaft
Riesling Spätlese trocken »Herzstück«
8,50 €, 12,5%, ♀ bis 2006   **85**

2001 Klüsserather Bruderschaft
Riesling Spätlese halbtrocken »Herzstück«
8,50 €, 12%, ♀ bis 2007   **86**

2001 Klüsserather Bruderschaft
Riesling Spätlese »Alte Reben«
10,– €, 13%, ♀ bis 2006   **86**

2001 Pölicher Held
Riesling Spätlese
8,50 €, 11,5%, ♀ bis 2008   **87**

2001 Klüsserather Bruderschaft
Riesling Spätlese »Herzstück«
8,50 €, 11,5%, ♀ bis 2008   **87**

2001 Klüsserather Bruderschaft
Riesling Auslese »S«
10,– €/0,5 Lit., 8,5%, ♀ bis 2010   **89**

2001 »Eisbeer«
Cuvée Eiswein & Beerenauslese Tafelwein
23,– €/0,375 Lit., 9,5%, ♀ bis 2010   **90**

Die Weine: 100 Perfekt · 95–99 Überragend · 90–94 Exzellent · 85–89 Sehr gut · 80–84 Gut · 75–79 Passabel

Mosel-Saar-Ruwer

WEINGUT REINHARD UND BEATE KNEBEL

Inhaber: Reinhard und Beate Knebel
Kellermeister: Reinhard Knebel
56333 Winningen,
August-Horch-Straße 24
Tel. (0 26 06) 26 31, Fax 25 69
e-mail: info@weingut-knebel.de
Anfahrt: A 61, Ausfahrt Koblenz-Metternich, Richtung Winningen
Verkauf: Nach Vereinbarung

Rebfläche: 6,5 Hektar
Jahresproduktion: 45.000 Flaschen
Beste Lagen: Winninger Uhlen, Röttgen und Brückstück
Boden: Schieferverwitterung, Blauschiefer
Rebsorten: 96% Riesling, 4% Weißburgunder
Durchschnittsertrag: 54 hl/ha
Beste Jahrgänge: 1999, 2000, 2001
Mitglied in Vereinigungen: Bernkasteler Ring

Nach Winzerlehre und Technikerabschluss in Weinsberg trat Reinhard Knebel zunächst in das elterliche Weingut in Winningen ein, welches 1990 auf die verschiedenen Familienstämme aufgeteilt wurde. Auf Reinhard und seine Frau Beate entfiel ein Anteil von 2,7 Hektar, den sie mittlerweile auf 6,5 Hektar ausgedehnt, also mehr als verdoppelt haben. Gleich im Jahr eins der Selbstständigkeit zählten die Winninger Winzer zu den Gewinnern des »Pro Riesling«-Erzeugerpreises, in deren Siegerlisten sie zwischenzeitlich schon öfter aufgetaucht sind. Von allen Winzern in Winningen hatten die Knebels 1999 am besten gearbeitet und eine Kollektion aus einem Guss präsentiert. Die trockenen Weine überzeugten durch Charakter, Würze und Länge, die Säure war optimal eingebunden. Zwei sehr feine Auslesen und eine üppige Beerenauslese krönten die Kollektion. Unsere Lobeshymnen konnten wir für den Jahrgang 2000 in nahezu gleicher Weise fortsetzen. Zwar waren die trockenen Weine nicht ganz auf Vorjahresniveau, doch überzeugten die klassisch-fruchtigen Weine dafür umso mehr: Überwältigend gut gefielen uns die beiden Trockenbeerenauslesen aus dem Röttgen, von denen allerdings nur 100 respektive 150 halbe Flaschen abgefüllt wurden. Für die Glanzleistungen der letzten Jahre spendierten wir den Knebels im letzten Jahr gerne das vierte Träubchen. Diese Auszeichnung war für die ehrgeizigen Winninger Winzer offenbar ein großer Ansporn. Sie haben sich nämlich nicht auf den Vorschusslorbeeren der Vorjahre ausgeruht, sondern uns eine brillante Kollektion des Jahrgangs 2001 vorgestellt, makellos von den trockenen Spätlesen bis hinauf zu den edelsüßen Spitzen. Bemerkenswert sind vor allem die beiden fruchtig-süßen Spätlesen aus dem Röttgen: aprikosenduftige Weine von Tiefe und Länge und geradezu seidiger Fülle. Die von alten Reben geerntete Nummer 10 gehört gar zu den besten zehn Spätlesen des Jahrgangs in ganz Deutschland. Und die Spätlese aus dem Winninger Brückstück hat es noch weiter gebracht: Sie wurde unser »Wein des Jahres« in der Kategorie Riesling halbtrocken! Beerenauslese und Eiswein setzen die Reihe der großartigen edelsüßen Gewächse aus diesem Gut in prachtvoller Weise fort.

2001 Riesling
trocken
6,20 €, 12,5%, ♀ bis 2004 — **83**

2001 Winninger Uhlen
Riesling trocken
7,50 €, 12,5%, ♀ bis 2005 — **85**

2001 Winninger Uhlen
Riesling Spätlese trocken
12,– €, 12,5%, ♀ bis 2006 — **87**

2001 Winninger Hamm
Riesling Kabinett halbtrocken
6,20 €, 11%, ♀ bis 2007 — **84**

2001 Winninger Brückstück
Riesling Spätlese halbtrocken
8,20 €, 11,5%, ♀ bis 2008 — **89**

Mosel-Saar-Ruwer

2001 Winninger Röttgen
Riesling Spätlese – 21 –
9,50 €, 7,5%, ♀ bis 2012 **90**

2001 Winninger Röttgen
Riesling Auslese
37,85 €/0,375 Lit., 8%, ♀ bis 2012 **90**

2001 Winninger Uhlen
Riesling Auslese
103,– €/0,375 Lit., 8%, ♀ bis 2015 **91**

2001 Winninger Röttgen
Riesling Spätlese »alte Reben« – 10 –
12,– €, 7,5%, ♀ bis 2012 **91**

2001 Winninger Röttgen
Riesling Eiswein
35,– €/0,375 Lit., 9%, ♀ bis 2015 **92**

2001 Winninger Röttgen
Riesling Beerenauslese
60,– €/0,375 Lit., 8%, ♀ bis 2020 **93**

Vorjahresweine

2000 Winninger Brückstück
Riesling Spätlese trocken
7,67 €, 12%, ♀ bis 2003 **83**

2000 Winninger Uhlen
Riesling Spätlese trocken
9,20 €, 12%, ♀ bis 2003 **83**

2000 Riesling
trocken
5,62 €, 12%, ♀ bis 2003 **84**

2000 Winninger Brückstück
Riesling halbtrocken
5,37 €, 11%, ♀ bis 2003 **82**

2000 Winninger Brückstück
Riesling Spätlese halbtrocken
7,67 €, 11%, ♀ bis 2004 **84**

2000 Winninger Uhlen
Riesling Auslese
60,50 €/0,375 Lit., 7%, ♀ bis 2008 **87**

2000 Winninger Röttgen
Riesling Spätlese
11,76 €, 7,5%, ♀ bis 2006 **88**

2000 Winninger Röttgen
Riesling Auslese
13,80 €/0,5 Lit., 8%, ♀ bis 2010 **89**

2000 Winninger Uhlen
Riesling Auslese
16,36 €/0,5 Lit., 8%, ♀ bis 2009 **89**

2000 Winninger Brückstück
Riesling Eiswein
35,79 €/0,375 Lit., 7%, ♀ bis 2015 **91**

2000 Winninger Röttgen
Riesling Beerenauslese
56,24 €/0,375 Lit., 6,5%, ♀ bis 2015 **91**

2000 Winninger Röttgen
Riesling Trockenbeerenauslese
153,39 €/0,375 Lit., 6,5%, ♀ bis 2020 **95**

Die Weine: **100** Perfekt · **95–99** Überragend · **90–94** Exzellent · **85–89** Sehr gut · **80–84** Gut · **75–79** Passabel

Neu

Mosel-Saar-Ruwer

WEINGUT SYBILLE KUNTZ

Inhaber und Betriebsleiter: Sybille Kuntz und Markus Kuntz-Riedlin
54470 Bernkastel-Lieser,
Moselstraße 25
Tel. (0 65 31) 9 10 00 und 9 10 03,
Fax 9 10 01
e-mail: weingut@sybillekuntz.de
Internet: www.sybillekuntz.de
Anfahrt: A 61, Ausfahrt Rheinböllen, über Hunsrückhöhenstraße; A 48, Ausfahrt Wittlich
Verkauf: Weinshop Moselstraße 25
Mo.–Fr. 9:00 bis 17:00 Uhr
Weinkeller Paulsstraße 48
nach Vereinbarung

Rebfläche: 5,2 Hektar
Jahresproduktion: 30.000 Flaschen
Beste Lagen: Lieser Niederberg Helden, Wehlener Sonnenuhr
Boden: Devon-Verwitterungsschiefer, Quarz
Rebsorten: 98% Riesling, 2% Müller-Thurgau
Durchschnittsertrag: 64 hl/ha
Beste Jahrgänge: 2000, 2001

---

nung des Sortiments ist die 2000er Trockenbeerenauslese, die an Orangeade, Mokka, Datteln und Feigen erinnert.

2000 Riesling
Riesling trocken
7,50 €, 12%, ♀ bis 2004   83

2000 Lieser Niederberg Helden
Riesling Spätlese trocken
12,50 €, 11,5%, ♀ bis 2004   83

2001 Wehlener Sonnenuhr
Riesling Spätlese trocken
25,– €, 14%, ♀ bis 2005   84

2001 Lieser Niederberg Helden
Riesling Spätlese trocken »DreiStern«
20,– €, 13,5%, ♀ bis 2006   87

2000 Lieser Niederberg Helden
Riesling Beerenauslese
80,– €/0,375 Lit., 10%, ♀ bis 2005   84

2000 Lieser Niederberg Helden
Riesling Trockenbeerenauslese
150,– €/0,375 Lit., 7,5%, ♀ bis 2014   89

Das Selbstbewusstsein der Sybille Kuntz ist ausgeprägt. Von ihrem Weingut gehe »eine neue Faszination für Riesling aus«, lässt sie wissen. Die Diplom-Ökonomin ist stolz auf die »Corporate Identity« ihres Betriebes in Lieser, dessen Gesamt-Erscheinungsbild bereits mehrfach prämiert wurde. Hinter der in der Tat sehr gelungenen Ausstattung verbergen sich Weine, die in den letzten Jahren an Qualität gewonnen haben. Basis für die mineralischen Rieslinge sind weitgehend wurzelechte Reben in besten Steillagen. Für den Ausbau der Weine sorgt Markus Kuntz-Riedlin, der acht Jahre lang »Winemaker« an der Ostküste Amerikas war und nach einem Gastspiel im Trierer Friedrich-Wilhelm-Gymnasium den Weg nach Lieser fand. Uns hat die trockene 2001er Spätlese »DreiStern« aus dem Niederberg Helden am besten gefallen: ein mineralischer Wein mit bemerkenswerter Frucht. Krö-

Mosel-Saar-Ruwer

WEINGUT PETER LAUER
WEINHAUS AYLER KUPP

Inhaber: Julia und Peter Lauer
Betriebsleiter und Kellermeister:
Peter Lauer
54441 Ayl, Trierer Straße 49
Tel. (0 65 81) 30 31, Fax 23 44
e-mail: Ayler-kupp@t-online.de
Internet: www.riesling-weine.de
Anfahrt: Von Trier über die B 51 nach Ayl; von Saarbrücken: A 61 bis Merzig, über die B 51 nach Mettlach, Saarburg, Ayl
Verkauf: Julia und Peter Lauer
Di.–Sa. 15:00 bis 22:00 Uhr
So. und Mo. nach Vereinbarung
Gutsausschank: Weinhaus »Ayler Kupp«
Weinbistro geöffnet ab 15:00 Uhr
durchgehend bis 24:00 Uhr,
Küche bis 21:00 Uhr
So. ab 12:00 Uhr, Mo. geschlossen
Spezialitäten: Marinierte Tafelspitzscheiben, hausgemachte Kartoffelsuppe mit kleinen Köstlichkeiten

---

Rebfläche: 5 Hektar
Jahresproduktion: 30.000 Flaschen
Beste Lage: Ayler Kupp
Boden: Braunerde Regusol
auf Verwitterungsschiefer
Rebsorten: 100% Riesling
Durchschnittsertrag: 70 hl/ha
Beste Jahrgänge: 1997, 1999, 2001

»Rassig in der Säure, abgerundet nur durch eine Prise Fruchtsüße!« So lautet Peter Lauers Vorstellung, wie seine Weine zu schmecken haben. Er lagert die Jungweine mindestens sechs Monate im Holzfass, damit sich die Säure auf natürliche Weise etwas rundet. Lauer füllt jedes Fass separat ab und dokumentiert die Nummer auf dem Etikett. Die 98er Weine waren eher leicht, die 99er aber aus ganz anderem Holz geschnitzt. Wir probierten überraschend kompakte, für Saar-Verhältnisse geradezu mächtige Rieslinge, die einige Entwicklungszeit benötigen. Die 2000er Kollektion kam da um Längen nicht heran. In 2001 hat Lauer sich mächtig ins Zeug gelegt und bei geringem Ertrag ansprechende Trockene (feinstoffiger Kabinett) und auch herzhafte fruchtsüße Spätlesen geerntet. In den nächsten Jahren will man durch Übernahme bester Rieslinglagen die Betriebsfläche weiter vergrößern.

2001 Ayler Kupp
Riesling trocken – 3 –
5,50 €, 11,5%, ♀ bis 2004 — **82**

2001 Ayler Kupp
Riesling Hochgewächs trocken
»Senior« – 1 –
6,50 €, 12%, ♀ bis 2004 — **84**

2001 Ayler Kupp
Riesling Kabinett trocken – 4 –
8,– €, 10%, ♀ bis 2006 — **86**

2001 Ayler Kupp
Riesling Kabinett feinherb – 7 –
7,– €, 10%, ♀ bis 2006 — **84**

2001 Ayler Kupp
Riesling Spätlese – 18 –
9,– €, 9%, ♀ bis 2008 — **86**

2001 Ayler Kupp
Riesling Spätlese – 6 –
8,50 €, 9%, ♀ bis 2010 — **87**

Die Weine: **100** Perfekt · **95–99** Überragend · **90–94** Exzellent · **85–89** Sehr gut · **80–84** Gut · **75–79** Passabel

Mosel-Saar-Ruwer

WEINGUT LEHNERT-VEIT

Inhaber: Erich Lehnert
54498 Piesport, In der Dur 6–10
Tel. (0 65 07) 21 23, Fax 71 45
e-mail: weingut-lv@gmx.net
Internet: www.weingut-lv.de
Anfahrt: A 48, Ausfahrt Salmtal-Piesport
Verkauf: Ingrid und Erich Lehnert
Mo.–Fr. 9:00 bis 17:00 Uhr
Sa. 10:00 bis 13:00 Uhr
Gutsausschank Moselgarten:
11:00 bis 21:00 Uhr
Spezialitäten: Moseltypische Küche
Sehenswert: Römische Kelteranlage aus dem 4. Jahrhundert, altes Pestkreuz im Familienbesitz

---

Rebfläche: 6,1 Hektar
Jahresproduktion: 40.000 Flaschen
Beste Lagen: Piesporter Goldtröpfchen, Falkenberg und Treppchen
Boden: Tonverwitterungsschiefer
Rebsorten: 70% Riesling, 20% Müller-Thurgau, je 5% Spätburgunder und übrige Sorten
Durchschnittsertrag: 68 hl/ha
Beste Jahrgänge: 1998, 1999, 2001
Mitglied in Vereinigungen:
Bernkasteler Ring

»Eucharius«, »Duarte« und »Lehnardo« – Erich Lehnert zählt zu den kreativen Moselwinzern, wenn es darum geht, für seine Weine originelle Bezeichnungen zu finden. Das Gros der Weinberge des Gutes befindet sich im Piesporter Treppchen, in dessen flacheren Parzellen Lehnert auch Müller-Thurgau und Weißburgunder kultiviert. Hingegen sind die Flächen im Falkenberg und Goldtröpfchen komplett mit Riesling bestockt. Nach einer eher schwachen 2000er Kollektion bringt der Folgejahrgang leichte Besserung. Die Spätlese Goldkapsel hat uns am besten gefallen. Über die Rotweine aber decken wir lieber den Mantel des Schweigens. Am besten probiert man die Weine im hübschen Gutsausschank von Mai bis Oktober.

2001 Riesling
trocken »Duarte«
4,30 €, 12%, ♀ bis 2005 — **82**

2001 Weißer Burgunder
trocken
5,20 €, 12%, ♀ bis 2005 — **83**

2001 Piesporter Goldtröpfchen
Riesling Spätlese trocken
7,– €, 11,5%, ♀ bis 2005 — **83**

2001 Piesporter Goldtröpfchen
Riesling Spätlese halbtrocken
7,– €, 11%, ♀ bis 2005 — **83**

2001 Piesporter Günterslay
Riesling Kabinett
5,20 €, 8,5%, ♀ bis 2005 — **82**

2001 Piesporter Goldtröpfchen
Riesling Spätlese
6,40 €, 8%, ♀ bis 2006 — **84**

2001 Piesporter Goldtröpfchen
Riesling Auslese
9,50 €/0,5 Lit., 8,5%, ♀ bis 2007 — **84**

2001 Piesporter Goldtröpfchen
Riesling Eiswein
20,– €/0,375 Lit., 9%, ♀ bis 2008 — **86**

2001 Piesporter Goldtröpfchen
Riesling Spätlese Goldkapsel
9,– €, 8%, ♀ bis 2008 — **86**

Die Betriebe: ❀❀❀❀❀ Weltklasse · ❀❀❀❀ Deutsche Spitze · ❀❀❀ Sehr gut · ❀❀ Gut · ❀ Zuverlässig

Neu

Mosel-Saar-Ruwer

WEINGUT LENZ-DAHM

Inhaber: Peter Arens, Karl Schaaf, Heinrich Betz
Betriebsleiter: Peter Arens, Karl Schaaf
Kellermeister: Günter Lenz
56862 Pünderich, Hauptstraße 3
Tel. (0 65 42) 2 29 50, Fax 2 14 87
e-mail: lenz-dahm@lenz-dahm.de
Internet: www.lenz-dahm.de
Anfahrt: A 48 Koblenz–Trier, Ausfahrt Daun; A 61 Bingen–Koblenz, Ausfahrt Rheinböllen, über B 50 und B 412 Richtung Zell
Verkauf: Karl Schaaf, Peter Arens
Mo.–Fr. 8:00 bis 18:00 Uhr
Wochenende nach Vereinbarung

Rebfläche: 3,8 Hektar
Jahresproduktion: 40.000 Flaschen
Beste Lagen: Pündericher Marienburg, Kaseler Nies'chen und Hitzlay
Boden: Schiefer
Rebsorten: 90% Riesling, 7% Dornfelder, 3% Weißburgunder
Durchschnittsertrag: 87 hl/ha
Bester Jahrgang: 2001

2001 Pündericher Marienburg
Riesling Kabinett trocken
6,90 €, 10,5%, ♀ bis 2004   **79**

2001 Pündericher Marienburg
Riesling Spätlese trocken
8,95 €, 11%, ♀ bis 2004   **81**

2001 Pündericher Marienburg
Riesling Auslese »Trockener Heinrich«
13,– €, 12%, ♀ bis 2005   **84**

2001 Kröver Letterlay
Riesling Hochgewächs
5,55 €, 8,5%, ♀ bis 2006   **85**

2001 Pündericher Marienburg
Riesling Spätlese
8,95 €, 7,5%, ♀ bis 2006   **86**

2001 Pündericher Marienburg
Riesling Auslese
13,– €, 8,5%, ♀ bis 2007   **87**

1986 haben Peter Arens und Karl Schaaf dieses kleine Gut in der Nähe von Zell übernommen. Später kam mit Heinrich Betz ein dritter Teilhaber hinzu, der aber nicht aktiv in die Geschäfte eingreift. Heinrich Lenz-Dahm hatte sich bereits in den 70er Jahren vor allem mit trockenem Riesling einen Namen gemacht, als die Mosel noch hoch auf der süßen Neuzuchten- und Süßreserven-Welle schwamm. Dieser Tradition fühlen sich die heutigen Eigner verpflichtet und halten das Erbe ihres Vorgängers mit der Abfüllung »Trockener Heinrich« in Ehren. Jeweils das beste Fuder des Jahrgangs darf den Spitznamen des früheren Inhabers führen. Wir probierten ein durchgängig sauberes, ja mineralisches Sortiment, wobei auch die trockenen Weine eine gute Figur machten – keine Selbstverständlichkeit an der Mosel.

Die Weine: **100** Perfekt · **95–99** Überragend · **90–94** Exzellent · **85–89** Sehr gut · **80–84** Gut · **75–79** Passabel

Mosel-Saar-Ruwer

WEINGUT SCHLOSS LIESER

Inhaber: Thomas Haag
54470 Lieser, Am Markt 1
Tel. (0 65 31) 64 31, Fax 10 68
e-mail: info@weingut-schloss-lieser.de
Internet: www.weingut-schloss-lieser.de
Anfahrt: A 48, Ausfahrt Wittlich-Salmtal, Richtung Mülheim-Lieser, linke Moselseite
Verkauf: Thomas Haag nach Vereinbarung
Historie: Ehemals zum Besitz des Freiherrn von Schorlemer gehörendes Weingut

---

Rebfläche: 7 Hektar
Jahresproduktion: 50.000 Flaschen
Beste Lagen: Lieser Niederberg Helden, Süßenberg und Schlossberg, Graacher Domprobst und Himmelreich
Boden: Verwitterungsschiefer
Rebsorten: 100% Riesling
Durchschnittsertrag: 55 hl/ha
Beste Jahrgänge: 1999, 2000, 2001
Mitglied in Vereinigungen: VDP

Im Herzen der Mittelmosel liegt der Weinort Lieser. Wahrzeichen des Ortes ist das mächtige, aus Grauschiefer Ende des 19. Jahrhunderts erbaute Schloss Lieser, einst Sitz des Freiherrn von Schorlemer. In unmittelbarer Nachbarschaft wurde 1904 das Weingut »Schloss Lieser« errichtet, das damals bereits einige der besten Weine der Region erzeugte. Nach dem Verkauf des Gutes in den 1970er Jahren gab es durch mehrmaligen Besitzerwechsel qualitative Einbrüche. Kurz vor der Traubenernte 1992 übernahm Thomas Haag als Betriebsleiter und Kellermeister das Ruder. Er fand das Weingut in äußerst schlechtem Zustand vor, ohne Kundenstamm und Flaschenweinbestand. Nach fünf Jahren harter Aufbauarbeit konnte er den Betrieb 1997 käuflich erwerben und besitzt nun eine Rebfläche von sieben Hektar in Lieser, Graach und Bernkastel. Aber nur seine Toplage »Lieser Niederberg Helden« erscheint auf dem Etikett, alle anderen Weine füllt er unter dem Gutsnamen ab. Es ist die pure Freude zu sehen und zu schmecken, wie positiv sich dieses Gut unter der Ägide von Thomas Haag entwickelt hat. Bereits der erste Jahrgang 1992 sorgte für Aufsehen und erste Absatzerfolge. Der Jahrgang 1993 brachte dann den Durchbruch, weitere gute Jahre folgten. Thomas Haag ging von Anfang an mit viel Enthusiasmus und all dem Wissen zu Werke, das er von der Geisenheimer Weinuniversität mit an die Mosel brachte. Noch prägender war freilich das Rüstzeug, das ihm Vater Wilhelm Haag, fraglos einer der besten Mosel-Kellermeister der letzten Jahrzehnte, mit auf den Weg gegeben hat. Lieser ist zwar nur wenige Kilometer vom heimischen Brauneberg entfernt, doch unterscheiden sich die Weine recht deutlich. Vor allem in der Spitzenlage Niederberg Helden gelingen Thomas Haag Weine von besonderer Terroir-Prägung. Seine besten Kollektionen gelangen ihm in den Jahren 1997 bis 1999, doch war auch die Kollektion des Jahrganges 2000 durchaus von bemerkenswerter Güte. Da schließt der Folgejahrgang nahtlos an. Man kann sogar sagen, dass Thomas Haag in 2001 ein ganz großer Jahrgang gelungen ist. Vom mineralisch-klaren Kabinett, über feinfruchtige, substanzstarke Spätlesen führt der Weg zu einer großartigen Reihe von Auslesen und edelsüßen Gewächsen. Wir probierten rassig-klare Helden-Auslesen mit strahlender Säure und toller Konzentration und als Krönung zwei Beerenauslesen von üppigem Schmelz und verschwenderischer Fruchtdichte. Gratulation!

2001 Riesling
trocken
5,20 €, 10,5%, ♀ bis 2004   82

2001 Riesling
Kabinett
6,30 €, 9%, ♀ bis 2008   87

2001 Lieser Niederberg Helden
Riesling Spätlese
8,50 €, 8,5%, ♀ bis 2010   88

Mosel-Saar-Ruwer

2001 Lieser Niederberg Helden
Riesling Spätlese
21,90 €, 8%, ♀ bis 2012 — 89

2001 Lieser Niederberg Helden
Riesling Auslese
11,– €, 8%, ♀ bis 2012 — 89

2001 Lieser Niederberg Helden
Riesling Auslese **
8,50 €/0,375 Lit., 8%, ♀ bis 2012 — 89

2001 Lieser Niederberg Helden
Riesling Auslese *
14,– €, 7,5%, ♀ bis 2014 — 91

2001 Lieser Niederberg Helden
Riesling Auslese ***
13,– €/0,375 Lit., 7,5%, ♀ bis 2015 — **93**

2001 Lieser Niederberg Helden
Riesling Beerenauslese – 12 –
38,– €/0,375 Lit., 7%, ♀ bis 2017 — 93

2001 Lieser Niederberg Helden
Riesling Auslese *** lange Goldkapsel
74,50 €/0,375 Lit., 7%, ♀ bis 2015 — **93**

2001 Lieser Niederberg Helden
Riesling Beerenauslese – 13 –
Versteigerungswein, 7%, ♀ bis 2018 — 94

Vorjahresweine

2000 Riesling
5,01 €, 9%, ♀ bis 2003 — 82

2000 Riesling
Kabinett
6,14 €, 8%, ♀ bis 2004 — 83

2000 Lieser Niederberg Helden
Riesling Auslese **
8,69 €/0,375 Lit., 7,5%, ♀ bis 2008 — 88

2000 Lieser Niederberg Helden
Riesling Auslese *
13,80 €, 7,5%, ♀ bis 2008 — 89

2000 Lieser Niederberg Helden
Riesling Auslese ***
13,04 €/0,375 Lit., 8%, ♀ bis 2010 — 89

2000 Lieser Niederberg Helden
Riesling Auslese *** lange Goldkapsel
60,50 €/0,375 Lit., 8%, ♀ bis 2012 — 89

2000 Lieser Niederberg Helden
Riesling Spätlese
8,44 €, 7%, ♀ bis 2010 — 90

2000 Lieser Niederberg Helden
Riesling Beerenauslese
Versteigerungswein, 7%, ♀ bis 2018 — 93

Die Weine: 100 Perfekt · 95–99 Überragend · 90–94 Exzellent · 85–89 Sehr gut · 80–84 Gut · 75–79 Passabel

Mosel-Saar-Ruwer

WEINGUT CARL LOEWEN

Inhaber: Karl Josef Loewen
54340 Leiwen, Matthiasstraße 30
Tel. (0 65 07) 30 94, Fax 80 23 32
e-mail: mail@weingut-loewen.de
Internet: www.weingut-loewen.de
Anfahrt: A 48, Ausfahrt Leiwen, Richtung Leiwen, Ortsmitte
Verkauf: Edith und Karl Josef Loewen
Mo.–Fr. nach Vereinbarung
Sa. 13:00 bis 16:00 Uhr
Historie: Weinbau seit 1803

Rebfläche: 6,2 Hektar
Jahresproduktion: 50.000 Flaschen
Beste Lagen: Leiwener Laurentiuslay, Thörnicher Ritsch, Detzemer Maximiner Klosterlay
Boden: Devon- und leichter Verwitterungsschiefer
Rebsorten: 98% Riesling, 2% Müller-Thurgau
Durchschnittsertrag: 71 hl/ha
Beste Jahrgänge: 1997, 1999, 2001

Durch die Säkularisation kam vor fast 200 Jahren einer der Vorfahren von Karl Josef Loewen in den Besitz der Detzemer Maximiner Klosterlay. In den extrem steilen Hang der Leiwener Spitzenlage Laurentiuslay hat sich Karl Josef Loewen 1982 selbst eingekauft und auch Parzellen in der Thörnicher Ritsch erworben. Loewens Ziel ist die Erzeugung möglichst kleinbeeriger Trauben, denn es ist seine feste Überzeugung, dass kleine Beeren ein feinfruchtigeres Aroma bilden als dicke Trauben. Sein Ideal des Rieslings ist ein ausdrucksstarker Wein mit schlankem Körper und langem Nachhall. Im Jahrgang 1999 hatte Loewen zwar die höchsten Mostgewichte seiner Laufbahn eingefahren, doch war der ehrgeizige Leiwener selbst damit nicht restlos zufrieden. Nach dem eher schwachen Jahrgang 2000 stellte Loewen ein sehr überzeugendes 2001er Sortiment vor. Der trockene Riesling »S« überzeugt durch Dichte und Klarheit, die fruchtigen Spät- und Auslesen haben Schmelz und Spiel. Schön hat

Loewen in diesem Jahr die Unterschiede seiner Lagen herausgearbeitet.

2001 Leiwener Laurentiuslay
Riesling Spätlese trocken
7,30 €, 11,5%, ♀ bis 2005 — 83

2001 Riesling
trocken »Varidor«
4,90 €, 12%, ♀ bis 2006 — 83

2001 Leiwener Laurentiuslay
Riesling trocken »S«
7,90 €, 12%, ♀ bis 2007 — 86

2001 Detzemer Maximiner Klosterlay
Riesling »Christopher's Wine«
7,60 €, 12%, ♀ bis 2005 — 82

2001 Riesling
»Classic«
4,60 €, 12%, ♀ bis 2006 — 83

2001 Leiwener Laurentiuslay
Riesling Spätlese
7,50 €, 8,5%, ♀ bis 2008 — 87

2001 Thörnicher Ritsch
Riesling Spätlese
8,70 €, 8,5%, ♀ bis 2010 — 88

2001 Leiwener Laurentiuslay
Riesling Auslese
12,– €, 8%, ♀ bis 2012 — 88

2001 Thörnicher Ritsch
Riesling Auslese
12,– €, 8%, ♀ bis 2012 — 89

2001 Leiwener Klostergarten
Riesling Eiswein
23,– €/0,5 Lit., 7,5%, ♀ bis 2015 — 90

Die Betriebe: ✽✽✽✽✽ Weltklasse · ✽✽✽✽ Deutsche Spitze · ✽✽✽ Sehr gut · ✽✽ Gut · ✽ Zuverlässig

Lebensstil und Leidenschaft

Das Whisk(e)y-Handbuch
Führer zum Verkosten, Einkaufen & Reisen
Dave Broom
160 Seiten mit 110 Farbfotos, 29 s/w-Fotos und 72 Labelabbildungen.
Mit Lesebändchen.
€ 25,50 [D] SFR 43,-
ISBN 3-88472-493-2

Die große Geschichte der Zigarre
Bernard Le Roy und Maurice Szafran
216 Seiten mit 251 Farbfotos und 130 Illustrationen.
Überarbeitete und aktualisierte Auflage.
€ 39,95 [D] SFR 67,-
Früher: € 70,55 [D] SFR 138,-
ISBN 3-88472-158-5

Das Havanna-Lexikon
Dieter H. Wirtz
312 Seiten mit 120 Abbildungen.
Mit Lesebändchen.
€ 28,- [D] SFR 47,10
ISBN 3-88472-509-2

www.christian-verlag.de

Bestellen Sie auf den eingehefteten Bestellkarten!

Tel.: 089/ 38 18 03 17
Fax: 089/ 38 18 03 81
info@christian-verlag.de

Winzer des Jahres 2001 **Mosel-Saar-Ruwer**

WEINGUT DR. LOOSEN

Inhaber: Ernst F. Loosen
Kellermeister: Bernhard Schug
54470 Bernkastel, St. Johannishof
Tel. (0 65 31) 34 26, Fax 42 48
e-mail: vertrieb@drloosen.de
Internet: www.drloosen.de
Anfahrt: A 48 Koblenz–Trier, Ausfahrt Wittlich, auf der B 53 1 km außerhalb von Bernkastel, moselabwärts
Verkauf: Nur nach Vereinbarung

Rebfläche: 12 Hektar
Jahresproduktion: 70.000 Flaschen
Beste Lagen: Bernkasteler Lay, Erdener Treppchen und Prälat, Wehlener Sonnenuhr, Ürziger Würzgarten
Boden: Devonschiefer und Rotliegendes
Rebsorten: 100% Riesling
Durchschnittsertrag: 70 hl/ha
Beste Jahrgänge: 1997, 1999, 2001
Mitglied in Vereinigungen: VDP

»Die großen Weinmacher, denen ich begegnet bin, haben ausnahmslos eine klare Vision, wie ihr Wein sein sollte«, sagt Ernst Loosen. Ihr Konzept bestehe darin, dass einerseits Bodenbeschaffenheit (Terroir) über der Technologie und andererseits Traubenqualität über der Quantität stehe. »Dies ist genau die Art der Weinherstellung, die ich bei Dr. Loosen anstrebe. Mein Ziel besteht darin, Weine zu produzieren, die konzentriert und komplex sind und ihren Ursprung widerspiegeln«, ist das Credo von Ernst Loosen. Kaum ein anderer Winzer hat dieses Ziel mit der Konsequenz verfolgt wie eben Ernst Loosen. Dabei waren seine Weine im Ausland lange bekannter als zu Hause, noch heute gehen zwei von drei Flaschen in den Export. Im Keller setzt Bernhard Schug die Vorgaben seines jungen Chefs um: langsame Vergärung ohne Reinzuchthefen, keinerlei Schönung und vor allem so wenig Bewegung wie möglich. Mit dem Jahrgang 1993 hatte sich Ernst Loosen in die Spitzengruppe der Mosel katapultiert. Die 95er Weine hatten viel Stoff und Fülle, brillierten aber auch mit einer knackigen Säure. Ähnlich strukturiert war der 96er Jahrgang. Einen neuen Höhepunkt markierte Loosen dann mit einer nahezu perfekten 97er Kollektion, die mit großartigen edelsüßen 98ern eine brillante Fortsetzung erfuhr. 1999 waren hier selbst die trockenen Weine deutlich besser ausgefallen als in den Vorjahren. Doch nach wie vor sind die fruchtigen Weine Loosens Domäne, die immerhin 70 Prozent der Produktion stellen. Vom feingliedrigen Kabinett über die saftigen Spätlesen bis hin zu einem Füllhorn an Auslesen war hier die 99er Kollektion wie aus einem Guss. Das passte so recht zu unserer Ehrung als »Winzer des Jahres 2001«: Elf der angestellten 17 Loosen-Weine, die in etwa die Gesamtproduktion des Jahrgangs darstellten, hatten wir seinerzeit mit 90 und mehr Punkten bewertet. An diese grandiose Leistung kamen die 2000er Weine beim besten Willen nicht heran, doch muss man Loosen bescheinigen, dass er in diesem problematischen Jahr eine immer noch höchst respektable Kollektion auftische. In 2001 schließt Loosen an seine besten Jahrgänge an: Er zeigt eine großartige Kollektion vom feinfruchtigen Kabinett über die mineralischen Spät- und Auslesen bis hinauf zu der üppigen Trockenbeerenauslese und dem opulenten Eiswein. Damit bestätigt Ernst Loosen seine Einstufung im Wein-Olymp der Fünf-Trauben-Betriebe nachdrücklich.

2001 »Blauschiefer«
Riesling trocken
7,70 €, 12%, ♀ bis 2005   **84**

2001 Bernkasteler Lay
Riesling Kabinett
8,60 €, 7,5%, ♀ bis 2008   **86**

2001 Wehlener Sonnenuhr
Riesling Kabinett
9,70 €, 7,5%, ♀ bis 2007   **86**

2001 Erdener Treppchen
Riesling Kabinett
8,50 €, 7,5%, ♀ bis 2008   **88**

Mosel-Saar-Ruwer

2001 Erdener Treppchen
Riesling Spätlese
11,80 €, 7,5%, ♀ bis 2010   **88**

2001 Wehlener Sonnenuhr
Riesling Spätlese
11,80 €, 7,5%, ♀ bis 2010   **89**

2001 Ürziger Würzgarten
Riesling Spätlese
11,80 €, 7,5%, ♀ bis 2014   **90**

2001 Ürziger Würzgarten
Riesling Auslese
22,– €, 7,5%, ♀ bis 2012   **90**

2001 Erdener Treppchen
Riesling Auslese
22,– €, 7,5%, ♀ bis 2012   **90**

2001 Wehlener Sonnenuhr
Riesling Auslese
18,– €, 7,5%, ♀ bis 2012   **91**

2001 Erdener Prälat
Riesling Auslese
28,– €, 7,5%, ♀ bis 2012   **91**

2001 Erdener Prälat
Riesling Auslese Goldkapsel
41,– €, 7,5%, ♀ bis 2014   **92**

2001 Erdener Prälat
Riesling Eiswein
Preis auf Anfrage, 6,5%, ♀ bis 2018   **93**

2001 Wehlener Sonnenuhr
Riesling Auslese Goldkapsel
Versteigerungswein, 7,5%, ♀ bis 2012   **93**

2001 Ürziger Würzgarten
Riesling Trockenbeerenauslese
Preis auf Anfrage, 6,5%, ♀ bis 2024   **94**

Vorjahresweine

2000 Ürziger Würzgarten
Riesling Auslese Goldkapsel
40,90 €, 7,5%, ♀ bis 2008   **89**

2000 Erdener Prälat
Riesling Auslese Goldkapsel
40,90 €, 7,5%, ♀ bis 2008   **89**

2000 Ürziger Würzgarten
Riesling Spätlese
11,76 €, 7,5%, ♀ bis 2007   **91**

2000 Erdener Prälat
Riesling Auslese Goldkapsel
28,12 €, 7,5%, ♀ bis 2004   **93**

2000 Bernkasteler Lay
Riesling Eiswein
76,69 €, 6%, ♀ bis 2015   **94**

Aufsteiger — **Mosel-Saar-Ruwer**

LUBENTIUSHOF
WEINGUT ANDREAS BARTH

Inhaber und Betriebsleiter:
Andreas Barth
56332 Niederfell, Kehrstraße 16
Tel. (0 26 07) 81 35, Fax 84 25
e-mail: weingut@lubentiushof.de
Internet: www.lubentiushof.de
Anfahrt: A 61, Ausfahrt Koblenz-Moselweiß/Dieblich, auf der B 49 zwei Kilometer moselaufwärts Richtung Cochem
Verkauf: Nach Vereinbarung

Rebfläche: 4,6 Hektar
Jahresproduktion: 20.000 Flaschen
Beste Lagen: Gondorfer Gäns, Koberner Uhlen
Boden: Schiefer mit quarzithaltigem Sandstein, Schieferverwitterung
Rebsorten: 80% Riesling, 14% Spätburgunder, 6% übrige Sorten
Durchschnittsertrag: 34 hl/ha
Beste Jahrgänge: 1999, 2000, 2001

2001 Burg von der Leyen Riesling trocken 6,50 €, 12%, ♀ bis 2004	**83**
2001 Gondorfer Gäns Riesling trocken 11,– €, 12,5%, ♀ bis 2005	**84**
2001 Gondorfer Gäns Riesling trocken Goldkapsel 17,– €, 12,5%, ♀ bis 2005	**85**
2001 Burg von der Leyen Riesling feinherb 6,50 €, 11,5%, ♀ bis 2004	**83**
2001 Koberner Uhlen Riesling Spätlese 11,– €, 9,5%, ♀ bis 2005	**85**
2001 Gondorfer Gäns Riesling Auslese 17,– €, 8%, ♀ bis 2007	**88**

Als Barth den Lubentiushof 1994 als Quereinsteiger übernahm, waren gut anderthalb Hektar alter Rieslingreben in der Gondorfer Terrassenlage Gäns so ziemlich das einzige Pfund, mit dem er wuchern konnte. Alles andere musste neu angeschafft werden, die komplette Kellereieinrichtung und auch die Monorackbahn, mit deren Hilfe Barth verbuschte Weinberge in den Steilhängen der Terrassenmosel neu anpflanzen konnte. Bereits mit den Jahrgängen 1995 und 1997 war uns dieses Gut positiv aufgefallen. Den Sprung in den WeinGuide schaffte Andreas Barth mit seiner guten 98er Kollektion. Geringe Erträge kommen seinen trockenen Rieslingen zugute, die immerhin zwei Drittel der Erzeugung ausmachen. Für das durchwachsene Jahr waren die 2000er Weine durchweg gelungen. Der Jahrgang 2001 beschert Barth nun die zweite Traube: Wir probierten Weine von guter Dichte mit Saft und Nachhall, die edelbeerige Auslese besticht durch feine, kräuterwürzige Art. Glückwunsch!

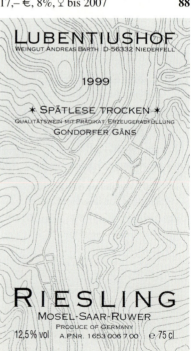

Die Betriebe: ✠✠✠✠✠ Weltklasse · ✠✠✠✠ Deutsche Spitze · ✠✠✠ Sehr gut · ✠✠ Gut · ✠ Zuverlässig

Mosel-Saar-Ruwer

WEINGUT ALFRED MERKELBACH GESCHW. ALBERTZ-ERBEN

Inhaber: Alfred und Rolf Merkelbach
54539 Ürzig, Brunnenstraße 11
Tel. (0 65 32) 45 22, Fax 28 89
Anfahrt: Über die B 53
Verkauf: Alfred Merkelbach
Mo.–Fr. 8:00 bis 19:00 Uhr
Sa. 10:00 bis 18:00 Uhr
nach Vereinbarung

Rebfläche: 1,9 Hektar
Jahresproduktion: 17.000 Flaschen
Beste Lagen: Ürziger Würzgarten, Erdener Treppchen, Kinheimer Rosenberg
Boden: Schiefer
Rebsorten: 100% Riesling
Durchschnittsertrag: 90 hl/ha
Beste Jahrgänge: 1997, 1999, 2001
Mitglied in Vereinigungen: Bernkasteler Ring

Man könnte meinen, die Zeit sei in diesem Ürziger Weingut Ende der 60er Jahre stehen geblieben. Die Brüder Merkelbach, deren Betrieb in einer Seitenstraße Richtung Mosel liegt, halten die Tradition in hohen Ehren. Eine andere Rebsorte außer Riesling hat in ihren Weinbergen nichts zu suchen. Im Ürziger Würzgarten bewirtschaften die beiden Junggesellen immerhin 1,2 Hektar, alle Rebstöcke werden einzeln an Pfählen gezogen und haben ein Durchschnittsalter von 40 Jahren. Das hat sich erst in den letzten Jahren mindernd auf die Erträge ausgewirkt, die Anfang der 90er Jahre noch spielend die Schallmauer von 100 Hektolitern pro Hektar durchbrochen haben. Im Jahr 2001 lag der Ertrag zwar immer noch bei 90 hl/ha. Doch haben die Weine einen starken und homogenen Auftritt, der zeigt, wie gut der Jahrgang an der Mittelmosel ist. Eine Frage sei aber erlaubt: Muss man bei nicht mal zwei Hektar Rebfläche 16 verschiedene Weine abfüllen, darunter vier Auslesen und drei Spätlesen nur aus der Lage Würzgarten?

2001 Ürziger Würzgarten
Riesling Spätlese halbtrocken
5,20 €, 10,5%, ♀ bis 2007 — **83**

2001 Ürziger Würzgarten
Riesling Spätlese – 6 –
5,– €, 8%, ♀ bis 2008 — **84**

2001 Ürziger Würzgarten
Riesling Spätlese – 11 –
5,50 €, 8%, ♀ bis 2008 — **85**

2001 Erdener Treppchen
Riesling Spätlese
5,50 €, 9%, ♀ bis 2008 — **85**

2001 Ürziger Würzgarten
Riesling Spätlese – 14 –
5,50 €, 8%, ♀ bis 2010 — **86**

2001 Ürziger Würzgarten
Riesling Auslese – 18 –
7,– €, 8,5%, ♀ bis 2012 — **86**

2001 Ürziger Würzgarten
Riesling Auslese – 15 –
8,– €, 8%, ♀ bis 2010 — **86**

2001 Erdener Treppchen
Riesling Auslese
7,20 €, 8,5%, ♀ bis 2012 — **87**

2001 Ürziger Würzgarten
Riesling Auslese – 17 –
7,50 €, 8%, ♀ bis 2012 — **87**

2001 Ürziger Würzgarten
Riesling Auslese – 16 –
9,– €, 8%, ♀ bis 2012 — **87**

Die Weine: 100 Perfekt · 95–99 Überragend · 90–94 Exzellent · 85–89 Sehr gut · 80–84 Gut · 75–79 Passabel

Mosel-Saar-Ruwer

WEINGUT MEULENHOF

Inhaber: Stefan Justen
Betriebsleiter und Kellermeister:
Stefan Justen
54492 Erden, Zur Kapelle 8
Tel. (0 65 32) 22 67, Fax 15 52
e-mail: meulenhof@web.de
Anfahrt: A 48 Koblenz–Trier, Ausfahrt Wittlich, Richtung Bernkastel-Kues/Zeltingen, in Zeltingen links nach Erden
Verkauf: Nach Vereinbarung
Historie: Erste urkundliche Erwähnung des Meulenhofs in 1337 als Pfand der Grafen von Sponheim, ab 1477 im Besitz des Zisterzienserklosters Machern
Sehenswert: Römische Kelteranlage im Erdener Treppchen, eigene Brennerei

---

Rebfläche: 4,5 Hektar
Jahresproduktion: 35.000 Flaschen
Beste Lagen: Erdener Prälat und Treppchen, Wehlener Sonnenuhr
Boden: Verwitterungsschiefer mit Rotliegendem
Rebsorten: 78% Riesling, 13% Müller-Thurgau, 9% Kerner
Durchschnittsertrag: 76 hl/ha
Beste Jahrgänge: 1995, 1997, 2001
Mitglied in Vereinigungen:
Bernkasteler Ring

Nach der Übernahme des Betriebs in 1991 war schnell klar, dass Stefan Justen Ehrgeiz entwickelt. Er begnügt sich nicht nur damit, Parzellen in mehreren Lesedurchgängen zu durchstreifen, er liest mitunter sogar stockweise einzeln aus. Zwar strebt er den filigran-fruchtigen Rieslingtypus an, doch geraten seine Weine durchaus gehaltvoll bis wuchtig mit einem deutlichen Hang zur Restsüße. Mit der 94er Kollektion fiel uns Justen erstmals positiv auf und dieser Standard wurde in den Folgejahren regelmäßig bestätigt. Seit dem Ende der 90er Jahre aber scheint er etwas an Schwung verloren zu haben. Doch bei dem insgesamt sehr homogenen Sortiment von 2001 spürt man, dass der Erdener wieder um mehr Finesse und Eleganz bemüht ist.

2001 Erdener Treppchen
Riesling Spätlese trocken
8,– €, 12,5%, ♀ bis 2005   **83**

2001 Erdener Treppchen
Riesling Spätlese halbtrocken
8,20 €, 12%, ♀ bis 2005   **82**

2001 Erdener Treppchen
Riesling Kabinett
5,90 €, 9%, ♀ bis 2006   **83**

2001 Erdener Treppchen
Riesling Spätlese – 3 –
6,70 €, 8,5%, ♀ bis 2006   **85**

2001 Erdener Treppchen
Riesling Spätlese – 12 –
7,90 €, 8%, ♀ bis 2008   **86**

2001 Erdener Treppchen
Riesling Auslese – 13 –
9,70 €, 8,5%, ♀ bis 2010   **87**

2001 Erdener Prälat
Riesling Auslese
14,30 €, 9,5%, ♀ bis 2010   **87**

2001 Erdener Bußlay
Eiswein
34,– €/0,375 Lit., 8%, ♀ bis 2010   **87**

2001 Erdener Treppchen
Riesling Auslese – 15 –
11,80 €, 8,5%, ♀ bis 2010   **88**

Die Betriebe: ✦✦✦✦✦ Weltklasse · ✦✦✦✦ Deutsche Spitze · ✦✦✦ Sehr gut · ✦✦ Gut · ✦ Zuverlässig

Mosel-Saar-Ruwer

WEINGUT MILZ – LAURENTIUSHOF

Inhaber: Markus Milz
Verwalter und Kellermeister:
Thomas Hermes
54349 Trittenheim, Moselstraße 7
Tel. (0 65 07) 23 00, Fax 56 50
e-mail: milz-laurentiushof@t-online.de
Anfahrt: A 48, Ausfahrt Föhren, Richtung Trittenheim
Verkauf: Markus Milz, Elke Meißner nur nach Vereinbarung
Historie: Weinbau in der Familie seit 1520
Sehenswert: Keller von 1680

Rebfläche: 5,4 Hektar
Jahresproduktion: 40.000 Flaschen
Beste Lagen: Trittenheimer Leiterchen und Felsenkopf, Neumagener Nusswingert (alle Alleinbesitz), Trittenheimer Altärchen und Apotheke, Drohn Hofberger
Boden: Verwitterungsschiefer
Rebsorten: 97% Riesling, 3% Weißburgunder
Durchschnittsertrag: 60 hl/ha
Beste Jahrgänge: 1996, 1997, 1998
Mitglied in Vereinigungen: VDP

Familie Milz blickt auf eine Jahrhunderte alte Tradition im Weinbau zurück. Zum heutigen Besitz gehört noch Rebland, das einmal die Ritter vom Warsberg und die Grafen von Hunolstein ihr Eigen nannten. Besonders stolz ist Markus Milz auf drei reine Schieferlagen im Alleinbesitz: Trittenheimer Leiterchen und Felsenkopf sowie Neumagener Nusswingert. Nach dem überragenden Jahrgang 1998 haben wir leider nichts Vergleichbares mehr probiert. Konnten die Basisweine bereits in 2000 nicht überzeugen, lassen in 2001 die trockenen jede Klasse vermissen. Auch die fruchtig-süßen Weine weisen eine gewisse Strenge auf, die Feinheiten des Jahrgangs sucht man vergebens. In dieser Form sind die drei Trauben im nächsten Jahr nicht zu halten.

2001 Trittenheimer Apotheke
Riesling Kabinett trocken
5,90 €, 11%, ♀ bis 2004   **80**

2001 Trittenheimer Leiterchen
Riesling Spätlese trocken
7,20 €, 12,5%, ♀ bis 2005   **83**

2001 Dhron Hofberger
Riesling Kabinett halbtrocken
6,90 €, 10,5%, ♀ bis 2005   **81**

2001 Trittenheimer Felsenkopf
Riesling Spätlese
7,90 €, 8,5%, ♀ bis 2008   **84**

2001 Trittenheimer Leiterchen
Riesling Spätlese
9,– €, 8,5%, ♀ bis 2008   **85**

2001 Trittenheimer Leiterchen
Riesling Auslese
15,50 €, 9%, ♀ bis 2009   **87**

2001 Trittenheimer Apotheke
Riesling Auslese Goldkapsel
29,60 €/0,5 Lit., 9%, ♀ bis 2010   **87**

2001 Trittenheimer Apotheke
Riesling Eiswein
36,– €/0,375 Lit., 8%, ♀ bis 2014   **89**

Die Weine: **100** Perfekt · **95–99** Überragend · **90–94** Exzellent · **85–89** Sehr gut · **80–84** Gut · **75–79** Passabel

Mosel-Saar-Ruwer

WEINGUT MÖNCHHOF – ROBERT EYMAEL

Inhaber: Robert Eymael
Verwalter: Volker Besch
Kellermeister: Robert Eymael und Volker Besch
54539 Ürzig, Mönchhof
Tel. (0 65 32) 9 31 64, Fax 9 31 66
e-mail: moenchhof.eymael@t-online.de
Internet: www.moenchhof.de
Anfahrt: A 48 Koblenz–Trier, Ausfahrt Wittlich, Richtung Traben-Trarbach
Verkauf: Robert Eymael, Volker Besch Mo.–Fr. 9:00 bis 20:00 Uhr Sa. und So. 11:00 bis 20:00 Uhr
Weingarten: Von Mai bis Oktober
Gästezimmer: Im Landhausstil
Historie: Weinbau im Mönchhof seit 1177 durch Mönche der Abtei Himmerod. Seit 1803 im Besitz der Familie Eymael
Sehenswert: Mittelalterlicher Gewölbekeller, denkmalgeschütztes Hauptgebäude

---

Rebfläche: 10 Hektar
Jahresproduktion: 60.000 Flaschen
Beste Lagen: Ürziger Würzgarten, Erdener Treppchen und Prälat
Boden: Devonschiefer, Lehm mit Schiefer und Buntsandstein
Rebsorten: 100% Riesling
Durchschnittsertrag: 55 hl/ha
Beste Jahrgänge: 1997, 1998, 1999
Mitglied in Vereinigungen: VDP

2001 Ürziger Würzgarten Riesling trocken 6,90 €, 13%, ♀ bis 2004	**79**
2001 Erdener Treppchen Riesling Spätlese trocken 9,80 €, 12%, ♀ bis 2005	**81**
2001 Ürziger Würzgarten Riesling Kabinett 7,80 €, 8%, ♀ bis 2005	**82**
2001 Ürziger Würzgarten Riesling Spätlese 9,80 €, 8%, ♀ bis 2008	**84**
2001 Erdener Treppchen Riesling Auslese 12,50 €, 8%, ♀ bis 2010	**87**
2001 Erdener Prälat Riesling Auslese 15,50 €, 8%, ♀ bis 2010	**87**
2001 Ürziger Würzgarten Riesling Eiswein 65,– €/0,375 Lit., 8%, ♀ bis 2012	**88**
2001 Erdener Prälat Riesling Auslese Goldkapsel 48,50 €/0,375 Lit., 8%, ♀ bis 2010	**88**

Seit Mitte der 90er Jahre wird dieses Traditionsgut von Robert Eymael geführt. Die Fassade des Mönchhofs wurde kunstgerecht saniert und neben der Straußwirtschaft hat Eymael im Weingut fünf exklusive Gästezimmer eingerichtet. Die Weine haben zunächst an Qualität gewonnen, wobei die 99er Kollektion den Höhepunkt markierte. Die Weine des Jahrganges 2000 waren unbedingt sauber, was man von den 2001ern nicht behaupten kann. Wir probierten durchweg derbe und saure Weine, die wenig Trinkfreude bereiten. Diese Kollektion verdient keine drei Trauben mehr, jedoch wollen wir noch den Folgejahrgang abwarten.

Aufsteiger
Mosel-Saar-Ruwer

WEINGUT MOLITOR – ROSENKREUZ

Inhaber: Achim Molitor
54518 Minheim, Am Rosenkreuz 1
Tel. **(0 65 07) 99 21 07**, Fax 99 21 09
Anfahrt: A 48 Koblenz–Trier, Ausfahrt Salmtal, hinunter ins Moseltal
Verkauf: Achim Molitor
Mo.–Fr. 9:00 bis 19:00 Uhr
Sa. 9:00 bis 18:00 Uhr
und nach Vereinbarung

> Rebfläche: 5,2 Hektar
> Jahresproduktion: 36.000 Flaschen
> Beste Lagen: Piesporter Goldtröpfchen, Wintricher Ohligsberg, Drohn Hofberger
> Boden: Devonschiefer
> Rebsorten: 92% Riesling, 8% Spätburgunder
> Durchschnittsertrag: 55 hl/ha
> Beste Jahrgänge: 1998, 1999, 2001

Durch den kometenhaften Aufstieg von Markus Molitor ist der Name Molitor an der Mosel längst keine unbekannte Größe mehr. Im vergangenen Jahr nahmen wir einen weiteren Betrieb dieses Namens in den WeinGuide auf, den Bruder von Markus Molitor. Der Önologe Achim Molitor war über Jahre in der Schweiz im Weinhandel tätig und kehrte 1995 an die Mosel zurück, um ein kleines Weingut in Minheim bei Piesport zu übernehmen. Durch den Zukauf weiterer alter Rebbestände in Wintrich nennt er inzwischen über fünf Hektar Weinberge in besten Lagen sein Eigen. Zuerst wurden die Weine bei Bruder Markus im Haus Klosterberg in Wehlen ausgebaut, doch 1998 entstand eine kleine Kellerei in Minheim, die nach ähnlichen Prinzipien arbeitet. Nachdem wir von den 99ern regelrecht begeistert waren, kehrte mit dem Jahrgang 2000 eine gewisse Normalität ein. In 2001 probierten wir ein animierendes Basissortiment mit einem halbtrockenen Riesling an der Spitze und eine leckere, feinwürzige Spätlese aus dem Goldtröpfchen. Obwohl die Edelsüßen etwas mehr Frische und Eleganz vertragen könnten, ist hier die zweite Traube fällig. Glückwunsch!

2001 Piesporter Goldtröpfchen
Riesling Spätlese halbtrocken
10,– €, 11%, ♀ bis 2006   **85**

2001 Piesporter Grafenberg
Riesling Hochgewächs
6,50 €, 9,5%, ♀ bis 2005   **84**

2001 Piesporter Goldtröpfchen
Riesling Auslese
14,– €, 8%, ♀ bis 2007   **85**

2001 Wintricher Ohligsberg
Riesling Auslese **
9,50 €/0,375 Lit., 8,5%, ♀ bis 2008   **86**

2001 Wintricher Großer Herrgott
Riesling Beerenauslese
28,– €/0,375 Lit., 9%, ♀ bis 2009   **87**

2001 Piesporter Falkenberg
Riesling Eiswein
26,– €/0,375 Lit., 8,5%, ♀ bis 2012   **87**

2001 Piesporter Goldtröpfchen
Riesling Spätlese
10,– €, 7,5%, ♀ bis 2008   **88**

——— Rotwein ———

2000 Spätburgunder
trocken
10,– €, 13,5%, ♀ bis 2004   **83**

Die Weine: **100** Perfekt · **95–99** Überragend · **90–94** Exzellent · **85–89** Sehr gut · **80–84** Gut · **75–79** Passabel

Aufsteiger des Jahres 1999 — **Mosel-Saar-Ruwer**

WEINGUT MARKUS MOLITOR

Inhaber: Markus Molitor
Verwalter Außenbetrieb: Christian Steinmetz
Kellermeister: Markus Molitor
54470 Bernkastel-Wehlen,
Klosterberg (Post: 54492 Zeltingen)
Tel. (0 65 32) 39 39, Fax 42 25
e-mail: weingut.markus.molitor@t-online.de
Internet: www.wein-markus-molitor.de
Anfahrt: A 48, Ausfahrt Wittlich, Richtung Zeltingen
Verkauf: Familie Molitor
Mo.–Fr. 8:00 bis 20:00 Uhr
Sa. und So. 11:00 bis 18:00 Uhr
nach Vereinbarung
Sehenswert: Alte Schiefergewölbe- und Felsenkeller

Rebfläche: 37 Hektar
Jahresproduktion: 260.000 Flaschen
Beste Lagen: Zeltinger Sonnenuhr und Schlossberg, Wehlener Sonnenuhr, Graacher Domprobst, Bernkasteler Badstube, Lay und Graben, Ürziger Würzgarten
Boden: Blauer Devonschiefer, Verwitterungsschiefer
Rebsorten: 92% Riesling, 5% Spätburgunder, 3% Weißburgunder
Durchschnittsertrag: 50 hl/ha
Beste Jahrgänge: 1998, 1999, 2001
Mitglied in Vereinigungen: Bernkasteler Ring

Seit Markus Molitor das Weingut 1984 vom Vater übernahm, hat der junge Winzer die Rebfläche um mehr als 1000 Prozent ausgedehnt: von gerade mal drei auf fast unglaubliche 37 Hektar. Zuletzt kamen mit dem Niedermenniger Herrenberg noch einige Weinberge an der Saar dazu. Während mancher in der Region angesichts eines solchen Unternehmensgeistes nur den Kopf schüttelt, denkt Molitor nun doch über eine Rationalisierung des Außenbetriebes nach und muss die Kellereigebäude den neuen Dimensionen anpassen. Jedenfalls verfügt der junge Winzer mit Besitz in mehr als zwanzig Einzellagen zwischen Traben-Trarbach und Bernkastel über genügend Spielraum, den man zur Erzeugung hochkarätiger edelsüßer Raritäten braucht. Und die sind in den vergangenen Jahren ebenso beeindruckend wie das Haus Klosterberg selbst, welches man schon von der Zeltinger Brücke aus erblickt. Manchmal zieht sich die Lese sogar bis in den Dezember hinein. Lohn dieser Risikofreude und Selektionsbemühungen sind stets eine Fülle von Auslesen sowie Beeren- und Trockenbeerenauslesen. Auch im problematischen Herbst 2000 hatte Molitor versucht, der Natur das Letzte abzuringen. Dabei kam so manch opulente Auslese heraus, die für den Jahrgang überraschend gut ausfiel. Die trockenen Rieslinge waren allerdings nicht ganz auf dem Niveau der letzten drei Jahre. Das gilt nicht für 2001. Zwar gibt es auch hier den ein oder anderen schwächeren trockenen oder halbtrockenen Wein (nicht gelistet), aber in der Spitze probierten wir klare, rassige, vollmundige, zum Teil stoffige Rieslinge. In der fruchtigsüßen Abteilung fallen zunächst die beiden Spätlesen aus der Zeltinger Sonnenuhr auf, die mit Saft und mineralischem Schmelz überzeugen. Einzigartig ist eine Phalanx von insgesamt zehn Auslesen (nicht alle aufgeführt), wobei die dreibesternte Sonnenuhr an barocker Fülle kaum zu überbieten ist. Erneut stellte Molitor mit fast 40 Weinen das Gros seiner gesamten Jahrgangs-Produktion vor, einige Edelsüße waren noch nicht gefüllt.

2001 Zeltinger Schlossberg
Riesling Spätlese trocken
10,90 €, 12%, ♀ bis 2004   **84**

2001 Zeltinger Sonnenuhr
Riesling Spätlese trocken
12,50 €, 12%, ♀ bis 2005   **85**

2001 Bernkasteler Lay
Riesling Spätlese trocken
11,50 €, 11,5%, ♀ bis 2005   **86**

Mosel-Saar-Ruwer

2001 Graacher Domprobst
Riesling Auslese trocken *
19,40 €, 12,5%, ♀ bis 2005   87

2001 Zeltinger Sonnenuhr
Riesling Auslese trocken **
22,80 €, 13%, ♀ bis 2006   88

2001 Graacher Himmelreich
Riesling Spätlese halbtrocken
11,50 €, 11,5%, ♀ bis 2006   85

2001 Graacher Himmelreich
Riesling Auslese halbtrocken **
22,50 €, 12,5%, ♀ bis 2005   87

2001 Bernkasteler Badstube
Riesling Spätlese halbtrocken
11,– €, 11%, ♀ bis 2006   88

2001 Zeltinger Sonnenuhr
Riesling Auslese feinherb **
22,50 €, 12%, ♀ bis 2005   86

2001 Niedermenniger Herrenberg
Riesling Kabinett
8,40 €, 8%, ♀ bis 2006   85

2001 Zeltinger Himmelreich
Riesling Spätlese
10,80 €, 8%, ♀ bis 2008   88

2001 Zeltinger Sonnenuhr
Riesling Auslese *
19,70 €, 7,5%, ♀ bis 2010   88

2001 Zeltinger Schlossberg
Riesling Auslese *
18,– €, 7,5%, ♀ bis 2013   89

2001 Niedermenniger Herrenberg
Riesling Auslese **
22,80 €, 7,5%, ♀ bis 2010   89

2001 Zeltinger Sonnenuhr
Riesling Auslese ** – 27 –
23,80 €/0,375 Lit., 7,5%, ♀ bis 2010   89

2001 Zeltinger Sonnenuhr
Riesling Spätlese – 22 –
12,50 €, 7,5%, ♀ bis 2013   90

2001 Bernkasteler Graben
Riesling Auslese **
21,90 €, 7,5%, ♀ bis 2015   90

2001 Zeltinger Sonnenuhr
Riesling Auslese ** – 43 –
23,80 €, 7,5%, ♀ bis 2015   90

2001 Zeltinger Sonnenuhr
Riesling Auslese ** – 27 –
130,15 €, 7%, ♀ bis 2010   91

2001 Zeltinger Sonnenuhr
Riesling Auslese ***
248,50 €/0,375 Lit., 7,5%, ♀ bis 2020   92

2001 Wehlener Klosterberg
Riesling Eiswein
30,50 €/0,375 Lit., 6,5%, ♀ bis 2015   92

2001 Wehlener Sonnenuhr
Riesling Eiswein
37,40 €/0,375 Lit., 7%, ♀ bis 2020   92

2001 Zeltinger Sonnenuhr
Riesling Spätlese – 23 –
27,80 €, 7,5%, ♀ bis 2014   **93**

Markus Molitor
2001 Bernkasteler Lay Spätlese Riesling Trocken
Mosel · Saar · Ruwer
Gutsabfüllung Weingut Markus Molitor D-54470 Bernkastel-Wehlen
Product of Germany A.P.Nr. 2 576 609 50 02 Qualitätswein mit Prädikat
750 ml   ALC. 11,5 % BY VOL.

Die Weine: **100** Perfekt · **95–99** Überragend · **90–94** Exzellent · **85–89** Sehr gut · **80–84** Gut · **75–79** Passabel

Aufsteiger

Mosel-Saar-Ruwer

**WEINGUT
MARTIN MÜLLEN**
Inhaber: Martin Müllen
56841 Traben-Trarbach,
Alte Marktstraße 2
Tel. (0 65 41) 94 70, Fax 81 35 37
e-mail: MartinMuellen@t-online.de
Internet: www.weingutmuellen.com
*Anfahrt: A 48, Ausfahrt Wittlich,
Richtung Traben-Trarbach;
A 61, Ausfahrt Rheinböllen,
B 50 Richtung Traben-Trarbach*
Verkauf: Martin und Susanne Müllen,
»Wein-Kabinett«
Mo.–Sa. nach Vereinbarung
Erlebenswert: Führung durch die Terrassen im Trabacher Hühnerberg

Rebfläche: 3,4 Hektar
Jahresproduktion: 18.000 Flaschen
Beste Lagen: Kröver Steffensberg, Letterlay und Paradies, Kinheimer Rosenberg, Trabacher Hühnerberg
Boden: Rotliegendes und Devonschiefer
Rebsorten: 89% Riesling, 5% Dornfelder, je 3% Weiß- und Spätburgunder
Durchschnittsertrag: 71 hl/ha
Beste Jahrgänge: 1997, 1998, 2001

2001 Trarbacher Hühnerberg
Riesling trocken
7,90 €, 12%, ♀ bis 2005 — **85**

2001 Kröver Steffensberg
Riesling Spätlese trocken *
9,50 €, 12%, ♀ bis 2004 — **85**

2001 Kröver Letterlay
Riesling Spätlese halbtrocken
8,50 €, 11%, ♀ bis 2006 — **85**

2001 Kinheimer Rosenberg
Riesling Kabinett
6,40 €, 7,5%, ♀ bis 2007 — **86**

2001 Kröver Paradies
Riesling Spätlese
7,20 €, 9%, ♀ bis 2007 — **86**

2001 Trarbacher Hühnerberg
Riesling
7,90 €, 8%, ♀ bis 2008 — **87**

2001 Kröver Steffensberg
Riesling Auslese
19,– €/0,375 Lit., 8,5%, ♀ bis 2010 — **87**

2001 Kröver Letterlay
Riesling Auslese
20,– €, 9,5%, ♀ bis 2015 — **88**

Ein Dutzend Jahre nach seinem Sprung in die Selbstständigkeit 1991 kann Martin Müllen bereits auf eine große Aufbauleistung blicken. Der junge Weinbautechniker strebt eine Gutsgröße von fünf Hektar an. 1998 hat er ein Betriebsgebäude gekauft und im Frühjahr 2000 eine Fläche im Trabacher Hühnerberg, der in einer Weinbergskarte von 1897 noch als »Erstes Gewächs« eingestuft war. Nach einer recht ansprechenden Kollektion in 2000 zog Müllen im Folgejahr alle Register. Er zeigt herzhafte trockene Weine – der Hühnerberg mit deutlicher Terroirnote – und delikate fruchtsüße Rieslinge mit feinrassigen, pikanten Spät- und Auslesen an der Spitze. Dafür gibt es spielend die zweite Traube.

Die Betriebe: ✿✿✿✿✿ Weltklasse · ✿✿✿✿ Deutsche Spitze · ✿✿✿ Sehr gut · ✿✿ Gut · ✿ Zuverlässig

Ausgezeichnet als "Bestes Fisch- und Seafood-Kochbuch der Welt 2002"

Fisch – der gesunde und leichte Genuss

Dieses aktuelle, prämierte Standardwerk der Seafood-Küche lässt keine Fragen offen. In klaren Bildern, Phasenfotos und detailgenauen Anleitungen sind alle Vorbereitungs- und Garmethoden (vom Ausnehmen und Filetieren über das Pochieren, Dämpfen, Grillen, in der Papierhülle oder im Salzmantel, bis zu Serviervorschlägen) erklärt. Mit 200 internationalen Rezepten, von berühmten Klassikern bis zu modernen Variationen.

Die Fischkochschule
Fische & Meeresfrüchte von A bis Z, Küchentechniken, 200 Rezepte
Rick Stein, Fotos von James Murphy
264 Seiten mit 543 Farbfotos und 130 Illustrationen.
Format 26 x 28,5 cm.
€ 39,- (D)   SFR 65,50
ISBN 3-88472-530-0

www.christian-verlag.de

Bestellen Sie auf den eingehefteten Bestellkarten!

Tel.: 089/ 38 18 03 17
Fax: 089/ 38 18 03 81
info@christian-verlag.de

Winzer des Jahres 1998 **Mosel-Saar-Ruwer**

WEINGUT EGON MÜLLER – SCHARZHOF

Inhaber: Egon Müller
Kellermeister: Stefan Fobian
54459 Wiltingen, Scharzhof
Tel. (0 65 01) 1 72 32, Fax 15 02 63
e-mail: egon@scharzhof.de
Internet: www.scharzhof.de
Anfahrt: Von Trier über Konz Richtung Wiltingen–Oberemmel
Verkauf: Nicht an Endverbraucher
Verkostung: Nur nach Vereinbarung
Historie: Seit 1797 in Familienbesitz
Sehenswert: Scharzhof, Park

Rebfläche: 8 Hektar
Le Gallais: 4 Hektar
Gesamt-Jahresproduktion:
70.000 Flaschen
Beste Lagen: Scharzhofberger, Wiltinger Braune Kupp (Alleinbesitz)
Boden: Tiefgründige Schieferverwitterung
Rebsorten: 98% Riesling, 2% übrige Sorten
Durchschnittsertrag: 45 hl/ha
Beste Jahrgänge: 1995, 1997, 1999
Mitglied in Vereinigungen: VDP

Viele edelsüße Weine dieses Gutes sind längst Legende. Schon im 19. Jahrhundert wurde dieser Betrieb vor allem im Ausland hoch dekoriert und machte sich dabei einen Namen, der bis heute wohlklingender kaum sein könnte. Welchen Stellenwert der Export in diesem Haus hat, merkt man bei einem Blick auf die Internet-Homepage: Die ist ausschließlich in Englisch abgefasst. Bislang hat sich Egon Müller nicht als namhafter Produzent trockener Weine hervorgetan. Das soll sich ändern. Auf dem Besitz der Familie seiner Frau will der Wiltinger trockene Weine der Extraklasse erzeugen. Rund um das Schloss des Barons Ullmann in der Slowakei an der Grenze zu Ungarn, zwischen Wien und Budapest, wachsen auf 40 Hektar Reben. Die Trauben wurden bislang an eine Kellerei verkauft. Egon Müller soll nun das Weingut übernehmen und den ersten eigenen Wein des Barons aus einer Sorte gewinnen, die ihm von der Saar her nun wahrlich geläufig ist: dem Riesling. Vielleicht wird man eines Tages Müller sogar als Rotwein-Produzenten kennenlernen, denn an den Donauhügeln sollen auch einige Cabernet Sauvignon-Reben wachsen. Zuhause an der Saar blickt der Winzer auf großartige Jahrgänge zum Ausklang der 90er Jahre zurück. Die 1997er hatten viel Substanz, 1999 hält Egon Müller IV. gar für den »feinsten Jahrgang, den ich je eingefahren habe«. Damit hat der eher zur Untertreibung neigende Gutsinhaber keineswegs übertrieben. In den besten Stücken des berühmten Scharzhofberges besitzt Egon Müller stolze sieben Hektar und etwas mehr als die Hälfte davon in der Wiltinger Braune Kupp, deren Weine unter dem Etikett »Le Gallais« vermarktet werden. Die fabelhaften Spitzenkreszenzen, fulminante Eisweine und atemberaubende Trockenbeerenauslesen zeigen, dass kaum jemandem in Deutschland Weine dieser Kategorie besser gelingen. Hierfür erzielte schon Egon Müllers Vater bei den traditionsreichen Trierer Versteigerungen des Großen Ringes im VDP regelmäßig Rekordpreise. Mit dem Jahrgang 2000 feierte der neue Kellermeister seinen Einstand: Nach Weinbaustudium in Geisenheim und einigen Stationen in renommierten Gütern löste Stefan Fobian den Jahrzehnte lang im Scharzhof erfolgreich wirkenden Horst Frank ab. An die Überweine des Vorjahres kamen die 2000er allerdings nicht heran, wenn auch erneut einige Ausnahmeweine gelungen sind. Das trifft auch auf 2001 zu. Die Weine sind zum Teil von einer jahrgangstypischen, herzhaften Säure geprägt. Da es keinen direkten Verkauf an Endverbraucher gibt, ist eine Ermittlung der genauen Preise schwierig. Unser Tipp: Händler wie Wein & Glas in Berlin, FUB und Les Amis, beide in Köln, verfügen über ein recht umfangreiches Scharzhof-Sortiment.

Mosel-Saar-Ruwer

2001 »Scharzhof«
Riesling
Preis auf Anfrage, 10,5%, ♀ bis 2004   **83**

2001 Wiltinger Braune Kupp
Riesling Kabinett »Le Gallais«
Preis auf Anfrage, 8,5%, ♀ bis 2005   **84**

2001 Scharzhofberger
Riesling Kabinett
Preis auf Anfrage, 8,5%, ♀ bis 2005   **85**

2001 Wiltinger Braune Kupp
Riesling Spätlese »Le Gallais«
Preis auf Anfrage, 7,5%, ♀ bis 2007   **87**

2001 Scharzhofberger
Riesling Spätlese – 9 –
Preis auf Anfrage, 7,5%, ♀ bis 2008   **88**

2001 Scharzhofberger
Riesling Spätlese – 7 –
Preis auf Anfrage, 8%, ♀ bis 2009   **90**

2001 Scharzhofberger
Riesling Auslese Goldkapsel
Preis auf Anfrage, 7,5%, ♀ bis 2010   **90**

2001 Wiltinger Braune Kupp
Riesling Auslese Goldkapsel »Le Gallais«
Preis auf Anfrage, 8%, ♀ bis 2009   **90**

2001 Wiltinger Braune Kupp
Riesling Beerenauslese »Le Gallais«
Preis auf Anfrage, 6%, ♀ bis 2015   **92**

2001 Scharzhofberger
Riesling Trockenbeerenauslese
Preis auf Anfrage, 6%, ♀ bis 2020   **93**

Vorjahresweine

2000 »Scharzhof«
Riesling
Preis auf Anfrage, 10%, ♀ bis 2004   **83**

2000 Scharzhofberger
Riesling Kabinett – 4 –
Preis auf Anfrage, 9%, ♀ bis 2005   **85**

2000 Wiltinger Braune Kupp
Riesling Spätlese »Le Gallais«
Preis auf Anfrage, 8,5%, ♀ bis 2008   **86**

2000 Scharzhofberger
Riesling Spätlese – 6 –
Preis auf Anfrage, 8%, ♀ bis 2008   **89**

2000 Wiltinger Braune Kupp
Riesling Auslese Goldkapsel »Le Gallais«
Preis auf Anfrage, 7,5%, ♀ bis 2015   **91**

2000 Scharzhofberger
Riesling Auslese Goldkapsel – 9 –
Preis auf Anfrage, 7,5%, ♀ bis 2020   **93**

2000 Scharzhofberger
Riesling Trockenbeerenauslese
Preis auf Anfrage, 6%, ♀ bis 2030   **95**

Die Weine: 100 Perfekt · 95–99 Überragend · 90–94 Exzellent · 85–89 Sehr gut · 80–84 Gut · 75–79 Passabel

Mosel-Saar-Ruwer

WEINGUT
VON OTHEGRAVEN

Inhaber: Dr. Heidi Kegel
Techn. Betriebsleiter und Kellermeister: Stefan Kraml
54441 Kanzem, Weinstraße 1
Tel. (0 65 01) 15 00 42, Fax 1 88 79
e-mail: von-othegraven@t-online.de
Internet: www.von-othegraven.de
Anfahrt: Von Trier über Konz nach Kanzem am rechten Saarufer, vor der Saarbrücke geradeaus
Verkauf: Dr. Heidi Kegel, Stefan Kraml
Mo.–Fr. 8:00 bis 17:00 Uhr und nach Vereinbarung
Historie: Gut seit dem 16. Jahrhundert in Privatbesitz
Sehenswert: Park mit wunderbarem Baumbestand

Rebfläche: 8 Hektar
Jahresproduktion: 40.000 Flaschen
Beste Lagen: Kanzemer Altenberg, Wiltinger Kupp, Ockfener Bockstein
Boden: Devonschiefer, teilweise verwittert oder mit Lehmanteil
Rebsorten: 100% Riesling
Durchschnittsertrag: 40 hl/ha
Beste Jahrgänge: 1997, 1999, 2001
Mitglied in Vereinigungen: VDP

2001 Riesling
trocken
5,80 €, 11%, ♀ bis 2004 — **81**

2001 »Maximus«
Riesling
7,75 €, 11%, ♀ bis 2003 — **81**

2001 Ockfen Bockstein
Riesling
12,50 €, 11%, ♀ bis 2005 — **85**

2001 Kanzemer Altenberg
Riesling Kabinett
6,50 €, 8,5%, ♀ bis 2007 — **86**

2001 Wiltingen Kupp
Riesling
12,50 €, 11%, ♀ bis 2006 — **87**

2001 Kanzemer Altenberg
Riesling Spätlese – 6 –
11,05 €, 8,5%, ♀ bis 2010 — **87**

2001 Kanzemer Altenberg
Riesling Spätlese – 11 –
18,10 €, 8,5%, ♀ bis 2010 — **88**

2001 Kanzemer Altenberg
Riesling Auslese
Versteigerungswein, 8,5%, ♀ bis 2012 — **89**

Dieses traditonsreiche Gut, das so idyllisch zu Füßen des Kanzemer Bergs liegt, erlebt nach wechselvollen Jahren unter der einfühlsamen Leitung von Dr. Heidi Kegel eine Renaissance. Die 97er Kollektion knüpfte endlich wieder an die glorreichen 60er und 70er Jahre an, als Maria von Othegraven einen wundervollen Jahrgang nach dem anderen vorstellen konnte. Nach einer kleinen Pause in 1998 folgte mit den 99er Weinen ein neuer Höhepunkt. Wir probierten hier die wohl besten trockenen Saarweine des Jahrgangs, auch die Kabinette und Spätlesen waren klar und belebend. Da kam die 2000er Kollektion nicht ganz heran. Auch in 2001 sind die trockenen Basisweine sehr säurebetont. Dafür brillieren die zartfruchtigen Versteigerungsweine.

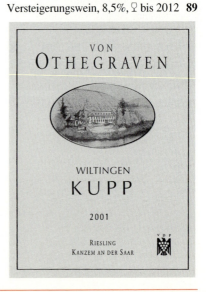

Die Betriebe: Weltklasse · Deutsche Spitze · Sehr gut · Gut · Zuverlässig

Mosel-Saar-Ruwer

WEINGUT PAULINSHOF

Inhaber: Klaus Jüngling
Kellermeister: Christa und Klaus Jüngling
54518 Kesten, Paulinstraße 14
Tel. (0 65 35) 5 44, Fax 12 67
e-mail: paulinshof@t-online.de
Internet: www.paulinshof.de
Anfahrt: A 48/1, Ausfahrt Wittlich oder Salmtal
Verkauf: Klaus und Christa Jüngling
Mo.–Fr. 8:00 bis 18:00 Uhr
Sa. 9:00 bis 17:00 Uhr
und nach Vereinbarung
Historie: Erste urkundliche Erwähnung im Jahr 936
Sehenswert: Ehemaliger Stiftshof der Kirche St. Paulin in Trier, Gebäude und Keller von 1716 und 1770
Erlebenswert: Weinproben in der ehemaligen Hofkapelle

Rebfläche: 8 Hektar
Jahresproduktion: 75.000 Flaschen
Beste Lagen: Brauneberger Kammer (Alleinbesitz), Juffer-Sonnenuhr und Juffer, Kestener Paulinshofberger
Boden: Verwitterungsschiefer
Rebsorten: 96% Riesling, 4% Müller-Thurgau
Durchschnittsertrag: 60 hl/ha
Beste Jahrgänge: 1998, 1999, 2001
Mitglied in Vereinigungen: Bernkasteler Ring

Dieses idyllisch im alten Stiftshof gelegene Weingut wird seit 1969 von der Familie Jüngling bewirtschaftet. Die Rebfläche wurde nach und nach erweitert, etwa um die Brauneberger Parzellen aus dem alten Bergweiler'schen Besitz. Die stilvollen Flaschen tragen das Wappen der Stiftskirche Sankt Paulin. Zuletzt wurde die ehemalige Hofkapelle anhand alter Pläne auf den Original-Fundamenten neu errichtet. Seit 1996 bringt Klaus Jüngling bemerkenswerte Kollektionen auf die Flasche, wobei die halbtrockenen Rieslinge vorzüglich sein können. In 2001 fielen die halbtrockenen Prädikatsweine etwas süßer aus als gewohnt. Insgesamt probierten wir ein deutlich besseres Sortiment als im Vorjahr.

2001 Brauneberger Kammer
Riesling Auslese trocken
13,50 €, 12,5%, ♀ bis 2007   **85**

2001 Kestener Paulinshofberger
Riesling Kabinett halbtrocken
8,40 €, 10,5%, ♀ bis 2006   **83**

2001 Brauneberger Kammer
Riesling Spätlese halbtrocken
9,60 €, 11,5%, ♀ bis 2007   **85**

2001 Brauneberger Juffer
Riesling Kabinett
7,90 €, 9%, ♀ bis 2007   **85**

2001 Brauneberger Juffer
Riesling Spätlese
9,20 €, 9%, ♀ bis 2008   **87**

2001 Brauneberger Kammer
Riesling Auslese
11,– €/0,5 Lit., 10%, ♀ bis 2007 **87**

2001 Brauneberger Juffer-Sonnenuhr
Riesling Auslese – 26 –
12,– €/0,375 Lit., 9%, ♀ bis 2008 **87**

2001 Kestener Paulinshofberger
Riesling Auslese
22,– €, 7,5%, ♀ bis 2010   **89**

2001 Brauneberger Juffer-Sonnenuhr
Riesling Beerenauslese
36,– €/0,375 Lit., 8%, ♀ bis 2012 **90**

Die Weine: **100** Perfekt · **95–99** Überragend · **90–94** Exzellent · **85–89** Sehr gut · **80–84** Gut · **75–79** Passabel

Mosel-Saar-Ruwer

WEINGÜTER DR. PAULY-BERGWEILER UND PETER NICOLAY

Inhaber: Dr. Peter Pauly
Verwalter/Kellermeister: Edmund Licht
54470 Bernkastel-Kues, Gestade 15
Tel. (0 65 31) 30 02, Fax 72 01
e-mail: info@pauly-bergweiler.com
Internet: www.pauly-bergweiler.com
Anfahrt: Über die B 53 und die Eifelautobahn, Ausfahrt Bernkastel-Kues
Verkauf: Familie Pauly und Monika Schmitt
Mo.–Sa. 10:00 bis 18:00 Uhr
So. nur nach Vereinbarung
Sehenswert: Stattliches Gutshaus mit Kapellchen, große Gewölbekeller und Barocksaal für Weinproben

---

Rebfläche: 13 Hektar
Jahresproduktion: 110.000 Flaschen
Beste Lagen: Bernkasteler alte Badstube am Doctorberg, Wehlener Sonnenuhr, Graacher Himmelreich, Brauneberger Juffer-Sonnenuhr, Ürziger Goldwingert (Alleinbesitz), Erdener Treppchen und Prälat
Boden: Verwitterungsschiefer und Schiefer, Rotliegendes
Rebsorten: 90% Riesling, 3% Müller-Thurgau, 7% Spätburgunder
Durchschnittsertrag: 60 hl/ha
Beste Jahrgänge: 1998, 2000, 2001
Mitglied in Vereinigungen: Bernkasteler Ring

2001 Bernkasteler alte Badstube am Doctorberg
Riesling Spätlese trocken
12,– €, 13,5%, ♀ bis 2006   **85**

2001 Erdener Treppchen
Riesling Selection »N«
15,– €, 14%, ♀ bis 2007   **85**

2001 Ürziger Goldwingert
Riesling Spätlese »N«
10,20 €, 9%, ♀ bis 2010   **88**

2001 Bernkasteler alte Badstube am Doctorberg
Riesling Spätlese
12,– €, 8%, ♀ bis 2012   **89**

2001 Ürziger Goldwingert
Riesling Auslese »N«
19,95 €, 9%, ♀ bis 2014   **89**

2001 Erdener Prälat
Riesling Auslese »N«
19,95 €, 9,5%, ♀ bis 2014   **89**

2001 Bernkasteler alte Badstube am Doctorberg
Riesling Trockenbeerenauslese
Versteigerungswein, 8%, ♀ bis 2025   **92**

2000 Graacher Himmelreich
Riesling Eiswein
63,90 €, 8,5%, ♀ bis 2015   **93**

Weinbergsbesitz aus vier alten Winzerfamilien in allerbesten Lagen der Mittelmosel ist die außergewöhnliche Basis dieses Betriebes. Die etwas würzigeren Weine des Gutes Peter Nicolay (»N«) werden mit eigener Ausstattung vermarktet und bilden eine ideale Ergänzung zu den Bernkasteler Gewächsen. Nach einer für den Jahrgang ausgezeichneten Leistung in 2000 – großartige Edelsüße – sind auch die 2001er auf durchgängig hohem Niveau. Am besten gefallen uns die mineralischen Spät- und Auslesen aus dem Goldwingert.

Die Betriebe: ✛✛✛✛✛ Weltklasse · ✛✛✛✛ Deutsche Spitze · ✛✛✛ Sehr gut · ✛✛ Gut · ✛ Zuverlässig

Mosel-Saar-Ruwer

WEINGUT PIEDMONT

Inhaber: Claus und Monika Piedmont
Kellermeister: Albert Permesang
54329 Konz-Filzen, Saartal 1
Tel. (0 65 01) 9 90 09, Fax 9 90 03
e-mail: piedmont.weingut@t-online.de
Anfahrt: Von Trier nach Konz, auf rechtem Saarufer nach drei Kilometern
Verkauf: Nach Vereinbarung
Sehenswert: Gutsgebäude des Klosters Maximin von 1698, in der Familie seit 1881
Erlebenswert: Weinproben hoch über der Saar, z. B. am Schinkel-Denkmal für den König von Böhmen, Wein-Picknick in Hof und Garten für bis zu 30 Personen

---

Rebfläche: 5 Hektar
Jahresproduktion: 35.000 Flaschen
Beste Lagen: Filzener Pulchen, Filzener Urbelt
Boden: Devonschiefer
Rebsorten: 90% Riesling, 10% Weißburgunder
Durchschnittsertrag: 52 hl/ha
Beste Jahrgänge: 1996, 1997, 1999
Mitglied in Vereinigungen: VDP

2001 probierten wir neben einem derben Weißburgunder zwar saubere, aber sehr säurebetonte und wenig harmonische Rieslinge. Wir fragen uns: Wo ist die Pikanz der früheren Jahre geblieben?

2001 Filzener Urbelt
Riesling Kabinett trocken
6,– €, 9,5%, ♀ bis 2005   **80**

2001 Filzener Pulchen
Riesling Spätlese trocken
7,– €, 10%, ♀ bis 2005   **80**

2001 Weißer Burgunder
6,– €, 11,5%, ♀ bis 2004   **75**

2001 Filzener Pulchen
Riesling Kabinett
6,– €, 9,5%, ♀ bis 2005   **81**

2001 Filzener Pulchen
Riesling Spätlese
7,– €, 8,5%, ♀ bis 2005   **83**

Der Filzener Winzer Claus Piedmont hat sein Angebot gestrafft und füllt nur noch ein halbes Dutzend Weine pro Jahrgang ab. Das macht seine Preisliste sehr übersichtlich und kundenfreundlich. Piedmont wirbt zudem klug für den leichten Moselwein und wird nicht wenige moderne, junge Leute mit hohem Gesundheitsbewusstsein ansprechen. So rühmt sich der VDP-Winzer etwa, den Jahrgang 2001 nicht angereichert und naturbelassen auf die Flasche gezogen zu haben. Damit nichts von der Frische verloren geht, werden die im Duft an Pampelmusen und Feuerstein erinnernden Weine in der Regel schon im März abgefüllt. Zartfruchtige Rieslinge mit dezenter Restsüße bilden normalerweise den Schwerpunkt der Erzeugung. Doch seit dem Jahrgang 2000 ist hier alles anders. Damals durchzog eine feinherbe und an grünen Paprika erinnernde Note die Kollektion. Und in

---

Die Weine: 100 Perfekt · 95–99 Überragend · 90–94 Exzellent · 85–89 Sehr gut · 80–84 Gut · 75–79 Passabel

Winzer des Jahres 1996 — **Mosel-Saar-Ruwer**

WEINGUT JOH. JOS. PRÜM

Inhaber: Dr. Manfred und Wolfgang Prüm
Betriebsleiter und Kellermeister: Dr. Manfred Prüm
54470 Bernkastel-Wehlen, Uferallee 19
Tel. (0 65 31) 30 91, Fax 60 71
Anfahrt: Von Bernkastel-Kues auf der linken Moselseite bis Wehlen, in der Ortsmitte rechts abbiegen Richtung Moselbrücke, zur Uferallee
Verkauf: Nur nach Vereinbarung
Historie: Gegründet 1911 nach Erbauteilung des früheren Prümschen Betriebes
Sehenswert: Das in Jahrhunderten gewachsene Gutshaus

Rebfläche: 14 Hektar
Jahresproduktion: 120.000 Flaschen
Beste Lagen: Wehlener Sonnenuhr, Graacher Himmelreich, Zeltinger Sonnenuhr, Bernkasteler Lay
Boden: Schiefer
Rebsorten: 100% Riesling
Durchschnittsertrag: 63 hl/ha
Beste Jahrgänge: 1998, 1999, 2001
Mitglied in Vereinigungen: VDP

Dieses Weingut zählt seit Jahrzehnten unbestritten zu den Ausnahmegütern Deutschlands. Weit über die Hälfte der Weinberge verteilen sich auf beste Parzellen in den Spitzenlagen Wehlener Sonnenuhr und Graacher Himmelreich, wo Dr. Manfred Prüm in großen Jahren regelmäßig hochedle Spitzenweine erzeugt. In der Regel belässt er seinen erstaunlich lagerfähigen Weinen etwas natürliche Kohlensäure und auch Restsüße. Wie die Vinifikation im Detail vonstatten geht, darüber spricht der Hausherr kaum, und obwohl er ganz bestimmt nichts zu verbergen hat, gilt der gut gekühlte Keller weiterhin als besucherfreie Zone. Die 99er Weine waren durch die Bank überzeugend und erinnerten uns stilistisch an die hochfeinen 97er. Neben den goldverkapselten Auslesen zählten vor allem die klassischen Spätlesen zu den Ausnahmeweinen des Jahrganges. Auch im Jahr 2000 blieb Manfred Prüm seinem unnachahmlichen Stil treu, der absolut nichts Gekünsteltes hat und für Weine steht, die nie mehr versprechen als sie später auch halten können. Dazu zählt, was zunächst etwas banal klingt, dass bei Joh. Jos. Prüm ein Kabinett eben ein Kabinett ist, und eine Spätlese ist eine Spätlese. Abstufungen, zum Teil über zwei Prädikatsstufen hinweg, lehnt unser »Winzer des Jahres 1996« aus gutem Grund ab. Seine 2000er Weine zählten zu den Glanzlichtern eines Jahrganges, der auch den Winzern an der Mittelmosel alles abverlangte, wenn sie hochkarätige Weine auf die Flasche bringen wollten. Hinreißend belebend waren die beiden Kabinettweine, welche uns verblüffend an kristallklares Gletscherwasser erinnerten. Von feinrassiger Eleganz und Dichte war die Wehlener Sonnenuhr Spätlese Nr. 18, welche das – auch sehr respektable – Schwesterfass Nr. 25 um einiges an Finesse und Würze übertraf. Zum dritten Mal innerhalb von nur vier Jahren stellte das Wehlener Traditionsgut damit die beste Riesling Spätlese des Jahrgangs in ganz Deutschland. Gekrönt wurde das Millennium-Jahr durch eine fabelhafte Trockenbeerenauslese, deren edelfaule Trauben mit einem Mostgewicht von nahezu 200 Grad Oechsle auf die Kelter kamen. Solch ein Ausnahmwein gelang Prüm zwar in 2001 nicht. Dafür präsentierte der Wehlener gleich fünf hochwertige Auslesen und – wie sollte es anders sein – erneut die »Spätlese des Jahres«. Diesmal ist es die 2001 Wehlener Sonnenuhr Nr. 16, die auf unserer Bundesfinalprobe für Furore sorgte und mit ihren edelsten Kräuter- und Würzkomponenten alle Konkurrenten in den Schatten stellte. Und Nr. 17 blieb nur einen Punkt dahinter, ein Wein, der nach getrockneten Aprikosen und Mirabellen duftet und eine geradezu seidige Fülle aufweist. Glückwunsch!

2001 Riesling
trocken
8,– €, 11,5%, ♀ bis 2004   **83**

Mosel-Saar-Ruwer

2001 Riesling
Kabinett
9,– €, 8,5%, ♀ bis 2006 — **84**

2001 Wehlener Sonnenuhr
Riesling Kabinett
10,70 €, 8,5%, ♀ bis 2007 — **88**

2001 Bernkasteler Badstube
Riesling Spätlese
13,30 €, 8%, ♀ bis 2010 — **89**

2001 Graacher Himmelreich
Riesling Spätlese
13,30 €, 8%, ♀ bis 2010 — **90**

2001 Graacher Himmelreich
Riesling Auslese
16,– €, 7,5%, ♀ bis 2015 — **90**

2001 Wehlener Sonnenuhr
Riesling Auslese – 20 –
19,– €, 7,5%, ♀ bis 2017 — **91**

2001 Wehlener Sonnenuhr
Riesling Auslese – 21 –
53,25 €, 8%, ♀ bis 2017 — **91**

2001 Wehlener Sonnenuhr
Riesling Auslese Goldkapsel
147,90 €/0,375 Lit., 7,5%, ♀ bis 2017 — **91**

2001 Wehlener Sonnenuhr
Riesling Spätlese – 17 –
16,– €, 7,5%, ♀ bis 2014 — **93**

2001 Wehlener Sonnenuhr
Riesling Eiswein
Preis auf Anfrage, 7%, ♀ bis 2020 — **93**

2001 Wehlener Sonnenuhr
Riesling Auslese lange Goldkapsel
248,50 €/0,375 Lit., 8%, ♀ bis 2020 — **93**

2001 Wehlener Sonnenuhr
Riesling Spätlese – 16 –
16,– €, 7,5%, ♀ bis 2016 — **94**

Vorjahresweine

2000 Graacher Himmelreich
Riesling Kabinett
9,20 €, 7,5%, ♀ bis 2006 — **87**

2000 Wehlener Sonnenuhr
Riesling Kabinett
14,83 €, 7,5%, ♀ bis 2008 — **88**

2000 Graacher Himmelreich
Riesling Auslese
16,36 €, 7,5%, ♀ bis 2015 — **91**

2000 Wehlener Sonnenuhr
Riesling Auslese lange Goldkapsel
242,86 €, 7,5%, ♀ bis 2020 — **91**

2000 Wehlener Sonnenuhr
Riesling Spätlese – 25 –
15,34 €, 7,5%, ♀ bis 2012 — **92**

2000 Wehlener Sonnenuhr
Riesling Spätlese – 18 –
26,59 €, 7,5%, ♀ bis 2015 — **92**

2000 Wehlener Sonnenuhr
Riesling Auslese – 19 –
46,02 €, 7,5%, ♀ bis 2018 — **92**

2000 Wehlener Sonnenuhr
Riesling Beerenauslese
Versteigerungswein, 7%, ♀ bis 2022 — **92**

2000 Wehlener Sonnenuhr
Riesling Trockenbeerenauslese
Versteigerungswein, 7%, ♀ bis 2025 — **95**

Die Weine: 100 Perfekt · 95–99 Überragend · 90–94 Exzellent · 85–89 Sehr gut · 80–84 Gut · 75–79 Passabel

Mosel-Saar-Ruwer

WEINGUT S. A. PRÜM

Inhaber: Raimund Prüm
Verwalter: Gerd Faber
Kellermeister: Thomas Jacoby
54470 Bernkastel-Wehlen,
Uferallee 25–26
Tel. (0 65 31) 31 10, Fax 85 55
e-mail: info@sapruem.com
Internet: www.sapruem.com
Anfahrt: A 48, Ausfahrt Wittlich, Richtung Bernkastel-Wehlen
Verkauf: Mo.–Sa. 10:00 bis 12:00 Uhr und 14:00 bis 18:00 Uhr
Sa. 10:00 bis 16:00 Uhr
So. nach Vereinbarung
Gutsausschank: Für zahlreiche Veranstaltungen in historischen Räumen
Gästehaus: 8 Zimmer im Weingut
Erlebenswert: Offene Weinkeller über Christi Himmelfahrt,
Hoffest Ende September

Rebfläche: 16,5 Hektar
Jahresproduktion: 120.000 Flaschen
Beste Lagen: Wehlener Sonnenuhr, Bernkasteler Lay und Graben, Graacher Himmelreich und Domprobst
Boden: Devonschiefer
Rebsorten: 90% Riesling, 10% Weißburgunder
Durchschnittsertrag: 56 hl/ha
Beste Jahrgänge: 1997, 2000, 2001
Mitglied in Vereinigungen: VDP

Direkt an der Mosel in Wehlen kann sich Raimund Prüm in prachtvollen Gutsgebäuden ganz aufs Weinmachen konzentrieren. Die Jahrgänge 1993 bis 1997 zeigten eine mehr als nur erfreuliche Tendenz. Nach einem Durchhänger zum Ende der 90er Jahre gefiel uns dann die 2000er Kollektion wieder besser. Daran schließen die 2001er Rieslinge jetzt an. Zwar enttäuschen die zartsüßen Kabinette und Spätlesen ein wenig, doch ab Auslese aufwärts probierten wir sehr respektable Weine. Das alte Gutsetikett wird nur noch für die besten Lagenweine verwendet. Im Weingut gibt es großzügig angelegte Gästezimmer und Seminarräume.

2001 Riesling
Spätlese trocken
12,50 €, 11,5%, ♀ bis 2005 — **82**

2001 Wehlener Sonnenuhr
Riesling Spätlese trocken
15,50 €, 11,5%, ♀ bis 2005 — **82**

2001 Riesling
Kabinett halbtrocken
8,50 €, 10%, ♀ bis 2005 — **82**

2001 Wehlener Sonnenuhr
Riesling Kabinett
10,50 €, 9%, ♀ bis 2006 — **83**

2001 Wehlener Sonnenuhr
Riesling Spätlese
15,50 €, 8%, ♀ bis 2007 — **84**

2001 Wehlener Sonnenuhr
Riesling Auslese
19,50 €, 8%, ♀ bis 2010 — **88**

2001 Wehlener Sonnenuhr
Riesling Beerenauslese – 10 –
Versteigerungswein, 9,5%, ♀ bis 2010 **88**

2001 Graacher Domprobst
Riesling Auslese Goldkapsel – 45 –
52,– €/0,375 Lit., 8%, ♀ bis 2010 — **88**

2001 Graacher Domprobst
Riesling Eiswein – 44 –
76,– €/0,375 Lit., 8%, ♀ bis 2010 — **90**

2001 Wehlener Sonnenuhr
Riesling Trockenbeerenauslese
Versteigerungswein, 9,5%, ♀ bis 2012 **90**

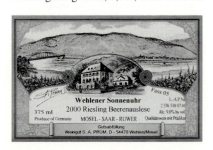

Neu

Mosel-Saar-Ruwer

WEINGUT FAMILIE RAUEN

Inhaber: Harald Rauen
54340 Thörnich, Hinterm Kreuzweg 5
Tel. (0 65 07) 34 03, Fax 83 82
e-mail: Weingut@Familie-Rauen.de
Anfahrt: A 1/A 48 Koblenz–Trier, Ausfahrt Föhren
Verkauf: Maria Rauen
nach Vereinbarung
Erlebenswert: Hoffest am zweiten September-Wochenende

Rebfläche: 7 Hektar
Jahresproduktion: 65.000 Flaschen
Beste Lagen: Detzemer Maximiner Klosterlay, Thörnicher St. Michael
Boden: Schieferverwitterung, Kies
Rebsorten: 71% Riesling, 11% Müller-Thurgau, 7% Spätburgunder, 5% Dornfelder, 4% Weißburgunder, 2% Kerner
Durchschnittsertrag: 80 hl/ha
Bester Jahrgang: 2001

Als Harald Rauen das Gut vom Vater in 1982 übernahm, wurde der Wein noch weitgehend im Fass verkauft. Heute werden mehr als zwei Drittel der Produktion über den Fachhandel abgesetzt – ungewöhnlich für einen Familienbetrieb dieser Größenordnung. Doch Harald Rauen konzentriert sich lieber voll auf Weinbau und Keller, als seine Weine flaschenweise und mit großem Zeitaufwand an Privatkundschaft abzugeben. Längst hat auch er rote Reben in den Weinbergen stehen. Der Ertrag aber deckt die Nachfrage nicht, deshalb werden Trauben zugekauft. Uns haben vor allem Rauens Rieslinge überzeugt, in einer blitzsauberen 2001er Kollektion, in der selbst der süffig-fruchtige Literschoppen viel Spaß macht. 80 bis 90 Prozent seiner Weine baut Rauen trocken aus. Doch die feinwürzige Spätlese aus der Klosterlay zeigt, dass der Thörnicher sich auch im Prädikatsweinbereich mit Feingefühl bewegt.

2001 Detzemer St. Michael
Weißer Burgunder trocken
4,50 €, 12,5%, ♀ bis 2004 — **82**

2001 Detzemer Würzgarten
Riesling Kabinett trocken
4,– €, 12,5%, ♀ bis 2005 — **83**

2001 Detzemer Maximiner Klosterlay
Riesling Spätlese trocken
4,90 €, 13%, ♀ bis 2005 — **84**

2001 Detzemer Maximiner Klosterlay
Riesling Auslese trocken
6,– €, 13%, ♀ bis 2006 — **85**

2001 Detzemer Würzgarten
Riesling Kabinett halbtrocken
4,– €, 12%, ♀ bis 2005 — **82**

2001 Detzemer Maximiner Klosterlay
Riesling Spätlese halbtrocken
4,90 €, 12%, ♀ bis 2006 — **84**

2001 Detzemer Maximiner Klosterlay
Riesling Auslese feinherb
6,– €, 12,5%, ♀ bis 2007 — **84**

2001 Detzemer Würzgarten
Riesling
3,60 €/1,0 Lit., 9,5%, ♀ bis 2005 — **81**

2001 Detzemer Maximiner Klosterlay
Riesling Spätlese
4,90 €, 9%, ♀ bis 2007 — **86**

2001 Detzemer Maximiner Klosterlay
Riesling Auslese
6,– €, 10,5%, ♀ bis 2006 — **86**

Die Weine: **100** Perfekt · **95–99** Überragend · **90–94** Exzellent · **85–89** Sehr gut · **80–84** Gut · **75–79** Passabel

Mosel-Saar-Ruwer

WEINGUT WALTER RAUEN

Inhaber: Walter und Irmtrud Rauen
Kellermeister: Stefan Rauen
54340 Detzem, Im Würzgarten
Tel. (0 65 07) 32 78, Fax 83 72
e-mail: info@weingut-rauen.de
Internet: www.weingut-rauen.de
Anfahrt: A 48, Ausfahrt Föhren,
A 1 Ausfahrt Mehring.
Das Weingut liegt inmitten von Weinbergen oberhalb von Detzem
Verkauf: Nach Vereinbarung
Weinprobierstube: Mit traumhaftem Blick ins Moseltal
Historie: Keller ruht auf Resten der alten Römerstraße Trier–Bingen am zehnten Meilenstein

---

Rebfläche: 9 Hektar
Jahresproduktion: 95.000 Flaschen
Beste Lagen: Detzemer Maximiner Klosterlay und Würzgarten, Thörnicher Ritsch, Pölicher Held
Boden: Schieferverwitterung, sandiger Kies
Rebsorten: 65% Riesling, 12% Müller-Thurgau, 8% Spätburgunder, 10% Weißburgunder, 5% übrige Sorten
Durchschnittsertrag: 84 hl/ha
Beste Jahrgänge: 1997, 1998, 2001

Als Vater Walter Rauen in den 60er Jahren am Ortsrand von Detzem seinen Betrieb neu baute, gefiel ihm seine neue Adresse gar nicht: Aussiedlung 1 sollte die Anschrift lauten. Da das Gut mitten im schiefergeprägten Weinberg Würzgarten lag, war die passendere Bezeichnung schnell gefunden. Seit einigen Jahren leitet Sohn Stefan den Betrieb, der uns mit seiner 96er Kollektion erstmals positiv aufgefallen war. In 2001 hat sich der Detzemer gegenüber den beiden Vorjahren gesteigert. In einer reintönigen Kollektion fallen die Weine zwar mitunter etwas burschikos aus, doch erfrischend und animierend sind sie allemal. Besonders gut gefallen uns die Spätlesen in praktisch allen Geschmacksrichtungen.

2001 Weißer Burgunder
trocken
4,20 €, 11,5%, ♀ bis 2004   **81**

2001 Detzemer Würzgarten
Riesling trocken
3,80 €, 11,5%, ♀ bis 2004   **83**

2001 Detzemer Würzgarten
Riesling Hochgewächs trocken
4,20 €, 11,5%, ♀ bis 2004   **83**

2001 Thörnicher
Riesling Spätlese trocken
5,60 €, 11,5%, ♀ bis 2005   **86**

2001 Pölicher Held
Riesling Hochgewächs halbtrocken
4,20 €/1,0 Lit., 11%, ♀ bis 2005   **84**

2001 Detzemer Maximiner Klosterlay
Riesling Spätlese halbtrocken
5,20 €, 11%, ♀ bis 2006   **86**

2001 Detzemer Maximiner Klosterlay
Riesling Spätlese
5,20 €, 10%, ♀ bis 2008   **87**

2001 Detzemer Maximiner Klosterlay
Riesling Auslese
7,40 €, 10%, ♀ bis 2009   **87**

2001 Detzemer Würzgarten
Riesling Eiswein
23,– €/0,375 Lit., 9,5%, ♀ bis 2012 **89**

Die Betriebe: Weltklasse · Deutsche Spitze · Sehr gut · Gut · Zuverlässig

Neu # Mosel-Saar-Ruwer

WEINGUT F. J. REGNERY

Inhaber: Peter Regnery
54340 Klüsserath, Mittelstraße 39
Tel. (0 65 07) 46 36, Fax 30 53
e-mail: Peter.Regnery@web.de
Anfahrt: A 48/A 1, Ausfahrt Föhren, Richtung Klüsserath
Verkauf: Franz-Josef Regnery
nach Vereinbarung
Historie: Seit dem Jahrhundertjahrgang 1921 Flaschenweinverkauf

---

Rebfläche: 5,5 Hektar
Jahresproduktion: 40.000 Flaschen
Beste Lage: Klüsserather Bruderschaft
Boden: Schiefer
Rebsorten: 75% Riesling, 25% Spätburgunder
Durchschnittsertrag: 69 hl/ha
Beste Jahrgänge: 2000, 2001

2001 Klüsserather Bruderschaft
Riesling trocken
4,10 €/1,0 Lit., 12,5%, ♀ bis 2004 **79**

2001 Klüsserather Bruderschaft
Riesling Kabinett trocken
4,90 €, 11,5%, ♀ bis 2004 **80**

2001 Klüsserather Bruderschaft
Riesling Spätlese trocken
6,20 €, 12,5%, ♀ bis 2005 **84**

2001 Klüsserather Bruderschaft
Riesling Spätlese halbtrocken
7,– €, 12%, ♀ bis 2006 **85**

2001 Klüsserather Bruderschaft
Riesling Spätlese
7,– €, 9,5%, ♀ bis 2006 **84**

Peter Regnery ist kein normaler Moselwinzer. Da ist zunächst einmal die Tatsache, dass ein Viertel seiner Reben rot ist – Spätburgunder, die uns allerdings nicht vorgestellt worden sind. Zum zweiten baut Regnery 80 Prozent seiner Weine trocken aus, mit dieser Quote würde er eher nach Baden oder in die Pfalz passen. Und drittens sind diese trockenen Rieslinge auch noch richtig gut – wer hätte das gedacht? Wir probierten Weine mit schiefrigem Schmelz und Charakter, die zudem gut eingebundene Säure aufweisen. Lediglich der einfache Qualitätswein in der Literflasche wirkt ein wenig derb. Auch was die Ausstattung seiner Flaschen angeht, tanzt Regnery aus der Reihe. Die Etiketten jedenfalls erinnern uns eher an neuseeländischen Sauvignon blanc denn an Mosel-Riesling. Doch scheint die Familie immer schon ein wenig ihrer Zeit voraus gewesen zu sein. Bereits 1921 wurde hier mit der Flaschenweinvermarktung begonnen. Heute wird die Hälfte der Produktion an Privatkunden abgesetzt, den Rest teilen sich Handel und Gastronomie.

Die Weine: **100** Perfekt · **95–99** Überragend · **90–94** Exzellent · **85–89** Sehr gut · **80–84** Gut · **75–79** Passabel

Mosel-Saar-Ruwer

WEINGUT REH

Inhaber: Winfried und Sigrid Reh
54340 Schleich, Weierbachstraße 12
Tel. (0 65 07) 9 91 10, Fax 9 91 11
*Anfahrt: Von Norden A 1/ A 48;
von Süden A 60, Ausfahrt Schleich*
Verkauf: Winfried und Sigrid Reh nach Vereinbarung
Sehenswert: Gewölbekeller, Weinbergs-Terrasse mit alter Schiefertreppe und 350 Stufen

Rebfläche: 6,5 Hektar
Jahresproduktion: 32.000 Flaschen
Beste Lagen: Mehringer Blattenberg und Zellerberg
Boden: Devon-Schiefer, Schiefer und Sand, Tonschieferverwitterung
Rebsorten: 80% Riesling, je 5% Weiß- und Spätburgunder, 10% übrige Sorten
Durchschnittsertrag: 60 hl/ha
Beste Jahrgänge: 1998, 1999, 2001

2001 Riesling Hochgewächs trocken	
4,75 €, 12%, ♀ bis 2004	79
2001 Riesling Spätlese trocken	
6,50 €, 13,5%, ♀ bis 2005	82
2001 Riesling Spätlese	
6,– €, 9%, ♀ bis 2006	84
2001 Riesling Spätlese »S«	
8,– €/0,5 Lit., 9%, ♀ bis 2007	87
2001 »Zenit« Riesling Auslese	
12,– €/0,5 Lit., 9,5%, ♀ bis 2008	88
2001 Riesling Beerenauslese	
22,– €/0,375 Lit., 11%, ♀ bis 2010	89

Nach seiner Winzerausbildung hat Winfried Reh zunächst in den großen Trierer Gütern Friedrich-Wilhelm-Gymnasium und Vereinigte Hospitien Erfahrungen gesammelt. Mit der Flaschenweinvermarktung begann er erst Mitte der 80er Jahre, ein kleiner Prozentsatz der Produktion wird noch heute lose im Fass verkauft. Künftig will sich Reh vor allem auf Riesling-Weinberge in den besten Lagen konzentrieren. Nachdem der Schleicher Winzer in den letzten Jahren bereits in Edelstahltanks und eine neue Presse investiert hat, soll nun noch ein weiteres Wirtschaftsgebäude entstehen und der Innenhof neu gestaltet werden. Im Jahrgang 2000 hatten uns die trockenen Weine kaum entzücken können, was ähnlich auch auf 2001 zutrifft. Dennoch probierten wir eine pikante Kollektion mit erfreulichen edelsüßen Prädikaten an der Spitze. Mit etwas weniger Alkohol würde sowohl die trockene Spätlese noch gewinnen als auch die Beerenauslese, die einen Duft von exotischen Früchten wie Ananas und Maracuja verströmt. Weiter so!

Die Betriebe: ✿✿✿✿✿ Weltklasse · ✿✿✿✿ Deutsche Spitze · ✿✿✿ Sehr gut · ✿✿ Gut · ✿ Zuverlässig

Mosel-Saar-Ruwer

WEINGUT
JOHANN PETER REINERT

Inhaber: Johann Peter Reinert
54441 Kanzem, Alter Weg 7a
Tel. (0 65 01) 1 32 77, Fax 15 00 68
Internet: www.weingut-reinert.de
Anfahrt: Von Trier über die B 51 nach Konz, dritte Ausfahrt Konz, an der Saar vorbei bis Kanzem
Verkauf: Annetrud und J. P. Reinert nach Vereinbarung
Historie: Seit 1813 im Familienbesitz

Rebfläche: 4,4 Hektar
Jahresproduktion: 28.000 Flaschen
Beste Lagen: Ayler Kupp, Kanzemer Altenberg, Wiltinger Schlossberg und Schlangengraben
Boden: Schiefer
Rebsorten: 74% Riesling, 7% Rivaner, je 6% Elbling und Weißburgunder, 3% Regent, 4% übrige Sorten
Durchschnittsertrag: 61 hl/ha
Beste Jahrgänge: 1999, 2000, 2001
Mitglied in Vereinigungen: Bernkasteler Ring

Johann Peter Reinert gehört seit einigen Jahren zur Spitze der Kanzemer Weinerzeuger. Zum Beleg dafür kann er eine Reihe hochwertiger Preise anführen, die ihm verliehen wurden. Seit 1999 ist er nun auch in der besten Lage des Ortes, dem Kanzemer Altenberg, begütert. Auf Spitzenweine wollen die Reinerts in den nächsten Jahren ohnehin mehr setzen und den Betrieb in in den besten Lagen sogar noch etwas erweitern. Abgeschlossen ist mittlerweile die Rekultivierung der Steilstlage Wiltinger Schlossberg. Im Übrigen praktiziert man naturnahen Weinbau, wobei blühende Kräuter zwischen den Rebzeilen durchaus willkommen sind. Die Weinstöcke pflanzt Reinert weit auseinander, damit an Trauben und Laub viel Licht und Sonne kommt. Das Gros der Weine ist nach wie vor recht günstig zu haben. Im 2001er Sortiment zeigen die fruchtigen Weine eine delikate Frucht und Säure. Bei etwas größerer Dichte wäre hier sicher noch mehr drin.

2001 Filzener Steinberger
Riesling Spätlese halbtrocken
5,– €, 9%, ♀ bis 2006   83

2001 Wawerner Ritterpfad
Riesling Kabinett feinherb
4,60 €, 8,5%, ♀ bis 2006   83

2001 Wiltinger Schlangengraben
Riesling Kabinett
4,60 €, 7,5%, ♀ bis 2007   84

2001 Wawerner Ritterpfad
Riesling Spätlese
6,40 €, 7,5%, ♀ bis 2007   84

2001 Wiltinger Klosterberg
Riesling Spätlese
11,25 €, 7%, ♀ bis 2007   85

2001 Kanzemer Altenberg
Riesling Spätlese
6,40 €, 7,5%, ♀ bis 2008   86

2001 Ayler Kupp
Riesling Auslese
10,50 €, 8%, ♀ bis 2008   86

2001 Wiltinger Schlangengraben
Riesling Auslese ***
39,– €/0,375 Lit., 8%, ♀ bis 2008   87

2001 Wiltinger Schlossberg
Riesling Auslese **
24,85 €, 7,5%, ♀ bis 2010   88

Die Weine: 100 Perfekt · 95–99 Überragend · 90–94 Exzellent · 85–89 Sehr gut · 80–84 Gut · 75–79 Passabel

Mosel-Saar-Ruwer

WEINGUT HANS RESCH

Inhaber: Franz-Andreas Resch
54459 Wiltingen, Kirchstraße 29
Tel. (0 65 01) 1 64 50, Fax 1 45 86
Anfahrt: *Von Trier über Konz, Richtung Saarburg nach Wiltingen, im alten Ortskern in der Nähe der Kirche*
Verkauf: Monika und
Franz-Andreas Resch
Mo.–Sa. nach Vereinbarung
Historie: 1873 gegründet von der Witwe Anna Lioba Resch
Sehenswert: Gewölbekeller aus dem 18. Jahrhundert

Rebfläche: 6,6 Hektar
Jahresproduktion: 38.000 Flaschen, davon 6.000 Flaschen Sekt
Beste Lagen: Scharzhofberger, Wiltinger Rosenberg, Klosterberg und Schlangengraben
Boden: Devonschiefer, teilweise mit Schwemmsand
Rebsorten: 85% Riesling, je 5% Chardonnay, Weiß- und Spätburgunder
Durchschnittsertrag: 57 hl/ha
Beste Jahrgänge: 1997, 1998, 2001

Franz-Andreas Resch ist eigentlich kein Winzer, sondern Diplom-Kaufmann. In einer Luxemburger Werbeagentur hat er sich zudem als Marketing-Fachmann profiliert. Doch 1991 kam er zurück und stieg in das väterliche Gut ein. Reschs interessanteste Weine stammten bislang aus dem Wiltinger Klosterberg, in dessen besten Bereichen in den letzten Jahren mehr als ein halbes Hektar dazukam. Doch nun gibt es innerbetrieblich einen prominenten Konkurrenten: die für viel Geld erworbenen 1000 Quadratmeter im berühmten Scharzhofberg. Von dort stammt in 2001 auch prompt der mit Abstand beste Wein des gesamten Sortimentes: eine mineralisch-dichte und fein strukturierte Riesling Spätlese. Ansonsten hat sich Resch bei den fruchtigen Weißweinen nicht mit Ruhm bekleckert, wohingegen die trockenen und feinher-

ben Weine eine ordentliche Figur machen. Nach unserer letztjährigen Kritik hat man uns die Burgundersorten erst gar nicht mehr vorgestellt.

2001 Wiltinger Klosterberg
Riesling trocken Selection
4,35 €, 12%, ♀ bis 2006   82

2001 Wiltinger Klosterberg
Riesling feinherb
7,50 €, 12,5%, ♀ bis 2005   80

2001 Wiltinger Klosterberg
Riesling Kabinett feinherb
4,90 €, 9,5%, ♀ bis 2006   82

2001 Wiltinger Rosenberg
Riesling Auslese feinherb
10,50 €, 10,5%, ♀ bis 2007   84

2001 Wiltinger Klosterberg
Riesling Auslese
12,50 €/0,5 Lit., 9%, ♀ bis 2005   78

2001 Wiltinger Klosterberg
Riesling Kabinett »Alte Reben«
4,90 €, 8%, ♀ bis 2004   79

2001 Wiltinger Schlangengraben
Riesling Kabinett »Newton«
4,90 €, 8%, ♀ bis 2006   81

2001 Wiltinger Rosenberg
Riesling Spätlese
6,50 €, 9,5%, ♀ bis 2006   82

2001 Scharzhofberger
Riesling Spätlese
9,50 €, 8%, ♀ bis 2010   87

Die Betriebe: ❦❦❦❦❦ Weltklasse · ❦❦❦❦ Deutsche Spitze · ❦❦❦ Sehr gut · ❦❦ Gut · ❦ Zuverlässig

Mosel-Saar-Ruwer

WEINGUT REUSCHER-HAART

Inhaber: Franz-Hugo Schwang
54498 Piesport,
Sankt-Michael-Straße 20–22
Tel. (0 65 07) 24 92, Fax 56 74
e-mail:
info@weingut-reuscher-haart.de
Internet:
www.weingut-reuscher-haart.de

Anfahrt: A 1/48, Ausfahrt Salmtal, auf der B 53 bis Piesport, Alt-Piesport auf der linken Moselseite
Verkauf: Jederzeit nach Vereinbarung
Historie: Weinbau seit 1337 in der Familie
Erlebenswert: Rundfahrt durch die Piesporter Weinlagen mit Besichtigung der römischen Kelteranlage

---

Rebfläche: 4,3 Hektar
Jahresproduktion: 28.000 Flaschen
Beste Lagen: Piesporter Goldtröpfchen, Domherr und Falkenberg
Boden: Schiefer
Rebsorten: 90% Riesling, 10% Müller-Thurgau
Durchschnittsertrag: 60 hl/ha
Beste Jahrgänge: 1994, 1997, 2001

Dieses kleine Weingut besitzt nennenswerte Flächen in den besten Weinbergslagen von Piesport, die in den letzten Jahren umfassend flurbereinigt wurden. Bei dieser Gelegenheit stellte Franz-Hugo Schwang von der üblichen Einzelpfahlerziehung auf den so genannten Drahtrahmen um. Dadurch sinkt zwar die Anzahl der Rebstöcke, doch verfügen die Pflanzen über eine größere Laubfläche, was zu einer Qualitätssteigerung führen soll. Inzwischen hat sich die durchschnittliche Ertragsmenge bei moderaten 60 Hektolitern je Hektar eingependelt. Seit einigen Jahren müssen wir hier allerdings einen Qualitätsrückschritt verzeichnen. Das trifft aber nur bedingt auf den Jahrgang 2001 zu. Zwar sind die trockenen Weine eher schwach ausgefallen, doch sind die beiden Kabinette und vor allem die nach

Pfirsich und Minze duftende feinrassige Spätlese aus dem Goldtröpfchen wahre Höhepunkte der Kollektion. Die Auslese wirkt hingegen etwas grob.

2001 Riesling
trocken
3,60 €/1,0 Lit., 12%, ♀ bis 2004 — **75**

2001 Piesporter Falkenberg
Riesling Spätlese trocken
6,10 €, 12,5%, ♀ bis 2004 — **79**

2001 Piesporter Domherr
Riesling Spätlese trocken
7,10 €, 12,5%, ♀ bis 2005 — **82**

2001 Piesporter
Rivaner
3,60 €, 12,5%, ♀ bis 2004 — **81**

2001 Piesporter Goldtröpfchen
Riesling Auslese
10,– €/0,5 Lit., 8,5%, ♀ bis 2008 — **82**

2001 Piesporter Goldtröpfchen
Riesling Kabinett – 7 –
4,90 €, 9%, ♀ bis 2007 — **84**

2001 Piesporter Goldtröpfchen
Riesling Kabinett – 6 –
4,60 €, 8%, ♀ bis 2008 — **86**

2001 Piesporter Goldtröpfchen
Riesling Spätlese
7,– €, 8,5%, ♀ bis 2010 — **88**

Die Weine: 100 Perfekt · 95–99 Überragend · 90–94 Exzellent · 85–89 Sehr gut · 80–84 Gut · 75–79 Passabel

Mosel-Saar-Ruwer

WEINGUT MAX FERD. RICHTER

Inhaber: Ökonomierat Horst Richter und Dr. Dirk Richter
Verwalter: Werner Franz
Kellermeister: Walter Hauth
54486 Mülheim/Mosel, Hauptstr. 37/85
Tel. (0 65 34) 93 30 03, Fax 12 11
e-mail: weingut@maxferdrichter.com
Internet: www.maxferdrichter.com
Anfahrt: A 1/A 48, von Trier, Ausfahrt Salmtal, von Koblenz, Ausfahrt Wittlich, Richtung Mülheim, am Ortsende
Verkauf: Dr. Dirk Richter und Anneliese Hauth
Mo.–Fr. 9:00 bis 18:00 Uhr
Sa. 9:00 bis 13:00 Uhr
und nach Vereinbarung
Historie: Seit 1680 im Familienbesitz
Sehenswert: Barockes Gutshaus, französischer Garten, Holzfasskeller von 1880

Rebfläche: 15 Hektar
Jahresproduktion: 120.000 Flaschen
Beste Lagen: Brauneberger Juffer und Juffer-Sonnenuhr, Wehlener Sonnenuhr, Graacher Domprobst
Boden: Tonschieferverwitterung
Rebsorten: 90% Riesling, 10% übrige Sorten
Durchschnittsertrag: 65 hl/ha
Beste Jahrgänge: 1997, 2000, 2001

Dieser Betrieb geht zurück auf ein 1680 gegründetes Handelsunternehmen, das heute noch aktiv ist. Dr. Dirk Richter setzt sich auf den Exportmärkten für ein besseres Image des deutschen Weines ein. Etwa zwei Drittel der überwiegend fruchtig-süßen Weine werden exportiert, meist nach Japan und in die USA. Das traditionsreiche Gut beherbergt einen der größten Holzfasskeller an der Mittelmosel. Nach guten 2000ern überzeugt die 2001er Kollektion vor allem im fruchtigen Bereich. Gekrönt wird das Sortiment von zwei phantastischen Eisweinen aus dem Mülheimer Helenenkloster, einer davon ist mit 100 Punkten unser edelsüßer »Wein des Jahres«! Gratulation!

2001 Brauneberger Juffer
Riesling Spätlese trocken
9,55 €, 11%, ♀ bis 2005 — **82**

2001 Mülheimer Sonnenlay
Riesling Kabinett halbtrocken
7,45 €, 10,5%, ♀ bis 2006 — **83**

2001 Brauneberger Juffer
Riesling Kabinett
8,25 €, 8,5%, ♀ bis 2006 — **85**

2001 Brauneberger Juffer-Sonnenuhr
Riesling Spätlese
10,45 €, 8%, ♀ bis 2010 — **87**

2001 Brauneberger Juffer-Sonnenuhr
Riesling Auslese
16,55 €, 8%, ♀ bis 2010 — **88**

2001 Brauneberger Juffer-Sonnenuhr
Riesling Auslese ** – 68 –
24,25 €, 9%, ♀ bis 2010 — **88**

2001 Graacher Domprobst
Riesling Beerenauslese
42,– €/0,375 Lit., 9%, ♀ bis 2009 — **88**

2001 Brauneberger Juffer-Sonnenuhr
Riesling Trockenbeerenauslese
80,– €/0,375 Lit., 8,5%, ♀ bis 2014 — **90**

2001 Mülheimer Helenenkloster
Riesling Eiswein
42,– €/0,375 Lit., 9,5%, ♀ bis 2015 — **95**

2001 Mülheimer Helenenkloster
Riesling Eiswein **
80,– €/0,375 Lit., 8%, ♀ bis 2020 — **100**

Die Betriebe: ✤✤✤✤✤ Weltklasse · ✤✤✤✤ Deutsche Spitze · ✤✤✤ Sehr gut · ✤✤ Gut · ✤ Zuverlässig

Mosel-Saar-Ruwer

WEINGUT
RICHARD RICHTER

Inhaber: Thomas und
Claus-Martin Richter
56333 Winningen, Marktstraße 19
Tel. (0 26 06) 3 11, Fax 14 57
e-mail: info@weingut-richter.net
Internet: www.weingut-richter.net
Anfahrt: A 61, Ausfahrt Koblenz-Metternich, Richtung Winningen
Verkauf: Familie Richter
Mo.–Fr. 8:00 bis 18:00 Uhr
und nach Vereinbarung

Rebfläche: 6 Hektar
Jahresproduktion: 45.000 Flaschen
Beste Lagen: Winninger Brückstück, Uhlen und Röttgen
Boden: Devonische Schieferverwitterung, teilweise mit Bims
Rebsorten: 90% Riesling, 8% Spätburgunder, 2% Chardonnay
Durchschnittsertrag: 75 hl/ha
Bester Jahrgang: 1999, 2000, 2001

Früher war dies der bekannteste Betrieb in Winningen, der in den 60er und 70er Jahren serienweise Medaillen bei Prämierungen einsammelte. Erst vor wenigen Jahren sind wir wieder auf die Rieslinge dieses Hauses aufmerksam geworden. Claus-Martin und Thomas Richter gehen auf die Eigenart der Böden ein und wollen so die alte Familientradition neu aufleben lassen. Damit scheint der Fortbestand der gutseigenen Terrassenlagen gesichert. Nach einer guten 99er Kollektion überzeugten auch die 2000er Weine. Daran schließen die 2001er mit einem homogenen Sortiment im trockenen Bereich an. Die Weine wirken saftig, teils edel, mit feinen Schiefernoten. Einziger Wermutstropfen: Die Beerenauslese ist zu weit vergoren, der Eiswein wirkt wenig komplex. Übrigens: Die Flaschen sind mit verdeckten Kronkorken verschlossen. Nach der Modernisierung des Tankkellers soll nun die Traubenannahme auf schonende Verfahren umgestellt werden.

2001 Winninger Domgarten
Riesling Kabinett trocken
4,90 €/1,0 Lit., 11,5%, ♀ bis 2004 — **81**

2001 Winninger Brückstück
Riesling Spätlese trocken
7,70 €, 12%, ♀ bis 2006 — **82**

2001 Winninger Uhlen
Riesling Spätlese trocken
12,25 €, 12%, ♀ bis 2006 — **84**

2001 Winninger Brückstück
Riesling Kabinett halbtrocken
5,70 €, 11,5%, ♀ bis 2006 — **83**

2001 Winninger Brückstück
Riesling Spätlese halbtrocken
7,70 €, 12%, ♀ bis 2006 — **84**

2001 Winninger Brückstück
Riesling Kabinett
5,70 €, 11%, ♀ bis 2006 — **80**

2001 »Felsenterrassen«
Riesling
8,95 €, 12,5%, ♀ bis 2007 — **85**

2001 Winninger Röttgen
Riesling Spätlese
7,70 €, 8,5%, ♀ bis 2008 — **85**

2001 Winninger Röttgen
Riesling Beerenauslese
33,– €/0,375 Lit., 11,5%, ♀ bis 2010 — **86**

2001 Winninger Domgarten
Riesling Eiswein
33,– €/0,375 Lit., 9%, ♀ bis 2010 — **86**

Die Weine: 100 Perfekt · 95–99 Überragend · 90–94 Exzellent · 85–89 Sehr gut · 80–84 Gut · 75–79 Passabel

Mosel-Saar-Ruwer

WEINGUT JOSEF ROSCH

Inhaber: Werner Rosch
54340 Leiwen, Mühlenstraße 8
Tel. (0 65 07) 42 30, Fax 82 87
e-mail:
weingut-josef-rosch@t-online.de
Anfahrt: A 48 Koblenz–Trier,
Ausfahrt Leiwen, A1 Ausfahrt Mehring
Verkauf: Nach Vereinbarung

Rebfläche: 5,2 Hektar
Jahresproduktion: 46.000 Flaschen
Beste Lagen: Leiwener Laurentiuslay, Trittenheimer Apotheke und Altärchen
Boden: Schiefer
Rebsorten: 100% Riesling
Durchschnittsertrag: 66 hl/ha
Beste Jahrgänge: 1995, 2000, 2001

Dies ist einer jener ehemaligen Jungwinzer in Leiwen, die in den 1980er Jahren zu einer Qualitäts-Revolution aufriefen. Werner Rosch meldete sich erstmals mit seinen 1988er Weinen überregional zu Wort. Ein trockener Riesling landete bei einer großen Verkostung ganz vorn. Noch besser fielen dann die 90er Weine aus, mit denen er endgültig den Durchbruch schaffte. Dann ging es nur noch bergauf. Mit den vorzüglichen 95er Weinen war der Gipfel erst mal erreicht. Diesen Status konnte Rosch in den Folgejahren nur mit Abstrichen behaupten. Der Jahrgang 1998 präsentierte sich zwar mit neuem Etikett, aber eher uneinheitlich: Während die trockenen feinherb ausfielen, zeigten sich die edelsüßen Spezialitäten von ihrer saftigen, gehaltvollen Seite. Ähnlich sah es mit den 99ern aus. In 2000 verzeichneten wir dann eine deutliche Leistungssteigerung. Und auch in 2001 zeigt sich Werner Rosch wieder klar auf dem Niveau eines Drei-Trauben-Betriebs. Am besten gefallen uns die beiden Spätlesen aus der Apotheke: tolle Pfirsichfrucht, exotische Duftnoten, cremige Fülle. Die Hälfte der Weine geht in die Gastronomie. Der Exportanteil macht nun schon 30 Prozent aus.

2001 Leiwener Klostergarten
Riesling trocken
4,50 €, 12%, ♀ bis 2004 — 82

2001 Riesling
trocken »J. R. Junior«
6,90 €, 11,5%, ♀ bis 2005 — 84

2001 Trittenheimer Apotheke
Riesling Auslese feinherb
9,80 €, 12%, ♀ bis 2007 — 86

2001 Leiwener Klostergarten
Riesling Kabinett
5,50 €, 9%, ♀ bis 2007 — 85

2001 Trittenheimer Apotheke
Riesling Spätlese
9,50 €, 9%, ♀ bis 2010 — 87

2001 Trittenheimer Apotheke
Riesling Spätlese ***
10,– €/0,5 Lit., 8,5%, ♀ bis 2010 — 88

2001 Trittenheimer Apotheke
Riesling Auslese *
14,– €/0,5 Lit., 7,5%, ♀ bis 2010 — 88

2001 Trittenheimer Apotheke
Riesling Auslese ***
23,– €/0,5 Lit., 7,5%, ♀ bis 2012 — 88

2001 Trittenheimer Apotheke
Riesling Beerenauslese
40,– €/0,375 Lit., 7%, ♀ bis 2015 — 90

2001 Leiwener Klostergarten
Riesling Eiswein
35,– €/0,375 Lit., 7%, ♀ bis 2015 — 90

Mosel-Saar-Ruwer

WEINGUT SCHLOSS SAARSTEIN

Inhaber: Christian Ebert
Betriebsleiter und Kellermeister: Christian Ebert
54455 Serrig
Tel. (0 65 81) 23 24, Fax 65 23
e-mail: Weingut@Saarstein.de
Internet: www.saarstein.de
Anfahrt: B 51 Trier–Saarburg–Serrig
Verkauf: Andrea Ebert
nach Vereinbarung
Sehenswert: Schloss, erbaut um die Jahrhundertwende, Terrasse über der Saar

Rebfläche: 11 Hektar
Jahresproduktion: 60.000 Flaschen
Beste Lage: Serriger Schloss Saarsteiner
Boden: Verwitterungsschiefer
Rebsorten: 93% Riesling, 6% Weißburgunder, 1% übrige Sorten
Durchschnittsertrag: 52 hl/ha
Beste Jahrgänge: 1995, 1997, 1999
Mitglied in Vereinigungen: VDP

1956 kaufte Dieter Ebert das um die Jahrhundertwende erbaute Gutshaus mitsamt der Monopollage Serriger Schloss Saarstein. Sohn Christian hat Mitte der 80er Jahre das Ruder übernommen und wird unterstützt von seiner charmanten Frau Andrea, die aus dem fränkischen Weingut Wirsching in Iphofen stammt. Die Moste vergären zunehmend im Edelstahltank. Die stets säurebetonten trockenen Weine stattet Ebert mit einem eigenwilligen grün-gelben Etikett aus, die fruchtigen Klassiker mit dem traditionellen Etikett des Gutes. In den 90er Jahren brachte Schloss Saarstein eine ganze Reihe guter Jahrgänge hervor. Nach einer exzellenten 99er Kollektion gab es in 2000 aber nur eine schwache Vorstellung. Selbst die zartsüßen Prädikatsweine präsentierten sich eher feinherb. Auch in 2001 waren in ihrem Süße-Säure-Verhältnis ausbalancierte Weine eher Mangelware, aber ansonsten übertrifft das Sortiment das Vorjahr deutlich.

2001 Riesling
Kabinett trocken
7,50 €, 10,5%, ♀ bis 2004 — **81**

2001 Riesling
Spätlese trocken
12,– €, 12%, ♀ bis 2004 — **81**

2001 Serriger Schloss Saarsteiner
Riesling Kabinett halbtrocken
7,50 €, 9,5%, ♀ bis 2004 — **82**

2001 Serriger Schloss Saarsteiner
Riesling Kabinett
7,50 €, 8%, ♀ bis 2004 — **83**

2001 Serriger Schloss Saarsteiner
Riesling Spätlese
12,– €, 8%, ♀ bis 2007 — **85**

2001 Serriger Schloss Saarsteiner
Riesling Auslese – 11 –
32,50 €, 7%, ♀ bis 2010 — **86**

2001 Serriger Schloss Saarsteiner
Riesling Auslese – 12 –
23,10 €, 7,5%, ♀ bis 2010 — **87**

2001 Serriger Schloss Saarsteiner
Riesling Eiswein
Versteigerungswein, 7%, ♀ bis 2009 — **88**

2001 Serriger Schloss Saarsteiner
Riesling Beerenauslese
50,– €/0,375 Lit., 7,5%, ♀ bis 2010 — **89**

2001 Serriger Schloss Saarsteiner
Riesling Auslese Goldkapsel
21,– €/0,375 Lit., 7,5%, ♀ bis 2010 — **89**

Die Weine: **100** Perfekt · **95–99** Überragend · **90–94** Exzellent · **85–89** Sehr gut · **80–84** Gut · **75–79** Passabel

Mosel-Saar-Ruwer

WEINGUT
SANKT URBANS-HOF

Inhaber: Nik Weis
Betriebsleiter: Nik Weis
Kellermeister: Rudolf Hoffmann
54340 Leiwen, Urbanusstraße 16
Tel. (0 65 07) 9 37 70, Fax 93 77 30
e-mail: St.Urbans-Hof@t-online.de
Internet: www.urbans-hof.de
Anfahrt: A 48, Ausfahrt Bekond, Leiwen oder A 1, Ausfahrt Mehring, Richtung Büdlicher Brück
Verkauf: Nik Weis, Rudolf Hoffmann
Mo.–Fr. 9:00 bis 18:00 Uhr
Sa. 9:00 bis 17:00 Uhr
So. und feiertags nach Vereinbarung
Gutsausschank: Landhaus St. Urban
Do.–Mo. 12:00 bis 14:00 Uhr
und 18:00 bis 22:00 Uhr
Ruhetag Di. und Mi.
Spezialitäten: Regionale Spitzenküche von Harald Rüssel
Sehenswert: Alte Steinofenbäckerei, in der in mit Buchenholz gefeuerten Öfen original Hunsrücker Bauernbrot gebacken wird

> Rebfläche: 38 Hektar
> Jahresproduktion: 250.000 Flaschen
> Beste Lagen: Leiwener Laurentiuslay, Piesporter Goldtröpfchen, Ockfener Bockstein, Wiltinger Schlangengraben
> Boden: Devonschiefer
> Rebsorten: 90% Riesling, 5% Müller-Thurgau, 5% übrige Sorten
> Durchschnittsertrag: 60 hl/ha
> Beste Jahrgänge: 1998, 1999, 2000
> Mitglied in Vereinigungen: VDP

Dieses Familienweingut hat in den letzten zehn Jahren eine dynamische Entwicklung genommen. Den Grundstein legte Nicolaus Weis, der den Betrieb 1947 auf einer Anhöhe bei Leiwen erbaute. Von Beruf war er eigentlich Schuhmachermeister und hatte bis nach dem Zweiten Weltkrieg nebenher auch ein paar Weinberge bearbeitet, die sich seit Jahrhunderten im Besitz der Familie befinden. Für seine Leistungen – auch als Politiker, der sich für den Weinbau insgesamt einsetzte – erhielt Nicolaus Weis den Titel Ökonomierat. Sein Sohn Hermann Weis, Förderer der Leiwener Jungwinzer und nebenbei einer der erfolgreichsten Rebveredler Deutschlands, hat den Weinbergsbesitz von vormals 20 Hektar durch Zukäufe an der Saar nahezu verdoppelt. Seit einigen Jahren führt sein tüchtiger Sohn Nik den Betrieb. Die letzten Jahrgänge waren hier durch die Bank vorzüglich, einer besser als der andere. Nur wenige Güter an der Mosel haben zum Ende der 90er Jahre eine derart geschlossene Leistung quer durch ihr Sortiment geboten: von den trockenen Rieslingen über die feinfruchtigen Prädikatsweine bis hinauf zu den edelsüßen Spezialitäten. Speziell die Eisweine des Gutes zählen oft zu den besten Exemplaren des Gebietes. Nach einer für die schwierigen Bedingungen des Jahrgangs geradezu fantastischen Kollektion in 2000 stellt Nik Weis in 2001 eine gute bis sehr gute Kollektion vor. Sie unterscheidet sich von den Vorgängern allerdings im trockenen und halbtrockenen Bereich – bislang eine der großen Stärken dieses Gutes. Hier wurde gerade mal ein Wein präsentiert: eine allerdings beachtliche trockene Literqualität. Die Stärken liegen diesmal eindeutig im Bereich der Spätlesen. Wir probierten Weine von ausgeprägter Mineralität und Würze. Am besten gefiel uns die Spätlese aus der »Hauslage« Laurentiuslay, ein hocheleganter Riesling, der zugleich über Kraft und Schmelz verfügt.

2001 Riesling
trocken
5,– €/1,0 Lit., 11,5%, ♀ bis 2004   83

2001 Leiwener Laurentiuslay
Riesling
11,– €, 11%, ♀ bis 2004   83

2001 Saarfeilser
Riesling
8,50 €, 10%, ♀ bis 2004   83

Mosel-Saar-Ruwer

2001 Riesling
4,50 €, 11%, ♀ bis 2004 — **83**

2001 Ockfener Bockstein
Riesling
6,– €, 10,5%, ♀ bis 2005 — **84**

2001 Wiltinger Schlangengraben
Riesling Kabinett
6,50 €, 10,5%, ♀ bis 2006 — **85**

2001 Piesporter Goldtröpfchen
Riesling Kabinett
8,– €, 9,5%, ♀ bis 2007 — **85**

2001 Ockfener Bockstein
Riesling Kabinett
7,– €, 9%, ♀ bis 2008 — **86**

2001 Leiwener Laurentiuslay
Riesling Spätlese
13,– €, 11%, ♀ bis 2006 — **86**

2001 Ockfener Bockstein
Riesling Spätlese – 15 –
10,– €, 8,5%, ♀ bis 2008 — **87**

2001 Ockfener Bockstein
Riesling Spätlese – 11 –
15,– €, 9,5%, ♀ bis 2010 — **88**

2001 Leiwener Laurentiuslay
Riesling Auslese
15,– €, 10%, ♀ bis 2010 — **88**

2001 Piesporter Goldtröpfchen
Riesling Spätlese
11,– €, 8%, ♀ bis 2010 — **89**

2001 Ockfener Bockstein
Riesling Auslese
20,– €, 7,5%, ♀ bis 2012 — **90**

2001 Leiwener Laurentiuslay
Riesling Spätlese
23,70 €, 9%, ♀ bis 2010 — **91**

2001 Piesporter Goldtröpfchen
Riesling Auslese
22,– €, 9%, ♀ bis 2010 — **91**

2001 Ockfener Bockstein
Riesling Auslese Goldkapsel
30,80 €/0,375 Lit., 8,5%, ♀ bis 2012 — **91**

2001 Leiwener Klostergarten
Riesling Eiswein
175,– €/0,375 Lit., 6%, ♀ bis 2018 — **92**

Vorjahresweine

2000 Piesporter Goldtröpfchen
Riesling Kabinett
7,72 €, 8,5%, ♀ bis 2005 — **88**

2000 Piesporter Goldtröpfchen
Riesling Spätlese
10,84 €, 8,5%, ♀ bis 2010 — **90**

2000 Leiwener Laurentiuslay
Riesling Spätlese
15,12 €, 8%, ♀ bis 2010 — **90**

2000 Piesporter Goldtröpfchen
Riesling Auslese
12,88 €/0,375 Lit., 8%, ♀ bis 2015 — **92**

2000 Ockfener Bockstein
Riesling Auslese lange Goldkapsel
90,74 €/0,375 Lit., 7%, ♀ bis 2020 — **93**

2000 Ockfener Bockstein
Riesling Eiswein
61,82 €/0,375 Lit., 7%, ♀ bis 2025 — **94**

Die Weine: **100** Perfekt · **95–99** Überragend · **90–94** Exzellent · **85–89** Sehr gut · **80–84** Gut · **75–79** Passabel

Aufsteiger des Jahres 1997   **Mosel-Saar-Ruwer**

WEINGUT
WILLI SCHAEFER

Inhaber: Willi Schaefer
Kellermeister: Christoph
und Willi Schaefer
54470 Graach, Hauptstraße 130
Tel. (0 65 31) 80 41, Fax 14 14
*Anfahrt: A 48, Ausfahrt Wittlich,
Richtung Bernkastel-Kues*
Verkauf: Familie Schaefer
Mo.–Fr. 9:00 bis 12:00 Uhr
und 14:00 bis 18:00 Uhr
Sa. 10:00 bis 12:00 Uhr
Sa. nach Vereinbarung
Historie: Weinbau seit 1590
in der Familie
Sehenswert: Schatzkammer mit
Weinen bis zum Jahrgang 1921

Rebfläche: 2,7 Hektar
Jahresproduktion: 26.000 Flaschen
Beste Lagen: Graacher Domprobst
und Himmelreich
Boden: Devonschiefer
Rebsorten: 100% Riesling
Durchschnittsertrag: 64 hl/ha
Beste Jahrgänge: 1995, 1997, 1999
Mitglied in Vereinigungen: VDP

Willi Schaefer aus Graach hat in den 90er Jahren wahre Höhenflüge absolviert. Das war Grund genug, ihn zu unserem »Aufsteiger des Jahres 1997« auszurufen. Basis für seinen Erfolg sind knapp zwei Hektar bester Parzellen in den Graacher Spitzenlagen Himmelreich und Domprobst, sowie kleinere Flächen in der Wehlener Sonnenuhr. Doch seit Ende der 90er Jahre haben wir hier schleichende Qualitätsverluste beobachten müssen. Tiefpunkt war die recht schwache 2000er Kollektion, ein – wie wir dachten – jahrgangsbedingter Ausrutscher. Doch auch die 2001er sind eher mittelmäßig ausgefallen und konnten den Vier-Trauben-Status nicht eben bestätigen, obwohl Schaefer selbst den Jahrgang betriebsintern mit den großen 90ern und 75ern vergleicht. Selbst die beiden Auslesen lassen Feinheiten vermissen.

2001 Riesling
trocken
5,20 €, 11,5%, ♀ bis 2004   **81**

2001 Graacher Himmelreich
Riesling halbtrocken
5,20 €, 11%, ♀ bis 2004   **80**

2001 Graacher Himmelreich
Riesling
5,20 €, 9,5%, ♀ bis 2005   **82**

2001 Graacher Himmelreich
Riesling Kabinett
7,10 €, 8%, ♀ bis 2006   **84**

2001 Graacher Domprobst
Riesling Kabinett
7,30 €, 8%, ♀ bis 2007   **85**

2001 Graacher Himmelreich
Riesling Spätlese
9,50 €, 8%, ♀ bis 2008   **86**

2001 Graacher Domprobst
Riesling Spätlese – 3 –
12,– €, 8,5%, ♀ bis 2009   **87**

2001 Graacher Domprobst
Riesling Spätlese – 7 –
Versteigerungswein, 8,5%, ♀ bis 2009   **87**

2001 Graacher Domprobst
Riesling Auslese
26,– €, 7,5%, ♀ bis 2010   **88**

2001 Graacher Domprobst
Riesling Auslese Goldkapsel
Versteigerungswein, 8%, ♀ bis 2010   **88**

Die Betriebe: ✻✻✻✻✻ Weltklasse · ✻✻✻✻ Deutsche Spitze · ✻✻✻ Sehr gut · ✻✻ Gut · ✻ Zuverlässig

Mosel-Saar-Ruwer

WEINGUT FREIHERR VON SCHLEINITZ

Inhaber: Konrad Hähn
56330 Kobern-Gondorf, Kirchstraße 17
Tel. (0 26 07) 97 20 20, Fax 97 20 22
e-mail: weingut@vonschleinitz.com
Internet: www.vonschleinitz.com
Anfahrt: A 61, Ausfahrt Dieblich oder Plaidt, A 48, Ausfahrt Kobern
Verkauf: Mo.–Fr. 8:00 bis 17:00 Uhr
Sa. 8:00 bis 13:00 Uhr
und nach Vereinbarung
Gutsausschank: Täglich ab 17:00 Uhr, Dienstag und Mittwoch Ruhetag
Sehenswert: Gewölbekeller, eigenes Weinmuseum
Erlebenswert: Sommertheater in der Winzerscheune, Mai bis September

---

Rebfläche: 8 Hektar
Jahresproduktion: 55.000 Flaschen
Beste Lagen: Koberner Weißenberg und Uhlen
Boden: Schiefer und Rotliegendes
Rebsorten: 97% Riesling, 3% Spätburgunder
Durchschnittsertrag: 55 hl/ha
Beste Jahrgänge: 1998, 1999, 2001

Der gesamte Weinbergsbesitz dieses Gutes ist terrassiert und so steil, dass aufwändige Handarbeit zur Pflege erforderlich ist. In den nächsten Jahren soll die Traubenverarbeitung im Herbst noch schonender erfolgen. Das traditionelle Holzfass hat Konrad Hähn gegen Stahl- und Kunststofftanks getauscht. Durch frühe Abfüllung will der Winzer frische und fruchtige Rieslinge erzeugen. Den Anteil trockener Weine hat Hähn in den vergangenen Jahren auf ein gutes Drittel der Produktion gesteigert. Privatkunden nehmen etwa die Hälfte der Erzeugung ab, die Gastronomie ein Viertel. Den Export, der jetzt schon bei 25 Prozent rangiert und hauptsächlich nach USA und England geht, will Hähn weiter steigern. Die 2000er Kollektion kam bei weitem nicht an die beiden Vorjahre heran. Doch Hähn hat sich unsere Kritik offenbar zu Herzen genommen und stellt solide 2001er durch alle Qualitätsstufen vor. Ein wenig mehr Finesse würde dabei dem ein oder anderen Wein durchaus zugute kommen.

2001 Koberner Uhlen
Riesling trocken
7,– €, 13%, ♀ bis 2004 — **80**

2001 Koberner Weißenberg
Riesling Spätlese trocken
7,50 €, 12%, ♀ bis 2005 — **81**

2001 Koberner Uhlen
Riesling Spätlese trocken
9,– €, 13%, ♀ bis 2005 — **82**

2001 Koberner Uhlen
Riesling halbtrocken
7,– €, 12%, ♀ bis 2005 — **82**

2001 Koberner Weißenberg
Riesling Kabinett
6,– €, 9,5%, ♀ bis 2005 — **81**

2001 Koberner Weißenberg
Riesling Spätlese
8,– €, 9,5%, ♀ bis 2006 — **83**

2001 Koberner Weißenberg
Riesling Auslese
10,– €, 9,5%, ♀ bis 2008 — **85**

Die Weine: **100** Perfekt · **95–99** Überragend · **90–94** Exzellent · **85–89** Sehr gut · **80–84** Gut · **75–79** Passabel

Aufsteiger

Mosel-Saar-Ruwer

WEINGUT HEINRICH SCHMITGES

Inhaber: Andreas Schmitges
54492 Erden, Im Unterdorf 12
Tel. (0 65 32) 27 43, Fax 39 34
e-mail: info@schmitges-weine.de
Internet: www.schmitges-weine.de
Anfahrt: A 48 Koblenz–Trier, Ausfahrt Zeltingen, 5 km in Richtung Traben-Trarbach, im Ortskern
Verkauf: Waltraud und Andreas Schmitges, nach Vereinbarung
Historie: Weinbau seit 1744

Rebfläche: 8 Hektar
Jahresproduktion: 80.000 Flaschen
Beste Lagen: Erdener Treppchen und Prälat
Boden: Grauer und blauer Schiefer, sandiger Lehmboden
Rebsorten: 80% Riesling, 20% Müller-Thurgau
Durchschnittsertrag: 75 hl/ha
Beste Jahrgänge: 1996, 1999, 2001

Wein	Preis		
2001 Riesling trocken	4,60 €/1,0 Lit., 11,5%, ♀ bis 2004		80
2001 »Grauschiefer« Riesling trocken	6,90 €, 12%, ♀ bis 2003		83
2001 Erdener Treppchen Riesling Kabinett trocken	6,90 €, 11%, ♀ bis 2004		84
2001 Erdener Treppchen Riesling Spätlese trocken	10,– €, 12%, ♀ bis 2006		84
2001 Erdener Treppchen Riesling Spätlese	10,– €, 8%, ♀ bis 2009		88
2001 Riesling Eiswein	25,– €/0,375 Lit., 7%, ♀ bis 2015		88
2001 Erdener Treppchen Riesling Auslese	12,– €, 7,5%, ♀ bis 2010		89
2001 Erdener Prälat Riesling Auslese *	15,– €/0,375 Lit., 7,5%, ♀ bis 2012		89

»Wir stehen auf dem Standpunkt, dass wir nur das erhalten können, was an Qualität aus dem Weinberg in den Keller kommt. Deshalb beschränken wir uns im Keller auf kontrolliertes Nichtstun, wir greifen also nur dort ein, wo Qualität gesichert oder gefördert werden kann.« Mit dem kontrollierten Nichtstun, wie Andreas Schmitges seine Politik der ruhigen Hand im Keller nennt, kann er nicht darüber hinwegtäuschen, dass er und seine Frau Waltraud seit der Übernahme des Gutes 1990 enorm viel geleistet haben. Zunächst fiel auf, dass der diplomierte Marketing-Fachmann das Image des Betriebes völlig neu formierte. Dass auch der Inhalt der Flaschen mit dem äußeren Glanz mithalten konnte, sorgte für Glaubwürdigkeit. Ein wahrer Qualitätssprung gelang in 2001: Die Rieslinge bestechen durch Klarheit, Mineralität und exotische Frucht. An der Spitze der Kollektion stehen zwei tolle Auslesen aus Prälat und Treppchen. Das alles reicht spielend für die Verleihung der zweiten Traube!

Die Betriebe: ♀♀♀♀♀ Weltklasse · ♀♀♀♀ Deutsche Spitze · ♀♀♀ Sehr gut · ♀♀ Gut · ♀ Zuverlässig

Aufsteiger

Mosel-Saar-Ruwer

WEINGUT HEINZ SCHMITT

Inhaber und Betriebsleiter:
Heinz Schmitt
54340 Leiwen, Stephanusstraße 4
Tel. (0 65 07) 42 76, Fax 81 61
e-mail:
weingutheinzschmitt@t-online.de
Internet:
www.Weingut-Heinz-Schmitt.de
Anfahrt: A 48, Ausfahrt Bekond oder A 1, Ausfahrt Mehring
Verkauf: Silvi Schmitt, Heinz Schmitt, Andreas Bender,
nach Vereinbarung

Rebfläche: 22 Hektar
Jahresproduktion: 130.000 Flaschen
Beste Lagen: Schweicher Annaberg, Longuicher Maximiner Herrenberg, Klüsserather Bruderschaft, Mehringer Blattenberg, Trittenheimer Apotheke, Köwericher Laurentiuslay
Boden: Schiefer und Verwitterungsschiefer, roter Schiefer mit Buntsandstein und Grauwacke
Rebsorten: 90% Riesling, 5% Weißburgunder, 5% Rivaner
Durchschnittsertrag: 54 hl/ha
Beste Jahrgänge: 1998, 1999, 2001

2001 Neumagener Rosengärtchen
Riesling trocken
6,50 €, 13%, ♀ bis 2004 — **84**

2001 Schweicher Annaberg
Riesling Spätlese trocken
11,– €, 12,5%, ♀ bis 2004 — **84**

2001 Longuicher Maximiner Herrenberg
Riesling Spätlese
9,– €, 9%, ♀ bis 2008 — **87**

2001 Trittenheimer Apotheke
Riesling Auslese
17,50 €, 8,5%, ♀ bis 2010 — **88**

2001 Trittenheimer Altärchen
Riesling Auslese
16,– €, 9%, ♀ bis 2009 — **88**

2001 Neumagener Rosengärtchen
Riesling Auslese
18,– €, 8%, ♀ bis 2010 — **89**

2001 Schweicher Annaberg
Riesling Beerenauslese
36,– €/0,375 Lit., 8%, ♀ bis 2012 — **89**

2001 Leiwener Klostergarten
Riesling Eiswein
35,– €/0,375 Lit., 9%, ♀ bis 2010 — **90**

Dieses Leiwener Weingut hat in den letzten Jahren seine Rebfläche sprunghaft erweitert. Als Heinz Schmitt den Betrieb 1983 übernahm, waren gerade mal 3,5 Hektar angelegt. Im vergangenen Jahr nun überwand der Leiwener Winzer die 20-Hektar-Schallgrenze. Schmitt gelang zugleich, was nur den wenigsten seiner Kollegen glückt: Trotz kräftigem Betriebs-Wachstum hielt er die Qualität seiner Weine auf hohem Niveau, ja konnte sie in in den letzten Jahren und zumal in 2001 sogar noch kräftig steigern, was ihm die dritte Traube einbringt. Das ist nur möglich, weil auch die Qualität der trockenen Weine hier regelmäßig über dem Durchschnitt liegt. Doch in 2001 erzielte Schmitt zudem ein Füllhorn feinwürziger Auslesen, wovon wir nur die besten aufführen können.

Die Weine: **100** Perfekt · **95–99** Überragend · **90–94** Exzellent · **85–89** Sehr gut · **80–84** Gut · **75–79** Passabel

Neu

Mosel-Saar-Ruwer

**WEINGUT
MARTIN SCHÖMANN**

Inhaber und Betriebsleiter:
Martin Schömann
Kellermeister: Bartho Kroth und
Martin Schömann
54492 Zeltingen-Rachtig,
Uferallee 50
Tel. (0 65 32) 23 47, Fax 10 10
e-mail: M.Schoemann@t-online.de
Internet: www.schoemann-weine.de
*Anfahrt: A 1/A 48 Koblenz–Trier,
Ausfahrt Wittlich*
Verkauf: Martin und Helga Schömann
nach Vereinbarung
Historie: Weinbau in der Familie seit
dem 16. Jahrhundert
Sehenswert: Alter Tropfstein-Gewölbekeller, schöner Innenhof

Rebfläche: 5 Hektar
Jahresproduktion: 40.000 Flaschen
Beste Lagen: Zeltinger Sonnenuhr
und Himmelreich, Graacher Domprobst, Wintricher Großer Herrgott
Boden: Devon-Verwitterungsschiefer
Rebsorten: 82% Riesling, 8% Spätburgunder, je 3% Weißburgunder
und Schwarzriesling, je 2% Müller-Thurgau und Dornfelder
Durchschnittsertrag: 84 hl/ha
Bester Jahrgang: 2001

Um die Wende zum 20. Jahrhundert gründete Stephan Schömann eine kleine Handelskellerei, die erst 1999 aufgegeben wurde. Damals gab es schon eigenen Weinbergsbesitz in bedeutenden Lagen, den Martin Schömann in den letzten Jahren gezielt aufgestockt hat. Jüngst hat er sich durch die Anpachtung des altrenommierten Betriebes Leo Kappes in der Zeltinger Sonnenuhr ein weiteres Hektar zulegen können. Der gelernte Großhandelskaufmann und Winzermeister will »leidenschaftlich gute Weine herstellen«. Dabei hilft ihm Bartho Kroth aus Briedel, der in kanadischen Betrieben Auslandserfahrung gesammelt hat. Die sehr homogene 2001er Kollektion enthält Weine mit guter Dichte und Eleganz. Die finessenreiche Spätlese aus dem Wintricher Herrgott steht an der Spitze.

2001 Zeltinger Sonnenuhr
Riesling Kabinett trocken
8,50 €, 11,5%, ♀ bis 2004   **81**

2001 Zeltinger Sonnenuhr
Riesling Spätlese trocken
10,50 €, 11,5%, ♀ bis 2004   **82**

2001 Zeltinger Sonnenuhr
Riesling Auslese trocken
13,50 €, 12,5%, ♀ bis 2004   **84**

2001 Bernkasteler Badstube
Riesling halbtrocken
5,60 €, 11%, ♀ bis 2005   **80**

2001 Graacher Domprobst
Riesling Spätlese halbtrocken
8,– €, 10,5%, ♀ bis 2005   **80**

2001 Zeltinger Schlossberg
Riesling Spätlese
8,– €, 8%, ♀ bis 2006   **81**

2001 Bernkasteler Johannisbrünnchen
Riesling
7,– €, 9,5%, ♀ bis 2004   **84**

2001 Zeltinger Sonnenuhr
Riesling Spätlese
10,50 €, 8,5%, ♀ bis 2007   **84**

2001 Wintricher Großer Herrgott
Riesling Spätlese
7,50 €, 8,5%, ♀ bis 2007   **86**

Die Betriebe: ✦✦✦✦✦ Weltklasse · ✦✦✦✦ Deutsche Spitze · ✦✦✦ Sehr gut · ✦✦ Gut · ✦ Zuverlässig

Genießer unterwegs

Reisen mit allen Sinnen. Die ideale Kombination aus Rezepten, Essays, persönlichen Empfehlungen, Warenkunde und brillanten Fotos.

„Bestes internationales Kochbuch 2002"

ISBN 3-88472-513-0

ISBN 3-88472-471-1

ISBN 3-88472-523-8

ISBN 3-88472-466-5

ISBN 3-88472-501-7

Jeder Band
ca. 140 Rezepte, 256 Seiten
Format 22,5 x 33,3 cm
€ 36,- (D) SFR 59,30

ISBN 3-88472-472-X

www.christian-verlag.de

Bestellen Sie auf den eingehefteten Bestellkarten!

Tel.: 089/ 38 18 03 17
Fax: 089/ 38 18 03 81
info@christian-verlag.de

Mosel-Saar-Ruwer

Winzer des Jahres 1995

GUTSVERWALTUNG VON SCHUBERT – MAXIMIN GRÜNHAUS

Inhaber: Dr. Carl-Ferdinand von Schubert
Verwalter und Kellermeister: Alfons Heinrich
54318 Mertesdorf, Maximin Grünhaus
Tel. (06 51) 51 11, Fax 5 21 22
e-mail: info@vonSchubert.com
Internet: www.vonSchubert.com
Anfahrt: A 48, Ausfahrt Kenn/Trier-Ruwer, nach zwei Kilometern links ins Ruwertal
Verkauf: Dr. Carl von Schubert
Mo.–Fr. 8:00 bis 12:00 Uhr
und 13:00 bis 16:30 Uhr
Sa. 9:00 bis 12:00 Uhr
nur nach Vereinbarung
Historie: Erste urkundliche Erwähnung 966, Abtei St. Maximin, seit 1882 in Schubert'schem Besitz
Sehenswert: Ensemble von Herrenhaus und Kavaliershaus sowie Kelterhaus mit Umfassungsmauer im gotischen Stil

---

Rebfläche: 34 Hektar
Jahresproduktion: 200.000 Flaschen
Beste Lagen: Maximin Grünhäuser Abtsberg und Herrenberg
Boden: Blauer Devonschiefer
Rebsorten: 97% Riesling, 3% übrige Sorten
Durchschnittsertrag: 50 hl/ha
Beste Jahrgänge: 1993, 1995, 1997

Unter der Leitung von Dr. Carl-Ferdinand von Schubert hat sich das herrlich gelegene Grünhäuser Gut zu einem gefragten Erzeuger feinster Rieslinge an der Ruwer entwickelt, die auf vielen Weinkarten der Spitzengastronomie im In- und Ausland zu Hause sind. Flaschen mit dem originellen Jugendstiletikett konnte man über die Jahrzehnte hinweg fast blind kaufen: Darin steckte stets ein äußerst delikater und individueller Wein. In großen Jahren zählen die feinwürzigen, edelsüßen Grünhäuser zum Besten, was der Riesling in Deutschland überhaupt leisten kann. Die Auszeichnung zum »Winzer des Jahres 1995« war insofern hochverdient und fand in der Branche weithin Zustimmung. Wie sehr Eigentümer und Gutsverwalter an einem Strang ziehen, wurde damals deutlich mit dem gemeinsamen Ehrungsfoto von Dr. von Schubert und Alfons Heinrich. Er feierte nun, im Alter von 73 Jahren immer noch in Amt und Würden, des seltene Jubiläum der 50-jährigen Betriebszugehörigkeit. Seit dem 1999er Jahrgang scheint sich die positive Entwicklung ins Gegenteil verkehrt zu haben. Jedenfalls kamen die Grünhäuser Weine in diesem für die Ruwerregion ansonsten grandiosen Jahr überraschenderweise nicht an die Güte der ebenfalls namhaften Nachbarn heran. Beim Jahrgang 2000 waren wir noch um einiges ratloser: Sicherlich gilt der 2000er an Saar und Ruwer nicht als so genanntes Hauptjahr. Die Qualität der trockenen Gutsweine ist allerdings von einer so mäßigen Güte, wie wir sie in diesem Traditionsgut lange nicht erlebt haben. Erinnern wir uns: Selbst schwierige Jahrgänge wie 1984 und 1987 erbrachten hier stets Weine von zuverlässiger Güte und zählten im Jahrgangsspektrum zu den feinsten Exemplaren im Lande. Mit dem Jahrgang 2001 haben sich die Probleme leider nicht erledigt. Es ist zwar lobenswert, dass Dr. von Schubert vorbehaltlos seine komplette Kollektion auf unseren Prüfstand stellt, doch selbst nach Streichung der geringer bewerteten Weine bleibt die Frage bestehen: Wo ist der Glanz der alten Tage geblieben, wohin hat sich das Terroir verflüchtigt?

2001 Maximin Grünhäuser Herrenberg
Riesling Kabinett trocken
10,– €, 9,5%, ♀ bis 2004   **81**

2001 Maximin Grünhäuser Herrenberg
Riesling Spätlese trocken
12,– €, 11%, ♀ bis 2004   **82**

2001 Maximin Grünhäuser Abtsberg
Riesling Kabinett trocken
10,50 €, 9,5%, ♀ bis 2004   **83**

Mosel-Saar-Ruwer

2001 Maximin Grünhäuser Abtsberg
Riesling Spätlese trocken
13,50 €, 10%, ♀ bis 2004 **83**

2001 Maximin Grünhäuser Abtsberg
Riesling Auslese trocken
19,– €, 11,5%, ♀ bis 2004 **84**

2001 Maximin Grünhäuser
Riesling halbtrocken
8,– €/1,0 Lit., 10,5%, ♀ bis 2005 **82**

2001 Maximin Grünhäuser Herrenberg
Riesling halbtrocken
8,– €, 10,5%, ♀ bis 2005 **82**

2001 Maximin Grünhäuser
Riesling
8,– €/1,0 Lit., 7,5%, ♀ bis 2005 **83**

2001 Maximin Grünhäuser Herrenberg
Riesling
8,– €, 7,5%, ♀ bis 2006 **84**

2001 Maximin Grünhäuser Abtsberg
Riesling
8,50 €, 8,5%, ♀ bis 2005 **84**

2001 Maximin Grünhäuser Bruderberg
Riesling Kabinett
9,50 €, 7%, ♀ bis 2005 **84**

2001 Maximin Grünhäuser Herrenberg
Riesling Kabinett
10,– €, 7,5%, ♀ bis 2005 **85**

2001 Maximin Grünhäuser Bruderberg
Riesling
7,50 €, 8%, ♀ bis 2006 **86**

2001 Maximin Grünhäuser Abtsberg
Riesling Kabinett
10,50 €, 7%, ♀ bis 2007 **86**

2001 Maximin Grünhäuser Herrenberg
Riesling Auslese
17,– €, 7,5%, ♀ bis 2007 **86**

2001 Maximin Grünhäuser Abtsberg
Riesling Auslese – 145 –
29,– €, 7,5%, ♀ bis 2007 **86**

2001 Maximin Grünhäuser Herrenberg
Riesling Spätlese
12,– €, 7,5%, ♀ bis 2008 **87**

2001 Maximin Grünhäuser Abtsberg
Riesling Auslese
19,– €, 7,5%, ♀ bis 2009 **87**

2001 Maximin Grünhäuser Herrenberg
Riesling Auslese – 188 –
26,– €, 7,5%, ♀ bis 2009 **87**

2001 Maximin Grünhäuser Abtsberg
Riesling Spätlese
13,50 €, 7%, ♀ bis 2010 **88**

2001 Maximin Grünhäuser Abtsberg
Riesling Eiswein
80,– €/0,375 Lit., 7,5%, ♀ bis 2010 **89**

2001 Maximin Grünhäuser Abtsberg
Riesling Eiswein – 191 –
110,– €/0,375 Lit., 7%, ♀ bis 2015 **93**

Mosel-Saar-Ruwer

WEINGUT SELBACH-OSTER

Inhaber: Johannes Selbach
Kellermeister: Klaus-Rainer Schäfer und Hans Selbach
54492 Zeltingen, Uferallee 23
Tel. (0 65 32) 20 81, Fax 40 14
e-mail: info@selbach-oster.de
Internet: www.selbach-oster.de
Anfahrt: A 48, Ausfahrt Wittlich, Richtung Bernkastel-Kues, über die Moselbrücke Zeltingen, rechts ab in die Uferallee, in der Ortsmitte am Ufer
Verkauf: Familie Selbach nach Vereinbarung
Historie: Seit 1661 Weinbau in der Familie

Rebfläche: 13 Hektar
Jahresproduktion: 90.000 Flaschen
Beste Lagen: Zeltinger Schlossberg und Sonnenuhr, Wehlener Sonnenuhr, Graacher Domprobst
Boden: Steiniger blauer Devonschiefer, in Graach teilweise mit Lehm
Rebsorten: 97% Riesling, 3% Weißburgunder
Durchschnittsertrag: 70 hl/ha
Beste Jahrgänge: 1997, 2000, 2001

Über viele Jahre hinweg haben Vater und Sohn in diesem Spitzengut in seltener Eintracht gewirkt. Das harmonische Arbeiten von Hans und Johannes Selbach spiegelte sich auch im Charakter ihrer Weine wider. Familie Selbach hat schon immer im Team gearbeitet. Der Urgroßvater von Johannes besaß ein Dampfschiff, mit dem er die Fässer über Mosel und Rhein bis in die Nordseehäfen transportierte. Die Fässer wiederum stammten vom Küfer Matthias Oster, dem Urgroßvater väterlicherseits. In dieser Zusammenarbeit entwickelte sich der Familienbetrieb auf drei Gebieten: als Weingut, als Kellerei und Handelshaus und als Kommissionär. Jetzt hat Johannes Selbach das Weingut in seine alleinige Verantwortung übernommen. Dazu gehören beste Parzellen in berühmten Steillagen von Bernkastel, Graach, Wehlen und Zeltingen, die teilweise noch mit uralten, so genannten wurzelechten Riesling-Reben bestockt sind. Im letzten Jahr ist etwas Weißburgunder hinzugekommen, den Selbach noch ein wenig aufstocken will, aber nicht auf Kosten der Riesling-Fläche. Die durchweg hochwertigen Weine werden etwa zur Hälfte fruchtig-süß und trocken bis feinherb ausgebaut. Gut die Hälfte der Gutserzeugung geht heute in den Export. Führend sind USA, Japan und Großbritannien. Übrigens nicht nur aus dem eigenen Betrieb, denn dem Weingut ist auch ein rühriger Handelsbetrieb angegliedert. Die 2000er Kollektion war bereits von makelloser Güte. Die fruchtigen Weine zählten zum Besten, was in diesem Jahr an der Mosel möglich war. Glanzstück war eine großartige Trockenbeerenauslese aus der Zeltinger Sonnenuhr. Die 2001er Kollektion setzt hier neue Maßstäbe. Mit ihr pocht Johannes Selbach unüberhörbar an die große Pforte des Moselaner Wein-Olymps. Die große Beständigkeit auf höchstem Niveau ist die Voraussetzung, die dieses Mustergut fast schon komplett erfüllt hat. In 2001 jedenfalls probierten wir kristallklare, äußerst animierende Weine von hoher Mineralität und Eleganz. Zwei grandiose Edelsüße krönen ein Top-Sortiment!

2001 Zeltinger Sonnenuhr
Riesling Spätlese trocken
12,30 €, 12%, ♀ bis 2006   **87**

2001 Zeltinger Sonnenuhr
Riesling Spätlese trocken *
12,30 €, 12%, ♀ bis 2007   **88**

2001 Zeltinger Himmelreich
Riesling Kabinett halbtrocken
6,45 €, 10%, ♀ bis 2006   **84**

2001 Zeltinger Schlossberg
Riesling Kabinett
7,05 €, 8,5%, ♀ bis 2007   **84**

2001 Zeltinger Sonnenuhr
Riesling Kabinett
7,40 €, 9%, ♀ bis 2007   **85**

Mosel-Saar-Ruwer

2001 Bernkasteler Badstube
Riesling Kabinett
7,20 €, 8,5%, ♀ bis 2008   87

2001 Zeltinger Sonnenuhr
Riesling Spätlese
10,– €, 8,5%, ♀ bis 2010   88

2001 Graacher Himmelreich
Riesling Spätlese *
10,50 €, 9%, ♀ bis 2009   89

2001 Zeltinger Sonnenuhr
Riesling Spätlese *
11,50 €, 8,5%, ♀ bis 2010   89

2001 Zeltinger Himmelreich
Riesling Auslese *
12,50 €, 8%, ♀ bis 2012   90

2001 Zeltinger Sonnenuhr
Riesling Auslese **
24,– €, 7,5%, ♀ bis 2012   90

2001 Zeltinger Sonnenuhr
Riesling Auslese *
17,75 €, 8%, ♀ bis 2012   91

2001 Bernkasteler Badstube
Riesling Eiswein
44,50 €, 8%, ♀ bis 2020   92

2001 Zeltinger Sonnenuhr
Riesling Trockenbeerenauslese
100,– €/0,375 Lit., 7,5%, ♀ bis 2025   93

Vorjahresweine

2000 Graacher Domprobst
Riesling Spätlese
8,95 €, 7,5%, ♀ bis 2006   87

2000 Zeltinger Sonnenuhr
Riesling Spätlese
9,20 €, 8%, ♀ bis 2005   87

2000 Graacher Himmelreich
Riesling Spätlese *
10,25 €, 8%, ♀ bis 2007   88

2000 Zeltinger Sonnenuhr
Riesling Auslese *
14,35 €, 7,5%, ♀ bis 2007   88

2000 Zeltinger Himmelreich
Riesling Auslese
12,05 €, 7,5%, ♀ bis 2010   89

2000 Zeltinger Schlossberg
Riesling Auslese **
23,55 €, 7,5%, ♀ bis 2008   90

2000 Zeltinger Sonnenuhr
Riesling Auslese ***
19,70 €/0,375 Lit., 8%, ♀ bis 2012   91

2000 Zeltinger Sonnenuhr
Riesling Beerenauslese
47,55 €/0,375 Lit., 7%, ♀ bis 2015   92

2000 Zeltinger Sonnenuhr
Riesling Trockenbeerenauslese
86,50 €/0,375 Lit., 8%, ♀ bis 2018   94

SELBACH-OSTER

2000

GRAACHER DOMPROBST
RIESLING KABINETT

QUALITÄTSWEIN MIT PRÄDIKAT
GUTSABFÜLLUNG WEINGUT SELBACH-OSTER · D-54492 ZELTINGEN
L · A.P.NR. 2 606 319 010 01
Mosel · Saar · Ruwer
alc.8%vol · 750 ml e

Die Weine: **100** Perfekt · **95–99** Überragend · **90–94** Exzellent · **85–89** Sehr gut · **80–84** Gut · **75–79** Passabel

Neu

Mosel-Saar-Ruwer

WEINGUT SPÄTER-VEIT

Inhaber: Heinz Welter-Später
54498 Piesport, Brückenstraße 13
Tel. (0 65 07) 54 42, Fax 67 60
Anfahrt: A 1, Ausfahrt Salmtal, Richtung Piesport, dort über Moselbrücke, 3. Haus links
Verkauf: Silvia und Heinz Welter
Mo.–Fr. von 11:00 bis 21:00 Uhr
Sa. u. So. von 10:00 bis 21:00 Uhr
Straußwirtschaft: Juni bis Oktober täglich ab 11:00 Uhr
Spezialitäten: Riesling-Cremesuppe, geräucherte Forellen
Historie: Weinbau seit über 300 Jahren in der Familie
Sehenswert: Panorama-Terrasse mit Blick auf Alt-Piesport

Rebfläche: 7 Hektar
Jahresproduktion: 25.000 Flaschen
Beste Lagen: Piesporter Goldtröpfchen und Domherr, Wintricher Ohligsberg
Boden: Schiefer und roter Schiefer
Rebsorten: 61% Riesling, 22% Müller-Thurgau, 8% Spätburgunder, 7% Weißburgunder, 2% übrige Sorten
Durchschnittsertrag: 69 hl/ha
Bester Jahrgang: 2001

Seit der Heirat mit Silvia Später 1988 hat Heinz Welter den Betrieb von Neuzüchtungen befreit und setzt vor allem auf Riesling sowie Weiß- und Spätburgunder. Letztere können hier beachtlich ausfallen, wie der nach Beeren duftende, herzhafte 2000er Spätburgunder beweist. Grundlage für Welters Erfolg sind seine Rebflächen in Piesport und Wintrich, darunter fast anderthalb Hektar im Piesporter Goldtröpfchen. Von dort stammt auch die Riesling Auslese, die sich dicht und exotisch präsentiert. Insgesamt bestechen die 2001er feinfruchtigen Weine durch Rasse, Finesse und Eleganz. Für Mosel-Verhältnisse halten sich die Erträge hier sehr im Rahmen. Die Hälfte der Weine wird allerdings immer noch im Fass verkauft.

2001 Riesling
trocken
4,– €, 12%, ♀ bis 2004 — **79**

2001 Piesporter Goldtröpfchen
Riesling Spätlese halbtrocken
8,– €, 12,5%, ♀ bis 2005 — **81**

2001 Riesling
3,50 €/1,0 Lit., 10,5%, ♀ bis 2004 — **79**

2001 Wintricher Ohligsberg
Riesling Spätlese
7,50 €, 9%, ♀ bis 2006 — **83**

2001 Piesporter Goldtröpfchen
Riesling Spätlese
8,– €, 9%, ♀ bis 2006 — **84**

2001 Piesporter Domherr
Riesling Kabinett
6,– €, 9%, ♀ bis 2007 — **85**

2001 Piesporter Goldtröpfchen
Riesling Auslese
13,– €, 9%, ♀ bis 2008 — **86**

——— Rotweine ———

2000 Spätburgunder
trocken »No.1«
12,– €, 13%, ♀ bis 2004 — **79**

2000 Spätburgunder
trocken
7,– €, 12%, ♀ bis 2004 — **81**

Die Betriebe: ✤✤✤✤✤ Weltklasse · ✤✤✤✤ Deutsche Spitze · ✤✤✤ Sehr gut · ✤✤ Gut · ✤ Zuverlässig

Mosel-Saar-Ruwer

WEINGUT STUDERT-PRÜM – MAXIMINHOF

Inhaber: Stephan und Gerhard Studert
Betriebsleiter und Kellermeister:
Stephan und Gerhard Studert
54470 Bernkastel-Wehlen,
Hauptstraße 150
Tel. (0 65 31) 24 87, Fax 39 20
e-mail: info@studert-pruem.com
Internet: www.studert-pruem.com
Anfahrt: Von Bernkastel-Kues auf der linken Moselseite, am Ortseingang des Stadtteils Wehlen
Verkauf: Mo.–Fr. 9:00 bis 18:00 Uhr
Sa. 10:00 bis 16:00 Uhr
So. nach Vereinbarung
Historie: Erstmals 1256 bei Abtei St. Maximin erwähnt. Seit zwölf Generationen Studert-Weine
Sehenswert: Der Maximinhof der früheren Abtei St. Maximin

Rebfläche: 5 Hektar
Jahresproduktion: 40.000 Flaschen
Beste Lagen: Wehlener Sonnenuhr, Graacher Himmelreich und Domprobst, Bernkasteler Graben
Boden: Devonschiefer
Rebsorten: 97% Riesling, 3% Rivaner
Durchschnittsertrag: 60 hl/ha
Beste Jahrgänge: 1995, 1996, 2001
Mitglied in Vereinigungen: VDP

Der Maximinhof der früheren Abtei St. Maximin in Trier kam 1905 in den Besitz der Familie Studert. Seit der Vereinigung der Weingüter Stephan Studert und Peter Prüm firmiert man unter der Bezeichnung Studert-Prüm. In den 90er Jahren können die Brüder Stephan und Gerhard Studert eine erfolgreiche Reihe von Jahrgängen vorweisen. In 2000 machten sie, wohl jahrgangsbedingt, eine kleine Pause. Zwar lässt in 2001 das untere Segment durchaus Wünsche offen, doch im edelsüßen Bereich landeten die Studert-Brüder einen Volltreffer. Die nach Tabak und Malt-Whiskey duftende Trockenbeerenauslese von barocker Fülle gehört zu den Gebietsbesten. Eine Schwäche haben wir nach wie vor – hier hat sich nichts geändert – für Studerts feinen Winzer-Sekt.

2001 Riesling
trocken
5,– €, 12,5%, ♀ bis 2004   **81**

2001 Graacher Himmelreich
Riesling Kabinett
6,– €, 8%, ♀ bis 2005   **83**

2001 Wehlener Sonnenuhr
Riesling Kabinett
6,– €, 8,5%, ♀ bis 2005   **83**

2001 Wehlener Sonnenuhr
Riesling Spätlese
7,70 €, 9%, ♀ bis 2006   **84**

2001 Wehlener Sonnenuhr
Riesling Auslese
10,– €, 8%, ♀ bis 2009   **87**

2001 Wehlener Sonnenuhr
Riesling Beerenauslese
Versteigerungswein, 9%, ♀ bis 2013   **88**

2001 Wehlener Sonnenuhr
Riesling Auslese **
19,– €/0,375 Lit., 7,5%, ♀ bis 2010   **89**

2001 Wehlener Sonnenuhr
Riesling Trockenbeerenauslese
Versteigerungswein, 8,5%, ♀ bis 2020   **94**

Die Weine: 100 Perfekt · 95–99 Überragend · 90–94 Exzellent · 85–89 Sehr gut · 80–84 Gut · 75–79 Passabel

Mosel-Saar-Ruwer

WEINGUT PETER TERGES

Inhaber: Peter Terges
54295 Trier, Olewiger Straße 145
Tel. (06 51) 3 10 96, Fax 30 96 71
Anfahrt: A 48, Ausfahrt Trier-Olewig
Verkauf: Mo.–So. nach Vereinbarung

Rebfläche: 5 Hektar
Jahresproduktion: 40.000 Flaschen
Beste Lagen: Trierer Burgberg, Deutschherrenberg und Jesuitenwingert
Boden: Schiefer und Devonschiefer
Rebsorten: 65% Riesling, 20% Weißburgunder, 10% Müller-Thurgau, 5% Gewürztraminer
Durchschnittsertrag: 85 hl/ha
Beste Jahrgänge: 1993, 1995, 1999

An Wein herrscht hier wahrlich kein Mangel. Die letzte Preisliste dieses Trierer Fünf-Hektar-Gutes umfasste sage und schreibe 113 Positionen, zurück bis zum Jahrgang 1988. Terges' Rieslinganteil liegt mit 65 Prozent für die Region eher niedrig. Vor allem dem Weißburgunder hat sich der Olewiger verschrieben, der jetzt schon ein Fünftel der Rebfläche besetzt. Seine zu zwei Drittel fruchtig-süß ausgebauten Weine gehen zum überwiegenden Teil an treue Privatkundschaft. Mit besonderem Stolz nahm er 1998 den Staatsehrenpreis in Gold entgegen, eine wahrlich rare Auszeichnung. Doch sein Ehrgeiz, zu den besten Erzeugern der Region zu gehören, erfuhr mit der 2000er Kollektion einen Dämpfer, als vor allem die trockenen Weine schwächelten. Dieses Basissortiment zeigt sich bei den 2001ern nun verbessert, verharrt allerdings immer noch auf recht niedrigem Niveau. Viele Weine wirken grün, leicht und etwas belanglos. Das ist wohl nicht zuletzt auf die nach wie vor hohen Erträge zurückzuführen.

2001 Trierer Deutschherrenberg
Riesling Kabinett trocken
4,30 €, 9%, ♀ bis 2005 — **79**

2001 Weißer Burgunder
Classic
4,60 €, 11%, ♀ bis 2006 — **79**

2001 Trierer Burgberg
Weißer Burgunder Kabinett trocken
4,70 €, 10,5%, ♀ bis 2005 — **80**

2001 Trierer Jesuitenwingert
Rivaner
4,30 €/1,0 Lit., 12%, ♀ bis 2005 — **79**

2001 Trierer Burgberg
Riesling Spätlese
7,50 €, 7,5%, ♀ bis 2006 — **81**

2001 Trierer Deutschherrenberg
Riesling Spätlese
7,– €, 7,5%, ♀ bis 2007 — **81**

2001 Trierer Deutschherrenberg
Riesling Hochgewächs
4,50 €, 9%, ♀ bis 2006 — **82**

2001 Trierer Burgberg
Riesling Auslese
10,50 €, 8%, ♀ bis 2008 — **83**

2001 Trierer Deutschherrenberg
Riesling Auslese
13,50 €, 7,5%, ♀ bis 2008 — **84**

Die Betriebe: ✯✯✯✯✯ Weltklasse · ✯✯✯✯ Deutsche Spitze · ✯✯✯ Sehr gut · ✯✯ Gut · ✯ Zuverlässig

Mosel-Saar-Ruwer

WEINGUT WWE. DR. H. THANISCH – ERBEN MÜLLER-BURGGRAEF

Inhaber: Magreth Müller-Burggraef
Direktor: Barbara Rundquist-Müller
Betriebsleiter: Andreas Bauer
Verwalter: Hans Leiendecker
Kellermeister: Edgar Schneider
54470 Bernkastel-Kues, Saarallee 24
Tel. (0 65 31) 75 70, Fax 79 10
e-mail:
wgt.thanisch-h.leiendecker@t-online.de
Anfahrt: A 48, Ausfahrt Wittlich, in Bernkastel-Kues auf der linken Moselseite, Stadtteil Kues
Verkauf: Herr Leiendecker, Herr Bauer
Am Wochenende Weinprobe und Verkauf nach Vereinbarung
Historie: Weinbau seit 1636 in der Familie, in der 4. Generation in weiblicher Hand
Sehenswert: Felsenkeller unter dem Doctorberg, Schatzkammer

Rebfläche: 9 Hektar
Jahresproduktion: 70.000 Flaschen
Beste Lagen: Bernkasteler Doctor, Badstube und Lay, Wehlener Sonnenuhr, Graacher Himmelreich, Braneberger Juffer-Sonnenuhr
Boden: Tonschiefer-Verwitterung
Rebsorten: 90% Riesling,
5% Dornfelder, 5% Spätburgunder
Durchschnittsertrag: 60 hl/ha
Beste Jahrgänge: 1998, 2000, 2001

Bis 1988 wurde das Weingut Wwe. Dr. H. Thanisch als einheitlicher Betrieb geführt. Unterschiedliche Auffassungen über die Betriebsleitung hatten schließlich zur Trennung geführt. Größtenteils wurden die Parzellen vertikal halbiert und auf die Stämme Erben Thanisch und Erben Müller-Burggraef verteilt. Stolz ist die Gutsleitung auf viele goldene Preismünzen und den Staatsehrenpreis in Bronze aus dem Jahr 2000. In diesem Jahr gab es in der Tat eine deutliche Leistungssteigerung, an die die 2001er anknüpfen können. Unser Liebling ist unzweifelhaft die saftige Spätlese aus dem Bernkasteler Doctor.

2001 Wehlener Sonnenuhr
Riesling Auslese trocken
12,50 €, 11,9%, ♀ bis 2005   **83**

2001 Wehlener Sonnenuhr
Riesling Kabinett
6,25 €, 8,8%, ♀ bis 2005   **84**

2001 Bernkasteler Doctor
Riesling Kabinett
12,75 €, 9,1%, ♀ bis 2008   **85**

2001 Bernkasteler Graben
Riesling Spätlese
11,50 €, 8,9%, ♀ bis 2006   **85**

2001 Wehlener Sonnenuhr
Riesling Auslese
12,50 €, 8,6%, ♀ bis 2010   **87**

2001 Braneberger Juffer-Sonnenuhr
Riesling Auslese
12,50 €, 8,8%, ♀ bis 2010   **87**

2001 Bernkasteler Lay
Riesling Auslese
12,50 €, 8,6%, ♀ bis 2009   **87**

2001 Bernkasteler Doctor
Riesling Auslese
14,– €/0,375 Lit., 9,5%, ♀ bis 2009   **87**

2001 Bernkasteler Doctor
Riesling Spätlese
16,50 €, 8,8%, ♀ bis 2010   **88**

Die Weine: **100** Perfekt · **95–99** Überragend · **90–94** Exzellent · **85–89** Sehr gut · **80–84** Gut · **75–79** Passabel

Mosel-Saar-Ruwer

WEINGUT WWE. DR. H. THANISCH – ERBEN THANISCH

Inhaber: Sofia Thanisch-Spier
Technischer Betriebsleiter:
Olaf Kaufmann
54470 Bernkastel-Kues, Saarallee 31
Tel. (0 65 31) 22 82, Fax 22 26
Anfahrt: A 48, Ausfahrt Wittlich, in Bernkastel-Kues auf der linken Moselseite im Stadtteil Kues
Verkauf: Mo.–Sa. nach Vereinbarung
Historie: Weinbau seit 1636 in der Familie, in der 4. Generation in weiblicher Hand
Sehenswert: Felsenkeller unter dem Doctor-Weinberg, das Gutshaus von 1884

Rebfläche: 6 Hektar
Jahresproduktion: 50.000 Flaschen
Beste Lagen: Bernkasteler Doctor, Lay und Badstube, Brauneberger Juffer-Sonnenuhr
Boden: Devonschieferverwitterung
Rebsorten: 100% Riesling
Durchschnittsertrag: 65 hl/ha
Beste Jahrgänge: 1998, 1999, 2001
Mitglied in Vereinigungen: VDP

Bis vor wenigen Jahren wurden in diesem traditionsreichen Gut ausschließlich fruchtig-süße Weine erzeugt, die vornehmlich exportiert wurden und auch heute noch zu 80 Prozent ins Ausland wandern. Eine Sonderstellung nehmen die Weine aus der Spitzenlage Bernkasteler Doctor ein, welche zu sehr hohen Preisen vermarktet werden. Die frühen 90er Jahre bescherten Sofia Thanisch-Spier eine ganze Reihe guter Jahrgänge, die das Gut in der Spitzengruppe der Mosel etablierten. Den Höhepunkt der Qualitätsentwicklung erlebten die Erben Thanisch Mitte der 90er Jahre. Danach wurde es etwas wechselhafter. Die 98er Kollektion war zwar von zuverlässiger Güte, doch fehlte es – ähnlich wie 1999 – an Spitzen. Ähnlich sah es bei den 2000ern aus. Kaum an die Klasse früherer Jahre können nen auch die 2001er anknüpfen, wenn wir auch einen leichten Trend nach oben feststellen müssen. Wir probierten ein unkompliziertes Basissegment, fanden aber vor allem Gefallen an der leckeren Spätlese und der birnenfruchtigen Auslese, beide aus dem Doctorweinberg.

2001 Bernkasteler Doctor
Riesling Kabinett trocken
14,50 €, 11%, ♀ bis 2004 — **82**

2001 Bernkasteler Badstube
Riesling Kabinett halbtrocken
6,– €, 10%, ♀ bis 2003 — **81**

2001 Riesling
6,– €, 10%, ♀ bis 2005 — **82**

2001 Bernkasteler Badstube
Riesling Kabinett
7,20 €, 9%, ♀ bis 2006 — **84**

2001 Bernkasteler Doctor
Riesling Kabinett
14,50 €, 8%, ♀ bis 2007 — **85**

2001 Bernkasteler Doctor
Riesling Spätlese
23,– €, 8,5%, ♀ bis 2010 — **88**

2001 Bernkasteler Doctor
Riesling Auslese
35,– €, 8%, ♀ bis 2010 — **89**

Die Betriebe: ✿✿✿✿✿ Weltklasse · ✿✿✿✿ Deutsche Spitze · ✿✿✿ Sehr gut · ✿✿ Gut · ✿ Zuverlässig

Neu

Mosel-Saar-Ruwer

WEINGUT
VEREINIGTE HOSPITIEN
Inhaber: Stiftung des öffentlichen Rechts
Betriebsleiter: Joachim Arns
Kellermeister: Klaus Schneider
54290 Trier, Krahnenufer 19
Tel. **(06 51) 9 45 12 10,** Fax 9 45 20 60
e-mail:
weingut@vereinigtehospitien.de
Internet: www.vereinigtehospitien.de
Anfahrt: Fünf Minuten Fußweg von der Trierer Innenstadt, am Moselufer gelegen
Verkauf: Frau Melchior
Mo.–Do. 8:00 bis 12:30 Uhr
und 13:30 bis 17:00 Uhr
Fr. 8:00 bis 12:30 Uhr
und 13:30 bis 16:00 Uhr
Historie: Ältester urkundlicher Nachweis des Rieslinganbaus an der Mosel von 1464
Sehenswert: Ältester Weinkeller Deutschlands

Rebfläche: 25 Hektar
Jahresproduktion: 150.000 Flaschen
Beste Lagen: Scharzhofberger, Piesporter Goldtröpfchen, Kanzemer Altenberg, Serriger Schloss Saarfelser Schlossberg (Alleinbesitz)
Boden: Schieferverwitterung
Rebsorten: 88% Riesling,
je 4% Spät-, Grau- und Weißburgunder
Durchschnittsertrag: 58 hl/ha
Bester Jahrgang: 2001
Mitglied in Vereinigungen: VDP

Dort, wo die Güterverwaltung der Vereinigten Hospitien am Moselufer ihren Sitz hat, lagerten die Römer ihre Südweine in Amphoren, die Weine der Region aber in Holzfässern, woran sich bis zum heutigen Tage nichts geändert hat. Die Stiftung selbst geht zurück auf ein Edikt Napoleons und ist noch heute für Kranke, Alte, Behinderte und Kinder Lebens- und Arbeitsmittelpunkt. Die Hospitien haben Besitz in besten Weinbergen an Saar und Mittelmosel. Von dort kommen in 2001 saftige und exotisch duftende Rieslinge. Heraus ragt eine an Birnen erinnernde großartige trockene Spätlese aus dem Goldtröpfchen und die mineralische Goldkapsel-Auslese aus dem Scharzhofberg.

2001 Scharzhofberger
Riesling Spätlese trocken
8,95 €, 10%, ♀ bis 2006 — **80**

2001 Piesporter Goldtröpfchen
Riesling Spätlese trocken
9,80 €, 11%, ♀ bis 2007 — **88**

2001 Riesling
halbtrocken
4,60 €, 11,5%, ♀ bis 2005 — **81**

2001 Wiltinger Hölle
Riesling Kabinett halbtrocken
6,50 €, 9,5%, ♀ bis 2004 — **81**

2001 Scharzhofberger
Riesling Kabinett
8,60 €, 8%, ♀ bis 2006 — **81**

2001 Piesporter Goldtröpfchen
Riesling Kabinett
8,10 €, 8,5%, ♀ bis 2006 — **83**

2001 Piesporter Goldtröpfchen
Riesling Auslese Goldkapsel
22,– €/0,375 Lit., 8%, ♀ bis 2008 — **86**

2001 Scharzhofberger
Riesling Auslese Goldkapsel
21,10 €, 8%, ♀ bis 2008 — **89**

Die Weine: **100** Perfekt · **95–99** Überragend · **90–94** Exzellent · **85–89** Sehr gut · **80–84** Gut · **75–79** Passabel

Entdeckung des Jahres 2003

Mosel-Saar-Ruwer

WEINGUT VOLLENWEIDER

Inhaber: Daniel Vollenweider
56841 Traben-Trarbach, Wolfer Weg 53
Tel. **(0 65 41) 81 44 33, Fax 81 67 73**
e-mail:
weingut-vollenweider@t-online.de
*Anfahrt: A 48, Ausfahrt Wittlich, Richtung Traben-Trarbach;
A 61, Ausfahrt Rheinböllen,
B 50 Richtung Traben-Trarbach*
Verkauf: Über den Fachhandel, Besuch nach Vereinbarung

Rebfläche: 1,5 Hektar
Jahresproduktion: 8.000 Flaschen
Beste Lage: Wolfer Goldgrube
Boden: Blauer und roter Devonschiefer
Rebsorten: 100% Riesling
Durchschnittsertrag: 36 hl/ha
Bester Jahrgang: 2001

Alle reden von der Krise des Weinbaus an der Mosel und vom Niedergang der Steillagen. Wer möchte da noch als junger Mensch neu einsteigen? Daniel Vollenweider heißt er und kommt – nicht von der Mosel, sondern aus der Schweiz. Er hat begonnen, sich in der nicht flurbereinigten Lage Goldgrube im kleinen Ort Wolf zu quälen, und im ersten Jahrgang 2000 gerade mal 3.500 Flaschen abgefüllt. In 2001 waren es schon 8.000. Mehr als genügend Platz für seine Produktion hat er in einem alten dreistöckigen Felsenkeller in Traben-Trarbach. Das ehrgeizige Projekt des Mosel-Schweizers hat einige Chancen auf Erfolg. Spitzenwinzer Ernst Loosen etwa stellt dem jungen Winzer das beste Zeugnis aus. Doch es sind vor allem die Weine des Jahrgangs 2001, die auch uns an eine gute Zukunft glauben lassen. Noch nie haben wir von einem völligen Neuling der Branche, der sich alles aus dem Nichts aufbauen muss, auf Anhieb eine so überzeugende Kollektion verkostet. Vom feinsaftigen Kabinett, über mineralischfruchtige Spätlesen bis hin zu exzellenten edelsüßen Auslesen probierten wir ein Sortiment, das viele alteingesessene Tra-

ditionsbetriebe uns gerne vorstellen würden. Wir zögern deshalb keinen Augenblick und rufen Daniel Vollenweider zu unserer »Entdeckung des Jahres« aus. Herzlichen Glückwunsch!

2001 Wolfer Goldgrube
Riesling Kabinett – 1 –
9,– €, 7,5%, ♀ bis 2006   **86**

2001 Wolfer Goldgrube
Riesling Spätlese – 4 –
12,– €, 8%, ♀ bis 2007   **88**

2001 Wolfer Goldgrube
Riesling Auslese – 6 –
22,– €, 7,5%, ♀ bis 2008   **88**

2001 Wolfer Goldgrube
Riesling Spätlese »Portz« – 5 –
18,– €, 7,5%, ♀ bis 2007   **88**

2001 Wolfer Goldgrube
Riesling Auslese lange Goldkapsel – 7 –
50,– €, 7,5%, ♀ bis 2012   **90**

2001 Wolfer Goldgrube
Riesling Auslese – 8 –
95,– €/0,375 Lit., 6%, ♀ bis 2016   **92**

Die Betriebe: ✯✯✯✯✯ Weltklasse · ✯✯✯✯ Deutsche Spitze · ✯✯✯ Sehr gut · ✯✯ Gut · ✯ Zuverlässig

Entdeckung des Jahres 2002 — **Mosel-Saar-Ruwer**

WEINGUT VAN VOLXEM

Inhaber: Roman Niewodniczanski
Betriebsleiter: Roman Niewodniczanski und Gernot Kollmann
54459 Wiltingen, Dehenstraße 2
Tel. (0 65 01) 1 65 10, Fax 1 31 06
e-mail: vanvolxem@t-online.de
Internet: www.vanvolxem.de
Anfahrt: B 51 Ausfahrt Konz, nach 3 km Wiltingen, an der Kirche
Verkauf: Mo.–Sa. 8:00 bis 19:00 Uhr nach Vereinbarung
Historie: Weinbau seit 1700, Gut neu gegründet im Jahr 2000
Sehenswert: Denkmalgeschützte Gutsanlage, Jugendstilsaal

Rebfläche: 14 Hektar
Jahresproduktion: 56.000 Flaschen
Beste Lagen: Wiltinger Gottesfuß, Kupp und Braunfels, Scharzhofberger
Boden: Devonschiefer
Rebsorten: 95% Riesling, 5% Weißburgunder
Durchschnittsertrag: 35 hl/ha
Bester Jahrgang: 2000

Das im historischen Zentrum Wiltingens gelegene Weingut wurde auf Fundamenten einer römischen Hofanlage erbaut. Als ehemaliges Klosterweingut der Luxemburger Jesuiten hat es seit dem frühen 18. Jahrhundert Besitz in Kernstücken berühmter Wiltinger Weinberge. Zuletzt kamen wechselvolle Zeiten. Dass van Volxem nun eine Renaissance erlebt, verdankt es dem Engagement Roman Niewodniczanskis, der das Gut Ende 1999 übernommen hat. Die Spät- und Auslesegeeigneten Moste werden zu 95 Prozent trocken oder halbtrocken ausgebaut – aber weder Prädikats- noch Geschmacksbezeichnungen finden sich auf dem Etikett. Stattdessen spricht der Hausherr von »harmonisch trocken« – dahinter verbergen sich bis zu 30 Gramm Restzucker! Mit seinen 2000ern hatte er einen gelungenen Einstand, an die die 2001er jetzt anschließen. Obwohl in 2001 erheblich mehr geerntet wurde als im Vorjahr, werden von neun weiteren Hektar Trauben zugekauft und unter dem Gutsetikett als Saar-Riesling angeboten. 70.000 Flaschen sollen davon jährlich erzeugt werden. Trotz allem meldet der Newcomer weitgehend Ausverkauf seiner Weine und ist sich deshalb sicher: Die Preise werden weiter steigen!

2001 Van Volxem
Saar Riesling
6,80 €, 11,5%, ♀ bis 2005 — **83**

2001 Wiltinger Braunfels
Riesling »Vols«
16,– €, 12%, ♀ bis 2006 — **86**

2001 Scharzhofberger
Riesling
12,– €, 10,5%, ♀ bis 2007 — **87**

2001 Wiltinger Gottesfuß
Riesling
14,– €, 12%, ♀ bis 2007 — **87**

2001 Scharzhofberger
Riesling Spätlese
12,– €, 10%, ♀ bis 2009 — **87**

2001 Wiltinger Gottesfuß
Riesling »alte Reben«
28,– €, 12%, ♀ bis 2009 — **87**

2001 Scharzhofberger
Riesling »Pergentsknopp«
20,– €, 12%, ♀ bis 2008 — **87**

2001 Scharzhofberger
Riesling Eiswein
60,– €/0,375 Lit., 8,5%, ♀ bis 2014 — **89**

Die Weine: 100 Perfekt · 95–99 Überragend · 90–94 Exzellent · 85–89 Sehr gut · 80–84 Gut · 75–79 Passabel

Mosel-Saar-Ruwer

WEINGUT DR. HEINZ WAGNER

Inhaber: Heinz Wagner
54439 Saarburg, Bahnhofstraße 3
Tel. (0 65 81) 24 57, Fax 60 93
e-mail: drwagner@t-online.de
Anfahrt: In der Nähe des Bahnhofs von Saarburg
Verkauf: Heinz und Ulrike Wagner nach Vereinbarung
Historie: Gegründet 1880 als erste Sekt- und Weinkellerei an der Saar
Sehenswert: Größter Gewölbekeller an der Saar

Rebfläche: 9 Hektar
Jahresproduktion: 60.000 Flaschen
Beste Lagen: Saarburger Rausch und Kupp, Ockfener Bockstein
Boden: Tiefgründiger Schiefer
Rebsorten: 100% Riesling
Durchschnittsertrag: 60 hl/ha
Beste Jahrgänge: 1995, 1997, 1999
Mitglied in Vereinigungen: VDP

2001 Saarburger Rausch
Riesling Spätlese halbtrocken
10,30 €, 9,5%, ♀ bis 2004 — **80**

2001 Saarburger Rausch
Riesling Kabinett
7,30 €, 8%, ♀ bis 2005 — **84**

2001 Saarburger Rausch
Riesling Spätlese
10,30 €, 8%, ♀ bis 2006 — **85**

2001 Ockfener Bockstein
Riesling Spätlese
10,30 €, 7,5%, ♀ bis 2006 — **85**

2001 Saarburger Rausch
Riesling Auslese
13,– €, 7,5%, ♀ bis 2009 — **87**

2001 Ockfener Bockstein
Riesling Auslese
13,– €, 7,5%, ♀ bis 2009 — **87**

In Saarburg und Ockfen besitzt Heinz Wagner beste Parzellen in den Kernlagen der steilsten Weinberge. Auch seine trockenen Weine sind in der Regel spürbar vom Schieferboden geprägt und altern dank ihrer mineralischen Frische außerordentlich gut. Sein ganzes Können zeigt Wagner aber bei den feinfruchtigen Spät- und Auslesen. Hier konterkariert er in guten Jahren meisterhaft die knackige Rieslingsäure mit saftiger Fruchtsüße. Heinz Wagner blickt auf eine Vielzahl gelungener Kollektionen in den beiden letzten Jahrzehnten zurück. 1999 war hier vom trockenen Qualitätswein bis zu den eleganten Auslesen ein Traumjahrgang. Doch bereits die 2000er Weine kamen nicht annähernd an diese Erfolge heran. In 2001 finden wir zwar den klassischen Saar-Stil, aber eine leichte Strenge durchzieht die Weine und wir vermissen ein wenig Dichte und Pikanz. Am besten hat uns noch die Bockstein Auslese in ihrer elegant-saftigen Art gefallen.

Mosel-Saar-Ruwer

WEINGÜTER WEGELER – GUTSHAUS BERNKASTEL

Inhaber: Familie Rolf Wegeler
Verwalter: Norbert Breit
54470 Bernkastel-Kues, Martertal 2
Tel. (0 65 31) 24 93, Fax 87 23
e-mail: info@wegeler.com
Anfahrt: Von Bernkastel über Moselbrücke, am Bahnhof links
Verkauf: Norbert Breit
nach Vereinbarung
Historie: 1890 wurden die ersten Weinberge (Doctor) erworben
Sehenswert: Weinkeller im Doctor-Weinberg sowie historisches, nach Gravitationsprinzip konzipiertes Kelterhaus

---

Rebfläche: 15 Hektar
Jahresproduktion: 100.000 Flaschen
Beste Lagen: Bernkasteler Doctor, Wehlener Sonnenuhr
Boden: Schieferverwitterung
Rebsorten: 100% Riesling
Durchschnittsertrag: 57 hl/ha
Beste Jahrgänge: 1997, 1999, 2000
Mitglied in Vereinigungen: VDP

Lieblich ausgebaute Rieslinge für den Export gaben in diesem Gut lange Zeit den Ton an. Mitte der 80er Jahre setzten die Wegelers mehr und mehr auf die herbe Richtung, was in guten Jahren mit exzellenten trockenen Spätlesen belohnt wird. Da mittlerweile die Gastronomie Hauptkunde ist, werden fast zwei Drittel der Weine trocken ausgebaut. Mitte der 90er Jahre investierten die Inhaber gewaltige Summen in eine edelstahlblinkende Kellerei und engagierten mit Norbert Breit einen neuen Gutsverwalter. Das Gut wurde auf 15 Hektar verkleinert, man trennte sich von gepachteten Weinbergen in Wehlen und im Ruwertal. Den Höhepunkt der Qualitätsentwicklung markierten die Jahrgänge 1995, 1997 und vor allem 1999. Auch die 2000er Kollektion war durchweg von respektabler Güte. 2001 tendiert etwas schwächer als das Vorjahr. Die edelsüßen Weine sind deutlich zu alkoholgeprägt.

2001 Wehlener Sonnenuhr
Riesling Spätlese trocken
11,20 €, 11,5%, ♀ bis 2005   83

2001 Bernkasteler Doctor
Riesling
28,60 €, 11,5%, ♀ bis 2005   85

2001 Wehlener Sonnenuhr
Riesling Kabinett
8,10 €, 8,5%, ♀ bis 2008   86

2001 Bernkasteler Doctor
Riesling Spätlese
28,60 €, 8,5%, ♀ bis 2010   88

2001 Bernkasteler Doctor
Riesling Auslese
42,90 €, 8,5%, ♀ bis 2012   88

2001 Wehlener Sonnenuhr
Riesling Spätlese – 22 –
11,– €, 8%, ♀ bis 2010   88

2001 Bernkasteler Doctor
Riesling Trockenbeerenauslese
176,– €/0,375 Lit., 9,5%, ♀ bis 2016   89

2001 Bernkasteler Doctor
Riesling Beerenauslese
44,– €/0,375 Lit., 9%, ♀ bis 2014   90

2001 Wehlener Sonnenuhr
Riesling Auslese Goldkapsel
61,50 €, 8,5%, ♀ bis 2012   90

Die Weine: **100** Perfekt · **95–99** Überragend · **90–94** Exzellent · **85–89** Sehr gut · **80–84** Gut · **75–79** Passabel

Mosel-Saar-Ruwer

WEINGUT
DR. F. WEINS-PRÜM

Inhaber: Bert Selbach
Betriebsleiter und Kellermeister:
Bert Selbach
54470 Bernkastel-Wehlen,
Uferallee 20
Tel. (0 65 31) 22 70, Fax 31 81
Anfahrt: Von Bernkastel auf der linken Moselseite fahren, in der Ortsmitte von Wehlen rechts Richtung Uferallee
Verkauf: Nach Vereinbarung
Sehenswert: Alter Kreuzgewölbekeller

Rebfläche: 4 Hektar
Jahresproduktion: 32.000 Flaschen
Beste Lagen: Wehlener Sonnenuhr, Ürziger Würzgarten, Erdener Prälat, Graacher Himmelreich und Domprobst
Boden: Schiefer
Rebsorten: 100% Riesling
Durchschnittsertrag: 63 hl/ha
Beste Jahrgänge: 1998, 1999, 2001
Mitglied in Vereinigungen: VDP

Bert Selbach führt heute dieses Gut, dessen Gebäude 1924 von Dr. Weins-Prüm erbaut wurden. Selbach besitzt neben guten Parzellen in Erden, Ürzig, Wehlen und Graach auch einen Hektar Weinberge in Waldrach an der Ruwer. Die qualitative Entwicklung der letzten Jahre ist überaus erfreulich: Die Jahrgänge 1994 und 1995 zeigten sich von ihrer besten Seite, und die 97er, 98er und 99er Kollektionen setzten im Bereich der fruchtigen Weine noch eins drauf. In 2000 war die Jahrgangsproblematik vor allem bei den einfacheren Qualitäten unverkennbar. In 2001 verzeichnen wir hingegen gute Qualität ab Kabinett aufwärts. Zwar wirken die Weine hier und da eine Spur zu leicht, doch zeigt sich das Sortiment insgesamt auf gewohnt zuverlässigem Niveau. Den Anteil an fruchtig-süßen Weinen, der bereits bei 85 Prozent liegt, will Selbach noch weiter anheben. Die Hälfte der Produktion geht in den Export.

2001 Graacher Domprobst
Riesling Spätlese halbtrocken
7,80 €, 11%, ♀ bis 2005 — **83**

2001 Wehlener Sonnenuhr
Riesling Spätlese halbtrocken
7,80 €, 10,5%, ♀ bis 2007 — **85**

2001 Graacher Domprobst
Riesling Kabinett
6,10 €, 8%, ♀ bis 2006 — **84**

2001 Wehlener Sonnenuhr
Riesling Kabinett
6,30 €, 8,5%, ♀ bis 2007 — **85**

2001 Graacher Himmelreich
Riesling Spätlese
7,80 €, 7,5%, ♀ bis 2008 — **87**

2001 Graacher Domprobst
Riesling Spätlese
7,80 €, 8%, ♀ bis 2010 — **87**

2001 Wehlener Sonnenuhr
Riesling Spätlese
8,– €, 8%, ♀ bis 2008 — **87**

2001 Erdener Prälat
Riesling Spätlese
8,70 €, 7,5%, ♀ bis 2010 — **89**

2001 Erdener Prälat
Riesling Auslese
16,50 €, 7,5%, ♀ bis 2010 — **89**

2001 Wehlener Sonnenuhr
Riesling Auslese lange Goldkapsel
31,– €/0,375 Lit., 8%, ♀ bis 2010 — **89**

Die Betriebe: ♛♛♛♛♛ Weltklasse · ♛♛♛♛ Deutsche Spitze · ♛♛♛ Sehr gut · ♛♛ Gut · ♛ Zuverlässig

Mosel-Saar-Ruwer

WEINGUT WELLER-LEHNERT

Inhaber: Petra Matheus
Kellermeister: Jörg Matheus
54498 Piesport,
St.-Michael-Straße 27–29
Tel. (0 65 07) 24 98, Fax 67 66
e-mail: info@weller-lehnert.de
Internet: www.weller-lehnert.de
Anfahrt: A 1, Ausfahrt Salmtal
A 48, Koblenz–Trier, Ausfahrt Salmtal, hinunter ins Moseltal
Verkauf: Nach Vereinbarung
Historie: Weinbau seit acht Generationen in der Familie

Rebfläche: 7 Hektar
Jahresproduktion: 35.000 Flaschen
Beste Lagen: Piesporter Goldtröpfchen, Domherr und Treppchen, Dhron Hofberger
Boden: Schieferverwitterung
Rebsorten: 89% Riesling, 4% Weißburgunder, 3% Spätburgunder, 2% Cabernet Sauvignon, 2% Müller-Thurgau
Durchschnittsertrag: 62 hl/ha
Beste Jahrgänge: 1997, 2000, 2001
Mitglied in Vereinigungen: Bernkasteler Ring

Zusammen mit Ehemann Jörg hat Petra Matheus neue Betriebsgebäude, Gästezimmer und auch eine Brennerei errichtet, die ansprechende Weinhefe und Trester liefert. Obwohl die Hälfte der Erzeugung nach wie vor ins Ausland (Japan, Amerika) geht, wollen sich die beiden Piesporter Winzer zukünftig mehr der privaten Kundschaft widmen, die bereits 40 Prozent der Ernte abnimmt. Die Hektarerträge halten sich hier schon seit geraumer Zeit im Rahmen. Gut finden wir auch die Entscheidung, nur noch Weine ab Spätlese aufwärts mit Lagenbezeichnung zu vermarkten. Die 2000er Kollektion war von zuverlässiger Güte. Die 2001er Weine bewegen sich in etwa auf gleichem Niveau. Wir bevorzugen die nach Grapefruit duftende Spätlese aus dem Goldtröpfchen. Der Eiswein hingegen wirkt ein wenig alkoholisch.

2001 Piesporter Domherr
Riesling Spätlese trocken
6,40 €, 12%, ♀ bis 2004   **81**

2001 Piesporter Goldtröpfchen
Riesling Spätlese halbtrocken
6,40 €, 11,5%, ♀ bis 2004   **82**

2001 Piesporter Goldtröpfchen
Riesling Spätlese feinherb
6,40 €, 11%, ♀ bis 2004   **83**

2001 Piesporter Goldtröpfchen
Riesling Kabinett
4,50 €, 9,5%, ♀ bis 2005   **84**

2001 Piesporter Goldtröpfchen
Riesling Spätlese
6,40 €, 9%, ♀ bis 2008   **86**

2001 Piesporter Treppchen
Riesling Eiswein
19,50 €, 9%, ♀ bis 2008   **86**

2001 Piesporter Goldtröpfchen
Riesling Auslese **
11,– €, 8,5%, ♀ bis 2010   **87**

2001 Piesporter Goldtröpfchen
Riesling Auslese ***
14,50 €, 9%, ♀ bis 2009   **87**

Die Weine: **100** Perfekt · **95–99** Überragend · **90–94** Exzellent · **85–89** Sehr gut · **80–84** Gut · **75–79** Passabel

Mosel-Saar-Ruwer

WEINGUT FORSTMEISTER GELTZ – ZILLIKEN

Inhaber: Hans-Joachim Zilliken
Kellermeister: Hans-Joachim Zilliken
54439 Saarburg, Heckingstraße 20
Tel. (0 65 81) 24 56, Fax 67 63
e-mail: info@zilliken-vdp.de
Internet: www.zilliken-vdp.de
Anfahrt: B 51 bzw. B 407 in Richtung Krankenhaus über die Laurentiusbrücke, nach dem Tunnel erste Abfahrt rechts in Richtung Stadtmitte, viertes Haus auf der rechten Seite
Verkauf: Nach Vereinbarung
Historie: Ferdinand Geltz war königlich-preußischer Forstmeister
Sehenswert: Tiefe Gewölbekeller

Rebfläche: 10,5 Hektar
Jahresproduktion: 60.000 Flaschen
Beste Lagen: Saarburger Rausch, Ockfener Bockstein
Boden: Devonschiefer und Diabas
Rebsorten: 100% Riesling
Durchschnittsertrag: 50 hl/ha
Beste Jahrgänge: 1993, 1995, 1997
Mitglied in Vereinigungen: VDP

Die 90er Jahre waren für Hans-Joachim Zilliken ohne Frage eine einzige Erfolgsstory. Ein überzeugender Jahrgang reihte sich an den anderen. Zweifellos hat sich Zilliken damit unter die allerbesten Produzenten an der Saar eingereiht. Die fruchtig-süßen Prädikatsweine, die etwa 70 Prozent der Produktion ausmachen, waren schon immer die Glanzstücke des Betriebes gewesen. Schon bald nach der Abfüllung gewinnen sie in der Regel an Konzentration und Eleganz, wofür die hochvorzügliche 97er Kollektion ein Musterbeispiel war. Auch 1998 und 1999 probierten wir gut gemachte, reife Weine. Das konnten wir von der 2000er Kollektion leider nicht behaupten. Und auch mit den 2001ern ist Zilliken kein großer Wurf gelungen. Den Weinen fehlt es durchweg an Finesse und Eleganz, es zieht sich ein grüner Ton durch das Sortiment.

2001 Saarburger Rausch
Riesling trocken
5,– €, 11,5%, ♀ bis 2004 — **80**

2001 Saarburger Rausch
Riesling Kabinett trocken
8,50 €, 10,5%, ♀ bis 2004 — **80**

2001 Riesling
halbtrocken
5,– €, 11%, ♀ bis 2003 — **81**

2001 Riesling
5,– €, 9%, ♀ bis 2004 — **79**

2001 Saarburger Rausch
Riesling Kabinett – 4 –
8,50 €, 8%, ♀ bis 2005 — **83**

2001 Saarburger Rausch
Riesling Spätlese – 3 –
15,– €, 8%, ♀ bis 2005 — **83**

2001 Ockfener Bockstein
Riesling Kabinett
8,50 €, 8%, ♀ bis 2005 — **84**

2001 Saarburger Rausch
Riesling Kabinett – 5 –
8,50 €, 8%, ♀ bis 2005 — **85**

2001 Saarburger Rausch
Riesling Spätlese – 2 –
29,60 €, 8%, ♀ bis 2008 — **86**

2001 Saarburger Rausch
Riesling Auslese Goldkapsel
56,80 €/0,375 Lit., 7,5%, ♀ bis 2008 — **87**

Die Betriebe: ✦✦✦✦✦ Weltklasse · ✦✦✦✦ Deutsche Spitze · ✦✦✦ Sehr gut · ✦✦ Gut · ✦ Zuverlässig

Mosel-Saar-Ruwer

| **Weitere empfehlenswerte Betriebe** |

Weingut Heribert Boch
54349 Trittenheim, Moselweinstraße 62
Tel. (0 65 07) 27 13, Fax 67 95

Aus diesem knapp vier Hektar großen Betrieb des Winzermeister Michael Boch kamen vor allem gute 99er. Die 2000er konnten da bei weitem nicht mithalten und in 2001 verzeichnen wir Schatten und Licht. Während der Literwein mit untypischem Alterungston zu kämpfen hat, probiert sich der Kabinett aus der Trittenheimer Apotheke durchaus apart. Tendenziell sind die fruchtigen Rieslinge besser gelungen als die trockenen.

Weingut Brauneberger Hof (neu)
54472 Brauneberg, Moselweinstraße 133
Tel. (0 65 34) 9 39 80, Fax 93 98 55
e-mail: info@braunebergerhof.de
Internet: www.braunebergerhof.de

Seitdem der junge Winzermeister Martin Conrad 1998 in diesen traditionsreichen Betrieb seiner Eltern eingestiegen ist, wird das drei Hektar große Potenzial der berühmten Juffer-Lagen noch besser genutzt. Im Vergleich zu 2000 zeigt sich das Gut stark verbessert. Die 2001er Kollektion schmeckt durchweg sauber und leicht hefewürzig. Wenn die phenolischen Beitöne verschwinden und die Weine noch etwas mehr Finesse und Rasse bekommen, kann es Conrad noch weit bringen.

Weingut Deutschherrenhof (neu)
54295 Trier, Olewiger Straße 181
Tel. (06 51) 3 11 13, Fax 3 04 63
e-mail: info@weingut-deutschherrenhof.de
Internet: www.weingut-deutschherrenhof.de

Marianne und Albert Oberbillig führen dieses Weingut in Trier, dem auch eine Weinstube angegliedert ist. Das uns überlassene Sortiment aus 2001 offenbarte gute Ansätze. Der trockene Weißburgunder (83 Punkte) schmeckt süffig und lecker, doch ist die Riesling Auslese aus dem Deutschherrenberg (86) der Höhepunkt der Kollektion. Den Rotwein sollte man besser meiden.

Stiftung Friedrich-Wilhelm-Gymnasium
54290 Trier, Weberbach 75
Tel. (06 51) 97 83 00, Fax 4 54 80
e-mail: trierwg@aol.com
Internet: www.fwg-weingut-trier.com/fwg.htm und www.fwgtrier.de

Dieses altrenommierte Gut bewirtschaftet vor allem an der Mittelmosel beste Lagen um Graach, Zeltingen und Trittenheim. Nach interessanten 99er Weinen war bereits die Kollektion des Jahrganges 2000 ein kleiner Rückschritt. Mit dem Jahrgang 2001 verabschiedet sich der Traditionsbetrieb erst mal aus der Traubenklasse. Die Weine wirkten auf breiter Front ein wenig derb und ohne Finesse. Lediglich die Himmelreich Auslese (84 Punkte) zeigte etwas zarten Schmelz.

Weingut Theo Grumbach (neu)
54470 Lieser, Moselstraße 32
Tel. (0 65 31) 22 31, Fax 79 36
e-mail: info@weingut-grumbach.de

Hermann Grumbach hat in 2001 sieben Weine erzeugt – und uns diese ohne Ausnahme vorgestellt. Die Kollektion enttäuschte nicht, im Gegenteil: Vor allem die Spätlesen, trocken und fruchtig (84 und 85 Punkte), zeichnen sich durch angenehme Frucht und feine Hefearomen aus. Dahinter blieben die beiden Riesling Auslesen ein wenig zurück. Alles in allem eine erfeuliche Entdeckung.

Klostergut Himmeroder Hof (neu)
54518 Kesten, Am Herrenberg 1
Tel. (0 65 35) 71 43, Fax 15 21

Rainer Licht stellte uns aus seinem Kestener Betrieb eine überaus solide Kollektion des Jahrganges 2001 vor. Wir probierten durchweg fruchtige, manchmal etwas derbe, aber immer substanzreiche Rieslinge. An der Spitze des Sortiments steht eine mineralisch-rassige halbtrockene Spätlese aus dem Lieser Niederberg Helden (84 Punkte).

Mosel-Saar-Ruwer

Weingut Hoffmann-Simon
54498 Piesport, Kettergasse 24
Tel. (0 65 07) 50 25 und 50 26,
Fax 99 22 27
e-mail: weingut@hoffmann-simon.de
Internet: www.hoffmann-simon.de

Leider können wir nach der Verkostung der 2001er Weine keine Besserung melden. Bereits die 2000er waren hier unklar und derb geraten. Und auch die Weine aus dem Nachfolgejahrgang wirken gereift und gezehrt. In jedem Fall sollte Dieter Hoffman den Korklieferanten wechseln: Wir haben dreimal neue Flaschen öffnen müssen.

Weingut Paul Knod
56843 Burg, Kirchstraße 8
Tel. (0 65 41) 92 82, Fax 81 13 28
e-mail: weingut.knod@t-online.de
Internet: www.weingut-knod.de

Nach beachtlichen Leistungen in 1998 und 1999 hatte Rainer Knod mit dem Jahrgang 2000 erhebliche Schwierigkeiten. Die sind offenbar auch im Nachfolgejahrgang noch nicht überwunden. Die 2001er Basisqualitäten enttäuschen gar mit bitteren Noten und fadem Geschmack. Die fruchtigen Rieslinge aus der Reiler Goldlay haben immerhin etwas Würze, Saft und pikante Frucht zu bieten. Mehr davon!

Weingut Köwerich
54340 Leiwen, Reichgasse 7
Tel. (0 65 07) 42 82, Fax 30 37
e-mail: weingut.koewerich@t-online.de

Wären da nicht die missratenen trockenen Weine – Nick Köwerich wäre ein Kandidat für eine Traube. Seine 2001er Spät- und Auslesen aus der Laurentiuslay (85 u. 86 Punkte) zeigen gute Würze, sind feinrassig und dicht. Was das pfiffige Marketing angeht, rangiert Köwerich jetzt schon in der Oberklasse: Durch ein Loch im Etikett blickt man auf die Rückseite des Rückenetiketts – und wird mit sinnfälligen Sprüchen belohnt. Einblick No. 1 nennt Köwerich diesen trockenen Riesling – dessen Inhalt nicht hält, was die Verpackung verspricht.

Weingut Rüdiger Kröber
56333 Winningen, Hahnenstraße 14
Tel. (0 26 06) 3 51, Fax 26 00
e-mail: info@weingut-kroeber.de
Internet: www.weingut-kroeber.de

Rüdiger Kröber, ein weiterer Winzer, der sich in Winningen an der Terrassenmosel dem Qualitätsweinbau verschrieben hat, zeigt eine deutlich verbesserte Jahrgangskollektion. Zwar sind die trockenen Rieslinge mit Ausnahme des Qualitätsweins aus der Spitzenlage Uhlen (83 Punkte) weiterhin eher mäßig, doch belegen die Röttgen-Auslese (86) und der Eiswein aus dem Winninger Hamm (87), dass Kröber auch mit edelsüßen Weinen umgehen kann. Bei etwas mehr Konstanz ist der Aufstieg drin.

Weingut Philipps-Eckstein (neu)
54470 Graach-Schäferei,
Panoramastraße 11
Tel. (0 65 31) 65 42, Fax 45 93
e-mail: info@weingut-philipps-eckstein.de
Internet: www.weingut-philipps-eckstein.de

Oberhalb von Graach im Ortsteil Schäferei liegt dieser Gutshof mit Gästehaus und Winzerwirtschaft. Die 2001er, die Patrick Philipps vorstellte, sind sauber, fruchtig, mancher gar elegant, an der Spitze ein rassiger Riesling Eiswein aus dem Graacher Himmelreich. Wenn wir das nächste Mal eine breitere Palette verkosten können (auch trockene Weine) und Philipps seine hohen Erträge langsam in den Griff bekommt, ist eine Traube in Reichweite.

Weingut Rebenhof – Johannes Schmitz
(neu) 54539 Ürzig, Hüwel 2–3
Tel. (0 65 32) 45 46, Fax 15 65
e-mail: genuesse@rebenhof.de
Internet: www.rebenhof.de

»Genüsse« verspricht Johannes Schmitz seinen Kunden – sogar die E-mail-Adresse kündet davon. Ein Wein- und Gästehaus führt der Ürziger, der uns eine zwiespältige Kollektion seiner 2001er Weine präsentierte. Während die Trockenen eher

Mosel-Saar-Ruwer

rustikal und derb ausfallen, können Kabinett und Spätlese überzeugen. Die Auslese aus dem Würzgarten ist sogar recht saftig und erinnert ein wenig an Eiswein.

Weingut Edmund Reverchon
54329 Konz-Filzen, Saartalstraße 2–3
Tel. (0 65 01) 92 35 00, Fax 92 35 09
e-mail: edmund.reverchon@t-online.de
Internet: www.weingut-reverchon.de

Reverchon ist seit Jahrzehnten Spezialist für herzhafte trockene und halbtrockene Weine, die mehr als zwei Drittel der Produktion ausmachen. Die Kollektion des Jahrganges 2000 war bereits recht matt. Und mit einem ebenfalls schwachen 2001er Sortiment verabschiedet sich Reverchon erst mal aus der Traubenklasse. Besuchenswert ist in den Sommermonaten die Straußwirtschaft des Gutes.

Weingut Römerhof
54340 Riol, Burgstraße 2
Tel. (0 65 02) 21 89, Fax 2 06 71

In Riol, dem alten römischen Rigodulum, ist die Winzerfamilie Schmitz zu Hause und erzeugt neben zuverlässigen Weinen auch Sekt und Brände. In 2001 gelang ein durchweg solides Sortiment. Einigen trockenen Weinen würde zwar etwas weniger Alkohol besser stehen, aber die charaktervolle halbtrockene Spätlese aus der Felsenterrasse (84 Punkte) weist trotz 13 Volumenprozent auch noch Finesse auf.

Weingut Erben Hubert Schmitges
54492 Erden, Hauptstraße 79
Tel. (0 65 32) 22 33

Der traditionelle Ausbau des Rieslings im Holzfass, getrennt nach Lage und Güte, steht hier im Zentrum der Bemühungen. In der recht homogenen Kollektion des Jahrgangs 2001 wirken die Trockenen etwas dünn und grün. Auch der restsüße Kabinett und die Spätlesen haben phenolische Anklänge. Die mineralisch dichte Auslese aus dem Treppchen (83 Punkte) deutet das Potenzial der Lage an. Wie er aber eine trockene Spätlese mit nur neun Prozent Alkohol (laut Etikett) füllen konnte, bleibt das Geheimnis des Winzers.

Weingut Gebrüder Simon
54492 Lösnich, Hauptstraße 6
Tel. (0 65 32) 21 30, Fax 9 43 69
e-mail: weingut@gebrueder-simon.de

Ingo Simon bewirtschaftet vier Hektar Weinberge in Lösnich, Kinheim und Erden. Simon präsentierte eine gespaltene 2001er Kollektion: Die Trockenen werden durch ihre kurze, bittermandelige Art nicht gut reifen, der kratzig-unharmonische Sekt treibt die Fans der »Methode champenoise« sicherlich nach Frankreich. Ein gelungener Eiswein (88 Punkte) und der gehaltvoll dichte Strohwein-Versuch zeigen, dass es auch anders geht.

Weingut Ludwig Thanisch und Sohn
(neu) 54470 Lieser, Moselstraße 56
Tel. (0 65 31) 82 27, Fax 82 94
e-mail: info@thanisch.de

Dieses Weingut hat seinen Sitz in Lieser und ist nicht zu verwechseln mit den beiden Traditionsgütern gleichen Namens in Bernkastel, die im weltberühmten Doctorweinberg Besitz haben. Doch die Rieslinge aus der Lage Lieser Niederberg Helden können ebenfalls vorzüglich sein. Wenn Thanisch seinen Trockenen noch etwas die allzu ruppige Säure austreibt, könnte er weiterkommen. Die mineralische Auslese aus dem Süßenberg (85 Punkte) ist bereits heute empfehlenswert.

Schloss Thorn
54439 Schloss Thorn, Palzem
Tel. (0 65 83) 4 33, Fax 14 33
e-mail: weingut@schloss-thorn.de
Internet: www.schloss-thorn.de

Mit dem Jahrgang 2001 untermauert Dr. Georg Baron von Hobe-Gelting seinen Anspruch auf Verbleib im Gault Millau WeinGuide. Dazu haben weniger die etwas grasigen Elblinge beigetragen als vielmehr die sauberen und fruchtigen Rieslinge. Bester Wein einer insgesamt doch mäßigen Kollektion ist die apfelduftige, süß-saure Spätlese (80 Punkte).

Nahe

Einen Namen gemacht

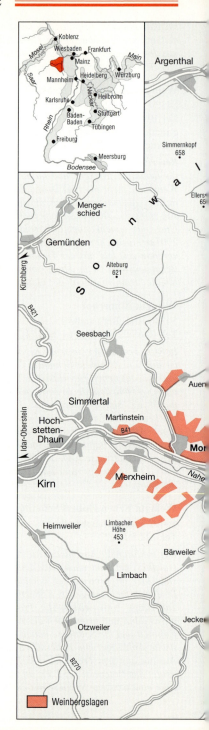

Die Zeiten sind lange vorbei, in denen deutsche Weintrinker Mühe hatten die Nahe einzuordnen – geographisch wie qualitativ. Zu danken ist dies den Spitzenweingütern des Gebiets, die der Nahe ein klar erkennbares Profil gaben: Für diese galt es, alte Vorurteile abzubauen, die aus einer Zeit stammen, als es noch kein Marketing gab. Zu Beginn des letzten Jahrhunderts nämlich wurden die Flaschenweine aus dem Nahetal noch als »Rheinweine« verkauft. Erst in einer staatlichen Verfügung in den 30er Jahren kam die Nahe erstmals als eigene Weinbauregion vor. Die heutigen Grenzen des Weinbaugebietes wurden letztlich mit dem Weingesetz von 1971 festgelegt. Wenig Zeit, um sich einen Namen zu machen – umso erstaunlicher, dass es dennoch geschafft wurde.

Ein weiterer – allerdings gut gemeinter – Fehler fand sich lange in den Broschüren der Weinwerbung: der Slogan vom »Probierstübchen der deutschen Weinlande«. Damit war die Vielgestaltigkeit der Bodentypen an der Nahe gemeint: Zwischen Monzingen und Traisen findet man vorwiegend Porphyr, Melaphyr und Buntsandstein, rund um Bad Kreuznach eher Löss und Lehm und an der unteren Nahe Ton-, Quarzit- und Schieferböden. Leider veränderte sich der positive Wesensinhalt des »Probierstübchens« durch die Flut neuer Rebsorten, die auch die Weinberge an der Nahe ab den 60er Jahren überschwemmte. Mittlerweile hat sich der Riesling aber mit 25 Prozent wieder an die Spitze der Qualitätsentwicklung gesetzt. Daneben vertrauen die Nahewinzer vor allem auf die weißen Sprösslinge der Burgunderfamilie.

Im Herbst 2000 hatten die Betriebe viel Mühe, gesundes Traubengut einzubringen. Nur die Besten konnten blitzsaubere Kollektionen vorweisen. Der 2001er machte es den Winzern da leichter. Auf eine frühe Blüte folgte ein warmer Sommer mit einigen Gewittern, die Feuchtigkeit brachten. Dann kam der Knick: »Viel Regen und miese Temperaturen«, fasst Peter Crusius den September zu-

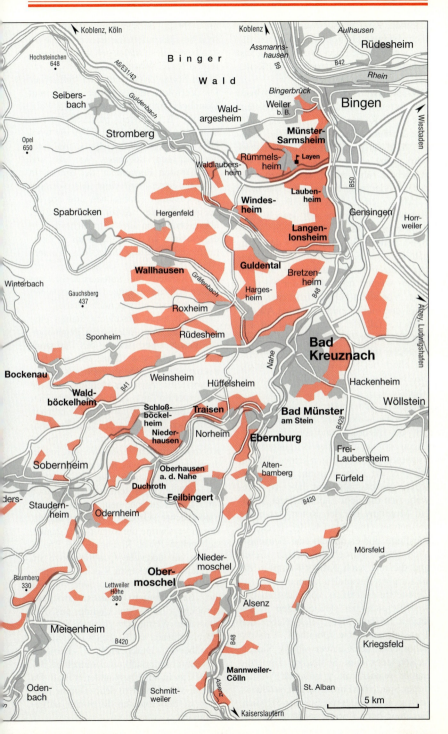

Nahe

sammen. Kein Wunder, dass die Winzer mehr bangten als hofften. In einigen Bereichen wurde es drei Wochen lang fast überhaupt nicht mehr trocken – der Reifeprozess kam zum Stillstand.

Der sprichwörtliche »Goldene Oktober« aber rettete die Ernte. Im Ergebnis bedeutete dieser Reifeverlauf: späte Lese, niedrige Erträge, Konzentration in der Traube, harmonische Säurewerte. Letzteres wird gerne als »sehr bekömmlich« beschrieben, führt jedoch auch dazu, dass der ein oder andere Riesling etwas lasch wirkt. Wegen der Unterschiedlichkeit des Anbaugebiets finden sich jedoch auch Kollektionen, durch die sich ein grünes Band zieht – allerdings keines der Sympathie, sondern der grünen Säure. Manche Winzer griffen zum ersten Mal seit Jahren wieder zum Mittel der Entsäuerung. Vor allem bei den trockenen Weinen – und hier besonders bei den Alltagsweinen – fällt die Säure störend auf. Bei den fruchtigen und edelsüßen Weinen hingegen führt sie in manchen Fällen – vor allem bei Schäfer-Fröhlich – zu explosiven Säure-Süße-Kombinationen, die begeistern.

In diesem Jahr zeigte sich deutlich wie nie, wo die Stärken des Anbaugebiets liegen: bei fruchtigen und edelsüßen Rieslingen. Im Bereich der Burgunder und Rotweine gibt es dagegen keinen Winzer, der über die Jahre konstant in der deutschen Spitzengruppe mit dabei ist – obwohl sich mit dem Laubenheimer Weingut Montigny bei den Roten Besserung abzeichnet. Im Bereich der trockenen Rieslinge sind es nur ein paar Betriebe – allen voran Emrich-Schönleber, Tesch und diesmal auch Kruger-Rumpf – die weiter oben mitspielen können.

Gerade im edelsüßen, vor allem im Eiswein-Bereich, hat sich dagegen in den letzten Jahren einiges getan. Neben den Top-Betrieben wie Dönnhoff, Emrich-Schönleber, der Gutsverwaltung Niederhausen oder dem Schlossgut Diel, die immer wieder mit grandiosen Weinen dieser Sparte für Furore sorgen, produzieren nun auch Güter wie Schäfer-Fröhlich, Hexamer oder Korrell selbst in Jahren, die nicht so famos sind wie beispielsweise 1998, faszinierende Eisweine, die zu den besten des Landes gehören. Eisweinregion Nahe? Warum nicht!

In der Spitze des Gebietes tut sich etwas. Die Verfolger rücken Altmeister Helmut Dönnhoff immer näher auf den Pelz. Werner Schönleber präsentierte nun schon im zweiten Jahr in Folge die wohl beste Kollektion des Gebiets, mit einer hochwertigen trockenen Auslese und einem tollen Eiswein an der Spitze. In Münster-Sarmsheim zeigt das Weingut Kruger-Rumpf Ambitionen und bot ein beeindruckendes Sortiment mit zwei überragenden, in ihrer Feinfruchtigkeit in diesem Jahr an der Nahe kaum zu übertreffenden Riesling Selections-Weinen. Auch das Weingut Göttelmann strebt nach Höherem und unterstrich dies mit seinen edelsüßen Spitzen – im trockenen Bereich hapert es aber noch etwas.

Lediglich zwei Absteigern stehen eine ganze Zahl von Aufsteigern gegenüber. Die größte Überraschung des Jahrgangs ist vielleicht das Staatsweingut Bad Kreuznach, das eine makellose Kollektion vorstellte. Auch für Montigny und die Sektexperten aus dem Meddersheimer Hause Bamberger gab es ein Träubchen mehr. Den Sprung in die Drei-Trauben-Riege schaffte schließlich das Weingut Korrell, bei dem der Sohn Martin immer deutlicher zeigt, was in den Kreuznach-Bosenheimer Lagen steckt.

Viele Nahewinzer scheinen sich jedoch ihrer Lagen zu schämen. Kaum ein Betrieb brachte »Große Gewächse« heraus. Damit versäumte die Region die Chance, sich neben Pfalz, Rheingau und Rheinhessen als deutsche Qualitätsspitze im Bereich des trockenen Rieslings zu präsentieren. Stattdessen wird weiterhin auf die Bezeichnung »Auslese trocken« zurückgegriffen – ein Unding, aus dem deutschen Weingesetz geboren. Dass bei Flaschenfarben und -formen ein unüberschaubares Durcheinander herrscht, manchmal innerhalb eines einzelnen Betriebes, steht auf einem anderen Blatt. Da hat die Nahe längst zu dem »Durcheinander« in den anderen Regionen aufgeschlossen.

Nahe

Die Spitzenbetriebe an der Nahe

Weingut Hermann **D**önnhoff, Oberhausen

Weingut **E**mrich-Schönleber, Monzingen

Weingut Dr. **C**rusius, Traisen

Weingut **G**öttelmann, Münster-Sarmsheim

▲ Weingut **K**orrell – Johanneshof, Bad Kreuznach-Bosenheim

Weingut **K**ruger-Rumpf, Münster-Sarmsheim

Weingut Oskar **M**athern, Niederhausen

Gutsverwaltung **N**iederhausen-Schloßböckelheim, Niederhausen

Weingut Prinz zu **S**alm-Dalberg – Schloss Wallhausen, Wallhausen

Weingut **S**chäfer-Fröhlich, Bockenau

Weingut **T**esch, Langenlonsheim

▲ Wein- und Sektgut Karl-Kurt **B**amberger & Sohn, Meddersheim

Weingut **H**ahnmühle, Mannweiler-Cölln

Weingut **H**examer, Meddersheim

Weingut **L**indenhof – Martin Reimann, Windesheim

▼ Weingut **L**ötzbeyer, Feilbingert

▲ Weingut **M**ontigny, Laubenheim

Weingut Joh. Bapt. **S**chäfer, Burg Layen

Weingut Jakob **S**chneider, Niederhausen

Weingut Bürgermeister Willi **S**chweinhardt Nachf., Langenlonsheim

Weingut Wilhelm **S**itzius, Langenlonsheim

▲ **S**taatsweingut Bad Kreuznach, Bad Kreuznach

▼ Weingut Anton **F**inkenauer, Bad Kreuznach

Weingut **G**raf-Binzel, Langenlonsheim

Bewertung der Betriebe

Höchstnote für die weltbesten Weinerzeuger

Exzellente Betriebe, die zu den besten Deutschlands zählen

Sehr gute Erzeuger, die seit Jahren konstant hohe Qualität liefern

Gute Erzeuger, die mehr als das Alltägliche bieten

Verlässliche Betriebe mit einer ordentlichen Standardqualität

Nahe

Weingut **J**ohanninger
(siehe Rheinhessen, Seite 617)

✻ Weingut Gebrüder **K**auer,
Windesheim

Weingut **K**lostermühle,
Odernheim

Weingut **K**önigswingert,
Guldental

Weingut **R**app,
Bad Münster am Stein-Ebernburg

✻ Weingut Michael **R**ohr,
Raumbach

Weingut Michael **S**chäfer,
Burg Layen

Weingut Erich **S**chauß & Sohn,
Monzingen

Weingut **S**chmidt, Obermoschel

✻ Weingut Meinolf **S**chömehl,
Dorsheim

Anmerkung:

Auf eine Bewertung des Schlossgutes Diel, Burg Layen, wird verzichtet, da dessen Inhaber Armin Diel Chefredakteur des Gault Millau WeinGuide ist.

Große und kleine Jahrgänge im Nahetal

Jahr	Güte
2001	✿✿✿✿
2000	✿✿✿
1999	✿✿✿
1998	✿✿✿✿
1997	✿✿✿
1996	✿✿✿✿
1995	✿✿✿✿
1994	✿✿✿✿
1993	✿✿✿✿✿
1992	✿✿✿

Jahrgangsbeurteilung:

✿✿✿✿✿ : Herausragender Jahrgang

✿✿✿✿ : Sehr guter Jahrgang

✿✿✿ : Guter Jahrgang

✿✿ : Normaler Jahrgang

✿ : Schwacher Jahrgang

Den Gault Millau WeinGuide
und weitere interessante Bücher finden Sie im Internet unter
www.christian-verlag.de

Aufsteiger

Nahe

WEIN- UND SEKTGUT KARL-KURT BAMBERGER & SOHN

Inhaber: Familie Bamberger
Kellermeister: Heiko Bamberger
55566 Meddersheim, Römerstraße 10
Tel. (0 67 51) 26 24, Fax 21 41
e-mail: kontakt@weingut-bamberger.de
Internet: www.weingut-bamberger.de
Anfahrt: Von Bad Kreuznach über die B 41, Ausfahrt Meddersheim
Verkauf: Mo.–Sa. 9:00 bis 19:00 Uhr
So. nach Vereinbarung
Sehenswert: Sektherstellung im eigenen Rüttelkeller

Rebfläche: 9,8 Hektar
Jahresproduktion: 75.000 Flaschen, davon 10.000 Flaschen Sekt
Beste Lagen: Monzinger Frühlingsplätzchen, Meddersheimer Altenberg und Rheingrafenberg, Schlossböckelheimer Königsfels
Boden: Kiesgestein, rotliegende Lehmverwitterung
Rebsorten: 50% Riesling, 25% Rotweinsorten, 10% Grau- und Weißburgunder, 5% Gewürztraminer, 10% übrige Sorten
Durchschnittsertrag: 69 hl/ha
Beste Jahrgänge: 1998, 1999, 2001

2001 Schlossböckelheimer Königsfels
Riesling Spätlese trocken »Plaisir«
5,10 €, 11,5%, ♀ bis 2005   84

2001 Monzinger Frühlingsplätzchen
Riesling Kabinett halbtrocken
4,20 €, 10,5%, ♀ bis 2004   83

2001 Schlossböckelheimer Königsfels
Riesling Spätlese
5,10 €, 7,5%, ♀ bis 2005   84

2001 Monzinger Frühlingsplätzchen
Riesling Spätlese
4,80 €, 7,5%, ♀ bis 2006   86

2001 Meddersheimer Altenberg
Riesling Spätlese *
6,50 €, 7,5%, ♀ bis 2007   86

2001 Meddersheimer Altenberg
Riesling Auslese *
12,50 €/0,5 Lit., 8%, ♀ bis 2008   87

2001 Meddersheimer Altenberg
Riesling Eiswein
24,– €/0,375 Lit., 7%, ♀ bis 2009   89

Mit seinen Sekten ist dieses Familien-Weingut am Mittellauf der Nahe seit Jahren eine Bank. Einen 93er Riesling hatten wir seinerzeit zum »Sekt des Jahres« gekürt. Mittlerweile glänzt die ganze Kollektion – genau wie die neuen Edelstahltanks im Keller. Klar und rassig präsentierten sich die Weine, mit Stärken im fruchtigen Bereich, wo die Spät- und Auslesen imponierten. Dazu ein feiner, dicker Eiswein. Nach den gelungenen 98er und 99er Kollektionen ist mit den überzeugenden 2001ern nun das zweite Träubchen fällig. Glückwunsch! Wir sind schon gespannt auf den ersten Ertrag vom Frühburgunder, der 2002 gepflanzt wurde. Vielleicht kann Bamberger in Zukunft ja auch mit den Roten glänzen?

Nahe

WEINGUT DR. CRUSIUS

Inhaber: Dr. Peter Crusius
55595 Traisen, Hauptstraße 2
Tel. (06 71) 3 39 53, Fax 2 82 19
e-mail: weingut-crusius@t-online.de
Internet: www.weingut-crusius.de
Anfahrt: A 61, Ausfahrt Bad Kreuznach, auf B 41 Richtung Kirn, Ausfahrt Bad Münster
Verkauf: Mo.–Sa. 9:00 bis 17:00 Uhr nach Vereinbarung
Historie: Familie urkundlich seit 1586 in Traisen als Schultheißen und Weinbauern ansässig
Sehenswert: Einzigartige Weinbergslage »Traiser Bastei« am Fuß des Rotenfelsen, Gewölbekeller

---

Rebfläche: 15 Hektar
Jahresproduktion: 80.000 Flaschen
Beste Lagen: Traiser Bastei und Rotenfels, Schlossböckelheimer Felsenberg, Niederhäuser Felsensteyer, Norheimer Kirschheck
Boden: Vulkanisch und Schieferverwitterung, kiesiger Lehm
Rebsorten: 70% Riesling, 15% Weißburgunder, je 5% Spätburgunder und Müller-Thurgau, 5% weitere Burgundersorten
Durchschnittsertrag: 53 hl/ha
Beste Jahrgänge: 1998, 1999, 2000
Mitglied in Vereinigungen: VDP

In den letzten Jahren hat der sympathische Peter Crusius den Betrieb mit vorsichtiger Hand modernisiert: Einige Weine erhielten neue Etiketten, die Preisliste wurde überarbeitet und neu gestaltet, neue Rebsorten wurden gepflanzt und einige Barrique-Fässer angeschafft. Dabei hat er die guten alten Tugenden beibehalten und neue hinzugewonnen. Eine elegante Fortschreibung der eigenen Weingutsgeschichte. Erhalten geblieben ist so der stoffige Crusius-Stil, den schon Vater Hans gepflegt und damit das Gut in die Spitzengruppe des Gebietes gebracht hat. Sein Sohn kann auf den neuen Jahrgang wieder einmal stolz sein. Besonders beeindruckend die Riesling Auslesen mit ihren exotischen Noten. Den trockenen Weinen würde etwas mehr Spiel gut stehen. Der Eiswein ist keine Krönung der 2001er Kollektion.

2001 Traiser
Weißer Burgunder & Auxerrois trocken
5,40 €, 12,5%, ♀ bis 2005 **84**

2001 Schlossböckelheimer Felsenberg
Riesling Spätlese trocken
9,70 €, 12,5%, ♀ bis 2008 **86**

2001 Schlossböckelheimer Felsenberg
Riesling Spätlese halbtrocken
9,40 €, 12%, ♀ bis 2007 **85**

2001 Traiser Rotenfels
Riesling Kabinett
6,20 €, 10%, ♀ bis 2005 **85**

2001 Niederhäuser Felsensteyer
Riesling Spätlese
9,50 €, 8,5%, ♀ bis 2009 **87**

2001 Traiser
Riesling Eiswein
Versteigerungswein, 8,5%, ♀ bis 2012 **87**

2001 Norheimer Kirschheck
Riesling Auslese
11,50 €/0,5 Lit., 8,5%, ♀ bis 2011 **89**

2001 Traiser Bastei
Riesling Auslese Goldkapsel
22,– €, 8,5%, ♀ bis 2012 **90**

Die Betriebe: ✿✿✿✿✿ Weltklasse · ✿✿✿✿ Deutsche Spitze · ✿✿✿ Sehr gut · ✿✿ Gut · ✿ Zuverlässig

(ohne Bewertung)

Nahe

SCHLOSSGUT DIEL

Inhaber: Armin Diel
Kellermeister: Christoph J. Friedrich
55452 Burg Layen
Tel. (0 67 21) 9 69 50, Fax 4 50 47
e-mail: info@schlossgut-diel.com
Internet: www.schlossgut-diel.com
Anfahrt: A 61, Ausfahrt Dorsheim,
500 Meter nach Burg Layen
Verkauf: Bernd Benz
Mo.–Do. 8:00 bis 17:00 Uhr
Fr. 8:00 bis 14:00 Uhr
Proben nach Vereinbarung
Historie: Burg Layen (12. Jahrhundert), seit 1802 im Besitz der Familie Diel
Sehenswert: Ruine der Burg Layen, künstlerisch gestalteter Tankkeller, historischer Gewölbekeller

---

Rebfläche: 16 Hektar
Jahresproduktion: 90.000 Flaschen
Beste Lagen: Dorsheimer Goldloch, Pittermännchen und Burgberg
Boden: Kiesiger Lehm mit Schiefer
Rebsorten: 70% Riesling,
30% Burgundersorten
Durchschnittsertrag: 45 hl/ha
Beste Jahrgänge: 1998, 1999, 2000
Mitglied in Vereinigungen: VDP, Deutsches Barrique Forum

Schon von der Autobahn ist der Turm der Burg Layen nicht zu übersehen. Auch Armin Diel nimmt in der Naheregion als Vorsitzender der Prädikatsweingüter eine herausgehobene Position ein. Zu den Stärken des Gutes zählen die trockenen Gewächse aus den Spitzenlagen Goldloch und Burgberg, der im neuen Eichenfass gereifte Kultwein »Victor« sowie die feinfruchtigen Prädikate bis hinauf zu den edelsüßen Eisweinen. Damit zählt das Gut fraglos zur qualitativen Spitze an der Nahe. Pünktlich zur Feier des 200-jährigen Jubiläums konnte man mit einem erstmals aufgelegten Riesling-Sekt aus der Spitzenlage Goldloch auf den größten Auftrag in der Gutsgeschichte anstoßen: Die Lufthansa hatte den 2001er Riesling Classic komplett für die Business-Class reserviert. Das stilvolle Anwesen bietet darüber hinaus den passenden Rahmen für hochkarätige kulturelle Veranstaltungen: von Dichterlesungen, etwa mit Weltstar Mario Adorf, bis hin zu Freiluft-Konzerten im Rahmen des Nahe-Festivals. (Text: Carsten Henn)

2001 Diel de Diel
trocken
8,80 €, 12%, ♀ bis 2005

2001 Weißer Burgunder
trocken
16,50 €, 13,5%, ♀ bis 2007

2001 Grauer Burgunder
trocken
17,50 €, 13,5%, ♀ bis 2008

2001 »Cuvée Victor«
trocken
29,50 €, 14%, ♀ bis 2010

2001 Dorsheimer Goldloch
Riesling Auslese
29,50 €, 7,5%, ♀ bis 2012

2001 Dorsheimer Pittermännchen
Riesling Spätlese
17,50 €, 7,5%, ♀ bis 2010

--- Rotwein ---

2000 Spätburgunder
trocken
16,80 €, 13%, ♀ bis 2008

Die Weine: **100** Perfekt · **95–99** Überragend · **90–94** Exzellent · **85–89** Sehr gut · **80–84** Gut · **75–79** Passabel

Winzer des Jahres 1999 **Nahe**

WEINGUT HERMANN DÖNNHOFF

Inhaber: Helmut Dönnhoff
55585 Oberhausen, Bahnhofstraße 11
Tel. (0 67 55) 2 63, Fax 10 67
e-mail: weingut@doennhoff.com
Internet: www.doennhoff.com
Anfahrt: A 61, Ausfahrt Bad Kreuznach, auf B 41 nach Bad Münster a. St. über Norheim–Niederhausen–Oberhausen
Verkauf: Nach Vereinbarung
Historie: Weinbau in der Familie seit 1750
Sehenswert: Herrlicher Blick auf die Spitzenlagen von Niederhausen und Schlossböckelheim

---

Rebfläche: 14,5 Hektar
Jahresproduktion: 100.000 Flaschen
Beste Lagen: Niederhäuser Hermannshöhle, Oberhäuser Brücke, Schlossböckelheimer Felsenberg und Kupfergrube, Norheimer Kirschheck und Dellchen
Boden: Grauschiefer, Porphyr/Melaphyr- und Vulkanverwitterung
Rebsorten: 75% Riesling, 25% Weiß- und Grauburgunder
Durchschnittsertrag: 48 hl/ha
Beste Jahrgänge: 1996, 1998, 2001
Mitglied in Vereinigungen: VDP

Wer Helmut Dönnhoff fragt, mit welchem Jahrgang der 2001er vergleichbar ist, bekommt nach einiger Zeit des Nachdenkens als Antwort: 1975. Das macht deutlich in welchen Dimensionen der Grandseigneur des Naheweins denkt. Jahrgänge haben für ihn nicht simple Parameter wie Öchslegrade oder Säurestruktur. Dönnhoff unterscheidet die Weine nach ihrem gesamten Reifeverlauf – weil dieser auch in seinen Weinen zu schmecken ist. Genau wie das so oft beschworene Terroir, das sich so gut vermarkten lässt. Helmut Dönnhoff zieht es wirklich auf die Flasche. Egal ob von der legendären Niederhäuser Hermannshöhle, oder von der Oberhäuser Brücke, die sich in seinem Alleinbesitz befindet. Von deren Grauschiefer-Verwitterungsböden kommen Dönnhoffs Eisweine, die mittlerweile fast Kultstatus erlangt haben. In puncto Weinbergen ist ihm das Beste gerade gut genug, seinen Lagenschatz hat er in den letzten Jahren systematisch durch Zukauf bester Parzellen in Norheim und Schlossböckelheim ergänzt. Im Keller hat sich hier seit Jahren nicht viel geändert, Dönnhoff ist Traditionalist und als solcher ein wahrer Experte im Ausbau des Rieslings im klassischen Eichenholzfass. 1998 war für das Weingut ein besonderes Jahr, da eine überragende Kollektion eingefahren werden konnte. Gekrönt wurde diese von drei Eisweinen, die Helmut Dönnhoff Ende November an einem frühen Samstag-, Sonntag- und Montagmorgen geerntet und entsprechend bezeichnet hatte. Der »Montag« brachte es bei der Weinversteigerung des VDP Nahe auf 1.200 Mark netto pro Flasche – ein Preisrekord für einen jungen Nahe-Wein. Aus 2001 gibt es natürlich wieder einen Eiswein; auch ohne Wochentag weiß dieser voluminöse Tropfen zu überzeugen. Helmut Dönnhoff ist zufrieden mit dem Jahr, am besten, sagt er, gefallen ihm seine fruchtigen Weine. Da ist ihm nur beizupflichten. Die Kollektion wird 2001 von einer mineralisch-stoffigen Note getragen, die am harmonischsten bei den Weinen mit Restsüße wirkt. Die Anzahl an hochklassigen Spät- und Auslesen ist wie immer beeindruckend und einmalig an der Nahe.

2001 Schlossböckelheimer Felsenberg
Riesling Spätlese trocken
13,– €, 12%, ♀ bis 2005 **85**

2001 Norheimer Dellchen
Riesling Spätlese trocken
15,50 €, 12,5%, ♀ bis 2006 **85**

2001 Niederhäuser Hermannshöhle
Riesling Spätlese trocken
17,50 €, 12,5%, ♀ bis 2006 **88**

2001 Norheimer Dellchen
Riesling Kabinett halbtrocken
8,50 €, 10,5%, ♀ bis 2006 **87**

Nahe

2001 Oberhäuser Leistenberg
Riesling Kabinett
8,80 €, 9%, ♀ bis 2006 **86**

2001 Norheimer Kirschheck
Riesling Spätlese
11,50 €, 9%, ♀ bis 2008 **89**

2001 Schlossböckelheimer Kupfergrube
Riesling Spätlese
13,– €, 9%, ♀ bis 2008 **89**

2001 Oberhäuser Brücke
Riesling Spätlese
14,50 €, 9%, ♀ bis 2009 **89**

2001 Niederhäuser Hermannshöhle
Riesling Auslese
16,– €/0,375 Lit., 8,5%, ♀ bis 2010 **89**

2001 Niederhäuser Hermannshöhle
Riesling Spätlese
20,– €, 9%, ♀ bis 2011 **90**

2001 Oberhäuser Brücke
Riesling Auslese
15,– €/0,375 Lit., 8,5%, ♀ bis 2012 **90**

2001 Niederhäuser Hermannshöhle
Riesling Auslese – 18 –
20,– €/0,375 Lit., 8,5%, ♀ bis 2012 **90**

2001 Oberhäuser Brücke
Riesling Auslese – 19 –
Versteigerungswein, 8,5%, ♀ bis 2015 **91**

2001 Schlossböckelheimer Felsenberg
Riesling Spätlese »Türmchen«
Versteigerungswein, 8,5%, ♀ bis 2011 **91**

2001 Oberhäuser Brücke
Riesling Beerenauslese
Versteigerungswein, 8,5%, ♀ bis 2020 **93**

2001 Oberhäuser Brücke
Riesling Eiswein
65,– €/0,375 Lit., 8%, ♀ bis 2020 **94**

Vorjahresweine

2000 Schloßböckelheimer Felsenberg
Riesling Spätlese trocken
11,25 €, 11%, ♀ bis 2005 **87**

2000 Niederhäuser Hermannshöhle
Riesling Spätlese trocken
14,32 €, 11,5%, ♀ bis 2005 **88**

2000 Oberhäuser Leistenberg
Riesling Kabinett
8,18 €, 8%, ♀ bis 2006 **88**

2000 Niederhäuser Hermannshöhle
Riesling Spätlese
14,32 €, 8%, ♀ bis 2010 **89**

2000 Oberhäuser Brücke
Riesling Spätlese Goldkapsel – 2 –
18,55 €, 8%, ♀ bis 2008 **89**

2000 Oberhäuser Brücke
Riesling Auslese Goldkapsel
59,31 €/0,375 Lit., 7,5%, ♀ bis 2010 **89**

2000 Niederhäuser Hermannshöhle
Riesling Auslese
14,32 €/0,375 Lit., 8%, ♀ bis 2010 **90**

2000 Oberhäuser Brücke
Riesling Eiswein »Samstag«
56,24 €/0,375 Lit., 8%, ♀ bis 2012 **91**

2000 Oberhäuser Brücke
Riesling Eiswein »Sonntag«
Versteigerungswein, 7,5%, ♀ bis 2020 **94**

Die Weine: **100** Perfekt · **95–99** Überragend · **90–94** Exzellent · **85–89** Sehr gut · **80–84** Gut · **75–79** Passabel

Nahe

WEINGUT EMRICH-SCHÖNLEBER

Inhaber: Hannelore und Werner Schönleber
55569 Monzingen, Naheweinstraße 10a
Tel. (0 67 51) 27 33, Fax 48 64
e-mail: weingut@emrich-schoenleber.com
Internet: www.emrich-schoenleber.com
Anfahrt: Von der B 41 zum Ort abbiegen, Soonwaldstraße
Verkauf: Mo.–Fr. 8:00 bis 12:00 Uhr und 13:00 bis 18:00 Uhr
Sa. 8:00 bis 12:00 Uhr und 13:00 bis 16:00 Uhr
nur nach Vereinbarung
Historie: Mehr als 250 Jahre Weinbau in der Familie

Rebfläche: 14,5 Hektar
Jahresproduktion: 110.000 Flaschen
Beste Lagen: Monzinger Halenberg und Frühlingsplätzchen
Boden: Gemisch aus Schiefer, Quarzit und Basalt
Rebsorten: 76% Riesling, 9% Grauburgunder, 3% Weißburgunder, 12% übrige Sorten
Durchschnittsertrag: 62 hl/ha
Beste Jahrgänge: 1999, 2000, 2001
Mitglied in Vereinigungen: VDP

Werner Schönleber ist einer der selbstkritischsten Winzer in Deutschland. Lob für seine Weine nimmt er nicht leichtfertig hin. Er hinterfragt es, prüft, ob es mit den eigenen Einschätzungen übereinstimmt, und sagt offen, wenn dies nicht so ist. Diese distanzierte Haltung zu dem, was ihm am wichtigsten ist, hat es möglich gemacht, dass er heute da steht, wo er ist: in der Spitze des Gebiets. Das hätte einem Weingut im äußersten Westen der Nahe vor einiger Zeit niemand zugetraut. Über die Jahre hat Werner Schönleber zuerst seine trockenen Rieslinge, dann seine Burgunder und schließlich die Eisweine dahin geführt, wo er sie haben wollte. Kleine, wohlüberlegte Schritte, Arbeit an den so wichtigen Details, brachten den anhaltenden Erfolg. Ausrutscher – auch bei kleinen Weinen – gibt es bei ihm nicht. Er hat die Monzinger Lagen Frühlingsplätzchen und Halenberg erst wieder bekannt gemacht, hat ihr Potenzial mit seinen Weinen aufgezeigt. In den besten Teilen der Gemarkung wurde dabei peu à peu dazugekauft. Paradesorte – mit rund 75 Prozent der Rebfläche – ist der Riesling, der bei Schönleber häufig besonders fein, mit floralen Aromen im Bukett und mineralischen am Gaumen ausfällt. Aber auch der mehrfach ausgezeichnete Grauburgunder ist zu einem Aushängeschild des Betriebs geworden. Im letzten Jahr konnte das Weingut die wohl beste Kollektion an der Nahe präsentieren, darunter die beiden besten edelsüßen Weine Deutschlands. Auch beim 2001er war in der Spitze an der Nahe kaum einer überlegen. Ob beim trockenen Riesling oder beim Eiswein – Werner Schönleber überzeugt auf der vollen Bandbreite. Ein Geheimnis liegt dahinter nicht, nur sorgfältige Arbeit: Späte, häufig selektive Handlese, schonende Pressung, kühle Vergärung. Sonst eher klassisch in der Kellerführung, setzt Schönleber je nach Lesegut gelegentlich auch auf moderne Methoden wie Ganztraubenpressung. Nicht selten haben seine durch Spontangärung im Holzfuder und Edelstahltank ausgebauten Rieslinge einen »Durchhänger« im Sommer. Umso schöner werden sie dann im Herbst. Und über die Jahre haben Schönlebers Weine längst bewiesen, wie gut sie reifen können. Das Warten lohnt!

2001 Monzinger
Grauer Burgunder Spätlese trocken
9,20 €, 12,5%, ♀ bis 2005 **84**

2001 Monzinger Frühlingsplätzchen
Riesling Kabinett trocken
6,70 €, 11,5%, ♀ bis 2005 **85**

2001 Monzinger Halenberg
Riesling Kabinett trocken
7,50 €, 11,5%, ♀ bis 2006 **87**

Die Betriebe: ✻✻✻✻✻ Weltklasse · ✻✻✻✻ Deutsche Spitze · ✻✻✻ Sehr gut · ✻✻ Gut · ✻ Zuverlässig

Nahe

2001 Monzinger Halenberg
Riesling Spätlese trocken
12,– €, 12,5%, ♀ bis 2006   88

2001 Monzinger Halenberg
Riesling Auslese trocken
18,– €, 12,5%, ♀ bis 2007   92

2001 Monzinger Halenberg
Riesling Kabinett halbtrocken
7,50 €, 11%, ♀ bis 2006   86

2001 Monzinger Halenberg
Riesling Spätlese halbtrocken
10,– €, 11,5%, ♀ bis 2008   **89**

2001 Monzinger Frühlingsplätzchen
Riesling Kabinett
6,70 €, 10%, ♀ bis 2006   86

2001 Monzinger Halenberg
Riesling Spätlese
11,– €, 9,5%, ♀ bis 2008   88

2001 Monzinger Halenberg
Riesling Auslese
16,50 €, 9%, ♀ bis 2010   88

2001 Monzinger Halenberg
Riesling Auslese *** Goldkapsel
Versteigerungswein, 9%, ♀ bis 2016   92

2001 Monzinger Halenberg
Riesling Eiswein
40,– €/0,375 Lit., 8%, ♀ bis 2020   93

Vorjahresweine

2000 Monzinger
Grauer Burgunder Spätlese trocken
9,20 €, 12%, ♀ bis 2003   85

2000 Monzinger Halenberg
Riesling Spätlese trocken ***
16,61 €, 12%, ♀ bis 2005   88

2000 Monzinger Frühlingsplätzchen
Riesling Kabinett halbtrocken
6,14 €, 10,5%, ♀ bis 2005   87

2000 Monzinger Halenberg
Riesling Spätlese halbtrocken
9,97 €, 11%, ♀ bis 2007   89

2000 Monzinger Halenberg
Riesling Spätlese
9,20 €, 9,5%, ♀ bis 2006   88

2000 Monzinger Halenberg
Riesling Auslese
15,34 €, 9%, ♀ bis 2010   89

2000 Monzinger Halenberg
Riesling Auslese Goldkapsel ***
33,21 €/0,5 Lit., 8,5%, ♀ bis 2014   92

2000 Monzinger Frühlingsplätzchen
Riesling Eiswein
74,14 €/0,375 Lit., 7%, ♀ bis 2025   97

2000 Monzinger Frühlingsplätzchen
Riesling Eiswein ***
Versteigerungswein, 6,5%, ♀ bis 2030   98

Emrich-Schönleber
Nahe
1999
Monzinger Halenberg
Riesling Auslese
alc 8,5% vol   Qualitätswein mit Prädikat   750 ml
Gutsabfüllung · A.P.Nr. 7748 066 24 00
Produce of Germany · D-55569 Monzingen an der Nahe

Die Weine: **100** Perfekt · **95–99** Überragend · **90–94** Exzellent · **85–89** Sehr gut · **80–84** Gut · **75–79** Passabel

Nahe

WEINGUT ANTON FINKENAUER

Inhaber und Kellermeister:
Hans-Anton Finkenauer
55543 Bad Kreuznach,
Rheingrafenstraße 15
Tel. (06 71) 6 22 30, Fax 6 22 10
Anfahrt: A 61, Ausfahrt Bad Kreuznach, Richtung Bad Münster, am Parkhaus links in die Rheingrafenstraße
Verkauf: Familie Finkenauer
Mo.–Fr. 8:30 bis 18:30 Uhr
ansonsten nach Vereinbarung
Historie: Mehr als 250 Jahre Weinbau in der Familie

Rebfläche: 8 Hektar
Jahresproduktion: 60.000 Flaschen
Beste Lagen: Kreuznacher Kahlenberg und Brückes
Boden: Buntsandsteinverwitterung, sandiger Lehm
Rebsorten: 59% Riesling, 16% Müller-Thurgau, je 5% Graubmrgunder und Scheurebe, 9% Spätburgunder, 6% übrige Sorten
Durchschnittsertrag: 87 hl/ha
Beste Jahrgänge: 1997, 1998, 1999

Das Weingut Anton Finkenauer ist ein Ort der Zeitlosigkeit. In den letzten Jahren hat sich hier nicht viel verändert, einzig der Spätburgunderanteil ist gewachsen. Vielleicht wäre ein wenig mehr Veränderung gut, denn in diesem Jahr müssen wir dem Traditionsgut leider ein Träubchen wegnehmen. Seit dem Jahrgang 2000 können die Weine nicht mehr restlos überzeugen. In 2001 können selbst die Auslesen aus Brückes und Osterhöll nicht wirklich glänzen. Dafür gibt es aber auch keine Ausreißer nach unten. Herausgehoben werden müssen zudem die günstigen Preise. Im ersten Viertel des letzten Jahrhunderts führten Anton und Carl Finkenauer übrigens ein gemeinsames Gut. Ab 1925 gingen die Brüder dann getrennte Wege. Seit dieser Zeit gibt es in der Nahewein-Hauptstadt Bad Kreuznach zwei Finkenauer-Betriebe.

2001 Kreuznacher Kronenberg
Riesling trocken
2,60 €/1,0 Lit., 11,5%, ♀ bis 2004   **80**

2001 Kreuznacher Kronenberg
Grauer Burgunder Spätlese trocken
5,– €, 12,5%, ♀ bis 2004   **80**

2001 Kreuznacher Hinkelstein
Riesling Spätlese trocken
5,– €, 12%, ♀ bis 2004   **83**

2001 Kreuznacher Osterhöll
Riesling Spätlese halbtrocken
4,70 €, 11%, ♀ bis 2004   **82**

2001 Kreuznacher Kahlenberg
Riesling Auslese halbtrocken
7,20 €, 12,5%, ♀ bis 2005   **82**

2001 Kreuznacher Forst
Weißer Burgunder und Riesling Spätlese halbtrocken
5,– €, 12%, ♀ bis 2004   **82**

2001 Kreuznacher Osterhöll
Riesling Spätlese
4,80 €, 9%, ♀ bis 2004   **83**

2001 Kreuznacher Brückes
Riesling Auslese
7,20 €, 9%, ♀ bis 2005   **84**

2001 Kreuznacher Kahlenberg
Riesling Auslese
7,70 €, 9,5%, ♀ bis 2006   **84**

Die Betriebe: ✠✠✠✠✠ Weltklasse · ✠✠✠✠ Deutsche Spitze · ✠✠✠ Sehr gut · ✠✠ Gut · ✠ Zuverlässig

Nahe

WEINGUT GÖTTELMANN

Inhaber: Ruth Göttelmann-Blessing, Götz Blessing
55424 Münster-Sarmsheim,
Rheinstraße 77
Tel. (0 67 21) 4 37 75, Fax 4 26 05
e-mail: goettelmannWein@aol.com
Anfahrt: A 61, Ausfahrt Dorsheim, Richtung Münster-Sarmsheim
Verkauf: Familie Blessing
Mo.–So. 10:00 bis 20:00 Uhr
nach Vereinbarung
Straußwirtschaft: Mai bis Anfang Aug.
Mitte Sept. bis Anfang Nov.
Mi.–Sa. 18:00 bis 24:00 Uhr
So. und Feiertage 16:00 bis 24:00 Uhr
Spezialitäten: Überbackene Wingertsknorzen, Backsteinkäs'

Rebfläche: 12 Hektar
Jahresproduktion: 80.000 Flaschen
Beste Lagen: Münsterer Dautenpflänzer, Pittersberg und Rheinberg
Boden: Schieferverwitterung, Löss
Rebsorten: 66% Riesling, 8% Weiß- und Grauburgunder, 6% Silvaner, 4% Spätburgunder, 16% übrige Sorten
Durchschnittsertrag: 60 hl/ha
Beste Jahrgänge: 1998, 1999, 2001

Schwäbisch fleißig geht es beim Weingut Göttelmann zu. In den letzten Jahren wurde die Weinbergsfläche um 2,5 Hektar erweitert, ferner ein neues Traubenabladesystem eingeführt und neue Tanks kamen in den Keller. Der Schwabe Götz Blessing und seine Frau Ruth wollen Zug um Zug die Qualität steigern. Da wundert es nicht, dass der Durchschnittsertrag mit 44 hl/ha in diesem Jahr extrem tief lag. »Formal« wurden vom Riesling nur Auslesen geerntet – alle Moste lagen über 90 Grad Öchsle! Im Keller setzt man auf scharfe Vorklärung und Reinzuchthefen. All das macht sich bezahlt, die Blessings haben eine starke Kollektion vorgestellt mit beeindruckenden edelsüßen Spitzen. Allein die trockenen Weine schienen uns ein wenig zu sehr von der Säure bestimmt.

2001 Chardonnay
Spätlese trocken Barrique
8,50 €, 13%, ♀ bis 2005 **84**

2001 Münsterer Dautenpflänzer
Riesling Selection
8,50 €, 12%, ♀ bis 2005 **85**

2001 Münsterer Kapellenberg
Riesling Spätlese trocken
5,50 €, 12%, ♀ bis 2005 **86**

2001 Münsterer Kapellenberg
Riesling Spätlese halbtrocken
6,50 €, 11,5%, ♀ bis 2006 **85**

2001 Münsterer Rheinberg
Riesling Spätlese
8,50 €, 8%, ♀ bis 2007 **87**

2001 Münsterer Dautenpflänzer
Riesling Spätlese
9,50 €, 7,5%, ♀ bis 2008 **88**

2001 Münsterer Rheinberg
Riesling Auslese
9,50 €/0,5 Lit., 7,5%, ♀ bis 2010 **88**

2001 Münsterer Rheinberg
Riesling Auslese
16,– €/0,5 Lit., 7,5%, ♀ bis 2012 **90**

2001 Münsterer Rheinberg
Riesling Beerenauslese
40,– €/0,5 Lit., 7,5%, ♀ bis 2012 **90**

Die Weine: **100** Perfekt · **95–99** Überragend · **90–94** Exzellent · **85–89** Sehr gut · **80–84** Gut · **75–79** Passabel

Nahe

WEINGUT GRAF-BINZEL
Inhaber: Helmut und Helga Binzel
Kellermeister: Andreas Binzel
55450 Langenlonsheim,
Naheweinstraße 164
Tel. (0 67 04) 13 25, Fax 28 90
e-mail: weingut@graf-binzel.de
Anfahrt: A 61, Ausfahrt Dorsheim, Richtung Langenlonsheim
Verkauf: Helga Binzel
Mo.–Sa. nach Vereinbarung

Rebfläche: 5 Hektar
Jahresproduktion: 45.000 Flaschen
Beste Lagen: Langenlonsheimer Löhrer Berg, Königsschild und Rothenberg
Boden: Roter Sandsteinverwitterungsboden, Lehm-Ton-Boden, Lehm mit rotem Schotter
Rebsorten: 27% Riesling, 18% Weiß- und Grauburgunder, 15% Silvaner, 11% Müller-Thurgau, 10% Kerner, 8% Scheurebe, 5% Huxelrebe, 6% rote Sorten
Durchschnittsertrag: 80 hl/ha
Beste Jahrgänge: 1998, 1999

Andreas Binzel, der an der Seite seines Vaters Helmut Binzel das Weingut betreibt, hat seine Lehr- und Wanderjahre genutzt und sich in Südafrika und Chile, in Kalifornien und Neuseeland die Weinbereitung genau angesehen. Das spürt man mit jedem Schluck. Die Weine wirken alle sehr geradlinig vinifiziert, die Handschrift des Kellermeisters ist klar erkennbar – manchmal auf Kosten des Terroircharakters. So wirken in diesem Jahr viele Weine ein wenig weich und cremig. Hauptberuflich ist Andreas Binzel als wissenschaftlicher Mitarbeiter an der Fachhochschule in Geisenheim tätig, für 2003 steht aber die Gutsübergabe an. In den letzten Jahren hat sich bereits einiges geändert. So wurde unter anderem ein System zum schonenden Transport und zur Verarbeitung der Trauben eingerichtet. In Zukunft will man das Augenmerk auf die Klonselektion legen.

2001 Guldentaler Rosenteich
Weißer Burgunder trocken
4,30 €, 13%, ♀ bis 2004 — **79**

2001 Langenlonsheimer Löhrer Berg
Riesling Kabinett trocken
3,70 €, 11,5%, ♀ bis 2004 — **80**

2001 Langenlonsheimer Löhrer Berg
Weißer Burgunder Spätlese trocken
4,90 €, 12%, ♀ bis 2004 — **80**

2001 Guldentaler Rosenteich
Rivaner trocken
3,50 €, 12,5%, ♀ bis 2004 — **82**

2001 Langenlonsheimer Steinchen
Grauer Burgunder Spätlese trocken
4,90 €, 12%, ♀ bis 2005 — **84**

2001 Langenlonsheimer Königsschild
Riesling Spätlese halbtrocken
4,30 €, 11%, ♀ bis 2004 — **82**

2001 Guldentaler Hipperich
Kerner Spätlese
4,– €, 9,5%, ♀ bis 2005 — **83**

2001 Langenlonsheimer Königsschild
Riesling Auslese
5,90 €, 8%, ♀ bis 2006 — **85**

Die Betriebe: ✿✿✿✿✿ Weltklasse · ✿✿✿✿ Deutsche Spitze · ✿✿✿ Sehr gut · ✿✿ Gut · ✿ Zuverlässig

Nahe

WEINGUT HAHNMÜHLE

Inhaber: Peter u. Martina Linxweiler
67822 Mannweiler-Cölln,
Alsenzstraße 25
Tel. (0 63 62) 99 30 99, Fax 44 66
e-mail: info@weingut-hahnmuehle.de
Internet: www.weingut-hahnmuehle.de
Anfahrt: A 61, Ausfahrt Gau-Bickelheim über B 420 / B 48 Richtung Kaiserslautern, am Ortsende links über eine Brücke
Verkauf: Mo.–Fr. 8:00 bis 19:00 Uhr
Sa. 8:00 bis 17:00 Uhr
Historie: Die Hahnmühle, eine Wassermühle aus dem 13. Jahrhundert, ist seit 1898 in Familienbesitz

---

Rebfläche: 8,8 Hektar
Jahresproduktion: 60.000 Flaschen
Beste Lagen: Oberndorfer Beutelstein, Alsenzer Elkersberg
Boden: Sandstein- und Schieferverwitterung
Rebsorten: 53% Riesling, 10% Gewürztraminer, 9% Silvaner, je 9% Chardonnay und Weißburgunder, 7% Spätburgunder, 3% Portugieser
Durchschnittsertrag: 45 hl/ha
Beste Jahrgänge: 1998, 1999, 2000
Mitglied in Vereinigungen: Naturland

Die Linxweilers zählen zu den sympathischsten und konsequentesten Winzern der Ökobewegung. Im wildromantischen Alsenztal steht ihr Weingut, dass mittlerweile seinen Strom von der hauseigenen Wasserkraftanlage bezieht. Ob es an dem geringen Durchschnittsertrag von 45 Hektolitern pro Hektar liegt, an der ökologischen Bearbeitung oder aber an den Lagen, die Weine der Hahnmühle zeichnen sich durch fein herausgearbeitete Mineralität und Stoffigkeit aus. So auch bei den 2001ern, obwohl in diesem Jahr eine grüne Säure einen Teil der Kollektion durchzieht. Besser als der etwas unharmonische Eiswein gefiel uns die saftige Auslese aus dem Oberndorfer Beutelstein. Wie immer einer der interessantesten Weine: der Mischsatz aus Riesling & Traminer, der rassige Säure mit feinem Rosenduft vermählt.

2001 Cöllner Rosenberg
Riesling trocken
4,90 €, 12,5%, ♀ bis 2004   **82**

2001 Cöllner Rosenberg
Riesling & Traminer trocken
5,40 €, 12%, ♀ bis 2005   **84**

2001 Oberndorfer Beutelstein
Riesling Spätlese trocken
6,50 €, 12%, ♀ bis 2005   **85**

2001 »Alisencia«
Riesling Spätlese trocken
8,20 €, 12%, ♀ bis 2005   **86**

2001 Cöllner Rosenberg
Riesling halbtrocken
4,45 €, 11%, ♀ bis 2005   **84**

2001 Oberndorfer Beutelstein
Traminer Auslese
12,50 €/0,5 Lit., 12,5%, ♀ bis 2006   **85**

2001 Oberndorfer Beutelstein
Riesling Beerenauslese
24,50 €/0,375 Lit., 11,5%, ♀ bis 2009   **85**

2001 Oberndorfer Beutelstein
Riesling Auslese
12,50 €/0,5 Lit., 10,5%, ♀ bis 2008   **87**

2001 Cöllner Rosenberg
Riesling Eiswein
34,80 €/0,375 Lit., 10,5%, ♀ bis 2010   **87**

Die Weine: **100** Perfekt · **95–99** Überragend · **90–94** Exzellent · **85–89** Sehr gut · **80–84** Gut · **75–79** Passabel

Nahe

WEINGUT HEXAMER

Inhaber: Harald Hexamer
55566 Meddersheim,
Sobernheimer Straße 3
Tel. (0 67 51) 22 69, Fax 9 47 07
e-mail: weingut-hexamer@t-online.de
Internet: www.weingut-hexamer.de
Anfahrt: Von Bad Kreuznach über die B 41, Ausfahrt Meddersheim
Verkauf: Familie Hexamer
Mo.–Fr. 8:00 bis 19:00 Uhr
Sa. 8:00 bis 17:00 Uhr

Rebfläche: 11,4 Hektar
Jahresproduktion: 70.000 Flaschen
Beste Lagen: Meddersheimer Rheingrafenberg und Altenberg, Sobernheimer Marbach
Boden: Kiesgestein, rotliegende Lehmverwitterung
Rebsorten: 55% Riesling, 12% Spätburgunder, 10% Müller-Thurgau, 7% Weißburgunder, 3% Frühburgunder, 2% Gewürztraminer, 11% übrige Sorten
Durchschnittsertrag: 65 hl/ha
Beste Jahrgänge: 1998, 1999, 2000

Das Weingut Hexamer will in den nächsten Jahren einen eigenen, mustergültigen Weg einschlagen. Der Rieslinganteil soll auf 70 Prozent steigen, der Rotweinanteil soll dagegen stabil bleiben und man spielt sogar mit dem Gedanken, Muskateller anzupflanzen. Das äußere Erscheinungsbild hat sich schon gewandelt und das neue Etikett mit der sechsblättrigen Blüte (sechszählig = hexamer) ist äußerst gelungen. Was den Flascheninhalt angeht, ist das Weingut Hexamer mittlerweile zu einem regelrechten Eisweinspezialisten geworden. Auch in diesem Jahr krönte wieder ein wundervoll klarer Eiswein »No. 1« die Kollektion. Schwach dagegen – wie schon im Vorjahr – die Trockenen. In die muss Harald Hexamer, der 1999 das elterliche Gut übernommen hat, noch die Finesse und Klarheit bringen, die seine edelsüßen Spitzen auszeichnet.

2001 Meddersheimer Rheingrafenberg
Weißer Burgunder trocken
4,50 €, 13%, ♀ bis 2004 **81**

2001 Sobernheimer Marbach
Riesling Spätlese trocken
7,30 €, 12,5%, ♀ bis 2005 **84**

2001 Meddersheimer Rheingrafenberg
Riesling »Quarzit«
5,60 €, 8%, ♀ bis 2005 **84**

2001 Meddersheimer Rheingrafenberg
Riesling Spätlese
7,80 €, 8%, ♀ bis 2006 **85**

2001 Meddersheimer Rheingrafenberg
Riesling Auslese »minus 7 Grad«
14,– €/0,375 Lit., 7%, ♀ bis 2008 **86**

2001 Meddersheimer Rheingrafenberg
Riesling Auslese
15,– €/0,375 Lit., 7%, ♀ bis 2008 **87**

2001 Sobernheimer Marbach
Riesling Eiswein
24,– €/0,375 Lit., 6%, ♀ bis 2010 **88**

2001 Sobernheimer Marbach
Riesling Eiswein »No.1«
29,– €/0,375 Lit., 6%, ♀ bis 2015 **91**

——— Rotwein ———

2000 Meddersheimer Rheingrafenberg
Frühburgunder trocken Barrique
14,50 €, 13,5%, ♀ bis 2005 **84**

Die Betriebe: ✦✦✦✦✦ Weltklasse · ✦✦✦✦ Deutsche Spitze · ✦✦✦ Sehr gut · ✦✦ Gut · ✦ Zuverlässig

Neu

Nahe

WEINGUT GEBRÜDER KAUER

Inhaber: Christoph u. Markus Kauer
Kellermeister: Christoph Kauer
55452 Windesheim,
Bürgermeister-Dielhenn-Straße 1
Tel. (0 67 07) 2 55, Fax 5 17
e-mail: gebr.kauer@gmx.de
Internet:
www.weingut-gebrueder-kauer.de
Anfahrt: A 61, Ausfahrt Windesheim, Weingut in der Ortsmitte
Verkauf: Markus Kauer
Mo.–Fr. 9:00 bis 19:00 Uhr
Sa. 9:00 bis 15:00 Uhr
nach Vereinbarung
Historie: Weingut seit über 300 Jahren in Familienbesitz

Rebfläche: 9 Hektar
Jahresproduktion: 80.000 Flaschen
Beste Lagen: Windesheimer Römerberg, Rosenberg und Saukopf
Boden: Rotliegendes, sandiger Lehm
Rebsorten: 25% Riesling, je 15% Weißburgunder und Müller-Thurgau, 13% Bacchus, je 10% Spätburgunder und Kerner, 12% übrige Sorten
Durchschnittsertrag: 60 hl/ha
Beste Jahrgänge: 2000, 2001

Windesheim scheint ein guter Nährboden für den Weißen Burgunder zu sein. Neben dem Lindenhof findet sich mit dem Weingut Gebrüder Kauer nun schon der zweite Spezialist für diese Rebsorte aus diesem alten Weindorf unter unseren Traubenwinzern. Der Aufstieg begann 1999, als Christoph Kauer die Kellerwirtschaft im Betrieb übernahm. Direkt im ersten Jahr machte er mit einer Spätlese auf sich aufmerksam. In diesem Jahr nun präsentierte er eine sehr geschlossene Kollektion, die ihre Stärken – natürlich – im Weißburgunderbereich hat. Auch mit dem neuen Holz kann Kauer, wie sein Barrique-Weißburgunder zeigt, bereits sehr gut umgehen. Gelungen sind auch die Sekte und Rieslinge, obwohl er gerade aus letzteren sicher noch mehr herausholen kann. Wenn die Kauers so weitermachen, haben sie noch eine vielversprechende Zukunft vor sich.

2001 Riesling
Spätlese trocken
6,60 €, 11,5%, ♀ bis 2004 — **81**

2001 Riesling
Hochgewächs trocken
5,60 €, 12%, ♀ bis 2004 — **82**

2001 Cuvée »C«
trocken
4,50 €, 11%, ♀ bis 2004 — **83**

2001 Weißer Burgunder
trocken
5,– €, 12%, ♀ bis 2005 — **84**

2001 Weißer Burgunder
Spätlese trocken
6,90 €, 12%, ♀ bis 2006 — **85**

2001 Weißer Burgunder
trocken Barrique
9,60 €, 13%, ♀ bis 2006 — **86**

2001 Kerner
Spätlese
5,90 €, 10%, ♀ bis 2004 — **82**

2001 Spätburgunder Weißherbst
Blanc de Noir
5,60 €, 11,5%, ♀ bis 2004 — **82**

2001 Riesling
Spätlese
6,90 €, 9,5%, ♀ bis 2006 — **85**

Die Weine: **100** Perfekt · **95–99** Überragend · **90–94** Exzellent · **85–89** Sehr gut · **80–84** Gut · **75–79** Passabel

Nahe

WEINGUT KLOSTERMÜHLE

Inhaber: Dr. Peter Becker, Christian Held, Dr. Michael Ritzau, Dr. Martin Riedel
Geschäftsführer: Christian Held
Betriebsleiter: Thomas Zenz
55571 Odernheim, Am Disibodenberg
Tel. (0 67 55) 3 19, Fax 3 20
e-mail: claretum@aol.com
Internet: www.claretum.de
Anfahrt: A 61, Ausfahrt Bad Kreuznach, B 41, Ausfahrt Waldböckelheim, Richtung Staudernheim, vor Odernheim links
Verkauf: Charlotte Held
Mo.–Fr. 9:00 bis 18:00 Uhr
und nach Vereinbarung
Sehenswert: Klosterruine Disibodenberg
Erlebenswert: Draisinen-Fahrt, kulinarische Weinproben

Rebfläche: 11 Hektar
Jahresproduktion: 70.000 Flaschen
Beste Lagen: Odernheimer Kloster Disibodenberg und Montfort (Alleinbesitz)
Boden: Tonschiefer- und Sandstein-Verwitterung
Rebsorten: 38% Spätburgunder, 25% Grauburgunder, 22% Riesling, 9% Weißburgunder, 6% übrige Sorten
Durchschnittsertrag: 45 hl/ha
Beste Jahrgänge: 1999, 2000, 2001

2001 Silvaner
trocken
3,90 €, 12,5%, ♀ bis 2004 — **82**

2001 Weißer Burgunder
trocken
5,60 €, 13%, ♀ bis 2004 — **82**

2001 Grauer Burgunder
trocken
5,60 €, 13,5%, ♀ bis 2004 — **82**

2000 Chardonnay
Tafelwein trocken Barrique
11,90 €, 12,5%, ♀ bis 2004 — **83**

2000 Spätburgunder
Tafelwein trocken Barrique
9,90 €, 13%, ♀ bis 2005 — **83**

2001 Odernheimer Kloster Disibodenberg
Riesling Spätlese trocken
6,60 €, 12%, ♀ bis 2005 — **85**

2000 Grauer Burgunder
Tafelwein trocken Barrique
9,90 €, 13%, ♀ bis 2006 — **85**

2001 Odernheimer Kloster Disibodenberg
Riesling Auslese
9,90 €/0,375 Lit., 9,5%, ♀ bis 2007 — **86**

An der wildromantischen Glanmündung in die Nahe hat sich Christian Held einen Traum erfüllt. Der Jurist übernahm mit einigen Partnern 1993 die Klostermühle Odernheim, die aus dem Wirtschaftshof des geschichtsträchtigen Klosters Disibodenberg hervorgegangen war. Damit rettete er nicht nur ein Stück Steillagenweinbau an der mittleren Nahe, er führte auch eine für das Gebiet ungewöhnliche Tradition der Vorbesitzer fort: ein Weingut, das zu fast drei Viertel von Burgunderreben geprägt ist. Fast alle Weine werden trocken ausgebaut, wobei weniger Alkohol manchmal mehr wäre. Insgesamt aber findet sich hier in 2001 eine gute und reintönige Kollektion, wie es in diesem Jahr nicht all zuviele an der Nahe gab.

Die Betriebe: ✿✿✿✿✿ Weltklasse · ✿✿✿✿ Deutsche Spitze · ✿✿✿ Sehr gut · ✿✿ Gut · ✿ Zuverlässig

Nahe

WEINGUT KÖNIGSWINGERT

Inhaber und Kellermeister: Gregor Zimmermann
55452 Guldental, Naheweinstraße 44
Tel. (0 67 07) 87 65, Fax 82 13
e-mail: info@koenigswingert.de
Internet: www.koenigswingert.de
Anfahrt: A 61, Ausfahrt Windesheim, über Windesheim nach Guldental
Verkauf: Mo.–Fr. 8:00 bis 20:00 Uhr
Sa. 8:00 bis 15:00 Uhr
nach Vereinbarung
Historie: Seit fast 140 Jahren Weinbau in der Familie
Sehenswert: Altes Kellergewölbe mit geschnitzten Holzfässern

Rebfläche: 12,5 Hektar
Jahresproduktion: 85.000 Flaschen
Beste Lage: Guldentaler Hipperich
Boden: Kiesiger Lehm, Rotliegendes
Rebsorten: 25% Riesling,
20% Burgundersorten, 20% Rotwein,
10% Müller-Thurgau,
25% übrige Sorten
Durchschnittsertrag: 77 hl/ha
Beste Jahrgänge: 1995, 1997, 1998

In diesem Jahr bekommt das Weingut Königswingert leider die gelb-rote Karte zu sehen. Einzig der gelungene Eiswein aus dem Langenlonsheimer Steinchen bewahrt vor dem weiteren Abstieg. Ansonsten zeigte sich im Jahrgang 2001 ein Säureproblem, das sich wie ein grüner Faden durch die Kollektion zieht. Schade, gibt es doch kaum Winzer in Guldental, die aus dem unbestreitbaren Potenzial der Weinberge mehr als nur einfache Weine machen. Das Weingut Königswingert war da bisher eine erfreuliche Ausnahme. In Zukunft will man verstärkt auf Rotwein setzen, angestrebt ist ein Anteil von 30 Prozent. Der Keller soll in den kommenden Jahren ausgebaut und mit Edelstahltanks versehen werden. Vielleicht wäre auch eine Investition in die Ernte sinnvoll, wird hier doch noch zu 70 Prozent maschinell gearbeitet.

2001 Riesling
trocken
3,80 €, 11,5%, ♀ bis 2003 — **76**

2001 Guldentaler Hipperich
Riesling Spätlese trocken
5,80 €, 12%, ♀ bis 2004 — **81**

2001 Guldentaler Hipperich
Riesling Spätlese halbtrocken
5,80 €, 11,5%, ♀ bis 2004 — **80**

2001 Guldentaler Hipperich
Scheurebe Kabinett
4,– €, 10%, ♀ bis 2003 — **76**

2001 Müller-Thurgau
3,50 €/1,0 Lit., 10,5%, ♀ bis 2003 — **78**

2001 Grauer Burgunder
Classic
8,– €, 12%, ♀ bis 2004 — **79**

2001 Bretzenheimer Vogelsang
Ehrenfelser Auslese
7,50 €/0,5 Lit., 8,5%, ♀ bis 2004 — **80**

2001 Guldentaler Hipperich
Riesling Auslese
9,– €/0,5 Lit., 9%, ♀ bis 2005 — **83**

2001 Langenlonsheimer Steinchen
Riesling Eiswein
25,– €/0,375 Lit., 8,5%, ♀ bis 2008 — **87**

Die Weine: **100** Perfekt · **95–99** Überragend · **90–94** Exzellent · **85–89** Sehr gut · **80–84** Gut · **75–79** Passabel

Aufsteiger **Nahe**

WEINGUT KORRELL – JOHANNESHOF

Inhaber: Wilfried und Martin Korrell
Kellermeister: Martin Korrell
55545 Bad Kreuznach-Bosenheim,
Parkstraße 4
Tel. (06 71) 6 36 30, Fax 7 19 54
e-mail: weingut-korrell@t-online.de
Internet: www.weingut-korrell.de
Anfahrt: A 61, Ausfahrt Bad Kreuznach, an 1. Ampel links nach Bosenheim
Verkauf: Mo.–Fr. 8:00 bis 12:00 Uhr
und 13:00 bis 18:00 Uhr,
Sa. 9:00 bis 12:00 Uhr
und nach Vereinbarung
Gutsschänke: Familie Rotzinek
Spezialität: Deutsch-böhmische Küche
Historie: Weinbau seit 1760,
Familienwappen seit 1483

Rebfläche: 20,9 Hektar
Jahresproduktion: 145.000 Flaschen
Beste Lagen: Kreuznacher Paradies und St. Martin
Boden: Mergel mit Muschelkalk, Kies mit Ton, Löss, Sandsteinverwitterung
Rebsorten: 40% Riesling, je 10% Spätburgunder, Grauburgunder, Weißburgunder und Portugieser, 20% übrige Sorten
Durchschnittsertrag: 69 hl/ha
Beste Jahrgänge: 1998, 1999, 2001

Unser »Aufsteiger des Jahres« an der Nahe kommt in diesem Jahr aus Bad Kreuznach! Mit Fleiß und Geschick machten die Korrells das Gut zu einem der erfolgreichen Familienbetriebe an der Nahe. Seit dem Eintritt von Sohn Martin ist die Qualität der Weine noch besser geworden. In 2001 konnte gar eine strahlende Kollektion präsentiert werden. Angefangen bei dem saftigen, nach Litschi duftenden Muskateller bis zu zwei beeindruckenden Eisweinen. Wobei uns der mit 176 Grad Öchsle kleinere »Johannes K.« sogar noch einen Tick besser gefiel als der 212 Grad Öchsle-Protz »Carlo«. Das gute Preis-Leistungsverhältnis ist das »Tüpfelchen auf dem i«.

2001 Grauer Burgunder
trocken
4,70 €, 13%, ♀ bis 2005 — **84**

2001 »Selection Johannes K.«
Weißer Burgunder Tafelwein trocken
9,20 €, 13,5%, ♀ bis 2005 — **84**

2001 Riesling
Classic
5,– €, 11,5%, ♀ bis 2004 — **84**

2001 Kreuznacher St. Martin
Riesling Spätlese
5,60 €, 10%, ♀ bis 2005 — **85**

2001 Kreuznacher St. Martin
Riesling Tafelwein »Johannes K.«
7,50 €, 12%, ♀ bis 2005 — **85**

2001 Gelber Muskateller
6,– €, 7%, ♀ bis 2005 — **86**

2001 Kreuznacher Paradies
Riesling Eiswein »Carlo«
25,– €/0,375 Lit., 7%, ♀ bis 2018 — **92**

2001 Kreuznacher Paradies
Riesling Eiswein »Johannes«
17,– €/0,375 Lit., 7,5%, ♀ bis 2020 — **92**

——— Rotwein ———

1999 Spätburgunder
Tafelwein trocken
12,– €/0,375 Lit., 14%, ♀ bis 2006 — **87**

Die Betriebe: ✿✿✿✿✿ Weltklasse · ✿✿✿✿ Deutsche Spitze · ✿✿✿ Sehr gut · ✿✿ Gut · ✿ Zuverlässig

Nahe

WEINGUT KRUGER-RUMPF

Inhaber: Stefan und Cornelia Rumpf
Betriebsleiter: Stefan Rumpf
55424 Münster-Sarmsheim,
Rheinstraße 47
Tel. (0 67 21) 4 38 59, Fax 4 18 82
e-mail: kruger-rumpf@t-online.de
Internet: www.Kruger-rumpf.com
Anfahrt: A 61, Ausfahrt Dorsheim, B 48 Richtung Bingen, Hauptstraße von Münster-Sarmsheim
Verkauf: Mo.–Sa. 9:00 bis 19:00 Uhr
So. 16:00 bis 20:00 Uhr
Weinstube: 17:00 bis 23:00 Uhr
So. und Feiertag ab 16:00 Uhr
Mo. Ruhetag
Spezialitäten: Gute heimische Küche
Sehenswert: Historisches Wohnhaus, idyllischer Hof mit altem Nahe-Pflaster

---

Rebfläche: 19,5 Hektar
Jahresproduktion: 120.000 Flaschen
Beste Lagen: Münsterer Dautenpflänzer, Pittersberg und Rheinberg, Dorsheimer Goldloch und Burgberg, Binger Scharlachberg
Boden: Schiefer, vulkanisch
Rebsorten: 65% Riesling,
je 10% Silvaner und Weißburgunder,
je 5% Chardonnay, Grau- und Spätburgunder
Durchschnittsertrag: 56 hl/ha
Beste Jahrgänge: 1998, 2000, 2001
Mitglied in Vereinigungen: VDP

Stefan Rumpf geht abends gerne an seinen Fässern vorbei und hört, was der Wein macht. Beim aktuellen Jahrgang wird er nur Gutes vernommen haben, vor allem, was die trockenen Gewächse angeht. Wir probierten gleich zwei überzeugende Riesling Selectionsweine; dazu ein großartiger Eiswein Goldkapsel, und eine Riesling Spätlese aus dem Münsterer Dautenpflänzer. Die alten Rieslingreben in den besten Lagen von Münster-Sarmsheim und Dorsheim tragen reiche Früchte. Bei den Rumpfs können erste Aufstiegsgedanken gehegt werden.

2001 Münsterer Pittersberg
Riesling Kabinett trocken Silberkapsel
5,40 €, 12%, ♀ bis 2005   **85**

2001 Münsterer Dautenpflänzer
Riesling Selection trocken
15,50 €, 12,5%, ♀ bis 2007   **90**

2001 Münsterer Kapellenberg
Riesling Kabinett
5,40 €, 9%, ♀ bis 2005   **86**

2001 Münsterer Pittersberg
Riesling Auslese
12,80 €/0,375 Lit., 9%, ♀ bis 2009   **87**

2001 Münsterer Pittersberg
Riesling Eiswein
34,– €/0,375 Lit., 9,5%, ♀ bis 2010   **88**

2001 Münsterer Pittersberg
Riesling Auslese Goldkapsel
Versteigerungswein, 10,5%, ♀ bis 2009   **88**

2001 Münsterer Pittersberg
Riesling Selection
13,– €, 12,5%, ♀ bis 2006   **89**

2001 Münsterer Dautenpflänzer
Riesling Spätlese
8,50 €, 8%, ♀ bis 2010   **90**

2001 Münsterer Pittersberg
Riesling Eiswein Goldkapsel
Versteigerungswein, 8,5%, ♀ bis 2020   **92**

Die Weine: **100** Perfekt · **95–99** Überragend · **90–94** Exzellent · **85–89** Sehr gut · **80–84** Gut · **75–79** Passabel

Nahe

WEINGUT LINDENHOF – MARTIN REIMANN

Inhaber: Martin Reimann
Kellermeister: Martin Reimann
55452 Windesheim, Lindenhof
Tel. (0 67 07) 3 30, Fax 83 10
e-mail: weingut.lindenhof@t-online.de
Internet: www.weingutlindenhof.de
Anfahrt: A 61, Ausfahrt Windesheim, in Windesheim der Beschilderung der Weingüter folgen
Verkauf: Mo.–Fr. 8:00 bis 18:00 Uhr
Sa. 9:00 bis 16:00 Uhr
und nach Vereinbarung

Rebfläche: 9,5 Hektar
Jahresproduktion: 55.000 Flaschen
Beste Lagen: Windesheimer Fels, Römerberg und Rosenberg, Schweppenhäuser Steyerberg
Boden: Grauschiefer, rote Sandsteinverwitterung, sandiger Lehm
Rebsorten: 35% Riesling, 21% Spätburgunder, 22% Weißburgunder, 3% Gewürztraminer, 2% Dornfelder, 17% übrige Sorten
Durchschnittsertrag: 59 hl/ha
Beste Jahrgänge: 1997, 1999, 2001

Martin Reimann macht seine Hausaufgaben. Vor allem die konsequente Ertragsreduzierung, das Ausdünnen bei den Burgundersorten und eine differenzierte Handlese gehören dazu. 1994 gelangen ihm zwei exzellente Spätburgunder, die unsere Aufmerksamkeit erregten. Doch auch die Weißburgunder können sehr ansprechend ausfallen und die Rieslinge haben deutlich an Format gewonnen. Seine Weine sind im besten Sinne unprätentiös und hervorragende Essensbegleiter. Die Frucht ist stets klar herausgearbeitet, die Struktur ausgewogen. Zu wünschen wäre manchen Weinen – auch in 2001 – mehr Stoffigkeit und Dichte. Vorsichtiger sollte Reimann mit den Barriques umgehen – zwei Weine wurden vom (guten) Holz zu sehr dominiert. Ein Tipp: Weitgehend unbekannt sind die stets gelungenen Sekte des Hauses.

2001 Weißer Burgunder
trocken
6,20 €, 12,5%, ♀ bis 2004 — **82**

2001 Weißer Burgunder
trocken
4,60 €, 12%, ♀ bis 2004 — **83**

2001 Weißer Burgunder
Spätlese trocken Barrique
8,20 €, 13%, ♀ bis 2005 — **83**

2001 Riesling
Spätlese trocken **
7,50 €, 12%, ♀ bis 2004 — **84**

2001 Riesling
Spätlese trocken
6,20 €, 12%, ♀ bis 2005 — **86**

2001 Riesling
halbtrocken
4,40 €, 11%, ♀ bis 2004 — **84**

2001 Riesling
Spätlese halbtrocken
6,20 €, 11%, ♀ bis 2005 — **85**

2001 Riesling
Spätlese
6,20 €, 9%, ♀ bis 2005 — **84**

Die Betriebe: ✻✻✻✻✻ Weltklasse · ✻✻✻✻ Deutsche Spitze · ✻✻✻ Sehr gut · ✻✻ Gut · ✻ Zuverlässig

Nahe

WEINGUT LÖTZBEYER
Inhaber: Adolf Lötzbeyer
67824 Feilbingert, Kirchstraße 6
Tel. (0 67 08) 22 87, Fax 46 67
Anfahrt: A 61, Ausfahrt Bad Kreuznach, B 48 nach Bad Münster am Stein-Ebernburg, Richtung Obermoschel
Verkauf: Mo.–Fr. 9:00 bis 18:00 Uhr
Sa. und So. 10:00 bis 13:00 Uhr
nach Vereinbarung
Historie: Gründungsjahr 1880

Rebfläche: 6,2 Hektar
Jahresproduktion: 50.000 Flaschen
Beste Lagen: Norheimer Dellchen, Niederhäuser Rosenberg
Boden: Vulkanisch und Basalt
Rebsorten: 65% Riesling,
je 11% Bacchus und Scheurebe,
4% Portugieser, je 3% Grauburgunder, Huxelrebe und Kerner
Durchschnittsertrag: 48 hl/ha
Beste Jahrgänge: 1997, 1998, 1999

2001 Feilbingerter Königsgarten
Riesling Spätlese trocken
4,90 €, 10,5%, ♀ bis 2004   **81**

2001 Feilbingerter Königsgarten
Grauer Burgunder Spätlese halbtrocken
5,60 €, 11%, ♀ bis 2004   **81**

2001 Niederhäuser Stollenberg
Riesling Spätlese
4,80 €, 8,5%, ♀ bis 2004   **83**

2001 Feilbingerter Kahlenberg
Scheurebe Spätlese
5,20 €, 7,5%, ♀ bis 2006   **86**

2001 Norheimer Dellchen
Riesling Auslese
9,50 €, 7,5%, ♀ bis 2007   **88**

2001 Feilbingerter Königsgarten
Riesling Eiswein
38,– €/0,375 Lit., 9,5%, ♀ bis 2008 **88**

Feilbingert liegt zwar nicht im Zentrum des Naheweinbaus, doch rückte Adolf Lötzbeyer vor mehr als einem Jahrzehnt in den Vereinigten Staaten in den Mittelpunkt des Interesses – Kritiker Robert Parker hatte die Weine gelobt. Das mag den recht hohen Exportanteil erklären und vielleicht auch das altmodische, unzweifelhaft deutsche Etikett, welches immer noch das Gros der Flaschen ziert. Vor allem bei den fruchtigen Rieslingen können wir uns der Einschätzung des amerikanischen Kollegen da durchaus anschließen. Auch die restsüßen Kerner und Scheureben können hier sehr überzeugend ausfallen; gern erinnern wir uns an den feinwürzigen 99er Eiswein aus dem Königsgarten. Die 2000er Kollektion lag da schon um einiges drunter, bei der 2001er sieht es nicht anders aus. Deshalb gibt es in diesem Jahr leider eine Traube weniger. Den schwachen Gesamteindruck können auch die gelungene Scheurebe Spätlese aus dem Feilbingerter Kahlenberg und der dicke Eiswein aus dem Königsgarten nicht mildern.

Die Weine: **100** Perfekt · **95–99** Überragend · **90–94** Exzellent · **85–89** Sehr gut · **80–84** Gut · **75–79** Passabel

Entdeckung des Jahres 1997 **Nahe**

WEINGUT OSKAR MATHERN

Inhaber: Helmut Mathern
55585 Niederhausen, Winzerstraße 7
Tel. (0 67 58) 67 14, Fax 81 09
e-mail: info@weingut-mathern.de
Internet: www.weingut-mathern.de
Anfahrt: A 61, Ausfahrt Bad Kreuznach, über B 41 bis Ausfahrt Bad Münster, Richtung Hüffelsheim, danach links nach Niederhausen
Verkauf: Nach Vereinbarung
Sehenswert: 1981 schönstes Winzerhaus an der Nahe – Goldene Rebe

> Rebfläche: 12 Hektar
> Jahresproduktion: 110.000 Flaschen
> Beste Lagen: Niederhäuser Hermannshöhle, Rosenberg, Felsensteyer, Kertz und Rosenheck, Norheimer Dellchen und Kirschheck
> Boden: Porphyr und Schiefer
> Rebsorten: 80% Riesling,
> 7% Müller-Thurgau, 5% Dornfelder,
> 8% übrige Sorten
> Durchschnittsertrag: 75 hl/ha
> Beste Jahrgänge: 1998, 1999, 2000

Helmut Mathern zählt zu den talentierten Weinmachern an der Mittleren Nahe. In den 90er Jahren hat er einen schönen Jahrgang nach dem nächsten präsentiert – und obendrein ist das Niederhäuser Gut bis zum heutigen Tag ein Paradies für Schnäppchen-Jäger: Spätlesen kosten kaum mehr als sechs Euro. 1999 präsentierte Helmut Mathern eine der gelungensten Kollektionen des Jahrganges an der Nahe. Die 2000er Kollektion kam da nicht ganz heran, doch waren die Weine erneut von makelloser Güte. Bei den 2001ern können wird dieses Kompliment leider nicht wiederholen. Einzig die Auslese und die Spätlese aus dem Niederhäuser Rosenberg zeigen Mathern auf gewohnt hohem Niveau. Ansonsten durchzog die Kollektion eine rustikale Note. Wir hoffen auf bessere 2002er.

2001 Niederhäuser Rosenberg
Riesling Spätlese trocken **
6,50 €, 12%, ♀ bis 2004   **81**

2001 Niederhäuser Rosenberg
Riesling trocken
4,– €, 12%, ♀ bis 2004   **82**

2001 Niederhäuser Rosenheck
Riesling Hochgewächs halbtrocken
4,50 €, 11%, ♀ bis 2004   **82**

2001 Niederhäuser Hermannshöhle
Riesling Spätlese
6,– €, 9%, ♀ bis 2005   **85**

2001 Niederhäuser Rosenheck
Riesling Spätlese
7,– €, 7,5%, ♀ bis 2005   **86**

2001 Norheimer Kirschheck
Riesling Auslese
8,– €, 8,5%, ♀ bis 2006   **86**

2001 Niederhäuser Rosenberg
Riesling Spätlese
7,– €, 7,5%, ♀ bis 2006   **87**

2001 Niederhäuser Rosenberg
Riesling Auslese
8,50 €, 8%, ♀ bis 2008   **88**

Die Betriebe: ✿✿✿✿✿ Weltklasse · ✿✿✿✿ Deutsche Spitze · ✿✿✿ Sehr gut · ✿✿ Gut · ✿ Zuverlässig

Aufsteiger

Nahe

WEINGUT MONTIGNY

Inhaber: Sascha Montigny
55452 Laubenheim, Weidenpfad 46
Tel. (0 67 04) 14 68, Fax 16 02
e-mail: sascha.montigny@montigny.de
Internet: www.montigny.de
Anfahrt: A 61, Ausfahrt Dorsheim, Richtung Langenlonsheim, in Laubenheim am Ortsende rechts
Verkauf: Sascha Montigny
Mo.–Sa. 14:00 bis 18:00 Uhr
und nach Vereinbarung

Rebfläche: 5,2 Hektar
Jahresproduktion: 50.000 Flaschen
Beste Lage: Laubenheimer Karthäuser
Boden: Rote Sandsteinverwitterung mit Lehm, Löss
Rebsorten: 33% Riesling, 18% Spätburgunder, 14% Portugieser, je 9% Graubrunder und Sankt Laurent, je 6% Dunkelfelder und Müller-Thurgau, 3% Silvaner, 2% Kerner
Durchschnittsertrag: 85 hl/ha
Bester Jahrgang: 1999, 2000, 2001

Ein solcher Betrieb hat der Nahe über Jahre gefehlt. Ein Weingut, das in jedem Jahr beweist, was im Rotweinbereich in der Region möglich ist. Ende der 50er Jahre wurde das Gut von Waltraud und Rudolf Montigny als Rebveredlungsbetrieb gegründet, im Jahr 1962 begannen sie mit eigenem Weinausbau. Das Flaschenweingeschäft gewann aber erst in den 90er Jahren an Bedeutung. Als Sohn Sascha 1994 den Betrieb übernahm, stellte er die Rebveredelung ein und konzentriert sich seitdem auf das Weingut. Die 2001er Kollektion ist zwar recht hoch im Alkohol, doch wissen die fülligen, teils sehr kräftig-herben Weine zu überzeugen. Gekrönt wird die Leistung von einem Eiswein, der eine große Klarheit aufweist. Durch die – wie immer – überzeugenden Rotweine ist der Aufstieg diesmal geschafft! Glückwunsch!

2001 Laubenheimer Karthäuser
Grauer Burgunder trocken
5,50 €, 13%, ♀ bis 2004 **81**

2001 Laubenheimer Karthäuser
Riesling Spätlese trocken
5,50 €, 12%, ♀ bis 2004 **83**

2001 Laubenheimer Karthäuser
Riesling Spätlese
5,50 €, 9%, ♀ bis 2005 **84**

2001 Laubenheimer
Riesling Auslese
9,– €/0,375 Lit., 9%, ♀ bis 2007 **87**

2001 Laubenheimer
Riesling Eiswein
19,– €/0,375 Lit., 7%, ♀ bis 2012 **89**

——— Rotweine ———

2000 Laubenheimer
Spätburgunder trocken
5,– €, 12,5%, ♀ bis 2005 **84**

2000 St. Laurent
trocken Barrique
10,50 €, 13,5%, ♀ bis 2006 **86**

2000 »Cuvée Mariage«
trocken Barrique
12,50 €, 13%, ♀ bis 2007 **87**

Die Weine: **100** Perfekt · **95–99** Überragend · **90–94** Exzellent · **85–89** Sehr gut · **80–84** Gut · **75–79** Passabel

Nahe

GUTSVERWALTUNG NIEDERHAUSEN-SCHLOSSBÖCKELHEIM

Inhaber: Familie Erich Maurer
Betriebsleiter und Kellermeister:
Kurt Gabelmann
55585 Niederhausen,
Ehemalige Weinbaudomäne
Tel. (0 67 58) 9 25 00, Fax 92 50 19
e-mail: info@riesling-domaene.de
Internet: www.riesling-domaene.de
Anfahrt: Bad Kreuznach–Norheim, hinter Niederhausen rechts
Verkauf: Werner Bumke, Gudrun Maurer, Dieter Ende
Mo.–Fr. 8:00 bis 18:00 Uhr
Sa. 10:00 bis 16:00 Uhr
So. 10:00 bis 16:00 Uhr (Mai–Okt.)
Historie: Gründung des preußischen Staates als Musterweingut in 1902
Sehenswert: Jugendstilgebäude mitten in Weinbergen

Rebfläche: 34 Hektar
Jahresproduktion: 200.000 Flaschen
Beste Lagen: Niederhäuser Hermannsberg und Hermannshöhle, Schlossböckelheimer Kupfergrube und Felsenberg, Traiser Bastei
Boden: Vulkanisch, Grauschiefer und Rotliegendes
Rebsorten: 90% Riesling, je 3% Spätburgunder und Weißburgunder, 4% übrige Sorten
Durchschnittsertrag: 55 hl/ha
Beste Jahrgänge: 1998, 1999, 2001
Mitglied in Vereinigungen: VDP

Als 1998 die ehemalige Staatsdomäne von der Familie Maurer übernommen wurde, gab es viele Skeptiker. Mittlerweile ist klar: Es war ein Segen. Der Betrieb wurde für rund eine Million Euro modernisiert, die alte Kelterhalle hat man in einen großen Verkostungsraum umgestaltet und das frühere Direktorengebäude in ein schmuckes Gästehaus. Schönster Wein der diesjährigen Kollektion ist die saftige halbtrockene Spätlese aus der Hermannshöhle.

2001 Schlossböckelheimer Kupfergrube
Riesling Spätlese trocken Goldkapsel
10,80 €, 12,5%, ♀ bis 2005 **85**

2001 Niederhäuser Kertz
Riesling Spätlese trocken
8,90 €, 12%, ♀ bis 2006 **87**

2001 Niederhäuser Hermannshöhle
Riesling Spätlese halbtrocken
9,30 €, 11,5%, ♀ bis 2006 **88**

2001 Schlossböckelheimer Kupfergrube
Riesling Spätlese
Versteigerungswein, 9,5%, ♀ bis 2006 **87**

2001 Niederhäuser Hermannsberg
Riesling Beerenauslese
32,50 €/0,375 Lit., 9%, ♀ bis 2008 **87**

2001 Niederhäuser Hermannshöhle
Riesling Auslese
7,– €/0,375 Lit., 8,5%, ♀ bis 2008 **88**

2001 Schlossböckelheimer Kupfergrube
Riesling Auslese
7,50 €/0,375 Lit., 8,5%, ♀ bis 2008 **88**

2001 Niederhäuser Hermannsberg
Riesling Eiswein
Versteigerungswein, 8,5%, ♀ bis 2010 **88**

Die Betriebe: ✤✤✤✤✤ Weltklasse · ✤✤✤✤ Deutsche Spitze · ✤✤✤ Sehr gut · ✤✤ Gut · ✤ Zuverlässig

Nahe

WEINGUT RAPP

Inhaber: Walter Rapp
Kellermeister: Walter Rapp
55583 Bad Münster a. St.-Ebernburg,
Schlossgartenstraße 100
Tel. (0 67 08) 23 12, Fax 30 74
e-mail: info@weingut-rapp.de
Internet: www.weingut-rapp.de
Anfahrt: Über Bad Kreuznach nach Ebernburg, am Ortsausgang (Schlossgartenstraße) neben der Auffahrt zur Ebernburg
Verkauf: Mo.–Fr. 8:00 bis 20:00 Uhr
Sa. und So. 8:00 bis 18:00 Uhr

Rebfläche: 8 Hektar
Jahresproduktion: 55.000 Flaschen
Beste Lagen: Ebernburger Schlossberg, Erzgrube und Stephansberg, Altenbamberger Rotenberg
Boden: Porphyr, Schiefer, Sandstein, Kies, Lösslehm
Rebsorten: 51% Riesling, 10% Müller-Thurgau, 9% Grauburgunder, je 6% Spätburgunder, Dornfelder und Scheurebe, je 4% Silvaner, Weißburgunder und Kerner
Durchschnittsertrag: 65 hl/ha
Beste Jahrgänge: 1995, 1997, 2000

2001 Ebernburger Feuerberg
Grauer Burgunder Spätlese trocken
4,90 €, 12,5%, ♀ bis 2004 — **80**

2001 Ebernburger Schlossberg
Riesling Spätlese trocken
4,90 €, 11%, ♀ bis 2004 — **81**

2001 Ebernburger
Grauer Burgunder trocken
3,80 €, 12%, ♀ bis 2004 — **81**

2001 Altenbamberger Rotenberg
Riesling Spätlese trocken
5,– €, 11,5%, ♀ bis 2004 — **82**

2001 Ebernburger
Silvaner trocken
3,50 €, 11,5%, ♀ bis 2004 — **83**

2001 Ebernburger Stephansberg
Riesling Spätlese halbtrocken
4,90 €, 10,5%, ♀ bis 2004 — **83**

2001 Ebernburger Schlossberg
Riesling Spätlese
6,– €, 9%, ♀ bis 2004 — **83**

2001 Altenbamberger Rotenberg
Riesling Spätlese
5,– €, 8%, ♀ bis 2005 — **84**

In diesem Gut ziehen Vater und Sohn an einem Strang. Im Keller hat mittlerweile aber weitgehend Sohn Walter die Regie übernommen, der einen nennenswerten Teil seiner Gutsweine nach der klassischen Flaschengärmethode versektet. Vor allem die erfrischenden Rieslinge aus den Ebernburger und Altenbamberger Lagen können sich schmecken lassen. 1999 präsentierten Vater und Sohn Rapp eine saubere Kollektion, die teilweise von einer feinherben Säure geprägt war. Die Kollektion des Jahrganges 2000 war hingegen recht ansprechend. Bei den 2001ern wirken viele Weine nun etwas grün, und weisen zum Teil eine – beim Riesling unpassende – Cremigkeit auf. Am besten gefallen hat uns noch die saftige Spätlese aus dem Altenbamberger Rotenberg.

Die Weine: **100** Perfekt · **95–99** Überragend · **90–94** Exzellent · **85–89** Sehr gut · **80–84** Gut · **75–79** Passabel

Neu

Nahe

WEINGUT MICHAEL ROHR

Inhaber u. Betriebsleiter: Michael Rohr
55592 Raumbach, Hauptstraße 104
Tel. (0 67 53) 28 27, Fax 62 78
e-mail: info@weingut-rohr.de
Internet: www.weingut-rohr.de
Anfahrt: B 41, Ausfahrt Waldböckelheim, nach Meisenheim, von der B 420 ein Kilometer nach Raumbach
Verkauf: Monika Rohr
Mo.–Fr. 9:00 bis 18:00 Uhr
Wochenende nach Vereinbarung
Sehenswert: Vom Weinbergshäuschen herrlicher Blick ins Glantal und Nordpfälzer Bergland

---

Rebfläche: 4,3 Hektar
Jahresproduktion: 55.000 Flaschen
Beste Lagen: Raumbacher Schwalbennest und Schlossberg, Meisenheimer Obere Heimbach
Boden: Schiefer mit sandigem Lehm
Rebsorten: 48% Riesling, 12% Müller-Thurgau, 10% Dornfelder, 8% Kerner, je 7% Spät- und Weißburgunder, 8% übrige Sorten
Durchschnittsertrag: 89 hl/ha
Bester Jahrgang: 2001

Die meisten Nahewein-Trinker werden mit dem Namen Raumbach nicht viel anfangen können, kamen doch bisher kaum bemerkenswerte Weine von dort. Das hat sich nun geändert. Das Weingut Rohr hat sich der Steillagen angenommen und will deren Potenzial herausstellen. Michael Rohr setzt dabei auf langsame Vergärung und einen reduktiven Ausbau. Seit 1950 gibt es das nur knapp 4,5 Hektar große Weingut schon, uns ist es erstmals mit dem gelungenen 2000er Jahrgang aufgefallen. Der 2001er kann daran nahtlos anschließen. Die Kollektion ist durch die Bank überzeugend, stets ist die Frucht klar herausgearbeitet. Die von einer feinen Säure getragene Auslese und der cremige Eiswein vom Raumbacher Schlossberg mit seinen exotischen Aromen stehen dabei an der Spitze. Alles in allem eine erfreuliche Entdeckung!

2001 Raumbacher Schlossberg
Rivaner trocken
3,10 €, 12%, ♀ bis 2004 — **82**

2001 Meisenheimer Obere Heimbach
Weißer Burgunder trocken
4,40 €, 12,5%, ♀ bis 2004 — **83**

2001 Raumbacher Schwalbennest
Riesling Spätlese trocken
4,80 €, 12%, ♀ bis 2005 — **84**

2001 Raumbacher Schwalbennest
Riesling Auslese halbtrocken
7,– €, 12%, ♀ bis 2005 — **83**

2001 Raumbacher Schlossberg
Riesling Spätlese halbtrocken
4,80 €, 11,5%, ♀ bis 2005 — **84**

2001 Raumbacher Schwalbennest
Riesling Hochgewächs
3,50 €, 10,5%, ♀ bis 2004 — **83**

2001 Raumbacher Schwalbennest
Riesling Spätlese
4,80 €, 10,5%, ♀ bis 2005 — **85**

2001 Raumbacher Schwalbennest
Riesling Auslese
8,– €/0,5 Lit., 9,5%, ♀ bis 2006 — **85**

2001 Raumbacher Schlossberg
Riesling Eiswein
19,50 €/0,375 Lit., 7,5%, ♀ bis 2009 — **87**

Die Betriebe: ✻✻✻✻✻ Weltklasse · ✻✻✻✻ Deutsche Spitze · ✻✻✻ Sehr gut · ✻✻ Gut · ✻ Zuverlässig

Nahe

PRINZ ZU SALM-DALBERG SCHLOSS WALLHAUSEN

Inhaber: Michael Prinz zu Salm-Salm
Betriebsleiter und Kellermeister:
Markus Leyendecker
55595 Wallhausen, Schlossstraße 3
Tel. **(0 67 06) 94 44 11, Fax 94 44 24**
e-mail: salm.dalberg@salm-salm.de
Internet:
www.salm-salm.de/weingut-home.htm
Anfahrt: A 61, Ausfahrt Waldlaubersheim, am Ortsende links über die Brücke
Verkauf: Mo.–Fr. 8:00 bis 17:00 Uhr
Sa. und So. nach Vereinbarung
Historie: 1200 erstmals erwähnt, ältestes Weingut Deutschlands, das ununterbrochen im Familienbesitz ist.
Sehenswert: Schloss Wallhausen, Gewölbekeller (1565), Ruine der Dalburg

---

Rebfläche: 11,7 Hektar
Jahresproduktion: 70.000 Flaschen
Beste Lagen: Wallhäuser Johannisberg und Felseneck, Roxheimer Berg
Boden: Rotliegendes, Grüner Schiefer
Rebsorten: 60% Riesling, 20% Spätburgunder, 4% Silvaner, 5% Müller-Thurgau, 6% Grau- und Weißburgunder, 5% übrige Sorten
Durchschnittsertrag: 40 hl/ha
Beste Jahrgänge: 1998, 1999, 2000
Mitglied in Vereinigungen: VDP, Naturland

Das Weingut des VDP-Bundesvorsitzenden ist ein Vorreiter im ökologischen Weinbau. Bereits 1995 wurde der Betrieb umorganisiert. Damit wurde ein neues Kapitel im ältesten Familien-Weingut Deutschlands aufgeschlagen. Nicht nur historische, auch geologische Besonderheiten finden sich hier. Die Lage Wallhäuser Felseneck weist als weltweit einzige grünen Schiefer auf. In diesem Jahr half all dies nichts, der Kollektion fehlte es an Frucht und Spiel, kein Wein – außer dem fruchtigen Kabinett aus dem Felseneck – ragte hervor. Der nachgelieferte säurebetonte Riesling Eiswein sorgte für einen versöhnlichen Abschluss.

2001 Schloss Wallhausen
Riesling trocken
5,90 €, 11,5%, ♀ bis 2004 — **82**

2001 Schloss Wallhausen
Silvaner trocken
5,50 €, 11,5%, ♀ bis 2004 — **83**

2001 Wallhäuser Johannisberg
Riesling »Großes Gewächs«
16,– €, 11,5%, ♀ bis 2005 — **84**

2001 Schloss Wallhausen
Riesling Kabinett
6,90 €, 8%, ♀ bis 2005 — **84**

2001 Wallhäuser Felseneck
Riesling Kabinett
9,50 €, 8,5%, ♀ bis 2006 — **86**

2001 Roxheimer Berg
Riesling Spätlese
12,80 €, 8,5%, ♀ bis 2006 — **86**

2001 Wallhäuser Johannisberg
Riesling Auslese
23,– €, 7,5%, ♀ bis 2008 — **87**

2001 Riesling
Eiswein
39,50 €/0,375 Lit., 6,5%, ♀ bis 2012 — **90**

Die Weine: **100** Perfekt · **95–99** Überragend · **90–94** Exzellent · **85–89** Sehr gut · **80–84** Gut · **75–79** Passabel

Nahe

WEINGUT
JOH. BAPT. SCHÄFER

Inhaber: Johann Baptist Schäfer, Sebastian Schäfer
Kellermeister: Sebastian Schäfer
55452 Burg Layen, Burg Layen 8
Tel. (0 67 21) 4 35 52, Fax 4 78 41
Anfahrt: A 61, Ausfahrt Dorsheim, nach 500 m Burg Layen
Verkauf: Nach Vereinbarung
Sehenswert: Über 100 Jahre alter Gewölbekeller mit Eichenholzfässern

---

Rebfläche: 4,5 Hektar
Jahresproduktion: 35.000 Flaschen
Beste Lagen: Dorsheimer Goldloch und Pittermännchen
Boden: Kiesiger Lehm und Schieferverwitterung mit Steingrus
Rebsorten: 45% Riesling, 15% Spätburgunder, 10% Weißburgunder, je 5% Scheurebe, Portugieser und Dornfelder, je 4% Gewürztraminer und Silvaner, 7% übrige Sorten
Durchschnittsertrag: 68 hl/ha
Beste Jahrgänge: 1998, 1999, 2001

Hier arbeitet ein großes Winzertalent: der junge Sebastian Schäfer. Seit 1997 baut er die Weine im Keller in eigener Regie aus, und seit er im letzten Jahr seinen Abschluss als Weinbautechniker gemacht hat, ist mehr Zeit fürs Gut vorhanden. Schäfer zeigte bereits bei der Neuorientierung des Betriebs, dass er auf aktuellem Stand ist: In Gärkühlung, Edelstahltanks und Barriques wurde investiert. Der Rebsortenspiegel soll in Zukunft deutlich mehr Riesling und Burgunder aufweisen. Große Lagen sind mit Pittermännchen und Goldloch zudem vorhanden. Die 2001er Kollektion ist gelungen, auch wenn viele Weine noch schwierig zu verkosten waren. Der Stil ist sehr klassisch und Schäfer zeigt, dass er ein besonders gutes Händchen für den fruchtigen und edelsüßen Bereich hat. Am beeindruckendsten: die exotische Scheurebe Spätlese und die tänzelnde Goldkapsel Auslese aus dem Goldloch.

2001 Weißer Burgunder
trocken
6,30 €, 12%, ♀ bis 2004 — **82**

2001 Dorsheimer Pittermännchen
Riesling Selection
9,80 €, 12,5%, ♀ bis 2004 — **83**

2001 Dorsheimer Goldloch
Riesling Selection
12,80 €, 13%, ♀ bis 2005 — **84**

2001 Riesling
Classic
4,90 €, 11,5%, ♀ bis 2005 — **85**

2001 Dorsheimer Pittermännchen
Riesling Kabinett
5,80 €, 8%, ♀ bis 2006 — **86**

2001 Dorsheimer Goldloch
Riesling Spätlese
8,60 €, 8%, ♀ bis 2006 — **86**

2001 Scheurebe
Spätlese
5,80 €, 8%, ♀ bis 2007 — **87**

2001 Dorsheimer Goldloch
Riesling Auslese Goldkapsel
12,80 €/0,375 Lit., 7,5%, ♀ bis 2012 — **91**

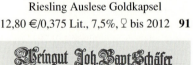

1999
Dorsheimer Pittermännchen
Riesling Kabinett

Nahe Gutsabfüllung Qualitätswein mit Prädikat
8,5% vol AP Nr. 7 763 075 013 00 0,75 l

Die Betriebe: ✚✚✚✚✚ Weltklasse · ✚✚✚✚ Deutsche Spitze · ✚✚✚ Sehr gut · ✚✚ Gut · ✚ Zuverlässig

Nahe

WEINGUT MICHAEL SCHÄFER

Inhaber: Alfred u. Karl-Heinz Schäfer
Kellermeister: Alfred Schäfer
55452 Burg Layen, Hauptstraße 15
Tel. (0 67 21) 4 30 97 und 4 55 93,
Fax 4 20 31
Anfahrt: A 61, Ausfahrt Dorsheim
Verkauf: Mo.–Fr. 8:00 bis 19:00 Uhr
und nach Vereinbarung
Historie: Seit mehr als 250 Jahren Weinbau in der Familie
Sehenswert: Altes Amtshaus im Ortskern von Burg Layen

Rebfläche: 15 Hektar
Jahresproduktion: 100.000 Flaschen
Beste Lagen: Dorsheimer Pittermännchen, Burg Layer Schlossberg
Boden: Schiefer, kiesiger Lehm
Rebsorten: 45% Riesling, 12% Kerner, je 8% Silvaner und Weißburgunder, 7% Scheurebe, 10% Rotwein, 10% übrige Sorten
Durchschnittsertrag: 60 hl/ha
Beste Jahrgänge: 1997, 1998, 1999

Vor gut 20 Jahren siedelten die Schäfers ihre Kellerei an den Ortsrand von Burg Layen mitten in die Weinberge aus. Nachdem die Handelskellerei in den letzten Jahren kaum noch aktiv war, werden dort inzwischen praktisch nur noch Gutsweine ausgebaut. Der Betrieb ist für seine fruchtigen Weine bekannt, die überwiegend in den Export gehen. Daneben ist der Fachhandel wichtiger Abnehmer. Inzwischen erbringen Riesling und Weißburgunder die besten Weine. Dieses Segment soll auch im Weinberg ausgeweitet werden. Wie gewohnt waren 2001 die fruchtigen Weine stärker als die trockenen, aber auch hier fehlte die Brillanz. Häufig fanden sich Noten von überreifen Äpfeln, und selbst der Scheurebe Beerenauslese fehlte es an Klarheit. Nach den 2000ern ist dies die zweite Kollektion in Folge, die nicht so recht überzeugen konnte. Gelbe Karte!

2001 Burg Layer Schlossberg
Riesling trocken
4,60 €, 12%, ♀ bis 2003 — **79**

2001 Burg Layer Schlossberg
Riesling Spätlese halbtrocken
7,30 €, 10,5%, ♀ bis 2004 — **81**

2001 Silvaner
Classic
3,60 €, 12,5%, ♀ bis 2003 — **80**

2001 Laubenheimer Vogelsang
Riesling Spätlese
7,80 €, 7,5%, ♀ bis 2004 — **80**

2001 Riesling
Classic
3,80 €, 11,5%, ♀ bis 2004 — **82**

2001 Burg Layer Johannisberg
Scheurebe Spätlese
6,50 €, 8,5%, ♀ bis 2004 — **82**

2001 Dorsheimer Pittermännchen
Riesling Spätlese
8,40 €, 8%, ♀ bis 2004 — **83**

2001 Laubenheimer Vogelsang
Riesling Auslese
9,60 €, 7,5%, ♀ bis 2007 — **86**

2001 Burg Layer Johannisberg
Scheurebe Beerenauslese
16,50 €/0,375 Lit., 9,5%, ♀ bis 2008 — **86**

Die Weine: **100** Perfekt · **95–99** Überragend · **90–94** Exzellent · **85–89** Sehr gut · **80–84** Gut · **75–79** Passabel

Nahe

WEINGUT
SCHÄFER-FRÖHLICH

Inhaber: Hans, Karin und Tim Fröhlich
Betriebsleiter: Hans Fröhlich
Kellermeister: Tim und Karin Fröhlich
55595 Bockenau, Schulstraße 6
Tel. (0 67 58) 65 21, Fax 87 94
e-mail:
info@weingut-schaefer-froehlich.de
Anfahrt: B 41, Höhe Waldböckelheim rechts ab nach Bockenau
Verkauf: Hans Fröhlich
Mo.–Fr. 9:00 bis 12:00 Uhr
und 13:00 bis 18:00 Uhr
Sa. 8:00 bis 12:00 Uhr
und 13:00 bis 16:00 Uhr
nach Vereinbarung
Historie: Weinbau in der Familie seit 1800

Rebfläche: 10 Hektar
Jahresproduktion: 70.000 Flaschen
Beste Lagen: Schlossböckelheimer Felsenberg, Bockenauer Felseneck, Monzinger Frühlingsplätzchen und Halenberg
Boden: Porphyr, Melaphyr und Vulkanverwitterung, Gemisch aus Rotliegendem und Devonschiefer
Rebsorten: 58% Riesling, 26% Burgundersorten, 16% übrige Sorten
Durchschnittsertrag: 50 hl/ha
Beste Jahrgänge: 1999, 2000, 2001
Mitglied in Vereinigungen: VDP

2001 Bockenauer
Weißer Burgunder trocken
6,50 €, 13%, ♀ bis 2004 — **83**

2001 Bockenauer Felseneck
Riesling Spätlese trocken
10,– €, 12,5%, ♀ bis 2006 — **86**

2001 Schlossböckelheimer Felsenberg
Riesling trocken »Erstes Gewächs«
14,– €, 13%, ♀ bis 2006 — **88**

2001 Monzinger Frühlingsplätzchen
Riesling Spätlese
9,– €, 9%, ♀ bis 2008 — **87**

2001 Bockenauer Felseneck
Riesling Spätlese Goldkapsel
12,– €, 9%, ♀ bis 2008 — **89**

2001 Bockenauer Felseneck
Riesling Auslese Goldkapsel
25,– €/0,5 Lit., 8%, ♀ bis 2010 — **90**

2001 Bockenauer Felseneck
Riesling Eiswein Goldkapsel
50,– €/0,375 Lit., 7%, ♀ bis 2014 — **91**

2001 Bockenauer Felseneck
Riesling Beerenauslese
Versteigerungswein, 7%, ♀ bis 2020 — **92**

Dies ist der Aufsteiger der letzten Jahre in der Region und Verstärkung des VDP an der Nahe. Verdiente Anerkennung für einen Familienbetrieb, in dem mittlerweile neben Hans und Karin Fröhlich auch die beiden Kinder kräftig zum Gelingen beitragen. Ihr Weinbergspotenzial haben die Fröhlichs durch Kauf und Pacht in verschiedenen Spitzenlagen deutlich erhöht. Im edelsüßen Bereich legte das Gut diesmal eine Punktlandung hin – hier war kaum einer an der Nahe besser. Was den Edelsüßen gut steht – die offensive Säure – wirkt bei den Trockenen manchmal etwas zu aggressiv. Dennoch: Das vierte gute Jahr in Folge – Glückwunsch!

Die Betriebe: ✶✶✶✶✶ Weltklasse · ✶✶✶✶ Deutsche Spitze · ✶✶✶ Sehr gut · ✶✶ Gut · ✶ Zuverlässig

Nahe

WEINGUT ERICH SCHAUSS & SOHN

Inhaber: Edgar und Elmar Schauß
Kellermeister: Elmar Schauß
55569 Monzingen, Römerstraße 5 + 12
Tel. (0 67 51) 28 82, Fax 68 60
e-mail: weingut-schauss@web.de
Internet: www.weingut-schauss.de
Anfahrt: Von Bad Kreuznach über die B 41, Richtung Kirn
Verkauf: Familie Schauß
Mo.–Fr. 8:00 bis 19:30 Uhr
Sa. 9:00 bis 18:00 Uhr
So. 10:00 bis 17:00 Uhr
Historie: 1800 Gründung des Weingutes

Rebfläche: 12,5 Hektar
Jahresproduktion: 100.000 Flaschen
Beste Lagen: Monzinger Halenberg und Frühlingsplätzchen
Boden: Gemisch aus Schiefer, Quarzit und Basalt, Rotliegendes
Rebsorten: 42% Riesling, 28% Rotweinsorten, 8% Müller-Thurgau, 8% Grau- und Weißburgunder, 14% übrige Sorten
Durchschnittsertrag: 64 hl/ha
Beste Jahrgänge: 1998, 1999, 2001

Noch nie wurden in dem 200 Jahre alten Familienbetrieb, der neben der alten Stadtmühle am Ortsrand liegt, so gute Weine erzeugt. Vor allem die Rieslinge überzeugen. Das kommt nicht von ungefähr. Mehr als die Hälfte der Riesling-Rebstöcke sind 30 Jahre und älter, in den besten Lagen des Ortes ist man gut vertreten. Entscheidende Impulse aber kamen von Elmar Schauß, der nach seinem Ingenieurstudium in Geisenheim in den Betrieb eingetreten ist. Dabei kann er auf die Vorarbeit der Altvorderen bauen, die sich rühmen, schon vor 20 Jahren die ersten Rotweinstöcke an der Oberen Nahe gepflanzt zu haben. Die 2001er Kollektion ist die dritte in vier Jahren von zuverlässiger Güte. Elmar Schauß arbeitete die Stoffigkeit und Mineralität der Monzinger Lagen wie immer sehr gut heraus.

2001 Monzinger Frühlingsplätzchen
Riesling Spätlese trocken
5,50 €, 11,5%, ♀ bis 2004 — **81**

2001 Monzinger Frühlingsplätzchen
Riesling trocken
3,80 €, 11,5%, ♀ bis 2004 — **82**

2001 Monzinger Halenberg
Riesling Spätlese trocken
5,90 €, 11,5%, ♀ bis 2004 — **83**

2001 Monzinger Frühlingsplätzchen
Riesling Auslese trocken
8,30 €, 12%, ♀ bis 2005 — **85**

2001 Monzinger Frühlingsplätzchen
Riesling Kabinett halbtrocken
4,20 €, 10,5%, ♀ bis 2003 — **81**

2001 Monzinger Halenberg
Riesling Auslese halbtrocken
8,30 €, 12%, ♀ bis 2006 — **85**

2001 Monzinger Halenberg
Riesling Spätlese
5,90 €, 9,5%, ♀ bis 2004 — **83**

——— Rotwein ———

2001 Monzinger Frühlingsplätzchen
Spätburgunder Weißherbst
5,60 €, 12%, ♀ bis 2003 — **81**

Die Weine: **100** Perfekt · **95–99** Überragend · **90–94** Exzellent · **85–89** Sehr gut · **80–84** Gut · **75–79** Passabel

Nahe

WEINGUT SCHMIDT
Inhaber: Andreas Schmidt
Kellermeister: Andreas Schmidt
67823 Obermoschel, Luitpoldstraße 24
Tel. (0 63 62) 12 65, Fax 41 45
e-mail:
weingut-schmidt@otelo-online.de
Anfahrt: A 61, Ausfahrt Gau-Bickelheim, über die B 420
Verkauf: Familie Schmidt
Mo.–Sa. 8:00 bis 18:00 Uhr
So. nach Vereinbarung

Rebfläche: 19 Hektar
Jahresproduktion: 250.000 Flaschen
Beste Lagen: Obermoscheler Silberberg und Schlossberg, Norheimer Dellchen
Boden: Schiefer, vulkanisch
Rebsorten: 59% Riesling, 12% Müller-Thurgau, 11% Silvaner, 7% Rotwein, 5% Kerner, 3% Grauburgunder, 3% übrige Sorten
Durchschnittsertrag: 64 hl/ha
Beste Jahrgänge: 1994, 1997, 2001

Dies ist das größte Weingut im südlich der Nahe gelegenen Alsenztal. Andreas Schmidt verfügt selbst über eine Betriebsfläche von mehr als 16 Hektar und wird noch von einigen Vertragswinzern mit Trauben beliefert. In den eigenen Weinbergen – meist schwer bewirtschaftbare Steillagen – legt er Wert auf einen guten Humusgehalt der Böden. Um eine höchstmögliche Reife der Trauben zu erlangen, klingt der Herbst oft erst Mitte November aus. Im Weinberg und Keller wurde in letzter Zeit viel umgestellt, um die Qualität zu steigern. Das machte sich bezahlt. In diesem Jahr bot das Weingut wieder eine ordentliche Kollektion, es mangelt nur etwas an Spritzigkeit. Spaß gemacht haben vor allem die süffige Kerner Spätlese und die wunderbar klare Gewürztraminer Auslese. Ein Punkt bleibt anzumahnen: 50 verschiedene Weine pro Jahr – warum konzentriert man sich nicht auf die Stärken?

2001 Obermoscheler Silberberg
Riesling trocken
5,50 €, 11,5%, ♀ bis 2003 **80**

2001 Rivaner
trocken
4,– €, 11,5%, ♀ bis 2003 **81**

2001 Obermoscheler Silberberg
Riesling Spätlese trocken
7,10 €, 11,5%, ♀ bis 2004 **81**

2001 Norheimer Dellchen
Riesling Auslese feinherb
9,60 €, 11%, ♀ bis 2005 **82**

2001 Obermoscheler Geißenkopf
Kerner Spätlese
5,80 €, 9%, ♀ bis 2004 **84**

2001 Obermoscheler Schlossberg
Riesling Spätlese
7,20 €, 8,5%, ♀ bis 2005 **85**

2001 Obermoscheler Geißenkopf
Gewürztraminer Auslese
9,70 €, 10%, ♀ bis 2006 **85**

2001 Obermoscheler Silberberg
Riesling Eiswein »Dezember«
34,– €/0,5 Lit., 10,5%, ♀ bis 2008 **87**

Die Betriebe: ✿✿✿✿✿ Weltklasse · ✿✿✿✿ Deutsche Spitze · ✿✿✿ Sehr gut · ✿✿ Gut · ✿ Zuverlässig

436

Nahe

WEINGUT JAKOB SCHNEIDER

Inhaber: Jakob Schneider
55585 Niederhausen, Winzerstraße 15
Tel. (0 67 58) 9 35 33, Fax 9 35 35
e-mail:
weingut.jakob.schneider@nahenet.de
Internet: www.schneider-wein.de
Anfahrt: Von Bad Kreuznach über Bad Münster und Norheim nach Niederhausen, rechts zur Ortsmitte
Verkauf: Mo.–Sa. 8:00 bis 19:00 Uhr und nach Vereinbarung
Historie: Weinbau seit 1575
Sehenswert: Gewölbekeller mit Holzfässern, Weinwanderweg

> Rebfläche: 11 Hektar
> Jahresproduktion: 65.000 Flaschen
> Beste Lagen: Niederhäuser Hermannshöhle und Klamm, Norheimer Dellchen und Kirschheck
> Boden: Vulkanisch, Schiefer
> Rebsorten: 90% Riesling, 10% übrige Sorten
> Durchschnittsertrag: 62 hl/ha
> Beste Jahrgänge: 1999, 2000, 2001

Im letzten Jahr bot das Weingut Schneider eine edelsüße Kollektion wie nie zuvor. Die Auslesen und Eisweine strahlten nur so. Da kommen die 2001er leider nicht heran. Eine schöne Spätlese aus dem Dellchen und ein mineralischer Eiswein aus der Niederhäuser Hermannshöhle sind aber ein kleiner Trost. Mit fast zwei Hektar ist das Weingut Jakob Schneider einer der größten Besitzer in dieser legendären Spitzenlage. Der verstorbene Hans Schneider wurde nie müde, die Güte dieses Weinbergs herauszustreichen. In Zukunft wollen die Schneiders, deren Familie bereits seit 1575 Weinbau betreibt, den Burgunderanbau verstärken. Die Preise werden hoffentlich weiter so kundenfreundlich bleiben. Übrigens: Das Weingut gewann mit der Auslese aus dem Norheimer Kirschheck den »Edelschliff«-Wettbewerb von Weinland Nahe.

2001 Niederhäuser Hermannshöhle
Riesling Auslese trocken
6,50 €, 12%, ♀ bis 2004   **82**

2001 Niederhäuser Felsensteyer
Riesling Spätlese halbtrocken
5,– €, 11%, ♀ bis 2004   **83**

2001 Riesling
Classic
4,– €, 12%, ♀ bis 2003   **80**

2001 Niederhäuser Klamm
Riesling Spätlese
4,80 €, 9%, ♀ bis 2004   **84**

2001 Niederhäuser Hermannshöhle
Riesling Spätlese
5,– €, 9,5%, ♀ bis 2005   **85**

2001 Norheimer Dellchen
Riesling Spätlese
5,20 €, 8,5%, ♀ bis 2006   **86**

2001 Norheimer Kirschheck
Riesling Auslese »Edelschliff«
14,80 €/0,5 Lit., 9%, ♀ bis 2008   **87**

2001 Niederhäuser Hermannshöhle
Riesling Auslese »Junior«
8,– €/0,375 Lit., 8,5%, ♀ bis 2008   **87**

2001 Niederhäuser Hermannshöhle
Riesling Eiswein
22,– €/0,375 Lit., 8%, ♀ bis 2010   **88**

Die Weine: **100** Perfekt · **95–99** Überragend · **90–94** Exzellent · **85–89** Sehr gut · **80–84** Gut · **75–79** Passabel

Neu

Nahe

WEINGUT MEINOLF SCHÖMEHL

Inhaber: Hartmut Hahn und Elke Schömehl-Hahn
55452 Dorsheim, Binger Straße 2
Tel. (0 67 21) 4 56 75, Fax 4 86 23
e-mail: weingut@schoemehl.de
Internet: www.schoemehl.de
Anfahrt: A 61, Ausfahrt Dorsheim
Verkauf: Familien Schömehl u. Hahn
Mo.–Sa. 8:00 bis 19:00 Uhr
und nach Vereinbarung

Rebfläche: 11 Hektar
Jahresproduktion: 90.000 Flaschen
Beste Lagen: Dorsheimer Burgberg, Goldloch und Pittermännchen, Laubenheimer Karthäuser und Fuchsen
Boden: Steinig-grusiger Lehm auf Waderner Schichten, Sandsteinverwitterung, Kies
Rebsorten: 33% Riesling, 17% Müller-Thurgau, je 8% Silvaner und Portugieser, 6% Dornfelder, 5% Weißburgunder, 23% übrige Sorten
Durchschnittsertrag: 95 hl/ha
Bester Jahrgang: 2001

2001 Laubenheimer Fuchsen
Riesling Kabinett trocken
3,50 €, 11,5%, ♀ bis 2004 — **82**

2001 Laubenheimer Hörnchen
Weißer Burgunder trocken
3,80 €, 12%, ♀ bis 2005 — **84**

2001 Dorsheimer Pittermännchen
Riesling Kabinett halbtrocken
4,10 €, 11%, ♀ bis 2004 — **83**

2001 Dorsheimer Burgberg
Riesling Spätlese halbtrocken
4,60 €, 11%, ♀ bis 2005 — **85**

2001 Laubenheimer Karthäuser
Gewürztraminer Spätlese
6,– €, 9%, ♀ bis 2003 — **81**

2001 Laubenheimer Karthäuser
Riesling Spätlese
5,– €, 9,5%, ♀ bis 2004 — **84**

2001 Dorsheimer Goldloch
Riesling Spätlese
4,50 €/0,5 Lit., 8,5%, ♀ bis 2006 — **86**

Obwohl Dorsheim dank seiner Spitzenlagen über die Grenzen des Gebiets hinaus bekannt ist, drängte sich bisher kein Winzer aus dem Ort selbst für eine Traube auf. Hartmut Hahn und Elke Schömehl-Hahn haben dies nun geändert. Den Schwerpunkt im Betrieb bilden Riesling, Weißburgunder und Rotweine. Die diesjährige Kollektion ist durch die Bank sauber, mit einer angenehm würzigen Note. Bester Wein ist die saftige, vom Pfirsich getragene Riesling Spätlese aus dem Dorsheimer Goldloch. Ebenfalls zu empfehlen die mineralische, halbtrockene Spätlese aus dem Burgberg. Dass die Hahns es auch verstehen mit ihrer zweiten Paradesorte umzugehen, zeigen sie mit ihrem »einfachen« Weißburgunder Qualitätswein, der stoffig und klar ist und zu einem echten Schnäppchenpreis angeboten wird. Fazit: eine schöne Entdeckung!

Die Betriebe: ✿✿✿✿✿ Weltklasse · ✿✿✿✿ Deutsche Spitze · ✿✿✿ Sehr gut · ✿✿ Gut · ✿ Zuverlässig

Nahe

WEINGUT BÜRGERMEISTER WILLI SCHWEINHARDT NACHF.

Inhaber: Wilhelm u. Axel Schweinhardt
Kellermeister: Axel Schweinhardt
55450 Langenlonsheim,
Heddesheimer Straße 1
Tel. (0 67 04) 9 31 00, Fax 93 10 50
e-mail: info@schweinhardt.de
Internet: www.schweinhardt.de
Anfahrt: A 61, Ausfahrt Dorsheim oder Bad Kreuznach/Langenlonsheim
Verkauf: Mo.–Fr. 9:00 bis 12:00 Uhr und 13:00 bis 18:00 Uhr
Sa. 10:00 bis 12:00 Uhr
und nach Vereinbarung
Sehenswert: Brennerei, Besucherhof aus der Gründerzeit, alter Gewölbekeller mit Barriquefässern

---

Rebfläche: 33 Hektar
Jahresproduktion: 150.000 Flaschen
Beste Lagen: Langenlonsheimer Rothenberg, Löhrer Berg und Königsschild
Boden: Buntsandstein-Verwitterung, Kies, Schotter und Löss
Rebsorten: 35% Riesling, 20% Grau- und Weißburgunder sowie Chardonnay, 20% Rotwein, 25% übrige Sorten
Durchschnittsertrag: 55 hl/ha
Beste Jahrgänge: 1994, 1997, 1998

Das Weingut Wilhelm Schweinhardt gehört zu den größten und technisch am besten ausgestatteten Betrieben an der Nahe. Man merkt dem Gut an, dass hier schwarze Zahlen geschrieben werden. Wunderschön ist der Barrique-Keller unter dem Kelterhaus. Im gepflegten Innenhof des früheren Weingutes Pies befindet sich eine Hausbrennerei, aus der zuverlässige Winzerbrände kommen. Wie im Vorjahr kann auch die Kollektion von 2001 nicht vollends überzeugen. So wirkt der Eiswein etwas undifferenziert – die Auslese aus dem Rothenberg ist da besser gelungen. Positiv zu vermerken ist die Einstiegsqualität: Der trockene Langenlonsheimer Riesling macht richtig Spaß und ist dabei ausgesprochen preiswert.

2001 Langenlonsheimer Rothenberg
Riesling Spätlese trocken
5,90 €, 12,5%, ♀ bis 2004 **82**

2001 Langenlonsheimer
Weißer Burgunder Spätlese trocken
7,10 €, 12,5%, ♀ bis 2005 **83**

2001 Langenlonsheimer
Riesling trocken
4,20 €, 11,5%, ♀ bis 2004 **84**

2001 Langenlonsheimer Königsschild
Riesling Spätlese
6,90 €, 9%, ♀ bis 2006 **85**

2001 Langenlonsheimer Löhrer Berg
Riesling Eiswein
31,– €/0,375 Lit., 6,5%, ♀ bis 2008 **86**

2001 Langenlonsheimer Rothenberg
Riesling Auslese
8,– €/0,375 Lit., 7,5%, ♀ bis 2010 **89**

——— Rotweine ———

1999 Spätburgunder
trocken Barrique
9,50 €, 13%, ♀ bis 2005 **83**

2000 Frühburgunder
trocken Barrique
15,50 €, 14%, ♀ bis 2006 **85**

Die Weine: **100** Perfekt · **95–99** Überragend · **90–94** Exzellent · **85–89** Sehr gut · **80–84** Gut · **75–79** Passabel

Nahe

WEINGUT
WILHELM SITZIUS
Inhaber: Sonja und Wilhelm Sitzius
Kellermeister: Wilhelm Sitzius
55450 Langenlonsheim,
Naheweinstraße 87
Tel. (0 67 04) 13 09, Fax 27 81
e-mail: weingut@sitzius.de
Anfahrt: A 61, Ausfahrt Dorsheim,
über Laubenheim nach Langenlonsheim
Verkauf: Mo.–Fr. 10:00 bis 19:00 Uhr
Sa. 10:00 bis 16:00 Uhr
So. nach Vereinbarung
Historie: Weinbau in der 10. Generation

Rebfläche: 14 Hektar
Jahresproduktion: 90.000 Flaschen
Beste Lagen: Niederhäuser Hermannshöhle, Langenlonsheimer Königsschild, Löhrer Berg und Rothenberg, Oberhäuser Leistenberg
Boden: Vulkan, Schiefer, Oberrotliegendes, Melaphyr, kiesiger Lehm
Rebsorten: 45% Riesling, 12% Spätburgunder, 10% Kerner, 8% Portugieser, je 7,5% Grau- und Weißburgunder, je 5% Müller-Thurgau und Silvaner
Durchschnittsertrag: 70 hl/ha
Beste Jahrgänge: 1997, 1998, 2000

2001 Weißer Burgunder
Spätlese trocken
6,50 €, 13%, ♀ bis 2004   **82**

2001 Grauer Burgunder
Spätlese trocken
7,80 €, 13,5%, ♀ bis 2004   **82**

2000 Chardonnay
Auslese trocken
10,75 €, 13%, ♀ bis 2004   **82**

2001 Langenlonsheimer Königsschild
Riesling Spätlese trocken
7,70 €, 12%, ♀ bis 2004   **83**

2001 Riesling
Eiswein
26,– €/0,375 Lit., 9%, ♀ bis 2008   **87**

2001 Langenlonsheimer Königsschild
Riesling Auslese
11,– €/0,5 Lit., 9%, ♀ bis 2008   **88**

——— Rotwein ———

2001 Spätburgunder
6,– €, 13%, ♀ bis 2006   **86**

Beim Weingut Sitzius hat sich in den letzten Jahren viel verändert. So wurde ein neues Kelterhaus gebaut und Edelstahltanks mit Temperatursteuerung hielten Einzug. Nachdem praktisch alle Jahrgänge der letzten Zeit einen guten Eindruck hinterließen, ist der 2001er eher durchschnittlich ausgefallen. Den Burgundern stände dabei etwas weniger Alkohol gut. Klarer Star in der Kollektion ist die Auslese aus dem Königsschild mit ihren exotischen Fruchtaromen. Wirklich erfreulich ist zudem, dass Sitzius nach seinem Überflieger-Spätburgunder im letzten Jahr diesmal auch mit einem kleinen Rotwein – einem echten Schnäppchen! – bewiesen hat, dass er sein Rotweinhandwerk versteht. Mehr davon!

Aufsteiger

Nahe

STAATSWEINGUT BAD KREUZNACH

Inhaber: Land Rheinland-Pfalz
Verwalter: Alfred Krolla
Kellermeister: Rainer Gies
55545 Bad Kreuznach,
Rüdesheimer Straße 68
Tel. (06 71) 82 02 51, Fax 82 02 94
e-mail: staatsweingut@staatsweingut.de
Internet: www.staatsweingut.de
Anfahrt: B 41, Ausfahrt Kreuznach-Nord
Vertriebsleiter: Bernd Burghardt
Verkauf: Elfriede Gerhart
Mo.–Do. 9:00 bis 12:30 Uhr
und 14:00 bis 17:00 Uhr
Fr. 9:00 bis 14:30 Uhr

Rebfläche: 19 Hektar
Jahresproduktion: 120.000 Flaschen
Beste Lagen: Kreuznacher Kahlenberg, Forst, Hinkelstein und Vogelsang, Norheimer Kafels
Boden: Terrassenkies, Lösslehm, feinsandiger Lehm auf Ton, magmatisches Porphyrgestein
Rebsorten: 45% Riesling, 13% Müller-Thurgau, 9% Silvaner, 17% Rotwein, 5% Weißburgunder,
11% übrige Sorten
Durchschnittsertrag: 70 hl/ha
Beste Jahrgänge: 1999, 2000, 2001

Die 1900 gegründete »Provinzial-Lehranstalt« und das daraus entstandene Staatsweingut haben die Entwicklung des Naheweinbaues 100 Jahre mitgestaltet. Zur Weinbauschule gehören auch 19 Hektar Weinbergfläche, die neben Riesling mit vielerlei Rebsorten bestockt sind, ganz dem Versuchsauftrag entsprechend. Wir waren von den 1997ern so angetan, dass wir das Gut erstmals vorgestellt hatten. Seit den 99ern konnte hier jede Kollektion überzeugen – die zweite Traube ist da nur die logische Konsequenz. Die Stärken des Rieslings – Eleganz und Feinnervigkeit – wurden auch in diesem Jahr hervorragend herausgearbeitet. Eine ebenso klare wie feine Auslese aus dem Kafels stellt die Spitze dar.

2001 Kreuznacher Kahlenberg
Riesling Auslese trocken
8,10 €, 12,5%, ♀ bis 2005 **84**

2001 Kreuznacher Kahlenberg
Riesling Spätlese trocken
5,20 €, 12%, ♀ bis 2005 **85**

2001 Kreuznacher Kahlenberg
Riesling Spätlese halbtrocken
5,20 €, 11,5%, ♀ bis 2004 **83**

2001 Riesling
Classic
4,30 €, 11,5%, ♀ bis 2004 **82**

2001 Kreuznacher Kahlenberg
Gewürztraminer Spätlese
5,50 €, 12%, ♀ bis 2004 **82**

2001 Kreuznacher Kahlenberg
Riesling Spätlese
5,20 €, 8,5%, ♀ bis 2007 **86**

2001 Norheimer Kafels
Riesling Spätlese
6,90 €, 9%, ♀ bis 2007 **86**

2001 Norheimer Kafels
Riesling Auslese
7,– €/0,5 Lit., 8,5%, ♀ bis 2008 **86**

2001 Norheimer Kafels
Riesling Auslese
7,– €/0,375 Lit., 8%, ♀ bis 2008 **88**

Die Weine: **100** Perfekt · **95–99** Überragend · **90–94** Exzellent · **85–89** Sehr gut · **80–84** Gut · **75–79** Passabel

Nahe

WEINGUT TESCH

Inhaber: Hartmut Tesch
Betriebsleiter: Hartmut Tesch und Dr. Martin Tesch
55450 Langenlonsheim, Naheweinstraße 99
Tel. (0 67 04) 9 30 40, Fax 93 04 15
e-mail: info@weingut-tesch.de
Internet: www.weingut-tesch.de
Anfahrt: A 61, Ausfahrt Dorsheim, Richtung Langenlonsheim
Verkauf: Mo.–Fr. nach Vereinbarung
Historie: Seit 1723 in Familienbesitz

Rebfläche: 18,8 Hektar
Jahresproduktion: 140.000 Flaschen
Beste Lagen: Laubenheimer Karthäuser und St. Remigiusberg, Langenlonsheimer Königsschild und Löhrer Berg
Boden: Rote Sandsteinverwitterung, Lehm-Ton, Lehm mit rotem Schotter
Rebsorten: 81% Riesling, je 8% Weiß- und Spätburgunder, 3% übrige Sorten
Durchschnittsertrag: 70 hl/ha
Beste Jahrgänge: 1998, 1999, 2000
Mitglied in Vereinigungen: VDP

2001 Riesling
trocken
5,50 €, 12%, ♀ bis 2003   **82**

2001 Langenlonsheimer Löhrer Berg
Riesling Kabinett trocken
6,– €, 11%, ♀ bis 2004   **84**

2001 Laubenheimer St. Remigiusberg
Riesling Spätlese trocken
9,– €, 12%, ♀ bis 2005   **86**

2001 Laubenheimer St. Remigiusberg
Riesling Auslese trocken
14,50 €, 12,5%, ♀ bis 2006   **87**

2001 Laubenheimer Karthäuser
Riesling Auslese trocken
16,– €, 12,5%, ♀ bis 2006   **88**

2001 Langenlonsheimer Löhrer Berg
Riesling Spätlese
7,50 €, 7,5%, ♀ bis 2007   **86**

2001 Langenlonsheimer Löhrer Berg
Riesling Auslese
12,– €/0,375 Lit., 7,5%, ♀ bis 2008   **87**

2001 Laubenheimer St. Remigiusberg
Riesling Beerenauslese Goldkapsel
Versteigerungswein, 6,5%, ♀ bis 2010 **88**

2001 Langenlonsheimer Löhrer Berg
Riesling Eiswein
50,– €/0,375 Lit., 7,5%, ♀ bis 2014   **91**

Was ist zu erwarten, wenn ein promovierter Mikrobiologe ein Weingut führt? Fehlerlose Weine! Der Biologe, der für diese beim traditionsreichen Weingut Tesch zuständig ist, heißt Martin Tesch. Er kann dabei auf Rieslingreben zurückgreifen, die in den klassifizierten Lagen ein Durchschnittsalter von satten 27 Jahren aufweisen. Ausgebaut werden die Weine überwiegend in Stahltanks, manche Rieslinge durchlaufen hierbei – ungewöhnlich für die Nahe – den biologischen Säureabbau. In den letzten Jahren hat sich der Betrieb als einer der wenigen Spezialisten für trockene Rieslinge an der Nahe profiliert. Diese zeichnen sich durch einen klaren, fast stahligen Stil aus. Die 2001er haben etwas weniger Spiel als die großartigen Weine der Vorjahre. Doch an der Spitze der Kollektion steht wieder ein großartiger Eiswein.

Die Betriebe: ✦✦✦✦✦ Weltklasse · ✦✦✦✦ Deutsche Spitze · ✦✦✦ Sehr gut · ✦✦ Gut · ✦ Zuverlässig

Nahe

Weitere empfehlenswerte Betriebe

Weingut Carl Adelseck
55424 Münster-Sarmsheim, Saarstraße 41
Tel. (0 67 21) 9 74 40, Fax 97 44 22

Das Weingut Carl Adelseck ist auf dem Weg zur ersten Traube. Auch diesmal probierten wir eine gelungene, reintönige Kollektion, aus der ein Riesling »Selection« aus dem Laubenheimer Karthäuser (85) und eine Scheurebe Auslese aus der Lage Sarmsheimer Liebehöll (86) hervorstechen. Auch beim Rotwein geht es aufwärts. Einzig die etwas eindimensionalen Basisweine könnten etwas mehr Dichte und Persönlichkeit vertragen.

Weingut Edelberg (neu)
55627 Weiler bei Monzingen,
Gonrather Hof 3
Tel. (0 67 54) 2 24, Fax 94 58 81
e-mail: WeingutEdelberg@t-online.de

Ein weiterer aufstrebender Betrieb im Westen der Region. Vor allem Willi Eberts restsüße 2001er Weine zeichnen sich durch feine Frucht, Saft und Schmelz aus, darunter eine Auslese (85 Punkte) und ein überraschend starker Riesling Eiswein (90). Die Trockenen sind noch verbesserungsfähig, woran sicher demnächst Sohn Michael mithelfen wird, der bei Rheinhessens Starwinzer Klaus Keller sein drittes Lehrjahr absolviert. Die Weine probiert man am besten samstags und sonntags im Gutsausschank.

Gutshof Carl Finkenauer
55543 Bad Kreuznach, Salinenstraße 60
Tel. (06 71) 8 34 10 41, Fax 8 34 10 40
e-mail: gutshöfe.fva@t-online.de

Das Weingut Carl Finkenauer ist einer der großen Namen in Bad Kreuznach. 40 Hektar Weinberge stehen zur Verfügung, um gute Weine zu produzieren. Aber nach dem 2000er findet sich hier leider wieder nur eine mäßige Kollektion, die klare und reintönige Weine vermissen lässt. Zwei ordentliche Spätlesen aus dem Kreuznacher Gutental (82) bilden die Spitze. Bleibt zu hoffen, dass dieses Traditionsgut bald wieder Tritt fasst.

Weingut Georg Forster (neu)
55452 Rümmelsheim,
Burg Layer Straße 20
Tel. (0 67 21) 4 51 23, Fax 4 98 77

Auch im ökologischen Bereich gibt es an der Nahe noch interessante, bisher weitgehend unbekannte Güter. Beim Weingut Georg Forster wird auf Rotwein gesetzt: Spätburgunder, Dornfelder und Regent. Die Roten – vor allem die dunklen, Tannin-betonten 2001er von Dornfelder und Regent (beide 83 Punkte) – zeigen Struktur, jedoch würde ihnen etwas weniger Säure gut stehen. Bei den Weißweinen kann das Gut noch zulegen.

Weingut Hehner-Kiltz
55596 Waldböckelheim, Hauptstraße 4
Tel. (0 67 58) 79 18, Fax 86 20
e-mail: info@hehner-kiltz.de
Internet: www.hehner-kiltz.de

Auch wenn es jetzt das zweite Jahr in Folge abwärts geht mit dem ehemaligen Vorzeigebetrieb – abschreiben sollte man das Weingut nicht. Denn das Lagenportfolio ist beeindruckend, und frühere Kollektionen haben gezeigt, dass man es einmal verstand, dieses auch zu nutzen. In diesem Jahr allerdings nicht. Viele Weine zeigen deutliche Fehltöne. Einzig die kräuterwürzige Riesling Auslese aus dem Schlossböckelheimer Königsfels (83) und ein halbwegs stoffiger Grauburgunder Qualitätswein trocken (82) gingen als akzeptabel durch.

Weingut Lersch (neu)
55450 Langenlonsheim,
Cramerstraße 34
Tel. (0 67 04) 12 36

Auf fünf Hektar Weinbergen baut Jürgen Lersch in Langenlonsheim seine Weine an. Diese wirken, zumindest in 2001, ein wenig »gemacht«. Die Rieslinge durchzieht zudem eine feinherbe Note. Der saubere Rivaner Classic (81) und die solide trockene Gewürztraminer Spätlese aus dem Langenlonsheimer Steinchen (83) ragen hervor. Historische Besonderheit: Weine aus der Rebsorte »Senator« – die wurde vom Großvater gezüchtet.

Nahe

Weingut Meinhard
55545 Bad Kreuznach-Winzenheim,
Kirchstraße 13
Tel. (06 71) 4 30 30, Fax 4 30 06

Steffen Meinhard will seinen Anteil an Burgundersorten erhöhen. Der beste Wein der 2001er Kollektion – ein Grauer Burgunder Selection aus dem Kreuznacher Sankt Martin (83) – zeigt, dass dies der richtige Weg sein könnte. Außer diesem Wein wusste nur noch ein fruchtiger Riesling Kabinett aus dem Winzenheimer Rosenheck zu überzeugen. Viele Weine wirken seltsam leer. Die nachhaltigen Böden rund um Bad Kreuznach müssten eigentlich mehr Stoff hergeben, als diese Kollektion zeigt.

Weingut Reichsgraf von Plettenberg
55545 Bad Kreuznach, Winzenheimer Str.
Tel. (06 71) 22 51, Fax 4 52 26
e-mail: GrafPlettenberg@t-online.de

Der Anblick der Kollektion des Grafen Plettenberg ist ein ganz besonderer: So kunterbunt-schillernd geht es sonst nur in Zirkuszelten zu. Das gilt auch für den Inhalt der Flaschen. Vom einstigen Ruhm künden in 2001 nur noch die rassige fruchtige Riesling Spätlese aus der Winzenheimer Rosenheck (83) und die Riesling Auslese aus dem Roxheimer Berg (83), die mit überreifem Apfel protzt. Wirklich überzeugen können aber auch diese beiden Weine nicht. Es fehlt ihnen, wie der ganzen Kollektion, an Klarheit.

Weingut Bernd Schappert
55595 Sponheim, Vor der Pforte 1
Tel. (0 67 58) 2 09, Fax 68 82

Immer dasselbe puristische Vorderetikett »Bernd Schappert – Sponheim« findet sich auf den Flaschen dieses Gutes. Alles andere muss der Kunde dem Rücketikett entnehmen. Verwirrend auch zwei verschiedene Lagen-Rieslinge in der Literflasche. Die Kollektion ist fehlerlos, aber es fehlt etwas die eigene Note. Zudem würde vie-

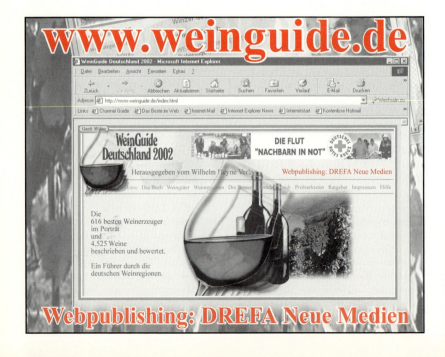

Nahe

len Weinen eine rassigere Säure gut stehen. Am besten präsentierte sich die stoffige, halbtrockene Riesling Spätlese aus dem Traiser Rotenfels (84).

Weingut Hermann Steitz
67811 Dielkirchen-Steingruben,
Alsenzstraße 7
Tel. (0 63 61) 10 62, Fax 88 25

Keine starke Kollektion bot in diesem Jahr das ökologische Weingut Steitz. Dabei ist dem Ehepaar Steitz zu wünschen, dass es den traditionsreichen Weinbau im Alsenztal weiter aufrecht erhält. Doch in 2001 passte nicht viel zusammen beim südlichsten Betrieb der Nahe. Am besten mundete uns noch der trockene Riesling »Silberkapsel« aus der Alleinlage Steckweiler Mittelberg (81).

Weingut Udo Weber
55569 Monzingen, Soonwaldstraße 41
Tel. (0 67 51) 32 78, Fax 20 76

Licht und Schatten beim Weingut Udo Weber. Einerseits findet sich im 2001er Sortiment ein gelungener, dicker Eiswein aus dem Monzinger Frühlingsplätzchen mit schönen Pfirsich-Aromen (86), und eine überzeugende fruchtige Auslese mit reifen Rosinennoten aus derselben Lage (85). Weber wäre ein klarer Fall für eine Traube, wären nicht die trockenen Weine – im Wortsinne – herbe Enttäuschungen. Auch die Rotweine könnten noch besser werden. Dass Udo Weber dazu in der Lage ist, steht außer Frage.

Weingut Wilhelmy (neu)
55450 Langenlonsheim,
Untere Grabenstraße 29
Tel. (0 67 04) 15 50, Fax 15 02

Das Langenlonsheimer Weingut Wilhelmy ist eine der schönsten Entdeckungen dieses Jahres an der Nahe. Die durchgängig gute Kollektion mit Fülle und eigener Linie wird gekrönt von zwei überzeugenden edelsüßen Weinen, einer Riesling Beerenauslese aus dem Langenlonsheimer Steinchen (87), und einer Riesling Auslese aus dem Langenlonsheimer Königsschild (85). Noch einmal ein solches Sortiment und die erste Traube ist gesichert! Erst recht, wenn die trockenen noch etwas an Qualität zulegen.

Weingut Im Zwölberich
55445 Langenlonsheim,
Schützenstraße 14
Tel. (0 67 04) 92 00, Fax 9 20 40
e-mail: zwoelberich@t-online.de

Der schönste Wein in der diesjährigen Kollektion vom Weingut Im Zwölberich stammt von einer Rebsorte, die sich selten an der Nahe findet: Auxerrois. Die daraus erzeugte Spätlese bietet frische Birnen in der Nase und einen ausgewogenen Körper (84). Enttäuschend beim ökologisch wirtschaftenden Betrieb dagegen der nach Sauerkraut riechende Grauburgunder aus dem Langenlonsheimer Steinchen (76). Leider nicht der einzige Fehlton in der Kollektion.

Pfalz

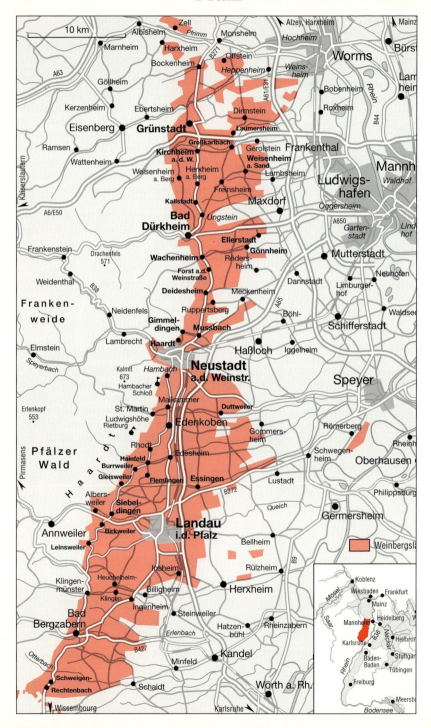

Pfalz: Die Jungen rücken auf

Vom Südrand Rheinhessens bei Worms bis zur französischen Grenze erstreckt sich entlang des Pfälzer Waldes ein durchschnittlich sieben Kilometer breiter, etwa 23.600 Hektar umfassender Traubengürtel. Damit ist die Pfalz das zweitgrößte deutsche Weinanbaugebiet. Wo alljährlich Mandeln und Feigen reif werden, muss auch die Rebe günstige Wachstumsbedingungen vorfinden. Das erkannten bereits die Römer vor 2000 Jahren. Die windgeschützte Lage östlich des Haardtgebirges sorgt bei ausreichenden, in trockenen Sommern auch mal knappen Niederschlägen für ein mildes Klima. Der Boden tut sein Übriges. Von Löss und Buntsandsteinverwitterung bis zu eingestreuten Inseln aus Muschelkalk, Mergel, Granit, Porphyrgestein und Schieferton weisen die Lagen des Gebietes eine große Vielfalt auf, die sich im Charakter der Weine widerspiegelt.

Betrachtete man die Pfälzer vor zwei Jahrzehnten mit wenigen Ausnahmen noch als Lieferanten einfacher Zechweine, so gelang es den Winzern zwischen Rhein und Haardt inzwischen, sich mit trockenen Rieslingen und roten sowie weißen Burgunderweinen in die deutsche Spitze zu schieben. In unseren Bestenlisten glänzt die Phalanx der Pfälzer in diesen Kategorien erneut auf beeindruckende Weise. Kaum ein anderes Gebiet hat sich in den vergangenen 15 Jahren so dynamisch entwickelt. Dabei blieb es nicht bei wenigen Spitzenbetrieben. Die Basis von guten Erzeugern mit ein oder zwei Trauben wird von Jahr zu Jahr breiter. Nicht selten kommen aus diesen Kellern einzelne Weine von erstaunlicher Güte.

Die nachahmenswerte Nachwuchsarbeit sowie die Bereitschaft zur Zusammenarbeit unter den Winzern ist das Geheimnis des Pfälzer Erfolges. Vorbilder wie Hans-Günther Schwarz oder die »Fünf Freunde« aus der Südpfalz werden bewundert und kopiert. Und die sträuben sich nie, ihr Wissen weiterzugeben.

Ins allgemeine Lob auf die junge Generation müssen wir jedoch auch einen Wermutstropfen gießen. Bei aller Bewunderung für die blitzblanke, die Primärfrucht betonende Kellerarbeit müssen wir darauf hinweisen, dass einige der jungen Önologen über das Ziel hinausschießen. Frische, ausbalancierte, aber oft blutleere Weine sind das Ergebnis »modernen« Weinmachens, das voll ausgenutzte Kellertechnik über konzentrierte, schweißtreibende Arbeit im Weinberg und risikoreiche Kellertradition stellt. Dass die austauschbaren Tropfen ein dankbares Publikum finden, macht sie nicht beeindruckender.

Die führenden Betriebe sind davon weit entfernt. Was Müller-Catoir, Rebholz, Christmann, Mosbacher, Bassermann-Jordan oder Dr. Wehrheim (»Aufsteiger des Jahres«) im keineswegs leichten Jahrgang 2001 und bei manchen Rotweinen im extrem schwierigen Jahr 2000 ablieferten, erhält unsere allergrößte Hochachtung. Fast ausnahmslos übrigens verdienen die »Großen Gewächse« der Pfalz diesen Namen. Hier entstand eine neue Kategorie großer Weine, die durch strenge interne Selektion nur Weinpersönlichkeiten von markanter Ausdruckskraft zulässt und zugleich die beteiligten Erzeuger zu Höchstleistungen anspornt.

Die Veränderungen in der Pfalz in Richtung Qualität und Rückgriff auf die Stärken der Region dokumentieren sich auch in der Rebsortenstatistik – allerdings überlagert vom Boom der Roten, mit dem auch Feierabendwinzer noch beim Fassweinverkauf verdienen können. Der Riesling hat mit über 5.000 Hektar und mehr als 21 Prozent der Anbaufläche den Müller-Thurgau auf den zweiten Rang verwiesen. Vor allem in der Südpfalz werden verstärkt Grau-, Weiß- und Spätburgunder sowie Chardonnay angebaut. Bei den roten Sorten, die bereits 25 Prozent der Fläche ausmachen, führt noch der Portugieser. Und das Flächenwachstum der modischen Erfolgssorte Dornfelder nimmt derweil beängstigende Ausmaße an. Die Fläche des hochwertigen Spätburgunder wächst ebenfalls, doch langsamer. Er steht auf etwas weniger als fünf Prozent der Anbaufläche.

Pfalz

Die Spitzenbetriebe der Pfalz

Weingut **M**üller-Catoir, Haardt

▲ Weingut Ökonomierat **R**ebholz, Siebeldingen

Weingut Geheimer Rat Dr. von **B**assermann-Jordan, Deidesheim

Weingut Dr. **B**ürklin-Wolf, Wachenheim

Weingut A. **C**hristmann, Gimmeldingen

Weingut **K**oehler-Ruprecht, Kallstadt

Weingut Georg **M**osbacher, Forst

▲ Weingut Dr. **W**ehrheim, Birkweiler

Weingut Friedrich **B**ecker, Schweigen

Weingut **B**ergdolt, Duttweiler

Weingut **B**ernhart, Schweigen

Weingut Josef **B**iffar, Deidesheim

▼ Weingut Reichsrat von **B**uhl, Deidesheim

Weingut Dr. **D**einhard, Deidesheim

Weingut **K**nipser, Laumersheim

Weingut Herbert **M**eßmer, Burrweiler

Weingut **M**ünzberg, Landau-Godramstein

Weingut **P**feffingen – Fuhrmann-Eymael, Bad Dürkheim

Weingut Karl **S**chaefer, Bad Dürkheim

▲ Weingut **S**iegrist, Leinsweiler

▲ Weingut **U**llrichshof – Familie Faubel, Maikammer

Weingut **W**ilhelmshof, Siebeldingen

Weingut J. L. **W**olf, Wachenheim

▲ Weingut **A**cham-Magin, Forst

▲ Weingut **B**enderhof, Kallstadt

▲ Weingut **B**renneis-Koch, Bad Dürkheim-Leistadt

Weingut **D**arting, Bad Dürkheim

Weingut **E**ymann, Gönnheim

Weingut **F**itz-Ritter, Bad Dürkheim

▲ Weingut Karl-Heinz **G**aul, Grünstadt-Sausenheim

▲ Weingut **J**ülg, Schweigen-Rechtenbach

Bewertung der Betriebe

Höchstnote für die
weltbesten Weinerzeuger

Exzellente Betriebe, die zu den
besten Deutschlands zählen

Sehr gute Erzeuger, die seit Jahren
konstant hohe Qualität liefern

Gute Erzeuger, die mehr als
das Alltägliche bieten

Verlässliche Betriebe mit einer
ordentlichen Standardqualität

Pfalz

▲ Weingut Karl Heinz **K**aub, Neustadt-Haardt

Weingut Ökonomierat Johannes **K**leinmann, Birkweiler

Weingut **L**einingerhof, Kirchheim

Weingut **L**ergenmüller, Hainfeld

Weingut **L**ucashof – Pfarrweingut, Forst

▲ Stiftsweingut Frank **M**eyer, Klingenmünster

Weingut Theo **M**inges, Flemlingen

Weingut Eugen **M**üller, Forst

Weingut Karl **P**faffmann, Walsheim

Weinhof **S**cheu, Schweigen-Rechtenbach

Weingut Egon **S**chmitt, Bad Dürkheim

Weingut **S**chumacher, Herxheim am Berg

▲ Weingut **S**iener, Birkweiler

Weingut **W**eegmüller, Neustadt-Haardt

Weingüter Geheimrat J. **W**egeler – Gutshaus Deidesheim, Deidesheim

Weingut **W**eik, Neustadt-Mußbach

Weingut Peter **A**rgus, Gleisweiler

Weingut G. **B**eck, Schweigen

Weingut **C**astel Peter, Bad Dürkheim

Weingut Winfried **F**rey & Söhne, Essingen

Weingut **G**ies-Düppel, Birkweiler

∗ Weingut Ludwig **G**raßmück, Birkweiler

Weingut Georg **H**enninger IV., Kallstadt

Weingut Walter **H**ensel, Bad Dürkheim

∗ Wein- und Sektgut **I**mmengarten Hof, Maikammer

∗ Weingut Ernst **K**arst und Sohn, Bad Dürkheim

Weingut **K**aßner-Simon, Freinsheim

Weingut Gerhard **K**lein, Hainfeld

Weingut Bernhard **K**och, Hainfeld

Weingut Philipp **K**uhn, Laumersheim

∗ Weingut Jürgen **L**einer, Ilbesheim

Weingut **P**etri, Herxheim am Berg

Weingut Jakob **P**fleger, Herxheim am Berg

Weingut **P**flüger, Bad Dürkheim

Weingut Georg **S**iben Erben, Deidesheim

Weingut Heinrich **S**pindler, Forst

Weingut Peter **S**tolleis – Carl-Theodor-Hof, Neustadt an der Weinstraße

Vier Jahreszeiten Winzer EG, Bad Dürkheim

Weingut **W**ilker, Pleisweiler-Oberhofen

Weingut August **Z**iegler, Maikammer

Aufsteiger **Pfalz**

WEINGUT ACHAM-MAGIN

Inhaber: Anna-Barbara Acham
Betriebsleiter: Vinzenz Troesch
Kellermeister: Anna-Barbara Acham und Rudolf Becker
67147 Forst, Weinstraße 67
Tel. (0 63 26) 3 15, Fax 62 32
e-mail: info@acham-magin.de
Internet: www.acham-magin.de
Anfahrt: Von Neustadt/Weinstraße (südlich) oder von Bad Dürkheim (nördlich) über die neue B 271
Verkauf: Anna-Barbara Acham
Mo.–Sa. 9:00 bis 12:00 Uhr
und 15:00 bis 21:00 Uhr
So. 11:00 bis 13:00 Uhr
und nach Vereinbarung
Gutsausschank: Seit 1712, ehedem als Gasthaus Engel, Ausschankstelle des Bischofs von Speyer
Mi.–Sa. 16:00 bis 23:00 Uhr
Spezialitäten: Hausgemachter Schweinebraten, Wild aus eigener Jagd
Sehenswert: Barockhaus, Sandstein-Gewölbekeller (18. Jahrhundert)

Rebfläche: 6 Hektar
Jahresproduktion: 45.000 Flaschen
Beste Lagen: Ruppertsberger Reiterpfad, Deidesheimer Mäushöhle, Forster Musenhang, Pechstein, Ungeheuer und Kirchenstück
Boden: Sandiger Lehm mit Kalk- und Basalteinlagerungen
Rebsorten: 75% Riesling, 8% Spätburgunder, 7% Weißburgunder, 10% übrige Sorten
Durchschnittsertrag: 70 hl/ha
Beste Jahrgänge: 1999, 2000, 2001
Mitglied in Vereinigungen: VDP

Erhebliche Investitionen in verbesserte Kellertechnik zahlen sich aus. Ungewöhnlich klar und gut waren die Weine dieses Forster Traditionshauses schon in 2000. Auch die Rieslinge aus 2001 schmecken blitzsauber, konzentriert und mineralisch. Die »Großen Gewächse«, vor allem das fulminante Kirchenstück, gehören zur Spitze der Pfalz. In dieser Form gehört Acham-Magin wieder zu den besten Erzeugern aus Forst. Nun sollen der Rotweinanbau forciert und beste Lagen zugekauft werden.

2001 Forster Stift
Weißer Burgunder Kabinett trocken
6,50 €, 12%, ♀ bis 2004   **84**

2001 Deidesheimer Herrgottsacker
Weißer Burgunder Spätlese trocken
9,60 €, 13,5%, ♀ bis 2005   **85**

2001 Forster Musenhang
Riesling Kabinett trocken
6,60 €, 12%, ♀ bis 2005   **85**

2001 Forster Musenhang
Riesling Spätlese trocken
8,80 €, 13%, ♀ bis 2006   **85**

2001 Forster Ungeheuer
Riesling Spätlese trocken
9,– €, 13%, ♀ bis 2005   **86**

2001 Forster Pechstein
Riesling Spätlese trocken
9,20 €, 12,5%, ♀ bis 2006   **87**

2001 Ruppertsberger Reiterpfad
Riesling trocken »Großes Gewächs«
17,– €, 13%, ♀ bis 2008   **89**

2001 Forster Kirchenstück
Riesling trocken »Großes Gewächs«
19,– €, 13%, ♀ bis 2008   **91**

Pfalz

WEINGUT PETER ARGUS

Inhaber: Peter Argus
76835 Gleisweiler, Hauptstraße 23
Tel. (0 63 45) 91 94 24, Fax 91 94 25
e-mail: mail@argus-wein.de
Internet: www.argus-wein.de
Anfahrt: A 65, Ausfahrt Edenkoben, Weinstraße weiter südlich bis Gleisweiler
Verkauf: Peter und Eva Argus
Mo.–Fr. nach Vereinbarung
Sa. 14:00 bis 17:00 Uhr
So. 10:00 bis 12:00 Uhr
Sehenswert: Gewölbekeller (1610), Wohnhaus (1736), Blick vom Hof über die Rheinebene, rustikale Weinprobierstube mit Holzfässern

---

Rebfläche: 7 Hektar
Jahresproduktion: 60.000 Flaschen
Beste Lagen: Gleisweiler Hölle, Frankweiler Kalkgrube
Boden: Lehmiger Sand, Lehm und kalkhaltiger Lehmboden
Rebsorten: 40% Riesling,
10% Graubzurgunder, je 9% Kerner und Müller-Thurgau, 6% Weißburgunder, je 5% Spätburgunder und Portugieser, 16% übrige Sorten
Durchschnittsertrag: 95 hl/ha
Beste Jahrgänge: 1993, 1994, 1997

Seit 1994, als Peter Argus die Führung im Gut übernahm, hat er die Rebfläche um zwei Hektar vergrößert. In der Regel erzeugt er saubere Weine, die nach wie vor zu günstigen Preisen angeboten werden. Nach dem Jahrgang 1997, in dem er neue Akzente in der Weinqualität gesetzt hat, konnte er allerdings nicht mehr im gewünschten Maß überzeugen. Nach dem sehr schwachen 2000er hat man uns auch 2001 nur Kabinettweine und eine Riesling Spätlese anbieten können, obwohl höherwertige Burgunder immer eine Stärke des Hauses waren. Mehr als eine seriöse, fehlerlos ausgebaute Kollektion ohne Spitzen ist das nicht. Bestes Produkt ist der Pinot-Sekt »Blanc de Noirs«. Vielleicht bringt ja die Modernisierung der Kellerwirtschaft und die Verbesserung der Rotweintechnik in den nächsten Jahren neuen Auftrieb.

2001 Rivaner
trocken
2,70 €/1,0 Lit., 12,5%, ♀ bis 2003 **81**

2001 Weißer Burgunder
Kabinett trocken
3,60 €, 11,5%, ♀ bis 2003 **81**

2001 Gleisweiler Hölle
Riesling Kabinett trocken
4,– €, 11,5%, ♀ bis 2004 **82**

2001 Gleisweiler Hölle
Riesling Spätlese trocken
4,80 €, 12,5%, ♀ bis 2005 **83**

2001 Frankweiler Kalkgrube
Chardonnay Kabinett trocken
3,80 €, 12%, ♀ bis 2004 **83**

2001 Frankweiler Kalkgrube
Grauer Burgunder Kabinett trocken
4,– €, 12,5%, ♀ bis 2004 **84**

--- Rotweine ---

2001 Gleisweiler Hölle
Dornfelder trocken im Holzfass gereift
3,60 €, 12,5%, ♀ bis 2007 **82**

2001 Gleisweiler Hölle
Regent trocken im Holzfass gereift
4,10 €, 13%, ♀ bis 2006 **82**

Die Weine: **100** Perfekt · **95–99** Überragend · **90–94** Exzellent · **85–89** Sehr gut · **80–84** Gut · **75–79** Passabel

Pfalz

WEINGUT GEHEIMER RAT DR. VON BASSERMANN-JORDAN

Inhaber: Margrit und Gabriele von Bassermann-Jordan
Geschäftsführer: Gunther Hauck (kfm.), Ulrich Mell (techn.) und Margrit von Bassermann-Jordan
67142 Deidesheim, Kirchgasse 10
Tel. (0 63 26) 60 06, Fax 60 08
e-mail: hauck@bassermann-jordan.de
Internet: www.bassermann-jordan.de
Anfahrt: An der Weinstraße zwischen Neustadt und Bad Dürkheim
Verkauf: Ulrich Krack, Silke Wolz
Mo.–Fr. 8:00 bis 12:00 Uhr
und 13:00 bis 18:00 Uhr
Sa. 10:00 bis 15:00 Uhr
Historie: Seit 1718 im Familienbesitz
Sehenswert: Die jahrhundertealten Gewölbekeller mit einzigartigem Weinmuseum

---

Rebfläche: 42 Hektar
Jahresproduktion: 300.000 Flaschen
Beste Lagen: Deidesheimer Grainhübel, Hohenmorgen und Kalkofen, Forster Kirchenstück, Ungeheuer, Pechstein und Jesuitengarten
Boden: Buntsandsteinverwitterung mit Porphyr, Löss und Basaltverwitterung
Rebsorten: 90% Riesling, 10% übrige Sorten
Durchschnittsertrag: 50 hl/ha
Beste Jahrgänge: 1998, 2000, 2001
Mitglied in Vereinigungen: VDP

Nach vielen Generationen als Familienunternehmen ist im Jahr 2002 die Kapitalmehrheit dieses Monuments deutscher Weingeschichte in neue Hände übergegangen. Gabriele von Bassermann-Jordan hat aufgrund anderweitiger beruflicher Interessen ihre Anteile an einen Neustadter Unternehmer verkauft. Wichtige personelle Veränderungen in der Betriebsführung sind nicht geplant. Bevor mit Margrit von Bassermann-Jordan und ihrer Tochter Gabriele für einige Jahre zwei Frauen die Geschicke in die Hand nahmen, hatten eine lange Reihe hoch angesehener Männer die Gutsgeschichte geprägt. Dabei reichte ihr Wirken weit über Deidesheims Grenzen hinaus. Sie saßen im Reichstag (Ludwig Andreas Jordan), waren wesentlich beteiligt am ersten deutschen Weingesetz (Dr. Ludwig von Bassermann-Jordan) oder Autor des Standardwerkes zur Geschichte des Weinbaus (Dr. Friedrich von Bassermann-Jordan). Im Laufe der Jahrhunderte ist hier ein Weinimperium entstanden, das man am besten im Deidesheimer Untergrund erschließen kann. Unter den Kellern der deutschen Weingüter nimmt Bassermann-Jordan eine Sonderstellung ein. Die mächtigen Wände sind aus Naturstein und bis zu 3,40 Meter dick. Nach und nach wurden Nachbaranlagen, etwa die Kellerkapelle oder der Zehnthof des Fürstbischofs von Speyer, integriert. Auch der mittelalterliche Dirmstein'sche Ritterkeller wurde hinzugefügt. Über Jahrzehnte wurden Zeugnisse aus der Geschichte des Weinbaus angesammelt. Neben römischen Amphoren stehen griechische Trinkschalen, Weinpatrone begegnen dem Besucher als gotische Holzskulpturen und ein 500 Jahre altes Steinrelief zeigt Christus in der Weinkelter. Einzigartig auch das Museum alter Weine, das zurückreicht bis 100 nach Christus und Schätze von 1706, 1811 sowie alle Jahrgänge seit 1880 birgt. Nach einer Schwächephase in den 80er Jahren ging es mit Kellermeister Ulrich Mell wieder aufwärts, seit dessen Eintritt kristallklare, moderne Rieslinge erzeugt werden. Im schwierigen Jahrgang 2000 hat Mell Weine auf die Flasche gebracht, wie es in dieser durchgängigen Güte kaum einem der großen Mittelhaardter Betriebe gelungen ist. 2001 gelang vor allem bei den Rieslingen eine überzeugende Kollektion. Hier hat selbst der trockene Gutsriesling eine erstaunliche Qualität. In absehbarer Zeit soll ein ansprechender Verkaufsraum innerhalb des Weinguts gebaut werden. Außerdem soll die Rebfläche in den nächsten fünf Jahren um acht Hektar wachsen.

Pfalz

2001 Riesling
trocken
5,– €, 11,5%, ♀ bis 2004 **84**

2001 Deidesheimer Grainhübel
Riesling Kabinett trocken
8,– €, 11%, ♀ bis 2004 **85**

2001 Deidesheimer Mäushöhle
Riesling Kabinett trocken
8,– €, 11,5%, ♀ bis 2004 **87**

2001 Ruppertsberger Hoheburg
Riesling Spätlese trocken
11,50 €, 13%, ♀ bis 2005 **88**

2001 Deidesheimer Hohenmorgen
Riesling Spätlese trocken
»Großes Gewächs«
22,– €, 13%, ♀ bis 2006 **89**

2001 Forster Jesuitengarten
Riesling Spätlese trocken
14,– €, 13%, ♀ bis 2006 **90**

2001 Deidesheimer Kalkofen
Riesling Spätlese trocken
»Großes Gewächs«
22,– €, 12,5%, ♀ bis 2006 **90**

2001 Forster Kirchenstück
Riesling Spätlese trocken
»Großes Gewächs«
25,– €, 13%, ♀ bis 2006 **93**

2001 Deidesheimer Kieselberg
Riesling Spätlese
14,– €, 8,5%, ♀ bis 2008 **87**

2001 Deidesheimer Kalkofen
Riesling Eiswein
50,– €/0,375 Lit., 10%, ♀ 2005 bis 2020 **91**

2001 Ruppertsberger Reiterpfad
Riesling Trockenbeerenauslese
105,– €/0,375 Lit., 10%, ♀ 2008 bis 2025 **92**

Vorjahresweine

2000 Deidesheimer Grainhübel
Riesling Kabinett trocken
7,67 €, 11%, ♀ bis 2003 **87**

2000 Forster Pechstein
Riesling Kabinett trocken
7,93 €, 11%, ♀ bis 2003 **87**

2000 Deidesheimer Kalkofen
Riesling Spätlese trocken
»Großes Gewächs«
20,45 €, 12%, ♀ bis 2004 **88**

2000 Deidesheimer Hohenmorgen
Riesling Spätlese trocken
»Großes Gewächs«
20,45 €, 12,5%, ♀ bis 2004 **88**

2000 Deidesheimer Kieselberg
Riesling Spätlese
11,76 €, 9,5%, ♀ bis 2006 **87**

2000 Deidesheimer Hohenmorgen
Riesling Auslese
17,90 €/0,375 Lit., 10,5%, ♀ bis 2010 **90**

2000 Ruppertsberger Reiterpfad
Riesling Trockenbeerenauslese
92,03 €/0,375 Lit., 9,5%, ♀ bis 2020 **94**

Die Weine: **100** Perfekt · **95–99** Überragend · **90–94** Exzellent · **85–89** Sehr gut · **80–84** Gut · **75–79** Passabel

Pfalz

WEINGUT G. BECK

Inhaber: Gerhard Beck
Betriebsleiter und Kellermeister:
Gerhard Beck
76889 Schweigen, Paulinerstraße 5
Tel. (0 63 42) 5 35, Fax 74 48
e-mail: weingut.beck@t-online.de
Internet: www.weingut-beck.de
Anfahrt: A 65, Ausfahrt Landau-Süd, Richtung Bad Bergzabern, Weißenburg
Verkauf: Daniela Beck
Mo.–Fr. 14:00 bis 18:00 Uhr
Sa. 10:00 bis 18:00 Uhr
und nach Vereinbarung
Straußwirtschaft: Ostern bis Ende Juni sowie September und Oktober jeweils Fr. und Sa. ab 15:00 Uhr

---

Rebfläche: 13 Hektar
Jahresproduktion: 80.000 Flaschen
Beste Lage: Schweigener Sonnenberg
Boden: Sand bis schwerer Ton
Rebsorten: 20% Riesling, 14% Müller-Thurgau, je 9% Gewürztraminer und Dornfelder, je 7% Spätburgunder und Weißburgunder, 6% Silvaner, 28% übrige Sorten
Durchschnittsertrag: 86 hl/ha
Bester Jahrgang: 2000

Dieser Familienbetrieb im Schweigener Ortsteil Rechtenbach mit einem vielfältigen Sortenangebot füllt seit 1958 eigene Flaschenweine ab. Gerhard Becks Weinen merkt man das Gespür für Tradition und für die Charakteristik der Sorten an. Barriques gibt es im Keller nicht, dafür neben Stahltanks noch einige Holzfässer. Die eher traditionellen Weine wirken etwas weich, barock und füllig, sind dabei aber klar und sortentypisch, selbst im schwierigen Jahrgang 2000. Dabei sind sie ausgesprochen preiswert. Im Jahr 2001 gelangen hauptsächlich die Gewürztraminer hervorragend, für die der Betrieb schon immer einen guten Namen hatte. Sie gehören zu den besten der Pfalz. Die anderen Weine bleiben auf seriösem Niveau. Neupflanzungen von Cabernet Cubin, Sauvignon Blanc und Merlot sowie

Pläne für den weiteren Ausbau des Betriebes zeigen, dass man sich mit dem Erreichten nicht zufrieden gibt.

2001 Grauer Burgunder
Spätlese trocken
5,10 €, 13,5%, ♀ bis 2004   **80**

2001 Schweigener Sonnenberg
Riesling trocken
3,90 €/1,0 Lit., 12%, ♀ bis 2004   **81**

2001 Schweigener Sonnenberg
Gewürztraminer Spätlese trocken
5,30 €, 13,5%, ♀ bis 2005   **88**

2001 Gewürztraminer
trocken Selection
8,10 €, 14%, ♀ bis 2006   **90**

2001 Schweigener Sonnenberg
Weißer Burgunder Spätlese halbtrocken
4,90 €, 13%, ♀ bis 2004   **80**

2001 Schweigener Sonnenberg
Gewürztraminer Spätlese halbtrocken
5,30 €, 13%, ♀ bis 2006   **84**

2001 Riesling
Classic
3,90 €, 12,5%, ♀ bis 2004   **82**

Die Betriebe: ♣♣♣♣♣ Weltklasse · ♣♣♣♣ Deutsche Spitze · ♣♣♣ Sehr gut · ♣♣ Gut · ♣ Zuverlässig

Pfalz

WEINGUT FRIEDRICH BECKER

Inhaber: Friedrich Becker
Verwalter: Gerard Paul
Kellermeister: Stefan Dorst
76889 Schweigen, Hauptstraße 29
Tel. (0 63 42) 2 90, Fax 61 48
e-mail:
verkauf@weingut-friedrich-becker.de
Internet:
www.weingut-friedrich-becker.de
Anfahrt: A 65, Ausfahrt Landau-Süd, Richtung Weißenburg
Verkauf: Heidrun u. Helena Becker
Mo.–Fr. nach Vereinbarung
Sa. 9:00 bis 12:00 Uhr
und 14:00 bis 17:00 Uhr
Sehenswert: Die Gutsbrennerei und der Innenhof

Rebfläche: 14,5 Hektar
Jahresproduktion: 90.000 Flaschen
Beste Lage: Schweigener Sonnenberg
Boden: Löss, Ton, Kalkmergel
Rebsorten: 60% Burgundersorten, 22% Riesling, 18% übrige Sorten, darunter Silvaner, Gewürztraminer, Kerner und Müller-Thurgau
Durchschnittsertrag: 72 hl/ha
Beste Jahrgänge: 1994, 1997, 2001
Mitglied in Vereinigungen: VDP

Friedrich Becker gehört seit seinem legendären 89er zu den bedeutenden Rotweinmachern Deutschlands. Seine Spätburgunder »Reserve« ist fast schon ein Klassiker – wenn auch ein teurer. Nach dem tollen 1996er, dem bis dato besten aus diesem Weingut, waren wir ebenso begeistert von Beckers 97er Wurf, dem der 98er, der nun freigegeben wurde, kaum nachsteht. Die Weißweine waren in jüngeren Jahren oft weniger eindrucksvoll. Nun hat Becker mit dem neuen Jahrgang zweifellos die Schäche der 2000er überwunden und ist bei den Weißen wieder zu seinem klaren, schlank-fruchtigen Stil zurückgekehrt, der besonders in den Rieslingen und Burgundern zum Ausdruck kommt. Sensationell ist der jetzt auf den Markt kommende cremig-reife 93er Sekt Blanc de Noirs im Stil eines klassischen Prestige-Champagner!

2001 Riesling
Kabinett trocken
5,50 €, 12,5%, ♀ bis 2004 — **84**

2001 Weißer Burgunder
Spätlese trocken
7,50 €, 13%, ♀ bis 2004 — **86**

2001 Schweigener Sonnenberg
Silvaner Spätlese trocken
7,70 €, 12,5%, ♀ bis 2005 — **86**

2001 Schweigener Sonnenberg
Riesling Spätlese trocken
7,50 €, 13%, ♀ bis 2006 — **86**

2001 Schweigener Sonnenberg
Grauer Burgunder Spätlese trocken
7,40 €, 13,5%, ♀ bis 2004 — **88**

2001 Schweigener Sonnenberg
Gewürztraminer Spätlese
8,50 €, 12,5%, ♀ bis 2007 — **85**

2001 Schweigener Sonnenberg
Riesling Spätlese
7,50 €, 12,5%, ♀ bis 2006 — **87**

2001 Schweigener Sonnenberg
Riesling Trockenbeerenauslese
30,– €/0,5 Lit., 8,5%, ♀ 2004 bis 2015 — **92**

Aufsteiger

Pfalz

WEINGUT BENDERHOF

Inhaber und Betriebsleiter:
Otto Haaß, Karola Bender-Haaß
Kellermeister: Otto Haaß
67169 Kallstadt, Neugasse 45
Tel. (0 63 22) 15 20, Fax 98 07 75
Anfahrt: A 61 – A 6, Richtung Kaiserslautern, Ausfahrt Grünstadt
Verkauf: Karola Bender-Haaß
Mo.–Sa. 8:00 bis 11:30 Uhr
und 13:00 bis 19:00 Uhr
und nach Vereinbarung
Historie: Seit dem 17. Jahrhundert als Winzerfamilie in Kallstadt ansässig

---

Rebfläche: 9 Hektar
Jahresproduktion: 70.000 Flaschen
Beste Lagen: Kallstadter Saumagen, Kreidekeller und Steinacker, Herxheimer Himmelreich
Boden: Lösslehm auf Kalkgestein
Rebsorten: 40% Riesling, 11% Weißburgunder, 10% Spätburgunder, je 6% St. Laurent, Dornfelder und Schwarzriesling, 5% Scheurebe, 16% übrige Sorten
Durchschnittsertrag: 75 hl/ha
Beste Jahrgänge: 2000, 2001

Die Winzerfamilie Bender ist seit dem 17. Jahrhundert in Kallstadt tätig. Der eindeutige Schwerpunkt liegt beim Riesling. »Durch Rückbesinnung auf die Tradition sollen individuelle Weine entstehen«, sagt Otto Haaß, und so sind auch seine Rieslinge: saftig, weich, klassische Mittelhaardter mit viel Schmelz. Seit einigen Jahren gibt es auch guten Spätburgunder, wobei nun ein eigener Rotweinkeller geplant ist. 2001 stellte uns das Gut keinen Literwein, sondern ausschließlich Prädikatsweine vor. Die aber haben es in sich. Von zwölf verkosteten Weinen war kein einziger auch nur durchschnittlich, eine ganze Reihe machte ausgesprochen Spaß. Saubere, klare Aromen und terroirbezogene Art sind beeindruckend. Gerne geben wir ein Pünktchen mehr. Kurios: der einem chilenischen Cabernet zum Verwechseln ähnliche Regent.

2001 Kallstadter Saumagen
Riesling Kabinett trocken
4,60 €, 12%, ♀ bis 2005 — **86**

2001 Kallstadter Saumagen
Silvaner Spätlese trocken
5,60 €, 12%, ♀ bis 2004 — **87**

2001 Kallstadter Steinacker
Weißer Burgunder Spätlese trocken
6,40 €, 13%, ♀ bis 2005 — **87**

2001 Kallstadter Saumagen
Riesling Spätlese trocken
6,70 €, 12,5%, ♀ bis 2005 — **87**

2001 Herxheimer Himmelreich
Riesling Spätlese trocken
7,20 €, 12%, ♀ bis 2004 — **87**

2001 Kallstadter Kobnert
Gewürztraminer Spätlese trocken
6,20 €, 12,5%, ♀ bis 2006 — **87**

——— Rotweine ———

2000 St. Laurent
trocken
5,40 €, 13%, ♀ bis 2007 — **85**

2000 Kallstadter Kobnert
Regent trocken
12,– €, 13%, ♀ bis 2007 — **86**

2000 Kallstadter Steinacker
Spätburgunder trocken Barrique
13,– €, 13%, ♀ bis 2007 — **87**

Die Betriebe: ✦✦✦✦✦ Weltklasse · ✦✦✦✦ Deutsche Spitze · ✦✦✦ Sehr gut · ✦✦ Gut · ✦ Zuverlässig

Pfalz

WEINGUT BERGDOLT

Inhaber: Rainer u. Günther Bergdolt
Kellermeister: Rainer Bergdolt
67435 Duttweiler,
Klostergut Sankt Lamprecht
Tel. (0 63 27) 50 27, Fax 17 84
e-mail: weingut-bergdolt-st.lamprecht@t-online.de
Internet: www.weingut-bergdolt.de
Anfahrt: A 65, Ausfahrt Neustadt-Süd
Verkauf: Mo.–Fr. 8:00 bis 12:00 Uhr
und 13:30 bis 18:00 Uhr
Sa. 10:00 bis 16:00 Uhr
Historie: Ehemaliges Hofgut des Klosters Sankt Lamprecht, 1754 von Jakob Bergdolt erworben

---

Rebfläche: 23 Hektar
Jahresproduktion: 155.000 Flaschen
Beste Lagen: Kirrweiler Mandelberg, Duttweiler Kalkberg, Ruppertsberger Reiterpfad
Boden: Löss und sandiger Lehm, Buntsandstein
Rebsorten: 35% Weißburgunder, 32% Riesling, je 8% Chardonnay und Spätburgunder, je 6% Silvaner und Kerner, 5% Dornfelder
Durchschnittsertrag: 66 hl/ha
Beste Jahrgänge: 1998, 1999, 2001
Mitglied in Vereinigungen: VDP, Deutsches Barrique Forum

Seit 1290 ist das Hofgut des Klosters St. Lamprecht nachgewiesen. Rainer und Günther Bergdolt führen es seit der Übernahme durch Jakob Bergdolt im Jahr 1754 bereits in der achten Generation. Sie gehören seit langem zu den führenden Erzeugern von trockenen Weißburgundern in der Pfalz, in manchen Jahrgängen gar in ganz Deutschland. Lobenswert ist auch die zuverlässige Qualität, bei der sogar im Jahrgang 2000 kein einziger Wein wirklich enttäuschte. In jüngerer Zeit gelangen den Brüdern auch beachtliche Rieslinge und Spätburgunder. Der Jahrgang 2001 war wohl ein echter Bergdolt-Jahrgang, auch beim Riesling, dessen Klarheit und Frische sehr beeindruckt.

2001 Chardonnay
Spätlese trocken
10,– €, 13%, ♀ bis 2006 — **84**

2001 Duttweiler Mandelberg
Riesling Kabinett trocken
6,50 €, 12%, ♀ bis 2004 — **84**

2001 Duttweiler Kalkberg
Riesling Spätlese trocken
8,60 €, 12%, ♀ bis 2004 — **85**

2001 Kirrweiler Mandelberg
Riesling Spätlese trocken
8,20 €, 12%, ♀ bis 2004 — **85**

2001 Kirrweiler Mandelberg
Weißer Burgunder Spätlese trocken
9,20 €, 13%, ♀ bis 2005 — **88**

2001 Ruppertsberger Reiterpfad
Riesling trocken »Großes Gewächs«
15,– €, 12,5%, ♀ bis 2006 — **89**

2001 Weißer Burgunder
Auslese trocken
16,– €, 14%, ♀ bis 2005 — **92**

2001 Kirrweiler Mandelberg
Weißer Burgunder trocken »Großes Gewächs«
15,– €, 13,5%, ♀ bis 2006 — **92**

--- Rotwein ---

2000 Spätburgunder
trocken Barrique
7,– €, 13%, ♀ bis 2007 — **86**

Die Weine: **100** Perfekt · **95–99** Überragend · **90–94** Exzellent · **85–89** Sehr gut · **80–84** Gut · **75–79** Passabel

Pfalz

WEINGUT BERNHART

Inhaber: Willi und Gerd Bernhart
Kellermeister: Gerd Bernhart
76889 Schweigen, Hauptstraße 8
Tel. (0 63 42) 72 02, Fax 63 96
Anfahrt: A 65, Ausfahrt Landau-Süd, Richtung Weißenburg
Verkauf: Sabine und Wilma Bernhart
Fr. und Sa. 9:00 bis 18:00 Uhr
und nach Vereinbarung

Rebfläche: 13,5 Hektar
Jahresproduktion: 70.000 Flaschen
Beste Lage: Schweigener Sonnenberg
Boden: Lösslehm, Sand, Ton und Kalkmergel
Rebsorten: 17% Spätburgunder, je 15% Riesling und Weißburgunder, je 10% Grauburgunder und Portugieser, 8% Gewürztraminer, je 5% Müller-Thurgau, Chardonnay und Silvaner, 10% übrige Sorten
Durchschnittsertrag: 70 hl/ha
Beste Jahrgänge: 1997, 1999, 2000

Den Grundstein für das heutige Gut legte die Familie bereits 1900 mit dem Kauf von Weinbergen im französischen Weißenburg, doch bis 1960 wurden die Trauben an die Genossenschaft geliefert. 1972 hat Willi Bernhart seine Weine erstmals selbst abgefüllt. Ihm steht heute Sohn Gerd zur Seite. Die reduktiv und fruchtig ausgebauten Weißweine sind in den letzten Jahren besser geworden, auch wenn sie manchmal noch etwas zu »geputzt« wirken. Richtig gut sind hier die Rotweine, vor allem die Spätburgunder. Die »Selektion R« gehört gar zu den besten drei Rotweinen, die 1999 in ganz Deutschland erzeugt wurden. Selbst im schwierigen Jahrgang 2000 brachten die Bernharts einen Spätburgunder auf die Flasche, dem wir 90 Punkte geben konnten. Auch die Gewürztraminer haben uns überzeugt.

2001 Schweigener Sonnenberg
Auxerrois Spätlese trocken
6,90 €, 13,5%, ♀ bis 2005 — **84**

2001 Schweigener Sonnenberg
Weißer Burgunder Spätlese trocken
6,60 €, 13,5%, ♀ bis 2005 — **86**

2001 Schweigener Sonnenberg
Grauer Burgunder Spätlese trocken
6,60 €, 13,5%, ♀ bis 2004 — **87**

2001 Schweigener Sonnenberg
Gewürztraminer Spätlese trocken
6,60 €, 13,5%, ♀ bis 2005 — **87**

2001 Schweigener Sonnenberg
Gewürztraminer Beerenauslese
20,– €/0,5 Lit., 12,5%, ♀ bis 2009 — **86**

—— Rotweine ——

2000 Schweigener Sonnenberg
Dornfelder trocken »S«
9,20 €, 13%, ♀ bis 2006 — **84**

2000 Schweigener Sonnenberg
Spätburgunder Spätlese trocken
9,70 €, 13%, ♀ bis 2008 — **88**

2000 Schweigener Sonnenberg
Spätburgunder trocken »S«
17,– €, 13,5%, ♀ bis 2009 — **91**

Die Betriebe: ✦✦✦✦✦ Weltklasse · ✦✦✦✦ Deutsche Spitze · ✦✦✦ Sehr gut · ✦✦ Gut · ✦ Zuverlässig

Entdeckung des Jahres 1994 **Pfalz**

WEINGUT JOSEF BIFFAR

Inhaber: Gerhard Biffar
Betriebsleiter und Kellermeister:
Günter Braun
67146 Deidesheim,
Niederkirchener Straße 13
Tel. (0 63 26) 96 76 29, Fax 96 76 11
e-mail: mail@biffar.com
Internet: www.biffar.com
Anfahrt: A 65, weiter auf der neuen B 271 bis Ausfahrt Deidesheim, nach dem 2. Kreisel rechts halten
Verkauf: Andrea Weber
Mo.–Fr. 9:00 bis 12:00 Uhr
und 13:00 bis 17:30 Uhr
Sa. 10:00 bis 12:00 Uhr
und 13:30 bis 15:00 Uhr
und nach Vereinbarung
Historie: Die Familie ist 1723 aus der Gegend von Lyon gekommen
Sehenswert: Schöner, denkmalgeschützter Hof und tief gewölbter Keller

---

Rebfläche: 12,5 Hektar
Jahresproduktion: 85.000 Flaschen
Beste Lagen: Deidesheimer Grainhübel, Kalkofen, Kieselberg und Mäushöhle, Ruppertsberger Reiterpfad, Wachenheimer Gerümpel
Boden: Buntsandsteinverwitterung mit Löss, Ton und Basalt oder Kalk
Rebsorten: 75% Riesling, 15% Weißburgunder, 10% übrige Sorten
Durchschnittsertrag: 60 hl/ha
Beste Jahrgänge: 1998, 1999, 2000
Mitglied in Vereinigungen: VDP

Seit Ende der 80er Jahre Ulrich Mell einige Jahre mit geschliffenen Rieslingen das Gut in die Schlagzeilen brachte, hat es wenig personelle Kontinuität, aber immer gute Weine gegeben. Nach der Erneuerung des Holzfasskellers, der Erweiterung der Kapazität an Stahltanks und dem Ausbau des Kühlsystems hat man nun die weitere Modernisierung des Maschinenparks in Angriff genommen. Biffar gehört zu der nicht allzu großen Zahl Mittelhaardter Betriebe, die den 2000er Jahrgang recht gut im Griff hatten. 2001 überzeugte uns vor allem ein sehr gelungener Sauvignon Blanc. Bei den Rieslingen geht die Klarheit zuweilen auf Kosten der Substanz. Gut gelungen die Mäushöhle Spätlese trocken.

2001 Wachenheimer Altenburg
Riesling Spätlese trocken
11,– €, 12,5%, ♀ bis 2004 — **83**

2001 Deidesheimer Mäushöhle
Riesling Kabinett trocken
7,– €, 11,5%, ♀ bis 2004 — **84**

2001 Deidesheimer Kieselberg
Riesling Kabinett trocken
7,– €, 12%, ♀ bis 2005 — **84**

2001 Sauvignon Blanc
trocken
7,70 €, 12%, ♀ bis 2004 — **88**

2001 Deidesheimer Mäushöhle
Riesling Spätlese trocken
11,– €, 12,5%, ♀ bis 2005 — **88**

2001 Deidesheimer Herrgottsacker
Riesling Kabinett halbtrocken
6,– €, 11%, ♀ bis 2004 — **85**

2001 Wachenheimer Altenburg
Riesling Spätlese
11,– €, 11%, ♀ bis 2008 — **86**

2001 Deidesheimer Kalkofen
Riesling Eiswein
49,– €/0,375 Lit., 12%, ♀ bis 2012 — **89**

Die Weine: **100** Perfekt · **95–99** Überragend · **90–94** Exzellent · **85–89** Sehr gut · **80–84** Gut · **75–79** Passabel

Aufsteiger **Pfalz**

WEINGUT BRENNEIS-KOCH

Inhaber: Matthias Koch KG
Betriebsleiter und Kellermeister:
Matthias Koch
67098 Bad Dürkheim-Leistadt,
Freinsheimer Straße 2
Tel. (0 63 22) 18 98, Fax 72 41
e-mail: matthias.koch@brenneis-koch.de
Internet: www.brenneis-koch.de
Anfahrt: Dürkheim-Zentrum nördlich Richtung OT Leistadt, Ortsmitte rechts
Verkauf: Verena Suratny
nach Vereinbarung
Historie: 1993 aus der Fusion zweier Weingüter entstanden

Rebfläche: 9 Hektar
Jahresproduktion: 60.000 Flaschen
Beste Lagen: Leistadter Kirchenstück, Kallstadter Steinacker und Saumagen
Boden: Lehm mit Kalkstein, kiesiger Sand
Rebsorten: 40% Riesling,
10% St. Laurent, 7% Spätburgunder,
je 6% Grau- und Weißburgunder,
je 5% Muskateller und Portugieser,
21% übrige Sorten
Durchschnittsertrag: 65 hl/ha
Beste Jahrgänge: 2000, 2001
Mitglied in Vereinigungen:
Pfälzer Barrique Forum

1993 führte Matthias Koch die ehemaligen Weingüter Emil Brenneis (Leistadt) und Erhard Koch (Ellerstadt) zusammen und verfügt so über gute Riesling- wie Rotweinlagen. Daraus ist ein moderner, im Barrique-Ausbau engagierter Betrieb geworden, der uns nach mehreren guten Jahrgängen gerne ein Träubchen mehr wert ist. Weiße Burgunder gelingen hier ebenso wie modern-fruchtige, aber dennoch charaktervolle Rieslinge, die ausschließlich auf kalkreichen Südhängen wachsen. Der »Domwein«, eine Künstleredition zugunsten des Speyerer Doms, ist 2001 erneut ein Glanzstück der Kollektion, diesmal zusammen mit dem Herzfeld-Riesling, einem cremig-hefigen Chardonnay und dem hervorragenden Eiswein.

2001 Riesling
trocken
3,50 €/1,0 Lit., 12,5%, ♀ bis 2004   **83**

2001 Leistadter Herzfeld
Riesling Kabinett trocken
4,40 €, 12%, ♀ bis 2005   **85**

2000 Chardonnay
Spätlese trocken
11,– €, 12,5%, ♀ bis 2005   **88**

2001 Leistadter Herzfeld
Riesling Spätlese trocken
6,70 €, 13%, ♀ bis 2005   **88**

2001 Riesling
Spätlese trocken »Domwein«
8,70 €, 12,5%, ♀ bis 2006   **89**

2001 Kallstadter Steinacker
Riesling Spätlese halbtrocken
6,70 €, 11,5%, ♀ bis 2005   **84**

1998 Kallstadter Saumagen
Riesling Eiswein
28,– €/0,375 Lit., 10%, ♀ bis 2012   **91**

--- Rotweine ---

2000 Dürkheimer Feuerberg
Merlot trocken Barrique
16,– €, 13%, ♀ bis 2007   **83**

2000 Dürkheimer Feuerberg
Spätburgunder trocken Barrique
16,– €, 13%, ♀ bis 2008   **85**

Die Betriebe: ✿✿✿✿✿ Weltklasse · ✿✿✿✿ Deutsche Spitze · ✿✿✿ Sehr gut · ✿✿ Gut · ✿ Zuverlässig

Es gibt sie, diese kleinen, charmanten Hotels ...

... und wir verraten wo.

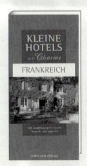
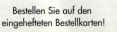

Toskana und Umbrien
208 Seiten, 230 Hotels
€ 14,95 / ISBN 3-88472-552-1

Frankreich
336 Seiten, 325 Hotels
€ 19,95 / ISBN 3-88472-544-0

Spanien
206 Seiten, 170 Hotels
€ 14,95 / ISBN 3-88472-554-8

Venedig mit Veneto und Friaul
176 Seiten, 160 Hotels
€ 14,95 / ISBN 3-88472-553-X

Österreich
192 Seiten, 250 Hotels
€ 14,95 / ISBN 3-88472-556-4

Italien
336 Seiten, 320 Hotels
€ 19,95 / ISBN 3-88472-555-6

Alle Bände broschiert, von
€ 14,95 (D) bis € 19,95 (D)
SFR 25,90 bis SFR 33,70

www.christian-verlag.de

Bestellen Sie auf den
eingehefteten Bestellkarten!

Tel.: 089/ 38 18 03 17
Fax: 089/ 38 18 03 81
info@christian-verlag.de

Pfalz

WEINGUT DR. BÜRKLIN-WOLF

Inhaber: Bettina Bürklin-von Guradze, Christian von Guradze
Verwalter: Bruno Sebastian
Kellermeister: Fritz Knorr
67157 Wachenheim, Weinstraße 65
Tel. (0 63 22) 9 53 30, Fax 95 33 30
e-mail: bb@buerklin-wolf.de
Internet: www.buerklin-wolf.de;
www.sommeroper.de;
www.fermate.org
Anfahrt: In der Mittelhaardt zwischen Neustadt und Bad Dürkheim
Verkauf: Tom Benns
Mi.–Fr. 11:00 bis 18:00 Uhr
Sa. und So. 11:00 bis 16:00 Uhr
Restaurant: Gasthaus »Zur Kanne« in Deidesheim, 11:00 bis 24:00 Uhr, dienstags geschlossen
Historie: Gegründet 1597
Sehenswert: Gutshof, Kellergewölbe, Englischer Garten

Rebfläche: 85,5 Hektar
Jahresproduktion: 600.000 Flaschen
Beste Lagen: Forster Kirchenstück, Jesuitengarten, Pechstein und Ungeheuer, Ruppertsberger Reiterpfad und Gaisböhl, Deidesheimer Hohenmorgen, Langenmorgen und Kalkofen
Boden: Basalt, Kalk, Terrassenschotter, gelb-rot-weißer Buntsandstein
Rebsorten: 72% Riesling, 18% Rotweinsorten, 10% übrige Sorten
Durchschnittsertrag: 65 hl/ha
Beste Jahrgänge: 1997, 1998, 2001
Mitglied in Vereinigungen: VDP

In kaum mehr als zehn Jahren haben Christian von Guradze und seine Frau Bettina das traditionsreiche Gut in eine neue Welt geführt. Die meisten Gebäude der umfangreichen Anlage sind renoviert, der drei Hektar große Park mit Gewächshäusern ist fertiggestellt, das alte Gutsrestaurant »Zur Kanne« ist wieder mit einem Stern versehen, in der antik möblierten Vinothek führt ein englischer Experte Weinproben durch – was will man mehr? Seit einigen Jahren bietet Bürklin-Wolf auch ein umfangreiches Kulturprogramm, mit Sommeroper und anderen Events. Dies alles schafft den idealen Rahmen für eine Präsentation der Gutsweine. Auch die haben sich seit 1990 signifikant verbessert. Christian von Guradze hat den Gedanken der Lagenklassifizierung in der Pfalz vorangetrieben. Seine eigenen Weine stehen heute in einem völlig neuen, klaren Ordnungssystem. Basis sind die trockenen Gutsweine von verschiedenen Rebsorten, darüber stehen Ortsrieslinge. Die »Großen Gewächse« (nur Riesling) sind bei Bürklin-Wolf in zwei Stufen eingeteilt: Lagen der Stufe »B« und »A«. Diese hintergründige Anspielung auf die Klassifikation der Bourgogne (Premier Cru und Grand Cru) findet ihren Ausdruck in den Zusätzen »Edition P.C.« für Premier Cru und »Edition G.C.« (abgeleitet von Guradze Christian) für Grand Cru. Die Spitze der Produktion bilden die edelsüßen Spezialitäten, die von verschiedenen Rebsorten stammen können. Fünf Jahre lang präsentierte dieses traditionsreiche Gut eine gute Kollektion nach der anderen. Dabei verdienten nicht nur die trockenen Rieslinge Beachtung, die den Löwenanteil der Produktion darstellen. Auch die weißen Burgundersorten und die Spätburgunder können bemerkenswert ausfallen. Dann kam der Jahrgang 2000, den Christian von Guradze selbst für ausgesprochen schwach hält. Es wurden keine »Großen Gewächse« gefüllt und das Sortiment stark reduziert. Im Jahrgang 2001 sieht es ganz anders aus. Selbst die »einfachen« Rieslinge können sich mehr als nur sehen lassen. Die hochwertigen trockenen Rieslinge sind nicht ausgesprochen fett (fast immer 12,5 Prozent Alkohol), aber gut strukturiert und gehören unzweifelhaft zur Spitze des Gebietes. Beachtenswert sind auch der Gewürztraminer sowie die über 10 Jahre alten, edelsüßen Weine, die erst kürzlich in den Verkauf kamen.

Pfalz

2001 Riesling
trocken
7,– €, 12%, ♀ bis 2005 — **84**

2001 Ruppertsberger Gaisböhl
Riesling trocken GC
20,– €, 12,5%, ♀ bis 2005 — **87**

2001 Wachenheimer Gerümpel
Riesling trocken PC
12,– €, 12,5%, ♀ bis 2007 — **87**

2001 Ruppertsberger Hoheburg
Riesling trocken PC
12,– €, 12,5%, ♀ bis 2005 — **87**

2001 Weißer Burgunder
trocken S
16,– €, 13,5%, ♀ bis 2004 — **87**

2001 Wachenheimer Böhlig
Riesling trocken PC
13,– €, 12,5%, ♀ bis 2006 — **88**

2001 Forster Ungeheuer
Riesling trocken GC
24,15 €, 12,5%, ♀ bis 2006 — **89**

2001 Chardonnay
trocken S
16,– €, 13,5%, ♀ bis 2006 — **89**

2001 Forster Pechstein
Riesling trocken GC
25,20 €, 12,5%, ♀ bis 2006 — **90**

2001 Deidesheimer Hohenmorgen
Riesling trocken GC
25,20 €, 12,5%, ♀ bis 2006 — **90**

2001 Forster Jesuitengarten
Riesling trocken GC
28,35 €, 12,5%, ♀ bis 2005 — **90**

2001 Riesling
Estate
9,– €, 12%, ♀ bis 2005 — **85**

2001 Gewürztraminer
16,– €, 13,5%, ♀ bis 2006 — **89**

―――― Rotwein ――――

2000 Spätburgunder
trocken S
21,50 €, 13,5%, ♀ bis 2006 — **87**

Vorjahresweine

2000 Riesling
trocken
6,39 €/1,0 Lit., 12%, ♀ bis 2003 — **81**

2000 Riesling
trocken
6,65 €, 12%, ♀ bis 2003 — **86**

2000 Wachenheimer
Riesling Kabinett trocken
7,93 €, 11,5%, ♀ bis 2003 — **87**

2000 Wachenheimer Gerümpel
Riesling Spätlese trocken
12,27 €, 12,5%, ♀ bis 2004 — **88**

2000 »Bürklin Estate«
Riesling
9,20 €, 12%, ♀ bis 2004 — **88**

Die Weine: 100 Perfekt · 95–99 Überragend · 90–94 Exzellent · 85–89 Sehr gut · 80–84 Gut · 75–79 Passabel

Pfalz

WEINGUT REICHSRAT VON BUHL

Eigentümer: Reichsfreiherr Georg Enoch von und zu Gutenberg
Inhaber und Pächter: Reichsrat von Buhl GmbH
Weingutsdirektor: Stefan Weber
Betriebsleiter: Frank John
67146 Deidesheim, Weinstraße 16
Tel. (0 63 26) 9 65 00, Fax 96 50 24
e-mail: kranz@reichsrat-von-buhl.de
Internet: www.reichsrat-von-buhl.de
Anfahrt: A 61, Richtung Bad Dürkheim, Ausfahrt Deidesheim
Verkauf: Holger Kranz
Mo.–Fr. 8:00 bis 12:00 Uhr
und 13:00 bis 18:00 Uhr
Do. u. Fr. bis 20:00 Uhr
Sa., So. und an Feiertagen
10:00 bis 12:00 Uhr
und 13:00 bis 17:00 Uhr
Sehenswert: Der gesamte Betrieb steht unter Denkmalschutz

Rebfläche: 50 Hektar
Jahresproduktion: 350.000 Flaschen
Beste Lagen: Forster Freundstück, Jesuitengarten, Pechstein, Kirchenstück und Ungeheuer, Deidesheimer Kieselberg, Leinhöhle und Herrgottsacker, Ruppertsberger Reiterpfad
Boden: Sandiger Lehm, Kalksteinverwitterung und Basalt
Rebsorten: 88% Riesling, 4% Spätburgunder, 8% übrige Sorten
Durchschnittsertrag: 55 hl/ha
Beste Jahrgänge: 1996, 1998, 1999
Mitglied in Vereinigungen: VDP

Nach einer Phase des Niedergangs wurde dieser 150 Jahre alte Traditionsbetrieb 1989 an 60 japanische Weinhändler verpachtet. Seither flossen Millionen in die Modernisierung von Außenbetrieb und Keller. In der zweiten Hälfte der 90er Jahre gelang mit brillanten Rieslingen der Sprung zurück in die deutsche Spitze. Mit den Jahrgängen 2000 und 2001 ist das Gut allerdings nicht zurechtgekommen. Vor allem im trockenen Bereich gelang es nur bei den Allerteuersten, klare Weine ohne Pilznote auf die Flasche zu bringen.

2001 Deidesheimer Kieselberg
Riesling Kabinett trocken
8,– €, 11,5%, ♀ bis 2004   **82**

2001 Forster Pechstein
Riesling Spätlese trocken
»Großes Gewächs«
18,– €, 12,5%, ♀ bis 2006   **86**

2001 Ruppertsberger Reiterpfad
Riesling Spätlese trocken
»Großes Gewächs«
18,– €, 12,5%, ♀ bis 2006   **88**

2001 Forster Jesuitengarten
Riesling Spätlese
12,– €, 11%, ♀ bis 2007   **79**

2001 Forster Bischofsgarten
Riesling Kabinett
7,– €, 9,5%, ♀ bis 2006   **82**

2001 Forster Ungeheuer
Riesling Auslese Goldkapsel
12,80 €/0,375 Lit., 7%, ♀ bis 2008   **87**

2001 Ruppertsberger Reiterpfad
Scheurebe Auslese
7,80 €/0,375 Lit., 9,5%, ♀ bis 2007   **89**

2001 Forster Ungeheuer
Riesling Eiswein
49,30 €/0,375 Lit., 8,5%, ♀ bis 2015   **89**

2001 Forster Ungeheuer
Riesling Trockenbeerenauslese
152,– €/0,375 Lit., 6%, ♀ bis 2025   **92**

Die Betriebe: ✤✤✤✤✤ Weltklasse · ✤✤✤✤ Deutsche Spitze · ✤✤✤ Sehr gut · ✤✤ Gut · ✤ Zuverlässig

Pfalz

WEINGUT CASTEL PETER

Inhaber: Familie Peter
Kellermeister: Wilfried u. Karsten Peter
67098 Bad Dürkheim, Am Neuberg 2
Tel. (0 63 22) 58 99, Fax 6 79 78
e-mail:
weingut-castel-peter@t-online.de
Anfahrt: A 61, Ausfahrt Kreuz Ludwigshafen, über A 650, Richtung Bad Dürkheim
Verkauf: Familie Peter
Mo.–Fr. 9:00 bis 12:00 Uhr
und 14:00 bis 18:00 Uhr
Sa. 9:00 bis 16:00 Uhr
Historie: Weinbau in der Familie seit 1774

Rebfläche: 11 Hektar
Jahresproduktion: 90.000 Flaschen
Beste Lagen: Dürkheimer Spielberg, Hochbenn und Steinberg
Boden: Kalkmergel, sandiger Lehm
Rebsorten: 23% Riesling, je 10% Spätburgunder und St. Laurent, je 8% Chardonnay und Weißburgunder, je 5% Cabernet Sauvignon, Merlot und Portugieser, 26% übrige Sorten
Durchschnittsertrag: 70 hl/ha
Beste Jahrgänge: 2000, 2001
Mitglied in Vereinigungen:
Pfälzer Barrique Forum

1774 begann die Familie Peter mit dem Weinbau, heute sieht Karsten Peter in der richtigen Mischung aus Tradition und Innovation seine Aufgabe. Terroir betrachtet er als Fundament der Qualität. Die Weine haben durchweg einen gewissen Stil. Wir vermissen höchstens etwas innere Dichte, die den interessanten Wein vom gut gemachten unterscheidet. Gut gefallen uns die Weißweine dieses Hauses, vor allem die schlanken, sauberen und klaren Rieslinge. Das Experiment mit Cabernet Sauvignon scheint uns nicht gelungen, der Chardonnay »Fingerprint« dagegen kann überzeugen. Winzermeister Wilfried Peter ist übrigens Initiator der Gründung des Pfälzer Barrique Forums.

2001 Riesling
trocken
3,60 €/1,0 Lit., 12%, ♀ bis 2003 — **80**

2001 Dürkheimer Hochbenn
Riesling trocken **
4,30 €, 12,5%, ♀ bis 2004 — **82**

2001 Chardonnay
trocken **
5,40 €, 12,5%, ♀ bis 2004 — **84**

2001 Dürkheimer Spielberg
Riesling trocken Fingerprint ***
12,50 €, 13,5%, ♀ bis 2005 — **84**

2001 Chardonnay
trocken Fingerprint ***
12,50 €, 13,5%, ♀ bis 2005 — **86**

2001 Dürkheimer Hochbenn
Riesling halbtrocken **
4,20 €, 11,5%, ♀ bis 2004 — **84**

--- Rotweine ---

2001 Dornfelder
trocken *
4,10 €, 12,5%, ♀ bis 2005 — **82**

2000 Cabernet Sauvignon
trocken ***
17,50 €, 13,5%, ♀ bis 2005 — **82**

Die Weine: **100** Perfekt · **95–99** Überragend · **90–94** Exzellent · **85–89** Sehr gut · **80–84** Gut · **75–79** Passabel

Pfalz

WEINGUT A. CHRISTMANN

Inhaber und Betriebsleiter:
Steffen Christmann
Kellermeister: Martin Eller
67435 Gimmeldingen,
Peter-Koch-Staße 43
Tel. (0 63 21) 6 60 39, Fax 6 87 62
e-mail
weingut.christmann@t-online.de
Anfahrt: A 65, Ausfahrt Neustadt-Lambrecht, in Neustadt Richtung Gimmeldingen
Verkauf: Mo.–Fr. 9:00 bis 11:30 Uhr und 14:00 bis 17:00 Uhr
Sa. 9:00 bis 12:00 Uhr,
nach Vereinbarung
Gutsausschank: Meerspinnkeller
17:00 bis 22:00 Uhr, Di.–Do. Ruhetag
Sehenswert: Gewölbekeller von 1575

Rebfläche: 14 Hektar
Jahresproduktion: 110.000 Flaschen
Beste Lagen: Ruppertsberger Reiterpfad, Königsbacher Idig, Gimmeldinger Mandelgarten, Deidesheimer Hohenmorgen
Boden: Lehm, toniger Sand, Mergelkalk, Buntsandsteinverwitterung
Rebsorten: 67% Riesling, 14% Spätburgunder, 8% Weißburgunder, 7% Grauburgunder, 4% übrige Sorten
Durchschnittsertrag: 56 hl/ha
Beste Jahrgänge: 1998, 2000, 2001
Mitglied in Vereinigungen: VDP

Die Christmanns sind eine traditionsreiche Gimmeldinger Winzerfamilie. Doch erst in den 90er Jahren erlebte das Gut eine Qualitätsexplosion, die es zu einem der drei besten Erzeuger des Anbaugebietes machte. Jahr für Jahr ist die Kollektion ein Muster an Zuverlässigkeit und Güte, selbst in schwierigen Jahrgängen wie 2000. Das Weingut Christmann blickt auf eine bewegte Geschichte zurück. Gründungsväter sind die Weinliebhaber Johann und Professor Dr. Ludwig Häusser, aus der Bewegung des demokratischen Vormärz, die 1845 den Grundstein für das heutige Weingut legten. Durch Einheirat zu Beginn des 20. Jahrhunderts bekam es seinen Namen. 1965 übernahm Karl-Friedrich Christmann das Gut, das seit dem Einstieg von Sohn Steffen 1994 seinen erstaunlichen Aufschwung begann. Für Steffen Christmann hängt diese Entwicklung unmittelbar zusammen mit der guten Teamarbeit im Gut. »Die Generationen unterstützen und helfen einander. Neuerungswille und Bedachtsamkeit wirken hierdurch in idealer Weise zusammen«, erklärt der junge Christmann, der Jurist geworden ist, aber dann schließlich doch noch auf den Weingeschmack kam. Mit zwei Dritteln der Rebfläche steht der Riesling im Vordergrund, wobei 85 Prozent der Weine trocken ausgebaut werden. Die eigentliche Stärke des Betriebs sind zwar nach wie vor die trockenen »Großen Gewächse«, die bei aller Klarheit und bestechenden Primärfrucht komplex, dicht gewoben und feinwürzig ausfallen. Sie setzen Maßstäbe in dieser Kategorie. Nur wenige Erzeuger können da mithalten. Aber seit zwei, drei Jahren erreichen auch Christmanns rote und weiße Burgundersorten sowie die edelsüßen Weine Qualitäten, die zu den besten in Deutschland zählen. Im Jahrgang 2001 stellte uns Steffen Christmann eine ganze Phalanx von 90-Punkte-Weinen vor. Erneut ist dies auch bei einfacheren Weinen ein Niveau, das außer Müller-Catoir und Rebholz niemand in der Pfalz erreicht.

2001 Riesling
trocken
5,20 €/1,0 Lit., 11%, ♀ bis 2004   **83**

2001 Königsbach
Riesling Kabinett trocken
6,50 €, 10,5%, ♀ bis 2005   **84**

2001 Weißer Burgunder
trocken
7,50 €, 12%, ♀ bis 2004   **86**

2001 Grauer Burgunder
trocken
7,50 €, 12%, ♀ bis 2004   **86**

Die Betriebe: ✽✽✽✽✽ Weltklasse · ✽✽✽✽ Deutsche Spitze · ✽✽✽ Sehr gut · ✽✽ Gut · ✽ Zuverlässig

Pfalz

2001 Gimmeldinger Biengarten
Riesling Spätlese trocken
12,– €, 13%, ♀ bis 2005 — **87**

2001 Königsbacher Ölberg
Riesling Spätlese trocken
13,– €, 13%, ♀ bis 2006 — **89**

2001 Weißer Burgunder
trocken SC
13,– €, 13,5%, ♀ bis 2005 — **89**

2001 Grauer Burgunder
trocken SC
13,– €, 13,5%, ♀ bis 2005 — **89**

2001 Gimmeldinger Mandelgarten
Riesling Spätlese trocken
»Großes Gewächs«
20,– €, 13,5%, ♀ bis 2006 — **90**

2001 Chardonnay
trocken SC
16,– €, 13,5%, ♀ bis 2005 — **90**

2001 Ruppertsberger Reiterpfad
Riesling Spätlese trocken
»Großes Gewächs«
18,50 €, 13%, ♀ bis 2007 — **91**

2001 Deidesheimer Hohenmorgen
Riesling Spätlese trocken
»Großes Gewächs«
20,– €, 13%, ♀ bis 2008 — **92**

2001 Königsbacher Idig
Riesling Spätlese trocken
»Großes Gewächs«
20,50 €, 13,5%, ♀ bis 2008 — **93**

2001 Königsbacher Idig
Riesling Auslese
16,– €/0,375 Lit., 11%, ♀ bis 2015 — **89**

2001 Gewürztraminer
Auslese SC
20,– €, 11,5%, ♀ bis 2006 — **90**

2001 Riesling
Eiswein SC
35,– €/0,375 Lit., 11%, ♀ bis 2020 — **92**

2001 Ruppertsberger Reiterpfad
Riesling Eiswein
45,– €/0,375 Lit., 11%, ♀ bis 2020 — **93**

2001 Ruppertsberger Reiterpfad
Riesling Auslese
15,– €/0,375 Lit., 9,5%, ♀ bis 2010 — **94**

2001 Königsbacher Idig
Riesling Trockenbeerenauslese
200,– €/0,375 Lit., 7,5%, ♀ bis 2030 — **95**

——— Rotwein ———

2000 Königsbacher Idig
Spätburgunder trocken
30,– €, 13,5%, ♀ bis 2008 — **88**

Vorjahresweine

2000 Gimmeldinger Mandelgarten
Riesling Spätlese trocken
»Großes Gewächs«
16,36 €, 13%, ♀ bis 2008 — **91**

2000 Königsbacher Idig
Riesling Spätlese trocken
»Großes Gewächs«
16,36 €, 13%, ♀ bis 2007 — **92**

2000 Ruppertsberger Reiterpfad
Riesling Auslese
23,01 €/0,375 Lit., 9,5%, ♀ bis 2012 — **91**

2000 Königsbacher Idig
Riesling Trockenbeerenauslese
102,26 €/0,375 Lit., 8%, ♀ 2005 bis 2030 — **95**

A. Christmann
2000
MANDELGARTEN
GIMMELDINGEN

Die Weine: **100** Perfekt · **95–99** Überragend · **90–94** Exzellent · **85–89** Sehr gut · **80–84** Gut · **75–79** Passabel

Pfalz

WEINGUT DARTING

Inhaber: Helmut und Ella Darting
Kellermeister: Helmut Darting
67098 Bad Dürkheim, Am Falltor 4
Tel. (0 63 22) 97 98 30, Fax 9 79 83 26
e-mail: weingut@darting.de
Anfahrt: Über die A 61 auf die A 650, Richtung Stadtmitte/Krankenhaus
Verkauf: Familie Darting
Mo.–Sa. 8:00 bis 12:00 Uhr
und 13:00 bis 18:00 Uhr

Rebfläche: 17 Hektar
Jahresproduktion: 150.000 Flaschen
Beste Lagen: Dürkheimer Michelsberg, Spielberg und Hochbenn, Ungsteiner Herrenberg
Boden: Kalkmergel, sandiger Kies und Lösslehm
Rebsorten: 44% Riesling, 8% Weißburgunder, 6% Rieslaner, 5% Scheurebe, je 4% Portugieser, Muskateller und Ortega, je 3% Chardonnay und Spätburgunder, 19% übrige Sorten
Durchschnittsertrag: 70 hl/ha
Beste Jahrgänge: 1996, 1998, 2001

Während die meisten Spitzenbetriebe in der Pfalz heute auf trockene Weine setzen, wird im Weingut Darting fast die Hälfte der Gewächse noch mit Restsüße ausgebaut. Das hat seinen guten Grund: Annähernd ein Drittel seiner Produktion verkauft Helmut Darting, der sein Handwerk bei Hans-Günther Schwarz im Weingut Müller-Catoir gelernt hat, außerhalb deutscher Grenzen. USA, Kanada und Japan sind die Hauptabnehmer. In 2001 hat Darting gezeigt, dass die schwächeren Weine aus 2000 den Witterungsverhältnissen zugeschrieben werden müssen. Diesmal entstand eine ganze Serie hochwertiger Weine – auch eine tolle Scheurebe Auslese und ein erstaunlich preisgünstiger Spätburgunder. In den nächsten Jahren will sich Darting vermehrt dem Rotweinausbau widmen. Ein Holzfasslager wurde bereits eingerichtet.

2001 Dürkheimer Schenkenböhl
Müller-Thurgau trocken
3,– €/1,0 Lit., 10,5%, ♀ bis 2003 — **81**

2001 Dürkheimer Spielberg
Riesling Kabinett trocken
4,10 €, 12%, ♀ bis 2004 — **85**

2001 Dürkheimer Fronhof
Riesling Spätlese trocken
6,– €, 12,5%, ♀ bis 2004 — **88**

2001 Dürkheimer Schenkenböhl
Riesling Kabinett halbtrocken
3,90 €, 10,5%, ♀ bis 2004 — **84**

2001 Dürkheimer Nonnengarten
Rieslaner Auslese
10,50 €, 10,5%, ♀ bis 2006 — **87**

2001 Forster Schnepfenflug
Huxelrebe Beerenauslese
12,– €/0,5 Lit., 8,5%, ♀ bis 2012 — **89**

2001 Ungsteiner Honigsäckel
Scheurebe Auslese
10,50 €, 8%, ♀ bis 2006 — **90**

——— Rotweine ———

2001 Spätburgunder Weißherbst
Kabinett trocken
7,30 €, 11,5%, ♀ bis 2003 — **84**

2000 Dürkheimer Feuerberg
Spätburgunder trocken
5,20 €, 13%, ♀ bis 2004 — **86**

Die Betriebe: ✿✿✿✿✿ Weltklasse · ✿✿✿✿ Deutsche Spitze · ✿✿✿ Sehr gut · ✿✿ Gut · ✿ Zuverlässig

Pfalz

WEINGUT DR. DEINHARD

Inhaber: Familie Hoch
Betriebsleiter/Verwalter: Heinz Bauer
Kellermeister: Ludwig Molitor
67146 Deidesheim, Weinstraße 10
Tel. (0 63 26) 2 21, Fax 79 20
e-mail: weingut@dr-deinhard.de
Anfahrt: Das Weingut liegt direkt an der Weinstraße in Deidesheim
Verkauf: Heinz Bauer, Thomas Wagner
Mo.–Fr. 8:00 bis 17:30 Uhr
Sa. 9:30 bis 17:00 Uhr
und nach Vereinbarung
Erlebenswert: Weinfest im Hof unter mächtiger Platane am 2. und 3. August-Wochenende
Historie: Gegründet 1849
Sehenswert: Gutsgebäude in rotem und gelbem Buntsandstein, origineller Probierraum im ehemaligen Pferdestall

---

Rebfläche: 31 Hektar
Jahresproduktion: 225.000 Flaschen
Beste Lagen: Deidesheimer Grainhübel, Kalkofen, Kieselberg, Langenmorgen und Mäushöhle, Ruppertsberger Reiterpfad und Linsenbusch, Forster Ungeheuer und Jesuitengarten
Boden: Buntsandstein, Lösslehm, toniger Sand, tertiärer Kalk, Basaltschotter
Rebsorten: 80% Riesling, 20% übrige Sorten
Durchschnittsertrag: 67 hl/ha
Beste Jahrgänge: 1996, 1998, 2001
Mitglied in Vereinigungen: VDP

Heute umfasst das 1849 von Friedrich Deinhard aus der Koblenzer Sektdynastie gegründete Weingut etwa 40 Hektar, jedoch beschränkt man sich in diesem Betrieb seit 1973 auf etwa 30 Hektar Rebfläche. Der Rest wurde an die Gutsverwaltung Wegeler verpachtet. Gutsverwalter Heinz Bauer musste im schwierigen Jahrgang 2000 Kritik einstecken. Ebenso deutlich fällt das Lob für die Weine aus 2001 aus: Bessere Rieslinge haben wir hier seit Jahren nicht mehr probiert. Mineralisch, dicht und klar erinnern sie an beste Zeiten. Bei 24 verkosteten Weinen gab es kaum Schwachpunkte.

2001 Ruppertsberger Linsenbusch
Weißer Burgunder Spätlese trocken
8,20 €, 13%, ♀ bis 2005 — **86**

2001 Ruppertsberger Reiterpfad
Gewürztraminer Kabinett trocken
6,– €, 12%, ♀ bis 2005 — **87**

2001 Deidesheimer Grainhübel
Riesling Spätlese trocken
8,20 €, 12%, ♀ bis 2006 — **88**

2001 Grauer Burgunder
Spätlese trocken
12,– €, 13,5%, ♀ bis 2006 — **89**

2001 Forster Ungeheuer
Riesling Spätlese trocken
8,80 €, 12,5%, ♀ bis 2007 — **89**

2001 Deidesheimer Langenmorgen
Riesling Spätlese trocken
»Großes Gewächs«
14,– €, 12,5%, ♀ 2004 bis 2007 — **89**

2001 Deidesheimer Herrgottsacker
Riesling Spätlese halbtrocken
7,80 €, 11,5%, ♀ bis 2006 — **87**

2001 Ruppertsberger Reiterpfad
Rieslaner Auslese
13,– €, 10%, ♀ bis 2008 — **88**

2001 Ruppertsberger Reiterpfad
Riesling Eiswein
32,– €/0,375 Lit., 8%, ♀ bis 2012 — **90**

Die Weine: **100** Perfekt · **95–99** Überragend · **90–94** Exzellent · **85–89** Sehr gut · **80–84** Gut · **75–79** Passabel

Pfalz

WEINGUT EYMANN

Inhaber: Rainer Eymann
Kellermeister: Rainer Eymann
67161 Gönnheim, Ludwigstraße 35
Tel. (0 63 22) 28 08, Fax 6 87 92
e-mail: inf@weinguteymann.de
Internet: www.weinguteymann.de
Anfahrt: Von der A 61, Ausfahrt Kreuz Ludwigshafen, über die A 650 Richtung Bad Dürkheim, Ausfahrt Gönnheim
Verkauf: Ingeborg Wagner-Eymann
Mo.–Fr. 8:00 bis 12:00 Uhr
und 13:00 bis 19:00 Uhr
Sa. 10:00 bis 19:00 Uhr
Gutsausschank: Weinstube Eymann
Do. und Fr. von 18:00 bis 24:00 Uhr
Sa. von 17:00 bis 24:00 Uhr

Rebfläche: 16 Hektar
Jahresproduktion: 120.000 Flaschen
Beste Lage: Gönnheimer Sonnenberg
Boden: Kalkiger Löss
Rebsorten: 35% Riesling, 12% Spätburgunder, 10% Weißburgunder, je 8% Regent und Grauburgunder, 7% St. Laurent, je 4% Dornfelder, Chardonnay und Merlot, 8% übrige Sorten
Durchschnittsertrag: 70 hl/ha
Beste Jahrgänge: 1996, 1997, 2000

Der Name Eymann geht zurück auf einen bereits im Jahre 1350 erwähnten Lehnshof »Toreye«, der heute Pate für eine Selektion der feinsten Weine des Gutes steht. 2000 waren dem Ehepaar Eymann sehr klare, fruchtbetonte Weiße gelungen. Im 2001er Jahrgang erhält Eymann unser Lob für zwei sonst eher »kleine« Produkte: einmal den sehr gelungenen Liter-Riesling, der wie ein reifer Apfel duftet. Überraschend gelungen ist auch ein eleganter Perlwein aus Riesling-Trauben, der für wenig Geld (5 Euro) mehr Freude macht als jeder Prosecco. Das restliche Sortiment blieb seriös, aber etwas farblos, da höherwertige Prädikate fehlen. Aus dem gelben Muskateller gibt es übrigens einen feinperligen Sekt und einen exzellenten Traubenbrand!

2001 Weißer Burgunder
Classic
4,90 €, 12,5%, ♀ bis 2003 — **80**

2001 Riesling
Classic
4,40 €, 12%, ♀ bis 2004 — **81**

2001 Muskateller
trocken
5,– €, 10%, ♀ 2004 bis 2008 — **84**

2001 Riesling
halbtrocken
3,70 €/1,0 Lit., 11,5%, ♀ bis 2004 — **83**

--- Rotweine ---

2001 Spätburgunder
trocken Blanc de Noirs
6,20 €, 12%, ♀ bis 2004 — **82**

2001 Regent
trocken
4,70 €, 12,5%, ♀ 2004 bis 2008 — **82**

2001 St. Laurent
trocken
5,30 €, 13%, ♀ bis 2007 — **84**

2000 Spätburgunder
trocken
7,– €, 13%, ♀ bis 2006 — **85**

Pfalz

WEINGUT FITZ-RITTER

Inhaber: Konrad M. Fitz
Kellermeister: Bernd Henninger
67098 Bad Dürkheim,
Weinstraße Nord 51
Tel. (0 63 22) 53 89, Fax 6 60 05
e-mail: info@fitz-ritter.de
Internet: www.fitz-ritter.de
Anfahrt: A 61, Ausfahrt Kreuz Ludwigshafen, über A 650, Richtung Dürkheim
Verkauf: Ute Hoffmann, Steffen Becker
Mo.–Fr. 8:00 bis 12:00 Uhr
und 13:00 bis 18:00 Uhr
Sa. 9:00 bis 13:00 Uhr
und nach Vereinbarung
Historie: Seit 1785 im Familienbesitz
Sehenswert: Schönster Garten der deutschen Weinstraße

Rebfläche: 21 Hektar
Jahresproduktion: 150.000 Flaschen
Beste Lagen: Ungsteiner Herrenberg, Dürkheimer Michelsberg, Spielberg, Abtsfronhof und Hochbenn
Boden: Sandiger Lehm mit Kalk
Rebsorten: 65% Riesling, 6% Spätburgunder, 5% Gewürztraminer, 4% Chardonnay, 20% übrige Sorten
Durchschnittsertrag: 67 hl/ha
Beste Jahrgänge: 1998, 2000, 2001
Mitglied in Vereinigungen: VDP

1832, beim »Hambacher Fest«, war der »Rote Fitz« Sprecher der aufbegehrenden Winzer und Demokraten. Heute geht es geruhsamer zu im stilvollen Innenhof des prächigen Gutshauses, wo Familie Fitz mit Weinfesten, Konzerten und Kunstausstellungen Kulturpflege betreibt. Im ausgedehnten Gewölbekeller reifen Weine heran, die zunehmend individueller werden. Nach einer Schwächephase brachte schon der Jahrgang 2000 deutliche Besserung. 2001 nun gehört der Betrieb mit erstaunlich sauberen, beim Riesling gekonnt traditionellen Weinen zu den angenehmen Überraschungen des Jahrganges. Auch die Burgunder sind gut gelungen. Erneut ist der cremige, runde Eiswein das Paradestück des Hauses.

Dass eine ganze Reihe unterschiedlicher Flaschen verwendet werden, macht die Orientierung nicht ganz einfach.

2001 Wachenheimer
Weißer Burgunder Kabinett trocken
6,– €, 12%, ♀ bis 2004 — **83**

2001 Dürkheimer Abtsfronhof
Riesling Kabinett trocken
6,– €, 12%, ♀ bis 2005 — **84**

2001 Ungsteiner Herrenberg
Riesling Spätlese trocken
9,50 €, 12%, ♀ bis 2005 — **84**

2001 Dürkheimer Abtsfronhof
Gewürztraminer Spätlese trocken
10,– €, 13%, ♀ bis 2006 — **84**

2001 Dürkheimer Abtsfronhof
Riesling Kabinett halbtrocken
5,50 €, 11,5%, ♀ bis 2005 — **84**

2001 Dürkheimer Abtsfronhof
Riesling Spätlese halbtrocken
7,– €, 12%, ♀ bis 2006 — **85**

2001 Dürkheimer Hochbenn
Riesling Eiswein
33,– €/0,375 Lit., 9,5%, ♀ bis 2015 — **89**

--- Rotwein ---

2000 Spätburgunder
trocken Barrique
16,– €, 13,5%, ♀ bis 2008 — **83**

Die Weine: **100** Perfekt · **95–99** Überragend · **90–94** Exzellent · **85–89** Sehr gut · **80–84** Gut · **75–79** Passabel

Pfalz

WEINGUT
WINFRIED FREY & SÖHNE

Inhaber: Jürgen und Peter Frey
Kellermeister: Jürgen Frey
76879 Essingen, Spanierstr. 1, 2 und 9
Tel. (0 63 47) 82 24, Fax 72 90
e-mail: info@frey-soehne.de
Internet: www.frey-soehne.de
Anfahrt: Südliche Weinstraße bei Landau
Verkauf: Ursula Frey,
nur nach Vereinbarung
Gästehaus: 50 Personen
Sehenswert: Kleines Weinmuseum

Rebfläche: 13 Hektar
Jahresproduktion: 50.000 Flaschen
Beste Lagen: Essinger Rossberg, Sonnenberg und Osterberg
Boden: Löss und sandiger Lehm
Rebsorten: 30% Riesling, 15% Grauburgunder, je 10% Weißburgunder, Portugieser, Dornfelder und Chardonnay, je 5% Gewürztraminer, Muskateller und Sankt Laurent
Durchschnittsertrag: 55 hl/ha
Beste Jahrgänge: 1997, 1998, 2001

2001 Essinger Rossberg
Gewürztraminer Spätlese
6,– €, 9%, ♀ bis 2003 — **77**

2001 Essinger Sonnenberg
Scheurebe Spätlese
7,50 €, 8%, ♀ bis 2003 — **81**

2001 Essinger Osterberg
Müller-Thurgau Beerenauslese
20,– €/0,375 Lit., 8,5%, ♀ bis 2007 — **88**

2001 Essinger Rossberg
Weißer Burgunder Eiswein – 1 –
30,– €/0,375 Lit., 9%, ♀ bis 2012 — **89**

2001 Essinger Rossberg
Riesling Trockenbeerenauslese
30,– €/0,375 Lit., 7%, ♀ bis 2015 — **90**

2001 Essinger Rossberg
Riesling Eiswein
35,– €/0,375 Lit., 9%, ♀ bis 2012 — **90**

2001 Essinger Osterberg
Muskateller Trockenbeerenauslese
28,– €/0,375 Lit., 8,5%, ♀ bis 2015 — **91**

Das Weingut liegt gewiss nicht in einem besonders begünstigten Teil der Pfalz, obwohl hier schon fast tausend Jahre lang Wein angebaut wird. Winzermeister Winfried Frey konnte sich einen hervorragenden Ruf als Spezialist für edelsüße Weine erarbeiten. Seit 1995 liegt der Ausbau der Weine in den Händen von Sohn Jürgen. Selten erlebt man einen Betrieb mit einer so gespaltenen Qualitätsstruktur. Im trockenen Bereich, der nur 20 Prozent der Produktion stellt, sind die Weine – wie erneut im Jahrgang 2001 – wenig überzeugend. Was nicht zumindest Beerenauslese ist, spielt in der Kreisklasse. Die edelsüßen Weine sind oft ausgezeichnet, manchmal großartig. 2001 stellt Frey eine beeindruckende Kollektion von acht hochwertigen, edelsüßen Weinen vor, an der uns nur die altbackene Ausstattung stört. Sinnvollerweise will Frey nun den Betrieb zu 100 Prozent auf edelsüße Weine umstellen.

Die Betriebe: ✿✿✿✿✿ Weltklasse · ✿✿✿✿ Deutsche Spitze · ✿✿✿ Sehr gut · ✿✿ Gut · ✿ Zuverlässig

Aufsteiger **Pfalz**

WEINGUT KARL-HEINZ GAUL

Kellermeister: Karl-Heinz Gaul
67269 Grünstadt-Sausenheim,
Bärenbrunnenstraße 15
Tel. (0 63 59) 8 45 69, Fax 8 74 98
Anfahrt: A 6 Mannheim–Saarbrücken, Ausfahrt Grünstadt
Verkauf: Rosemarie Gaul
Mo.–Fr. 8:00 bis 18:00 Uhr
Sa. 9:00 bis 15:00 Uhr

Rebfläche: 11 Hektar
Jahresproduktion: 90.000 Flaschen
Beste Lagen: Sausenheimer Honigsack, Asselheimer St. Stephan
Boden: Kalkreicher Mergel mit sandigem Kies und Lehm
Rebsorten: 38% Riesling, 10% Spätburgunder, 8% Portugieser, je 7% Sankt Laurent, Dornfelder und Müller-Thurgau, je 6% Weißburgunder und Schwarzriesling, 11% übrige Sorten
Durchschnittsertrag: 79 hl/ha
Beste Jahrgänge: 1998, 1999, 2001

Dieses Weingut entstand 1993 durch die Teilung des elterlichen Betriebes, der bereits seit Generationen bestanden hatte. Im Probierraum des direkt in den Weinbergen liegenden Gutes kann man über teilweise achtzig Jahre alten Oleander, der in zwölf Farben blüht, in den Sonnenuntergang schauen. Die ersten Jahrgänge legten uns nicht unbedingt nahe, viel über dieses Gut zu berichten. Doch seit dem Jahrgang 1996 zeigt sich der Betrieb von einer besseren Seite. Nach einem durchwachsenen 2000er Jahrgang waren auch 2001 nicht alle Weine auf gleichem Niveau, aber die Zahl der sehr guten bis hervorragenden trockenen Spätlesen aus Weißburgunder, Riesling und Silvaner ist noch größer geworden. Hinzu kommt eine spektakuläre trockene Riesling Auslese. Gerne geben wir für diese Leistung ein Träubchen mehr, auch wenn wir uns nach wie vor gleichmäßigere Sortimente wünschen.

2001 Sausenheimer Hütt
Gewürztraminer Auslese trocken
8,50 €/0,5 Lit., 14%, ♀ bis 2003   **83**

2001 Sausenheimer Honigsack
Weißer Burgunder Spätlese trocken
6,– €, 13,5%, ♀ bis 2004   **86**

2001 Sausenheimer Hütt
Riesling Spätlese trocken
5,80 €, 12,5%, ♀ bis 2005   **86**

2001 Sausenheimer Honigsack
Riesling Spätlese trocken
6,40 €, 13%, ♀ bis 2005   **90**

2001 Sausenheimer Honigsack
Riesling Auslese trocken
8,– €/0,5 Lit., 13,5%, ♀ bis 2008   **90**

2001 Sausenheimer Hütt
Riesling Spätlese
5,40 €, 11%, ♀ bis 2006   **83**

2001 Sausenheimer Klostergarten
Huxelrebe Spätlese
5,20 €, 11%, ♀ bis 2006   **83**

2001 Sausenheimer Honigsack
Scheurebe Spätlese
5,– €, 11,5%, ♀ bis 2004   **84**

2001 Sausenheimer Honigsack
Huxelrebe Beerenauslese
8,60 €/0,375 Lit., 10%, ♀ bis 2008   **91**

Die Weine: **100** Perfekt · **95–99** Überragend · **90–94** Exzellent · **85–89** Sehr gut · **80–84** Gut · **75–79** Passabel

Pfalz

WEINGUT GIES-DÜPPEL

Inhaber: Volker Gies
Betriebsleiter und Kellermeister:
Volker Gies
76831 Birkweiler, Am Rosenberg 5
Tel. (0 63 45) 91 91 56, Fax 91 91 57
e-mail: WeingutGies@aol.com
*Anfahrt: A 65, Ausfahrt Landau-Nord;
B 10 Richtung Annweiler,
Ausfahrt Birkweiler*
Verkauf: Volker Gies
Mo.–Fr. 9:00 bis 12:00 Uhr
und 13:00 bis 18:00 Uhr
Sa. 9:00 bis 16:00 Uhr

Rebfläche: 9 Hektar
Jahresproduktion: 80.000 Flaschen
Beste Lagen: Birkweiler Kastanienbusch und Mandelberg, Siebeldinger im Sonnenschein
Boden: Buntsandstein, Muschelkalk, sandiger Lehm
Rebsorten: 20% Riesling, 15% Spätburgunder, je 10% Silvaner und Weißburgunder, je 8% Grauburgunder, Chardonnay und Müller-Thurgau, 7% Dornfelder, 5% Portugieser, 9% übrige Sorten
Durchschnittsertrag: 76 hl/ha
Beste Jahrgänge: 2000, 2001

Seit vier Generationen wird in dieser Familie Weinbau betrieben. Bemerkenswert sind die Weine jedoch erst, seit der junge Volker Gies 1999 mit gerade 23 Jahren die Verantwortung übernahm. Er begann, die Erträge zu reduzieren und im Keller schonender und kühler zu arbeiten. Das machte sich sehr schnell bemerkbar. Die 2000er konnte er, abgesehen vom Riesling in der Literflasche, ohne jahrgangstypische Fehltöne füllen. Was den Rieslingen und Burgundern noch fehlte, war Tiefe und Charakter. Daran hat er offensichtlich gearbeitet. Seine Rieslinge aus 2001 gehören zum Besten, was der an guten Betrieben nicht arme Ort Birkweiler zu bieten hat. Auch mit den Burgundern gelang ein guter Wurf. Bei etwas besseren Roten ist der Aufstieg logische Folge.

2001 Riesling
trocken
3,30 €/1,0 Lit., 12%, ♀ bis 2003 — **81**

2001 Birkweiler Kastanienbusch
Chardonnay Spätlese trocken
6,20 €, 13%, ♀ bis 2004 — **84**

2001 Birkweiler Rosenberg
Auxerrois Kabinett trocken
4,40 €, 13%, ♀ bis 2004 — **84**

2001 Birkweiler Rosenberg
Grauer Burgunder Spätlese trocken
5,70 €, 13%, ♀ bis 2005 — **87**

2001 Birkweiler Kastanienbusch
Riesling Kabinett trocken
4,60 €, 12%, ♀ bis 2005 — **87**

2001 Birkweiler Kastanienbusch
Riesling Spätlese trocken
5,80 €, 13%, ♀ bis 2005 — **88**

2001 Birkweiler Kastanienbusch
Weißer Burgunder Spätlese trocken
5,80 €, 13,5%, ♀ bis 2005 — **89**

--- Rotwein ---

2000 Birkweiler Kastanienbusch
Spätburgunder trocken
12,– €, 13,5%, ♀ bis 2005 — **83**

Die Betriebe: ✿✿✿✿✿ Weltklasse · ✿✿✿✿ Deutsche Spitze · ✿✿✿ Sehr gut · ✿✿ Gut · ✿ Zuverlässig

Neu **Pfalz**

WEINGUT LUDWIG GRASSMÜCK

Inhaber und Betriebsleiter:
Markus Graßmück
76831 Birkweiler, Eichplatz 4
Tel. (0 63 45) 36 30, Fax 53 24
e-mail: wein@weingut-grassmueck.de
Internet: www.weingut-grassmueck.de
Anfahrt: A 65, Ausfahrt Landau-Nord, B 10, Ausfahrt Birkweiler
Verkauf: Else Graßmück
Mo.–Sa. 8:00 bis 11:00 Uhr
und 14:00 bis 18:00 Uhr
nach Vereinbarung
So. 8:00 bis 11:00 Uhr
Historie: Weinbau in der Familie seit 1667
Sehenswert: Schöner Innenhof

Rebfläche: 11 Hektar
Jahresproduktion: 90.000 Flaschen
Beste Lagen: Birkweiler Mandelberg, Kastanienbusch und Rosenberg
Boden: Kalkmergel, rotliegender Keuper, Ton, sandiger Lehm
Rebsorten: 35% Riesling, 13% Weißburgunder, 7% Dornfelder, 6% Portugieser, je 5% Silvaner, Müller-Thurgau, Kerner, Chardonnay, Huxelrebe und Cabernet, 9% übrige Sorten
Durchschnittsertrag: 85 hl/ha
Bester Jahrgang: 2001

Der Familienbetrieb mitten in Birkweiler und Weinbergen in den besten Lagen des Ortes hat vor einigen Jahren die Übergabe vom Vater auf den Sohn geschafft. Beide machen ihre Sache nicht erst in jüngster Zeit gut. In der sauberen und klaren Kollektion enttäuscht keiner der ausgesprochen preiswerten Weine. Aber es gibt auch keine echten Höhepunkte, vielleicht aufgrund immer noch recht stattlicher Erträge. Typisch ist der Jahrgang 2001: sehr gleichmäßig gute Alltags-Qualitäten ohne einen einzigen wirklich schwachen Wein. Eines wissen wir allerdings: Diese Weine können enorm gewinnen, wenn sie älter als zehn Jahre werden. Vom Vater kann man noch viele aus den 70er und 80er Jahren probieren.

2001 Birkweiler Königsgarten
Riesling Kabinett trocken
3,80 €/1,0 Lit., 11,5%, ♀ bis 2003 **80**

2001 Birkweiler Rosenberg
Chardonnay Kabinett trocken
3,90 €, 12%, ♀ bis 2004 **83**

2001 Birkweiler Rosenberg
Weißer Burgunder und Chardonnay Kabinett trocken
3,90 €, 11,5%, ♀ bis 2005 **84**

2001 Birkweiler Mandelberg
Riesling Spätlese trocken
4,80 €, 12%, ♀ bis 2005 **84**

2001 Birkweiler Mandelberg
Kerner Spätlese trocken
4,30 €, 12,5%, ♀ bis 2005 **84**

2001 Birkweiler Rosenberg
Scheurebe Spätlese trocken
4,50 €, 12%, ♀ bis 2005 **84**

2001 Birkweiler Kastanienbusch
Riesling Spätlese halbtrocken
4,80 €, 12,5%, ♀ bis 2004 **83**

2001 Birkweiler Rosenberg
Scheurebe Spätlese halbtrocken
4,50 €, 12%, ♀ bis 2006 **85**

2001 Birkweiler Rosenberg
Gewürztraminer Kabinett
4,– €, 12%, ♀ bis 2005 **84**

Die Weine: **100** Perfekt · **95–99** Überragend · **90–94** Exzellent · **85–89** Sehr gut · **80–84** Gut · **75–79** Passabel

Pfalz

WEINGUT GEORG HENNINGER IV.

Inhaber: Walter Henninger
Verwalter: Ulrich Meyer
Kellermeister: Axel Heinzmann
67169 Kallstadt, Weinstraße 93
Tel. **(0 63 22) 22 77**, Fax 6 28 61
Anfahrt: A 6, Ausfahrt Grünstadt, Richtung Bad Dürkheim
Verkauf: Walter Henninger
Di.–So. 11:00 bis 20:00 Uhr
Proben nach Vereinbarung
Gutsausschank: Weinhaus Henninger
Mo. Ruhetag
Spezialitäten: Gute pfälzische Küche
Historie: Weinbau seit 1615
Sehenswert: Altes Fachwerkhaus

Rebfläche: 3 Hektar
Jahresproduktion: 25.000 Flaschen
Beste Lagen: Kallstadter Annaberg, Saumagen und Steinacker, Leistadter Kalkofen
Boden: Sandsteinverwitterung, Kalkgeröll, Lösslehm
Rebsorten: 57% Riesling, 17% Spätburgunder, 11% Chardonnay, 8% Weißburgunder, 7% Grauburgunder
Durchschnittsertrag: 65 hl/ha
Beste Jahrgänge: 1994, 1998, 1999
Mitglied in Vereinigungen: VDP

Das im Herzen von Kallstadt liegende Stammhaus dieses alten Familienbetriebes ist ein herrlicher alter Fachwerkbau, in dem sich ein schmucker Landgasthof mit mehr als nur guter Küche befindet – es ist ein Schmuckstück traditioneller Pfälzer Küche. In Zusammenarbeit mit dem befreundeten Weingut Koehler-Ruprecht werden hier fast ausschließlich trockene Weine erzeugt. Die stets säurebetonten Weine brauchen ebenfalls Zeit, um sich zu entfalten. Aus dem schwierigen Jahrgang 2000 wurden uns vier saubere Weine vorgestellt, im traditionellen, charaktervollen Stil des Hauses. 2001 bleibt in dieser Tradition: Spät gefüllte, anfangs schwer zugängliche Weine traditioneller Machart. Man muss hier aber nicht neue Jahrgänge suchen: bis ins Jahr 1992 gibt es noch eine Auswahl gereifter Weine im Keller.

2000 Kallstadter Annaberg
Riesling Kabinett trocken
6,14 €, 11%, ♀ bis 2005 — **81**

2001 Kallstadter Annaberg
Weißer Burgunder Spätlese trocken
9,– €, 13%, ♀ bis 2004 — **81**

2000 Kallstadter Annaberg
Chardonnay Kabinett trocken
6,14 €, 12%, ♀ bis 2004 — **82**

2000 Kallstadter Annaberg
Weißer Burgunder Kabinett trocken
6,14 €, 13%, ♀ bis 2004 — **83**

2001 Kallstadter Annaberg
Riesling Kabinett trocken
7,20 €, 12,1%, ♀ bis 2005 — **83**

2001 Kallstadter Annaberg
Chardonnay Spätlese trocken
8,20 €, 12,7%, ♀ bis 2004 — **83**

2001 Kallstadter Annaberg
Riesling Spätlese trocken
9,– €, 12,8%, ♀ bis 2006 — **84**

2000 Kallstadter Saumagen
Riesling Kabinett trocken
6,14 €, 12%, ♀ bis 2006 — **86**

2001 Kallstadter Saumagen
Riesling Spätlese
9,80 €, 12%, ♀ 2004 bis 2008 — **84**

Die Betriebe: ✿✿✿✿✿ Weltklasse · ✿✿✿✿ Deutsche Spitze · ✿✿✿ Sehr gut · ✿✿ Gut · ✿ Zuverlässig

Pfalz

WEINGUT WALTER HENSEL

Inhaber: Familie Hensel
Kellermeister: Thomas Hensel
67098 Bad Dürkheim, In den Almen 13
Tel. (0 63 22) 24 60, Fax 6 69 18
e-mail: henselwein@aol.com
Internet: www.weingut-hensel.de
*Anfahrt: A 61–A 650–B 37,
Richtung »In den Almen«,
Nähe Flug- und Campingplatz*
Verkauf: Thomas Hensel
Mo.–Fr. 9:00 bis 11:00 Uhr
und 13:00 bis 18:00 Uhr
Sa. 9:00 bis 11:00 Uhr
und 13:00 bis 16:00 Uhr
Historie: Weinbau in der Familie seit 300 Jahren
Erlebenswert: Sommerweinfest im Juli, Federweißenfest im Oktober, Hubertusfest im November

---

Rebfläche: 15,5 Hektar
Jahresproduktion: 100.000 Flaschen
Beste Lagen: Dürkheimer Steinberg, Nonnengarten, Fronhof und Spielberg
Boden: Sand, Buntsandstein, Lösslehm, Kalkverwitterungsgestein
Rebsorten: 23% Riesling,
9% Cabernet Sauvignon, je 7% Spätburgunder und St. Laurent,
6% Dornfelder, 48% übrige Sorten
Durchschnittsertrag: 75 hl/ha
Beste Jahrgänge: 1999, 2001

»Die Medaillen zählen wir schon nicht mehr«, gibt sich Thomas Hensel im aufwendig gestalteten, plakatgroßen Gutsprospekt selbstbewusst. Sechs Staatsehrenpreise in den 90er Jahren weisen in der Tat auf eine konstante Leistung hin. Der Betrieb ist inzwischen auf über 15 Hektar gewachsen und der Rebsortenspiegel wurde den qualitativen Ansprüchen angepasst. Die roten 99er hatten uns sehr gut gefallen. Die Weißen aus 2000 waren gutes Mittelmaß. Das 2001er Sortiment ist technisch einwandfrei und ohne schwachen Wein, erscheint uns aber manchmal sehr geglättet und rund. Die 2000er Rot-

weine halten jahrgangsbedingt nicht das Vorjahresniveau.

2001 Riesling
trocken
3,70 €/1,0 Lit., 11,5%, ♀ bis 2004 **81**

2001 Dürkheimer Nonnengarten
Gewürztraminer Spätlese trocken
6,20 €, 13%, ♀ bis 2004 **84**

2001 Dürkheimer Feuerberg
Riesling Spätlese trocken
5,90 €, 13%, ♀ bis 2005 **85**

2001 Dürkheimer Schenkenböhl
Grauer Burgunder Spätlese trocken
6,– €, 13%, ♀ bis 2004 **86**

2001 Dürkheimer Feuerberg
Riesling Spätlese halbtrocken
5,90 €, 12,5%, ♀ bis 2004 **85**

2001 Dürkheimer Nonnengarten
Muskat-Ottonel Auslese
8,– €/0,5 Lit., 11,5%, ♀ bis 2006 **87**

--- Rotweine ---

2000 Dürkheimer Feuerberg
St. Laurent trocken
6,20 €, 13%, ♀ bis 2006 **84**

2000 Dürkheimer Feuerberg
Dornfelder trocken
6,– €, 12,5%, ♀ bis 2006 **86**

Die Weine: **100** Perfekt · **95–99** Überragend · **90–94** Exzellent · **85–89** Sehr gut · **80–84** Gut · **75–79** Passabel

Neu

Pfalz

WEIN- UND SEKTGUT IMMENGARTEN HOF

Inhaber: Familie Höhn
Betriebsleiter: Hans, Gisela und Frank Höhn
Kellermeister: Frank Höhn
67487 Maikammer, Marktstraße 62
Tel. (0 63 21) 5 94 00, Fax 5 74 37
e-mail: weingut.hoehn@t-online.de
Internet: www.immengarten-hof.de
Anfahrt: A 65, Ausfahrt Edenkoben, auf L 516 nach Maikammer; A 6, Ausfahrt Speyer, auf L 515 nach Maikammer
Verkauf: Gisela Höhn
Mo.–Sa. 8:00 bis 18:00 Uhr
So. 9:00 bis 12:00 Uhr
Sehenswert: Das 1894 im Stil der Gründerzeit erbaute Gutshaus

---

Rebfläche: 11 Hektar
Jahresproduktion: 100.000 Flaschen
Beste Lagen: Maikammer Heiligenberg und Kapellenberg, Hambacher Schlossberg, Diedesfelder Berg
Boden: Sand mit Lehm und Löss
Rebsorten: 15% Dornfelder, 13% Riesling, 10% Portugieser, 8% Müller-Thurgau, 7% Spätburgunder, je 6% Kerner und Heroldrebe, 5% St. Laurent, 30% übrige Sorten
Durchschnittsertrag: 93 hl/ha
Bester Jahrgang: 2001

2001 Diedesfelder Berg
Riesling trocken
2,80 €/1,0 Lit., 11,5%, ♀ bis 2004   **82**

2001 Riesling
Classic
3,50 €, 12%, ♀ bis 2004   **82**

2001 Maikammer Mandelhöhe
Riesling Spätlese trocken
3,90 €, 12,5%, ♀ bis 2004   **83**

2001 Maikammer Heiligenberg
Chardonnay Spätlese trocken
4,60 €, 13,5%, ♀ bis 2005   **86**

——— Rotweine ———

2001 St. Martiner Baron
Spätburgunder Spätlese trocken Holzfass gereift
4,80 €, 13%, ♀ bis 2005   **82**

2000 Maikammer Kapellenberg
Cabernet Cubin trocken Barrique
9,50 €, 13%, ♀ bis 2005   **83**

2000 Diedesfelder Berg
Cabernet Dorsa Tafelwein trocken Barrique
6,50 €, 13%, ♀ bis 2006   **84**

Dieser sehr erfreulichen Neuentdeckung geben wir gerne eine Traube. Die vorgestellten Weine waren alle von sehr gleichmäßiger, ordentlicher Qualität. Besonders beeindruckt haben uns der in seiner Art sehr gute Literwein und der weichfruchtige Chardonnay; zudem sind die Weine fast durchweg Schnäppchen. Auch die Rotweine aus den Cabernet-Neuzüchtungen sind sehr gut gelungen, obwohl ihnen noch etwas Struktur fehlt. Winzermeister Hans Höhn ist besonders stolz auf seine zahlreichen Prämierungserfolge und er schöpft aus einem Füllhorn an Rebsorten und Weinbergslagen, wovon wir noch nicht mal die Hälfte auflisten können.

Aufsteiger

Pfalz

WEINGUT JÜLG

Inhaber: Werner Jülg
Betriebsleiter und Kellermeister:
Werner Jülg
Verwalter: Andreas Eck
76889 Schweigen-Rechtenbach,
Hauptstraße 1
Tel. (0 63 42) 91 90 90, Fax 91 90 91
e-mail: info@weingut-juelg.de
Internet: www.weingut-juelg.de
Anfahrt: A 65, Ausfahrt Landau-Süd, Richtung Weißenburg
Verkauf: Mo.–Fr. nach Vereinbarung
Sa. und So. 11:00 bis 18:00 Uhr
Weinstube: 11:00 bis 22:00 Uhr
Do. und Fr. Ruhetag
Spezialitäten: Eigene Erzeugung von Käse, Wurst und Schinken
Sehenswert: Großer Barrique- und Holzfasskeller, auch für Festlichkeiten

---

Rebfläche: 17 Hektar
Jahresproduktion: 130.000 Flaschen
Beste Lage: Schweigener Sonnenberg
Boden: Kalkmergel, Ton, Löss
Rebsorten: 30% Weiß- und Grauburgunder, 20% Riesling, 12% St. Laurent, 10% Spätburgunder, 8% Gewürztraminer, je 5% Schwarzriesling und Muskateller, 10% übrige Sorten
Durchschnittsertrag: 55 hl/ha
Beste Jahrgänge: 1999, 2000, 2001

2001 Grauer Burgunder
Spätlese trocken
7,50 €, 13%, ♀ bis 2004 — **84**

2001 Silvaner
Spätlese trocken
7,– €, 12,5%, ♀ bis 2006 — **86**

2001 Chardonnay
Auslese trocken
8,50 €/0,5 Lit., 13%, ♀ bis 2006 — **87**

2001 Riesling
Auslese
9,– €/0,5 Lit., 11,5%, ♀ bis 2009 — **86**

2001 Muskateller
Eiswein
30,– €/0,375 Lit., 10,5%, ♀ bis 2015 — **88**

2001 Riesling
Eiswein
30,– €/0,375 Lit., 10%, ♀ bis 2020 — **92**

——— Rotweine ———

2000 Spätburgunder
trocken Barrique II
17,50 €/0,5 Lit., 13,5%, ♀ bis 2010 — **87**

2000 Spätburgunder
trocken Barrique I
20,– €/0,5 Lit., 13,5%, ♀ bis 2008 — **88**

Mitte der 80er Jahre haben Peter und Werner Jülg das Weingut übernommen. Heute stehen stattliche 17 Hektar Rebfläche im Ertrag. Die stets aromatischen Weine sind eher elsässisch im Stil. Die Alltagsweine fallen oft etwas säurebetont aus. Dafür gewinnen die holzbetonten Roten an Güte, besonders seit dem Jahrgang 1999. Die Weißen waren schon 2000 mehr als guter Durchschnitt. In 2001 leuchten alle Weißweine kräftig gelb und sind in Aroma und Geschmack eine gelungene Verbindung von Tradition und klarer Frucht. Auch die Spätburgunder sind beachtlich. Der Riesling Eiswein gehört in der Pfalz zur Spitze.

Die Weine: **100** Perfekt · **95–99** Überragend · **90–94** Exzellent · **85–89** Sehr gut · **80–84** Gut · **75–79** Passabel

Neu **Pfalz**

WEINGUT ERNST KARST UND SOHN

Inhaber und Betriebsleiter:
Manfred Karst
67098 Bad Dürkheim, In den Almen 15
Tel. **(0 63 22) 28 62, Fax 6 59 65**
e-mail: info@weingut-karst.de
Internet: www.weingut-karst.de
Anfahrt: A 650, Beschilderung »In den Almen« folgen
Verkauf: Mo.–Fr. 10:00 bis 12:00 Uhr und 13:00 bis 18:00 Uhr
Sa. 9:00 bis 17:00 Uhr
Gutsausschank: Weinrefugium, Schlachthausstraße 1a, geöffnet 12:00 bis 14:00 und 17:00 bis 23:00 Uhr, Mo. bis Dienstagmittag Ruhetag
Spezailitäten: Leichte Frischeküche
Gästehaus: Im Weingut
Historie: Weinbau in der Familie seit 1765

Rebfläche: 11 Hektar
Jahresproduktion: 80.000 Flaschen
Beste Lagen: Dürkheimer Hochbenn, Rittergarten und Spielberg, Wachenheimer Mandelgarten
Boden: Kalkmergel, Lösslehm
Rebsorten: 35% Riesling, 20% Spätburgunder, je 10% Weißburgunder, Portugieser und Dornfelder, je 5% Grauburgunder, Gewürztraminer und Lemberger
Durchschnittsertrag: 68 hl/ha
Bester Jahrgang: 2001

Manfred Karsts Urgroßvater Georg war Anfang des 20. Jahrhunderts Mitbegründer des Dürkheimer Winzervereins. Unter seinen Erben entwickelte sich das Familienweingut prächtig, so dass 1970 an den Stadtrand ausgesiedelt werden musste. Die interessantesten Weine kommen von Burgundersorten und Riesling. 2000 war kein Renommierjahrgang, aber der 2000er Spätburgunder hat uns ebenso gefallen wie der 99er Spätburgunder aus dem Barrique. Beim 2001er Jahrgang setzt sich die positive Tendenz mit frischen, gut gemachten, recht weichen, aber immer sehr sauberen Weinen fort.

Burgunder und die Rotweincuvée sind erneut die Stärken des Jahrgangs.

2001 Wachenheimer Mandelgarten
Weißer Burgunder trocken
4,40 €, 12%, ♀ bis 2003   **82**

2001 Dürkheimer Nonnengarten
Grauer Burgunder Kabinett trocken
4,60 €, 12%, ♀ bis 2003   **83**

2001 Wachenheimer Mandelgarten
Chardonnay Spätlese trocken
6,70 €, 13%, ♀ bis 2004   **83**

2001 Dürkheimer Rittergarten
Riesling Kabinett trocken
4,50 €, 11,5%, ♀ bis 2004   **84**

2001 Dürkheimer Rittergarten
Riesling Spätlese halbtrocken
5,40 €, 11%, ♀ bis 2005   **86**

2001 Dürkheimer Nonnengarten
Rieslaner Spätlese
5,80 €, 10,5%, ♀ bis 2005   **83**

——— Rotweine ———

2001 Dürkheimer Nonnengarten
Sankt Laurent trocken
5,90 €, 13%, ♀ bis 2006   **80**

2000 Cuvée Cadu
11,30 €, 13,5%, ♀ bis 2007   **85**

Die Betriebe: ✿✿✿✿✿ Weltklasse · ✿✿✿✿ Deutsche Spitze · ✿✿✿ Sehr gut · ✿✿ Gut · ✿ Zuverlässig

Pfalz

WEINGUT KASSNER-SIMON

Inhaber: Willi Heinrich und Rosemarie Simon
Betriebsleiter: Willi Heinrich-Simon
Kellermeister: Thomas Simon
67251 Freinsheim, Wallstraße 15
Tel. **(0 63 53) 98 93 20**, Fax 98 93 21
e-mail: Weingut-Kassner@t-online.de
Internet: www.kassner-simon.de
Anfahrt: A 6, Ausfahrt Grünstadt; A 650, Ausfahrt Maxdorf; B 271, Ausfahrt Bad Dürkheim-Bruch
Verkauf: Rosemarie Simon
Mo.–Fr. 13:00 bis 19:00 Uhr
Sa. 10:00 bis 18:00 Uhr
So. 10:00 bis 13:00 Uhr

Rebfläche: 14 Hektar
Jahresproduktion: 120.000 Flaschen
Beste Lagen: Freinsheimer Oschelskopf und Schwarzes Kreuz
Boden: Lehmiger Sand
Rebsorten: 36% Riesling, 17% Portugieser, 10% Spätburgunder, 8% Dornfelder, je 6% Weiß- und Grauburgunder, je 5% Kerner und Scheurebe, 7% übrige Sorten
Durchschnittsertrag: 75 hl/ha
Beste Jahrgänge: 2000, 2001

Im 1949 gegründeten Weingut ist mit Thomas Simon bereits die junge Generation tätig. »Wir sind Winzer aus Leidenschaft«, sagt die Familie von sich und sie hat sich im wunderschönen, mittelalterlichen Freinsheim einen guten Ruf erworben. Aus einem Blumenstrauß aus Rebsorten entstehen hauptsächlich trockene Weine. Es waren im Jahrgang 2000 dennoch die lieblichen, die uns am ehesten überzeugen konnten. Aus dem 2001er Sortiment gibt es einige ansprechende trockene Weine, wobei uns vor allem die deutliche Steigerung bei den Roten positiv aufgefallen ist. Ungewöhnlich, aber sehr gut: der dichte »Oporto«, der eher wie ein Rotwein aus Übersee aussieht und wie ein Portugieser schmeckt.

2001 Freinsheimer
Riesling Kabinett trocken
3,40 €/1,0 Lit., 11,5%, ♀ bis 2004   **82**

2001 Freinsheimer Musikantenbuckel
Gewürztraminer Spätlese trocken
4,60 €, 13%, ♀ bis 2004   **83**

2001 Freinsheimer Oschelskopf
Riesling Spätlese trocken
5,20 €, 12,5%, ♀ bis 2005   **86**

2001 Freinsheimer Oschelskopf
Riesling Kabinett halbtrocken
4,10 €, 11,5%, ♀ bis 2004   **83**

2001 Freinsheimer Oschelskopf
Riesling Kabinett
4,10 €, 11%, ♀ bis 2005   **83**

--- Rotweine ---

2000 Kirchheimer Kreuz
Spätburgunder trocken
7,– €, 13%, ♀ bis 2006   **85**

1999 Freinsheimer Schwarzes Kreuz
Spätburgunder Spätlese trocken Barrique
10,50 €, 13%, ♀ bis 2006   **86**

2001 Kirchheimer Steinacker
Portugieser trocken »Oporto«
7,50 €, 13%, ♀ bis 2008   **86**

Aufsteiger

Pfalz

WEINGUT
KARL HEINZ KAUB

Inhaber: Karl Heinz Kaub
Betriebsleiter und Kellermeister:
Karl Heinz Kaub
67433 Neustadt-Haardt,
Mandelring 55a
Tel. (0 63 21) 3 15 55, Fax 48 06 81
e-mail: KHKaubWeingut@t-online.de
Internet: www.weingut-kaub.de
Anfahrt: A 65, Ausfahrt Neustadt-Nord
Verkauf: Dorothea Kaub
werktags nach Vereinbarung
Sa. 10:00 bis 16:00 Uhr

Rebfläche: 6,5 Hektar
Jahresproduktion: 50.000 Flaschen
Beste Lagen: Haardter Herrenletten, Herzog und Bürgergarten, Mußbacher Eselshaut
Boden: Sand, Lehm, Sandsteinverwitterung
Rebsorten: 44% Riesling, 28% Spätburgunder, je 6% Weiß- und Grauburgunder, 16% übrige Sorten
Durchschnittsertrag: 60 hl/ha
Beste Jahrgänge: 2000, 2001

Ein Urahne war um 1600 Meisterkoch an der Hofburg zu Prag. Bald darauf kam die Familie nach Haardt. Karl Heinz Kaub hat auf seinen knapp sieben Hektar Rebfläche, die er ohne Insektizide und ohne Herbizide bearbeitet, fast ausschließlich Riesling und Burgundersorten stehen. Die baut er hauptsächlich in Stahltanks, aber auch im traditionellen Holzfass und im Barrique aus. Er hat mit seinem kleinen Betrieb bereits einen guten Jahrgang 2000 vorgestellt. 2001 glänzt das Sortiment auch mit Weinen, die über den guten Durchschnitt hinausragen. Die Weißen duften und schmecken nicht nur klar und frisch, sondern jeder einzelne Wein zeigt Persönlichkeit, selbst der sehr überraschende, fruchtsüße Scheurebe Kabinett Literwein. Das gleiche gilt für die Roten: eigenwillig bei der Sortenzusammenstellung, aber durchweg individuell und gut. Da geben wir gerne einen Punkt mehr.

2001 Haardter Herrenletten
Riesling Kabinett trocken
4,50 €, 11%, ♀ bis 2005 — **85**

2001 Haardter Mandelring
Scheurebe Kabinett
3,50 €/1,0 Lit., 10,5%, ♀ bis 2004 — **84**

2001 Haardter Herzog
Ruländer Spätlese
5,40 €, 12%, ♀ bis 2004 — **84**

2001 Mußbacher Eselshaut
Rieslaner Spätlese
6,70 €, 11%, ♀ bis 2005 — **86**

2001 Haardter Herrenletten
Riesling Eiswein
25,– €/0,375 Lit., 9%, ♀ bis 2012 — **90**

——— Rotweine ———

2000 Haardter Mandelring
Sankt Laurent trocken
4,70 €, 12,5%, ♀ bis 2006 — **85**

2000 Haardter Bürgergarten
Spätburgunder trocken
5,50 €, 13%, ♀ bis 2006 — **85**

2000 Haardter Bürgergarten
Dunkelfelder trocken
4,90 €, 12,5%, ♀ bis 2006 — **86**

Die Betriebe: ✽✽✽✽✽ Weltklasse · ✽✽✽✽ Deutsche Spitze · ✽✽✽ Sehr gut · ✽✽ Gut · ✽ Zuverlässig

Pfalz

WEINGUT GERHARD KLEIN

Inhaber: Sieglinde und Gerhard Klein
Kellermeister: Thomas Fischer
76835 Hainfeld, Weinstraße 38
Tel. (0 63 23) 27 13, Fax 8 13 43
e-mail:
g.klein-wein.hainfeld@t-online.de
Anfahrt: A 65, Ausfahrt Landau-Nord oder Edenkoben, Richtung Edesheim, dann Hainfeld
Verkauf: Sieglinde Klein
Mo.–Fr. 8:00 bis 18:00 Uhr
Sa. 9:00 bis 16:00 Uhr

Rebfläche: 16 Hektar
Jahresproduktion: 200.000 Flaschen
Beste Lagen: Hainfelder Letten und Kapelle, Burrweiler Altenforst
Boden: Schwerer Lehm
Rebsorten: 22% Riesling, 18% Spätburgunder, 12% Weißburgunder, je 10% Grauburgunder und Müller-Thurgau, 8% Gewürztraminer, 7% Frühburgunder, 13% übrige Sorten
Durchschnittsertrag: 91 hl/ha
Beste Jahrgänge: 1996, 1998, 2001

Gerhard Klein versteht sein Gut als Boten des Südens. Wo sich Mandeln, Feigen, Zitronen und Maronen zu Hause fühlen, muss auch der Wein seinen Platz haben. Mit angeschlossener Kellerei erbringt Klein häufig den Beweis, dass etliche der unbekannten Güter der Südpfalz mehr Aufmerksamkeit verdienen. Kellermeister Thomas Fischer pflegt eine klassischpfälzische, beinahe elsässische Art. Der Betrieb verzichtet auf Prädikatsstufen und bewertet seine Weine mit den Buchstaben »S« und »B«. Die 2000er schienen noch darauf hinzudeuten, dass der Betrieb vielleicht zu stark gewachsen ist. Die neue Presse und etwas geringere Erträge zeigten jedoch schon 2001 Wirkung: Durchweg stellten wir einen Aufwärtstrend fest. Vor allem die frischen, säurebetonten Rieslinge, der birnig-klare Grauburgunder und der feine Gewürztraminer machen richtig Spaß.

2001 Muskateller
trocken »S«
5,20 €, 11,5%, ♀ bis 2005 — **80**

2001 Hainfelder Letten
Riesling Kabinett trocken
3,90 €, 11,5%, ♀ bis 2004 — **84**

2001 Riesling
trocken »S«
5,40 €, 13%, ♀ bis 2004 — **85**

2001 Grauer Burgunder
trocken »S«
6,30 €, 13%, ♀ bis 2004 — **85**

2001 Gewürztraminer
Kabinett trocken
4,50 €, 12%, ♀ bis 2005 — **86**

——— Rotweine ———

2001 St. Laurent
trocken »S«
7,80 €, 14%, ♀ bis 2005 — **83**

2001 Frühburgunder
trocken »S«
8,30 €, 14%, ♀ bis 2005 — **83**

2000 St. Laurent
trocken »B«
8,50 €, 13,5%, ♀ bis 2007 — **87**

Die Weine: **100** Perfekt · **95–99** Überragend · **90–94** Exzellent · **85–89** Sehr gut · **80–84** Gut · **75–79** Passabel

Pfalz

WEINGUT ÖKONOMIERAT JOHANNES KLEINMANN

Inhaber: Mathias Kleinmann
Kellermeister: Mathias Kleinmann
76831 Birkweiler, Hauptstraße 17
Tel. (0 63 45) 35 47, Fax 77 77
e-mail: info@weingut-kleinmann.de
Anfahrt: Von der A 65 über die B 10, bei Landau-Nord
Verkauf: Hannelore und Mathias Kleinmann
Mo.–Fr. 8:00 bis 18:00 Uhr
Sa. 10:00 bis 16:00 Uhr
und nach Vereinbarung
Historie: 1733 kamen die Kleinmanns als Weinküfer nach Birkweiler

> Rebfläche: 11,5 Hektar
> Jahresproduktion: 95.000 Flaschen
> Beste Lagen: Birkweiler Kastanienbusch, Mandelberg und Rosenberg
> Boden: Buntsandstein, Porphyrverwitterung, kalkiger Mergel, Keuper
> Rebsorten: je 20% Riesling, Weißburgunder und Sankt Laurent, je 15% Grauburgunder und Müller-Thurgau, 7% Spätburgunder, 3% übrige Sorten
> Durchschnittsertrag: 68 hl/ha
> Beste Jahrgänge: 1998, 1999, 2001

Karl-Heinz Kleinmann, dessen Großvater, Ökonomierat Johannes Kleinmann, bereits zur Jahrhundertwende mit der Vermarktung von Flaschenwein begonnen hatte, übernahm 1980 den Betrieb. Neben den eigenen Trauben verarbeitet Kleinmann das Lesegut von zehn Nebenerwerbswinzern. Kleinmanns Grauburgunder gehörten Anfang der 90er Jahre zu den besten der Pfalz. Inzwischen hat die junge Generation Einzug in den Keller gehalten. Nach seiner Ausbildung zum Techniker in Weinsberg hat sich Mathias Kleinmann viel vorgenommen. Ab 1999 zeigen sich deutliche Verbesserungen, vor allem beim Spätburgunder. Die weißen 2000er waren durchgängig recht gut gelungen. 2001 hat Kleinmann einen sehr ausgewogenen Jahrgang präsentiert und alte Stärken beim Burgunder wiederbelebt. Aber auch Silvaner, Riesling und Muskateller mit feiner Aromenklarheit lassen berechtigte Ambitionen für einen Aufstieg erkennen.

2001 Birkweiler Mandelberg
Muskateller trocken
5,50 €, 12,5%, ♀ bis 2004 **85**

2001 Birkweiler Kastanienbusch
Riesling Spätlese trocken
7,– €, 13%, ♀ bis 2004 **86**

2001 Birkweiler Kastanienbusch
Silvaner Spätlese trocken
6,80 €, 13%, ♀ bis 2004 **86**

2001 Birkweiler Rosenberg
Weißer Burgunder Auslese trocken
9,– €/0,5 Lit., 14%, ♀ bis 2005 **87**

2001 Birkweiler Rosenberg
Grauer Burgunder Spätlese trocken
7,20 €, 13%, ♀ bis 2004 **87**

2001 Birkweiler Mandelberg
Weißer Burgunder Spätlese trocken
7,20 €, 13%, ♀ bis 2004 **88**

2001 Birkweiler Kastanienbusch
Chardonnay Spätlese trocken
8,50 €, 13,5%, ♀ bis 2004 **88**

2001 Birkweiler Kastanienbusch
Riesling Eiswein
19,– €/0,375 Lit., 9%, ♀ bis 2012 **90**

Die Betriebe: ✤✤✤✤✤ Weltklasse · ✤✤✤✤ Deutsche Spitze · ✤✤✤ Sehr gut · ✤✤ Gut · ✤ Zuverlässig

Pfalz

WEINGUT KNIPSER

Inhaber: Werner und Volker Knipser
67229 Laumersheim, Johannishof
Tel. (0 62 38) 7 42 und 24 12, Fax 43 77
e-mail: weingut-knipser@t-online.de
Anfahrt: A 6 Mannheim–Saarbrücken, Ausfahrt Grünstadt
Verkauf: Mo.–Fr. 8:00 bis 12:00 Uhr
und 14:00 bis 18:00 Uhr
Sa. 10:00 bis 16:00 Uhr
nach Vereinbarung

Rebfläche: 22 Hektar
Jahresproduktion: 120.000 Flaschen
Beste Lagen: Laumersheimer Mandelberg und Kirschgarten, Großkarlbacher Burgweg, Dirmsteiner Mandelpfad
Boden: Sandiger Lehm, teilweise mit Kies, auf kalkigem Untergrund
Rebsorten: 22% Spätburgunder, 20% Riesling, 9% Chardonnay, 7% Sankt Laurent, 6% Dornfelder, 5% Cabernet Sauvignon, 4% Weißburgunder, 3% Grauburgunder, 24% übrige Sorten
Durchschnittsertrag: 74 hl/ha
Beste Jahrgänge: 1996, 1997, 1999
Mitglied in Vereinigungen: VDP, Deutsches Barrique Forum

Werner Knipser ist ein Pionier für den Weißweinausbau in kleinen Eichenholzfässern und einer der bekanntesten Rotweinerzeuger in Deutschland mit einem großen Spektrum verschiedener Weine bis hin zu Cabernet Sauvignon, Merlot und Syrah. Inzwischen steht der Rotweinausbau mit 60 Prozent im Vordergrund. Neben klassischen Sorten bildet oft eine »Cuvée X« die Jahrgangsspitze, ein Verschnitt aus Merlot- und Cabernet-Trauben. Die 99er Rotweine spielten ganz vorne in Deutschland mit. Die 2000er Weißen zeigten leichte Schwächen beim Riesling, doch die Burgunder präsentieren sich fehlerlos und mit erfrischender Jugendlichkeit. Im Jahr 2001 war bei Redaktionsschluss noch kein 2000er Rotwein gefüllt. Die Weißen aus 2001 haben gewohnte Qualität. Und der trockene 2001er Roséwein beweißt, daß auch bei dieser Spezies feine, charaktervolle Weine möglich sind.

2001 Chardonnay u. Weißburgunder
Spätlese trocken
9,50 €, 12,5%, ♀ bis 2004   **88**

2001 Laumersheimer Himmelsrech
Riesling Spätlese trocken
20,– €, 13%, ♀ bis 2005   **88**

2001 Laumersheimer Mandelberg
Riesling Auslese trocken
»Großes Gewächs«
20,50 €, 13%, ♀ bis 2005   **88**

2001 Großkarlbacher Burgweg
Riesling Spätlese trocken
20,– €, 13%, ♀ bis 2005   **89**

2001 Dirmsteiner Mandelpfad
Riesling Spätlese trocken
»Großes Gewächs«
20,– €, 13%, ♀ bis 2006   **90**

——— Rotwein ———

2001 Roséwein
trocken
7,30 €, 12%, ♀ bis 2003   **86**

Die Weine: **100** Perfekt · **95–99** Überragend · **90–94** Exzellent · **85–89** Sehr gut · **80–84** Gut · **75–79** Passabel

Pfalz

WEINGUT BERNHARD KOCH

Inhaber und Betriebsleiter:
Bernhard Koch
Kellermeister: Bernhard Schwaab
76835 Hainfeld, Weinstraße 1
Tel. (0 63 23) 27 28, Fax 75 77
e-mail:
koch-bernhard-weingut@t-online.de
Anfahrt: A 65, Ausfahrt Edenkoben, auf B 38 Richtung Landau, in Edesheim rechts nach Hainfeld
Verkauf: Christine Koch
Mo.–Sa. 9:00 bis 18:00 Uhr
So. im Pavillon 13:00 bis 19:00 Uhr
Gutsausschank: Im Weinpavillon mit kleinen Speisen, Mi., Sa. und So. von 15:00 bis 19:00 Uhr
Sehenswert: Keller mit 140 Barriques

Rebfläche: 32 Hektar
Jahresproduktion: 380.000 Flaschen
Beste Lagen: Hainfelder Letten und Kapelle, Burrweiler Altenforst
Boden: Lehm, Kalkmergel, Sand und Schiefer
Rebsorten: 21% Riesling, 15% Dornfelder, 12% Spätburgunder, 10% Weißburgunder, 7% Portugieser, je 5% Grauburgunder, Müller-Thurgau und Schwarzriesling, 20% übrige Sorten
Durchschnittsertrag: 96 hl/ha
Bester Jahrgang: 2000

Bernhard Koch übernahm 1987 das Weingut seines Vaters mit angeschlossener kleiner Kellerei. Das Gut erweiterte er in den 90er Jahren auf 22 Hektar und gab den Kellereibetrieb auf. 1998 wurde ein neues Kellergebäude mit Edelstahltanks gebaut und in jüngster Zeit die Rebfläche erneut auf nunmehr 32 Hektar ausgeweitet. Nun ist der Neubau eines Barriquekellers geplant. Im Jahrgang 2000 hinterließen die Weine aufgrund sehr moderner Kellerarbeit einen guten Eindruck. Aus dem Jahrgang 2001 verkosteten wir ein recht ordentliches Sortiment. Kleine Höhen gab es beim Spätburgunder und erfreulicherweise bei den beiden Classic-Weinen. Manchmal fehlt es ein wenig an Dichte, vermutlich auf Grund recht großzügiger Erträge.

2001 Flemlinger Bischofskreuz
Riesling trocken
3,20 €/1,0 Lit., 12%, ♀ bis 2004 — **81**

2001 Burrweiler Altenforst
Riesling Kabinett trocken
3,50 €, 11,5%, ♀ bis 2004 — **81**

2001 Flemlinger Bischofskreuz
Weißer Burgunder trocken
3,40 €, 12,5%, ♀ bis 2004 — **82**

2001 Hainfelder Ordensgut
Gewürztraminer Spätlese trocken
4,40 €, 12,5%, ♀ bis 2006 — **83**

2001 Grauer Burgunder
Classic
12,50 €, 12,5%, ♀ bis 2004 — **84**

2001 Riesling
Classic
3,90 €, 12%, ♀ bis 2004 — **84**

——— Rotweine ———

2001 Dornfelder
trocken
3,40 €, 13%, ♀ bis 2006 — **81**

2000 Hainfelder Letten
Spätburgunder trocken
7,– €, 13%, ♀ bis 2006 — **84**

Die Betriebe: ✯✯✯✯✯ Weltklasse · ✯✯✯✯ Deutsche Spitze · ✯✯✯ Sehr gut · ✯✯ Gut · ✯ Zuverlässig

Wohn(t)räume

Wohnideen mit Antiquitäten
Alt und Neu harmonisch kombiniert
Caroline Clifton-Mogg
192 Seiten mit 424 Farbfotos und
25 monochromen Zeichnungen.
€ 36,- [D]   SFR 59,30
ISBN 3-88472-470-3

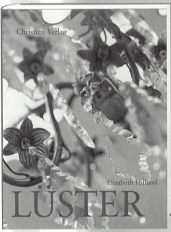

Lüster
Elizabeth Hilliard
208 Seiten mit 203 Farbfotos.
Efalin mit matt laminiertem Schutzumschlag.
€ 49,- [D]   SFR 80,-
ISBN 3-88472-531-9

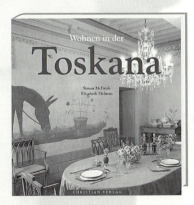

Wohnen in der Toskana
21 ländliche und exklusive Interieurs
Text von Elizabeth Helman Minchilli
216 Seiten mit 228 Farbfotos.
€ 36,- [D]   SFR 59,30
ISBN 3-88472-372-3

www.christian-verlag.de

Bestellen Sie auf den
eingehefteten Bestellkarten!

Tel.: 089/ 38 18 03 17
Fax: 089/ 38 18 03 81
info@christian-verlag.de

Pfalz

WEINGUT KOEHLER-RUPRECHT

Inhaber: Bernd Philippi
Betriebsleiter: Ulrich Meyer
Kellermeister: Axel Heinzmann
67169 Kallstadt, Weinstraße 84
Tel. (0 63 22) 18 29, Fax 86 40
Anfahrt: A 61–A 6, Richtung Kaiserslautern, Ausfahrt Grünstadt
Verkauf: Bernd Philippi
Mo.–Fr. 9:00 bis 11:30 Uhr
und 13:00 bis 17:00 Uhr
ansonsten nach Vereinbarung
Gutsausschank: Restaurant »Weincastell zum Weißen Roß«, Mo. und Di. Ruhetag
Spezialitäten: Gehobene regionale Küche
Historie: Im Besitz der Familie seit 1680
Sehenswert: Historischer Gutshof mit Gewölbekeller von 1556

Rebfläche: 12,5 Hektar
Jahresproduktion: 100.000 Flaschen
Beste Lagen: Kallstadter Saumagen, Steinacker und Kronenberg
Boden: Kalkgeröll, sandiger Lehm, teilweise mit Kies
Rebsorten: 54% Riesling, 20% Spätburgunder, 8% Weißburgunder, je 3% Chardonnay und Grauburgunder, je 2% Dornfelder und Cabernet Sauvignon, 8% übrige Sorten
Durchschnittsertrag: 65 hl/ha
Beste Jahrgänge: 1994, 1997, 1998
Mitglied in Vereinigungen: VDP, Deutsches Barrique Forum

Koehler-Ruprecht ist sicher eines der ungewöhnlichsten Weingüter der Pfalz. Die sehr individuelle und durchaus risikobehaftete Ausbauart ergibt manchmal schwer einschätzbare Weine, führt auch zu Sprunghaftigkeit in der Qualität. Gelungene Spitzenrieslinge aus diesem Haus sind grandiose Meisterwerke. Misslungene, die es leider immer wieder gibt, lassen nicht nur uns über die Einstufung des Gutes nachdenken. Aus dem Kallstadter Saumagen holt Bernd Philippi seine besten Weine. Die Römer haben hier schon Kalk gebrochen und so entstand ein Kessel mit reiner Südhanglage, die sich nur zum Ort hin Richtung Osten öffnet. In diesem außergewöhnlichen Kleinklima gelangen der Riesling, aber auch die Burgundersorten zu voller Reife. In manchen Jahren sind die trockenen Weine von einer geradezu barocken Fülle. Da Philippi die Moste scharf vorklärt und für seine Spät- und Auslesen kleine Fässer bevorzugt, gären die Weine oft bis in den Sommer hinein. Ergebnis sind erstaunlich haltbare Weine mit Kraft und Körper, die in der Jugend oft eigenwillig ausfallen. Doch mit der Zeit kommen sie zur vollen Geltung, wie etwa die legendäre 1990er Riesling Auslese trocken. Gerade dann, wenn der Schwanengesang auf die meisten Weine schon verklungen ist, beginnen Philippis Meisterwerke oft erst aufzuleben. Alle mit einem »R« versehenen Weine kommen erst später in den Verkauf. Sie werden meist im Barrique ausgebaut und tragen ein »Philippi«-Etikett. Nach mehrmaligem Wechsel ist Bernd Philippi überzeugt, mit Kellermeister Axel Heinzmann den richtigen Griff getan zu haben. Die 99er Kollektion wirkte nicht sehr homogen. Doch bei den Saumagen-Rieslingen blitzte Klasse auf. Die weißen Barrique-Weine waren ebenso gelungen wie die großartige Spätburgunder-Serie. Dafür waren die 2000er Rieslinge uneinheitlich wie selten zuvor. Einige Weine sind so von Fäulnis geprägt, dass man sie besser im Fass abgegeben hätte. Die beiden halbtrockenen Weine hingegen gelangen in 2000 ausgezeichnet. Es war schwierig, uns vom Jahrgang 2001 ein umfassendes Bild zu machen, da leider die besten Weine noch nicht gefüllt waren. Was es zu probieren gab, war wie so oft sehr durchwachsen. Fazit: Ein Betrieb mit einzelnen großartigen Klassikern und viel Durchschnitt.

2001 Kallstadter Steinacker
Gewürztraminer Spätlese trocken
8,– €, 12,5%, ♀ bis 2005   **82**

2001 Kallstadter Kronenberg
Riesling Kabinett trocken
5,– €, 11,5%, ♀ bis 2007   **85**

Pfalz

2000 Grauer Burgunder
Tafelwein trocken
15,– €, 13%, ♀ bis 2006 — **86**

2001 Muskateller
Kabinett trocken
5,50 €, 12%, ♀ bis 2004 — **86**

2000 Chardonnay
Tafelwein trocken
14,– €, 13%, ♀ bis 2006 — **87**

2001 Kallstadter Saumagen
Riesling Spätlese halbtrocken
8,– €, 11,5%, ♀ bis 2007 — **84**

2001 Kallstadter Steinacker
Riesling Kabinett
5,– €, 10,5%, ♀ bis 2007 — **84**

2001 Kallstadter Saumagen
Riesling Auslese
15,– €, 10,5%, ♀ bis 2008 — **87**

2001 Kallstadter Saumagen
Riesling Spätlese
9,50 €, 11%, ♀ bis 2008 — **89**

2001 Kallstadter Saumagen
Riesling Eiswein
60,– €/0,375 Lit., 8,5%, ♀ 2004 bis 2025 — **92**

―――― Rotweine ――――

2000 Cabernet Sauvignon
Tafelwein trocken
12,50 €, 12%, ♀ 2005 bis 2010 — **85**

Vorjahresweine

2000 Kallstadter Kronenberg
Riesling Kabinett trocken
5,11 €, 11%, ♀ bis 2003 — **86**

2000 Kallstadter Steinacker
Riesling Kabinett halbtrocken
5,11 €, 11%, ♀ bis 2004 — **86**

2000 Kallstadter Saumagen
Riesling Spätlese halbtrocken
7,67 €, 11%, ♀ bis 2006 — **87**

2000 Kallstadter Steinacker
Riesling Kabinett
5,11 €, 10,5%, ♀ bis 2006 — **83**

1999 Chardonnay
Tafelwein »Philippi«
15,34 €, 13,5%, ♀ bis 2005 — **86**

1999 Weißer Burgunder
Tafelwein »Philippi«
15,34 €, 14%, ♀ bis 2005 — **87**

1999 Grauer Burgunder
Tafelwein »Philippi«
15,34 €, 14%, ♀ bis 2006 — **87**

―――― Rotweine ――――

1999 Spätburgunder
Tafelwein »Philippi R«
Verkauf ab 2003, 13,5%, ♀ 2003 bis 2010 — **91**

1999 Spätburgunder
Tafelwein »Philippi RR«
Verkauf ab 2005, 14%, ♀ 2004 bis 2010 — **92**

Die Weine: **100** Perfekt · **95–99** Überragend · **90–94** Exzellent · **85–89** Sehr gut · **80–84** Gut · **75–79** Passabel

Pfalz

WEINGUT PHILIPP KUHN

**Inhaber und Kellermeister:
Philipp Kuhn**
67229 Laumersheim,
Großkarlbacher Straße 20
Tel. (0 62 38) 6 56, Fax 46 02
Internet: www.weingut-philipp-kuhn.de
Anfahrt: A 6 Mannheim–Saarbrücken, Ausfahrt Grünstadt
Verkauf: Familie Kuhn
Mo.–Fr. 8:00 bis 12:00 Uhr
und 13:00 bis 18:00 Uhr
Sa. 9:00 bis 12:00 Uhr
und 13:00 bis 17:00 Uhr
und nach Vereinbarung

Rebfläche: 11 Hektar
Jahresproduktion: 80.000 Flaschen
Beste Lagen: Laumersheimer Kirschgarten und Mandelberg, Großkarlbacher Burgweg, Dirmsteiner Mandelpfad
Boden: Sandiger Lehm, teilweise mit Kies, auf kalkigem Untergrund
Rebsorten: 25% Riesling, 25% Spätburgunder und Cabernet Sauvignon, 25% weiße Burgundersorten und Chardonnay, 25% Dornfelder und andere Rotweinsorten
Durchschnittsertrag: 75 hl/ha
Beste Jahrgänge: 1998, 1999, 2000

2001 Dirmsteiner Mandelpfad
Chardonnay trocken Selection
7,50 €, 13,5%, ♀ bis 2005   **82**

2001 Laumersheimer Kirschgarten
Weißer Burgunder trocken »S«
7,50 €, 13,5%, ♀ bis 2004   **83**

2001 Bissersheimer Goldberg
Chardonnay trocken »S«
7,50 €, 13,5%, ♀ bis 2006   **84**

2001 Großkarlbacher Burgweg
Riesling Spätlese trocken Selection
8,20 €, 13%, ♀ bis 2004   **84**

2001 Großkarlbacher Burgweg
Riesling trocken »S«
7,50 €, 13%, ♀ bis 2004   **85**

— Rotweine —

2000 Laumersheimer Kirschgarten
Frühburgunder trocken Barrique
17,10 €, 13,5%, ♀ bis 2006   **86**

2000 Laumersheimer Mandelberg
Cabernet Sauvignon trocken Barrique
16,10 €, 13,5%, ♀ bis 2007   **87**

2000 Laumersheimer Kirschgarten
Spätburgunder trocken »Großes Faß«
7,90 €, 13,5%, ♀ bis 2007   **87**

Philipp Kuhn wollte eigentlich Weinbau studieren, doch er musste gleich nach dem Abitur in das elterliche Gut einsteigen. Bereits 1994 hat er es komplett übernommen. Das Gut hat sich vorwiegend mit fruchtigen Rotweinen, die den Holzfassausbau recht gut vertragen, einen Namen gemacht. Doch auch bei den Weißen zeigte Kuhn bereits im Jahrgang 2000 eine ordentliche Leistung. Sogar die 2000er Rotweine, die jetzt freigegeben wurden, offenbaren, dass hier hervorragend mit den schwierigen Bedingungen des Herbstes umgegangen wurde. 2001 zeigen sich die Weißen nicht sehr kontinuierlich. Deutlich wird wieder das Bemühen um Klarheit, aber bei den Burgundern fehlt uns die Fülle.

Die Betriebe: ✤✤✤✤✤ Weltklasse · ✤✤✤✤ Deutsche Spitze · ✤✤✤ Sehr gut · ✤✤ Gut · ✤ Zuverlässig

Neu

Pfalz

WEINGUT JÜRGEN LEINER

Inhaber: Jürgen Leiner
Kellermeister: Sven Leiner
76831 Ilbesheim, Arzheimer Straße 14
Tel. (0 63 41) 3 06 21, Fax 3 44 01
e-mail: weingut-leiner@t-online.de
Internet: www.weingut-leiner.de
Anfahrt: A 65, Ausfahrt Landau-Süd, Richtung Klingenmünster, 6 km hinter Landau rechts nach Ilbesheim, dort unmittelbar neben der Kirche
Verkauf: Mo.–Sa. nach Vereinbarung
Sehenswert: Historischer Holzfasskeller

Rebfläche: 10 Hektar
Jahresproduktion: 75.000 Flaschen
Beste Lagen: Verzicht auf Lagenangaben
Boden: Muschelkalk
Rebsorten: je 13% Grauburgunder und Dornfelder, je 10% Riesling, Müller-Thurgau, Spätburgunder und Portugieser, je 6% Weißburgunder und Silvaner, 22% übrige Sorten
Durchschnittsertrag: 85 hl/ha
Bester Jahrgang: 2001

Der hübsche Weinort Ilbesheim mit einer Reihe selbstvermarktender Winzer und einigen romantischen Weinstuben hat nun auch einen Ein-Trauben-Betrieb. Der junge Sven Leiner lernte unter anderem bei Hansjörg Rebholz und bei Hans-Günther Schwarz und hielt während dieser Zeit offenbar die Augen sehr gut offen. Einer seiner Lehrherren sagt von ihm: »Er saugt Wissen auf wie ein Schwamm.« Seit er die Verantwortung im elterlichen Betrieb übernahm, setzt er dieses Wissen sehr gut in die Praxis um. Dabei liegt die Stärke eindeutig bei den Weißweinen. Hier geht er schon recht virtuos mit den Stilarten um, wenn er etwa Riesling in alten Barriques ausbaut oder einen grandiosen Gewürztraminer zaubert, der trotz 14 Prozent Alkohol erstaunlich leicht erscheint. Erreichen die Rotweine ähnliche Güte, ist ein weiterer Aufstieg möglich. Das Preis-Wert-Verhältnis ist exzellent, beim Liter-Riesling geradezu sensationell.

2001 Grauer Burgunder
trocken
3,50 €, 12,5%, ♀ bis 2004 — **82**

2001 Silvaner
Kabinett trocken
4,50 €, 11%, ♀ bis 2003 — **83**

2001 Weißer Burgunder
Kabinett trocken
4,70 €, 11,5%, ♀ bis 2004 — **83**

2001 Riesling
trocken
3,40 €/1,0 Lit., 12,5%, ♀ bis 2004 — **84**

2001 Riesling
Kabinett trocken
4,80 €, 12%, ♀ bis 2004 — **84**

2001 Grauer Burgunder
Spätlese trocken
7,– €, 13%, ♀ bis 2004 — **85**

2001 Riesling
Spätlese trocken
7,– €, 13%, ♀ bis 2005 — **87**

2001 Gewürztraminer
Auslese
5,50 €/0,5 Lit., 14%, ♀ bis 2006 — **90**

――― Rotweine ―――

2000 Dunkelfelder
trocken
5,– €, 13%, ♀ bis 2007 — **82**

2000 Spätburgunder
trocken
5,50 €, 13%, ♀ bis 2007 — **83**

Die Weine: **100** Perfekt · **95–99** Überragend · **90–94** Exzellent · **85–89** Sehr gut · **80–84** Gut · **75–79** Passabel

Pfalz

WEINGUT LEININGERHOF

Inhaber: Volker Benzinger
Kellermeister: Volker Benzinger
67281 Kirchheim, Weinstraße Nord 24
Tel. (0 63 59) 13 39, Fax 23 27
e-mail: Weingut.Leiningerhof.
Kirchheim@t-online.de
Internet: www.leiningerhof.com
*Anfahrt: A 6, Ausfahrt Grünstadt,
Richtung Bad Dürkheim auf die B 271*
Verkauf: Familie Benzinger
Mo.–Fr. 8:00 bis 12:00 Uhr
und 13:00 bis 17:00 Uhr
und nach Vereinbarung
Sehenswert: 400 Jahre alter barocker Winzerhof, doppelstöckiger Gewölbekeller

---

Rebfläche: 13 Hektar
Jahresproduktion: 100.000 Flaschen
Beste Lagen: Bockenheimer Schlossberg, Kirchheimer Geißkopf
Boden: Lösslehm, Kalksteinverwitterungsboden
Rebsorten: je 16% Riesling und Grauer Burgunder, 13% Portugieser, je 8% Weißer Burgunder, Dornfelder und Spätburgunder, 31% übrige Sorten
Durchschnittsertrag: 80 hl/ha
Beste Jahrgänge: 1998, 1999, 2000

An die feudale Vergangenheit des Leiningerhofs erinnert das imposante barocke Wohnhaus inmitten des Dorfes Kirchheim. Die Rebfläche liegt am Fuße des aus der Rheinebene sanft ansteigenden Pfälzer Waldes. Fast allein hat sich der Leiningerhof mit frischen Tropfen für den Alltag in dieser Ecke der Pfalz einen Namen gemacht. Kühl vergoren und von der Feinhefe geprägt, hat hier die moderne Kellerwirtschaft Einzug gehalten. Die 2000er Kollektion war von erstaunlicher Güte: sauber und klar, ohne Eigenart zu verleugnen. Die besonders saubere Kellerarbeit, bei der so stark vorgeklärt wird, dass fast alle Weine heller als üblich wirken, hat dem Gut den vergleichsweise sauberen 2000er Jahrgang beschert. Bei den Weißen des Jahrganges 2001 hätten

es auch etwas weniger Sicherheitsdenken und etwas mehr »Schmackes« sein dürfen. Dennoch: moderne, gekonnte Weine, wobei die Spätlesen mehr Dichte zeigen.

2001 Bockenheimer Schlossberg
Riesling trocken
3,90 €/1,0 Lit., 12%, ♀ bis 2003   **80**

2001 Kirchheimer Geißkopf
Weißer Burgunder trocken
4,30 €, 12%, ♀ bis 2004   **82**

2001 Kirchheimer Kreuz
Weißer Burgunder Spätlese
trocken Barrique
11,– €, 13,5%, ♀ bis 2005   **84**

2001 Kirchheimer Steinacker
Riesling Spätlese trocken
5,70 €, 12,5%, ♀ bis 2005   **85**

2001 Kirchheimer Steinacker
Grauer Burgunder Spätlese trocken
5,70 €, 13%, ♀ bis 2004   **86**

2001 Kirchheimer Römerstraße
Riesling Kabinett halbtrocken
4,30 €, 11,5%, ♀ bis 2005   **81**

--- Rotweine ---

2001 Bockenheimer Goldgrube
St. Laurent trocken
6,50 €, 13%, ♀ bis 2006   **82**

2001 Kirchheimer Steinacker
Dornfelder trocken
4,40 €, 13%, ♀ bis 2005   **83**

Die Betriebe: ✿✿✿✿✿ Weltklasse · ✿✿✿✿ Deutsche Spitze · ✿✿✿ Sehr gut · ✿✿ Gut · ✿ Zuverlässig

Pfalz

WEINGUT LERGENMÜLLER

Inhaber: Familie Lergenmüller
Kellermeister: Jürgen Lergenmüller
76835 Hainfeld, Weinstraße 16
Tel. (0 63 41) 9 63 33, Fax 9 63 34
e-mail: info@lergenmueller.de
Internet: www.lergenmueller.de,
www.sankt-annaberg.de
Anfahrt: A 65, Abfahrt Landau-Nord oder Edenkoben
Verkauf: Familie Lergenmüller
Mo.–Fr. bis 18:00 Uhr, Sa. bis 17:00 Uhr
Gutsausschank: Landhaus Herrenberg, von 17:00 bis 23:00 Uhr, Do. Ruhetag
Tel. (0 63 41) 6 02 05, Fax 6 07 09
Spezialitäten: Gehobene regionale Küche, kulinarische Weinproben
Sehenswert: Barriquekeller

Rebfläche: 65 Hektar
Jahresproduktion: 400.000 Flaschen
Beste Lagen: Hainfelder Kapelle und Letten, Godramsteiner Münzberg
Boden: Kalkmergel und Lösslehm
Rebsorten: je 10% Riesling, Müller-Thurgau, Spätburgunder, Weißburgunder und Dornfelder, je 7% Grauburgunder, Chardonnay, Silvaner, Kerner und Portugieser, 15% übrige Sorten
Durchschnittsertrag: 70 hl/ha
Beste Jahrgänge: 1997, 1998, 2000

2001 Auxerrois
trocken
7,70 €, 13%, ♀ bis 2004 — **81**

2001 Riesling
trocken St. Annaberg
6,50 €, 12%, ♀ bis 2004 — **85**

2001 Grauer Burgunder
Spätlese trocken
8,70 €, 12,5%, ♀ bis 2004 — **86**

2001 Riesling
trocken St. Annaberg »S«
8,50 €, 13%, ♀ bis 2005 — **87**

——— Rotweine ———

2001 Dornfelder
trocken
6,65 €, 13,5%, ♀ bis 2006 — **82**

2000 Merlot
trocken
10,– €, 13,5%, ♀ bis 2005 — **85**

2000 St. Laurent
trocken
8,20 €, 13%, ♀ bis 2006 — **86**

Dieser sehr große Betrieb gehört sicher zu denen, über die sehr viel diskutiert wird. Einen Namen gemacht haben sich die Brüder Stefan und Jürgen Lergenmülller mit ihren außergewöhnlich dichten, geradezu fetten Rotweinen. Die waren bei den Verkostungen früherer Jahre am besten: tiefdunkel und mit eigenem Stil. Auch bei den Weißweinen wurden Fortschritte gemacht, was der schwierige Jahrgang 2000 zeigte. Dennoch schwankt die Qualität vor allem der Weißen stark. Das 2001er Sortiment ist dafür ein Beispiel: Nur die höherwertigen Roten und die Rieslinge vom Annaberg hatten die gewohnte Qualität.

Die Weine: **100** Perfekt · **95–99** Überragend · **90–94** Exzellent · **85–89** Sehr gut · **80–84** Gut · **75–79** Passabel

Pfalz

WEINGUT LUCASHOF – PFARRWEINGUT

Inhaber und Betriebsleiter:
Klaus Lucas
Verwalter: Hans Lucas
Kellermeister: Klaus Lucas
67147 Forst, Wiesenweg 1a
Tel. (0 63 26) 3 36, Fax 57 94
e-mail: Weingut@Lucashof.de
Internet: www.lucashof.de
Anfahrt: An der Weinstraße B 271 zwischen Neustadt und Bad Dürkheim
Verkauf: Familie Lucas
Mo.–Fr. 8:00 bis 12:00 Uhr
und 13:00 bis 19:00 Uhr
Sa. 8:00 bis 16:00 Uhr
So. nach Vereinbarung
Landhotel: Stilvoll eingerichtet, mit sieben Doppelzimmern

Rebfläche: 16 Hektar
Jahresproduktion: 130.000 Flaschen
Beste Lagen: Forster Ungeheuer, Pechstein, Musenhang und Stift, Deidesheimer Herrgottsacker
Boden: Lösslehm und Sand, Basalt, Buntsandsteinverwitterung
Rebsorten: 90% Riesling, 10% übrige Sorten
Durchschnittsertrag: 75 hl/ha
Beste Jahrgänge: 1996, 1998, 2001

2001 Forster Stift
Riesling Kabinett trocken
4,60 €, 11%, ♀ bis 2005 — **83**

2001 Forster Ungeheuer
Riesling Kabinett trocken
5,90 €, 11,5%, ♀ bis 2004 — **84**

2001 Forster Ungeheuer
Riesling Spätlese trocken
9,– €, 12,5%, ♀ bis 2005 — **84**

2001 Forster Bischofsgarten
Weißer Burgunder trocken
5,15 €, 11,5%, ♀ bis 2004 — **85**

2001 Forster Pechstein
Riesling Spätlese trocken
9,– €, 12,5%, ♀ bis 2005 — **86**

2001 Forster Musenhang
Riesling Spätlese halbtrocken
8,– €, 12%, ♀ bis 2005 — **82**

2001 Forster Elster
Riesling Kabinett halbtrocken
5,– €, 11,5%, ♀ bis 2005 — **83**

2001 Forster Mariengarten
Riesling Kabinett
4,60 €, 10,5%, ♀ bis 2006 — **84**

2001 Forster Ungeheuer
Riesling Spätlese Goldkapsel
11,– €, 10%, ♀ bis 2007 — **86**

2001 Forster Pechstein
Riesling Spätlese Goldkapsel
11,– €, 12,5%, ♀ bis 2007 — **87**

Der Lucashof, der auch die Weinberge des Forster Pfarrweingutes bewirtschaftet, wurde erst Anfang der 60er Jahre von Edmund Lucas gegründet. Sohn Klaus und Ehefrau Christine, eine geborene Weis vom Weingut Sankt Urbanshof an der Mosel, haben das Gut in den letzten Jahren gemeinsam nach oben gebracht. Inzwischen ist das neue Kelterhaus ebenso erstellt wie eine Probierstube und ein schmuckes Landhotel. Stets ansprechend in der Qualität, haben die Weine einen recht eigenen Stil. Etwas mehr Dichte stünde den trockenen Rieslingen gut. In 2001 zeigen sich vor allem die Spätlesen gut. Auch die einfachen sind zuverlässig sauber, aber wir würden etwas mehr Tiefe und Charakter begrüßen.

Pfalz

WEINGUT HERBERT MESSMER

Inhaber: Familie Meßmer
Kellermeister: Gregor Meßmer
76835 Burrweiler, Gaisbergstraße 5
Tel. (0 63 45) 27 70, Fax 79 17
Anfahrt: A 65, Ausfahrt Edenkoben, über Edesheim und Hainfeld
Verkauf: Familie Meßmer
Mo.–Fr. 9:00 bis 11:30 Uhr
und 13:30 bis 17:00 Uhr
Sa. 9:00 bis 13:00 Uhr

Rebfläche: 25 Hektar
Jahresproduktion: 210.000 Flaschen
Beste Lagen: Burrweiler Schäwer, Schlossgarten und Altenforst
Boden: Schiefer, sandiger Lehm, Löss, Buntsandstein und Tonmergel
Rebsorten: 45% Riesling, 13% Spätburgunder, 10% Weißburgunder, 6% Sankt Laurent, 5% Grauburgunder, 21% übrige Sorten
Durchschnittsertrag: 70 hl/ha
Beste Jahrgänge: 1996, 1997, 1999
Mitglied in Vereinigungen: VDP

Erst 1960 erwarb Herbert Meßmer ein Weingut im idyllischen Burrweiler und machte sich selbstständig. Er verfügt über Weinberge im besten Alter, darunter mit dem Burrweiler Schäwer über die einzige Schieferlage in der Pfalz. Das Betrieb ist mit der Zeit erheblich gewachsen und verarbeitet auch zugekaufte Trauben. Heute ist Sohn Gregor für die Weinbereitung verantwortlich. Seit 1990 vergärt er die Weine bei niedriger Temperatur in Edelstahltanks. Die Rieslinge sind stets ansprechend, wenn auch leider nicht mehr so überzeugend wie vor einigen Jahren, als die trockene Schäwer Spätlese zu den besten der Region zählte. Wie in den Vorjahren, so fehlte auch 2001 den trockenen Kabinetten und Spätlesen ein wenig Komplexität, Reife und Tiefe. Gregor Meßmers hoher Einschätzung dieses Jahrgangs können wir nicht ganz folgen. Einzig die beiden Edelsüßen erinnern an alte Klasse.

2001 Burrweiler Schäwer
Riesling Kabinett trocken
6,10 €, 12,5%, ♀ bis 2005 — **84**

2001 Burrweiler Schäwer
Riesling Spätlese trocken
11,80 €, 13%, ♀ bis 2005 — **85**

2001 Burrweiler Schlossgarten
Grauer Burgunder Spätlese trocken
Selection
12,– €, 13,5%, ♀ bis 2005 — **85**

2001 Burrweiler Schlossgarten
Weißer Burgunder Spätlese trocken
Selection
11,50 €, 13,5%, ♀ bis 2005 — **86**

2001 Burrweiler Schlossgarten
Riesling Eiswein
32,– €/0,375 Lit., 7%, ♀ bis 2015 — **91**

2001 Burrweiler Schäwer
Riesling Trockenbeerenauslese
48,– €/0,375 Lit., 8,5%, ♀ bis 2018 — **92**

--- Rotweine ---

2000 Flemlinger Herrenbuckel
St. Laurent trocken
15,– €, 13%, ♀ bis 2007 — **84**

2000 Burrweiler Schlossgarten
Spätburgunder trocken
15,– €, 13,5%, ♀ bis 2007 — **86**

Die Weine: 100 Perfekt · 95–99 Überragend · 90–94 Exzellent · 85–89 Sehr gut · 80–84 Gut · 75–79 Passabel

Aufsteiger   **Pfalz**

STIFTSWEINGUT
FRANK MEYER

Inhaber: Frank Meyer und
Manuela Cambeis-Meyer
Betriebsleiter und Kellermeister:
Frank Meyer
76889 Klingenmünster, Weinstraße 37
Tel. (0 63 49) 74 46, Fax 57 52
e-mail: stiftsweingut-meyer@t-online.de
Anfahrt: Weinstraße Richtung Schweigen, in Klingenmünster hinter Kreuzung Richtung Bad Bergzabern 150 m rechts
Verkauf: Manuela Cambeis-Meyer und Frank Meyer
Sa. 9:00 bis 17:00 Uhr
werktags nach Vereinbarung
Historie: Weinbau im Stift seit 1100
Sehenswert: Ehemaliges Benediktinerkloster mit ursprünglichem Holzfasskeller, Probierstube in Barockhaus

Rebfläche: 8,5 Hektar
Jahresproduktion: 70.000 Flaschen
Beste Lage: Klingenmünster
Maria Magdalena
Boden: Sandiger Lehm, steiniger Sand
Rebsorten: 30% Riesling,
30% Weiß- und Grauburgunder,
18% Spätburgunder, 10% Portugieser,
12% übrige Sorten
Durchschnittsertrag: 75 hl/ha
Beste Jahrgänge: 1999, 2000, 2001

Frank Meyer ist nicht zufrieden gewesen mit den Möglichkeiten, die der elterliche Betrieb bot. Seit er sein neues, mit viel Geschmack renoviertes Barockhaus an der Hauptstraße bezogen hat, scheint er auch freier arbeiten zu können. Meyer überzeugt mit klarem, kellertechnisch sauberem Riesling und Burgunder, bei denen nicht unbedingt auf übergroße Reife gezielt wird. Schon 2000 konnte er eine seriöse Kollektion aufbieten. Auch die 2001er gefallen durch ihre sehr saubere und sortentypische Art – knackig-frische Rieslinge, rund-weiche Burgunder, konzentrierte Rotweine –, sodass wir gerne einen Punkt mehr geben.

2001 Klingenmünster Maria Magdalena
Riesling trocken Meyers
3,40 €/1,0 Lit., 11,5%, ♀ bis 2004   **81**

2001 Klingenmünster Maria Magdalena
Weißer Burgunder Kabinett trocken
4,40 €, 12%, ♀ bis 2003   **83**

2001 Klingenmünster Maria Magdalena
Riesling Kabinett trocken
4,80 €, 11,5%, ♀ bis 2004   **84**

2001 Klingenmünster Maria Magdalena
Grauer Burgunder Kabinett trocken
4,10 €, 12%, ♀ bis 2003   **85**

2001 Klingenmünster Maria Magdalena
Grauer Burgunder Spätlese trocken
6,70 €, 13%, ♀ bis 2004   **86**

--- Rotweine ---

2001 Spätburgunder
Weißherbst trocken blanc de noirs
4,40 €, 11,5%, ♀ bis 2003   **83**

2000
trocken Cuvée
4,10 €, 12,5%, ♀ bis 2005   **84**

1999
trocken Cuvée Nr. 37
12,50 €, 13,5%, ♀ bis 2007   **86**

Die Betriebe: ✿✿✿✿✿ Weltklasse · ✿✿✿✿ Deutsche Spitze · ✿✿✿ Sehr gut · ✿✿ Gut · ✿ Zuverlässig

Pfalz

WEINGUT THEO MINGES

Inhaber und Betriebsleiter:
Theo Minges
76835 Flemlingen, Bachstraße 11
Tel. (0 63 23) 9 33 50, Fax 9 33 51
Anfahrt: A 65, Ausfahrt Landau-Nord
Verkauf: Theo Minges
Mo.–Sa. 9:00 bis 18:00 Uhr
Sehenswert: Zehntkeller aus dem 15. Jahrhundert

Rebfläche: 18 Hektar
Jahresproduktion: 130.000 Flaschen
Beste Lagen: Gleisweiler Hölle, Flemlinger Vogelsprung
Boden: Kalk, Mergel und Lösslehm
Rebsorten: 30% Riesling, 15% Spätburgunder, je 10% Grauer Burgunder und Dornfelder, je 5% Weißburgunder, Chardonnay und St. Laurent, 20% übrige Sorten
Durchschnittsertrag: 74 hl/ha
Beste Jahrgänge: 1999, 2000, 2001

Das Gut war bis zum 16. Jahrhundert im Besitz der Grafen von der Layen. Seit sechs Generationen verwaltet die Familie Minges das Anwesen. Schon die Weine aus dem schwierigen Jahrgang 1995 zeigten, dass Theo Minges sein Handwerk versteht. Waren es jedoch lange Zeit einzelne Weine, die auf ihn aufmerksam machten, so brachten die jüngeren Jahrgänge mehr Regelmäßigkeit und konstant gute Qualität. Zunehmend zeigt Theo Minges, dass er nicht nur fruchtbetonte Weiße und sehr gute Sekte, sondern ebenfalls in Barrique ausgebaute Weißburgunder sowie ausdrucksvolle Rotweine erzeugen kann. 2000 stellte er eine seriöse Kollektion vor. 2001 erfüllt hier ebenfalls die Erwartungen. Die höheren Qualitäten gelingen immer dann, wenn nicht allzu stark auf Alkohol und Überreife gearbeitet wird, etwa bei der finessenreichen Riesling Spätlese. Weitere gelungene Beispiele sind ein feiner Riesling-Sekt und der zarte, verspielt-fruchtige Riesling Eiswein – eine echte Jahrgangsspitze.

2001 Flemlinger Bischofskreuz
Scheurebe trocken
3,– €/1,0 Lit., 12%, ♀ bis 2003 — **82**

2001 Böchinger Rosenkranz
Weißer Burgunder Spätlese trocken
7,– €, 13,5%, ♀ bis 2004 — **84**

2001 Gewürztraminer
Spätlese trocken Edition Rosenduft
8,– €, 13,5%, ♀ bis 2005 — **84**

2001 Gleisweiler Hölle
Riesling Kabinett trocken
5,– €, 11,5%, ♀ bis 2004 — **85**

2001 Gleisweiler Hölle
Riesling Spätlese trocken
7,– €, 12%, ♀ bis 2005 — **86**

2001 Flemlinger Bischofskreuz
Grauer Burgunder Spätlese trocken
7,– €, 13%, ♀ bis 2004 — **86**

2001 Gleisweiler Hölle
Riesling Auslese
8,– €/0,5 Lit., 10,5%, ♀ bis 2006 — **86**

2001 Gleisweiler Hölle
Riesling Spätlese
7,20 €, 10,5%, ♀ bis 2006 — **87**

2001 Böchinger Rosenkranz
Riesling Eiswein
30,– €/0,375 Lit., 8,5%, ♀ bis 2015 — **93**

Die Weine: **100** Perfekt · **95–99** Überragend · **90–94** Exzellent · **85–89** Sehr gut · **80–84** Gut · **75–79** Passabel

Pfalz

WEINGUT GEORG MOSBACHER

Inhaber: Familie Mosbacher
Verwalter: Jürgen Düringer
Kellermeister: Richard Mosbacher und Jürgen Düringer
67147 Forst, Weinstraße 27
Tel. (0 63 26) 3 29, Fax 67 74
e-mail: Mosbacher@t-online.de
Internet: www.georg-mosbacher.de
Anfahrt: Deutsche Weinstraße (B 271), zwischen Neustadt und Bad Dürkheim
Verkauf: Sabine Mosbacher-Düringer
Mo.–Fr. 8:00 bis 12:00 Uhr
und 13:30 bis 18:00 Uhr
Sa. 9:00 bis 13:00 Uhr
Sehenswert: Sandsteingewölbekeller aus dem 18. Jahrhundert

Rebfläche: 13,8 Hektar
Jahresproduktion: 110.000 Flaschen
Beste Lagen: Forster Ungeheuer, Freundstück und Pechstein, Deidesheimer Mäushöhle und Kieselberg
Boden: Buntsandsteinverwitterung mit Kalksteingeröll, Basalt und Ton
Rebsorten: 90% Riesling, 10% übrige Sorten
Durchschnittsertrag: 62 hl/ha
Beste Jahrgänge: 1996, 1998, 2001
Mitglied in Vereinigungen: VDP

Seit mehr als 200 Jahren ist die Winzerfamilie Mosbacher in Forst ansässig. Den Grundstein für den Qualitätsweinbau aber legte Georg Mosbacher an der Wende vom 19. zum 20. Jahrhundert. Die ersten Gutsfüllungen auf Flasche datieren von 1920. Heute leitet der bescheidene Richard Mosbacher den Betrieb. Trotz aller Ehrungen macht er um sich und seine Weine wenig Aufhebens. So kam es, dass seine feinen und klaren Forster Rieslinge lange zu wenig beachtet wurden. Das änderte sich zu Beginn der 90er Jahre. Heute ist die führende Position dieses Weingutes in Forst unbestritten. Seit einigen Jahren greifen ihm Tochter Sabine und der aus Baden stammende Schwiegersohn Jürgen Düringer unter die Arme. Richard Mosbachers große Erfahrung und die fundierte Ausbildung der beiden jungen Geisenheimer Weinbauingenieure ergänzen sich ausgezeichnet. Die Bedingungen für den Riesling sind in den bekannt guten Forster Lagen bestens. Durch reduzierten Anschnitt im Winter, Ausdünnen im Sommer und selektive Handlese im Herbst halten sich die Erträge sehr in Grenzen. Der Anteil des Rieslings liegt mit 90 Prozent hoch und soll gehalten werden. Zugleich wollen sich die Gutsbesitzer weitere Weinberge in Lagen sichern, die zur Erzeugung »Großer Gewächse« geeignet sind. Parallel dazu zeigt man sich durchaus experimentierfreudig. So wurde auf 0,3 Hektar die Merlotrebe gepflanzt. Ein Sauvignon Blanc ist bereits recht erfolgreich. Doch vor allem die Rieslinge sprechen für sich. Klar, reintönig, mineralisch und ihr Terroir betonend gehören sie zum Besten, was die Pfalz zu bieten hat. Die 1998er waren von erster Güte, die Rieslinge haben jedoch Zeit gebraucht, um sich zu entfalten. Aus 1999 konnten die »Ersten Gewächse« aus dem Freundstück und dem Ungeheuer an frühere Erfolge anknüpfen. Im sehr schwierigen Jahrgang 2000 scheinen die Mosbachers mit der vor allem in Forst um sich greifenden Fäulnis nicht in dem Maß zurechtgekommen zu sein, wie man es erwartet hätte. 2001 schließlich präsentieren sich die Rieslinge großartig wie lange nicht mehr. Vom Kabinett über die grandiosen »Großen Gewächse« bis hin zum herausragenden Eiswein sind diese mineralisch-kompakten Weine typische Mittelhaardter, die sowohl in ihrer Jugend wie nach einigen Jahren höchsten Genuss bieten werden.

2001 Riesling
Kabinett trocken
4,60 €, 11,5%, ♀ bis 2004 — **84**

2001 Deidesheimer Herrgottsacker
Riesling trocken
4,70 €/1,0 Lit., 11,5%, ♀ bis 2004 — **85**

2001 Weißer Burgunder
trocken »sur lie«
8,– €, 13%, ♀ bis 2005 — **85**

Die Betriebe: ✤✤✤✤✤ Weltklasse · ✤✤✤✤ Deutsche Spitze · ✤✤✤ Sehr gut · ✤✤ Gut · ✤ Zuverlässig

Pfalz

2001 Deidesheimer Mäushöhle
Riesling Kabinett trocken
7,90 €, 11,5%, ♀ bis 2005 — 87

2001 Forster Pechstein
Riesling Kabinett trocken
8,50 €, 12%, ♀ bis 2006 — 87

2001 Gewürztraminer
Spätlese trocken
9,50 €, 13%, ♀ bis 2005 — 87

2001 Forster Musenhang
Riesling Spätlese trocken
10,– €, 13%, ♀ bis 2006 — 88

2001 Forster Stift
Riesling Spätlese trocken
10,60 €, 13%, ♀ bis 2006 — 89

2001 Deidesheimer Kieselberg
Riesling Spätlese trocken
»Großes Gewächs«
17,– €, 13%, ♀ bis 2006 — 92

2001 Forster Ungeheuer
Riesling Spätlese trocken
»Großes Gewächs«
17,– €, 13%, ♀ bis 2006 — 94

2001 Forster Freundstück
Riesling Spätlese
14,– €, 9%, ♀ bis 2008 — 85

2001 Forster Freundstück
Riesling Eiswein
40,– €/0,375 Lit., 9%, ♀ 2008 bis 2020 — 92

Vorjahresweine

2000 Sauvignon Blanc
trocken
8,69 €, 12,5%, ♀ bis 2003 — 84

2000 Forster Musenhang
Riesling Kabinett trocken
6,14 €, 11%, ♀ bis 2003 — 85

2000 Forster Ungeheuer
Riesling Kabinett trocken
7,67 €, 11%, ♀ bis 2003 — 85

2000 Forster Pechstein
Riesling Kabinett trocken
8,69 €, 11%, ♀ bis 2003 — 87

2000 Forster Stift
Riesling Spätlese trocken
9,71 €, 12%, ♀ bis 2005 — 87

2000 Deidesheimer Kieselberg
Riesling Spätlese trocken
»Großes Gewächs«
14,32 €, 12%, ♀ bis 2005 — 88

2000 Forster Ungeheuer
Riesling Spätlese trocken
»Großes Gewächs«
14,32 €, 12%, ♀ bis 2007 — 89

2000 Deidesheimer Leinhöhle
Riesling Kabinett halbtrocken
6,90 €, 10,5%, ♀ bis 2005 — 85

2000 Deidesheimer Kieselberg
Riesling Auslese
23,01 €/0,5 Lit., 8,5%, ♀ bis 2008 — 87

Die Weine: **100** Perfekt · **95–99** Überragend · **90–94** Exzellent · **85–89** Sehr gut · **80–84** Gut · **75–79** Passabel

Pfalz

WEINGUT EUGEN MÜLLER

Inhaber: Kurt und Stephan Müller
Kellermeister: Jürgen Meißner
67147 Forst, Weinstraße 34a
Tel. (0 63 26) 3 30, Fax 68 02
e-mail:
weingut-eugen-mueller@t-online.de
Internet:
www.Weingut-Eugen-Mueller.de
Anfahrt: An der deutschen Weinstraße zwischen Neustadt und Bad Dürkheim
Verkauf: Elisabeth, Kurt
und Stephan Müller
Mo.–Fr. 8:00 bis 12:00 Uhr
und 13:30 bis 18:00 Uhr
Sa. 9:00 bis 16:00 Uhr
So. nach Vereinbarung
Sehenswert: Keller mit 50 Doppelstückfässern

Rebfläche: 17 Hektar
Jahresproduktion: 145.000 Flaschen
Beste Lagen: Forster Kirchenstück, Jesuitengarten, Ungeheuer, Pechstein und Musenhang
Boden: Kalkiger Lehm, Sandsteingeröll, teilweise mit Basalt und Ton
Rebsorten: 77% Riesling,
10% Grau- und Weißburgunder,
13% rote Sorten
Durchschnittsertrag: 67 hl/ha
Beste Jahrgänge: 1996, 1998, 2001

2001 Riesling
Kabinett trocken
4,– €/1,0 Lit., 11,5%, ♀ bis 2004   **81**

2001 Forster Pechstein
Riesling Kabinett trocken
4,20 €, 11,5%, ♀ bis 2004   **85**

2001 Forster Ungeheuer
Riesling Spätlese trocken
7,20 €, 12%, ♀ bis 2005   **85**

2001 Forster Kirchenstück
Riesling Spätlese trocken
8,70 €, 12,5%, ♀ bis 2006   **87**

2001 Forster Kirchenstück
Riesling Auslese trocken
9,30 €/0,5 Lit., 13%, ♀ bis 2007   **87**

2001 Forster Stift
Riesling Eiswein
27,– €/0,375 Lit., 8%, ♀ bis 2010   **87**

2001 Forster Ungeheuer
Riesling Beerenauslese
17,– €/0,375 Lit., 9%, ♀ bis 2010   **90**

——— Rotwein ———

1999 Cabernet Cubin
trocken »Barrot«
10,– €/0,5 Lit., 12,5%, ♀ bis 2007   **86**

Wir sind froh, dass dieser angesehene Forster Betrieb mit mehr als zwei Drittel trockenen Weinen und hohem Rieslinganteil mit dem Jahrgang 2001 wieder zu gewohnter Qualität gefunden hat. In den beiden Vorjahren waren wir nicht begeistert gewesen. Doch 2001 bewiesen Kurt und Stephan Müller gleich mit mehreren Rieslingen, dass sie ihr Handwerk verstehen. Selbst der Rotwein »Barrot« aus der Neuzüchtung Cabernet Cubin hinterließ mit viel Frucht und zarter Eukalyptusnote einen guten Eindruck. Womöglich hat die jüngst fertig gestellte Gär- und Weinkühlung zur Stabilisierung beigetragen. Jetzt soll die Sortenpalette noch um Sauvignon Blanc ergänzt werden.

Lebensstil und Leidenschaft

Das Whisk(e)y-Handbuch
Führer zum Verkosten, Einkaufen & Reisen
Dave Broom
160 Seiten mit 110 Farbfotos, 29 s/w-Fotos und 72 Labelabbildungen.
Mit Lesebändchen.
€ 25,50 [D] SFR 43,-
ISBN 3-88472-493-2

Die große Geschichte der Zigarre
Bernard Le Roy und Maurice Szafran
216 Seiten mit 251 Farbfotos und 130 Illustrationen.
Überarbeitete und aktualisierte Auflage.
€ 39,95 [D] SFR 67,-
Früher: € 70,55 [D] SFR 138,-
ISBN 3-88472-158-5

Das Havanna-Lexikon
Dieter H. Wirtz
312 Seiten mit 120 Abbildungen.
Mit Lesebändchen.
€ 28,- [D] SFR 47,10
ISBN 3-88472-509-2

www.christian-verlag.de

Bestellen Sie auf den eingehefteten Bestellkarten!

Tel.: 089/ 38 18 03 17
Fax: 089/ 38 18 03 81
info@christian-verlag.de

Kollektion des Jahres 2003 **Pfalz**

WEINGUT
MÜLLER-CATOIR

Inhaber: Jakob Heinrich Catoir
Geschäftsführung: Jakob Heinrich und Philipp David Catoir
Technische Betriebsleitung: Martin Franzen
67433 Haardt, Mandelring 25
Tel. (0 63 21) 28 15, Fax 48 00 14
Anfahrt: A 65, Ausfahrt Neustadt-Nord, 1. Ampel rechts nach Haardt
Verkauf: Philipp David Catoir
Mo.–Fr. 8:00 bis 12:00 Uhr
und 13:00 bis 17:00 Uhr
am Wochenende geschlossen
Historie: Weinbau seit 1744
Sehenswert: Probierräume aus dem 18. Jahrhundert, Säulenportal, mediterran anmutender Innenhof

---

Rebfläche: 20 Hektar
Jahresproduktion: 135.000 Flaschen
Beste Lagen: Haardter Herrenletten, Bürgergarten und Herzog, Gimmeldinger Mandelgarten, Mußbacher Eselshaut
Boden: Vom schweren Letten bis zum kiesigen Löss
Rebsorten: 58% Riesling, 13% Rieslaner, 9% Scheurebe, 8% Weißburgunder, 4% Muskateller, je 3% Grauburgunder und Spätburgunder, 2% übrige Sorten
Durchschnittsertrag: 55 hl/ha
Beste Jahrgänge: 1998, 2000, 2001

Verwalter Hans-Günther Schwarz hat zum Ende seiner Laufbahn die großartigste Weinkollektion abgefüllt, die wir jemals verkosten durften. Dies ist sein Abschiedsgeschenk, denn er hat mit der Fertigstellung des 2001er Jahrgangs die Stätte seines jahrzehntelangen Wirkens verlassen. Müller-Catoir ist ohne Zweifel eines der imposantesten Güter Deutschlands. Wer im zeitigen Frühjahr kommt, erlebt die gut tausend Mandelbäume an einem zur Rheinebene ausgerichteten Hang vor der stattlichen Gründerzeitfassade in voller Blüte. Zusammen mit einem mächtigen Säulenportal, einem mediterran begrünten Innenhof und den herrschaftlichen Probierräumen aus dem 18. Jahrhundert bilden sie ein Ensemble, das seinesgleichen sucht. Mit Hingabe pflegt Jakob Heinrich Catoir dieses Juwel, das ihm in der achten Generation anvertraut ist. Seit Jahren steht dieser Betrieb am Fuße der Haardt unbestritten an der Spitze der Pfalz. Garant dafür war drei Jahrzehnte lang Verwalter Hans-Günther Schwarz. Ihm ließ der zurückhaltende Besitzer Jakob Heinrich Catoir freie Hand eine Qualitätsphilosophie zu verfolgen, die in den penibel gepflegten Weinbergen und im perfekt ausgestatteten Keller nichts dem Zufall überlässt. Hans-Günther Schwarz zauberte exzellente Weißweine von den unterschiedlichsten Rebsorten: saftige Weiß- und Grauburgunder, pikante Muskateller, feinwürzige Rieslaner und kristallklare, strukturierte Rieslinge. Nicht nur seine trockenen, auch seine fruchtigen Spät- und Auslesen sind atemberaubend. Schwarz gelang es bis zuletzt selbst in schwierigen Jahren, dichte, klar duftende und schmelzige Weine zu füllen. 2001 nun hinterlässt uns der Weinmagier zum Abschied eine Kollektion, die wir kaum für möglich gehalten hätten. Zwei Drittel seiner Weine erreichten mindestens 90 Punkte. Ein Wein ist zauberhafter als der andere. Selbst der Riesling Literwein brilliert mit einer Qualität, die mancher gerne als besten Wein im Keller hätte. Die Rieslaner Trockenbeerenauslese betrachten wir als einen der feinsten Weine, die jemals in Deutschland produziert wurden. Mit einer grandiosen Leistung nimmt ein Gutsverwalter seinen Hut, der eine ganze Generation von Kellermeistern und Jungwinzern geprägt hat, der ihnen Vorbild und Symbolfigur war. Nachfolger Martin Franzen wird dies Verpflichtung und Ansporn zugleich sein. Seine Fähigkeiten hat der junge und äußerst sympathische Betriebsleiter schon im Schlossgut Diel an der Nahe und im badischen Weingut Nägelsförst unter Beweis gestellt.

Die Betriebe: ✿✿✿✿✿ Weltklasse · ✿✿✿✿ Deutsche Spitze · ✿✿✿ Sehr gut · ✿✿ Gut · ✿ Zuverlässig

Pfalz

2001 Riesling
trocken
6,– €/1,0 Lit., 11,5%, ♀ bis 2004 — 85

2001 Mußbacher Eselshaut
Riesling trocken
6,– €, 11,5%, ♀ bis 2004 — 86

2001 Hambacher Römerbrunnen
Riesling Kabinett trocken
7,– €, 11,5%, ♀ bis 2004 — 88

2001 Hambacher Römerbrunnen
Weißer Burgunder Kabinett trocken
7,– €, 12,5%, ♀ bis 2004 — 88

2001 Neustadter Mönchgarten
Weißer Burgunder Spätlese trocken
9,– €, 13%, ♀ bis 2005 — 89

2001 Hambacher Römerbrunnen
Weißer Burgunder Spätlese trocken
11,– €, 13,5%, ♀ bis 2005 — 90

2001 Haardter Bürgergarten
Muskateller Kabinett trocken
9,– €, 12,5%, ♀ bis 2005 — 90

2001 Haardter Bürgergarten
Riesling Spätlese trocken
10,– €, 12,5%, ♀ bis 2006 — 91

2001 Haardter Herrenletten
Grauer Burgunder Spätlese trocken
12,– €, 14%, ♀ bis 2006 — 91

2001 Haardter Mandelring
Scheurebe Spätlese trocken
11,– €, 10,5%, ♀ bis 2006 — 92

2001 Haardter Bürgergarten
Riesling Spätlese
11,– €, 10,5%, ♀ bis 2008 — 90

2001 Haardter Mandelring
Scheurebe Spätlese
11,– €, 10,5%, ♀ bis 2006 — 92

2001 Mußbacher Eselshaut
Rieslaner Spätlese
12,– €, 12%, ♀ bis 2008 — 93

2001 Mußbacher Eselshaut
Riesling Auslese
14,– €/0,375 Lit., 8%, ♀ bis 2010 — 94

2001 Gimmeldinger Schlössel
Rieslaner Beerenauslese
35,– €/0,375 Lit., 9,5%, ♀ bis 2015 — 95

2001 Mußbacher Eselshaut
Riesling Eiswein
35,– €/0,375 Lit., 9%, ♀ bis 2030 — 95

2001 Haardter Mandelring
Scheurebe Eiswein
40,– €/0,375 Lit., 10%, ♀ bis 2030 — 98

2001 Mußbacher Eselshaut
Rieslaner Trockenbeerenauslese
50,– €/0,375 Lit., 9%, ♀ bis 2030 — 99

Die Weine: **100** Perfekt · **95–99** Überragend · **90–94** Exzellent · **85–89** Sehr gut · **80–84** Gut · **75–79** Passabel

Pfalz

WEINGUT MÜNZBERG

Inhaber und Betriebsleiter:
Gunter und Rainer Keßler
76829 Landau-Godramstein
Tel. (0 63 41) 6 09 35, Fax 6 42 10
e-mail: wein@weingut-muenzberg.de
Internet: www.weingut-muenzberg.de
Anfahrt: A 65, Ausfahrt Landau-Nord auf die B 10, Richtung Pirmasens, Ausfahrt Godramstein, Weingut außerhalb Richtung Böchingen
Verkauf: Familie Keßler
Mo.–Fr. 8:00 bis 12:00 Uhr
und 14:00 bis 18:00 Uhr
Sa. 9:00 bis 16:00 Uhr
nach Vereinbarung
Weinbistro: »5 Bäuerlein« am Marktplatz in Landau

Rebfläche: 13,5 Hektar
Jahresproduktion: 100.000 Flaschen
Beste Lagen: Godramsteiner Münzberg und Berg
Boden: Kalkböden, mit sandigem oder tonigem Lehm bedeckt
Rebsorten: 30% Weißburgunder, 20% Riesling, 18% Spätburgunder, 10% Silvaner, 7% Grauburgunder, 6% Chardonnay, 5% Dornfelder, 3% Müller-Thurgau, 1% Gewürztraminer
Durchschnittsertrag: 76 hl/ha
Beste Jahrgänge: 1999, 2000, 2001
Mitglied in Vereinigungen: VDP

2001 Riesling
Kabinett trocken
6,– €, 11,5%, ♀ bis 2004   83

2001 Riesling
Spätlese trocken
8,– €, 12,5%, ♀ bis 2004   83

2001 Silvaner
Spätlese trocken
7,– €, 12,5%, ♀ bis 2004   85

2001 Chardonnay
Auslese trocken
13,50 €, 13,5%, ♀ bis 2005   86

2001 Weißer Burgunder
Spätlese trocken
8,– €, 12,5%, ♀ bis 2004   87

2001 Weißer Burgunder
Auslese trocken
13,– €, 13,5%, ♀ bis 2005   89

2001 Riesling
Spätlese
8,– €, 9%, ♀ bis 2006   86

——— Rotwein ———

2000 Spätburgunder
Spätlese trocken
15,– €, 13%, ♀ bis 2008   86

Aus dem lange Jahre erfolgreichen Team Lothar, Gunter und Rainer Keßler ist Vater Lothar aus Altersgründen ausgeschieden. Die Brüder haben nun im hübsch gelegenen Aussiedlerhof am Münzberg alleine das Heft in der Hand. Die Stärke des Hauses waren immer die kräftigen und massigen Weine aus weißen Burgundersorten, allen voran die Weißburgunder. Doch in 2001 überrascht man uns mit einer beachtlichen restsüßen Riesling Spätlese. Auch die Burgunder sind wieder ausgezeichnet gelungen, vor allem die für ihre Kraft enorm schlanken Weißburgunder Auslese. Der 2000er Spätburgunder gehört zu den sehr guten der Region.

Die Betriebe: ♣♣♣♣♣ Weltklasse · ♣♣♣♣ Deutsche Spitze · ♣♣♣ Sehr gut · ♣♣ Gut · ♣ Zuverlässig

Pfalz

WEINGUT PETRI

Inhaber: Sigrun und Gerd Petri
Kellermeister: Gerd Petri
67273 Herxheim/Berg, Weinstraße 43
Tel. (0 63 53) 23 45, Fax 41 81
e-mail: weingutpetri@aol.com
Internet: www.weingut-petri.de
Anfahrt: A 6 Richtung Kaiserslautern, Ausfahrt Grünstadt, Richtung Bad Dürkheim
Verkauf: Sigrun Petri
Mo.–Sa. 9:00 bis 12:00 Uhr
und 13:00 bis 18:00 Uhr
Gutsausschank: Mo. Ruhetag
Spezialitäten: Pfälzische Küche

Rebfläche: 11 Hektar
Jahresproduktion: 100.000 Flaschen
Beste Lagen: Herxheimer Himmelreich und Honigsack, Kallstadter Saumagen
Boden: Sandiger Lehm, kalkhaltiger Lösslehm, Kalkverwitterungsboden
Rebsorten: 41% Riesling, 14% Spätburgunder, 7% Grauburgunder, je 5% Portugieser, Weißburgunder und St. Laurent, 23% übrige Sorten
Durchschnittsertrag: 77 hl/ha
Beste Jahrgänge: 1998, 2001

Gerd Petri, Jahrgang 1953, verkörpert die 13. Generation der Weinbau treibenden Familie Petri in Herxheim. Als der junge Winzer das Gut nach seinem Abschluss in Geisenheim 1977 übernahm, wurde der Wein noch komplett im Fass verkauft. Zug um Zug hat Petri dann auf die Flaschenweinvermarktung umgestellt. Wir folgen der Entwicklung seit dem Jahrgang 1995. Wie 1999 und 2000 liegt auch aus dem neuesten Jahrgang 2001 neben der guten Durchschnittsware immer auch der eine oder andere beachtliche Wein im Keller. Die Basisweine fallen sehr bescheiden aus. Während den im Stil eher ausladend-klassischen Weinen zuweilen Tiefe fehlt, gelang diesmal beim Riesling eine sehr gute trockene Spätlese sowie ein sehr sauberer, traditionell-würziger Gewürztraminer. In den nächsten Jahren will Petri den Anteil der Burgundersorten ausweiten sowie die Gärverfahren beim Rotwein verbessern, was nach unseren Verkostungen auch notwendig ist.

2001 Silvaner
Kabinett trocken
3,10 €/1,0 Lit., 12,5%, ♀ bis 2003 — **80**

2000 Herxheimer Himmelreich
Silvaner Spätlese trocken Barrique
8,70 €, 13%, ♀ 2004 bis 2007 — **81**

2001 Herxheimer Honigsack
Riesling Kabinett trocken
3,80 €, 11,5%, ♀ bis 2004 — **82**

2001 Herxheimer Honigsack
Grauer Burgunder Spätlese trocken
5,50 €, 14%, ♀ bis 2004 — **82**

2001 Herxheimer Himmelreich
Gewürztraminer Spätlese trocken
4,60 €, 13%, ♀ bis 2004 — **85**

2001 Herxheimer Honigsack
Riesling Spätlese trocken
5,10 €, 13%, ♀ bis 2005 — **86**

2001 Kallstadter Saumagen
Riesling Spätlese halbtrocken
5,10 €, 12%, ♀ bis 2005 — **83**

--- Rotwein ---

2001 Herxheimer Himmelreich
St. Laurent trocken
5,10 €, 13%, ♀ 2004 bis 2006 — **80**

Die Weine: **100** Perfekt · **95–99** Überragend · **90–94** Exzellent · **85–89** Sehr gut · **80–84** Gut · **75–79** Passabel

Pfalz

WEINGUT KARL PFAFFMANN

Inhaber: Helmut Pfaffmann
Kellermeister: Markus Pfaffmann
76833 Walsheim, Allmendstraße 1
Tel. (0 63 41) 6 18 56, Fax 6 26 09
e-mail: info@weingut-karl-pfaffmann.de
Internet: www.weingut-karl-pfaffmann.de
Anfahrt: A 65, Abfahrt Landau-Nord, Richtung Edesheim
Verkauf: Sigrid Pfaffmann
Mo.–Fr. 8:00 bis 12:00 Uhr
und 13:00 bis 18:00 Uhr
Sa. 8:00 bis 16:00 Uhr
So. 10:00 bis 12:00 Uhr

Rebfläche: 30 Hektar
Jahresproduktion: 300.000 Flaschen
Beste Lagen: Walsheimer Silberberg, Nußdorfer Herrenberg
Boden: Sandiger Lösslehm
Rebsorten: 20% Riesling, je 15% weiße Burgundersorten und Dornfelder, je 10% Chardonnay und Spätburgunder, je 8% Müller-Thurgau und Silvaner, 14% übrige Sorten
Durchschnittsertrag: 75 hl/ha
Beste Jahrgänge: 1999, 2000, 2001

Im Weingut Pfaffmann arbeiten zwei Generationen völlig problemlos Hand in Hand: Helmut Pfaffmann und sein Sohn Markus, ein studierter Geisenheimer. Beide sind Winzer aus Überzeugung und setzen auf Qualität. Schon 1999 hat Markus Pfaffmann eine überzeugende Kollektion auf die Flasche gebracht – bei einem Betrieb dieser Größenordnung keine Kleinigkeit. 2000 gar gab es erstaunlich saubere Weine mit kaum Jahrgangsproblemen. Wie bei anderen jungen Kellermeistern der Pfalz hatten wir auch bei Pfaffmanns 2001er Burgundern manchmal das Gefühl, es werde vielleicht ein wenig zu viel für die Klarheit getan – auf Kosten von Tiefe und Charakter. Doch finden sich in dem großen Sortiment kaum Ausreißer nach unten.

2001 Nußdorfer Bischofskreuz
Weißer Burgunder Kabinett trocken
4,10 €, 12%, ♀ bis 2003   83

2001 Riesling
trocken
3,60 €/1,0 Lit., 12%, ♀ bis 2003   84

2001 Nußdorfer Herrenberg
Riesling Kabinett trocken
4,10 €, 12%, ♀ bis 2004   84

2001 Walsheimer Silberberg
Chardonnay Spätlese trocken
5,80 €, 13%, ♀ bis 2004   84

2001 Walsheimer Silberberg
Grauer Burgunder Spätlese trocken
5,80 €, 13%, ♀ bis 2004   85

2001 Nußdorfer Herrenberg
Riesling Spätlese trocken
5,80 €, 12,5%, ♀ bis 2005   86

2001 Walsheimer Silberberg
Silvaner Spätlese trocken
5,80 €, 13%, ♀ bis 2004   86

2001 Walsheimer Silberberg
Riesling Spätlese trocken Selection
7,30 €, 13%, ♀ bis 2005   88

2001 Walsheimer Silberberg
Huxelrebe Auslese
7,40 €, 11%, ♀ bis 2006   88

Die Betriebe: ✤✤✤✤✤ Weltklasse · ✤✤✤✤ Deutsche Spitze · ✤✤✤ Sehr gut · ✤✤ Gut · ✤ Zuverlässig

Pfalz

WEINGUT PFEFFINGEN – FUHRMANN-EYMAEL

Inhaber: Doris Eymael
Kellermeister: Rainer Gabel
67098 Bad Dürkheim,
Pfeffingen an der Weinstraße
Tel. (0 63 22) 86 07, Fax 86 03
e-mail: Pfeffingen@t-online.de
Internet: www.pfeffingen.de
Anfahrt: An der Weinstraße zwischen Bad Dürkheim und Ungstein
Verkauf: Doris Eymael und Karl Fuhrmann
Mo.–Sa. 8:00 bis 12:00 Uhr
und 13:00 bis 18:00 Uhr
So. 9:00 bis 12:00 Uhr
Sehenswert: Steinsarkophage im Gutshof

Rebfläche: 10,2 Hektar
Jahresproduktion: 90.000 Flaschen
Beste Lagen: Ungsteiner Herrenberg und Weilberg
Boden: Kalkmergel mit Löss, Letten mit Sandauflage
Rebsorten: 59% Riesling, 10% Scheurebe, 8% Gewürztraminer, 6% Spätburgunder, 5% Weißburgunder, je 3% Chardonnay und Silvaner, 6% übrige Sorten
Durchschnittsertrag: 72 hl/ha
Beste Jahrgänge: 1998, 2000, 2001
Mitglied in Vereinigungen: VDP

Wein	Bewertung
2001 Weißer Burgunder Spätlese trocken 8,50 €, 13,5%, ♀ bis 2004	84
2001 Chardonnay Spätlese trocken 8,50 €, 13,5%, ♀ bis 2005	85
2001 Riesling trocken 5,– €, 12%, ♀ bis 2004	85
2001 Ungsteiner Herrenberg Riesling Kabinett trocken 6,– €, 12,5%, ♀ bis 2004	86
2001 Ungsteiner Herrenberg Riesling Spätlese trocken 8,50 €, 13%, ♀ bis 2005	90
2001 Ungsteiner Weilberg Riesling Spätlese trocken »Großes Gewächs« 16,– €, 13%, ♀ bis 2008	91
2001 Ungsteiner Herrenberg Riesling Spätlese 8,– €, 10,5%, ♀ bis 2007	86
2001 Scheurebe Spätlese 8,– €, 10%, ♀ bis 2006	90

Der schmucke Gutshof inmitten von Weinbergen ist ein Pfälzer Musterbetrieb. Dies ist das Lebenswerk von Karl Fuhrmann, dessen Tochter Doris – zunehmend mit Hilfe ihres Sohns Jan – den Betrieb heute leitet. Nach der Flurbereinigung konnte man in den 90er Jahren nicht mehr aus dem Vollen schöpfen. Doch die 2000er waren wieder von erster Güte, vom Liter-Riesling über das »Große Gewächs« bis zur Rieslaner Beerenauslese. Die typischen Rieslinge dieses Hauses betören durch unnachahmliches Aroma reifer Aprikosen und gelber Pfirsiche. In dieser Art gibt es gleich mehrere in 2001, allen voran das »Große Gewächs« aus dem Weilberg.

Die Weine: **100** Perfekt · **95–99** Überragend · **90–94** Exzellent · **85–89** Sehr gut · **80–84** Gut · **75–79** Passabel

Pfalz

WEINGUT JAKOB PFLEGER

Inhaber: Roland Pfleger
Betriebsleiter: Roland Pfleger
67273 Herxheim/Berg, Weinstraße 38
Tel. (0 63 53) 74 65, Fax 68 50
e-mail:
WeingutJPfleger@Compuserve.de
Anfahrt: B 271 zwischen Bad Dürkheim und Grünstadt
Verkauf: Roland Pfleger
Mo.–Fr. 8:00 bis 12:00 Uhr
und 13:00 bis 18:00 Uhr
Sa. 9:00 bis 16:00 Uhr
Historie: Familienbetrieb seit 1720

Rebfläche: 7,5 Hektar
Jahresproduktion: 60.000 Flaschen
Beste Lagen: Herxheimer Honigsack und Kirchenstück, Kallstadter Steinacker, Freinsheimer Schwarzes Kreuz und Musikantenbuckel
Boden: Kalksteinverwitterung, Lehm, Ton, Sand
Rebsorten: 25% Riesling, je 11% Dornfelder und Spätburgunder, 9% Grauburgunder, 7% Portugieser, je 5% Chardonnay, St. Laurent, Merlot, Cabernet Sauvignon und Scheurebe, 12% übrige Sorten
Durchschnittsertrag: 68 hl/ha
Beste Jahrgänge: 1998, 1999

Zwar wurde das Gut erst Ende der 50er Jahre vom Gemischtbetrieb auf reinen Weinbau umgestellt, doch spielte der Weinbau immer schon die dominante Rolle. Schon in den 70er Jahren gehörte man zu den höchstprämierten Betrieben der Pfalz. 1984 ist Roland Pfleger eingestiegen. Er verlagerte den Schwerpunkt hin zu den Roten und zu den trockenen Weinen. Roland Pfleger bezeichnet sich selbst zu Recht als Spezialisten für Barrique-Weine. Erneut gehörte der 2000er Dornfelder und der 2001er Chardonnay der Marke »Curator« zu den Besten der Kollektion. Das restliche Sortiment konnte uns mit Ausnahme der Riesling Spätlesen weniger überzeugen.

2001 Scheurebe
trocken
3,30 €/1,0 Lit., 12%, ♀ bis 2003 **70**

2001 Herxheimer Honigsack
Grauer Burgunder Kabinett trocken
4,40 €, 12%, ♀ bis 2003 **80**

2001 Herxheimer Honigsack
Sauvignon Blanc Spätlese trocken
7,50 €, 13%, ♀ bis 2004 **81**

2001 Herxheimer Honigsack
Riesling Spätlese trocken
6,50 €, 12%, ♀ bis 2005 **83**

2001 Chardonnay
trocken »Curator«
12,50 €/0,5 Lit., 13,3%, ♀ bis 2007 **85**

2001 Freinsheimer Schwarzes Kreuz
Riesling Spätlese halbtrocken
5,90 €, 12%, ♀ bis 2005 **84**

2001 Herxheimer Honigsack
Riesling Spätlese
5,80 €, 10,5%, ♀ bis 2006 **85**

--- Rotweine ---

2000 Spätburgunder
trocken »Curator«
14,20 €/0,5 Lit., 13,5%, ♀ bis 2006 **82**

2000 Dornfelder
trocken »Curator«
12,90 €/0,5 Lit., 13%, ♀ bis 2008 **86**

Die Betriebe: ✤✤✤✤✤ Weltklasse · ✤✤✤✤ Deutsche Spitze · ✤✤✤ Sehr gut · ✤✤ Gut · ✤ Zuverlässig

Pfalz

WEINGUT PFLÜGER

Inhaber: Bernd Pflüger
Betriebsleiter: Hans und Bernd Pflüger
Kellermeister: Bernd Pflüger
67098 Bad Dürkheim, Gutleutstraße 48
Tel. (0 63 22) 6 31 48, Fax 6 60 43
e-mail: info@pflueger-wein.de
Internet: www.pflueger-wein.de
Anfahrt: A 61, Ausfahrt Bad Dürkheim, Richtung Stadtmitte, zwischen Saline und Krankenhaus
Verkauf: Bernd Pflüger, Christa Reuther
Mo.–Fr. 8:00 bis 19:00 Uhr
Sa. 8:00 bis 17:00 Uhr
Historie: Weinbau in der Familie seit dem 17. Jahrhundert
Sehenswert: Energie-autarkes Weingut, Stromgewinnung mittels Photovoltaik

---

Rebfläche: 15 Hektar
Jahresproduktion: 120.000 Flaschen
Beste Lagen: Dürkheimer Spielberg, Michelsberg, Fronhof, Steinberg, Ungsteiner Herrenberg
Boden: Kalkmergel, sandiger Lehm und Kies
Rebsorten: 40% Riesling, 12% Spätburgunder, 10% Gewürztraminer, je 8% Schwarzriesling, St. Laurent und Dornfelder, 5% Regent, 9% übrige Sorten
Durchschnittsertrag: 74 hl/ha
Beste Jahrgänge: 1999, 2000, 2001
Mitglied in Vereinigungen: EcoVin

Seit 1990 betreibt Bernd Pflüger ökologischen Weinbau und gewann 2001 den europäischen Solarpreis für landwirtschaftliche Betriebe. Im Keller setzt er auf minimierten Einsatz von Energie und Technik. Pflügers Weine verfügen über stabile Säure. Dazu kommt, wenn sie gelingen, Rasse, wie etwa bei der guten Spätlese aus dem Michelsberg. Wir probierten eine gute Kollektion 2000, die im vor allem für Biobetriebe besonders schwierigen Jahrgang überzeugte. Die Weißweine aus dem Jahrgang 2001 sind von seriöser Qualität ohne Höhen und Tiefen, ebenso wie die Roten aus dem Jahr 2000.

2001 Dürkheimer Hochbenn
Riesling Kabinett trocken
4,70 €, 12%, ♀ bis 2005 — **82**

2001 Grauer Burgunder
Spätlese trocken
7,50 €, 12,5%, ♀ bis 2005 — **83**

2001 Dürkheimer Michelsberg
Chardonnay Spätlese trocken
6,50 €, 12,5%, ♀ bis 2005 — **83**

2001 Dürkheimer Michelsberg
Riesling trocken Selection
7,50 €, 13%, ♀ bis 2005 — **84**

2001 Dürkheimer Fronhof
Auxerrois Spätlese
7,60 €, 12,5%, ♀ bis 2004 — **84**

2001 Dürkheimer Feuerberg
Gewürztraminer Spätlese
6,60 €, 13%, ♀ bis 2005 — **84**

——— Rotweine ———

2000 Dürkheimer Feuerberg
Sankt Laurent trocken
6,50 €, 13,5%, ♀ bis 2006 — **82**

2000 Dürkheimer Feuerberg
Schwarzriesling trocken
6,– €, 13%, ♀ bis 2006 — **83**

Die Weine: **100** Perfekt · **95–99** Überragend · **90–94** Exzellent · **85–89** Sehr gut · **80–84** Gut · **75–79** Passabel

Winzer des Jahres 2002 **Pfalz**

WEINGUT ÖKONOMIERAT **R**EBHOLZ

Inhaber: Hansjörg Rebholz
76833 Siebeldingen, Weinstraße 54
Tel. (0 63 45) 34 39, Fax 79 54
e-mail: wein@oekonomierat-rebholz.de
Internet: www.oekonomierat-rebholz.de
Anfahrt: A 65 bis Abfahrt Landau-Nord, dann B 10 bis Ausfahrt Siebeldingen
Verkauf: Familie Rebholz
nach Vereinbarung
Mo.–Fr. 9:00 bis 12:00 Uhr
und 14:00 bis 17:00 Uhr
Sa. 9:00 bis 15:00 Uhr
Historie: Weinbau seit über 300 Jahren

Rebfläche: 13,5 Hektar
Jahresproduktion: 70.000 Flaschen
Beste Lagen: Birkweiler Kastanienbusch, Siebeldinger im Sonnenschein, Albersweiler Latt
Boden: Lösslehm, Muschelkalk, Buntsandsteinverwitterung, Rotliegendes
Rebsorten: 35% Riesling, 25% Spätburgunder, 25% Weiß- und Grauburgunder sowie Chardonnay, 10% Gewürztraminer und Muskateller, 5% übrige Sorten
Durchschnittsertrag: 55 hl/ha
Beste Jahrgänge: 1999, 2000, 2001
Mitglied in Vereinigungen: VDP

Dieses traditionsreiche Weingut zählt in der Pfalz seit drei Generationen zu den Pionieren höchster Qualität. Der überaus engagierte Hansjörg Rebholz setzte in den ersten Jahren seines Wirkens konsequent fort, was sein Vater und Großvater begonnen haben: die Erzeugung von höchst individuellen, kompromisslos trockenen Weinen, die in der Jugend recht eckig und kantig wirken, sich aber erstaunlich gut entwickeln können. Deswegen kommen die Jungweine dieses Stils oft nur mäßig in Blindverkostungen weg. Gibt man ihnen genügend Zeit, so ändert sich dies jedoch erheblich. Seit einigen Jahren beschränkt sich Rebholz nicht mehr auf die önologische Erbschaft seiner Väter. Seit er regelmäßig im Ausland Erfahrungen sammelt und zu Hause in Frau Birgit kompetente Unterstützung und Motivation findet, geht er Schritt für Schritt weiter, wobei seine Weine Schliff und Finesse erhalten, ohne den Rebholz-Stil aufzugeben. Seit 1998 hat er seine Weine auf ein Niveau gehoben, das unsere Hochachtung verdient. Nicht nur bei den roten und weißen Burgundersorten, der großen Stärke der Südpfalz, hat er sich in die deutsche Spitze vorgearbeitet. Selbst seine markanten, trockenen Rieslinge – in den Jahren mit ausreichend Regen vom Kastanienbusch, in den anderen aus dem Sonnenschein – gehören zu den besten Deutschlands. Spezialitäten wie Gewürztraminer oder Muskateller gelingen ihm von Kabinett bis Auslese mit einer Frische und Individualität, die Jahr für Jahr beeindrucken. In jedem Jahrgang seit 1998 gehörten seine trockenen Weine zu den feinsten, die in Deutschland erzeugt wurden. Im hochkomplizierten Jahrgang 2000 lieferte unser »Winzer des Jahres 2002« sein Meisterstück ab. Erneut brauchten seine Burgunder und Rieslinge einige Monate länger als andere, um ihre volle Stärke zu zeigen. Doch dann beeindruckten sie mit strahlender Güte und ungewöhnlichem Charakter. Die jetzt vorgestellten Weißweine aus 2001 übertreffen angesichts besserer Witterungsverhältnisse die 2000er noch. Seine Weine gehören wie in den vergangenen Jahren zum Besten, was an trockenen Weinen in Deutschland erzeugt wird. Dabei wagt er sich mit restsüßen Weinen aus Muskateller, Gewürztraminer und Riesling erstmals gleich dreifach auf ungewohntes Terrain – auch hier mit beachtlichem Ergebnis.

2001 Weißer Burgunder
Kabinett trocken
7,– €, 12%, ♀ bis 2005 **86**

2001 Silvaner
Spätlese trocken
9,– €, 12,5%, ♀ bis 2004 **87**

Die Betriebe: ✿✿✿✿✿ Weltklasse · ✿✿✿✿ Deutsche Spitze · ✿✿✿ Sehr gut · ✿✿ Gut · ✿ Zuverlässig

Pfalz

2001 Grauer Burgunder
Spätlese trocken
11,– €, 13%, ♀ bis 2005 **87**

2001 Weißer Burgunder
Spätlese trocken
11,– €, 12,5%, ♀ bis 2005 **88**

2001 Riesling
Spätlese trocken
10,– €, 13%, ♀ bis 2006 **88**

2001 Chardonnay
Spätlese trocken
18,– €, 12,5%, ♀ bis 2010 **90**

2001 π no
Spätlese trocken
18,– €, 13%, ♀ bis 2010 **91**

2001 Siebeldinger im Sonnenschein
Riesling Spätlese trocken
»Großes Gewächs«
18,– €, 13%, ♀ bis 2008 **92**

2001 Siebeldinger im Sonnenschein
Weißer Burgunder Spätlese trocken
»Großes Gewächs«
18,– €, 13%, ♀ bis 2006 **93**

2001 Birkweiler Kastanienbusch
Riesling Spätlese trocken
»Großes Gewächs«
22,– €, 13%, ♀ bis 2008 **94**

2001 Siebeldinger im Sonnenschein
Riesling Auslese
21,– €, 10%, ♀ bis 2020 **88**

2001 Muskateller
Spätlese
11,– €, 11%, ♀ bis 2010 **89**

2001 Gewürztraminer
Spätlese
11,– €, 12,5%, ♀ bis 2008 **91**

——— Rotweine ———

2001 Spätburgunder
Spätlese trocken Rosé
9,50 €, 12%, ♀ bis 2005 **89**

2000 Siebeldinger im Sonnenschein
Spätburgunder Spätlese trocken
»Großes Gewächs«
25,– €, 13%, ♀ bis 2010 **93**

Vorjahresweine

2000 Weißer Burgunder
Spätlese trocken
11,25 €, 12,5%, ♀ bis 2005 **90**

2000 Siebeldinger im Sonnenschein
Riesling Spätlese trocken
»Großes Gewächs«
18,– €, 12,5%, ♀ 2003 bis 2007 **90**

2000 Chardonnay
Spätlese trocken
19,– €, 13,5%, ♀ bis 2006 **91**

2000 Siebeldinger im Sonnenschein
Weißer Burgunder Spätlese trocken
»Großes Gewächs«
19,– €, 12,5%, ♀ bis 2005 **91**

2000 Birkweiler Kastanienbusch
Riesling Spätlese trocken
»Großes Gewächs«
22,– €, 12,5%, ♀ 2003 bis 2010 **92**

Die Weine: **100** Perfekt · **95–99** Überragend · **90–94** Exzellent · **85–89** Sehr gut · **80–84** Gut · **75–79** Passabel

Pfalz

WEINGUT KARL SCHAEFER

Inhaber: Gerda Lehmeyer
Kellermeister: Thorsten Rotthaus
67098 Bad Dürkheim,
Weinstraße Süd 30
Tel. (0 63 22) 21 38, Fax 87 29
e-mail: info@weingutschaefer.de
Internet: www.weingutschaefer.de
Anfahrt: An der südlichen Ausfahrt von Bad Dürkheim in Richtung Neustadt
Verkauf: Herren Koob und Sebastian
Mo.–Fr. 8:00 bis 12:00 Uhr
und 13:00 bis 18:00 Uhr
Sa. 9:00 bis 12:00 Uhr
Historie: Seit 1843 in Familienbesitz

> Rebfläche: 16 Hektar
> Jahresproduktion: 80.000 Flaschen
> Beste Lagen: Dürkheimer Michelsberg und Spielberg, Wachenheimer Gerümpel und Fuchsmantel
> Boden: Kalkiger Lehm, teilweise mit Sand durchsetzt
> Rebsorten: 86% Riesling, 14% übrige Sorten
> Durchschnittsertrag: 60 hl/ha
> Beste Jahrgänge: 1998, 2000, 2001
> Mitglied in Vereinigungen: VDP

Gerda Lehmeyer führt dieses traditionsreiche Gut und wird vom langjährigen Kellermeister Rotthaus unterstützt, Herr über einen Holzfasskeller, der nach wie vor das Herzstück dieses altrenommierten Gutes bildet. Er ist auch die Basis des typischen Rieslingstils, der auf Zeit angelegt ist. Wir können nur hoffen, dass Keller und Stil erhalten bleiben, vor allem, weil gerade im Jahrgang 2000 gezeigt wurde, was auch unter schwierigen Bedingungen geleistet werden kann. Im Jahr 2001 wurden Weine gefüllt, die sich wieder etwas langsamer entwickeln. Bravourös vor allem die feinen trockenen Spätlesen und der herausragende Riesling Eiswein. Demnächst will man in moderne Kellertechnik investieren – hoffentlich ohne Stilveränderung – und sich verstärkt dem Rotweinausbau widmen.

2001 Ungsteiner Weilberg
Riesling Kabinett trocken
5,90 €, 11,5%, ♀ bis 2005 **84**

2001 Wachenheimer Fuchsmantel
Riesling Spätlese trocken
10,50 €, 12%, ♀ bis 2006 **87**

2001 Wachenheimer Gerümpel
Riesling Spätlese trocken
10,30 €, 12%, ♀ bis 2007 **87**

2001 Forster Pechstein
Riesling Spätlese trocken
10,40 €, 12%, ♀ bis 2007 **88**

2001 Dürkheimer Michelsberg
Riesling Spätlese trocken
»Großes Gewächs«
15,– €, 12,5%, ♀ bis 2006 **88**

2001 Gewürztraminer
Spätlese
9,80 €, 10%, ♀ bis 2004 **83**

2001 Dürkheimer Spielberg
Riesling Spätlese »Schöne Anna«
10,– €, 8%, ♀ bis 2007 **87**

2001 Dürkheimer Michelsberg
Rieslaner Beerenauslese
23,– €/0,375 Lit., 9,5%, ♀ bis 2010 **89**

2001 Ungsteiner Herrenberg
Riesling Eiswein
25,– €/0,375 Lit., 6,5%, ♀ bis 2015 **92**

Die Betriebe: ✤✤✤✤✤ Weltklasse · ✤✤✤✤ Deutsche Spitze · ✤✤✤ Sehr gut · ✤✤ Gut · ✤ Zuverlässig

Pfalz

WEINHOF SCHEU

Inhaber: Günter und Klaus Scheu
Kellermeister: Klaus Scheu
76889 Schweigen-Rechtenbach, Hauptstraße 33
Tel. (0 63 42) 72 29, Fax 91 99 75
e-mail: weinhof.Scheu@t-online.de
Anfahrt: A 65, Ausfahrt Landau-Süd, Richtung Bad Bergzabern, Weißenburg
Verkauf: Günter und Klaus Scheu
Mo.–Fr. nach Vereinbarung
Sa. und So. 10:00 bis 18:00 Uhr

Rebfläche: 12 Hektar
Jahresproduktion: 70.000 Flaschen
Beste Lage: Schweigener Sonnenberg
Boden: Sandiger Lehm, Kalkmergel und Ton
Rebsorten: 30% Riesling, 25% Weißburgunder, 12% Grauburgunder, je 8% Spätburgunder, Müller-Thurgau und Gewürztraminer, 9% übrige Sorten
Durchschnittsertrag: 74 hl/ha
Beste Jahrgänge: 1999, 2000, 2001

Mitte der 60er Jahre hat Günter Scheu seinen Weinhof gegründet. 30 Jahre später übernahm Sohn Klaus nach seiner Ausbildung zum Weinbautechniker die Kellerwirtschaft. Seit Mitte der 90er Jahre probieren wir in diesem Gut zuverlässig gute Weine auf konstantem Niveau, als ob es keine Jahrgangsschwankungen gäbe. Und das alles zu wahrhaft niedrigen Preisen! In den nächsten Jahren stehen bei der Traubenannahme sowie im Keller Umbauten an, um eine noch schonendere Verarbeitung des Lesegutes und der Moste zu gewährleisten. Vor allem aber: Die Kühlmöglichkeiten bei der Gärung sollen verbessert werden. 2000 stellte uns Klaus Scheu eine für das schwierige Jahr sehr seriöse, wenn auch kleine Kollektion vor. 2001 gelang ein feiner, sauberer Jahrgang mit einer sortentypischen und in der Linie »GS« hochwertigen Kollektion, die bei den Burgundern und dem Gewürztraminer hervorragend gelungen ist.

2001 Schweigener Sonnenberg
Riesling trocken
3,30 €/1,0 Lit., 11,5%, ♀ bis 2004 — **82**

2001 Schweigener Sonnenberg
Riesling Hochgewächs trocken
3,90 €, 11%, ♀ bis 2004 — **83**

2001 Schweigener Sonnenberg
Riesling Kabinett trocken
4,10 €, 11%, ♀ bis 2004 — **84**

2001 Schweigener Sonnenberg
Weißer Burgunder Kabinett trocken
4,20 €, 12%, ♀ bis 2004 — **84**

2001 Schweigener Sonnenberg
Grauer Burgunder trocken »GS«
6,20 €, 13%, ♀ bis 2005 — **86**

2000 Schweigener Sonnenberg
Weißer Burgunder trocken »GS«
6,80 €, 13,5%, ♀ bis 2005 — **89**

2001 Schweigener Sonnenberg
Gewürztraminer trocken »GS«
6,80 €, 13%, ♀ bis 2006 — **89**

2001
»Philipp Cuntz«
5,50 €, 12,5%, ♀ bis 2004 — **84**

Pfalz

WEINGUT EGON SCHMITT

Inhaber: Familie Egon Schmitt
Kellermeister: Jochen Schmitt
67098 Bad Dürkheim, Am Neuberg 6
Tel. (0 63 22) 58 30, Fax 6 88 99
e-mail:
info@weingut-egon-schmitt.com
Anfahrt: B 271 neu, Ausfahrt Bad Dürkheim-Stadtmitte; A 61, Ausfahrt Bad Dürkheim (A 650), Ausfahrt Bad Dürkheim/Wachenheim/Deidesheim (rechts ab), vor Ortseingang links
Verkauf: Familie Schmitt
Mo.–Fr. 10:30 bis 12:00 Uhr
und 14:00 bis 19:00 Uhr
Sa. 9:00 bis 16:00 Uhr
Mi. nach Vereinbarung
Erlebenswert: Hoffest am 2. Augustwochenende mit Pfälzer Spezialitäten

---

Rebfläche: 13,8 Hektar
Jahresproduktion: 120.000 Flaschen
Beste Lagen: Dürkheimer Spielberg und Hochbenn, Ungsteiner Herrenberg
Boden: Kalksteinverwitterung mit Lehm, schwerer Löss, hitzige Sandböden
Rebsorten: 30% Riesling, je 10% Spätburgunder und weiße Burgundersorten, 50% Rotweinsorten
Durchschnittsertrag: 85 hl/ha
Beste Jahrgänge: 1999, 2000, 2001

Der junge Jochen Schmitt, in Geisenheim ausgebildeter Önologe, hat sich seinen Namen mit guten Rotweinen gemacht. Schmitt ist experimentierfreudig und konzipiert schon mal sein eigenes Maische-Gär- und Verarbeitungssystem. Die Tendenz der guten Weine aus dem letzten Jahr setzte sich mit Weißweinen von 2001 und Roten aus 1999 und 2000 fort. Auch eine großartige Riesling Spätlese trocken gelang, ebenso eine zauberhaft honigduftige Huxelrebe Auslese. Bei den Roten kamen wir mit dem Spätburgundern weniger zurecht; dafür überzeugten erneut der Regent sowie die guten Verschnitte.

2001 Dürkheimer Steinberg
Riesling trocken
3,60 €/1,0 Lit., 11,5%, ♀ bis 2004   **81**

2001 Dürkheimer Spielberg
Riesling Spätlese trocken
6,10 €, 12,5%, ♀ bis 2005   **84**

2001 Ungsteiner Herrenberg
Riesling Spätlese trocken »Ausblick«
12,– €, 13,5%, ♀ bis 2006   **88**

2001 Ungsteiner Herrenberg
Riesling Auslese
12,– €, 7,5%, ♀ bis 2007   **86**

2001 Dürkheimer Nonnengarten
Huxelrebe Auslese
6,70 €/0,5 Lit., 10,5%, ♀ bis 2008   **87**

——— Rotweine ———

1999 »Thor«
trocken
15,30 €, 13%, ♀ bis 2010   **86**

1999 »Duca XI«
trocken
15,30 €, 13%, ♀ bis 2010   **86**

2000 Dornfelder
trocken »Taurus«
8,60 €, 13,5%, ♀ bis 2007   **87**

2000 Regent
trocken
10,20 €, 13%, ♀ bis 2010   **89**

Die Betriebe: ✤✤✤✤✤ Weltklasse · ✤✤✤✤ Deutsche Spitze · ✤✤✤ Sehr gut · ✤✤ Gut · ✤ Zuverlässig

Pfalz

WEINGUT SCHUMACHER

Inhaber: Annetrud Franke
Verwalter: Michael Acker
67273 Herxheim am Berg,
Hauptstraße 40
Tel. (0 63 53) 9 35 90, Fax 93 59 22
e-mail:
weingut-schumacher@t-online.de
Anfahrt: A 6 Mannheim–Kaiserslautern, Ausfahrt Grünstadt, auf der Weinstraße Richtung Bad Dürkheim
Verkauf: Nach Vereinbarung
Sehenswert: Historischer Gutshof mit 500 Jahre altem Gewölbekeller, Weinbergsterrasse mit Blick auf Rheinebene

---

Rebfläche: 9 Hektar
Jahresproduktion: 50.000 Flaschen
Beste Lagen: Herxheimer Himmelreich, Kallstadter Saumagen
Boden: Muschelkalk, Kalkmergel mit Löss, sandiger Lehm
Rebsorten: 35% Riesling, 21% Spätburgunder, 11% Portugieser, 10% Silvaner, 5% Scheurebe, 3% Weißburgunder, 15% übrige Sorten
Durchschnittsertrag: 48 hl/ha
Beste Jahrgänge: 1997, 1998, 2000

2001 Herxheimer Himmelreich
Grauer Burgunder Spätlese trocken
7,– €, 13%, ♀ bis 2004   **82**

2001 Herxheimer Honigsack
Silvaner trocken
3,80 €, 11,5%, ♀ bis 2003   **83**

2001 Herxheimer Himmelreich
Riesling Spätlese trocken Garten
9,70 €, 13%, ♀ bis 2005   **83**

2001 Herxheimer Himmelreich
Riesling Kabinett trocken
4,80 €, 11,5%, ♀ bis 2003   **85**

2001 Herxheimer Honigsack
Silvaner Trockenbeerenauslese
40,– €/0,5 Lit., 12%, ♀ bis 2014   **88**

2001 Herxheimer Honigsack
Scheurebe Trockenbeerenauslese
40,– €/0,5 Lit., 10%, ♀ bis 2014   **89**

--- Rotweine ---

2001 Portugieser
trocken
4,80 €, 13%, ♀ bis 2004   **80**

2000 Herxheimer Himmelreich
Spätburgunder Spätlese trocken Garten
13,– €, 13,5%, ♀ bis 2007   **85**

Über viele Jahrhunderte hielten Mönche ihre Hände über die alte Siedlung Herxheim und deckten ihren Weinbedarf im »kleinen Hofgut«, dem heutigen Weingut Schumacher. Neben dem prachtvollen Gutshof samt 500 Jahre altem Gewölbekeller ist vor allem die gepflegte Einzellage Himmelreich, umringt von einer fünf Meter hohen Mauer, Kernstück des heutigen Betriebes. Seit einigen Jahren bringt Michael Acker durch Mengenbeschränkung, Handlese und gekühlte Gärung saftige Weine auf die Flasche. Die 2001er Kollektion fiel allerdings nach guter Vorjahresleistung recht durchwachsen aus. Bei den Roten entsprachen nur die – allerdings nicht gerade preiswerten – Spätburgunder den Erwartungen. Die Rieslinge und Burgunder haben uns nicht sehr überzeugt. Die Edelsüßen sind sehr gut gelungen.

Die Weine: **100** Perfekt · **95–99** Überragend · **90–94** Exzellent · **85–89** Sehr gut · **80–84** Gut · **75–79** Passabel

Pfalz

WEINGUT GEORG SIBEN ERBEN

Inhaber: Familie Siben
Betriebsleiter und Kellermeister: Andreas Siben
67143 Deidesheim, Weinstraße 21
Tel. (0 63 26) 98 93 63, Fax 98 93 65
e-mail: siben_weingut@t-online.de
Anfahrt: An der Weinstraße zwischen Neustadt und Bad Dürkheim
Verkauf: Familie Siben
Mo.–Fr. 8:00 bis 12:00 Uhr
und 14:00 bis 18:00 Uhr
Sa. 9:00 bis 12:00 Uhr
und 14:00 bis 17:00 Uhr
So. nach Vereinbarung
Sehenswert: 1595 erbauter Keller, Sandstein-Säulenraum als Probierstube

---

Rebfläche: 11 Hektar
Jahresproduktion: 120.000 Flaschen
Beste Lagen: Deidesheimer Grainhübel und Kalkofen, Forster Ungeheuer, Ruppertsberger Hoheburg und Reiterpfad
Boden: Sandiger Lösslehm, Ton-Lehm-Anteile
Rebsorten: 75% Riesling, 15% Burgundersorten, 10% übrige Sorten
Durchschnittsertrag: 50 hl/ha
Beste Jahrgänge: 1997, 1998
Mitglied in Vereinigungen: VDP, Naturland

2001 Riesling
Kabinett trocken
5,10 €/1,0 Lit., 11%, ♀ bis 2004 **80**

2001 Ruppertsberger Reiterpfad
Grauer Burgunder trocken
6,10 €, 12%, ♀ bis 2003 **81**

2001 Deidesheimer Kieselberg
Riesling Kabinett trocken
5,10 €, 10%, ♀ bis 2004 **81**

2001 Ruppertsberger Nußbien
Riesling Kabinett trocken
5,10 €, 11,5%, ♀ bis 2004 **84**

2001 Deidesheimer Kalkofen
Riesling Spätlese trocken
8,60 €, 12%, ♀ bis 2005 **84**

2001 Deidesheimer Leinhöhle
Riesling Spätlese trocken
8,60 €, 12%, ♀ bis 2005 **86**

2001 Forster Ungeheuer
Riesling Spätlese trocken
»Großes Gewächs«
15,– €, 12,5%, ♀ bis 2005 **87**

2001 Forster Grainhübel
Riesling Spätlese trocken
»Großes Gewächs«
15,– €, 12,5%, ♀ bis 2005 **87**

Wolfgang Georg Siben gehörte lange Zeit zu den Fürsprechern der klassischen, im Holzfass ausgebauten Rieslinge, die Zeit brauchen, um sich zu entfalten. Sein Sohn Andreas versucht nun, vornehmlich in Edelstahl, mit neuen Gärtechniken den Weinen einen modernen Schliff zu verpassen. In 2001 sind die einfacheren Weine zuverlässig, bleiben aber häufig ein wenig leer. Die trockenen Spätlesen sind recht typische, gute Mittelhaardter. An den »Großen Gewächsen« sollte noch etwas gearbeitet werden. Burgundersorten werden zwar auch angepflanzt, erreichen hier aber – bis jetzt noch nicht – die Bedeutung der Rieslinge.

Die Betriebe: ✿✿✿✿✿ Weltklasse · ✿✿✿✿ Deutsche Spitze · ✿✿✿ Sehr gut · ✿✿ Gut · ✿ Zuverlässig

Pfalz

Aufsteiger

WEINGUT SIEGRIST

Inhaber: Familie Siegrist und Familie Schimpf
Kellermeister: Bruno Schimpf
76829 Leinsweiler, Am Hasensprung 4
Tel. (0 63 45) 13 09, Fax 75 42
e-mail: wein@weingut-siegrist.de
Internet: www.weingut-siegrist.de
Anfahrt: A 65, Ausfahrt Landau-Nord, über die B 10, Ausfahrt »Deutsche Weinstraße« in Leinsweiler
Verkauf: Familien Siegrist und Schimpf
Mo.–Fr. 8:00 bis 12:00 Uhr
und 13:30 bis 18:00 Uhr
Sa. 8:00 bis 17:00 Uhr
und nach Vereinbarung
Gutsausschank: Im denkmalgeschützten, restaurierten Zehnkeller (erbaut 1555); Heidrun Brück, Do. u. Fr. ab 17:00 Uhr, Sa. und So. ab 12:00 Uhr, Tel. (0 63 45) 30 75

Rebfläche: 14 Hektar
Jahresproduktion: 80.000 Flaschen
Beste Lage: Leinsweiler Sonnenberg
Boden: Kalkmergel, Lösslehm, Buntsandsteinverwitterung
Rebsorten: 25% Riesling, 17% Spätburgunder, je 10% Weißburgunder, Chardonnay, Dornfelder und Müller-Thurgau, 8% Silvaner, 3% Grauburgunder, 7% übrige Sorten
Durchschnittsertrag: 75 hl/ha
Beste Jahrgänge: 1998, 2000, 2001
Mitglied in Vereinigungen: VDP, Deutsches Barrique Forum

Bekannt geworden ist Thomas Siegrist durch seine im Barrique gereiften Rotweine. Eine Zeit lang waren manche Weine jedoch allzu stark vom Holz geprägt, während den frischen Weißweinen der Esprit fehlte. Das änderte sich in den letzten Jahren erkennbar, sicher auch durch den Einfluss von Schwiegersohn Bruno Schimpf, der inzwischen den Keller verantwortet. Geradezu einen Qualitätssprung machten ausgerechnet im Problemjahrgang 2000 die Weißen: voll belebender Frische und Dichte. Im Jahrgang 2001 scheint mit viel Feinarbeit an den Rieslingen der Durchbruch geschafft: gleich drei hervorragende Weine lassen uns mit der dritten Traube nicht weiter zögern.

2001 Riesling
Kabinett trocken
5,50 €, 12%, ♀ bis 2004 — **85**

2001 Weißer Burgunder
Spätlese trocken
7,20 €, 13%, ♀ bis 2004 — **86**

2001 Riesling
Spätlese trocken
7,50 €, 12,5%, ♀ bis 2005 — **88**

2000 Riesling
Spätlese trocken »Großes Gewächs«
12,50 €, 12,5%, ♀ bis 2005 — **89**

2001 Riesling
Spätlese trocken »Großes Gewächs«
13,– €, 12,5%, ♀ bis 2006 — **90**

——— Rotweine ———

2000 Cabernet Sauvignon u. Merlot
trocken Barrique
14,90 €, 13%, ♀ bis 2006 — **84**

1999 Cabernet Sauvignon
trocken Barrique
20,– €, 13%, ♀ bis 2006 — **84**

1999 »Bergacker«
trocken Barrique
30,80 €, 13%, ♀ bis 2007 — **87**

Die Weine: **100** Perfekt · **95–99** Überragend · **90–94** Exzellent · **85–89** Sehr gut · **80–84** Gut · **75–79** Passabel

Aufsteiger **Pfalz**

WEINGUT SIENER

Inhaber und Betriebsleiter:
Peter und Sieglinde Siener
Kellermeister: Peter Siener
76831 Birkweiler, Weinstraße 31
Tel. (0 63 45) 35 39, Fax 91 91 00
e-mail: WeingutSiener@aol.com
Anfahrt: A 65, Ausfahrt Landau-Nord, B 10 Richtung Annweiler, Ausfahrt Birkweiler
Verkauf: Peter u. Sieglinde Siener
Mo.–Fr. 8:00 bis 12:00 Uhr
und 14:00 bis 18:00 Uhr
Sa. 9:00 bis 16:00 Uhr
Sehenswert: Barriquekeller

Rebfläche: 7,5 Hektar
Jahresproduktion: 70.000 Flaschen
Beste Lagen: Birkweiler Kastanienbusch und Mandelberg, Leinsweiler Sonnenberg
Boden: Keuper, Buntsandstein, Kalkmergel, Lösslehm
Rebsorten: 30% Riesling, 22% Spätburgunder, 15% Grauburgunder, 10% Weißburgunder, 7% Silvaner, 5% Müller-Thurgau, 11% übrige Sorten
Durchschnittsertrag: 80 hl/ha
Beste Jahrgänge: 1999, 2000, 2001

2001 Riesling
trocken
3,10 €/1,0 Lit., 11,5%, ♀ bis 2004 — **82**

2001 Birkweiler Kastanienbusch
Riesling Spätlese trocken
5,50 €, 13%, ♀ bis 2005 — **86**

2001 Weißer und Grauer Burgunder
trocken Barrique
7,50 €, 13%, ♀ bis 2006 — **87**

2001 Birkweiler Kastanienbusch
Riesling trocken Rotschiefer
7,– €, 11,5%, ♀ bis 2008 — **89**

2001 Riesling
Kabinett
4,10 €, 11%, ♀ bis 2004 — **85**

——— Rotweine ———

2001 Spätburgunder
Weißherbst trocken
4,– €, 12%, ♀ bis 2004 — **83**

2000 Birkweiler Kastanienbusch
Spätburgunder trocken Nr. 1
6,20 €, 13%, ♀ bis 2007 — **86**

2000 Spätburgunder
trocken Barrique
22,– €, 13,5%, ♀ bis 2010 — **89**

Der knapp 30-jährige Peter Siener gehört zu einer Gruppe von jungen Südpfälzer Kellermeistern, die sich im Stil der bekannten »Fünf Freunde« austauschen und gemeinsame kulinarische Veranstaltungen organisieren. Der Spross des Birkweiler Traditionshauses hat Weinberge und Keller sehr gut im Griff und überzeugt mit einer Kollektion ohne erkennbare Schwächen, dafür aber Jahr für Jahr mit besseren Spitzenweinen. Das Angebot aus 2001 ebenso wie die beiden hervorragenden Roten aus 2000 haben uns beeindruckt. Der außergewöhnlich terroirbetonte Kastanienbusch-Riesling (Rotschiefer) könnte fast von Rebholz stammen, der Spätburgunder Barrique gehört zum Besten, was diese Sorte in der Pfalz 2000 zuließ.

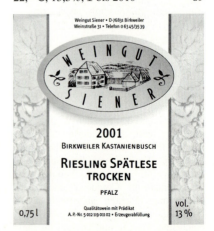

Die Betriebe: ✿✿✿✿✿ Weltklasse · ✿✿✿✿ Deutsche Spitze · ✿✿✿ Sehr gut · ✿✿ Gut · ✿ Zuverlässig

Pfalz

WEINGUT HEINRICH SPINDLER

Inhaber: Hans Spindler
Kellermeister: Berthold Klöckner
67147 Forst, Weinstraße 44
Tel. (0 63 26) 2 80, Fax 78 77
e-mail: hch.spindler@t-online.de
Internet: www.spindler-weine.de
Anfahrt: Über B 271 neu aus Richtung Bad Dürkheim oder Neustadt
Verkauf: Hans und Johanna Spindler
Mo.–Sa. 9:00 bis 18:00 Uhr
und nach Vereinbarung
Gutsausschank: Warme Küche
Di. bis Sa. von 11:30 bis 21:30 Uhr
Spezialitäten: Pfälzer Gerichte, saisonal abgestimmt (Spargel, Wild)
Historie: Seit 1620 Weinbau in der Familie
Sehenswert: Gewölbekeller

Rebfläche: 12,5 Hektar
Jahresproduktion: 90.000 Flaschen
Beste Lagen: Forster Pechstein, Freundstück, Kirchenstück, Ungeheuer und Jesuitengarten, Ruppertsberger Reiterpfad
Boden: Sandiger Lehm mit Basalt und Kalk
Rebsorten: 86% Riesling, 8% Spätburgunder, 3% Weißburgunder, 2% Dornfelder, 1% Gewürztraminer
Durchschnittsertrag: 58 hl/ha
Beste Jahrgänge: 2000, 2001

2001 Riesling
Kabinett trocken
4,30 €/1,0 Lit., 11%, ♀ bis 2003 — **82**

2001 Forster Ungeheuer
Riesling Kabinett trocken
5,40 €, 11,5%, ♀ bis 2003 — **84**

2001 Deidesheimer Herrgottsacker
Riesling Kabinett trocken
4,90 €, 11,5%, ♀ bis 2004 — **84**

2001 Forster Freundstück
Riesling Spätlese trocken
8,– €, 12,5%, ♀ bis 2004 — **86**

2001 Riesling
Kabinett trocken »Philosophie«
5,20 €, 11,5%, ♀ bis 2004 — **86**

2001 Forster Pechstein
Riesling Spätlese trocken
8,– €, 12,5%, ♀ bis 2005 — **87**

2001 Forster Elster
Riesling Spätlese halbtrocken
7,90 €, 11,5%, ♀ bis 2004 — **84**

2001 Ruppertsberger Nußbien
Riesling Kabinett halbtrocken
5,– €, 10,5%, ♀ bis 2004 — **85**

2001 Forster Ungeheuer
Riesling Auslese
12,80 €/0,5 Lit., 10,5%, ♀ bis 2008 — **90**

Das traditionsreiche Rieslinggut mitten in Forst hat viele Jahre nur mit seiner gemütlichen Weinstube und seinen dort servierten Pfälzer Spezialitäten überzeugen können. Nun hat Hans Spindler jedoch seine Kellertechnik auf Vordermann gebracht und produziert moderne, ansprechende Weine. Dabei zeigen sich die Vorzüge der Forster Lagen ebenso wie die Schwierigkeiten beim 2000er. Auch im neuen Jahrgang bestätigt sich der Aufwärtstrend. Die Stärken der seriösen, im Aroma klaren Weine sind deutlich die trockenen Kabinettweine und die herausragende Auslese.

Die Weine: **100** Perfekt · **95–99** Überragend · **90–94** Exzellent · **85–89** Sehr gut · **80–84** Gut · **75–79** Passabel

Pfalz

WEINGUT PETER STOLLEIS – CARL-THEODOR-HOF

Inhaber: Peter Stolleis
Verwalter: Thomas Reuther
Kellermeister: E. Vetter
67435 Neustadt a. d. Weinstraße 16,
Kurpfalzstraße 91–99
Tel. (0 63 21) 6 60 71, Fax 6 03 48
e-mail: weingut.p.stolleis@t-online.de
Internet: www.stolleis.de
Anfahrt: Über die A 65 nach Neustadt/W., in Mußbach Richtung Gimmeldingen in die Kurpfalzstraße
Verkauf: Peter Stolleis
Mo.–Fr. 8:00 bis 17:00 Uhr
Sa. 9:00 bis 12:00 Uhr
und nach Vereinbarung
Sehenswert: Skulpturen aus kurfürstlicher Zeit, großer Gewölbekeller (1709), Gartenanlage mit südlichem Flair

---

Rebfläche: 22 Hektar
Jahresproduktion: 170.000 Flaschen
Beste Lagen: Königsbacher Ölberg, Gimmeldinger Mandelgarten und Biengarten, Mußbacher Eselshaut
Boden: Kalkhaltiger Lehm, Buntsandsteinverwitterung
Rebsorten: 54% Riesling, je 8% Spätburgunder und Portugieser, 6% Weißburgunder, 4% Müller-Thurgau, 20% übrige Sorten
Durchschnittsertrag: 82 hl/ha
Beste Jahrgänge: 2000, 2001

2001 Ruppertsberger Nußbien
Riesling Kabinett trocken
5,30 €, 11%, ♀ bis 2003 — **82**

2001 Chardonnay
trocken
6,80 €, 13%, ♀ bis 2004 — **82**

2001 Mußbacher Eselshaut
Riesling Kabinett trocken
5,20 €, 11,5%, ♀ bis 2004 — **83**

2001 Grauer Burgunder
trocken
5,60 €, 12,5%, ♀ bis 2004 — **84**

2001 Gimmeldinger Meerspinne
Riesling halbtrocken
4,30 €/1,0 Lit., 12%, ♀ bis 2004 — **82**

2001 Königsbacher Ölberg
Riesling Spätlese
7,20 €, 9%, ♀ bis 2005 — **85**

2001 Mußbacher Eselshaut
Spätburgunder Eiswein
40,– €/0,5 Lit., 11%, ♀ bis 2012 — **88**

Der recht große Familienbetrieb besitzt gute Lagen zwischen Haardt und Deidesheim. Der Jahrgang 2000 geht hier sicher nicht in die Annalen ein, aber Stolleis hat einige sehr ansprechende Weine erzeugen können. 2001 ist der positive Trend wieder eindeutiger erkennbar, vor allem bei den weißen Burgundersorten und den herzhaft-pfälzischen Rieslingen, die alle über klare Aromen verfügen. Würde man sich auch bei trockenen Rieslingen an höhere Qualitäten heranarbeiten und beim Rotwein noch etwas zulegen, könnte durchaus ein Aufstieg möglich werden. Feiner Spätburgunder Eiswein!

Die Betriebe: ✤✤✤✤✤ Weltklasse · ✤✤✤✤ Deutsche Spitze · ✤✤✤ Sehr gut · ✤✤ Gut · ✤ Zuverlässig

Aufsteiger

Pfalz

WEINGUT ULLRICHSHOF – FAMILIE FAUBEL

Inhaber: Heinz, Christa u. Gerd Faubel
Kellermeister: Gerd Faubel
67487 Maikammer, Marktstraße 86
Tel. (0 63 21) 50 48, Fax 5 73 88
e-mail: Ullrichshof@t-online.de
Anfahrt: A 65, Ausfahrt Edenkoben, in Richtung Maikammer
Verkauf: Familie Faubel
Mo.–Fr. 8:00 bis 18:00 Uhr
Sa. 8:00 bis 17:00 Uhr
So. 10:00 bis 15:00 Uhr
Mittagspause von 12:00 bis 13:00 Uhr
Gästezimmer: Im mediterranen Landhausstil
Historie: Weinbau seit 1635
Sehenswert: Remise des 1904 errichteten, denkmalgeschützten Gutes, 100-jähriger Ginkgo-Baum

---
Rebfläche: 18 Hektar
Jahresproduktion: 160.000 Flaschen
Beste Lagen: Maikammer Heiligenberg und Kirchenstück, Haardter Herrenletten und Herzog
Boden: Löss, Buntsandstein, Kalkstein
Rebsorten: 25% Riesling, 30% weiße Burgundersorten, 15% Spätburgunder, je 10% Dornfelder und Sankt Laurent, 10% übrige Sorten
Durchschnittsertrag: 73 hl/ha
Beste Jahrgänge: 1999, 2000, 2001

Der im Jugendstil erbaute Ullrichshof ziert auch das Etikett des Gutes. Dieses architektonische Kleinod atmet in den Sommermonaten südländisches Flair: In der Hofeinfahrt blühen Zitrone und Oleander um die Wette. Mit der 2000er Kollektion demonstrierte Gerd Faubel die hohe Kunst des Weinmachens in schwierigen Verhältnissen. 2001 nun hat Faubel bei den Weißen alles richtig gemacht – eine beeindruckende Kollektion sortentypischer, harmonischer Weine mit feiner, gesunder Reife. Weißburgunder und Gewürztraminer gehören zur Pfälzer Spitze. Gerne belohnen wir die sehr guten Leistungen mit einer weiteren Traube.

2001 Maikammer Heiligenberg
Riesling Kabinett trocken
3,90 €/1,0 Lit., 12%, ♀ bis 2003 **83**

2001 Maikammer Mandelhöhe
Weißer Burgunder Kabinett trocken
4,60 €, 13%, ♀ bis 2005 **85**

2001 Maikammer Kapellenberg
Grauer Burgunder Spätlese trocken
6,50 €, 13,5%, ♀ bis 2004 **85**

2001 Maikammer Heiligenberg
Riesling Spätlese trocken
5,50 €, 12%, ♀ bis 2005 **86**

2001 Gimmeldinger Kapellenberg
Riesling Spätlese trocken
5,– €, 12%, ♀ bis 2005 **87**

2001 Maikammer Kapellenberg
Chardonnay Spätlese trocken
6,50 €, 14%, ♀ bis 2005 **87**

2001 Maikammer Kapellenberg
Weißer Burgunder Spätlese trocken
5,50 €, 13,5%, ♀ bis 2005 **88**

2001 Maikammer Heiligenberg
Riesling Auslese trocken
8,– €, 13,5%, ♀ bis 2006 **89**

2001 Maikammer Heiligenberg
Gewürztraminer Spätlese trocken
5,50 €, 13%, ♀ bis 2006 **89**

Die Weine: **100** Perfekt · **95–99** Überragend · **90–94** Exzellent · **85–89** Sehr gut · **80–84** Gut · **75–79** Passabel

Pfalz

VIER JAHRESZEITEN WINZER EG

Geschäftsführender Vorstand:
Curt-Christian Stoffel
Betriebsleiter und Kellermeister:
Walter Brahner
67098 Bad Dürkheim, Limburgstraße 8
Tel. (0 63 22) 9 49 00, Fax 94 90 37
e-mail: info@vj-wein.de
Internet: www.vj-wein.de
Anfahrt: A 61, Ausfahrt Kreuz Ludwigshafen, über A 650, Richtung Dürkheim
Verkauf: Rüdiger Damian
Mo.–Fr. 9:00 bis 17:00 Uhr
Sa. 8:30 bis 12:30 Uhr
Historie: Gründung im Jahr 1900

Rebfläche: 340 Hektar
Zahl der Mitglieder: 180
Jahresproduktion: 3,2 Mio. Flaschen
Beste Lagen: Verwendet überwiegend Großlagen-Bezeichnungen
Boden: Sandiger Lehm, Löss
Rebsorten: 35% Riesling, 18% Portugieser, 8% Spätburgunder, 6% Dornfelder, 5% Weißburgunder, je 4% Gewürztraminer, Silvaner und Müller-Thurgau, 16% übrige Sorten
Durchschnittsertrag: 80 hl/ha
Beste Jahrgänge: 2000, 2001

2001 Grauer Burgunder
trocken
3,70 €, 13%, ♀ bis 2004 — **81**

2001 Dürkheimer Schenkenböhl
Riesling Spätlese trocken
4,95 €, 12%, ♀ bis 2006 — **85**

2001 Dürkheimer Feuerberg
Weißer Burgunder Spätlese trocken
5,05 €, 14%, ♀ bis 2004 — **86**

2001 Dürkheimer Hochmess
Silvaner Kabinett trocken
4,35 €, 13%, ♀ bis 2004 — **87**

2001 Dürkheimer Hochmess
Riesling Spätlese trocken
5,35 €, 13%, ♀ bis 2005 — **87**

2001 Dürkheimer Hochmess
Scheurebe Eiswein
25,30 €/0,375 Lit., 8%, ♀ bis 2010 — **90**

— Rotweine —

2001 Spätburgunder
Spätlese trocken
6,75 €, 13%, ♀ bis 2006 — **80**

2000 Dürkheimer Feuerberg
Spätburgunder Spätlese trocken Barrique
12,55 €, 12,5%, ♀ bis 2008 — **84**

Es hat eine Weile gedauert, bis wir die erste Genossenschaft aus der Pfalz mit einer Traube belohnen konnten. Seit einigen Jahren machen die auf Rotwein spezialisierten Dürkheimer unter den Pfälzer Genossen mit Abstand die besten Weine. Die Qualität ist, wie bei den meisten Kooperativen, von Wein zu Wein sehr unterschiedlich. Bei einem Angebot von sage und schreibe 150 Abfüllungen pro Jahr wundert uns das nicht. Neben dem herausragenden Scheurebe Eiswein waren es aus dem Jahrgang 2001 erstaunlicherweise nicht die Roten, die wir am höchsten bewerten konnten. Während es einige brillante weiße Spätlesen gab, blieben die einfacheren Weißen und die sonst starken Roten hinter den Erwartungen zurück.

Die Betriebe: ✽✽✽✽✽ Weltklasse · ✽✽✽✽ Deutsche Spitze · ✽✽✽ Sehr gut · ✽✽ Gut · ✽ Zuverlässig

Pfalz

WEINGUT WEEGMÜLLER

Inhaber: Stefanie Weegmüller-Scherr
Verwalter: Richard Scherr
Kellermeisterin: Stefanie Weegmüller-Scherr
67433 Neustadt-Haardt, Mandelring 23
Tel. (0 63 21) 8 37 72, Fax 48 07 72
e-mail: weegmueller-weine@t-online.de
Internet: www.weegmueller-weine.de
Anfahrt: A 65, zweite Ausfahrt Neustadt (Lambrecht), Hinweisschilder Haardt
Verkauf: Stefanie Weegmüller-Scherr
Mo.–Fr. 8:00 bis 12:00 Uhr
und 13:00 bis 17:00 Uhr
Sa. 9:00 bis 14:00 Uhr
und nach Vereinbarung

Rebfläche: 15,2 Hektar
Jahresproduktion: 110.000 Flaschen
Beste Lagen: Haardter Herrenletten, Herzog und Bürgergarten, Mußbacher Eselshaut
Boden: Sandiger Lehm, mergeliger Ton
Rebsorten: 60% Riesling, 6% Scheurebe, je 5% Grauer Burgunder, Weißer Burgunder, Gewürztraminer, Kerner und Dornfelder, 9% übrige Sorten
Durchschnittsertrag: 70 hl/ha
Beste Jahrgänge: 1996, 1997, 1998

Stefanie Weegmüller führt heute das seit 1685 bestehende Weingut mit ihrem Mann Richard Scherr in der 12. Generation. Mit 25 Jahren übernahm sie die Verantwortung im damals noch väterlichen Keller. Seither war das Gut auf dem Vormarsch. Doch in 1999 kam der Hagel, verwüstete einige Weinberge und brachte einen Rückgang in der Weinqualität, der sich im extrem schwierigen Jahr 2000 dramatisch verstärkt hat. Der 2001er gelang wieder deutlich besser, kann aber immer noch nicht ganz an frühere Glanzzeiten anschließen. Die voluminösen, fast barocken Burgunder früherer Jahre mit viel Fruchtopulenz vermissen wir ein wenig. Jetzt wirken manche Weine eher schlank.

2001 Scheurebe
trocken
6,– €, 12%, ♀ bis 2004 — **82**

2001 Gimmeldinger Schlössel
Riesling Kabinett trocken
5,50 €, 11,5%, ♀ bis 2004 — **83**

2001 Haardter Herzog
Weißer Burgunder Spätlese trocken
8,50 €, 13%, ♀ bis 2004 — **84**

2001 Haardter Bürgergarten
Gewürztraminer Spätlese trocken
8,– €, 13%, ♀ bis 2006 — **84**

2001 Haardter Herzog
Riesling Spätlese trocken
10,– €, 12,5%, ♀ bis 2005 — **85**

2001 Haardter Bürgergarten
Riesling Spätlese
9,– €, 8,5%, ♀ bis 2008 — **84**

2001 Haardter Herrenletten
Riesling Kabinett
6,– €, 10,5%, ♀ bis 2005 — **85**

2001 Haardter Mandelring
Scheurebe Auslese
9,50 €/0,375 Lit., 10,5%, ♀ bis 2006 — **85**

2001 Haardter Herrenletten
Scheurebe Spätlese
9,50 €, 9,5%, ♀ bis 2006 — **87**

Die Weine: **100** Perfekt · **95–99** Überragend · **90–94** Exzellent · **85–89** Sehr gut · **80–84** Gut · **75–79** Passabel

Pfalz

WEINGÜTER GEHEIMRAT J. WEGELER – GUTSHAUS DEIDESHEIM

Inhaber: Familie Rolf Wegeler
Verwalter: Heinz Bauer
Kellermeister: Ludwig Molitor
67146 Deidesheim, Weinstraße 10
Tel. (0 63 26) 2 21, Fax 79 20
e-mail: info@wegeler.com
Anfahrt: An der Weinstraße zwischen Neustadt und Bad Dürkheim
Verkauf: Heinz Bauer
nach Vereinbarung

> Rebfläche: 10,5 Hektar
> Jahresproduktion: 85.000 Flaschen
> Beste Lagen: Forster Ungeheuer, Deidesheimer Herrgottsacker
> Boden: Lösslehm auf Basalt, Buntsandsteinverwitterung
> Rebsorten: 97% Riesling, 3% übrige Sorten
> Durchschnittsertrag: 58 hl/ha
> Beste Jahrgänge: 1995, 1997, 2001
> Mitglied in Vereinigungen: VDP

Dies ist jener Teil des Weingutes Dr. Deinhard, der seit knapp 30 Jahren an Wegeler im Rheingau verpachtet ist. Beide Güterteile bewirtschaften unterschiedliche Lagen. Die Weine aber werden von der gleichen Mannschaft unter Heinz Bauer ausgebaut. Die Direktiven für die Weine des Gutes Wegeler kommen allerdings aus dem Rheingau. Vielleicht auch deswegen sagt man den Weinen nach, sie seien die rheingautypischsten Pfälzer Weine überhaupt. Die Ernte wird überwiegend trocken ausgebaut und geht komplett an Gastronomie und Handel. Durch eine Verkleinerung der Fläche, deutlich verringerte Erträge und Investitionen in eine schonende Pressung sollte die Qualität der Gutshaus-Weine gesteigert werden. Die Basisqualitäten wirkten allerdings 1999 etwas uniform und derb. Aus 2000 erhielten wir nur wenige Weine, und die konnten nicht mit früheren Qualitäten mithalten. Der neue Jahrgang ist nun wieder von gewohnter Qualität, wenn auch manchmal – wie häufig an der Mittelhaardt in diesem Jahrgang – etwas Dichte und Traubenreife fehlen. Die trockene Riesling Spätlese und die feine Beerenauslese zeigen, dass hier weiterhin Qualität gesucht wird.

2001 Riesling
trocken
6,30 €, 11,5%, ♀ bis 2004 — **81**

2001 Ruppertsberger Linsenbusch
Weißer Burgunder Kabinett trocken
6,70 €, 12%, ♀ bis 2003 — **82**

2001 Deidesheimer Herrgottsacker
Riesling Kabinett trocken
7,40 €, 11,5%, ♀ bis 2004 — **84**

2001 Forster Ungeheuer
Riesling Spätlese trocken
11,20 €, 12%, ♀ bis 2004 — **88**

2001 Forster Ungeheuer
Riesling Kabinett halbtrocken
7,40 €, 11%, ♀ bis 2005 — **86**

2001 Forster Ungeheuer
Riesling Spätlese
11,20 €, 8%, ♀ bis 2008 — **85**

2001 Forster Ungeheuer
Riesling Beerenauslese
31,90 €, 7%, ♀ 2005 bis 2012 — **89**

Die Betriebe: ✽✽✽✽✽ Weltklasse · ✽✽✽✽ Deutsche Spitze · ✽✽✽ Sehr gut · ✽✽ Gut · ✽ Zuverlässig

Aufsteiger des Jahres 2003 **Pfalz**

WEINGUT DR. WEHRHEIM

Inhaber: Karl-Heinz Wehrheim
76831 Birkweiler, Weinstraße 8
Tel. (0 63 45) 35 42, Fax 38 69
e-mail: dr.wehrheim@t-online.de
Internet: www.weingut-wehrheim.de
Anfahrt: A 65, Ausfahrt Landau-Nord, über die B 10, Ausfahrt Birkweiler
Verkauf: Familie Wehrheim
Mo.–Fr. 9:00 bis 12:00 Uhr
und 14:00 bis 18:00 Uhr
Sa. 10:00 bis 16:00 Uhr
und nach Vereinbarung
Gutsausschank: 3. und 4. Wochenende im August und 1. im September
Do.–Sa. ab 17:00, So. ab 11:00 Uhr

Rebfläche: 12,5 Hektar
Jahresproduktion: 80.000 Flaschen
Beste Lagen: Birkweiler Kastanienbusch und Mandelberg
Boden: Buntsandstein, Porphyr, kalkiger Mergel, Keuper, sandiger Lehm, Muschelkalk, Rotliegendes
Rebsorten: 40% Riesling, 20% Weißburgunder, 12% Spätburgunder, 10% Silvaner, 8% Sankt Laurent, 10% übrige Sorten
Durchschnittsertrag: 60 hl/ha
Beste Jahrgänge: 1999, 2000, 2001
Mitglied in Vereinigungen: VDP

Das Weingut der Familie Wehrheim zählt seit langem zu den angesehensten Erzeugern der Südlichen Weinstraße. Familiäre Atmosphäre, Gastlichkeit und ein einladendes Anwesen gehörten schon immer zum angenehmen Ambiente dieses Familienbetriebes, bei dem heute drei Generationen mithelfen. Karl-Heinz Wehrheim, der seit 1990 den Betrieb führt und die Weine verantwortet, ist darüber hinaus an mehreren Fronten tätig, so beim Pfälzer VDP, bei den »Fünf Freunden«, in der Gebietsweinwerbung oder mit dem neuen Projekt »Fünf Bäuerlein«, einer Wein-Gaststätte in Landau. Darüber vergisst er jedoch keine Minute lang seine Pflichten zu Hause. Er hat in diesen 12 Jahren konsequent an der Qualität seiner Weine gearbeitet und vor drei Jahren mit erheblichen Verbesserungen bei der technischen Ausstattung des Kellers weitere Voraussetzungen für die Spitzenqualität seiner Weißweine geschaffen. Spätburgunder, weiße Burgundersorten und Silvaner von Wehrheim gehören schon seit geraumer Zeit zu den Besten der Pfalz. Erstaunlicherweise brauchte Karl-Heinz Wehrheim mit seinen Rieslingen etwas länger. Die waren zwar ebenfalls überdurchschnittlich, doch fehlte ihnen – etwa im Vergleich mit seinem Freund und Kollegen Hansjörg Rebholz – der letzte Schliff. Bei dieser Paradesorte hat es mit den letzten Jahrgängen die deutlichsten Fortschritte gegeben. Seit Karl-Heinz Wehrheims Vater, Dr. Heinz Wehrheim, 1963 den ersten Kastanienbusch Riesling als Diabetikerwein angeboten hat, sind alle Wehrheim-Weine mit Ausnahme edelsüßer Spezialitäten durchgegoren. Schwerpunkte des Angebotes waren immer Rieslinge und Burgundersorten, die bis heute die Stärken des führenden Südpfälzer Betriebes geblieben sind. Die weißen Burgunderweine sind stets üppig, und bleiben trotz aller cremigen Fülle charaktervoll. Seit 1996 gehören sie Jahr für Jahr zum Feinsten, was Deutschland zu bieten hat. Bei den Rotweinen kam der Durchbruch schon etwas früher. Vor allem eine ausgewogene Frucht und eine glückliche Verbindung von Harmonie und Länge zeichnet diese Rotweine aus. Die große Klasse Wehrheims zeigte sich nicht zuletzt im Jahrgang 2000, der mit enormem Arbeitsaufwand kaum Qualitätsverlust gegenüber Vorjahren brachte – aber erheblich kleinere Mengen. Nicht nur die Weißen, sondern auch der jetzt vorgestellte 2000er Spätburgunder sind Musterbeispiele für hervorragende Arbeit in einem schwierigen Jahrgang. 2001 nun hat Karl-Heinz Wehrheim eine Kollektion präsentiert, die uns nicht mehr zögern lässt, ihn in den engsten Kreis der Pfälzer Spitzenbetriebe aufzunehmen. Wir erheben das Glas und trinken auf das Wohl unseres diesjährigen »Aufsteiger des Jahres«.

Die Weine: **100** Perfekt · **95–99** Überragend · **90–94** Exzellent · **85–89** Sehr gut · **80–84** Gut · **75–79** Passabel

Pfalz

2001 Riesling
trocken
4,30 €/1,0 Lit., 12%, ♀ bis 2004 **82**

2001 Weißer Burgunder
Spätlese trocken
7,80 €, 13,5%, ♀ bis 2004 **85**

2001 Chardonnay
Spätlese trocken
10,– €, 13,5%, ♀ bis 2004 **85**

2001 Riesling
trocken »Rotliegendes«
7,– €, 12,5%, ♀ bis 2006 **85**

2001 Riesling
Spätlese trocken »Buntsandstein«
8,– €, 12,5%, ♀ bis 2005 **87**

2001 Muskateller
Spätlese trocken »Keuper«
14,30 €, 14,5%, ♀ bis 2005 **87**

2001 Weißer Burgunder
Spätlese trocken »Muschelkalk«
8,– €, 13,5%, ♀ bis 2005 **87**

2001 Birkweiler Kastanienbusch
Riesling trocken »Großes Gewächs«
17,40 €, 13,5%, ♀ bis 2008 **91**

2001 Grauer Burgunder
Spätlese trocken »Keuper«
15,– €, 14,5%, ♀ bis 2006 **91**

2001 Chardonnay
Spätlese trocken Barrique »Keuper«
13,30 €, 14%, ♀ bis 2006 **92**

2001 Birkweiler Mandelberg
Weißer Burgunder trocken
»Großes Gewächs«
17,40 €, 14%, ♀ bis 2006 **92**

2001 Birkweiler Kastanienbusch
Riesling Eiswein
20,– €/0,375 Lit., 9,5%, ♀ 2006 bis 2015 **92**

──── Rotweine ────

1999 Spätburgunder
trocken »Buntsandstein«
15,– €, 13%, ♀ bis 2010 **89**

2000 Birkweiler Kastanienbusch
Spätburgunder trocken
»Großes Gewächs«
32,– €, 13%, ♀ bis 2010 **92**

Vorjahresweine

2000 Birkweiler
Weißer Burgunder Spätlese trocken
7,80 €, 13%, ♀ bis 2004 **88**

2000 Birkweiler
Grauer Burgunder Spätlese trocken
8,44 €, 13%, ♀ bis 2004 **89**

2000 Birkweiler
Chardonnay Spätlese trocken
13,29 €, 14%, ♀ bis 2006 **90**

1999 Chardonnay
Spätlese trocken Barrique
13,29 €, 14%, ♀ bis 2005 **90**

2000 Birkweiler Mandelberg
Weißer Burgunder trocken
»Großes Gewächs«
16,36 €, 13,5%, ♀ bis 2006 **92**

Die Betriebe: ❦❦❦❦❦ Weltklasse · ❦❦❦❦ Deutsche Spitze · ❦❦❦ Sehr gut · ❦❦ Gut · ❦ Zuverlässig

Pfalz

WEINGUT WEIK

Inhaber: Dominique Runck und Bernd Weik
Kellermeister: Bernd Weik
67435 Neustadt-Mußbach,
Lutwizistraße 10
Tel. (0 63 21) 6 68 38, Fax 6 09 41
e-mail: Weingut.Weik@t-online.de
Anfahrt: A 65, Ausfahrt Neustadt, nach 400 Meter in Richtung Mußbach, in der Ortsmitte am Kriegerdenkmal links
Verkauf: Dominique Runck
Mo.–Do. nach Vereinbarung
Fr. 13:00 bis 18:00 Uhr
Sa. 10:00 bis 16:00 Uhr
Gutsausschank: Weiks Vinothek und Restaurant im Ort, Do. Ruhetag
Sehenswert: Großer Gewölbekeller

Rebfläche: 5,1 Hektar
Jahresproduktion: 40.000 Flaschen
Beste Lagen: Königsbacher Idig, Haardter Herzog, Mußbacher Eselshaut
Boden: Lehmiger Sand, Löss und Sand
Rebsorten: 38% Riesling, 16% Sankt Laurent, 12% Sauvignon blanc, je 7% Weißburgunder und Spätburgunder, 5% Dornfelder, 15% übrige Sorten
Durchschnittsertrag: 70 hl/ha
Beste Jahrgänge: 1997, 1998, 2001

2001 Gimmeldinger Biengarten
Riesling Kabinett trocken
4,70 €, 12%, ♀ bis 2003 — **83**

2001 Mußbacher Eselshaut
Weißer Burgunder Kabinett trocken
4,50 €, 12%, ♀ bis 2003 — **83**

2001 Mußbacher Eselshaut
Weißer Burgunder Spätlese trocken
5,60 €, 12,5%, ♀ bis 2003 — **84**

2001 Mußbacher Eselshaut
Chardonnay Spätlese trocken
5,60 €, 12,5%, ♀ bis 2003 — **84**

2001 Mußbacher Eselshaut
Riesling Spätlese trocken
5,60 €, 13%, ♀ bis 2004 — **85**

2001 Mußbacher Eselshaut
Gewürztraminer Spätlese
5,60 €, 12,5%, ♀ bis 2005 — **83**

2001 Mußbacher Eselshaut
Scheurebe Auslese
5,60 €/0,5 Lit., 11%, ♀ bis 2006 — **86**

——— Rotwein ———

2000 Mußbacher Eselshaut
Spätburgunder trocken Barrique
8,80 €, 13%, ♀ bis 2006 — **84**

Auf dem idyllischen Gutshof in Mußbach sitzen Dominique Runck und Bernd Weik der Eselshaut am nächsten, die den größten Anteil ihres Besitzes ausmacht. Von 1996 bis 1998 haben die Rieslinge hier an Klasse gewonnen, die Rotweine an Gehalt. Nach zwei schwächeren Jahren bringt das klassische Sortiment des Jahrgangs 2001 mit trockenen Rieslingen und weißen Burgundersorten wieder gewohnte Qualitäten. Sogar der 2000er Spätburgunder ist erstaunlich gelungen. Die Rieslinge haben eine markant grünfruchtige Art und sind wie alle Weine sehr schlank und betont klar, was manchmal auf Kosten der Dichte geht.

Die Weine: **100** Perfekt · **95–99** Überragend · **90–94** Exzellent · **85–89** Sehr gut · **80–84** Gut · **75–79** Passabel

Pfalz

WEINGUT WILHELMSHOF

Inhaber: Familie Roth
Betriebsleiter: Herbert Roth
76833 Siebeldingen, Queichstraße 1
Tel. (0 63 45) 91 91 47, Fax 91 91 48
e-mail: mail@wilhelmshof.de
Internet: www.wilhelmshof.de
Anfahrt: A 65, Ausfahrt Landau-Nord, B 10 Richtung Pirmasens, Ausfahrt Godramstein nach Siebeldingen, in Ortsmitte
Verkauf: Familie Roth
Mo.–Fr. 8:00 bis 18:00 Uhr
Sa. 9:00 bis 17:00 Uhr
und nach Vereinbarung
Sehenswert: Rüttelkeller

Rebfläche: 14 Hektar
Jahresproduktion: 60.000 Flaschen, davon 40.000 Flaschen Sekt
Beste Lage: Siebeldinger im Sonnenschein, Frankweiler Kalkgrube
Boden: Buntsandsteinverwitterung, Muschelkalk
Rebsorten: 30% Spätburgunder, 30% Riesling, 25% Weißburgunder, 10% Grauburgunder, 5% Dornfelder
Durchschnittsertrag: 65 hl/ha
Beste Jahrgänge: 1998, 1999, 2000

Christa und Herbert Roth haben sich schon früh einen guten Namen mit flaschenvergorenem Sekt gemacht. Der beste aus etwa einem halben Dutzend verschiedener Sekte ist der Blanc de Noirs, der manchem Champagner das Wasser reichen kann. Ein ganz neuer Sektkeller ist in den kommenden Jahren geplant. Durch die Umstellung auf Ganztraubenpressung und gezügelte Gärung sind die weißen Burgundersorten schlanker und geradliniger geworden. Doch auch bei den Rotweinen sind Christa und Herbert Roth auf dem richtigen Weg. Aus dem Jahrgang 2001 hat man uns leider nur Weine ab Spätlesequalität vorgestellt, und auch die haben uns mit sehr schlankem Ausdruck bei den Weißen und recht glatter Art bei den Roten weniger überzeugt als im schwierigen, aber hervorragend gemeisterten Jahrgang 2000.

2001 Siebeldinger im Sonnenschein
Weißer Burgunder Spätlese trocken
7,40 €, 12,5%, ♀ bis 2004 — **84**

2001 Siebeldinger im Sonnenschein
Grauer Burgunder Spätlese trocken
7,70 €, 13%, ♀ bis 2005 — **84**

2001 Frankweiler Kalkgrube
Riesling Spätlese trocken
7,70 €, 12%, ♀ bis 2005 — **85**

--- Rotweine ---

1999 Siebeldinger im Sonnenschein
Spätburgunder Spätlese trocken
9,20 €/0,5 Lit., 13%, ♀ bis 2005 — **86**

2000 Spätburgunder
trocken Barrique
8,20 €, 12%, ♀ bis 2006 — **86**

1999 Siebeldinger Königsgarten
trocken Cuvée Wilhelmshof
6,40 €, 12,5%, ♀ bis 2005 — **86**

Die Betriebe: ✻✻✻✻✻ Weltklasse · ✻✻✻✻ Deutsche Spitze · ✻✻✻ Sehr gut · ✻✻ Gut · ✻ Zuverlässig

Pfalz

WEINGUT WILKER

Inhaber: Familie Wilker
Betriebsleiter: Heinz u. Jürgen Wilker
Kellermeister: Jürgen Wilker und Michael Naab
76889 Pleisweiler-Oberhofen,
Hauptstraße 30
Tel. (0 63 43) 22 02, Fax 43 79
e-mail: weingut@wilker.de
Internet: www.wilker.de
Anfahrt: A 65, Ausfahrt Landau-Süd, Bergzabern, Klingenmünster, Pleisweiler
Verkauf: Mo.–Sa. 9:00 bis 12:00 Uhr und 13:00 bis 18:00 Uhr und nach Vereinbarung
Landhaus mit Weinstube: Tel. 70 07 00, Fr., Mo. u. Di. ab 17:00 Uhr, Sa. u. So. ab 11:30 Uhr
Spezialität: Donnerstags Flammkuchenabend im Weingut
Historie: Grundmauern des Gutes reichen zurück bis 1597

> Rebfläche: 18 Hektar
> Jahresproduktion: 150.000 Flaschen
> Beste Lagen: Keine Lagenangaben
> Boden: Sandiger Löss, Kalkstein
> Rebsorten: 16% Riesling, 14% Dornfelder, 10% Trollinger, je 8% Spätburgunder und Portugieser, je 7% Grauburgunder, Weißburgunder und Müller-Thurgau, 23% übrige Sorten
> Durchschnittsertrag: 88 hl/ha
> Bester Jahrgang: 2000

Jürgen Wilker hat den elterlichen Betrieb in kürzester Zeit zu einem aufstrebenden Weingut gemacht, dessen Silvaner immer zu den besten der Südlichen Weinstraße zählen. Klare, sortentypische und moderne Weine werden hier erzeugt. Auch während des Umbaus und nach der Eröffnung des großen Gästehauses blieb offenbar Zeit für Keller und Weinberge: Aus dem Jahr 2000 präsentierte man eine sehr ansprechende Kollektion ohne erkennbare Schwächen. 2001 gefiel uns weniger. Es gab in dem doch recht ordentlichen Jahrgang nur eine Spätlese. Eine von Wilkers Stärken ist die Kellertechnik: alle Weine klar und recht sauber, soweit es die Trauben zulassen. Und preiswert!

2001 Weißer Burgunder
trocken
4,– €, 12%, ♀ bis 2003 — **82**

2001 Silvaner
trocken
3,40 €, 11,5%, ♀ bis 2004 — **83**

2001 Grauer Burgunder
trocken
4,10 €, 12%, ♀ bis 2003 — **83**

2001 Weißer Burgunder
Kabinett trocken »Antonia Sophie«
5,30 €, 12,5%, ♀ bis 2003 — **83**

2001 Grauer Burgunder
Spätlese trocken
7,90 €, 13,5%, ♀ bis 2004 — **86**

2001 Riesling
Kabinett
4,60 €, 10%, ♀ bis 2004 — **83**

——— Rotweine ———

1999
trocken Cuvée Nr. 1
11,10 €/0,5 Lit., 12,5%, ♀ bis 2005 — **85**

2000 Dornfelder
trocken Holzfass
6,70 €, 13%, ♀ bis 2005 — **85**

Die Weine: 100 Perfekt · 95–99 Überragend · 90–94 Exzellent · 85–89 Sehr gut · 80–84 Gut · 75–79 Passabel

Pfalz

WEINGUT J. L. WOLF

Inhaber: Ernst F. Loosen und
Familie Sturm
Betriebsleiter: Ernst F. Loosen
Verwalter: Jörg Krenzlin
Kellermeister: Günter Deeters
67157 Wachenheim, Weinstraße 1
Tel. (0 63 22) 98 97 95, Fax 98 15 64
e-mail: J.L.Wolf@drloosen.de
Internet: www.drloosen.de
Anfahrt: In der Mittelhaardt auf der Weinstraße zwischen Neustadt und Bad Dürkheim
Verkauf: Jörg Krenzlin und
Günter Deeters
nach Vereinbarung
Sehenswert: Die unter Denkmalschutz stehende Villa Wolf samt Gewölbekeller

---

Rebfläche: 10,5 Hektar
Jahresproduktion: 70.000 Flaschen
Beste Lagen: Forster Jesuitengarten, Ungeheuer und Pechstein, Deidesheimer Leinhöhle, Wachenheimer Belz, Gerümpel und Goldbächel, Ruppertsberger Hoheburg
Boden: Sandiger Lehm, Basalt, Vulkangestein
Rebsorten: 80% Riesling, 15% Grauburgunder, 5% Spätburgunder
Durchschnittsertrag: 65 hl/ha
Beste Jahrgänge: 1998, 1999, 2000

Die Villa Wolf ist ein in seiner Gestaltung einzigartiges Landhaus, das 1843 nach den Plänen des bekannten Karlsruher Architekten Eisenlohr für das bereits 1645 gegründete Weingut errichtet wurde. Als Ernst Loosen vom Weingut Dr. Loosen in Bernkastel 1996 den Betrieb übernahm, war der Glanz alter Tage dahin. Mit dem ausgezeichneten Jahrgang 1998 begann dann der eigentliche Aufschwung. 2000, als andere mit Mühe eine Spätlese zuwege brachten, stellte uns Loosen gleich vier charaktervolle Weine vor, einer schöner als der andere. Im Jahrgang 2001 gibt es erneut sehr gute trockene Spätlesen. Doch zeugen Grüntöne von einer zu frühen Ernte.

2001 Wachenheimer Goldbächel
Riesling Spätlese trocken
9,20 €, 11,5%, ♀ bis 2004   **85**

2001 Riesling
trocken J.L.Wolf
5,20 €, 12,5%, ♀ bis 2005   **85**

2001 Grauer Burgunder
Spätlese trocken
9,20 €, 12,5%, ♀ bis 2004   **86**

2001 Wachenheimer
Riesling trocken
6,20 €, 12,5%, ♀ bis 2005   **87**

2001 Forster
Riesling trocken
6,20 €, 12,5%, ♀ bis 2005   **87**

2001 Wachenheimer Gerümpel
Riesling Spätlese trocken
9,20 €, 12%, ♀ bis 2006   **88**

2001 Deidesheimer Leinhöhle
Riesling Spätlese trocken
11,80 €, 12%, ♀ bis 2005   **89**

2001 Forster Ungeheuer
Riesling Spätlese trocken
14,– €, 13%, ♀ bis 2006   **90**

2001 Wachenheimer Gerümpel
Riesling Auslese
11,– €, 10,5%, ♀ bis 2010   **89**

Die Betriebe: ♛♛♛♛♛ Weltklasse · ♛♛♛♛ Deutsche Spitze · ♛♛♛ Sehr gut · ♛♛ Gut · ♛ Zuverlässig

Pfalz

WEINGUT AUGUST ZIEGLER

Inhaber und Betriebsleiter:
Uwe und Harald Ziegler
Kellermeister: Uwe Ziegler
67487 Maikammer, Bahnhofstraße 5
Tel. **(0 63 21) 9 57 80**, Fax 95 78 78
e-mail: aug.ziegler@t-online.de
Anfahrt: A 65, Ausfahrt Edenkoben, auf L 516 nach Maikammer; A 6, Ausfahrt Speyer, auf L 515 über Geinsheim, Duttweiler, Kirrweiler nach Maikammer
Verkauf: Harald Ziegler
Mo.–Fr. 8:00 bis 18:00 Uhr
Sa. 9:00 bis 15:00 Uhr
und nach Vereinbarung
Historie: Weinbau seit 8 Generationen
Sehenswert: Gutshaus im Stil der Gründerzeit, steht unter Denkmalschutz

---

Rebfläche: 17 Hektar
Jahresproduktion: 160.000 Flaschen
Beste Lagen: Gimmeldinger Biengarten und Mandelgarten, Alsterweiler Kapellenberg, Maikammer Kirchenstück
Boden: Sandsteinverwitterung, Lehm mit unterschiedlichem Sandanteil
Rebsorten: 22% Riesling, 10% Spätburgunder, je 8% Weißburgunder und Dornfelder, je 7% Gewürztraminer und Portugieser, je 6% Scheurebe und St. Laurent, 26% übrige Sorten
Durchschnittsertrag: 75 hl/ha
Beste Jahrgänge: 2000, 2001

Im Jahr 1717 blieb der schwäbische Schneidergeselle Johann Adam Ziegler wegen eines Winzertöchterleins in Maikammer, wo die Familie 1894 ein von Wohlstand zeugendes Gründerzeithaus baute. Im eindrucksvollen Gewölbekeller sind neben gekühlten Stahltanks auch noch traditionelle Holzfässer in Gebrauch. Vor allem Burgunder und Rotweine gelingen hier regelmäßig. 2001 ist das Sortiment von einigen sehr guten, aber auch Durchschnittsweinen geprägt. Die Weißburgunder Spätlese und der erst jetzt auf den Markt gekommene 1998er Spätburgunder ragen heraus.

2001 Maikammer Heiligenberg
Silvaner Kabinett trocken
4,– €, 12%, ♀ bis 2003 — **81**

2001 Kirrweiler Römerweg
Weißer Burgunder Kabinett trocken
5,20 €, 12%, ♀ bis 2004 — **82**

2001 Mußbacher Eselshaut
Scheurebe Kabinett trocken
4,50 €, 12%, ♀ bis 2004 — **83**

2001 Gimmeldinger Biengarten
Riesling Kabinett trocken
6,40 €, 12%, ♀ bis 2004 — **84**

2001 Alsterweiler Kapellenberg
Grauer Burgunder Spätlese trocken
7,70 €, 12,5%, ♀ bis 2004 — **84**

2001 Kirrweiler Römerweg
Weißer Burgunder Spätlese trocken
7,60 €, 13%, ♀ bis 2005 — **87**

——— Rotweine ———

2000 Gimmeldinger Schlößl
Merlot trocken
16,50 €, 14%, ♀ bis 2006 — **82**

2001 Alsterweiler Kapellenberg
Sankt Laurent trocken
5,50 €, 13%, ♀ bis 2007 — **84**

1998 Maikammer Kirchenstück
Spätburgunder Spätlese trocken
16,50 €, 14%, ♀ bis 2008 — **87**

Die Weine: **100** Perfekt · **95–99** Überragend · **90–94** Exzellent · **85–89** Sehr gut · **80–84** Gut · **75–79** Passabel

Pfalz

Weitere empfehlenswerte Betriebe

Weingut Bach-Frobin (neu)
67150 Niederkirchen, Klostergasse 1
Tel. (0 63 26) 85 68

Dies ist ein Betrieb mit einer modernen Kellertechnik, die auch fleißig eingesetzt wird, bei den Weißen auffällige Fehler vermeidet und klare Weine hervorbringt. Bei den Roten mangelt es noch etwas an Erfahrung.

Weingut Bärenhof
67098 Bad Dürkheim-Ungstein, Weinstraße 4
Tel. (0 63 22) 41 37, Fax 82 12
e-mail: weingut-baerenhof@t-online.de
Internet: www.weingut-baerenhof.de

In diesem Familienweingut arbeiten drei Generationen Hand in Hand. Stolz ist man auf den Spitzenplatz bei der Pfälzer Weinprämierung ebenso wie auf die wahrlich günstig kalkulierten Preise. Am besten gefallen uns von der neuesten Kollektion die Rotweine: gelungene, typische Burgunder und eine interessante Cuvée.

Weingut Gebrüder Bart
67098 Bad Dürkheim, Kaiserslauterer Straße 42
Tel. (0 63 22) 18 54, Fax 18 88

Ein seriöser Betrieb mit breitem Sortenspektrum, aber deutlichem Schwerpunkt auf Riesling. Mit dem 2001er Jahrgang und sehr gelungenen trockenen Rieslingen sowie einem guten Gewürztraminer ist der Betrieb bei anhaltender Qualität ein sicherer Kandidat für eine Traube.

Weingut Dengler-Seyler (neu)
67487 Maikammer, Weinstraße Süd 6
Tel. (0 63 21) 51 03, Fax 5 73 25

Eine schöne Entdeckung in Maikammer, das mittlerweile eine ganze Reihe interessanter Betriebe aufzuweisen hat. Die im Stil manchmal vielleicht etwas zu klaren Weine duften immer reintönig. In der Qualität sind sie ganz gleichmäßig und zuverlässig. Bei den Barriqueweinen dominiert uns das Holz etwas zu stark – für den jungen Kellermeister eine Übungssache.

Weingut Wilhelm Gabel
67273 Herxheim am Berg, Weinstraße 45
Tel. (0 63 53) 74 62, Fax 9 10 19

Gabel leistete seriöse Arbeit auch im schwierigen Jahrgang 2000. In 2001 dagegen war sein Sortiment weniger überzeugend, aber es gab wiederum eine herausragende edelsüße Spezialität, diesmal eine Trockenbeerenauslese (90 Punkte!) für nur 15 Euro pro 0,5-Flasche.

Weingut Gnägy (neu)
76889 Schweigen-Rechtenbach, Müllerstraße 5
Tel. (0 63 42) 91 90 42, Fax 91 90 43

Dieser klassische Familienbetrieb hat gut gemachte, charaktervolle Weine, von denen uns vor allem der 2001er Riesling Kabinett (85) und der 2000er Spätburgunder (86) gut gefielen. Hier ist bei anhaltender Leistung vielleicht schon bald ein Träubchen drin.

Weingut Peter Graeber
67480 Edenkoben, Schanzstraße 21
Tel. (0 63 23) 55 68, Fax 67 27

Dies ist ein seriöser Betrieb mit traditioneller Kollektion: Kerner wird erstaunlich gut ausgebaut, die Roten leiden wohl unter hohen Erträgen. 2001 schickte uns Graeber eine etwas zeitgemäßere Kollektion mit trockenen Rieslingen und Burgundern, bei denen uns eine Weißburgunder Spätlese trocken (85) und eine Riesling Spätlese trocken (84) sehr angenehm überraschten. Großartig: der Pinot-Sekt Blanc de Noirs. Weiter so!

Weingut Bernd Grimm
76889 Schweigen, Bergstraße 2
Tel. (0 63 42) 91 90 45, Fax 91 90 46

Dieser Betrieb ist typisch für das, was die Pfalz in großer Zahl zu bieten hat: anständige kleine Erzeuger, die einen gescheiten Wein für wenig Geld anbieten. Dies gelang auch bei der erstaunlich sauberen 2000er Kollektion und auch 2001, wie immer vor allem bei den Rieslingen; saubere, schlanke Weine sind das Kennzeichen des Betriebes.

Pfalz

Weingut Kastanienhof (neu)
76835 Rhodt, Theresienstraße 62
Tel. (0 63 23) 51 93, Fax 98 08 41

Dies war jahrelang ein ordentlicher Traditionsbetrieb mit etwas ausladenden, nicht immer ganz zeitgemäßen Weinen. Seit die junge Generation mit dabei ist, kommen auch schlanke, klare Rieslinge zu den gehaltvollen Burgundern. 2001 gefielen uns die sehr preiswerten und saftigen Weißweine. Bei den Roten fehlt es offenbar noch ein wenig an Routine.

Weingut Julius Ferdinand Kimich
67142 Deidesheim, Weinstraße 54
Tel. (0 63 26) 3 42, Fax 98 04 14

Wie in alter Zeit werden die Weine hier zum größten Teil noch in bewährten Eichenholzfässern im Gewölbekeller ausgebaut. Daher ist der solide Riesling klassischer Prägung nach wie vor der Leitfaden des Hauses. Die 2001er Weine sind alle erheblich sauberer als noch vor einigen Jahren, aber auch ein wenig gleichförmig.

Weingut Familie Kranz (neu)
76831 Ilbesheim, Mörzheimer Straße 2
Tel. (0 63 41) 93 92 06, Fax 93 92 07

Der junge Boris Kranz führt diesen aufstrebenden jungen Betrieb mit viel Ehrgeiz und mit guten Ergebnissen, auch wenn manche Weine noch ein wenig formlos bleiben. Saubere Kellertechnik ist unverkennbar. Interessante Lagen mit hohem Kalkanteil an der Kleinen Kalmit bieten gutes Potenzial.

Weingut Bruno Leiner
76829 Landau-Wollmesheim,
Zum Mütterle 20
Tel. (0 63 41) 3 09 53

Bruno Leiner hat einen recht großen und gut organisierten Betrieb im hübschen Stadtdorf Wollmesheim aufgebaut. Er bietet handfeste und eher traditionelle, recht typische Südpfälzer Weine. Der im Holz gereifte Dornfelder gelang sogar im Jahr 2000 besonders typisch. Aus 2001 gefiel uns vor allem seine beachtliche Silvaner Spätlese trocken.

Weingut Lingenfelder
67229 Großkarlbach, Hauptstraße 27
Tel. (0 62 38) 7 54, Fax 10 96

Seitdem Rainer-Karl Lingenfelder ins elterliche Gut eingestiegen ist, hat dieser Betrieb einen Aufschwung erfahren. Der pfiffige Weinmacher pflegt vor allem den Riesling und die Scheurebe. Recht ansprechend, wenn auch nicht mehr, fallen in der Regel seine Spätburgunder, Silvaner und Scheureben aus.

Sekt- und Weingut Mäurer
67273 Dackenheim, In den Weinbergen 10
Tel. (0 63 53) 23 23, Fax 78 42
e-mail: Maeurers@t-online.de

Der engagierte, zuverlässige Familienbetrieb mit viel Sinn für Design und Ambiente hat sich seit den 80er Jahren auf Burgunder spezialisiert. 2000 und 2001 sind zuverlässig ohne Schwächen. Die Stärke des Hauses liegt eindeutig bei kräftigen, teils Barrique-betonten Rotweinen.

Weingut Herbert Müller Erben
67433 Neustadt-Haardt, Mandelring 169
Tel. (0 63 21) 6 60 67, Fax 6 07 85
e-mail: wgtmueerb@aol.com

Die Jahrgänge 1999 und 2000 waren in diesem traditionsreichen Gut durch Hagel und schwierige Witterung geprägt. 2001 jedoch ist die Stärke des Hauses. Die trockenen Rieslinge, wieder deutlich erkennbar, gefallen. Sehr klare und moderne Weine, denen es nur manchmal etwas an Tiefe fehlt.

Weingut Ludi Neiss
67271 Kindenheim, Hauptstraße 91
Tel. (0 63 59) 43 27, Fax 4 04 76

Ein moderner Betrieb mit hohem Anspruch, Designerflaschen, zeitgeistigen, sehr übersichtlich gestalteten Etiketten und recht gestylten Weinen, bei denen die Klarheit betont wird. Bei einigen Gewächsen fehlt es noch an Konzentration, aber die ausgezeichnete 2001er Riesling Spätlese trocken und die Silvaner Spätlese trocken zeigen, dass man hier sein Handwerk versteht.

Pfalz

Weingut Pfaffenhof
67273 Herxheim am Berg, Weinstraße
Tel. (0 63 53) 73 06, Fax 66 90

Hans-Uwe Peter macht seine Sache ordentlich. Auch im Jahrgang 2001 hat der Betrieb eine Kollektion vorgestellt, die recht zuverlässig ist und sich mit einigen Burgundern und Rieslingen bereits an der Grenze zur Traube bewegt. Gut gefallen uns hier unter anderem selbst die einfachen Literweine.

Weingut Pfirmann (neu)
76829 Landau-Wollmesheim, Hauptstraße 84
Tel. (0 63 41) 3 25 84, Fax 93 00 66

Dieser in jüngster Zeit stark modernisierte Betrieb im schmucken Wollmesheim überraschte uns im vergangenen Jahr bei mehreren Blindverkostungen. Vor allem im Bereich der weißen Burgunder gelingen sehr ansprechende Weine. 2001 wurde womöglich etwas zu früh geerntet. Bei den Roten fehlt es noch ein wenig an Erfahrung.

Weingut Probsthof
67433 Neustadt-Haardt
Tel. (0 63 21) 63 15

Ein Traditionsbetrieb mit recht altmodischer Arbeitsweise und in früheren Jahren recht schwierigen Weinen. Dabei finden sich aber immer häufiger recht ansprechende Tropfen, im Jahrgang 2001 vor allem trockene Rieslinge und Weißburgunder.

Weingut Sauer (neu)
76833 Böchingen, Hauptstraße 44
Tel. (0 63 41) 6 11 75, Fax 6 43 80

Heiner Sauer hat sich im ökologischen Weinbau einen guten Namen gemacht und bewirtschaftet neben seinem Pfälzer Weingut einen Betrieb in Spanien, der in Utiel-Requena zu den Besten der Region zählt. Seine Päfzer Weine fallen recht unterschiedlich aus. Aus der neuen Kollektion gefielen uns vor allem eine feine, elsässisch-klare Gewürztraminer Spätlese und ein saftiger, fruchtbetonter Sankt-Laurent.

Weingut Schneider (neu)
67158 Ellerstadt, Georg-Fitz-Straße 12
Tel. (0 62 37) 72 88, Fax 97 72 30
e-mail: weingut.schneider@t-online.de

Ein weiterer Betrieb, der durch sehr klare, manchmal eben zu klare Kellerarbeit eine moderne Linie verfolgt. Alle Weine sind sauber, leicht verständlich, nicht untypisch, nie enttäuschend und gelingen in einzelnen Fällen, wie beim 2001er »Weißburgunder 1. Wahl«, ausgesprochen gut.

Weingut Scholler (neu)
76831 Birkweiler, Alte Kirchstraße 7
Tel. (0 63 45) 35 29, Fax 85 35

Nach einigen Schwankungen hat Scholler mit sicher nicht überteuerten Weinen zu interessanten, sauberen Weißweinen gefunden, die immer von seriöser Qualität sind. Der Betrieb hat seine Stärken eindeutig bei den Burgundersorten, die sicher die Basis für einen weiteren Aufstieg sein können. Die Rieslinge fallen sehr klar aus, aber etwas glatt. Ein Höhepunkt ist die außerordentlich gelungene Scheurebe Auslese mit feinen Cassis- und Maracuya-Aromen.

Große und kleine Jahrgänge in der Pfalz

Jahr	Güte
2001	✤✤✤✤
2000	✤✤
1999	✤✤✤✤
1998	✤✤✤✤✤
1997	✤✤✤✤
1996	✤✤✤✤
1995	✤✤✤
1994	✤✤✤✤
1993	✤✤✤✤
1992	✤✤✤✤

Jahrgangsbeurteilung:

✤✤✤✤✤ : Herausragender Jahrgang
✤✤✤✤ : Sehr guter Jahrgang
✤✤✤ : Guter Jahrgang
✤✤ : Normaler Jahrgang
✤ : Schwacher Jahrgang

Pfalz

Weingut Stentz
76829 Landau-Mörzheim,
Mörzheimer Hauptstraße 47
Tel. (0 63 41) 3 01 21, Fax 3 45 65

Seit die junge Generation hier das Ruder übernommen hat, wurde vieles verbessert, nicht nur die professionelle Vermarktung. Gute Gewürztraminer und ein sehr guter Chardonnay 2001 zeigen, wohin die Reise gehen kann.

Weingut Heinrich Vollmer
67158 Ellerstadt, Gönnheimer Straße 52
Tel. (0 62 37) 66 11, Fax 83 66

Vollmer war einer der ersten Pfälzer, die modernen Rotweinausbau pflegten. Dies bleibt auch seine Stärke: preiswerte, zugängliche und ansprechende Rotweine zu erzeugen, die wenig Ecken und Kanten zeigen und damit einem großen Publikum entgegenkommen. Erstaunlicherweise ist hier auch der Portugieser ein ansprechender Rotwein. 2001 schwankten die Qualitäten sehr stark. Am besten gefällt uns ein 99er Dornfelder (87) aus dem Barrique.

Weingut Fritz Walter
76889 Niederhorbach, Landauer Straße 82
Tel. (0 63 43) 14 20

Experimentierfreudig und mit eigener Hauspostille sehr umtriebig ist man hier auf jeden Fall – bei den Ausstattungen ebenso wie beim Umgang mit edelsüßen Weinen, die schon mal ins Barrique gepackt werden. Dabei gelang diesmal eine interessante Riesling Auslese im Sauternes-Stil. Recht zuverlässige Qualität gibt es bei den trockenen Weißweinen, auch wenn sie uns manchmal ein wenig grob und altmodisch erscheinen.

Weingut Karl Wegner und Sohn (neu)
67098 Bad Dürkheim, Am Neuberg 4
Tel. (0 63 22) 98 93 27, Fax 98 93 28

Dies ist ein experimentierfreudiger Betrieb, der von (schwachem) Sauvignon Blanc über (gelungenen) Cabernet Sauvignon und (untypisch strengen) Merlot sowie einen (hervorragenden) Eiswein im Barrique zu recht saftigen Preisen mancherlei Neuigkeiten bietet. Die traditionellen Weine sind klar und sauber, manchmal etwas auf Kosten des Charakters. Highlights sind die Chardonnay Spätlese und die trockene Riesling Spätlese. Mit mehr Kontinuität wäre dies ein Kandidat für ein Träubchen.

Weingut Werlé Erben
67147 Forst, Forster Schlössel
Tel. (0 63 26) 89 30, Fax 67 77

In einem hübschen Adelssitz aus dem 16. Jahrhundert, dem »Forster Schlössel«, wohnt seit 1794 die Familie Werlé. Leider ist es dem auf traditionelle Rieslinge und Export spezialisierten Weingut schon im zweiten Jahr nicht gelungen, uns Weine vorzustellen.

Weingut Wolf
67098 Bad Dürkheim-Ungstein,
Kirchstraße 28
Tel. (0 63 22) 15 01, Fax 98 08 29
e-mail: michael@weingut-wolf.de

Zuverlässige, manchmal etwas rustikal wirkende Weine sind das Markenzeichen dieses Hauses. In der letzten Kollektion zeigen der Chardonnay »Cato«, die trockene Riesling Spätlese und der 99er St. Laurent Barrique, dass hier viel Potenzial vorhanden ist und vielleicht ausgebaut werden kann.

Rheingau
Bilderbuch-Oktober rettete 2001

Nur knapp sind die Rheingauer Winzer einem weiteren schwachen Jahrgang entgangen. Nach dem problematischen Jahr 2000, als es im Erntemonat Oktober 130 Liter pro Quadratmeter geregnet hatte und selbst gesunde Trauben innerhalb weniger Wochen zusammengefault waren, legte sich im September 2001 manche Winzerstirn erneut in Falten. Dabei hatte alles so gut ausgesehen: Auf eine zeitgerechte Blüte folgten ausgeglichene Sommermonate mit ausreichend Niederschlag und Sonne; der Reifebeginn lag beim Riesling etwa Mitte August. Doch diese positiven Vorzeichen waren durch den anhaltenden Regen, der bis zur dritten Septemberwoche dauerte, fast schon vergessen.

Dann aber riss der Himmel auf und es regnete praktisch vier Wochen keinen Tropfen mehr. Ein Altweibersommer aus dem Bilderbuch bescherte den Winzern Oktobertemperaturen bis zu 25 Grad Celsius. Dieser Wetterumschwung sorgte zumindest in den Weinbergen mit hohem Gesteinsanteil, am Rüdesheimer Berg und den höher gelegenen Orten des Rheingaus, für optimale Reifebedingungen. Hingegen fing es in den schwereren Lehmböden in der Nähe des Rheins auch im Jahr 2001 deutlich an zu faulen. Wer übereilt seine Trauben erntete und sie nicht penibel in faule, unreife und gesunde trennte, hatte an diesem Jahrgang kaum große Freude. Hinzu kommt, dass es in den frühen Morgenstunden des 3. Oktobers in einem Streifen vom Johannisberger Kläuserweg über den Winkeler Hasensprung bis hinauf nach Schloss Vollrads gewaltig hagelte. Noch am Vortag hatte man auf Vollrads beschlossen, die Ernte zwei Wochen hinauszuzögern, um den Trauben die schönen Oktobertage zu gönnen. Nun das! Alle Planungen wurden über den Haufen geworfen und es begann eine hektische Arbeit des Selektierens. Doch selbst aufwändigste Lese- und Sortiermethoden halfen manchmal nicht, die Spuren der Natur ganz zu beseitigen.

Im Rückblick wird deutlich, dass der Jahrgang 2000 durchaus weniger schlecht ausgefallen ist als zunächst behauptet, und der 2001er wohl doch um einiges weniger gut als erhofft. Die Rheingauer Winzer werden sich jedoch hüten, dies offen auszusprechen, denn der neue Jahrgang hat sowohl im Inland wie auf den Exportmärkten ein gutes Image und verkauft sich wie die sprichwörtlichen warmen Semmeln. Wir wollen hier allerdings auch nicht verschweigen, dass es im Jahrgang 2001 im Rheingau in der Tat ganz überwältigend gute Weine gibt. An erster Stelle sei der Rüdesheimer Johannes Leitz genannt, der sowohl mit exzellenten trockenen Rieslingen wie auch edelsüßen Spezialitäten der Extraklasse brilliert. Er ist eindeutig der Aufsteiger des Jahres im Rheingau und schließt damit zu der bis-

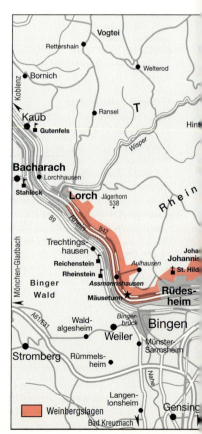

herigen Spitzengruppe auf, aus der sich Gunter Künstler nach der zweiten mäßigen Kollektion in Folge erst mal verabschiedet. Während August Kesseler und Bernhard Breuer ihre Position mit sehr ansprechenden Weinen behaupten konnten, sehen wir den Oestricher Peter Jakob Kühn in einer gewissen Bewährungsphase. Er wird seine Anstrengungen erhöhen müssen, um den Status dauerhaft erhalten zu können. Verbissen kämpft Wilhelm Weil um die Rückkehr auf den Platz an der Sonne. Wenn er das Qualitätsniveau seiner trockenen Weine noch mehr in die Nähe seiner – dieses Jahr erneut fantastischen – edelsüßen Spitzen bringt, ist in Zukunft alles möglich.

Nachdem viele Rheingauer Winzer in den 90er Jahren kräftig in Kellertechnik investiert haben, indem sie ihre Holzfässer und Kunststofftanks durch temperatursteuerbare Gebinde aus Edelstahl ersetzten, will man jetzt die Infrastruktur für die Vermarktung vor Ort verbessern: Jeder zweite Erzeuger denkt über eine Vinothek nach, jeder vierte will Kapazitäten für Übernachtungen schaffen. Dazu passt, dass sich im letzten Jahrzehnt im Rheingau eine kulinarische Kultur entwickelt hat, von der andere deutsche Weinbauregionen nur träumen können. Die im Frühjahr stattfindende »Rheingauer Schlemmerwoche« ist eine Art gastronomische Bürgerinitiative und das »Rheingau Gourmet-Festival« stellt eine hochwertige Ergänzung zum längst etablierten »Musik-Spektakulum« dar. Den Abschluss des oeno-kulinarischen Treibens bilden alljährlich die »Glorreichen Tage« im November.

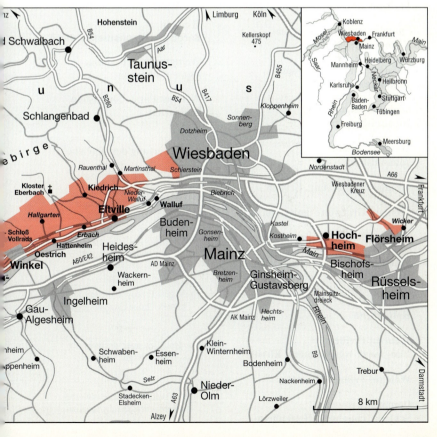

Rheingau

Die Spitzenbetriebe im Rheingau

Weingut Georg **B**reuer, Rüdesheim

Weingut August **K**esseler, Assmannshausen

Weingut Peter Jakob **K**ühn, Oestrich-Winkel

▲ Weingut Josef **L**eitz, Rüdesheim

Weingut Robert **W**eil, Kiedrich

Weingut J. B. **B**ecker, Walluf

Domdechant Werner'sches Weingut, Hochheim

Weingut Prinz von **H**essen, Johannisberg

Schloss **J**ohannisberg, Johannisberg

Weingut **J**ohannishof, Johannisberg

Weingut Jakob **J**ung, Erbach

Weingut Graf von **K**anitz, Lorch

Weingut **K**rone, Assmannshausen

▼ Weingut Franz **K**ünstler, Hochheim

Weingut Hans **L**ang, Hattenheim

Weingut Freiherr **L**angwerth von Simmern, Eltville

Weingut **P**rinz, Hallgarten

Domänenweingut Schloss **S**chönborn, Hattenheim

▲ Weingut Josef **S**preitzer, Oestrich-Winkel

Hessische **S**taatsweingüter Kloster Eberbach, Eltville

Weingut Schloss **V**ollrads, Oestrich-Winkel

Weingüter **W**egeler – Gutshaus Oestrich, Oestrich-Winkel

Weingut August **E**ser, Oestrich-Winkel

Weingut Joachim **F**lick, Flörsheim-Wicker

Weingut Toni **J**ost – Hahnenhof, Bacharach

Weingut Baron zu **K**nyphausen, Erbach

Weingut Robert **K**önig, Assmannshausen

▲ Weingut Fürst **L**öwenstein, Hallgarten

Bewertung der Betriebe

Höchstnote für die weltbesten Weinerzeuger

Exzellente Betriebe, die zu den besten Deutschlands zählen

Sehr gute Erzeuger, die seit Jahren konstant hohe Qualität liefern

Gute Erzeuger, die mehr als das Alltägliche bieten

Verlässliche Betriebe mit einer ordentlichen Standardqualität

Rheingau

▲ Weingut Heinz Nikolai, Erbach

Weingut Wilfried Querbach, Oestrich-Winkel

Weingut Schloss Reinhartshausen, Erbach

Weingut Balthasar Ress, Hattenheim

Weingut W. J. Schäfer, Hochheim

▲ Wein- und Sektgut F. B. Schönleber, Oestrich-Winkel

Weingut Speicher-Schuth, Kiedrich

Staatsweingut Assmannshausen

Weingut Fritz Allendorf, Oestrich-Winkel

Weingut Friedrich Altenkirch, Lorch

Weingut Barth, Wein- und Sektgut, Hattenheim

❋ Weingut Dr. Corvers-Kauter, Oestrich-Winkel

Diefenhardt'sches Weingut, Martinsthal

Weingut Friedrich Fendel, Rüdesheim

Weingut Alexander Freimuth, Marienthal

Weingut Johanninger (siehe Rheinhessen, Seite 617)

Weingut Königin-Victoriaberg, Oestrich-Winkel

❋ Weingut Wilhelm Mohr Erben, Lorch

Weingut Detlev Ritter und Edler von Oetinger, Erbach

❋ Weingut Johannes Ohlig, Oestrich-Winkel

Große und kleine Jahrgänge im Rheingau	
Jahr	Güte
2001	❋❋❋❋
2000	❋❋❋
1999	❋❋❋❋
1998	❋❋❋
1997	❋❋❋
1996	❋❋❋❋
1995	❋❋❋❋
1994	❋❋❋❋
1993	❋❋❋❋❋
1992	❋❋❋❋

Jahrgangsbeurteilung:

❋❋❋❋❋ : Herausragender Jahrgang
❋❋❋❋ : Sehr guter Jahrgang
❋❋❋ : Guter Jahrgang
❋❋ : Normaler Jahrgang
❋ : Schwacher Jahrgang

Den Gault Millau WeinGuide
und weitere interessante Bücher finden Sie im Internet unter
www.christian-verlag.de

Rheingau

WEINGUT FRITZ ALLENDORF

Inhaber: Ulrich Allendorf, Christel Schönleber
Betriebsleiter: Josef Schönleber
Vertriebsleiter: Ulrich Allendorf
Kellermeister: Dirk Niedecken
65375 Oestrich-Winkel, Kirchstr. 69
Tel. (0 67 23) 9 18 50, Fax 91 85 40
e-mail: Allendorf@allendorf.de
Internet: www.allendorf.de
Anfahrt: B 42, 2. Ausfahrt Winkel, Richtung Schloss Vollrads, Schildern folgen
Verkauf: Frau Wucherpfennig
Mo.–Fr. 8:00 bis 17:00 Uhr
Sa. 10:00 bis 16:00 Uhr
Gutsausschank: Mai, Juni, September u. Oktober, Fr. ab 16:00 Uhr
Sa., So. und an Feiertagen ab 12:00 Uhr
Spezialitäten: Spundekäs', kulinarische Weinprobe

Rebfläche: 58 Hektar
Jahresproduktion: 580.000 Flaschen
Beste Lagen: Winkeler Jesuitengarten und Hasensprung, Rüdesheimer Berg Rottland und Berg Roseneck, Assmannshäuser Höllenberg
Boden: Lehm, Lösslehm, Schiefer
Rebsorten: 78% Riesling, 15% Spätburgunder, 7% übrige Sorten
Durchschnittsertrag: 71 hl/ha
Beste Jahrgänge: 1990, 1994, 1995
Mitglied in Vereinigungen: VDP

Gemeinsam mit Schwager Josef Schönleber hat Ulrich Allendorf in den letzten Jahren die temperaturgesteuerte Gärung eingeführt und neben Edelstahltanks auch wieder traditionelle Stückfässer angeschafft. Sie wollen die Rebfläche insgesamt reduzieren, dafür weitere Spitzenlagen zukaufen und auch endlich wieder mehr auf Handlese setzen. Die 2001er Kollektion ist leider eine Fortsetzung der Vorjahre: Das Gros wirkt etwas uniform, woran das auch immer liegen mag, es fehlt jedenfalls an Frucht. Der im Barrique ausgebaute Quercus ist im Vergleich zu seinen roten Brüdern ein wahrer Star.

2001 Winkeler Hasensprung
Riesling Kabinett trocken
5,70 €, 11%, ♀ bis 2004 — **82**

2001 Winkeler Jesuitengarten
Riesling Spätlese trocken
9,– €, 12,5%, ♀ bis 2004 — **83**

2001 Rüdesheimer Berg Roseneck
Riesling Erstes Gewächs
17,50 €, 12%, ♀ bis 2005 — **85**

2001 Winkeler Jesuitengarten
Riesling halbtrocken
4,20 €, 10,5%, ♀ bis 2004 — **81**

2001 Winkeler Gutenberg
Riesling Eiswein
45,– €/0,375 Lit., 10%, ♀ bis 2008 — **86**

2001 Winkeler Hasensprung
Spätburgunder Eiswein
45,– €/0,375 Lit., 8%, ♀ bis 2008 — **87**

--- Rotweine ---

2000 Assmannshäuser Höllenberg
Spätburgunder trocken
10,– €, 13%, ♀ bis 2007 — **83**

2000 »Quercus«
trocken
13,– €, 14%, ♀ bis 2008 — **86**

Die Betriebe: ✿✿✿✿✿ Weltklasse · ✿✿✿✿ Deutsche Spitze · ✿✿✿ Sehr gut · ✿✿ Gut · ✿ Zuverlässig

Rheingau

WEINGUT FRIEDRICH ALTENKIRCH

Inhaber: Franziska Breuer-Hadwiger
Verwalter: Stefan Breuer, Peter Weritz
65391 Lorch/Rheingau, Binger Weg 2
Tel. (0 67 26) 83 00 12, Fax 24 83
e-mail: info@weingut-altenkirch.de
Internet: www.weingut-altenkirch.de
Anfahrt: B 42, zwischen Rüdesheim und Loreley, am Lorcher Ortseingang gegenüber vom Bahnhof
Verkauf: Stefan Breuer, Peter Weritz nach Vereinbarung
Straußwirtschaft: Okt., Nov. und Feb. Fr.–So. ab 17:00 Uhr
Spezialitäten: Wild und Fisch aus der Region
Historie: 1826 gegründet, seit 1934 im Besitz der Familie Breuer
Sehenswert: Historische Kellerei mit Gewölbekeller

Rebfläche: 16,5 Hektar
Jahresproduktion: 100.000 Flaschen
Beste Lagen: Lorcher Pfaffenwies, Bodental-Steinberg und Krone
Boden: Grauschiefer, Quarzit, Löss
Rebsorten: 63% Riesling, 25% Spätburgunder, je 6% Weißburgunder und Müller-Thurgau
Durchschnittsertrag: 51 hl/ha
Beste Jahrgänge: 1999, 2000, 2001

2001 Riesling
Kabinett trocken
6,– €, 11%, ♀ bis 2005 — **83**

2001 Lorcher Kappellenberg
Riesling trocken
4,40 €, 11%, ♀ bis 2005 — **85**

2001 Lorcher Bodental-Steinberg
Riesling Kabinett trocken
4,95 €, 11%, ♀ bis 2005 — **85**

2001 »Dr. Franz Breuer«
Riesling Spätlese trocken
8,45 €, 12%, ♀ bis 2005 — **85**

2000 »Dr. Franz Breuer«
Weißer Burgunder trocken
10,– €, 12,5%, ♀ bis 2004 — **85**

2001 Lorcher Pfaffenwies
Riesling Kabinett
4,95 €, 11%, ♀ bis 2005 — **84**

2001 »Dr. Franz Breuer«
Riesling Spätlese
8,45 €, 9%, ♀ bis 2006 — **87**

--- Rotwein ---

2001 Spätburgunder
halbtrocken
5,10 €, 11%, ♀ bis 2005 — **83**

Dieses alteingesessene Lorcher Gut erlebt seit Ende der 90er Jahre eine Renaissance. Auch hier kam der Aufschwung mit der jungen Generation. Stefan Breuer stellte auf Ganztraubenpressung und temperaturgesteuerte Vergärung um. Das Gut ist in den besten Lorcher Lagen vertreten, wo mittelgründiger Grauschiefer und kalkhaltiger Lösslehm für charaktervolle Weine sorgen. Die reintönigen 2001er Weine übertreffen die beachtlichen Vorjahre noch und lassen gar Aufstiegsfantasien keimen. Die Weine sind durchweg mineralisch in der Frucht und weisen eine knackige Säure auf. Fast alle Flaschen sind hier mit Silikonstopfen verschlossen.

Die Weine: **100** Perfekt · **95–99** Überragend · **90–94** Exzellent · **85–89** Sehr gut · **80–84** Gut · **75–79** Passabel

Rheingau

BARTH
WEIN- UND SEKTGUT

Inhaber: Norbert Barth
65347 Eltville-Hattenheim, Bergweg 20
Tel. (0 67 23) 25 14, Fax 43 75
e-mail: Barth.Weingut@t-online.de
Internet: www.weingut-barth.de
Anfahrt: B 42, Ausfahrt Hattenheim
Verkauf: Marion und Norbert Barth
Mo.–Fr. 14:00 bis 18:00 Uhr
Sa. 10:00 bis 17:00 Uhr
und nach Vereinbarung
Sehenswert: Sektherstellung in klassischer Flaschengärung, handgerüttelt

---

Rebfläche: 10,5 Hektar
Jahresproduktion: 80.000 Flaschen
Beste Lagen: Hattenheimer Wisselbrunnen, Hallgartener Jungfer, Assmannshäuser Frankenthal
Boden: Lösslehm, Ton, Schieferverwitterung, tertiärer Mergel
Rebsorten: 70% Riesling, 20% Spätburgunder, 5% Weißburgunder, 5% übrige Sorten
Durchschnittsertrag: 66 hl/ha
Beste Jahrgänge: 1996, 1997, 1999
Mitglied in Vereinigungen: VDP

2001 Riesling
trocken
4,30 €/1,0 Lit., 11,5%, ♀ bis 2004 **79**

2001 Hattenheimer Schützenhaus
Riesling Spätlese trocken »S«
11,50 €, 12%, ♀ bis 2004 **81**

2001 Hattenheimer Hassel
Riesling Spätlese
8,50 €, 8,5%, ♀ bis 2006 **84**

2001 Hattenheimer Schützenhaus
Riesling Eiswein
60,– €/0,25 Lit., 7,5%, ♀ bis 2012 **89**

2001 Hattenheimer Hassel
Riesling Auslese Goldkapsel
25,– €/0,375 Lit., 7,5%, ♀ bis 2012 **89**

2001 Hattenheimer Hassel
Riesling Beerenauslese
30,– €/0,25 Lit., 7,5%, ♀ bis 2012 **90**

2001 Hattenheimer Schützenhaus
Riesling Trockenbeerenauslese
90,– €/0,25 Lit., 7,5%, ♀ bis 2015 **92**

Dieses Gut könnte in der Rheingauer Hitliste weitaus höher rangieren, kämen die trockenen Weine nur an die edelsüßen Spezialitäten heran. Auch 2001 wieder das alte Lied: edelsüß ist hui, trocken eher pfui. Es gibt nur wenige Betriebe im Rheingau mit einer Bandbreite zwischen 79 bis 92 Punkten. Eine Erklärung könnte der ermüdende Traubentransport im Maischewagen sein, den Norbert Barth nun in Kipp-Paletten mit anschließender Ganztraubenpressung modifizieren will. Die edelsüßen Rieslinge aus dem Schützenhaus sind wieder von bemerkenswerter Güte. Der Inhalt der 250 Milliliter fassenden Fiölchen ist zwar über jeden Zweifel erhaben, rechnet man den Preis von 90 Euro für die Trockenbeerenauslese aber auf die Normalflasche um, kommen am Ende stattliche 270 Euro heraus – mehr als 500 Mark.

Die Betriebe: ✠✠✠✠✠ Weltklasse · ✠✠✠✠ Deutsche Spitze · ✠✠✠ Sehr gut · ✠✠ Gut · ✠ Zuverlässig

Rheingau

WEINGUT J. B. BECKER

Inhaber: Maria u. Hans-Josef Becker
Betriebsleiter und Kellermeister:
Hans-Josef Becker
Weinbau: Eva Fricke
65396 Walluf, Rheinstraße 6
Tel. **(0 61 23) 7 25 23**, Fax 7 53 35
Anfahrt: A 66, Ausfahrt Walluf/Niederwalluf, in der Ortsmitte Richtung Rhein
Verkauf: Maria Becker
Mo.–Fr. 9:00 bis 12:00 Uhr
und 14:00 bis 17:00 Uhr
Sa. und So. nach Vereinbarung
Gutsausschank: »Der Weingarten«
von Mai bis Oktober
Mo.–Fr. 17:00 bis 24:00 Uhr
Sa. und So. 15:00 bis 24:00 Uhr
Sehenswert: Grundmauern einer römischen Turmburg

Rebfläche: 11,2 Hektar
Jahresproduktion: 70.000 Flaschen
Beste Lagen: Wallufer Walkenberg, Eltviller Rheinberg
Boden: Tiefgründiger Lösslehm
Rebsorten: 81% Riesling, 17% Spätburgunder, 2% Müller-Thurgau
Durchschnittsertrag: 53 hl/ha
Beste Jahrgänge: 1997, 1999, 2001

2001 Wallufer Walkenberg
Riesling Kabinett trocken
6,70 €, 11,5%, ♀ bis 2006 — **84**

2001 Eltviller Rheinberg
Riesling trocken
5,– €, 12%, ♀ bis 2005 — **85**

2001 Wallufer Walkenberg
Riesling Spätlese trocken
11,– €, 12%, ♀ bis 2008 — **88**

2001 Eltviller Sonnenberg
Riesling Spätlese trocken
11,– €, 12%, ♀ bis 2007 — **89**

2001 Wallufer Oberberg
Riesling halbtrocken
5,– €, 12%, ♀ bis 2005 — **82**

——— Rotweine ———

1999 Wallufer Walkenberg
Spätburgunder trocken
9,20 €, 13%, ♀ bis 2006 — **85**

1999 Wallufer Walkenberg
Spätburgunder Spätlese trocken
12,50 €, 13%, ♀ bis 2007 — **87**

Seine Weißweine lagert Hans-Josef Becker praktisch ein ganzes Jahr im Fass, bevor er sie auf Flaschen zieht, und die Rotweine noch ein ganzes Stück länger. Jetzt ist bei ihm erst der 99er an der Reihe. Die 2001er Rieslinge sind durch die Bank feinfruchtig und klar. Unser Favorit ist die saftige, trockene Spätlese aus dem Eltviller Sonnenberg. Die Tatsache, dass Becker im Spätsommer 2002 eine junge Önologin eingestellt hat, soll nicht bedeuten, dass er kürzer zu treten beabsichtigt. Sie soll sich zunächst auch vorwiegend um die Weinberge kümmern. »Da habe ich eh Defizite!« Immerhin konnte die Arzttochter aus dem fernen Oldenburg ihren Chef schon mal davon überzeugen, ab dem Jahrgang 2002 auch ein Erstes Gewächs aufzulegen.

Die Weine: **100** Perfekt · **95–99** Überragend · **90–94** Exzellent · **85–89** Sehr gut · **80–84** Gut · **75–79** Passabel

Aufsteiger des Jahres 1996 **Rheingau**

WEINGUT GEORG BREUER

Inhaber: Bernhard u. Heinrich Breuer
Kellermeister: Hermann Schmoranz
65385 Rüdesheim, Grabenstraße 8
Tel. (0 67 22) 10 27, Fax 45 31
e-mail: georg-breuer@t-online.de
Internet: www.georg-breuer.com;
www.ruedesheimer-schloss.com
Anfahrt: Über die B 42, im Zentrum von Rüdesheim an der Kreuzung Richtung Niederwald-Denkmal
Verkauf: Bernhard Breuer
Vinotheque: Ostern bis Nov.
Mo.–Sa. 10:00 bis 17:30 Uhr,
von November bis Ostern
Mo.–Fr. 10:00 bis 16:30 Uhr
Gutsausschank: Breuers Rüdesheimer Schloss, Mo. und Di. Ruhetag, abends geöffnet
Spezialitäten: Kleine regionale Gerichte
Sehenswert: Historischer Gewölbekeller »Breuer's Kellerwelt«

Rebfläche: 26 Hektar
Jahresproduktion: 120.000 Flaschen
Beste Lagen: Rüdesheim Berg Schlossberg, Berg Rottland, Berg Roseneck, Rauenthal Nonnenberg
Boden: Taunusquarzit mit Schiefereinlagen, steinig-grusige Phyllitböden
Rebsorten: 82% Riesling, 9% Spätburgunder, 5% Grauburgunder, 4% übrige Sorten
Durchschnittsertrag: 38 hl/ha
Beste Jahrgänge: 1995, 1997, 1999
Mitglied in Vereinigungen:
Deutsches Barrique Forum

Unsere Verkostung »Zehn Jahre danach« (siehe Seite 74) förderte eines zu Tage, was Enthusiasten schon immer behaupteten: Bernhard Breuers trockene Rieslinge zählen zu den Besten im Lande und entwickeln nach einigen Jahren Reife einen unvergleichlichen Charme und Charakter. Vor diesem Hintergrund müssen auch wir die Möglichkeit in Betracht ziehen, über den einen oder anderen jung verkosteten Breuer Riesling etwas vorschnell den Stab gebrochen zu haben. Das mag freilich auch daran liegen, dass wir seine gerade auf Flaschen gezogenen Weine meist erst wenige Tage vor Redaktionsschluss auf den Tisch bekommen. So haben wir seine 2001er Weine wahrscheinlich wieder in einer ungünstigen Phase verkostet und sie womöglich deshalb zu niedrig gepunktet. Nach wie vor finden wir es im Grunde tragisch, dass ausgerechnet der Mann, der 15 Jahre wie kein anderer für eine Klassifikation der Rheingauer Weinberge gekämpft hatte, am Ende quasi mit leeren Händen dasteht: Gute Breuer-Weinberge in Rüdesheim wurden nur zum Teil bei der Abgrenzung der potenziellen Erste-Gewächs-Parzellen berücksichtigt und der Rauenthaler Nonnenberg überhaupt nicht. Breuers Frust darüber, dass statt dessen selbst »mediokre Weinberge in Rheinnähe« sehr wohl Berücksichtigung fanden, ließ das Fass überlaufen: Nach 20 Jahren Mitgliedschaft trat der Rüdesheimer aus dem VDP-Rheingau aus, auch weil sich die noble Winzervereinigung nicht energisch genug für kleinere Hektarerträge und gegen neue önologische Verfahren eingesetzt habe. Nun kämpft er also wieder allein für das Ansehen seiner Weine, aber das ist er vom Marathonlauf her ja eh gewohnt. Den stilisierten romanischen Bogen, wie er ihn bislang für die Kennzeichnung der »Ersten Gewächse« verwandte, hat der pfiffige Bernhard Breuer in eine ähnlich aussehende Anmutung seines Gutsgebäudes verwandelt. Ansonsten bleibt alles beim Alten. Von den trockenen 2001er Rieslingen aus dem Rüdesheimer Berg gefallen uns wieder einmal Schlossberg und Rottland am besten. Beide zeigen unverkennbar Stil und dürften sich bestens entwickeln, der Nonnenberg aus Rauenthal ist insgesamt etwas weicher und fruchtiger. Für die Auslesen, die stilistisch nie so süß ausfallen wie bei vielen Rheingauer Kollegen und deshalb auch stets etwas mehr Alkohol aufweisen, kam die Probe definitiv zu früh.

Rheingau

2001 »Sauvage«
Riesling trocken
7,50 €/1,0 Lit., 12%, ♀ bis 2004 **82**

2001 Rüdesheim Estate
Riesling trocken
8,50 €, 12,5%, ♀ bis 2004 **83**

2001 Grauer Burgunder
trocken »B«
20,– €, 13%, ♀ bis 2005 **84**

2001 Rauenthal Estate
Riesling trocken
8,50 €, 12,5%, ♀ bis 2005 **85**

2001 »Montosa«
Riesling trocken
12,– €, 12,5%, ♀ bis 2005 **86**

2001 Rauenthal Nonnenberg
Riesling trocken
23,– €, 12,5%, ♀ bis 2006 **88**

2001 Rüdesheim Berg Roseneck
Riesling trocken
21,– €, 12,5%, ♀ bis 2006 **88**

2001 Rüdesheim Berg Schlossberg
Riesling trocken
27,– €, 13%, ♀ bis 2008 **89**

2001 Rüdesheim Berg Rottland
Riesling trocken
21,– €, 12,5%, ♀ bis 2006 **90**

2001 »Charm«
Riesling
7,50 €/1,0 Lit., 11,5%, ♀ bis 2004 **81**

2001 Rüdesheim Bischofsberg
Riesling Auslese
13,– €/0,375 Lit., 8,5%, ♀ bis 2010 **88**

2001 Rauenthal Nonnenberg
Riesling Auslese
Versteigerungswein, 8,5%, ♀ bis 2009 **88**

2001 Rüdesheim Berg Schlossberg
Riesling Auslese Goldkapsel
Versteigerungswein, 8%, ♀ bis 2010 **89**

Vorjahresweine

2000 »Montosa«
Riesling trocken
11,76 €, 12%, ♀ bis 2005 **87**

2000 Rauenthal Nonnenberg
Riesling trocken
23,01 €/0,375 Lit., 12,5%, ♀ bis 2005 **88**

2000 Rüdesheim Berg Roseneck
Riesling trocken
20,96 €, 12,5%, ♀ bis 2005 **89**

2000 Rüdesheim Berg Schlossberg
Riesling trocken
25,56 €, 12,5%, ♀ bis 2007 **90**

2000 Rüdesheim Berg Rottland
Riesling trocken
20,45 €, 12,5%, ♀ bis 2006 **90**

2000 Rüdesheim Bischofsberg
Riesling Auslese
12,78 €/0,375 Lit., 9%, ♀ bis 2008 **89**

2000 Rüdesheim Bischofsberg
Riesling Eiswein
48,57 €/0,375 Lit., 8,5%, ♀ bis 2008 **89**

2000 Rüdesheim Berg Schlossberg
Riesling Auslese
38,35 €/0,375 Lit., 9,5%, ♀ bis 2010 **90**

Die Weine: **100** Perfekt · **95–99** Überragend · **90–94** Exzellent · **85–89** Sehr gut · **80–84** Gut · **75–79** Passabel

Neu

Rheingau

WEINGUT DR. CORVERS-KAUTER

Inhaber: Matthias u. Brigitte Corvers
Betriebsleiter und Kellermeister:
Dr. Matthias Corvers
65375 Oestrich-Winkel,
Rheingaustraße 129
Tel. (0 67 23) 26 14, Fax 24 04
e-mail: info@corvers-kauter.de
Internet: www.corvers-kauter.de
Anfahrt: B 42 Ausfahrt Winkel/Mittelheim, 1. rechts, nach 800 Metern rechte Seite
Verkauf: Im Weingut nach Vereinbarung
In der Vinothek im alten Gewölbe
von April bis Dezember
Fr. und Sa. 16:00 bis 18:00 Uhr
So. 10:00 bis 12:00 Uhr
Straußwirtschaft: Mai, Juni, September
Mi.–Fr. ab 17:00 Uhr, Sa. und So. ab
15:00 Uhr, jeweils bis 23:00 Uhr
Spezialitäten: Heimische Küche mit mediterranem Einfluss
Sehenswert: 250 Jahre altes Gutshaus mit Weingarten

Rebfläche: 11 Hektar
Jahresproduktion: 80.000 Flaschen
Beste Lagen: Rüdesheimer Berg Roseneck, Rottland und Schlossberg, Rüdesheimer Bischofsberg
Boden: Taunusquarzit mit Schiefer, steinig-grusiger Phyllit, Lösslehm
Rebsorten: 81% Riesling, 14% Spätburgunder, 5% übrige Sorten
Durchschnittsertrag: 64 hl/ha
Bester Jahrgang: 2001

Durch Heirat führten Brigitte und Matthias Corvers 1996 zwei Güter aus Rüdesheim und Oestrich-Winkel zusammen. Der promovierte Agrarwissenschaftler zeigt sich für neue Verfahren ausgesprochen aufgeschlossen. So konzentriert er seit 1998 Moste und gibt den Weinen wohlklingende lateinische Namen wie Genius oder Opus. Die saubere 2001er Kollektion hat deutliche Stärken bei den Weinen aus dem Rüdesheimer Berg. An der Spitze stehen die fruchtige Spätlese aus dem Berg Roseneck sowie das saftig-elegante, terroirgeprägte Erste Gewächs aus dem Berg Rottland.

2001 Rüdesheimer Berg Rottland
Riesling Spätlese trocken
6,75 €, 12%, ♀ bis 2004 — **83**

2001 Rüdesheimer Berg Rottland
Riesling Erstes Gewächs
15,– €, 13%, ♀ bis 2006 — **86**

2001 Rüdesheimer Berg Roseneck
Riesling Spätlese halbtrocken
6,75 €, 11,5%, ♀ bis 2005 — **81**

2001 Rüdesheimer Berg Schlossberg
Riesling Spätlese halbtrocken
7,– €, 12%, ♀ bis 2005 — **83**

2001 Oestricher Lenchen
Riesling Kabinett
4,75 €, 10%, ♀ bis 2004 — **80**

2001 Rüdesheimer Berg Roseneck
Riesling Spätlese
7,– €, 8,5%, ♀ bis 2007 — **86**

Die Betriebe: ✽✽✽✽✽ Weltklasse · ✽✽✽✽ Deutsche Spitze · ✽✽✽ Sehr gut · ✽✽ Gut · ✽ Zuverlässig

Rheingau

DIEFENHARDT'SCHES WEINGUT

Inhaber: Peter Seyffardt
Verwalter: Peter Nägler
Kellermeister: Peter Seyffardt
65344 Martinsthal, Hauptstraße 11
Tel. (0 61 23) 7 14 90, Fax 7 48 41
e-mail: weingut@diefenhardt.de
Internet: www.diefenhardt.de
*Anfahrt: A 66, anschließend B 42
und dann auf die B 260*
Verkauf: Mo.–Fr. 9:00 bis 12:00 Uhr
und 14:00 bis 18:00 Uhr
Sa. 10:00 bis 18:00 Uhr
Gutsausschank: April bis Oktober
von 17:00 bis 23:00 Uhr
So. und Mo. Ruhetag
Sehenswert: Historischer Holzfasskeller aus dem 17. Jahrhundert

---

Rebfläche: 16 Hektar
Jahresproduktion: 100.000 Flaschen
Beste Lagen: Martinsthaler Langenberg, Wildsau und Rödchen, Rauenthaler Rothenberg
Boden: Löss auf Schiefer, roter Phyllitschiefer, sandiger Lehm
Rebsorten: 80% Riesling, 14% Spätburgunder, 6% übrige Sorten
Durchschnittsertrag: 71 hl/ha
Beste Jahrgänge: 1997, 2000, 2001
Mitglied in Vereinigungen: VDP

Wie schon im Vorjahr zählt auch die 2001er Kollektion zu den erfreulichsten in der Rheingauer Ein-Trauben-Kategorie: herzhafte, reintönige Weine im klassischen Stil. Gekrönt von dem exzellenten Eiswein, gefallen uns die feinschmelzige Spätlese aus dem Langenberg und der im Barrique ausgebaute Spätburgunder des Jahres 2000 am besten. In den nächsten Jahren will Inhaber Peter Seyffardt eine neue Vinothek eröffnen und noch mehr in seine Weinberge investieren. In der beliebten Weinstube des Diefenhardt'schen Gutes finden auch Veranstaltungen des Rheingau-Musik-Festivals statt. Aus gutem Grund tritt dort häufig auch die bekannte Chansonette Ulrike Neradt auf, sie stammt aus dem Martinsthaler Weingut.

2001 Martinsthaler Langenberg
Riesling
15,– €, 12,5%, ♀ bis 2005 — **83**

2001 Rauenthaler Rothenberg
Riesling Kabinett
5,90 €, 8%, ♀ bis 2005 — **84**

2001 Martinsthaler Langenberg
Riesling Selection
8,30 €, 12%, ♀ bis 2005 — **84**

2001 Martinsthaler Langenberg
Riesling Spätlese
8,10 €, 9%, ♀ bis 2008 — **86**

2001 Martinsthaler Langenberg
Riesling Auslese
7,20 €, 9,5%, ♀ bis 2008 — **86**

2001 Martinsthaler Wildsau
Riesling Eiswein
28,– €/0,375 Lit., 9%, ♀ bis 2015 — **90**

--- Rotwein ---

2000 Spätburgunder
Barrique
9,70 €, 13%, ♀ bis 2006 — **85**

Die Weine: **100** Perfekt · **95–99** Überragend · **90–94** Exzellent · **85–89** Sehr gut · **80–84** Gut · **75–79** Passabel

Rheingau

DOMDECHANT WERNER'SCHES WEINGUT

Inhaber: Dr. Franz-Werner Michel
Verwalter und Kellermeister:
Michael Bott
65234 Hochheim, Rathausstraße 30
Tel. (0 61 46) 83 50 37, Fax 83 50 38
e-mail:
weingut@domdechantwerner.com
Internet:
www.domdechantwerner.com
Anfahrt: A 671, Ausfahrt Hochheim-Süd, Richtung Altstadt, nach 100 Metern zweimal rechts in die Weinberge
Verkauf: Mo.–Fr. 8:00 bis 18:00 Uhr
Sa. 8:00 bis 13:00 Uhr
nach Vereinbarung
Historie: Der Vater des Domdechanten Dr. Franz Werner kaufte das Gut 1780
Sehenswert: Alter Gutshof, seit 1780 im Familienbesitz, Biedermeier Gutshaus, historischer Gewölbekeller

---

Rebfläche: 12,3 Hektar
Jahresproduktion: 90.000 Flaschen
Beste Lagen: Hochheimer Domdechaney, Kirchenstück, Stein, Hölle, Stielweg
Boden: Kalk, Lehm und Löss
Rebsorten: 98% Riesling, 2% Spätburgunder
Durchschnittsertrag: 65 hl/ha
Beste Jahrgänge: 1994, 1996, 1999
Mitglied in Vereinigungen: VDP

Nach Investitionen im Kelterhaus und im Tanklager hat Dr. Franz-Werner Michel eine Erweiterung der Rebfläche um etwas Spätburgunder vorgenommen, was seinen Slogan »100 Prozent Riesling pur« nun nur noch auf den Weißwein beschränkt. Obschon nach wie vor mehr als die Hälfte der Erzeugung ins Ausland geht, werden knapp zwei Drittel der Weine trocken und halbtrocken ausgebaut. Nach einem sehr guten Jahrgang 1999 präsentierte das Gut eine – jahrgangsbedingt – äußerst mäßige 2000er Kollektion. Die Weine des Jahrganges 2001 sind nun von solider Güte. Etwas mehr dürfte es im kommenden Jahr allerdings schon sein, um den Status quo zu festigen.

2001 Hochheimer Hölle
Riesling Kabinett trocken
7,50 €, 11,5%, ♀ bis 2004 — **83**

2001 Hochheimer Domdechaney
Riesling Spätlese trocken
12,80 €, 12%, ♀ bis 2004 — **86**

2001 Hochheimer Domdechaney
Riesling Erstes Gewächs
20,– €, 12,5%, ♀ bis 2006 — **86**

2001 Hochheimer Hölle
Riesling Kabinett
7,50 €, 9%, ♀ bis 2006 — **85**

2001 Hochheimer Kirchenstück
Riesling Spätlese
12,80 €, 8,5%, ♀ bis 2006 — **85**

2001 Hochheimer Kirchenstück
Riesling Eiswein
62,50 €/0,5 Lit., 7%, ♀ bis 2007 — **86**

2001 Hochheimer Domdechaney
Riesling Spätlese
12,80 €, 8%, ♀ bis 2010 — **88**

Die Betriebe: ✦✦✦✦✦ Weltklasse · ✦✦✦✦ Deutsche Spitze · ✦✦✦ Sehr gut · ✦✦ Gut · ✦ Zuverlässig

Rheingau

WEINGUT AUGUST ESER

Inhaber: Joachim und Renée Eser
Betriebsleiter: Joachim Eser
Kellermeister: Joachim Eser
65375 Oestrich-Winkel,
Friedensplatz 19
Tel. (0 67 23) 50 32, Fax 8 74 06
e-mail: mail@eser-wein.de
Internet: www.eser-wein.de
Anfahrt: B 42, Ausfahrt Oestrich bis zum alten Ortskern, gegenüber Hotel Grüner Baum zum Friedensplatz
Verkauf: Joachim und Renée Eser
Mo.–Fr. 9:00 bis 12:00 Uhr
und 13:00 bis 17:00 Uhr
Sa. 9:00 bis 12:00 Uhr
Sehenswert: Alter Holzfasskeller

Rebfläche: 10 Hektar
Jahresproduktion: 80.000 Flaschen
Beste Lagen: Oestricher Lenchen und Doosberg, Winkeler Hasensprung und Jesuitengarten, Hattenheimer Wisselbrunnen, Hassel und Nussbrunnen, Erbacher Siegelsberg, Rauenthaler Rothenberg und Gehrn
Boden: Tertiäre Mergelböden, Lösslehm und Schieferböden
Rebsorten: 90% Riesling, 10% Spätburgunder
Durchschnittsertrag: 70 hl/ha
Beste Jahrgänge: 1992, 1993, 1999
Mitglied in Vereinigungen: VDP

2001 Hattenheimer Wisselbrunnen
Riesling Kabinett trocken
5,40 €, 11%, ♀ bis 2004   **83**

2001 Hattenheimer Nussbrunnen
Riesling Spätlese trocken
7,90 €, 11,5%, ♀ bis 2004   **83**

2001 Oestricher Lenchen
Riesling Spätlese trocken
8,20 €, 11,5%, ♀ bis 2004   **83**

2001 Hattenheimer Engelmannsberg
Riesling Spätlese trocken
6,50 €, 11%, ♀ bis 2005   **84**

2001 Winkeler Jesuitengarten
Riesling Erstes Gewächs
15,– €, 12%, ♀ bis 2006   **85**

2001 Erbacher Siegelsberg
Riesling Erstes Gewächs
15,– €, 11,5%, ♀ bis 2006   **85**

2001 Oestricher Doosberg
Riesling Spätlese
7,30 €, 10,5%, ♀ bis 2005   **84**

2001 Rauenthaler Rothenberg
Riesling Spätlese
8,– €, 9%, ♀ bis 2008   **86**

Warum fielen Joachim Esers Weine, die bis zum Jahrgang 1992 stets zu unseren Favoriten im Rheingau zählten, in den Folgejahren weniger überzeugend aus? Der sympathische Oestricher führte dies auf die Begrünung seiner Weinberge zurück, die wegen der Wasserkonkurrenz den Reben Stress verursacht habe. Inzwischen begrünt Eser nur mehr ein über die andere Zeile. Die etwas matten 2000er überzeugten allerdings ebenso wenig wie die feinherb schmeckenden 2001er. Am besten gefallen uns noch die Ersten Gewächse und die saftige Spätlese aus dem Rauenthaler Rothenberg.

Die Weine: **100** Perfekt · **95–99** Überragend · **90–94** Exzellent · **85–89** Sehr gut · **80–84** Gut · **75–79** Passabel

Rheingau

WEINGUT FRIEDRICH FENDEL

Inhaber: Familie Fendel-Hetzert
Betriebsleiter und Kellermeister:
Paul P. Hetzert
Verwalter: Paul und Walter Hetzert
65385 Rüdesheim am Rhein,
Marienthaler Straße 46
Tel. (0 67 22) 9 05 70, Fax 90 57 66
e-mail: info@friedrich-fendel.de
Internet: www.friedrich-fendel.de
Anfahrt: B 42, in Rüdesheim Richtung Abtei St. Hildegard, Ortsteil Eibingen
Verkauf: Walter Hetzert jun.
Mo.–Fr. 8:00 bis 18:00 Uhr
Sa. 10:00 bis 16:00 Uhr
und nach Vereinbarung
Gutsausschank: Di.–Fr. 16:00 bis 24:00 Uhr, Sa., So. und feiertags ab 11:30 Uhr
Sehenswert: Gewölbekeller

Rebfläche: 10 Hektar
Jahresproduktion: 95.000 Flaschen
Beste Lagen: Rüdesheimer Berg Schlossberg, Berg Roseneck, Berg Rottland und Kirchenpfad, Assmannshäuser Höllenberg
Boden: Quarzit- und Phyllitschiefer, Sandstein und Lösslehm
Rebsorten: 87% Riesling, 10% Spätburgunder, 3% Weißburgunder
Durchschnittsertrag: 65 hl/ha
Beste Jahrgänge: 1998, 1999, 2000
Mitglied in Vereinigungen: VDP

Mit drei guten Jahrgängen in Folge hatte sich das Gut in den WeinGuide katapultiert und nun diese Enttäuschung: Die 2001er sind zwar durchweg sauber, wirken aber derb bis rustikal. Am besten gefällt uns einmal mehr der feinherbe Riesling »Fum Allerhinnerschde«. Mit dieser historischen Markenbezeichnung (eingetragen 1903!) wird der ganz hinten im Keller lagernde, also stets ein besonderer Wein geehrt. Dreist finden wir allerdings die Kopie des Champagneretiketts von Pommery Louise, das den Fendel'schen Sekt adeln soll. Wer mag da noch an Zufall glauben?

2001 Riesling
trocken
4,70 €, 12,5%, ♀ bis 2004 — **82**

2001 Rüdesheimer Berg Schlossberg
Riesling Kabinett trocken
6,40 €, 12%, ♀ bis 2004 — **82**

2001 Rüdesheimer Berg Rottland
Riesling Spätlese trocken
8,– €, 12%, ♀ bis 2004 — **83**

2001 Rüdesheimer Berg Roseneck
Riesling Spätlese
8,– €, 12%, ♀ bis 2005 — **81**

2001 Rüdesheimer Klosterlay
Riesling Kabinett
5,70 €, 11%, ♀ bis 2005 — **82**

2001 »Fum Allerhinnerschde«
Riesling
4,70 €, 11,5%, ♀ bis 2005 — **83**

2001 Rüdesheimer Berg Roseneck
Riesling Spätlese
8,– €, 10,5%, ♀ bis 2006 — **83**

2001 Rüdesheimer Klosterlay
Riesling Kabinett
5,70 €, 10%, ♀ bis 2005 — **83**

Die Betriebe: ✿✿✿✿✿ Weltklasse · ✿✿✿✿ Deutsche Spitze · ✿✿✿ Sehr gut · ✿✿ Gut · ✿ Zuverlässig

Rheingau

WEINGUT JOACHIM FLICK

Inhaber: Reiner Flick
65439 Flörsheim-Wicker, Straßenmühle
Tel. (0 61 45) 76 86, Fax 5 43 93
e-mail: info@flick-wein.de
Internet: www.flick-wein.de
Anfahrt: A 66, Ausfahrt Flörsheim-Weilbach
Verkauf: Mo.–Fr. 15:00 bis 19:00 Uhr
Sa. 10:00 bis 14:00 Uhr
und nach Vereinbarung
Weinbistro: »Flörsheimer Warte«
geöffnet Sa. und So.
Historie: Weinbau in der Familie
seit 1775
Erlebenswert: Hoffest am letzten Augustwochenende, Weihnachtsmarkt am ersten Dezemberwochenende

---

Rebfläche: 10 Hektar
Jahresproduktion: 80.000 Flaschen
Beste Lagen: Wickerer Mönchsgewann und Stein, Hochheimer Hölle
Boden: Lösslehm, Kalkstein
Rebsorten: 82% Riesling,
10% Spätburgunder, je 4% Weiß- und Grauburgunder
Durchschnittsertrag: 76 hl/ha
Beste Jahrgänge: 1998, 1999, 2001
Mitglied in Vereinigungen: VDP

Reiner Flick stieg 1982 in den väterlichen Betrieb ein und entwickelte ihn von einem halben Hektar auf stattliche zehn Hektar Rebfläche. 1994 erwarb er die Straßenmühle, wo nun das Weingut seinen Sitz hat. Den ganzen Komplex hat Flick in den letzten Jahren zu einem wunderschönen Ensemble umgestaltet. Joachim Flick hat die Qualität seiner Weine stetig gesteigert und die exzellente 99er Kollektion bildete bislang den Höhepunkt. Daran schließen die 2001er Weine nach einem mäßigen Vorjahr wieder an: Sie sind von beständiger, teilweise sogar von erstaunlicher Güte, etwa der feine Weißburgunder und das Erste Gewächs, beide aus der Wickerer Mönchsgewann. Zwei Auslesen aus dem Mönchsgewann stehen an der Spitze des Sortimentes.

2001 »Vini et vita«
Riesling trocken
5,– €, 12,5%, ♀ bis 2004 — **84**

2001 Wickerer Mönchsgewann
Riesling Kabinett trocken
5,20 €, 11,5%, ♀ bis 2005 — **84**

2001 Hochheimer Hölle
Riesling Spätlese trocken
7,50 €, 12,5%, ♀ bis 2006 — **85**

2001 Wickerer Mönchsgewann
Weißer Burgunder trocken
6,50 €, 12,5%, ♀ bis 2005 — **86**

2001 Wickerer Mönchsgewann
Riesling Erstes Gewächs
14,50 €, 13%, ♀ bis 2006 — **87**

2001 Wickerer Mönchsgewann
Riesling Spätlese
19,15 €, 8,5%, ♀ bis 2007 — **85**

2001 Riesling
Charta
6,70 €, 12%, ♀ bis 2006 — **85**

2001 Wickerer Mönchsgewann
Riesling Auslese
31,30 €/0,5 Lit., 7,5%, ♀ bis 2008 — **87**

2001 Wickerer Mönchsgewann
Riesling Auslese
23,– €/0,5 Lit., 8%, ♀ bis 2012 — **89**

Die Weine: **100** Perfekt · **95–99** Überragend · **90–94** Exzellent · **85–89** Sehr gut · **80–84** Gut · **75–79** Passabel

Rheingau

WEINGUT ALEXANDER FREIMUTH

Inhaber: Alexander Freimuth
65366 Geisenheim-Marienthal,
Am Rosengärtchen 25
Tel. (0 67 22) 98 10 70, Fax 98 10 71
e-mail: info@weingut-alexander-freimuth.de
Internet: www.weingut-alexander-freimuth.de
Anfahrt: B 42, Ausfahrt Geisenheim, Richtung OT Marienthal, am südlichen Ortsrand in den Weinbergen
Verkauf: Karin Freimuth
Mo.–Sa. nach Vereinbarung
Straußwirtschaft: Während der Rheingauer Schlemmerwochen 10 Tage im Mai

---

Rebfläche: 7,6 Hektar
Jahresproduktion: 50.000 Flaschen
Beste Lagen: Geisenheimer Kläuserweg, Rüdesheimer Bischofsberg
Boden: Tiefgründiger Lösslehm
Rebsorten: 65% Riesling, 25% Spätburgunder, je 5% Müller-Thurgau und Weißburgunder
Durchschnittsertrag: 75 hl/ha
Beste Jahrgänge: 1999, 2000, 2001
Mitglied in Vereinigungen: VDP

Dies ist ein eher unspektakulärer Betrieb, der im Stillen aber über die Jahre konstant zuverlässige Weine liefert. Im Keller greift Alexander Freimuth nur wenig in das natürliche Geschehen ein. Das Schwergewicht liegt auf der Erzeugung trockener Rieslinge, die im Jahr 2001 trotz rassiger Säure sehr harmonisch ausfallen. Unser Lieblingsstück ist diesmal ein stoffiger, im Barrique gereifter Weißburgunder von goldgelber Farbe. Dass sich Freimuth mehr und mehr auf den Umgang mit dem Barrique versteht, belegt der komplexe Rotwein aus dem Rüdesheimer Magdalenenkreuz. Für den schwierigen Jahrgang 2000 ist er sogar erstaunlich gut! Bei weiterer Steigerung ist dies durchaus ein Kandidat für die zweite Traube.

2001 Geisenheimer Mönchspfad
Riesling Kabinett trocken
6,50 €, 11%, ♀ bis 2004   **83**

2001 Geisenheimer Kläuserweg
Riesling Kabinett trocken
6,50 €, 10,5%, ♀ bis 2004   **84**

2000 Weißer Burgunder
trocken Barrique
8,50 €, 12,5%, ♀ bis 2006   **86**

2001 Rüdesheimer Kirchenpfad
Riesling Kabinett halbtrocken
6,50 €/1,0 Lit., 11%, ♀ bis 2004 **82**

2001 Geisenheimer Mäuerchen
Riesling Kabinett halbtrocken
6,50 €, 10,5%, ♀ bis 2006   **85**

——————— Rotwein ———————

2000 Rüdesheimer Magdalenenkreuz
Spätburgunder trocken Barrique
10,50 €, 13%, ♀ bis 2004   **84**

Die Betriebe: ✻✻✻✻✻ Weltklasse · ✻✻✻✻ Deutsche Spitze · ✻✻✻ Sehr gut · ✻✻ Gut · ✻ Zuverlässig

Rheingau

WEINGUT PRINZ VON HESSEN

Inhaber: Hessische Hausstiftung, Landgraf Moritz von Hessen
Betriebsleiter: Markus Sieben
Außenbetrieb: Klaus Walter
Kellermeister: Gerhard Kirsch
65366 Johannisberg, Grund 1
Tel. (0 67 22) 81 72, Fax 5 05 88
e-mail: weingut@prinz-von-hessen.com
Internet: www.prinz-von-hessen.com
Anfahrt: B 42 Richtung Wiesbaden, Ausfahrt Industriegebiet Geisenheim, nach Johannisberg, erstes Haus links
Verkauf: Mo.–Do. 8:00 bis 17:00 Uhr
Fr. 8:00 bis 12:00 Uhr
Erster Sa. im Monat 10:00 bis 13:00 Uhr
und nach Vereinbarung

Rebfläche: 45 Hektar
Jahresproduktion: 300.000 Flaschen
Beste Lagen: Winkeler Hasensprung und Jesuitengarten, Johannisberger Klaus
Boden: Tiefgründiger Löss auf Kies, tertiärer Mergel, Quarzitverwitterung
Rebsorten: 90% Riesling, 8% Spätburgunder, 2% übrige Sorten
Durchschnittsertrag: 65 hl/ha
Beste Jahrgänge: 1996, 1998, 1999
Mitglied in Vereinigungen: VDP

2001 Johannisberger Klaus
Riesling Spätlese trocken
9,80 €, 12%, ♀ bis 2004 — **82**

2001 Winkeler Hasensprung
Riesling Spätlese
9,80 €, 8,5%, ♀ bis 2008 — **85**

2001 Johannisberger Klaus
Riesling Auslese
20,– €, 7%, ♀ bis 2010 — **87**

2001 Johannisberger Klaus
Riesling Beerenauslese
35,60 €/0,375 Lit., 6%, ♀ bis 2012 — **89**

2001 Johannisberger Klaus
Riesling Auslese Goldkapsel
23,80 €/0,375 Lit., 7%, ♀ bis 2012 — **90**

2001 Winkeler Hasensprung
Riesling Eiswein
74,– €/0,375 Lit., 7%, ♀ bis 2015 — **91**

——— Rotwein ———

2000 Frühburgunder
trocken
19,40 €, 13,5%, ♀ bis 2005 — **87**

Unter der Leitung von Markus Sieben hat sich dieses große Gut Ende der 90er Jahre positiv entwickelt und präsentiert sich nach einem erneuten Facelifting mit einer edlen Ausstattung. Nur die besten Weine tragen noch eine Lagenbezeichnung, der Rest wird als »Gutsriesling« vermarktet. Nach den Fortschritten der letzten Jahre stellt die 2001er Kollektion im Basissegment einen unverhofften Rückschritt dar. Die trockenen Rieslinge schmecken grün bis malzig, woran auch immer das liegen mag. Sehr viel besser gefallen uns hier die edelsüßen Weine, gekrönt von dem glasklaren Eiswein aus dem Winkeler Hasensprung. Eine positive Überraschung ist der schöne Frühburgunder aus dem Jahr 2000.

Die Weine: **100** Perfekt · **95–99** Überragend · **90–94** Exzellent · **85–89** Sehr gut · **80–84** Gut · **75–79** Passabel

Rheingau

SCHLOSS JOHANNISBERG
Inhaber: Fürst von Metternich Winneburg'sche Domäne GbR
Administration:
Domänenrat Wolfgang Schleicher
Technische Leitung: Hans Kessler
65366 Geisenheim-Johannisberg
Tel. (0 67 22) 7 00 90, Fax 70 09 33
e-mail: info@schloss-johannisberg.de
Internet: www.schloss-johannisberg.de
Anfahrt: B 42, Ausfahrt Industriegebiet Geisenheim, Hinweisschildern folgen
Verkauf: Heribert Heyn, Frank Schuber
Mo.–Fr. 10:00 bis 13:00 Uhr
und 14:00 bis 18:00 Uhr
Sa., So. und an Feiertagen
11:00 bis 18:00 Uhr
Gutsausschank: Mit großer Freiterrasse, täglich von 11:30 bis 23:00 Uhr
Tel. (0 67 22) 9 60 90, Fax 73 92
Historie: Um 1100 Gründung als Benediktinerkloster
Sehenswert: Barockschloss aus dem 18. Jahrhundert, Basilika aus dem 12. Jahrhundert, Schlosskeller von 1721

Rebfläche: 35 Hektar
Jahresproduktion: 250.000 Flaschen
Beste Lage: Schloss Johannisberger
Boden: Taunusquarzit, mittelgründige Lössböden
Rebsorten: 100% Riesling
Durchschnittsertrag: 59 hl/ha
Beste Jahrgänge: 1998, 1999, 2001
Mitglied in Vereinigungen: VDP

Geradezu majestätisch dominiert Schloss Johannisberg das Rheintal bei Geisenheim. Hier sind fast zu allen Zeiten fantastische Weine erzeugt worden, wovon noch respektable Mengen in der Schatzkammer »Bibliotheca subterranea« lagern. Die 2001er Kollektion präsentiert sich vor allem im Basis- und Mittelsegment in bester Form. Schon im Vorjahr trumpfte das Gut mit exzellenten trockenen Rieslingen auf. Und auch die fruchtige 2001er Spätlese knüpft an ihre formidable Vorgängerin aus dem vermeintlich schwierigen Jahrgang 2000 an. Gelänge es Wolfgang Schleicher, unserem »Gutsverwalter des Jahres«, auch bei den edelsüßen Spezialitäten noch einen Zahn zuzulegen, wäre diesem Traditionsbetrieb, der kürzlich seinen 900. Geburtstag feierte, die vierte Traube fast sicher.

2001 Schloss Johannisberger
Riesling trocken
9,20 €, 12%, ♀ bis 2004 — **83**

2001 Schloss Johannisberger
Riesling Kabinett trocken
11,90 €, 11%, ♀ bis 2006 — **86**

2001 Schloss Johannisberger
Riesling Spätlese trocken
19,50 €, 12%, ♀ bis 2006 — **88**

2001 Schloss Johannisberger
Riesling halbtrocken
9,20 €, 12%, ♀ bis 2005 — **84**

2001 Schloss Johannisberger
Riesling Kabinett halbtrocken
11,90 €, 10,5%, ♀ bis 2005 — **86**

2001 Schloss Johannisberger
Riesling Eiswein
60,– €/0,375 Lit., 9%, ♀ bis 2010 — **89**

2001 Schloss Johannisberger
Riesling Spätlese
19,50 €, 10%, ♀ bis 2010 — **90**

2001 Schloss Johannisberger
Riesling Beerenauslese
70,– €/0,375 Lit., 7%, ♀ bis 2010 — **90**

Rheingau

WEINGUT JOHANNISHOF

Inhaber: Johannes Eser
Betriebsleiter: Johannes Eser,
Hans Hermann Eser
Kellermeister: Johannes Eser
65366 Johannisberg, Grund 63
Tel. (0 67 22) 82 16, Fax 63 87
e-mail:
weingut.johannishof@t-online.de
Internet: www.weingut-johannishof.de
Anfahrt: B 42, Ausfahrt Geisenheim, Richtung Johannisberg, 500 Meter hinter dem Ortseingang links
Verkauf: Elfriede Eser, Sabine Eser
Mo.–Fr. 8:00 bis 12:00 Uhr
und 13:00 bis 18:00 Uhr
Sa. 10:00 bis 15:00 Uhr
und nach Vereinbarung
Historie: Anwesen erstmals 817 urkundlich erwähnt, seit 1685 in Familienbesitz
Sehenswert: Gewölbekeller und Schatzkammer, Skulptur »Vier Jahreszeiten«

Rebfläche: 17,7 Hektar
Jahresproduktion: 120.000 Flaschen
Beste Lagen: Geisenheimer Kläuserweg, Johannisberger Hölle und Klaus, Rüdesheimer Berg Rottland, Winkeler Jesuitengarten
Boden: Löss, Lösslehm, Schieferauflage, Quarzitverwitterungsböden
Rebsorten: 99% Riesling, 1% Weißburgunder
Durchschnittsertrag: 68 hl/ha
Beste Jahrgänge: 1998, 1999, 2000
Mitglied in Vereinigungen: VDP

Als einziges Mitglied der Eser-Sippe ist der sympathische Johannes Eser nicht in Oestrich-Winkel, sondern in Johannisberg zu Hause und hat bruchlos die Führung des Gutes von Vater Hans Hermann übernommen. Die 2001er Kollektion setzt die Reihe erfolgreicher Jahrgänge fort. Zwar könnte mancher trockene Riesling etwas mehr Saft aufweisen, doch überzeugen vor allem die klassischen Spät- und Auslesen aus dem Berg Rottland. In den nächsten Jahren will man in eine Vinothek investieren.

2001 Geisenheimer Kläuserweg
Riesling Spätlese trocken
9,70 €, 12%, ♀ bis 2005 — **84**

2001 Rüdesheimer Berg Rottland
Riesling Erstes Gewächs
17,50 €, 13%, ♀ bis 2006 — **88**

2001 Rüdesheimer Kirchenpfad
Riesling Kabinett feinherb
7,50 €, 11,5%, ♀ bis 2004 — **84**

2001 Johannisberger Klaus
Riesling Spätlese
9,90 €, 9%, ♀ bis 2007 — **85**

2001 Rüdesheimer Berg Rottland
Riesling Auslese
14,30 €/0,375 Lit., 8%, ♀ bis 2008 — **87**

2001 Rüdesheimer Berg Rottland
Riesling Spätlese
10,70 €, 8,5%, ♀ bis 2009 — **89**

2001 Johannisberger Goldatzel
Riesling Eiswein
65,– €/0,5 Lit., 7,5%, ♀ bis 2012 — **90**

2001 Rüdesheimer Berg Rottland
Riesling Auslese ***
19,50 €/0,375 Lit., 7,5%, ♀ bis 2012 — **90**

Die Weine: **100** Perfekt · **95–99** Überragend · **90–94** Exzellent · **85–89** Sehr gut · **80–84** Gut · **75–79** Passabel

Rheingau

WEINGUT TONI JOST – HAHNENHOF

Inhaber: Peter Jost
55422 Bacharach, Oberstraße 14
Tel. (0 67 43) 12 16, Fax 10 76
e-mail: tonijost@debitel.net
Anfahrt: A 61, Ausfahrt Rheinböllen nach Bacharach, Weingut in der Stadtmitte
Verkauf: Linde und Peter Jost nur nach Vereinbarung
Sehenswert: Altdeutsche Weinprobierstube in malerischer Altstadt

---

Rebfläche: 3,2 Hektar
Jahresproduktion: 30.000 Flaschen
Beste Lage: Wallufer Walkenberg
Boden: Lösslehm
Rebsorten: 85% Riesling, 15% Spätburgunder
Durchschnittsertrag: 65 hl/ha
Beste Jahrgänge: 1995, 1998, 1999
Mitglied in Vereinigungen: VDP

Seit 1953 hat das Bacharacher Weingut Jost auch Weinbergsbesitz im Rheingau. Peter Josts Urgroßvater betrieb in Walluf eine Mühle und hatte seinerzeit zwei Hektar Weinberge. Die inzwischen auf 3,2 Hektar erweiterte Fläche wird heute eigenständig von einem in Walluf ansässigen Mitarbeiter und dessen Frau bewirtschaftet. Am Tag der Ernte werden die Trauben umgehend nach Bacharach transportiert und meist noch in der gleichen Nacht gepresst. Im Übrigen erfahren die Jungweine die gleiche Sorgfalt, die Jost seinen Bacharacher Rieslingen angedeihen lässt, jedoch kommen sie qualitativ nur selten an deren Güte heran. Das dürfte an den Unterschieden des Terroirs liegen: Während am Mittelrhein Hunsrückschiefer die Weine prägt, herrschen in den Wallufer Rebbergen Löss- und Lehmböden vor. Nach barocken 99ern und etwas leichteren 2000er Weinen fällt der Jahrgang 2001 nun uneinheitlich aus. Während die trockenen Basisweine eher einfach schmecken, überzeugt Jost mit einem kräftigen Ersten Gewächs und einer ausgewogenen Spätlese, beide aus dem Walkenberg. Die üppige Beerenauslese erinnert an Apfelkompott mit Zimt.

2001 »Jodocus«
Riesling trocken
7,40 €, 11,5%, ♀ bis 2004 — **81**

2001 Wallufer Walkenberg
Riesling Erstes Gewächs
17,– €, 13%, ♀ bis 2006 — **86**

2001 Wallufer Walkenberg
Riesling Spätlese halbtrocken
10,50 €, 11,5%, ♀ bis 2004 — **81**

2001 Wallufer Walkenberg
Riesling Kabinett
5,70 €, 8,5%, ♀ bis 2006 — **84**

2001 Wallufer Walkenberg
Riesling Spätlese
9,60 €, 9%, ♀ bis 2007 — **86**

2001 Wallufer Walkenberg
Riesling Beerenauslese
45,– €/0,375 Lit., 8%, ♀ bis 2010 — **86**

——— **Rotwein** ———

2000 Spätburgunder
trocken
6,90 €, 13,5%, ♀ bis 2006 — **84**

Die Betriebe: ♦♦♦♦♦ Weltklasse · ♦♦♦♦ Deutsche Spitze · ♦♦♦ Sehr gut · ♦♦ Gut · ♦ Zuverlässig

Rheingau

WEINGUT JAKOB JUNG

Inhaber: Ludwig Jung
65346 Erbach, Eberbacher Straße 22
Tel. (0 61 23) 90 06 20, Fax 90 06 21
e-mail:
Weingut.Jakob.Jung@t-online.de
Internet: www.weingut-jakob-jung.de
Anfahrt: B 42, Ausfahrt Erbach-Mitte
Verkauf: Brunhilde Jung
Mo.–Fr. 15:30 bis 19:00 Uhr
Sa. 10:00 bis 17:00 Uhr
So. nach Vereinbarung
Historie: Seit 1799 in Familienbesitz
Sehenswert: 200 Jahre alter Felsenkeller acht Meter unter der Erde

---

Rebfläche: 10 Hektar
Jahresproduktion: 80.000 Flaschen
Beste Lagen: Erbacher Hohenrain,
Steinmorgen und Michelmark
Boden: Tiefgründiger Lösslehm,
schwerer tertiärer Mergel
Rebsorten: 82% Riesling, 14% Spätburgunder, 4% übrige Sorten
Durchschnittsertrag: 67 hl/ha
Beste Jahrgänge: 1998, 1999, 2001
Mitglied in Vereinigungen: VDP

Ludwig Jung zählt zu den grundsolide arbeitenden Winzern des Rheingaus und ließ erstmals mit seinen 92er und 93er Rieslingen überregional aufhorchen. Denen ließ Jung in den Folgejahren eine zuverlässige Kollektion nach der anderen folgen. An das gloriose Trio von 1997 bis 1999 kam die 2000er Kollektion zwar nicht heran, doch muss man Ludwig Jung zubilligen, dass er mit dem schwierigen Jahrgang recht gut zurecht kam. Das gilt auch für den opulenten Rotwein, der den Namen von Sohn Alexander Johannes trägt. Die Kollektion des Jahrganges 2001 präsentiert sich nun in bester Verfassung: konstant gute Rieslinge vom herzhaften Gutswein bis zum eleganten Ersten Gewächs. Allein der keineswegs enttäuschende Eiswein überzeugt im Duft nicht vollständig.

2001 Riesling
trocken
4,60 €, 12%, ♀ bis 2004 — **84**

2001 Weißer Burgunder
trocken
8,20 €, 13%, ♀ bis 2005 — **86**

2001 Erbacher Hohenrain
Riesling Spätlese trocken
8,80 €, 12%, ♀ bis 2006 — **86**

2001 Erbacher Steinmorgen
Riesling Spätlese trocken
7,50 €, 12%, ♀ bis 2006 — **87**

2001 Erbacher Hohenrain
Riesling Erstes Gewächs
15,20 €, 12,5%, ♀ bis 2008 — **89**

2001 Erbacher Michelmark
Riesling Spätlese
7,50 €, 10%, ♀ bis 2009 — **87**

2001 Erbacher Michelmark
Riesling Eiswein
33,– €/0,375 Lit., 6%, ♀ bis 2015 — **90**

--- Rotwein ---

2000 Alexander Johannes
Spätburgunder
17,40 €, 14%, ♀ bis 2005 — **85**

Die Weine: **100** Perfekt · **95–99** Überragend · **90–94** Exzellent · **85–89** Sehr gut · **80–84** Gut · **75–79** Passabel

Rheingau

WEINGUT GRAF VON KANITZ

Inhaber: Carl Albrecht Graf von Kanitz
Betriebsleiter und Kellermeister:
Ralf Bengel
65391 Lorch, Rheinstraße 49
Tel. (0 67 26) 3 46, Fax 21 78
e-mail:
info@weingut-graf-von-kanitz.de
Internet:
www.weingut-graf-von-kanitz.de
Anfahrt: B 42, zwischen Rüdesheim und Loreley, ab Ausfahrt Lorch beschildert
Verkauf: Ute und Ralf Bengel
Mo.–Fr. 9:00 bis 17:00 Uhr
Sa. nach Vereinbarung
Historie: Erwähnt im 13. Jahrhundert, später im Besitz der Freiherrn vom Stein, seit 1926 der Grafen von Kanitz

---

Rebfläche: 13,5 Hektar
Jahresproduktion: 70.000 Flaschen
Beste Lagen: Lorcher Bodental-Steinberg, Kapellenberg und Krone
Boden: Quarzit, Schieferverwitterung und sandiger Lehm
Rebsorten: 86% Riesling, 10% Spätburgunder, je 2% Müller-Thurgau und Gewürztraminer
Durchschnittsertrag: 45 hl/ha
Beste Jahrgänge: 1997, 1999, 2000
Mitglied in Vereinigungen: VDP, EcoVin

Die auf Quarzit- und Schieferböden wachsenden, herzhaften Weine des westfälischen Grafen von Kanitz ähneln wegen ihrer festen Säure eher den Mittelrhein-Gewächsen. Sie brauchen in der Regel einige Jahre Flaschenreife, können dann aber überraschend langlebig sein. Nach der exzellenten 2000er Kollektion überzeugen die 2001er Weine nur in Maßen. Sie sind durchweg feinherb und etwas derb im Abklang. Ralf Bengel wird das Gut verlassen und die Nachfolge von Fritz Dries in der Assmannshäuser Domäne antreten. Ungeklärt ist die Zukunft des historischen Hilchenhauses, das Graf von Kanitz einem Bauträger verpachtete, und das nach dessen Insolvenz eine Bauruine ist.

2001 Lorcher Pfaffenwies
Riesling Kabinett trocken
6,50 €, 11,5%, ♀ bis 2004   82

2001 Lorcher Kapellenberg
Riesling Spätlese trocken
8,60 €, 12%, ♀ bis 2004   83

2001 Lorcher Krone
Riesling Erstes Gewächs
15,– €, 12%, ♀ bis 2005   85

2001 Lorcher Kapellenberg
Riesling Kabinett halbtrocken
6,50 €, 11%, ♀ bis 2004   83

2001 Lorcher Bodental-Steinberg
Riesling »Solum«
25,– €, 12%, ♀ bis 2006   85

2001 Lorcher Bodental-Steinberg
Riesling Auslese
14,50 €/0,5 Lit., 10%, ♀ bis 2007 86

2001 Lorcher Bodental-Steinberg
Riesling Spätlese
8,60 €, 9,5%, ♀ bis 2003   86

Die Betriebe: ✿✿✿✿✿ Weltklasse · ✿✿✿✿ Deutsche Spitze · ✿✿✿ Sehr gut · ✿✿ Gut · ✿ Zuverlässig

Happy Hour oder Tête-à-tête?

Wo gut gelaunte Gäste plaudern und schlemmen

Wo Promis feiern und flirten – in der eigenen Stadt weiß man meist noch über die In-Lokale Bescheid. Aber was tun, wenn man unterwegs ist und sich nicht auf Experimente einlassen möchte?
Für diesen Fall empfiehlt sich der immer topaktuelle Elle Bistro Guide. Alle Szenebars und Restaurants werden in einem Kurzporträt mit Adresse, Telefonnummer und Öffnungszeiten vorgestellt. Das Ambiente und die Küche werden anhand eines Punktesystems bewertet. Die besonderen Highlights jeder Großstadt stehen jeweils im Anschluss der Lokalempfehlungen.

Ca. 264 Seiten.
Format 11,5 x 20 cm, Flexcover.
€ 14,95 (D) SFR 25,90
ISBN 3-88472-547-5

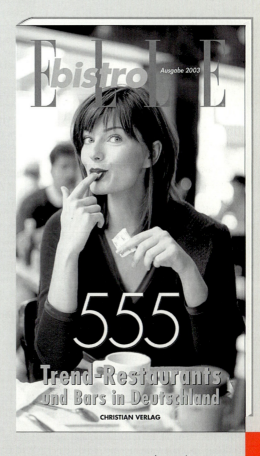

www.christian-verlag.de

Bestellen Sie auf den eingehefteten Bestellkarten!

Tel.: 089/ 38 18 03 17
Fax: 089/ 38 18 03 81
info@christian-verlag.de

Rheingau

WEINGUT AUGUST KESSELER

Inhaber: August Kesseler
Kellermeister: Mathias Himstedt, Thomas Muno
65385 Assmannshausen,
Lorcher Straße 16
Tel. (0 67 22) 25 13, Fax 4 74 77
e-mail: info@august-kesseler.de
Internet: www.august-kesseler.de
Anfahrt: B 42, Ausfahrt Assmannshausen, in der Ortsmitte vor der Kirche links
Verkauf: Beate Kesseler
nach Vereinbarung
Sehenswert: Alter doppelgeschossiger Weinkeller von 1793 im Schieferberg

---

Rebfläche: 18 Hektar
Jahresproduktion: 105.000 Flaschen
Beste Lagen: Assmannshäuser Höllenberg, Rüdesheimer Berg Schlossberg, Bischofsberg, Berg Roseneck
Boden: Schiefer-Phyllit, Schiefer, Quarzitböden, sandiger Lehm
Rebsorten: 50% Riesling, 45% Spätburgunder, 5% Silvaner
Durchschnittsertrag: 45 hl/ha
Beste Jahrgänge: 1998, 1999, 2000
Mitglied in Vereinigungen: VDP

August Kesseler zählt zu den talentiertesten Weinmachern des Rheingaues und unter diesen ist er obendrein wohl derjenige, der es am besten versteht, sich und seinen Betrieb entsprechend darzustellen. Vor rund fünfzehn Jahren machte sich er daran, das Image der altehrwürdigen Assmannshäuser Rotweine mit neuem Eichenholz aufzupolieren. Davon hatte er sich zwischenzeitlich zwar abgewandt, doch verwendet Kesseler heute durchaus wieder Barriquefässer, nun aber nur noch selektiv für besonders hochwertige Rotweine. Die sind ihm 1997 und 1999 gleich reihenweise gelungen. Seine hochelegianten 99er Pinot Noirs zählten zum Feinsten (allerdings auch zum Teuersten), was man in ganz Deutschland an Rotwein zu finden vermochte. Und seitdem sich der sympathische Assmannshäuser nicht mehr um die Direktion von Schloss Reinhartshausen kümmern muss, dreht er in seinem 18 Hektar großen Gut erst so richtig auf. Mit einer intensiven Weinbergsarbeit, wie man sie nur sehr selten antreffen kann, schafft Kesseler die Voraussetzung für die Erzeugung von hochklassigen Weinen, die im kühlen Keller des Gutes zu wahren Schmuckstücken gefeilt werden. Die trockenen Rieslinge zählen heute ebenso zu den Besten des Gebietes wie die edelsüßen Spezialitäten. Kesselers 99er Kollektion übertraf in dieser Hinsicht alles, was er in den 90er Jahren an Weißweinen präsentiert hatte. Trotz des allgemein als schwierig bezeichneten Jahrganges waren seine trockenen 2000er Rieslinge sogar noch etwas gehaltvoller als ihre Vorgänger. Auf die Abfüllung von edelsüßen Spitzenweinen hatte Kesseler seinerzeit verzichtet, stattdessen verteilte er kleinere Mengen von Beerenauslesen auf andere Weine. Im Jahre 2001 hat er sich aus gutem Grund anders entschieden: Seine Goldkapsel Beerenauslese aus der Lage Rüdesheimer Bischofsberg ist der vielleicht beste edelsüße Riesling des Jahrgangs im gesamten Rheingau. Kompliment! Außerdem gefallen uns die Goldkapsel Spätlese aus dem Rüdesheimer Berg Schlossberg sowie das Erste Gewächs aus dem Roseneck besonders gut; letzterer ist ein prachtvoller trockener Riesling mit üppigem Cassisduft und strahlender Frucht. Für die nächsten Jahre plant August Kesseler den Bau eines neuen Rotweinkellers.

2001 Rüdesheimer Bischofsberg
Riesling Kabinett trocken
14,– €, 11,5%, ♀ bis 2006   **83**

2001 Riesling
Kabinett trocken
11,– €, 12,5%, ♀ bis 2006   **84**

2001 Riesling
trocken
8,50 €, 12,5%, ♀ bis 2005   **85**

Rheingau

2001 Lorcher Schlossberg
Riesling Spätlese trocken
20,– €, 13%, ♀ bis 2007 **86**

2001 Riesling
Spätlese trocken
15,50 €, 12%, ♀ bis 2008 **87**

2001 Rüdesheimer Berg Roseneck
Riesling Spätlese trocken
23,– €, 13%, ♀ bis 2008 **87**

2001 Rüdesheimer Berg Schlossberg
Riesling Spätlese trocken
25,50 €, 12,5%, ♀ bis 2008 **88**

2001 Rüdesheimer Berg Roseneck
Riesling Erstes Gewächs
29,50 €, 13%, ♀ bis 2012 **91**

2001 Riesling
9,80 €, 11%, ♀ bis 2004 **83**

2001 Rüdesheimer Bischofsberg
Riesling Auslese Goldkapsel
Versteigerungswein, 8,5%, ♀ bis 2008 **89**

2001 Rüdesheimer Berg Schlossberg
Riesling Spätlese Goldkapsel
32,– €, 8,5%, ♀ bis 2015 **91**

2001 Rüdesheimer Bischofsberg
Riesling Beerenauslese Goldkapsel
Versteigerungswein, 6,5%, ♀ bis 2022 **95**

——— Rotwein ———

2000 »Cuvée Max«
Spätburgunder trocken
32,50 €, 13,5%, ♀ bis 2009 **88**

Vorjahresweine

2000 Rüdesheimer Bischofsberg
Riesling Kabinett trocken
9,71 €, 11,5%, ♀ bis 2004 **86**

2000 Rüdesheimer Berg Roseneck
Riesling Kabinett trocken
10,74 €, 12%, ♀ bis 2004 **86**

2000 Rüdesheimer Berg Schlossberg
Riesling Kabinett trocken
11,25 €, 11,5%, ♀ bis 2005 **87**

2000 Riesling
Spätlese trocken
12,53 €, 11,5%, ♀ bis 2006 **87**

2000 Rüdesheimer Berg Schlossberg
Riesling Spätlese trocken
18,15 €, 12%, ♀ bis 2006 **89**

2000 Rüdesheimer Berg Roseneck
Riesling Spätlese Goldkapsel
21,22 €, 8%, ♀ bis 2010 **90**

——— Rotweine ———

1999 Assmannshäuser Höllenberg
Spätburgunder trocken
32,21 €, 13%, ♀ bis 2007 **88**

1999 Assmannshäuser Höllenberg
Spätburgunder Spätlese trocken
38,35 €, 13,5%, ♀ bis 2008 **89**

1999 Assmannshäuser Höllenberg
Spätburgunder Spätlese trocken **
58,80 €, 13,5%, ♀ bis 2010 **90**

1999 Rüdesheimer Berg Schlossberg
Spätburgunder Spätlese trocken ***
65,96 €, 13,5%, ♀ bis 2010 **91**

Die Weine: **100** Perfekt · **95–99** Überragend · **90–94** Exzellent · **85–89** Sehr gut · **80–84** Gut · **75–79** Passabel

Rheingau

WEINGUT BARON ZU KNYPHAUSEN

Inhaber: Gerko Freiherr zu Innhausen und Knyphausen
Kellermeister: Rainer Rüttiger
65346 Erbach, Draiser Hof
Tel. (0 61 23) 6 21 77, Fax 43 15
e-mail: weingut@knyphausen.de
Internet: www.knyphausen.de
Anfahrt: A 66, Ausfahrt Eltville-West, Richtung Erbach, erstes Anwesen links
Verkauf: Mo.–Fr. 8:00 bis 12:00 Uhr und 14:00 bis 18:00 Uhr
Sa. 10:00 bis 16:00 Uhr
und nach Vereinbarung
Gästehaus: »Herrlichkeit Knyphausen«
Historie: Klosterhof Drais 1141/42 von Zisterziensern gegründet, 1818 vom Freiherrn von Bodelschwingh gekauft
Sehenswert: Das 1727 erbaute Hofgut, Wein-Totem mit Schnitzarbeiten

---

Rebfläche: 22 Hektar
Jahresproduktion: 100.000 Flaschen
Beste Lagen: Erbacher Marcobrunn, Steinmorgen, Hohenrain und Siegelsberg, Hattenheimer Wisselbrunnen
Boden: Glimmer führender tertiärer Mergel, teilweise Löss
Rebsorten: 96% Riesling, 4% Spätburgunder
Durchschnittsertrag: 60 hl/ha
Beste Jahrgänge: 1997, 1999, 2000
Mitglied in Vereinigungen: VDP

2001 Erbacher Steinmorgen
Riesling Kabinett trocken
7,– €, 10,5%, ♀ bis 2004 **81**

2001 Hattenheimer Wisselbrunnen
Riesling Erstes Gewächs
15,– €, 11%, ♀ bis 2005 **87**

2001 Erbacher Marcobrunn
Riesling Spätlese feinherb
15,50 €, 11%, ♀ bis 2005 **84**

2001 Erbacher Steinmorgen
Riesling Kabinett
7,– €, 9,5%, ♀ bis 2004 **83**

2001 Kiedricher Sandgrub
Riesling Spätlese
11,– €, 8,5%, ♀ bis 2006 **85**

2001 Erbacher Steinmorgen
Riesling Spätlese
11,50 €, 8,5%, ♀ bis 2007 **87**

2001 Erbacher Siegelsberg
Riesling Eiswein
41,– €/0,5 Lit., 9,5%, ♀ bis 2006 **87**

Der Draiser Hof ist ein wunderschön am Ortsrand von Erbach gelegenes Anwesen. Vor einigen Jahren hat Freiherr von Knyphausen dort die historische Kelterhalle und einen Gewölbekeller für Festlichkeiten aller Art hergerichtet und das Gästehaus »Herrlichkeit« errichtet. In den nächsten Jahren soll noch eine Vinothek hinzukommen. Die 2001er Kollektion ist von zuverlässiger Güte, kommt aber insgesamt nicht an die des Vorjahres heran. Am besten gefallen uns das elegante Erste Gewächs aus dem Wisselbrunnen und die fruchtige Riesling Spätlese aus dem Erbacher Steinmorgen.

Die Betriebe: ✯✯✯✯✯ Weltklasse · ✯✯✯✯ Deutsche Spitze · ✯✯✯ Sehr gut · ✯✯ Gut · ✯ Zuverlässig

Rheingau

WEINGUT ROBERT KÖNIG

Inhaber: Robert König jun.
Betriebsleiter und Kellermeister:
Robert König jun.
65385 Assmannshausen,
Landhaus Kenner
Tel. (0 67 22) 10 64, Fax 4 86 56
Anfahrt: Über Ortsteil Aulhausen, Hinweisschilder am Parkplatz Mühlberg
Verkauf: Nach Vereinbarung
Straußwirtschaft: Während der Rheingauer Schlemmerwochen und an allen folgenden Wochenenden im Mai sowie an den Tagen der offenen Weinkeller im unteren Rheingau – jeweils Sa. und So. ab 11:00 Uhr
Historie: Weingut besteht seit 1704

Rebfläche: 8 Hektar
Jahresproduktion: 50.000 Flaschen
Beste Lagen: Assmannshäuser Höllenberg, Frankenthal, Rüdesheimer Berg Schlossberg
Boden: Taunusquarzit-Verwitterung, Phyllitschiefer-Verwitterung
Rebsorten: 90% Spätburgunder, 5% Riesling, 2% Weißburgunder, 1,5% Frühburgunder, 1,5% übrige Sorten
Durchschnittsertrag: 62 hl/ha
Beste Jahrgänge: 1997, 1999, 2001
Mitglied in Vereinigungen: VDP

Zwar nannte Josef König in den 60er Jahren bereits zwei Hektar Weinberge sein Eigen, doch galt seine ungeteilte Aufmerksamkeit eher dem florierenden Baugeschäft. Erst Sohn Robert und Enkel Robert jun. stiegen komplett in den Weinbau ein. Der Keller wurde erweitert und die Rebfläche auf insgesamt 8 Hektar ausgedehnt, die Kunststofftanks für den Ausbau von Weißherbst und Riesling durch Edelstahltanks ersetzt. Im Zweijahresrhythmus hat König immer wieder beachtliche Rotweine präsentiert, was nun im Jahr 2001 auch wieder der Fall ist: Die trockene Spätburgunder Spätlese aus dem Assmannshäuser Frankenthal zeigt Würze und Eleganz, wird aber durch den Frühburgunder aus dem Höllenberg noch an Fülle und Finesse übertroffen. Überraschend gut geraten ist auch der herzhafte Weißburgunder.

2001 Weißer Burgunder
Spätlese trocken
6,75 €, 12%, ♀ bis 2004 .... **83**

--- Rotweine ---

2001 Assmannshäuser Höllenberg
Spätburgunder Weißherbst trocken
6,50 €, 12,5%, ♀ bis 2004 .... **83**

2001 Assmannshäuser Höllenberg
Spätburgunder Kabinett trocken
9,25 €, 12,5%, ♀ bis 2004 .... **81**

2001 Spätburgunder
trocken
6,90 €/1,0 Lit., 13%, ♀ bis 2005 .... **82**

2001 Assmannshäuser Frankenthal
Spätburgunder trocken
7,90 €/1,0 Lit., 12,5%, ♀ bis 2004 .... **82**

2001 Assmannshäuser Frankenthal
Spätburgunder Spätlese trocken
12,– €, 13%, ♀ bis 2007 .... **86**

2001 Assmannshäuser Höllenberg
Frühburgunder Spätlese trocken
17,– €, 13,5%, ♀ bis 2009 .... **88**

Die Weine: 100 Perfekt · 95–99 Überragend · 90–94 Exzellent · 85–89 Sehr gut · 80–84 Gut · 75–79 Passabel

Rheingau

WEINGUT KÖNIGIN-VICTORIABERG

Inhaber: Henning Hupfeld
65375 Oestrich-Winkel,
Rheingaustraße 113
Tel. (0 67 23) 13 98, Fax 8 84 23
e-mail:
koenigin.victoriaberg@t-online.de
Internet: www.koenigin-victoriaberg.de
Anfahrt: B 42 Richtung Rüdesheim, Ausfahrt Mittelheim, nach links
Verkauf: Mo.–Sa. 9:30 bis 19:00 Uhr nach Vereinbarung
Erlebenswert: Weinproben und Veranstaltungen in den Weinbergen und im Gutshaus Mittelheim
Sehenswert: Tudorstil-Denkmal im Königin-Victoria-Weinberg, Gewölbekeller im Gutshaus Mittelheim

---
Rebfläche: 5,5 Hektar
Jahresproduktion: 30.000 Flaschen
Beste Lage: Hochheimer Königin-Victoriaberg
Boden: Tiefgründig-sandiger Lösslehm
Rebsorten: 92% Riesling, 5% Chardonnay, 3% Spätburgunder
Durchschnittsertrag: 65 hl/ha
Beste Jahrgänge: 1997, 1999, 2001
Mitglied in Vereinigungen: VDP

2001 Hochheimer Königin-Victoriaberg Riesling Kabinett trocken 6,70 €, 11%, ♀ bis 2004	82
2001 Hochheimer Königin-Victoriaberg Riesling Spätlese trocken 9,70 €, 12%, ♀ bis 2004	83
2001 Hochheimer Königin-Victoriaberg Riesling Kabinett halbtrocken 6,70 €, 10,5%, ♀ bis 2005	84
2001 Hochheimer Königin-Victoriaberg Riesling Kabinett 6,70 €, 9%, ♀ bis 2005	84
2001 Hochheimer Königin-Victoriaberg Riesling Spätlese 9,70 €, 8,5%, ♀ bis 2006	87

Irmgard Hupfeld brachte die Weinberge im Hochheimer Victoriaberg als Mitgift ein, eine Parzelle, die beim Besuch der englischen Königin Victoria im Jahr 1845 getauft worden war. Schon vor Jahren haben die Söhne Henning und Wolfram den Betrieb übernommen und teilen sich die Arbeit: Henning verantwortet das Hochheimer Gut, Wolfram den Mittelheimer Betrieb, der ab diesem Jahr separat im WeinGuide figuriert. Mit seinen 2001er Weinen knüpft Henning Hupfeld an die Güte der prächtigen 99er Rieslinge an, am besten gefällt uns die charaktervolle Spätlese. Schafft er es, auch seinen Basisweinen wieder mehr Struktur und Tiefe zu verleihen, ist die zweite Traube in Sichtweite.

Rheingau

WEINGUT KRONE

Inhaber: H. B. Ullrich
Betriebsleiter: H. B. Ullrich
Verwalter und Kellermeister:
Peter Perabo
65385 Assmannshausen,
Rheinuferstraße 10
Tel. (0 67 22) 25 25, Fax 4 83 46
e-mail: info@kroneas.de
Anfahrt: B 42 von Rüdesheim Richtung Koblenz, Ausfahrt Assmannshausen, parallel zur B 42 bis zum Hotel Krone
Verkauf: Nach Vereinbarung
Historie: Gut gegründet 1860
Sehenswert: Historischer Gasthof Krone, in Felsen gehauener Naturkeller 60 Meter unter der Lage Frankenthal

---

Rebfläche: 3,85 Hektar
Jahresproduktion: 17.000 Flaschen
Beste Lagen: Assmannshäuser Höllenberg, Frankenthal, Rüdesheimer Berg Schlossberg
Boden: Schiefer
Rebsorten: 95% Spätburgunder, 5% Weißburgunder
Durchschnittsertrag: 40 hl/ha
Beste Jahrgänge: 1996, 1997, 1999

Alte Assmannshäuser sind sich einig, dass die Krone mit die besten Parzellen in der berühmten Schieferlage Höllenberg besitzt. Dieses Potenzial wird schmeckbarer, seitdem Peter Perabo, ein junger Winzermeister aus Lorch, den Weinausbau verantwortet. Er setzt den biologischen Säureabbau gezielt ein und sorgt im Kronenkeller für eine Renaissance des Barrique-Fasses. Die 97er Rotweine waren von ganz erstaunlicher Güte: Sie dufteten intensiv nach schwarzer Johannisbeere und Wildkräutern, waren dabei fein in der Struktur und nachhaltig im Abklang. Die exzellenten 99er schlossen da bruchlos an und selbst die nun verkosteten 2000er sind von respektabler Güte. Am besten gefällt uns der nach Schokolade, Cassis und Vanille duftende Höllenberg Spätburgunder mit zwei Sternchen. Das in der Gutshierarchie mit einem weiteren Sternchen ausgezeichnete Pendant ist uns dagegen fast etwas hitzig und eine Spur zu alkoholbetont. Ansprechend ist der erstmals vorgestellte Weiße Burgunder. Praktisch die gesamte Ernte wird im historischen Gasthof Krone verkauft und an dessen Kunden nach Hause verschickt.

2001 Weißer Burgunder
14,– €, 12,5%, ♀ bis 2005   **84**

--- Rotweine ---

2001 Spätburgunder Weißherbst
10,– €, 11,5%, ♀ bis 2005   **84**

2000 Rüdesheimer Berg Schlossberg
Spätburgunder
14,– €, 13%, ♀ bis 2005   **85**

2000 Assmannshäuser Höllenberg
Spätburgunder ***
18,– €, 13,5%, ♀ bis 2005   **86**

2000 Assmannshäuser Höllenberg
Spätburgunder **
16,– €, 13,5%, ♀ bis 2005   **87**

Die Weine: **100** Perfekt · **95–99** Überragend · **90–94** Exzellent · **85–89** Sehr gut · **80–84** Gut · **75–79** Passabel

Rheingau

WEINGUT PETER JAKOB KÜHN

Inhaber: Peter Jakob Kühn
Kellermeister: Peter Jakob Kühn
65375 Oestrich, Mühlstraße 70
Tel. (0 67 23) 22 99, Fax 8 77 88
e-mail: info@weingutpjkuehn.de
Internet: www.weingutpjkuehn.de
Anfahrt: B 42, Ausfahrt Oestrich, fünfte Straße rechts, nach 600 Metern letztes Haus
Verkauf: Angela Kühn, Peter Kühn
Mo.–Sa. nach Vereinbarung
Straußwirtschaft: Ab 1. Mai an vier Wochenenden, am letzten Augustwochenende und 1. u. 2. Wochenende im Sept. sowie am 1. Wochenende im Dez., Sa.–So. 14:00 bis 22:00 Uhr
Spezialitäten: Schinken in Riesling mit Kräuterrahm, »Oestricher Zwiebel«, gebackene Rheingauer Käsetaler

---

Rebfläche: 13 Hektar
Jahresproduktion: 72.000 Flaschen
Beste Lagen: Oestricher Lenchen und Doosberg
Boden: Toniger Lehm, kiesiger Ton
Rebsorten: 85% Riesling, 15% Spätburgunder
Durchschnittsertrag: 53 hl/ha
Beste Jahrgänge: 1996, 1998, 1999
Mitglied in Vereinigungen: VDP

Kaum ein anderes Rheingauer Weingut konnte in den 90er Jahren einen solch fulminanten Aufstieg hinlegen. Innerhalb kurzer Zeit stieg Peter Jakob Kühn vom Nobody in die Spitzengruppe des Gebietes auf. Gerade so, als ob Wind und Wetter für die Qualität seiner Weine nur eine Nebenrolle spielten, gelang dem sympathischen Oestricher ein Jahrgang besser als der andere. In seinen in den 80er Jahren am Rande des Oestricher Lenchens errichteten Aussiedlerhof hat er gewaltig investiert und dort zuletzt den Großteil der Kunststofftanks durch solche aus Edelstahl und auch wieder durch einige Eichenholzfässer ersetzt. Für die nächsten Jahre ist die Erweiterung des Betriebsgeländes und die Einrichtung einer Vinothek geplant. Den Löwenanteil seiner Weine baut Peter Jakob Kühn nach wie vor trocken aus, die er nun allesamt als Qualitätsweine mit bis zu drei Träubchen auf dem Etikett unterscheidet. Die höchste Kategorie ist für die Ersten Gewächse reserviert. Positiv finden wir, dass Prädikatsangaben hier zukünftig nur noch für natursüße Weine verwendet werden, was Klarheit im Bezeichnungssystem schafft. Wir können aber doch nicht ganz verhehlen, dass wir von der Qualität der Kühn'schen Weine in den beiden letzten Jahren nicht in dem bisherigen Maße begeistert sind. Schon durch die 2000er Kollektion zog sich ein feinherber Ton, den wir nun auch bei vielen 2001er Weinen feststellen. Auch die sonst von großer Eleganz geprägten edelsüßen Spitzenweine weisen erneut kaum die bis 1999 übliche Brillanz auf. Kurz gesagt: Zur Erhaltung des Status quo erwarten wir im nächsten Jahr insgesamt eine deutliche Steigerung! Unermüdlich ist Peter Jakob Kühn auf der Suche nach dem idealen Flaschenverschluss, nachdem ausgerechnet seine teuersten edelsüßen 99er Gewächse in großer Häufung Korkschmecker aufwiesen. Nach Versuchen mit Kunststoff-Stopfen im Jahr 2000 hat Kühn nun praktisch alle 2001er Flaschen mit Edelstahlkappen à la Querbach verschlossen und findet dafür bei einem Großteil seiner Privatkunden Verständnis. »Falsch verstandene Nostalgie hat keine Berechtigung gegenüber dem Ziel, die uns von der Natur geschenkte Qualität der Weine zu bewahren«, schreibt der Winzer in einem Kundenbrief.

2001 Riesling
trocken
6,– €/1,0 Lit., 11,5%, ♀ bis 2004 **80**

2001 Oestricher
Riesling trocken
6,40 €, 11,5%, ♀ bis 2004 **82**

2001 Oestricher Doosberg
Riesling trocken **
12,60 €, 12%, ♀ bis 2006 **84**

Rheingau

2001 Oestricher Doosberg
Riesling Erstes Gewächs
17,20 €, 12,5%, ♀ bis 2007 — **84**

2001 »Graziosa«
Riesling
8,80 €, 11%, ♀ bis 2006 — **83**

2001 Riesling
Classic
5,90 €, 11,5%, ♀ bis 2005 — **83**

2001 Oestricher Lenchen
Riesling Kabinett
8,80 €, 8,5%, ♀ bis 2005 — **84**

2001 Oestricher Lenchen
Riesling Spätlese
13,90 €, 9%, ♀ bis 2007 — **86**

2001 Riesling
Auslese
31,80 €/0,375 Lit., 8%, ♀ bis 2014 — **88**

2001 Oestricher Lenchen
Riesling Spätlese Goldkapsel
52,20 €, 9,5%, ♀ bis 2007 — **88**

2001 Riesling
Beerenauslese
67,80 €/0,375 Lit., 8,5%, ♀ bis 2010 — **89**

2001 Riesling
Eiswein
57,80 €/0,375 Lit., 8,5%, ♀ bis 2012 — **91**

Vorjahresweine

2000 Oestricher
Riesling Kabinett trocken
7,72 €, 11,5%, ♀ bis 2004 — **84**

2000 Oestricher Doosberg
Riesling Spätlese trocken
11,96 €, 12%, ♀ bis 2004 — **84**

2000 Oestricher Doosberg
Riesling Erstes Gewächs
16,36 €, 12%, ♀ bis 2004 — **86**

2000 Oestricher Lenchen
Riesling Kabinett
8,49 €, 9%, ♀ bis 2004 — **84**

2000 Oestricher Lenchen
Riesling Spätlese
13,19 €, 9,5%, ♀ bis 2006 — **86**

2000 Riesling
Auslese
30,68 €/0,375 Lit., 7%, ♀ bis 2008 — **87**

2000 Riesling
Eiswein
56,24 €/0,375 Lit., 6,5%, ♀ bis 2020 — **92**

2000 Riesling
Beerenauslese
66,47 €/0,375 Lit., 6%, ♀ bis 2020 — **92**

Die Weine: **100** Perfekt · **95–99** Überragend · **90–94** Exzellent · **85–89** Sehr gut · **80–84** Gut · **75–79** Passabel

Rheingau

WEINGUT FRANZ KÜNSTLER

Inhaber und Betriebsleiter:
Gunter Künstler
Außenbetrieb: O. Völker
Kellermeister: Gunter Künstler
und Frank Fischer
65239 Hochheim,
Freiherr-vom-Stein-Ring 3/Kirchstr. 38
Tel. (0 61 46) 8 25 70 und 8 38 60,
Fax 57 67
e-mail: info@weingut-kuenstler.de
Internet: www.weingut-kuenstler.de
Anfahrt: A 671 Mainz–Wiesbaden, Ausfahrt Hochheim/B 40
Verkauf: Frank Fischer und Monika Himmel, Kirchstraße 38:
Mo.–Do. 8:00 bis 12:00 Uhr und 13:00 bis 17:00 Uhr
Fr. 8:00 bis 12:00 Uhr
Freiherr-vom-Stein-Ring 3:
Mo.–Do. 14:00 bis 19:00 Uhr
Sa. 10:00 bis 15:00 Uhr
Sehenswert: Über 500 Jahres altes Gutshaus mit Gewölbekeller (1456)

Rebfläche: 26 Hektar
Jahresproduktion: 150.000 Flaschen
Beste Lagen: Hochheimer Hölle, Kirchstück und Domdechaney
Boden: Leichter bis toniger Lehm
Rebsorten: 85% Riesling, 15% Spätburgunder
Durchschnittsertrag: 65 hl/ha
Beste Jahrgänge: 1997, 1998, 1999
Mitglied in Vereinigungen: VDP

Mit Verve hat Gunter Künstler das 1965 von seinem Vater Franz gegründete Gut zu seiner heutigen Größe entwickelt, welche sich 1996 durch die Übernahme des früheren Weingutes Aschrott nahezu verdoppelt hat. Künstler ist spezialisiert auf gehaltvolle trockene Weine, die als durchgegorene Riesling Auslesen von außerordentlicher Dichte und Fülle sein können. Nach einem witterungsbedingt desolaten Jahrgang 2000 präsentiert das Gut eine solide bis gute 2001er Kollektion, die durchaus drei Trauben rechtfertigt.

2001 Hochheimer Kirchenstück
Riesling Spätlese trocken
13,50 €, 11,5%, ♀ bis 2006   **83**

2001 Hochheimer Domdechaney
Riesling trocken
10,– €, 12,5%, ♀ bis 2005   **83**

2001 Hochheimer Herrenberg
Riesling trocken
7,– €, 12%, ♀ bis 2006   **83**

2001 Hochheimer Hölle
Riesling Auslese trocken
28,– €, 12,5%, ♀ bis 2006   **85**

2001 Hochheimer Hölle
Riesling Spätlese trocken
17,50 €, 12,5%, ♀ bis 2006   **85**

2001 Hochheimer Kirchenstück
Riesling Auslese trocken
38,– €, 12,5%, ♀ bis 2007   **87**

2001 Hochheimer Hölle
Riesling Eiswein
48,– €/0,375 Lit., 6,5%, ♀ bis 2008   **88**

2001 Hochheimer Kirchenstück
Riesling Eiswein
54,– €/0,375 Lit., 6,5%, ♀ bis 2012   **89**

Die Betriebe: ✠✠✠✠✠ Weltklasse · ✠✠✠✠ Deutsche Spitze · ✠✠✠ Sehr gut · ✠✠ Gut · ✠ Zuverlässig

Rheingau

WEINGUT HANS LANG

Inhaber und Betriebsleiter:
Johann Maximilian Lang
65347 Eltville-Hattenheim,
Rheinallee 6
Tel. (0 67 23) 24 75, Fax 79 63
e-mail: langwein@t-online.de
Internet: www.weingut-hans-lang.de
Anfahrt: B 42, Ausfahrt Hattenheim
Verkauf: Herr Moos,
Herr und Frau Lang
Mo.–Fr. 8:00 bis 12:00 Uhr
und 13:00 bis 17:00 Uhr
Sa. 9:00 bis 13:00 Uhr
und nach Vereinbarung

Rebfläche: 18 Hektar
Jahresproduktion: 120.000 Flaschen
Beste Lagen: Hattenheimer
Wisselbrunnen und Hassel
Boden: Kiesiger Lehm, Schiefer, Löss
Rebsorten: 75% Riesling, 15% Spätburgunder, 5% Weißburgunder,
5% übrige Sorten
Durchschnittsertrag: 63 hl/ha
Beste Jahrgänge: 1996, 1997, 1999
Mitglied in Vereinigungen: VDP,
Deutsches Barrique Forum

Johann Maximilian Lang überlegt von Jahr zu Jahr, wie er sein Qualitätsniveau noch verbessern kann. Dafür hat der Hattenheimer Winzer zuletzt gewaltig investiert, damit soll es erst mal seine Bewandtnis haben. Zu den Spezialitäten des Hauses zählen flaschenvergorene Sekte und gehaltvolle, im Barrique ausgebaute Burgundersorten, die zweifelsfrei zu den besten ihrer Art im Rheingau zählen. Ein exzellentes Beispiel hierfür ist der gehaltvolle Chardonnay, doch steht weiterhin der klassische Riesling im Mittelpunkt, der drei Viertel der Rebfläche einnimmt. Im Basissegment kann man von einem sehr guten Verhältnis von Preis und Leistung sprechen, die edelsüßen Weine sind von gewohnter Güte.

2001 Riesling
Kabinett trocken
5,90 €, 11,5%, ♀ bis 2005 — **84**

2001 Weißer Burgunder
Spätlese trocken
9,– €, 12%, ♀ bis 2006 — **85**

2000 Chardonnay
trocken Barrique
12,50 €, 13,5%, ♀ bis 2008 — **89**

2001 Riesling
Spätlese
8,90 €, 8,5%, ♀ bis 2009 — **87**

2001 Hattenheimer Wisselbrunnen
Riesling Spätlese Goldkapsel
12,50 €, 9%, ♀ bis 2010 — **87**

2001 Hattenheimer Wisselbrunnen
Riesling Beerenauslese
32,– €/0,375 Lit., 8%, ♀ bis 2008 — **89**

2001 Hattenheimer Wisselbrunnen
Riesling Auslese Goldkapsel
27,– €/0,375 Lit., 8%, ♀ bis 2010 — **89**

2001 Hattenheimer Wisselbrunnen
Riesling Trockenbeerenauslese
102,– €/0,375 Lit., 7,5%, ♀ bis 2012 — **92**

Die Weine: **100** Perfekt · **95–99** Überragend · **90–94** Exzellent · **85–89** Sehr gut · **80–84** Gut · **75–79** Passabel

Rheingau

WEINGUT FREIHERR LANGWERTH VON SIMMERN

Inhaber: Georg-Reinhard Freiherr Langwerth von Simmern
Techn. Betriebsleiter: Dirk Roth
Kellermeister: Uwe Lex
65343 Eltville, Kirchgasse 6
Tel. (0 61 23) 9 21 10, Fax 92 11 33
e-mail: weingut-langwerth-von-simmern@t-online.de
Anfahrt: Innenstadt Eltville Richtung Wiesbaden, rechte Seite zwischen kurfürstlicher Burg und Kirche
Verkauf: Andrea Freifrau Langwerth von Simmern, Gabriele Kranz
Mo.–Do. 8:00 bis 12:00 Uhr und 13:30 bis 17:00 Uhr, Fr. bis 16:00 Uhr am Wochenende nach Vereinbarung
Gutsausschank: Gelbes Haus
Di.–Sa. ab 16:00, So. ab 11:30 Uhr
Spezialitäten: Rheingauer Küche
Historie: 1464 als Lehen des Herzogs von Pfalz-Zweibrücken an seinen Kanzler Johann Langwerth von Simmern
Sehenswert: Langwerther Hof mit Park

Rebfläche: 26 Hektar
Jahresproduktion: 160.000 Flaschen
Beste Lagen: Erbacher Marcobrunn und Mannberg, Rauenthaler Baiken, Hattenheimer Nussbrunnen
Boden: Tertiärer Mergel, kalkhaltiger Löss, sandiger Lehm
Rebsorten: 96% Riesling, 2% Spätburgunder, 2% übrige Sorten
Durchschnittsertrag: 55 hl/ha
Beste Jahrgänge: 1992, 1998, 1999
Mitglied in Vereinigungen: VDP

Dieses altrenommierte Traditionsweingut zählte über Jahrzehnte zur absoluten Spitzengruppe des Rheingaus. Nach einer Qualitätskrise in den 80er und 90er Jahren fanden die positiven Ansätze für eine Rückkehr im Jahrgang 1999 ihren bisherigen Höhepunkt. Daran kam die 2000er Kollektion beim besten Willen nicht heran, und das gilt nun auch für die Weine des Jahrganges 2001: Es gibt zwar keinen einzigen Ausfall, jedoch weisen die trockenen Rieslinge feinherbe Noten auf und die edelsüßen Prädikatsweine glänzen nicht gerade durch Eleganz und Reintönigkeit.

2001 Rauenthaler Baiken
Riesling Kabinett trocken
8,50 €, 12%, ♀ bis 2004 **84**

2001 Hattenheimer Wisselbrunnen
Riesling Kabinett trocken
8,50 €, 12%, ♀ bis 2005 **85**

2001 Erbacher Nussbrunnen
Riesling Kabinett trocken
8,50 €, 12%, ♀ bis 2005 **85**

2001 Rauenthaler Baiken
Riesling Spätlese trocken
15,85 €, 12,5%, ♀ bis 2006 **86**

2001 Hattenheimer Mannberg
Riesling Erstes Gewächs
20,– €, 13%, ♀ bis 2006 **86**

2001 Hattenheimer Nussbrunnen
Riesling Kabinett
8,50 €, 10,5%, ♀ bis 2005 **84**

2001 Hattenheimer
Riesling Kabinett
6,65 €, 12%, ♀ bis 2005 **86**

2001 Eltviller Sonnenberg
Riesling Eiswein
50,– €/0,375 Lit., 12%, ♀ bis 2010 **88**

Die Betriebe: ✦✦✦✦✦ Weltklasse · ✦✦✦✦ Deutsche Spitze · ✦✦✦ Sehr gut · ✦✦ Gut · ✦ Zuverlässig

Aufsteiger

Rheingau

WEINGUT JOSEF LEITZ

Inhaber: Johannes Leitz
Betriebsleiter und Kellermeister:
Johannes Leitz
65385 Rüdesheim, Th.-Heuss-Straße 5
Tel. (0 67 22) 4 87 11, Fax 4 76 58
e-mail: johannes.leitz@leitz-wein.de
Internet: www.leitz-wein.de
Anfahrt: Von Wiesbaden kommend in Rüdesheim Richtung Kloster Hildegard
Verkauf: Johannes Leitz
Mo.–Sa. 9:00 bis 18:00 Uhr
nur nach Vereinbarung
Sehenswert: Schmiede aus dem 17. Jahrhundert

Rebfläche: 10 Hektar
Jahresproduktion: 40.000 Flaschen
Beste Lagen: Rüdesheimer Berg Schlossberg, Roseneck und Rottland
Boden: Schieferverwitterung
Rebsorten: 100% Riesling
Durchschnittsertrag: 68 hl/ha
Beste Jahrgänge: 1998, 2000, 2001
Mitglied in Vereinigungen: VDP

Gäbe es den Titel des regionalen Winzers des Jahres zu verleihen, Johannes Leitz bekäme ihn. Kein anderes Rheingauer Weingut präsentierte eine bessere Kollektion in 2001: Allein drei trockene Rieslinge sowie eine fruchtige Spätlese erzielten zwischen 90 und 92 Punkten, im edelsüßen Segment landeten sogar vier Weine zwischen 91 und 94 Punkten. Diese Qualitätsexplosion deutete sich im vergangenen Jahr bereits an: Den allgemein als schwierig eingestuften Jahrgang 2000 meisterte der junge Rüdesheimer mit Bravour: Zwei trockene Spätlesen landeten mit 90 und 91 Punkten in der Hitliste der zehn Jahrgangsbesten in ganz Deutschland und seine halbtrockene Spätlese aus dem Rüdesheimer Berg Schlossberg schoss in ihrer Kategorie sogar den Vogel ab und wurde zum halbtrockenen »Wein des Jahres« gekürt. Dass Johannes Leitz dabei kein Spezialist in der Abteilung brotlose Künste ist, erkennt man an der Tatsache, dass er das für eine Pressekonferenz in Berlin benötigte Dutzend Flaschen aus Amerika zurückbeordern musste. Längst hat sich nämlich in Fachkreisen im In- und Ausland herumgesprochen, dass der Rüdesheimer zu den talentiertesten jungen Weinmachern in Deutschland zählt. Dabei wurde Leitz dieser Erfolg keineswegs in die Wiege gelegt: Als sein Vater 1965 im Alter von 33 Jahren starb, war Johannes gerade einmal 14 Monate alt. Das gerade einmal drei Hektar kleine Weingut wurde im Nebenerwerb weitergeführt und durch das Blumengeschäft der Mutter am Leben gehalten. Nach Lehre und Meisterprüfung übernahm Leitz mit 22 Jahren den Betrieb. Immer wieder boten ihm aufgebende Winzer Nachbarflächen an, die er gern übernahm. Heute habe, so meint Johannes Leitz, das Gut mit zehn Hektar Rebfläche die absolute Obergrenze erreicht. »Ich will meine Weinbergsarbeit à la minute machen, nicht eine Woche zu früh und schon gar nicht zwei Wochen zu spät!« Doch einen Traum hat er noch: Irgenwann sollten in den bestens erhaltenen Terrassen zwischen Rüdesheim und Assmannshausen wieder Reben stehen, dort, wo im vergangenen Jahrhundert einige der besten Rheingauer Weine herkamen.

2001 Riesling
trocken
5,50 €, 11%, ♀ bis 2004   **82**

2001 Rüdesheimer Bischofsberg
Riesling trocken
6,90 €, 12,5%, ♀ bis 2005   **85**

2001 Rüdesheimer Berg Schlossberg
Riesling Spätlese trocken – 13 –
16,50 €, 12,5%, ♀ bis 2008   **87**

2001 Rüdesheimer Berg Rottland
Riesling Spätlese trocken – 14 –
16,50 €, 12%, ♀ bis 2012   **90**

2001 Rüdesheimer Berg Rottland
Riesling Spätlese trocken – 12 –
23,– €, 12%, ♀ bis 2010   **91**

Die Weine: **100** Perfekt · **95–99** Überragend · **90–94** Exzellent · **85–89** Sehr gut · **80–84** Gut · **75–79** Passabel

Rheingau

2001 Rüdesheimer Berg Schlossberg
Riesling Spätlese trocken – 21 –
23,50 €, 12,5%, ♀ bis 2012 **92**

2001 Rüdesheimer Berg Kaisersteinfels
Riesling Spätlese halbtrocken
19,50 €, 12%, ♀ bis 2008 **86**

2001 Rüdesheimer Klosterlay
Riesling
6,90 €, 11%, ♀ bis 2008 **84**

2001 Rüdesheimer Magdalenenkreuz
Riesling Kabinett
7,20 €, 7,5%, ♀ bis 2008 **86**

2001 Rüdesheimer Kirchenpfad
Riesling Spätlese
8,– €, 9,5%, ♀ bis 2008 **87**

2001 Rüdesheimer Berg Roseneck
Riesling Spätlese
14,– €, 9%, ♀ bis 2009 **87**

2001 Rüdesheimer Berg Schlossberg
Riesling Spätlese
19,50 €, 8%, ♀ bis 2010 **90**

2001 Rüdesheimer Drachenstein
Riesling Eiswein
99,– €/0,375 Lit., 6,5%, ♀ bis 2012 **91**

2001 Rüdesheimer Berg Roseneck
Riesling Auslese Goldkapsel
55,– €/0,375 Lit., 8%, ♀ bis 2012 **91**

2001 Rüdesheimer Drachenstein
Riesling Beerenauslese
120,– €/0,375 Lit., 6,5%, ♀ bis 2015 **94**

2001 Rüdesheimer Berg Roseneck
Riesling Trockenbeerenauslese
580,– €, 7%, ♀ bis 2018 **94**

Vorjahresweine

2000 Rüdesheimer Berg Rottland
Riesling Spätlese trocken
16,36 €, 12%, ♀ bis 2005 **90**

2000 Rüdesheimer Berg Schlossberg
Riesling Spätlese trocken
16,36 €, 12%, ♀ bis 2006 **91**

2000 Rüdesheimer Berg Schlossberg
Riesling Spätlese halbtrocken
16,36 €, 11%, ♀ bis 2005 **89**

2000 Rüdesheimer Berg Schlossberg
Riesling Kabinett
9,46 €, 10%, ♀ bis 2006 **89**

2000 Rüdesheimer Drachenstein
Riesling Eiswein – 15 –
148,27 €/0,375 Lit., 7%, ♀ bis 2018 **91**

Die Betriebe: ♣♣♣♣♣ Weltklasse · ♣♣♣♣ Deutsche Spitze · ♣♣♣ Sehr gut · ♣♣ Gut · ♣ Zuverlässig

Aufsteiger

Rheingau

WEINGUT FÜRST LÖWENSTEIN

Inhaber: Alois Konstantin Fürst zu Löwenstein
Betriebsleiter und Kellermeister: Robert Haller
65375 Hallgarten, Niederwaldstraße 8
Tel. (0 67 23) 99 97 70, Fax 99 97 71
e-mail: hallgarten@loewenstein.de
Internet: www.loewenstein.de
Anfahrt: B 42 Wiesbaden–Rüdesheim, Ausfahrt Hallgarten
Verkauf: Heide Hennecken
Di.–Fr. 13:00 bis 17:00 Uhr
Sa. 10:00 bis 14:00 Uhr
und nach Vereinbarung
oder über das Weingut in Kreuzwertheim/Franken
Historie: Seit 1875 bewirtschaften die Fürsten zu Löwenstein Weinberge in Hallgarten im Rheingau

---

Rebfläche: 22 Hektar
Jahresproduktion: 60.000 Flaschen
Beste Lagen: Hallgartener Schönhell und Jungfer
Boden: Lehm, Löss
Rebsorten: 95% Riesling, 5% Spätburgunder
Durchschnittsertrag: 58 hl/ha
Bester Jahrgang: 1998, 2000, 2001
Mitglied in Vereinigungen: VDP

Nach 20 Jahren Verpachtung der Weinberge an Graf Matuschka-Greiffenclau kümmert sich das fränkische Stammgut seit 1997 wieder selbst um Vinifikation und Vermarktung der Löwenstein'schen Rheingau-Rieslinge. Gutsverwalter Robert Haller betreute die 22 Hektar umfassenden Weinberge zunächst von Kreuzwertheim aus. Dorthin werden auch heute die Trauben des jeweiligen Weinbergs noch am gleichen Lesetag verbracht und sofort verarbeitet. Die übrige Bewirtschaftung des Rheingauer Gutes wird von Henning Brömser verantwortet. Der Aus- und Umbau des Löwenstein'schen Weingutes in Hallgarten ist mittlerweile abgeschlossen und das überarbeitete Etikett strahlt fürstliche Eleganz aus. Auch die Weine haben mittlerweile ihren Stil gefunden. Nach mäßigen 99ern überraschten die Weine des Jahrganges 2000. Nichts von einem Jahrgangsfehlton, ganz im Gegenteil: Alle Rieslinge waren von klarer Frucht und Mineralität. Der Jahrgang 2001 setzt diese Erfolgsgeschichte nun lückenlos fort. Das Erste Gewächs aus dem Hallgartener Schönhell ist stoffig und elegant zugleich und der edle Frühburgunder aus dem Jahr 2000 von frappierender Güte. Dafür spendieren wir gern die zweite Traube, zumal wir bei einem Besuch in Hallgarten eine exzellente fruchtige Spätlese aus dem Premierenjahr 1997 verkosteten, die sich vorzüglich entwickelt hat.

2001 Riesling
trocken
5,– €, 12%, ♀ bis 2004 **82**

2001 Hallgartener Jungfer
Riesling Kabinett trocken
5,60 €, 11,5%, ♀ bis 2004 **82**

2001 Riesling
trocken »R«
18,– €, 13,5%, ♀ bis 2004 **84**

2001 Hallgartener Schönhell
Riesling Erstes Gewächs
18,– €, 12%, ♀ bis 2005 **87**

——— Rotwein ———

2000 Hallgartener Schönhell
Frühburgunder trocken »R«
18,– €, 13,5%, ♀ bis 2008 **88**

Die Weine: **100** Perfekt · **95–99** Überragend · **90–94** Exzellent · **85–89** Sehr gut · **80–84** Gut · **75–79** Passabel

Neu

Rheingau

WEINGUT WILHELM MOHR ERBEN

Inhaber und Betriebsleiter:
Jochen Neher
65391 Lorch, Rheinstraße 21
Tel. (0 67 26) 94 84, Fax 16 94
e-mail: info@weingut-mohr.de
Internet: www.weingut-mohr.de
Anfahrt: Einfahrt gegenüber der Rheinfähre-Anlegestelle, Schildern folgen
Verkauf: Saynur Sonkaya-Neher
Mo.–Sa. 10:00 bis 12:00 Uhr
und 14:00 bis 17:00 Uhr
und nach Vereinbarung
Straußwirtschaft: Während der Rheingauer Schlemmerwochen vom 25. April bis 4. Mai, ab 17:00 Uhr, Wochenende ab 12:00 Uhr, 30. April Ruhetag
Spezialitäten: Spargel, Wild, Forellen
Sehenswert: Zwei tiefe, in den Schieferberg gehauene Gewölbekeller

---

Rebfläche: 4 Hektar
Jahresproduktion: 35.000 Flaschen
Beste Lagen: Lorcher Krone, Bodental-Steinberg und Schlossberg, Assmannshäuser Höllenberg
Boden: Blauer und roter Phyllitschiefer
Rebsorten: 62% Riesling, 18% Spätburgunder, 10% Weißburgunder, je 5% Silvaner und Scheurebe
Durchschnittsertrag: 79 hl/ha
Bester Jahrgang: 2001

1875 hat der Urgroßvater des heutigen Inhabers Jochen Neher dieses kleine Familiengut gegründet. In den schiefer- und quarzithaltigen Steillagen dominiert der Riesling. Der rote Spätburgunder stellt fast ein Fünftel der Erzeugung, die zu mehr als zwei Drittel trocken ausgebaut wird. Jochen Neher übernahm den elterlichen Betrieb 1992, nachdem er sich im Ausland – auch in Übersee – mit der Weinbereitung vertraut gemachte hatte. Die 2001er Kollektion bringt sehr klare, zum Teil auch mineralische Wein, die ausgesprochene Trinkfreude bereiten. Die Ersten Gewächse sind auf einem beachtlichen Niveau. Glückwunsch!

2001 Weißer Burgunder
trocken
5,70 €, 13%, ♀ bis 2004   **82**

2001 Lorcher Krone
Weißer Burgunder Spätlese trocken
8,90 €, 12,5%, ♀ bis 2005   **83**

2001 Lorcher Pfaffenwies
Riesling Spätlese trocken
7,80 €, 12,5%, ♀ bis 2005   **85**

2001 Lorcher Krone
Riesling Erstes Gewächs
14,30 €, 13%, ♀ bis 2006   **86**

2001 Lorcher Bodental-Steinberg
Riesling Erstes Gewächs
14,30 €, 13%, ♀ bis 2006   **86**

2001 Lorcher Pfaffenwies
Riesling Spätlese halbtrocken
7,80 €, 12%, ♀ bis 2005   **84**

2001 Lorcher Krone
Riesling Auslese
12,50 €/0,5 Lit., 10%, ♀ bis 2007   **86**

——— **Rotwein** ———

2000 Lorcher Bodental-Steinberg
Spätburgunder trocken
8,40 €, 12,5%, ♀ bis 2005   **82**

Die Betriebe: ✿✿✿✿✿ Weltklasse · ✿✿✿✿ Deutsche Spitze · ✿✿✿ Sehr gut · ✿✿ Gut · ✿ Zuverlässig

Aufsteiger

Rheingau

WEINGUT HEINZ NIKOLAI

Inhaber: Heinz, Helga und Frank Nikolai
Betriebsleiter: Heinz Nikolai
Kellermeister: Frank Nikolai
65346 Erbach, Ringstraße 16
Tel. (0 61 23) 6 27 08, Fax 8 16 19
e-mail: weingut.heinz.nikolai@t-online.de
Internet: www.heinznikolai.de
Anfahrt: A 66 Richtung Rüdesheim, B 42, Ausfahrt Erbach-Mitte
Verkauf: Helga und Frank Nikolai
Mo.–Fr. 9:00 bis 18:00 Uhr
Sa. und So. 10:00 bis 14:00 Uhr
nach Vereinbarung
Gutsausschank: Während der Rheingauer Schlemmerwochen im April/Mai von 16:00 bis 24:00 Uhr
Historie: Weingut im Besitz der Familie seit 1878, in der 5. und 6. Generation
Sehenswert: Historischer Gewölbekeller

Rebfläche: 8,5 Hektar
Jahresproduktion: 75.000 Flaschen
Beste Lagen: Erbacher Steinmorgen und Michelmark, Hallgartener Jungfer
Boden: Lösslehm
Rebsorten: 85% Riesling, 12% Spätburgunder, 2% Weißburgunder, 1% Müller-Thurgau
Durchschnittsertrag: 72 hl/ha
Beste Jahrgänge: 1999, 2000, 2001

Hier zieht die ganze Familie an einem Strang: Vater Heinz, der erfahrene Winzermeister, kümmert sich um die Weinberge, Mutter Helga hat den Weinverkauf und die Kundenbetreuung unter ihren Fittichen und Sohn Frank verantwortet den Ausbau der Weine. Im vergangenen Jahr stand die 2000er Kollektion erstaunlich gut da: Alle Weine waren reintönig und klar. Das gilt nun auch für die 2001er Weine, die sich ohne Fehl und Tadel präsentieren, vom preiswerten trockenen Literwein über die feinfruchtigen Klassiker bis hinauf zur edlen Beerenauslese. Und da uns nun auch der im Barrique gereifte 2000er Spätburgunder überzeugt, spendieren wir den Nikolais diesmal gern die zweite Traube. Ein Paradies für Schnäppchenjäger!

2001 Erbacher Michelmark
Riesling trocken
3,80 €/1,0 Lit., 12%, ♀ bis 2004 — **83**

2001 Erbacher Steinmorgen
Riesling Spätlese halbtrocken
6,– €, 11,5%, ♀ bis 2005 — **84**

2001 Kiedricher Sandgrub
Riesling Kabinett
4,80 €, 9%, ♀ bis 2005 — **85**

2001 Erbacher Steinmorgen
Riesling Spätlese
6,– €, 9%, ♀ bis 2006 — **85**

2001 Erbacher Steinmorgen
Riesling Beerenauslese
30,– €/0,375 Lit., 9%, ♀ bis 2010 — **90**

2001 Kiedricher Sandgrub
Riesling Eiswein »SL«
35,– €/0,375 Lit., 8,5%, ♀ bis 2012 — **90**

— Rotwein —

2000 Spätburgunder
Barrique »Johann Jakob«
12,– €, 14%, ♀ bis 2006 — **86**

Die Weine: **100** Perfekt · **95–99** Überragend · **90–94** Exzellent · **85–89** Sehr gut · **80–84** Gut · **75–79** Passabel

Rheingau

WEINGUT DETLEV RITTER UND EDLER VON OETINGER

Inhaber: Detlev u. Achim von Oetinger
Kellermeister: Achim von Oetinger
65346 Erbach, Rheinallee 1–3
Tel. (0 61 23) 6 25 28, Fax 6 26 91
e-mail: v.oetinger@t-online.de
Anfahrt: B 42 Richtung Rüdesheim, zweite Abfahrt Erbach, nach 200 Metern rechts, neues Haus
Verkauf: Mo.–Fr. 14:30 bis 22:00 Uhr
Sa. und So. 11:00 bis 22:00 Uhr
Gutsausschank: »Zum jungen Oetinger«
Mo.–Fr. ab 14:30 Uhr
Sa. und So. ab 11:00 Uhr, Di. Ruhetag
Spezialitäten: Traditionelle Rheingautypische Küche

Rebfläche: 7,5 Hektar
Jahresproduktion: 50.000 Flaschen
Beste Lagen: Erbacher Marcobrunn und Siegelsberg
Boden: Lösslehm
Rebsorten: 80% Riesling, 15% Spät- und 5% Grauburgunder
Durchschnittsertrag: 68 hl/ha
Beste Jahrgänge: 1998, 2000, 2001
Mitglied in Vereinigungen: VDP

2001 Grauer Burgunder
trocken
5,– €, 12,5%, ♀ bis 2004 — **82**

2001 »Anselm«
Riesling Spätlese trocken
7,– €, 11,5%, ♀ bis 2004 — **82**

2001 Erbacher Michelmark
Riesling trocken
4,– €, 12%, ♀ bis 2004 — **83**

2001 »Anselm«
Riesling Kabinett trocken
5,– €, 11%, ♀ bis 2004 — **84**

2001 Erbacher Steinmorgen
Riesling Kabinett trocken
4,35 €, 11%, ♀ bis 2005 — **84**

2001 Erbacher Steinmorgen
Riesling trocken
4,– €, 12%, ♀ bis 2005 — **84**

2001 Erbacher Siegelsberg
Riesling Spätlese feinherb
7,– €, 11%, ♀ bis 2005 — **84**

Seit der Teilung des Betriebes 1958 gibt es in Erbach zwei Oetinger-Weingüter. Um sie auseinander halten zu können, nannte man Detlev von Oetinger, der schon mit 21 Jahren den Betrieb von Vater Robert übernommen hatte, den »jungen« und Eberhard den »alten Oetinger«. Wir machen keinen Hehl daraus, dass uns Detlev von Oetingers Weine in den letzten Jahren zunehmend besser gefallen, wovon auch die 2000er Kollektion keine Ausnahme machte. Die Weine des Jahrgangs 2001 überzeugen durchweg durch klare Frucht und eine ausgewogene Säure. Wie im Jahr 1999, als von Oetinger zu Ehren seines erstgeborenen Sohnes einige Weine Maximilian nannte, widmete er 2001 auch seinem jüngeren Filius Anselm zwei Weine. Dabei gefällt uns der Kabinett besser als die Spätlese.

Neu

Rheingau

WEINGUT JOHANNES OHLIG

Inhaber und Betriebsleiter:
Johannes Ohlig
65375 Oestrich-Winkel, Hauptstraße 68
Tel. (0 67 23) 20 12, Fax 8 78 72
Internet: www.weingut-ohlig.de
Anfahrt: B 42, Ausfahrt Winkel, sofort links in Rheinweg, 1. Straße rechts in Graugasse, nach 100 Metern Toreinfahrt
Verkauf: Inga Ohlig
Mo.–Fr. 8:00 bis 12:00 Uhr
und 14:00 bis 18:00 Uhr
Sa. 10:00 bis 18:00 Uhr
Gutsausschank: Mit schönem Innenhof 16:00 bis 23:30 Uhr, Mittwoch Ruhetag
Spezialitäten: Spundekäs', Wildschweinsülze
Sehenswert: Über 400 Jahre alter Zehntenhof

Rebfläche: 8 Hektar
Jahresproduktion: 70.000 Flaschen
Beste Lagen: Winkeler Jesuitengarten und Hasensprung, Geisenheimer Kläuserweg, Johannisberger Klaus
Boden: Steiniger und tiefgründiger Lösslehm
Rebsorten: 83% Riesling, 14% Spätburgunder, 3% Müller-Thurgau
Durchschnittsertrag: 74 hl/ha
Bester Jahrgang: 2001

Das Weingut Ohlig besteht seit 1892. Die Betriebsstätte ist in einem 400 Jahre alten Zehntenhof im Ortskern von Winkel untergebracht, der sich auf einer Grundfläche von 4.000 Quadratmetern ausbreitet und im schmucken, im Sommer blumengeschmückten Innenhof einen Gutsausschank beherbergt. Johannes Ohlig stellte uns eine durchweg homogene Jahrgangskollektion 2001 vor. Alle Weine probieren sich reintönig, sind fruchtbetont, und sind ab Spätlese aufwärts mit feiner Exotik ausgestattet. Die feinsaftige Spätlese aus dem Kläuserweg macht viel Spaß und ist für sechs Euro ein veritables Schnäppchen. Kompliment und weiter so!

2001 Winkeler Gutenberg
Riesling Kabinett trocken
4,40 €, 11%, ♀ bis 2006 — **81**

2001 Winkeler Jesuitengarten
Riesling Spätlese trocken
6,– €, 12%, ♀ bis 2006 — **83**

2001 Johannisberger Erntebringer
Riesling trocken
3,50 €, 11%, ♀ bis 2004 — **83**

2001 Mittelheimer Edelmann
Riesling Spätlese halbtrocken
6,– €, 11,5%, ♀ bis 2004 — **82**

2001 Riesling
»Classic«
4,– €, 12%, ♀ bis 2004 — **81**

2001 Geisenheimer Kläuserweg
Riesling Spätlese
6,– €, 8%, ♀ bis 2007 — **85**

2001 Johannisberger Goldatzel
Riesling Auslese
11,– €/0,5 Lit., 8%, ♀ bis 2008 — **86**

Die Weine: **100** Perfekt · **95–99** Überragend · **90–94** Exzellent · **85–89** Sehr gut · **80–84** Gut · **75–79** Passabel

Rheingau

WEINGUT PRINZ

65375 Hallgarten, Im Flachsgarten 5
Tel. (0 67 23) 99 98 47, Fax 99 98 48
e-mail: prinzfred@gmx.de
Anfahrt: B 42, Ausfahrt Hattenheim, Richtung Hallgarten, am Ortsanfang Umgehungsstraße folgen, 5. Straße links
Verkauf: Sabine Prinz
Mo.–Sa. nur nach Vereinbarung

Rebfläche: 1,64 Hektar
Jahresproduktion: 10.000 Flaschen
Beste Lagen: Hallgartener Jungfer und Schönhell
Boden: Lösslehm, Buntschiefer, Taunusquarzit
Rebsorten: 90% Riesling, 10% Spätburgunder
Durchschnittsertrag: 55 hl/ha
Beste Jahrgänge: 1999, 2000, 2001

Dies ist einer der ungewöhnlichsten Betriebe im ganzen Rheingau, zumal er nur im so genannten Nebenerwerb geführt wird, offiziell von Sabine Prinz. Ihr Mann Fred war einige Jahre die rechte Hand von Bernhard Breuer in Rüdesheim und ist nun schon seit etlichen Jahren im größten Weingut Deutschlands, dem Staatsweingut Kloster Eberbach für das Marketing und auch für die Produktion verantwortlich. Es ist ganz erstaunlich, welche Qualitäten Prinz bereits Anfang und Mitte der 90er Jahre in seinem Minibetrieb hervorbrachte, den er in den letzten Jahren komplett auf Edelstahltanks umrüstete. Die 2000er Kollektion war gemessen an den allgemeinen Schwierigkeiten des Jahrganges durchaus von respektabler Güte, das Erste Gewächs aus der Hallgartener Jungfer zählte gar zu den besten trockenen Weinen des Gebietes. Diesen Erfolg kann Prinz nun mit dem 2001er wiederholen. Die Weine sind sogar noch etwas klarer und mineralischer als im Vorjahr. Sehr gut gefällt uns neben dem Ersten Gewächs auch die fruchtige Spätlese aus der gleichen Lage. Ein Viertel der Produktion geht in die Gastronomie, gut vierzig Prozent werden inzwischen sogar im Ausland abgesetzt, vorwiegend in den Vereinigten Staaten und Japan.

2001 Riesling
trocken
5,20 €, 12%, ♀ bis 2004   82

2001 Hallgartener Schönhell
Riesling Spätlese trocken
10,– €, 12%, ♀ bis 2005   85

2001 Hallgartener Jungfer
Riesling Erstes Gewächs
16,– €, 12,5%, ♀ bis 2009   89

2001 Hallgartener Hendelberg
Riesling feinherb
5,20 €, 12%, ♀ bis 2006   86

2001 Hallgartener Jungfer
Riesling Kabinett
7,50 €, 9%, ♀ bis 2006   84

2001 Hallgartener Jungfer
Riesling Spätlese
11,80 €, 8,5%, ♀ bis 2010   88

Die Betriebe: ✿✿✿✿✿ Weltklasse · ✿✿✿✿ Deutsche Spitze · ✿✿✿ Sehr gut · ✿✿ Gut · ✿ Zuverlässig

Rheingau

WEINGUT WILFRIED QUERBACH

Inhaber: Resi, Wilfried und Peter Querbach
Betriebsleiter und Kellermeister: Wilfried und Peter Querbach
65375 Oestrich-Winkel,
Lenchenstraße 19
Tel. (0 67 23) 38 87, Fax 8 74 05
e-mail: mail@querbach.com
Internet: www.querbach.com
Anfahrt: B 42, Ausfahrt Oestrich, auf der Hauptstraße den Schildern Bürgerhaus folgen, hinter Bahnübergang geradeaus, letztes Haus links
Verkauf: Peter Querbach
Mo.–Fr. 8:00 bis 12:00 Uhr
und 13:00 bis 18:00 Uhr
Sa. und So. nach Vereinbarung

Rebfläche: 10 Hektar
Jahresproduktion: 80.000 Flaschen
Beste Lagen: Oestricher Lenchen und Doosberg, Winkeler Hasensprung, Hallgartener Schönhell
Boden: Tiefgründig toniger Lehm und lehmiger Löss
Rebsorten: 84% Riesling, 16% Spätburgunder
Durchschnittsertrag: 76 hl/ha
Beste Jahrgänge: 1994, 1995, 2001
Mitglied in Vereinigungen: VDP

Nur noch die Filetstücke aus seinen Spitzenlagen tragen künftig die drei romanischen Bögen, Symbol für das Rheingauer Erste Gewächs. Weine aus diesen Parzellen werden als Querbach No. 1 (Spätlese) und No. 2 (Kabinett) angeboten und sollen auf die abgestuften und angereicherten Prädikate hinweisen. Der Rest der Produktion wird ohne Lagenangabe als Gutsriesling verkauft. Um sich gegen Korkschmecker zu schützen, verwendet Querbach für seine gesamte Produktion nur noch verkappte Edelstahl-Kronkorken als Flaschenverschluss und hat sich dies patentieren lassen. Dieses System hat unter Winzern bereits einige Anhänger gefunden. Nach der ordentlichen 2000er Kollektion überzeugen die 2001er Weine durch mineralischen Duft und animierende Frische im Geschmack. Wie bereits im Vorjahr bevorzugen wir das Erste Gewächs aus dem Doosberg, ein fein strukturierter Wein mit Schmelz und Nachhall. In den vergangenen Jahren haben die Querbachs am Rande des Oestricher Lenchens eine komplett neue Kellerei errichtet, dort sollen auch Gästezimmer und eine Vinothek entstehen.

2001 Riesling
trocken
4,90 €/1,0 Lit., 11,5%, ♀ bis 2004 **82**

2001 Oestricher Lenchen
Riesling trocken »No.1«
11,– €, 12%, ♀ bis 2007 **86**

2001 Oestricher Doosberg
Riesling Erstes Gewächs
15,– €, 12%, ♀ bis 2008 **88**

2001 Oestricher Lenchen
Riesling
11,– €, 10%, ♀ bis 2008 **85**

2001 Hallgartener
Riesling »No. 2«
9,– €, 11,5%, ♀ bis 2005 **85**

Die Weine: **100** Perfekt · **95–99** Überragend · **90–94** Exzellent · **85–89** Sehr gut · **80–84** Gut · **75–79** Passabel

Rheingau

WEINGUT SCHLOSS REINHARTSHAUSEN

Inhaber: Freunde von Reinhartshausen GbR
Geschäftsführer: Andreas Blaurock
Betriebsleiter: Norbert Weiß
Kellermeister: Günter Kanning
65346 Eltville-Erbach, Hauptstr. 41
Tel. (08 00) 6 76 34 00, Fax (0 61 23) 42 22
e-mail: Weingut-Reinhartshausen@t-online.de
Internet: www.schloss-reinhartshausen.de
Anfahrt: B 42, Ausfahrt Erbach
Verkauf: Gerda Kruger
»Vinothek« – Tel. (0 61 23) 67 63 99
Mo.–Fr. 9:00 bis 18:00 Uhr
Sa., So., feiertags 11:00 bis 17:00 Uhr
Straußwirtschaft: Mo.–Fr. ab 17:00 Uhr
Sa. und So. ab 11:00 Uhr
Historie: 1337 gegründet, 1800 Bau des Schlosses mit Festsaal, 1855 Übernahme durch Prinzessin Marianne von Preußen
Sehenswert: Hotel Schloss Reinhartshausen, Insel Mariannenaue

---

Rebfläche: 82 Hektar
Jahresproduktion: 500.000 Flaschen
Beste Lagen: Erbacher Marcobrunn und Schlossberg
Boden: Tiefgründiger Mergel und Löss
Rebsorten: 85% Riesling, 5% Spätburgunder, 4% Weißburgunder, 3% Chardonnay, 3% übrige Sorten
Durchschnittsertrag: 50 hl/ha
Beste Jahrgänge: 1994, 1996, 1997
Mitglied in Vereinigungen: VDP

Um das Qualitätspotenzial dieses Traditionsgutes zu reaktivieren, wurden Ende der 80er Jahre von der damaligen Inhaberfamilie Leibrandt gigantische Summen investiert. Anfang 1999 wurden Weingut und Hotel dann an eine Gruppe um den Unternehmer Bock verkauft, die sich »Freunde von Reinhartshausen« nennt. Die 2000er Kollektion war bereits nur von äußerst mäßiger Güte – jahrgangsbedingt, dachten wir. Doch nun stellen wir mit Bedauern fest, dass auch die 2001er Weine kaum Fortschritte erkennen lassen. Allein die Beerenauslese aus dem Erbacher Marcobrunn erinnert an bessere Tage. In der ehemaligen Vinothek, die zur Straußwirtschaft geworden ist, begleitet die Gutsweine deftige Hausmannskost.

2001 »Panta Rhei«
trocken
4,– €, 11,5%, ♀ bis 2004 — **80**

2001 Erbacher Rheinhell
Weißer Burgunder & Chardonnay
trocken
8,20 €, 11,5%, ♀ bis 2004 — **82**

2001 Erbacher Schlossberg
Riesling Kabinett trocken
8,90 €, 11,5%, ♀ bis 2004 — **82**

2001 Weißer Burgunder
trocken
6,– €, 11,5%, ♀ bis 2005 — **83**

2001 Erbacher Marcobrunn
Riesling Spätlese trocken
21,50 €, 12%, ♀ bis 2004 — **83**

2001 Hattenheimer Wisselbrunnen
Riesling Kabinett halbtrocken
8,90 €, 11%, ♀ bis 2004 — **81**

2001 Hattenheimer Wisselbrunnen
Riesling Auslese
10,– €/0,375 Lit., 8,5%, ♀ bis 2006 — **83**

2001 Erbacher Marcobrunn
Riesling Beerenauslese
80,– €/0,375 Lit., 9,5%, ♀ bis 2010 — **89**

Die Betriebe: ✶✶✶✶✶ Weltklasse · ✶✶✶✶ Deutsche Spitze · ✶✶✶ Sehr gut · ✶✶ Gut · ✶ Zuverlässig

Rheingau

WEINGUT BALTHASAR RESS

Inhaber: Stefan Ress
Betriebsleiter: Andreas Schuch
Kellermeister: Andreas Schuch
65347 Hattenheim, Rheinallee 7
Tel. (0 67 23) 9 19 50, Fax 91 95 91
e-mail: info@balthasar.ress.de
Internet: www.balthasar.ress.de
Anfahrt: B 42, Ausfahrt Hattenheim, von Eltville kommend zweite Hattenheimer Abfahrt, nach Shell-Tankstelle rechts, dann erste Straße rechts
Verkauf: Stefan Ress in den Vino-Theken Rheinallee 7 u. 50
Mo.–Fr. 9:00 bis 18:00 Uhr
Sa. 11:00 bis 16:00 Uhr
und nach Vereinbarung
Sehenswert: Sammlung moderner Kunst, Gutskeller im historischen Haus Heimes

---

Rebfläche: 33 Hektar
Jahresproduktion: 200.000 Flaschen
Beste Lagen: Hattenheimer Wisselbrunnen und Nussbrunnen, Rüdesheimer Berg Schlossberg und Berg Rottland, Oestricher Doosberg
Boden: Löss, tertiärer Mergel, Quarzit
Rebsorten: 91% Riesling,
6% Spätburgunder, 3% übrige Sorten
Durchschnittsertrag: 62 hl/ha
Beste Jahrgänge: 1995, 1999, 2001
Mitglied in Vereinigungen: VDP

Zum ausgedehnten Weinbergsbesitz zwischen Rüdesheim und Hochheim gehören auch vier Hektar des ehemaligen Klostergutes Schloss Reichartshausen rund um die Europeen Business School. Durch die Verlagerung seiner Kellerei in die frühere Genossenschaft von Hattenheim gewann Stefan Ress, der inzwischen tatkräftige Unterstützung durch Sohn Christian erfährt, im Stammhaus Platz für beliebte Weinfeiern aller Art. Den Höhepunkt der Qualitätsbemühungen markierte der Jahrgang 1999. Ähnlich wie im Vorjahr präsentiert sich die 2001er Kollektion recht heterogen. Am besten gefallen uns die Spätlese aus dem Hattenheimer Nussbrunnen, die Auslese aus der gleichen Lage sowie das Pendant aus dem Rüdesheimer Berg Rottland.

2001 Riesling
trocken
6,20 €/1,0 Lit., 11,5%, ♀ bis 2004   **81**

2001 »Von Unserem«
Riesling trocken
7,45 €, 11,5%, ♀ bis 2004   **83**

2001 Hattenheimer Nussbrunnen
Riesling Spätlese halbtrocken
15,– €, 11,5%, ♀ bis 2005   **82**

2001 Schloss Reichartshausen
Riesling Kabinett
7,70 €, 10%, ♀ bis 2005   **83**

2001 Hattenheimer Schützenhaus
Riesling Kabinett
6,90 €, 9,5%, ♀ bis 2006   **84**

2001 Hattenheimer Nussbrunnen
Riesling Spätlese
21,– €, 8,5%, ♀ bis 2007   **86**

2001 Rüdesheimer Berg Rottland
Riesling Auslese
23,– €, 9%, ♀ bis 2012   **88**

2001 Rüdesheimer Berg Rottland
Riesling Trockenbeerenauslese
Versteigerungswein, 9%, ♀ bis 2020   **88**

2001 Hattenheimer Nussbrunnen
Riesling Auslese
23,– €, 8%, ♀ bis 2012   **89**

Die Weine: **100** Perfekt · **95–99** Überragend · **90–94** Exzellent · **85–89** Sehr gut · **80–84** Gut · **75–79** Passabel

Rheingau

WEINGUT W. J. SCHÄFER

Inhaber: Josef Schäfer
65239 Hochheim, Elisabethenstraße 4
Tel. (0 61 46) 21 12, Fax 6 15 60
e-mail:
weingut-w.j.schaefer@t-online.de
Internet:
www.weingut-schaefer-hochheim.de
Anfahrt: A 671, Ausfahrt Hochheim, über Ring bis zur Delkenheimer Straße, Richtung Zentrum, sechste Straße rechts
Verkauf: Jutta und Josef Schäfer, Wilhelm J. Schäfer
Mo.–Fr. 10:00 bis 20:00 Uhr
Sa. 9:00 bis 18:00 Uhr
und nach Vereinbarung

Rebfläche: 6,8 Hektar
Jahresproduktion: 55.000 Flaschen
Beste Lagen: Hochheimer Domdechaney, Kirchenstück und Hölle
Boden: Lehm, sandiger Lehm
Rebsorten: 85% Riesling, 10% Spätburgunder, 5% Gewürztraminer
Durchschnittsertrag: 68 hl/ha
Beste Jahrgänge: 1997, 1998, 1999

Senior Wilhelm-Joseph Schäfer, nebenbei ein engagierter Heimatforscher, hat den Betrieb mit Besitz in den Spitzenlagen Hochheims aufgebaut. Großen Anteil an den Erfolgen der letzten Jahre hat sein Sohn Josef, der in Geisenheim Weinbau studierte. Lohnend ist der Besuch der neuen Probierstube des Gutes. Nach einem guten Jahrgang 1999 präsentierte Schäfer, wie die meisten Hochheimer Winzer, eine jahrgangsbedingt ziemlich desolate 2000er Kollektion. Die 2001er Weine sind nun zwar deutlich besser, jedoch weisen etliche Rieslinge grüne Noten auf. Es verwundert einen schon, dass praktisch alle vorgestellten Weine bei der Hessischen Landesprämierung mit Gold ausgezeichnet wurden. Zum Trinken animierte uns eigentlich nur die feinfruchtige Spätlese aus der Hochheimer Hölle. Hingegen ist der rauchig duftende Eiswein in seiner fruchtigen Ausprägung nicht ganz klar.

2001 Hochheimer Kirchenstück
Riesling Spätlese trocken
8,50 €, 12%, ♀ bis 2004 — **82**

2001 Hochheimer Hölle
Riesling Kabinett trocken
6,– €, 11%, ♀ bis 2004 — **83**

2001 Hochheimer Reichestal
Riesling Kabinett trocken
4,50 €, 11%, ♀ bis 2004 — **83**

2001 Hochheimer Hölle
Riesling Spätlese halbtrocken
7,– €, 11,5%, ♀ bis 2005 — **83**

2001 Hochheimer Reichestal
Riesling Kabinett halbtrocken
5,– €, 11%, ♀ bis 2004 — **84**

2001 Hochheimer Stein
Riesling Kabinett
5,– €, 9,5%, ♀ bis 2004 — **81**

2001 Hochheimer Hölle
Riesling Spätlese
6,50 €, 8,5%, ♀ bis 2007 — **86**

2001 Hochheimer Stielweg
Riesling Eiswein
25,– €/0,375 Lit., 8,5%, ♀ bis 2010 — **89**

--- Rotwein ---

2001 Hochheimer Reichestal
Spätburgunder Weißherbst Spätlese trocken
6,50 €, 12%, ♀ bis 2004 — **81**

Die Betriebe: ✶✶✶✶✶ Weltklasse · ✶✶✶✶ Deutsche Spitze · ✶✶✶ Sehr gut · ✶✶ Gut · ✶ Zuverlässig

Rheingau

DOMÄNENWEINGUT SCHLOSS SCHÖNBORN

Inhaber: Paul Graf von Schönborn
Gutsdirektor: Günter Thies
Außenverwalter: Arnulf Kremer
Kellermeister: Peter Barth
65347 Hattenheim, Hauptstraße 53
Tel. (0 67 23) 9 18 10, Fax 91 81 91
e-mail:
schloss-schoenborn@t-online.de
Internet: www.schoenborn.de
Anfahrt: B 42, Ausfahrt Hattenheim
Verkauf: Günter Thies
Mo.–Fr. 8:00 bis 16:30 Uhr
Sa. und So. nach Vereinbarung
Historie: Weinbau urkundlich seit 1349 in der Familie Schönborn belegt
Sehenswert: 500 Jahre alter Fasskeller

> Rebfläche: 50 Hektar
> Jahresproduktion: 300.000 Flaschen
> Beste Lagen: Erbacher Marcobrunn, Hattenheimer Nussbrunnen und Pfaffenberg (Alleinbesitz), Rüdesheimer Berg Schlossberg und Berg Rottland, Hochheimer Domdechaney
> Boden: Ton, Löss, Mergel
> Rebsorten: 91% Riesling, 6% Spätburgunder, 3% Weißburgunder
> Durchschnittsertrag: 63 hl/ha
> Beste Jahrgänge: 1992, 1999, 2001
> Mitglied in Vereinigungen: VDP

Kaum ein anderer Rheingauer Betrieb hat mehr Spitzenlagen als dieses traditionsreiche Gut: Von Hochheim bis Lorchhausen besitzen die Grafen von Schönborn in zwölf Gemeinden Weinberge, die zum absolut Feinsten zählen. Leider war die Qualität der Weine in den 90er Jahren eher durchwachsen, bis die Jahrgänge 1995 und 1996 erste Ansätze einer Renaissance zeigten. Nach durchwachsenen 2000ern präsentiert das Gut 2001 eine ausgewogenere Kollektion. Allerdings wurden unsere teilweise recht euphorischen Vornoten in der regionalen Finalprobe relativiert: Die fruchtigen Spätlesen und das Erste Gewächs mussten um einige Punkte reduziert werden.

2001 Hattenheimer Wisselbrunnen
Riesling Spätlese trocken
9,60 €, 12,5%, ♀ bis 2004 **82**

2001 Rüdesheimer Berg Rottland
Riesling Kabinett trocken
6,25 €, 12%, ♀ bis 2005 **83**

2001 Hattenheimer Pfaffenberg
Riesling Erstes Gewächs
17,45 €, 13%, ♀ bis 2008 **86**

2001 Rüdesheimer Berg Schlossberg
Riesling Spätlese trocken
9,85 €, 12,5%, ♀ bis 2008 **87**

2001 Erbacher Marcobrunn
Riesling Kabinett
7,50 €, 9,5%, ♀ bis 2010 **86**

2001 Hattenheimer Pfaffenberg
Riesling Spätlese
9,85 €, 8%, ♀ bis 2010 **86**

2001 Erbacher Marcobrunn
Riesling Spätlese
12,75 €, 9%, ♀ bis 2008 **87**

2001 »Pfaffenberger«
Spätlese
17,45 €, 7,5%, ♀ bis 2010 **88**

2001 Rüdesheimer Berg Rottland
Riesling Auslese
13,90 €/0,375 Lit., 7,5%, ♀ bis 2012 **90**

Die Weine: **100** Perfekt · **95–99** Überragend · **90–94** Exzellent · **85–89** Sehr gut · **80–84** Gut · **75–79** Passabel

Aufsteiger **Rheingau**

WEIN- UND SEKTGUT F. B. SCHÖNLEBER

Inhaber: F. B. Schönleber
Betriebsleiter und Kellermeister:
Bernd und Ralf Schönleber
Verwalter: Franz und Katharina Schönleber
65375 Oestrich-Winkel,
Obere Roppelsgasse 1
Tel. (0 67 23) 34 75, Fax 47 59
e-mail: info@fb-schoenleber.de
Internet: www.fb-schoenleber.de
Anfahrt: B 42, Ausfahrt Mittelheim
Verkauf: Familie Schönleber
Mo.–Sa. 7:00 bis 19:00 Uhr
Gutsausschank:
Mi.–So. 16:00 bis 24:00 Uhr
So. 15:00 bis 24:00 Uhr

Rebfläche: 8,8 Hektar
Jahresproduktion: 70.000 Flaschen, davon 15.000 Flaschen Sekt
Beste Lagen: Oestricher Doosberg und Lenchen, Mittelheimer St. Nikolaus und Edelmann, Erbacher Steinmorgen, Winkeler Hasensprung
Boden: Lehm, Löss
Rebsorten: 83% Riesling, 10% Spätburgunder, 7% Grauburgunder
Durchschnittsertrag: 77 hl/ha
Beste Jahrgänge: 1999, 2000, 2001

Mit neuer Kellertechnik haben die Brüder Bernd und Ralf Schönleber das Gut systematisch auf die Erzeugung hochwertiger Weine ausgerichtet. Zum diesem Betrieb gehören auch eine Weinstube und ein hübsches Hotel. Auffällig sind das gute Verhältnis von Preis und Leistung und die hauseigenen Sekte, die oft Klasse zeigen. Mit der exzellenten 99er Kollektion wurde das Gut vor zwei Jahren neu in den WeinGuide aufgenommen und auch im letzten Jahr bewiesen die Schönlebers, dass es 2000 im Rheingau durchaus blitzblanke, klare Weine gab. Die 2001er Kollektion ist erneut von makelloser Güte: Von den trockenen und halbtrockenen Rieslingen bis hinauf zur opulenten, an Eiswein erinnernden Auslese. Bei dieser Konstanz auch in vermeintlich schwierigen Jahren zögern wir nicht und vergeben die zweite Traube. Glückwunsch!

2001 Mittelheimer Edelmann
Riesling trocken – 9 –
4,– €, 12%, ♀ bis 2005 **84**

2001 Oestricher Doosberg
Riesling Erstes Gewächs
16,– €, 11,5%, ♀ bis 2006 **86**

2001 Mittelheimer St. Nikolaus
Riesling Erstes Gewächs
16,– €, 12%, ♀ bis 2007 **87**

2001 Mittelheimer St. Nikolaus
Riesling halbtrocken
4,– €, 11,5%, ♀ bis 2007 **85**

2001 Oestricher Doosberg
Riesling Spätlese halbtrocken
6,90 €, 11%, ♀ bis 2007 **86**

2001 Mittelheimer St. Nikolaus
Riesling Spätlese
6,90 €, 9%, ♀ bis 2007 **85**

2001 Mittelheimer St. Nikolaus
Riesling
4,– €, 10%, ♀ bis 2007 **85**

2001 Mittelheimer St. Nikolaus
Riesling Auslese
14,30 €/0,5 Lit., 8%, ♀ bis 2012 **89**

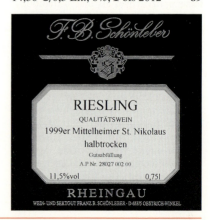

Rheingau

WEINGUT SPEICHER-SCHUTH

Inhaber und Betriebsleiter:
Ralf Schuth
65399 Kiedrich, Suttonstraße 23
Tel. **(0 61 23) 8 14 21**, Fax 6 16 15
e-mail:
speicher.schuth@rheingauerwein.de
Internet:
www.weingut-speicher-schuth.de
Anfahrt: B 42, Ausfahrt Eltville-Mitte, Richtung Kiedrich
Verkauf: Ralf und Sonja Schuth nach Vereinbarung
Gutsausschank: Mi.–So. ab 15:30 Uhr, im August Betriebsurlaub
Spezialitäten: Hausgemachte Bratwurst, saftiges Rumpsteak

Rebfläche: 10 Hektar
Jahresproduktion: 60.000 Flaschen
Beste Lagen: Kiedricher Gräfenberg, Wasseros und Sandgrub, Assmannshäuser Höllenberg
Boden: Steinig-grusige Phyllite mit Lösslehm-Beimengung
Rebsorten: 80% Riesling, 20% Spätburgunder
Durchschnittsertrag: 60 hl/ha
Beste Jahrgänge: 1999, 2000
Mitglied in Vereinigungen: VDP

2001 Kiedricher Wasseros
Riesling Kabinett trocken
7,– €, 11,5%, ♀ bis 2005 — **83**

2001 Kiedricher Gräfenberg
Riesling Spätlese trocken
9,– €, 12,5%, ♀ bis 2005 — **85**

2001 Riesling
Kabinett
6,– €, 10,5%, ♀ bis 2005 — **83**

2001 Kiedricher Gräfenberg
Riesling Spätlese
20,– €, 11,5%, ♀ bis 2006 — **84**

2001 Kiedricher Gräfenberg
Riesling Auslese
30,– €/0,375 Lit., 10%, ♀ bis 2010 — **87**

2001 Kiedricher Gräfenberg
Riesling Beerenauslese
50,– €/0,375 Lit., 10%, ♀ bis 2012 — **88**

2001 Kiedricher Gräfenberg
Riesling Eiswein
40,– €/0,375 Lit., 10%, ♀ bis 2012 — **89**

Auch Ralf Schuth nimmt Abschied vom Naturkork und verschließt seine Flaschen mit Edelstahlkappen. Nach seiner Aufnahme in den WeinGuide vor zwei Jahren glänzte der Winzer mit exzellenten 2000ern. Gemessen daran erfüllen die 2001er nicht ganz die Erwartungen. Die Basisweine sind zwar klar im Duft und rassig in der Säure, enden aber meist feinherb. Die höheren Prädikate erscheinen fragwürdig: Die Spätlese (130 Grad Oechsle!) wirkt im Duft künstlich, die Auslese (150 Grad!) ziemlich pflaumig, die Beerenauslese (185 Grad!) leicht brandig, während der Eiswein an Lösungsmittel erinnert. Jetzt plant Schuth die Neugestaltung des Gutshofes und die Ausweitung der Rebfläche auf 12 Hektar.

Die Weine: **100** Perfekt · **95–99** Überragend · **90–94** Exzellent · **85–89** Sehr gut · **80–84** Gut · **75–79** Passabel

Entdeckung des Jahres 2001

Rheingau

WEINGUT JOSEF SPREITZER

Inhaber: Bernd u. Andreas Spreitzer
Verwalter: Bernhard Spreitzer
Kellermeister: Andreas Spreitzer
65375 Oestrich, Rheingaustraße 86
Tel. (0 67 23) 26 25, Fax 46 44
e-mail: weingut-spreitzer@t-online.de
Internet: www.weingut-spreitzer.de
Anfahrt: B 42, erste Ausfahrt Oestrich, der Hauptstraße folgen
Verkauf: Bernd Spreitzer
Mo.–Sa. 9:00 bis 12:00 Uhr
und 13.30 bis 19:00 Uhr
Erlebenswert: »Schlemmerwochen« an zehn Tagen Ende April/Anfang Mai von 17:00 bis 23:00 Uhr
Spezialitäten: Regionale Gerichte rund um den Riesling
Sehenswert: Gewölbekeller von 1745 mit Eichenholzfässern, Jugendstilvilla

---

Rebfläche: 13 Hektar
Jahresproduktion: 100.000 Flaschen
Beste Lagen: Oestricher Lenchen und Doosberg, Winkeler Jesuitengarten, Hattenheimer Wisselbrunnen
Boden: Tiefgründiger Lehm und Löss
Rebsorten: 96% Riesling, 4% Spätburgunder
Durchschnittsertrag: 68 hl/ha
Beste Jahrgänge: 1999, 2000, 2001
Mitglied in Vereinigungen: VDP

2001 Oestricher Doosberg
Riesling Spätlese trocken
8,25 €, 12%, ♀ bis 2006 — **85**

2001 Oestricher Lenchen
Riesling Erstes Gewächs
15,– €, 12%, ♀ bis 2006 — **87**

2001 Oestricher Lenchen
Riesling Spätlese
8,25 €, 8%, ♀ bis 2009 — **88**

2001 Oestricher Lenchen
Riesling Auslese Goldkapsel
65,– €/0,375 Lit., 8%, ♀ bis 2010 — **88**

2001 Oestricher Lenchen
Riesling »Solum«
25,– €, 12%, ♀ bis 2007 — **88**

2001 Oestricher Lenchen
Riesling Spätlese – 303 –
12,85 €, 7,5%, ♀ bis 2012 — **90**

2001 Oestricher
Riesling Eiswein *
36,– €/0,375 Lit., 6%, ♀ bis 2014 — **90**

2001 Mittelheimer St. Nikolaus
Riesling Eiswein
41,– €/0,375 Lit., 7%, ♀ bis 2012 — **91**

Während Vater Bernhard ein wachsames Auge auf den Gesamtbetrieb hält, arbeiten die Brüder Bernd und Andreas Spreitzer in Keller und Weinberg Hand in Hand. Seit Ende der 90er Jahre bringen die beiden einen Jahrgang besser als den anderen hervor. Trotz der allgegenwärtigen Probleme in 2000 waren die Weine hier glasklar und sauber. Einen neuen Höhepunkt setzen die Spreitzers nun mit der 2001er Kollektion, die sich von den Alltagsweinen bis zu den alles überstrahlenden Eisweinen aus Mittelheim und Oestrich aus einem Guss präsentiert. Verdienter Lohn dafür ist das im Vorjahr bereits »angedrohte« dritte Träubchen.

Die Betriebe: ✿✿✿✿✿ Weltklasse · ✿✿✿✿ Deutsche Spitze · ✿✿✿ Sehr gut · ✿✿ Gut · ✿ Zuverlässig

Rheingau

STAATSWEINGUT ASSMANNSHAUSEN

Inhaber: Land Hessen
Betriebsleiter: Friedrich Dries
Kellermeister: Oliver Dries
65385 Assmannshausen,
Höllenbergstraße 10
Tel. (0 67 22) 22 73, Fax 4 81 21
e-mail: assmannshausen@staatsweingueterhessen.de
Internet: www.staatsweingueterhessen.de
Anfahrt: B 42, Ausfahrt Assmannshausen, Richtung Aulhausen
Verkauf: Herr Dries
Mo.–Do. 8:00 bis 12:00 Uhr
und 13:00 bis 16:30 Uhr
Fr. 8:00 bis 12:00 Uhr
und 13:00 bis 16:00 Uhr
Sa. 10:00 bis 16:00 Uhr
von Mai bis November
Historie: Bereits 1108 Assmannshäuser Höllenberg im Besitz der Zisterzienserinnen von Marienhausen

---

Rebfläche: 23 Hektar
Jahresproduktion: 120.000 Flaschen
Beste Lagen: Assmannshäuser Höllenberg und Frankenthal, Rüdesheimer Berg Schlossberg und Rottland
Boden: Taunusphyllitschiefer
Rebsorten: 98% Spätburgunder, 2% Frühburgunder
Durchschnittsertrag: 37 hl/ha
Beste Jahrgänge: 1994, 1996, 1997
Mitglied in Vereinigungen: VDP

Schon zu Zeiten, als Rotwein hierzulande noch als Rarität galt, zählte das Assmannshauser Staatsweingut zu den zuverlässigsten Adressen für Spätburgunder in Deutschland. Das Potenzial der Weinberge ist nach wie vor groß. Die Weine werden nach alter Sitte im klassischen Eichenholzfass gereift, mit dem Ausbau im Barrique hat man sich kaum befasst. Ende der 80er Jahre kamen hier noch großartige Rotweine auf die Flasche, worauf wir aber spätestens seit 1997 vergeblich warten. Das gilt auch für die Jahrgänge 2000 und 2001, doch ist der 2001er Weißherbst Eiswein von alter Klasse. Wir sind gespannt, welchen Kurs die Domäne nach der Übernahme der Betriebsleitung durch Ralf Bengel (vorher Graf von Kanitz) einschlagen wird.

2001 Assmannshäuser Höllenberg
Spätburgunder Weißherbst Eiswein
48,60 €/0,375 Lit., 6,5%, ♀ bis 2015 **91**

--- Rotweine ---

2001 Assmannshäuser Höllenberg
Weißherbst trocken
9,20 €, 12,5%, ♀ bis 2004 **82**

2000 Assmannshäuser Höllenberg
Spätburgunder trocken – 13 –
11,– €, 12,5%, ♀ bis 2004 **82**

2000 Assmannshäuser Höllenberg
Spätburgunder trocken – 12 –
11,– €, 12,5%, ♀ bis 2004 **82**

2001 Assmannshäuser Höllenberg
Frühburgunder trocken
16,– €, 12,5%, ♀ bis 2004 **83**

2001 Assmannshäuser Höllenberg
Spätburgunder trocken – 10 –
11,– €, 12,5%, ♀ bis 2004 **84**

2000 Assmannshäuser Höllenberg
Spätburgunder trocken
16,– €, 13%, ♀ bis 2005 **84**

Die Weine: **100** Perfekt · **95–99** Überragend · **90–94** Exzellent · **85–89** Sehr gut · **80–84** Gut · **75–79** Passabel

Rheingau

HESSISCHE STAATSWEINGÜTER KLOSTER EBERBACH

Inhaber: Land Hessen
Direktor: Dieter Greiner
Kellermeister: Stefan Bibo, Stefan Fritz, Fred Prinz
65343 Eltville, Schwalbacher Str. 56–62
Tel. (0 61 23) 9 23 00, Fax 92 30 90
e-mail: info@staatsweingueterhessen.de
Internet: www.staatsweingueterhessen.de
Anfahrt: A 66 Wiesbaden–Rüdesheim, Ausfahrt Martinsthal/Eltville-Nord
Verkauf: Frau Süsselbeck, Herr Zentner
Mo.–Fr. 9:00 bis 18:00 Uhr
Sa. 10:00 bis 16:00 Uhr
Gutsausschank: »Im Baiken«, Mai bis Okt., Mi.–Sa. ab 17 Uhr, So. ab 16 Uhr
Gästehaus Klosterschänke Eberbach, täglich von 10:00 bis 22:00 Uhr
Historie: 850-jährige Weinbautradition der Zisterziensermönche
Sehenswert: Kloster Eberbach mit Zisterzienser-Museum

Rebfläche: 131 Hektar
Jahresproduktion: 900.000 Flaschen
Beste Lagen: Steinberger, Rauenthaler Baiken, Erbacher Marcobrunn, Rüdesheimer Berg Schlossberg, Hochheimer Domdechaney
Boden: Schieferverwitterung, Quarzit-Lösslehm- und Mergelböden
Rebsorten: 99% Riesling,
1% Weiße Burgundersorten
Durchschnittsertrag: 65 hl/ha
Beste Jahrgänge: 1998, 2000, 2001
Mitglied in Vereinigungen: VDP

Mit Direktor Dieter Greiner kam frischer Wind in die historischen Gemäuer von Kloster Eberbach. Das Etikett mit dem preußischen Adler ließ er stilvoll entschlacken und stellte auf Anhieb interessante 2000er vor. Das 2001er Sortiment zeigt sich gespalten: Während die trockenen Basisweine erfrischen, Kabinette (Steinberger!), Erste Gewächse und Spätlesen einiges versprechen, wirkte die edelsüße Spitze ziemlich stumpf. Jedoch verzichten wir auf eine Bewertung, da es sich um Fassproben handelte.

2001 Rauenthaler Baiken
Riesling trocken
5,70 €, 11,5%, ♀ bis 2005 — 84

2001 Hochheimer Domdechaney
Riesling Spätlese trocken
12,35 €, 12,5%, ♀ bis 2006 — 87

2001 Steinberger
Riesling Erstes Gewächs
23,– €, 13%, ♀ bis 2006 — 87

2001 Rüdesheimer Berg Schlossberg
Riesling Erstes Gewächs
18,40 €, 13%, ♀ bis 2006 — 88

2001 Erbacher Siegelsberg
Riesling Kabinett
7,– €, 10,5%, ♀ bis 2005 — 85

2001 Rauenthaler Baiken
Riesling Spätlese
13,80 €, 8,5%, ♀ bis 2007 — 86

2001 Steinberger
Riesling Kabinett
9,40 €, 9%, ♀ bis 2008 — 87

2001 Steinberger
Riesling Auslese
64,– €, 9%, ♀ bis 2007 — 87

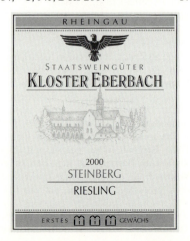

Die Betriebe: ✿✿✿✿✿ Weltklasse · ✿✿✿✿ Deutsche Spitze · ✿✿✿ Sehr gut · ✿✿ Gut · ✿ Zuverlässig

Rheingau

WEINGUT SCHLOSS VOLLRADS

Inhaber: Nassauische Sparkasse
Gutsdirektor: Dr. Rowald Hepp
Verwalter: Gerd Wendling
Kellermeister: Ralph Herke
65375 Oestrich-Winkel,
Schloss Vollrads
Tel. (0 67 23) 6 60, Fax 66 66
e-mail: info@schlossvollrads.com
Internet: www.schlossvollrads.com
Anfahrt: B 42 Richtung Rüdesheim, 2. Abfahrt Winkel, Schildern folgen
Verkauf: Mathias Ganswohl
Mo.–Fr. 8:00 bis 12:00 Uhr
und 13:00 bis 17:00 Uhr
Sa. 14:00 bis 17:00 Uhr (Nov. und Dez.)
April–Okt. Weinstand im Schlosshof
Sa., So. u. feiertags 11:00 bis 18:00 Uhr
Gutsrestaurant: Im Kavaliershaus,
April–Okt. Mo.–Fr. 12:00 bis 15:00 und
17:30 bis 23:00 Uhr, Mi. Ruhetag
Sa., So. u. feiertags 12:00 bis 23:00 Uhr
Nov.–März Fr.–Mo. 12:00 bis 23:00
Uhr, Di., Mi. u. Do. Ruhetage
Historie: 1211 erste urkundliche Erwähnung des Weinverkaufs

Rebfläche: 56 Hektar
Jahresproduktion: 400.000 Flaschen
Beste Lage: Schloss Vollrads
Boden: Lehm, Löss
Rebsorten: 100% Riesling
Durchschnittsertrag: 54 hl/ha
Beste Jahrgänge: 1997, 1998, 1999
Mitglied in Vereinigungen: VDP

Den Jahrgang 2001 wird Dr. Rowald Hepp lange in Erinnerung behalten: Am 3. Oktober wurden die Vollrads-Weinberge von heftigem Hagelschlag heimgesucht. Zwar verwarf man einen großen Teil der Ernte und sortierte in mehreren Durchgängen bestmöglich aus. Dennoch durchzieht das Gros der insgesamt etwas unreif wirkenden Weine ein Duft von zimtigem Apfelkompott. Aus Kundensicht stellt sich die Frage, ob man einen solchen Jahrgang zu gleichen Preisen anbieten muss wie überlegene Vorjahre?

2001 Schloss Vollrads Riesling Kabinett trocken 8,80 €, 11,5%, ♀ bis 2004	**81**
2001 Schloss Vollrads Riesling Spätlese trocken 13,– €, 12%, ♀ bis 2004	**83**
2001 Schloss Vollrads Riesling Kabinett halbtrocken 8,80 €, 11%, ♀ bis 2004	**83**
2001 Schloss Vollrads Riesling Kabinett 8,80 €, 8,5%, ♀ bis 2005	**84**
2001 Schloss Vollrads Riesling »Edition« 12,20 €, 12,5%, ♀ bis 2005	**85**
2001 Schloss Vollrads Riesling Spätlese Goldkapsel 35,– €, 7,5%, ♀ bis 2006	**85**
2001 Schloss Vollrads Riesling Trockenbeerenauslese 174,– €/0,375 Lit., 6%, ♀ bis 2010	**88**
2001 Schloss Vollrads Riesling Beerenauslese 122,– €/0,375 Lit., 6%, ♀ bis 2010	**89**

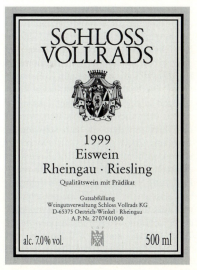

Die Weine: **100** Perfekt · **95–99** Überragend · **90–94** Exzellent · **85–89** Sehr gut · **80–84** Gut · **75–79** Passabel

Rheingau

WEINGÜTER WEGELER – GUTSHAUS OESTRICH

Inhaber: Familie Rolf Wegeler
Geschäftsführer: Dr. Tom Drieseberg
Verwalter: Oliver Haag
Kellermeister: Andreas Holderrieth
65375 Oestrich-Winkel,
Friedensplatz 9–11
Tel. (0 67 23) 9 90 90, Fax 99 09 66
e-mail: info@wegeler.com
Anfahrt: B 42, Ausfahrt Oestrich, bis Ortsmitte
Verkauf: Anja Wegeler-Drieseberg nach Vereinbarung

Rebfläche: 55 Hektar
Jahresproduktion: 380.000 Flaschen
Beste Lagen: Rüdesheimer Berg Schlossberg und Berg Rottland, Winkeler Jesuitengarten, Geisenheimer Rothenberg
Boden: Schieferverwitterung, Lösslehm
Rebsorten: 99% Riesling, 1% übrige Sorten
Durchschnittsertrag: 55 hl/ha
Beste Jahrgänge: 1995, 1999, 2000
Mitglied in Vereinigungen: VDP

Lange zählte dieses traditionsreiche Gut zur ersten Garde im Rheingau. Daran hat sich zunächst auch nichts geändert, als der junge Oliver Haag im Jahr 1999 die Betriebsleitung vom charismatischen Urgestein Norbert Holderrieth übernommen hat, dessen Sohn Andreas nun Kellermeister ist. Die beiden ersten Jahrgänge konnten sich sehr wohl schmecken lassen und es war erfreulich zu beobachten, wie gut man hier mit dem an sich schwierigen Jahrgang 2000 zurechtkam. Doch nun stellen sich mit der 2001er Kollektion erstmals Fragen. Wir haben keine rechte Erklärung dafür, was mit dem Jahrgang hier passiert ist? Die Weine präsentieren sich fast durch die Bank etwas unklar in der Frucht und weisen leicht phenolische Töne auf, um andere Vokabeln zu vermeiden. Zum Erhalt des Status ist eine deutliche Steigerung unabdingbar.

2001 Oestricher Lenchen
Riesling trocken
6,10 €, 12%, ♀ bis 2004 **81**

2001 Winkeler Hasensprung
Riesling Spätlese trocken
10,20 €, 12%, ♀ bis 2004 **82**

2001 Geheimrat »J«
Riesling Spätlese trocken
16,50 €, 12%, ♀ bis 2006 **86**

2001 Rüdesheimer Berg Schlossberg
Riesling Erstes Gewächs
14,80 €, 12%, ♀ bis 2007 **86**

2001 Johannisberger Hölle
Riesling Kabinett halbtrocken
7,50 €, 10,5%, ♀ bis 2004 **81**

2001 Riesling
Kabinett
8,10 €, 9%, ♀ bis 2003 **81**

2001 Rüdesheimer Berg Rottland
Riesling Spätlese Goldkapsel
19,20 €, 8%, ♀ bis 2009 **87**

2001 Geisenheimer Rothenberg
Riesling Auslese Goldkapsel
38,30 €, 7,5%, ♀ bis 2008 **87**

2001 Oestricher Doosberg
Riesling Beerenauslese
32,– €/0,375 Lit., 6,5%, ♀ bis 2010 **89**

2001 Rüdesheimer Berg Rottland
Riesling Trockenbeerenauslese
120,– €/0,375 Lit., 6%, ♀ bis 2012 **91**

Die Betriebe: ✯✯✯✯✯ Weltklasse · ✯✯✯✯ Deutsche Spitze · ✯✯✯ Sehr gut · ✯✯ Gut · ✯ Zuverlässig

Winzer des Jahres 1997 **Rheingau**

WEINGUT ROBERT WEIL

Inhaber: Suntory
Wilhelm Weil
Gutsdirektor: Wilhelm Weil
Außenverwalter: Clemens Schmitt
Kellermeister: Michael Thrien und
Christian Engel
65399 Kiedrich, Mühlberg 5
Tel. (0 61 23) 23 08 und 56 88, Fax 15 46
e-mail: info@weingut-robert-weil.com
Internet: www.weingut-robert-weil.com
Anfahrt: A 66, anschließend B 42, Ausfahrt Eltville-Mitte, Richtung Kiedrich
Verkauf: Martina Weil, Dirk Cannova, Jochen Becker-Köhn, Caroline Helmer
Mo.–Fr. 8:00 bis 17:30 Uhr
Sa. 10:00 bis 16:00 Uhr
So. 11:00 bis 17:00 Uhr
Historie: Gutshof wurde von einem englischen Edelmann, Baron Sutton, erbaut und 1879 von Dr. R. Weil erworben
Sehenswert: Im englischen Landhausstil erbautes Gutshaus mit Park, Vinothek mit besonderem Flair

---

Rebfläche: 65 Hektar
Jahresproduktion: 450.000 Flaschen
Beste Lagen: Kiedricher Gräfenberg und Wasseros
Boden: Steinig-grusige Böden aus Phylliten, zum Teil mit Lösslehmbeimengung
Rebsorten: 98% Riesling, 2% Spätburgunder
Durchschnittsertrag: 55 hl/ha
Beste Jahrgänge: 1996, 1997, 2001
Mitglied in Vereinigungen: VDP

Es gibt nur ganz wenige Weingüter in Deutschland, von denen man behaupten könnte, dass sie eine Art Château-Charakter haben. Am ehesten träfe dies auf das Weingut Robert Weil zu, auch im Sinne des im Südwesten Frankreichs üblichen Markendenkens: Welche jahrgangsbedingten Unterschiede es auch immer geben mag, das Etikett bürgt für den Inhalt der Flasche. Es verdient Respekt und Anerkennung, wie Wilhelm Weil es geschafft hat, dieses mittlerweile auf 65 Hektar erweiterte Weingut sowohl im Inland wie auch in den wichtigen Exportmärkten zu einem strahlenden Symbol deutscher Riesling-Kultur zu entwickeln. An der Spitzenstellung des Gutes als einer der weltbesten Erzeuger von edelsüßen Weißweinen gab es in den vergangenen Jahren kaum Anlass zu zweifeln, einzig die Weine des Jahrgangs 2000 erreichten nicht das gewohnte Niveau. Wir wollen an dieser Stelle nicht weiter darüber diskutieren, ob diese extrem hochfarbigen, im Duft eher an edlen Balsamico erinnernden und mit enormer Säure ausgestatteten Gewächse sich positiv entwickeln werden. Das wird sich zeigen. Die edelsüßen Nachfolger des Jahres 2001 zeigen jedenfalls wieder deutlich nach oben, in der abschließenden Bundesfinalprobe sind sie gegenüber den Vornoten sogar noch ein wenig höher bewertet worden. Um aber unsere Fantasie für ein baldiges Comeback in den kleinen Elitekreis der Fünf-Trauben-Betriebe anzuregen, müssten auch die trockenen und halbtrockenen Weine, die rein mengenmäßig den Löwenanteil der Erzeugung ausmachen – vom trockenen Gutsriesling gab es allein 160.000 Flaschen! – noch ein ganzes Stück zulegen. Immerhin stellen wir fest, dass das 2001er Erste Gewächs aus dem Gräfenberg seinem Vorgänger um einiges überlegen ist. Es ist jedenfalls bemerkenswert, dass es der Mannschaft um Wilhelm Weil im dreizehnten Jahr hintereinander gelungen ist, alle Prädikate bis zum Eiswein und zur Trockenbeerenauslese zu ernten. Man werde auch weiterhin kompromisslos in Qualität investieren und die vorsichtige Erweiterung in den Kiedricher Spitzenlagen anstreben, lässt der Hausherr wissen.

2001 Riesling
trocken
8,– €/1,0 Lit., 11,5%, ♀ bis 2004   **81**

2001 Riesling
Kabinett trocken
11,70 €, 11%, ♀ bis 2004   **83**

Die Weine: 100 Perfekt · 95–99 Überragend · 90–94 Exzellent · 85–89 Sehr gut · 80–84 Gut · 75–79 Passabel

Rheingau

2001 Riesling
trocken
8,70 €, 11,5%, ♀ bis 2004 — **84**

2001 Kiedricher Gräfenberg
Riesling Kabinett trocken
14,50 €, 11,5%, ♀ bis 2005 — **84**

2001 Riesling
Spätlese trocken
17,– €, 12%, ♀ bis 2006 — **85**

2001 Kiedricher Gräfenberg
Riesling Erstes Gewächs
27,– €, 12,5%, ♀ bis 2008 — **88**

2001 Riesling
halbtrocken
8,– €/1,0 Lit., 11%, ♀ bis 2005 — **82**

2001 Riesling
Kabinett halbtrocken
11,70 €, 10,5%, ♀ bis 2006 — **85**

2001 Riesling
Spätlese halbtrocken
17,– €, 11,5%, ♀ bis 2008 — **86**

2001 Riesling
Kabinett
11,70 €, 7,5%, ♀ bis 2008 — **86**

2001 Riesling
Charta
11,– €, 11,5%, ♀ bis 2006 — **86**

2001 Kiedricher Gräfenberg
Riesling Spätlese
27,– €, 8%, ♀ bis 2010 — **88**

2001 Kiedricher Gräfenberg
Riesling Beerenauslese
112,– €/0,375 Lit., 7,5%, ♀ bis 2015 — **91**

2001 Kiedricher Gräfenberg
Riesling Auslese
28,– €/0,375 Lit., 8%, ♀ bis 2012 — **92**

2001 Kiedricher Gräfenberg
Riesling Eiswein
148,– €/0,375 Lit., 7%, ♀ bis 2015 — **93**

2001 Kiedricher Gräfenberg
Riesling Auslese Goldkapsel
154,– €/0,375 Lit., 7,5%, ♀ bis 2015 — **93**

2001 Kiedricher Gräfenberg
Riesling Beerenauslese Goldkapsel
395,– €/0,375 Lit., 6,5%, ♀ bis 2020 — **94**

2001 Kiedricher Gräfenberg
Riesling Trockenbeerenauslese
230,– €/0,375 Lit., 6,5%, ♀ bis 2025 — **95**

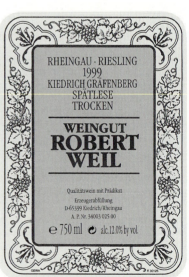

Die Betriebe: ✵✵✵✵✵ Weltklasse · ✵✵✵✵ Deutsche Spitze · ✵✵✵ Sehr gut · ✵✵ Gut · ✵ Zuverlässig

Rheingau

Weitere empfehlenswerte Betriebe

Weingut der Forschungsanstalt Geisenheim
65366 Geisenheim, Kirchspiel
Tel. (0 67 22) 50 21 73, Fax 50 21 80
e-mail: weinverkauf@fa-gm.de
Internet:
www.forschungsanstalt-geisenheim.de

Die Fachhochschule Geisenheim hat als Lehranstalt für Wein- und Gartenbau einen Namen, der weltweit einen guten Klang hat. Weniger bekannt ist vielleicht, dass dort auf 29 Hektar Rebfläche Weinbau betrieben wird. Zwar dominiert der Riesling mit 56 Prozent, doch gibt es auch eine ganze Reihe anderer Rebsorten, die sich teilweise im Versuchsanbau befinden. Die besten Rieslingweine stammen meist aus dem Geisenheimer Rothenberg.

Georg-Müller-Stiftung – Weingut der Stadt Eltville
65347 Eltville-Hattenheim,
Eberbacher Straße 7–9
Tel. (0 67 23) 20 20, Fax 20 35

Nach einem überraschend guten Jahrgang 2000 enttäuscht das Gut diesmal auf der ganzen Linie: Durch die gesamte Kollektion zieht sich eine leicht phenolisch Note, welche die Weine derb wirken lässt. Hoffen wir also, dass sich das Gut unter dem neuen Inhaber Peter Winter wieder positiv entwickeln wird.

Weingut Emmerich Himmel
65239 Hochheim,
Holger-Crafoord-Straße 4
Tel. (0 61 46) 65 90, Fax 60 15 70

Nach einer desolaten Vorstellung im Vorjahr, die wir wohlwollend den obwaltenden Witterungsbedingungen des Jahres 2000 zurechneten, präsentiert Emmerich Himmel eine kaum bessere 2001er Kollektion. Außer einem passablen Kabinett (82 Punkte) aus dem Hochheimer Stielweg ist der Rest ziemlich rustikal bis dünn. Das kostet Himmel diesmal zwar das Träubchen, doch haben wir die Hoffnung auf eine Rückkehr nicht aufgegeben, wenn die Tendenz zu mehr Handlese statt Vollernter erst einmal umgesetzt ist.

Weingut Josef Hirschmann
65375 Oestrich-Winkel, Hauptstraße 10
Tel. (0 67 23) 28 00, Fax 28 54 84

Keiner der sechs verkosteten Weine konnte so recht überzeugen. Allein die fruchtige Spätlese aus dem Doosberg (82 Punkte) war etwas zugänglicher. Der Rest wirkt verschlossen, phenolisch im Ausdruck und im Abklang eine Spur bitter. Der recht einfach strukturierte Rotwein erinnert farblich eher an einen kräftigen Rosé.

Weingut Hupfeld
65375 Oestrich-Winkel,
Rheingaustrasse 113
Tel. (0 67 23) 99 92 59, Fax 99 92 59
Internet: weingut.hupfeld@t-online.de

Bislang haben wir die beiden Hupfeld-Güter gemeinsam verzeichnet, jedoch sind wir mit den Inhabern der Meinung, dies von nun an anders zu handhaben. Zu groß sind die stilistischen und qualitativen Unterschiede bei beiden Betrieben in Oestrich-Winkel und Hochheim. Wolfram Hupfeld ist es leider auch im Jahrgang 2001 nicht gelungen, eine überzeugende Kollektion zu präsentieren. Am besten finden wir noch den Kabinett aus dem Winkeler Jesuitengarten (82 Punkte).

Weingut Koegler – Hof Bechtermünz
65343 Eltville, Kirchgasse 5
Tel. (0 61 23) 24 37, Fax 8 11 18

Dies ist eine besuchenswerte Gutsschänke im alten Zentrum von Eltville. Allein die Weinqualität lässt nach wie vor etwas zu wünschen übrig. Wie schon im Vorjahr sind auch die 2001er Weine fast durchweg von zartbitteren Noten begleitet, Ähnliches gilt auch für die zuletzt verkosteten Rotweine des Jahrgangs 2000. Die positive Ausnahme schlechthin ist das Erste Gewächs aus dem Eltviller Sonnenberg (85 Punkte) aus dem Besitz des Weingutes Fischer Erben, das Ferdinand Koegler nun gepachtet hat.

Rheingau

Weingut G. H. von Mumm
65366 Geisenheim-Johannisberg,
Schloss Johannisberg
Tel. (0 67 22) 7 00 90, Fax 70 09 33
e-mail: Schloss-Johannisberg@weine.de
Internet: www.schloss-johannisberg.de

Im Prinzip hat sich an unserer Einschätzung aus dem Vorjahr nur wenig geändert: Die trockenen Basisweine sind ordentlich und nur die Ersten Gewächse fallen positiv aus dem Rahmen, etwa der Rüdesheimer Berg Rottland (85 Punkte). Ansprechend ist diesmal auch der gefällige Classic (83 Punkte). Bei mehr Konstanz erscheint im nächsten Jahr eine Rückkehr in die Traubenkategorie durchaus möglich.

Weingut Dr. Nägler
65385 Rüdesheim, Friedrichstraße 22
Tel. (0 67 22) 28 35, Fax 4 73 63
e-mail: h.naegler@t-online.de
Internet: www.t-online.de/home/h.naegler

Dass Tilbert Nägler ein talentierter junger Winzer ist, beweist er mit seinem exzellenten Ersten Gewächs aus dem Rüdesheimer Berg Rottland (87 Punkte). Jedoch ist die Qualität der übrigen sieben verkosteten 2001er Weine derart heterogen, dass es diesmal noch nicht für ein Träubchen reicht. Das Potenzial der Weinberge verdiente dies schon immer spielend. Bauen wir also auf das nächste Jahr.

Weingut Schönleber-Blümlein (neu)
65375 Oestrich-Winkel,
Kirchstraße 39
Tel. (0 67 23) 31 10, Fax 8 73 81

Auf dieses Gut sind wir bei der Präsentation der Ersten Gewächse auf Schloss Vollrads aufmerksam geworden. Würde sich das gesamte Sortiment auf ähnlichem Niveau bewegen wie der 2001er Mittelheimer Edelmann (84 Punkte), wäre ein Träubchen gewiss. Doch noch erscheint uns manch einfacher Wein eine Spur zu rustikal.

Rheinhessen

Der verflixte September

Es hätte so gut ausgehen können: Alle Voraussetzungen für einen großen Jahrgang nach dem so enttäuschenden Jahr 2000 waren vorhanden: Nach mildem Winter erfolgte der Austrieb der Reben in 2001 frühzeitig. Für Wasserversorgung war ausreichend gesorgt. Das Wetter zur Blütezeit war ideal. Der enorme Reifevorsprung wurde allerdings durch den im September auftretenden starken Regen zunichte gemacht. Zugleich beobachteten die Winzer verstärkten Botrytisbefall. Schnell war man geneigt, sich an das Jahr 2000 zu erinnern. Zum Glück folgte ein goldener Oktober, der noch einiges wettmachen konnte. Zur Erzeugung sauberer trockener Weine musste allerdings wie im Vorjahr mit hohem Kostenaufwand extrem selektiv gearbeitet werden. Lohn für diese Arbeit waren dann auch im besten Fall Weine mit hoher Extraktdichte, versehen mit einer Säurestruktur, die eine gute Entwicklung in Aussicht stellte. Im schlechtesten Fall aber präsentieren sich die trockenen 2001er Weißweine eher herb und stumpf und lassen eine klare Struktur vermissen. Zu stark war in vielen Weinbergen der Fäulnisbefall. Die feinsten Weine dieses Jahrganges findet man wohl bei den restsüßen Kabinetten und Spätlesen, die durch ihre geradlinige und erfrischende Art die oft etwas unsauber wirkenden raren höheren Prädikate in den Schatten stellen.

Auch in 2001 gibt es keine Überraschung, was den Primus in Deutschlands größtem Weinbaugebiet anbelangt: Das Weingut Keller aus Flörsheim-Dalsheim setzte mit einer grandiosen Reihe von Weinen im Bereich jenseits der 90 Punkte erneut den Maßstab. Kellers edelsüße Gewächse sind wieder mal eine Klasse für sich. Allerdings hat sich das Weingut Wittmann in Westhofen auf Verfolgungsjagd begeben und ist nicht nur mit seinen trockenen »Großen Gewächsen« in der Lage, Keller Paroli zu bieten: Sie gehören in ihrer Kategorie zum Allerbesten, was 2001 in Deutschland gewachsen ist. Eine Trockenbeerenauslese, für die er »schon recht lange sammeln gehen musste«, so Philipp Wittmann, krönte die überzeugende Jahrgangsleistung.

Die beiden anderen Spitzenbetriebe, Gunderloch in Nackenheim und Heyl zu Herrnsheim in Nierstein, ließen sie in diesem Jahr klar hinter sich. Vor allem Heyl konnte das schlechte Wetter im September durch den schönen Oktober trotz sehr später Lese nicht mehr wettmachen. Die edelsüßen Weine der Hasselbachs (Gunderloch) sind allerdings noch nicht mit in unsere Bewertung eingeflossen.

Dahinter etabliert sich eine kleine Gruppe ambitionierter Aufsteiger, von denen man in den nächsten Jahren sicherlich noch einiges erwarten darf. Das gilt vor allem für Wagner-Stempel in Siefersheim, der in 2001 mit komplexen und gleichzeitig feinen Weinen den größten Sprung nach vorne gemacht hat. Aber auch die Familie Fauth mit ihrem Seehof in Westhofen zeigt mit erfrischenden Qualitäten, dass hier mehr drin ist.

Nach wie vor weht ein frischer Wind durch das Anbaugebiet und man spürt den Willen vieler junger Talente, die sich intensiv untereinander austauschen, den Etablierten nachzueifern. Fünf Betriebe mit diesem Vorsatz haben wir in diesem Jahr neu in die Rubrik »Weitere empfehlenswerte Betriebe« aufgenommen und beschrieben. Vier Güter erhielten die erste Traube und werden ausführlich dargestellt. Weiteren vier Betrieben verleihen wir in diesem Jahr die zweite Traube. Nach wie vor stammt etwa jede vierte Flasche deutschen Weines von dem ausgedehnten Rebteppich zwischen Bingen, Mainz und Worms. Nimmt der Anteil des Müller-Thurgau Jahr für Jahr ab (21 Prozent), so tastet sich der Riesling (10 Prozent) langsam an die zweite Stelle (Silvaner 11 Prozent) der am häufigsten angebauten weißen Rebsorten heran. Die vormals beliebten Neuzüchtungen spielen keine nennenswerte Rolle mehr. Weiter auf dem Vormarsch sind die weißen Burgundersorten mit einer Anbaufläche von nun zusammen 950 Hektar.

21 Prozent der gesamten bestockten Rebfläche von 26.000 Hektar sind bereits mit

Rheinhessen

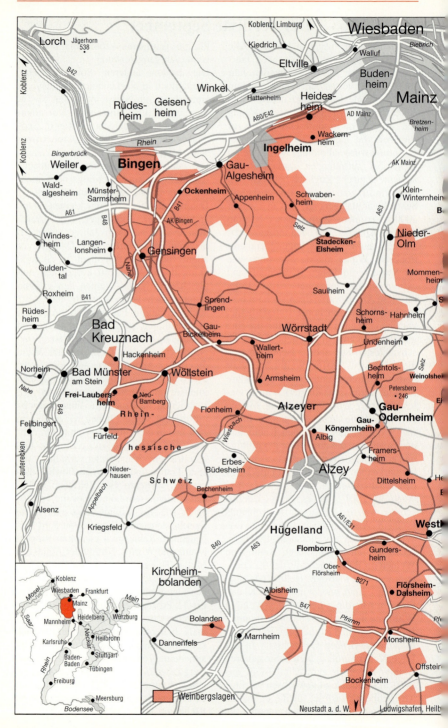

Rheinhessen

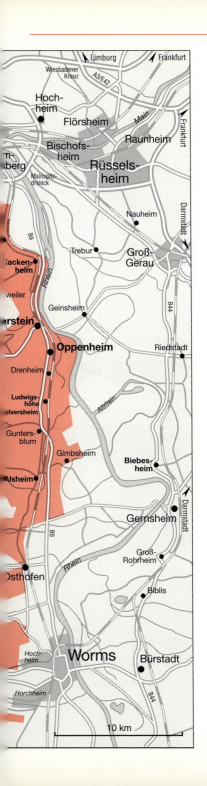

roten Reben bepflanzt, wobei der Dornfelder als Leitrebsorte bereits 8,5 Prozent der Fläche für sich in Anspruch nimmt und somit fast zum Riesling in dem ehemaligen Weißweinland Rheinhessen aufgeschlossen hat. Das ist eine Veränderung zum Vorjahr von gut 35 Prozent und bestätigt den anhaltenden Boom. Man kann den Winzern nur wünschen, dass die Nachfrage nach fruchtig-blumigen Rotweinen noch lange anhält, sonst…?

Besonders stolz ist die Gebietsweinwerbung auf ihre »Selection Rheinhessen«, mit der bereits 1992 begonnen wurde und die sowohl im Inhalt als auch in der Namensgebung Pate für diese neue deutsche Weinkategorie stand. Viele der Kriterien aus dem rheinhessischen Programm, wie zum Beispiel klassische Rebsorten, niedrige Erträge, gesunde Trauben und obligatorische Handlese, wurden in das nationale Anforderungsraster übernommen. Wie streng die Kriterien für die Gebietsselection sind, zeigt das Ergebnis des 2001er Jahrganges: Nur 31 Weine mit zusammen 28.500 Flaschen – fast ausschließlich Riesling, Silvaner und Spätburgunder – konnten die hohe Hürde nehmen. Hinzu kommen 23 Weine mit zusammen 29.000 Litern, die im Rahmen des neuen gesetzlichen Profils als »Selection« bezeichnet werden dürfen.

Ihre zweite Auflage erlebte die Präsentation »Großes Gewächs Rheinhessen« mit sieben Mitgliedsbetrieben und 16 Weinen, hinter denen ein Volumen von rund 20.000 Flaschen steht und die von der Vereinigung als »Speerspitze des rheinhessischen Weines« angesehen wird.

Wahrlich keine nennenswerte Menge für eine Region, in der Jahr für Jahr mehr als 200 Millionen Liter Wein vermarktet werden müssen. Ein Viertel davon geht allein in die Liebfrauenmilch, jenen Verschnitt, der sich im Export immer noch erstaunlicher Beliebtheit erfreut und von den großen Genossenschaften weiterhin als Umsatzträger betrachtet wird. Jedoch gibt es auch Initiativen zwischen Traubenerzeugern und Großkellereien mit dem erklärten Ziel, nicht weiter als Spielball spekulativer Märkte betrachtet zu werden.

Rheinhessen

Die Spitzenbetriebe in Rheinhessen

Weingut Keller,
Flörsheim-Dalsheim

Weingut Gunderloch, Nackenheim

Weingut Freiherr
Heyl zu Herrnsheim, Nierstein

Weingut Wittmann, Westhofen

Weingut Georg Albrecht Schneider,
Nierstein

Weingut Villa Sachsen, Bingen

🍇🍇

▲ Weingut Gehring, Nierstein

▲ Weingut K. F. Groebe, Biebesheim

Weingut Destillerie
Gerhard Gutzler, Gundheim

Weingut Kissinger, Uelversheim

Weingut Kühling-Gillot, Bodenheim

Weingut Manz, Weinolsheim

Weingut Meiser, Gau-Köngernheim

Weingut Michel-Pfannebecker,
Flomborn

Weingut Posthof Doll & Göth,
Stadecken-Elsheim

Weingut Sankt Antony, Nierstein

Weingut Schales,
Flörsheim-Dalsheim

Weingut Scherner-Kleinhanß,
Flörsheim-Dalsheim

Weingut Heinrich Seebrich,
Nierstein

▲ Weingut Seehof – Ernst Fauth,
Westhofen

Staatliche Weinbaudomäne
Oppenheim, Oppenheim

Weingut J. & H. A. Strub,
Nierstein

▲ Weingut Wagner-Stempel,
Siefersheim

✳ Wein- und Sektmanufaktur
Battenfeld-Spanier, Hohen-Sülzen

Weingut Brüder Dr. Becker,
Ludwigshöhe

Große und kleine Jahrgänge in Rheinhessen	
Jahr	Güte
2001	🍇🍇🍇
2000	🍇🍇
1999	🍇🍇🍇
1998	🍇🍇🍇🍇
1997	🍇🍇🍇
1996	🍇🍇🍇🍇
1995	🍇🍇🍇
1994	🍇🍇🍇
1993	🍇🍇🍇🍇
1992	🍇🍇🍇

Jahrgangsbeurteilung:

🍇🍇🍇🍇🍇 : Herausragender Jahrgang
🍇🍇🍇🍇 : Sehr guter Jahrgang
🍇🍇🍇 : Guter Jahrgang
🍇🍇 : Normaler Jahrgang
🍇 : Schwacher Jahrgang

Rheinhessen

Wein- und Sektgut
Ch. W. **B**ernhard,
Frei-Laubersheim

Brennersches Weingut, Bechtheim

Weingut Jean **B**uscher, Bechtheim

Weingut Kurt **E**rbeldinger
und Sohn, Bechtheim

✳ Weingut **F**ogt – Schönborner Hof,
Badenheim

▼ Weingut **G**öhring,
Flörsheim-Dalsheim

Weingut **G**ysler, Alzey-Weinheim

Weingut **H**edesheimer Hof,
Stadecken-Elsheim

✳ Weingut **H**uff-Doll, Horrweiler

Weingut **J**ohanninger,
Biebelsheim

Weingut **K**reichgauer,
Dorn-Dürkheim

Weingut
Karl-Hermann **M**ilch,
Monsheim

▼ Weingut J. **N**eus, Ingelheim

Weingut **R**appenhof, Alsheim

Weingut **S**ander, Mettenheim

Weingut Adolf **S**chembs Erben,
Worms-Herrnsheim

Weingut **S**chlamp-Schätzel,
Nierstein

✳ Weingut **S**pies – Riederbacherhof,
Bechtheim

Weingut **S**teitz, Stein-Bockenheim

Weingut E. **W**eidenbach,
Ingelheim

Bewertung der Betriebe

Höchstnote für die
weltbesten Weinerzeuger

Exzellente Betriebe, die zu den
besten Deutschlands zählen

Sehr gute Erzeuger, die seit Jahren
konstant hohe Qualität liefern

Gute Erzeuger, die mehr als
das Alltägliche bieten

Verlässliche Betriebe mit einer
ordentlichen Standardqualität

Den Gault Millau WeinGuide
und weitere interessante Bücher finden Sie im Internet unter
www.christian-verlag.de

Neu

Rheinhessen

WEIN- UND SEKT-MANUFAKTUR BATTENFELD-SPANIER

Inhaber: H. O. Spanier und Heinrich Battenfeld
Betriebsleiter: H. O. Spanier
67591 Hohen-Sülzen
Tel. (0 62 43) 90 65 15, Fax 90 65 29
Internet: www.battenfeldspanier.de
Anfahrt: A 61, Ausfahrt Monsheim, B 47 Richtung Hohen-Sülzen
Verkauf: Klaus Immes nach Vereinbarung
Historie: Weingut Spanier 1990 gegründet, 1996 Zusammenschluss mit Heinrich Battenfeld

---

Rebfläche: 16 Hektar
Jahresproduktion: 70.000 Flaschen
Beste Lagen: Flörsheimer Frauenberg, Hohen-Sülzer Kirchenstück
Boden: Kalkhaltiger Mergel, Buntsandstein mit Eisen, sandiger Löss
Rebsorten: 50% Riesling, 20% Spätburgunder, 8% Weißburgunder, je 5% Silvaner, Chardonnay und Portugieser, 7% übrige Sorten
Durchschnittsertrag: 60 hl/ha
Bester Jahrgang: 2001
Mitglied in Vereinigungen: EcoVin

Im südlichen Wonnegau ist dieses ökologisch arbeitende Gut ansässig. Das erklärte Ziel von H. O. Spanier ist es, Spitzenweine aus niedrigen Erträgen zu erzeugen, die unter Verzicht auf Lagen- und Prädikatsangaben, mit Ausnahme dreier Rieslinge, vermarktet werden. Im Jahr 2001 lagen die Durchschnittserträge bei 40 Hektoliter pro Hektar, wozu sicherlich das nasse Septemberwetter beigetragen hat, das einen hohen Selektionsaufwand zur Gewinnung von gesundem Lesegut erforderte. Riesling-Basis ist der Gutswein, der »S« bildet den Mittelbau, an der Spitze stehen die drei Lagenrieslinge. Uns gefällt vor allem die erfrischende Frucht der reduktiv ausgebauten Weine und wir vergeben deshalb gern die erste Traube. Die unterschiedliche Stilistik der Lagenweine ist gut herausgearbeitet, wobei die doch sehr pikante Säure besser eingebunden werden sollte. Weiter so!

2001 Riesling
trocken
5,10 €, 12%, ♀ bis 2004 — **82**

2001 Riesling
trocken »S«
7,80 €, 12,5%, ♀ bis 2004 — **82**

2001 Gewürztraminer
trocken
9,95 €/0,5 Lit., 13,5%, ♀ bis 2004 — **83**

2001 Rosengarten
Riesling trocken »R«
13,– €, 12,5%, ♀ bis 2005 — **83**

2001 Sonnenberg
Riesling trocken »R«
13,– €, 12,5%, ♀ bis 2005 — **83**

2001 Chardonnay
trocken »S«
9,50 €, 13,5%, ♀ bis 2005 — **83**

2001 Frauenberg
Riesling trocken »R«
13,– €, 13%, ♀ bis 2005 — **84**

2001 Weißer Burgunder
trocken »S«
9,50 €, 13%, ♀ bis 2005 — **84**

2001 Riesling
Auslese »R«
30,– €/0,5 Lit., 8%, ♀ bis 2006 — **87**

Die Betriebe: ✿✿✿✿✿ Weltklasse · ✿✿✿✿ Deutsche Spitze · ✿✿✿ Sehr gut · ✿✿ Gut · ✿ Zuverlässig

Rheinhessen

WEINGUT BRÜDER DR. BECKER

Inhaber: Lotte Pfeffer-Müller, Hans Müller
Betriebsleiter: Hans Müller
Kellermeister: Hans Müller und Lotte Pfeffer-Müller
55278 Ludwigshöhe,
Mainzer Straße 3–7
Tel. (0 62 49) 84 30, Fax 76 39
e-mail:
lotte.pfeffer@brueder-dr-becker.de
Internet: www.brueder-dr-becker.de
Anfahrt: 25 Kilometer südlich von Mainz, über die B 9
Verkauf: Lotte Pfeffer-Müller, Hans Müller, nach Vereinbarung; jeden 1. Samstag im Monat offene Probe mit Verkauf
Historie: Weinbau seit dem Ende des 19. Jahrhunderts
Sehenswert: Holzfässer im Gewölbekeller, ökologischer Weinbau

---

Rebfläche: 10,8 Hektar
Jahresproduktion: 70.000 Flaschen
Beste Lagen: Dienheimer Tafelstein, Ludwigshöher Teufelskopf
Boden: Löss, Lösslehm
Rebsorten: 38% Riesling,
je 18% Scheurebe und Silvaner,
10% Spätburgunder, 7% Grau- und Weißburgunder, 6% Müller-Thurgau,
3% übrige Sorten
Durchschnittsertrag: 63 hl/ha
Beste Jahrgänge: 1998, 1999, 2001
Mitglied in Vereinigungen: VDP, BÖW

Dies ist ein Pionierbetrieb des ökologischen Weinbaus: Schon Ende der 70er Jahre wurde die Bewirtschaftung der Weinberge umgestellt. Lagerfähige Weine kommen in die Holzfässer, Schoppenweine und Bukettsorten werden in Edelstahl ausgebaut. Der freundliche Hans Müller wird nie müde, auf den bewusst konservativen Stil des Hauses hinzuweisen. Die Weine brauchen deshalb Zeit für ihre Entwicklung. Nach einer recht überzeugenden Serie von 1997 bis 1999 schlugen in 2000 auch in diesem Gut die Tücken des Jahrgangs voll durch. Die Eindrücke beim Verkosten der 2001er lesen sich da schon anders: Begriffe wie herzhaft, pikant und feinwürzig finden sich in unseren Notizen. Dieses Gut liegt mit seinem Sortiment klar über dem Niveau des Vorjahres.

2001 Silvaner
trocken
4,80 €/1,0 Lit., 11,5%, ♀ bis 2004 **80**

2001 Silvaner
trocken
4,20 €, 11,5%, ♀ bis 2004 **82**

2001 »Till«
Gutscuvée trocken
4,– €, 11,5%, ♀ bis 2004 **82**

2001 Scheurebe
Kabinett
4,35 €, 10%, ♀ bis 2005 **84**

2001 Dienheimer Tafelstein
Scheurebe Spätlese
7,40 €, 10,5%, ♀ bis 2005 **85**

Die Weine: **100** Perfekt · **95–99** Überragend · **90–94** Exzellent · **85–89** Sehr gut · **80–84** Gut · **75–79** Passabel

Rheinhessen

WEIN- UND SEKTGUT CH. W. BERNHARD

Inhaber: Hartmut Bernhard
Kellermeister: Hartmut Bernhard
55546 Frei-Laubersheim,
Philipp-Wehr-Straße 31–33
Tel. (0 67 09) 62 33, Fax 61 60
e-mail: info@chwbernhard.de
Internet: www.chwbernhard.de
Anfahrt: A 61, Ausfahrt Gau-Bickelheim, B 420 Richtung Wöllstein/Frei-Laubersheim
Verkauf: Mo.–Sa. 8:00 bis 20:00 Uhr und nach Vereinbarung
Historie: 400 Jahre Weinbautradition
Sehenswert: Holzfasskeller, Weingut in landschaftlich schöner Lage

---

Rebfläche: 9,7 Hektar
Jahresproduktion: 70.000 Flaschen
Beste Lagen: Hackenheimer Kirchberg, Frei-Laubersheimer Fels, Kirchberg und Rheingrafenberg
Boden: Porphyr, Porphyrverwitterung, sandiger Lehm, Ton, Löss und Diluvialböden
Rebsorten: 25% Spätburgunder, 23% Riesling, 8% Müller-Thurgau, je 6% Grauburgunder und Portugieser, je 5% Kerner und Silvaner, je 4% Weißburgunder und Auxerrois, 14% übrige Sorten
Durchschnittsertrag: 80 hl/ha
Beste Jahrgänge: 1999, 2000, 2001

Die für Rheinhessen ungewöhnliche Lage von Hartmut Bernhards Betrieb kommt auch in einigen seiner Weine deutlich zum Ausdruck. Vor allem die auf Porphyrboden wachsenden Rieslinge passen wegen der mineralischen Säure vom Stil her eher ins benachbarte Nahetal. Was andere als Nachteil ansehen, begreift Bernhard als Herausforderung: Auf sechs verschiedenen Bodenarten hat er die passenden Rebsorten gepflanzt und kann somit eine große Geschmacksvielfalt anbieten. Mit einer homogenen und geradlinigen Kollektion bestätigt das Gut auch mit den Weinen aus 2001 seinen Traubenstatus. Besonders gefiel uns der lang nachklingende restsüße Kabinett.

2001 Frei-Laubersheimer Fels
Auxerrois trocken
6,50 €, 12,5%, ♀ bis 2004   **82**

2001 Frei-Laubersheimer Rheingrafenberg
Riesling halbtrocken
4,– €, 11,5%, ♀ bis 2004   **82**

2001 Hackenheimer Kirchberg
Scheurebe Spätlese
5,– €, 9,5%, ♀ bis 2005   **82**

2001 Frei-Laubersheimer Fels
Gewürztraminer Spätlese
5,20 €, 9,5%, ♀ bis 2004   **82**

2001 Hackenheimer Kirchberg
Riesling Spätlese
5,50 €, 9,5%, ♀ bis 2005   **83**

2001 Hackenheimer Kirchberg
Riesling Kabinett
4,80 €, 10,5%, ♀ bis 2005   **84**

--- Rotwein ---

2000 Frei-Laubersheimer Fels
Spätburgunder trocken
6,– €, 13%, ♀ bis 2004   **82**

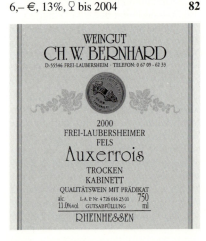

Die Betriebe: ✿✿✿✿✿ Weltklasse · ✿✿✿✿ Deutsche Spitze · ✿✿✿ Sehr gut · ✿✿ Gut · ✿ Zuverlässig

Rheinhessen

BRENNERSCHES WEINGUT

Inhaber: Christian Brenner
67595 Bechtheim, Pfandturmstraße 20
Tel. (0 62 42) 8 94, Fax 8 74
Anfahrt: Über B 9 oder A 61, Ausfahrt Gundersheim/Westhofen
Verkauf: Mo.–Fr. 8:00 bis 11:30 Uhr und 13:00 bis 17:00 Uhr
am Wochenende nach Vereinbarung
Sehenswert: Eindrucksvoller Gewölbekeller für die Holzfässer, schönes Kelterhaus, üppig begrünter Innenhof

Rebfläche: 10 Hektar
Jahresproduktion: 80.000 Flaschen
Beste Lagen: Bechtheimer Geyersberg, Rosengarten, Hasensprung und Heilig Kreuz
Boden: Löss, Lösslehm und Lössmergel
Rebsorten: 35% Weißburgunder, 20% Riesling, 15% Spätburgunder, je 5% Grauburgunder, Chardonnay, Müller-Thurgau, Silvaner, Auxerrois und Portugieser
Durchschnittsertrag: 63 hl/ha
Beste Jahrgänge: 1998, 1999, 2001

Lange bevor andere entdeckten, dass die Präsenz auf den Listen in guten Restaurants eine kostenlose, dafür aber sehr imageträchtige Werbung darstellt, fand man Christian Brenners trockene Weißburgunder auf vielen Karten. Auch heute noch setzt er zehn Prozent seiner Produktion über die Gastronomie und 20 Prozent über den Handel ab. Wenn auch die Qualität nicht immer mithielt, konnten Einfallsreichtum und Innovationslust des Bechtheimers nie gebremst werden. Und es hat nicht den Anschein, dass der über 60-jährige Winzer in Pension gehen will, ohne nicht noch ein paar schöne Jahrgänge eingebracht zu haben. Nach Schwächen im Jahrgang 2000 präsentieren sich die 2001er leicht verbessert auf solidem Niveau. Unser Favorit ist der Grauburgunder mit seiner klaren Frucht und feinen Säure aus einem Sortiment, das ein wenig zu alkohollastig geraten ist.

2001 Bechtheimer Heilig Kreuz
Weißer Burgunder Spätlese trocken
4,90 €, 12%, ♀ bis 2004 — **81**

2001 Bechtheimer Geyersberg
Weißer Burgunder Spätlese trocken
7,– €, 12,5%, ♀ bis 2005 — **82**

2001 Chardonnay
trocken
4,60 €, 12%, ♀ bis 2004 — **82**

2000 Weißer Burgunder
trocken Selection
8,– €, 13%, ♀ bis 2004 — **82**

2001 Bechtheimer Stein
Chardonnay trocken
8,– €, 12,5%, ♀ bis 2005 — **84**

2001 Bechtheimer Stein
Grauer Burgunder trocken Selection
5,70 €, 12,5%, ♀ bis 2005 — **84**

—— Rotweine ——

2001 Spätburgunder
trocken Selection
7,20 €, 13%, ♀ bis 2004 — **81**

2001 Bechtheimer Geyersberg
Cabernet Dorsa trocken Selection
10,– €, 13,5%, ♀ bis 2005 — **82**

Die Weine: **100** Perfekt · **95–99** Überragend · **90–94** Exzellent · **85–89** Sehr gut · **80–84** Gut · **75–79** Passabel

Rheinhessen

WEINGUT JEAN BUSCHER

Inhaber: Jean Michael Buscher
Verwalter und Kellermeister:
Jochen Drück
67595 Bechtheim, Wormser Straße 4
Tel. (0 62 42) 8 72, Fax 8 75
e-mail: weingut@jean-buscher.de
Internet: www.jean-buscher.de
Anfahrt: B 9 Mainz–Worms, A 61, Ausfahrt Gundersheim
Verkauf: Jean Michael Buscher
Mo.–Fr. 8:00 bis 17:00 Uhr
und nach Vereinbarung
Historie: Gegründet 1844
Sehenswert: Alter Gewölbekeller mit Holzfässern, Schatzkammerweine bis 1911, behagliche Weinprobierstube

---

Rebfläche: 16 Hektar
Jahresproduktion: 170.000 Flaschen
Beste Lagen: Bechtheimer Geyersberg, Stein und Rosengarten
Boden: Lösslehm
Rebsorten: 23% Riesling, 16% Spätburgunder, 15% Dornfelder, 11% Portugieser, je 6% Weißburgunder, Kerner und Schwarzriesling, je 4% Silvaner und Grauburgunder, 9% übrige Sorten
Durchschnittsertrag: 79 hl/ha
Beste Jahrgänge: 1999, 2000, 2001

2001 Bechtheimer Gotteshilfe
Riesling Spätlese trocken Edition
6,60 €, 11,5%, ♀ bis 2004 **81**

2001 Bechtheimer Stein
Gewürztraminer Auslese
10,– €/0,5 Lit., 9%, ♀ bis 2005 **83**

2001 Bechtheimer Stein
Weißer Burgunder Beerenauslese
20,– €/0,5 Lit., 10,5%, ♀ bis 2006 **85**

2001 Bechtheimer Geyersberg
Riesling Beerenauslese
Versteigerungswein, 9%, ♀ bis 2008 **88**

——— Rotweine ———

2001 Bechtheimer Stein
Spätburgunder Spätlese trocken
7,50 €/0,5 Lit., 13%, ♀ bis 2004 **81**

2001 Bechtheimer Stein
Dornfelder Spätlese trocken Edition
8,40 €, 12%, ♀ bis 2005 **81**

2001 Bechtheimer Rosengarten
Schwarzriesling Spätlese trocken Edition
8,90 €, 12%, ♀ bis 2005 **82**

2001 Cuvée Jean B.
trocken
13,– €, 13%, ♀ bis 2006 **85**

2001 Rosenmuskateller
15,– €/0,5 Lit., 10%, ♀ bis 2004 **83**

Michael Buscher ist ein Vermarktungsprofi. Jedes Jahr lässt er von namhaften Künstlern ein Etikett gestalten, in Metall prägen und präsentiert es zusammen mit Bildern und Skulpturen im alten Holzfasskeller. Immer wieder gelingt es ihm, sich mit bekannten Köpfen aus Politik und Showbiz ins rechte Licht zu setzen. Wir wollen unser Urteil auf die Weine beschränken. Nach einer sehr heterogenen 2000er Kollektion stellte Buscher uns den neuen Jahrgang mit ähnlichen Qualitäten vor, wobei die stoffige Cuvée Jean B. den Maßstab bei den Roten setzt. Die Edelsüßen würden jetzt schon eine zweite Traube rechtfertigen. Die trockenen weißen Basisweine sind jedoch zu leichtgewichtig und grün.

Die Betriebe: ✯✯✯✯✯ Weltklasse · ✯✯✯✯ Deutsche Spitze · ✯✯✯ Sehr gut · ✯✯ Gut · ✯ Zuverlässig

Rheinhessen

WEINGUT KURT ERBELDINGER UND SOHN

Inhaber: Stefan Erbeldinger
Betriebsleiter und Kellermeister:
Stefan Erbeldinger
67595 Bechtheim-West, West 3
Tel. (0 62 44) 49 32, Fax 71 31
e-mail:
erbeldinger-bechtheim@t-online.de
Internet: www.weingut-erbeldinger.de
*Anfahrt: Über B 9 oder A 61,
Ausfahrt Gundersheim/Westhofen*
Verkauf: Familie Erbeldinger
Mo.–Fr. 8:00 bis 18:00 Uhr
Sa. 9:00 bis 17:00 Uhr
So. 9:00 bis 12:00 Uhr

Rebfläche: 25 Hektar
Jahresproduktion: 300.000 Flaschen
Beste Lagen: Bechtheimer Heilig Kreuz und Hasensprung
Boden: Löss, Lösslehm und Lössmergel
Rebsorten: 17% Riesling, 15% Weißburgunder, 15% Spätburgunder, 13% Portugieser, je 10% Müller-Thurgau und Dornfelder, 20% übrige Sorten
Durchschnittsertrag: 80 hl/ha
Beste Jahrgänge: 1998, 1999, 2001

2001 Silvaner
Spätlese trocken
4,30 €, 12%, ♀ bis 2004   **82**

2001 Weißer Burgunder
Spätlese trocken
4,70 €, 12,5%, ♀ bis 2004   **82**

2001 Riesling
Spätlese trocken
4,90 €, 12%, ♀ bis 2005   **83**

2001 Riesling
Auslese trocken
6,20 €, 13%, ♀ bis 2005   **84**

2001 Kerner
Spätlese
3,70 €, 9%, ♀ bis 2005   **82**

2001 Huxelrebe
Auslese
5,40 €, 9%, ♀ bis 2005   **83**

——— Rotweine ———

2000 Portugieser
trocken
3,70 €, 12,5%, ♀ bis 2004   **79**

2000 Dornfelder
trocken
4,40 €, 13%, ♀ bis 2004   **80**

Aus einem Mischbetrieb mit Landwirtschaft und Obstbau hat sich das Weingut im Westen Bechtheims entwickelt, das schon lange den direkten Kontakt zum Endverbraucher pflegt. Kein Wunder also, dass seit nun 35 Jahren die Mehrzahl der Kunden ihren Wein persönlich vom Hof abholt. Inzwischen stehen stattliche 25 Hektar im Ertrag. Der Bundesehrenpreis in Silber ist Beleg für die positive Entwicklung des Gutes. Nach einem Tief mit eher matten 2000ern, präsentierte das Weingut nun zwei trockene Rieslinge, die durch ihre klare und saftige Art richtig Spaß machen. Die Auslese zeigt sich stoffig ohne schwer zu wirken und ist dabei erschwinglich. Die Roten können da leider, auch jahrgangsbedingt, nicht mithalten.

Die Weine: **100** Perfekt · **95–99** Überragend · **90–94** Exzellent · **85–89** Sehr gut · **80–84** Gut · **75–79** Passabel

Neu

Rheinhessen

WEINGUT FOGT – SCHÖNBORNER HOF

Inhaber: Karl-Heinz u. Georg Fogt
Betriebsleiter: Karl-Heinz Fogt
Kellermeister: Georg Fogt
55576 Badenheim, Schönborner Hof
Tel. (0 67 01) 74 34, Fax 71 33
e-mail: weingutfogt@t-online.de
Anfahrt: A 61 Ausfahrt Gau-Bickelheim, Richtung Bingen, links nach Badenheim, nach der Ortseinfahrt zweimal links
Verkauf: Brunhilde Fogt
Sa. 10:00 bis 16:00 Uhr
und nach Vereinbarung

Rebfläche: 17 Hektar
Jahresproduktion: 60.000 Flaschen
Beste Lagen: Badenheimer Galgenberg und Römerberg, Wöllsteiner Hölle und Ölberg
Boden: Ton-Lehm-Kies-Gemisch
Rebsorten: 16% Müller-Thurgau, 12% Dornfelder, 10% Riesling, 9% Silvaner, je 6% Kerner und Weißburgunder, je 5% Grauburgunder, Scheurebe, Spätburgunder und Portugieser, 21% übrige Sorten
Durchschnittsertrag: 105 hl/ha
Beste Jahrgänge: 2000, 2001

2001 Pleitersheimer Sternberg
Scheurebe trocken
3,40 €/1,0 Lit., 11,5%, ♀ bis 2004   **81**

2001 Badenheimer Römerberg
Silvaner trocken
3,40 €, 11,5%, ♀ bis 2004   **82**

2001 Wöllsteiner Ölberg
Grauer Burgunder Kabinett trocken
5,20 €, 12%, ♀ bis 2004   **83**

2001 Badenheimer Römerberg
Weißer Burgunder Spätlese trocken
5,20 €, 12,5%, ♀ bis 2004   **84**

2001 Badenheimer Galgenberg
Riesling Spätlese trocken
5,20 €, 12,5%, ♀ bis 2005   **85**

1999 Wöllsteiner Äffchen
Morio Muskat Spätlese
5,40 €, 9,5%, ♀ bis 2004   **82**

2001 Badenheimer Römerberg
Riesling Spätlese
5,20 €, 9,5%, ♀ bis 2005   **85**

——— Rotweine ———

2001 Wöllsteiner Ölberg
Spätburgunder Weißherbst halbtrocken
3,50 €, 10,5%, ♀ bis 2004   **79**

1999 Dornfelder
trocken Barrique
7,80 €, 13%, ♀ bis 2004   **80**

Das Gut, unweit des Anbaugebietes Nahe gelegen, überraschte uns in diesem Jahr mit einer mehr als ansprechenden Leistung, für die wir die erste Traube vergeben. Es hat den Anschein, als schlügen die Herzen von Vater und Sohn Fogt für die weißen Burgundersorten. Weich und zartschmelzig gelangen sie in diesem Jahr besonders gut. Den Vogel schoss aber die trockene Riesling Spätlese mit ihrer intensiven Fruchtstruktur ab. Insgesamt eine im positiven Sinne moderne und geradlinige Kollektion. Bei den Rotweinen konnte man uns übrigens ausschließlich einen 1999er vorstellen. Die 2000er sind bereits ausverkauft! Die sehr hohen Hektarerträge sind wohl darauf zurückzuführen, dass immer noch 60 Prozent der Ernte im Fass verkauft wird.

Die Betriebe: Weltklasse · Deutsche Spitze · Sehr gut · Gut · Zuverlässig

Aufsteiger

Rheinhessen

WEINGUT GEHRING

Inhaber: Theo u. Diana Gehring
55283 Nierstein, Außerhalb 17
Tel. (0 61 33) 54 70, Fax 92 74 89
e-mail: info@weingut-gehring.com
Internet: www.weingut-gehring.com
Anfahrt: B 9, in Nierstein auf die B 420, zwischen Nierstein und Dexheim
Verkauf: Diana Gehring
Mo.–Fr. 8:00 bis 12:00 Uhr
Vinothek: Mo.–Fr. 17:00 bis 19:00 Uhr, Mittwoch Ruhetag
und nach Vereinbarung
Gutsschänke: »Vini Vita«
Mai–Okt. Sa. und So. ab 16:00 Uhr
und nach Vereinbarung

```
Rebfläche: 15 Hektar
Jahresproduktion: 90.000 Flaschen
Beste Lagen: Niersteiner Pettenthal,
Oelberg und Hipping
Boden: Rotliegender Tonschiefer
Rebsorten: 50% Riesling,
20% Burgundersorten, 20% Rotweinsorten, 10% übrige Sorten
Durchschnittsertrag: 65 hl/ha
Beste Jahrgänge: 1997, 1998, 2001
```

2001 Niersteiner
Riesling trocken
4,– €/1,0 Lit., 11,5%, ♀ bis 2004 — **79**

2001 Niersteiner Rosenberg
Riesling trocken ***
6,50 €, 11%, ♀ bis 2005 — **82**

2001 Niersteiner Hipping
Riesling trocken ***
6,– €, 12%, ♀ bis 2005 — **83**

2000 Niersteiner
Riesling trocken Selection
9,70 €, 12,5%, ♀ bis 2004 — **83**

2001 Niersteiner Pettenthal
Riesling trocken ***
7,– €, 12%, ♀ bis 2006 — **85**

2001 Niersteiner Pettenthal
Riesling trocken ****
9,70 €, 12,5%, ♀ bis 2006 — **86**

2001 Niersteiner Pettenthal
Riesling Spätlese – 26 –
6,50 €, 10%, ♀ bis 2006 — **84**

1995 übernahm Theo Gehring den elterlichen Betrieb, der bereits seit 1959 Flaschenwein vermarktet. Doch bald war klar, dass es in der Hofstätte Karolingerstraße zu eng und unwirtschaftlich zuging. Mitte 2001 erwarben die Gehrings einen Aussiedlerhof vor den Toren Niersteins, den sie nun durch Umbauten an ihre Erfordernisse anpassen wollen. Im neuen Weingut kann Theo Gehring noch mehr als bisher moderne Weinbereitungsmethoden anwenden. Im Roten Hang von Nierstein ist das Weingut mittlerweile ganz ordentlich begütert. Gehring musste 1999 und 2000 – wohl jahrgangsbedingt – seine Ansprüche etwas drosseln. Vielleicht ist es auch der Mitverdienst der vorjährigen Investitionen: die zweite Traube konnte in diesem Jahr nicht ausbleiben bei Rieslingen, die durch dichte Struktur und reichhaltige Art auftrumpfen. Glückwunsch!

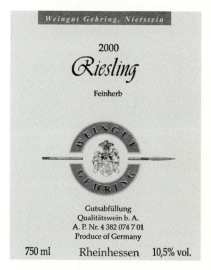

Die Weine: **100** Perfekt · **95–99** Überragend · **90–94** Exzellent · **85–89** Sehr gut · **80–84** Gut · **75–79** Passabel

Rheinhessen

WEINGUT GÖHRING

Inhaber: Wilfried u. Marianne Göhring
Kellermeister: Gerd u. Wilfried Göhring
67592 Flörsheim-Dalsheim,
Alzeyer Straße 60
Tel. (0 62 43) 4 08 u. 90 82 17, Fax 65 25
e-mail: info@weingut-goehring.de
Internet: www.weingut-goehring.de
Anfahrt: A 61, Ausfahrt Worms-Nord/ Mörstadt, Flörsheim-Dalsheim, Ortsteil Nieder-Flörsheim
Verkauf: Marianne u. Wilfried Göhring
Mo.–Sa. 9:00 bis 12:00 Uhr
und 13:00 bis 19:00 Uhr
So. 10:00 bis 12:00 Uhr
nur nach Vereinbarung
Historie: Weinbau in der Familie seit 1819
Erlebenswert: Weinfest im Weingut am vorletzten August-Wochenende

---

Rebfläche: 16 Hektar
Jahresproduktion: 110.000 Flaschen
Beste Lagen: Nieder-Flörsheimer Frauenberg und Goldberg, Dalsheimer Sauloch, Monsheimer Silberberg
Boden: Lösslehm, Ton- u. Muschelkalk
Rebsorten: 20% Burgundersorten, 16% Riesling, 12% Portugieser, je 9% Dornfelder und Müller-Thurgau, 6% Kerner, 4% Huxelrebe, 24% übrige Sorten
Durchschnittsertrag: 88 hl/ha
Beste Jahrgänge: 1997, 1998, 1999

2001 Weißer Burgunder
trocken Classic
3,80 €/1,0 Lit., 13%, ♀ bis 2004 — **80**

2001 Weißer Burgunder
trocken
4,70 €, 13%, ♀ bis 2004 — **82**

2001 Nieder-Flörsheimer Frauenberg
Riesling trocken Selection
6,50 €, 12%, ♀ bis 2005 — **82**

2001 Dalsheimer Sauloch
Siegerrebe Spätlese
4,60 €, 9,5%, ♀ bis 2006 — **83**

2001 Nieder-Flörsheimer Frauenberg
Huxelrebe Auslese
7,– €, 9%, ♀ bis 2005 — **84**

——— Rotweine ———

2000 Dornfelder
trocken
5,60 €, 13%, ♀ bis 2004 — **81**

2001 Spätburgunder
trocken
4,70 €, 14,5%, ♀ bis 2004 — **82**

2000 Monsheimer Silberberg
Spätburgunder trocken Selection »P«
9,60 €, 14%, ♀ bis 2004 — **83**

Bereits in den letzten Jahren haben die Göhrings den Keller auf modernen Stand gebracht und wollen vermehrt klassische Rebsorten an der Stelle von Neuzuchten pflanzen. Hatten wir im letzten Jahr noch von Bestrebungen berichtet, die Erträge herunterzufahren, um den Weinen mehr Konzentration zu geben, müssen wir in diesem Jahr konstatieren, dass dies zu keinem besseren Ergebnis geführt hat: zu unsauber, leichtgewichtig und herb wirken viele der Basisweine. Nur im Bereich der Süßweine wurde der Vorjahresstatus erreicht. Die schwachen Trockenen machen jedoch eine Abstufung unumgänglich.

Aufsteiger **Rheinhessen**

WEINGUT K. F. GROEBE

Inhaber: Friedrich Groebe
64584 Biebesheim, Bahnhofstr. 68–70
Tel. (0 62 58) 67 21, Fax 8 16 02
e-mail:
weingut.k.f.Groebe@t-online.de
Internet: www.weingut-k-f-groebe.de
Anfahrt: A 67, Ausfahrt Biebesheim
Verkauf: Friedrich Groebe,
Horst Avemarie
nach Vereinbarung
Historie: Gründung um 1625, seit 1763 Familienwappen in Form des alten christlichen Zeichens für Wein
Sehenswert: 500 Jahre alter Gewölbekeller in Westhofen, Weinbergshaus »Villa rustica« in der Lage Kirchspiel

> Rebfläche: 7 Hektar
> Jahresproduktion: 50.000 Flaschen
> Beste Lagen: Westhofener Aulerde und Kirchspiel
> Boden: Lösslehm, Lehm, Kalksteinmergel
> Rebsorten: 60% Riesling, 12% Silvaner, je 10% Spät- und Grauburgunder, 8% übrige Sorten
> Durchschnittsertrag: 74 hl/ha
> Beste Jahrgänge: 1996, 2000, 2001
> Mitglied in Vereinigungen: VDP

Die Verwaltung diese Gutes befindet sich im hessischen Biebesheim. Bewirtschaftet werden Weinberge auf der anderen Rheinseite in besten Lagen von Westhofen, wo auch Fasskeller und Kelterhaus liegen. Außergewöhnlich ist auch der Rebsortenspiegel. Stattliche 60 Prozent der Fläche sind mit Riesling bestockt. Das Gut ist dem Arbeitskreis »Großes Gewächs« beigetreten, um die Güte der Lagen Kirchspiel und Aulerde hervorzuheben, und präsentierte uns diesmal den ersten Wein unter diesem Gütesiegel, dem es noch ein wenig an Tiefe fehlt. Ansonsten konstatieren wir gerne in 2001 eine eindeutige Qualitätssteigerung, die die zweite Traube mit sich bringt. Was bleibt, auch in diesem Jahr, ist die Eigenwilligkeit der gesamten Kollektion.

2001 Westhofener
Riesling trocken
5,– €/1,0 Lit., 11,5%, ♀ bis 2004 — **80**

2001 Westhofener
Riesling Kabinett trocken
7,– €, 11%, ♀ bis 2004 — **83**

2001 Westhofener
Riesling Spätlese trocken
10,– €, 12%, ♀ bis 2004 — **83**

2001 Westhofener Kirchspiel
Riesling trocken »Großes Gewächs«
16,– €, 12,5%, ♀ bis 2006 — **87**

2001 Westhofener
Riesling Kabinett
7,– €, 10,5%, ♀ bis 2005 — **82**

2001 Westhofener
Riesling Auslese
25,– €/0,375 Lit., 9,5%, ♀ bis 2005 — **84**

2001 Westhofener
Riesling Spätlese
12,50 €, 8,5%, ♀ bis 2005 — **86**

2001 Westhofener
Riesling Beerenauslese
45,– €/0,375 Lit., 11,5%, ♀ bis 2010 — **88**

2001 Westhofener
Riesling Trockenbeerenauslese
80,– €/0,375 Lit., 7,5%, ♀ bis 2012 — **92**

Die Weine: **100** Perfekt · **95–99** Überragend · **90–94** Exzellent · **85–89** Sehr gut · **80–84** Gut · **75–79** Passabel

Rheinhessen

WEINGUT GUNDERLOCH

Inhaber: Fritz und Agnes Hasselbach
Kellermeister: Heinz Vowinkel
55299 Nackenheim,
Carl-Gunderloch-Platz 1
Tel. (0 61 35) 23 41, Fax 24 31
e-mail: weingut@gunderloch.de
Internet: www.gunderloch.de
Anfahrt: A 60, Ausfahrt Nierstein, B 9, Ausfahrt Nackenheim, Ortseingang links
Verkauf: Agnes Hasselbach-Usinger
Mo.–Fr. 9:00 bis 17:00 Uhr
Wochenende Nach Vereinbarung
Weinproben: Nach Absprache, auch mit Menü-Begleitung möglich
Erlebenswert: Literarische Menüs
Historie: Weingut 1890 von Bankier Carl Gunderloch gegründet

Rebfläche: 12,5 Hektar
Jahresproduktion: 85.000 Flaschen
Beste Lagen: Nackenheimer Rothenberg, Niersteiner Pettenthal und Hipping
Boden: Roter Tonschiefer
Rebsorten: 80% Riesling, 5% Silvaner, 6% Burgundersorten, 9% übrige Sorten
Durchschnittsertrag: 50 hl/ha
Beste Jahrgänge: 1998, 1999, 2000
Mitglied in Vereinigungen: VDP

2001 Niersteiner Pettenthal
Riesling trocken
9,– €, 12%, ♀ bis 2006 — **87**

2000 Nackenheimer Rothenberg
Riesling trocken »Großes Gewächs«
25,– €, 13%, ♀ bis 2006 — **88**

2001 »Jean Baptiste«
Riesling Kabinett
7,50 €, 10,5%, ♀ bis 2005 — **84**

2001 Nackenheimer Rothenberg
Riesling Spätlese
13,– €, 9%, ♀ bis 2007 — **89**

2001 Nackenheimer Rothenberg
Riesling Auslese
18,– €, 10%, ♀ bis 2009 — **91**

2000 Nackenheimer Rothenberg
Riesling Auslese Goldkapsel
33,– €/0,375 Lit., 9%, ♀ bis 2012 — **93**

2000 Nackenheimer Rothenberg
Riesling Beerenauslese
79,– €/0,375 Lit., 9%, ♀ bis 2017 — **94**

2000 Nackenheimer Rothenberg
Riesling Trockenbeerenauslese
125,– €/0,375 Lit., 8,5%, ♀ bis 2024 — **96**

Seit Jahren gehört dieses Nackenheimer Gut zur Spitze des Gebietes. Im Keller widmet Fritz Hasselbach sein ganzes Können dem behutsamen Ausbau der Jungweine. Diese sind zunächst sehr verschlossen, überzeugen dafür später oft umso mehr mit großer Nachhaltigkeit. Um keine Missverständnisse aufkommen zu lassen, stellen die Hasselbachs künftig ihre besten Gutsweine immer erst anderthalb Jahre nach der Ernte vor. Die 2000er edelsüßen Spitzen sind phänomenal und gehören zur deutschen Elite. Vom Jahrgang 2001 verkosteten wir fünf Weine, von denen uns die Auslese ganz besonders gut gefiel. Der charaktervolle trockene Riesling aus dem Pettenthal zeigt Ansätze von Würze und Dichte.

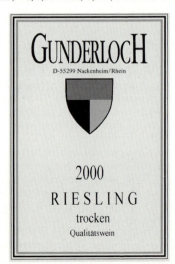

Rheinhessen

WEINGUT DESTILLERIE GERHARD GUTZLER

Inhaber: Gerhard Gutzler
Kellermeister: Gerhard Gutzler
67599 Gundheim, Roßgasse 19
Tel. (0 62 44) 90 52 21, Fax 90 52 41
e-mail: weingut.gutzler@t-online.de
Internet: www.gutzler.de
Anfahrt: A 61 Koblenz–Ludwigshafen, Ausfahrt Gundersheim
Verkauf: Elke Gutzler
nach Vereinbarung
Sehenswert: Holzfasskeller, Brennerei

Rebfläche: 10,8 Hektar
Jahresproduktion: 70.000 Flaschen
Beste Lagen: Wormser Liebfrauenstift Kirchenstück, Westhofener Morstein, Steingrube und Kirchspiel, Niersteiner Ölberg und Kranzberg
Boden: Lehm, Ton und Kalk
Rebsorten: 22% Riesling, 20% Spätburgunder, je 10% Dornfelder und Weißburgunder, 5% Silvaner, 33% übrige Sorten
Durchschnittsertrag: 70 hl/ha
Beste Jahrgänge: 1999, 2000, 2001

2001 Spätburgunder
trocken weiß gekeltert
5,70 €, 12,5%, ♀ bis 2004 — **83**

2001 Wormser Liebfrauenstift Kirchenstück
Riesling trocken
11,50 €, 13%, ♀ bis 2005 — **85**

2001 Grauer Burgunder
trocken »GS«
8,30 €, 13,5%, ♀ bis 2005 — **85**

2000 Cuvée weiß »Nr.1«
trocken Barrique
12,80 €, 13,5%, ♀ bis 2005 — **86**

— Rotweine —

2000 St. Laurent
trocken Barrique
19,50 €, 13,5%, ♀ bis 2005 — **84**

2000 Westhofener Morstein
Spätburgunder trocken Barrique
24,50 €, 14%, ♀ bis 2005 — **85**

1999 Dornfelder
trocken
16,30 €, 14%, ♀ bis 2006 — **86**

2000 Cabernet Sauvignon
trocken Barrique
24,50 €, 14%, ♀ bis 2005 — **86**

Um für seine Weine zu werben, steigt Gerhard Gutzler schon mal hoch hinauf. Unweit der Wormser Liebfrauenkirche, in deren Nähe er zusammen mit seinem Winzerkollegen Arno Schembs eine Parzelle des traditionsreichen Liebfrauenstift Kirchenstücks bewirtschaftet, lässt sich Gutzler auch auf einem Dachfirst sitzend ablichten. Doch abseits solcher Marketing-Gags gilt festzuhalten: Die Qualität der Weine in diesem Gut hat sich in den letzten Jahren dramatisch verbessert. So freuten wir uns auch in diesem Jahr über eine homogene, erfrischend moderne Kollektion. Saubere Sortentypik, ohne Tiefe vermissen zu lassen, charakterisiert am ehesten den Stil des Hauses. Die roten 2000er sind wohl etwas zu stark von hoher Konzentration geprägt, dabei bleiben leider Feinheiten auf der Strecke. Trotzdem: In dieser Form ist das Gut auf dem Weg zur dritten Traube.

Die Weine: **100** Perfekt · **95–99** Überragend · **90–94** Exzellent · **85–89** Sehr gut · **80–84** Gut · **75–79** Passabel

Rheinhessen

WEINGUT GYSLER

Inhaber: Alexander Gysler
Betriebsleiter: Renate und Alexander Gysler
Kellermeister: Alexander Gysler
55232 Alzey-Weinheim,
Großer Spitzenberg 8
Tel. (0 67 31) 4 12 66, Fax 4 40 27
e-mail: kontakt@weingut-gysler.de
Internet: www.weingut-gysler.de
Anfahrt: A 63, Ausfahrt Alzey, Richtung Weinheim, 2. Straße im Ort rechts
Verkauf: Familie Gysler
Mo.–Fr. 9:00 bis 18:00 Uhr
Sa. 10:00 bis 16:00 Uhr
So. nach Vereinbarung
Historie: Gründung im 18. Jahrhundert, eigenen Riesling-Klon gezüchtet
Sehenswert: Fränkische Hofreite, Gutshaus von 1750, alte Gewölbekeller

---

Rebfläche: 11 Hektar
Jahresproduktion: 70.000 Flaschen
Beste Lagen: Weinheimer Mandelberg und Hölle, Albiger Hundskopf
Boden: Steiniger Lösslehm, Rotliegendes
Rebsorten: 20% Müller-Thurgau, je 11% Riesling, Silvaner, Grauburgunder und Huxelrebe, je 8% Spätburgunder und Scheurebe, 7% Weißburgunder, je 5% Dornfelder und Merlot, 3% übrige Sorten
Durchschnittsertrag: 67 hl/ha
Beste Jahrgänge: 1999, 2000, 2001

Mit 27 Jahren übernahm Alexander Gysler nach dem frühen Tod des Vaters 1999 den elterlichen Betrieb in Weinheim im westlichen Rheinhessen. Sein Credo ist eigentlich simpel: Er versucht, unter Beachtung der Lagenbesonderheiten, Weine mit eigenem, typischen Charakter zu erzeugen, wobei er die Eingriffe auf ein Minimum beschränkt. Die 2001er sind klarfruchtig und rassig. Dieser Stil zog sich wie ein roter Faden durch die Verkostung. Am besten gefiel uns die »Hölle« mit ihrer animierenden Art. Im nächsten Jahr ist die zweite Traube drin!

2001 Weinheimer Hölle
Riesling Spätlese trocken
5,20 €, 12%, ♀ bis 2004   **82**

2001 Weinheimer Kirchenstück
Weißer Burgunder Spätlese trocken
5,– €, 12%, ♀ bis 2004   **82**

2001 Weinheimer Kapellenberg
Huxelrebe Spätlese trocken
5,– €, 13%, ♀ bis 2004   **82**

2001 Weinheimer Hölle
Grauer Burgunder Spätlese trocken »S«
9,– €, 13%, ♀ bis 2004   **83**

2001 Weinheimer Mandelberg
Riesling trocken Selection
9,– €, 13%, ♀ bis 2005   **84**

2001 Weinheimer
Riesling Spätlese halbtrocken
5,10 €, 10,5%, ♀ bis 2005   **83**

2001 Weinheimer Hölle
Riesling Kabinett
4,50 €, 8%, ♀ bis 2005   **85**

2001 Weinheimer Hölle
Huxelrebe Spätlese
5,10 €, 9%, ♀ bis 2005   **85**

2001 Weinheimer Kapellenberg
Huxelrebe Auslese
7,– €, 9%, ♀ bis 2006   **87**

Die Betriebe: ✿✿✿✿✿ Weltklasse · ✿✿✿✿ Deutsche Spitze · ✿✿✿ Sehr gut · ✿✿ Gut · ✿ Zuverlässig

Rheinhessen

WEINGUT
HEDESHEIMER HOF

Inhaber: Jürgen, Michael und Gerda Beck
Kellermeister: Jürgen und Michael Beck
55271 Stadecken-Elsheim 1
Tel. (0 61 36) 24 87, Fax 92 44 13
e-mail: weingut@hedesheimer-hof.de
Internet: www.hedesheimer-hof.de
Anfahrt: Über A 63, Ausfahrt Nieder-Olm, Stadecken-Elsheim, OT Stadecken
Verkauf: Nach Vereinbarung

Rebfläche: 20 Hektar
Jahresproduktion: 150.000 Flaschen
Beste Lagen: Stadecker Lenchen und Spitzberg, Elsheimer Bockstein und Blume, Jugenheimer Goldberg
Boden: Schwerer Ton, Lehm mit Lössablagerungen
Rebsorten: 17% Riesling, 14% Weißburgunder, je 12% Spätburgunder und Portugieser, je 10% Grauburgunder und Silvaner, 8% Dornfelder, 7% Kerner, 6% Müller-Thurgau, 4% übrige Sorten
Durchschnittsertrag: 70 hl/ha
Beste Jahrgänge: 1996, 1997, 1998

Jürgen Beck setzt auf relativ reduzierten Anschnitt der Reben, hat die Düngung zugunsten der Begrünung fast abgeschafft und liest im Herbst zu 90 Prozent per Hand. Riesling und Burgundersorten ersetzen zunehmend den Müller-Thurgau und rote Reben besetzen bereits ein Drittel der Betriebsfläche. Die Umstellung auf gezügelte Gärung mittels Temperatursteuerung hat den Weinen eine angenehme Frucht und einen klareren Stil beschert. Seit Mitte der 90er Jahre ging es hier mit der Qualität bergauf. Leicht verbessert im Vergleich zu den doch sehr einfachen 2000ern probierten wir Weißweine, denen es trotz Alkohol an Dichte fehlt. Und auch die Rotweine konnten durch ihre eher oberflächliche Art das Gesamtbild nicht verbessern. Einzig die Selectionsweine wurden einem höheren Anspruch gerecht.

2001 Stadecker Lenchen
Grauer Burgunder Spätlese trocken
5,20 €, 12,5%, ♀ bis 2004 — **80**

2001 Elsheimer Blume
Weißer Burgunder Spätlese trocken
5,20 €, 12,5%, ♀ bis 2004 — **82**

2001 Elsheimer Blume
Silvaner Spätlese trocken
8,20 €, 12,5%, ♀ bis 2004 — **83**

2001 Stadecker Spitzberg
Riesling trocken Selection
8,20 €, 13,5%, ♀ bis 2004 — **83**

2001 Stadecker Lenchen
Grauer Burgunder trocken Selection
8,20 €, 12,5%, ♀ bis 2005 — **83**

2001 Elsheimer Blume
Riesling Spätlese halbtrocken
5,20 €, 12%, ♀ bis 2004 — **81**

2001 Elsheimer Blume
Riesling Auslese
5,40 €/0,5 Lit., 11%, ♀ bis 2006 — **82**

——— Rotwein ———

2000 Stadecker Spitzberg
Dornfelder trocken im Barrique gereift
8,20 €, 12,5%, ♀ bis 2005 — **82**

Die Weine: **100** Perfekt · **95–99** Überragend · **90–94** Exzellent · **85–89** Sehr gut · **80–84** Gut · **75–79** Passabel

Rheinhessen

WEINGUT FREIHERR HEYL ZU HERRNSHEIM

Inhaber: Ahr Familienstiftung
Vertreter der Eigentümerfamilie: Markus Winfried Ahr
Gutsleitung: Michael Burgdorf
Kellermeister: Bernd Kutschick
55283 Nierstein, Langgasse 3
Tel. (0 61 33) 5 70 80, Fax 57 08 80
e-mail: info@heyl-zu-herrnsheim.de
Internet: www.heyl-zu-herrnsheim.de
Anfahrt: B 9, zwischen Mainz und Worms, in Nierstein vom Marktplatz in die Langgasse
Verkauf: Michael d'Aprile, Andrea Gauer
Mo.–Fr. 8:00 bis 12:00 Uhr
und 13:00 bis 17:00 Uhr
und nach Vereinbarung
Sehenswert: Gutsgebäude im Park, teilweise aus dem 16. Jahrhundert

---

Rebfläche: 24 Hektar
Jahresproduktion: 200.000 Flaschen
Beste Lagen: Niersteiner Brudersberg, Pettenthal und Oelberg, Nackenheimer Rothenberg
Boden: Roter Tonschiefer
Rebsorten: 68% Riesling, je 15% Silvaner und Weißburgunder, 2% übrige Sorten
Durchschnittsertrag: 53 hl/ha
Beste Jahrgänge: 1997, 1998, 1999
Mitglied in Vereinigungen: VDP

Fast 30 Jahre lang hat die Familie von Weymarn dieses Gut geleitet. Hier wurden nicht nur Maßstäbe gesetzt bei der Umstellung des Betriebes auf ökologische Wirtschaftsweise, sondern auch in der Weinqualität. Auf diese Leistungen kann die Ahr Familienstiftung aufbauen. Über Jahrzehnte, als nur wenige andere Erzeuger auf Qualität setzten, brachte das Gut mit großer Regelmäßigkeit unnachahmliche Weine hervor. Nach einer schwachen Phase zur Mitte der 90er Jahre hat sich die junge Mannschaft 1997, 1998 und 1999 mit Weinen zurückgemeldet, die an die exzellenten Jahrgänge Anfang der Dekade erinnerten. Dabei wirkten die Weine klassischer denn je, sie strotzten vor Kraft und Konzentration. Das Weinsortiment wurde mittlerweile gestrafft und präsentiert sich jetzt äußerst übersichtlich. Basis der betriebseigenen Qualitätspyramide bilden die trockenen Gutsweine aus den Sorten Riesling, Weißburgunder, Silvaner und ein Riesling feinherb. Auf der zweiten Stufe der Pyramide stehen die Weine vom so genannten Roten Hang. Dieser abgeschlossene Bereich zwischen Nierstein und Nackenheim, auch als Rheinterrassen bezeichnet, bildet seit Jahrhunderten eine Bastion für höchste Qualität mit eigenständigem Profil. Zur Verdeutlichung der Struktur des Bodens führen diese Weine den Namen »Rotschiefer«. Darüber stehen die »Großen Gewächse« als Spitze der Klassifikation. Bei Heyl kommen hierfür ausschließlich die besten Parzellen aus den Lagen Brudersberg und Pettenthal nach erfolgter Selektion auf die Flasche. Die 1999er waren hier vollmundig dicht und wirkten jung verkostet noch verschlossen, sie brauchen Zeit. Betriebsleiter Michael Burgdorf präsentierte uns damals eine Fülle von edelsüßen Weinen, wie man sie seit 1976 hier nicht mehr gesehen hat. Auch im Jahrgang 2000 brachten Burgdorf und sein Team einige beachtliche edelsüße Rieslinge auf die Flasche. Die trockenen 2000er Qualitäten indes wirkten eine Spur rustikal und wiesen nur selten die gewohnte Eleganz auf. Selbst die »Großen Gewächse« könnten strahlender sein. Leider setzt sich diese Entwicklung auch in 2001 fort mit Weinen, die Brillanz und Frische vermissen lassen. Im Konzert der Besten kann Heyl jedenfalls zur Zeit nicht mitspielen. Wir wünschen uns für das nächste Jahr mehr klare Frucht, dann können die vier Trauben auch gehalten werden, denn Stoff und Struktur haben die Weine allemal genug.

2001 Weißer Burgunder
trocken
7,40 €, 11,5%, ♀ bis 2005

Rheinhessen

2001 Silvaner
trocken
5,40 €, 11,5%, ♀ bis 2005 — **84**

2001 Riesling
trocken
6,– €, 11,5%, ♀ bis 2005 — **85**

2001 Rotschiefer
Weißer Burgunder trocken
13,50 €, 12%, ♀ bis 2005 — **85**

2001 Rotschiefer
Riesling Spätlese trocken
11,50 €, 12%, ♀ bis 2006 — **86**

2001 Rotschiefer
Silvaner trocken
8,50 €, 12,5%, ♀ bis 2005 — **87**

2001 Niersteiner Pettenthal
Riesling »Großes Gewächs«
21,– €, 12%, ♀ bis 2006 — **87**

2001 Niersteiner Brudersberg
Riesling »Großes Gewächs«
22,70 €, 13%, ♀ bis 2007 — **88**

2001 Riesling
Kabinett feinherb
7,40 €, 11%, ♀ bis 2006 — **85**

2001 Niersteiner Pettenthal
Riesling Auslese
11,25 €/0,375 Lit., 9,5%, ♀ bis 2008 — **90**

2001 Niersteiner Brudersberg
Riesling Auslese Goldkapsel
28,– €/0,375 Lit., 9,5%, ♀ bis 2010 — **90**

Vorjahresweine

2000 Rotschiefer
Riesling Spätlese trocken
11,15 €, 12%, ♀ bis 2003 — **84**

2000 Niersteiner Pettenthal
Riesling »Großes Gewächs«
19,43 €, 12%, ♀ bis 2004 — **85**

2000 Niersteiner Brudersberg
Riesling »Großes Gewächs«
20,20 €, 12%, ♀ bis 2005 — **87**

2000 Rotschiefer
Weißer Burgunder trocken
13,– €, 13%, ♀ bis 2004 — **88**

2000 Niersteiner Brudersberg
Riesling Beerenauslese
34,77 €/0,375 Lit., 9,5%, ♀ bis 2007 — **88**

2000 Niersteiner Pettenthal
Riesling Beerenauslese
32,21 €/0,375 Lit., 8,5%, ♀ bis 2010 — **89**

2000 Niersteiner Brudersberg
Riesling Trockenbeerenauslese
96,02 €/0,375 Lit., 8%, ♀ bis 2015 — **92**

Die Weine: **100** Perfekt · **95–99** Überragend · **90–94** Exzellent · **85–89** Sehr gut · **80–84** Gut · **75–79** Passabel

Neu

Rheinhessen

WEINGUT HUFF-DOLL

Inhaber: Ernst, Ulrich und Gudrun Doll
55457 Horrweiler, Weedstraße 6
Tel. (0 67 27) 3 43, Fax 53 66
e-mail: weinguthuff-doll@arcormail.de
Anfahrt: A 61, Ausfahrt Bingen-Sponsheim, Richtung Gensingen; A 60, Ausfahrt Gensingen
Verkauf: Mo.–So. nach Vereinbarung
Historie: Weinbau seit 1848

> Rebfläche: 6,5 Hektar
> Jahresproduktion: 50.000 Flaschen
> Beste Lagen: Horrweiler Gewürzgärtchen und Goldberg
> Boden: Lehmiger Ton
> Rebsorten: je 14% Riesling und Müller-Thurgau, je 13% Grau- und Weißburgunder, 8% Portugieser, je 6% Kerner und Scheurebe, je 4% Silvaner, Spätburgunder und St. Laurent, 14% übrige Sorten
> Durchschnittsertrag: 87 hl/ha
> Beste Jahrgänge: 2000, 2001

Im letzten Jahr erstmals in unserem WeinGuide erwähnt, steigt das zwischen Bingen und Bad Kreuznach angesiedelte Gut bereits in den Kreis der Traubenbetriebe auf. Hier wird vom Rebschnitt bis zur Abfüllung nichts dem Zufall überlassen. Man zielt mit allen Maßnahmen im Weinberg auf gesundes, reifes Lesegut und setzt diese Qualitätsgedanken im Keller mit möglichst schonender Weinbehandlung um. So überraschte es uns auch nicht, dass wir Weine mit viel Frucht, einer guten Dichte und einer schmeichelnden zarten Süße probierten. Mit der Rotweincuvée »Malou S«, eine Vermählung von St. Laurent und Cabernet Dorsa, zeigt uns Doll, dass er auch den dosierten Barriqueausbau beherrscht. Wir sind gespannt, was das nächste Jahr bringen wird. Bereits jetzt steht fest: Auch was das äußerst günstige Preis-Leistungsverhältnis angeht – eine rundum empfehlenswerte Adresse!

2001 Rivaner
Classic
3,50 €, 11,5%, ♀ bis 2004 — **81**

2001 Horrweiler St. Rochuskapelle
Riesling Kabinett trocken
3,70 €, 12%, ♀ bis 2005 — **83**

2001 Horrweiler Gewürzgärtchen
Riesling Spätlese trocken
4,80 €, 12,5%, ♀ bis 2005 — **84**

2001 Horrweiler Gewürzgärtchen
Grauer Burgunder Spätlese trocken
4,80 €, 12,5%, ♀ bis 2004 — **84**

2001 Horrweiler Gewürzgärtchen
Riesling Kabinett halbtrocken
3,40 €, 11,5%, ♀ bis 2004 — **81**

2001 Horrweiler Gewürzgärtchen
Silvaner Kabinett halbtrocken
3,40 €, 12%, ♀ bis 2004 — **83**

——— Rotwein ———

2000 »Malou S«
trocken Barrique
12,– €, 13%, ♀ bis 2005 — **84**

Die Betriebe: ✽✽✽✽✽ Weltklasse · ✽✽✽✽ Deutsche Spitze · ✽✽✽ Sehr gut · ✽✽ Gut · ✽ Zuverlässig

Rheinhessen

WEINGUT JOHANNINGER

Inhaber: Dieter Schufried, Markus Haas und Jens Heinemeyer
Weinbau: Dieter Schufried
Sektmanufaktur und Brennerei: Markus Haas
Kellermeister: Jens Heinemeyer
55546 Biebelsheim, Hauptstraße 4–6
Tel. (0 67 01) 83 21, Fax 32 95
e-mail: johanninger@t-online.de
Internet: www.johanninger.de
Anfahrt: A 61, Ausfahrt Bad Kreuznach, in Gensingen südlich auf die B 50
Verkauf: Markus Haas, Jens Heinemeyer
Mo.–Sa. 8:00 bis 18:00 Uhr
oder nach Vereinbarung
Gutsrestaurant: »Remise«
Fr. u. Sa. ab 18:00 Uhr und 1. Sonntag im Monat 12:30 bis 15:00 Uhr
Spezialitäten: Regionale Küche
Erlebenswert: Kulinarische Weinproben

Rebfläche: 18 Hektar
Jahresproduktion: 120.000 Flaschen
Beste Lagen: Biebelsheimer Kieselberg, Kreuznacher Himmelgarten, Assmannshäuser Höllenberg, Lorcher Bodenthal-Steinberg
Boden: Tiefgründiger Löss, Kalk und roter Phyllitschiefer
Rebsorten: 25% Spätburgunder, 15% Silvaner, je 10% Weißburgunder, Grauburgunder, Riesling, Müller-Thurgau und Dornfelder, 10% übrige Sorten
Durchschnittsertrag: 70 hl/ha
Beste Jahrgänge: 1999, 2001

Ein interessanter Betrieb mit Lagen in drei Anbaugebieten – das ist in kurzen Worten das Besondere an Johanninger. 1995 haben sich drei Familienbetriebe im rheinhessischen Biebelsheim (unweit Bad Kreuznach) zusammengetan. Als Kapital brachten sie ihre Weinberge in Rheinhessen, an der Nahe und im Rheingau ein – und ihr spezielles Können. So ist Dieter Schufried für die Pflege der Weinberge zuständig, Jens Heinemeyer für den Weinausbau und Markus Haas kümmert sich um die Sekte und »Aqua Vitae«. Im Vordergrund steht die Erzeugung trockener Weiß- und Rotweine. Alle Weine sind in 2001 mit guter Extraktdichte ausgestattet. Darunter leidet ein wenig die klare Frucht. Das Gesellenstück geht auf eine nachahmenswerte Initiative der Weingutsbesitzer zurück, die ihren Auszubildenden im Prüfungsjahr die Möglichkeit geben, einen Wein im kleinen Fass in eigener Verantwortung auszubauen. Erstaunlich frisch zeigt sich der erst jetzt vorgestellte 1999er Spätburgunder Phyllit. Ein hocheleganter Pinot-Sekt mit feiner Frucht und zurückhaltender Eleganz macht deutlich, dass Markus Haas sein Handwerk versteht.

2001 Grauer Burgunder
trocken »Gesellenstück Johannes Schild« (Rheinhessen)
8,– €, 12,5%, ♀ bis 2004 **82**

2001 Weißer Burgunder & Chardonnay
trocken (Nahe)
5,60 €, 12%, ♀ bis 2005 **83**

2000 Chardonnay
trocken (Nahe)
9,70 €, 13%, ♀ bis 2005 **86**

——— Rotweine ———

2001 Spätburgunder
trocken Gutscuvée Rosé
3,60 €, 11,5%, ♀ bis 2004 **82**

1999 Spätburgunder
trocken »Phyllit« (Rheingau)
9,20 €, 12,5%, ♀ bis 2005 **84**

Die Weine: **100** Perfekt · **95–99** Überragend · **90–94** Exzellent · **85–89** Sehr gut · **80–84** Gut · **75–79** Passabel

Winzer des Jahres 2000 — **Rheinhessen**

WEINGUT KELLER

Inhaber: Klaus Keller
Kellermeister: Klaus und
Klaus-Peter Keller
67592 Flörsheim-Dalsheim,
Bahnhofstraße 1
Tel. (0 62 43) 4 56, Fax 66 86
e-mail: Weingut_Keller@web.de
Internet: www.weingut-keller.de
Anfahrt: A 61, Ausfahrt Worms-Nord, über Mörstadt nach Flörsheim-Dalsheim, Ortsteil Dalsheim
Verkauf: Mo.–Fr. 8:00 bis 12:00 Uhr
und 13:00 bis 18:00 Uhr
Sa. 8:00 bis 12:00 Uhr
und 13:00 bis 16:00 Uhr
Historie: Die Familie Keller betreibt seit 1789 Weinbau in Dalsheim – heute in der achten Generation
Sehenswert: Natursteinturm in der Lage Dalsheimer Hubacker

Rebfläche: 12,5 Hektar
Jahresproduktion: 100.000 Flaschen
Beste Lage: Dalsheimer Hubacker und Bürgel
Boden: Kalksteinverwitterung, Muschelkalk, Tonmergel, Rotlatosol, Terra fusca
Rebsorten: 50% Riesling, 35% Weiß-, Grau- und Spätburgunder, 15% Silvaner, Rieslaner und Scheurebe
Durchschnittsertrag: 64 hl/ha
Beste Jahrgänge: 1999, 2000, 2001
Mitglied in Vereinigungen: VDP

Was macht einen wirklich großen Winzer aus? Aus Verbrauchersicht ist diese Frage schnell geklärt: Wenn man blind kaufen kann, wenn sich vom trockenen Gutswein bis zur edelsüßen Spitze, vom Spätburgunder bis zum Riesling alles auf höchstem Niveau bewegt, dann ist man bei einem wirklich großen Winzer. Doch wie, so fragt man sich weiter, hat ausgerechnet das Weingut Keller im Wonnegau den Sprung zu den besten deutschen Weingütern schaffen können? Die erste Antwort lautet: natürlich nicht von gestern auf heute. An der Basis des Erfolgs steht die enorme Aufbauleistung von Klaus Keller und seiner leider viel zu früh verstorbenen Frau Hedwig, der zu Ehren mitten im Dalsheimer Hubacker ein Turm errichtet wurde. Das außergewöhnliche Engagement der Kellers wurde mit einer Fülle von Auszeichnungen belohnt und hatte maßgeblichen Anteil daran, Flörsheim-Dalsheim als höchstprämierten deutschen Weinbauort in das Guinness-Buch der Rekorde zu bringen. Vater und Sohn Klaus-Peter wissen, dass der Grundstein für Spitzenqualität zuallererst im Weinberg gelegt wird. Für eingefleischte Rheinhessen-Kenner galt es lange als ausgemacht, dass die besten Weinberge des Gebietes rund um Nierstein am Rhein liegen. Das rheinhessische Hügelland, der Wonnegau inklusive, wurde allenfalls als zweitklassig betrachtet. Damit ist es seit einiger Zeit schon vorbei. Die Erfolgsserie der Kellers hat auch den Weinbergen rund um Flörsheim-Dalsheim zu neuer Reputation verholfen: Und die sind alles andere als durchschnittlich. Das Terroir und die einfühlsame Arbeit des Winzers spielen letztlich die entscheidende Rolle. Die Kellers betreiben das ganze Jahr über einen riesigen Pflegeaufwand in ihren Weinbergen: Ausdünnen und Entblättern war hier schon pure Selbstverständlichkeit, als andere noch über die Sinnfälligkeit solcher Maßnahmen diskutierten. Auch bei der Traubenlese selbst ist den Kellers keine Mühe zu groß: Hier bleibt nichts dem Zufall überlassen. Lohn für diese Detailversessenheit ist eine Folge von Spitzenkollektionen, wie sie – schon gar nicht in dieser Vielfalt – kein zweiter deutscher Weinbaubetrieb in den 90er Jahren zu bieten hatte. Nur acht von 25 angestellten Weinen verfehlten in diesem Jahr die 90-Punkte-Marke. Das allein spricht schon für sich. Erstmals wurde 2001 eine 35 Jahre alte Scheurebe-Parzelle geerntet, dem Wunsch von Klaus-Peter Kellers Frau Julia nachkommend, die ihre Lehrjahre beim Weingut Müller-Catoir absolvierte. Das Feuerwerk an Edelsüßen bleibt uns auch diesmal eindrücklich in Erinnerung.

Die Betriebe: ✻✻✻✻✻ Weltklasse · ✻✻✻✻ Deutsche Spitze · ✻✻✻ Sehr gut · ✻✻ Gut · ✻ Zuverlässig

Rheinhessen

2001 Weißer Burgunder
trocken »Vom Muschelkalk«
9,90 €, 13,5%, ♀ bis 2006 — **87**

2001 Riesling
trocken »Von der Fels«
9,90 €, 12%, ♀ bis 2005 — **87**

2001 Grauer Burgunder
trocken »S«
19,80 €, 14%, ♀ bis 2006 — **88**

2001 Riesling
Spätlese trocken »S«
13,– €, 12,5%, ♀ bis 2006 — **89**

2001 Riesling
Spätlese trocken »R«
14,50 €, 13%, ♀ bis 2006 — **90**

2001 Weißer Burgunder
trocken »S«
17,50 €, 14%, ♀ bis 2006 — **90**

2001 Weißer Burgunder
trocken »R«
19,80 €, 14%, ♀ bis 2007 — **91**

2001 Dalsheimer Hubacker
Riesling trocken »Großes Gewächs«
23,– €, 13%, ♀ bis 2007 — **92**

2001 Riesling
trocken »G-MAX«
62,– €, 13%, ♀ bis 2009 — **94**

2001 Dalsheimer Hubacker
Riesling Spätlese – 17 –
12,80 €, 8%, ♀ bis 2007 — **90**

2001 Scheurebe
Auslese
13,– €, 9,5%, ♀ bis 2007 — **90**

2001 Dalsheimer Hubacker
Riesling Auslese – 36 –
19,80 €/0,375 Lit., 7,5%, ♀ bis 2012 — **91**

2001 Dalsheimer Hubacker
Riesling Eiswein
72,50 €/0,375 Lit., 6,5%, ♀ bis 2015 — **91**

2001 Dalsheimer Hubacker
Riesling Spätlese – 26 –
17,50 €, 8%, ♀ bis 2007 — **92**

2001 Scheurebe
Trockenbeerenauslese
34,– €/0,375 Lit., 7,5%, ♀ bis 2015 — **92**

2001 Monsheimer Silberberg
Rieslaner Eiswein
72,50 €/0,375 Lit., 6,5%, ♀ bis 2015 — **92**

2001 Monsheimer Silberberg
Rieslaner Spätlese Alte Reben
18,50 €, 9%, ♀ bis 2008 — **92**

2001 Riesling
Trockenbeerenauslese
105,– €/0,375 Lit., 6,5%, ♀ bis 2015 — **95**

2001 Dalsheimer Hubacker
Riesling Auslese ***
36,– €/0,375 Lit., 7,5%, ♀ bis 2020 — **96**

2001 Dalsheimer Hubacker
Riesling Trockenbeerenauslese – 31 –
160,– €/0,375 Lit., 6,5%, ♀ 2004 bis 2020 — **98**

2001 Monsheimer Silberberg
Rieslaner Trockenbeerenauslese
98,50 €/0,375 Lit., 6,5%, ♀ bis 2015 — **96**

2001 Dalsheimer Hubacker
Riesling Auslese *** Goldkapsel
56,– €/0,375 Lit., 7%, ♀ bis 2020 — **97**

— Rotwein —

2000 Spätburgunder
trocken »Felix«
24,50 €, 13,5%, ♀ bis 2009 — **91**

Die Weine: **100** Perfekt · **95–99** Überragend · **90–94** Exzellent · **85–89** Sehr gut · **80–84** Gut · **75–79** Passabel

Rheinhessen

WEINGUT KISSINGER

Inhaber und Kellermeister:
Jürgen Kissinger
55278 Uelversheim, Außerhalb 13
Tel. (0 62 49) 79 69, Fax 79 89
e-mail: weingut.kissinger@t-online.de
Anfahrt: Über B 9 nach Dienheim, rechts Richtung Uelversheim
Verkauf: Jürgen Kissinger
Mo.–Sa. nach Vereinbarung
Sehenswert: Holzfasskeller aus dem Jahr 1722

> Rebfläche: 11,7 Hektar
> Jahresproduktion: 66.000 Flaschen
> Beste Lagen: Dienheimer Tafelstein, Uelversheimer Tafelstein, Oppenheimer Herrenberg und Sackträger
> Boden: Löss und kalkhaltiger Tonlehm
> Rebsorten: 28% Riesling, 22% Rotwein, 25% Silvaner und Burgunder, je 5% Müller-Thurgau und Chardonnay, 15% übrige Sorten
> Durchschnittsertrag: 75 hl/ha
> Beste Jahrgänge: 1999, 2000, 2001

Im Dienheimer Tafelstein hat Jürgen Kissinger jenen steil zur Rheinebene hin abfallenden Weinberg gefunden, der ihm gute Rieslinge bringt – und die sind nach wie vor die Stärke des Betriebes. Da Kissinger vorwiegend trockene Weine ausbaut, geht es ihm im Weinberg um die Gewinnung von gesundem, vollreifem Lesegut. Der Uelversheimer Winzer macht nicht durch marktschreierische Events von sich reden, sondern durch gute Weine, auch in schwierigen Jahren – eine angenehme Erscheinung. An seine überzeugende Leistung im Jahr 2000 knüpft Kissinger im Folgejahr nahtlos an: Er zeigte eine ausgewogene Kollektion, die durch Eleganz und Fruchtdichte gefällt. Die weißen Burgundersorten haben sich erfreulicherweise der Qualität der Tafelstein-Rieslinge angenähert. Stabil geblieben sind die Preise: Die trockene Spätlese liegt noch unter 5 Euro.

2001 Dienheimer Tafelstein
Riesling Kabinett trocken
3,90 €, 12%, ♀ bis 2004 — **82**

2001 Uelversheimer Tafelstein
Weißer Burgunder Spätlese trocken
5,– €, 12,5%, ♀ bis 2005 — **84**

2001 Uelversheimer Tafelstein
Riesling Spätlese trocken
4,90 €, 12,5%, ♀ bis 2005 — **85**

2001 Uelversheimer Tafelstein
Weißer Burgunder Auslese trocken
8,10 €, 13%, ♀ bis 2005 — **85**

2001 Dienheimer Tafelstein
Riesling Spätlese halbtrocken
4,90 €, 11,5%, ♀ bis 2005 — **85**

2001 Guntersblumer Himmeltal
Gewürztraminer Spätlese
4,10 €, 11%, ♀ bis 2004 — **84**

——— Rotweine ———

2001 Dienheimer Tafelstein
Spätburgunder Weißherbst Kabinett trocken
3,90 €, 12%, ♀ bis 2004 — **81**

2000 Oppenheimer Herrenberg
Spätburgunder Spätlese trocken Barrique
9,10 €, 13%, ♀ bis 2004 — **83**

Die Betriebe: ✿✿✿✿✿ Weltklasse · ✿✿✿✿ Deutsche Spitze · ✿✿✿ Sehr gut · ✿✿ Gut · ✿ Zuverlässig

Rheinhessen

WEINGUT KREICHGAUER

Inhaber und Betriebsleiter:
Axel und Anke Kreichgauer
Kellermeister: Axel Kreichgauer
67585 Dorn-Dürkheim, Kirchgasse 2
Tel. **(0 67 33) 70 05, Fax 96 08 06**
e-mail: a.kreichgauer@t-online.de
*Anfahrt: A 61, Ausfahrt Alzey,
über Gau-Odernheim und Hillesheim*
Verkauf: Anke Kreichgauer
Mo.–Fr. 9:00 bis 20:00 Uhr
am Wochenende ab 9:00 Uhr
nach Vereinbarung

Rebfläche: 12,5 Hektar
Jahresproduktion: 25.000 Flaschen
Beste Lagen: Dorn-Dürkheimer Hasensprung und Römerberg, Wintersheimer Frauengarten
Boden: Sandiger Löss und Lehm, verwitterter Kalkstein
Rebsorten: je 17% Riesling und Spätburgunder, 12% Kerner, 11% Weißburgunder, 10% Grauburgunder, 6% Müller-Thurgau, 4% Chardonnay, 23% übrige Sorten
Durchschnittsertrag: 75 hl/ha
Beste Jahrgänge: 2000, 2001

2001 Dorn-Dürkheimer Römerberg
Weißer Burgunder trocken
4,70 €/1,0 Lit., 11,5%, ♀ bis 2004   **81**

2001 Dorn-Dürkheimer Römerberg
Weißer Burgunder Spätlese trocken
6,95 €, 12,5%, ♀ bis 2005   **83**

2001 Oppenheimer Herrengarten
Riesling Kabinett trocken
4,95 €, 11,5%, ♀ bis 2005   **83**

2001 Dorn-Dürkheimer Hasensprung
Riesling Spätlese trocken
6,95 €, 12%, ♀ bis 2005   **84**

2001 Alsheimer Römerberg
Grauer Burgunder trocken
6,95 €, 13%, ♀ bis 2005   **84**

2001 Alsheimer Rheinblick
Bacchus und Ortega Beerenauslese
15,– €/0,375 Lit., 10%, ♀ bis 2006   **87**

——— RotwXein ———

2000 Dorn-Dürkheimer Römerberg
Cabernet Dorsa trocken
15,35 €, 13%, ♀ bis 2005   **82**

Behutsam wagen Axel und Anke Kreichgauer den Schritt in die Selbstständigkeit und stellen nach und nach auf Flaschenweinvermarktung um. Dabei kommt Axel Kreichgauer zugute, dass er bereits als Fassweinwinzer auf gehobene Qualität setzte. Hilfreich sind sicherlich auch die Ratschläge des befreundeten Rheingauer Spitzenwinzers Peter Jakob Kühn. Besonders gefallen uns aus der soliden Kollektion die beiden abgerundeten, trockenen Burgunder sowie die würzigen trockenen Rieslinge. Ein vom Jahrgang 2000 geprägter, bereits gezehrter Cabernet Dorsa war der einzige Rotwein, den man uns zeigte. Erfreulicher Höhepunkt in 2001 ist eine Beerenauslese, die durch rassige, an Eiswein erinnernde Säure Saft und Länge erhält. Wenn die Basisweine noch etwa besser werden, sind weitere Höhenflüge nicht auszuschließen.

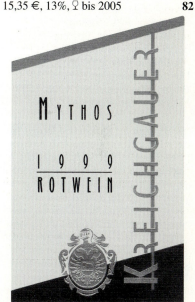

Die Weine: **100** Perfekt · **95–99** Überragend · **90–94** Exzellent · **85–89** Sehr gut · **80–84** Gut · **75–79** Passabel

Rheinhessen

WEINGUT KÜHLING-GILLOT

Inhaber: Roland und Gabi Gillot
Betriebsleiter: Roland und Gabi Gillot
Kellermeister: Roland Gillot
55294 Bodenheim, Ölmühlstraße 25
Tel. (0 61 35) 23 33, Fax 64 63
e-mail: info@kuehling-gillot.com
Internet: www.kuehling-gillot.com
Anfahrt: Von Mainz über B 9, im alten Ortskern von Bodenheim
Verkauf: Mo.–Fr. 9:00 bis 12:00 Uhr und 14:00 bis 17:00 Uhr
Sa. 10:00 bis 12:00 Uhr
So. nach Vereinbarung
Straußwirtschaft: Juli und August, Fr.–So. ab 17:00 Uhr
Sehenswert: Parkähnlicher Garten mit Jugendstilpavillon, Sammlung mediterraner und exotischer Bäume

---

Rebfläche: 8,5 Hektar
Jahresproduktion: 70.000 Flaschen
Beste Lagen: Oppenheimer Sackträger, Bodenheimer Burgweg, Niersteiner Pettenthal, Nackenheimer Rothenberg
Boden: Löss bis Lehm, roter Schiefer
Rebsorten: 44% Riesling, je 10% Portugieser, Spätburgunder und Grauburgunder, 5% Chardonnay, 21% übrige Sorten
Durchschnittsertrag: 70 hl/ha
Beste Jahrgänge: 1996, 1998, 1999
Mitglied in Vereinigungen: VDP

2001 Grauer Burgunder
trocken »Quinterra«
6,40 €, 12,5%, ♀ bis 2004   **82**

2001 Nackenheimer Rothenberg
Riesling trocken »Großes Gewächs«
14,50 €, 12%, ♀ bis 2006   **86**

2001 Oppenheimer Sackträger
Riesling trocken »Großes Gewächs«
15,50 €, 12,5%, ♀ bis 2006   **86**

2001 Niersteiner Pettenthal
Riesling trocken »Großes Gewächs«
16,50 €, 12,5%, ♀ bis 2006   **87**

2001 Riesling
Kabinett halbtrocken »Quinterra«
5,20 €, 11,5%, ♀ bis 2004   **82**

2001 Oppenheimer Sackträger
Riesling Kabinett
5,90 €, 10%, ♀ bis 2005   **82**

--- Rotwein ---

2000 »Giro VII«
trocken Cuvée Barrique
7,70 €, 12%, ♀ bis 2005   **85**

Das Weingut hat sich in den letzten Jahren bei manchem Wettbewerb profiliert. Im Sommer in der Straußwirtschaft im Park rund um die Jugendstilvilla werden vor allem trockene Weine bevorzugt. Im Ausland hingegen schätzt man die edelsüßen. Das heterogene 2001er Sortiment wird klar angeführt von den drei erstmalig als »Große Gewächse« bezeichneten und in ihrer jeweiligen Art eigenständigen trockenen Spitzenrieslingen. Leider verblassen dahinter die restlichen Qualitäten, mit Ausnahme einer weichfruchtigen Rotweincuvée namens »Giro VII«.

Die Betriebe: ❦❦❦❦❦ Weltklasse · ❦❦❦❦ Deutsche Spitze · ❦❦❦ Sehr gut · ❦❦ Gut · ❦ Zuverlässig

Rheinhessen

WEINGUT MANZ

Inhaber: Erich Manz
Kellermeister: Erich und Eric Manz
55278 Weinolsheim, Lettengasse 6
Tel. (0 62 49) 79 81 u. 71 86, Fax 8 00 22
e-mail: weingut_manz@t-online.de
Anfahrt: A 61 oder A 63, Ausfahrt Gau-Bickelheim/Wörrstadt, B 420
Verkauf: Familie Manz
nach Vereinbarung
Historie: 1725 erste Erwähnung als Gutshof
Sehenswert: Rustikale Weinprobierstube in alter Scheune, Weinkeller

---

Rebfläche: 11 Hektar
Jahresproduktion: 100.000 Flaschen
Beste Lagen: Weinolsheimer Kehr, Oppenheimer Herrenberg und Sackträger
Boden: Kalkmergel mit hohem Ton- und Gesteinsanteil, Kalksteinverwitterung
Rebsorten: 30% Riesling, 19% Dornfelder, 16% Weiße Burgundersorten, 15% Spät- und Frühburgunder, 20% übrige Sorten
Durchschnittsertrag: 83 hl/ha
Beste Jahrgänge: 1999, 2000, 2001

In seiner Lohnabfüllanlage füllt Manz mittlerweile drei Millionen Flaschen im Jahr für andere Güter und muss längst nicht mehr vom Weingut leben. Doch nach den Erfolgen der letzten Zeit – dazu gehören zahllose Auszeichnungen auf Wettbewerben – hat Manz das Gut erheblich ausgeweitet, einen neuen Gärkeller gebaut und einen Barriquekeller angelegt. Der Gutshof wurde ebenfalls neu gestaltet und eine Verkostungsstube für Privatkunden eingerichtet. Sohn Eric steht seinem Vater kräftig zur Seite. In der 2001er Spitze stehen wieder die restsüßen Weine. Die trockenen Weißen sind etwas alkohollastig geraten, worunter die Frucht zu leiden hat. Überrascht waren wir vom wohlgelungenen Spätburgunder mit ansprechender Frucht und Würze.

2001 Oppenheimer Herrenberg
Riesling Spätlese trocken
5,20 €, 13%, ♀ bis 2004 — **83**

2001 Weinolsheimer Kehr
Chardonnay Spätlese trocken
6,70 €, 13,5%, ♀ bis 2005 — **84**

2001 Weinolsheimer Kehr
Riesling Spätlese halbtrocken
12,50 €, 12,5%, ♀ bis 2005 — **84**

2001 Uelversheimer Schloss
Huxelrebe Auslese
6,– €, 8,5%, ♀ bis 2005 — **84**

2001 Oppenheimer Herrenberg
Riesling Spätlese »M« ***
6,30 €, 9%, ♀ bis 2005 — **85**

2001 Oppenheimer Sackträger
Riesling Beerenauslese
30,– €/0,375 Lit., 8%, ♀ bis 2008 — **87**

2001 Weinolsheimer Kehr
Silvaner Eiswein
12,– €/0,375 Lit., 8,5%, ♀ bis 2008 — **88**

——— Rotwein ———

2000 Weinolsheimer Kehr
Spätburgunder trocken
12,– €, 13,5%, ♀ bis 2005 — **84**

MANZ
2000
Weinolsheimer
Kehr
Chardonnay
SPÄTLESE
TROCKEN

WEINGUT MANZ
D-55278 WEINOLSHEIM
TELEFON 06249/7981
QUALITÄTSW. M. PRÄDIKAT
GUTSABFÜLLUNG
A.-P. Nr. 439906701801
13,0% vol - 0,75 l
RHEINHESSEN

Die Weine: **100** Perfekt · **95–99** Überragend · **90–94** Exzellent · **85–89** Sehr gut · **80–84** Gut · **75–79** Passabel

Rheinhessen

WEINGUT MEISER

Inhaber: Erich und Frank Meiser
Kellermeister: Frank Meiser
55239 Gau-Köngernheim,
Alzeyer Straße 131
Tel. (0 67 33) 5 08, Fax 83 26
e-mail:
frank.meiser@weingut-meiser.de
Internet: www.weingut-meiser.de
*Anfahrt: A 63, Ausfahrt Biebelnheim;
A 61, Ausfahrt Alzey*
Verkauf: Nach Vereinbarung
Gutsausschank: Poppenschenke –
Weinwirtschaft in einer alten Mühle mit schönem Innenhof in Alzey-Weinheim ganzjährig geöffnet, Fr., Sa. und Mo. ab 18:00 Uhr, So. ab 11:00 Uhr
Spezialitäten: Rheinhessische Gerichte

Rebfläche: 19,5 Hektar
Jahresproduktion: 150.000 Flaschen
Beste Lagen: Alzeyer Rotenfels
und Römerberg, Westhofener
Steingrube und Kirchspiel,
Bechtheimer Hasensprung
Boden: Kalksteinverwitterung,
Lösslehm, Rotliegendes
Rebsorten: 35% Burgundersorten,
20% Rotweinsorten (Spätburgunder,
Frühburgunder, Dornfelder),
je 15% Riesling und Huxelrebe,
6% Müller-Thurgau, 9% übrige Sorten
Durchschnittsertrag: 80 hl/ha
Beste Jahrgänge: 1998, 1999, 2001

2001 Gau-Köngernheimer Vogelsang
Spätburgunder blanc de noir trocken
4,– €, 12,5%, ♀ bis 2004   **81**

2001 Gau-Köngernheimer Vogelsang
Weißer Burgunder trocken
3,60 €, 12,5%, ♀ bis 2004   **81**

2001 Weinheimer Kapellenberg
Silvaner trocken
3,60 €, 12,5%, ♀ bis 2004   **82**

2001 Alzeyer Römerberg
Riesling Spätlese trocken
4,40 €, 11,5%, ♀ bis 2004   **83**

2001 Weinheimer Kirchenstück
Riesling Spätlese trocken
4,40 €, 12%, ♀ bis 2005   **84**

2001 Chardonnay
Spätlese trocken
4,40 €, 12%, ♀ bis 2005   **84**

2001 Alzeyer Rotenfels
Scheurebe Spätlese
4,40 €, 10,5%, ♀ bis 2005   **82**

2001 Gau-Köngernheimer Vogelsang
Huxelrebe Spätlese
4,40 €, 12%, ♀ bis 2005   **85**

2001 Bechtheimer Hasensprung
Huxelrebe Auslese
5,50 €, 11,5%, ♀ bis 2005   **86**

Erich Meiser hat es verstanden, sich aus dem Heer der namenlosen Winzer abzusetzen. Unterstützt wird er von seinem Sohn Frank, der im pfälzischen Traditionsbetrieb Bassermann-Jordan Erfahrungen gesammelt hat. Die Rebsortenvielfalt geht langsam zurück und die Erträge sollen gedrosselt werden. »Leicht erholt«, so könnte man nach den verkosteten 2001ern festhalten. Waren die Weine des Vorjahres von eher einfacher Art, so haben die 2001er mehr Körper und Frucht aufzuweisen. Die modern wirkenden Burgunder sowie die restsüßen Huxelreben bilden die Spitze des Sortiments.

Die Betriebe: ✿✿✿✿✿ Weltklasse · ✿✿✿✿ Deutsche Spitze · ✿✿✿ Sehr gut · ✿✿ Gut · ✿ Zuverlässig

Entdeckung des Jahres 1999

Rheinhessen

WEINGUT MICHEL-PFANNEBECKER

Inhaber: Heinfried und Gerold Pfannebecker
55234 Flomborn, Langgasse 18/19
Tel. (0 67 35) 3 55 und 13 63, Fax 83 65
e-mail: wgtmi.pfa@t-online.de
Internet: www.michel-pfannebecker.de
Anfahrt: A 61, Ausfahrt Gundersheim, Richtung Kirchheimbolanden, direkt an der Hauptstraße
Verkauf: Werktags bis 18:00 Uhr nach Vereinbarung

Rebfläche: 11,5 Hektar
Jahresproduktion: 72.000 Flaschen
Beste Lagen: Westhofener Steingrube, Flomborner Feuerberg und Goldberg, Eppelsheimer Felsen, Gundersheimer Höllenbrand
Boden: Löss, Lehm, Kalkmergel
Rebsorten: 25% Riesling, 15% Silvaner, 12% Spätburgunder, 10% Müller-Thurgau, 9% Portugieser, 6% Chardonnay, je 5% Weiß- und Grauburgunder, 13% übrige Sorten
Durchschnittsertrag: 70 hl/ha
Beste Jahrgänge: 1997, 1998, 1999

Heinfried und Gerold Pfannebecker sind nach wie vor mitten in einer großen Umstellungsphase. In den letzten Jahren wurde der Riesling-Anteil kontinuierlich erhöht, auch klassische Rotwein- und Burgunderreben gepflanzt. Investiert haben die Winzer nicht nur in Gärtanks und Barriquefässer. Auch die Erträge hat man versucht in Grenzen zu halten. Doch derzeit können die Flomborner nicht an ihre guten Leistungen von 1997 bis 1999 anknüpfen. So findet man auch im neuen Jahrgang die schon vom 2000er her bekannten hohen Säuren wieder. Vor allen anderen sind hiervon die trockenen Rieslinge betroffen, wobei sich die Säure nicht so recht mit den extraktlos wirkenden Weinen verbinden will. Eine Besserung im Bereich der Brot-und-Butter-Weine tut Not!

2001 Westhofener Steingrube
Riesling Spätlese trocken
8,20 €, 12%, ♀ bis 2004 — **82**

2001 Flomborner Feuerberg
Grauer Burgunder Spätlese trocken
5,90 €, 12,5%, ♀ bis 2004 — **82**

2001 Flomborner Feuerberg
Silvaner trocken Selection
8,20 €, 12,5%, ♀ bis 2004 — **82**

2001 Flomborner Feuerberg
Weißer Burgunder Spätlese trocken
5,90 €, 12,5%, ♀ bis 2005 — **83**

2000 Flomborner Feuerberg
Silvaner trocken Barrique
10,70 €, 13,5%, ♀ bis 2004 — **83**

2001 Flomborner Feuerberg
Riesling Spätlese trocken
8,60 €, 12,5%, ♀ bis 2005 — **85**

2001 Eppelsheimer Felsen
Riesling Spätlese halbtrocken
5,20 €, 11%, ♀ bis 2006 — **84**

2001 Eppelsheimer Felsen
Riesling Spätlese
5,20 €, 9%, ♀ bis 2006 — **85**

--- Rotwein ---

2000 Gundersheimer Höllenbrand
Spätburgunder trocken Selection Barrique
16,40 €, 13,5%, ♀ bis 2005 — **84**

Die Weine: **100** Perfekt · **95–99** Überragend · **90–94** Exzellent · **85–89** Sehr gut · **80–84** Gut · **75–79** Passabel

Rheinhessen

WEINGUT KARL-HERMANN MILCH

Inhaber: Karl-Hermann Milch
Kellermeister: Karl-Hermann Milch
67590 Monsheim, Rüstermühle
Tel. (0 62 43) 3 37, Fax 67 07
e-mail: info@weingut-milch.de
Internet: www.weingut-milch.de
Anfahrt: A 61, Ausfahrt Worms-Pfeddersheim-Monsheim, B 47 Richtung Monsheim, in der Hauptstraße gegenüber der Sparkasse in die Mühlstraße einbiegen, noch 100 Meter bis zum Gut
Verkauf: Familie Milch
nach Vereinbarung
Sehenswert: Kreuzgewölbekeller, Jugendstildeckenmalerei in der Probierstube

---

Rebfläche: 11,5 Hektar
Jahresproduktion: 40.000 Flaschen
Beste Lagen: Monsheimer Rosengarten und Silberberg
Boden: Lösslehm und Sand
Rebsorten: je 16% Müller-Thurgau und Dornfelder, 11% Spätburgunder, je 8% Riesling und Scheurebe, 6% Chardonnay, je 5% Frühburgunder und Domina, 3% Gewürztraminer, 22% übrige Sorten
Durchschnittsertrag: 80 hl/ha
Beste Jahrgänge: 1997, 1998, 1999

2001 Monsheimer
Riesling trocken
3,– €, 12,5%, ♀ bis 2004 — **81**

2001 Monsheimer Rosengarten
Riesling Spätlese trocken
5,– €, 12,5%, ♀ bis 2004 — **82**

2001 Monsheimer Silberberg
Chardonnay trocken
4,35 €, 13,5%, ♀ bis 2004 — **82**

2001 Monsheimer Silberberg
Chardonnay Spätlese trocken »S«
7,40 €, 14%, ♀ bis 2005 — **84**

2001 Monsheimer Silberberg
Kerner Spätlese
3,30 €, 10%, ♀ bis 2005 — **82**

2001 Monsheimer Rosengarten
Gewürztraminer Spätlese
4,– €, 11%, ♀ bis 2004 — **83**

——— Rotweine ———

2000 Monsheimer Silberberg
Spätburgunder trocken
6,– €, 13,5%, ♀ bis 2004 — **81**

2000 Monsheimer Rosengarten
St. Laurent trocken Barrique
9,20 €, 13%, ♀ bis 2005 — **82**

In den Spitzenbetrieben von Klaus Keller in Flörsheim und Werner Knipser im pfälzischen Laumersheim hat Karl-Hermann Milch seine Lehrjahre verbracht. Mittlerweile hat er auch sein Diplom als Weinbautechniker in der Tasche und baut zunehmend Weine nach seinen eigenen Vorstellungen aus. Ziel in diesem Weingut ist es, sortentypische Weine zu erzeugen. Der Anteil der Fassweinfläche geht Zug um Zug zurück. Nach wie vor sind die Burgundersorten das Steckenpferd des Monsheimers. Mit einer Steigerung im Bereich der Einstiegsweine könnte die Grundlage gelegt werden für eine höhere Bewertung im nächsten Jahr. Vorerst nehmen wir mit dem zartbuttrigen und reichhaltigen Chardonnay »S« vorlieb.

Die Betriebe: ✯✯✯✯✯ Weltklasse · ✯✯✯✯ Deutsche Spitze · ✯✯✯ Sehr gut · ✯✯ Gut · ✯ Zuverlässig

Rheinhessen

WEINGUT J. NEUS

Inhaber: Familie Burchards
Betriebsleiter: Ulrich Burchards
55218 Ingelheim, Bahnhofstraße 96
Tel. (0 61 32) 7 30 03, Fax 26 90
e-mail: weingut-neus@t-online.de
Internet: www.weingut-neus.de
Anfahrt: A 60, Ausfahrt Ingelheim-Ost oder -West, Richtung Stadtmitte
Verkauf: Ulrich Burchards
Mo.–Fr. 8:30 bis 12:00 Uhr
und 13:00 bis 18:00 Uhr
Sa. 9:00 bis 14:00 Uhr
Sehenswert: Über 100 Jahre alter Gewölbekeller mit Eichenholzfässern, historischer Gutshof

---

Rebfläche: 13 Hektar
Jahresproduktion: 80.000 Flaschen
Beste Lagen: Ingelheimer Sonnenberg (Alleinbesitz), Pares und Horn
Boden: Löss, Lehm, Muschelkalk
Rebsorten: 60% Spätburgunder, 19% Portugieser, 8% Riesling, 5% Weißburgunder, 8% übrige Sorten
Durchschnittsertrag: 60 hl/ha
Beste Jahrgänge: 1990, 1997, 1999
Mitglied in Vereinigungen: VDP

Ulrich Burchards, der Urenkel des Firmengründers, ist heute Chef im Weingut Neus. Mit Handlese versucht man, reifes und gesundes Lesegut einzubringen. Beim Rotwein setzt der Betriebsinhaber ganz auf die traditionelle Maischevergärung; die Holzfasslagerung soll zudem körperreiche und gerbstoffarme Spätburgunder erbringen. Seit einigen Jahren weht ein frischer Wind durch Gut und Keller. Doch in diesem Jahr hat es hinten und vorne nicht für die Bestätigung der Note gereicht, zumal sich diese Entwicklung schon im Vorjahr angedeutet hatte. Die 2000er waren nun ganz einfach zu fruchtlos und gezehrt. Die Frage ist auch, ob die Rotweine dieses so schwierigen Jahres nicht durch den Ausbau im großen Holzfass mehr gelitten haben, als dass es zuträglich für sie war.

2001 Ingelheimer Schlossberg
Weißer Burgunder Kabinett trocken
5,– €, 12%, ♀ bis 2004 — **80**

--- Rotweine ---

2000 Ingelheimer
Spätburgunder trocken
5,50 €/1,0 Lit., 12%, ♀ bis 2004 — **79**

2000 Ingelheimer
Domina trocken
4,40 €, 12%, ♀ bis 2004 — **80**

2000 Ingelheimer Sonnenberg
Spätburgunder trocken
6,20 €, 12,5%, ♀ bis 2004 — **81**

2000 Ingelheimer Pares
Spätburgunder trocken
6,20 €, 12,5%, ♀ bis 2004 — **81**

1999 Ingelheimer Pares
Spätburgunder Spätlese trocken Barrique
13,50 €, 13,5%, ♀ bis 2005 — **84**

Die Weine: **100** Perfekt · **95–99** Überragend · **90–94** Exzellent · **85–89** Sehr gut · **80–84** Gut · **75–79** Passabel

Rheinhessen

WEINGUT POSTHOF DOLL & GÖTH

Inhaber: Karl Theo und Roland Doll
Kellermeister: Karl Theo und Roland Doll
55271 Stadecken-Elsheim,
Kreuznacher Straße 2
Tel. (0 61 36) 30 00, Fax 60 01
e-mail: weingut.posthof@doll-goeth.de
Internet: www.doll-goeth.de
Anfahrt: A 63 Mainz–Kaiserslautern, Ausfahrt Stadecken-Elsheim
Verkauf: Christel Doll und Erika Doll nach Vereinbarung
Historie: Der Hof war eine kaiserliche Poststation – Gründung 1883
Sehenswert: Probierturm mit Panoramablick für acht bis 20 Personen, Raritätensammlung im Gewölbekeller

---

Rebfläche: 15 Hektar
Jahresproduktion: 150.000 Flaschen
Beste Lagen: Stadecker Lenchen und Spitzberg, Gau-Bischofsheimer Kellersberg
Boden: Lehm, Ton
Rebsorten: 20% Riesling, 15% Dornfelder, je 10% Grau- und Weißburgunder sowie Silvaner, Spätburgunder und St. Laurent, 7% Portugieser, je 6% Gewürztraminer, Huxelrebe und Kerner
Durchschnittsertrag: 85 hl/ha
Beste Jahrgänge: 1997, 1998, 2000

1993 beschlossen die Familien Göth und Doll den Zusammenschluss ihrer beiden Betriebe. Der Ausbau der Jungweine erfolgt nun komplett im Doll'schen Anwesen in Stadecken-Elsheim. Die Trauben werden komplett per Hand gelesen. Verbunden mit dem neuen Kelterhaus kommt dies der Reintönigkeit der Weine sehr zugute. Seit 1996 sind hier eigentlich keine schwachen Weine mehr erzeugt worden. In diesem Jahr allerdings präsentierte uns das Weingut eine uneinheitliche Kollektion, in der eine spitze Säure, gepaart mit hoher Kohlensäure, herausstach. Allesamt sortentypisch, fehlte es einigen Basisweinen allerdings ein wenig an Ausprägung und Tiefe.

2001 Stadecker Lenchen
Riesling Kabinett trocken
3,85 €, 11,5%, ♀ bis 2004   **81**

2001 Stadecker Spitzberg
Grauer Burgunder Spätlese trocken
6,35 €, 12,5%, ♀ bis 2005   **84**

2001 Stadecker Spitzberg
Riesling Spätlese trocken
6,35 €, 12,5%, ♀ bis 2005   **85**

2001 Stadecker Lenchen
Huxelrebe Spätlese
4,85 €, 10%, ♀ bis 2005   **86**

2001 Stadecker Lenchen
Riesling Eiswein
24,– €/0,375 Lit., 9,5%, ♀ bis 2009 **89**

--- Rotweine ---

2000 Dornfelder
trocken
4,35 €, 13%, ♀ bis 2004   **80**

2001 Portugieser
trocken
4,15 €, 12,5%, ♀ bis 2004   **81**

Die Betriebe: ✿✿✿✿✿ Weltklasse · ✿✿✿✿ Deutsche Spitze · ✿✿✿ Sehr gut · ✿✿ Gut · ✿ Zuverlässig

Rheinhessen

WEINGUT RAPPENHOF

Inhaber: Dr. Reinhard Muth und Klaus Muth
Betriebsleiter: Klaus Muth
Verwalter: Hermann Muth
Kellermeister: Maik Ilgen
67577 Alsheim, Bachstraße 47
Tel. (0 62 49) 40 15, Fax 47 29
e-mail: weingut.rappenhof@t-online.de
Internet: www.weingut-rappenhof.de
Anfahrt: Über B 9 von Mainz oder Worms; A 61, Ausfahrt Worms-Nord oder Alzey
Verkauf: Frau Muth
Mo.–Fr. 8:00 bis 17:00 Uhr
und nach Vereinbarung
Historie: Familienbesitz seit 400 Jahren

Rebfläche: 51 Hektar
Jahresproduktion: 300.000 Flaschen
Beste Lagen: Niersteiner Pettenthal und Oelberg, Oppenheimer Sackträger, Alsheimer Fischerpfad
Boden: Roter Tonschiefer, tonhaltiger Lehm, Löss auf Kalkstein
Rebsorten: 41% Riesling, 12% Weißburgunder, 11% Spätburgunder, je 7% Kerner und Müller-Thurgau, 4% Scheurebe, 3% Silvaner, 15% übrige Sorten
Durchschnittsertrag: 75 hl/ha
Beste Jahrgänge: 1996, 1997, 2001
Mitglied in Vereinigungen: VDP, Deutsches Barrique Forum

2001 Weißer Burgunder
trocken
4,10 €, 12,5%, ♀ bis 2004 — **80**

2001 Alsheimer Fischerpfad
Riesling trocken
5,– €, 13%, ♀ bis 2004 — **81**

2001 Alsheimer Frühmesse
Riesling Spätlese trocken
14,– €, 12,5%, ♀ bis 2004 — **82**

2001 Grauer Burgunder
trocken Classic
5,– €, 12,5%, ♀ bis 2004 — **82**

2001 Guntersblumer Himmelthal
Riesling Spätlese trocken
14,– €, 12,5%, ♀ bis 2004 — **83**

2001 Niersteiner Pettenthal
Riesling Auslese
18,– €, 8%, ♀ bis 2005 — **83**

2001 Niersteiner Pettenthal
Scheurebe Beerenauslese
40,– €/0,375 Lit., 9%, ♀ bis 2006 — **85**

— Rotweine —

2000 Merlot
trocken
9,– €, 12%, ♀ bis 2004 — **81**

2000 Cabernet Sauvignon
trocken
12,– €, 12,5%, ♀ bis 2005 — **82**

Die Zeichen im Rappenhof standen in der letzten Dekade auf Wachstum. Die Betriebsfläche wurde auf mehr als 50 Hektar ausgedehnt. Nebenbei ist Vater Muth, der das Gut heute mit Sohn Klaus gemeinsam führt, auch noch Bürgermeister von Alsheim und war lange Zeit Präsident des Deutschen Weinbauverbandes. Früh hat er Chardonnay angepflanzt und schon mit dem Barrique geübt. Viele der 2001er Weißweine sind geprägt von einer herben Frucht, begleitet von einer teilweise zu hohen Säure. Die Roten geben Anlass zur Hoffnung: ein etwas würziger, aber geschliffener Cabernet Sauvignon und ein von zarter Süße geprägter Merlot.

Die Weine: **100** Perfekt · **95–99** Überragend · **90–94** Exzellent · **85–89** Sehr gut · **80–84** Gut · **75–79** Passabel

Rheinhessen

WEINGUT SANDER

Inhaber: Gerhard und Stefan Sander
Betriebsleiter: Gerhard Sander
Kellermeister: Stefan Sander
67582 Mettenheim,
In den Weingärten 11
Tel. (0 62 42) 15 83, Fax 65 89
e-mail: info@weingut-sander.de
Internet: www.weingut-sander.de
Anfahrt: Über B 9 oder A 61, am südlichen Ende von Mettenheim
Verkauf: Familie Sander
Mo.–Sa. 10:00 bis 17:30 Uhr
und nach Vereinbarung
Historie: Großvater Otto Heinrich Sander war bereits in den 50er Jahren Pionier des ökologischen Weinbaus

---

Rebfläche: 20 Hektar
Jahresproduktion: 200.000 Flaschen
Beste Lagen: Mettenheimer Schlossberg und Michelsberg
Boden: Löss und Lehm, Sand und Schwemmland
Rebsorten: 18% Riesling, 13% Dornfelder, 10% Weißburgunder, je 8% Spätburgunder und Kerner, je 7% Müller-Thurgau und Portugieser, je 5% Sauvignon blanc und Schwarzriesling, 19% übrige Sorten
Durchschnittsertrag: 70 hl/ha
Beste Jahrgänge: 1999, 2000, 2001
Mitglied in Vereinigungen: Naturland

Das hübsche Etikett mit dem Marienkäfer ist alles andere als ein schnöder Marketing-Gag: Der rote Krabbler mit den schwarzen Punkten ist vielmehr Symbol des wohl ältesten Öko-Weinbaubetriebs im Lande. Jedenfalls pflegte Großvater Otto Heinrich schon in den Wirtschaftswunderjahren seine Weinberge naturnah und verzichtete weitgehend auf chemische Mittel. Diesem Vorbild fühlen sich die nachfolgenden Generationen verpflichtet. Knackige Säure beim Riesling und weiche Fülle bei den Burgundern: Das sind die Attribute eines durch und durch soliden 2001er Sortimentes, das Anlass zur Hoffnung auf einen baldigen Aufstieg gibt. Der moderne, von zarter Kohlensäure geprägte Stil passt zur gradlinigen Ausstattung der Weine.

2001 Müller-Thurgau
trocken
4,– €/1,0 Lit., 12%, ♀ bis 2004 — **81**

2001 »Trio«
trocken Traditionscuvée
4,50 €, 12%, ♀ bis 2004 — **82**

2001 Sauvignon blanc
trocken
7,40 €, 12,5%, ♀ bis 2004 — **83**

2001 Mettenheimer Schlossberg
Weißer Burgunder Spätlese trocken
6,40 €, 12%, ♀ bis 2005 — **84**

2001 Chardonnay
trocken
7,40 €, 12,5%, ♀ bis 2005 — **85**

2000 Chardonnay
trocken Barrique
17,– €, 13%, ♀ bis 2005 — **85**

2001 Riesling
Edition »GS«
9,50 €, 12%, ♀ bis 2005 — **83**

--- Rotweine ---

2000 Spätburgunder
trocken
14,60 €, 13%, ♀ bis 2004 — **84**

2000 Dornfelder
trocken
12,– €, 13%, ♀ bis 2005 — **85**

Die Betriebe: ✽✽✽✽✽ Weltklasse · ✽✽✽✽ Deutsche Spitze · ✽✽✽ Sehr gut · ✽✽ Gut · ✽ Zuverlässig

Rheinhessen

WEINGUT SANKT ANTONY

Inhaber: MAN AG, München
Betriebsleiter: Dr. Alexander Michalsky
Verwalter: Klaus Peter Leonhard
Kellermeister: Naoki Nakatani
55283 Nierstein,
Wörrstädter Straße 22
Tel. **(0 61 33) 54 82**, Fax 5 91 39
e-mail: St.Antony@t-online.de
Internet: www.st-antony.com
Anfahrt: Über die B 9 oder B 420
Verkauf: Traude Cersovsky,
Regina Sauder
Mo.–Do. 8:00 bis 12:00 Uhr
und 14:00 bis 16:00 Uhr
Fr. 8:00 bis 12:00 Uhr
und nach Vereinbarung

Rebfläche: 22,5 Hektar
Jahresproduktion: 190.000 Flaschen
Beste Lagen: Niersteiner Oelberg, Pettenthal, Orbel und Hipping
Boden: Roter Schiefer
Rebsorten: 63% Riesling, 10% Dornfelder, 8% Silvaner, je 5% Weiß- und Spätburgunder, 9% übrige Sorten
Durchschnittsertrag: 69 hl/ha
Beste Jahrgänge: 1992, 1993, 1999
Mitglied in Vereinigungen: VDP

Das Gut wurde 1920 gegründet zur Betreuung einiger Weinberge, die zu einem Steinbruch der früheren Gutehoffnungshütte (heute MAN) gehörten. Das Weingut wurde nach dem Krieg mit besten Lagen im Schieferhang des Rotliegenden ergänzt. Seit 1985 trägt es den Namen St. Antony, genannt nach der ersten Eisenhütte im Ruhrgebiet. In den Spitzenlagen Orbel, Heiligenbaum, Oelberg, Hipping und Pettenthal erntet Dr. Alexander Michalsky seine besten Rieslinge. Die vorwiegend trockenen Weine werden gezügelt vergoren, bei abklingender Gärung ins traditionelle Holzfass umgelagert und erst spät abgefüllt. Anfang der 90er Jahre gab es hier großartige Weine, mit dem Jahrgang 1999 folgte eine kleine Renaissance. Die 2001er zeigten sich in einer schwierigen Phase. Teilweise ließen sie klare Frucht vermissen und wirkten mitunter etwas schwerfällig. Mag sein, dass sich die Weine in einigen Jahren besser präsentieren, allerdings kann es ihnen dann an Substanz fehlen.

2001 Niersteiner
Riesling trocken
5,65 €/1,0 Lit., 11%, ♀ bis 2004 **79**

2001 Riesling
trocken
5,90 €, 12%, ♀ bis 2004 **82**

2001 »Vom Rotliegenden«
Riesling trocken
7,70 €, 12%, ♀ bis 2005 **83**

2001 Niersteiner Orbel
Riesling trocken
9,50 €, 11,5%, ♀ bis 2005 **84**

2001 Niersteiner Oelberg
Riesling trocken
19,– €, 11,5%, ♀ bis 2005 **86**

2001 Niersteiner Hipping
Riesling trocken
13,– €, 11,5%, ♀ bis 2005 **87**

Die Weine: **100** Perfekt · **95–99** Überragend · **90–94** Exzellent · **85–89** Sehr gut · **80–84** Gut · **75–79** Passabel

Rheinhessen

WEINGUT SCHALES

Inhaber: Arno, Kurt und
Heinrich Schales
Geschäftsführer: Ralph Bothe
Verwalter: Heinrich u. Bernd Schales
Kellermeister: Kurt u. Christian Schales
67592 Flörsheim-Dalsheim,
Alzeyer Straße 160
Tel. (0 62 43) 70 03, Fax 52 30
e-mail: weingut.schales@t-online.de
Internet: www.schales.de
Anfahrt: A 61, Ausfahrt Worms-Nord, Ortsteil Dalsheim, an der B 271
Verkauf: Arno Schales, Ralph Bothe
Mo.–Fr. 8:00 bis 12:00 Uhr
und 13:00 bis 18:00 Uhr
Sa. 9:00 bis 13:00 Uhr
So. nach Vereinbarung
Historie: Seit 1783 in Familienbesitz
Sehenswert: Kleines Weinmuseum, Holzfasskeller, alte Baumkelter, großer Raritätenkeller

---

Rebfläche: 57 Hektar
Jahresproduktion: 400.000 Flaschen
Beste Lagen: Dalsheimer Hubacker, Bürgel, Sauloch und Steig
Boden: Muschelkalkverwitterung
Rebsorten: 30% Riesling, je 15% Müller-Thurgau und Weißburgunder, 11% Grauburgunder, 20% Rotwein, 9% übrige Sorten
Durchschnittsertrag: 76 hl/ha
Beste Jahrgänge: 1997, 1998, 1999

2001 Riesling
Selection
9,51 €, 12%, ♀ bis 2004 — **82**

2001 Gewürztraminer
Spätlese trocken
5,34 €, 13%, ♀ bis 2004 — **83**

2001 Weißer Burgunder
Selection
9,51 €, 12,5%, ♀ bis 2005 — **84**

2001 Huxelrebe
Spätlese
5,34 €, 10,5%, ♀ bis 2005 — **84**

2001 Riesling
Eiswein – 13 –
20,88 €/0,375 Lit., 8,5%, ♀ bis 2009 — **86**

2001 Riesling
Eiswein – 11 –
23,20 €/0,375 Lit., 8,5%, ♀ bis 2010 — **88**

2001 Riesling
Eiswein – 12 –
23,30 €/0,375 Lit., 9%, ♀ bis 2010 — **89**

——— Rotwein ———

2000 Cabernet Sauvignon u. Merlot
trocken
9,49 €, 12%, ♀ bis 2004 — **82**

Die Gebrüder Schales pflegen ein Weinmuseum, veranstalten Raritätenproben und Versteigerungen. Die jüngere Generation packt kräftig mit an. Bernd Schales hilft Vater Heinrich im Außenbetrieb, Christian geht Vater Kurt im Keller zur Hand. Für die Weine aus 2001 verwendete man einen Mix aus Natur-, Press- und Kunststoffkorken, um die Gefahr von Fehltönen zu verringern. Die edelsüßen Weine zeigten sich auf ähnlich hohem Niveau wie im Vorjahr. Bei den trockenen Weißweinen – wir haben nur die besten aufgeführt – sind aber deutliche Mängel unverkennbar.

Die Betriebe: ✿✿✿✿✿ Weltklasse · ✿✿✿✿ Deutsche Spitze · ✿✿✿ Sehr gut · ✿✿ Gut · ✿ Zuverlässig

Rheinhessen

WEINGUT ADOLF SCHEMBS ERBEN

Inhaber: Arno Schembs
Betriebsleiter und Kellermeister: Arno Schembs
67550 Worms-Herrnsheim,
Schmiedgasse 23
Tel. (0 62 41) 5 20 56, Fax 59 17 20
e-mail: info@schembs-worms.de
Internet: www.schembs-worms.de
Anfahrt: A 61, Ausfahrt Worms-Nord
Verkauf: Arno Schembs
nur nach Vereinbarung
Historie: Der Betrieb entstand aus einer alteingesessenen Holzküferei

---

Rebfläche: 6 Hektar
Jahresproduktion: 40.000 Flaschen
Beste Lage: Wormser Liebfrauenstift Kirchenstück
Boden: Sandiger Lehm mit Kiesel
Rebsorten: je 20% Spätburgunder und Riesling, je 10% Dornfelder und Schwarzriesling, je 8% Weißburgunder und Portugieser, je 6% Silvaner, Müller-Thurgau, Grauburgunder und Chardonnay
Durchschnittsertrag: 75 hl/ha
Beste Jahrgänge: 1999, 2000

»Höchste Qualität – und mit den Füßen auf dem Boden bleiben«, so lautet das Motto von Arno Schembs. Doch manchmal zieht es den Wormser Winzer auch schon mal nach oben, lässt er sich zusammen mit seinem Partnerwinzer Gerhard Gutzler auf einem Dachfirst vor der Wormser Liebfrauenkirche ablichten – mit einem sicheren Gespür für öffentliche Auftritte. In die lokalen Schlagzeilen gerät der selbstbewusste Weinmacher, der seine Flaschen mit eigener Handschrift gestaltet, in letzter Zeit aber auch durch überdurchschnittliche Qualität, etwa beim Deutschen Rotweinpreis, als er den besten Portugieser im Land stellte. Leider enttäuschten uns die 2001er Weißweine. Allzu herb und extraktlos erschienen sie uns und hinterließen nicht den Eindruck von Qualitäten aus einem

Ein-Trauben-Betrieb. Lediglich die zwei angestellten Rotweine entsprachen dem Vorjahresniveau.

2001 Silvaner
trocken
5,40 €, 12%, ♀ bis 2004 — **78**

2001 Grauer Burgunder
trocken
6,50 €, 12%, ♀ bis 2004 — **79**

2001 Riesling
trocken
5,60 €, 12%, ♀ bis 2004 — **80**

2001 Wormser Liebfrauenstift Kirchenstück
Riesling trocken
14,– €, 13,5%, ♀ bis 2004 — **83**

——— Rotweine ———

2001 Spätburgunder
trocken
9,– €, 13%, ♀ bis 2004 — **82**

2000 Portugieser
trocken Barrique
21,– €, 12,5%, ♀ bis 2005 — **85**

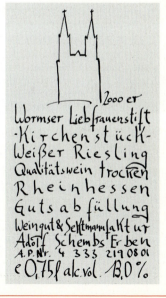

Die Weine: **100** Perfekt · **95–99** Überragend · **90–94** Exzellent · **85–89** Sehr gut · **80–84** Gut · **75–79** Passabel

Rheinhessen

WEINGUT SCHERNER-KLEINHANSS

Inhaber: Klaus R. Scherner
Kellermeister: Klaus R. Scherner
67592 Flörsheim-Dalsheim,
Alzeyer Straße 10
Tel. (0 62 43) 4 35, Fax 56 65
e-mail:
scherner.kleinhanss@freenet.de
Anfahrt: A 61, Ausfahrt Worms-Mörstadt
Verkauf: Monika Bank-Scherner
nach Vereinbarung
Sehenswert: Fachwerkhaus aus dem 16. Jahrhundert, Kreuzgewölbe in Probierstube und Verkaufsraum

---

Rebfläche: 11 Hektar
Jahresproduktion: 65.000 Flaschen
Beste Lagen: Nieder-Flörsheimer Frauenberg und Steig, Monsheimer Rosengarten, Dalsheimer Bürgel und Sauloch
Boden: Lehm, Sand, Kies, kalkhaltiger Löss
Rebsorten: 22% Weißburgunder, 20% Riesling, 19% Spätburgunder, je 5% Frühburgunder und Grauburgunder, 29% übrige Sorten
Durchschnittsertrag: 60 hl/ha
Beste Jahrgänge: 1998, 2000, 2001

2001 Nieder-Flörsheimer Frauenberg
Weißer Burgunder trocken
4,10 €, 12%, ♀ bis 2004   **82**

2001 Nieder-Flörsheimer Frauenberg
Riesling Spätlese trocken
4,90 €, 12,5%, ♀ bis 2004   **83**

2001 Grauer Burgunder
trocken
5,10 €, 13%, ♀ bis 2005   **84**

2001 Dalsheimer Bürgel
Riesling Kabinett halbtrocken
4,– €, 12%, ♀ bis 2005   **83**

2001 Nieder-Flörsheimer Goldberg
Riesling Spätlese halbtrocken
8,– €, 12,5%, ♀ bis 2005   **84**

2001 Riesling
Eiswein
50,– €/0,375 Lit., 10%, ♀ bis 2012   **88**

——— Rotweine ———

2000 »Turmalin«
Frühburgunder trocken Barrique
12,70 €, 13,5%, ♀ bis 2004   **82**

2001 Cabernet Sauvignon u. Dornfelder
trocken
10,– €, 13,5%, ♀ bis 2005   **83**

Bereits im 16. Jahrhundert flohen die Petitjeans aus Burgund an den Rhein und übersetzten ihren französischen Namen in Kleinhanß. 1726 war es dann Joseph Jodokus Scherner, der das Stammhaus in Dalsheim gründete. 1954 kamen beide Familien durch Heirat zusammen. Klaus R. Scherner leitet heute in der neunten Generation das Weingut. Bevor er aber in der Heimat tätig wurde, sammelte er Erfahrung im Ausland, etwa als Kellermeister in Nordamerika. Ein homogenes Sortiment auch in 2001: Klar strukturiert und durchgängig gelungen sind die Weißweine, kraftvoll und feinwürzig die Roten. Und als Krönung ein sehr feiner Eiswein. Eine viel versprechende Leistung!

Die Betriebe: ✴✴✴✴✴ Weltklasse · ✴✴✴✴ Deutsche Spitze · ✴✴✴ Sehr gut · ✴✴ Gut · ✴ Zuverlässig

Rheinhessen

WEINGUT SCHLAMP-SCHÄTZEL

Inhaber: Nanne Schätzel
Betriebsleiter: Nanne Schätzel
Kellermeister: Hans-Hermann in der Beek und Kai Schätzel
55283 Nierstein, Oberdorfstraße 34
Tel. (0 61 33) 55 12, Fax 6 01 59
e-mail: Weingut.Schlamp.Schaetzel@t-online.de
Internet: www.schlamp-schaetzel.de
Anfahrt: B 9 Mainz–Worms, in Nierstein auf B 420, Bildstockstraße rechts bis Oberdorfstraße
Verkauf: Nanne Schätzel
nach Vereinbarung
Sehenswert: 300 Jahre altes Gutshaus mit Probierstube, 700 Jahre alter Kreuzgewölbekeller

---

Rebfläche: 5,1 Hektar
Jahresproduktion: 45.000 Flaschen
Beste Lagen: Niersteiner Pettenthal, Hipping und Oelberg
Boden: Roter Tonschiefer, Lehmlöss mit Kalkmergel
Rebsorten: 50% Riesling, 15% Silvaner, 10% Spätburgunder,
je 8% Müller-Thurgau und Kerner,
7% Portugieser, 2% Scheurebe
Durchschnittsertrag: 88 hl/ha
Beste Jahrgänge: 1998, 2000, 2001

Um 1850 gründete Jakob Schlamp das Weingut in Nierstein. 1874 erwarb dessen Sohn Heinrich den Sitz des heutigen Weinguts, das ehemalige Anwesen »General von Zastrow«. Zum Besitz gehörten damals wie heute beste Lagen im berühmten Niersteiner Roten Hang. Der Betrieb wird heute von den Nachkommen Otto Schätzel und seiner Frau Nanne geführt. Seit 1996 tragen die Weine bereits die Handschrift von Sohn Kai. Das Gut stellt eine ansprechende 2001er Kollektion vor, die in etwa auf Vorjahresniveau liegt. Leider trüben die einfachen Rotweine den Gesamteindruck. Bei vielen 2001er Weißweinen steht die Säure stark im Vordergrund, doch die Oelberg Riesling Spätlese beweist in ihrer saftigen und kraftvollen Art, was hier machbar ist.

2001 Riesling
trocken
3,90 €/1,0 Lit., 11,5%, ♀ bis 2004 **80**

2001 Niersteiner Oelberg
Riesling Kabinett trocken
4,50 €, 11,5%, ♀ bis 2004 **81**

2001 Silvaner
Classic
4,50 €, 11,5%, ♀ bis 2004 **81**

2001 Niersteiner Heiligenbaum
Riesling Kabinett trocken
7,– €, 11,5%, ♀ bis 2004 **82**

2001 Niersteiner Hipping
Silvaner Spätlese trocken
7,– €, 12%, ♀ bis 2004 **83**

2001 Niersteiner Oelberg
Riesling Auslese
9,– €/0,5 Lit., 14,5%, ♀ bis 2005 **82**

2001 Niersteiner Oelberg
Riesling Spätlese
6,20 €, 10,5%, ♀ bis 2005 **85**

——— Rotweine ———

2001 Portugieser
trocken
4,90 €, 12,5%, ♀ bis 2004 **80**

2000 Spätburgunder
trocken
9,50 €, 13,5%, ♀ bis 2004 **80**

Die Weine: 100 Perfekt · 95–99 Überragend · 90–94 Exzellent · 85–89 Sehr gut · 80–84 Gut · 75–79 Passabel

Rheinhessen

WEINGUT GEORG ALBRECHT SCHNEIDER

Inhaber: Albrecht Schneider
55283 Nierstein, Wilhelmstraße 6
Tel. (0 61 33) 56 55, Fax 54 15
e-mail:
Schneider-Nierstein@t-online.de
*Anfahrt: Über B 9 Richtung
Bad Kreuznach, 3. Straße rechts*
Verkauf: Ulrike und Albrecht Schneider
nach Vereinbarung

Rebfläche: 16 Hektar
Jahresproduktion: 90.000 Flaschen
Beste Lagen: Niersteiner Hipping, Oelberg, Orbel und Pettenthal
Boden: Roter Tonschiefer, Lösslehm
Rebsorten: 50% Riesling, 25% Müller-Thurgau, 8% Kerner, 3% Dornfelder, 14% übrige Sorten
Durchschnittsertrag: 80 hl/ha
Beste Jahrgänge: 1997, 1998, 2001

Weil sein Vater früh starb, hat Albrecht Schneider nach kurzer Lehrzeit schon mit 18 Jahren den Betrieb übernommen. Die weitere Ausbildung musste berufsbegleitend stattfinden. So konnte der sympathische Winzer bereits 1997 seinen 30. Jahrgang einbringen. Kurz zuvor war er mit seiner Frau Ulrike aus dem engen, verwinkelten Keller in der Altstadt in den alten Domherrenhof Harth gezogen. Hier hat er endlich mehr als ausreichend Platz. Die Rebfläche des Gutes ist nach wie vor auf die besten Niersteiner Lagen verteilt. Ganztraubenpressung, schonende Mostbehandlung und lange Vergärungszeiten beim Riesling sind qualitätsfördernde Ausbauschritte. Unsere Lieblinge sind ein übers andere Mal die wunderbar verspielten und gleichzeitig reichhaltigen restsüßen Rieslinge, und das zu wirklich akzeptablem Preis. Hier spielt Schneider sein ganzes Können aus. Einziger Wermutstropfen sind und bleiben die etwas rustikalen und herben Basisweine im trockenen Bereich, wobei wir den schönen Grauen Burgunder ausdrücklich ausnehmen möchten.

2001 Niersteiner Spiegelberg
Riesling trocken
4,30 €/1,0 Lit., 11,5%, ♀ bis 2004 — **80**

2001 Silvaner
trocken
4,40 €, 12%, ♀ bis 2004 — **80**

2001 Niersteiner Rosenberg
Weißer Burgunder trocken
4,40 €, 11,5%, ♀ bis 2004 — **82**

2001 Niersteiner Paterberg
Grauer Burgunder Spätlese trocken
6,40 €, 12%, ♀ bis 2005 — **84**

2001 Niersteiner Oelberg
Gewürztraminer Spätlese halbtrocken
6,40 €, 12%, ♀ bis 2004 — **80**

2001 Niersteiner Paterberg
Riesling Kabinett
4,50 €, 9,5%, ♀ bis 2005 — **85**

2001 Niersteiner Hipping
Riesling Spätlese
6,60 €, 9%, ♀ bis 2006 — **87**

2001 Niersteiner Hipping
Riesling Auslese
8,70 €, 8,5%, ♀ bis 2008 — **89**

Die Betriebe: ✸✸✸✸✸ Weltklasse · ✸✸✸✸ Deutsche Spitze · ✸✸✸ Sehr gut · ✸✸ Gut · ✸ Zuverlässig

Rheinhessen

WEINGUT HEINRICH SEEBRICH

Inhaber und Kellermeister:
Heinrich Seebrich
Kellermeister: Jochen Seebrich
55283 Nierstein, Schmiedgasse 3
Tel. **(0 61 33) 6 01 50**, Fax 6 01 65
e-mail: weingut.seebrich@t-online.de
Anfahrt: Von Mainz auf der B 9 Richtung Worms
Verkauf: Mo.–Fr. 8:00 bis 17:00 Uhr nach Vereinbarung
Historie: Weingut wurde 1783 gegründet und ist seitdem in Familienbesitz
Sehenswert: Altes Kellergewölbe, Holzfasskeller

Rebfläche: 10,5 Hektar
Jahresproduktion: 85.000 Flaschen
Beste Lagen: Niersteiner Heiligenbaum, Oelberg und Hipping
Boden: Roter Tonschiefer
Rebsorten: 40% Riesling,
12% Müller-Thurgau, 11% Dornfelder,
9% Kerner, 6% Silvaner,
je 5% Weiß- und Spätburgunder,
12% übrige Sorten
Durchschnittsertrag: 68 hl/ha
Beste Jahrgänge: 1997, 1998, 2001

Heinrich Seebrich ist vor allem ein Spezialist des zartsüßen Rieslings. Getragen von einer saftigen Frucht und einer pikanten Säure, gelingen ihm solche Weine aus dem berühmten Roten Hang besonders gut. Sohn Jochen hat in Bad Kreuznach seine Prüfung zum Weinbautechniker abgelegt und hilft im väterlichen Gut kräftig mit. Im alten Keller mit geschnitzten Fässern halten für die Gärung Stück für Stück Edelstahlfässer Einzug. Seebrich hat mit dem aktuellen Jahrgang das Manko des Vorjahres mehr als wettgemacht: Die Weißweine changieren zwischen würzig und klarfruchtig. Allerdings geriet der ein oder andere Kabinett etwas unsauber. Unser Favorit ist die pikantfordernde Riesling Auslese aus dem Heiligenbaum.

2001 Niersteiner Brückchen
Riesling Kabinett trocken
4,10 €/1,0 Lit., 11,5%, ♀ bis 2004 **81**

2001 Niersteiner Oelberg
Riesling Spätlese trocken
6,50 €, 11%, ♀ bis 2004 **83**

2001 Niersteiner Oelberg
Riesling Kabinett
4,60 €, 9%, ♀ bis 2004 **82**

2001 Niersteiner Oelberg
Scheurebe Kabinett
4,50 €, 9%, ♀ bis 2004 **83**

2001 Niersteiner Hipping
Riesling Spätlese
5,60 €, 9%, ♀ bis 2005 **84**

2001 Niersteiner Hipping
Riesling Auslese
7,90 €, 9%, ♀ bis 2005 **85**

2001 Niersteiner Heiligenbaum
Riesling Auslese
8,– €, 9%, ♀ bis 2006 **87**

2001 Niersteiner Oelberg
Riesling Eiswein
16,50 €/0,375 Lit., 8,5%, ♀ bis 2008 **88**

Die Weine: **100** Perfekt · **95–99** Überragend · **90–94** Exzellent · **85–89** Sehr gut · **80–84** Gut · **75–79** Passabel

Aufsteiger — **Rheinhessen**

WEINGUT SEEHOF – ERNST FAUTH

Inhaber: Ernst und Ruth Fauth
Kellermeister: Florian und Ernst Fauth
67593 Westhofen, Seegasse 20
Tel. (0 62 44) 49 35, Fax 90 74 65
e-mail: Weingut-Seehof@t-online.de
Anfahrt: A 61, Ausfahrt Gundersheim, nach Westhofen
Verkauf: Familie Fauth
Mo.–Sa. nach Vereinbarung
Gästezimmer: Mit Frühstück
Historie: 1200 Jahre alter Seehof
Sehenswert: Seebach entspringt direkt hinter dem Haus, wasserstärkste Quelle Rheinhessens; 400 Jahre altes Gewölbe

---

Rebfläche: 14 Hektar
Jahresproduktion: 28.000 Flaschen
Beste Lagen: Westhofener Kirchspiel und Morstein
Boden: Kalksteinmergel, Lösslehm
Rebsorten: je 18% Riesling und Müller-Thurgau, 10% Grau- und Weißburgunder, je 8% Kerner und Silvaner, je 5% Huxelrebe, Portugieser und Scheurebe, 23% übrige Sorten
Durchschnittsertrag: 86 hl/ha
Beste Jahrgänge: 1999, 2000, 2001

Ernst und Ruth Fauth haben frühzeitig der jungen Generation eine Chance gegeben – und es nicht bereut. Florian Fauth hat bei den Pfälzer Top-Gütern Dr. Wehrheim und Mosbacher gelernt und setzt seine Kenntnisse nun in die Praxis um. Ausdünnung, Durchlüftung der Laubwand, späte, selektive Lese zur Erzielung von gesundem, vollreifem Lesegut – diese qualitätsfördernden Schritte werden nun nach und nach auf den ganzen Betrieb ausgedehnt. Erste Erfolge zeigen sich schon. So waren die 2000er von durchweg solider Art. Für eine überzeugende 2001er Kollektion vergeben wir in diesem Jahr gerne die zweite Traube. Vor allem die saubere Stilistik der trockenen und die Frische und Lebhaftigkeit der restsüßen Weine gefallen uns. Die Huxelrebe Spätlese ist hier in der Tat ein veritables Schnäppchen!

2001 Westhofener Rotenstein
Weißer Burgunder Spätlese trocken
5,– €, 12,5%, ♀ bis 2004 **82**

2001 Westhofener Rotenstein
Silvaner trocken
3,40 €, 12%, ♀ bis 2004 **82**

2001 Riesling
Kabinett trocken
3,70 €, 11,5%, ♀ bis 2004 **83**

2001 Westhofener Kirchspiel
Riesling Spätlese trocken
5,– €, 12%, ♀ bis 2005 **84**

2001 Westhofener Morstein
Scheurebe Auslese
6,20 €, 10,5%, ♀ bis 2005 **86**

2001 Westhofener Rotenstein
Huxelrebe Spätlese
3,90 €, 9%, ♀ bis 2006 **87**

2001 Westhofener Morstein
Scheurebe Beerenauslese
12,– €/0,5 Lit., 7,5%, ♀ bis 2007 **87**

2001 Westhofener Rotenstein
Huxelrebe Beerenauslese
9,– €/0,5 Lit., 8,5%, ♀ bis 2007 **88**

Neu

Rheinhessen

WEINGUT SPIESS – RIEDERBACHERHOF

Inhaber: Jürgen Spiess
Betriebsleiter: Jürgen und Burkhard Spiess
Kellermeister: Burkhard Spiess
67595 Bechtheim, Gaustraße 2
Tel. (0 62 42) 76 33, Fax 64 12
e-mail: Weingut.Spiess-Bechtheim@t-online.de
Anfahrt: B 9 oder A 61, Ausfahrt Gundersheim/Westhofen
Verkauf: Familie Spiess
Mo.–Fr. 8:00 bis 12:00 Uhr
und 13:00 bis 18:00 Uhr
Sa. 8:00 bis 18:00 Uhr
Historie: Weinbau in der Familie seit 1509
Sehenswert: Barriquekeller mit Säulen, Sektgewölbe, Kirschholz-Probierzimmer

---

Rebfläche: 20 Hektar
Jahresproduktion: 210.000 Flaschen
Beste Lagen: Bechtheimer Hasensprung und Heilig-Kreuz, Westhofener Kirchspiel
Boden: Lösslehm, Lössmergel
Rebsorten: je 15% Riesling und Spätburgunder, 13% Portugieser, 11% Dornfelder, 10% Weißburgunder, 5% Kerner, je 4% Huxelrebe, Silvaner und St. Laurent, 19% übrige Sorten
Durchschnittsertrag: 80 hl/ha
Bester Jahrgang: 2001

Ausgezeichnet wurde dieses Gut schon häufig: mit Ehrenpreisen und zuletzt vom Silvaner-Forum. Doch uns haben vor allem die respektablen Rotweine dazu veranlasst, dem Weingut der Brüder Spiess in diesem Jahr eine Traube zu verleihen. Bei den trockenen Weißweinen gibt es teilweise noch Nachholbedarf. Die restsüßen gelangen im Jahrgang 2001 erfreulich und die nicht unbedingt leicht auszubauenden Weine aus Cabernet Sauvignon und Merlot zeigen, dass man hier ein Händchen für rote Sorten hat. Kamen die 1999er Cabernets schon auf ein erfreuliches Niveau, zeigen die 2000er, dass geschmeidige Frucht auch in schwierigen Jahren erreicht werden kann.

2001 Weißer Burgunder
Classic
4,60 €, 11,5%, ♀ bis 2004   **80**

2001 Bechtheimer Geyersberg
Riesling Spätlese trocken
5,20 €, 12%, ♀ bis 2004   **81**

2001 Bechtheimer Pilgerpfad
Riesling trocken »S«
8,40 €, 12%, ♀ bis 2005   **85**

2001 Bechtheimer Hasensprung
Kerner Spätlese
4,30 €, 9,5%, ♀ bis 2006   **82**

2001 Bechtheimer Stein
Huxelrebe Spätlese
4,60 €, 9,5%, ♀ bis 2006   **83**

——— Rotweine ———

2001 Bechtheimer Pilgerpfad
Dornfelder trocken Classic
5,50 €, 13%, ♀ bis 2005   **82**

2000 Westhofener Kirchspiel
Merlot trocken Barrique
15,10 €, 14,5%, ♀ bis 2005   **84**

2000 Westhofener Kirchspiel
Cabernet Sauvignon trocken Barrique
15,10 €, 13,5%, ♀ bis 2006   **85**

1999 Cuvée »CS«
Cabernet Sauvignon trocken Barrique
13,70 €, 13,5%, ♀ bis 2006   **86**

Die Weine: **100** Perfekt · **95–99** Überragend · **90–94** Exzellent · **85–89** Sehr gut · **80–84** Gut · **75–79** Passabel

Rheinhessen

STAATLICHE WEINBAU-DOMÄNE OPPENHEIM

Inhaber: Land Rheinland-Pfalz
Betriebsleiter: Otto Schätzel
Verwalter: Gunter Schenkel
Kellermeister: Arndt Reichmann
55276 Oppenheim, Wormser Straße 162
Tel. (0 61 33) 93 03 05, Fax 93 03 23
e-mail: domaenenverkauf.slva-op@agrarinfo.rlp.de
Internet: www.domaene-oppenheim.de
Anfahrt: Direkt an der B 9, Ortsausgang Oppenheim in Richtung Worms
Verkauf: Frau Preiß
Mo.–Do. 9:00 bis 12:00 Uhr
und 13:00 bis 16:00, Fr. bis 18:00 Uhr
Sa. nach Vereinbarung
Historie: 1895 eine Gründung des Großherzogs Ludwig von Hessen als Versuchs- und Musterbetrieb
Sehenswert: Denkmalgeschütztes Gutshaus im späten Jugendstil

Rebfläche: 48 Hektar
Jahresproduktion: 140.000 Flaschen
Beste Lagen: Niersteiner Oelberg und Glöck (Alleinbesitz), Nackenheimer Rothenberg
Boden: Roter Tonschiefer, Kalk, Mergel, Lehm, Löss
Rebsorten: 52% Riesling, 12% Silvaner, 8% Rotweinsorten, 6% Müller-Thurgau, 4% Scheurebe, 18% übrige Sorten
Durchschnittsertrag: 70 hl/ha
Beste Jahrgänge: 1996, 1997, 1998
Mitglied in Vereinigungen: VDP

Nach überfälligen Investitionen kann sich der Betrieb wieder mehr auf seine Beispielfunktion für Rheinhessen besinnen. Gezügelte Gärung in Edelstahltanks und Reifung in klassischen Eichenholzfässern prägen die Kellerarbeit. Die durchweg ansprechenden 1997er und 1998er bestätigten die Aufwärtstendenz. Nach einer wahrlich bescheidenen 99er Kollektion stellte man uns im Vorjahr ein ordentliches 2000er Sortiment vor. Auch in 2001 können, wie schon im Vorjahr, ausschließlich die restsüßen Qualitäten gefallen. Zu ausdruckslos erschienen uns die trockenen Weine, die zur Wahrung des Status um einiges zulegen sollten.

2001 Silvaner
trocken
3,55 €/1,0 Lit., 12%, ♀ bis 2004   **80**

2001 Niersteiner Glöck
Gewürztraminer Spätlese trocken
6,15 €, 12%, ♀ bis 2004   **82**

2001 Oppenheimer Herrenberg
Riesling Kabinett trocken
4,20 €, 12%, ♀ bis 2004   **82**

2001 Grauer Burgunder
trocken
6,20 €, 13%, ♀ bis 2005   **83**

2001 Oppenheimer Herrenberg
Riesling Spätlese
6,15 €, 9%, ♀ bis 2005   **85**

2001 Niersteiner Oelberg
Riesling Spätlese
6,15 €, 9,5%, ♀ bis 2006   **86**

Rheinhessen

WEINGUT STEITZ

Inhaber: Familie Steitz
Kellermeister: Christian Steitz
55599 Stein-Bockenheim,
Mörsfelder Straße 3
Tel. (0 67 03) 9 30 80, Fax 93 08 90
e-mail: mail@weingut-steitz.de
Internet: www.weingut-steitz.de
Anfahrt: A 61, Ausfahrt Gau-Bickelheim, über Wöllstein, Siefersheim und Wonsheim
Verkauf: Familie Steitz
nach Vereinbarung
Gästehaus: Im Weingut
Sehenswert: Mediterraner Innenhof, Tonnengewölbe als Probierraum

---

Rebfläche: 13 Hektar
Jahresproduktion: 100.000 Flaschen
Beste Lagen: Verzicht auf Lagenangaben
Boden: Porphyr, Lösslehm
Rebsorten: je 13% Spät- und Weißburgunder, 12% Riesling, je 11% Grauburgunder und Portugieser, 9% Müller-Thurgau, 7% Dornfelder, 24% übrige Sorten
Durchschnittsertrag: 80 hl/ha
Beste Jahrgänge: 1999, 2000

Dass Stein-Bockenheim am Rande Rheinhessens und nicht weit weg von einem anderen Anbaugebiet liegt, das zeigt das Weingut Steitz, das auch 2001 wieder mehrere Naheweine abgefüllt hat. Die Kreuznacher Narrenkappe steht auch in diesem Jahr an der Spitze einer Kollektion, die im Bereich der Rieslinge eindeutig stärker geworden ist. Immer noch ein Schnäppchen ist der trockene Weißburgunder, von dem es auch in diesem Jahr eine ordentliche Menge gibt (12.000 Flaschen). Bei den ordentlichen Rotweinen ist es vor allem der Dornfelder, der recht überzeugend geraten ist. Eine solide Leistung in einem Jahrgang, der nicht einfach zu handhaben war. Indes hinterließen die weißen Basisweine von 2001 eher einen schwachen Eindruck.

2001 Silvaner
trocken
3,60 €/1,0 Lit., 12%, ♀ bis 2004 — **80**

2001 Chardonnay
trocken
6,20 €, 12,5%, ♀ bis 2004 — **80**

2001 Riesling
trocken
4,90 €, 11%, ♀ bis 2004 — **81**

2001 Weißer Burgunder
Classic
4,10 €, 11,5%, ♀ bis 2004 — **82**

2001 Gewürztraminer
trocken (Nahe)
9,– €, 13%, ♀ bis 2004 — **82**

2001 Weißer Burgunder
trocken
5,80 €, 12,5%, ♀ bis 2004 — **83**

2001 Riesling
trocken Selection
8,– €, 12%, ♀ bis 2005 — **83**

2001 Riesling
Spätlese (Nahe)
6,50 €, 9%, ♀ bis 2004 — **81**

2001 Kreuznacher Narrenkappe
Riesling (Nahe)
9,50 €, 12%, ♀ bis 2005 — **83**

--- Rotwein ---

2000 »Nr. 1«
Dornfelder trocken
11,– €, 12,5%, ♀ bis 2005 — **84**

Die Weine: **100** Perfekt · **95–99** Überragend · **90–94** Exzellent · **85–89** Sehr gut · **80–84** Gut · **75–79** Passabel

Rheinhessen

WEINGUT J. & H. A. STRUB

Inhaber: Walter Strub
Verwalter: Georg Stiller
55283 Nierstein, Rheinstraße 42
Tel. (0 61 33) 56 49, Fax 55 01
e-mail: info@strub-nierstein.de
Internet: www.strub-nierstein.de
*Anfahrt: Von Mainz über B 9,
aus Westen über A 61 und B 420;
im alten Ortskern, Nähe Marktplatz*
Verkauf: Margit und Walter Strub
nach Vereinbarung
Mo.–Fr. 8:00 bis 17:00 Uhr
Sa. 9:00 bis 12:00 Uhr
Historie: Weinbau in der 11. Generation
Sehenswert: Gewölbekeller und Fachwerkhaus aus dem 17. Jahrhundert, Generationenfassboden von 1929

Rebfläche: 16,7 Hektar
Jahresproduktion: 100.000 Flaschen
Beste Lagen: Niersteiner Orbel, Oelberg, Hipping und Pettenthal
Boden: Roter Tonschiefer, Löss, Lehm und Kalk
Rebsorten: 70% Riesling, 16% Müller-Thurgau, 9% Silvaner, 5% übrige Sorten
Durchschnittsertrag: 60 hl/ha
Beste Jahrgänge: 1998, 1999, 2001

2001 Niersteiner
Riesling Kabinett
4,10 €/1,0 Lit., 10,5%, ♀ bis 2004   **82**

2001 Niersteiner Oelberg
Riesling Kabinett
4,85 €, 10%, ♀ bis 2004   **83**

2001 Niersteiner Brückchen
Riesling Kabinett
4,85 €, 9,5%, ♀ bis 2005   **84**

2001 Niersteiner Pettenthal
Riesling Kabinett
4,85 €, 9,5%, ♀ bis 2005   **84**

2001 Niersteiner Oelberg
Riesling Spätlese
9,– €, 9,5%, ♀ bis 2006   **85**

2001 Niersteiner Paterberg
Riesling Spätlese
9,50 €, 9%, ♀ bis 2005   **86**

2001 Niersteiner Paterberg
Riesling Spätlese ***
11,– €, 8%, ♀ bis 2007   **87**

2001 Niersteiner Paterberg
Riesling Eiswein
50,– €/0,5 Lit., 8%, ♀ bis 2010   **89**

Walter Strub bevorzugt beim Riesling Handlese, Ganztraubenpressung und gezügelte Gärung, um die Zartfruchtigkeit der Jungweine zu erhalten. Strub baut 80 Prozent seiner Produktion halbtrocken oder fruchtig aus. Da wundert es nicht, dass die Hälfte seiner Weine im Ausland verkauft werden. Seit 1993 hat es hier eigentlich kein schwaches Jahr mehr gegeben. Selbst die Literqualität ist oft empfehlenswert. In 2001 zeigen sich Strubs restsüße Weine von einer noch besseren Seite als im Vorjahr: mit viel belebender Frucht, feiner Kohlensäure und bestens balanciert zwischen Säure und zarter Süße. Der Paterberg Riesling Eiswein hat es uns mit seiner pikanten Art besonders angetan. Wir sind sicher: hier ist in der Zukunft noch mehr drin!

Die Betriebe: ✤✤✤✤✤ Weltklasse · ✤✤✤✤ Deutsche Spitze · ✤✤✤ Sehr gut · ✤✤ Gut · ✤ Zuverlässig

Rheinhessen

WEINGUT VILLA SACHSEN

Inhaber: Michael Prinz zu Salm und Partner
Betriebsleitender Gesellschafter: Rolf Schregel
Kellermeister: Rolf Schregel
55411 Bingen, Mainzer Straße 184
Tel. (0 67 21) 99 05 75, Fax 1 73 86
e-mail: info@villa-sachsen.com
Internet: villa-sachsen.com
Anfahrt: A 61, Ausfahrt Bingen, Richtung Autofähre, weiße Villa links zwischen Bingen-Kempten und Bingen
Verkauf: Rolf Schregel nach Vereinbarung
Gastronomie: Sommerterrasse im Juli
Historie: 1843 Bau des Landhauses im klassizistischen Stil; 1899 beginnt ein Leipziger Fabrikant mit dem Weinbau
Sehenswert: Gutshaus mit Park, Kreuzgewölbekeller

Rebfläche: 19 Hektar
Jahresproduktion: 130.000 Flaschen
Beste Lage: Binger Scharlachberg
Boden: Schiefer, sandiger Lehm
Rebsorten: 54% Riesling, 16% Weißburgunder, je 8% Müller-Thurgau und Kerner, 6% Silvaner, je 4% Grau- und Spätburgunder
Durchschnittsertrag: 56 hl/ha
Beste Jahrgänge: 1996, 1997, 1998
Mitglied in Vereinigungen: VDP

2001 Weißer Burgunder
trocken
5,– €, 12%, ♀ bis 2004 — **80**

2001 Grauer Burgunder
trocken
5,40 €, 12,5%, ♀ bis 2004 — **81**

2001 Riesling
trocken
5,– €, 12%, ♀ bis 2004 — **82**

2001 Riesling
Spätlese trocken
9,20 €, 12,5%, ♀ bis 2005 — **83**

2001 Riesling
Classic
5,90 €, 12%, ♀ bis 2004 — **83**

2001 Binger Scharlachberg
Riesling »Großes Gewächs«
16,– €, 12,5%, ♀ bis 2005 — **86**

2001 Riesling
5,– €, 11%, ♀ bis 2004 — **81**

2001 Binger Scharlachberg
Riesling Spätlese
9,20 €, 8,5%, ♀ bis 2006 — **86**

Bis in die 60er Jahre war dies nicht nur der führende Erzeuger in Bingen, sondern er gehörte auch zur Spitze des Gebietes. Trotz Investitionen in den 80er Jahren konnte das Gut nie mehr an seine Glanzzeiten anknüpfen. Trauriger Tiefpunkt war Anfang der 90er Jahre die Zwangsverwaltung. Während die schmucke Villa heute in japanischen Händen ist, erwarb Michael Prinz zu Salm zusammen mit drei Partnern die Weinberge. In 2000 und 2001 sind die Basisweine eher dürftig ausgefallen. Lediglich das »Große Gewächs« und die fruchtige Riesling Spätlese entsprechen noch dem Status eines Drei-Trauben-Betriebs. Hier tut im nächsten Jahr dringend Besserung Not!

Die Weine: **100** Perfekt · **95–99** Überragend · **90–94** Exzellent · **85–89** Sehr gut · **80–84** Gut · **75–79** Passabel

Aufsteiger

Rheinhessen

WEINGUT WAGNER-STEMPEL

Inhaber: Familie Wagner
Betriebsleiter: Lothar u. Daniel Wagner
Kellermeister: Daniel Wagner
55599 Siefersheim, Wöllsteiner Str. 10
Tel. (0 67 03) 96 03 30, Fax 96 03 31
e-mail: info@wagner-stempel.de
Internet: www.wagner-stempel.de
Anfahrt: A 61, Ausfahrt Gau-Bickelheim, über Wöllstein nach Siefersheim
Verkauf: Lore Wagner
Mo.–Fr. 8:00 bis 18:00 Uhr
nach Vereinbarung
Sa. 8:00 bis 18:00 Uhr
Gästehaus: Über altem Kreuzgewölbe
Sehenswert: Idyllischer Innenhof mit alter Kastanie

Rebfläche: 11,8 Hektar
Jahresproduktion: 70.000 Flaschen
Beste Lagen: Siefersheimer Höllberg, Heerkretz und Goldenes Horn
Boden: Porphyr auf Kiesverwitterung, Lösslehm mit Kalk, Rotliegendes
Rebsorten: 40% Riesling, 23% Weiße Burgundersorten, 9% St. Laurent, je 8% Müller-Thurgau und Silvaner, 6% Spätburgunder, 6% übrige Sorten
Durchschnittsertrag: 73 hl/ha
Beste Jahrgänge: 1999, 2000, 2001

Wo der steinige und mit Porphyr durchsetzte Boden an die benachbarte Naheregion erinnert, haben sich Lothar und Daniel Wagner ganz dem Qualitätsweinbau verschrieben. Auf ihrer geräumigen Hofstatt, die aus zwei ehedem selbstständigen Betrieben besteht, haben sie genügend Platz zum Wirtschaften, aber auch zur Präsentation. Nicht selten steht Vater Wagner selbst hinterm Herd und versorgt Gäste-Gruppen, die im schön restaurierten Kreuzgewölbe trefflich tafeln können. Viele Weine wirken zwar zunächst etwas verschlossen, gewinnen jedoch mit Luftzufuhr an komplexer und gleichzeitig geschliffener Art. Daniel Wagner hat eine prima Kollektion aufgetischt. Von den 18 Weinen sind die interessantesten aufgeführt. Für uns ist dies der Aufsteiger des Jahres in Rheinhessen!

2001 Silvaner
trocken
4,30 €, 12,5%, ♀ bis 2004 — **82**

2001 Chardonnay
trocken
7,30 €, 13%, ♀ bis 2005 — **85**

2001 Siefersheimer Heerkretz
Riesling trocken Goldkapsel
14,50 €, 13%, ♀ bis 2005 — **85**

2001 Weißer Burgunder
trocken Goldkapsel
7,80 €, 13%, ♀ bis 2005 — **85**

2001 Chardonnay
trocken Barrique
12,50 €, 13,5%, ♀ bis 2006 — **86**

2001 Siefersheimer Höllberg
Riesling Auslese
15,– €/0,5 Lit., 8%, ♀ bis 2008 — **87**

2001 Siefersheimer Goldenes Horn
Weißer Burgunder Beerenauslese
16,– €/0,375 Lit., 9%, ♀ bis 2008 — **89**

2001 Siefersheimer Höllberg
Riesling Auslese Goldkapsel
17,– €/0,5 Lit., 9%, ♀ bis 2008 — **90**

--- Rotwein ---

2000 Spätburgunder
trocken Reserve
16,50 €, 13,5%, ♀ bis 2005 — **85**

Die Betriebe: ✪✪✪✪✪ Weltklasse · ✪✪✪✪ Deutsche Spitze · ✪✪✪ Sehr gut · ✪✪ Gut · ✪ Zuverlässig

Rheinhessen

WEINGUT E. WEIDENBACH

Inhaber: Rainer u. Gerti Weidenbach
Kellermeister: Rainer Weidenbach
55218 Ingelheim, Bahnhofstraße 86
Tel. (0 61 32) 21 73, Fax 4 14 18
Anfahrt: A 60, Ausfahrt Ingelheim-Ost oder -West, Richtung Stadtmitte
Verkauf: Mo.–Fr. 9:00 bis 12:30 Uhr und 14:00 bis 18:30 Uhr
Sa. 9:00 bis 15:00 Uhr
nach Vereinbarung

Rebfläche: 7,5 Hektar
Jahresproduktion: 50.000 Flaschen
Beste Lagen: Ingelheimer Pares, Sonnenhang und Burgberg
Boden: Kalkmergel mit Löss und Sand
Rebsorten: 40% Spätburgunder, 13% Portugieser, 9% Frühburgunder, 8% Riesling, 6% Grauburgunder, 5% Weißburgunder, 19% übrige Sorten
Durchschnittsertrag: 52 hl/ha
Beste Jahrgänge: 1998, 1999
Mitglied in Vereinigungen: BÖW

Das Weingut Weidenbach ist ein traditionsreicher Familienbetrieb, der bereits in der fünften Generation bewirtschaftet wird. Bereits Anfang des Jahrhunderts wurden hier Weine für den Versand auf Flasche gefüllt. Auf der knapp acht Hektar großen Rebfläche wachsen überwiegend klassische Sorten, die nach den Richtlinien des Bundesverbands Ökologischer Weinbau gepflegt werden. Organische Düngung und natürliche Begrünung mit Wildkräutern fördern die Bodenfruchtbarkeit und die Widerstandskraft der Reben. Die vorwiegend warmen, kalkhaltigen Böden erbringen fruchtige, harmonische Rotweine, die sortenrein ausgebaut werden. Die Stärken dieses Gutes liegen auch in diesem Jahr eindeutig beim Rotwein, wobei die 2000er auch hier unter den bekannten Problemen des Jahres zu leiden hatten. Dennoch bereitet uns der Frühburgunder einige Trinkfreude.

2001 Ingelheimer Sonnenhang
Weißer Burgunder Kabinett trocken
4,– €, 11%, ♀ bis 2004 — **75**

— Rotweine —

2001 Ingelheimer Sonnenhang
Spätburgunder Weißherbst Kabinett trocken
4,50 €, 11%, ♀ bis 2004 — **76**

2000 St. Laurent
trocken
6,– €, 12,5%, ♀ bis 2004 — **80**

2000 Ingelheimer Sonnenhang
Spätburgunder trocken
6,20 €, 13%, ♀ bis 2005 — **82**

2000 Ingelheimer Pares
Spätburgunder trocken
9,– €, 13%, ♀ bis 2005 — **82**

2000 Spätburgunder
trocken Selection
10,20 €, 12,5%, ♀ bis 2005 — **84**

2000 Ingelheimer Pares
Frühburgunder Spätlese trocken
9,70 €, 12,5%, ♀ bis 2006 — **85**

Die Weine: **100** Perfekt · **95–99** Überragend · **90–94** Exzellent · **85–89** Sehr gut · **80–84** Gut · **75–79** Passabel

Aufsteiger des Jahres 2001

Rheinhessen

WEINGUT WITTMANN

Inhaber: Günter u. Philipp Wittmann
Kellermeister: Philipp Wittmann
67593 Westhofen, Mainzer Straße 19
Tel. (0 62 44) 90 50 36, Fax 55 78
e-mail: info@wittmannweingut.com
Internet: www.wittmannweingut.com
Anfahrt: A 61, Ausfahrt Gundersheim/Westhofen
Verkauf: Elisabeth Wittmann nach Vereinbarung
Historie: 1663 erste urkundliche Erwähnung der Vorfahren als Erbbeständer des Kurpfälzischen Seehofes in Westhofen
Sehenswert: Großer Gewölbekeller, mediterraner Garten

Rebfläche: 20 Hektar
Jahresproduktion: 150.000 Flaschen
Beste Lagen: Westhofener Morstein, Kirchspiel und Aulerde
Boden: Tonmergel, Kalksteinverwitterung, Löss, Lehm
Rebsorten: 47% Riesling, 30% Burgundersorten, 10% Silvaner, 13% übrige Sorten
Durchschnittsertrag: 67 hl/ha
Beste Jahrgänge: 1998, 1999, 2001
Mitglied in Vereinigungen: VDP, Naturland

Wer das große Gutsgelände am Ortsrand von Westhofen betritt, fühlt sich in den sonnigen Süden versetzt. Das kunstvoll eingerichtete Haus liegt in einem mediterran wirkenden Garten. Unter der breiten Treppe, die in die kühlen Gewölbe zu den Holzfässern führt, ist die Schatzkammer eingerichtet. Hier kann man sehen, dass die Wittmanns nicht erst seit gestern exzellente Weine erzeugen. Eine vorzügliche 1959er Spätlese belegt, dass schon der Großvater sein Handwerk verstand. Er nahm Sohn Günter damals ebenso früh in die Verantwortung, wie es heute mit der nächsten Generation geschieht. Bereits mit Mitte 20 hat Philipp Wittmann die Federführung im Keller übernommen – nach intensiven Lehrjahren. Die absolvierte er in der Pfalz und sah sich anschließend in Kalifornien, der Toskana und im Burgund um. Wichtige Entscheidungen, stellt Philipp Wittmann klar, werden aber nach wie vor im Familienverbund getroffen. Sein Vater kümmert sich vornehmlich um die Pflege der Weinberge, die seit 1990 ökologisch bewirtschaftet werden. Der schier unaufhaltsame Aufstieg des Gutes hat seine Basis zunächst einmal in der Güte des Bodens. Die Weinberge vor allem um Flörsheim-Dalsheim, Westhofen und Bechtheim liegen in einem fruchtbaren Urstromtal des Rheins und genießen ein besonderes Kleinklima. Klar, dass der Einfluss des Winzers hinzukommen muss, und da überlassen die Wittmanns nichts dem Zufall. Mit dem Jahrgang 1999 präsentierten sie eine der feinsten Kollektionen Rheinhessens, nein von ganz Deutschland. Vom Weißburgunder über die trockenen Rieslinge bis zu den edelsüßen Gewächsen war hier alles tadellos und der Ehrentitel »Aufsteiger des Jahres 2001« war nur die logische Folge. An die grandiosen Weine des Vorjahres kamen dann die 2000er nicht heran, doch gab es andererseits nur wenig zu mäkeln. Mit dem 2001er meldet sich das Weingut glanzvoll zurück und hat das jahrgangsbedingte Qualitätstief mehr als wettgemacht. Eindrucksvoll geriet in diesem Jahr die gesamte Kollektion mit kompakten und gleichzeitig hochfeinen Weinen, wobei die »Großen Gewächse« erneut nachhaltig zeigten, dass der Begriff Terroir hier klar seine Berechtigung hat. Dass die Westhofener Aulerde unser trockener Riesling des Jahres in ganz Deutschland wurde, spricht für sich und ist Lohn für die hohen Qualitätsbemühungen, die dieses Gut seit Jahren auszeichnen. Der goldene Oktober belohnte in 2001 dann auch noch die fleißigen »Sammler« edelfauler Trauben – wie Philipp Wittmann es ausdrückt – mit einer fulminanten Trockenbeerenauslese. Hinter Keller steht dieses Gut unangefochten auf Rang zwei in der Region.

2001 Scheurebe
trocken
5,90 €, 13%, ♀ bis 2004 **84**

Rheinhessen

2001 Riesling
trocken
6,50 €, 12%, ♀ bis 2005 — 86

2001 Weißer Burgunder
trocken
6,60 €, 12,5%, ♀ bis 2004 — 86

2001 Westhofener
Riesling trocken
10,30 €, 12%, ♀ bis 2005 — 87

2001 Chardonnay
trocken
8,95 €, 13,5%, ♀ bis 2005 — 87

2001 Silvaner
trocken »S«
12,50 €, 13%, ♀ bis 2005 — 88

2001 Westhofener Kirchspiel
Riesling trocken »Großes Gewächs«
18,50 €, 13%, ♀ bis 2006 — 90

2001 Weißer Burgunder
trocken »S«
17,90 €, 13,5%, ♀ bis 2006 — 90

2001 Westhofener Aulerde
Riesling trocken »Großes Gewächs«
16,50 €, 13%, ♀ bis 2007 — 92

2001 Chardonnay
trocken »S«
17,90 €, 14%, ♀ bis 2006 — 92

2001 Westhofener Morstein
Riesling trocken »Großes Gewächs«
20,– €, 13%, ♀ bis 2007 — 94

2001 Westhofener Morstein
Riesling Spätlese
9,80 €, 9,5%, ♀ bis 2007 — 88

2001 Westhofener Aulerde
Riesling Spätlese
9,50 €, 10%, ♀ bis 2007 — 89

2001 Westhofener Morstein
Riesling Auslese
10,90 €/0,5 Lit., 8,5%, ♀ bis 2009 — 89

2001 Westhofener Morstein
Riesling Auslese »S«
16,50 €/0,5 Lit., 8%, ♀ bis 2010 — 93

2001 Westhofener Aulerde
Riesling Trockenbeerenauslese
66,– €/0,375 Lit., 7,5%, ♀ bis 2015 — 94

Die Weine: **100** Perfekt · **95–99** Überragend · **90–94** Exzellent · **85–89** Sehr gut · **80–84** Gut · **75–79** Passabel

Rheinhessen

Weitere empfehlenswerte Betriebe

Weingut Heinrich Braun
55283 Nierstein, Glockengasse 5–9
Tel. (0 61 33) 51 39 u. 51 30, Fax 5 98 77

Bis in die 60er Jahre gehörte dieses Weingut zu den bekanntesten in Nierstein. Heute ist es ein wenig ruhiger um den Betrieb geworden, wenn es auch nach wie vor in guten Jahren Überzeugendes zu probieren gibt. Da Peter Braun seine Weine stets langsam vergären lässt und dementsprechend spät abfüllt, standen uns seine Weine des Jahrgangs 2001 vor Redaktionsschluss nicht zur Verkostung zur Verfügung, Über diesen Jahrgang werden wir im nächsten WeinGuide berichten.

Weingut Dätwyl
67587 Wintersheim, Hauptstraße 11
Tel. (0 67 33) 4 26 und 18 30, Fax 82 10

Achim Dettweiler präsentiert uns mit einem Teil der 2001er sein neues Klassifikationssystem: Basis bilden die Gutsweine, Weine für jeden Tag, gefolgt von den Lagenweinen. Die Premiumqualitäten, die allerdings erst mit dem Jahrgang 2002 auf den Markt kommen werden, bilden die Spitze der Pyramide. Am besten haben uns in der insgesamt leicht unsauberen Kollektion die beiden Literweine gefallen, der trockene Silvaner und der halbtrockene Rivaner.

Weingut Dautermann
55218 Ingelheim,
Unterer Schenkgarten 6
Tel. (0 61 32) 12 79, Fax 43 11 91

Auch mit Weinen aus den Jahrgängen 2000 und 2001 zeigt das Weingut, dass rot die die Lieblingsfarbe von Kurt Dautermann sein muss. Die Weißen sind für unseren Geschmack zu eckig und durch hohe Säure geprägt. Dagegen sind der Frühburgunder (83 Punkte) und der Spätburgunder aus dem Barrique (84 Punkte) sehr überzeugend. Wenn Dautermann bei den Weißweinen zulegt, kann er Aufstiegskandidat werden.

**Weingut
Oekonomierat Joh. Geil. I. Erben**
67595 Bechtheim, Kuhpfortenstraße 11
Tel. (0 62 42) 15 46, Fax 69 35
e-mail: kontakt@weingut-geil.de
Internet: www.weingut-geil.de

Leider sind die Alltagsweine von Johannes Geil-Bierschenk immer noch ein Schwachpunkt. Zu rustikal fielen einige der trockenen Weißweine des 2001er Jahrganges aus. Im Bereich der restsüßen Qualitäten bewegt sich der Bechtheimer bereits auf höherem Niveau. Ein interessanter Cabernet Dorsa (82 Punkte) zeigt zudem, dass auch auf dem Feld der Roten durchaus noch Potenzial vorhanden ist.

Geils Sekt- und Weingut
67593 Bermersheim, Zeller Straße 8
Tel. (0 62 44) 44 13, Fax 5 73 84

Der gebürtige Flörsheimer Rudolf Geil wurde mit 16 Jahren Chef im elterlichen Keller. Einen Ortswechsel brachte die Heirat mit einer Winzertochter aus dem benachbarten Bermersheim, wo heute der gemeinsame Betrieb steht. Den 2001ern fehlt es leider an Frische, sie wirken eher eindimensional. Unser Favorit ist der Riesling »S« (82 Punkte), gefolgt von der Rotweincuvée Nocturne (81 Punkte).

Weingut Hemer
67550 Worms-Abenheim, Rathausstraße 1
Tel. (0 62 42) 22 22, Fax 90 46 49

Im Gegensatz zum Vorjahr gefallen uns diesmal die Roten besser. Allen voran die 2000er »Hommage 40«, eine trockene Rotweincuvée mit fülliger Struktur (83 Punkte). Viele Weißweine präsentieren sich sauber, aber ohne Ausdruck. Unser Favorit hier: der trockene Gewürztraminer (83 Punkte), der mit Abstand beste Weiße.

Weingut Dr. Karl W. Heyden
55276 Oppenheim, Wormser Straße 95
Tel. (0 61 33) 92 63 01, Fax 92 63 02

1999 haben Dr. Karl W. Heyden und Sohn, ein Geisenheimer Weinbauingenieur, die Rebberge des Weingutes Bau-

Rheinhessen

mann in Oppenheim übernommen. Weisen die trockenen Weine leicht herbe Noten auf, so ist der fruchtige Riesling Kabinett mit der Konzentration einer Spätlese ein Schnäppchen. Mit etwas mehr Feinheit wäre hier mehr drin!

Weingut Hirschhof
67593 Westhofen, Seegasse 29
Tel. (0 62 44) 3 49, Fax 5 71 12
e-mail: hirschhof@t-online.de

Leider lassen die Weine dieses ökologisch arbeitenden Betriebes auch in diesem Jahr keine große Freude aufkommen. Sie sind zwar ordentlich gemacht, wir vermissen aber Ausdruck und Tiefe, sodass auch in 2001 nicht an die Leistung zum Ende der 90er Jahre angeknüpft werden kann. Lediglich der trockene Weißburgunder Kabinett aus der Lage Morstein fand unser Gefallen.

Weingut Karlheinz Keller – Landgrafenhof
67549 Worms-Pfiffligheim,
Landgrafenstraße 74–76
Tel. (0 62 41) 7 55 62, Fax 7 48 36

Dieses Jahr ist es auch wieder ein Rotwein, der uns am besten schmeckt: der 2000er Frühburgunder Barrique mit seiner ansprechenden Fruchtkonzentration (83 Punkte). Doch sonst haben die Weine auch diesmal zuviel grüne, nicht integrierte Säure, die durch fehlenden Extrakt nicht ausgeglichen werden kann. Bei den präsentierten Merlots aus 2000 allerdings sehen wir für die Zukunft Entwicklungspotenzial.

Wein- und Sektgut Georg Jakob Keth
67591 Offstein, Wormser Straße 35–37
Tel. (0 62 43) 75 22, Fax 77 51

Eine wirklich solide Kollektion präsentierte uns das Weingut in diesem Jahr. Leider waren die sehr farbintensiven Rotweine noch zu stark von einer eher spitzen Säure geprägt. Sollten die Burgunder im nächsten Jahr ihre leichte Mattigkeit verlieren, ist der Weg zur ersten Traube frei! In guter Erinnerung bleibt uns der 2000er Frühburgunder Barrique (84 Punkte) mit seiner zartsüßlichen Frucht.

Weingut Klaus Knobloch
55234 Ober-Flörsheim,
Saurechgässchen 7
Tel. (0 67 35) 3 44, Fax 82 44

Seit 1989 wird hier nach den Richtlinien des Bundesverbandes ökologischer Weinbau gearbeitet. Die Höhepunkte unserer Verkostung waren der 2000er Spätburgunder aus dem Barrique (85 Punkte) sowie der Riesling »Diamant« (84 Punkte). Mit seiner neuen Weinlinie »Edelsteine« verzichtet Knobloch seit dem Jahrgang 2001 im trockenen Bereich auf die Prädikate Spät- und Auslese. Dieses Gut ist heißer Aspirant auf einen Aufstieg im kommenden Jahr.

Weingut Köster-Wolf
55234 Albig, Langgasse 62
Tel. (0 67 31) 25 98, Fax 4 64 74

In diesem Jahr wirkte die gesamte Kollektion von Köster Wolf leider eher heterogen. Wir notierten zu viel Süße und zu wenig Säure bei den Burgundersorten. Am ehesten gefiel uns noch der zartwürzige, gut balancierte und daher lebhafte Chardonnay (82 Punkte). Ein echtes Bonbon für uns war der Scheurebe Eiswein mit fulminanter Säure und einem feinen Beerenduft (89 Punkte).

Weingut Krug'scher Hof
55239 Gau-Odernheim,
Am grünen Weg 15
Tel. (0 67 33) 13 37, Fax 17 00

Zu dem ausgedehnten Betrieb der Familie Menger Krug gehört auch ein Sektgut mit Zweigstelle in der Pfalz. Die Stillweine überzeugen uns in diesem Jahr durch die Bank kaum. Zwar erscheinen die Weine insgesamt klarer als im Vorjahr, jedoch fehlt es an Charakter. Hinzu kommen störende Schwefelnoten, die die Verkostung erschweren.

Weingut Peter Leonhard
55283 Nierstein, Wörrstadter Straße 35
Tel. (0 61 33) 5 03 23, Fax 5 03 23

Das Niersteiner Gut wurde 1970 aus kleinsten Anfängen heraus aufgebaut und umfasst inzwischen dreieinhalb Hektar.

Rheinhessen

Nach seiner Winzerlehre beim Spitzengut Müller-Catoir in der Pfalz bringt Sohn Klaus-Peter Schwung in den Betrieb. In diesem Jahr überzeugt uns der Oelberg Riesling Kabinett mit feinem Ananasduft und saftiger Art (84 Punkte). Wir probierten eine homogene Kollektion, bei der uns die saubere und gleichzeitig traditionelle Machart gut gefällt. Daraus könnte bald ein Traubenbetrieb werden!

Weingut Martinshof (neu)
55276 Dienheim, Rheinstraße 85
Tel. (0 61 33) 22 80, Fax 7 07 63

Dieses 17 Hektar umfassende Weingut blickt auf eine 300-jährige Geschichte zurück. Senior Reinhard Martin ist für die Pflege der Weinberge zuständig, Sohn Achim, Absolvent der Weinsberger Schule, hat die Verantwortung im Keller. Und aus diesem kommen würzige und gleichzeitig klare Weine, wobei der gekonnte Umgang mit neuem Holz bei den Roten besonders auffällt. So ist dann auch ein 2000er Dornfelder im Barrique (82 Punkte) unser Favorit.

Weingut Axel Müller (neu)
67592 Flörsheim-Dalsheim,
Ph.-Merkel-Straße 23
Tel. (0 62 43) 74 12, Fax 62 95
e-mail:
WeingutOttoMueller@t-online.de
Internet: www.weingut-otto-mueller.de

Seit 1625 befindet sich dieses Weingut bereits im Besitz der Familie Müller. 12 Hektar Rebfläche sind zu einem Drittel mit Rotweinreben bepflanzt. Den Weinen merkt man den Einsatz neuer technischer Errungenschaften an, sind sie doch durchweg klarfruchtig und geradlinig gehalten. Die 2001er Weißburgunder Spätlese (82 Punkte) hat es uns am meisten angetan.

Weingut Helmut und Heinfried Peth
67593 Bermersheim, Wormser Straße 24
Tel. (0 62 44) 44 17, Fax 5 73 44

In den letzten Jahren ist die Kellerwirtschaft in diesem 12 Hektar großen Familienbetrieb auf Vordermann gebracht worden. Viel genutzt hat dies den Weinen allerdings bislang nicht. Wir verkosteten matte und teilweise auch unsaubere Weine, wobei die Huxelrebe Auslese (83 Punkte) eine rühmliche Ausnahme bildet.

Weingut Peth-Wetz (neu)
67593 Bermersheim, Alzeyer Straße 16
Tel. (0 62 44) 44 24 und 44 94
e-mail: info@weingut-peth-wetz.de
Internet: www.weingut-peth-wetz.de

Noch etwas zu stark geprägt vom biologischen Säureabbau zeigen sich die 2001er aus diesem 15 Hektar großen Betrieb in Bermersheim bei Worms. Wenn die anderen Weine eine ähnliche Säurestruktur wie die Scheurebe (84 Punkte) aufweisen würden, wäre sogar noch mehr drin. Beim Rotwein zeigt man ein gutes Händchen im Barrique-Ausbau mit einem 2000er Dornfelder (82 Punkte).

Weingut Gunther Rauh
55234 Dintesheim, Hauptstraße 2
Tel. (0 67 35) 3 29, Fax 6 37

Gunther Rauh bestätigt seine Leistung aus dem letzten Jahr mit sauberen Weinen, denen es allerdings durchgängig etwas an Konzentration fehlt. Das Potenzial für noch bessere Leistungen zeigt er uns mit einem 2001er Grauburgunder (83 Punkte) und einem 2000er Dornfelder (82 Punkte).

Sekthaus Raumland
67592 Flörsheim-Dalsheim,
Alzeyer Straße 134
Tel. (0 62 43) 90 80 70, Fax 90 80 77
e-mail: Raumland@t-online.de
Internet: www.raumland.de

Die Sektherstellung ist hier noch reine Handarbeit: Sowohl das Rütteln der Flaschen als auch das Degorgieren, das erst kurz vor Auslieferung erfolgt. Um klare Fruchtaromen zu erhalten, setzt man bei der Mostgewinnung ausschließlich auf Ganztraubenpressung. Die Sekte mit feinem Kohlensäurespiel und Cremigkeit können zu den besten der Republik gehören. Seit dem Einsatz einer Önologin aus Burgund gibt es auch feinen Rotwein: Bei einem 1999er fühlen wir uns durch Sauerkirscharomen ins Burgund versetzt.

Rheinhessen

Weingut Russbach (neu)
55234 Eppelsheim, Hauptstraße 21 u.
Alzeyer Straße 22
Tel. (0 67 35) 5 65 u. 96 03 02, Fax 84 12
e-mail: berndrussbach@arcormail.de

Etwas mehr Dichte in den Weinen wünschen wir uns für das nächste Jahr von diesem 11,5 Hektar großen Weingut, das ungefähr zu 75 Prozent trockene Weine erzeugt. Gepaart mit der bereits im Jahrgang 2001 vorhandenen klaren Frucht könnten sich durchaus weitere Erfolge erzielen lassen.

Weingut Adolf Schick
55270 Jugenheim, Am Marktplatz 1
Tel. (0 61 30) 2 56, Fax 82 11
e-mail: weingut.schick@t-online.de

In diesem Jahr fällt die Kollektion von Rainer Schick eher eindimensional aus. Zu süßlich und strukturlos erscheinen uns die Roten, den Weißen fehlt es etwas an klarer Frucht. Unser Favorit ist klar die Chardonnay Spätlese (82 Punkte).

Weingut Franz Karl Schmitt
55283 Nierstein, Mainzer Straße 48
Tel. (0 61 33) 53 14, Fax 5 06 09

Massive Qualitätsprobleme müssen wir leider auch in diesem Jahr zumindest für die trockenen Weine konstatieren. Notizen wie »matt« und »stumpf« zeugen davon, dass hier zur Zeit einiges im Argen liegt. Einzig die 2001er Hipping Auslese (84 Punkte) macht uns Spaß.

Weingut der Stadt Mainz – Fleischer (neu) 55129 Mainz, Rheinhessenstr. 103
Tel. (0 61 31) 5 97 97, Fax 59 26 85
e-mail: stefan@weingut-fleischer.de
Internet: www.weingut-fleischer.de

Zur Zeit bewirtschaften Michael und Hans Willi Fleischer 19,5 Hektar Weinberge in den besten Lagen rund um Mainz, wozu seit 1994 die gepachteten Rebflächen des Weingutes der Stadt Mainz gehören. Besonders die Rotweine konnten aufgrund ihrer würzigen und gleichzeitig eleganten Tiefe gefallen. Schwächen tun sich allerdings noch bei den Weißen auf, die sich teils unsauber und teils zu schlicht präsentierten.

Weingut Eckhard Weitzel
55218 Ingelheim, Backesgasse 7
Tel. (0 61 30) 4 47, Fax 84 38

Unter den ökologisch arbeitenden Erzeugern verdient dieser Betrieb besondere Aufmerksamkeit – vor allem für seine Rotweine. Aus dem schwierigen Jahr 2000 stellte uns das Gut dann auch einen stoffigen Spätburgunder (83 Punkte) vor. Der Rest der Kollektion aber zeigt sich zu schwach und rustikal, um höheren Anforderungen entsprechen zu können.

Saale-Unstrut

Weinfrühling an Saale und Unstrut

Das Weinjahr 2001 hat den Winzern an Saale und Unstrut viel Geduld abverlangt. Nach einem recht schönen Sommer kam der September mit viel Regen und kaum Sonnenschein. Nur wo die Trauben noch gesund waren, konnten die Winzer vom goldenen Oktober profitieren. Wer vorzeitig ernten musste, hat oft nur magere Säuerlinge eingefahren. Die hohe physiologische Reife des Vorjahres haben nur wenige Weine erreicht, was auch die etwas höhere Säure unterstreicht. »Also ein klassischer Jahrgang für uns«, sagt Klaus Böhme, dessen Weißburgunder immer wieder positiv auffallen.

Das Weinjahr 2000 hingegen war von einer Frühjahrsentwicklung gekennzeichnet, wie man sie kaum zuvor erlebt hatte. Ein ungewöhnlicher Sommer mit Temperaturen bis um 50 Grad Celsius und ausreichend Niederschlägen im August bescherte den ernsthaften Erzeugern im Herbst einen Jahrgang mit überdurchschnittlich hohem Prädikatswein-Anteil. Für Udo Lützkendorf, dessen Weine überzeugend herangereift sind, steht fest: »Es ist der feinste Jahrgang, den ich je gekeltert habe.«

Wenn auch das Gut von Vater und Sohn Lützkendorf nach wie vor für viele Weinliebhaber das einzige Aushängeschild des Gebietes darstellt, ist seine Alleinstellung nicht mehr unangefochten. Bernard Pawis, aber auch André Gussek haben nicht nur mächtig aufgeholt, sondern ihr langjähriges Vorbild teilweise überholt. Auch das Landesweingut Kloster Pforta tritt langsam aus dem Schatten seiner Geschichte. Und es gibt weitere aussichtsreiche Kandidaten, die sich für die Zukunft rüsten. Das Thüringer Weingut Bad Sulza etwa meldete sich erstmals in diesem Jahr

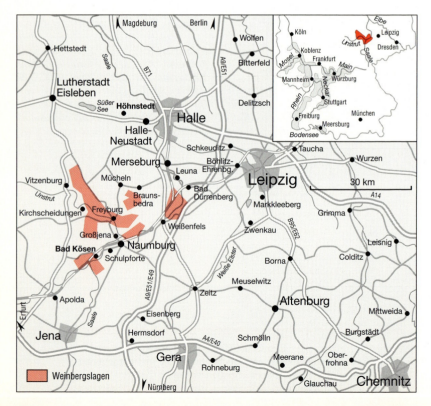

mit erstaunlich guten Tropfen zu Wort, die Rollsdorfer Mühle von René Schwalbe befindet sich ebenfalls im Aufwind und das Weingut Fröhlich-Hake verdient bereits Erwähnung.

Das Anbaugebiet Saale-Unstrut liegt südlich der Stadt Halle im Bundesland Sachsen-Anhalt und ist die nördlichste Weinbauregion Europas. Das raue Kontinentalklima und Frühjahrsfröste begrenzen die Rebkulturen auf ganz wenige, ausgesuchte Standorte. Hier ist Weinbau nur möglich, weil die meist früh reifenden Rebsorten die mikroklimatischen Vorteile der Südhänge in den Flusstälern nutzen.

Die überwiegende Mehrheit der Reben steht auf Muschelkalk in den Tälern nahe dem Burgendreieck. Dort, in der Nähe der Städtchen Freyburg, Naumburg und Bad Kösen, strömen die kleinen Flüsse Saale und Unstrut zusammen. Knapp 50 Kilometer weiter nördlich liegt eine zweite kleine Anbaufläche am Süßen See bei Eisleben.

An der mittleren Saale und am Unterlauf der Unstrut betrieb man Weinbau bereits im Mittelalter. Den ersten schriftlichen Beweis liefert eine Schenkungsurkunde des Kaisers Otto II. an das Kloster Memleben im Jahre 998. Später waren die Brüder des 1137 gegründeten Zisterzienserklosters Pforta Apostel der Weinrebe an Saale und Unstrut. Die größte Ausdehnung erfuhr der Weinbau vor dem 30-jährigen Krieg, als umfangreiche Flächen um Klöster und Städte angelegt wurden.

Einst auf magere 75 Hektar geschrumpft, war die Anbaufläche nach dem Zweiten Weltkrieg wieder auf 506 Hektar angewachsen. Doch 1990 gab es einen neuen Tiefstand bei 340 Hektar. Inzwischen ist die Rebfläche auf stattliche 643 Hektar gewachsen. Im gleichen Zeitraum ist die Zahl der Betriebe auf mehr als 50 gestiegen. Von staatlicher wie von privater Seite wurden etliche Millionen in Kellerwirtschaft und Weinberge investiert.

Die Neuanlage vieler Weinberge hat zu einer Konzentration auf die vom Verbraucher nachgefragten Rebsorten geführt. Müller-Thurgau, dessen fruchtige Art dank der gezügelten Vergärung eine Renaissance erlebt, mit 23 Prozent, Weißburgunder mit zwölf und Silvaner mit neun Prozent der Anbaufläche sind die bevorzugten Rebsorten des Gebietes. Dabei liegt der Anteil trockener Weine mit 87 Prozent sehr hoch.

Die Spitzenbetriebe an Saale und Unstrut

▲ **Weingut Lützkendorf, Bad Kösen**

▲ **Weingut Pawis, Freyburg/Unstrut**

Weingut Klaus Böhme, Kirchscheidungen

Winzerhof Gussek, Naumburg

Landesweingut Kloster Pforta, Bad Kösen

Die Jahrgänge an Saale und Unstrut

Jahr	Güte
2001	✿✿
2000	✿✿✿
1999	✿✿
1998	✿✿
1997	✿✿
1996	✿
1995	✿✿
1994	✿✿✿
1993	✿✿
1992	✿✿✿

Jahrgangsbeurteilung:

✿✿✿✿✿ : Herausragender Jahrgang

✿✿✿✿ : Sehr guter Jahrgang

✿✿✿ : Guter Jahrgang

✿✿ : Normaler Jahrgang

✿ : Schwacher Jahrgang

Saale-Unstrut

WEINGUT KLAUS BÖHME

Inhaber: Klaus Böhme
06636 Kirchscheidungen,
Lindenstraße 42
Tel. (03 44 62) 2 03 95, Fax 2 27 94
e-mail: weingut.boehme@t-online.de
Anfahrt: A 9 von Leipzig, Ausfahrt Naumburg, an der Landstraße entlang der Unstrut bis Kirchscheidungen
Verkauf: Ina Paris
nach Vereinbarung
Historie: 300 Jahre Landwirtschaft und Weinbau in der Familie

---

Rebfläche: 8 Hektar
Jahresproduktion: 55.000 Flaschen
Beste Lagen: Burgscheidunger Veitsgrube, Dorndorfer Rappental
Boden: Muschelkalkverwitterung
Rebsorten: je 20% Müller-Thurgau und Weißburgunder, 15% Silvaner, 10% Kerner, 10% Riesling, je 5% Traminer und Gutedel, 15% Rotweinsorten
Durchschnittsertrag: 65 hl/ha
Beste Jahrgänge: 1999, 2000, 2001

2001 Burgscheidunger Veitsgrube
Müller-Thurgau trocken
4,70 €, 11,5%, ♀ bis 2004   **81**

2001 Burgscheidunger Veitsgrube
Weißer Burgunder trocken
5,40 €, 11,5%, ♀ bis 2004   **81**

2001 Burgscheidunger Veitsgrube
Silvaner trocken
4,70 €, 11,5%, ♀ bis 2004   **82**

2001 Dorndorfer Rappental
Riesling Spätlese trocken
7,70 €, 12%, ♀ bis 2005   **83**

2001 Dorndorfer Rappental
Weißer Burgunder Spätlese halbtrocken
7,20 €, 12%, ♀ bis 2005   **84**

2001 Dorndorfer Rappental
Spätburgunder Weißherbst Eiswein
30,– €/0,375 Lit., 10,5%, ♀ bis 2011 **86**

Ende des 19. Jahrhunderts wurde der Betrieb von Vorfahren Böhmes gegründet. Damals wurden die Trauben noch in Bütten über die Unstrut geschifft, gemahlen und der Most mit einem Pferdegespann zum Keller im Unterdorf geschafft. Dies alles ist längst Geschichte. Die heutigen Eigentümer, Klaus Böhme und seine aus Potsdam stammende Frau Ina Paris, bauen ihre gesamte Ernte in einem modernen Keller aus. Eine neue Presse hat den Trubanteil verringert, gezügelte Gärführung die Reintönigkeit der Weine erhöht. Seit 1999 sind die Weißweine klar und sauber im Ausdruck. Die Moste konnte Böhme im Vorjahr erstmals Temperatur-kontrolliert vergären, was dem Jahrgang sehr zugute kam. 2001 scheint trotz der sehr späten Lese nicht die gleiche physiologische Reife zu besitzen, doch die Handschrift des Kellermeisters ist durchaus erkennbar: klare Frucht, mineralische Säure, pikanter Nachhall.

Die Betriebe: ✽✽✽✽✽ Weltklasse · ✽✽✽✽ Deutsche Spitze · ✽✽✽ Sehr gut · ✽✽ Gut · ✽ Zuverlässig

Saale-Unstrut

WINZERHOF GUSSEK
Inhaber: André Gussek
06618 Naumburg, Kösener Straße 66
Tel. (0 34 45) 7 81 03 66, Fax 7 81 03 60
e-mail: winzerhofgussek@t-online.de
Anfahrt: A 9 von Leipzig, Ausfahrt Naumburg; A 4 von Eisenach, Ausfahrt Apolda
Verkauf: André und Alexandra Gussek nach Vereinbarung
Sehenswert: Gedenkstein für Unterlagenzüchter Dr. Carl Börner

Rebfläche: 4,4 Hektar
Jahresproduktion: 18.000 Flaschen
Beste Lagen: Naumburger Steinmeister, Kaatschener Dachsberg
Boden: Löss, Lehm und Muschelkalkverwitterung
Rebsorten: 38% Müller-Thurgau, 14% Riesling, 12% Zweigelt, je 7% Silvaner und Weißburgunder, 9% Spätburgunder, 13% übrige Sorten
Durchschnittsertrag: 38 hl/ha
Beste Jahrgänge: 1999, 2000, 2001

Der von André Gussek 1992 gegründete Winzerhof bewirtschaftet den einzigen steil terrassierten Weinberg in Thüringen, den Kaatschener Dachsberg, und einen Teil der Lage Steinmeister in Naumburg. Neben seinem Hauptstandbein, den trockenen Weinen, legt der 1956 geborene Winzer auch zunehmend Wert auf die Bereitung edelsüßer Weine. Auch der im Barrique ausgebaute Blaue Zweigelt verdient Beachtung. Seit 1999 stellt Gussek anspruchsvollere Weine vor. Und seine Gewächse aus dem Jahrgang 2001 gehören in der Spitze gar zum Feinsten, was die neuen Bundesländern zu bieten haben. Damit er sich künftig ganz auf sein eigenes Weingut konzentrieren kann, hat der ehrgeizige Winzer im Herbst 2002 seine Stellung als Kellermeister im Landesweingut Kloster Pforta aufgegeben. Wenn seine nächste Kollektion wieder so überzeugend ausfällt, belohnen wir das gerne mit einer weiteren Traube.

2001 Kaatschener Dachsberg
Silvaner Kabinett trocken
7,15 €, 11%, ♀ bis 2004 — **82**

2001 Kaatschener Dachsberg
Riesling Kabinett trocken
7,65 €, 11%, ♀ bis 2004 — **82**

2000 Kaatschener Dachsberg
Weißer Burgunder Spätlese trocken
9,70 €, 13,5%, ♀ bis 2005 — **84**

2000 Kaatschener Dachsberg
Weißer Burgunder Auslese trocken Barrique
13,– €/0,5 Lit., 14%, ♀ bis 2005 — **86**

2000 Kaatschener Dachsberg
Weißer Burgunder Auslese
11,– €/0,5 Lit., 11%, ♀ bis 2005 — **85**

2001 Naumburger Steinmeister
Silvaner Eiswein
45,– €/0,375 Lit., 12,5%, ♀ bis 2013 — **91**

——— Rotwein ———

2000 Naumburger Steinmeister
Zweigelt trocken Barrique
16,– €, 13%, ♀ bis 2005 — **85**

Die Weine: 100 Perfekt · 95–99 Überragend · 90–94 Exzellent · 85–89 Sehr gut · 80–84 Gut · 75–79 Passabel

Saale-Unstrut

LANDESWEINGUT KLOSTER PFORTA

Inhaber: Land Sachsen-Anhalt
Betriebsleiter: Michael Jüngling
06628 Bad Kösen, Saalhäuser
Tel. (03 44 63) 30 00, Fax 3 00 25
e-mail: lwg-kloster_pforta@t-online.de
Anfahrt: A 9, Ausfahrt Naumburg, B 87 Richtung Weimar; A 4, Ausfahrt Apolda, B 87 Richtung Naumburg
Verkauf: Vinothek Schulpforte
Mo.–So. von 10:00 bis 18:00 Uhr
Gutsausschank: Saalhäuser Weinstuben Bad Kösen, Tel. 3 00 23
Historie: 1899 als staatliche Weinbauverwaltung Naumburg vom preußischen Staat gegründet
Sehenswert: Gut beheimatet in den ehemaligen Winzerhäusern der Zisterziensermönche von Kloster Pforta

---

Rebfläche: 55 Hektar
Jahresproduktion: 320.000 Flaschen
Beste Lagen: Gosecker Dechantenberg, Saalhäuser, Naumburger Paradies, Pfortenser Köppelberg
Boden: Muschelkalkverwitterung, Buntsandstein, Kies und Lehm
Rebsorten: 22% Müller-Thurgau, je 11% Riesling und Silvaner, 10% Weißburgunder, 9% Portugieser, 7% Blauer Zweigelt, je 4% Spätburgunder und Dornfelder, 22% übrige Sorten
Durchschnittsertrag: 49 hl/ha
Beste Jahrgänge: 2000, 2001

Seit 1993 ist das Landesweingut im alten Zisterzienserkloster Pforta Staatsweingut des Landes Sachsen-Anhalt. Die Fasskeller befinden sich im mittelalterlichen Gewölbe aus behauenem Muschelkalk. Zum Weingut gehören 19 steile Weinberge an den Südhängen von Saale und Unstrut, die mit hohem Aufwand bearbeitet werden müssen. Unter Geschäftsführer Michael Jüngling ging es aufwärts. Sogar der Literwein ist ansprechend. Höhepunkt diesmal ist ein toller Eiswein. Bei gleicher Leistung im nächsten Jahr rückt das Gut an die Spitze des Gebiets.

2001 Naumburger Paradies
Traminer trocken
8,– €, 11,5%, ♀ bis 2004   **84**

2000 Saalhäuser
Weißer Burgunder Auslese trocken
Barrique
22,– €, 14%, ♀ bis 2004   **85**

2001 Saalhäuser
Weißer Burgunder Spätlese trocken
14,10 €, 13,5%, ♀ bis 2005   **86**

2000 Gosecker Dechantenberg
Riesling Auslese *****
19,50 €, 13,5%, ♀ bis 2004   **86**

2001 Naumburger Paradies
Traminer Beerenauslese
28,10 €/0,375 Lit., 11,5%, ♀ bis 2011   **87**

2001 Saalhäuser
Riesling Eiswein
63,– €/0,375 Lit., 11,5%, ♀ bis 2016   **92**

--- Rotwein ---

2001 Saalhäuser
Blauer Zweigelt trocken
9,50 €, 11,5%, ♀ bis 2004   **83**

Die Betriebe: ♕♕♕♕♕ Weltklasse · ♕♕♕♕ Deutsche Spitze · ♕♕♕ Sehr gut · ♕♕ Gut · ♕ Zuverlässig

Aufsteiger

Saale-Unstrut

WEINGUT LÜTZKENDORF

Inhaber: Uwe Lützkendorf
06628 Bad Kösen, Saalberge 31
Tel. (03 44 63) 6 10 00, Fax 6 10 01
e-mail:
weingut.luetzkendorf@t-online.de
Internet:
www.weingut-luetzkendorf.de
Anfahrt: A 9 von Leipzig, Ausfahrt Naumburg, über die B 180 und B 87
Verkauf: Udo Lützkendorf
Mo.–So. 10:00 bis 20:00 Uhr
nach Vereinbarung
Gutsausschank: Täglich geöffnet von 10:00 bis 20:00 Uhr, nach Anmeldung
Spezialitäten: Thüringer Wurst aus Hausschlachtung

Rebfläche: 10,5 Hektar
Jahresproduktion: 60.000 Flaschen
Beste Lagen: Karsdorfer Hohe Gräte, Pfortenser Köppelberg
Boden: Keuper, Muschelkalkverwitterung, Ton und Kalk
Rebsorten: 38% Silvaner, 19% Riesling, 13% Weißburgunder, 5% Traminer, 25% übrige Sorten
Durchschnittsertrag: 32 hl/ha
Beste Jahrgänge: 1999, 2000, 2001
Mitglied in Vereinigungen: VDP

Seit der Wende haben Udo Lützkendorf, einst Leiter des volkseigenen Weingutes in Naumburg, und Sohn Uwe einen neuen Keller und Verkostungsraum errichtet und die Anbaufläche kräftig erweitert. Die beiden gelten zu Recht als Aushängeschild der Region. Vor allem in 2000 konnten Vater und Sohn mit einem Prädikatswein-Anteil von 93 Prozent zeigen, was Saale und Unstrut in einem guten Jahrgang vermögen. Recht eigenwillig im Stil, haben sich die Weine bestens entwickelt. Die 2001er wirken zwar duftiger, haben aber trotz Säure nicht die gleiche Struktur. Nicht von ungefähr hat man einige Auslesen zu Qualitätsweinen abgestuft. Doch die sind in sich stimmig. Vor allem hat man hier ein Händchen für die Sorten Silvaner und Weißburgunder.

2001 Karsdorfer Hohe Gräte
Kerner trocken
8,50 €, 12%, ♀ bis 2004 — **83**

2001 Karsdorfer Hohe Gräte
Silvaner trocken
7,– €, 12,5%, ♀ bis 2004 — **84**

2001 Pfortenser Köppelberg
Riesling trocken
9,– €, 12%, ♀ bis 2004 — **84**

2001 Karsdorfer Hohe Gräte
Weißer Burgunder trocken
9,– €, 12,5%, ♀ bis 2004 — **85**

2001 Karsdorfer Hohe Gräte
Weißer Burgunder Spätlese trocken
12,– €, 13%, ♀ bis 2005 — **86**

2001 Karsdorfer Hohe Gräte
Weißer Burgunder
9,– €, 12,5%, ♀ bis 2004 — **84**

2001 Karsdorfer Hohe Gräte
Traminer Auslese
11,50 €/0,5 Lit., 12,5%, ♀ bis 2006 — **86**

--- Rotwein ---

2000 Karsdorfer Hohe Gräte
Spätburgunder trocken
13,50 €, 13%, ♀ bis 2004 — **84**

Die Weine: **100** Perfekt · **95–99** Überragend · **90–94** Exzellent · **85–89** Sehr gut · **80–84** Gut · **75–79** Passabel

Aufsteiger

Saale-Unstrut

WEINGUT PAWIS
Inhaber: Bernard u. Kerstin Pawis
Betriebsleiter und Kellermeister:
Bernard Pawis
06632 Freyburg/Unstrut,
Lauchaer Straße 31c
Tel. (03 44 64) 2 83 15, Fax 6 67 27
e-mail: fam.pawis@t-online.de
Internet: www.weingut-pawis.de
Anfahrt: A 9 Berlin–Nürnberg, Ausfahrt Weißenfels oder Naumburg, Richtung Freyburg/Unstrut
Verkauf: Familie Pawis
täglich ab 10:00 Uhr in der
Kellerei Lauchaer Straße 31c
Gutsausschank: Ehrauberge 12
Mi.–Mo. 14:00 bis 24:00 Uhr
Spezialität: Deftige Hausmannskost
Sehenswert: Neue Weinkellerei
unter der Erde

Rebfläche: 8,5 Hektar
Jahresproduktion: 50.000 Flaschen
Beste Lagen: Freyburger Edelacker, Naumburger Steinmeister
Boden: Kalksteinverwitterung, Lösslehm
Rebsorten: 30% Riesling, 12% Müller-Thurgau, je 10% Silvaner und Grauburgunder, 8% Weißburgunder, 30% rote Sorten
Durchschnittsertrag: 54 hl/ha
Beste Jahrgänge: 2000, 2001
Mitglied in Vereinigungen: VDP

Seit der Übernahme durch Sohn Bernard Pawis im Sommer 1998 entwickelt sich das Gut durch Flächenerweiterung, Vergrößerung der Straußwirtschaft und Neubau einer modernen Kellerei vom kleinsten Weingut Deutschlands zu einem klassischen Vollerwerbsbetrieb. Der Gutsausschank war schon seit Gründung des Betriebes durch Herbert und Irene Pawis 1990 ein beliebter Treffpunkt für Weinfreunde. Einige sehr schmackhafte 1999er ließen ahnen, dass es mit der Qualität wohl bald aufwärts geht. Doch auf die beachtliche Güte der 2000er und erst recht der 2001er waren wir dann doch

nicht gefasst. Alle Weine sind physiologisch reif, sortentypisch, klar im Ausdruck und erfrischend. Weiter so!

2001 Silvaner
trocken
6,– €, 11,5%, ♀ bis 2004   **83**

2001 Freyburger Edelacker
Grauer Burgunder Spätlese trocken
9,95 €, 12,5%, ♀ bis 2004   **83**

2001 Großjenaer Blütengrund
Riesling Kabinett trocken
7,90 €, 12%, ♀ bis 2005   **84**

2001 Großjenaer Blütengrund
Riesling Spätlese trocken
9,95 €, 12,5%, ♀ bis 2006   **85**

2001 Freyburger Edelacker
Silvaner Eiswein
35,– €/0,375 Lit., 10%, ♀ bis 2011   **88**

2001 Großjenaer Blütengrund
Riesling Eiswein
35,– €/0,375 Lit., 10%, ♀ bis 2015   **89**

——— Rotwein ———

2000 André
trocken
16,80 €, 14,5%, ♀ bis 2004   **84**

Saale-Unstrut

Weitere empfehlenswerte Betriebe

Weingut Günter Born
06179 Höhnstedt, Wanslebener Straße 3
Tel. (03 46 01) 2 29 30, Fax 2 00 39
e-mail: weingut-born@t-online.de
Internet: www.weingut-born.de

An den Hängen der Gemeinde Höhnstedt haben Günter Born und Vater 1993 das erste Privatweingut der Region gegründet. Auf den Buntsandsteinböden gedeihen auf einer Fläche von 7 Hektar heute Gewächse mit einem gewissen Charme. Der Ausbau im Edelstahltank ergibt frische, spritzige Weine von oft pikantem Nachhall.

Weingut Rollsdorfer Mühle
06317 Seeburg, Ortsteil Rollsdorf,
Raststätte 1
Tel. und Fax (03 45) 2 90 56 07
www.weingut-rollsdorfer-muehle.de

Die historische Wassermühle hat René Schwalbe 1996 übernommen und im Jahr darauf seinen ersten Jahrgang gekeltert. Seitdem geht es bergauf mit der Qualität. Nach einer zuverlässigen Kollektion im Vorjahr zeigt Schwalbe mit dem Jahrgang 2001 seine bisher beste Leistung. Klar in der Frucht und dazu mineralisch gewürzt, wirkt sein Stil recht individuell. Sollte er auf diesem Weg bleiben, so stellen wir das Gut im nächsten Jahr gerne auf einer ganzen Seite vor.

Thüringer Weingut Bad Sulza (neu)
99518 Bad Sulza, Ortsteil Sonnendorf 17
Tel. (03 64 61) 2 06 00, Fax 2 08 61
Internet: www.thueringer-wein.de

Dieses Weingut wurde – trotz der alten Weinbaugeschichte des Landes – 1992 als erstes in Thüringen gegründet und 1997 an die heutigen Eigentümer verkauft. 1998 zog das Gut nach Sonnendorf in einen ehemaligen Bauernhof um. Damit bekam die Entwicklung einen neuen Schub. Erst 1999 waren dann umfangreiche Weinbergspflanzungen abgeschlossen und das einst vorwiegend auf Müller-Thurgau beschränkte Sortiment somit erweitert. Mit 25 Hektar Weinbaufläche ist Bad Sulza heute das größte private Weingut an Saale und Unstrut. Die Güte der 2001er Kollektion deutet an, dass die letzte Karte hier noch nicht gespielt ist.

Weingut Rudolf Thürkind
06632 Gröst, Neue Dorfstraße 9
Tel. u. Fax (03 46 33) 2 28 78
Internet: www.weingut-thuerkind.de

Tagsüber als Kellermeister bei der Winzervereinigung Freyburg tätig, betreibt Rudolf Thürkind seit 1991 zusammen mit seiner Frau Birgit nebenher ein eigenes kleines Weingut. In den Sommermonaten von Juni bis September stehen die Tore ihrer Straußwirtschaft allen Besuchern weit offen. Bei einem Glas Wein vom Gröster Steinberg und frischer hausgeschlachteter Wurst kann man die Ruhe ihres alten Bauernhofes genießen. Doch nach der Verleihung des ersten Bundesehrenpreises im Gebiet im Juni 2002 sitzt man nicht mehr alleine.

Weingut Hartmut Zahn
99518 Kaatschen-Weichau,
Weinbergstraße 18
Tel. (03 44 66) 2 03 56

André Gussek verantwortete bis Herbst 2002 den Keller beim Landesweingut Kloster Pforta. Für den Anbau ist Hartmut Zahn verantwortlich. Sein eigener Betrieb, der sich schon in der dritten Generation dem Weinbau widmet, liegt im südlichsten Zipfel des Gebietes. Mit der Selbstvermarktung hat er erst 1998 angefangen, doch die Ergebnisse lassen auf eine viel versprechende Zukunft hoffen.

Sachsen

Das Jahr vor der großen Flut

Frühling und Sommer waren in 2001 so kühl, dass drei Wochen Verzug, die die Weinberge beim Austrieb hatten, nicht mehr eingeholt werden konnten. Die Trauben verfärbten sich erst sehr spät und bildeten ihre Aromen. Zum Glück hat der Septemberregen weniger Schaden angerichtet als anderswo. Insgesamt kamen die Trauben aufgrund der früh einsetzenden kühlen Witterung weitgehend unbeschadet auf die Kelter. »Der Oktober hat es 'rausgerissen«, bestätigt Thomas Herrlich vom Weingut Vincenz Richter die Einschätzungen seiner Kollegen. Dabei wirken die spät gelesenen und oft auch spät auf die Flaschen gefüllten Weine erst jetzt verblüffend reintönig. Gelungene Exemplare aus 2001 sind von einer klaren, intensiven Frucht geprägt, die ausdrucksstärker als im Vorjahr ausfiel. Dennoch haben nur wenige Betriebe die hohe Reife eines Jahres wie 1999 erreicht, was auch die prägnante Säure unterstreicht.

Zahlreiche Winzer zwischen Meißen und Dresden hatten im August 2002 unter den Hochwasserfluten der Elbe zu leiden, unter anderem die Weingüter Klaus Zimmerling in Pillnitz, Vincenz Richter in Meißen, Jan Ulrich und Joachim Lehmann in Seußlitz. Die eingelagerten Weine sind wohl unbeschadet geblieben. Ansonsten wird der Schaden auf weit über eine Million Euro geschätzt.

Das Weingut Schloss Proschwitz erzeugt die mit Abstand feinsten Weine des Gebietes. Dahinter folgen nach wie vor Klaus Zimmerling und Vincenz Richter, deren Weine von Jahr zu Jahr besser werden. Die größte Überraschung ist der Aufschwung beim Sächsischen Staatsweingut mit Sitz im Schloss Wackerbarth. Hier darf man noch einiges erwarten.

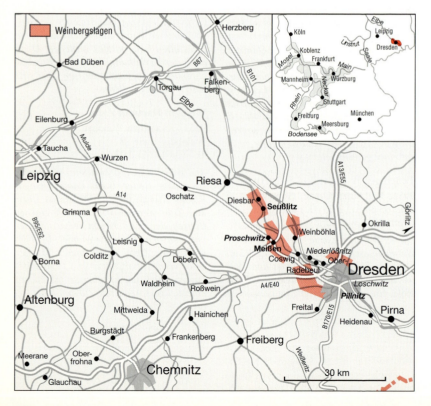

Die östlichste und auch kleinste Weinbauregion Deutschlands liegt an den steilen Flusshängen der Elbe. Die Fläche erstreckt sich von Pirna, südlich von Dresden, bis Seußlitz, nördlich von Meißen. Hier herrscht ein rauhes Binnenlandklima mit heißen Sommern und kalten Wintern; im Frühling gefährdet Frost die Blüte und führt häufig zu Ertragsminderungen. Die Rebkultur ist deswegen auf ganz wenige, ausgesuchte Standorte mit südlicher Hangneigung und günstigem Mikroklima beschränkt. Bodenbeschaffenheit, Hangneigung und Exposition spielen eine gewaltige Rolle. Wer nicht über exzellente Lagen verfügt, kann nur Mittelmäßiges erzeugen. Der Boden wird bei Meißen von verwittertem Granit bestimmt, zwischen Radebeul und Dresden besteht er überwiegend aus verwittertem Gneis. Örtlich kommt auch Porphyr vor.

Urkundlich lässt sich der Weinbau in Sachsen bis in das Mittelalter zurückverfolgen. Zur Zeit Napoleons, als sich die Anbaufläche an der Elbe auf über 1.500 Hektar ausgedehnt hatte, wurde in Meißen die erste Weinbauschule Europas gegründet. Durch Kriege und Schädlingsbefall schrumpfte die Rebfläche bis zur Trennung der deutschen Staaten auf knapp 70 Hektar. Nun ist die Weinbaufläche wieder auf mehr als 445 Hektar angewachsen, mit weiter steigender Tendenz! All dies führte dazu, dass es dem sächsischen Weinbau zunehmend besser geht, trotz niedriger Erträge und hoher Klimarisiken.

An der Elbe spielt der Müller-Thurgau mit knapp 21 Prozent der Rebfläche nach wie vor die wichtigste Rolle. Inzwischen aber finden auch edlere Sorten eine nennenswerte Ausdehnung: Riesling ist mit 16 Prozent immer häufiger anzutreffen. Die Zukunft scheint jedoch den Rebsorten der Burgunderfamilie zu gehören, die hier ideale Voraussetzungen finden. Darüber hinaus sind auch Reben wie Elbling und Goldriesling von Bedeutung, die ihre Beliebtheit als sommerliche Zechweine nicht verloren haben. Ob jedoch die zunehmende Anpflanzung von Rotweinsorten sinnvoll ist, wagen wir zu bezweifeln.

Da die Weine fast nur vor Ort verfügbar sind, muss man sich schon die Mühe machen zu reisen. Die alten Villen an der Elbe zwischen Dresden und Meißen sowie die wildromantische Sächsische Schweiz haben ihre Reize. Auch wenn manche Winzer Schlagzeilen machen, bleibt für die meisten Menschen Karl May der bekannteste Sohn des Gebietes, dessen Villa Shatterhand heute ein Museum birgt.

Die Spitzenbetriebe in Sachsen

Weingut Schloss Proschwitz, Meißen

Weingut Vincenz Richter, Meißen

Sächsisches Staatsweingut – Schloss Wackerbarth, Radebeul

Weingut Klaus Zimmerling, Dresden-Pillnitz

Die Jahrgänge in Sachsen

Jahr	Güte
2001	✿✿
2000	✿✿
1999	✿✿✿
1998	✿✿✿
1997	✿✿
1996	✿
1995	✿✿
1994	✿✿✿
1993	✿✿
1992	✿✿✿

Jahrgangsbeurteilung:

✿✿✿✿✿ : Herausragender Jahrgang

✿✿✿✿ : Sehr guter Jahrgang

✿✿✿ : Guter Jahrgang

✿✿ : Normaler Jahrgang

✿ : Schwacher Jahrgang

Sachsen

WEINGUT SCHLOSS PROSCHWITZ

Inhaber: Dr. Georg Prinz zur Lippe
Leiter Marketing/Vertrieb: Peter Bohn
Kellermeister: Martin Schwarz
01665 Zadel über Meißen, Dorfanger 19
Tel. (0 35 21) 7 67 60, Fax 76 76 76
e-mail: schloss-proschwitz@t-online.de
Internet: www.schloss-proschwitz.de
Anfahrt: A 4 Dresden–Chemnitz, Ausfahrt Wilsdruff, über Meißen nach Zadel
Verkauf: Im Weingut in Zadel
Mo.–So. 10:00 bis 17:00 Uhr
und nach Vereinbarung
Gutsausschank: »Weingalerie« auf der Albrechtsburg am Domplatz, April bis Dez., Mi.–So. 10:00 bis 18:00 Uhr
Historie: Ältestes Weingut Sachsens
Sehenswert: Schloss Proschwitz, einer der seltenen neobarocken Bauten Sachsens

---

Rebfläche: 55 Hektar
Jahresproduktion: 300.000 Flaschen
Beste Lagen: Schloss Proschwitz, Seußlitzer Heinrichsburg
Boden: Granitfels mit Lössauflage
Rebsorten: 20% Grauburgunder, 15% Müller-Thurgau, je 10% Riesling, Weiß- und Spätburgunder, je 9% Traminer und Elbling, 17% übrige Sorten
Durchschnittsertrag: 35 hl/ha
Beste Jahrgänge: 1999, 2000
Mitglied in Vereinigungen: VDP

Nach dem Fall der Mauer konnte Dr. Georg Prinz zur Lippe das gegenüber dem Meißener Burgberg liegende Weingut und den Familiensitz Schloss Proschwitz zurückkaufen. Der neue Betrieb liegt in einem über 300 Jahre alten Vierseithof in Zadel. Nach der exzellenten 1999er Kollektion hat man in 2000 auch hier kämpfen müssen – doch es hat sich gelohnt. Niemand sonst in Sachsen konnte so viele gelungene Weine vorstellen. Wenn auch zum Redaktionsschluss nur wenige Weine gefüllt waren, scheint der Jahrgang 2001 weniger gelungen zu sein. Zum Glück ist das Gut von der Flut weitgehend verschont geblieben.

2001 Schloss Proschwitz
Elbling trocken
8,50 €, 11%, ♀ bis 2003 — **80**

2001 Schloss Proschwitz
Scheurebe Kabinett trocken
10,50 €, 12%, ♀ bis 2003 — **83**

2001 Schloss Proschwitz
Grauer Burgunder trocken Barrique
14,– €, 13,5%, ♀ bis 2004 — **84**

--- Rotweine ---

2000 Spätburgunder
trocken »Edition Meißen«
15,– €, 13,5%, ♀ bis 2003 — **82**

2001 Dornfelder
trocken »Edition Meißen«
11,– €, 13,5%, ♀ bis 2004 — **83**

2000 Schloss Proschwitz
Spätburgunder trocken Barrique
20,– €, 13,5%, ♀ bis 2005 — **86**

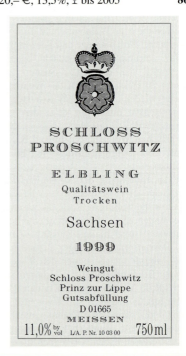

Die Betriebe: ✿✿✿✿✿ Weltklasse · ✿✿✿✿ Deutsche Spitze · ✿✿✿ Sehr gut · ✿✿ Gut · ✿ Zuverlässig

Sachsen

WEINGUT VINCENZ RICHTER

Inhaber: Thomas Herrlich
01662 Meißen, Dresdener Straße 147
Tel. (0 35 21) 73 16 06, Fax 73 19 23
e-mail: weingut@vincenz-richter.de
Internet: www.Vincenz-Richter.de
Anfahrt: A 4 Dresden–Chemnitz, Ausfahrt Wilsdruff nach Meißen
Verkauf: Heike Herrlich
Mo.–Sa. 9:00 bis 18:00 Uhr

Rebfläche: 7,5 Hektar
Jahresproduktion: 45.000 Flaschen
Beste Lage: Meißner Kapitelberg
Boden: Granitverwitterung
Rebsorten: 51% Riesling, 23% Müller-Thurgau, je 10% Kerner und Spätburgunder, 6% übrige Sorten
Durchschnittsertrag: 40 hl/ha
Beste Jahrgänge: 1998, 1999, 2000

Der Oberst der kaiserlichen Armee, Vincenz Anton Richter, legte 1873 den Grundstein für die heute noch bestehende Familientradition. Im alten Tuchmacherzunfthaus kelterte er seinen ersten Wein. Über Kriege und Systeme hinweg haben drei weitere Generationen alles originalgetreu erhalten. Heute ist Thomas Herrlich Herr des Geschehens. In kurzer Zeit hat er das Weingut auf über sieben Hektar aufgestockt und den Keller mit neuester Technik ausgerüstet. Zuletzt hat Herrlich auch das alte Stadtweingut unterhalb der Lage Meißener Kapitelberg erworben. Das alte Fachwerkhaus ist rundum renoviert und beherbergt einen Verkostungsraum, eine kleine Sektkellerei und ein Kelterhaus. Die 2000er waren, wenn auch fest und kernig, durchweg anständig geraten. Die 2001er sind etwas weniger geschliffen. Positiv sticht die Traminer Spätlese heraus.

2001 Meißner Kapitelberg
Müller-Thurgau trocken
5,90 €, 11%, ♀ bis 2003 — **79**

2001 Meißner Kapitelberg
Riesling trocken
7,90 €, 11%, ♀ bis 2003 — **81**

2001 Meißner Kapitelberg
Traminer Spätlese trocken
8,50 €, 12%, ♀ bis 2005 — **84**

2001 Meißner Kapitelberg
Riesling halbtrocken
7,90 €, 11,5%, ♀ bis 2003 — **80**

--- Rotweine ---

2001 Meißner Kapitelberg
Cabernet Dorsa trocken
9,90 €, 12,5%, ♀ bis 2004 — **81**

2001 Spätburgunder
trocken
9,90 €, 12,5%, ♀ bis 2004 — **82**

Die Weine: 100 Perfekt · 95–99 Überragend · 90–94 Exzellent · 85–89 Sehr gut · 80–84 Gut · 75–79 Passabel

Sachsen

SÄCHSISCHES STAATSWEINGUT – SCHLOSS WACKERBARTH

Inhaber: Freistaat Sachsen
Geschäftsführer: Dr. Klaus Veit
Betriebsleiter und Kellermeister: Jan Kux
01445 Radebeul, Mittlere Bergstraße
Tel. (03 51) 8 95 50, Fax 8 38 70 73
e-mail: kontakt@schloss-wackerbarth.de
Internet: www.schloss-wackerbarth.de
Anfahrt: A 14/A 4 von Leipzig, Ausfahrt Dresden-Neustadt; A 13 von Berlin, Ausfahrt Wilder Mann
Verkauf: Monika Schöne und Ingrid Bialojahn
Vinothek: Mo.–So. 10:00 bis 19:00 Uhr, im Winter bis 18:00 Uhr
Historie: Erbaut 1728/29 von Graf August von Wackerbarth, saniert 1999/2002
Sehenswert: Barockschloss im ausgedehnten Park, Terrassenweinberge

---

Rebfläche: 93 Hektar
Jahresproduktion: 430.000 Flaschen
Beste Lagen: Radebeuler Goldener Wagen, Seußlitzer Heinrichsburg
Boden: Verwitterungsgestein, Porphyr, Lehm und Sand
Rebsorten: 28% Riesling, 13% Elbling, 11% Müller-Thurgau, 10% Kerner, 9% Weißburgunder, 7% Grauburgunder, 5% Traminer, 17% übrige Sorten
Durchschnittsertrag: 40 hl/ha
Beste Jahrgänge: 2000, 2001

Das Sächsische Staatsweingut Radebeul mit Sitz im staatlichen Barockschloss Wackerbarth wurde 1991 vom Sächsischen Staat aus dem ehemaligen Weingut Radebeul übernommen. Seit der Wende hat man zwei Drittel der Rebfläche abgegeben. Von Geschäftsführer Dr. Klaus Veit und Kellermeister Jan Kux kommen neue Impulse. Der Jahrgang 2000 war durchweg gelungen. Der Jahrgang 2001 ist noch von Bauarbeiten auf dem Gelände geprägt, sodass die Weine komplett im Zelt verarbeitet werden mussten. Sie zeigen durch die Bank ein klare Frucht, die ausgeprägter als im Vorjahr ist.

2001 Riesling
trocken
8,70 €, 11,5%, ♀ bis 2003   **82**

2001 Grauer Burgunder
trocken
8,70 €, 12%, ♀ bis 2003   **82**

2001 Radebeuler Lößnitz
Weißer Burgunder Spätlese trocken
10,50 €, 13,5%, ♀ bis 2004   **84**

2001 Seußlitzer Heinrichsburg
Grauer Burgunder Auslese
17,80 €/0,375 Lit., 12%, ♀ bis 2005 **84**

2001 Radebeuler Lößnitz
Traminer Spätlese
11,90 €, 12%, ♀ bis 2005   **85**

2001 Radebeuler Lößnitz
Riesling Auslese
17,80 €/0,375 Lit., 12,5%, ♀ bis 2006 **85**

Die Betriebe: ✴✴✴✴✴ Weltklasse · ✴✴✴✴ Deutsche Spitze · ✴✴✴ Sehr gut · ✴✴ Gut · ✴ Zuverlässig

Sachsen

WEINGUT KLAUS ZIMMERLING

Inhaber: Klaus Zimmerling
01326 Dresden-Pillnitz, Bergweg 27
Tel. (03 51) 2 61 87 52
Anfahrt: Über Dresden nach Pillnitz
Verkauf: Klaus Zimmerling
nach Vereinbarung
Sehenswert: Weinkeller im Pillnitzer Schloss

Rebfläche: 4 Hektar
Jahresproduktion: 15.000 Flaschen
Beste Lage: Pillnitzer Königlicher Weinberg
Boden: Sand und Lehm auf Verwitterungsgestein
Rebsorten: 22% Riesling, je 18% Grauburgunder und Kerner, je 12% Gewürztraminer und Müller-Thurgau, 7% Weißburgunder, 6% Traminer, 5% Bacchus
Durchschnittsertrag: 21 hl/ha
Beste Jahrgänge: 1999, 2000, 2001

Eigentlich ist Klaus Zimmerling gelernter Maschinenbauer. Doch fühlte er sich offenbar zum Winzer berufen. Nach nur einem Lehrjahr 1990 in der Wachau stürzte er sich in die Selbstständigkeit. Sein erster Jahrgang war der 92er. Seither hat er seine Leistung ständig verbessert. Die vier Hektar große Rebfläche – vorwiegend im Pillnitzer Königlichen Weinberg – steht jetzt voll im Ertrag. Doch im Jahrgang 1998 hat er gerade mal 8.000 Liter geerntet, im Jahr davor lächerliche tausend! 1999 waren dann schon 15.000 Flaschen gefüllt worden. Auch im sonst üppigen Jahrgang 2000 hat er lediglich 20 Hektoliter pro Hektar nach Hause gebracht. Wenn auch stets eigen und nicht einfach zu verstehen, haben wir Zimmerlings kompromisslose Weine stets als mineralisch, ja charaktervoll mit klarer Frucht und Struktur in Erinnerung. Wie üblich vermarktet Zimmerling seine gesamte Produktion als Landwein. Die Ausstattung ist originell. Jedes Jahr ist es das Bild einer anderen Plastik seiner Frau, der polnischen Bildhauerin Malgorzata Chodakowska, das die Flaschen ziert.

2001 Müller-Thurgau
trocken
7,– €, 11,5%, ♀ bis 2004 — **82**

2001 Grauer Burgunder
trocken
10,– €/0,5 Lit., 12%, ♀ bis 2004 — **83**

2001 Kerner
trocken
9,– €/0,5 Lit., 11,5%, ♀ bis 2004 — **83**

2001 Gewürztraminer
trocken
12,– €/0,5 Lit., 13%, ♀ bis 2005 — **85**

2001 Riesling
trocken
14,– €/0,5 Lit., 12%, ♀ bis 2005 — **86**

Die Weine: **100** Perfekt · **95–99** Überragend · **90–94** Exzellent · **85–89** Sehr gut · **80–84** Gut · **75–79** Passabel

Sachsen

Weitere empfehlenswerte Betriebe

Weingut Friedrich Aust
01445 Radebeul, Weinbergstraße
Tel. (03 51) 89 39 01 00

Der nur 24 Jahre junge Friedrich Aust ist eher zufällig durch seine Bekanntschaft mit Prinz zur Lippe in den Weinbau geschlittert. Der gelernte Steinmetz pflegt inzwischen mit Hingabe nebenberuflich knapp drei Hektar Weinberge. Wir glauben wohl, dass man mehr von diesem Gut hören wird und sind auf die 2002er gespannt.

Weingut Hanke
06917 Jessen, Alte Schweinitzer Straße 80
Tel. (0 35 37) 21 27 70
e-mail: ingo.hanke@t-online.de

Das Weingut ist mit der Lage Jesser Gorrenberg das Nordlicht des sächsischen Weinbaus. Nach den überraschenden Goldmedaillen bei den Landesweinprämierungen müssen Frank und Ingo Hanke jetzt zeigen, dass sie das Zeug haben, jährlich konstant mit derartigen Weinen aufzutrumpfen.

Weinstube Joachim Lehmann
01162 Seußlitz, An der Weinstraße 26
Tel. (03 42 67) 5 02 36

Da zur Zeit fast die Gesamtproduktion dieses kleinen Gutes über den eigenen Gutsausschank läuft, trinkt man die recht leichten, frischen Weine des Joachim Lehmann am besten im Sommer unter schattigen Kastanien auf der Terrasse seiner Seußlitzer Weinstube. Die Überflutungen im Jahre 2002 haben hier starke Schäden angerichtet, doch das Gut hat immer noch das Potenzial, zu den führenden Erzeugern des Gebietes aufzusteigen.

Weingut Hof Lössnitz
01445 Radebeul, Knollweg 37
Tel. (03 51) 8 30 13 22, Fax 8 30 83 56

Fast fünfzig Jahre lang wurden keine eigenen Weine im 1401 markgräflich gegründeten »Hof Lössnitz« mehr ausgebaut. Seit 1998 ist eine private Gesellschaft dabei, einen selbstvermarktenden Weinguts- und Museumshof mit eigener Küche aufzubauen. Winzermeister Steffen Rößler tischt inzwischen, wie es eine 2001er Weißburgunder Spätlese trocken bezeugt, regelmäßig ansprechende Kollektionen auf. Das letzte Wort ist hier noch nicht gesprochen.

Weingut Lutz Müller
01099 Dresden, Bautzener Straße 126b
Tel. (03 51) 2 51 78 19

Vater Dr. Müller und Sohn Lutz versuchen, aus den Traumlagen an den Dresdner Elbhängen wieder gute Weine zu gewinnen. Die ersten Ergebnisse sind recht vielversprechend.

Weingut Walter Schuh – Elbtalkellerei Meißen
01640 Sörnewitz, Dresdner Straße 314
Tel. (0 35 23) 8 48 10, Fax 8 48 20

Als Walter Schuh die Elbtalkellerei in Sörnewitz übernahm, war die Denkmalbehörde bereit, die Zustimmung zum Abriss des verfallenen Fachwerkhauses zu geben. Inzwischen ist nicht nur das alte Gemäuer instand gesetzt, sondern auch die Güte der auf fünf Hektar erwirtschafteten Weine erheblich gesteigert worden.

Weinbau Klaus Seifert
01445 Radebeul, Weinbergstraße 26
Tel. (03 51) 8 36 04 00

»Ich muss wohl in meinem ersten Leben eine Reblaus gewesen sein«, erklärt Klaus Seifert schmunzelnd. Der über 60 Jahre alte Rentner bewirtschaftet knapp ein Hektar als Steckenpferd. Doch die Weine sind nicht ohne. Das Gut hat sicherlich das Potenzial, weiter voranzukommen.

Weingut Jan Ulrich
01612 Seußlitz, Meißner Straße 4
Tel. (03 52 67) 5 10 13

Dieser Betrieb gehört zu den alteingesessenen in Sachsen. Schon früh kam Jan Ulrich, der mit seiner Frau das Geschick des Unternehmens verantwortet, mit Weinen auf den Markt. Hoffentlich hat die Flut in 2002 dem Gut keine bleibenden Schäden zugefügt.

Württemberg

Württemberg am Scheideweg

Noch nie gab es in Württemberg solch gute Weine. Aber die Dynamik hat nicht alle Betriebe erfasst, die Elite bleibt nach wie vor unter sich.

»So schöne Riesling-Trauben habe ich in meinem Weinberg noch nie gesehen«, schwärmte Hans-Peter Wöhrwag im Herbst 2001. Nach dem »Katastrophenjahr« 2000, mit viel Regen und Hagel, kann der ehrgeizige Riesling-Spezialist nun aufatmen. Mit der aktuellen Kollektion knüpft er wieder an Glanzzeiten an: kristallklare Rieslinge von großer Eleganz und insbesondere edelsüße Spezialitäten dieser Sorte, wie sie bisher in Württemberg unerreicht sind. Doch der Untertürkheimer ist nur einer aus einer kleinen Gruppe von Erzeugern, die mit dem Jahrgang 2001 zeigen, dass ein Ruck durch die Württemberger Weingesellschaft gegangen ist. Auch die Remstäler Betriebe Jürgen Ellwanger und Haidle aus Stetten können heute Weine vorzeigen, die vor ein paar Jahren in dieser Region noch undenkbar gewesen wären. Fast spektakulär sind die Leistungssteigerungen des VDP-Regionalvorsitzenden Gert Aldinger. Vor einem Jahrzehnt noch galt der Fellbacher Betrieb als wenig spektakulärer Erzeuger für den schwäbischen Bedarf. Damals wurden rund 60 Prozent als Literware für den Durst in Stuttgarter Weinstuben gefüllt. Heute ist die Liter-Quote auf 35 Prozent gesunken und dafür der Anteil an Spitzenweinen rapide gestiegen.

Die »bürgerliche« Revolution in Württemberg – bei der natürlich auch der Primus inter Pares der Vorjahre, Ernst Dautel, zu nennen ist, hat auch die adelige Elite zum Handeln gezwungen. Im Schloss in Schwaigern bei Graf Neipperg schafft man nun den Spagat zwischen traditionellem Stil und zeitgemäßer, moderner Weinbereitung und auf Graf Adelmanns Burg Schaubeck zeichnet sich immer mehr eine selten gewordene »Subjektivität« der Weine ab.

Doch es soll nicht vergessen werden, das Württemberg das Land der Genossenschaften ist. Rund 75 Prozent der Erzeugung wird in Kooperativen erfasst und vermarktet. Die beiden Stuttgarter Genossenschaften Untertürkheim – neuerdings als »Weinmanufaktur« firmierend – und Rotenberg sind offensichtlich aus dem kooperativen Gleichschritt ausgeschert und haben sich der qualitativen Zukunft zugewandt.

Stettens Riesling-Spezialist Jochen Beurer kann die in ihn gesetzten, hohen Erwartungen ebenso bestätigen wie der Fellbacher Rainer Schnaitmann. Zusammen mit den jungen Kollegen aus dem Unterland, Kistenmacher-Hengerer und Wachtstetter, ein Quartett, das die Zukunft sicherlich mitprägen wird.

Doch der Blick auf Württemberg ist insbesondere immer auch der Blick auf die Rotweine, denn fast 65 Prozent der Rebfläche ist mit blauen Trauben bestockt. Nach dem schwierigen 2000er Herbst haben viele erst spät ihre 99er Prestigeweine auf den Markt gebracht. Insbesondere der mit Spannung erwartete 99er »Granat« vom Korber Mini-Weingut Schwegler erfüllte dabei die Erwartungen ebenso wie der »Jodokus« aus dem Hause Drautz-Able und der wohl feinste Lemberger des Jahrgangs von Aldinger. Dazu gehört auch das moderne, »Traum« genannte Rotwein-Flaggschiff des Staatsweinguts Weinsberg.

Dort wo der 2000er Rotwein-Jahrgang trotzdem zu Spitzen gelang, schmeckt man den Weinen zwar ein wenig an, wie sehr die Kellermeister um diese Qualität haben kämpfen müssen, aber es gibt mancherorts überraschend gute Ergebnisse. Erneut stellt Jürgen Ellwanger mit seiner 2000er Rotweincuvée »Nikodemus« den Spitzenreiter.

Die etwa 210 Einzellagen Württembergs, das sich in sechs Bereiche und siebzehn Großlagen gliedert, liegen zwischen Bodensee und Taubergrund – mit den Zentren zwischen Stuttgart und Heilbronn – verteilt auf die wärmsten Hänge des Neckartals und der Nebenflüsse Rems, Murr, Enz, Bottwar, Zaber, Kocher und Jagst. Geschützt vom Schwarzwald und der schwäbischen Alb bieten die verschie-

Württemberg

nen Keuperformationen mit Löss, Lehm, Letten oder Gips sowie die eingestreuten Muschelkalkböden ideale Voraussetzungen für den Anbau der Rebe. Gut zwei Drittel der Weinberge sind Steilhänge und teilweise nur terrassiert zu bearbeiten. Die Württemberger trinken einen Großteil ihrer Produktion selbst. Mit fast 40 Litern Wein pro Kopf ist der Durchschnittsverbrauch im Ländle doppelt so hoch wie der deutsche Schnitt.

Die reizvolle württembergische Weinstraße führt den Besucher unweigerlich zur schwäbischen Gemütlichkeit bei typischen Speisen der Region und dem dazugehörenden Viertele. Auch einige der von uns beschriebenen Weingüter betreiben nebenher Gastronomie.

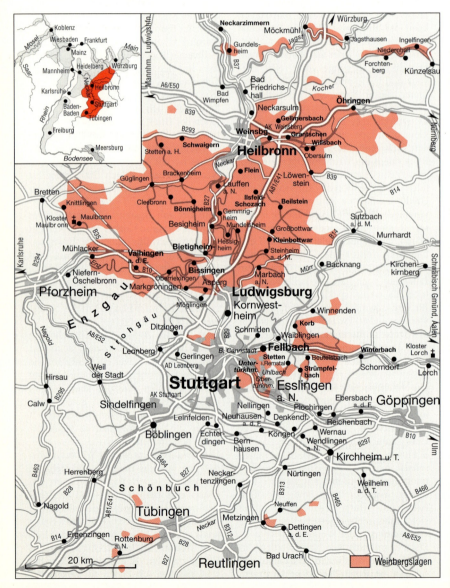

Württemberg

Die Spitzenbetriebe in Württemberg

Weingut Graf Adelmann,
Kleinbottwar

Weingut Gerhard Aldinger,
Fellbach

Weingut Ernst Dautel, Bönnigheim

Weingut Drautz-Able, Heilbronn

Weingut Jürgen Ellwanger,
Winterbach

Weingut Karl Haidle,
Kernen-Stetten im Remstal

Weingut des Grafen Neipperg,
Schwaigern

Weingut Albrecht Schwegler, Korb

Weingut Wöhrwag, Untertürkheim

Weingut Beurer,
Stetten im Remstal

Weingut G. A. Heinrich, Heilbronn

Schlosskellerei und Weingut
Fürst zu Hohenlohe-Oehringen,
Öhringen

Weingut Kistenmacher-Hengerer,
Heilbronn

▲ **Weingut Kusterer, Esslingen**

▲ **Weingut Rainer Schnaitmann,**
Fellbach

Staatsweingut Weinsberg,
Weinsberg

Weinbau Wachtstetter,
Pfaffenhofen

Weingut des Hauses Württemberg
Hofkammerkellerei, Ludwigsburg

Weingut Amalienhof, Heilbronn

Weingärtnergenossenschaft
Grantschen,
Weinsberg-Grantschen

Weingut Erich Hirth,
Obersulm-Willsbach

Schlossgut Hohenbeilstein,
Beilstein

Weingut Kuhnle,
Weinstadt-Strümpfelbach

Weingut Gerhard Leiss,
Gellmersbach

✳ **Weingärtnergenossenschaft**
Rotenberg, Stuttgart

Weingut Sankt Annagarten,
Beilstein

Weingut Sonnenhof –
Bezner-Fischer, Vaihingen-Enz

✳ **Weinmanufaktur**
Untertürkheim e.G., Stuttgart

Bewertung der Betriebe

Höchstnote für die
weltbesten Weinerzeuger

Exzellente Betriebe, die zu den
besten Deutschlands zählen

Sehr gute Erzeuger, die seit Jahren
konstant hohe Qualität liefern

Gute Erzeuger, die mehr als
das Alltägliche bieten

Verlässliche Betriebe mit einer
ordentlichen Standardqualität

Württemberg

WEINGUT GRAF ADELMANN

Inhaber: Michael Graf Adelmann
Verwalter: Peter Albrecht
71711 Kleinbottwar, Burg Schaubeck
Tel. (0 71 48) 92 12 20, Fax 9 21 22 25
e-mail: weingut@graf-adelmann.com
Internet: www.graf-adelmann.com
Anfahrt: A 81 Stuttgart–Heilbronn, Ausfahrt Großbottwar
Verkauf: Mo.–Fr. 9:00 bis 12:00 Uhr und 14:00 bis 18:00 Uhr
Sa. 9:00 bis 13:00 Uhr
Historie: Weinbau seit 1297, reichsunmittelbar bis 1803
Sehenswert: Burg Schaubeck, 13. Jahrhundert, mit Fachwerk-Innenhof, in einem alten englischen Park gelegen

---

Rebfläche: 18 Hektar
Jahresproduktion: 120.000 Flaschen
Beste Lagen: Kleinbottwarer Süßmund und Oberer Berg
Boden: Keuper, roter Mergel
Rebsorten: 28% Riesling, 15% Lemberger, 13% Trollinger, je 8% Samtrot und Grauburgunder, 5% Spätburgunder, je 4% Muskattrollinger und Silvaner, 15% übrige Sorten
Durchschnittsertrag: 65 hl/ha
Beste Jahrgänge: 1997, 1999, 2001
Mitglied in Vereinigungen: VDP, Deutsches Barrique Forum, Hades

---

Bei der allgemeinen Terroir-Diskussion wird manchmal übersehen, dass auch die Winzerpersönlichkeit im Wein schmeckbar bleiben sollte. Und diese kommt zur Zeit in Württemberg nirgends deutlicher zum Ausdruck als auf Graf Adelmanns pittoresker Burg Schaubeck. Wir beobachten mit großem Interesse, dass der Stil des Hauses immer klarer selbst in vermeintlich kleinen Weinen zu Tage tritt. Adelmanns Weine sind selten die spektakulärsten der Region, aber sie sind stets in sich geschlossen, was vielleicht mit »aristokratischer Finesse« umrissen werden kann. Graf Adelmanns Gut ist ein echter »Cru« aus Württemberg.

2001 Kleinbottwarer
Silvaner Kabinett trocken
5,– €, 11%, ♀ bis 2003 — **84**

2001 Kleinbottwarer Süßmund
Riesling Kabinett trocken
7,65 €, 11%, ♀ bis 2004 — **86**

2001 Kleinbottwarer Süßmund
Riesling Spätlese trocken
»Großes Gewächs«
12,25 €, 13%, ♀ bis 2006 — **88**

2001 Kleinbottwarer Oberer Berg
Muskattrollinger Eiswein
60,– €/0,375 Lit., 7,5%, ♀ bis 2010 — **94**

--- Rotweine ---

2001 Muskattrollinger
trocken
6,40 €, 12%, ♀ bis 2003 — **83**

2000 Cuvée »Herbst im Park«
trocken
12,25 €, 13%, ♀ bis 2006 — **85**

2001 »Der Loewe von Schaubeck«
Lemberger trocken
13,80 €, 12,5%, ♀ bis 2006 — **86**

2000 Cuvée »Carpe Diem«
trocken
17,– €, 13%, ♀ bis 2007 — **87**

Die Betriebe: ✿✿✿✿✿ Weltklasse · ✿✿✿✿ Deutsche Spitze · ✿✿✿ Sehr gut · ✿✿ Gut · ✿ Zuverlässig

Württemberg

WEINGUT GERHARD ALDINGER

Inhaber: Gert Aldinger
70734 Fellbach, Schmerstraße 25
Tel. (07 11) 58 14 17, Fax 58 14 88
e-mail: Gert.Aldinger@t-online.de
Internet: www.weingut-aldinger.de
Anfahrt: Von Stuttgart über die B 14, Ausfahrt Fellbach-Süd, Schildern folgen
Verkauf: Mo.–Fr. 9:00 bis 12:00 Uhr
und 15:00 bis 18:00 Uhr
Sa. 9:00 bis 12:00 Uhr
und nach Vereinbarung
Historie: Weinbau in der Familie seit 1492

Rebfläche: 20 Hektar
Jahresproduktion: 160.000 Flaschen
Beste Lagen: Untertürkheimer Gips, Fellbacher Lämmler, Stettener Pulvermächer
Boden: Gipskeuper, roter Keuper, Sandsteinverwitterung
Rebsorten: 30% Riesling, 30% Trollinger, 15% Spätburgunder, je 5% Lemberger, Cabernet Sauvignon, Merlot, Sauvignon blanc und Weißburgunder
Durchschnittsertrag: 60 hl/ha
Beste Jahrgänge: 1996, 1999, 2001
Mitglied in Vereinigungen: VDP

Selbst der verheerende Hagel im Juni 2000 konnte das Qualitätsstreben des Regional-VDP-Vorsitzenden Gert Aldinger nicht bremsen. Wer hätte gedacht, dass Aldinger heute zusammen mit seinem Freund und Weinbergsnachbarn Wöhrwag mit an der Spitze des Anbaugebietes stehen würde? Wir staunten nicht schlecht bei der Verkostung der aktuellen Kollektion: Der feinste trockene Riesling der Region (nie zuvor wurden hier von uns in dieser Kategorie 90 Punkte vergeben) steht neben dem besten 99er Lemberger (aus dem Remstal – früher undenkbar!) und einem fulminanten Riesling Eiswein. Und Aldinger hat uns versichert, mit den 2001er Rotweinen noch »eins drauf zu legen«. Wir ziehen schon für das jetzige Programm den Hut!

2001 Cuvée »S«
Sauvignon blanc trocken
14,– €, 12,5%, ♀ bis 2004 — **88**

2001 Fellbacher Lämmler
Riesling Spätlese trocken »Großes Gewächs«
20,– €, 13%, ♀ bis 2006 — **89**

2001 Fellbacher Lämmler
Riesling Auslese
13,– €/0,375 Lit., 10%, ♀ bis 2007 — **89**

2001 Riesling
Eiswein Nr. 27
48,– €/0,375 Lit., 7,5%, ♀ bis 2013 — **94**

--- Rotweine ---

2000 Fellbacher Lämmler
Spätburgunder trocken **
13,50 €, 13,5%, ♀ bis 2005 — **87**

2000 Stettener Mönchberg
Lemberger Nr. 33 trocken **
11,– €, 13%, ♀ bis 2006 — **87**

2000 Untertürkheimer Gips
Spätburgunder trocken ***
25,50 €, 13,5%, ♀ bis 2006 — **88**

1999 Fellbacher Lämmler
Lemberger trocken
25,– €, 13,5%, ♀ bis 2007 — **90**

Die Weine: **100** Perfekt · **95–99** Überragend · **90–94** Exzellent · **85–89** Sehr gut · **80–84** Gut · **75–79** Passabel

Württemberg

WEINGUT AMALIENHOF

Inhaber: Martin Strecker und Regine Böhringer
Kellermeister: Gerhard und Martin Strecker
74074 Heilbronn, Lukas-Cranach-Weg 5
Tel. (0 71 31) 25 17 35, Fax 57 20 10
e-mail: Amalienhof@t-online.de
Internet: www.weingut-amalienhof.de

Anfahrt: An der B 27, am Ortsausgang von Heilbronn, Richtung Sontheim
Verkauf: Familie Strecker, Stephan Meier
Mo.–Sa. 8:00 bis 12:00 Uhr
und 13:00 bis 18:00 Uhr
Di. 13:00 bis 20:00 Uhr
Sa. 13:00 bis 16:00 Uhr
So. nach Vereinbarung
Sehenswert: Gut Beilsteiner Steinberg
Erlebenswert: Weinfest am 4. Wochenende im September, mit über 100 Weinen im Ausschank, dienstags ab 17 Uhr Themen-Weinproben

---

Rebfläche: 29 Hektar
Jahresproduktion: 250.000 Flaschen
Beste Lagen: Beilsteiner Steinberg, Heilbronner Stiftsberg
Boden: Bunter Mergel, Gipskeuper
Rebsorten: 31% Riesling, 22% Trollinger, 14% Samtrot, 10% Lemberger, 4% Muskat-Lemberger, 19% übrige Sorten
Durchschnittsertrag: 74 hl/ha
Beste Jahrgänge: 1994, 1997, 2001

2001 Beilsteiner Steinberg
Riesling Kabinett trocken
5,45 €, 11%, ♀ bis 2004 — **82**

2001 Beilsteiner Steinberg
Riesling Spätlese trocken
7,54 €, 12%, ♀ bis 2004 — **84**

——— Rotweine ———

2000 Beilsteiner Steinberg
Dornfelder trocken
4,99 €, 12,5%, ♀ bis 2003 — **82**

2000 Beilsteiner Steinberg
Trollinger Auslese trocken
13,34 €, 13%, ♀ bis 2003 — **82**

1999 Cuvée »Troika«
trocken
8,70 €, 13%, ♀ bis 2004 — **83**

1999 Beilsteiner Steinberg
Lemberger Spätlese trocken
9,51 €, 12,5%, ♀ bis 2004 — **83**

1999 Beilsteiner Steinberg
Dornfelder trocken »Holzfassausbau«
5,68 €, 13%, ♀ bis 2003 — **83**

1998 Beilsteiner Steinberg
Muskat-Lemberger Auslese trocken
17,98 €, 13,5%, ♀ bis 2005 — **85**

Der Beilsteiner Steinberg ist eine Monopollage, die Gerhard Strecker in den 70er Jahren neu angelegt hat. Das Weingut selbst liegt in Heilbronn. Als Spezialität gilt der Muskat-Lemberger, der auch trocken im Barrique ausgebaut wird und uns dieses Jahr in der 98er Variante vorgestellt wurde: eine interessante Bereicherung des üblichen Aromen-Spektrums. Die im Vorjahr begonnene ordentliche Riesling-Serie wird auch mit dem aktuellen 2001er fortgesetzt. Bei den Roten hatten wir diesmal wenig Grund zur Klage, nur eine völlig überreife, bräunliche Samtrot Spätlese missfiel.

Württemberg

WEINGUT BEURER

Inhaber: Siegfried und Jochen Beurer
Kellermeister: Jochen Beurer
71394 Stetten im Remstal,
Lange Straße 67
Tel. (0 71 51) 4 21 90, Fax 4 18 78
e-mail: info@weingut-beurer.de
Internet: www.weingut-beurer.de
Anfahrt: Von Stuttgart über die B 14 ins Remstal, Ausfahrt Kernen, Richtung Stetten, Hauptstraße Richtung Esslingen, Lange Straße/Ecke Weinstraße
Verkauf: Familie Beurer
Fr. 14:00 bis 19:00 Uhr
Sa. 9:00 bis 14:00 Uhr
und nach Vereinbarung

Rebfläche: 6 Hektar
Jahresproduktion: 48.000 Flaschen
Beste Lagen: Stettener Pulvermächer und Häder
Boden: Keuper
Rebsorten: 45% Riesling, 12% Kerner, 10% Trollinger, 8% Rivaner, 6% Grauburgunder, je 5% Gewürztraminer, Dornfelder und Silcher, 4% Portugieser
Durchschnittsertrag: 70 hl/ha
Beste Jahrgänge: 1998, 2000, 2001

2001 Stettener Häder
Riesling trocken
6,– €, 11,5%, ♀ bis 2003 — **83**

2001 Gewürztraminer
Spätlese trocken
9,50 €, 12,5%, ♀ bis 2004 — **84**

2001 Grauer Burgunder
Spätlese trocken
9,50 €, 12,5%, ♀ bis 2004 — **86**

2001 Riesling
Spätlese
10,50 €, 10%, ♀ bis 2006 — **87**

2001 Gewürztraminer
Auslese
11,50 €/0,375 Lit., 9,5%, ♀ bis 2006 — **87**

2001 Riesling
Auslese
11,50 €/0,375 Lit., 9,5%, ♀ bis 2008 — **90**

——— Rotwein ———

2000 »Secundus«
trocken
16,50 €, 13%, ♀ bis 2005 — **84**

Die 2001er Rieslinge des jüngsten Shootingstars der Württemberger Weinszene lassen sich Zeit, und Jochen Beurer scheut sich nicht, sie ihnen zu gewähren. Zum Redaktionsschluss dieser Ausgabe hatte die trockene Pulvermächer Spätlese gerade erst die Gärung vollendet. Deshalb können wir eine Wertung für diesen Wein erst nächstes Jahr nachliefern, aber eine Tankprobe lässt bereits auf ein hervorragendes Ergebnis schließen. Doch auch das, was bereits in der Flasche ist, unterstreicht Beurers Anspruch auf einen Spitzenplatz unter den Weißweinerzeugern. Insbesondere mit einer delikaten, ungemein animierenden 2001er Riesling Auslese konnte er die Wertung des bereits sehr guten Jahrgangs-Vorgängers noch überbieten.

Die Weine: **100** Perfekt · **95–99** Überragend · **90–94** Exzellent · **85–89** Sehr gut · **80–84** Gut · **75–79** Passabel

Württemberg

WEINGUT ERNST DAUTEL

Inhaber: Ernst Dautel
74357 Bönnigheim, Lauerweg 55
Tel. (0 71 43) 87 03 26, Fax 87 03 27
e-mail: weingut.dautel@t-online.de
Internet: www.weingut-dautel.de
Anfahrt: A 81 Heilbronn–Stuttgart, Ausfahrt Mundelsheim, über Kirchheim nach Bönnigheim
Verkauf: Nach Vereinbarung
Historie: Weinbau in der Familie seit 1510

Rebfläche: 10,5 Hektar
Jahresproduktion: 65.000 Flaschen
Beste Lagen: Besigheimer Wurmberg, Bönnigheimer Sonnenberg
Boden: Muschelkalk, Keuper
Rebsorten: 23% Riesling, 18% Lemberger, je 12% Trollinger und Spätburgunder, je 8% Weißburgunder und Schwarzriesling, 5% Müller-Thurgau, je 4% Chardonnay und Kerner, 6% übrige Sorten
Durchschnittsertrag: 70 hl/ha
Beste Jahrgänge: 1997, 1999, 2001
Mitglied in Vereinigungen: VDP, Deutsches Barrique Forum

Ernst Dautel ist eine sichere Bank in Württemberg. Ausrutscher nach unten gibt es hier schon seit Jahren nicht mehr. So zeigt sich auch die 2000er Rotwein-Kollektion von den Schwierigkeiten des Jahrgangs weitgehend unbeeindruckt. Das rote Barrique-Programm dieses Jahres tendiert einheitlich auf hohem Niveau und mit der Cuvée »Kreation« (Lemberger, Cabernet Sauvignon, Merlot) kann Dautel wieder in die absolute Spitze der Region vordringen. Die Weißen aus dem 2001er Jahrgang präsentieren sich wie bei Dautel häufig zum Zeitpunkt der ersten Verkostung noch etwas verschlossen. Und der erste Blick auf den frisch abgefüllten 2001er Chardonnay zeigt, dass es bei dieser Sorte bisher niemand in Württemberg mit Dautel aufnehmen kann.

2000 Weißer Burgunder
trocken ****
14,90 €, 13%, ♀ bis 2005 — **87**

2001 Bönnigheimer Sonnenberg
Riesling trocken ***
12,– €, 13%, ♀ bis 2005 — **87**

2001 Chardonnay
trocken ****
14,90 €, 13%, ♀ bis 2007 — **89**

2001 Bönnigheimer Sonnenberg
Riesling Auslese
12,– €/0,375 Lit., 10%, ♀ bis 2007 — **88**

--- Rotweine ---

2000 Bönnigheimer Sonnenberg
Samtrot trocken ***
11,30 €, 13%, ♀ bis 2006 — **86**

2000 Lemberger
trocken ****
16,90 €, 13%, ♀ bis 2008 — **88**

2000 Spätburgunder
trocken ****
15,90 €, 13%, ♀ bis 2007 — **88**

2000 »Kreation«
trocken ****
23,– €, 13%, ♀ bis 2008 — **88**

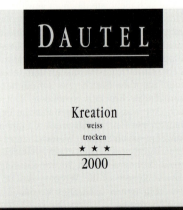

Die Betriebe: ✤✤✤✤✤ Weltklasse · ✤✤✤✤ Deutsche Spitze · ✤✤✤ Sehr gut · ✤✤ Gut · ✤ Zuverlässig

Württemberg

WEINGUT DRAUTZ-ABLE

Inhaber: Christel Able, Richard Drautz
Kellermeister: Richard Drautz, Thomas Gramm
74076 Heilbronn, Faißtstraße 23
Tel. (0 71 31) 17 79 08, Fax 94 12 39
e-mail: wgda@wein.com
Internet: www.wein.com/wgda
Anfahrt: Am Stadtrand von Heilbronn
Verkauf: Monika Drautz u. Christel Able
Mo.–Fr. 8:00 bis 12:00 Uhr
und 13:30 bis 18:00 Uhr
Sa. 9:00 bis 16:00 Uhr
Historie: Verleihung des Familienwappens im Jahre 1496
Sehenswert: Wein-Villa der Heilbronner Güter

Rebfläche: 16,9 Hektar
Jahresproduktion: 140.000 Flaschen
Beste Lagen: Heilbronner Stiftsberg und Wartberg, Stettener Sonnenberg
Boden: Bunter Mergel, Keuper, Sandsteinverwitterung
Rebsorten: 25% Trollinger, 19% Riesling, 22% Lemberger, je 9% Spätburgunder und Schwarzriesling, 16% übrige Sorten
Durchschnittsertrag: 90 hl/ha
Beste Jahrgänge: 1997, 1998, 1999
Mitglied in Vereinigungen: VDP, Deutsches Barrique Forum, Hades

---

Mit schöner Regelmäßigkeit stellt der sympathische Richard Drautz seine herausragenden Barrique-Weine der »Hades«-Serie vor und enttäuscht uns auch diesmal nicht. Die erst jetzt gefüllten 99er bezeugen dies ebenso wie der überraschend gute 2000er Lemberger. Der an der Spitze der Kollektion stehende »Jodokus« hat sogar in Bezug auf Finesse und Vielschichtigkeit gegenüber seinen Vorgängern noch zugelegt. Der überwiegende Teil der Produktion dieses großen Familienbetriebs fällt dagegen stark ab. Drautz muss hier deutlich an Qualität zulegen, wenn er seine drei Trauben halten will.

2000 »Drei Tauben«
Weißweincuvée trocken
8,35 €, 13%, ♀ bis 2003 — **82**

2001 »Drei Tauben«
Silvaner trocken
9,56 €, 13%, ♀ bis 2003 — **83**

--- Rotweine ---

2001 Heilbronner Wartberg
Trollinger trocken
5,05 €, 13%, ♀ bis 2003 — **79**

2001 Lemberger
trocken
5,39 €, 13%, ♀ bis 2003 — **82**

1999 Spätburgunder
trocken ***** »Hades«
23,20 €, 13,5%, ♀ bis 2007 — **87**

2000 Lemberger
trocken »Hades«
16,24 €, 13%, ♀ bis 2007 — **88**

1999 »Jodokus«
trocken »Hades«
24,36 €, 13,5%, ♀ bis 2008 — **90**

Die Weine: **100** Perfekt · **95–99** Überragend · **90–94** Exzellent · **85–89** Sehr gut · **80–84** Gut · **75–79** Passabel

Württemberg

WEINGUT JÜRGEN ELLWANGER

Inhaber und Betriebsleiter:
Jürgen Ellwanger
Weinbau: Jörg Ellwanger
Kellermeister: Andreas Ellwanger
73650 Winterbach, Bachstraße 21
Tel. (0 71 81) 4 45 25, Fax 4 61 28
e-mail: info@weingut-ellwanger.de
Internet: www.weingut-ellwanger.de
Anfahrt: Von Stuttgart über die B 14, Ausfahrt Waiblingen, über die B 29 Richtung Schorndorf
Verkauf: Sieglinde Ellwanger
Mo.–Fr. 9:00 bis 19:00 Uhr
Sa. 8:00 bis 15:00 Uhr
und nach Vereinbarung

Rebfläche: 19 Hektar
Jahresproduktion: 120.000 Flaschen
Beste Lagen: Winterbacher Hungerberg, Grunbacher Berghalde und Klingle, Schnaiter Altenberg
Boden: Schwerer Keuper und Kiesel
Rebsorten: 20% Riesling, je 15% Trollinger und Lemberger, je 10% Spätburgunder und Zweigelt, 10% Weiß- und Grauburgunder, 7% Kerner, 5% Merlot, 8% übrige Sorten
Durchschnittsertrag: 70 hl/ha
Beste Jahrgänge: 1997, 1998, 1999
Mitglied in Vereinigungen: VDP, Deutsches Barrique Forum, Hades

---

2001 Schnaiter Altenberg
Riesling Spätlese trocken
7,80 €, 12,5%, ♀ bis 2005 **86**

2000 Grauer Burgunder
trocken »Hades«
13,80 €, 13,5%, ♀ bis 2005 **87**

2001 Winterbacher Hungerberg
Riesling Auslese
11,– €, 12,5%, ♀ bis 2007 **88**

2001 Schnaiter Altenberg
Riesling Trockenbeerenauslese
42,– €/0,375 Lit., 11,5%, ♀ bis 2012 **93**

2001 Schnaiter Altenberg
Riesling Eiswein
40,– €/0,375 Lit., 11,5%, ♀ bis 2012 **93**

— Rotweine —

2000 Zweigelt
trocken »Hades«
17,50 €, 13%, ♀ bis 2008 **87**

1999 Lemberger
trocken »Hades«
15,– €, 13,5%, ♀ bis 2008 **88**

2000 Spätburgunder
trocken »Hades«
15,– €, 13%, ♀ bis 2008 **88**

2000 »Nicodemus«
trocken »Hades«
18,50 €, 13%, ♀ bis 2009 **89**

Schon zum zweiten Mal in Folge fiel uns zur Gault Millau Finalprobe in Württemberg Ellwangers 2000er Cuvée »Nicodemus« als der beste Rotwein seines Jahrgangs auf. Ein Beweis dafür, mit welcher Konstanz mittlerweile in diesem Familienbetrieb gearbeitet wird. Doch nicht nur die mit weichen Tanninen ausgestatteten »Hades«-Rotweine lassen uns gerne den Weg ins schöne Remstal bis vor die Tore von Schorndorf machen, auch die Riesling-Serie des Jahres 2001 ist beeindruckend bis hinauf zu zwei formidablen edelsüßen Juwelen. Kein Zweifel: Der Winterbacher Betrieb ist ganz dicht dran an der Spitze des Anbaugebiets.

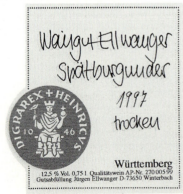

Die Betriebe: ✯✯✯✯✯ Weltklasse · ✯✯✯✯ Deutsche Spitze · ✯✯✯ Sehr gut · ✯✯ Gut · ✯ Zuverlässig

Württemberg

WEINGÄRTNER-GENOSSENSCHAFT GRANTSCHEN

Vorsitzender: Friedrich Wirth
Geschäftsführer: Bruno Bolsinger
Kellermeister: Fritz Herold
74189 Weinsberg-Grantschen,
Wimmentaler Straße 36
Tel. (0 71 34) 9 80 20, **Fax** 98 02 22
e-mail: info@grantschen.de
Internet: www.grantschen.de
*Anfahrt: A 81 Heilbronn–Stuttgart,
Ausfahrt Weinsberg-Ellhofen*
Verkauf: Wolfgang Dämon
Mo.–Fr. 9:00 bis 17:00 Uhr
Sa. 9:00 bis 12:30 Uhr
Historie: Gegründet 1947

Rebfläche: 140 Hektar
Anzahl der Mitglieder: 202
Jahresproduktion: 1,6 Mio. Flaschen
Spitzenlage: Grantschener Wildenberg
Boden: Keuperverwitterung
Rebsorten: 28% Riesling, 25% Trollinger, 22% Lemberger, 15% Schwarzriesling, 5% Kerner, 5% übrige Sorten
Durchschnittsertrag: 100 hl/ha
Beste Jahrgänge: 1993, 1997, 1999
Mitglied in Vereinigungen: Deutsches Barrique Forum

2001 Cuvée »du Patron«
trocken
4,82 €, 12,5%, ♀ bis 2003 — **82**

2001 »Meisterstück«
trocken
4,50 €, 12,5%, ♀ bis 2004 — **83**

2000 Cuvée »Celine«
trocken Barrique
19,03 €, 12,5%, ♀ bis 2005 — **85**

--- Rotweine ---

2001 »Meisterstück«
trocken
7,30 €, 12,5%, ♀ bis 2004 — **83**

1999 »SM«
trocken
12,76 €, 12,5%, ♀ bis 2006 — **86**

1999 Lemberger
Spätlese trocken
22,97 €, 12,5%, ♀ bis 2005 — **86**

2001 Samtrot
4,64 €, 12%, ♀ bis 2003 — **82**

Geschäftsführer Bolsinger und Kellermeister Herold haben als Erste in Württemberg erkannt, dass durch Motivation der Mitglieder und Willen zum Erfolg auch bei Genossenschaften Spitzenweine möglich sind. Die Kreation des legendären »Grandor« vor über zehn Jahren hat die Tür auch für andere Kooperativen geöffnet. In der Tat gibt es jetzt Konkurrenz für die Grantschener aus dem eigenen Lager. Das gibt hoffentlich Anlass, die Qualität auch der einfachen Weine weiter zu verbessern. Im 99er-Sortiment stehen die Cuvée »SM« und der Barrique-Lemberger an der Spitze. Einen 2000er »Grandor« soll es im nächsten Jahr geben, allerdings nur in geringer Menge.

Die Weine: **100** Perfekt · **95–99** Überragend · **90–94** Exzellent · **85–89** Sehr gut · **80–84** Gut · **75–79** Passabel

Württemberg

WEINGUT KARL HAIDLE

Inhaber und Betriebsleiter:
Hans Haidle
Weinbau: Werner Kuhnle
Kellermeister: Hans Haidle
und Frank Haller
71394 Kernen-Stetten im Remstal,
Hindenburgstraße 21
Tel. (0 71 51) 94 91 10, Fax 4 63 13
e-mail: info@weingut-karl-haidle.de
Internet: www.weingut-karl-haidle.de
Anfahrt: A 8, Ausfahrt Köngen,
über Esslingen; von Stuttgart: B 14,
B 29, Ausfahrt Kernen
Verkauf: Bärbel u. Susanne Haidle
Mo.–Fr. 8:00 bis 12:00 Uhr
und 13:00 bis 18:00 Uhr
Sa. 8:00 bis 13:00 Uhr
Sehenswert: Burgruine oberhalb des
Gutes, Museum unter der Yburg

Rebfläche: 17,9 Hektar
Erzeugergemeinschaft: 5,2 Hektar
Zahl der Mitglieder: 24
Jahresproduktion: 135.000 Flaschen
Beste Lagen: Stettener Pulvermächer
und Häder, Schnaiter Burghalde
Boden: Keuper
Rebsorten: 41% Riesling,
17% Trollinger, 9% Kerner,
6% Spätburgunder, 6% Lemberger, 21% übrige Sorten
Durchschnittsertrag: 66 hl/ha
Beste Jahrgänge: 1998, 2000, 2001
Mitglied in Vereinigungen: VDP

Selten zuvor hat uns Hans Haidle eine solch geschlossene gute Kollektion vorstellen können – ein Beweis dafür, dass unsere letztjährige Euphorie über die Renaissance des »Königs von Stetten« zu alter Größe nicht übertrieben war. Auf seinem ureigenstem Terrain, den rassigen Rieslingen aus der Spitzenlage Pulvermächer, glänzt Haidle ebenso wie mit der probierenswerten Kerner Auslese. Ebenfalls auf hohem einheitlichen Niveau die 2000er Barrique-Rotweine. Der neue Kellermeister Frank Haller ist ohne Frage eine Bereicherung für diesen Betrieb.

2001 Stettener Häder
Gewürztraminer Spätlese trocken
8,90 €, 13%, ♀ bis 2004   **85**

2000 Chardonnay
trocken Barrique
12,60 €, 13,5%, ♀ bis 2006   **87**

2001 Stettener Pulvermächer
Riesling Spätlese trocken
»Großes Gewächs«
17,70 €, 12%, ♀ bis 2007   **88**

2001 Stettener »Scheinheiliger«
Kerner Auslese
18,50 €, 12,5%, ♀ bis 2007   **87**

2001 Stettener Pulvermächer
Riesling Eiswein Barrique
49,– €/0,375 Lit., 8%, ♀ bis 2010 **91**

— Rotweine —

2000 Spätburgunder
trocken Barrique
23,– €, 13%, ♀ bis 2008   **88**

2000 Lemberger
trocken Barrique
19,– €, 13,5%, ♀ bis 2008   **88**

2000 Cuvée »Ypsilon«
trocken Barrique
19,50 €, 13%, ♀ bis 2008   **88**

Württemberg

WEINGUT G. A. HEINRICH

Inhaber: Martin Heinrich
Kellermeister: Martin Heinrich und Martin Streicher
74076 Heilbronn, Riedstraße 29
Tel. (0 71 31) 17 59 48, Fax 16 63 06
e-mail: heinrich_ga.weingut@t-online.de
Internet: www.weingut-heinrich.de
Anfahrt: Aussiedlerhof am Fuße des Wartbergs in Heilbronn
Verkauf: Christel Heinrich
Mo.–Fr. 9:00 bis 12:00 Uhr
und 13:30 bis 18:00 Uhr
Sa. 9:00 bis 12:00 Uhr
und nach Vereinbarung
Straußwirtschaft: Jeweils 14 Tage in Nov. und Feb., von 11:00 bis 24:00 Uhr
Spezialitäten: Maultaschen, Siedfleisch
Sehenswert: Weinlehrpfad direkt am Weingut, historische Baumkelter

---

Rebfläche: 12 Hektar
Jahresproduktion: 120.000 Flaschen
Beste Lagen: Heilbronner Wartberg und Stiftsberg
Boden: Keuper, Schilfsandsteinverwitterung, Lösslehm
Rebsorten: 26% Trollinger, 21% Riesling, 20% Lemberger, je 5% Schwarzriesling und Spätburgunder, je 3% Weißburgunder und Gewürztraminer, 17% übrige Sorten
Durchschnittsertrag: 85 hl/ha
Beste Jahrgänge: 1997, 1999, 2001

Allein für die geschmackvolle Ausstattung der Flaschen seiner Spitzenweine der »Wollendieb«-Serie hätte Martin Heinrich einen Sonderpreis verdient. Doch das Design entspricht auch sehr wohl dem Inhalt. Zwar ist die Cuvée vielleicht nicht ganz so konzentriert wie der Vorgänger aus dem großen 97er Jahrgang, aber die typischen Merkmale – Balance und gekonnter Holzeinsatz – weist es, wie der Dornfelder dieser Serie, auch in 1999 auf. Der einzige 2000er Rotwein, den man uns vorstellte, tendiert wohl jahrgangsbedingt etwas unter dem Vorjahr. Die 2001er Rieslinge hingegen sind ansprechend. Martin Heinrich bleibt eine zuverlässige Größe in Heilbronn.

2000 Heilbronner Stiftsberg
Cuvée »Fass Nr. 5« trocken
6,40 €, 12%, ♀ bis 2004 — **83**

2001 Heilbronner Stiftsberg
Riesling Spätlese trocken
7,60 €, 12%, ♀ bis 2005 — **84**

2001 Heilbronner Stiftsberg
Riesling Kabinett trocken
5,60 €, 11,5%, ♀ bis 2004 — **84**

2001 Heilbronner Stiftsberg
Riesling Kabinett
5,60 €, 10,5%, ♀ bis 2004 — **83**

——— Rotweine ———

1999 Heilbronner Stiftsberg
Cuvée »G.A. 1« trocken
15,– €, 13%, ♀ bis 2005 — **84**

1999 Dornfelder »Wollendieb«
trocken
18,– €, 13,5%, ♀ bis 2006 — **86**

2001 Cuvée »Wollendieb«
trocken
21,– €, 14%, ♀ bis 2007 — **87**

Die Weine: 100 Perfekt · 95–99 Überragend · 90–94 Exzellent · 85–89 Sehr gut · 80–84 Gut · 75–79 Passabel

Württemberg

WEINGUT ERICH HIRTH

Inhaber: Erich Hirth
74182 Obersulm-Willsbach,
Löwensteiner Straße 76
Tel. (0 71 34) 36 33, Fax 86 22
e-mail: erich.hirth@t-online.de
*Anfahrt: A 81 Heilbronn–Stuttgart,
Kreuz Weinsberg, Ausfahrt Ellhofen,
Richtung Obersulm*
Verkauf: Gudrun Hirth
Mo.–Fr. 16:00 bis 18:00 Uhr,
außer Mittwoch
Sa. 9:00 bis 12:00 Uhr
und nach Vereinbarung

Rebfläche: 8,6 Hektar
Jahresproduktion: 50.000 Flaschen
Spitzenlage: Willsbacher Dieblesberg, Lehrensteinfelder Steinacker
Boden: Keuper, Sandsteinverwitterungsboden
Rebsorten: 33% Schwarzriesling, 22% Riesling, 13% Lemberger, 9% Trollinger, je 5% Samtrot und Spätburgunder, 13% übrige Sorten
Durchschnittsertrag: 77 hl/ha
Beste Jahrgänge: 1997, 2001

Früher war Erich Hirth Kellermeister in der (damals) renommierten Fleiner Genossenschaft, ehe er sich 1986 selbstständig machte. Vor allem seine Rotweine finden großen Anklang bei der schwäbischen Kundschaft. Kein Wunder, denn es gibt hier einige ordentlich gemachte Alltagsweine zu recht günstigen Preisen. Die Weißweine sind Hirth in diesem Jahr sauber und fruchtig gelungen und sind nun mit den Roten auf einheitlichem Niveau. Unsere Hoffnung, dass die geplante Ausweitung des Maischegärverfahrens bei den Rotweinen zu mehr Tiefe und Struktur führt, wurde noch nicht erfüllt. Wir sind also weiterhin gespannt, wohin der Weg im Willsbacher Gut geht – und hoffen im Sinne der Konsumenten auf mehr Klarheit beim Umgang mit den Prädikaten: Warum nur hat ein Samtrot Kabinett mehr Alkohol als eine Spätburgunder Spätlese?

2001 Willsbacher Dieblesberg
Chardonnay Kabinett trocken
5,05 €, 12,5%, ♀ bis 2003 — **82**

2001 Willsbacher Dieblesberg
Riesling Kabinett trocken
4,18 €, 13%, ♀ bis 2003 — **82**

2001 Willsbacher Dieblesberg
Grauer Burgunder Spätlese trocken
5,86 €, 13%, ♀ bis 2004 — **83**

2001 Willsbacher Dieblesberg
Riesling Kabinett
4,18 €, 11,5%, ♀ bis 2003 — **82**

——— Rotweine ———

2001 Willsbacher Dieblesberg
Trollinger mit Lemberger trocken
4,35 €/1,0 Lit., 12%, ♀ bis 2003 — **80**

2001 Willsbacher Dieblesberg
Dornfelder trocken
4,64 €, 13%, ♀ bis 2003 — **81**

2001 Willsbacher Dieblesberg
Samtrot Kabinett trocken
4,87 €, 13%, ♀ bis 2004 — **82**

2001 Willsbacher Dieblesberg
Lemberger trocken
5,05 €, 12,5%, ♀ bis 2004 — **82**

2001 Willsbacher Dieblesberg
Spätburgunder Spätlese trocken
7,08 €, 12,5%, ♀ bis 2004 — **83**

Die Betriebe: ✦✦✦✦✦ Weltklasse · ✦✦✦✦ Deutsche Spitze · ✦✦✦ Sehr gut · ✦✦ Gut · ✦ Zuverlässig

Württemberg

SCHLOSSGUT HOHENBEILSTEIN

Inhaber: Hartmann Dippon
Betriebsleiter und Kellermeister:
Hartmann Dippon
71717 Beilstein, Im Schloss
Tel. (0 70 62) 93 71 10, Fax 9 37 11 22
e-mail:
info@schlossgut-hohenbeilstein.de
Internet:
www.schlossgut-hohenbeilstein.de
Anfahrt: A 81 Heilbronn–Stuttgart
Verkauf: Mo.–Fr. 9:00 bis 12:00 Uhr
und 14:00 bis 18:00 Uhr
Sa. 9:00 bis 14:00 Uhr
Sehenswert: Ruine »Langhans«
und Burgfalknerei

Rebfläche: 13,5 Hektar
Jahresproduktion: 100.000 Flaschen
Spitzenlage: Hohenbeilsteiner
Schloßwengert (Alleinbesitz)
Boden: Keuper
Rebsorten: 25% Riesling,
20% Trollinger, 12% Lemberger,
9% Spätburgunder, 8% Samtrot,
6% Schwarzriesling, 5% Kerner,
15% übrige Sorten
Durchschnittsertrag: 71 hl/ha
Beste Jahrgänge: 1993, 1997, 1999
Mitglied in Vereinigungen: VDP,
Deutsches Barrique Forum, Naturland

2001 Riesling
Kabinett trocken
5,57 €, 12%, ♀ bis 2004 — **83**

2001 Weißer Burgunder
Kabinett trocken
6,10 €, 12%, ♀ bis 2003 — **83**

2001 Weißweincuvée »RV«
trocken
6,50 €, 12,5%, ♀ bis 2003 — **83**

2001 Riesling
Beerenauslese
16,90 €/0,5 Lit., 13,5%, ♀ bis 2008 — **86**

——— Rotweine ———

2000 Regent
trocken
8,90 €, 13%, ♀ bis 2003 — **82**

2000 Samtrot
trocken
8,89 €, 13%, ♀ bis 2004 — **83**

2000 Lemberger
trocken Barrique
16,59 €, 13,5%, ♀ bis 2005 — **84**

2000 Lemberger
trocken »Holzfassausbau«
8,30 €, 13%, ♀ bis 2004 — **84**

Für ökologische arbeitende Betriebe sind Jahrgänge mit hoher Fäulnisanfälligkeit wie 2000 eine besondere Herausforderung. Deshalb ist das Qualitätsengagement von Hartmann Dippon hoch zu loben. Man schmeckt zwar, dass der 2000er Herbst bei den Roten schwierig war, aber trotz allem wurde er sehr gut gemeistert. Dass man aber in einem guten Jahr noch zulegen kann, zeigen die 2001er Weißweine: Durchweg sauber und frisch tendieren diese in der Wertung über dem Vorjahr. Wenn die geplanten Investitionen (z.B. automatische Kühlanlage für die Gärtanks) verwirklicht sind und die Natur mitspielt, ist ein Aufstieg in die Zwei-Trauben-Klasse möglich.

Die Weine: **100** Perfekt · **95–99** Überragend · **90–94** Exzellent · **85–89** Sehr gut · **80–84** Gut · **75–79** Passabel

Württemberg

SCHLOSSKELLEREI UND WEINGUT FÜRST ZU HOHENLOHE-OEHRINGEN

Inhaber: Fürst Kraft zu Hohenlohe-Oehringen
Betriebsleiter: Siegfried Röll
Kellermeister: Siegfried Röll und Justus Kircher
74613 Öhringen, Im Schloss
Tel. (0 79 41) 9 49 10, Fax 3 73 49
e-mail: schlosskellerei@gmx.de
Internet: www.verrenberg.de
Anfahrt: A 6 Heilbronn–Nürnberg, Ausfahrt Öhringen
Verkauf: Siegfried Röll
Mo.–Fr. 8:00 bis 17:00 Uhr
Sa. 9:00 bis 12:00 Uhr
Gourmetrestaurant: Schlosshotel Friedrichsruhe
Spezialitäten: Schwäbische Spitzenküche
Historie: Weinbau seit 1360

Rebfläche: 19 Hektar
Jahresproduktion: 180.000 Flaschen
Spitzenlage: Verrenberger Verrenberg (Alleinbesitz)
Boden: Keuper, Muschelkalk
Rebsorten: 40% Riesling, 20% Lemberger, 15% Spätburgunder, 8% Trollinger, 6% Weißburgunder, 11% übrige Sorten
Durchschnittsertrag: 60 hl/ha
Beste Jahrgänge: 1997, 1998, 2001
Mitglied in Vereinigungen: VDP, Deutsches Barrique Forum, Hades

---

2001 Verrenberger Verrenberg
Sauvignon blanc trocken
9,90 €, 12%, ♀ bis 2003   83

2001 Verrenberger Verrenberg
Riesling »Butzen« Spätlese trocken
9,20 €, 12,5%, ♀ bis 2004   84

2001 Verrenberger Verrenberg
Riesling Auslese
20,– €, 12%, ♀ bis 2005   84

2001 »Ex flammis orior«
»Hades«
20,– €, 12%, ♀ bis 2006   85

——— Rotweine ———

1999 Dornfelder
trocken »Hades«
14,40 €, 13%, ♀ bis 2005   86

1999 Lemberger
trocken »Hades«
14,40 €, 13%, ♀ bis 2006   87

1999 Spätburgunder
trocken »Hades«
13,– €, 13%, ♀ bis 2007   88

1999 »Ex flammis orior«
trocken »Hades«
18,– €, 13%, ♀ bis 2007   88

1999 »In senio«
trocken »Hades«
23,– €, 13%, ♀ bis 2008   89

Der sehenswerte Schlosskeller aus dem 17. Jahrhundert am hübschen Marktplatz von Öhringen ist der passende Rahmen für die Weine aus dem Verrenberger Verrenberg, die sich in den letzten Jahren vorteilhaft entwickelt haben. Insbesondere mit den Spitzenrotweinen aus der Hand von Kellermeister Röll liegt das Gut klar im Drei-Trauben-Bereich: Sie gehören unbestritten seit Jahren zum Besten, was man in diesem Stil in Württemberg finden kann. Beim Weißwein gilt ab dem Jahrgang 2001 der Begriff »Butzen« als Prädikat für die besten Rieslinge.

Die Betriebe: ✽✽✽✽✽ Weltklasse · ✽✽✽✽ Deutsche Spitze · ✽✽✽ Sehr gut · ✽✽ Gut · ✽ Zuverlässig

Württemberg

WEINGUT KISTENMACHER-HENGERER

Inhaber: Hans Hengerer
74074 Heilbronn,
Eugen-Nägele-Straße 23–25
Tel. (0 71 31) 17 23 54, Fax 17 23 50
e-mail: kistenmacher-hengerer-wein@t-online.de
Anfahrt: Stadtrand von Heilbronn-Ost, in der Nähe der Jugendherberge
Verkauf: Sabine Hengerer
Mo.–Fr. 16:00 bis 18:30 Uhr
Sa. 9:00 bis 11:00 Uhr
und 13:00 bis 16:00 Uhr
Historie: Weinbau in der Familie seit 1504

Rebfläche: 8,2 Hektar
Jahresproduktion: 80.000 Flaschen
Beste Lagen: Heilbronner Wartberg und Stiftsberg
Boden: Keuper und Sandsteinverwitterung
Rebsorten: 30% Trollinger, 20% Riesling, je 10% Schwarzriesling und Spätburgunder, je 8% Kerner und Lemberger, je 5% Samtrot und Muskattrollinger, 4% übrige Sorten
Durchschnittsertrag: 90 hl/ha
Beste Jahrgänge: 1997, 1999, 2001

Es ist Jahr für Jahr eine Freude, die Weine dieses wohl besten Newcomers in Württemberg zu verkosten. Ob klassische Rotweine, Barrique-Cuvées, Riesling und sogar beim Trollinger (der 2000er »Alte Reben« ist der charaktervollste Wein dieser Sorte, der uns dieses Jahr untergekommen ist!) – kaum ein anderer Jungwinzer der Region kann eine derart geschlossene Kollektion vorlegen. Und nicht nur für Schwaben ist besonders erfreulich, dass das Preisniveau äußerst moderat ist. Dennoch: Wir würden gerne ein paar Cent mehr akzeptieren, wenn Hans Hengerer dafür die noch etwas zu hohen Erträge reduzieren würde. Sogar der Aufstieg in die Drei-Trauben-Liga wäre dann in Sichtweite.

2001 Heilbronner Stiftsberg
Riesling trocken »Cuvée Caroline«
4,90 €, 12%, ♀ bis 2004   85

2001 Heilbronner Wartberg
Muskateller
4,90 €, 12%, ♀ bis 2003   83

--- Rotweine ---

2000 Heilbronner Stiftsberg
Spätburgunder trocken
6,50 €, 13,5%, ♀ bis 2004   84

2001 Heilbronner Stiftsberg
Lemberger trocken
5,50 €, 13,5%, ♀ bis 2004   84

2000 Heilbronner Stiftsberg
Trollinger trocken »Alte Reben«
5,30 €, 13%, ♀ bis 2004   84

2000 Lemberger
trocken Barrique »Edition S«
14,50 €, 14%, ♀ bis 2005   86

2000 »Cuvée Cassic«
trocken Barrique
10,95 €, 13,5%, ♀ bis 2006   87

2000 Spätburgunder
trocken Barrique »Edition S«
14,50 €, 12,5%, ♀ bis 2005   87

2001 Heilbronner Wartberg
Muskattrollinger
4,50 €, 12,5%, ♀ bis 2003   84

Die Weine: 100 Perfekt · 95–99 Überragend · 90–94 Exzellent · 85–89 Sehr gut · 80–84 Gut · 75–79 Passabel

Württemberg

WEINGUT KUHNLE

Inhaber: Werner u. Margret Kuhnle
Betriebsleiter und Kellermeister:
Werner Kuhnle
71384 Weinstadt-Strümpfelbach,
Hauptstraße 49
Tel. (0 71 51) 6 12 93, Fax 61 07 47
e-mail: info@weingut-kuhnle.de
Internet: www.weingut-kuhnle.de
Anfahrt: B 14 von Stuttgart ins Remstal
Verkauf: Margret Kuhnle
Fr. 16:00 bis 19:00 Uhr
und nach Vereinbarung
Erlebenswert: Kulinarische Weinproben mit örtlicher Gastronomie
Historie: Sitz des Weinguts im alten Forsthaus aus dem 18. Jahrhundert
Sehenswert: Skulpturenpfad mit 20 Bronzeplastiken im Weinberg

---

Rebfläche: 18 Hektar
Jahresproduktion: 130.000 Flaschen
Beste Lagen: Stettener Pulvermächer, Strümpfelbacher Altenberg und Nonnenberg, Schnaiter Burghalde
Boden: Bunter Mergel, Schilfsandstein
Rebsorten: 25% Trollinger, 20% Riesling, 10% Spätburgunder, je 8% Chardonnay und Kerner, 5% Muskattrollinger, 24% übrige Sorten
Durchschnittsertrag: 70 hl/ha
Beste Jahrgänge: 1997, 1999, 2001

2001 Strümpfelbacher Nonnenberg
Riesling Spätlese trocken
6,70 €, 12%, ♀ bis 2004 — **84**

1999 Chardonnay
Auslese trocken Barrique
14,– €, 13%, ♀ bis 2005 — **84**

2001 Chardonnay
Spätlese trocken
8,20 €, 13%, ♀ bis 2004 — **85**

2001 Strümpfelbacher Nonnenberg
Riesling Auslese
14,– €/0,5 Lit., 11%, ♀ bis 2005 — **84**

2001 Stettener Pulvermächer
Riesling Spätlese
8,20 €, 12%, ♀ bis 2005 — **85**

— Rotweine —

2000 Regent
Auslese trocken Barrique
18,50 €, 13,5%, ♀ bis 2005 — **83**

2000 Lemberger »Feuerwand«
trocken
14,30 €, 13%, ♀ bis 2005 — **85**

2000 »Forstknecht Marz«
trocken Barrique
14,30 €, 13,5%, ♀ bis 2006 — **86**

Strümpfelbach liegt lieblich eingebettet in einem engen Tal zwischen Weinbergen und Obstgärten. Mitten im denkmalgeschützten Ortskern befindet sich das Weingut Kuhnle. Insbesondere bei den Weißweinen konnten wir eine erfreuliche Steigerung zum Vorjahr feststellen. Zwei gute 2001er Riesling Spätlesen bezeugen dies ebenso wie die saftige Chardonnay Spätlese. Auch beim Rotwein hat sich Kuhnle gut im schwierigen 2000er Jahrgang behauptet. Gut im Barrique gelungen sind der Lemberger und die Cuvée. Kuhnle präsentiert sich besser denn je und ist eine absolut empfehlenswerte Adresse im Remstal.

Die Betriebe: ✿✿✿✿✿ Weltklasse · ✿✿✿✿ Deutsche Spitze · ✿✿✿ Sehr gut · ✿✿ Gut · ✿ Zuverlässig

Aufsteiger

Württemberg

WEINGUT KUSTERER

Inhaber: Hans und Monika Kusterer
Betriebsleiter: Hans Kusterer
73728 Esslingen, Untere Beutau 44
Tel. (07 11) 35 79 09, Fax 3 50 81 05
e-mail: info@weingut-kusterer.de
Internet: www.weingut-kusterer.de
Anfahrt: A 8 Stuttgart–München, Ausfahrt Esslingen
Verkauf: Familie Kusterer
Di. 16:00 bis 19:00 Uhr
Sa. 9:00 bis 13:00 Uhr
und nach Vereinbarung
Sehenswert: Mittelalterliche Kelter
Erlebenswert: Führungen durch die Terrassenweinberge aus der Stauferzeit und die Esslinger Altstadt

Rebfläche: 5 Hektar
Jahresproduktion: 40.000 Flaschen
Beste Lagen: Esslinger Schenkenberg und Neckarhalde
Boden: Bunter sowie Knollenmergel
Rebsorten: 38% Trollinger, 20% Riesling, je 12% Spätburgunder und Lemberger, 8% Grauburgunder, 7% Zweigelt, 3% übrige Sorten
Durchschnittsertrag: 69 hl/ha
Beste Jahrgänge: 1997, 1999, 2001

2001 Esslinger Schenkenberg
Riesling Kabinett trocken
5,40 €, 12%, ♀ bis 2004 — **85**

2001 Esslinger Schenkenberg
Riesling Spätlese trocken »sur lie«
7,70 €, 13%, ♀ bis 2005 — **87**

2001 Esslinger Schenkenberg
Grauer Burgunder Auslese trocken »Ambrosia«
13,– €, 13,5%, ♀ bis 2006 — **88**

——— Rotweine ———

2000 Esslinger Schenkenberg
Lemberger trocken
8,– €, 12,5%, ♀ bis 2004 — **85**

2000 Esslinger Schenkenberg
Spätburgunder Spätlese trocken
10,80 €, 13%, ♀ bis 2005 — **85**

1999 Esslinger Schenkenberg
Spätburgunder Auslese trocken
28,– €, 14,5%, ♀ bis 2006 — **87**

1999 Esslinger Schenkenberg
Cuvée »Melac« trocken
17,– €, 13%, ♀ bis 2007 — **88**

Das Weingut Kusterer befindet sich im Herzen der Altstadt von Esslingen, nur fünf Gehminuten von der Frauenkirche und den Weinbergen entfernt. Zum Anwesen gehört auch ein Keltergebäude aus dem Mittelalter, wo Hans Kusterer seine Weine stilgerecht vorstellt. Und die aktuelle Kollektion dieses Weinguts kann sich sehen lassen. Die Weine haben durchweg Kraft (bei der 99er Spätburgunder Auslese fast schon zuviel) und Charakter. Die weißen 2001er haben eine bemerkenswerte Tiefe und mineralische Struktur. Die Jahrgangsspitze bilden neben sehr guten Rieslingen ein Grauburgunder, stets eine Spezialiät des Gutes, von fast berauschender Fülle und Frucht mit dem überaus passenden Namen »Ambrosia«, und die gelungene 99er Rotweincuvée. Für uns war die Verleihung der zweiten Traube somit eine Pflichterfüllung!

Die Weine: 100 Perfekt · 95–99 Überragend · 90–94 Exzellent · 85–89 Sehr gut · 80–84 Gut · 75–79 Passabel

Württemberg

WEINGUT GERHARD LEISS

Inhaber: Gerhard Leiss
Betriebsleiter: Wolf-Peter Leiss
74189 Gellmersbach,
Lennacher Straße 7
Tel. (0 71 34) 1 43 89, Fax 2 06 21
Anfahrt: A 81 Heilbronn–Stuttgart, Ausfahrt Weinsberg
Verkauf: Christa Leiss
Mo.–Fr. 17:30 bis 19:00 Uhr
Sa. 9:00 bis 18:00 Uhr
Gutsausschank: Besenwirtschaft mit hausgemachten regionalen Spezialitäten

---

Rebfläche: 10 Hektar
Jahresproduktion: 95.000 Flaschen
Beste Lagen: Gellmersbacher Dezberg, Erlenbacher Kayberg
Boden: Keuper
Rebsorten: 26% Riesling, 22% Trollinger, 19% Lemberger, 10% Schwarzriesling, 6% Kerner, je 4% Müller-Thurgau und Gewürztraminer, 9% übrige Sorten
Durchschnittsertrag: 92 hl/ha
Beste Jahrgänge: 1997, 1999, 2000

Seit Gerhard Leiss das 1959 gegründete Gut von seinen Eltern übernommen hat, wurde die Qualität der Weine kontinuierlich gesteigert und die Rebfläche mehr als verzehnfacht. Das Schmuckstück des Gutes ist heute der schöne Sandsteingewölbekeller für den Holzfassausbau, aus dem wir letztes Jahr einige gute 99er Rotweine probieren durften. Offensichtlich jahrgangsbedingt fällt diese Kategorie bei den 2000ern jedoch kleiner aus. Dafür konnte uns Leiss aber einige sauber und klar vinifizierte Weißweine aus 2001 vorstellen. Wie schon gewohnt, ist neben den Rieslingen hier auch der erfrischende Grauburgunder in bester »Pinot-Grigio-Manier« hervorzuheben. Auch die Idee, den Muskattrollinger als aromatischen, aber leichtgewichtigen Roséwein auszubauen, scheint nicht das Schlechteste zu sein, was man aus dieser Sorte machen kann: ein zu Recht erfolgreicher und fröhlicher Sommerwein.

2001 Gellmersbacher Dezberg
Riesling Spätlese trocken
6,70 €, 12%, ♀ bis 2005 — **83**

2001 Gellmersbacher Dezberg
Weißweincuvée trocken
4,20 €, 11,5%, ♀ bis 2004 — **83**

2001 Gellmersbacher Dezberg
Grauer Burgunder Kabinett trocken
5,– €, 12%, ♀ bis 2003 — **83**

2000 Gellmersbacher Dezberg
Kerner Kabinett
3,60 €, 11%, ♀ bis 2003 — **82**

2001 Erlenbacher Kayberg
Riesling Auslese
8,20 €, 12,5%, ♀ bis 2005 — **84**

——— Rotweine ———

2001 Gellmersbacher Dezberg
Muskattrollinger Weißherbst
5,60 €, 10,5%, ♀ bis 2003 — **82**

2001 Erlenbacher Kayberg
Trollinger trocken
4,30 €, 12%, ♀ bis 2003 — **81**

2000 Erlenbacher Kayberg
Lemberger trocken
5,80 €, 12,5%, ♀ bis 2004 — **83**

Die Betriebe: ✤✤✤✤✤ Weltklasse · ✤✤✤✤ Deutsche Spitze · ✤✤✤ Sehr gut · ✤✤ Gut · ✤ Zuverlässig

Württemberg

WEINGUT DES GRAFEN NEIPPERG

Inhaber: Karl Eugen Erbgraf zu Neipperg
Kellermeister: Bernd Supp
74190 Schwaigern, Im Schloss
Tel. (0 71 38) 94 14 00, **Fax** 40 07
e-mail: neipperg@t-online.de
Anfahrt: A 6, Ausfahrt Bad Rappenau
Verkauf: Frau Binkele
Mo.–Fr. 8:00 bis 11:30 Uhr
und 13:00 bis 16:00 Uhr
Sa. 9:00 bis 11:30 Uhr
Restaurant: Zum Alten Rentamt
Historie: Weinbau urkundlich seit 1248
Sehenswert: Staufer Burganlage in Neipperg, Schloss in Schwaigern

> Rebfläche: 29,2 Hektar
> Jahresproduktion: 180.000 Flaschen
> Beste Lagen: Schwaigerner Ruthe, Neipperger Schlossberg
> Boden: Keuper, Schilfsandsteinverwitterung
> Rebsorten: 26% Lemberger, 20% Riesling, 15% Schwarzriesling, 10% Spätburgunder, 8% Trollinger, je 4% Samtrot und Muskateller, 13% übrige Sorten
> Durchschnittsertrag: 50 hl/ha
> Beste Jahrgänge: 1997, 1999, 2001
> Mitglied in Vereinigungen: VDP

Nach kleineren Wellen in den vergangenen Jahren schwimmt das Schwaigerner Schlossgut in absolut sicherem Fahrwasser. Das »Große Gewächs« vom Riesling hat Finesse und Spiel und setzt für dieses Gut neue Maßstäbe. Nicht minder erfreut waren wir über den Barrique-Weißburgunder, der Frische und Holz gut vereint. Spannend ist derzeit der Vergleich der beiden 2000er Spitzen-Lemberger aus den Lagen Schlossberg und Ruthe. Wir geben der Ruthe für mehr Tiefe und Komplexität den Vorzug. Nicht übersehen sollte man aber auch den »einfachen« Liter-Riesling, denn es ist lobenswert, 10.000 Flaschen einer solch schmackhaften Basisqualität abzufüllen.

2001 Riesling
trocken
4,95 €/1,0 Lit., 11,5%, ♀ bis 2003 — 84

2001 Muskateller
trocken
4,80 €, 12%, ♀ bis 2003 — 85

2001 Neipperger Schlossberg
Weißer Burgunder trocken Barrique
9,95 €, 13%, ♀ bis 2005 — 88

2001 Schwaigerner Ruthe
Riesling Spätlese trocken
»Großes Gewächs«
15,– €, 12,5%, ♀ bis 2006 — 88

2000 Schwaigerner Ruthe
Riesling Auslese
17,90 €, 11,5%, ♀ bis 2005 — 87

— Rotweine —

2001 Lemberger
trocken
7,95 €, 12,5%, ♀ bis 2005 — 85

2001 Spätburgunder
trocken
7,45 €, 13,5%, ♀ bis 2005 — 85

2000 Neipperger Schlossberg
Lemberger trocken Barrique
16,80 €, 12%, ♀ bis 2006 — 87

2000 Schwaigerner Ruthe
Lemberger trocken Barrique
16,80 €, 13%, ♀ bis 2007 — 87

Die Weine: **100** Perfekt · **95–99** Überragend · **90–94** Exzellent · **85–89** Sehr gut · **80–84** Gut · **75–79** Passabel

Neu

Württemberg

WEINGÄRTNER-GENOSSENSCHAFT ROTENBERG

Betriebsleiter: Martin Kurrle
70327 Stuttgart, Württembergstr. 230
Tel. (07 11) 33 76 10, Fax 33 10 15
e-mail: info@wg-rotenberg.de
Internet: www.wg-rotenberg.de
Anfahrt: B 10, Ausfahrt Untertürkheim, Richtung Stuttgart-Rotenberg, vor dem Ortseingang auf der rechten Seite
Verkauf: Thomas Jud
Mo.–Fr. 9:00 bis 12:00 Uhr
und 13:00 bis 18:00 Uhr
Sa. 9:00 bis 12:00 Uhr
und 13:00 bis 16:00 Uhr
Historie: Gründung im Jahr 1936
Sehenswert: Grabkapelle auf dem Württemberg, Rotenberger Kelter inmitten der Weinberge

---

Rebfläche: 47 Hektar
Zahl der Mitglieder: 76
Jahresproduktion: 450.000 Flaschen
Beste Lage: Rotenberger Schlossberg
Boden: Muschelkalk, Keuper
Rebsorten: 50% Trollinger, 10% Riesling, je 7% Heroldrebe und Kerner, je 5% Lemberger, Dornfelder und Müller-Thurgau, 11% übrige Sorten
Durchschnittsertrag: 102 hl/ha
Bester Jahrgang: 2001

2001 Silvaner »sur lie«
trocken
4,– €, 12,5%, ♀ bis 2003 — **83**

2001 Traminer
trocken
6,50 €, 13,5%, ♀ bis 2003 — **83**

2001 Riesling
Auslese trocken
9,– €, 13%, ♀ bis 2005 — **86**

2001 Riesling »Katharina«
trocken
11,50 €, 13,5%, ♀ bis 2005 — **87**

2001 Rotenberger Schlossberg
Riesling Kabinett
5,– €, 12%, ♀ bis 2004 — **84**

--- Rotweine ---

2000 Spätburgunder
trocken
7,20 €, 13%, ♀ bis 2004 — **83**

1999 Cuvée »Cantus«
trocken
15,40 €, 13%, ♀ bis 2005 — **85**

1999 Spätburgunder
trocken Barrique
15,– €, 13%, ♀ bis 2005 — **86**

Die traumhaft in den Weinbergen des Stuttgarter Stadtteils Rotenberg gelegene Mini-Kooperative ist der Geheimtipp unter den Sommeliers und Gastronomen der Region. Hier sind nicht nur die prestigeträchtigen Rieslinge oder Spätburgunder empfehlenswert, sondern auch Silvaner oder Traminer. Alle Weine sind dicht, klar und sortentypisch. Die Rieslinge können sogar mit den feinsten Vertretern der Region Schritt halten. Beim Rotwein zeigen die im Barrique gereiften 1999er (»Cantus« sowie ein Spätburgunder), dass man von Rotenberg aus weit über den Stuttgarter Talkessel hinausblicken möchte. Wir gratulieren Geschäftsführer und Kellermeister Kurrle zur ersten Traube!

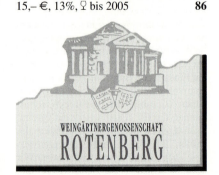

Württemberg

WEINGUT SANKT ANNAGARTEN

Inhaber: H.+R. Wiedenmann GbR
Betriebsleiter und Kellermeister:
Hans Wiedenmann
71717 Beilstein, St.-Anna-Gärten 1
Tel. (0 70 62) 31 66, Fax 2 28 51
e-mail: info@sankt-annagarten.de
Internet: www.sankt-annagarten.de
Anfahrt: A 81 Heilbronn–Stuttgart, Ausfahrt Ilsfeld-Auenstein, 2 km Richtung Beilstein
Verkauf: Renate und Hans Wiedenmann
Mo.–Fr. 9:00 bis 12:00 Uhr
und 13:30 bis 19:00 Uhr
Sa. 9:00 bis 15:00 Uhr
Sehenswert: Idyllisch gelegener Sankt Annasee, Weingut liegt zu Füßen der Burgruine Langhans

---

Rebfläche: 8 Hektar
Jahresproduktion: 80.000 Flaschen
Beste Lage: Beilsteiner Wartberg
Boden: Keuperverwitterung
Rebsorten: 24% Trollinger,
20% Riesling, 17% Schwarzriesling,
13% Lemberger, je 6% Samtrot und
Graubburgunder, 14% übrige Sorten
Durchschnittsertrag: 92 hl/ha
Beste Jahrgänge: 1999, 2000

Wir kommen stets gerne nach Beilstein zu den Wiedenmanns in diesen typisch schwäbischen Familienbetrieb: Sympathische, bodenständige und ungemein fleißige Betreiber, solide Qualität ohne Ausrutscher nach unten, treue Privatkundschaft und eine durch die Neubauinvestition langfristig angelegte Basis, die auch die nächste Generation (der Junior beginnt gerade sein Studium in Geisenheim) einbezieht. Die aktuelle Kollektion hält keine große Überraschungen bereit. Allerdings scheinen die 2001er Weißweine nicht ganz die Klarheit zu haben wie jene aus dem schwierigeren 2000er Jahr. Dennoch: Eine würzige, trockene Riesling Auslese machte uns ebenso Trinkfreude wie der gut gemachte 2000er Lemberger und der 2001er Samtrot.

2001 Beilsteiner Wartberg
Riesling Kabinett trocken
4,80 €, 12%, ♀ bis 2003 — **82**

2001 Beilsteiner Wartberg
Grauer Burgunder Kabinett trocken
5,10 €, 12%, ♀ bis 2003 — **82**

2001 Beilsteiner Wartberg
Riesling Spätlese trocken
6,50 €, 12%, ♀ bis 2004 — **83**

2001 Beilsteiner Wartberg
Riesling Auslese trocken
11,50 €, 13%, ♀ bis 2005 — **84**

——— Rotweine ———

2000 Beilsteiner Wartberg
Lemberger trocken
5,70 €, 13%, ♀ bis 2003 — **83**

2001 Beilsteiner Wartberg
Samtrot trocken »Holzfassausbau«
9,50 €, 13,5%, ♀ bis 2005 — **84**

2000 Beilsteiner Wartberg
Lemberger trocken »Holzfassausbau«
9,20 €, 13,5%, ♀ bis 2004 — **84**

2000 Beilsteiner Wartberg
Lemberger
5,70 €, 12%, ♀ bis 2003 — **82**

Die Weine: 100 Perfekt · 95–99 Überragend · 90–94 Exzellent · 85–89 Sehr gut · 80–84 Gut · 75–79 Passabel

Aufsteiger — **Württemberg**

WEINGUT RAINER SCHNAITMANN

Inhaber: Rainer Schnaitmann
70734 Fellbach,
Untertürkheimer Straße 4
Tel. (07 11) 57 46 16, Fax 5 78 08 03
e-mail: weingut.schnaitmann@t-online.de
Internet: weingut-schnaitmann.de
Anfahrt: Von Stuttgart über die B 14, Ausfahrt Fellbach-Süd, Schildern folgen
Verkauf: Di. und Fr. 16:30 bis 18:30 Uhr, Sa. 9:00 bis 13:00 Uhr

---

Rebfläche: 7,5 Hektar
Jahresproduktion: 40.000 Flaschen
Spitzenlage: Fellbacher Lämmler
Boden: Keuper, Gipskeuper, Sandsteinverwitterung
Rebsorten: je 18% Trollinger und Spätburgunder, 17% Riesling, je 16% Lemberger und Schwarzriesling, 6% Muskattrollinger, 9% übrige Sorten
Durchschnittsertrag: 61 hl/ha
Beste Jahrgänge: 1997, 1999, 2001

Der Geisenheim-Absolvent mit Erfahrungen aus Südtirol und Neuseeland durfte uns dieses Jahr seine fünfte Kollektion seit dem Schritt in die Selbstständigkeit 1997 vorstellen. Nach den schwierigen Bedingungen in 2000 (Hagel) waren wir sehr gespannt, wie der ehrgeizige Newcomer den Rückschlag verkraftet hat. Fazit: Dichte, hochreife Rieslinge (kein Wunder bei 40 hl/ha), aus denen vor allem die brillante restsüße Spätlese herausragt, überzeugten uns ebenso wie der gute Gewürztraminer und die Weißwein-Cuvée, die dieses Jahr durch einen Anteil Sauvignon blanc an Frucht und Vielschichtigkeit gewonnen hat. Da die 2000er Rotweine weitgehend dem Hagel zum Opfer fielen, gestattete uns Schnaitmann einen ersten Blick auf die 2001er. Hier fiel besonders der sehr gute Clevner positv auf und lässt uns schon gespannt auf den Spätburgunder aus gleicher Lage sein. Keine Frage, für diese Leistungen ist die zweite Traube mehr als verdient!

2001 Fellbacher Lämmler
Riesling trocken
7,20 €, 13%, ♀ bis 2005 — **85**

2001 Weißwein-Cuvée
trocken **
10,50 €, 13%, ♀ bis 2004 — **85**

2001 Untertürkheimer Mönchberg
Gewürztraminer Spätlese trocken
8,70 €, 13%, ♀ bis 2005 — **86**

2001 Fellbacher Lämmler
Riesling Spätlese
9,10 €, 13%, ♀ bis 2007 — **88**

2001 Fellbacher Lämmler
Riesling Eiswein
43,50 €/0,375 Lit., 7%, ♀ bis 2011 — **89**

—— Rotweine ——

2001 Lemberger
trocken **
7,60 €, 13%, ♀ bis 2004 — **84**

2001 »Simonroth«
Cuvée »A Grandine Creata« trocken
14,– €/0,5 Lit., 13%, ♀ bis 2005 — **86**

2001 Fellbacher Lämmler
Clevner trocken ***
15,– €, 13,5%, ♀ bis 2007 — **88**

Die Betriebe: ✿✿✿✿✿ Weltklasse · ✿✿✿✿ Deutsche Spitze · ✿✿✿ Sehr gut · ✿✿ Gut · ✿ Zuverlässig

Württemberg

WEINGUT ALBRECHT SCHWEGLER

Inhaber: Albrecht Schwegler
71404 Korb, Steinstraße 35
Tel. (0 71 51) 3 48 95, Fax 3 49 78
Anfahrt: B 14 Stuttgart–Nürnberg,
Ausfahrt Korb
Verkauf: Andrea Schwegler
nach Vereinbarung

Rebfläche: 1,46 Hektar
Jahresproduktion: 7.000 Flaschen
Beste Lagen: Korber Hörnle und Sommerhalde
Boden: Keuper
Rebsorten: 40% Blauer Zweigelt,
je 16% Lemberger und Regent,
9% Cabernet Franc, 7% Syrah,
je 6% Merlot und Trollinger
Durchschnittsertrag: 50 hl/ha
Beste Jahrgänge: 1993, 1997, 1998

Das Weingut Schwegler ist so etwas wie die »Boutique Winery« Württembergs. Das heißt: Winzige Produktion auf nur 1,5 Hektar, aber herausragende Qualität zu hohen Preisen. In der Regel konzentriert man sich auf die Erzeugung zweier Cuvées namens »Saphir« (aus Zweigelt und Lemberger) und (etwas leichtgewichtiger) »Beryll«. Mit dem Jahrgang 1999 fiel der »Saphir« jedoch zugunsten des äußerst raren Spitzenrotweins »Granat« (mit zusätzlich Merlot) aus, der nur in den besten Jahren erzeugt wird. Dieser verfügt über die bei deutschen Rotweinen seltene Fähigkeit, sich durch Lagerung erheblich weiter zu verbessern, wie die Verkostung der Vorgänger eindrücklich beweist (97er: Saftige Frucht, balanciert, aber jugendlich; 93er: Markante Kirsch- und Zwetschgenfrucht mit Gewürznoten, perfekte Struktur; 90er: Rauchig-mineralischer Duft, multi-komplex im Aroma). In naher Zukunft plant Schwegler sogar, diesen Ausnahmewein durch den dann in Ertrag kommenden Cabernet Franc und Syrah noch weiter zu verbessern. Besonders hervorzuheben ist aber auch Schweglers jahrgangslose Literware mit dem tiefstapelnden Namen »d'r Oifache«, denn dahinter verbirgt sich ein durchaus ernst zu nehmender Rotwein mit Frucht und Struktur.

Rotweine

»d'r Oifache«
trocken
6,14 €, 12%, ♀ bis 2003 — **84**

1999 »Beryll«
trocken
11,– €, 13%, ♀ bis 2005 — **86**

1998 »Saphir«
trocken
19,94 €, 13%, ♀ bis 2006 — **87**

1999 »Granat«
trocken
34,50 €, 13,5%, ♀ bis 2008 — **90**

Die Weine: 100 Perfekt · 95–99 Überragend · 90–94 Exzellent · 85–89 Sehr gut · 80–84 Gut · 75–79 Passabel

Württemberg

WEINGUT SONNENHOF – BEZNER-FISCHER

Inhaber: Albrecht W. und Charlotte Fischer
Kellermeister: Matthias Weber
71665 Vaihingen-Enz,
Ortsteil Gündelbach, Sonnenhof
Tel. (0 70 42) 81 88 80, Fax 81 88 86
e-mail: info@weingutsonnenhof.de
Internet: www.weingutsonnenhof.de
Anfahrt: A 81 Heilbronn–Stuttgart, Ausfahrt Vaihingen-Enz, der B 10 folgen
Verkauf: Mo.–Fr. 8:00 bis 12:00 Uhr und 13:00 bis 18:00 Uhr
Sa. 9:00 bis 12:00 Uhr und 13:00 bis 17:00 Uhr
Historie: Weinbau seit 1522

Rebfläche: 29 Hektar
Jahresproduktion: 280.000 Flaschen
Beste Lagen: Gündelbacher Wachtkopf, Hohenhaslacher Kirchberg
Boden: Keuperformationen, vor allem bunter Mergel
Rebsorten: 28% Trollinger, 20% Lemberger, 18% Riesling, 9% Schwarzriesling, 8% Spätburgunder, 17% übrige Sorten
Durchschnittsertrag: 83 hl/ha
Beste Jahrgänge: 1993, 1997, 1999
Mitglied in Vereinigungen: Deutsches Barrique Forum, Hades

2001 Gündelbacher Wachtkopf
Grauer Burgunder Spätlese trocken
8,– €, 12%, ♀ bis 2004   **81**

2001 Gündelbacher Wachtkopf
Muskateller Kabinett trocken
6,50 €, 10,5%, ♀ bis 2003   **82**

——— Rotweine ———

2001 Gündelbacher Stromberg
Schillerwein
3,60 €/1,0 Lit., 11,5%, ♀ bis 2003   **79**

2000 Gündelbacher Wachtkopf
Muskattrollinger trocken
5,40 €, 12%, ♀ bis 2003   **79**

2001 Gündelbacher Stromberg
Dornfelder trocken
5,30 €, 12,5%, ♀ bis 2004   **82**

2000 Gündelbacher Wachtkopf
Lemberger Kabinett trocken
6,80 €, 11%, ♀ bis 2003   **82**

2000 Gündelbacher Stromberg
Lemberger trocken
5,30 €, 12,5%, ♀ bis 2004   **83**

2000 Gündelbacher Wachtkopf
Regent Spätlese trocken
8,20 €, 12%, ♀ bis 2004   **83**

2000 Cuvée »Donero«
trocken
6,50 €, 13%, ♀ bis 2004   **83**

In einem Vierteljahrhundert ist das Weingut Sonnenhof am Fuße der Lage Wachtkopf auf stattliche 29 Hektar Rebfläche gewachsen. Besonders mit feinen Barrique-Weinen konnte der »Hades«-Mitgliedsbetrieb immer wieder Lorbeeren ernten. Die fehlen vom 2000er Jahrgang. Ein lobenswerter Zug, der aber gleichzeitig ein genaueres Licht auf das restliche Sortiment wirft. Und das kann mit den exklusiven »Hades«-Weinen eben nicht mithalten. So fiel uns unsauberes, überreifes Lesegut ebenso auf wie nur durchschnittliche Qualität bei den Roten. Wir belassen es aber bei der Note und hoffen auf wieder tolle »Hades«-Weine aus dem Jahr 2001.

Die Betriebe: ✦✦✦✦✦ Weltklasse · ✦✦✦✦ Deutsche Spitze · ✦✦✦ Sehr gut · ✦✦ Gut · ✦ Zuverlässig

Württemberg

STAATSWEINGUT WEINSBERG

Inhaber: Land Baden-Württemberg
Direktor: Dr. Günter Bäder
Oenologe: Dr. Dieter Blankenhorn
Kellermeister: Gerhard Wächter
74189 Weinsberg, Traubenplatz 5
Tel. (0 71 34) 50 41 67, Fax 50 41 68
e-mail: poststelle@lvwo.bwl.de
Internet: www.lvwo.de
Anfahrt: A 81 Heilbronn–Stuttgart, Ausfahrt Weinsberg
Verkauf: Ilona Liepelt, Martin Schwegler
Mo.–Fr. 9:00 bis 17:00 Uhr und nach Vereinbarung
Historie: Älteste Weinbauschule Deutschlands, gegründet 1868

Rebfläche: 40 Hektar
Jahresproduktion: 300.000 Flaschen
Beste Lagen: Burg Wildeck, Weinsberger Schemelsberg (beide Alleinbesitz), Gundelsheimer Himmelreich
Boden: Gipskeuper, bunter Mergel, Muschelkalk, Neckarschotter
Rebsorten: 20% Riesling, 14% Lemberger, 12% Trollinger, 8% Spätburgunder, 6% Samtrot, 3% Traminer, 37% übrige Sorten
Durchschnittsertrag: 71 hl/ha
Beste Jahrgänge: 1997, 1999, 2001
Mitglied in Vereinigungen: VDP, Deutsches Barrique Forum, Hades, Naturland

---

2001 Kerner
trocken
6,90 €, 13%, ♀ bis 2003 — **83**

2001 Riesling
Spätlese trocken
8,– €, 12,5%, ♀ bis 2005 — **85**

2000 Lemberger
Eiswein
36,– €/0,375 Lit., 8%, ♀ bis 2009 — **88**

——— Rotweine ———

2000 Lemberger »W«
trocken
7,60 €, 13%, ♀ bis 2004 — **84**

2000 Lemberger »S«
trocken
12,30 €, 13%, ♀ bis 2005 — **86**

1999 »Traumzeit«
trocken
10,70 €, 13%, ♀ bis 2004 — **86**

1999 Clevner
trocken »Hades«
19,50 €, 14%, ♀ bis 2005 — **87**

1999 »Traum«
trocken
36,– €, 13%, ♀ bis 2009 — **90**

Das der ältesten deutschen Weinbauschule und der renommierten Rebenzüchtungs- und Forschungsanstalt angegliederte Staatsweingut sorgt weiterhin für Schlagzeilen. Im preisgekrönten Verkostungsraum des Gutes werden immer mehr hervorragende Weine vorgestellt. Der schwierige 2000er Jahrgang wurde auch bei den Rotweinen korrekt gemeistert und aus dem 99er Herbst hat der aus Cabernet-Sorten komponierte Rotwein »Traum« das Zeug dazu, einer der neuen »Kult-Weine« der Region zu werden. Preislich liegt er schon an der Spitze.

Die Weine: 100 Perfekt · 95–99 Überragend · 90–94 Exzellent · 85–89 Sehr gut · 80–84 Gut · 75–79 Passabel

Neu

Württemberg

WEINMANUFAKTUR UNTERTÜRKHEIM E.G.

Betriebsleiter: Günter Hübner
Kellermeister: Jürgen Off
70327 Stuttgart,
Strümpfelbacher Str. 47
Tel. (07 11) 3 36 38 10, Fax 33 63 81 24
e-mail: info@weinmanufaktur.de
Internet: www.weinmanufaktur.de
*Anfahrt: Über die B 10,
Ausfahrt Untertürkheim*
Verkauf: Mo.–Fr. 8:00 bis 18:00 Uhr
Sa. 9:00 bis 13:00 Uhr
Historie: Gründung im Jahr 1887
Sehenswert: Holzfasskeller, Sektkeller im früheren Luftschutzbunker

---

Rebfläche: 75 Hektar
Zahl der Mitglieder: 73
Jahresproduktion: 750.000 Flaschen
Beste Lagen: Untertürkheimer Mönchberg und Altenberg
Boden: Keuper-Verwitterung
Rebsorten: 49% Trollinger,
17% Riesling, 7% Spätburgunder,
6% Müller-Thurgau, 4% Kerner,
17% übrige Sorten
Durchschnittsertrag: 103 hl/ha
Bester Jahrgang: 2001

2001 Untertürkheimer Mönchberg
Riesling trocken
4,15 €/1,0 Lit., 12%, ♀ bis 2003   **82**

2001 Grauer Burgunder
trocken
5,– €, 12,5%, ♀ bis 2004   **85**

2001 Riesling
trocken
9,50 €, 13%, ♀ bis 2005   **85**

2001 Chardonnay
trocken
9,– €, 13%, ♀ bis 2005   **86**

——— Rotweine ———

2001 Trollinger
trocken
8,60 €, 13%, ♀ bis 2003   **83**

2000 »Mönch Berthold«
Cuvée trocken
6,45 €, 13%, ♀ bis 2004   **84**

1999 Lemberger
trocken
18,95 €, 13%, ♀ bis 2006   **86**

2000 Merlot
trocken
10,50 €, 13%, ♀ bis 2006   **87**

Es tut sich was im Land der Genossenschaften, auch wenn der Aufsteiger unter den Kooperativen sich nun »Weinmanufaktur« nennt. Doch nicht nur was Name und Design angeht, auch in Sachen Qualitätsbewusstsein herrscht hier ein neuer Geist. Wir staunten nicht schlecht: selbst vermeintlich »kleine« Weine sind von gehobener Qualität und einfach gut gemacht. Und der Umgang mit dem Barrique wird immer professioneller. So gefiel beim Chardonnay die Harmonie von Frucht und Holz. Beim Rotwein hat man die Herausfordung des 2000er Herbstes gut gemeistert. An der Spitze steht ein interessanter Merlot. Die Untertürkheimer sind auf dem Weg zu einem Vorzeigebetrieb im Genossenschaftswesen. Wir zollen hierfür mit der ersten Traube unseren Respekt.

Württemberg

WEINBAU WACHTSTETTER

Inhaber: Roland Wachtstetter
Kellermeister: Rainer Wachtstetter
74397 Pfaffenhofen,
Michelbacher Straße 8
Tel. (0 70 46) 3 29, Fax 93 10 00
e-mail: info@weingut-wachtstetter.de
Internet: www.weingut-wachtstetter.de
Anfahrt: A 6 Ausfahrt Steinsfurt, A 81 Ausfahrt Ilsfeld oder Ludwigsburg-Nord
Verkauf: Rainer Wachtstetter
Mo.–Do. nach Vereinbarung
Fr. u. Sa. 9:00 bis 18:00 Uhr
Gutsausschank: Gasthaus Adler
Fr.–So. 11:30 bis 24:00 Uhr
Spezialität: Spanferkel aus eigener Schlachtung

Rebfläche: 10,5 Hektar
Jahresproduktion: 90.000 Flaschen
Beste Lagen: Pfaffenhofener Hohenberg und Heuchelberg
Boden: Keuper und Schilfsandstein
Rebsorten: 19% Trollinger, 18% Lemberger, 17% Riesling, 12% Spätburgunder, 8% Schwarzriesling, 7% Samtrot, 5% Dornfelder, 14% übrige Sorten
Durchschnittsertrag: 80 hl/ha
Beste Jahrgänge: 1997, 1999, 2001

2001 Pfaffenhofener Hohenberg
Gewürztraminer Spätlese trocken
6,35 €, 13%, ♀ bis 2004   84

2001 Pfaffenhofener Hohenberg
Riesling Spätlese trocken
6,35 €, 13%, ♀ bis 2005   86

2001 Pfaffenhofener Hohenberg
Grauer Burgunder Auslese
7,85 €, 13%, ♀ bis 2006   85

2001 Pfaffenhofener Hohenberg
Riesling Spätlese
6,80 €, 12,5%, ♀ bis 2005   86

2001 Riesling
Eiswein
20,15 €/0,375 Lit., 10,5%, ♀ bis 2009   88

——— Rotweine ———

2001 Pfaffenhofener Hohenberg
Spätburgunder trocken »Holzfassausbau«
5,30 €, 13%, ♀ bis 2003   84

2000 Pfaffenhofener Hohenberg
Lemberger trocken »Holzfassausbau«
6,30 €, 13%, ♀ bis 2004   85

Dass der Aufstieg im letzten Jahr keinesfalls zu früh gekommen ist, beweist uns Rainer Wachtstetters aktuelle Kollektion. Hat er im Vorjahr vor allem mit Rotweinen überzeugt, so zeigt er mit dem 2001er, dass er während seiner Ausbildung auch im Fach Weißwein-Vinifikation gut aufgepasst hat. Zwei saftige, reife Riesling-Spätlesen bezeugen dies ebenso wie eine elegante Grauburgunder Auslese. Bei den 2000er Roten dürfen ein traditioneller Lemberger und ein anständiger Spätburgunder als Schnäppchen gelten. Ein Schritt in die Zukunft ist die Merlot-Neuanlage und ein mutiges Experiment: die für 2003 geplante Pflanzung von Syrah-Reben.

Die Weine: 100 Perfekt · 95–99 Überragend · 90–94 Exzellent · 85–89 Sehr gut · 80–84 Gut · 75–79 Passabel

Württemberg

WEINGUT WÖHRWAG

Inhaber: Hans-Peter Wöhrwag
Kellermeister: Carsten Kämpf
70327 Untertürkheim,
Grunbacher Straße 5
Tel. (07 11) 33 16 62, Fax 33 24 31
e-mail:
hans-peter.woehrwag@t-online.de
Anfahrt: Über die B 10,
Ausfahrt Untertürkheim
Verkauf: Christin Wöhrwag
Mo.–Fr. 8:00 bis 12:00 Uhr
und 15:00 bis 18:30 Uhr
Sa. 9:00 bis 13:00 Uhr

Rebfläche: 20 Hektar
Jahresproduktion: 150.000 Flaschen
Spitzenlage: Untertürkheimer
Herzogenberg (Alleinbesitz)
Boden: Keuper, Mergel
Rebsorten: 40% Riesling,
18% Trollinger, 13% Lemberger,
7% Spätburgunder, 5% Grauburgunder, je 3% Weißburgunder,
Müller-Thurgau und Dornfelder,
8% andere rote Sorten
Durchschnittsertrag: 59 hl/ha
Beste Jahrgänge: 1997, 1999, 2001
Mitglied in Vereinigungen: VDP

2001 Riesling
trocken
4,99 €/1,0 Lit., 12,5%, ♀ bis 2003   84

2001 Untertürkheimer Herzogenberg
Riesling Kabinett trocken Goldkapsel
7,19 €, 12,5%, ♀ bis 2005   87

2001 Untertürkheimer Herzogenberg
Riesling Spätlese trocken
10,44 €, 13%, ♀ bis 2007   88

2001 Untertürkheimer Herzogenberg
Riesling Eiswein
24,94 €/0,375 Lit., 8%, ♀ bis 2012   93

2001 Untertürkheimer Herzogenberg
Riesling Eiswein Goldkapsel
36,– €/0,375 Lit., 8%, ♀ bis 2014   94

——— Rotweine ———

2000 Untertürkheimer Herzogenberg
Lemberger trocken ***
23,– €, 13%, ♀ bis 2007   88

2000 Cuvée »X«
trocken
20,– €, 13%, ♀ bis 2008   88

Württembergs »Mister Riesling« ist zurück! Nach zwei schwierigen Jahren meldet der Stuttgarter Hans-Peter Wöhrwag seinen Anspruch auf die Riesling-Krone der Region an. Lediglich bei der trockenen Spätlese musste er seinem Freund Aldinger den Vortritt lassen. Auf dem Feld der Edelsüßen jedoch ist er unerreicht und knüpft mit dem 2001er Jahrgang dort an, wo er uns schon 1998 begeistert hat. Doch auch der Standard-Riesling (Kabinett Goldkapsel) ist so gut wie nie, und selbst die Literware überzeugt. Der fein-mineralische, brillante und geradezu »rheinische« Stil dieser Rieslinge ist in Württemberg einzigartig. Und dass der sehenswerte neue Barrique-Keller nicht nur der Show dient, zeigen die guten 2000er Drei-Sterne-Rotweine ebenso wie die Cuvée »X«.

Württemberg

WEINGUT DES HAUSES WÜRTTEMBERG HOFKAMMERKELLEREI

Inhaber: Carl Herzog von Württemberg
Kaufmännischer Leiter: Hartmut Otter
Technischer Leiter: Bernhard Idler
71634 Ludwigsburg, Schloss Monrepos
Tel. (0 71 41) 22 10 60, Fax 22 10 62 60
e-mail: weingut@hofkammer.de
Internet: www.hofkammer.de
Anfahrt: A 81 Heilbronn–Stuttgart, Ausfahrt LB-Nord, Richtung LB-Monrepos
Verkauf: Hilde Meyer-Trump, Jan Steingaß
Mo.–Fr. 9:00 bis 18:00 Uhr
Sa. 10:00 bis 14:00 Uhr
Gutsschänke: Täglich durchgehend offen
Historie: Seit 1677 Privatweingut des Hauses Württemberg
Sehenswert: Schlossgelände Monrepos mit Schlosshotel

Rebfläche: 40,3 Hektar
Jahresproduktion: 400.000 Flaschen
Beste Lagen: Stettener Brotwasser, Maulbronner Eilfingerberg, Untertürkheimer Mönchberg, Asperger Berg, Mundelsheimer Käsberg
Boden: Schilfsandstein, Muschelkalk, Gipskeuper und bunter Mergel
Rebsorten: 44% Riesling, 24% Trollinger, 15% Lemberger, 4% Spätburgunder, 3% Weißburgunder, 10% übrige Sorten
Durchschnittsertrag: 65 hl/ha
Beste Jahrgänge: 1997, 1999, 2001
Mitglied in Vereinigungen: VDP

1677 wurde die Hofkammerkellerei als Weingut des Herzogs von Württemberg gegründet. Das größte Privatweingut der Region befindet sich langsam wieder auf dem Weg zurück zu altem Ruhm. Besonders die schöne Riesling-Serie kann sich in 2001 sehen lassen. Auch gut gelungen ist ein eleganter Weißburgunder und der subtile Traminer. Neu im Sortiment ist die Rotweincuvée »Attempto«: ordentlich gemacht, aber ein wenig zu teuer.

2001 Maulbronner Eilfingerberg
Traminer Kabinett trocken
7,60 €, 11,5%, ♀ bis 2003 — **84**

2001 Asperger Berg
Riesling Spätlese trocken
10,– €, 12%, ♀ bis 2005 — **85**

2001 Stettener Brotwasser
Riesling Spätlese trocken
12,50 €, 12,5%, ♀ bis 2005 — **86**

2001 Maulbronner Eilfingerberg
Riesling Auslese trocken
14,50 €, 13%, ♀ bis 2005 — **86**

2001 Maulbronner Eilfingerberg
Weißer Burgunder trocken
12,50 €, 12,5%, ♀ bis 2004 — **86**

--- Rotweine ---

2000 Cuvée »Attempto«
trocken
8,– €, 13%, ♀ bis 2004 — **83**

2001 Untertürkheimer Mönchberg
Lemberger trocken
8,– €, 13%, ♀ bis 2004 — **83**

2001 Maulbronner Eilfingerberg
Lemberger trocken
8,– €, 13%, ♀ bis 2005 — **85**

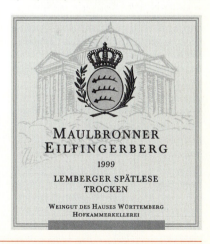

Die Weine: 100 Perfekt · 95–99 Überragend · 90–94 Exzellent · 85–89 Sehr gut · 80–84 Gut · 75–79 Passabel

Württemberg

Weitere empfehlenswerte Betriebe

Weingut Hans Bader
71394 Kernen-Stetten,
Albert-Moser-Straße 100
Tel. (0 71 51) 4 28 28, Fax 4 54 97

Wenn Hans Bader seine schöne 2001er-Serie an rassig-frischen Rieslingen im nächsten Jahr auf gleichem Niveau wiederholen kann, ist er unser größter Anwärter für eine Aufwertung in die Ein-Trauben-Klasse. Den Stettener Familienbetrieb sollte man also dringend im Auge behalten!

Weingut Robert Bauer (neu)
74223 Flein,
Heilbronner Straße 56
Tel. (0 71 31) 25 16 62, Fax 57 32 88

Ein höchst eigenwilliger, aber auch interessanter Betrieb.

Weingut Dr. Baumann – Schloss Affaltrach
74182 Obersulm, Am Ordenschloss 15-21
Tel. (0 71 30) 4 74 40, Fax 47 44 44

Der Betrieb von Dr. Baumann hat als Sektkellerei ein gewisses Renommee, doch auch das Weingut wird nicht vernachlässigt. Sehr gut gefallen uns dieses Jahr zwei Rieslinge (Selection und Classic), bemerkenswert auch die konzentrierten Edelsüßen (Muskateller Trockenbeerenauslese und Trollinger Eiswein). Die Rotweine sind korrekt, aber selbst bei hohem Alkoholgehalt mangelt es mitunter an Tiefe.

Weingut Graf von Bentzel-Sturmfeder
74360 Ilsfeld-Schozach,
Sturmfederstraße 4
Tel. (0 71 33) 96 08 94, Fax 96 08 95

Ein neuer Kellermeister und der persönliche Einsatz des jungen Grafen sorgen für eine erfreuliche Richtungskorrektur im VDP-Traditionsbetrieb. Es geht wieder schmeckbar aufwärts in Schozach: etwa mit korrekten, erfrischenden Weinen der »Federspiel«-Serie. Weiter so!

Weingut Manfred Birkert
74626 Adolzfurt,
Unterheimbacher Straße 28
Tel. (0 79 46) 4 84, Fax 33 78

Birkert lässt sich Zeit mit der Abfüllung (September) und deshalb konnten wir nur die 2000er verkosten. Die Tendenz uneinheitlich: Auf der Positivseite stehen ein erfrischender Muskateller sowie die schon fast gewohnt guten Chardonnays (als trockene Spätlese oder aus dem Barrique, jeweils 85 Punkte). Negativ schreiben wir den Spätburgunder Rosé und den restsüßen Trollinger Kabinett in die Bilanz (für letzteren Kopfschütteln). Der »dicke« 2001er Eiswein dürfte für 18 Euro (0,5 Liter) ein guter Kauf sein.

Weingut Bernhard Ellwanger
71384 Großheppach, Rebenstraße 9
Tel. (0 71 51) 6 21 31, Fax 60 32 09

Wir beobachten mit Interesse, wie der 27-jährige Sven Ellwanger nach und nach die Zügel im elterlichen Betrieb in die Hand nimmt. Dabei profitiert er sicherlich vom Erfahrungsaustausch in einer Gruppe von fünf Nachwuchswinzern (mit dabei Beurer, Kistenmacher-Hengerer, Zipf und Wachtstetter), die vom ehemaligen Spitzensommelier Bernd Kreis »gecoacht« wird. Dieses Jahr freuen wir uns über eine positive Tendenz vor allem bei den Weißweinen, aus denen eine dichte Riesling Auslese »SL« herausragt.

Weingärtner Flein-Talheim
74223 Flein, Römerstraße 14
Tel. (0 71 31) 5 95 20, Fax 59 52 50

Der einstmalige Glanz dieser Genossenschaft scheint ein wenig zu verblassen. Die 2001er Rieslinge sind konturlos (am besten noch die recht rustikale trockene Auslese) und die 2000er Rotweine vom schwierigen Herbst deutlich gezeichnet. In dieser Form läuft Flein Gefahr, in der Belanglosigkeit zu verschwinden. Da dies angesichts der früheren Erfolge auch uns wehtun würde, hoffen wir auf baldige Besserung.

Württemberg

Weingut Heid (neu)
70734 Fellbach, Cannstatter Straße 13/2
Tel. (07 11) 58 41 12, Fax 58 37 61

Das kleine Weingut in der hübschen Altstadt von Fellbach bietet ansprechend klare Weißweine, an der Spitze eine konzentrierte und doch frische trockene Riesling Auslese. Die Barrique-Experimente führten bisher jedoch noch nicht zu allzu großem Erfolg. Dennoch: ein Betrieb, den wir im Auge behalten.

Weingut Burg Hornberg
74865 Neckarzimmern, Burg Hornberg
Tel. (0 62 61) 50 01, Fax 23 48

Das Gut von Baron Dajo von Gemmingen-Hornberg mit seiner Götzenburg und den sehenswerten Muschelkalk-Terrassen befindet sich offensichtlich in einer schwierigen Phase des Umbruchs. Wir warten den Ausgang beobachtend ab.

Weingut Klopfer
71384 Weinstadt, Gundelsbacher Straße 1
Tel. (0 71 51) 60 38 48, Fax 60 09 56

Das Weingut von Wolfgang Klopfer ist eine gute Adresse für preisbewusste Genießer. Trotz weiterhin aufsteigender Tendenz in der Qualität der Weine bleiben die Preise auf dem Boden. Ein korrekter Riesling Kabinett (83 Punkte) ist ebenso für 4,90 Euro zu haben wie ein schmackhafter Spätburgunder (84 Punkte). Der Merlot des Gutes gilt im Remstal als Geheimtipp: Obgleich meist mit einer etwas pflanzlichen Prägung, ist er doch stets ein charaktervoller, vielschichtiger Essensbegleiter mit Niveau.

Schloss Lehrensteinsfeld
74251 Lehrensteinsfeld, Im Schloss
Tel. (0 71 34) 1 79 32, Fax 1 30 59

Obwohl eigentlich auf Riesling spezialisiert (65 Prozent der Rebfläche), hat Kellermeister Bitz uns dieses Jahr vor allem seine Rotweine vorgestellt. Offensichtlich wollte er uns die ansteigende Tendenz in diesem Segment vorführen. Mit Recht: Die Burgunder, Lemberger und Samtrot sind zwar nach wie vor von eher geringer Tiefe und Dichte, doch durchweg harmonisch und ausgewogen. Selbst ein leichter Spätburgunder Kabinett (11% Alkohol) erfüllt diese Anforderung. Der 2001er Eiswein hingegen wirkt mit 14% Alkohol ziemlich rustikal. Nächstes Jahr möchten wir aber auch wieder die trockenen Rieslinge verkosten!

Weingut Medinger
71394 Kernen-Stetten, Brühlstraße 6
Tel. (0 71 51) 4 45 13, Fax 4 17 37

Barbara Medinger hatte den aktuellen Jahrgang deutlich besser im Griff als den schwierigen Vorgänger. Dies beweisen durchweg ordentliche Rieslinge mit der typischen Rasse des Terroirs (Spitzenlage Pulvermächer) bis hin zu einer feinen Auslese. Die 2001er Rotweine zeichnen sich durch eine schöne Frucht aus. Aus dem 2000er Jahrgang ist der Barrique-Lemberger durchaus gelungen, der Acolon (ebenfalls Barrique) weniger. Insgesamt eine erfreuliche Kollektion des Stettener Gutes.

Weingut Schäfer-Heinrich
74074 Heilbronn, Im Letten 3
Tel. (0 71 31) 16 24 54, Fax 16 56 59

Das ökologisch arbeitende Gut (Mitglied EcoVin) von Elke und Andreas Hieber zeigt sich gegenüber dem Vorjahr verbessert. Insbesondere die weißen 2001er

Große und kleine Jahrgänge in Württemberg	
Jahr	Güte
2001	✽✽✽✽
2000	✽✽✽
1999	✽✽✽
1998	✽✽✽
1997	✽✽✽✽
1996	✽✽✽
1995	✽✽✽
1994	✽✽✽✽
1993	✽✽✽✽
1992	✽✽✽

Jahrgangsbeurteilung:

✽✽✽✽✽ : Herausragender Jahrgang
✽✽✽✽ : Sehr guter Jahrgang
✽✽✽ : Guter Jahrgang
✽✽ : Normaler Jahrgang
✽ : Schwacher Jahrgang

Württemberg

Spätlesen (Riesling und Kerner) machen einen ordentlichen Eindruck. Die 2001er Lemberger Literflasche ist ein fröhlich-unbekümmerter Trunk und der Barrique-gereifte 2000er Cabernet Mitos ein rustikaler Begleiter zum Grillfest.

Weingut der Stadt Stuttgart
70173 Stuttgart, Dorotheenstraße 2
Tel. (07 11) 2 16 71 40, Fax 2 16 76 83

Die im letzten Jahr festgestellte Steigerung bei den Weißweinen hält an und findet im Jahrgang 2001 in einem guten (87 Punkte) Riesling Eiswein die Spitze. Interessant auch die Riesling Spätlese aus alten Reben (AP-Nummer 05). Die Roten hingegen sind nach wie vor eher unspektakulär. Am besten geriet dieses Jahr die 2001er Spätburgunder Auslese.

Weingut Rolf Willy
74226 Nordheim, Brackenheimer Str. 21
Tel. (0 71 33) 9 50 10, Fax 95 01 19

Ein sehr interessanter und dynamischer Weinguts- und Kellereibetrieb mit teilweise überraschend gutem Preis-Leistungsverhältnis. Die Barrique-Weine des 2000er Jahrgangs haben uns mit bitteren Tanninen allerdings ein wenig enttäuscht. Dennoch: Budgetbewusste Weinfreunde sollten diesen Familienbetrieb unbedingt im Auge behalten, hier gibt es eine Reihe überaus ordentlich gemachter Tropfen zu fairen Preisen.

Weingut Zipf
74245 Löwenstein, Vorhofer Straße 4
Tel. (0 71 30) 61 65, Fax 97 25

Die Weißweine zählen eindeutig zu den Stärken des Löwensteiner Weingutes. Sie sind feinfruchtig, sauber und gut strukturiert. Die Rieslinge konnten auch dieses Jahr wieder überzeugen, insbesondere der gutsintern mit »S« klassifizierte stoffige 2001er dieser Sorte. Die Roten sind korrekt, die balancierte 1999er Cuvée sogar bemerkenswert. Ein belangloser restsüßer Schwarzriesling hingegen passt nicht so recht ins Bild dieses aufstrebenden Betriebs.

Ein Abend im falschen Restaurant ist teuer ...

Der Reiseführer für Genießer
Der Gault Millau ist wegen seiner kompetenten Bewertungen und pointierten Beschreibungen der Wegweiser durch das kulinarische Deutschland. In der neuen Ausgabe werden über 1100 Restaurants und fast 500 Hotels bewertet. Überraschungen garantiert.

ca. 750 Seiten, Format 13,5 x 21 cm, Flexcover
€ 30,- (D) SFR 50,40
ISBN 3-88472-537-8

„Das Nonplusultra für die Gourmet-Szene"
FAZ Sonntagszeitung

www.christian-verlag.de

Bestellen Sie auf den eingehefteten Bestellkarten!

Tel.: 089/ 38 18 03 17
Fax: 089/ 38 18 03 81
info@christian-verlag.de

Weingüter

Register

A

Abril 52, 83, 110, **112**
Acham-Magin 448, **450**
Achkarren, Winzergenossenschaft 83, 111, **113**
Adelmann, Graf 53, 80, 667, 669, **670**
Adelseck, Carl 443
Adeneuer, J. J. 52, 83, 88, **89**
Affentaler Winzergenossenschaft 106, 110, **114**
Ahr Winzer EG 88, **90**
Alde Gott, Winzergenossenschaft 80, 83, 111, **115**
Aldinger, Gerhard 53, 667, 669, **671**
Allendorf, Fritz 539, **540**
Altenkrich, Friedrich 539, **541**
Amalienhof 669, **672**
Argus, Peter 449, **451**
Arnold, Johann 247
Assmannshausen, Staatsweingut 81, 539, 558, **587**
Aufricht 52, 107, 110, **116**
Auggen, Winzergenossenschaft 195
Augit 199
Aust, Friedrich 666

B

Bach-Frobin 532
Bäcker 105
Bad Kreuznach, Staatsweingut 404, 405, **441**
Bader, Hans 698
Ballrechten-Dottingen, Winzergenossenschaft 199
Bamberger & Sohn, Karl-Kurt 59, 404, 405, **407**
Bärenhof 532
Bart, Gebrüder 532
Barth, Wein- und Sektgut 539, **542**
Bassermann-Jordan, Geheimer Rat Dr. von 51, 65, 79, 447, 448, **452**, 624
Bastgen 286, **288**
Bastian, Fritz »Zum grünen Baum« 259, **260**
Bastian, L. 111, **117**
Battenfeld-Spanier, Wein- und Sektmanufaktur 598, **600**
Bauer, Robert 698
Baumann 648
Baumann, Dr. Schloss Affaltrach 698
Baumer, Michael 195
Beck, G. 82, 449, **454**
Becker, Brüder Dr. 598, **601**
Becker, Friedrich 53, 56, 59, 79, 82, 448, **455**
Becker, J. B. 53, 538, **543**
Benderhof 448, **456**
Bensheim, Weingut der Stadt 249, 250, **255**
Bentzel-Sturmfelder, Graf von 698
Bercher 51, 60, 62, 76, 77, 78, 79, 110, **118**
Bercher-Schmidt 110, **120**
Bergdolt 53, 63, 76, 77, 78, 79, 83, 448, **457**
Bergstraße, Staatsweingut 35, 52
Bergsträßer Winzer EG 250, **251**
Bernhard, Ch. W. 599, **602**
Bernhart 53, 61, 79, 83, 448, **458**
Beulwitz, Erben von 52, 285, **289**
Beurer 669, **673**
Bickel-Stumpf 202, **204**
Bickensohl, Winzergenossenschaft 195
Biffar, Josef 17, 26, 53, 78, 79, 82, 448, **459**
Birkert, Manfred 698
Bischoffingen, Winzergenossenschaft 81, 111, **121**
Bischöfliche Weingüter Trier 285, **290**
Blankenhorn 81, 110, **122**
Blees-Ferber, Karl 286, **291**
Blendel, Michael 247
Boch, Heribert 399
Böhme, Klaus 653, **654**
Born, Günter 659
Braun, Heinrich 648
Braun, Waldemar 202, **205**
Brauneberger Hof 399
Brenneis-Koch 82, 448, **460**
Brennersches Weingut 599, **603**
Brennfleck 83, 202, **206**
Breuer, Georg 14, 33, 51, 64, 74, 75, 76, 77, 78, 79, 538, **544**
Briem, Peter 80, 111, **123**
Britzingen, Winzergenossenschaft 110, **124**
Brodbeck, Gustav 111, **125**
Broel 281
Brogsitter Weingüter Privat-Sektkellerei 83, 88, **91**
Brücke-Ohl 256
Buhl, Reichsrat von 53, 76, 77, 79, 448, **464**
Bürgerspital zum Heiligen Geist 35, 81, 202, **207**
Burggarten 83, 88, **92**
Bürkle, Simon 249
Bürklin-Wolf, Dr. 51, 64, 75, 76, 77, 78, 79, 448, **462**
Busch, Clemens 285, **292**
Buscher, Jean 599, **604**

C

Castellsches Domänenamt, Fürstlich 51, 202, **208**
Castel Peter 449, **465**
Christ, Helmut 80, 202, **210**
Christmann, A. 51, 64, 65, 66, 71, 73, 75, 76, 77, 78, 79, 447, 448, **466**
Christoffel, Joh. Jos. Erben 51, 79, 285, **293**
Clüsserath, Ansar 82, 286, **295**
Clüsserath, Ernst 286, **296**
Clüsserath-Eifel 286, **297**
Clüsserath-Weiler 52, 79, 81, 84, 285, **298**
Consequence, Hofgut 111, **126**

701

Weingüter

Corvers-Kauter, Dr. 539, **546**
Crusius, Dr. 53, 79, 405, **408**

D
Dahm, Franz 286, **299**
Darting 82, 83, 448, **468**
Dätwyl 648
Dautel, Ernst 53, 60, 76, 77, 78, 79, 669, **674**
Dautermann 648
Deinhard, Dr. 53, 448, **469**, 524
Dengler-Seyler 532
Deutschherrenhof 399
Deutzerhof Cossmann-Hehle 51, 78, 79, 86, 88, **94**
Didinger, Bernhard 52, 82, 259, **261**
Diefenhardtsches Weingut 539, **547**
Diel, Schlossgut 51, 404, 406, **409**, 502
Dingeldey, Volker 256
Domdechant Wernersches Weingut 53, 68, 79, 538, **548**
Dönnhoff, Hermann 13, 26, 40, 51, 69, 72, 75, 76, 77, 78, 79, 404, 405, **410**
Dörflinger, Hermann 110, **127**
Drautz-Able 53, 81, 667, 669, **675**
Duijn, Jacob 52, 61, 79, 110, **128**
Durbacher Winzergenossenschaft 80, 111, **129**

E
Edelberg 443
Ehlen, Erben Stephan 286, **300**
Ehrenstetten, Winzergenossenschaft 80, 111, **130**
Eifel, Bernhard 286, **301**
Eifel, Franz-Josef 52, 284, 285, **302**
Eifel-Pfeiffer 286, **303**
Ellwanger, Bernhard 698
Ellwanger, Jürgen 53, 667, 669, **676**
Emmerich 281
Emrich-Schönleber 51, 67, 72, 79, 404, 405, **412**
Engelhof 195
Erbeldinger und Sohn, Kurt 599, **605**
Eser, August 78, 79, 538, **549**
Eymann 80, 448, **470**

F
Fendel, Friedrich 539, **550**
Finkenauer, Anton 405, **414**
Finkenauer, Carl 443
Fischer 52, 110, **131**
Fitz-Ritter 448, **471**
Flein-Talheim, Weingärtner 698
Flick, Joachim 538, **551**
Fogt Schönborner Hof 599, **606**
Forster, Georg 443
Franckenstein, Freiherr von und zu 80, 110, **132**
Frankenberg, Schloss 202, **211**
Franzen, Reinhold 286, **304**

Freimuth, Alexander 539, **552**
Frey & Söhne, Winfried 449, **472**
Friedrich-Kern, Franz 286, **305**
Friedrich-Wilhelm-Gymnasium, Stiftung 399
Fries 286, **306**
Fröhlich, Michael 202, **212**
Fuchs, Leo 284, 286, **307**
Fürst, Rudolf 13, 51, 61, 78, 79, 200, 202, **214**

G
Gabel, Wilhelm 532
Gallushof 195
Gaul, Karl-Heinz 82, 448, **473**
Gehring 598, **607**
Geiger, Thomas 199
Geil Erben, Ökonomierat 648
Geils Sekt- und Weingut 648
Geisenheim, Weingut der Forschungsanstalt 593
Geltz, Forstmeister Zilliken 79, 286, **398**
Georg-Müller-Stiftung Weingut der Stadt Eltville 593
Gies-Düppel 82, 449, **474**
Glaser-Himmelstoß 52, 202, **216**
Gleichenstein, Freiherr von 52, 107, 110, **133**
Gnägy 532
Göbel, Martin 247
Göhring 599, **608**
Göttelmann 53, 79, 404, 405, **415**
Graeber, Peter 81, 532
Graf-Binzel 405, **416**
Grans-Fassian 51, 79, 285, **308**
Grantschen, Weingärtnergenossenschaft 81, 669, **677**
Grassmück 449, **475**
Grimm, Bernd 532
Groebe, K. F. 598, **609**
Grumbach, Theo 399
Gunderloch 52, 76, 77, 78, 79, 595, 598, **610**
Gussek 653, **655**
Gutzler, Gerhard 598, **611**
Gysler 599, **612**

H
Haag, Fritz Dusemonder Hof 13, 26, 40, 68, 69, 70, 71, 72, 75, 76, 77, 78, 79, 284, 285, **310**
Haag, Willi 82, 286, **312**
Haart, Joh. 286, **313**
Haart, Reinhold 51, 68, 69, 72, 76, 77, 78, 79, 82, 285, **314**
Hagenbucher, Thomas 110, **134**
Hahnmühle 405, **417**
Haidle, Karl 53, 80, 667, 669, **678**
Hain, Kurt 286, **316**
Haltingen, Winzergenossenschaft 107, 111, **135**
Hanke 666
Heddesdorf, Freiherr von 82, 286, **317**

Weingüter

Hedesheimer Hof 599, **613**
Heger, Dr. 14, 33, 51, 75, 76, 77, 78, 79, 110, **138**
Heger, Joachim 110, **136**
Hehner-Kiltz 79, 443
Heid 699
Heidrich, Karl 259, **262**
Heigel, Dr. 83, 202, **217**
Heilig Grab 259, **263**
Heinemann, Ernst 52, 82, 110, **140**
Heinrich, G. A. 669, **679**
Heitlinger, Albert 108, 110, **141**
Hemer 648
Henninger IV., Georg 449, **476**
Hensel, Walter 83, 449, **477**
Hermann, Klaus 199
Herrenberg 286, **318**
Hessen, Prinz von 53, 79, 538, **553**
Hex vom Dasenstein, Winzerkeller 111, **142**
Hexamer 404, 405, **418**
Heyden, Dr. Karl W. 648
Heyl zu Herrnsheim, Freiherr 52, 74, 76, 77, 78, 79, 595, 598, **614**
Heymann-Löwenstein 51, 59, 79, 80, 81, 285, **319**
Himmel, Emmerich 593
Himmeroder Hof 399
Hirschhof 649
Hirschmann, Josef 593
Hirth, Erich 669, **680**
Hoensbroech, Reichsgraf und Marquis zu 79, 108, 110, **143**
Hoffmann-Simon 400
Höfler 84, 202, **218**
Höfling 247
Hofmann 202, **219**
Hohenbeilstein, Schlossgut 669, **681**
Hohenlohe-Oehringen, Fürst zu 79, 669, **682**
Hohn, Peter 281
Hornberg, Burg 699
Hövel, von 52, 79, 285, **321**
Huber, Bernhard 51, 56, 59, 60, 61, 76, 77, 78, 79, 110, **144**
Huck Wagner 80, 107, 111, **146**
Huff-Doll 599, **616**
Hügle Kirchberghof 195
Hummel 111, **147**
Hupfeld 593

I
Immengarten Hof 449, **478**
Immich, Carl August Batterieberg 286, **322**
Istein, Schlossgut 80, 110, **148**

J
Jähnisch, Achim 110, **149**
Jechtingen, Winzergenossenschaft 111, **150**
Johanninger 406, 539, 599, **617**
Johannisberg, Schloss 20, 53, 79, 538, **554**
Johannishof 53, 68, 79, 538, **555**
Johner, Karl H. 51, 62, 76, 77, 78, 79, 110, **152**
Jost, Toni Hahnenhof (Mittelrhein) 14, 29, 52, 76, 77, 78, 79, 257, 259, **264**
Jost, Toni Hahnenhof (Rheingau) 538, **556**
Jülg 448, **479**
Juliusspital 29, 52, 79, 200, 202, **220**
Jung, Jakob 53, 79, 81, 538, **557**

K
Kalkbödele 110, **154**
Kallfelz, Albert 286, **323**
Kanitz, Graf von 53, 538, **558**
Karle, Karl 196
Karlsmühle 51, 79, 285, **324**
Karst, Ernst und Sohn 449, **480**
Karthäuserhof 51, 71, 76, 77, 78, 79, 285, **326**
Kaßner-Simon 83, 449, **481**
Kastanienhof 533
Kaub, Karl-Heinz 83, 84, 449, **482**
Kauer, Dr. Randolf 259, **265**
Kauer, Gebrüder 406, **419**
Kees-Kieren 52, 67, 79, 82, 285, **328**
Keller 13, 34, 40, 51, 57, 60, 61, 63, 64, 65, 69, 70, 71, 72, 73, 75, 76, 77, 78, 79, 595, 598, **618**, 626, 646
Keller, Franz Schwarzer Adler 52, 110, **155**
Keller, Karlheinz Landgrafenhof 649
Kerpen, Heribert 286, **329**
Kesseler, August 51, 60, 69, 78, 79, 538, **560**
Kesselstatt, Reichsgraf von 52, 79, 284, 285, **330**
Keth, Georg Jakob 649
Kimich, Julius Ferdinand 533
Kirch, Franz 202, **221**
Kirsten 52, 285, **331**
Kissinger 598, **620**
Kistenmacher-Hengerer 667, 669, **683**
Klein, Gerhard 83, 449, **483**
Kleinmann, Ökonomierat Johannes 82, 449, **484**
Klopfer 699
Kloster Eberbach, Hessische Staatsweingüter 53, 59, 538, 578, **588**
Kloster Pforta, Landesweingut 652, 653, 655, **656**, 659
Klosterhof Familie Gilles 105
Klostermühle Odernheim 406, **420**
Klumpp, Ulrich 111, **156**
Knab 110, **157**
Knebel, Reinhard und Beate 51, 57, 67, 69, 79, 285, **332**
Knipser 53, 76, 77, 78, 79, 83, 448, **485**, 626
Knobloch, Klaus 649
Knod, Paul 400
Knyphausen, Baron zu 538, **562**
Koch, Bernhard 449, **486**
Koch, Holger 111, **158**
Koegler Hof Bechtermünz 593
Koehler-Ruprecht 51, 79, 448, 476, **488**
König, Robert 59, 538, **563**

703

Weingüter

Königin-Viktoriaberg 539, **564**
Königschaffhausen, Winzergenossenschaft 111, **159**
Königswingert 406, **421**
Köpfer 196
Köster-Wolf 649
Konstanzer 110, **160**
Korrell Johanneshof 53, 404, 405, **422**
Köwerich 400
Kranz, Familie 80, 533
Kreichgauer 599, **621**
Kress, Seegut 196
Kreuzberg 52, 79, 88, **96**
Kröber, Rüdiger 80, 400
Krone 53, 538, **565**
Krugscher Hof 649
Kruger-Rumpf 53, 78, 79, 404, 405, **423**
Kühling-Gillot 598, **622**
Kühn, Peter Jakob 51, 76, 77, 78, 79, 538, **566**
Kühn, Wolfgang 247
Kuhn, Philipp 83, 449, **490**
Kuhnle 669, **684**
Künstler, Franz 53, 66, 74, 76, 77, 78, 79, 538, **568**
Kuntz, Sybille 286, **334**
Kusterer 669, **685**

L
Laible, Andreas 14, 28, 51, 64, 78, 79, 110, **162**
Lambrich, Albert 259, **266**
Lambrich, Goswin 259, **267**
Lämmlin-Schindler 52, 107, 110, **161**
Landmann 111, **164**
Lang, Clemens 196
Lang, Hans 53, 79, 538, **569**
Langwerth von Simmern, Freiherr 53, 74, 538, **570**
Lanius-Knab 259, **268**
Lauer, Peter Weinhaus Ayler Kupp 286, **335**
Lehmann, Joachim 666
Lehnert-Veit 286, **336**
Lehrensteinsfeld, Schloss 699
Leiner, Bruno 533
Leiner, Jürgen 84, 449, **491**
Leiningerhof 449, **492**
Leiss, Gerhard 669, **686**
Leitz, Josef 51, 65, 66, 76, 77, 78, 79, 536, 538, **571**
Lenz-Dahm 286, **337**
Leonhard, Peter 649
Lergenmüller 83, 449, **493**
Lersch 443
Lieser, Schloss 51, 71, 79, 285, **338**
Lindenhof Martin Reimann 405, **424**
Lingen, Peter 105
Lingenfelder 533
Loewen, Carl 52, 285, **340**
Loosen, Dr. 13, 32, 51, 70, 72, 75, 76, 77, 78, 79, 285, **342**

Lorenz, Toni 78, 79, 259, **269**
Lössnitz, Hof 666
Lötzbeyer 405, **425**
Löwenstein, Fürst (Franken) 52, 202, **222**
Löwenstein, Fürst (Rheingau) 538, **573**
Lubentiushof, Weingut Andreas Barth 59, 284, 286, **344**
Lucashof Pfarrweingut 449, **494**
Lump, Am 202, **223**
Lützkendorf 653, **657**

M
Mades 259, **270**
Maier, Leo 196
Männle, Andreas 196
Männle, Heinrich 80, 110, **165**
Mäurer 533
Manz 598, **623**
Marget, Klaus-Martin 196
Marienthal, Staatliche Weinbaudomäne 88, **103**
Markgräflerland 196
Markgraf von Baden Schloss Salem 197
Markgraf von Baden Schloss Staufenberg 108, 110, **166**
Martinshof 650
Mathern, Oskar 17, 34, 53, 79, 405, **426**
May, Rudolf 247
Mayschoss-Altenahr, Winzergenossenschaft 10, 17, 35, 52, 87, 88, **97**
Medinger 699
Meinhard 444
Meiser 598, **624**
Meintzinger 82, 202, **224**
Menges, Edwin 197
Merkelbach, Alfred Geschw. Albertz-Erben 286, **345**
Meßmer, Herbert 53, 79, 448, **495**
Meulenhof 286, **346**
Meyer, Frank Stiftsweingut 449, **496**
Meyer-Näkel 40, 51, 60, 61, 75, 76, 77, 78, 79, 86, 88, **98**
Michel 52, 110, **167**
Michel-Pfannebecker 17, 31, 598, **625**
Milch, Karl-Hermann 599, **626**
Milz Laurentiushof 52, 285, **347**
Minges, Theo 449, **497**
Mohr, Wilhelm Erben 81, 539, **574**
Mohr & Söhne 259, **271**
Molitor Rosenkreuz 284, 286, **349**
Molitor, Markus 14, 33, 51, 66, 67, 69, 76, 77, 78, 79, 285, **350**
Mönchhof Robert Eymael 52, 285, **348**
Montigny 404, 405, **427**
Mosbacher, Georg 51, 65, 78, 79, 84, 447, 448, **498**, 638
Mössner, Martin 197
Müllen, Martin 284, 286, **352**
Müller I, Max 202, **225**
Müller, Adam 197

704

Weingüter

Müller, Axel 650
Müller Erben, Herbert 533
Müller, Egon Scharzhof 13, 30, 51, 70, 75, 76, 77, 78, 79, 284, 285, **354**
Müller, Eugen 449, **500**
Müller, Gebrüder 111, **168**
Müller, Heinrich 28
Müller, Lutz 666
Müller, Matthias 17, 52, 67, 79, 82, 259, **272**
Müller-Catoir 9, 18, 31, 51, 63, 71, 73, 75, 76, 77, 78, 79, 82, 84, 307, 447, 448, 466, 468, **502**, 618, 650
Mumm, G. H. von 594
Münzberg 53, 448, **504**

N
Nägelsförst, Wein- und Sektgut 111, **169**, 502
Nägler, Dr. 594
Neder, Ewald 247
Neipperg, Weingut des Grafen 53, 84, 667, 669, **687**
Neiss, Ludi 533
Nelles 52, 60, 78, 79, 88, **100**
Neus, J. 599, **627**
Neuweier, Schloss 17, 31, 52, 79, 110, **170**
Niederhausen-Schloßböckelheim, Gutsverwaltung 53, 67, 79, 404, 405, **428**
Nikolai, Heinz 539, **575**
Nordheim / Main, Winzergenossenschaft 202, **226**

O
Oberbergen, Winzergenossenschaft 197
Oberkircher Winzergenossenschaft 197
Ockenfels, Hermann 281
Oetinger, Detlev Ritter und Edler von 539, **576**
Ohlig, Johannes 539, **577**
Oppenheim, Staatliche Weinbaudomäne 598, **640**
Ortenberg, Schloss 52, 110, **171**
Othegraven, von 286, **356**

P
Paulinshof 52, 66, 78, 79, 285, **357**
Pauly-Bergweiler, Dr. 52, 285, **358**
Pawis 81, 653, **658**
Perll, August und Thomas 52, 67, 78, 79, 82, 259, **273**
Perll, Walter 259, **274**
Peth, Helmut und Heinfried 650
Peth-Wetz 650
Petri 449, **505**
Pfaffenhof 534
Pfaffenweiler EG, Winzergenossenschaft 10, 31, 52, 82, 107, 110, **172**
Pfaffmann, Karl 82, 84, 449, **506**
Pfeffingen Fuhrmann-Eymael 53, 79, 82, 448, **507**
Pfirmann 534
Pfleger, Jakob 449, **508**

Pflüger 449, **509**
Philipps-Eckstein 400
Piedmont 286, **359**
Pix 107, 111, **173**
Plettenberg, Reichsgraf von 444
Popp, Ernst 248
Posthof Doll & Göth 598, **628**
Praß, Bernhard 281
Prinz 53, 538, **578**
Probst, Eckard 197
Probst, Reiner 111, **174**
Probsthof 534
Proschwitz, Schloss 660, 661, **662**
Prüm, Joh. Jos. 13, 30, 40, 51, 57, 68, 69, 75, 76, 77, 78, 79, 284, 285, **360**
Prüm, S. A. 79, 286, **362**

Q
Querbach, Wilfried 539, **579**

R
Rapp 406, **429**
Rappenhof 599, **629**
Ratzenberger 52, 257, 259, **275**
Rauen, Familie 287, **363**
Rauen, Walter 84, 286, **364**
Rauh, Gunther 650
Raumland 59, 650
Ravensburg, Burg 111, **175**
Rebenhof Johannes Schmitz 400
Rebholz, Ökonomierat 10, 13, 34, 51, 56, 59, 61, 62, 63, 65, 75, 76, 77, 78, 79, 83, 447, 448, 466, **510**
Rebstock, Zum 81, 259, **276**
Regnery, F. J. 287, **365**
Reh 287, **366**
Reinert, Johann Peter 286, **367**
Reinhartshausen, Schloss 79, 81, 539, **580**
Remigius, St. 198
Resch, Hans 287, **368**
Ress, Balthasar 539, **581**
Reuscher-Haart 82, 287, **369**
Reverchon, Edmund 401
Rheinburg, Schloss 198
Richter, Max Ferd. 52, 57, 73, 283, 285, **370**
Richter, Richard 287, **371**
Richter, Vincenz 660, 661, **663**
Riske, Erwin 88, **101**
Riske, Reinhold 105
Roeder von Diersburg, Freiherr 198
Rohr, Michael 406, **430**
Römerhof 401
Rollsdorfer Mühle 659
Rosch, Josef 52, 285, **372**
Rotenberg 667, 669, **688**
Roth 202, **227**
Rothweiler 81, 250, **252**
Ruck, Johann 52, 202, **228**
Russbach 651

Weingüter

S

Saarstein, Schloss 79, 286, **373**
Salm-Dalberg, Prinz zu Schloss Wallhausen 53, 79, 405, **431**
Salwey 51, 79, 80, 83, 81, 110, **176**
Sander 599, **630**
Sankt Annagarten 669, **689**
Sankt Antony 598, **631**
Sankt Urbans-Hof 51, 69, 76, 77, 78, 79, 81, 285, **374**
Sasbach am Kaiserstuhl, Winzergenossenschaft 111, **178**
Sauer 534
Sauer, Horst 51, 82, 202, **229**
Sauer, Rainer 202, **231**
Schaefer, Karl 53, 448, **512**
Schaefer, Willi 14, 33, 52, 78, 79, 284, 285, **376**
Schäfer, Joh. Bapt. 405, **432**
Schäfer, Michael 406, **433**
Schäfer, W. J. 539, **582**
Schäfer-Fröhlich 53, 404, 405, **434**
Schäfer-Heinrich 699
Schäffer, Egon 202, **232**
Schales 598, **632**
Schambachhof, Biologisches Weingut 198
Schätzle, Gregor und Thomas 111, **179**
Schappert, Bernd 444
Schauß & Sohn, Erich 406, **435**
Scheidgen 281
Schell, Otger 105
Schembs, Adolf Erben 599, **633**
Scherner-Kleinhanß 598, **634**
Scheu 82, 449, **513**
Schick, Adolf 651
Schlamp-Schätzel 599, **635**
Schleinitz, Freiherr von 287, **377**
Schlör, Konrad 108, 111, **180**
Schlumberger, Hartmut 52, 110, **181**
Schlumberger, Rainer 199
Schmidt 406, **436**
Schmitges, Erben Hubert 401
Schmitges, Heinrich 286, **378**
Schmitt, Egon 83, 449, **514**
Schmitt, Franz Karl 651
Schmitt, Heinz 53, 284, 285, **379**
Schmitt, Paul 202, **234**
Schmitts Kinder 52, 79, 202, **233**
Schnaitmann, Rainer 81, 669, **690**
Schneider 534
Schneider, Claus und Susanne 111, **182**
Schneider, Dr. 198
Schneider, Georg Albrecht 53, 598, **636**
Schneider, Jakob 79, 405, **437**
Schneider, Reinhold und Cornelia 51, 61, 62, 79, 82, 110, **184**
Schneider, Roman 80, 248
Scholler 534
Schömann, Martin 287, **380**
Schömehl, Meinolf 406, **438**

Schönborn, Domänenweingut Schloss 53, 74, 81, 538, **583**
Schönborn, Graf von Schloss Hallburg 81, 248
Schönleber, F. B. 539, **584**
Schönleber-Blümlein 594
Schubert, Gutsverwaltung von Maximin Grünhaus 13, 30, 51, 76, 77, 78, 79, 285, **382**
Schuh, Walter Elbtalkellerei Meißen 666
Schumacher 449, **515**
Schwab 202, **235**
Schwane, Zur 80, 202, **236**
Schwegler, Albrecht 53, 667, 669, **691**
Schweinhardt Nachf., Bürgermeister Willi 79, 80, 405, **439**
Schwörer 111, **186**
Schwörer, Lothar 80, 198
Seebrich, Heinrich 598, **637**
Seeger 17, 34, 52, 78, 79, 110, **187**
Seehof Ernst Fauth 598, **638**
Seifert, Klaus 666
Selbach-Oster 51, 79, 81, 285, **384**
Selt 259, **277**
Sermann-Kreuzberg 105
Siben Erben, Georg 449, **516**
Siegrist 53, 82, 448, **517**
Siener 82, 83, 449, **518**
Simon, Gebrüder 401
Simon-Bürkle 250, **253**
Sitzius, Wilhelm 83, 405, **440**
Sommerhausen, Schloss 83, 202, **237**
Sonnenberg 88, **102**
Sonnenhang 80, 259, **278**
Sonnenhof Bezner-Fischer 669, **692**
Später-Veit 287, **386**
Speicher-Schuth 539, **585**
Spiess Riederbacherhof 599, **639**
Spindler, Heinrich 449, **519**
Spreitzer, Josef 17, 28, 53, 538, **586**
Staatliche Weinbaudomäne Marienthal 88, **103**
Staatliche Weinbaudomäne Oppenheim 598, **640**
Staatlicher Hofkeller Würzburg 83, 202, **238**
Staatsweingut Assmannshausen 539, 558, **587**
Staatsweingut Bad Kreuznach 404, 405, **441**
Staatsweingut Bergstraße 35, 52, 73, 79, 249, 250, **254**
Staatsweingut Freiburg und Blankenhornsberg 111, **188**
Staatsweingut Karlsruhe-Durlach 198
Staatsweingut Meersburg 198
Stadt Bensheim, Weingut der 249, 250, **255**
Stadt Lahr 111, **189**
Stadt Mainz Fleischer 651
Stein, Am 52, 202, **239**
Steinmann, Artur Im Pastoriushaus 202, **240**
Steinmann, Christoph 248
Steitz 599, **641**

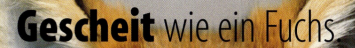

Weingüter

Steitz, Hermann 445
Stentz 535
Stich »Im Löwen« 81, 202, **241**
Stigler 52, 80, 107, 110, **190**
Stodden, Jean 14, 24, 29, 52, 78, 79, 88, **104**
Stolleis, Peter Carl-Theodor-Hof 449, **520**
Störrlein, Josef 52, 202, **242**
Strub, J. & H. A. 598, **642**
Studert-Prüm Maximinhof 286, **387**
Stuttgart, Weingut der Stadt 700

T
Tauberfränkische Winzergenossenschaft Beckstein 111, **191**
Terges, Peter 287, **388**
Tesch 53, 79, 404, 405, **442**
Thanisch, Ludwig und Sohn 401
Thanisch, Wwe. Dr. H. Erben Müller-Burggraef 79, 286, **389**
Thanisch, Wwe. Dr. H. Erben Thanisch 79, 286, **390**
Thorn, Schloss 401
Thüngersheim, Winzergenossenschaft 202, **243**
Thüringer Weingut Bad Sulza 652, 659
Thürkind, Rudolf 659
Trautwein, Ökologisches Weingut 199

U
Ullrichshof Familie Faubel 53, 82, 448, **521**
Ulrich, Jan 666
Ungstein, Wolf 81
Untertürkheim, Winzergenossenschaft 667, 669, **694**

V
Varnhalt, Winzergenossenschaft 199
Vereinigte Hospitien 287, **391**
Vier Jahreszeiten Winzer EG 449, **522**
Villa Sachsen 53, 598, **643**
Volk 259, **279**
Vollenweider, 17, 286, **392**
Vollmer, Heinrich 535
Vollrads, Schloss 33, 53, 81, 538, **589**
Volxem, van 17, 28, 286, **393**

W
Wachtstetter 667, 669, **695**
Wackerbarth, Sächsisches Staatsweingut Schloss 660, 661, **664**
Wagner, Dr. Heinz 79, 284, 286, **394**
Wagner-Stempel 81, 595, 598, **644**
Walporzheim, Winzergenossenschaft 105
Walter, Fritz 535
Walz, Josef 199
Wasenweiler, Winzergenossenschaft 199
Waßmer, Fritz 199
Waßmer, Martin 107, 111, **192**
Weber, Udo 445
Weegmüller 449, **523**
Wegeler, Geheimrat J. Gutshaus Deidesheim (Pfalz) 29, 449, **524**
Wegeler Gutshaus Bernkastel (Mosel-Saar-Ruwer) 29, 53, 285, **395**
Wegeler Gutshaus Oestrich (Rheingau) 29, 53, 59, 79, 538, **590**
Wegner, Karl und Sohn 535
Wehrheim, Dr. 10, 14, 51, 61, 63, 76, 77, 78, 79, 447, 448, **525**
Weidenbach, E. 599, 638, **645**
Weik 449, **527**
Weil, Robert 13, 14, 32, 51, 66, 68, 70, 71, 72, 75, 76, 77, 78, 79, 538, **591**
Weingart 52, 66, 67, 78, 79, 82, 257, 259, **280**
Weinsberg, Staatsweingut 80, 667, 669, **693**
Weins-Prüm, Dr. F. 53, 285, **396**
Weitzel, Eckhard 651
Weller-Lehnert 286, **397**
Weltner, Wolfgang 202, **244**
Werlé Erben 535
Wilhelmshof 53, 83, 448, **528**
Wilhelmy 445
Wilker 449, **529**
Willy, Rolf 700
Wirsching, Hans 52, 74, 202, **245**
Wittmann 14, 30, 52, 56, 63, 65, 71, 75, 76, 77, 78, 79, 595, 598, **646**
Wöhrwag 53, 84, 669, **696**
Wolf 535
Wolf, J. L. 64, 448, 53, **530**
Wolff Metternich, Graf Weingut 52, 107, 110, **193**
Württemberg Hofkammerkellerei, Weingut des Hauses 669, **697**

Z
Zahn, Hartmut 659
Zähringer, Wilhelm 111, **194**
Zehnthof 52, 202, **246**
Ziegler, August 449, **531**
Zilliken, Forstmeister Geltz 79, 286, **398**
Zimmerling, Klaus 660, 661, **665**
Zipf 700
Zotz, Julius 80, 199
Zwölberich, Im 445

Weinbergslagen

Register

A

Abtswinder Altenberg (Franken) 227
Achkarrer Castellberg (Baden) 113, 167, 174
Achkarrer Schlossberg (Baden) 113, 133, 138, 139, 167, 174
Affentaler (Baden) 114
Ahrweiler Daubhaus (Ahr) 97
Ahrweiler Riegelfeld (Ahr) 91
Ahrweiler Rosenthal (Ahr) 89, 104
Ahrweiler Silberberg (Ahr) 91, 103, 105
Ahrweiler Ursulinengarten (Ahr) 92, 102
Alsheimer Fischerpfad (Rheinhessen) 629
Alsheimer Frühmesse (Rheinhessen) 629
Alsheimer Rheinblick (Rheinhessen) 621
Alsheimer Römerberg (Rheinhessen) 621
Alsterheimer Kapellenberg (Pfalz) 531
Altenahrer Eck (Ahr) 95
Altenbamberger Rotenberg (Nahe) 429
Alzeyer Römerberg (Rheinhessen) 624
Alzeyer Rotenfels (Rheinhessen) 624
Assmannshäuser Frankenthal (Rheingau) 563
Assmannshäuser Höllenberg (Rheingau) 60, 540, 561, 563, 565, 587
Auerbacher Fürstenlager (Hessische Bergstraße) 251, 252, 255
Auerbacher Höllberg (Hessische Bergstraße) 252, 253
Auerbacher Rott (Hessische Bergstraße) 252
Auerbacher Schöntal (Hessische Bergstraße) 253
Ayler Kupp (Mosel-Saar-Ruwer) 290, 335, 367

B

Bacharacher Hahn (Mittelrhein) 257, 264
Bacharacher Heyles'en Werth (Mittelrhein) 260
Bacharacher Kloster Fürstental (Mittelrhein) 265, 275
Bacharacher Posten (Mittelrhein) 260, 262, 270, 275
Bacharacher Wolfshöhle (Mittelrhein) 260, 262, 270, 275, 276
Bad Neuenahrer Sonnenberg (Ahr) 99
Badenheimer Galgenberg (Rheinhessen) 606
Badenheimer Römerberg (Rheinhessen) 606
Badenweiler Römerberg (Baden) 127
Bechtheimer Geyersberg (Rheinhessen) 603, 604, 639
Bechtheimer Gotteshilfe (Rheinhessen) 604
Bechtheimer Hasensprung (Rheinhessen) 624, 639
Bechtheimer Heilig Kreuz (Rheinhessen) 603
Bechtheimer Pilgerpfad (Rheinhessen) 639
Bechtheimer Rosengarten (Rheinhessen) 604
Bechtheimer Stein (Rheinhessen) 603, 604, 639
Becksteiner Kirchberg (Baden) 191
Beilsteiner Steinberg (Württemberg) 672
Beilsteiner Wartberg (Württemberg) 689
Bensheimer Kalkgasse (Hessische Bergstraße) 255
Bensheimer Kirchberg (Hessische Bergstraße) 255
Berghauptener Schützenberg (Baden) 132
Bernkasteler Alte Badstube am Doctorberg (Mosel-Saar-Ruwer) 299, 358
Bernkasteler Badstube (Mosel-Saar-Ruwer) 67, 299, 351, 361, 380, 385, 390
Bernkasteler Bratenhöfchen (Mosel-Saar-Ruwer) 299, 305, 329
Bernkasteler Doctor (Mosel-Saar-Ruwer) 389, 390, 395
Bernkasteler Graben (Mosel-Saar-Ruwer) 299, 351, 389
Bernkasteler Johannisbrünnchen (Mosel-Saar-Ruwer) 380
Bernkasteler Lay (Mosel-Saar-Ruwer) 342, 343, 350, 389
Binger Scharlachberg (Rheinhessen) 643
Binzener Sonnhole (Baden) 146
Birkweiler Kastanienbusch (Pfalz) 61, 65, 474, 475, 484, 511, 518, 526
Birkweiler Königsgarten (Pfalz) 475
Birkweiler Mandelberg (Pfalz) 63, 475, 484, 526
Birkweiler Rosenberg (Pfalz) 474, 475, 484
Bischoffinger Enselberg (Baden) 112, 120, 121
Bischoffinger Rosenkranz (Baden) 120
Bischoffinger Steinbuck (Baden) 112, 120, 121
Bischoffinger Vulkanfelsen (Baden) 121
Bissersheimer Goldberg (Pfalz) 490
Böchinger Rosenkranz (Pfalz) 497
Bockenauer Felseneck (Nahe) 434
Bockenheimer Goldgrube (Pfalz) 492
Bockenheimer Schlossberg (Pfalz) 492
Bönnigheimer Sonnenberg (Württemberg) 674
Bopparder Hamm Engelstein (Mittelrhein) 272
Bopparder Hamm Fässerlay (Mittelrhein) 263, 273, 274
Bopparder Hamm Feuerlay (Mittelrhein) 66, 67, 261, 263, 269, 272, 273, 274, 280
Bopparder Hamm Mandelstein (Mittelrhein) 67, 263, 272, 273, 274, 280
Bopparder Hamm Ohlenberg (Mittelrhein) 67, 272, 274, 279, 280

709

Weinbergslagen

Bopparder Hamm Weingrube (Mittelrhein) 261, 279
Bötzinger Eckberg (Baden) 125
Bötzinger Lasenberg (Baden) 125
Bötzinger Vulkanfelsen (Baden) 125
Brauneberger Juffer (Mosel-Saar-Ruwer) 312, 357, 370
Brauneberger Juffer-Sonnenuhr (Mosel-Saar-Ruwer) 68, 69, 70, 71, 72, 288, 311, 312, 357, 370, 389
Brauneberger Kammer (Mosel-Saar-Ruwer) 66, 357
Breisacher Eckartsberg (Baden) 168
Bremmer Calmont (Mosel-Saar-Ruwer) 304
Bretzenheimer Vogelsang (Nahe) 421
Britzinger Rosenberg (Baden) 124
Britzinger Sonnhole (Baden) 124
Bruchsaler Klosterberg (Baden) 156
Burg Layer Johannisberg (Nahe) 433
Burg Layer Schlossberg (Nahe) 433
Burg Ravensburger Dicker Franz (Baden) 175
Burg Ravensburger Husarenkappe (Baden) 175
Burg Ravensburger Löchle (Baden) 175
Burg von der Leyen (Mosel-Saar-Ruwer) 344
Burgscheidunger Veitsgrube (Saale-Unstrut) 654
Bürgstadter Centgrafenberg (Franken) 61, 215, 241
Burkheimer Feuerberg (Baden) 60, 62, 118, 119, 120
Burkheimer Schlossberg (Baden) 117
Burkheimer Schlossgarten (Baden) 118, 119
Burrweiler Altenforst (Pfalz) 486
Burrweiler Schäwer (Pfalz) 495
Burrweiler Schlossgarten (Pfalz) 495

C

Casteller Hohnart (Franken) 209
Casteller Kirchberg (Franken) 209
Casteller Kugelspiel (Franken) 209
Casteller Reitsteig (Franken) 209
Casteller Schlossberg (Franken) 209
Casteller Trautberg (Franken) 209
Cöllner Rosenberg (Nahe) 417

D

Dalsheimer Bürgel (Rheinhessen) 60, 634
Dalsheimer Hubacker (Rheinhessen) 57, 65, 69, 70, 71, 72, 73, 619
Dalsheimer Sauloch (Rheinhessen) 608
Deidesheimer Grainhübel (Pfalz) 453, 469
Deidesheimer Herrgottsacker (Pfalz) 450, 459, 469, 498, 519, 524
Deidesheimer Hohenmorgen (Pfalz) 453, 463, 467
Deidesheimer Kalkofen (Pfalz) 453, 459, 516

Deidesheimer Kieselberg (Pfalz) 65, 453, 459, 464, 499, 516
Deidesheimer Langenmorgen (Pfalz) 469
Deidesheimer Leinhöhle (Pfalz) 499, 516, 530
Deidesheimer Mäushöhle (Pfalz) 453, 459, 499
Dellhofener St. Wernerberg (Mittelrhein) 267
Dernauer Burggarten (Ahr) 101
Dernauer Hardtberg (Ahr) 101
Dernauer Pfarrwingert (Ahr) 96, 99
Dettelbacher Berg-Rondell (Franken) 210, 216
Detzemer Maximiner Klosterlay (Mosel-Saar-Ruwer) 340, 363, 364
Detzemer St. Michael (Mosel-Saar-Ruwer) 363
Detzemer Würzgarten (Mosel-Saar-Ruwer) 363, 364
Dhron Hofberger (Mosel-Saar-Ruwer) 290, 315, 347
Diedesfelder Berg (Pfalz) 478
Dienheimer Tafelstein (Rheinhessen) 601, 620
Dirmsteiner Mandelpfad (Pfalz) 485, 490
Dorfprozeltener Predigtstuhl (Franken) 238
Dorndorfer Rappental (Saale-Unstrut) 654
Dorn-Dürkheimer Hasensprung (Rheinhessen) 621
Dorn-Dürkheimer Römerberg (Rheinhessen) 621
Dörscheider Wolfsnack (Mittelrhein) 278
Dorsheimer Burgberg (Nahe) 438
Dorsheimer Goldloch (Nahe) 409, 432, 438
Dorsheimer Pittermännchen (Nahe) 409, 432, 433, 438
Durbacher Kochberg (Baden) 129, 165, 186
Durbacher Ölberg (Baden) 129
Durbacher Plauelrain (Baden) 64, 129, 162, 163, 186
Durbacher Schloss Grohl (Baden) 193
Durbacher Schloss Staufenberg (Baden) 166
Durbacher Schlossberg (Baden) 166, 193
Durbacher Steinberg (Baden) 129
Dürkheimer Abtsfronhof (Pfalz) 471
Dürkheimer Feuerberg (Pfalz) 460, 468, 477, 509, 522
Dürkheimer Fronhof (Pfalz) 468, 509
Dürkheimer Hochbenn (Pfalz) 465, 471, 509
Dürkheimer Hochmess (Pfalz) 522
Dürkheimer Michelsberg (Pfalz) 509, 512
Dürkheimer Nonnengarten (Pfalz) 468, 477, 480, 514
Dürkheimer Rittergarten (Pfalz) 480
Dürkheimer Schenkenböhl (Pfalz) 468, 477, 522
Dürkheimer Spielberg (Pfalz) 465, 468, 512, 514

Weinbergslagen

Dürkheimer Steinberg (Pfalz) 514
Duttweiler Kalkberg (Pfalz) 457
Duttweiler Mandelberg (Pfalz) 457

E

Ebernburger Feuerberg (Nahe) 429
Ebernburger Schlossberg (Nahe) 429
Ebernburger Stephansberg (Nahe) 429
Efringer Ölberg (Baden) 146
Ehrenstetter Oelberg (Baden) 130
Eisentaler Betschgräbler (Baden) 114
Eitelsbacher Karthäuserhofberg (Mosel-Saar-Ruwer) 71, 327
Eitelsbacher Marienholz (Mosel-Saar-Ruwer) 290
Elsheimer Blume (Rheinhessen) 613
Eltviller Rheinberg (Rheingau) 543
Eltviller Sonnenberg (Rheingau) 543, 570, 593
Endinger Engelsberg (Baden) 117, 157
Endinger Tannacker (Baden) 117
Engehöller Bernstein (Mittelrhein) 268
Engehöller Goldemund (Mittelrhein) 268
Enkircher Batterieberg (Mosel-Saar-Ruwer) 322
Enkircher Steffensberg (Mosel-Saar-Ruwer) 322
Eppelsheimer Felsen (Rheinhessen) 625
Erbacher Hohenrain (Rheingau) 557
Erbacher Marcobrunn (Rheingau) 74, 562, 580, 583
Erbacher Michelmark (Rheingau) 557, 575, 576
Erbacher Nussbrunnen (Rheingau) 570
Erbacher Rheinhell (Rheingau) 580
Erbacher Schlossberg (Rheingau) 580
Erbacher Siegelsberg (Rheingau) 549, 562, 576, 588
Erbacher Steinmorgen (Rheingau) 557, 562, 575, 576
Erdener Bußlay (Mosel-Saar-Ruwer) 346
Erdener Prälat (Mosel-Saar-Ruwer) 70, 343, 346, 348, 358, 378, 396
Erdener Treppchen (Mosel-Saar-Ruwer) 72, 290, 293, 294, 300, 328, 342, 343, 345, 346, 348, 358, 378
Erlabrunner Weinstieg (Franken) 243
Erlenbacher Kayberg (Württemberg) 686
Escherndorfer Fürstenberg (Franken) 223, 229, 230, 232
Escherndorfer Lump (Franken) 212, 223, 229, 230, 231, 232
Essinger Osterberg (Pfalz) 472
Essinger Rossberg (Pfalz) 472
Essinger Sonnenberg (Pfalz) 472
Esslinger Schenkenberg (Württemberg) 685

F

Feilbingerter Kahlenberg (Nahe) 425
Feilbingerter Königsgarten (Nahe) 425
Fellbacher Lämmler (Württemberg) 671, 690
Filzener Pulchen (Mosel-Saar-Ruwer) 359
Filzener Steinberger (Mosel-Saar-Ruwer) 367
Filzener Urbelt (Mosel-Saar-Ruwer) 359
Flemlinger Bischofskreuz (Pfalz) 486, 497
Flemlinger Herrenbuckel (Pfalz) 495
Flomborner Feuerberg (Rheinhessen) 625
Flörsheimer Frauenberg (Rheinhessen) 600
Forster Bischofsgarten (Pfalz) 464, 494
Forster Elster (Pfalz) 494, 519
Forster Freundstück (Pfalz) 499, 519
Forster Grainhübel (Pfalz) 516
Forster Jesuitengarten (Pfalz) 64, 453, 463, 464
Forster Kirchenstück (Pfalz) 64, 65, 450, 453, 500
Forster Mariengarten (Pfalz) 494
Forster Musenhang (Pfalz) 450, 494, 499
Forster Pechstein (Pfalz) 450, 453, 463, 464, 494, 499, 500, 512, 519
Forster Schnepfenflug (Pfalz) 468
Forster Stift (Pfalz) 450, 494, 499, 500
Forster Ungeheuer (Pfalz) 65, 450, 463, 464, 494, 499, 500, 516, 519, 524, 530
Frankweiler Kalkgrube (Pfalz) 451, 528
Freiburger Kapellenberg (Baden) 164
Freiburger Schlossberg (Baden) 138, 139
Freiburger Steinmauer (Baden) 164
Frei-Laubersheimer Fels (Rheinhessen) 602
Frei-Laubersheimer Rheingrafenberg (Rheinhessen) 602
Freinsheimer Musikantenbuckel (Pfalz) 481
Freinsheimer Oschelskopf (Pfalz) 481
Freinsheimer Schwarzes Kreuz (Pfalz) 481, 508
Freyburger Edelacker (Saale-Unstrut) 658
Frickenhäuser Fischer (Franken) 224
Frickenhäuser Kapellenberg (Franken) 204, 224, 240

G

Gau-Köngernheimer Vogelsang (Rheinhessen) 624
Geisenheimer Kläuserweg (Rheingau) 552, 555, 577
Geisenheimer Mäuerchen (Rheingau) 552
Geisenheimer Mönchspfad (Rheingau) 552
Geisenheimer Rothenberg (Rheingau) 590, 593
Gellmersbacher Dezberg (Württemberg) 686
Gerlachsheimer Herrenberg (Baden) 191
Gimmeldinger Biengarten (Pfalz) 467, 527, 531
Gimmeldinger Kapellenberg (Pfalz) 521

Questo

Alles Gute aus Italien

Die schönsten Ansichten aus Italien gibt es in Questo.
Das ist das Magazin, das alle
lesen müssen, die Italien lieben.
Basta.
Informationen unter Telefon + 49(0)8722/910103,
Abonnements unter Telefon + 49(0)89/63019890.
e-mail: jniemeier1@aol.com
Ci vediamo?

Weinbergslagen

Gimmeldinger Mandelgarten (Pfalz) 467
Gimmeldinger Meerspinne (Pfalz) 520
Gimmeldinger Schlössel (Pfalz) 503, 523, 531
Gleisweiler Hölle (Pfalz) 451, 497
Glottertaler Eichberg (Baden) 177
Gondorfer Gäns (Mosel-Saar-Ruwer) 344
Gosecker Dechantenberg (Saale-Unstrut) 656
Graacher Domprobst (Mosel-Saar-Ruwer) 67, 303, 328, 329, 351, 362, 370, 376, 380, 385, 396
Graacher Himmelreich (Mosel-Saar-Ruwer) 303, 328, 329, 351, 358, 361, 376, 385, 387, 396, 400
Großjenaer Blütengrund (Saale-Unstrut) 658
Großkarlbacher Burgweg (Pfalz) 485, 490
Guldentaler Hipperich (Nahe) 416, 421
Guldentaler Rosenteich (Nahe) 416
Gündelbacher Stromberg (Württemberg) 692
Gündelbacher Wachtkopf (Württemberg) 692
Gundersheimer Höllenbrand (Rheinhessen) 625
Guntersblumer Himmeltal (Rheinhessen) 620, 629

H

Haardter Bürgergarten (Pfalz) 482, 503, 523
Haardter Herrenletten (Pfalz) 63, 482, 503, 523
Haardter Herzog (Pfalz) 482, 523
Haardter Mandelring (Pfalz) 73, 482, 503, 523
Hackenheimer Kirchberg (Rheinhessen) 602
Hainfelder Letten (Pfalz) 483, 486
Hainfelder Ordensgut (Pfalz) 486
Hallburger Schlossberg (Franken) 248
Hallgartener Hendelberg (Rheingau) 578
Hallgartener Jungfer (Rheingau) 573, 578
Hallgartener Schönhell (Rheingau) 573, 578
Haltinger Stiege (Baden) 135
Hambacher Römerbrunnen (Pfalz) 503
Hammersteiner in den Layfelsen (Mittelrhein) 271
Hattenheimer Engelmannsberg (Rheingau) 549
Hattenheimer Hassel (Rheingau) 542
Hattenheimer Mannberg (Rheingau) 570
Hattenheimer Nussbrunnen (Rheingau) 549, 570, 581
Hattenheimer Pfaffenberg (Rheingau) 583
Hattenheimer Schützenhaus (Rheingau) 542, 581
Hattenheimer Wisselbrunnen (Rheingau) 549, 562, 569, 570, 580, 583
Hatzenporter Kirchberg (Mosel-Saar-Ruwer) 320

Heidelberger Herrenberg (Baden) 187
Heilbronner Stiftsberg (Württemberg) 679, 683
Heilbronner Wartberg (Württemberg) 675, 683
Heimersheimer Burggarten (Ahr) 92
Heitersheimer Maltesergarten (Baden) 194
Heitersheimer Sonnhole (Baden) 194
Heppenheimer Centgericht (Hessische Bergstraße) 73, 254
Heppenheimer Eckweg (Hessische Bergstraße) 251
Heppenheimer Schlossberg (Hessische Bergstraße) 251
Heppenheimer Steinkopf (Hessische Bergstraße) 254
Heppenheimer Stemmler (Hessische Bergstraße) 251
Herxheimer Himmelreich (Pfalz) 456, 515
Herxheimer Himmelreich Garten (Pfalz) 505
Herxheimer Honigsack (Pfalz) 505, 508, 515
Hochheimer Domdechaney (Rheingau) 548, 568, 588
Hochheimer Herrnberg (Rheingau) 568
Hochheimer Hölle (Rheingau) 66, 548, 551, 568, 582
Hochheimer Kirchenstück (Rheingau) 68, 548, 568, 582
Hochheimer Königin-Victoriaberg (Rheingau) 564
Hochheimer Reichestal (Rheingau) 74, 582
Hochheimer Stein (Rheingau) 582
Hochheimer Stielweg (Rheingau) 582, 593
Hohen-Sülzer Sonnenberg (Rheinhessen) 600
Homburger Kallmuth (Franken) 222
Horrweiler Gewürzgärtchen (Rheinhessen) 616
Horrweiler St. Rochuskapelle (Rheinhessen) 616
Hörsteiner Reuschberg (Franken) 218

I

Ihringer Fohrenberg (Baden) 173
Ihringer Winklerberg (Baden) 138, 139, 160, 168, 173, 190
Ingelheimer Pares (Rheinhessen) 627, 645
Ingelheimer Schlossberg (Rheinhessen) 627
Ingelheimer Sonnenberg (Rheinhessen) 627
Ingelheimer Sonnenhang (Rheinhessen) 645
Iphöfer Julius-Echter-Berg (Franken) 74, 220, 228, 244, 245
Iphöfer Kalb (Franken) 206, 228
Iphöfer Kronsberg (Franken) 206, 245
Isteiner Kirchberg (Baden) 148

Weinbergslagen

J
Jechtinger Eichert (Baden) 119, 150
Jechtinger Hochberg (Baden) 150
Jesser Gorrenberg (Sachsen) 666
Johannisberger Erntebringer (Rheingau) 577
Johannisberger Goldatzel (Rheingau) 555, 577
Johannisberger Hölle (Rheingau) 590
Johannisberger Klaus (Rheingau) 553, 555
Johannisberger Kläuserweg (Rheingau) 536
Josephshöfer (Mosel-Saar-Ruwer) 330

K
Kaatschener Dachsberg (Saale-Unstrut) 655
Kallstadter Annaberg (Pfalz) 476
Kallstadter Kobnert (Pfalz) 456
Kallstadter Kronenberg (Pfalz) 488, 489
Kallstadter Saumagen (Pfalz) 456, 460, 476, 489, 505
Kallstadter Steinacker (Pfalz) 456, 460, 488, 489
Kanzemer Altenberg (Mosel-Saar-Ruwer) 290, 356, 367
Kanzemer Hörecker (Mosel-Saar-Ruwer) 321
Karsdorfer Hohe Gräte (Saale-Unstrut) 657
Kaseler Kehrnagel (Mosel-Saar-Ruwer) 325
Kaseler Nies'chen (Mosel-Saar-Ruwer) 289, 290, 325, 330
Kauber Backofen (Mittelrhein) 278
Kestener Paulinshofberger (Mosel-Saar-Ruwer) 288, 328, 357
Kiedricher Gräfenberg (Rheingau) 68, 70, 71, 72, 585, 592
Kiedricher Sandgrub (Rheingau) 562, 575
Kiedricher Wasseros (Rheingau) 585
Kinheimer Rosenberg (Mosel-Saar-Ruwer) 352
Kirchheimer Geißkopf (Pfalz) 492
Kirchheimer Kreuz (Pfalz) 481, 492
Kirchheimer Römerstraße (Pfalz) 492
Kirchheimer Steinacker (Pfalz) 481, 492
Kirchhofener Höllhagen (Baden) 149
Kirrweiler Mandelberg (Pfalz) 63, 457
Kirrweiler Römerweg (Pfalz) 531
Kitzinger Hofrat (Franken) 217
Kleinbottwarer Oberer Berg (Württemberg) 670
Kleinbottwarer Süßmund (Württemberg) 670
Klingenberger Schlossberg (Franken) 247
Klingenmünster Maria Magdalena (Pfalz) 496
Klüsserather Bruderschaft (Mosel-Saar-Ruwer) 297, 331, 365
Koberner Uhlen (Mosel-Saar-Ruwer) 344, 377
Koberner Weißenberg (M-S-R) 377

Köndringer Alte Burg (Baden) 125
Königsbacher Idig (Pfalz) 64, 65, 73, 467
Königsbacher Ölberg (Pfalz) 467, 520
Königschaffhauser Hasenberg (Baden) 159
Königschaffhauser Steingrüble (Baden) 159
Königschaffhauser Vulkanfelsen (Baden) 159
Kreuznacher Brückes (Nahe) 414
Kreuznacher Forst (Nahe) 414
Kreuznacher Hinkelstein (Nahe) 414
Kreuznacher Kahlenberg (Nahe) 414, 441
Kreuznacher Kronenberg (Nahe) 414
Kreuznacher Narrenkappe (Rheinhessen) 641
Kreuznacher Osterhöll (Nahe) 414
Kreuznacher Paradies (Nahe) 422
Kreuznacher St. Martin (Nahe) 422, 444
Kröver Letterlay (Mosel-Saar-Ruwer) 337, 352
Kröver Paradies (Mosel-Saar-Ruwer) 352
Kröver Steffensberg (Mosel-Saar-Ruwer) 352
Kueser Weisenstein (Mosel-Saar-Ruwer) 288

L
Lahrer Schutterlindenberg (Baden) 189
Langenlonsheimer Königsschild (Nahe) 416, 439, 440, 445
Langenlonsheimer Löhrer Berg (Nahe) 416, 439, 442
Langenlonsheimer Rothenberg (Nahe) 439
Langenlonsheimer Steinchen (Nahe) 416, 421, 443, 445
Laubenheimer Fuchsen (Nahe) 438
Laubenheimer Hörnchen (Nahe) 438
Laubenheimer Karthäuser (Nahe) 427, 438, 442, 443
Laubenheimer St. Remigiusberg (Nahe) 442
Laubenheimer Vogelsang (Nahe) 433
Laumersheimer Himmelsrech (Pfalz) 485
Laumersheimer Kirschgarten (Pfalz) 490
Laumersheimer Mandelberg (Pfalz) 485, 490
Leistadter Herzfeld (Pfalz) 460
Leiwener Klostergarten (Mosel-Saar-Ruwer) 291, 340, 372, 375, 379
Leiwener Laurentiuslay (Mosel-Saar-Ruwer) 69, 291, 308, 309, 340, 374, 375, 400
Leutesdorfer Forstberg (Mittelrhein) 271, 277
Leutesdorfer Gartenlay (Mittelrhein) 271, 277
Leutesdorfer Rosenberg (Mittelrhein) 271, 277, 281
Lieser Niederberg Helden (Mosel-Saar-Ruwer) 71, 334, 338, 339, 401

Weinbergslagen

Longuicher Maximiner Herrenberg (Mosel-Saar-Ruwer) 301, 379
Lorcher Bodenthal-Steinberg (Rheingau) 541, 558, 574
Lorcher Kapellenberg (Rheingau) 541, 558
Lorcher Krone (Rheingau) 558, 574
Lorcher Pfaffenwies (Rheingau) 541, 558, 574
Lorcher Schlossberg (Rheingau) 561
Lorenzhöfer (Mosel-Saar-Ruwer) 325
Lösnicher Försterlay (Mosel-Saar-Ruwer) 300

M
Maikammer Heiligenberg (Pfalz) 478, 521, 531
Maikammer Kapellenberg (Pfalz) 478, 521
Maikammer Kirchenstück (Pfalz) 531
Maikammer Mandelhöhe (Pfalz) 478, 521
Meisenheimer Obere Heimbach (Nahe) 430
Malscher Ölbaum (Baden) 147
Malscher Rotsteig (Baden) 147
Malterdinger Bienenberg (Baden) 59, 144, 145
Marbacher Frankenberg (Baden) 191
Marienthaler Klostergarten (Ahr) 103
Martinsthaler Langenberg (Rheingau) 547
Martinsthaler Wildsau (Rheingau) 547
Mauchener Frauenberg (Baden) 161
Mauchener Sonnenstück (Baden) 161
Maulbronner Eilfingerberg (Württemberg) 697
Maximin Grünhäuser Abtsberg (Mosel-Saar-Ruwer) 382, 383
Maximin Grünhäuser Bruderberg (Mosel-Saar-Ruwer) 383
Maximin Grünhäuser Herrenberg (Mosel-Saar-Ruwer) 382, 383
Mayschosser Laacherberg (Ahr) 97
Mayschosser Mönchberg (Ahr) 95, 97, 105
Meddersheimer Altenberg (Nahe) 407
Meddersheimer Paradiesgarten (Nahe) 59
Meddersheimer Rheingrafenberg (Nahe) 418
Meersburger Sängerhalde (Baden) 116
Meißner Kapitelberg (Sachsen) 663
Merdinger Bühl (Baden) 154, 164
Merler Adler (Mosel-Saar-Ruwer) 323
Merler Königslay-Terrassen (Mosel-Saar-Ruwer) 323
Merler Stephansberg (Mosel-Saar-Ruwer) 323
Mettenheimer Schlossberg (Rheinhessen) 630
Michelbacher Apostelgarten (Franken) 218
Michelbacher Steinberg (Franken) 218
Michelfelder Himmelberg (Baden) 143
Mittelheimer Edelmann (Rheingau) 577, 584, 594
Mittelheimer St. Nikolaus (Rheingau) 584, 586
Monsheimer Rosengarten (Rheinhessen) 626
Monsheimer Silberberg (Rheinhessen) 73, 608, 619, 626
Monzinger Frühlingsplätzchen (Nahe) 72, 407, 412, 413, 434, 435, 445
Monzinger Halenberg (Nahe) 67, 412, 413, 435
Mülheimer Helenenkloster (Mosel-Saar-Ruwer) 57, 73, 370
Mülheimer Sonnenlay (Mosel-Saar-Ruwer) 370
Müllheimer Pfaffenstück (Baden) 127
Müllheimer Reggenhag (Baden) 127
Müllheimer Sonnhalde (Baden) 127
Münsterer Dautenpflänzer (Nahe) 415, 423
Münsterer Kapellenberg (Nahe) 415, 423
Münsterer Pittersberg (Nahe) 423
Münsterer Rheinberg (Nahe) 415
Mußbacher Eselshaut (Pfalz) 71, 73, 482, 503, 520, 527, 531

N
Nackenheimer Rothenberg (Rheinhessen) 610, 622
Naumburger Paradies (Saale-Unstrut) 656
Naumburger Steinmeister (Saale-Unstrut) 655
Neefer Frauenberg (Mosel-Saar-Ruwer) 304
Neipperger Schlossberg (Württemberg) 687
Neuenahrer Schieferlay (Ahr) 91, 102
Neuenahrer Sonnenberg (Ahr) 91, 92, 102
Neumagener Rosengärtchen (Mosel-Saar-Ruwer) 379
Neustadter Mönchgarten (Pfalz) 503
Neuweier Mauerberg (Baden) 169, 170
Neuweier Schlossberg (Baden) 170
Nieder-Flörsheimer Frauenberg (Rheinhessen) 608, 634
Nieder-Flörsheimer Goldberg (Rheinhessen) 634
Niederhäuser Felsensteyer (Nahe) 408, 437
Niederhäuser Hermannsberg (Nahe) 428
Niederhäuser Hermannshöhle (Nahe) 67, 410, 411, 426, 428, 437
Niederhäuser Kertz (Nahe) 428
Niederhäuser Klamm (Nahe) 437
Niederhäuser Rosenberg (Nahe) 426
Niederhäuser Rosenheck (Nahe) 426
Niederhäuser Stollenberg (Nahe) 425
Niedermenniger Herrenberg (Mosel-Saar-Ruwer) 351
Niersteiner Brückchen (Rheinhessen) 637, 642
Niersteiner Brudersberg (Rheinhessen) 74, 615

Weinbergslagen

Niersteiner Glöck (Rheinhessen) 640
Niersteiner Heiligenbaum (Rheinhessen) 635, 637
Niersteiner Hipping (Rheinhessen) 607, 631, 635, 636, 637
Niersteiner Oelberg (Rheinhessen) 631, 635, 636, 637, 640, 642
Niersteiner Orbel (Rheinhessen) 631
Niersteiner Paterberg (Rheinhessen) 636, 642
Niersteiner Pettenthal (Rheinhessen) 607, 610, 615, 622, 629, 642
Niersteiner Rosenberg (Rheinhessen) 607, 636
Niersteiner Spiegelberg (Rheinhessen) 636
Nimburg-Bottinger Steingrube (Baden) 131
Nordheimer Kreuzberg (Franken) 221
Nordheimer Vögelein (Franken) 205, 216, 221, 226, 248
Norheimer Dellchen (Nahe) 410, 425, 436, 437
Norheimer Kafels (Nahe) 441
Norheimer Kirschheck (Nahe) 408, 411, 426, 437
Nußdorfer Bischofskreuz (Pfalz) 506
Nußdorfer Herrenberg (Pfalz) 506

O

Oberbergener Bassgeige (Baden) 133, 155, 179
Oberbergener Pulverbuck (Baden) 155
Oberdiebacher Fürstenberg (Mittelrhein) 265
Obereisenheimer Höll (Franken) 225
Oberemmeler Hütte (Mosel-Saar-Ruwer) 321
Oberhäuser Brücke (Nahe) 72, 411
Oberhäuser Leistenberg (Nahe) 411
Obermoscheler Geißenkopf (Nahe) 436
Obermoscheler Schlossberg (Nahe) 436
Obermoscheler Silberberg (Nahe) 436
Oberndorfer Beutelstein (Nahe) 417
Oberrotweiler Eichberg (Baden) 133, 177
Oberrotweiler Henkenberg (Baden) 120, 177
Oberrotweiler Käsleberg (Baden) 120, 176
Oberrotweiler Kirchberg (Baden) 176, 177
Oberweseler Ölsberg (Mittelrhein) 265, 267, 268
Oberweseler Römerkrug (Mittelrhein) 266, 267
Oberweseler Schloss Schönburg (Mittelrhein) 266
Oberweseler St. Martinsberg (Mittelrhein) 267
Ockfener Bockstein (Mosel-Saar-Ruwer) 318, 356, 375, 394, 398
Odernheimer Kloster Disibodenberg (Nahe) 420

Oestricher Doosberg (Rheingau) 549, 566, 567, 579, 584, 586, 590, 593
Oestricher Lenchen (Rheingau) 546, 549, 567, 579, 586, 590
Oppenheimer Herrenberg (Rheinhessen) 620, 623, 640
Oppenheimer Herrengarten (Rheinhessen) 621
Oppenheimer Sackträger (Rheinhessen) 622, 623
Ötlinger Sonnhole (Baden) 135

P

Pfaffenhofener Hohenberg (Württemberg) 695
Pfaffenweiler Batzenberg (Baden) 172
Pfaffenweiler Oberdürrenberg (Baden) 172
Pfortenser Köppelberg (Saale-Unstrut) 657
Piesporter Domherr (Mosel-Saar-Ruwer) 315, 316, 369, 386, 397
Piesporter Falkenberg (Mosel-Saar-Ruwer) 316, 349, 369
Piesporter Gärtchen (Mosel-Saar-Ruwer) 291
Piesporter Goldtröpfchen (Mosel-Saar-Ruwer) 69, 72, 291, 309, 313, 315, 316, 330, 336, 349, 369, 375, 386, 391, 397
Piesporter Grafenberg (Mosel-Saar-Ruwer) 349
Piesporter Günterslay (Mosel-Saar-Ruwer) 336
Piesporter Treppchen (Mosel-Saar-Ruwer) 313, 397
Pleitersheimer Sternberg (Rheinhessen) 606
Pölicher Held (Mosel-Saar-Ruwer) 331, 364
Pommerner Zeisel (Mosel-Saar-Ruwer) 307
Prichsenstadter Krone (Franken) 241
Pündericher Marienburg (Mosel-Saar-Ruwer) 292, 337

R

Radebeuler Lößnitz (Sachsen) 664
Randersackerer Ewig Leben (Franken) 234, 242
Randersackerer Marsberg (Franken) 233, 234, 238, 242
Randersackerer Pfülben (Franken) 220, 233, 234
Randersackerer Sonnenstuhl (Franken) 233, 237, 242
Randersackerer Teufelskeller (Franken) 207, 238, 247
Rauenthaler Baiken (Rheingau) 59, 570, 588
Rauenthaler Nonnenberg (Rheingau) 64, 74, 545
Rauenthaler Rothenberg (Rheingau) 546, 549

Atrium

Das Magazin für:
Architektur, Wohnen, Möbel, Design, Inneneinrichtung, Küche, Bad, Textilien und Gartenkultur

Lassen Sie sich inspirieren von traumhaften Häusern, tollen Einrichtungen und aktuellen Marktneuheiten aus aller Welt.

Wir berichten das ganze Jahr über die wichtigsten Messen und Ausstellungen, liefern in jeder Ausgabe intelligente Antworten zu Einrichtung und Ausstattung im Haus und in der Wohnung.

Die aktuelle ATRIUM-Ausgabe **jetzt am Kiosk!**
Oder bestellen Sie ein kostenloses Probeheft unter:
Telefon: 07 11 - 4 50 64 94
oder E.Mail: abo@archithema.com

Weinbergslagen

Raumbacher Schlossberg (Nahe) 430
Raumbacher Schwalbennest (Nahe) 430
Recher Herrenberg (Ahr) 104
Reicholzheimer First (Baden) 180
Reicholzheimer Satzenberg (Franken) 222
Reiler Goldlay (Mosel-Saar-Ruwer) 400
Rödelseer Küchenmeister (Franken) 206, 244
Rödelseer Schwanleite (Franken) 244
Rotenberger Schlossberg (Württemberg) 688
Röttinger Feuerstein (Franken) 219
Roxheimer Berg (Nahe) 431, 444
Rüdesheimer Berg Kaisersteinfels (Rheingau) 572
Rüdesheimer Berg Roseneck (Rheingau) 540, 545, 546, 550, 561, 572
Rüdesheimer Berg Rottland (Rheingau) 545, 546, 550, 555, 571, 572, 581, 583, 590, 594
Rüdesheimer Berg Schlossberg (Rheingau) 65, 66, 69, 74, 545, 546, 550, 561, 565, 571, 572, 583, 588, 590
Rüdesheimer Bischofsberg (Rheingau) 545, 560, 561, 571
Rüdesheimer Drachenstein (Rheingau) 572
Rüdesheimer Kirchenpfad (Rheingau) 66, 552, 555, 572
Rüdesheimer Klosterlay (Rheingau) 550, 572
Rüdesheimer Magdalenenkreuz (Rheingau) 552, 572
Ruppertsberger Gaisböhl (Pfalz) 64, 463
Ruppertsberger Hoheburg (Pfalz) 453, 463
Ruppertsberger Linsenbusch (Pfalz) 66, 469, 524
Ruppertsberger Nussbien (Pfalz) 519, 520
Ruppertsberger Reiterpfad (Pfalz) 71, 450, 453, 457, 464, 467, 469, 516

S

Saarburger Rausch (Mosel-Saar-Ruwer) 394, 398
Sarmsheimer Liebehöll (Nahe) 443
Sasbacher Limburg (Baden) 119, 178
Sasbacher Rote Halde (Baden) 178
Sasbachwaldener Alde Gott (Baden) 115
Sausenheimer Honigsack (Pfalz) 473
Sausenheimer Hütt (Pfalz) 473
Sausenheimer Klostergarten (Pfalz) 473
Scharzhofberger (Mosel-Saar-Ruwer) 70, 321, 330, 355, 368, 391, 393
Schelinger Kirchberg (Baden) 112, 179
Scherzinger Batzenberg (Baden) 140
Schlatter Maltesergarten (Baden) 192
Schliengener Sonnenstück (Baden) 122
Schloss Frankenberg (Franken) 211
Schloss Johannisberger (Rheingau) 554

Schloss Proschwitz (Sachsen) 662
Schloss Reichartshausen (Rheingau) 581
Schloss Vollrads (Rheingau) 536, 589
Schloßböckelheimer Felsenberg (Nahe) 69, 408, 410, 411, 434
Schloßböckelheimer Königsfels (Nahe) 407, 443
Schloßböckelheimer Kupfergrube (Nahe) 411, 428
Schnaiter Altenberg (Württemberg) 676
Schodener Herrenberg (Mosel-Saar-Ruwer) 318
Schönberger Herrnwingert (Hessische Bergstraße) 254
Schwaigerner Ruthe (Württemberg) 687
Schweicher Annaberg (Mosel-Saar-Ruwer) 301, 379
Schweigener Sonnenberg (Pfalz) 61, 454, 455, 458, 513
Serriger Schloss Saarstein (Mosel-Saar-Ruwer) 373
Seußlitzer Heinrichsburg (Sachsen) 664
Siebeldinger im Sonnenschein (Pfalz) 56, 61, 63, 511, 528
Siebeldinger Königsgarten (Pfalz) 528
Siefersheimer Goldenes Horn (Rheinhessen) 644
Siefersheimer Heerkretz (Rheinhessen) 644
Siefersheimer Höllberg (Rheinhessen) 644
Sobernheimer Marbach (Nahe) 418
Sommeracher Katzenkopf (Franken) 225
Sommeracher Rosenberg (Franken) 205
Sommerhäuser Ölspiel (Franken) 240
Sommerhäuser Reifenstein (Franken) 237
Sommerhäuser Steinbach (Franken) 240, 248
Stadecker Lenchen (Rheinhessen) 613, 628
Stadecker Spitzberg (Rheinhessen) 613, 628
Staufener Schlossberg (Baden) 149
Steckweiler Mittelberg (Nahe) 445
Steeger St. Jost (Mittelrhein) 270, 275, 276
Steinberger (Rheingau) 588
Stettener Häder (Württemberg) 673, 678
Stettener Mönchberg (Württemberg) 671
Stettener Pulvermächer (Württemberg) 678, 684
Stettener »Scheinheiliger« (Württemberg) 678
Stettener Stein (Franken) 239, 247
Strümpfelbacher Nonnenberg (Württ.) 684
Sulzfelder Cyriakusberg (Franken) 206, 246
Sulzfelder Maustal (Franken) 206, 246

T

Tauberrettersheimer Königin (Franken) 219
Thörnicher Ritsch (Mosel-Saar-Ruwer) 340
Thüngersheimer Johannisberg (Franken) 204, 235, 243

Weinbergslagen

Thüngersheimer Ravensburg (Franken) 243
Thüngersheimer Scharlachberg (Franken) 235, 238, 243
Traiser Bastei (Nahe) 408
Traiser Rotenfels (Nahe) 408, 445
Trarbacher Hühnerberg (Mosel-Saar-Ruwer) 352
Trierer Burgberg (Mosel-Saar-Ruwer) 388
Trierer Deutschherrenberg (Mosel-Saar-Ruwer) 388
Trierer Jesuitenwingert (Mosel-Saar-Ruwer) 388
Trittenheimer Altärchen (Mosel-Saar-Ruwer) 291, 296, 303, 309, 379
Trittenheimer Apotheke (Mosel-Saar-Ruwer) 290, 291, 295, 296, 297, 298, 301, 302, 303, 309, 347, 372, 379, 399
Trittenheimer Felsenkopf (Mosel-Saar-Ruwer) 347
Trittenheimer Leiterchen (Mosel-Saar-Ruwer) 347

U
Uelversheimer Schloss (Rheinhessen) 623
Uelversheimer Tafelstein (Rheinhessen) 620
Umweger Stich den Buben (Baden) 169
Ungsteiner Herrenberg (Pfalz) 471, 507, 512, 514
Ungsteiner Honigsäckel (Pfalz) 468
Ungsteiner Weilberg (Pfalz) 507, 512
Untereisenheimer Sonnenberg (Franken) 212
Untertürkheimer Gips (Württemberg) 671
Untertürkheimer Herzogenberg (Württemberg) 696
Untertürkheimer Mönchberg (Württemberg) 690, 694, 697
Urbarer Beulsberg (Mittelrhein) 265
Ürziger Goldwingert (Mosel-Saar-Ruwer) 358
Ürziger Würzgarten (Mosel-Saar-Ruwer) 293, 294, 343, 345, 348

V
Verrenberger Verrenberg (Württemberg) 682
Volkacher Karthäuser (Franken) 215, 220
Volkacher Kirchberg (Franken) 210
Volkacher Ratsherr (Franken) 210, 221, 225, 236

W
Wachenheimer Altenburg (Pfalz) 459
Wachenheimer Böhlig (Pfalz) 463
Wachenheimer Fuchsmantel (Pfalz) 512
Wachenheimer Gerümpel (Pfalz) 463, 512, 530
Wachenheimer Goldbächel (Pfalz) 530
Wachenheimer Mandelgarten (Pfalz) 480
Wallhäuser Felseneck (Nahe) 431
Wallhäuser Johannisberg (Nahe) 431
Wallufer Oberberg (Rheingau) 543
Wallufer Walkenberg (Rheingau) 543, 556
Walporzheimer Alte Lay (Ahr) 91
Walporzheimer Gärkammer (Ahr) 89
Walporzheimer Kräuterberg (Ahr) 60, 61, 99
Walporzheimer Kräutergarten (Ahr) 105
Walsheimer Silberberg (Pfalz) 506
Wawerner Ritterpfad (Mosel-Saar-Ruwer) 367
Wehlener Klosterberg (Mosel-Saar-Ruwer) 66, 351
Wehlener Sonnenuhr (Mosel-Saar-Ruwer) 57, 68, 69, 303, 305, 329, 334, 342, 343, 351, 361, 362, 387, 389, 395, 396
Weiler Schlipf (Baden) 135, 182
Weinheimer Hölle (Rheinhessen) 612
Weinheimer Kapellenberg (Rheinhessen) 612, 624
Weinheimer Kirchenstück (Rheinhessen) 612, 624
Weinheimer Mandelberg (Rheinhessen) 612
Weinolsheimer Kehr (Rheinhessen) 623
Westhofener Aulerde (Rheinhessen) 65, 647
Westhofener Kirchspiel (Rheinhessen) 609, 638, 639, 647
Westhofener Morstein (Rheinhessen) 56, 65, 71, 611, 638, 647
Westhofener Rotenstein (Rheinhessen) 638
Westhofener Steingrube (Rheinhessen) 625
Wickerer Mönchsgewann (Rheingau) 551
Wiesenbronner Geißberg (Franken) 227
Wiesenbronner Wachhügel (Franken) 227
Willsbacher Dieblesberg (Württemberg) 680
Wiltinger Braune Kupp (Mosel-Saar-Ruwer) 355
Wiltinger Braunfels (Mosel-Saar-Ruwer) 393
Wiltinger Gottesfuß (Mosel-Saar-Ruwer) 393
Wiltinger Hölle (Mosel-Saar-Ruwer) 391
Wiltinger Klosterberg (Mosel-Saar-Ruwer) 367, 368
Wiltinger Kupp (Mosel-Saar-Ruwer) 356
Wiltinger Rosenberg (Mosel-Saar-Ruwer) 368
Wiltinger Schlangengraben (Mosel-Saar-Ruwer) 367, 368, 375
Wiltinger Schlossberg (Mosel-Saar-Ruwer) 367
Winkeler Gutenberg (Rheingau) 540, 577
Winkeler Hasensprung (Rheingau) 536, 540, 553, 590

Weinbergslagen

Winkeler Jesuitengarten (Rheingau) 68, 540, 549, 577, 593
Winninger Brückstück (Mosel-Saar-Ruwer) 57, 67, 317, 332, 333, 371
Winninger Domgarten (Mosel-Saar-Ruwer) 306, 317, 371
Winninger Hamm (Mosel-Saar-Ruwer) 306, 317, 332, 400
Winninger Röttgen (Mosel-Saar-Ruwer) 69, 306, 317, 320, 333, 371
Winninger Uhlen (Mosel-Saar-Ruwer) 306, 317, 320, 332, 333, 371
Winterbacher Hungerberg (Württemberg) 676
Wintricher Großer Herrgott (Mosel-Saar-Ruwer) 349, 380
Wintricher Ohligsberg (Mosel-Saar-Ruwer) 68, 349, 386
Winzenheimer Rosenheck (Nahe) 444
Wirmsthaler Scheinberg (Franken) 247
Wolfer Goldgrube (Mosel-Saar-Ruwer) 392
Wöllsteiner Äffchen (Rheinhessen) 606
Wöllsteiner Ölberg (Rheinhessen) 606
Wormser Liebfrauenstift Kirchenstück (Rheinhessen) 611, 633
Würzburger Abtsleite (Franken) 207, 217
Würzburger Innere Leiste (Franken) 220, 239
Würzburger Stein (Franken) 220, 238, 239
Würzburger Stein-Harfe (Franken) 207

Z

Zeiler Kapellenberg (Franken) 217
Zell-Weierbacher Abtsberg (Baden) 132
Zell-Weierbacher Neugesetz (Baden) 132
Zeltinger Himmelreich (Mosel-Saar-Ruwer) 305, 351, 384, 385
Zeltinger Schlossberg (Mosel-Saar-Ruwer) 350, 351, 380, 384, 385
Zeltinger Sonnenuhr (Mosel-Saar-Ruwer) 69, 350, 351, 380, 384, 385
Zwingenberger Alte Burg (Hessische Bergstraße) 253
Zwingenberger Steingeröll (Hessische Bergstraße) 253

Ein Abend im falschen Restaurant ist teuer ...

Der Reiseführer für Genießer

Der Gault Millau ist wegen seiner kompetenten Bewertungen und pointierten Beschreibungen der Wegweiser durch das kulinarische Deutschland. In der neuen Ausgabe werden über 1100 Restaurants und fast 500 Hotels bewertet. Überraschungen garantiert.

ca. 750 Seiten, Format 13,5 x 21 cm, Flexcover
€ 30,- (D)   SFR 50,40
ISBN 3-88472-537-8

„Das Nonplusultra für die Gourmet-Szene"
FAZ Sonntagszeitung

Bestellen Sie auf den eingehefteten Bestellkarten!

www.christian-verlag.de

Tel.: 089/ 38 18 03 17
Fax: 089/ 38 18 03 81
info@christian-verlag.de

Personen Register

A

Able, Christel 675
Abril, Hans-Friedrich 106, 112
Acham, Anna-Barbara 450
Acker, Michael 515
Adelmann, Michael Graf 667, 670
Adenauer, Konrad 281
Adeneuer, Frank 87, 89
Adeneuer, Marc 87, 89
Adorf, Mario 409
Ahr, Markus Winfried 614
Albrecht, Peter 670
Aldinger, Gert 667, 671
Allendorf, Ulrich 540
Apel, Wolfgang 220
Arens, Peter 337
Argus, Eva 451
Argus, Peter 451
Arnold, Johannes 247
Arns, Joachim 391
Aufricht, Familie 116
Aufricht, Manfred 116
Aufricht, Robert 116
Aust, Friedrich 666
Avemarie, Horst 609

B

Bäcker, Christoph 105
Baden, Bernhard Prinz von 166
Baden, Max Markgraf von 116, 166
Bäder, Dr. Günter 693
Bader, Hans 698
Bähr, Hermann 115
Bamberger, Familie 407
Bamberger, Heiko 407
Bank-Scherner, Monika 634
Bärmann, Edgar 198
Barnickel, Uwe 141
Barth, Andreas 344
Barth, Marion 542
Barth, Norbert 542
Barth, Peter 583
Bassermann-Jordan, Dr. Friedrich von 452
Bassermann-Jordan, Dr. Ludwig von 452
Bassermann-Jordan, Gabriele von 452
Bassermann-Jordan, Margit von 452
Basten, Gert 322
Bastgen, Mona 288
Bastian, Doris 260
Bastian, Friedrich 260
Bastian, Leopold 117
Battenfeld, Heinrich 600
Bauer, Andreas 389
Bauer, Heinrich 207
Bauer, Heinz 469, 524
Bauer, Odin 133
Baumann, Dr. 698
Baumer, Michael 195
Beck, Daniela 454
Beck, Gerda 613
Beck, Gerhard 454
Beck, Jürgen 613
Beck, Michael 613
Beck, Stefan 144
Becker, Dr. Andreas 238
Becker, Dr. Peter 420
Becker, Friedrich 455
Becker, Hans-Josef 543
Becker, Heidrun 455
Becker, Helena 455
Becker, Johannes 290
Becker, Maria 543
Becker, Rudolf 450
Becker-Köhn, Jochen 591
Beek, Hans-Hermann in der 635
Bender, Ernst 90
Bender-Haaß, Karola 456
Bengel, Ralf 558
Bengel, Ute 558
Benns, Tom 462
Benz, Bernd 409
Benz, Frau 129
Benzinger, Familie 492
Benzinger, Volker 492
Bercher, Eckhardt 118, 120
Bercher, Ellen 168
Bercher, Familien 118
Bercher, Peter 168
Bercher, Rainer 118, 120
Bergdolt, Günther 457
Bergdolt, Jakob 457
Bergdolt, Rainer 457
Bernhard, Hartmut 602
Bernhart, Gerd 458
Bernhart, Sabine 458
Bernhart, Ulrich 181
Bernhart, Willi 458
Bernhart, Wilma 458
Bernhart-Schlumberger, Claudia 181
Besch, Volker 293, 348
Betz, Heinrich 337
Beurer, Familie 673
Beurer, Jochen 667, 673
Beurer, Siegfried 673
Bialajahn, Ingrid 664
Bibo, Stefan 588
Bibo, Walter 131
Bierwirth, Andrea 278
Biffar, Gerhard 26, 459
Bill, Arno 150
Binkele, Frau 687
Binzel, Andreas 416
Binzel, Helga 416
Binzel, Helmut 416
Birkert, Manfred 698
Bitz 699
Blankenhorn, Dr. Dieter 693
Blankenhorn, Rosemarie 122
Blaurock, Andreas 580
Blees, Karl 291
Blees, Stefan 291
Blendel, Michael 247
Blessing, Familie 415
Blessing, Götz 415
Boch, Michael 399
Bodelschwingh, Freiherr von 562
Böhme, Klaus 652, 654
Bohn, Bertram 178
Bohn, Peter 662
Böhringer, Regine 672
Bolsinger, Bruno 677
Born, Günter 659
Börner, Dr. Carl 655
Bothe, Ralph 632
Bott, Michael 548
Brahner, Walter 522
Braun, Ernst 226
Braun, Günter 459
Braun, Heidi 205

Personen

Braun, Patrick 205
Braun, Peter 648
Braun, Roland 172
Braun, Waldemar 205
Braust, Udo 175
Breiling, Ludwig 326
Breisacher, Hans 188
Breit, Norbert 395
Brenner, Christian 603
Brennfleck, Hugo 206
Brennfleck, Susanne 206
Breuer, Bernhard 33, 98, 537, 544, 578
Breuer, Heinrich 544
Breuer, Stefan 541
Breuer-Hadwiger, Franziska 541
Briem, Familie 123
Briem, Frank 123
Briem, Heidi 123
Briem, Paula 123
Briem, Peter 123
Brodbeck, Familie 125
Brodbeck, Gustav 125
Brodbeck, Thomas 125
Broel, Karl-Heinz 281
Brogsitter, Hans-Joachim 91
Brömser, Henning 573
Brück, Heidrun 517
Brunnengräber, Brigitte 255
Bumke, Werner 428
Burchards, Familie 627
Burchards, Ulrich 627
Burgdorf, Michael 614
Burkhardt, Mario 144
Bürkin, Rolf 150
Bürkle, Wilfried 253
Bürklin-von Guradze, Bettina 462
Burmeister, Claus 175
Burtsche, Tobias 154, 188
Busch, Clemens 292
Busch, Petra 121
Busch, Rita 292
Buscher, Jean Michael 604

C

Cambeis-Meyer, Manuela 496
Canal, Andreas von 317
Cannova, Dirk 22, 591
Castell-Castell, Ferdinand Graf zu 208

Catoir, Jakob Heinrich 502
Catoir, Philipp David 502
Cersovsky, Traude 631
Chodakowska, Malgorzata 665
Christ, Angelika 210
Christ, Helmut 210
Christmann, Karl-Friedrich 466
Christmann, Steffen 466
Christoffel, Hans Leo 293
Clüsserath, Ansgar 295
Clüsserath, Ernst 296
Clüsserath, Eva 295
Clüsserath, Heike 296
Clüsserath, Helmuth 298
Clüsserath, Hilde 298
Conrad, Martin 399
Corvers, Brigitte 546
Corvers, Dr. Matthias 546
Crusius, Dr. Peter 402, 408

D

D'Aprile, Michael 614
Dahm, Franz-U. 299
Damian, Rüdiger 522
Dämon, Wolfgang 677
Darting, Ella 468
Darting, Familie 468
Darting, Helmut 468
Dautel, Ernst 667, 674
Dautermann, Kurt 648
Decker, Jürgen 142
Deeters, Günter 530
Deinhard, Friedrich 469
Dettweiler, Achim 648
Deutschmann, Fritz 122
Didinger, Familie 261
Didinger, Jens 257, 261
Diel, Armin 6, 406, 409
Diel, Familie 409
Dietrich, Dr. Jürgen 199
Dietrich, Frank 208
Dingeldey, Volker 249, 255, 256
Dippon, Hartmann 681
Dirksen, Christoph 7
Doll, Christel 628
Doll, Erika 628
Doll, Ernst 616
Doll, Familie 628
Doll, Gudrun 616

Doll, Hubert 132
Doll, Karl Theo 628
Doll, Lioba 132
Doll, Roland 628
Doll, Ulrich 616
Dönnhoff, Helmut 26, 40, 75, 404, 410
Dörflinger, Doris 127
Dörflinger, Hermann 106, 127
Dorst, Stefan 455
Drautz, Monika 675
Drautz, Richard 675
Dries, Friedrich 558, 587
Dries, Oliver 587
Drieseberg, Dr. Tom 590
Drück, Jochen 604
Duijn, Jacob 128
Duijn, Martina 128
Düker, Ralph 236
Dumbsky, Franz 214
Düringer, Jürgen 498
Dütsch, Holger 170

E

Eberenz, Rolf 178
Ebert, Andrea 373
Ebert, Christian 373
Ebert, Dieter 373
Ebert, Michael 443
Ebert, Willi 443
Eck, Andreas 479
Ehlen, Stephan 300
Eifel, Alexandra 301
Eifel, Anne 303
Eifel, Bernhard 301
Eifel, Brigitte 303
Eifel, Franz-Josef 302
Eifel, Gerhard 297
Eifel, Heinz 303
Eifel, Marietta 301
Eifel, Sabine 302
Eifel, Waltraud 297
Eisenlohr 530
Eller, Martin 466
Ellis, Neil 98
Ellwanger, Andreas 676
Ellwanger, Jörg 676
Ellwanger, Jürgen 667, 676
Ellwanger, Sieglinde 676
Ellwanger, Sven 698
Elten, Bernd van 238
Emmerich, Alfred 100

StyleCityTravel

Eine neue Generation von Travel-Guides! Das völlig neuartige Konzept verbindet ein elegantes, modernes Layout mit einem hohen Nutzwert – praktisch für die Reise, schön zum Träumen und als Souvenir. Mit 200 bis 250 angesagten Adressen zum Ansehen, Entspannen, Übernachten, Essen, Shoppen und Nightlife. Lifestyle-Städteführer für anspruchsvolle Reisende!

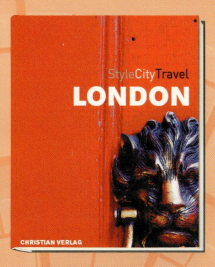

StyleCityTravel Paris
192 Seiten mit 400 Farbfotos und 6 Karten.
Format 21 x 17 cm,
englische Broschur mit Klappen.

€ 19,95 (D) SFR 33,70
ISBN 3-88472-566-1
Auslieferung: Mai 2003

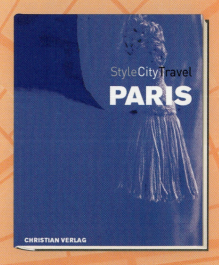

StyleCityTravel London
192 Seiten mit 400 Farbfotos und 6 Karten.
Format 21 x 17 cm,
englische Broschur mit Klappen.

€ 19,95 (D) SFR 33,70
ISBN 3-88472-567-X
Auslieferung: Mai 2003

www.christian-verlag.de

Tel.: 089/ 38 18 03 17
Fax: 089/ 38 18 03 81
info@christian-verlag.de

Personen

Emmerich, Gotthard 257
Ende, Dieter 428
Engel, Christian 591
Engel, Erwin 290
Erbeldinger, Familie 605
Erbeldinger, Stefan 605
Eser, Elfriede 555
Eser, Hans Hermann 555
Eser, Joachim 549
Eser, Johannes 555
Eser, Renée 549
Eser, Sabine 555
Espe, Hans-Bert 193
Eymael, Doris 507
Eymael, Familie 348
Eymael, Jan 507
Eymael, Robert 293, 348
Eymann, Rainer 470

F
Faber, Gerd 362
Faller, Norbert 130
Faubel, Christa 521
Faubel, Familie 521
Faubel, Gerd 521
Faubel, Heinz 521
Fauth, Ernst 638
Fauth, Familie 595, 638
Fauth, Florian 638
Fauth, Ruth 638
Fendel-Hetzert, Familie 550
Fendt, Jürgen 22, 35
Feser, Elke 159
Fetz, Heinz-Uwe 278
Finkenauer, Anton 414
Finkenauer, Carl 414, 443
Finkenauer, Familie 414
Finkenauer, Hans-Anton 414
Firnbach, Reinhard 208
Fischer, Charlotte 692
Fischer, Christina 22, 26
Fischer, Frank 568
Fischer, Thomas 483
Fitz, Familie 471
Fitz, Konrad M. 471
Flamm, Harry 150
Flein 698
Fleischer, Hans Willi 651
Fleischer, Michael 651
Flick, Joachim 551
Flick, Reiner 551
Fobian, Stefan 354
Fogt, Brunhilde 606
Fogt, Georg 606
Fogt, Karl-Heinz 606
Forster, Georg 443
Frank, Horst 354
Franke, Annetrud 515
Frantz, Justus 98
Franz, Werner 370
Franzen, Iris 304
Franzen, Martin 18, 169, 502
Franzen, Ulrich 304
Freimuth, Alexander 552
Freimuth, Karin 552
Frey, Achim 124
Frey, Jürgen 472
Frey, Peter 472
Frey, Ursula 472
Frey, Winfried 472
Fricke, Eva 543
Friedrich, Christoph J. 409
Friedrich, Familie 305
Friedrich, Franz-Josef 305
Friedrich, Mechtilde 305
Fries, Anke 306
Fries, Reiner 306
Frieß, Christian 208
Frieß, Rudolf 20, 35
Frisch, Wolfgang 103
Fritz, Stefan 588
Fröhlich, Eva 212
Fröhlich, Hans 434
Fröhlich, Karin 434
Fröhlich, Michael 212
Fröhlich, Tim 434
Fuchs, Brunhilde 307
Fuchs, Bruno 307
Fuchs, Ulrich 307
Fuhrmann, Karl 507
Fürst, Monika 214
Fürst, Paul 9, 13, 75, 200, 214, 219

G
Gabel, Rainer 507
Gabelmann, Kurt 428
Galli, Andrea 330
Ganswohl, Mathias 589
Ganter, Bernhard 166
Gartner, Gerhard 330
Gass, Stéphane 22, 26
Gauer, Andrea 614
Gaul, Karl-Heinz 473
Gaul, Rosemarie 473
Gehring, Diana 607
Gehring, Theo 607
Geiben, Peter 324
Geier, Kordula 220
Geil, Rudolf 648
Geil-Bierschenk, Johannes 648
Geisel, Carl 32
Geiser, Werner 155
Geltz, Ferdinand 398
Gemmingen-Hornberg, Dajo Baron von 699
Geppert, Konrad 129
Gerhard, Harald 91
Gerhard, Norbert 243
Gerhart, Elfriede 441
Gies, Rainer 441
Gies, Volker 474
Gillot, Gabi 622
Gillot, Roland 622
Glaser, Monika 216
Glaser, Wolfgang 216
Glass, Thomas 141
Gleichenstein, Hans-Joachim Freiherr von 133
Gleichenstein, Johannes Freiherr von 133
Göbel, Hubert 247
Göhring, Gerd 608
Göhring, Marianne 608
Göhring, Wilfried 608
Göler, Freiherren von 175
Göler, Ritter Berthold 175
Görres, Familie 102
Göth, Familie 628
Göttelmann-Blessing, Ruth 415
Graf, Markus Otto 24
Gramm, Thomas 675
Graner, Florian 113
Grans, Doris 308
Grans, Gerhard 308
Graßmück, Else 475
Graßmück, Markus 475
Greiner, Dieter 588
Groebe, Friedrich 609
Groß, Elke Maria 198
Grumbach, Hermann 399
Gunderloch, Carl 610
Guradze, Christian von 462
Gussek, Alexandra 655
Gussek, André 652, 655, 659

Personen

Gutenberg, Georg Enoch Reichsfreiherr von und zu 464
Guthier, Otto 251
Gutzler, Elke 611
Gutzler, Gerhard 611, 633
Gysler, Alexander 612
Gysler, Familie 612
Gysler, Renate 612

H

Haag, Ferdinand 312
Haag, Fritz 75, 284, 312
Haag, Ilse 310
Haag, Inge 312
Haag, Marcus 312
Haag, Oliver 590
Haag, Thomas 338
Haag, Wilhelm 26, 310, 338
Haag, Willi 312
Haart, Edith 314
Haart, Elfriede 313
Haart, Familie 313
Haart, Gerd 313
Haart, Theo 314
Haas, Markus 617
Haaß, Otto 456
Hagenbucher, Thomas 134
Hagin-Schneider, Susanne 182
Hahn, Hartmut 438
Hahn, Familie 438
Hähn, Konrad 377
Haidle, Bärbel 678
Haidle, Hans 678
Haidle, Susanne 678
Hain, Gernot 316
Hain, Susanne 316
Haller, Frank 678
Haller, Robert 222, 573
Hallerbach, Markus 91
Hanke, Frank 666
Hanke, Ingo 666
Hasselbach, Agnes 610
Hasselbach, Fritz 610
Hasselbach-Usinger, Agnes 610
Hau, Johann Baptist 168
Hau, Johannes 314
Hauck, Gunther 452
Häusser, Dr. Ludwig 466
Häusser, Johann 466
Hauth, Anneliese 370
Hauth, Walter 370
Heger, Dr. Max 138
Heger, Familie 138
Heger, Joachim 33, 131, 136, 138
Heger, Silvia 131, 136
Heger, Wolfgang 138
Hehle, Hella 94
Hehle, Wolfgang 86, 94
Heidrich, Familie 276
Heidrich, Markus 262
Heidrich, Rolf 276
Heidrich, Susanne 262
Heidrich, Thomas 276
Heigel, Birgit 217
Heigel, Dr. Klaus-Peter 217
Heinemann, Ernst 140
Heinemann, Familie 140
Heinemann, Lothar 140
Heinemeyer, Jens 617
Heinrich, Alfons 382
Heinrich, Christel 679
Heinrich, Martin 679
Heinrich, Willi 481
Heinrich-Simon, Willi 481
Heinzmann, Axel 476, 488
Heitlinger, Erhard 108, 141
Heitlinger, Bernhard Ernst 141
Heitlinger, Thomas 141
Held, Charlotte 420
Held, Christian 420
Helmer, Caroline 591
Hemberger, Peter 208
Hengerer, Hans 683
Hengerer, Sabine 683
Henkelmann, Siegbert 238
Henn, Carsten 7, 409
Hennecken, Heide 573
Hennemann, Wolfgang 90
Henninger, Bernd 471
Henninger, Harald 159
Henninger, Walter 476
Hensel, Familie 477
Hensel, Thomas 477
Hepp, Dr. Rowald 20, 33, 589
Herbster, Franz 130
Herke, Ralph 589
Hermes, Thomas 347
Herold, Fritz 677
Herrlich, Heike 663
Herrlich, Thomas 660, 663
Hessdorfer, Christian 243
Hessen, Ludwig Großherzog von 640
Hessen, Moritz Landgraf von 553
Hetzert, Paul P. 550
Hetzert, Walter jun. 550
Hetzert, Walter sen. 550
Hexamer, Familie 418
Hexamer, Harald 418
Heyden, Dr. Karl W. 648
Heymann-Löwenstein, Cornelia 319
Heyn, Heribert 554
Hieber, Andreas 699
Hieber, Elke 699
Hildwein, Bernd 117
Hillenbrand, Heinrich 20, 35, 249, 254
Himmel, Emmerich 593
Himmel, Monika 568
Himstedt, Mathias 560
Hirth, Erich 680
Hirth, Gudrun 680
Hobe-Gelting, Dr. Georg Baron von 401
Hoch, Familie 469
Hoensbroech, Adrian Graf 143
Hoensbroech, Rüdiger Graf 108, 143
Höferlin, Sonja 207
Höfflin, Matthias 198
Höfler, Bernhard 218
Höfler, Edeltraud 218
Höfflin, Sonja 198
Hoffman, Dieter 400
Hoffmann, Rudolf 374
Hoffmann, Ute 471
Höfling 247
Hofmann, Alois 219
Hofmann, Gertrud 219
Hofmann, Jürgen 200, 219
Hohenlohe-Oehringen, Fürst Kraft zu 682
Höhn, Familie 478
Höhn, Frank 478
Höhn, Gisela 478
Höhn, Hans 478
Hohn, Peter 281
Holderrieth, Andreas 590
Holderrieth, Norbert 20, 29, 590

Personen

Holler, Sandra 206
Hönninger, Frau 191
Hörr, Volker 249, 254
Huber, Annette 114
Huber, Barbara 144
Huber, Bernhard 128, 144, 149
Huber, Frank 129
Hübner, Günter 694
Huck-Wagner, Christiane 146
Huck-Wagner, Familie 146
Hügle, Gerda 195
Hügle, Gert 195
Hügle, Johannes 195
Hügle, Norbert 195
Hühnerkopf, Georg 248
Hummel, Bernd 147
Hupfeld, Henning 564
Hupfeld, Irmgard 564
Hupfeld, Wolfram 564, 593
Hurrle, Familie 193
Hurrle, G. 193
Hurrle, R. 193
Huschle, Georg 114
Huth, Armin 245

I
Idler, Bernhard 697
Ilgen, Maik 629
Immes, Klaus 600
Innhausen und Knyphausen, Gerko Freiherr zu 562
Innozenz II. 148
Isele, Conrad 198
Isele, Waldemar 113

J
Jacoby, Thomas 362
Jäger, Hermann 321
Jähnisch, Achim 149
Jakobs, Elisabeth 323
Jepp, Sonja 154
John, Frank 464
Johner, Irene 152
Johner, Karl Heinz 107, 152
Johner, Patrick 152
Joos, Gisela 170
Joos, Helmut 170
Jordan, Ludwig Andreas 452
Joseph II., Kaiser 250
Jost, Linde 264, 556

Jost, Peter 29, 257, 264, 556
Jostock, Karin 322
Jostock, Uwe 322
Juchems, Susanne 22
Jud, Thomas 688
Jülg, Peter 479
Jülg, Werner 479
Jung, Brunhilde 557
Jung, Ludwig 557
Jung, Medard 114
Jüngling, Christa 357
Jüngling, Familie 357
Jüngling, Klaus 357
Jüngling, Michael 656
Justen, Stefan 346

K
Kallfelz, Albert 323
Kallfelz, Andrea 323
Kämmer, Frank 7
Kämpf, Carsten 696
Kanitz, Carl Albrecht Graf von 558
Kanitz, Grafen von 558
Kanning, Günter 580
Kappes, Leo 380
Karle, Karl 196
Karst, Georg 480
Karst, Manfred 480
Kaub, Dorothea 482
Kaub, Karl Heinz 482
Kauer, Christoph 419
Kauer, Dr. Randolf 257, 265
Kauer, Markus 419
Kauer, Martina 265
Kaufmann, Dieter L. 34
Kaufmann, Olaf 390
Kees, Ernst-Josef 328
Kees, Gerlinde 328
Kees, Werner 328
Kegel, Dr. Heidi 356
Keller, Familie 618
Keller, Franz 155, 158
Keller, Fritz 155
Keller, Hedwig 618
Keller, Julia 618
Keller, Klaus 34, 40, 443, 618
Keller, Klaus-Peter 618
Kerpen, Martin 329
Kesseler, August 537, 560
Kesseler, Beate 560

Kessler, Hans 554
Keßler, Familie 504
Keßler, Gunter 504
Keßler, Lothar 504
Keßler, Rainer 504
Kiefer, Anton 113
Kirch, Franz 221
Kirch, Margarete 221
Kirch, Matthias 221
Kircher, Justus 682
Kirchner, Achim 166
Kirchner, Burkhard 254
Kirsch, Gerhard 553
Kirsten, Bernhard 331
Kissinger, Jürgen 620
Klär, Leo 106, 114
Klee, Uli 194
Klein, Gerhard 483
Klein, Sieglinde 483
Kleinmann, Hannelore 484
Kleinmann, Johannes Ökonomierat 484
Kleinmann, Karl-Heinz 484
Kleinmann, Mathias 484
Klöckner, Berthold 519
Klopfer, Wolfgang 699
Klumpp, Marietta 156
Klumpp, Markus 156
Klumpp, Ulrich 156
Knebel, Beate 332
Knebel, Reinhard 332
Knipser, Volker 485
Knipser, Werner 485
Knobloch, Klaus 649
Knod, Rainer 400
Knoll, Ludwig 239
Knoll, Rudolf 7
Knoll, Sandra 239
Knorr, Fritz 462
Koch, Bernhard 486
Koch, Christine 486
Koch, Erna 158
Koch, Holger 106, 158
Koch, Hubert 158
Koch, Joachim 323
Koch, Matthias 460
Köbelin, Arndt 129
Koegler, Ferdinand 593
Kölble, Martin 197
Kolesch, Horst 20, 29, 220
Kollmann, Gernot 393
König, Josef 563
König, Robert jun. 563

Personen

König, Robert sen. 563
Köninger, Winfried 171
Konstanzer, Horst 160
Konstanzer, Petra 160
Koob, Herr 512
Köpfer, Gerd 196
Köpfer, Paulin 194
Korrell, Martin 404, 422
Korrell, Wilfried 422
Köwerich, Nick 400
Krack, Ulrich 452
Kraml, Stefan 356
Kranz, Gabriele 570
Kranz, Holger 464
Krautkrämer, Hans-Joachim 34
Krebs, Marie-Helen 22, 28
Kreichgauer, Anke 621
Kreichgauer, Axel 621
Kreis, Bernd 698
Kremer, Arnulf 583
Krenzlin, Jörg 530
Kress, Kristin 196
Kress, Thomas 196
Kreuzberg, Hermann-Josef 87, 96
Kreuzberg, Ludwig 96
Kreuzberg, Thomas 96
Kröber, Rüdiger 400
Krolla, Alfred 441
Krönert, Mathias 238
Kroth, Bartho 380
Krötz, Karl-Josef 29
Kruger, Gerda 580
Kühn, Angela 566
Kuhn, Familie 490
Kuhn, Klaus 238
Kuhn, Norbert 121
Kühn, Peter 566
Kühn, Peter Jakob 537, 566, 621
Kuhn, Philipp 490
Kühn, Wolfgang 247
Kühnle, Jürgen 136, 138
Kuhnle, Margret 684
Kuhnle, Werner 678, 684
Kunkel, Stefan 218
Kunow, Eberhard von 321
Künstler, Franz 568
Künstler, Gunter 537, 568
Kuntz, Ingrid 243
Kuntz, Sybille 334
Kuntz-Riedlin, Markus 334

Kurrle, Martin 688
Kusterer, Familie 685
Kusterer, Hans 685
Kusterer, Monika 685
Kutschick, Bernd 614
Kux, Jan 664

L
Laible, Alexander 162
Laible, Andreas 28, 162
Laible, Andreas Chr. 162
Laible, Ingrid 162
Lambrich, Albert 266
Lambrich, Familie Albert 266
Lambrich, Familie Gerhard 267
Lambrich, Gerhard 267
Landmann, Jürgen 164
Landmann, Peter 164
Lang, Clemens 196
Lang, Frau 569
Lang, Joachim 168
Lang, Johann Maximilian 569
Langwerth von Simmern, Andrea Freifrau 570
Langwerth von Simmern, Georg-Reinhard Freiherr 570
Langwerth von Simmern, Johann Freiherr 570
Lanius, Jörg 257, 265, 268
Lau, Christian 239
Lauer, Julia 335
Lauer, Peter 335
Lawnik, Sigmund 103
Layen, Grafen von der 497
Lehmann, Günter 115
Lehmann, Joachim 666
Lehmeyer, Gerda 512
Lehnert, Erich 336
Lehnert, Ingrid 336
Leibrandt, Familie 580
Leiendecker, Hans 389
Leiner, Bruno 533
Leiner, Jürgen 491
Leiner, Sven 491
Leiss, Christa 686
Leiss, Gerhard 686
Leiss, Wolf-Peter 686
Leitz, Johannes 536, 571
Lenz, Günter 337

Lenz-Dahm, Heinrich 337
Leonhard, Klaus-Peter 631, 650
Lerchenfeld, Carl Freiherr von 211
Lergenmüller, Familie 493
Lergenmüller, Jürgen 493
Lergenmüller, Stefan 493
Lersch, Jürgen 443
Leve, Gerhard 33
Leve, Werner 33
Lex, Uwe 570
Leyendecker, Markus 431
Licht, Edmund 358
Licht, Rainer 399
Liepelt, Ilona 693
Linden, Birgit 102
Linden, Familie 102
Linden, Manfred 102
Lingenfelder, Rainer-Karl 533
Linxweiler, Martina 417
Linxweiler, Peter 417
Lippe, Dr. Georg Prinz zur 662, 666
Litterst, Ulrich 129
Loch, Claudia 318
Loch, Manfred 318
Loewen, Edith 340
Loewen, Karl Josef 340
Löffler, Thomas 254
Loosen, Ernst F. 32, 75, 342, 392, 530
Lorenz, Familie 269
Lorenz, Joachim 269
Lorenz, Toni 257, 269
Lötzbeyer, Adolf 425
Löwenstein, Fürsten zu 573
Löwenstein, Reinhard 319
Löwenstein, Alois Konstantin Fürst zu 573
Löwenstein-Wertheim-Rosenberg, Alois Konstantin Fürst zu 222
Lucas, Christine 494
Lucas, Edmund 494
Lucas, Familie 494
Lucas, Hans 494
Lucas, Klaus 494
Luckert, Familie 246
Luckert, Ulrich 246
Luckert, Wolfgang 246
Lutz, Georg 243

Personen

Lützkendorf, Udo 652, 657
Lützkendorf, Uwe 657
Luxemburg, Balduin Kurfürst zu 326

M
Macgregor, Robert 222
Mades, Familie 270
Mades, Helmut 270
Maier, Friedhelm 161
Maier, Leo 196
Maier, Regina 196
Maierhöfer, Otto 175
Männle, Andreas 196
Männle, Heinrich 165
Männle, Heinrich Stefan 172
Männle, Stefan 20, 31, 107
Männle, Wilma 165
Manz, Eric 623
Manz, Erich 623
Manz, Familie 623
Markheiser, Robert 116
Martin, Achim 650
Martin, Reinhard 650
Martini, Gerd 135
Mathäß, Jürgen 7
Mathern, Helmut 34, 426
Matheus, Dr. Uwe 245
Matheus, Jörg 397
Matheus, Petra 397
Mathis, Familie Bernhard 154
Matuschka-Greiffenclau, Graf 573
Maurer, Familie Erich 428
Maurer, Gudrun 428
May, Karl 661
May, Rudolf 247
Mayer, Florian 124
Medinger, Barbara 699
Meier, Stephan 672
Meinhard, Steffen 444
Meintzinger, Götz 224
Meintzinger, Jochen 224
Meintzinger, Peter 224
Meiser, Erich 624
Meiser, Frank 624
Meißner, Elke 347
Meißner, Jürgen 500
Melchior, Frau 391
Mell, Ulrich 452, 459
Menger-Krug, Familie 649

Menges, Edwin 197
Menges, Susanne 197
Merkelbach, Alfred 345
Merkelbach, Rolf 345
Meßmer, Familie 495
Meßmer, Gregor 495
Meßmer, Herbert 495
Meyer, Frank 496
Meyer, Ulrich 476, 488
Meyer-Trump, Hilde 697
Michalsky, Dr. Alexander 631
Michel, Dr. Franz-Werner 548
Michel, Familie 167
Michel, Josef 167
Michel, Margarete 167
Mies, Rudolf 35, 97
Milch, Familie 626
Milch, Karl-Hermann 626
Milz, Markus 347
Minges, Theo 497
Mirbach, Albert 169
Mohr, Georg 271
Mohr, Klaus 271
Mohr, Martin 271
Molitor, Achim 349
Molitor, Familie 350
Molitor, Ludwig 469, 524
Molitor, Markus 33, 284, 349, 350
Montigny, Rudolf 427
Montigny, Sascha 427
Montigny, Waltraud 427
Moos, Herr 569
Mosbacher, Familie 498
Mosbacher, Georg 498
Mosbacher, Richard 498
Mosbacher-Düringer, Sabine 498
Mötje, Dirk 198
Müllen, Martin 352
Müllen, Susanne 352
Müller, Axel 650
Müller, Bruno 117
Müller, Dr. 666
Müller, Egon 30, 75, 354
Müller, Elisabeth 500
Müller, Familie Rainer 225
Müller, Hans 601
Müller, Kurt 500
Müller, Lutz 666
Müller, Marianne 272

Müller, Matthias 28, 272
Müller, Monika 225
Müller, Rainer 225
Müller, Stephan 500
Müller-Burggraef, Magreth 389
Muno, Thomas 560
Münster, Rolf 35, 97
Muth, Dr. Reinhard 629
Muth, Frau 629
Muth, Hermann 629
Muth, Klaus 629

N
Naab, Michael 529
Nägler, Peter 547, 594
Nakatani, Naoki 237, 631
Näkel, Hartwig 98
Näkel, Werner 40, 86, 94, 98
Napoleon 324, 391, 661
Neder, Ewald 247
Neher, Jochen 574
Neipperg, Karl Eugen Erbgraf zu 687
Nelis, Peter 100
Nelles, Friedhelm 90
Nelles, Thomas 86, 100
Neradt, Ulrike 547
Neumann, Peter 257
Neymeyer, Andreas 117
Nicolay, Peter 358
Niedecken, Dirk 540
Niewodniczansky, Roman 28, 393
Nikolai, Frank 575
Nikolai, Heinz 575
Nikolai, Helga 575
Noppenberger, Oskar Georg 226

O
Oberbillig, Albert 399
Oberbillig, Marianne 399
Oberle, Ingrid 142
Oberle, Sarah 149
Ockenfels, Hermann 281
Oetinger, Achim von 576
Oetinger, Anselm von 576
Oetinger, Detlev von 576
Oetinger, Eberhard von 576
Oetinger, Maximilian von 576

Personen

Oetinger, Robert von 576
Off, Jürgen 694
Ohlig, Inga 577
Ohlig, Johannes 577
Onstein, Hans 74
Oos, Alexander 308
Oos, Daniela 308
Oster, Matthias 384
Othegraven, Maria von 356
Ott, Stefan 236
Otter, Hartmut 697
Otto II. 653

P

Paris, Ina 654
Parker, Robert 425
Pastorius, Franz Daniel 240
Paul, Gerhard 455
Pauly, Dr. Peter 284, 358
Pauly, Familie 358
Pawis, Bernard 652, 658
Pawis, Familie 658
Pawis, Herbert 658
Pawis, Irene 658
Pawis, Kerstin 658
Payne, Joel Brian 6
Perabo, Peter 565
Perll, August 257, 273
Perll, Doris 274
Perll, Thomas 273
Perll, Walter jun. 274
Perll, Walter sen. 274
Permesang, Albert 359
Peter, Familie 465
Peter, Hans-Uwe 534
Peter, Karsten 465
Peter, Wilfried 465
Petitjean, Familie 634
Petri, Familie 505
Petri, Gerd 505
Petri, Sigrun 505
Pfaff, Volker 224
Pfaff II., Josef 236
Pfaff-Düker, Eva 236
Pfaffmann, Helmut 506
Pfaffmann, Markus 506
Pfaffmann, Sigrid 506
Pfalz-Zweibrücken, Herzog von 570
Pfannebecker, Gerold 31, 625
Pfannebecker, Heinfried 31, 625

Pfeffer-Müller, Lotte 601
Pfistner, Emil 121
Pfleger, Roland 508
Pflüger, Bernd 509
Pflüger, Hans 509
Philipp, Andreas 195
Philippi, Bernd 98, 488
Philipps, Patrick 400
Piedmont, Claus 359
Piedmont, Monika 359
Pix, Helga 173
Pix, Reinhold 173
Plettenberg, Reichsgraf von 444
Plunien, Helmut 207
Podzun, Hans-Jürgen 7
Popp, Michael 248
Preiß, Frau 640
Preußen, Marianne Prinzessin von 580
Prinz, Fred 578, 588
Prinz, Sabine 578
Probst, Christian 197
Probst, Marion 174
Probst, Pia 174
Probst, Reiner 174, 197
Probst, Werner 245
Prüm, Dr. Manfred 30, 75, 284, 360
Prüm, Peter 387
Prüm, Raimund 362
Prüm, Wolfgang 360

Q

Querbach, Peter 579
Querbach, Resi 579
Querbach, Wilfried 579

R

Rapp, Walter 429
Ratzenberger, Familie 275
Ratzenberger, Jochen jun. 257, 275
Rauen, Harald 363
Rauen, Irmtrud 364
Rauen, Maria 363
Rauen, Stefan 364
Rauen, Walter 364
Rauh, Gunter 650
Rebholz, Birgit 510
Rebholz, Familie 510
Rebholz, Hansjörg 10, 34, 75, 491, 510, 525

Rebitzer, Karl-Heinz 208
Regnery, Franz-Josef 365
Regnery, Peter 365
Reh, Familie Günther 330
Reh, Sigrid 366
Reh, Winfried 366
Reh-Gartner, Annegret 330
Rehbein, Werner 118
Reichenau, Baron von
Reichmann, Arndt 640
Reimann, Martin 424
Reinert, Annetrud 367
Reinert, Johann Peter 367
Resch, Anna Lioba 368
Resch, Franz-Andreas 368
Resch, Monika 368
Ress, Christian 581
Ress, Stefan 581
Reuther, Christa 509
Reuther, Thomas 520
Reverchon, Edmund 401
Richter, Claus-Martin 371
Richter, Dr. Dirk 370
Richter, Familie 371
Richter, Horst 370
Richter, Max Ferd. 283
Richter, Thomas 371
Richter, Vincenz Anton 663
Richter, Wolfgang 290
Riedel, Dr. Martin 420
Rieflin, Hans-Peter 171
Rinker, Familie 157
Rinker, Regina 157
Rinker, Thomas 157
Rinklin, Stefan 155
Riske, Mechthild 101
Riske, Volker 101
Ritter, Willi 125
Ritzau, Dr. Michael 420
Rohr, Michael 430
Rohr, Monika 430
Rohrer, Josef 186
Röll, Siegfried 682
Rosch, Werner 372
Roßwog, Rainer 159
Roth, Christa 528
Roth, Dirk 570
Roth, Familie Herbert 528
Roth, Gerhard 227
Roth, Herbert 528
Rothweiler, Hanno 249, 252
Rotthaus, Thorsten 512
Rotzinek, Familie 422

731

Personen

Ruck, Birgit 228
Ruck, Hans 211
Ruck, Johann 228
Ruck, Johannes 228
Rumpf, Cornelia 423
Rumpf, Stefan 423
Runck, Dominique 527
Rundquist-Müller, Barbara 389
Rüssel, Harald 374
Rüttiger, Rainer 562
Ruwer, Ausonius von der 324

S
Sahler, Jochen 116
Salm-Salm, Michael Prinz zu 431, 643
Salwey, Benno 176
Salwey, Konrad 176
Salwey, Wolf-Dietrich 107, 176
Sander, Familie 630
Sander, Gerhard 630
Sander, Otto Heinrich 630
Sander, Stefan 630
Sauder, Regina 631
Sauer, Albrecht 223
Sauer, Anne 223
Sauer, Edgar 238
Sauer, Heiner 534
Sauer, Helga 231
Sauer, Horst 229
Sauer, Magdalena 229
Sauer, Margarete 223
Sauer, Michael 223
Sauer, Monika 223
Sauer, Rainer 231
Sauer, Reinhard 207
Schaaf, Karl 337
Schaefer, Christoph 376
Schaefer, Familie 376
Schaefer, Willi 33, 376
Schäfer, Alfred 433
Schäfer, Gitta 92
Schäfer, Johann Baptist 432
Schäfer, Josef 582
Schäfer, Jutta 582
Schäfer, Karl-Heinz 433
Schäfer, Klaus-Rainer 384
Schäfer, Paul-Josef 92
Schäfer, Sebastian 432
Schäfer, Wilhelm Josef 582

Schäffer, Egon 232
Schäffer, Hermann 232
Schales, Arno 632
Schales, Bernd 632
Schales, Christian 632
Schales, Heinrich 632
Schappert, Bernd 444
Schärli, Martin 154
Schattner, Kai 22
Schätzel, Kai 635
Schätzel, Nanne 635
Schätzel, Otto 635, 640
Schätzle, Familie 179
Schätzle, Fredericke 179
Schätzle, Gregor 179
Schätzle, Robert 169
Schätzle, Thomas 179
Schauß, Edgar 435
Schauß, Elmar 435
Schauß, Familie 435
Scheffelt, Werner 188
Scheidgen, Georg 257, 281
Schell, Christoph 135
Schell, Otger 105
Schembs, Arno 611, 633
Schenkel, Gunter 640
Scherner, Joseph Jodokus 634
Scherner, Klaus R. 634
Scherr, Richard 523
Scheu, Günter 513
Scheu, Klaus 513
Schick, Rainer 651
Schilli, Ottmar 193
Schillinger, Edmund 159
Schimpf, Bruno 517
Schimpf, Familie 517
Schindler, Gerd 107, 161
Schlamp, Heinrich 635
Schlamp, Jakob 635
Schleicher, Wolfgang 20, 554
Schlör, Familie 180
Schlör, Konrad 108, 180
Schlumberger, Familie 181
Schlumberger, Hartmut 181
Schlumberger, Hella 181
Schmidt, Andreas 436
Schmidt, Eva Maria 126
Schmidt, Familie 436
Schmidt, Franz Wilhelm 120
Schmidt, Helmut 323

Schmidt, Manfred 126
Schmitges, Andreas 284, 378
Schmitges, Waltraud 378
Schmitt, Angela 234
Schmitt, Clemens 591
Schmitt, Familie Egon 514
Schmitt, Heinz 379
Schmitt, Jochen 514
Schmitt, Karl Martin 233
Schmitt, Paul 234
Schmitt, Renate 233
Schmitt, Silvi 379
Schmitz, Familie 401
Schmitz, Johannes 400
Schmoranz, Hermann 544
Schnaitmann, Rainer 667, 690
Schneider, Albrecht 636
Schneider, Anette 142
Schneider, Claus 182
Schneider, Cornelia 184
Schneider, Dr. 198
Schneider, Edgar 389
Schneider, Hans 437
Schneider, Jakob 437
Schneider, Joachim 248
Schneider, Klaus 391
Schneider, Reinhold 184
Schneider, Susanne 182
Schneider, Ulrike 636
Schnurr, Robert 142
Schoeneberger, Rudolf 263
Schoeneberger, Susanne 263
Schömann, Helga 380
Schömann, Martin 380
Schömann, Stephan 380
Schömehl, Familie 438
Schömehl-Hahn, Elke 438
Schönborn, Familie 583
Schönborn, Paul Graf von 583
Schöne, Monika 664
Schönleber, Bernd 584
Schönleber, Christel 540
Schönleber, F. B. 584
Schönleber, Familie 584
Schönleber, Franz 584
Schönleber, Hannelore 412
Schönleber, Josef 540
Schönleber, Katharina 584
Schönleber, Ralf 584

Personen

Schönleber, Werner 404, 412
Schorlemer, Freiherr von 338
Schregel, Rolf 643
Schuber, Frank 554
Schubert, Dr. Carl-Ferdinand von 30, 75, 382
Schuch, Andreas 581
Schufried, Dieter 617
Schug, Bernhard 342
Schuh, Walter 666
Schüller, Günter 90
Schumacher, Paul 92
Schuth, Ralf 585
Schuth, Sonja 585
Schwaab, Bernhard 486
Schwab, Andrea 235
Schwab, Thomas 235
Schwalbe, René 653, 659
Schwan, Familie 236
Schwang, Franz-Hugo 369
Schwank, Alex 142
Schwarz, Hans-Günther 9, 18, 20, 31, 189, 447, 468, 491, 502
Schwarz, Martin 662
Schwegler, Albrecht 691
Schwegler, Andrea 691
Schweigler, Eric 172
Schweinhardt, Axel 439
Schweinhardt, Wilhelm 439
Schwörer, Familie 186
Schwörer, Franz 193
Schwörer, Hermann 186
Schwörer, Lothar 198
Sebastian, Bruno 462
Sebastian, Herr 512
Sebastian, Roland 103
Seebrich, Heinrich 637
Seebrich, Jochen 637
Seeger, Familie 187
Seeger, Helmut 187
Seeger, Thomas 34, 187
Seiberth, Axel 255
Seifert, Klaus 666
Selbach, Bert 396
Selbach, Familie 384
Selbach, Hans 384
Selbach, Johannes 384
Selt, Horst Peter 277
Senft, Herbert 116, 197
Sermann, Elmar 91

Seyffardt, Peter 547
Siben, Andreas 516
Siben, Familie 516
Siben, Wolfgang Georg 516
Sieben, Markus 553
Siegrist, Familie 517
Siegrist, Thomas 517
Siener, Peter 518
Siener, Sieglinde 518
Simon, Dagmar 253
Simon, Ingo 401
Simon, Kurt 250, 253
Simon, Rosemarie 481
Simon, Thomas 481
Sitzius, Sonja 440
Sitzius, Wilhelm 440
Soder, Albert 148
Soder, Anita 148
Sommer, Melanie 195
Sonkaya-Neher, Saynur 574
Spanier, H. O. 600
Später, Silvia 386
Speyer, Fürstbischof von 452
Spiess, Burkhard 639
Spiess, Familie 639
Spiess, Jürgen 639
Spindler, Hans 519
Spindler, Johanna 519
Spinner, Alexander 31, 170
Spreitzer, Andreas 28, 586
Spreitzer, Bernd 28, 586
Spreitzer, Bernhard 586
Stahl, Bernhard 191
Staiblin, Gerhard 178
Stanzel, Frau 254
Steffen, Stefan 191
Stein, Freiherr vom 558
Steingaß, Jan 697
Steinmann, Artur 240
Steinmann, Christoph 248
Steinmann, Familie Martin 237
Steinmann, Martin 237
Steinmann, Stefan 248
Steinmetz, Christian 350
Steitz, Christian 641
Steitz, Familie 445, 641
Stich, Gerhard 241
Stich, Helga 241
Stigler, Andreas 107, 190
Stigler, Regina 190
Stigler, Rudolf 190

Stiller, Georg 642
Stodden, Dr. Birgitta 104
Stodden, Gerhard 29, 86, 104
Stodden, Rudolf 97
Stoffel, Curt-Christian 522
Stoh, Dr. Manfred 239
Stolleis, Peter 520
Störrlein, Armin 242
Störrlein, Ruth 242
Strecker, Familie 672
Strecker, Gerhard 672
Strecker, Martin 672
Streicher, Martin 679
Streit, Reinhard 121
Strickler, Reinhard J. 169
Strub, Margit 642
Strub, Walter 642
Studert, Familie 387
Studert, Gerhard 387
Studert, Stephan 387
Stumpf, Carmen 204
Stumpf, Reimund 204
Sturm, Familie 530
Supp, Bernd 687
Suratny, Verena 460
Süsselbeck, Anne 588
Sutton, Baron 591

T

Terges, Peter 388
Tesch, Dr. Martin 442
Tesch, Hartmut 442
Thanisch-Spier, Sofia 390
Then, Benedikt 220
Thies, Günter 583
Thoma, Hendrik 22, 35
Thrien, Michael 591
Thürkind, Birgit 659
Thürkind, Rudolf 658
Tilgen-Selt, Frau 277
Toorn, Johannes van 31
Trautwein, Elfriede 199
Trautwein, Hans-Peter 199
Troesch, Vinzenz 450
Trogus, Heinz 106
Tyrell, Christoph 326

U

Ullmann, Baron 354
Ullrich, H. B. 32, 565
Ulrich, Jan 666

Personen

V
Veit, Dr. Klaus 664
Vetter, E. 520
Victoria I., Königin 564
Vierk, Renate 122
Vierk, Thomas 122
Vogel, Armin 288
Voigt, Alfred 22, 32
Vollenweider, Daniel 284
Volk, Heidi 279
Volk, Jürgen 279
Völker, O. 568
Vollenweider, Daniel 10, 17, 392
Vowinkel, Heinz 610

W
Wächter, Gerhard 693
Wachtstetter, Rainer 667, 695
Wachtstetter, Roland 667, 695
Wackerbarth, August Christoph Graf von 664
Wagner, Daniel 644
Wagner, Familie 644
Wagner, Heinz 394
Wagner, Lore 644
Wagner, Lothar 644
Wagner, Thomas 469
Wagner, Ulrike 394
Wagner-Eymann, Ingeborg 470
Wäldele, Friedrich 115
Walter, Klaus 553
Walz, Thomas 199
Warsberg, Ritter von 347
Waßmer, Fritz 107, 199
Waßmer, Martin 107, 192, 199
Waßmer, Sabine 192
Weber, Andrea 459
Weber, Günther 114
Weber, Hans-Jürgen 251
Weber, Matthias 692
Weber, Stefan 464
Weber, Udo 445
Weber, Ursula 121
Weegmüller-Scherr, Stephanie 523
Wegeler, Familie Rolf 395, 524, 590
Wegeler-Drieseberg, Anja 590
Wehrheim, Dr. Heinz 525
Wehrheim, Familie 525
Wehrheim, Karl-Heinz 10, 14, 525
Weidenbach, Gerti 645
Weidenbach, Rainer 645
Weik, Bernd 527
Weil, Dr. R. 591
Weil, Martina 591
Weil, Wilhelm 32, 75, 537, 591
Weiner, Sylvia 165
Weingart, Familie Florian 280
Weingart, Florian 280
Weingart, Ulrike 280
Weis, Herbert 289
Weis, Hermann 374
Weis, Nicolaus 374
Weis, Nik 374
Weiß, Gerhard 251
Weiß, Norbert 580
Welter, Heinz 386
Welter, Silvia 386
Welter-Später, Heinz 386
Weltner, Paul 244
Weltner, Renate 244
Weltner, Wolfgang 244
Wendel, Rita 226
Wendling, Gerd 589
Weritz, Peter 541
Werlé, Familie 535
Weymarn, Familie von 614
Wiedemann, Annemarie 120
Wiedemann-Schmidt, Beate 120
Wiedenmann, Hans 689
Wiedenmann, Renate 689
Wilker, Familie 529
Wilker, Heinz 529
Wilker, Jürgen 529
Winter, Peter 593
Wirsching, Dr. Heinrich 245
Wirth, Friedrich 677
Wittmann, Elisabeth 646
Wittmann, Günter 30, 646
Wittmann, Philipp 595, 646
Eitzigmann, Eckart 128
Wohlfarth, Peter 188
Wöhrle, Familie 189
Wöhrle, Hans 189
Wöhrle, Markus 189
Wöhrle, Monika 189
Wöhrwag, Christin 696
Wöhrwag, Hans-Peter 667, 696
Wolf, Martina 121
Wucherpfennig, Frau 540
Württemberg, Carl Herzog von 697

Z
Zahn, Hartmut 659
Zähringer, Wolfgang 194
Zastrow, General von 635
Zentner, Herr 588
Zenz, Thomas 420
Zenzen, Hermann 124
Zhouleh, Rakhshan 22, 30
Ziegler, Harald 531
Ziegler, Johann Adam 531
Ziegler, Uwe 531
Zilliken, Hans-Joachim 398
Zimmerling, Klaus 665
Zimmermann, Gregor 421
Zöllin, Reinhard 195

Stimmen zum WeinGuide

»Ein lückenloses Werk!«
Handelsblatt, Dezember 1997

*»Wer im Gault Millau gut abschneidet,
ist als Winzer ein gemachter Mann.«*
ARD-Report, Oktober 1999

»Eine nationale Institution!«
Süddeutsche Zeitung, Juni 1999

»Der vollständigste, jährlich erscheinende Weinführer«
Die Welt, Dezember 1996

»Von vielen gefürchtet, von manchen gehaßt...«
Offenburger Tagblatt, November 1998

»Trotz aller Kritik der wichtigste deutsche Weinführer«
Slow Food Magazin, April 2002

»International anerkannter Weinführer«
Bonner Generalanzeiger, Dezember 1996

»Denk ich an den Gault in der Nacht, bin ich um den Schlaf gebracht.«
Waiblinger Kreiszeitung, Dezember 1996

»Wer hier lobend erwähnt wird, kann sich weitere Werbung sparen.«
Badische Zeitung, Dezember 1998

»Keine Testreihe geht so in die Tiefe.«
ZEIT-Punkte, Oktober 1999

»Über den Erfolg kann man nicht streiten!«
Der Feinschmecker, März 1997

»Hören Sie auf, die Wein-Oberlehrer der Nation zu spielen!«
Weinwirtschaft, Oktober 1999

»Für Weinfans in Deutschland eine Pflichtlektüre«
Neuer Emsbote, November 1999

»Kein Konkurrenzprodukt wird ihm den ersten Rang streitig machen.«
Frankfurter Allgemeine Zeitung, Mai 1999

Impressum

Christian Verlag, Amalienstraße 62, 80799 München
Verleger: Johannes Heyne, Martin Dort
info@christian-verlag.de

Herausgeber/Chefredaktion: Armin Diel, Joel Payne
Textredaktion: Gerhard Benz
Redaktionelle Mitarbeit: Christoph Dirksen, Carsten Henn, Frank Kämmer,
Rudolf Knoll, Jürgen Mathäß, Hans-Jürgen Podzun
Mitverkoster: Hans-Erich Dausch, Caroline Diel,
Hildegard Enk, Dr. Peter Henk, Felix Peters
Schlussredaktion: Dr. Christian Topp

Satz: Typomaß, Am Kalkofen 11, 67824 Feilbingert, Telefax (0 67 08) 66 03 21
Kartographie: Berndtson & Berndtson, Fürstenfeldbruck
Fotos: Armin Faber & Partner, Düsseldorf
Druck: Kösel, Kempten

Anzeigenmarketing:
TMV Trend-Medien Verlag GmbH, Baaderstraße 44a,
80469 München, Tel. (0 89) 20 25 27-0, Fax (0 89) 20 25 27-13
Geschäftsführer und verantwortlich für Anzeigen: Horst Mindel
Anzeigenverkaufsleitung und Disposition: Roswitha Mindel

Copyright © 2002 by Christian Verlag, München
© Gault Millau by DAMEFA S.A., Paris
Johannes Heyne Verlag, München

Alle Rechte vorbehalten.
Ohne ausdrückliche schriftliche Genehmigung des Verlages ist es nicht gestattet,
das Buch oder Teile daraus zu kopieren oder zu vervielfältigen.

10. Jahrgang

ISBN 3-88472-538-6
www.christian-verlag.de

Für die Zusammenstellung dieses Führers ließen wir
größtmögliche Sorgfalt walten. Trotzdem können Daten falsch oder überholt sein.
Eine Haftung können wir auf keinen Fall übernehmen.